条解 不動産登記法

監修
七戸克彦

編集
日本司法書士会連合会
日本土地家屋調査士会連合会

弘文堂

監修者はしがき

　弘文堂『条解』シリーズの第13番目である本書は，以下のような特徴を有している。
　第1に，本書は，他の『条解』シリーズと同様，各条文に相当程度の紙数を割いている。現行「不動産登記法」に関して，現在発刊されている著作物の中でも，最も詳細なコンメンタールである。
　第2に，本書は，不動産登記を構成する表題部と権利部の登記（表示に関する登記・権利に関する登記）の担い手である土地家屋調査士と司法書士の共同編集の成果である。『条解』シリーズには，日本弁護士連合会の編著である『条解弁護士法』があるが，日本司法書士会連合会（日司連）と日本土地家屋調査士会連合会（日調連）が協力して不動産登記法の解説書を上梓するのは，今回が初めてである。
　第3に，本書では，上記実務家の連合に，さらに研究者が参加している。本書の各項目の執筆は，まず研究者によって下原稿が整えられ，これに実務家が手を入れる手順で行われたが，このような実務家と研究者のスリリングでチャレンジングな協力体制も，他にはあまり例は見られない。
　第4に，上記のような共同執筆作業の結果，本書の内容は，各制度の構造を理論的に探求した学術書としての性格と，不動産登記実務の指針としての実践的な性格とを，併せ有するものとなっている。在野の実務家と研究者の共同作業の成果である本書は，実務の現状をただ単に追認しただけのものにとどまらず，現行不動産登記法制の問題点に踏み込み，あるいは登記実務の運用につき改善が望まれる個所を指摘し，不動産登記制度の今後あるべき方向性を展望する。
　以上のような在野実務家（司法書士・土地家屋調査士）と研究者の共同作業には，予想していた以上に長い時間を費やすこととなったが，その成果物である本書は，目下存在する不動産登記法関連の実務書・研究書の中でも，最高水準

に位置するものとなった。各項目の執筆を担当された実務家ならびに研究者の方々のご努力に敬意を表するとともに，困難な取りまとめの作業に尽力された弘文堂の担当編集者である高岡俊英氏に，心より御礼申し上げたい。

　本書が，不動産登記に関する研究者の学術的考察にとって有益な存在となり，実務家の日々の業務の参考資料として活用されることを希望するとともに，これからも司法書士と土地家屋調査士，あるいは実務家と研究者とが，緊密な協力関係を築き上げ，共同研究の成果を公表する試みが，広く一般化することを願っている。

　　平成25年4月

　　　　　　　　　　　　　　　　　　　　　　　　　　七戸　克彦

編者はしがき(日本司法書士会連合会)

　100年ぶりの大改正といわれた平成17年の不動産登記法改正から，既に相当の期間が過ぎた。その後，法改正当時の議論では思いも付かないような事象や実務での対応が必要な事柄が生じてきた。法制審議会の検討に先立つ，オンライン登記申請制度研究会での検討当初は，単に，紙に記載する申請事項を電子情報とすることを考えていたようであり，登記申請をオンラインで行うことができるようにすることが法改正の趣旨であった。しかし，実際に検討を進めるに従って，書面申請の場合の出頭主義やオンライン申請における共同申請をどうするのか，登記済証に代わる本人確認方法をどうするのかなど，不動産登記制度の根本原則について検討する必要性が生じた。

　日本司法書士会連合会(以下「日司連」という)は，このように大きな改正においては，オンライン申請制度に直接関するものに止まらず，それまでの不都合や不便が指摘されていた事項の改正も行うべきものとして，次のような主張をした。

- 一般国民が，申請当事者(代理人)や書面の作成者の特定のための電子認証を利用することは相当将来のことだろうと思われることから，司法書士などの資格者代理人の本人や原因の確認をもって，登記所への添付情報に提供を省略できるようにすること
- 登記原因証書(現在の登記原因証明情報)の提供を必須化し，これを登記所で長期保存すること
- 司法書士が作成する登記原因の確認資料を登記原因証書として認めること
- 登記済証添付制度を廃止し，原則として資格者代理人の本人確認制度とすること

　ところで，改正不動産登記法の施行当初，不動産登記におけるオンライン申請利用は極端に少なかった。これは，添付情報を含め全ての情報を電子化

する必要があったからだといえ，その後，添付情報は，一部を除いて原本を別に送付したり持参するなどの方法が可能とされたことによって，ある程度の利用率となってきた。しかし，将来の電子社会の浸透とともに本流になるであろうオンライン申請については，このような過渡的な制度ではなく，より安全で便利なものとするために不断の改良がなされていくはずで，不動産登記制度に実務者として関わる司法書士は，不動産登記制度の本質を維持しながら，実務に即したオンライン申請制度となるよう提言していく必要がある。

オンライン申請は，申請手続きの重要な部分を占めるものではあるが，あくまで申請手段であって不動産登記制度の目的ではない。不動産登記制度のあるべき姿を見据えながら，オンライン申請による制約に合わせるための制度変更とならないように注意しつつ，必要な改善を進めていく必要がある。

本書は，歴史的な制度変革を成し遂げた不動産登記法について，学術的なものは当然として，登記実務においても十分に利用価値のあるコンメンタールが必要ではないかとの認識で企画され，日司連は，日本土地家屋調査士会連合会とともに実務面から編集に当たることとなった。これにより本書は，基本的には現時点での物権法および不動産登記制度の最先端を行く研究者によって執筆され，理論的にも十分に検討された学術書として非常に価値のあるものであると同時に，実務家にとっても，登記実務を踏まえた上で，理論的な背景や物権法や不動産登記制度の体系的な位置づけも理解できるものとなっている。読者の一助となれば幸いである。

　平成25年4月

日本司法書士会連合会
会長　細田　長司

編者はしがき（日本土地家屋調査士会連合会）

　難解といわれる不動産登記法の研究者は他に比して少ないように思われる。また実務に即した理論的な解説書となればさらに少数である。とかく，登記実務の現場においては，あながち「法」が目指したものとは思えない局面も少なくないように感じられる。特に，不動産の表示に関する登記においてはその傾向は強く，また土地にあっては地域の慣習，特色も加味されている。

　土地家屋調査士は，不動産の表示に関する登記を申請人等の代理人として，このような必ずしも画一的ではなく，理論と現実の狭間で煩悶しながら実務を処理していかざるをえないことも稀ではない。

　そのような背景において，本書は，とかく実務に流されがちな我々実務家に，今一度登記制度が求める原点に立ち返り，かつ実体法を睨みつつ，より一層中身の濃い業務を目指せと警鐘を鳴らしているようでもある。

　資格者の発言は時として，綸言汗のごとしである場面に遭遇することがあり，その重責を担うためには常に研鑽を積まなければならないことはいうまでもないことであって，まさに本書はその座右の書として愛読され得る内容が盛り込まれている。

　本書の特色は，各条について掘り下げた詳細な解説がなされていることに加えて，実務の視点に立った解説もなされている点にあり，現役の実務家の方々，官署・公署の嘱託登記に携わる方々，またこれから土地家屋調査士を目指す方々にとっては登記制度の真髄が読み取れる唯一無二のコンメンタールとして価値あるものに仕上がっている。

　「手続法は，常に実体法と渾然一体をなしていることが理想であるから，登記手続の取扱い例に理論的根拠を与えたり又は反省させることも必要」（我妻栄ほか『不動産の登記』ジュリスト選書〔有斐閣・1957〕）であることから，本書を基に議論百出の場が広がり，不動産登記制度がその時代に即した制度として充実・発展していくことを願って止まない。

最後に，日本司法書士会連合会の方々とともに，研究者の執筆に惜しみない協力をしてくれた日本土地家屋調士会連合会・元副会長の下川健策君にお礼を申し上げる。

　　平成25年4月

　　　　　　　　　　　　　　　　　　　　　日本土地家屋調査士会連合会
　　　　　　　　　　　　　　　　　　　　　　会長　　竹内　八十二

執筆者一覧(2013年4月1日現在)

【監　修】
七戸克彦(しちのへ・かつひこ)　　　　九州大学大学院法学研究院教授

【編　集】
日本司法書士会連合会
日本土地家屋調査士会連合会

【執筆者】(50音順)
赤松秀岳(あかまつ・ひでたけ)　　　　九州大学大学院法学研究院教授
雨宮　啓(あめみや・ひろし)　　　　　弁護士，福岡大学法科大学院教授
石田　剛(いしだ・たけし)　　　　　　大阪大学大学院高等司法研究科教授
草野元己(くさの・もとみ)　　　　　　関西学院大学法学部教授
小池　泰(こいけ・やすし)　　　　　　九州大学大学院法学研究院教授
小西飛鳥(こにし・あすか)　　　　　　平成国際大学法学部教授
小栁春一郎(こやなぎ・しゅんいちろう)　獨協大学法学部教授
七戸克彦(しちのへ・かつひこ)　　　　九州大学大学院法学研究院教授
田中康博(たなか・やすひろ)　　　　　神戸学院大学法科大学院教授
鳥谷部　茂(とりやべ・しげる)　　　　広島大学大学院社会科学研究科・法学部教授
中村昌美(なかむら・まさみ)　　　　　名古屋学院大学法学部教授
舟橋　哲(ふなばし・さとる)　　　　　立正大学法学部教授
松尾　弘(まつお・ひろし)　　　　　　慶應義塾大学大学院法務研究科教授
武川幸嗣(むかわ・こうじ)　　　　　　慶應義塾大学法学部教授

【日本司法書士会連合会・執筆協力者】(50音順)
石谷　毅(いしたに・たけし)　　　　　司法書士
今川嘉典(いまがわ・よしのり)　　　　司法書士
加藤政也(かとう・まさや)　　　　　　司法書士，明治大学法学部兼任講師
齋木賢二(さいき・けんじ)　　　　　　司法書士
八神　聖(やがみ・きよし)　　　　　　司法書士，名城大学法学部特任教授
渡邉経子(わたなべ・のりこ)　　　　　司法書士

【日本土地家屋調査士会連合会・執筆協力者】
下川健策(しもがわ・けんさく)　　　　土地家屋調査士

執筆者・執筆協力者担当一覧

（表記は，執筆者＋執筆協力者の順である）

序　論	七戸克彦＋加藤政也
第1条～第5条	石田　剛＋加藤政也
第6条～第15条	小西飛鳥＋加藤政也
第16条	七戸克彦＋齋木賢二
第17条～26条	中村昌美＋齋木賢二
第27条～33条	松尾　弘＋下川健策
第34条～58条	舟橋　哲＋下川健策
第59条～63条	七戸克彦＋加藤政也
第64条～73条	草野元己＋八神　聖
第74条～77条	田中康博＋石谷　毅
第78条～82条	田中康博＋渡邉経子
第83条～96条	鳥谷部　茂＋齋木賢二
第97条～104条	七戸克彦＋石谷　毅
第105条～110条	赤松秀岳＋渡邉経子
第111条～114条	雨宮　啓＋今川嘉典
第115条～122条	武川幸嗣＋今川嘉典
第123条～150条	小柳春一郎＋下川健策
第151条～164条	小池　泰＋齋木賢二
附則第1条～第13条	七戸克彦＋加藤政也

条解不動産登記法●目　　次

監修者はしがき　　*i*
編者はしがき（日本司法書士会連合会会長）　　*iii*
編者はしがき（日本土地家屋調査士会連合会会長）　　*v*
執筆者一覧　　*vii*
執筆者・執筆協力者担当一覧　　*viii*
凡　例　　*xi*

序　論………………………………………………………………… 1
第1章　総則（第1条〜第5条）………………………………… 13
第2章　登記所及び登記官（第6条〜第10条）………………… 53
第3章　登記記録等（第11条〜第15条）………………………… 87
第4章　登記手続……………………………………………………116
　第1節　総則（第16条〜第26条）　117
　第2節　表示に関する登記　207
　　第1款　通則（第27条〜第33条）　207
　　第2款　土地の表示に関する登記（第34条〜第43条）　254
　　第3款　建物の表示に関する登記（第44条〜第58条）　304
　第3節　権利に関する登記　370
　　第1款　通則（第59条〜第73条）　370
　　第2款　所有権に関する登記（第74条〜第77条）　504
　　第3款　用益権に関する登記（第78条〜第82条）　513
　　第4款　担保権等に関する登記（第83条〜第96条）　530
　　第5款　信託に関する登記（第97条〜第104条の2）　595
　　第6款　仮登記（第105条〜第110条）　641
　　第7款　仮処分に関する登記（第111条〜第114条）　678
　　第8款　官庁又は公署が関与する登記等（第115条〜第118条）　700
第5章　登記事項の証明等（第119条〜第122条）………………710
第6章　筆界特定……………………………………………………719
　第1節　総則（第123条〜第130条）　719
　第2節　筆界特定の手続　763
　　第1款　筆界特定の申請（第131条〜第133条）　763

第2款　筆界の調査等(第134条～第141条)　*782*
　　第3節　筆界特定(第142条～第145条)　*801*
　　第4節　雑則(第146条～第150条)　*820*
第7章　雑則(第151条～第158条)……………………………………… *833*
第8章　罰則(第159条～第164条)……………………………………… *861*
附則(第1条～13条)………………………………………………………… *868*

参考資料
　資料①　不動産登記法等の一部を改正する法律の施行に伴う筆界特定手続に関する事務の取扱いについて(平成17年12月6日民二第2760号法務局長　地方法務局長あて法務省民事局長通達)………………………………………… *910*
　資料②　不動産登記法の施行に伴う登記事務の取扱いについて(通達)(平成17年2月25日法務省民二第457号)……………………………………… *1010*
　資料③　筆界特定がされた場合における登記事務の取扱いについて(平成18年1月6日民二第27号法務局長　地方法務局長あて法務省民事局民事第二課長依命通知)……………………………………………………………… *1029*

事項索引　*1041*
判例索引　*1050*
先例索引　*1057*

凡　例

1　法　令
　(1)　本書中で示す法条は,「不動産登記法」(平成16年法律第123号)現在のものによった。
　　不動産登記法の改正は平成23年5月25日法律第53号までを織り込んだ。不動産登記令は,平成24年7月19日政令第197号,不動産登記規則については,平成24年10月1日法務省令第38号,不動産登記事務取扱手続準則については,平成22年4月1日法務省民二第874号民事局長通達による改正までを織り込んだ。
　(2)　条文について,不動産登記法については法律名を除き(条文番号のみで示す),項は①②…,号は(1)(2)…の表記を行った。
　　　〔例〕不動産登記法第36条第1項第2号→36①(2)
　　また,同一法令の条文番号はナカグロ(・)でまとめ,異なる法令の条文番号はカンマ(,)で区切った。
　　　〔例〕不動産登記法第123条,同法第124条,不動産登記規則第233条
　　　　→123・124,規則233
　(3)　不動産登記法関係法令等の表記のついては次の略語を用いた。
令：不動産登記令
規則：不動産登記規則
準則：不動産登記事務取扱手続準則
上記以外の法令の略語表記については大方の慣例に従った。

2　先　例
　　通達や回答等の先例は,次のように略記した。
　　　〔例〕平成19年9月28日付け,法務省民事局長発令通達,文書番号民事二第
　　　　　2048号であり,民事月報62巻11号118頁に収録。
　　　　→平19・9・28民二民事局長通達2048・民月62・11・118
　　先例の出典の略称は次の通り。
先例集(上)(下)(追Ⅰ)～(追Ⅸ)=登記関係先例集(上・下・追加編1～9)
登研=登記研究
民月=民事月報

3 判　例

判例の表記方法は大方の慣例によった。判例出典の表記は主なものとして以下のような略語を用いた。

民　録	大審院民事判決録	訟　月	訟務月報
民　集	大審院民事判例集	判　時	判例時報
新　聞	法律新聞	判　タ	判例タイムズ
高　民	高等裁判所民事判例集	金　法	金融法務事情
下　民	下級裁判所民事裁判例集	金　判	金融・商事判例
行　集	行政事件裁判例集	判例自治	判例地方自治

4 文　献

頻出する文献については，以下の略記を行った。

有馬・詳論　有馬厚彦『詳論不動産表示登記(総論)』〔きんざい・2002〕

幾代=浦野・判例・先例コンメ新編不登法Ⅰ～Ⅳ：幾代通=浦野雄幸(編)『(判例・先例コンメンタール特別法)新編不動産登記法Ⅰ～Ⅳ』〔三省堂・1999〕

幾代=徳本・不登法：幾代通(著)=徳本伸一(補訂)『不動産登記法(第4版)』有斐閣法律学全集25-2〔有斐閣・1994〕

小川・みちしるべ：小川勝久『新・不動産登記法のみちしるべ』〔日本評論社・2006〕

香川・逐条(1)(2)：香川保一「新不動産登記法逐条解説(1)(2)」〔テイハン・2008〕

香川・精義(上)(中)(下)→香川保一「不動産登記書式精義(上)(中)(下)」〔テイハン・1980～1998〕

鎌田=寺田・新基コンメ不登法：鎌田薫=寺田逸郎編『新基本法コンメンタール不動産登記法』〔日本評論社・2010〕

鎌田=寺田=小池・新講座①③⑤：鎌田薫=寺田逸郎=小池信行編『新不動産登記講座①③⑤』〔日本評論社・1998～2000〕

河合・逐条不登令：河合芳光『逐条不動産登記令』〔金融財政事情研究会・2005〕

齋藤・集中講義不登法：齋藤隆夫『集中講義不動産登記法(第2版)』〔成文堂・2005〕

清水・一問一答：清水響『新不動産登記法一問一答』〔商事法務・2005〕

清水・Q&A：清水響『Q&A不動産登記法』〔商事法務研究会・2007〕

清水「法概要」：清水響「不動産登記法等の一部を改正する法律の概要」民事月報60巻5号

清水等「通達概要」：清水響=笹井朋明=中村誠=赤間聡「不動産登記法等の一部を改正する法律の施行に伴う筆界特定手続に関する事務の取扱いに関する通達概要」民事月報61巻1号

杉之原・不登法：杉之原舜一『不動産登記法』〔一粒社・1970〕

林=青山・注解：林良平=青山正明(編)『不動産登記法』林良平=遠藤浩=西村宏一(監修)『注解不動産法・第6巻』〔青林書院・1988〕
半田・注釈：半田正夫(編)『注釈不動産登記法』〔有斐閣・1987〕
山野目・不登法：山野目章夫『不動産登記法』〔商事法務・2009〕
吉野・注釈(上)(下)：吉野衛『(新版)注釈不動産登記法総論(上)(下)』〔金融財政事情研究会・1982〕
平成16年改正不動産登記法と登記実務(解説編)：登記研究編集室編『平成16年度改正不動産登記法と登記実務(解説編)』〔テイハン・2005〕
平成16年改正不動産登記法と登記実務(資料編)：登記研究編集室編『平成16年度改正不動産登記法と登記実務(資料編)』〔テイハン・2005〕

序　論

1　公示の原則と公示の効力

　およそ一般に，公示(Publizität ; publicité)とは，ある一定の事項をあらかじめ広く一般に認識可能な状態に置くことをいう。第1に，この公示の目的には，公法目的から(例えば総選挙の施行の公示。憲7(4))，私法目的まで，実にさまざまなものがある(不動産登記は後者である)。第2に，公示の態様には，自然的なもの(例えば人の存在それ自体から人格権が公示され，土地の占有から占有権が公示される)と，作為的・人工的ないし制度的なもの(公示制度)がある(不動産登記は後者である)。第3に，公示を行う主体には，公の機関の場合(例えば上記総選挙の公示は天皇が詔書によって行う)と，私人の場合(例えば一般旅客定期航路事業者の運賃・料金・運送約款の公示。海上運送法10)がある(不動産登記は原則として私人の申請による。16)。第4に，公示の客体は，事実である場合と，権利・法的地位・法律関係の現状あるいは変動(発生・変更・消滅)の場合がある(不動産登記は後者である)。

　一方，公示の原則(Publizitätsprinzip ; principe de la publicité)とは，もっぱら私法とくに物権法の領域における概念であって，広義においては，次の4段の論理の全体をいう。すなわち，第1に，物権は人の物に対する直接支配権であって，排他性を有する権利である(＝物権の性質)。したがって，第2に，物権は，対外関係において優先的効力と物権的請求権という強力な効力を有する(＝物権の効力)。それゆえ，第3に，物権の所在ないし変動(そのいずれと解するかについては争いがある)をあらかじめ広く一般に認識可能な状態に置かなければ，第三者が不測の損害を蒙るおそれがある(＝公示の要請)。しかし，物権の中には，それが占有等により自然的に公示されないものもある。そこで，第4に，(1)国は，それらの物権を公示するための人工的な制度を創設・整備する必要があるとともに(＝公示制度の整備)，(2)公示を促進させるために，当事者に対して直接・間接の公示強制を行う必要がある(＝公示の効力)。

　そして，以上の論理の中の第4の段階のうち，(1)国家に対する公示制度の整備の要請を受けて制定されたものが，不動産物権に関する不動産登記法であり，あるいは動産物権に関する各種の特別法である(船舶登記令に基づく船舶登記，動産・債権譲渡特例法に基づく動産譲渡登記など)。

　一方，(2)当事者に対する公示強制の方法には，公法上の強制と，私法上の強制とがある。このうち，公法上の強制は，登記をしない当事者に金銭罰等の制裁を科すもので，わが不登法は，表示に関する登記のうち報告的登記について，1か月以内の申請を怠った者を10万円以下の過料に処する旨を定めている(164)。他方，私法上の強制とは，公示の具備あるいは欠缺に一定の私法実体上の効果を結合させることで，当事者を公示に誘導させるも

ので，諸国の立法例には，①公示を物権変動の成立要件とするもの(設権的効力)，②公示がなければ対抗力を否定するもの(対抗(不能)力)，③公示の存在・不存在を権利の存在・不存在に関する証拠方法とするもの(推定力)，推定力を一歩進めて，④公示の存在から物権の存在を擬制し(覆滅を許さない推定)，公示の不存在から物権の不存在を擬制するもの(公信力)があり，ドイツ法は，①設権的効力・③推定力・④公信力を定めているが，フランス法は，不動産に関しては②対抗(不能)力のみを認める。フランス法を継受した日本法においても，法文上は②対抗(不能)力のみを定めるにすぎないが(民177)，しかし，③登記の推定力に関しては，伝統的通説はこれを肯定し，また，④登記の公信力に関しても，昭和30年代以降，94条2項類推適用法理という判例理論が形成されている。

なお，ドイツでは，以上の公示の効力のうち，④登記の公信力を指して公示の原則と呼ばれることがある。これに対して，わが国においては，②登記の対抗(不能)力を指して公示の原則と呼んで(狭義の公示の原則)，④公信の原則と対置させるのが通例である。

2 フランス法とドイツ法

公示に関する法令の中には，公示制度の手続法と公示の私法上の効力に関する実体法の両方を定めているものもある(立木法，工場抵当法，企業担保法など)。これに対して，不動産に関しては，公示の効力については民法(177)，公示制度および公示手続については不動産登記法というように，公示の実体法と手続法とが，別個の法令に分けて規定されている。ところが，公示の私法上の効力を定めた民法典は，上記のようにフランス法の②対抗要件主義を継受したのに対して，公示の制度と手続を定めた不動産登記法は，①成立要件主義・③推定力・④公信力を念頭に置くドイツ法を継受しているため，両者の関係がうまく接合されていない箇所がある。

ドイツにおける所有権移転は，中世以前の仮装訴訟の系譜を比較的よく残している。仮装訴訟の方式による所有権移転とは，買主が原告となり，売主を被告として，仮装の所有権訴訟を提起し，売主は直ちに請求を認諾するものである。その結果，裁判官が下した買主勝訴の判決証書は不可争性を有することから，所有権移転の絶対的証拠方法となる。そこで，当事者は証拠保全のために仮装訴訟を行い，やがて，この仮装訴訟こそが所有権の移転の方式であるとの意識が一般化したのである。そして，その後，社会・経済の発展に伴い，取引が頻繁化してくると，仮装訴訟を専門に扱う裁判所が分化し，仮装訴訟専門の裁判官が現れる。それらが，現在の登記所，登記官である。また，裁判所に保存されている判決証書原本は，登記簿へと発展し，仮装訴訟を提起する原告の訴状は，登記申請書へと発展した。一方，仮装訴訟における原告(買主)の請求と，被告(売主)の請求認諾は，その後，登記申請に向けられた手続法的な意思表示と，裁判官(登記官)の面前において両当事者が行う実体法的な物権変動に向けられた合意とに峻別され，現行ドイツ法において，前者は不動産登記法における共同申請原則，後者は民法典における物権的合意(物権契約)として，分けて規定されるに至った。

これに対して，フランスにおける物権変動は，すでにアンシャン・レジーム時代には裁判所から離れ，証拠保全は，公証人の作成する公正証書の不可争性に頼るようになっていた。なお，ドイツ法系の自由心証主義を採用する日本法と異なり，フランスでは書証優越の法定証拠主義が採用されており，不動産に限らず，およそ一般に，一定の金額(現在では1500ユーロ＝約18万円)以上の物においては，証書の作成が義務づけられ，それ以下の金額の場合にも，書証と矛盾する証拠は排斥される(フランス民法1341条)。それゆえ，フランスにおいては，実体法における意思主義にもかかわらず，公証人の面前で契約が締結され，公正証書が作成されるのが通例である。そして，この公証人慣行を前提に，フランスの登記法は，当事者申請主義ではなくして公証人が登記申請を行うものとし，ドイツのような登記簿の一般公開原則も採用されず(権原調査は当事者ではなく公証人の業務であるから)，また，登記簿の編綴方式は，公証人より提出された公正証書をそのままバインドしてゆく構造になっている(年代順編制主義。なお，後の参照の便宜のため，氏名によるインデックスも作成されており，この点を捉えて人的編制主義と呼ばれることもある)。このような登記簿の編綴方式を，公示の対象の観点から言い直せば，フランスの登記簿によって公示されるのは(公示の対象)，物権変動原因契約であって，そこから生ずる抽象的な物権変動でも，変動した権利の現在の所在でもない。なお，登記の所轄庁に関しては，裁判所での所有権移転から離れて久しいフランスでは，租税徴収官庁である大蔵省管轄となっている。

3 明治19年旧登記法

　明治初期の物権変動法制である公証制度ならびに地券制度は，戸長の奥書証印あるいは地券の交付・書替を物権変動の成立要件としていたが，これらの形式は，物権の所在ないし変動を広く外部から認識可能な状態に置くものではないため，厳密な意味での公示制度とはいいがたい。

　公示ないし公示の原則の定義に合致する厳密な意味での公示制度は，明治19年8月13日法律第1号「登記法」(いわゆる旧登記法)に始まる。

　同法は，おおむねドイツ法(プロイセン法)を継受している。すなわち，①所轄官庁につき，登記事務を扱う「登記所」は，原則として治安裁判所とされ(3条)，登記事務を扱う「登記官吏」(5条)は，治安判事とされる(なお，明治21年9月28日司法省訓令文第1009号「治安裁判所出張所設置ニ付登記事務取扱方」により，出張所において治安判事がいないときは，上席裁判所書記が判事の代理として登記事務を取り扱うことが認められた)。②登記簿の編綴についても，一不動産一登記用紙の物的編制主義が採用されている。なお，旧登記法は，不動産(地所・建物)のほか，船舶をも対象としているため，登記簿は，地所登記簿・建物登記簿・船舶登記簿の3種とされ，それぞれ「表題」と甲乙丙の3区に分かれる(明治19年12月3日司法省訓令第32号「登記法取扱規則」2条・3条)。また，③登記簿は一般に公開され，当事者は登記所に出頭して謄抄本の交付あるいは閲覧を請求することができる(11条)。さらに，④申請に関しても，ドイツ法系の仮装訴訟の系譜に由来する，共同申請主義ならびに出頭

主義が採用されている(売買譲与につき14条，家督相続につき15条，質入書入につき21条・23条)。

ただし，登記の実体法上の効力を定めた6条(「登記簿ニ登記ヲ為サヽル地所建物船舶ノ売買譲与質入書入ハ第三者ニ対シ法律上其効ナキモノトス」)は，フランス法系の対抗要件主義を規定したものといわれる。

4 明治32年旧不動産登記法

その後，現行民法典(明治29年4月27日法律第89号・明治31年6月21日法律第9号)の制定に対応して，明治19年旧登記法の規定のうち，不動産登記に関する規定を全面改正のうえ独立の法律としたものが，明治32年2月24日法律第24号「不動産登記法」(旧不動産登記法。以下「明治32年旧不登法」ないし単に「旧不登法」と呼ぶ)である(なお，明治19年旧登記法のうち，船舶登記に関する規定は，明治32年3月8日法律第46号「船舶法」ならびに明治32年3月9日法律第48号「商法」に規定されるに至る)。

(1) 旧不動産登記法(原始規定)の内容

明治19年旧登記法と同様，明治32年旧不登法もまた，おおむねドイツ法に依拠している。

① 登記事務の管轄は，明治19年旧登記法と同様，裁判所である。明治23年2月10日法律第10号「裁判所構成法」15条は，登記事件を区裁判所(治安裁判所から組織変更)管轄の非訟事件と位置づけており，これを受けて，明治32年旧不登法8条は，区裁判所またはその出張所を「登記所」とする。したがって，明治32年旧不登法12条・13条(原始規定。以下同様)にいう「登記官吏」(戦後昭和38年改正(後掲【図表1】28)により「登記官」に名称変更)は，区裁判所判事を指すことになる。登記官(吏)の決定・処分に対する不服申立手続が，通常の行政処分と異なっているのは，登記事件が仮装訴訟を淵源とする非訟事件であったためである。なお，明治19年旧登記法と同様，区裁判所判事不在の場合には，裁判所書記が登記事件を代理できるとされたが，その後，大正2年改正裁判所構成法15条2項は「非訟事件中登記事務ハ裁判所書記ヲシテ之ヲ取扱ハシムルコトヲ得」と規定するに至る。すなわち，裁判所書記が，非訟事件たる登記事件に関する裁判官たる地位を獲得したのである。そして，この地位が，戦後，昭和24年旧不登法一部改正(【図表1】18)により，法務府事務官(現在の法務事務官)へと受け継がれ，さらに，平成16年新不動産登記法(【図表1】63。以下「新不登法」「現行不登法」ないし単に「不登法」と呼ぶ)に関する平成17年改正(【図表1】66)による筆界特定手続の導入の結果，法務事務官は，非訟事件たる登記事件における裁判官たる地位のみならず，裁判外紛争解決手続(ADR: Alternative Dispute Resolution)の主宰者たる地位をも獲得することとなる。

② 一方，登記簿の種類は，明治19年旧登記法の規定のうち船舶の公示部分が分離されたことを受けて，土地登記簿と建物登記簿の2種とされたが，一不動産一登記用紙主義の物的編制主義は維持されている(15)。このうち，土地登記簿は，登記番号欄・表題部・甲乙丙丁戊の5区の3つの部分に分かれ，表題部には表示欄と表示番号欄が設けられ，また，各区には事項欄・順位番号欄が設けられる(16)。建物登記簿についても，甲乙丙丁の4区

からなる点を除けば，土地登記簿と同様である(17)。なお，これら原始規定における5区あるいは4区は，大正2年法改正(【図表1】4)において，現在の甲乙2区に統合された。

③ また，登記簿公開の原則についても，明治19年旧登記法におけるドイツ法系の一般公開の立場が維持されている(21)。

④ 申請に関して，共同申請主義および出頭主義が採用されている点も，明治19年旧登記法と同じである(26)。これに対して，明治32年旧不登法制定の2年前に制定されたドイツ不動産登記令(GBO；Grundbuchordnung, 1897)は，登記義務者の許諾書を添付した登記権利者の単独申請を採用していたから(許諾主義)，わが国の旧不登法は，過去の時代の仮装訴訟の系譜を色濃く残す古いタイプの申請方式を維持したことになる。なお，裁判所構成法上も登記事件は非訟事件と位置づけられていたため，登記手続に関しては，民事訴訟法上の議論がそのままスライドされることが多く，その影響は，今日に至るまで続いている(例えば当事者の登記申請能力をめぐる議論は，訴訟能力に関する議論をそのまま持ち込んだものである)。

⑤ 以上に対して，登記申請の必要書面に関して，明治32年旧不登法は，明治19年旧登記法の立場を大きく改めている。第1に，明治19年旧登記法における提出書類は，申請人が登記の件目等を記載し実印を押印した「名刺」と(明治19年12月3日司法省令甲第5号「登記請求手続」1条)，登記原因に関する「証書」(例えば売買譲与につき旧登記法14条)であったが，明治32年旧不登法は，上記「名刺」に代えて，登記事項を記載した「申請書」を提出させることで(35①(1)・36)，登記官吏の事務処理の効率化を図った。これは，フランス法系の証書公示制度と同様に，証書を登記申請書面の中心に据えていた明治19年旧登記法の立場を改め，申請書の側に比重を置いて，登記原因証書は，申請書の真実性を担保する添付書類にすぎないとしたものである。

⑥ 第2に，明治32年旧不登法は，登記申請に際して，新たに「登記義務者ノ権利ニ関スル登記済証」の提出を要求した。明治19年旧登記法下でも，登記完了後，地券の下付または書換を希望する当事者は，登記済証を受領できるものとされ(旧登記法20)，また，この登記済証の素材は，登記申請の際に提出された証書を用いるとされていた(明治23年10月29日「登記法取扱規則」30条)。明治32年旧不登法は，この地券下付のための登記済証の還付の制度を必須化し(60)，次回の登記申請の際の必要書面へと転用したのである。その制度趣旨は，立法担当者の説明によれば，申請人が真の権利者であることを証明し，登記義務者以外の者による登記申請を防止する点にあるとされている(本人確認機能)。しかしながら，その後の学説は，登記義務者の登記済証の提出から登記申請意思も確認できるとし(意思確認機能)，あるいは，登記済証には司法書士の登記申請代理業務の成果物(報酬の対価)としての意味もあると述べるようになり，そして，これらの機能が，後の平成16年新不登法において登記済証を廃止し代替制度として登記識別情報制度を導入する際，議論の対象となった。

(2) 旧不動産登記法の改正

明治32年旧不登法制定から平成16年新不登法制定による旧法廃止までの旧不登法の改正は62回に及ぶが（特別法の制定を含む。【図表1】参照），なかでも大規模な改正は，①昭和35年改正および②昭和63年改正であった。

　①　昭和35年改正（【図表1】25）──同改正は，昭和24年のシャウプ勧告に基づく税制改革以降，税務署から登記所に移管されていた土地台帳・家屋台帳を登記簿の表題部として吸収合併するとともに（登記簿・台帳一元化），権利に関する登記その他の登記手続の合理化を目的とするものである。

　②　昭和63年改正（【図表1】40）──同改正の主目的は，電子情報処理組織による登記情報の保存・閲覧・証明書交付を認める制度を新設することにあり（「第4章ノ2　電子情報処理組織ニ依ル登記ニ関スル特例」（151条ノ2〜151条ノ8）追加），併せて，現行登記制度を改善・合理化する目的で，登記簿に記載された事項の証明制度等の廃止，閉鎖登記簿の保存期間の伸長，担保権に関する登記の抹消登記の単独申請とする改正等がなされた。

【図表1】　不動産登記法の改正経緯

(0)	明治32年2月24日法律第24号「〔旧〕不動産登記法」
1	明治38年3月1日法律第39号「不動産登記法中改正法律」
2	明治39年6月22日法律第55号「債務者ニ代位スル債権者ノ登記申請ニ関スル法律」
3	明治44年3月21日法律第12号「不動産登記法中改正法律」
4	大正2年4月9日法律第18号「不動産登記法中改正法律」
5	大正5年9月20日法律第45号「華族世襲財産法」附則3項
6	大正8年3月26日法律第24号「不動産登記法中改正法律」
7	大正11年4月21日法律第64号「不動産登記法中改正法律」
8	昭和2年3月31日法律第34号「不動産登記法中改正法律」
9	昭和6年3月30日法律第20号「不動産登記法中改正法律」
10	昭和17年2月24日法律第66号「不動産登記法中改正法律」
11	昭和20年2月14日法律第9号「戦時民事特別法中改正法律」「第5章　登記」(20条，21条，22条)
12	昭和20年6月20日法律第37号「戦時民事特別法及戦時刑事特別法中改正法律」1条
13	昭和20年12月20日法律第46号「戦時民事特別法廃止法律」
14	昭和22年3月13日法律第14号「華族世襲財産法を廃止する法律」附則3項
15	昭和22年10月27日法律第125号「国家賠償法」附則4項
16	昭和22年12月17日法律第195号「法務庁設置に伴う法令の整理に関する法律」13条
17	昭和22年12月22日法律第223号「民法の改正に伴う関係法律の整理に関する法律」20条
18	昭和24年5月31日法律第137号「法務局及び地方法務局設置に伴う関係法律の整理等に関する法律」19条
19	昭和25年7月31日法律第227号「土地台帳法等の一部を改正する法律」3条・4条
20	昭和25年12月20日法律第291号「採石法」附則3項

21	昭和26年4月20日法律第150号「不動産登記法等の一部を改正する法律」1条
22	昭和27年7月31日法律第268号「法務府設置法等の一部を改正する法律」37条
23	昭和34年4月20日法律第148号「国税徴収法の施行に伴う関係法律の整理等に関する法律」30条
24	昭和34年4月20日法律第149号「地方税法の一部を改正する法律」附則20条
25	昭和35年3月31日法律第14号「不動産登記法の一部を改正する等の法律」1条
26	昭和37年4月4日法律第69号「建物の区分所有等に関する法律」附則4条
27	昭和37年9月15日法律第161号「行政不服審査法の施行に伴う関係法律の整備等に関する法律」24条
28	昭和38年7月9日法律第126号「商業登記法の施行に伴う関係法令の整理等に関する法律」6条
29	昭和39年3月30日法律第18号「不動産登記法の一部を改正する法律」
30	昭和39年7月10日法律第168号「河川法施行法」32条
31	昭和41年6月30日法律第93号「借地法等の一部を改正する法律」附則5項
32	昭和42年6月12日法律第36号「登録免許税法の施行に伴う関係法令の整備等に関する法律」42条
33	昭和42年7月21日法律第75号「土地収用法の一部を改正する法律施行法」11条
34	昭和46年6月3日法律第99号「民法の一部を改正する法律」附則14条
35	昭和50年12月26日法律第90号「許可, 認可等の整理に関する法律」3条
36	昭和53年6月20日法律第78号「仮登記担保契約に関する法律」附則9条
37	昭和58年5月21日法律第51号「建物の区分所有等に関する法律及び不動産登記法の一部を改正する法律」2条
38	昭和60年5月18日法律第37号「国の補助金等の整理及び合理化並びに臨時特例等に関する法律」56条
39	昭和60年6月7日法律第54号「登記特別会計法」附則4条
40	昭和63年6月11日法律第81号「不動産登記法及び商業登記法の一部を改正する法律」1条
41	平成元年12月22日法律第91号「民事保全法」附則7条
42	平成3年5月2日法律第61号「河川法の一部を改正する法律」附則3項
43	平成3年5月21日法律第79号「行政事務に関する国と地方の関係等の整理及び合理化に関する法律」附則12条
44	平成3年10月4日法律第90号「借地借家法」附則15条
45	平成5年4月23日法律第22号「不動産登記法の一部を改正する法律」
46	平成5年11月12日法律第89号「行政手続法の施行に伴う関係法律の整備に関する法律」29条
47	平成7年4月5日法律第64号「河川法の一部を改正する法律」附則2項
48	平成8年6月26日法律第110号「民事訴訟法の施行に伴う関係法律の整備等に関する法律」7条
49	平成9年6月4日法律第69号「河川法の一部を改正する法律」附則3条
50	平成10年10月16日号律第128号「競売手続の円滑化等を図るための関係法律の整備に関する法律」3条
51	平成11年5月14日法律第43号「行政機関の保有する情報の公開に関する法律の施行に伴う関係法律の整備等に関する法律」4条

52	平成11年7月16日法律第87号「地方分権の推進を図るための関係法律の整備等に関する法律」附則166条
53	平成11年12月8日法律第151号「民法の一部を改正する法律の施行に伴う関係法律の整備等に関する法律」5条
54	平成11年12月22日法律第160号「中央省庁等改革関係法施行法」297条
55	平成13年4月6日法律第26号「高齢者の居住の安定確保に関する法律」附則3条
56	平成14年7月31日法律第100号「民間事業者による信書の送達に関する法律の施行に伴う関係法律の整備等に関する法律」14条
57	平成14年12月13日法律第152号「行政手続等における情報通信の技術の利用に関する法律の施行に伴う関係法律の整備等に関する法律」19条
58	平成15年5月30日法律第61号「行政機関の保有する個人情報の保護に関する法律等の施行に伴う関係法律の整備等に関する法律」11条
59	平成15年8月1日法律第134号「担保物権及び民事執行制度の改善のための民法等の一部を改正する法律」2条
60	平成15年8月1日法律第138号「仲裁法」附則11条
61	平成16年6月2日法律第76号「破産法の施行に伴う関係法律の整備等に関する法律」8条
62	平成16年6月9日法律第84号「行政事件訴訟法の一部を改正する法律」附則7条
63(0)	平成16年6月18日法律第123号「〔新〕不動産登記法」
64(1)	平成16年12月1日法律第147号「民法の一部を改正する法律」附則77条
65(2)	平成16年12月3日法律第152号「民事関係手続の改善のための民事訴訟法等の一部を改正する法律」附則37条
66(3)	平成17年4月13日法律第29号「不動産登記法等の一部を改正する法律」1条
67(4)	平成18年12月15日法律第109号「信託法の施行に伴う関係法律の整備等に関する法律」71条
68(5)	平成19年3月30日法律第23号「特別会計に関する法律の一部を改正する法律」372条
69(6)	平成19年12月21日法律第132号「借地借家法の一部を改正する法律」附則3条
70(7)	平成23年4月28日法律第32号「高齢者の居住の安定確保に関する法律等の一部を改正する法律」附則14条
71(8)	平成23年5月25日法律第53号「非訟事件手続法及び家事事件手続法の施行に伴う関係法律の整備等に関する法律」150条

5 平成16年新不動産登記法

(1) 新不動産登記法の制定経緯

　昭和63年改正段階において，不動産登記の電子化は，日本はもとより，世界のトップランナーたる地位にあった。ところが，その後のバブル経済崩壊と長期にわたる景気低迷に

より, 昭和63年改正に基づく登記事務の簿冊処理からコンピュータ処理への移行(ブック庁からコンピュータ庁への移行)は立ち後れ, また, 昭和63年改正による登記情報の保存・閲覧・証明書交付の電子化に引き続き予定されていた申請手続の電子化も, 実施の目処は立たなかった。だが, その間に, 他府省は行政手続の電子化を着々と推進して法務省を追い越し, こうした他府省の進捗状況を受けて, 政府は, 平成11年12月19日内閣総理大臣決定「ミレニアムプロジェクト」において, 平成15年度までに行政手続をインターネット回線を通じて行う「電子政府」構想を打ち出し, この方針は, 平成12年12月6日法律第144号「高度情報通信ネットワーク社会形成基本法」に基づき内閣に設置された高度情報通信ネットワーク社会推進戦略本部(IT戦略本部。本部長は内閣総理大臣)策定の平成13年1月22日「e-Japan戦略」および同年3月29日「e-Japan重点計画」でも確認された。

だが, 不動産登記のオンライン申請に関しては, 上記政府の要求する平成15年度末の期限までの実現はとうてい不可能であったため, 法務省は, 1年の猶予を願い出る一方, 平成13年度および平成14年度に登記申請のオンライン化に関する調査研究を㈶民事法務協会に委託, その後, 同協会設置のオンライン登記申請制度研究会は平成15年4月1日最終報告書を公表, これに基づき法務省民事局も同年7月1日「電子情報処理組織を使用する方法による申請の導入等に伴う不動産登記法の改正に関する担当者骨子案」を公表し, 意見照会の手続を経た後, 同年9月10日法務大臣は法制審議会に対して不動産登記法の見直しを諮問, 法制審議会不動産登記法部会は同年10月から11月の3回の審議を行い, 翌平成16年2月10日法制審議会総会は, 部会で取りまとめられた要項(骨子)の方針で法整備することが相当である旨を答申, この答申を受けて法務省により立案された「不動産登記法案」および「不動産登記法の施行に伴う関係法律の整備等に関する法律案」は, 同年3月2日の閣議決定を経て, 翌3日第139回国会衆議院に上程(閣法75号・76号), 4月20日衆議院本会議, 6月11日参議院本会議で可決成立した両法律案は, 平成16年6月18日法律第123号および同第124号として公布され, 約定の期限である平成16年度末の平成17年3月7日より施行された。

なお, こうした急速立法であったことから, 下位法令に関しては新不動産登記法との同時公布・施行に間に合わず, 政令については新法公布の9か月後(平16・12・1政令379号「不動産登記令」), 法務省令については新法施行の半月前(平17・2・18法務省令18号「不動産登記規則」), 法務省通達については新法施行の1週間前までずれ込み(平17・2・25法務省民二456通達「不動産登記事務取扱手続準則の改正について」), 他の府省所管の関連府省令等の中には, 新法施行当日になってようやく公布・即日施行されたものもあった。

(2) 新不動産登記法(原始規定)の内容

平成16年不動産登記法全面改正の立法趣旨は, 国会提出の法案提出理由によれば, 次のようなものである。「最近における高度情報化社会の進展にかんがみ, 不動産登記についてその正確性を確保しつつ国民の利便性の一層の向上を図るため, 電子情報処理組織を使用する方法による申請を可能にし, 申請手続に関する規定を見直し, 磁気ディスクをもっ

て調製された登記簿に登記を行う制度とする等の必要がある」。かかる立法趣旨に基づく主要な改正点の全容を示せば**【図表2】**のようになるが、しかし、この改正は、上記政府のe-Japan戦略との関係で期限を定められての急速立法であったことから、以下のような限界を有していた。

第1に、法改正の主目的である申請手続のオンライン化に関しては、移行に伴う混乱を避けることと、まったく新たな制度設計を行う時間的余裕がなかったことから、旧法の書面申請の手続を、極力そのままの形でオンライン申請にスライドさせる方針がとられた。だが、そのため、新法の制度は、オンライン申請のメリットを存分に活かせるような内容になっていない。その一方において、従来の書面申請の手続を半端な形で電子申請に移行させた結果、事務手続はかえって煩雑化することとなった。

【図表2】 平成16年新不動産登記法(原始規定)における主要な改正点

改正の目的			主要な改正点	
I	電子政府構想 (e-Japan戦略)	電子申請の導入	1	電子申請の導入(18条1項)
^	^	^	2	出頭主義(旧法26条1項)の廃止
^	^	^	3	登記済証→登記識別情報(21条・22条) ・登記識別情報有効証明(規則68条) ・受領証(規則54条) ・完了証(規則181条)
^	^	^	4	・事前通知+資格者代理人による本人確認情報(23条) ・登記官による本人確認(24条)
^	^	^	5	登記原因証書→登記原因証明情報の必要的提供(61条)
II	コンピュータ庁への移行の進捗	磁気ディスク登記簿への一本化	6	紙の登記簿→磁気ディスク登記簿(2条9号・12条)
III	地図整備の必要性	地図等の電子化	7	地図等の電磁的記録化(14条6項)
IV	法制度全般の現代語化の要請	法文の現代語化	8	片仮名文語体の法文のすべてを現代語化すること
V	その他の改正事項		9	予告登記(旧法3条)の廃止
^	^		10	登記官による職権更正手続の整備(67条2項ただし書)
^	^		11	審査請求手続の合理化(原始規定129条→現行157条)
^	^		12	不動産を識別するために必要な事項(法18条柱書・27条4号) =不動産識別事項(令6条1項柱書) =不動産番号(規則1条8号・34条2項)
^	^		13	登記官の除斥事由の変更(10条)
^	^		14	補正の手続の変更(25条ただし書)
^	^		15	旧法49条2号却下事由(「事件カ登記スヘキモノニ非サルトキ」)の内容の具体化(25条2号・3号・13号)

第2に，わが国の不動産登記制度の問題点として従来から指摘されていたのは，登記が実体関係を反映する蓋然性の低さであったが，新法では，オンライン申請導入により，登記が実体関係を反映する蓋然性が，旧法より低下しないことに目が向けられ，新法制定を機に，登記の真実性を旧法以上に高めようとする発想はとられなかった。そのため，オンライン申請における真実性担保のための制度も，旧法の制度をそのまま承継したものがほとんどであり，その他の改正事項に関しても，旧法下の登記実務で顕在化していた問題個所に対する対症療法的な措置にすぎず，登記の真実性向上のための抜本的な対策は，（登記原因証明情報の提供の必須化といったわずかな例外を除けば）採用されなかった。

(3) 新不動産登記法の改正

その後，新不登法は，平成24年12月までの8年の間に，以下の計8回にわたり改正された。

① 平成16年12月1日改正（【図表1】64）──民法の現代語化等に関する改正に伴い，新不動産登記法中で引用されている民法の条文の条数ならびに表記を改めるもの（地役権に関して78条，80条，根抵当の条数ならびに表記に関して88条，89条，90条，92条，93条，その他，行為能力制限に関して81条）。

② 平成16年12月3日改正（【図表1】65）──同日の公示催告手続ニ関スル法律（明治23年法律第29号）の廃止（非訟事件手続法（明治31年法律第14号）への規定の移行）に伴う，70条1項・2項，108条5項の改正。

③ 平成17年改正（【図表1】66）──筆界特定手続を中心とした新不動産登記法ならびに司法書士法・土地家屋調査士法の改正。現時点までの新法の改正中，最も大きな改正といえる。このうち不動産登記法の改正（改正法1条関係）に関しては，(1)「第六章　筆界特定」の章を新設し（新123条～150条），旧「第六章　雑則」（旧123条～130条）・旧「第七章　罰則」（旧131条～136条）の章ならびに条文を，それぞれ「第七章」（151条～158条）・「第八章」（159条～164条）に繰り下げたほか，(2)新法の既存の規定に関しても，①旧134条を削除して新162条を新設し，また，25条，29条，58条，63条，122条，旧125条（新153条），旧131条（新159条），旧135条（新163条）の文言にも修正を加えた。一方，司法書士法の改正（改正法2条関係）は，上記筆界特定手続に関して司法書士の書面作成ならびに相談・代理業務を認めるもの（司法書士法3条1項4号改正，8号追加），土地家屋調査士法の改正（改正法3条関係）は，同じく筆界特定手続の代理関係業務（土地家屋調査士法3条1項4号～6号追加）のほか，所有権界に関する民間型の裁判外紛争解決手続（ADR）における代理業務（「民間紛争解決手続代理等関係業務」という。新設の土地家屋調査士法3条2項柱書）を土地家屋調査士に認めるものである（土地家屋調査士法3条1項7号～8号追加）。

④ 平成18年改正（【図表1】67）──新信託法（平成18年法律第108号）の施行に伴い，17条3号，97条1項・2項，98条1項・2項・3項，100条，101条，102条，103条，104条を改正，104条の2を新設。

⑤ 平成19年3月改正（【図表1】68）──行政改革の一環として登記特別会計法（【図表1】

39)を廃止したことに伴い，194条4項「登記印紙」を「収入印紙」に改正するもの。

⑥　平成19年12月改正(【図表1】69)――借地借家法(平成3年法律第90号)の一部改正(事業用定期借地権の存続期間延長)に伴い，不登法78条3号・4号，81条7号・8号を改正するものである。

⑦　平成23年4月改正(【図表1】70)――高齢者の居住の安定確保に関する法律(平成13年法律第26号)の改正に伴い，改正前の条文を挙示していた不登法81条(賃借権の登記等の登記事項)8号の文言(条数。「……高齢者の居住の安定確保に関する法律第56条の定めがあるときは，その定め」)を「第52条の定め」に変更。

⑧　平成23年5月改正(【図表1】71)――非訟事件手続法(平成23年法律第51号)の制定に伴い，旧非訟事件手続法(明治31年法律第14号)の条文を挙示していた不登法70条1項の条数(「第141条」)が「第99条」に，同条2項の条数(「148条1項」)を新法「106条1項」に変更され，不登法108条5項掲記の旧非訟事件手続法の条数(「第5条から第14条まで，第16条から第18条まで，第19条第2項及び第3項，第22条，第23条並びに第25条から第32条まで」)が新法「第2条及び第2編(同法第5条，第6条，第7条第2項，第40条，第59条，第66条第1項及び第2項並びに第72条を除く。)」に改められた。

(七戸克彦)
(執筆協力：加藤政也)

第1章　総　　則

＊旧法関係……章名変更なし

I　総則規定の改正点

1　旧法の規定

　旧法は，まず1条において，登記をすることができる権利および権利変動の種類を明らかにし，続く2か条で，いわゆる予備登記(仮登記(旧法2条)および予告登記(旧法3条))の意義と効力を定めていた。さらに対抗要件主義に関する民法177条の原則に対する例外規定として，登記の欠缺を主張することができない第三者についての特則を定める規定(旧法4条・5条)，権利の順位に関する一般原則(旧法6条)および付記登記ならびに仮登記の順位に関する規定(旧法7条)と法務省令への委任に関する規定(旧法7条ノ2)を置いていた。

2　新法の規定

　新法における実質的な変更点としては，第1に，不動産登記制度の目的規定を冒頭に掲げたこと(1条)，第2に，本法で使用する基本用語の定義規定を設けたこと(2条)，第3に，濫用の弊害が目立つうえ有効性について疑義が持たれていた予告登記を廃止し，旧法第3条に相当する規定を削除したこと，が挙げられる。

　また，実質的な内容の変更を伴わない規定の配置換えおよび文言の調整として，第1に，仮登記に関する規定が，「権利に関する登記」の一類型として，登記手続の各論部分(105条～110条)に移された。第2に，本登記と付記登記の順位に関する規定が1カ条に統合された(4条)。第3に，民法177条における背信的悪意者排除論の確立をふまえて，旧法4条および5条が1か条に統合された(5条)。

　旧法1条は新法3条に承継されている。

　　(目的)
　第1条　この法律は，不動産の表示及び不動産に関する権利を公示するための登記に関する制度について定めることにより，国民の権利の保全を図り，もって取引の安全と円滑に資することを目的とする。

＊旧法関係……本条新設
＊関連法規……(趣旨)令1条, 準則1条

I 本条の趣旨

本条は, 新設規定であり, 不動産登記制度の意義と目的を謳うものである。すなわち, 本法の目的が, 「国民の権利の保全」を図り, 「取引の安全と円滑」に資することにあること, そして不動産登記制度が「不動産の表示及び不動産に関する権利を公示する」仕組みとして構成されていること, が明らかにされている。

「不動産の表示」とは, 権利の客体としての不動産の客観的状況を明らかにするために不動産の表示に関する登記の登記事項として法定された事項をいう。「不動産に関する権利」については, 登記をすることができる権利として不登法3条に列挙されたものに関する物権等の変動が公示される。

II 不動産登記制度の目的

1 不動産に関する権利変動の公示方法としての登記制度

本法は, 不動産の公示方法である登記に関する基本法である。本条における「不動産に関する権利」として主に念頭に置かれているのは物権である。それにもかかわらず, 「不動産に関する物権」と表現されていないのは, 後述のとおり(II 3参照), 体系上は債権に分類されているものの, 用益物権と実質的に同等の機能を果たしている賃借権も登記によって公示することができるものとされ(民605, 借地借家10), 本法も, 登記可能な権利の中に賃借権を含めているからである(3(8))。つまり, 不動産登記制度は, 不動産に関する物権およびこれに準ずる権利(物の支配を目的とする権利)を公示するための制度として理解することができる。

2 物権法の基本原理としての公示の原則

所有権をその基本形態とする物権は, 排他性をもつ絶対権であり, また物に対する直接的支配という一定の状態の保護を目的とする権利である。そして同一物につき所有権が複数併存することは, 原則としてありえない(一物一権主義)。したがって, ある物に対して誰のどのような物権が存在しているのかを恒常的に外部に公示する仕組みがなければ, 人々は安心して社会生活を送ることができない。各個人が, 他人の物権をいたずらに侵害することがないように, 物権法の基本原理として, 物権変動は外部から認識されうる何らかの表象を伴うことを必要とする原則が要請される。このような原則を公示の原則とよぶ。

これに対して, 債権は, 排他性のない相対権として, 特定人に対して一定の行為を請求できる権利として観念され, 最終的には履行によって消滅することを目的としている。所有権とは対照的に, 例えば1人の俳優が同一時間帯に異なる劇場に出演する契約を複数有効に成立させることができる。たとえ内容的に両立不能であっても対等な価値を持つ債権

として複数成立させておき，どちらを履行するかは債務者の任意に委ねる(債務者の行為自由を保障する)ことが，自由主義社会においては望ましいと考えられているからである。このように，ある債権が存在しても，その債権は遠からず消滅する運命にあり，かつその債権と内容的に両立しえない権利を債務者が幾重にも新たに設定することができる以上は，債権の帰属状態を恒常的に公示する必要性は，物権に比べてきわめて乏しい。

このような権利の性質の違いから，債権の帰属が変動する場合とは特に区別して，物権法固有の基本原理として公示の原則が説かれているのである。

3 登記の機能

(1) 競合する権利変動相互間の優劣決定機能 民法典によると，法律行為による物権変動に関しては，意思表示のみによって物権変動の効果が生じるものとされている(民176)。簡易迅速に権利関係を変動させることができる点において，物権変動の当事者にとって便利で都合のよい制度といえる。しかし，前述Ⅱ2で見たとおり，物権法においては公示の原則が妥当する。そのために，公示の原則は，公示の具備を第三者対抗要件とするという形でルール化されている(意思主義+対抗要件主義)。すなわち物権変動の効力を第三者に主張するためには対抗要件を備えなければならず，対抗要件によって公示されない物権変動を第三者は否認(無視して行動)してよい。動産の場合には，目的物の占有を通じて権利の帰属が，占有の移転=引渡しによって権利変動過程が公示される(民178)。

これに対して，不動産の場合には，不動産登記簿への登記が対抗要件である(民177)。不動産においては，その性質上，不動産登記簿に情報を集約して権利関係を公示することが可能である。精度の高い情報を提供できるという意味では，占有という事実的支配に密着した方法に比べて，公示手段として洗練された方式だということができる。

その結果，例えば，1つの不動産が二重に譲渡された場合，本来であれば優先性原理にしたがい，時間的に先に譲り受けた第1譲受人が第2譲受人に優先すべきところ，対抗要件の先後が契約締結の先後に代わる優劣決定基準となる。つまり第2譲受人が先に対抗要件を備えると，第1譲受人はたとえ先に契約を結んでいても失権してしまうのである。このように，対抗要件としての登記は，同一不動産につき競合する物権変動相互間の優劣を決定する機能を有する(優劣決定機能)。同じことは同一不動産に抵当権が複数設定された場合にもあてはまる。同一不動産上の抵当権相互間における優先関係は，登記の時間的先後に従って画一的に序列が決定される(民373)。

(2) 権利の帰属公示機能 次に，公示方法としての対抗要件は，物権変動の結果である現在の物権の帰属状態を公示する機能をも果たしている(帰属公示機能)。例えば登記された不動産がAからBに贈与されたが，Bへの所有権移転登記が経由されていないとしよう。このとき登記名義上はAがなお所有者であるようにみえる。そこでAの一般債権者Cが，対抗要件を備えないA→Bの物権変動を無視して，不動産を差し押さえた場合，Bによる第三者異議の訴え(民執38)は認められるだろうか。判例は，民法177条の第三者とは，

当事者・包括承継人以外の者であって、不動産に関する物権の得喪・変更の登記欠缺を主張する正当の利益を有する者を指称し、差押債権者もそれに含まれると解している（大連判明41・12・15民録14・1276，最判昭39・3・6民集18・3・437）。このように二重譲渡を典型とする同一の不動産をめぐる物権的な地位を争う関係（比喩的には「食うか食われるか」の関係）にない差押債権者も、登記名義を基準として債務者の責任財産の中に当該目的不動産が含まれているかどうかを判断することができることになる。また、賃貸不動産の譲渡に伴い譲受人に移転した賃貸人としての地位を賃借人に主張して、譲受人が賃料の支払を請求するためにも、自ら所有権移転登記を得ている必要がある（最判昭49・3・19民集28・2・325）。すなわち登記名義を拠り所にして賃貸人が誰かを確定したいという賃借人の利益も民法177条によって保護されるべきだと考えられているのである。さらに抵当権が設定登記の順位に従って不動産に対する優先弁済権を持つことを一般債権者等の利害関係人に対して公示する機能を持っていることも疑いがない。このように対抗要件には、ある不動産に誰がどのような権利を有しているのか、という現在の権利の帰属状態を第三者に広く公示する機能があると考えられる。

III 不動産登記簿の構成
1 物的編成主義

物権は物に対する直接的支配権であるから、多くの法制度において、古くから現実的支配の表象である占有が公示手段とされてきた。動産に関しては、現在でも、占有が権利帰属の表象であり、物権変動を占有の移転である引渡しによって公示していることは既述のとおりである。もっとも各種特別法を通じて登記・登録による公示制度が導入されている（動産債権譲渡特3，商687・703・848③等）。

他方、不動産登記制度は、占有とは異なり、人為的に編成された公示システムである。そのため、第1に、公示の対象である不動産の同一性を確定しなければならない。「不動産の表示」に関する公示がこうした役割を果たしている。旧法は、不動産の表示について、所有権保存登記がなされたときに、その一部（表題部）として目的不動産を特定するために必要なものと当初は位置付けていた。ところが昭和35年改正により、土地台帳・家屋台帳と不動産登記との一元化が図られ、不動産の表示に関する登記は、すべての不動産につき、その現況を明らかにするために常に必要なものとされるに至った（鎌田＝寺田・新基コンメ不登法10頁［鎌田薫］）。その上でそれぞれの不動産の所有者は誰かを基点として、さらにその不動産上に誰のどのような制限物権や賃借権が存在しているのかを公示する仕組みになっている。これが権利に関する登記である。このような権利帳簿方式に基づく立法主義を不動産登記制度における物的編成主義と呼んでいる。そこでは権利の客体である不動産ごとに登記用紙ないしは登記記録が準備され、ちょうど不動産の履歴書のような体裁をとって、不動産の同一性とその上に存在する権利関係の履歴が公示される。これが、本条の「不動産の表示および不動産に関する権利を公示する」ということの意味である。

これと対照的なのは，年代順編成主義とよばれる登記制度であり，登記所の管轄内でなされた物権変動につき，その物権変動ごとの登記を申請順に受け付けるものである。契約書を時系列に沿って綴じてゆくという編纂方法が採られる。この制度の下では，過去になされた登記を閲覧する際に，検索が不便であるため，登記所において，権利者の人名索引を整備することが行われている。そのために，人的編成主義の名称で呼ばれることも多い。本法が採用する物的編成主義に基づく登記制度は，不動産に関して必要な情報を集約した総合的な公示システムとして，年代順編成主義にはないメリットが存在する。

2　現存する有体物の存在を前提とした公示システム

　物権の客体は排他的支配が可能な有体物でなければならない(民85)。所有権も現存する有体物に対する支配権として構想されているから，例えば将来発生する建物について，物が現存しない時点で所有権を観念することはできない。その必然的な結果として，将来発生する建物につき不動産の所有権保存登記を経由することもできない。例えば，建築に着工したばかりの建物につき，建築請負契約に基づく報酬請求権を担保するために，将来完成する予定の建物に着工時に抵当権を設定することは現行法上考えられない。

　ところが債権においては，事情が異なる。例えば，将来発生する債権を譲渡する処分行為につき，債権未発生の段階でも譲渡行為は，公序良俗に違反しない限り，債権発生の可能性・蓋然性を問わず一応原則として有効とされ(最判平11・1・29民集53・1・151)，対抗要件は処分行為としての譲渡行為の時点において具備することができると解されている(最判平13・11・22民集55・6・1056)。指名債権譲渡の第三者対抗要件は原則として確定日付のある証書による債務者への通知または債務者による承諾であるところ(民467)，確定日付による通知・承諾は，現存する債権の帰属状態の公示を目的としておらず，処分行為という権利の帰属変動過程に着眼し，競合する権利変動相互間の優劣決定機能のみが期待されている。また債権譲渡特例法における第三者対抗要件としての登記も競合する債権の帰属変動や差押相互間の優劣決定の機能のみを担っており，現在における権利の帰属状態を公示する機能はない(動産債権譲渡特4)。この点において，債権譲渡特例法上の登記制度と不動産登記制度との間には大きな違いがある。

3　「国民の権利の保全」と「取引の安全と円滑」

　II 3で述べたとおり，不動産登記制度は，不動産を買い受けたり，制限物権の設定を受けたり，強制競売手続により債権を回収しようとする人々に対して不動産の権利関係を明らかにすることによって，取引の安全と円滑を保護することに資することを主要な目的としている。伝統的通説が民法177条の第三者における「登記欠缺を主張する正当な利益」を「目的物につき有効な取引関係にある」第三者という基準で限定したのも，民法177条と不動産登記制度との関係についての上記のような理解を示すものである(我妻=有泉『新訂物権法』〔岩波書店・1983〕154頁)。

もっとも，登記制度は単に取引の安全と円滑をのみを図る制度ではない。ある不動産の所有者が誰であるかが，取引の安全とは無関係な場面で問題になることもある。

　例えば，土地の所有者が土地を不法占拠する建物の収去と土地の明渡しを請求する場合に，物権的請求権行使の相手方は本来，建物の収去権能を有する建物の実質的所有者である(最判昭35・6・17民集14・8・1396)。しかし不法占拠建物が譲渡された場合，意思主義の下で，建物の実質的所有者を土地所有者が探究するのはしばしば困難であるため，判例は，建物につき自ら登記名義を備えた者が建物所有権の譲渡後も登記名義を移転せず保持する場合には，なお所有者として責任を免れないと解されており(最判平6・2・8民集48・2・373)，登記名義は，物権的請求権行使の相手方である建物所有者を確定したいという土地所有者の利益にも資することが期待されている。

　また，土地工作物の設置または管理の瑕疵によって損害を受けた者は工作物の占有者・所有者に対して無過失責任を追及することができるところ(民717①)，占有者が免責立証に成功した場合の所有者に対する責任追及において，被害者は，誰が所有者であるのか，損害賠償責任の主体を確実に探知することにつき利益を有する。下級審判例およびかつての通説は，不動産が譲渡されたが登記が未了である場合につき，実質的所有者である譲受人のみが責任者となるとしたものもあるが(大阪地判昭30・4・26下民集6・856)，被害者の責任追及を容易にするために，登記名義を有する譲渡人に対しても責任追及を認める見解が有力である(広中俊雄『物権法(第2版増補)』〔青林書院新社・1987〕64頁・前田達明『民法Ⅵ₂(不法行為法)』〔青林書院・1980〕65頁)。占有者と所有者が分離している場合に，民法717条に基づく責任追及における義務者の確定につき，登記名義の所在が一定の役割を果たすことがやはりここでも期待されているといえよう。

　このように，不動産登記が，取引の安全だけではなく，より広く，物権的請求権や不法行為に基づく損害賠償請求権者の行使の相手方である妨害者ないし加害者の特定に際しても，重要な役割を果たしうることも看過されるべきでないだろう。

(石田　剛)
(執筆協力：加藤政也)

（定義）
第2条　この法律において，次の各号に掲げる用語の意義は，それぞれ当該各号に定めるところによる。
(1)　不動産　土地又は建物をいう。
(2)　不動産の表示　不動産についての第27条第1号，第3号若しくは第4号，第34条第1項各号，第43条第1項，第44条第1項各号又は第58条第1項各号に規定する登記事項をいう。
(3)　表示に関する登記　不動産の表示に関する登記をいう。
(4)　権利に関する登記　不動産についての次条各号に掲げる権利に関する登記をいう。
(5)　登記記録　表示に関する登記又は権利に関する登記について，1筆の土地又は1個の建物ごとに第12条の規定により作成される電磁的記録（電子的方式，磁気的方式その他人の知覚によっては認識することができない方式で作られる記録であって，電子計算機による情報処理の用に供されるものをいう。以下同じ。）をいう。
(6)　登記事項　この法律の規定により登記記録として登記すべき事項をいう。
(7)　表題部　登記記録のうち，表示に関する登記が記録される部分をいう。
(8)　権利部　登記記録のうち，権利に関する登記が記録される部分をいう。
(9)　登記簿　登記記録が記録される帳簿であって，磁気ディスク（これに準ずる方法により一定の事項を確実に記録することができる物を含む。以下同じ。）をもって調整するものをいう。
(10)　表題部所有者　所有権の登記がない不動産の登記記録の表題部に，所有者として記録されている者をいう。
(11)　登記名義人　登記記録の権利部に，次条各号に掲げる権利について権利者として記録されている者をいう。
(12)　登記権利者　権利に関する登記をすることにより，登記上，直接に利益を受ける者をいい，間接に利益を受ける者を除く。
(13)　登記義務者　権利に関する登記をすることにより，登記上，直接に不利益を受ける登記名義人をいい，間接に不利益を受ける登記名義人を除く。
(14)　登記識別情報　第22条本文の規定により登記名義人が登記を申請する場合において，当該登記名義人自らが当該登記を申請していることを確認するために用いられる符号その他の情報であって，登記名義人を識別することができるものをいう。
(15)　変更の登記　登記事項に変更があった場合に当該登記事項を変更する登

記をいう。
(16) 更正の登記　登記事項に錯誤又は遺漏があった場合に当該登記事項を訂正する登記をいう。
(17)　地番　第35条の規定により1筆の土地ごとに付す番号をいう。
(18)　地目　土地の用途による分類であって，第34条第2項の法務省令で定めるものをいう。
(19)　地積　1筆の土地の面積であって，第34条第2項の法務省令で定めるものをいう。
(20)　表題登記　表示に関する登記のうち，当該不動産について表題部に最初にされる登記をいう。
(21)　家屋番号　第45条の規定により1個の建物ごとに付す番号をいう。
(22)　区分建物　1棟の建物の構造上区分された部分で独立して住居，店舗，事務所又は倉庫その他建物としての用途に供することができるものであって，建物の区分所有等に関する法律(昭和37年法律第69号。以下「区分所有法」という。)第2条第3項に規定する専有部分であるもの(区分所有法第4条第2項の規定により共用部分とされたものを含む。)をいう。
(23)　附属建物　表題登記がある建物に附属する建物であって，当該表題登記がある建物と一体のものとして1個の建物として登記されるものをいう。
(24)　抵当証券　抵当証券法(昭和6年法律第15号)第1条第1項に規定する抵当証券をいう。

＊旧法関係……本条新設，(9)旧151条ノ2
＊関連法規……(定義)令2条〔→(定義)規則1条，(順位番号等)規則147条，(不動産番号)規則90条〕

I　本条の意義

　本条は，本法で用いられる主要な用語を定義している。登記されるべき事項(登記事項)は何かを判断する際には，①登記されるべき不動産とは何か，②どのような権利および権利変動が登記されるべきか，③登記名義人となりうる資格は何か，といった諸点の検討が必要となる。そこで，各項目の詳細は各条文における解説に委ね，ここでは，登記されるべき不動産(II参照)，不動産登記簿の構成と登記手続(III参照)，登記の種類(IV参照)，登記の当事者能力(V参照)について概要を説明するにとどめる。

Ⅱ　登記されるべき不動産
1　不動産の意義
(1)　**別個独立の不動産としての土地と建物**　民法上，不動産とは，「土地及びその定着物」(民86①)と定義されている。これに対して本法が対象とする不動産は土地と建物だけである。すなわち不動産登記法上は，建物以外の定着物の登記は認められない。例えば所有権保存の登記を受けた立木(立木2①)や工場財団(工抵14①)等法律上一個の不動産とみなされるものが存在する。これらのいわゆる「みなし不動産」の登記に関しては，立木に関する法律，工場抵当法，工場抵当登記取扱手続等において，不動産登記法の特例が定められている。

わが国の民法では，建物は土地から独立した別個の不動産であることが当然に前提とされている(例えば，民370・388)。そして，バインダー形式で調製されていたかつての不動産登記簿においては，土地登記簿と建物登記簿が別々の帳簿として管理されていた。しかし本法では，登記簿は磁気ディスクによって調整された登記記録の記録簿とされている(法2(9))。もはや登記簿を土地と建物で区分して調整する必要性はないため，この区分が廃止された。

(2)　**土地**

㋐　**土地の意義**　土地は本来連続する地表の一部であり，実体法上物権の客体となるには，独立性，特定性を必要とする。海は，原則的には公共用物であり，海面は登記の目的となる「地所」に含まれない(大判明29・10・7民録2・9・16)。海面下の土地は，春分および秋分の満潮時における海水の水際線をもって陸地から区別され，原則として私的所有の客体とならないが(昭31・11・10民甲2612民事局長事務代理回答・先例集追Ⅰ763)，国が行政行為などにより一定範囲を区画し排他的支配を可能にした上で，公用を廃止して私人の所有に帰属させる措置をとった場合には，所有権の客体となる土地としての性質を帯びるものとされている(最判昭61・12・16民集40・7・1236)。また土地は，社会通念上滅失すれば，権利の客体でなくなるところ，洪水等で一時的に水没し，またはその排水が経済的に容易であるような浸水状態にとどまる限りは，未だ滅失したとまではいえない(昭36・11・9民甲2801民事局長回答・先例集追Ⅲ708)。

㋑　**土地の個数**　土地は，物理的には連続性を有する1個の固体の表面部分と見られるものの，社会的には，人為的に分界し，それぞれの区画ごとに独立した支配・利用に服している。そこで法律上は，人為的に区画された部分，すなわち登記簿に1筆の土地として登記されたものが，登記手続上1個の土地として扱われる。このように登記記録を1筆の土地ごとに作成することを，一不動産一登記記録の原則といっている。

しかし，現実の一体的な支配ないし支配可能性は人為的区画に制約されるものではないから，実体法上は，登記簿上1筆の土地であるかどうかに拘泥せずに，自由に分界した1区画の土地を，1個の独立の不動産とすることも可能である(大連判大13・10・7民集3・476)。したがって実体法上の権利変動が数筆の土地にまたがるときは，分筆ないしは合筆の登記

手続を経由するか，数個の登記記録ごとに登記手続を必要とする。

(3) 建 物

(ア) 意 義 建物とは，一般的には，「屋根及び周壁又はこれに類するものを有し，土地に定着した建造物であって，その目的とする用途に供し得る状態にあるもの」と定義される(規則111)。

(a) 建物として扱われる具体例 具体的にみると，通常人の出入を必要としないセメント貯蔵用サイロ(昭37・6・12民甲1487民事局長回答・先例集追Ⅲ892)，電電公社の農村集団自動電話交換所の建造物(昭42・9・22民甲2654民事局長回答・先例集追Ⅳ1133)，プレハブ工法により設置された地下室(昭55・11・18民三6712課長回答・先例集追Ⅵ877)およびガソリンスタンドに付随し給油の目的で駐車に利用するきのこ型の建造物(昭36・9・12民甲2208民事局長回答・先例集追Ⅲ613)などは建物として認定され，登記の対象となりうる。

(b) 建物でない具体例 これに対して，屋根および壁の仕上げがビニール張りで柱が軽量鉄骨で作られている園芸用ビニールハウス(昭36・11・16民甲2868民事局長回答・先例集追Ⅲ720)，いずれは終息する原発反対運動のためにのみ利用されており，継続して使用されることがその取引上の性質となっていない原発反対運動小屋(新潟地判昭55・3・28訟月26・6・1057)，などは，土地の定着物であるとしても，建物ではなく，登記の対象とはなりえない。

(c) 築造中の建物 建物がいつから独立の不動産になるかは1個の問題である。木造家屋に関しては，木材を組み立てて地上に定着させ，屋根を葺き上げただけの段階(大判大15・2・22民集5・99)，あるいは単に切組みを済ませて，降雨をしのぎうる程度に土居葺を終わったにとどまる段階(大判昭8・3・24民集12・490)では，建物とはいえない。しかし完成している必要はなく，独立に雨風をしのぎうる程度に，すなわち屋根瓦が葺かれ周壁として荒壁が塗られて，土地に定着する1個の建造物として存在するにいたったときは，床および天井を備えていなくとも，建物として登記することができる(大判昭10・10・1民集14・1671)。

(d) 建物の滅失 建物も滅失により，権利の客体としての資格を失う。滅失とは，人為的あるいは自然的に，建物が物理的に滅失して，社会観念上独立の存在として認められなくなることをいう。

既存建物の全部が取り壊された場合はもちろん，元の建物の材料を用いて再築し，あるいは，元の建物を他の場所へ移転した(移築)場合は，原則として建物の同一性は失われ，既存建物は滅失したとみることができる。しかし，土地区画整理法に基づき，事業施工者が，いわゆる直接施工(解体移転)の方法により仮換地上に移築した建物について，登記手続上移築前の建物との同一性を認めたものがある(大阪高判昭56・5・8行集32・5・762)。

(イ) 建物の個数 法律上1個の建物といえるかどうかは，物理的に連続して一塊をなす構造物であるかどうかに従って判断される(幾代＝徳本・不登法43頁)。社会通念や取引の実態をふまえて決せられるべきものであるが，「周囲の建物との接着の程度，連絡の設

備，四辺の状況等の客観的事情を参酌するのはもとより，建築し所有する者の意思のような主観的事情をも考察することを必要とし，単に建物の物理的構造のみによってこれを判断すべきではない」と解されている（大判昭7・6・9民集11・1341）。

また，建物の新築部分が従前の建物に付合するか否かについては，「右新らたに築造された甲部分が主屋部分および従前の建物に附合する乙部分に原判示の部分において構造的に接合されていないからといって，ただちに甲部分が主屋部分に附合していないとすることはできない。……甲部分と主屋部分および乙部分との接着の程度ならびに甲部分の構造，利用方法を考察し，甲部分が，従前の建物たる主屋部分に接して築造され，構造上建物としての独立性を欠き，従前の建物と一体となって利用され，取引されるべき状態にあるならば，当該部分は従前の建物たる主屋部分に附合したものと解すべき」であって，新築部分が従前の建物とその基礎，柱，屋根などの部分において接合していないことから，ただちに付合していないとすることはできないと解されている（最判昭43・6・13民集22・6・1183）。

(ウ) 区分建物　区分建物とは，1棟の建物の構造上区分された部分で独立して住居，店舗，事務所または倉庫その他建物としての用途に供することができるもので，建物の区分所有等に関する法律第2条第3項に規定する専有部分をいう（2㉒，大判大5・11・29民録22・2333）。またマンションの1室が規約により共用部分とされた場合（いわゆる規約共用部分）もここでいう区分建物に含まれる。これら区分建物については登記手続上もいくつかの特則が定められている（48①）。

旧法下では，一不動産一登記用紙を原則としながらも，区分建物については，例外的に1棟の建物ごとに一登記用紙を備えることとしていた（旧法15ただし書，16ノ2）。1棟の建物の表示は各区分建物に共通なので，紙媒体の登記簿においては，共通の表題部を設けることで，区分建物ごとに同一事項を記載した表題部を載せる手間を省くというメリットがあった。ところがコンピュータ化された登記簿を前提とする本法では，一不動産一登記記録の原則を区分建物について維持しても問題はない。もっとも，これにより，ある区分建物の表題部中の1棟の建物に関する登記事項の変更また更正の登記がされた場合には，同じ1棟の建物に属する他の区分所有建物についてされた変更の登記または更正の登記として効力を有することとし，登記官が職権で当該他の区分建物について当該変更の登記または更正の登記をすべき旨の規定を新設することにより対応している（51⑤⑥・53②）。

(エ) 建物の合体　互いに主従の関係がない登記済みの甲建物・乙建物2棟の建物が合体して1個の丙建物になった場合は，一不動産一登記記録の原則により，従前の甲建物および乙建物の表題部の登記を抹消し，合体後の新たな丙建物について表題登記をすべきものとされている（49）。もっとも，甲建物および乙建物が，その間の隔壁を除去する等の工事により1棟の丙建物になった場合において，甲建物または乙建物を目的として設定されていた抵当権は合体により消滅せず，これらの抵当権は，丙建物のうち甲建物または乙建物の価格の割合に応じた持分を目的とするものとして存続するものと解されている（最判平6・1・25民集48・1・18）。

(オ) **附属建物**　2棟以上の建物に主従の関係がある場合，主たる建物に従たる建物を合わせて1個の建物として登記した場合，従たる建物を付属建物という(2⑵3)。例えば，母屋と物理的に離れている湯殿・便所・物置などは，独立の1個の建物として登記することも可能である。母屋を処分するときには，通常その従物である湯殿・便所・物置も，その処分に従う(民87②)。母屋を「主たる建物」，附属建物を「従たる建物」として，法律上は母屋と合わせて，一体的に1個の建物として登記することもできる。この場合も2つの建物は同一の登記記録において扱われる(44①(5))。

(カ) **抵当証券**　抵当証券とは，抵当権と被担保債権を化体した有価証券をいい(抵証14)，銀行，証券系列等の抵当証券業者が，節税型高利回り商品として販売しているものである(法2⑵4)。実際には抵当証券保管機構が原券を保管して保管証を発行し，投資家にはモーゲージ証書(抵当証券売買約定書)と保管証が交付される。法94条で抵当証券が交付された場合の登記手続について定めがある。

III　不動産登記簿の構成と登記手続
1　登記簿・登記事項・登記記録

(1) **登記簿と登記記録**　本法において，登記簿とは，登記記録が記録される帳簿であって，磁気ディスクによって調整されたものをいう(2(9))。登記記録とは，表示に関する登記または権利に関する登記について，1筆の土地または1個の建物ごとに作成される電磁的記録のことである(2(5))。登記記録は「表題部」と「権利部」に分けて作成され(12)，「表題部」とは表示に関する登記が記録される部分を(2(7))，「権利部」とは権利に関する登記が記録される部分(2(8))を意味する。

かつての不動産登記簿は，登記用紙を綴じたバインダー方式の帳簿であり，不動産に関する情報へのアクセスは，帳簿を直接閲覧し，あるいは謄写することによって行われていた。またⅡ1(1)で述べたとおり，旧法では，土地と建物の公示は，不動産登記簿と建物登記簿というそれぞれ別々の登記簿によって行われていた。さらに，登記用紙は表題部と甲区乙区に区分され，表示に関する事項は登記用紙の表題部に，権利に関する登記のうち所有権に関する事項は甲区の事項欄に，所有権以外の権利に関する事項は乙区の事項欄に記載されていた(旧法16)。

新法はリアルな紙媒体による不動産登記簿ではなく，電磁的記録を集積した登記簿として整備されている。したがって土地登記簿と建物登記簿を区分する必要性はなくなった。また利害関係人が登記情報を必要とする場合は，登記所に対する申請に基づき，登記事項証明書の交付を受けることによって行われる(119)。

このように様変わりした部分もあるが，現行法では，登記記録の編成の細目は省令に委ねられており，15条の委任に基づく省令では，現行の甲区と乙区の事項欄に相当する区分が権利部に設けられている(規則4④)。したがって登記簿の記載フォーマットから甲区と乙区との区別がなくなったわけではなく，この点は従前と同じである(清水・一問一答13

頁)。

(2) 登記事項 登記事項は,「この法律の規定により登記記録として登記すべき事項」と定義されている(2(6))。しかし厳密にいうと,本法では,2つの異なる意味で用いられている。

1つは,登記記録の内容となるべき事項という意味である。権利に関する登記の登記事項に関する法59条の用法がこれにあたる。ここでの「登記事項」は,およそ登記記録の内容となることが可能な事項を一般的に示すもので,移転登記,保存登記,設定登記,変更登記,更正登記,抹消登記といった個々の具体的な登記の種別を問わず,常に適用され,この事項の範囲内で不動産の現況や権利変動が公示されることになる。

もう1つは,「登記記録の内容となるべき事項に該当する具体的事実」という意味で用いられる場合がある。法51条の用法である。個々の物権変動に基づき具体的な登記がされる場合に,登記官が登記記録に現に記録すべき事項も,この意味における登記事項にあたる。

2 表示に関する登記

(1) 意義 表示に関する登記とは,不動産の表示に関する登記(2(3))である。不動産の表示とは(2(4)),登記用紙の表題部に記載され,不動産の物理的形状や位置などを明らかにして対象を特定するとともに,不動産の現況を示すものである。表示に関する登記は,いわば不動産の客観的・物理的な既成の状態の「報告的公示」としての意味をもつ(幾代=徳本・不登法335頁)。なお表題登記(2(20))も,旧法の「表示の登記」と同じ意味と考えられる。

土地・建物いずれにおいても,登記原因およびその日付,所有者の氏名(表題部所有者)または名称および住所(共有の場合は各共有者の持分),その他不動産を識別するために必要な事項として法務省令で定める事項が登記される(27)。さらに,土地の場合は,法34条が,その所在地,地番(2(17)),地目(2(18)),地積(2(19))を,建物の場合は,法44条が,所在地および地番の他に,家屋番号(2(21)),建物の種類,構造および床面積,名称などの情報を公示すべきものと定めている。

(2) 職権主義 表示に関する登記の手続においては職権主義が妥当し,登記官は職権でこれを行うことができる(28)。もっとも,当事者の申請なしに登記所が勝手に調査して登記をするのではなく,あくまでも当事者からの申請をまつのが原則的形態である。しかし,土地の表題登記(36),地目または地種の変更登記(37①②),滅失登記(42),建物の表題登記(47①),合体による登記(49①③④),表題部分の変更登記(51),滅失登記(57),共用部分である旨の登記(58)については当事者は表示に関する登記の申請義務を負い(36),その懈怠に対しては過料の制裁がある(164)。当事者の申請を待つ方が,事実を正確に把握しやすいうえ,登記事務処理を効率的に行うことができるからである。不動産の物理的現況の正確な把握と公示は登記所の職責であることから,職権主義が法律上の原則であり,当事者の申請は登記官の職権発動を促すきっかけにすぎないものと解されている(幾代=徳

本・不登法337頁。半田正夫編『注釈不動産登記法』〔有斐閣・1987〕2頁）。

(3) **実質的審査主義**　表示に関する登記について，登記官は実質的審査権をもつ。すなわち，登記官は，登記申請があった場合，または職権をもって表示に関する登記をする場合に，必要があるときは，土地または建物の表示に関する事項を調査する権限がある(29)。すなわち，なりすまし等による申請その他，申請人となるべき者以外の者が申請していると疑うに足る相当な理由があるときは，登記官は申請人の申請権限の有無を調査すべきこととされ，調査のために申請人や申請代理人に出頭を求め，質問をし，または文書の提示その他必要な情報の提供を求めることができる。登記官の調査に対する妨害や協力拒否に対しては，一定額の罰金が科せられる(162)。

3 権利に関する登記

(1) **意義**　不動産の権利に関する登記とは，権利部に記載される登記で，本法3条に掲げられた9種類の権利についての得喪変更を公示するものである。

(2) **共同申請主義**　権利に関する登記は，法令に別段の定めがある場合を除いて，登記権利者と登記義務者の共同申請に基づいて行われる(60)。登記権利者とは，「権利に関する登記をすることにより，登記上，直接に利益を受ける者」を指し，間接に利益を受ける者を含まない(2(12))。他方登記義務者とは，「権利に関する登記をすることにより，登記上，直接に不利益を受ける登記名義人」を指し，間接に不利益を受ける者を含まない(2(13))。

例えば不動産甲の所有者として登記されている登記名義人(2(11)) AからBへの売買を原因とする所有権移転登記を行う場合，新たに名義人となる買主Bが登記によって「登記上，直接に利益を受ける者」であり，売主Aは「登記上，直接不利益を受ける登記名義人」であるから，Aが登記義務者，Bが登記権利者となる。

(3) **出頭主義の廃止**　権利に関する登記については，従来は，申請当事者の真意によらない虚偽の登記の防止や，申請受付順位の明確化のために，出頭主義が原則とされてきた。しかし，利便性向上のために電子申請手続が実現し，指定がされた登記所においては，電子申請と書面申請のいずれの方法によることもできるようになった(18)。そこで電子申請制度の導入を機に，出頭主義はいずれの登記所においても廃止されている。

(4) **登記の内容の正確性という要請**

(ア) **登記識別情報**　登記の正確性を確保するには，登記義務者として登記申請をしている者が登記名義人本人であるかどうかを確認する必要がある。そのために新たに導入されたのが登記識別情報である。すなわち登記識別情報とは，権利に関する登記の申請に際して，「当該登記名義人自らが当該登記を申請していることを確認するために用いられる符号その他の情報であって，登記名義人を識別することができるもの」をいう(2(14))。

旧法では，所有権者が登記義務者となる場合には，印鑑証明書に加えて，登記名義人になった際に登記所から交付されていた登記済証(所有権登記の登記済証は，俗に「権利証」と呼

ばれ，登記原因証書（旧法35①(3)），登記原因証書が添付できない場合には申請書副本（旧法40）に登記済であることその他の事項を記載して権利者に返還されていたもの）の提出を求め，それができない場合には，申請書に登記を受けた成年者2名以上が登記義務者につき人違いがないことを保証する旨の保証書の提出を求め，同時に登記義務者に通知する方法で本人確認手段としていた。ところが，保証書制度は虚偽保証などの悪用事例が多く，登記済証も精密なカラーコピーを利用した偽造事案が報告されており，濫用されるケースが少なくなかった。そこで新法はこうした制度を廃止し，オンライン申請における電子証明書または所有権登記名義人が登記義務者となる書面申請における印鑑証明書に加え，登記義務者に，登記名義人となった登記の際に通知を受けていた登記識別情報（12桁の英数字の組み合わせからなるもの）の提供を求め，これをもって本人確認手段とする制度を導入した（21・22）。

　登記識別情報が提供されない登記申請は却下される（25）。しかし登記識別情報を提供できないことにつき「正当な理由」（例えば登記識別情報の不通知，失効，失念，管理に支障がある，円滑な取引に障害があるなど。準則42①）がある場合には，厳格化された事前通知の制度によって（23①②），または新設された資格者代理人による申請人の本人確認システム（23④(1)）などによって本人確認を行うこともできる。

　(イ)　**登記原因証明情報の提供**　　権利に関する登記を申請する際には，法令に別段の定めがない限り，申請人は申請情報と併せて，登記原因を証する情報（登記原因証明情報）を提供しなければならない（61）。旧法では，登記原因証書の提出は強く義務付けられておらず，提出できないときは申請書副本により代替することが可能とされていた（旧法40）。新法では，登記原因証明情報の提供は必須のものであり，より厳格なルールになったといえる。もっとも旧法下でも，地域によって違いはあるものの，半数以上の場合において，所有権移転登記や抵当権設定登記の申請にあたって，売渡証書（登記申請に当たり当事者が実体法上の物権変動を確認した書面）や抵当権設定契約書等の契約書が提出されていたので，新法の下で当事者が登記原因証明情報を作成するにあたり，特に大きな負担が生じるわけではない（清水・一問一答167頁）。

IV　登記の種類

　登記の記載内容に応じて，記入，変更，更正，抹消，回復の各登記に分類されうる。

1　記入登記

　記入の登記とは，新たな登記原因に基づいて，ある事項を新たに積極的に登記簿上に現出させる登記をいう。所有権保存登記，所有権移転登記，抵当権設定登記などがこれにあたる。

2　変更登記

　変更登記とは，実体関係に対応した登記はすでに存在するが，その後実体関係につき変

化が生じ，登記と実体関係の間に後発的な不一致をきたした場合に，これを一致させるよう，既存の登記の一部を変更する登記をいう。例えば，所有権登記名義人の転居により住所が変更された場合や，根抵当権設定登記につき債務者や被担保債権の範囲が変更がされた場合などに用いられる。

3　更正登記

更正の登記とは，既存の登記事項につき，その当初の登記手続において，「錯誤または遺漏」があったため，登記と実体関係の間に原始的な不一致があった場合に，その不一致を解消するために，既存登記の内容の一部を訂正・補充する登記をいう。例えば所有権保存登記において登記官が所有者の住所を誤記した場合や，地上権設定登記において地上権の存続期間を誤記した場合，申請人が共有持分を誤って登記申請したことによって，実体と異なる登記がなされた場合などがこれにあたる。

4　抹消登記

抹消登記とは，既存の登記の抹消を目的とする登記をいう。登記に対応する実体関係が存在しないときに，当該登記を法律的に消滅させる目的でなされる登記である。抵当権が被担保債権の弁済により消滅する場合(後発的消滅)と，売買契約が無効であるために所有権移転の効力も生じない場合や登記官が登記する不動産を取り違えて登記してしまった場合(原始的不存在)の両方がある。

5　回復登記

いったん存在したが，抹消もしくは登記簿の物理的滅失により消滅した登記につき，その回復を目的とする登記をいう。実体関係に対応した登記が不当に失われた場合に，実体関係に登記面を対応させるために，旧登記を復活・再現させる目的でなされる登記である。登記記録の全部または一部が物理的に滅失した場合に，法務大臣が登記官に当該登記記録の回復に必要な処分を命じる滅失回復登記(13)と，旧登記記録の全部または一部が不適法に抹消された場合になされる抹消回復登記(72，規則3③)の2種類がある。

V　登記の当事者能力

不動産登記は，不動産に関する私法上の権利変動を公示するものであるから，権利の帰属名義人として登記されうるものは，私法上の権利能力を有する自然人および法人である。

1　権利能力のない社団・財団

権利能力のない社団・財団は，法人格を持たないため，登記能力が問題となる。権利能力のない団体には民事訴訟法上訴訟当事者能力が認められているが(民訴29)，訴訟当事者能力はあくまでも紛争解決の便宜のためであり，登記能力は，登記できる権利につき独立

して権利者または義務者となりうる資格ないし地位を意味する。判例は、社団財産は社団の構成員に総有的に帰属するものとみて(最判昭48・10・9民集27・9・1129)、権利能力なき社団には登記名義人となる資格を認めていない。また「社団の代表者たる肩書きを附しての自然人名義」の登記をすることも許されず(最判昭47・6・2民集26・5・957)、代表者たる自然人名義での登記か、構成員全員の共有登記をすべきことになる。

なお、代表者の個人名義で所有権取得の登記がなされた後、代表者が変更された場合には、「委任の終了」を原因として、新代表者は旧代表者に対し、自己名義への所有権移転登記手続を請求することができる(昭41・4・18民甲1126民事局長回答・先例集追Ⅳ727、昭53・2・22民三1102民事局長回答・先例集追Ⅳ525)。これは、代表者には登記名義の管理について受託者としての地位が認められているという理解を前提とする。

これに対して、学説においては、権利能力のない社団それ自体の名義による登記を認めるべきだとするもの(星野英一『民法論集1巻』227頁)、少なくとも「代表者たることを示す肩書を附しての自然人名義での登記」を認めるべきだという説も有力である(幾代=徳本・不登法68頁)。平成18年の法人法の抜本的改正により、非営利法人は一般社団法人及び一般財団法人に関する法律に基づき準則主義により設立することができるようになった。同窓会・各種の親睦団体のように、従来は法人格取得が困難であった団体も、基本的には法人格を取得することで、不動産の登記能力を得ることができるのである。

なお、町内会などのような地縁による団体に関しては、地域的な共同活動のための不動産または不動産に関する権利等を保有するため市町村長の認可を受けたときは、その規約に定める目的の範囲内で、その団体の権利能力が認められている(地方自治260の2)。

2 胎 児

出生前の胎児は原則として権利主体ではない。損害賠償請求(民721)や相続(民886)、遺言(民965)等の一定の場合に出生を擬制されるにすぎない。出生にいたるまでの胎児の財産管理に関しては、胎児の権利の保存・管理に必要な範囲で、胎児に制限的な権利能力を認めるのが有力である(山野目・不登法90頁、幾代=浦野・判例・先例コンメ新編不登法Ⅰ19頁)。胎児の行為を代理する機関は厳密には存在しないが、未成年者の法定代理権を類推して、「亡何某妻何某胎児」として胎児のための相続登記を認めるのが学説の大勢であり、また実務もこれを承認している(昭29・6・15民甲1188民事局長回答・先例集下2205)。もっとも、胎児の出生前は、相続関係が未確定であるから、遺産分割その他の処分行為はできないものと解されている。

3 外国人

外国人土地法は、外国人による土地の権利取得を禁止しているが、同法によると、外国人は、当該外国の法が日本人による同種の享有を制限しているときは、勅令(政令)で、日本における土地に関する権利の享有につき同種の制限的措置に服する。しかし現在そのよ

うな政令は存在せず，原則として外国人は不動産の所有権を取得でき，登記能力を認められる。もっとも鉱業権や船舶等については，国家権力との強い関連性があるため，外国人はその権利を取得することができない(鉱業17・87，船舶1，商702)。

外国法人に関しては，国，国の行政区画および商事会社ならびに法律または条約によりその成立を認許されたものを除き，わが国では外国法人として認許されない(民35①)。したがって登記の当事者能力を有しない(昭26・9・7民甲1782民事局長電報回答・先例集下1659)。

(石田　剛)
(執筆協力：加藤政也)

(登記することができる権利等)
第3条 登記は，不動産の表示又は不動産についての次に掲げる権利の保存等(保存，設定，移転，変更，処分の制限又は消滅をいう。次条第2項及び第105条第1号において同じ。)についてする。
(1) 所有権
(2) 地上権
(3) 永小作権
(4) 地役権
(5) 先取特権
(6) 質権
(7) 抵当権
(8) 賃借権
(9) 採石権(採石法(昭和25年法律第291号)に規定する採石権をいう。第50条及び第82条において同じ。)

＊旧法関係……旧法1条

I　本条の趣旨

本条は内容的には旧法1条をそのまま承継している。すなわち，登記が，不動産の表示に関わるものと，不動産上の権利に関わるものに二分されること，登記簿に登記可能な権利が9種類に限定されること，さらにこれらの権利につき登記ができる権利変動の類型が明らかにされている。

登記という言葉は，2つの異なる意味で用いられる。1つは，国家機関(登記官)が登記簿に不動産の表示または権利に関する法定の登記事項を記録する行為そのものを指す用法である。例えば民法177条が「登記をしなければ」と規定しているのは，このような意味で

の登記をいう。もう1つは，国家機関が登記簿に記録した結果としての記載内容を指して，「登記」ということもある。

登記官が登記申請を受理しても，実際に登記簿に記録されなければ，登記したとはいえず，対抗力は生じないとされる（大判大7・4・15民録24・690）。ここでの「登記」は，明らかに，前者の国家機関の行為としての登記を意味している。

他方で，登記官が行う登記は，公証行為であり，新たに国民の権利義務を課し，またはその範囲を明確にする性質を有するものではないから，行政事件訴訟の対象となる行政処分に当たらないとされる（東京高判昭45・6・29訟月16・12・1412）。その際に，登記が対抗要件としての効力を有するのは，記録された内容すなわち登記簿の記載に法が特にそのような効果を与えたからであり，登記行為が行政処分に当たらないとする上記判断を左右するものではないと説明されることがある。ここでの「登記」は後者の登記簿上の記載内容としての登記を意味している。

II 登記可能な権利

1 所有権

所有権は，法令の制限の範囲内において自由にその不動産を使用，収益および処分をすることを内容とする権利である（民206）。その登記は甲区事項欄に記載される。建物新築による所有権取得の場合のように，当該不動産について初めて行われる所有権の登記を所有権保存登記という。

2 用益物権

他人の土地を一定の目的のために使用収益することができる直接かつ排他的な支配権であって，民法典中には，地上権，永小作権，地役権，入会権が規定されている。その登記は乙区事項欄に記載される。入会権は登記なしに第三者に対抗できる（大判大10・11・28民録27・2045）ため，本条には挙げられていない。

(1) **地上権** 他人の土地において工作物または竹木を所有するためその土地を使用する権利である（民265）。地上権設定の目的，存続期間または定期借地権の定めがある場合はその定め，地代またはその支払時期の定めがある場合は，その定め，を記載しなければならない（78(1)(2)(3)）。また地上権設定の目的が事業用建物の所有にある場合（借地借家24①）にはその旨を，区分地上権（民269の2①）の設定登記の場合はその旨をも記載すべきことになっている（78(4)(5)）。

(2) **永小作権** 土地所有者に対して小作料を支払って耕作または牧畜の目的で土地を借りて使用する権利である（民270）。現代では，耕作・牧畜目的の土地使用権は賃借権（賃借小作権）として設定されており，永小作権が利用されることは稀である。永小作権の登記事項は，小作料，存続期間または小作料の支払時期の定めがある場合にはその定め（79(2)），永小作権の譲渡・転貸の禁止の特約がある場合にはその定め（民272ただし書・79

(3))である。その他永小作人の権利または義務に関する特約があるときはその旨も記載しなければならない(79(4))。

(3) 地役権 他人の土地(承役地)を自己の土地(要役地)の便益に供するために使用する権利である(民280)。承役地の所有者と必要役地の所有者との契約によって設定されるが，黙示の地役権設定契約が認定されることも多い。他人の土地を通行する権利(通行地役権)や他人の土地から引水する権利(引水地役権)，自己の土地の日照や自己の土地からの眺望を確保するために，他人の土地における工作物の設置を制限する権利(日照地役権，眺望地役権)などがある。地役権の登記は，承役地の登記簿用紙の権利部乙区事項欄に記録記載されることに加えて，要役地の登記簿用紙にも地役権の表示がなされていると便利である。そこで，要役地である不動産の登記簿用紙の権利部乙区事項欄に，承役地である不動産を表示のうえ，その不動産が地役権の客体である旨，地役権設定の目的および範囲を記録記載する他，民法281条1項ただし書，285条1項ただし書，286条の定めがあるときはこれも記録記載しなければならない(80①(3))。なお要役地に所有権の登記がないときは，承役地に地役権の設定の登記ができないのは当然である(80③)。

3 担保物権

担保物権とは，債権の回収を担保するために，特定の物の交換価値を把握し，債務者が債務を履行しない場合に，その物を換価し，他の債権者に優先して売得金から弁済を受けることのできる権利である。担保物権に関する登記も権利部乙区欄に記録記載される。民法の定める典型担保物権のうち，留置権は，占有という事実的支配を要件としており(民295)，これで権利の公示は十分になされているから，登記する必要がない。そこで登記されうる典型担保物権は以下のとおりである。

(1) 不動産先取特権 法定担保物権の一種であり，以下の3種類のものが存在する。もちろん民法以外の法律で定められたものも多数存在する(若干の例として，借地借家12，罹災都市8・9)

(ア) 不動産保存の先取特権(民325条1号・326条) 不動産の保存費用について債権者がその不動産上に有する先取特権である。不動産保存の先取特権の効力を保存するためには，保存行為が完了した後直ちに登記をしなければならない(民337)。担保権の登記事項に関する総則規定に従い，少なくとも債権額と債務者の表示を必要とする(83①)。

(イ) 不動産工事の先取特権(民法325条2号・327条) 不動産工事の設計，施工または監理をする者が不動産に関して行った工事の費用につき債務者の所有する不動産に対して有する先取特権である。不動産工事の先取特権の効力を保存するためには，工事を始める前にその費用の予算額を登記しなければならない(民338①)。新築の場合，客体となる不動産がまだ存在しないので，当該建物の所有者となるべき者を登記義務者とみなし，登記識別情報の提供は求められない(86①)。登記事項としては，新築する建物ならびに当該建物の種類，構造および床面積は設計書による旨，登記義務者の氏名または名称および住所

(86②)が求められる。さらに建築完了後，建物所有者は，遅滞なく所有権保存登記を申請しなければならない(87①)。

(ウ) **不動産売買の先取特権(民325条3号・328条)**　不動産の売主が代金および利息につき，債務者である買主の不動産上に有する先取特権である。不動産売買の先取特権の効力を保存するためには，売買契約と同時に，不動産の代価またはその利息の弁済がされていない旨を登記しなければならない(民340)。

(エ) **一般の先取特権(民306条)**　債務者の総財産の上に存する一般先取特権として，共益の費用(民307)，雇用関係(民308)，葬式費用(民309)，日用品の供給(民310)に関するものが法定されている。一般先取特権は不動産につき登記がなくても特別担保を有しない一般債権者に優先する(民336)。しかし，特別担保を有する債権者に優先するには登記を必要とするから，一般の先取特権にも登記能力が認められている(東京地判昭25・6・27下民集1・6・1000，幾代＝徳本・不登法51頁)

(2) 質権　債権者が債権の担保として債務者または第三者より受け取った物を占有し，債権が弁済されないときは，この物から他の債権者に優先して弁済が受けられる権利である(民342)。不動産質権の設定登記を申請する場合には，少なくとも債権額と債務者の表示を記録する必要があり，ほかに存続期間，被担保債権の利息・違約金もしくは賠償額，条件範囲などの特約がある場合は，その記録記載も要求される(95)。

(3) 抵当権　債務者または第三者が占有を移転することなく，債務の担保に供した不動産や地上権・永小作権の価額から，債権者が優先的に弁済を受けることを内容とする担保物権である(民369)。特定の債権を担保する普通抵当権と，不特定の債権を担保する根抵当権(民398ノ2)とがある。普通抵当権の設定登記には，担保権一般の公示に必要な事項(83)の他，利息に関する定め，民法375条第2項に規定する損害の賠償額の定め，債権に付された条件，民法第370条ただし書の別段の定め，抵当証券発行の定めがあるときは，その定めと，元本または利息の弁済期または支払場所の定めがあるときは，それぞれを記録しなければならない(88①)。

根抵当権の設定登記の場合には，担保すべき債権の範囲および極度額，担保すべき元本の確定すべき期日の定め，民法370条ただし書の別段の定め，398条の14第1項ただし書の別段の定めがあるときは，それらを記載しなければならない(88①(4)・同②(4))。

4　賃借権

賃貸借契約に基づいて目的物を使用収益する賃借人の権利をいう(民601)。賃借権は民法では債権として構成されており，債権は相対効しかもたないのが原則とされている。しかし不動産賃借権については，登記をすることにより対抗力が認められ，不動産所有権の譲受人に対しても賃借権の効力を主張することができる(民605)。機能的には用益物権の地上権と同等に評価できるからである。設定登記の申請にあたっては，申請書に賃料を記載し，存続期間，賃料の支払時期などについて特約があるときはそれを記載し，賃貸借を

なす者が処分能力もしくは権限を有しない場合はその旨の記載を必要とする(81)。

5 採石権

採石権とは，法定の岩石を採取することを内容とする用益物権的性質を持つ権利であり，地上権に関する規定が準用される(採石2～4)。民法典には規定がない，採石権も登記能力がある。採石権固有の登記事項としては，存続期間と採石権の内容または採石料もしくはその支払時期の定めがあるときはその定め，である(82)。

6 その他の権利

(1) **物権取得権** 買戻権は，売買契約の解除権と構成されているが，その実質は物権取得権であるから，所有権に関する権利として登記能力を有する(民581)

(2) **特別法上の不動産物権** 立木法による立木の所有権・抵当権，各種の財団抵当の客体たる財団の所有権・抵当権(工抵3・9・14・17)，鉱業権およびその上の抵当権・租鉱権などである(鉱業11・12・18・71・76))。

III 登記可能な権利変動

1 設 定

所有権を有する者が所有権を保持したまま，法律行為によって他人のために制限物権を発生させることをいう。例えば，甲が所有権を有する土地について，乙のために地上権または抵当権を取得させる場合がこれにあたる。

2 保 存

すでに取得している権利を維持する行為をいい，未登記建物の所有権を保存する場合や，先取特権の保存(民337・338・340)などがこれにあたる。

3 移 転

権利者がその権利を同一性を維持したまま他人に帰属変動をもたらすことを，権利の側面からみた場合に移転という。売買，贈与，交換，代物弁済，譲渡担保などのように，法律行為に基づくものと相続，競売，収用など，法律行為に基づかない場合の両方がある。買戻しの特約(民581)の登記は所有権の移転に関する登記と見ることができる。

4 変 更

主として権利内容の変更をいう。例えば地上権の存続期間や地代の変更，抵当権の被担保債権の利息の変更などがあたる。権利内容を実体関係に合致させるための「更正」も変更に含まれる(幾代=浦野・判例・先例コンメ新編不登法 I 30頁)。

5 処分の制限

権利の処分制限とは，譲渡や他の権利の客体とするなどの処分を禁止することをいう。民法175条は，当事者が合意によって法律に定められた物権以外の物権を設定することを禁じている。したがって，登記できる処分の制限とは，法律の規定に基づく処分制限に限定され，「契約による処分の制限を含まない」(明36・6・29民刑108民事局長回答・先例集上246)。

遺言による相続財産の分割禁止もしくは分割方法の指定(民908)，共有物の分割禁止(民256(1)ただし書)，永小作権の譲渡・小作地の賃貸の禁止(民272)および仮差押え，処分禁止の仮処分の登記(民保53)，不動産に対する強制競売や担保実行としての競売開始決定および強制管理開始決定や担保不動産収益執行開始決定に基づく差押登記(民執48①・93①)，土地収用の裁決手続開始の登記(収用45条の2・45条の3)は，本条にいう処分の制限にあたる。

6 消 滅

消滅とは，放棄・合意・混同(民179)・目的物の滅失などによる権利の消滅をいう。破産法による否認の登記は，否認された行為を原因とする登記を原状に回復するためのものであり，消滅登記と解する余地もあるが(大判昭8・4・15民集12・637)。判例通説は破産法上認められた特別の登記であるとする(最判昭49・6・27民集28・5・641，最判解民事篇昭和49年度58頁[田尾桃二])。

IV 権利変動の態様と登記の形式

1 権利変動過程の正確な公示という要請

不動産登記は，権利変動の過程を正確に記録することを通じて，同時に現在の権利の帰属状態を公示することも目的とする。すなわち，現在の権利の状態さえ正しく公示されていれば，その途中の過程は問わない，というものではない。可能な限り権利変動の過程を実体関係にそくして公示する必要がある。例えば，不動産についてAの権利が消滅する一方で，Bが権利を取得した場合には，Aの権利につき抹消登記をした上で，Bに新たに記入するのが本筋である。また，不動産甲がA→B→Cと転々譲渡された場合には，A→Bの移転登記，B→Cの移転登記という2段のプロセスを登記するのがこうした要請に忠実な態度である。しかし，登記実務上このような扱いは貫徹されていない。

(1) **取得時効** 権利が取得時効によって原始取得され，その反射として元の権利者の権利が消滅する場合にはどのような登記がされるべきか。既登記不動産に関しては，所有権移転登記の手続によるべきものとされている(大判昭2・10・10民集6・558，明44・6・22民事414民事局長回答・先例集上308)。このように取得時効については承継取得的な処理が解釈により行われている。

(2) **共有持分の放棄** 共有持分の放棄の場合，共有の弾力性として，他の共有者の持分が伸長する(民255)。このとき，持分の抹消登記をすべきか，移転登記をすべきかが

問題となるが,「持分取得の登記をすべきであって,持分登記の抹消をすることは許されない」と解されている(大決大3・11・3民録20・881)。具体的には,放棄者と放棄により持分が帰属した者との共同申請により,持分移転の登記申請が行われる(昭37・9・29民甲2751民事局長回答・先例集追Ⅲ988)。

(3) **真正なる登記名義の回復** 例えば,通謀虚偽表示に基づき甲→乙に所有権移転登記が経由され,乙が善意の丙のために抵当権を設定し,抵当権設定登記が経由されたとする。甲が虚偽表示の無効を丙に対抗できない場合(民94②),甲→乙の所有権移転登記を抹消すると不都合が生ずるので,この場合,甲が真正なる登記名義を乙から回復する場合には,移転登記によるべきだとされている(大判大10・6・13民録27・1155)。そして,「真正なる登記名義の回復」を登記原因とする登記は,判決による登記の場合のみならず,任意の共同申請によっても可能とされる。すなわち「甲名義に所有権保存の登記のされている建物につき真正な所有者乙名義に登記を回復するには,甲・乙の共同申請により,登記原因を『真正なる登記名義の回復』として,乙のために所有権移転登記を申請することができる。」とされている(昭39・4・9民甲1505民事局長回答・先例集追Ⅳ106)。

もっとも,判例は,登記名義が現在時点における不動産に関する実体的関係を反映していない場合,無限定に真正な登記名義の回復を原因とする移転登記請求を認めているわけではない。すなわち,不動産が甲から乙に贈与された後,乙の死亡により丙が乙を単独で相続した場合に,登記名義を保有する甲に対して丙が,真正な登記名義の回復を原因とする所有権移転登記手続を求めることはできず,甲から乙への贈与に基づく移転登記と乙から丙への相続を原因とする移転登記をしなければならないとされる(最判平22・12・16民集64・8・2050)。このように,中間者の利益を考慮する必要がない場面においても,物権変動の過程を忠実に登記記録に反映させようとする不動産登記法の原則を重視して,中間省略登記の性質をもつ真正な登記名義の回復を登記原因とする登記請求に対して否定的な立場が表明されたことは注目に値する。

(4) **中間省略登記** 不動産が甲→乙→丙と転々譲渡された場合,登記手続の建前上は,甲→乙,乙→丙の二段の所有権移転登記をなすべきことになる。しかし,登録免許税の節約や譲渡取得課税を回避したいなどの事情から,事実上,乙をとばして甲→丙に直接所有権移転登記が行われることが少なくなかった。判例は,実体的な権利変動の過程と異なる移転登記を請求する権利は当然には発生しないとして,丙は所有権を有するとしても,甲に対して直接自己に移転登記を請求することは原則として許されないとしつつも,三者の合意がある場合または登記名義人および中間者の同意がある場合は例外的に中間省略登記請求ができる余地を残す立場を採っている(大判大8・5・16民集25・776,最判昭40・9・21民集19・6・1560)。すなわち登記実務は,このような登記請求に応じることができるよう,「所有権が甲→乙→丙と移転した場合で,判決主文には「甲は丙に対し,A不動産につき所有権移転登記手続をせよ」とあり,登記原因の明示はないが,その理由中から,①所有権が甲から乙,乙から丙へいずれも売買により移転したものであること,②中間登記の省略

§ 3 Ⅳ 1 (4)

につき乙の合意があること，③登記原因の日付は，乙から丙に移転した日であること，が認められる場合につき，甲から直接丙に所有権移転登記の申請があったときは，『中間及び最終の登記原因に相続又は遺贈もしくは死因贈与が含まれない場合において，最終の登記原因およびその日付をもって申請があったときは，受理してもさしつかえない』としている(昭39・8・27民甲2885民事局長通達・先例集追Ⅳ180)。

しかし，他方で，乙の同意書を添付して甲と丙とが共同で甲→丙の所有権移転登記を申請していながら，甲→乙，乙→丙のそれぞれの売買を証する書面などから，実体関係と異なる登記申請であることが判明する場合は，却下するのが実務の扱いである(25⑧，東京高判平20・3・27登記情報567・32)。

新法では，登記原因証明情報の提供が義務付けられており(61)，「登記原因証明情報の内容は，これにより登記原因となった物権変動の存在等を確認することができるものである必要がある。したがって，登記原因証明情報は，物権変動の要件事実に該当する具体的事実がその内容となるものでなければならない。」としている。本法の下では，甲→丙への所有権移転を根拠付ける具体的事実を明らかにした情報を必ず提出しなければならず，申請書副本による申請が認められなくなったから，中間省略登記は事実上もできなくなったものと考えられる(山野目章夫・NBL833号56頁)。

(石田　剛)
(執筆協力：加藤政也)

(権利の順位)
第4条 同一の不動産について登記した権利の順位は，法令に別段の定めがある場合を除き，登記の前後による。
② 付記登記(権利に関する登記のうち，既にされた権利に関する登記についてする登記であって，当該既にされた権利に関する登記を変更し，若しくは更正し，又は所有権以外の権利にあってはこれを移転し，若しくはこれを目的とする権利の保存等をするもので当該既にされた権利に関する登記と一体のものとして公示する必要があるものをいう。以下この項及び第66条において同じ。)の順位は主登記(付記登記の対象となる既にされた権利に関する登記をいう。以下この項において同じ。)の順位により，同一の主登記に係る付記登記の順位はその前後による。

*旧法関係……①旧法6条，②旧法7条
*関連法規……(登記の前後)規則2条，(付記登記)規則3条〔→(根抵当権等の分割譲渡の登記)規則165条，(民法の一部改正に伴う経過措置)附則20条〕

I 本条の趣旨

本条は旧法の6条・7条1項を1か条にまとめたものであり，内容面での実質的な変更はない。1項は主登記(独立登記)の順位に関する規律であり，2項は付記登記を定義しつつ，その順位について定めている。いずれも実体規範としての性格を有し，登記の順位に関する一般原則を定めるものであり，法令中に特則がない場合に適用される。

主登記と付記登記は，登記の方法ないし形式による分類である。主登記は，独立の順位番号を付してされる登記である。そのため独立登記とも呼ばれる。所有権移転登記や抵当権設定登記などがこれにあたる。これに対して付記登記とは，独立の順位番号を持たず，主登記の順位番号に付記の順位番号(枝番号)を付してされる登記をいう。付記登記は，法令によって付記または付記登記ができる旨の特別の規定がある場合に限ってすることができる(規則3)。

II 権利の順位
1 総論

同一の不動産に数個の権利が登記された場合，その対抗力の優劣を決定するのが，「権利の順位」であり，両立し得ない権利変動の優劣の意味および登記された権利の順位の双方の意味に用いられる。民法典中には先取特権，質権，抵当権等に関して権利の優先関係を定める規定も存在するが，規定がない場合の総則規定として，本条は，登記された権利相互間の優先関係を登記の先後によって決定すべきことを明らかにしている。

旧法では，登記の前後は，同区の登記については順位番号により，別区の登記については受付番号による旨が定められていた(旧法6)。新法では，具体的な登記記録上の前後の表現方法については，公示技術の問題として，法15条の委任に基づく法務省令で定められるものとし，新法下においても，基本的に旧法と同様の規律が妥当している((規則2)，清水・一問一答31頁)。

2 権利の順位の問題

(1) **所有権に関するもの**　所有権に関する登記は，1登記事項につき1個しか行えないため，所有権の登記に1項が適用されることは予定されていない。ところが，1つの不動産につき，誤って重複して表示の登記が受け付けられ，2個の所有権保存登記が経由されることがある。このような二重登記が生じたときに，1項の「権利の順位」類似の問題を生ずる。この点につき，旧法下の登記実務では，二重登記を生じさせるに至った時間的に遅れる登記用紙の開設を，それ自体が登記としての手続的有効要件を欠くことを理由に当然無効とし，登記官の職権で抹消する扱いにしていた(大判大4・10・29民録21・1788。ただし昭30・4・22民甲698民事局長回答・先例集追Ⅰ334)。新法でも基本的には同様に考えられる。

これに対して二重登記も一応有効な登記とみたうえで，いずれの登記を存置するかは，実体法上の観点から決定すべきだという学説がある(吉野衛「二重登記の効力」『不動産法大系Ⅳ』〔青林書院新社・1971〕110頁)。例えば，所有者保存登記の名義人がともに未登記建物の二重譲受人であり，かつ時間的におくれて開設された登記簿についての所有権保存登記の方がたまたま先になされたという場合を考慮して，所有権の登記が先になされた方を存置することで解決すべきだという。この立場は二重登記の問題も本条1項の順位の問題に準じて処理しようとするものといえる。

(2) **所有権以外の権利に関するもの**

(ア) **同一不動産に複数の異なる権利が設定されている場合**　担保物権と用益物権の関係については，競売により消滅する担保物権よりも用益物権が先順位である場合に限って買受人に引き受けられる(民執188，59②)。例えば，Aが所有する土地にBのための地上権を設定し，その地上権の登記が経由された後，AがCのために抵当権を設定し，抵当権設定登記が経由された場合，先に登記されたBの地上権は遅れて登記されたCの抵当権に優先する。これは民法177条の一般原則の適用の結果である。したがって，Cが抵当権を実行した場合，Bの地上権の負担付き不動産として売却され，買受人は地上権を引き受けなければならない。Bの利用権が賃借権の場合も，同様であり，賃借権の対抗要件(民605・借地借家10)との先後関係が問題になる。しかも借地権の場合，表示の登記でも足りるとされている(最判昭50・2・13民集29・2・83)。

(イ) **同時申請に基づき登記された複数の権利相互間の順位**　登記官は不動産の権利に関する登記を，その受付番号の順序に従って行う(20)。同一の不動産について複数の申

請があり，その前後が明らかでないときは，同時に申請されたものとみなされる(19②)。そして，同一の不動産に関して同時に複数の申請があった場合，それらの申請につき同一の受付番号が記録される(19③)。例えば，同一不動産につき同時に数個の抵当権設定登記申請があった場合，抵当権者が異なる場合であろうが，同一人であろうが，各抵当権を同順位として登記する扱いとなる(昭24・12・6民甲2810民事局長通達・先例集下1374)。

これに対して，例えば同一不動産につき同時に各別人にかかる2件の所有権移転請求権保全の仮登記申請，あるいは所有権移転登記と抵当権設定登記など両立しえない登記が同時申請された場合には，同一番号をもって受け付けた上で，同時に却下する扱いがされている(昭30・4・11民甲693民事局長通達・先例集追Ⅰ329)。

Ⅲ 「法令に別段の定めのある場合」
1 抵当権に関するもの
(1) **同一不動産に複数の抵当権が設定されている場合**　競売によって消滅する担保権相互間での配当は，順位に従ってなされる。抵当権相互間では，登記の先後によるものとされ(民373(1))，不動産質権にもこの規定が準用されている(民361)。なお抵当権の順位は関係の各抵当権者の合意により変更することができる。ただし利害関係人があるときはその承諾が合意の効力要件である(民374⑦)。これを抵当権の順位の変更という。順位の変更は，変更の登記が効力要件とされている(民374②)。

これに対して抵当権の順位の譲渡または放棄も可能であるが(民376①)，いずれも譲渡・放棄の当事者間で相対的な効力しか有しないので，利害関係人の承諾を得る必要はない。

2 利用権に関するもの
地上権・永小作権等の物権および不動産賃借権は，民法177条または605条により登記を備えなければ第三者対抗力を有しないのが原則である。つまり，これらの利用権が設定された不動産につき物的な利害関係を持つ第三者と利用権者との関係は，利用権者の登記時と第三者の登記時との前後によって，利用権を第三者に対抗できるかどうかが決せられる。

しかし例外的に借地権においては地上建物の所有権に関する登記(借地借家10)に，借家権においては建物の引渡し(借地借家31)に対抗要件としての効力が認められている。さらに借地権設定者が借地上建物に有する先取特権の効力についても特則がある(借地借家12③)。

3 先取特権に関するもの
(1) **一般先取特権**　一般の先取特権が同一の不動産において競合する場合，その優先権の順位は，民法306条に掲げた順序による(民329①)。したがって，共益費用，雇用関係，葬式費用，日用品の供給の順序となる。一般先取特権は登記によって保存しなくとも，一般債権者に対して優先権を主張することができるが，登記をした第三者には対抗できな

い(民336)。したがって，登記された一般先取特権は，第三者対抗力をもつが，その第三者が登記した担保権者である場合，両者間の優先関係は，民法336条1項ただし書および341条により準用される373条1項により，登記の先後によって決せられることになる。例えば，雇用関係の一般先取特権が登記されず，葬式費用の一般先取特権が登記され，他に登記された担保権がある場合，いわゆる三すくみ状態が発生する。このような混乱を避けるためには，民法329条1項の規定の趣旨を，民法の一般の先取特権がいずれも登記されていない場合の相互間の順位を定めたものとみるべきことになる(香川保一・登記研究616号10頁)。

(2) 特別の先取特権

(ア) **先取特権相互間の優先関係** 同一の不動産につき異なる種類の特別の先取特権が競合する場合，その優先権の順位は，不動産保存の先取特権，不動産工事の先取特権，不動産売買の先取特権の順序となる(民331①)。これに対して，同種の特別の先取特権相互間の優先権の順位は，本条により登記の先後で決まる。

ただし同一の不動産について逐次の売買がなされ，その売買による所有権の移転登記と同時に不動産売買の先取特権の数個が登記されている場合の，優先権の順位は，各売買の「時」の前後によって定まる(民331②)。しかし，逐次売買があった場合の各売買による所有権移転登記は，通常売買の順になされ，その各登記と同時にされる不動産売買の先取特権も同じ順序でされるから，結局，登記の先後により順位が定まり，本条を適用した場合と同一の結果になる。

(イ) **約定担保物権との優先関係** 不動産保存の先取特権および不動産工事の先取特権は，その登記が抵当権(根抵当権を含む)より後にされた場合でも，抵当権よりも先順位とされる(民339)。不動産質権との関係については明文がなく，解釈上問題になるが，抵当権と同様に，登記された先取特権は不動産質権に対しても優先するものと解される(香川保一・登記研究616号13頁)。

IV 付記登記
1 意 義

権利に関する登記は主登記によって行うのが原則である。権利に関する登記の中で，特に法令により付記登記によってなすべき規定がある場合に限り，付記登記で登記される。

例えば，抵当権者Aから被担保債権とともに抵当権を譲渡されたBがこの旨を登記する場合，Aの抵当権設定登記の同一性を維持しながら，これと順位，効力が同一である旨のBへの抵当権移転の登記をすることが必要になる。このようなときに用いられるのが付記登記である。また，地上権設定登記において，一部内容を変更する場合，例えば，地代の値上げをするときに，登記を更正する場合にも，元の地上権設定登記はそのまま残し，これと同じ順位で，変更・更正後の内容を公示すべきとされる。

付記登記は既存の特定の登記に対する関係において使用される概念であるから，既存の

付記登記に対する付記登記というものがありうる。例えば買戻権の移転登記などがこれにあたる。

2 付記登記をなすべき場合

具体的にどのような場合に付記登記を認めるべきかについては，公示技術の問題として，15条の委任に基づく法務省令で定められるべきことになるが，旧法とほぼ同様の内容が定められていると考えてよい（清水・一問一答34頁）。民法，不動産登記法および同細則によると，次のような場合に付記登記をなすべきこととされている（規則3）。

(1) **登記名義人の表示の変更の登記または更正の登記をする場合** 登記された所有権および所有権以外のその他の権利の登記名義人の表示を変更した場合，または誤った表示がなされていて正しい表示に更正すべき場合，これらの登記は，性質上主登記と一体をなすものであるから，当然付記登記をすべきことになる（規則3(1)）。この付記登記は，主登記の権利の効力に影響を及ぼさないので，数度にわたりこの種の付記登記がなされても，付記登記相互間の順位という問題は生じない。

(2) **新たにする登記が主登記の有する順位をそのまま保有する必要がある場合** 権利の変更または更正の登記(66，規則3(2))，一部抹消の回復の登記(規則3(3))，所有権以外の権利を目的とする権利の登記(規則3(4))，所有権以外の権利の移転の登記(規則3(5))，登記の目的である権利の消滅に関する定めの登記(規則3(6))，などがこれにあたる。権利の変更または更正の登記につき，登記につき利害関係を有する第三者が存在するときは，その第三者の承諾がある場合に限り，付記登記をすることができる。例えば抵当権の債権額または利息の増額の変更について，後順位抵当権者が存在する場合，後順位抵当権者の承諾がなければ付記登記はできない。また根抵当権の極度額を変更する場合には，利害関係人の承諾がなければ変更の効力を生じないので（民398の5），ここでいう第三者には該当しない。したがって根抵当権の極度額の変更登記は必ず付記登記によるべきことになる。

(3) **主登記の権利について生じた権利関係を公示上明確に表示しておく必要がある場合** 抵当権の処分の登記(90・民376，昭30・5・31民甲1029民事局長通達・先例集追Ⅰ362)，根抵当権の分割譲渡の登記(民398)，根抵当権の共有者間の優先権の定めの登記(89②・民398の14)，抵当権および根抵当権の規定を準用した質権の登記，買戻しの特約の登記(規則3(9))，相続開始後の債務担保の合所有権以外の権利の処分の制限の登記，民事執行法による差押え，民事保全法による仮差押えまたは仮処分，国税徴収法等による滞納処分による差押えその他の法律による保全処分に基づき所有権以外の権利の処分を制限する場合も，債権の一部譲渡または代位弁済による担保権の移転の登記(民501)，共同抵当における後順位抵当権者の代位の登記(民393，91①・4②，規則3(7))もこれにあてはまり，付記登記によって行う。

元本確定前に根抵当権者または債務者について相続が開始した場合，民法398条の8第1項または2項の合意の登記をするときは，その前提として，相続を原因とする根抵当権

の移転の登記または債務者変更の登記を付記登記でしなければならないので(92)，合意の登記は，その後に根抵当権の付記登記として行われる。

　元本確定前の甲根抵当権を2個の甲根抵当権と乙根抵当権に分割し，その分割した乙根抵当権を第三者に譲渡した場合(民398の12②)にする根抵当権の分割の登記は，乙根抵当権の登記の後に，甲根抵当権について登記の目的を根抵当権の変更とする付記登記をなし，極度額の変更を登記すべきことになる。

3　付記登記の順位

　(1)　**原則**　付記登記とは権利の登記についてのみ観念されるものであり，それ自身としては独立の順位番号をもたず，既存の登記の順位番号に付記の順位番号(枝番号)を付して「付記何号」と記録される。付記登記は主登記と同一の順位による。すなわち，付記登記でなされた物権変動を第三者に対抗するときに，付記登記と当該第三者の権利の登記の先後によるのではなく，主登記と第三者の権利の登記の前後によることになる。

　(2)　**登記簿の同区欄と別区欄の登記相互の優劣関係**　登記簿の同区欄の登記の先後の場合は，主登記の順位番号と第三者の権利の登記の順位番号の先後による。

　これに対して別区の登記の先後の場合は，主登記の申請書受付の受付番号と第三者の権利の登記の申請書受付の受付番号の先後によって順位(対抗力の優劣)を定めるべきこととなる。

　(3)　**付記登記の付記登記の場合**　主登記の順位1番の地上権を目的とする賃借権の設定登記が，順位1番の付記1号の付記でなされ，その賃借権の移転登記が，順位1番付記1号の付記1号によってなされた場合，賃借権の設定の付記登記の順位は，主登記の順位により，賃借権の移転の登記については，賃借権の設定の付記登記を「主登記」として，その「主登記」の順位による。しかし，付記登記により設定登記のされた賃借権について，数個の付記登記の付記登記がなされた場合の付記登記相互間の順位は，付記登記の前後による。

（石田　剛）
（執筆協力：加藤政也）

(登記がないことを主張することができない第三者)
第5条 詐欺又は強迫によって登記の申請を妨げた第三者は、その登記がないことを主張することができない。
② 他人のために登記を申請する義務を負う第三者は、その登記がないことを主張することができない。ただし、その登記の登記原因(登記の原因となる事実又は法律行為をいう。以下同じ。)が自己の登記の登記原因の後に生じたときは、この限りでない。

＊旧法関係……①旧法4条、②旧法5条
＊関連法規……(不動産に関する物権の変動の対抗要件)民法177条

I 本条の趣旨
1 民法177条の「第三者」の範囲
　本条は民法177条に対する例外則にあたり、実体規範としての性格をもつ。すなわち不動産に関する物権の得喪および変更は不動産登記法の定めるところにしたがって登記をしなければ第三者に対抗できない(民177)。同条における第三者の範囲について法文は特別の限定を加えていない。これは、ボワソナード旧民法財産編350条が第三者を善意でかつ対抗要件を具備した者に限定していたのを、起草者が実質的に改めて、善意悪意を不問とする立場に修正したものである。起草者は、登記の先後という客観的基準に照らして不動産紛争の優劣を画一的に決定することで、予測可能性を高めて取引の安全に奉仕することを第1の要請と考え、同時に登記を促進しようという政策的意図も持っていた(鎌田薫「対抗問題と第三者」『民法講座2物権』〔有斐閣・1984〕101頁、石田剛「登記がなければ対抗することができない第三者」鎌田＝寺田＝小池・新講座②総論II26頁)。裁判所も当初は、起草者の意思を尊重し、同条における第三者とは、当事者および包括承継人を除くすべての第三者を意味するもの考える第三者無制限説に依拠してきた(大判明40・2・27民録13・188)。

2 民法177条の特則としての旧法4条・5条
　(1) **詐欺または強迫により登記を妨害した者**　このように起草者は、民法177条の第三者の範囲を広く捉え、第三者の主観的態様(善意悪意)をも問わないと考えていたものの、特に悪質な者を第三者から排除する必要性を意識はしていた。すなわち悪質者を排除する例外則を不動産登記法の中に設けることによって、この問題に対処したのである。
　すなわち旧法4条(現行法5条1項)は、詐欺または強迫により登記の申請を妨げた第三者は登記欠缺を主張することができないとした。この規定には、違法な手段を用いて登記妨害を行う者は民法177条の保護を受ける資格はないという評価が示されている。
　(2) **他人のために登記義務を負う者**　また旧法5条は旧民法財産編第351条が「法律、

裁判又ハ合意ニ因リテ前取得者ノ為メ登記ヲ為ス義務アル者カ之ヲ為サスシテ後ニ取得者ト為リタルトキハ善意タリト雖モ自己又ハ其相続人若クハ一般ノ承継人ヨリ登記ナキコトヲ申立テテ前取得者ニ対抗スルコトヲ得ス」定めていたものを，実質的に承継したものである（「法典調査会・不動産登記法案議事筆記」『日本近代立法資料叢書26』〔商事法務・1986〕18頁以下［井上正一］）。ここでは，ある者が，他人のために負っている登記義務に違反して，かつその地位に乗じて自己の利益となる権利取得をした場合も，民法177条による保護を受ける資格はないという評価が示されている。また旧民法の規定によれば，第三者が悪意の場合はもちろん，善意でも登記の欠缺を主張できないとされていた点が注目される。

(3) **本条に該当する者からの転得者** 本条に該当する者からの転得者は，自らが本条あるいは背信的悪意者(→後述Ⅳ)と評価されない限りは，登記の欠缺を主張することができると解される。本条の第三者は権利取得の効果じたいを否定されるわけではなく，登記欠缺の主張を封じられるだけで，転得者は権利を前主から承継取得するものと考えられるからである。

3 第三者制限判決

(1) **第三者制限説の徹底としての背信的悪意者排除論** 裁判所は，民法典施行から10年余り経過後，民法177条の第三者の解釈につき，画期的な方向転換を行った。すなわち同条の第三者は，当事者および包括承継人以外のすべての第三者ではなく(無制限説)ではなく，登記欠缺を主張することに正当な利益を有する第三者でなければならない，とする制限説へと判例変更がなされた(大連判明41・12・15民録14・1276)。これにより，第三者による登記欠缺の主張に実質的な正当性があるかどうかを第三者の類型ごとに個別的に検討してゆく方向への先鞭が付けられた。

それは同時に，実質的な正当性の検討に際して，第三者の行為態様も考慮する道をも開くものであった。すでに戦前の判例に，税金滞納による公売処分で売却金より配当を受けた抵当債権者が，競落人への所有権移転登記が経由されていないのを奇貨として，差押登記を抹消させたうえで，登記名義人に対する債権に基づき強制執行を当該不動産にかけた事案で，このような債権者は「登記欠缺を主張する利益なし」としたものがある(大判昭9・3・6民集13・230)。この事案は，現在の時点から回顧的に見れば，旧法4条の適用・類推適用によって処理することもできたとも考えられるものである。

(2) **新法における規定の統合** 昭和30年代頃から，旧法4・5条を手がかりとして，単なる悪意にとどまらず，悪意でかつ登記欠缺の主張が信義則に反する者を民法177条の第三者から排除する流れが判例法において生じていた。民法177条は，第三者の主観的態様を不問とし，悪意者も第三者に含む考え方に立脚しているとはいえ，どのような悪質者でも登記さえ先に勝ち取れば無条件に優先させる趣旨の規定と理解されるべきではない。こうした趣旨は違法な手段で登記を妨害する者，他人に対して負っている登記義務違反によって自己の利益を図る者，という2種類の典型的な悪質者を旧法4・5条が挙げている

ことに，すでに示されている。そうすると，制限説の下では，厳密な意味ではこれらの特則の要件に該当しない場合でも，同条の趣旨目的が同様に妥当する悪質者については，一般的に登記欠缺を主張する正当性を欠くものとして排除することが考えられる。背信的悪意者排除論はまさにそうした制限説の趣旨を第三者の主観的態様の面から徹底したものなのである。

このように旧法4条・5条は，もともと異なる観点から民法177条の例外則を定めたものであったが，背信的悪意者排除論が確立した今日においては，むしろ両者を同じ次元で捉えることも可能である(吉野・注釈(上)179頁)。

II 詐欺・強迫による登記申請の妨害（1項）
1 趣 旨
同一不動産をめぐって両立不能な物権変動が競合する場合，民法177条は，登記を先に具備した物権変動を優先させ，未登記の権利者を失権させている。同条が登記を備えなかった者にこのような不利益を与えているのは，登記を怠ったこと(登記懈怠)に対し一種のサンクションを加えて，登記を促進するという狙いがあることは否定できない。そうすると，未登記でも当事者が登記を懈怠したとはいえない場合は，対抗不能という制裁を与えるべきでない。本条1項が定める登記妨害はまさにそうした事例に該当する。しかも第三者は詐欺や強迫により登記を妨害して自ら登記を得ているのであり，そのような違法な手段を用いた第三者には，登記欠缺を主張する正当な利益がある者とは言い難い。

このように1項は，第三者側の行為態様の違法性に着眼すると同時に，登記懈怠に対する非難可能性の不存在という未登記譲受人側の事情をも考慮して，いずれを優先させるべきかを実質的に判断するという比較考量の視点を内包する規定であると考えられる。

2 「登記の申請を妨げた」の意義
(1) **詐欺または強迫** 詐欺とは，違法な欺罔行為によって人を錯誤に陥れることを意味する。既に錯誤に陥っている場合にそれを継続させることをも含む。また義務に違反して真実を告げないという不作為も場合によっては詐欺を構成しうる。欺罔行為は，必ずしも現実に登記の申請をする者(申請代理人)に対して行われることを必要とせず，登記権利者に対するものであっても，登記権利者が錯誤に陥って申請代理人に登記申請を中止させたような場合をも含む。

強迫とは，害悪を告知することによって人に恐怖感を抱かせることを意味する。ここでも告知の方法には制限がなく，登記権利者，申請代理人またはこれらの者に影響を与えうる立場にある者に対してなされる場合をも含む。

なお，詐欺・強迫と登記妨害の間に因果関係があることが必要である。これに対して第三者の悪意は要件とされていない。つまり第三者はたとえ契約締結時に善意であっても詐欺，強迫により登記を妨害すれば，本条が適用される(鎌田=寺田・『新基本コンメ不登法』28

頁[松岡久和])

(2) 登記申請の妨害 「登記の申請を妨げた場合」としては，登記申請そのものを妨げる場合に限らず，詐欺行為によって，登記申請をなしえない状態を惹起した場合をも含むと解される(東京地判昭28・5・16下民集4・5・723)。なお本条における登記の申請は，権利に関する登記の申請を意味し，単に表示登記を妨げた場合は含まれない。しかし表示の登記を妨げた結果，権利の登記申請を不能にした場合には，登記妨害にあたる。

III 他人のために登記を申請する義務を負う第三者(2項)
1 趣 旨
　　本条は，他人のために登記を申請する義務を負う者が，登記申請を怠り，先に自らが移転登記を得て，その他人の権利取得を否認することは許されないとするものである。特別の法律関係に基づき発生する登記義務に違反し，利益相反的状況の中で他人の不利益において自己の利益を図ることは不当である，という評価が基礎にある。例えば，AがBに不動産を譲渡した後，登記を経由しないうちにAがCに2重に譲渡してCに登記名義を移転した場合，もしCが，Bの法定代理人で，AB間の売買契約締結と履行に自ら関与し，かつ登記申請義務を負っているのにもかかわらず，これを行わず，この地位を利用してAから自ら買い受けて登記を得た場合，Cは物権取得の効果をBに対して主張できない。
　　もっともA→Bの売買より，A→Cの売買が先になされた場合であれば，Cが自己のために所有権移転登記を経由するのは自己の権利を保全するためにとるべき当然の行為であるといえる。たとえCがBのために登記申請義務を負っているとしても，後で買い受けたBとの関係において自己の得た登記の効果を主張できないのは妥当ではない。そのためにただし書はこうした場合を除外している。

2 適用範囲
　　起草者は，未成年者のために登記をなす法定代理人を適用事例として挙げていたが，本条は，法定代理・任意代理を問わずに適用されると考えられる。例えば，登記権利者の親権者(民818・819)，後見人(民859)，代理権付与の審判を受けた保佐人(民11・876の4)，代理権付与の審判を受けた補助人(民15①・876の9)，任意後見人(任意後見2(4))，登記権利者が法人の場合にはその理事等の代表者(一般法人77)，不在者の財産管理人(民25)，相続財産法人の相続財産管理人(民952)，遺言執行者(民1015)および受任者(民643)などが含まれる(土地の買主から所有権移転登記手続を委任された者が第三者の代理人として同土地を売主から買い受けた場合に不登法5条の法意に照らし，登記欠缺の主張を認めなかったものとして，東京高判昭53・6・28判タ370・85がある)。
　　登記義務者は，登記権利者に対して登記を申請する義務を負うが，登記申請の当事者であるから本条の「第三者」には含まれない(東京地判昭27・2・27下民集3・2・230)。
　　破産管財人には本条の適用はないとされているが(大判昭8・7・22新聞3591・14)，肯定す

る学説もある(舟橋諄一『物権法』〔有斐閣・1960〕192頁，舟橋諄一=徳本鎭編・新版注釈民法(6)(補訂版)654頁[吉原節夫]，吉野・注釈論(上)』166頁)。

IV 背信的悪意者排除論の発展
1 善意悪意不問説と悪意者排除論の対立の止揚
　不動産登記制度の役割を考える際に，不動産紛争を登記の具備という客観的基準に従って画一的に処理する裁判規範としての機能を重視するならば，第三者の主観的態様に関しては善意悪意不問説が出発点に据えられるべきことになる。立法者も実務もこの点を一貫して重視してきたことは疑いのないところである。

　他方で，公示制度の趣旨が，物権変動の事実を知らない第三者に知らせることにあると見るならば，登記外の情報により物権変動の事実を知る者(悪意者)に対しては，登記なしに物権変動を対抗できると考えてもよさそうである。民法177条の第三者は善意であることが(隠れた)保護要件になっていると見る悪意者排除論が今なお有力に主張されているゆえんである。背信的悪意者排除論は，こうした善意悪意不問説と悪意者排除論の対立を止揚する法理として位置付けることができる。

　すなわちI～Ⅲでみたとおり，本条の特則は，例えばAがBに売却した不動産を二重にCに譲渡して，Cに登記名義を移転した場合でいえば，不動産所有権取得をめぐる競争関係において，ACが違法な手段を用いてBの登記を妨害したこと(1項)，あるいはCがA→Bの物権変動に関与し，登記申請義務を負っていながら，第1物権変動に関与した地位を利用して利益相反行為にあたる第2物権変動の効果として自ら登記を得たこと(2項)に否定的評価を加えるものである。いずれも自由競争の範囲を逸脱した違法な手段を用いて，不当な利益を追求することを阻止する，ことが規範の目的だといえる。このような規範の趣旨は，第三者による登記欠缺の主張に実質的な正当性があるかないかの判断に際して，考慮されてしかるべきである。それを裁判による法形成の形で実現したのが背信的悪意者排除論なのである。

2 背信的悪意者排除論と信義則違反
　背信的悪意者排除論の発展は戦後の高度成長の進展とほぼ歩みをともにしている。多数の判決例が存在するので，ここでは最高裁判に絞って，紹介することにしよう(下級審裁判例を含めた網羅的な判例分析としては，北川弘治「民法177条の第三者から除外される背信的悪意者の具体的基準(1)～(4)」判時538号，541号，544号，547号，松岡久和「判例における背信的悪意者排除論の実相」『現代私法学の課題と展望(中)』〔有斐閣・1982〕124頁，舟橋諄一=徳本鎭編・新版注釈民法(6)物権(1)(補訂版)673頁[吉原節夫]などがある)。

　悪質者の排除は当初旧法4条5項の類推を手がかりに行われた。すなわち，国Yが不動産の登記名義人Aからの未登記譲受人Xをその申告に基づき所有者と認めて，Xから税金を徴収した経緯がありながら，その3年6月後に，Aに対する国税滞納処分として当該不

動産を差し押えた事案につき，確かにYは悪意者であるものの，この程度では法4条・5条にあたる違法がなく，なお「登記欠缺を主張する正当の利益」ありとしていた(最判昭31・4・24民集10・4・417)。ところがこの判決には小林俊三判事の反対意見が付され，国が一旦物権変動を承認しつつ，それを前提に法的行為(税金の徴収)をなした後に，Xの登記欠缺を奇貨としてAの所有不動産とみなして差押えを行うのは，前後矛盾する行為をとるものといえ，信義則に違反する，さらに多数意見が公売制度の信用維持という特殊国家的利益を考慮に入れてYの第三者性を肯定したことを批判した。

まもなく最高裁は，前掲最判昭31・4・24の再上告審判決において，小林判事の反対意見に同調する形で判断を改め，Yの行為態様を信義則違反とみなし，登記欠缺の主張を許さないものとした(最判昭35・3・3民集14・4・663)。ここにいたって不動産登記法の規律内容からは離れて，信義則違反を直接の根拠とする第三者排除の途が開かれたといえる。すなわち旧法5条のように，登記申請義務がなくとも，第1物権変動の効果を積極的に承認しつつ，差押えにまで及ぶことによって，その物権変動に関与しておきながら，後になって，未登記を理由に物権変動の効果を否認する矛盾した態度をとることは許されないという新たな視点が生まれたのである。

3 「背信的悪意者」概念の確立

(1) 背信的悪意者とはいえない悪意者の例　昭和40年代に入ると，許されるべき自由競争の範囲を超える手段を用いた場合には，民法177条が定める登記の先後による画一的順位確定のルールは機能せず，背信的悪意者に対して未登記でも対抗できるという法理が固まってきた。すなわち判例は，当初は「不動産登記法第4条または第5条のような明文に該当する事由がなくとも，少なくともこれに類する程度の背信的悪意者は民法177条の第三者から除外されるべきである」としていた(最判昭40・12・21民集19・9・2221)。もっとも事案は，第1譲受人が譲渡人に対して約束していた登録免許税の支払をいたずらに遅延しているため登記が経由されていない場合に，譲渡人と第1契約者との間で当該建物の所有権紛争が存在することを熟知しつつ，譲渡人に事情を説明されたうえで購入を懇願された第2契約者は悪意ではあるが背信的悪意者ではないとし，背信性を否定する文脈でこの概念を用いたにとどまる。

同様に，不動産の競落取得者と元所有者との間で第1契約(買戻し)がなされ，代金の約半額が支払われていたが，登記名義の移転が未了であったため，そのことを知りつつ，競落取得者に代金残額の提供と引き換えに自己への登記名義移転を行うことを内容として相当代価での第2契約を行った者は悪意者であるが，この者の行為態様は自由競争の許容しうる範囲内であるとしたものがある(最判昭43・11・21民集22・12・2765)。

このように判例法では，背信的悪意と単純悪意の間に一線が引かれていることは明らかであるが，両者の境界は紙一重と言われるほどに微妙である(石田喜久夫『物権変動論』〔有斐閣・1980〕183頁)。そこで以下では，最高裁が背信性を肯定したケースを，それぞれが本条

1項・2項のいずれの趣旨の延長線上にあるかという観点から分類して紹介することにする。

(2) **第2譲受人の行為の不当性（1項の延長線上にある事例群）** 1項のように競争手段の不当性に係るものとしては，AからXに土地建物が贈与されたが未登記の状態で，XはAを相手取り処分禁止の仮処分を得たが，両者をよく知る不動産業者Yが両者間の紛争を知りつつ，欺罔行為によって仮処分を取り下げさせ，Xへの名義移転の妨害に協力した場合は，このようなYを背信的悪意者にあたるものとした（最判昭44・4・25民集23・4・904）。旧法4条の適用ないし類推適用事例といっても過言ではないだろう。

これに対して登記妨害行為がない場合でも，例えばAから山林を譲り受けたXが23年間占有利用していることを知りつつ，Xの登記未了にかこつけ，Xに高値で売りつける目的で第2契約者Yが不当な廉価で同山林をAから二重に買い受けた場合も「背信的悪意者」となるとした（最判昭43・8・2民集22・8・1571）。このように第2譲渡の目的・動機が違法・不当で不当な廉価で購入しているような場合には，競争手段に詐欺・強迫等の違法がある場合と同様に，不当な利益追求をするものとして，排除されるべきだというのである。

係争土地が市道敷地として一般市民の通行の用に供されていることを知りながら，所有者である市が土地の所有権移転登記を経由していないことを奇貨として，不当な利益を得る目的で本件土地を取得した第三者を背信的悪意者にあたるとした事例（最判平8・10・29民集50・9・2506）もこのような観点から説明することができるだろう。

(3) **第1物権変動への関与（2項の延長線上にある事例群）** 2項のように他人のために登記申請義務を負っているわけではないが，代理人や立会人として第1物権変動に関与した者がその立場を利用して自ら登記を得た場合や，譲渡人と実質的な当事者関係にある場合など，登記申請義務を不当に免れるために形式上第2譲渡が行われる場合は，2項の趣旨の延長線上で第三者から排除されている。

根抵当権の放棄（第1物権変動）が未登記なのを奇貨として，放棄の意思表示を事実上代理人として受領した主たる債務者が，そのあとに根抵当権者から被担保債権とともに当該根抵当権の譲渡を受けた場合（最判昭44・1・16民集23・1・18），あるいはまた放棄は合意解除されたとして根抵当権の復活を主張する場合，いずれの登記欠缺を主張する正当な利益を有しないとされた（最判昭45・2・24判時591・59）。

また，XA間で締結された土地交換契約に基づくAの義務をBが承継することを自認したところ，Xが交換契約に基づきAから取得した土地の所有権に基づき，Bの相続人であり係争地を占有中のYに土地の明渡しを求めたのに対して，YはXの登記欠缺を主張できないとしたものがある（最判昭49・3・28金法719・35）。

山林の贈与に関して，山林が受贈者の所有に属することを確認し，贈与者は速やかに受贈者に対してその所有権移転登記手続をする旨の和解が成立した場合において，立会人として示談交渉に関与し，和解条項を記載した書面に署名捺印した者はやはり背信的悪意者にあたるとしたものがある（最判昭43・11・15民集22・12・2671）。

第2契約が実質的な虚偽表示ないしは自己取引に準ずる場合のように，例えば第1契約締結後翻意した譲渡人が履行義務を免れたいために，家族・親族など血縁的関係にある第三者と形式上第2契約を結ぶという事例がある（最判昭48・4・12金判369・8）。

学説の中には，背信的悪意者排除法理を第三者の悪意あるいは善意有過失を要件として第三者から排除される「不当競争類型」と第三者の主観的態様を問うことなく，「準当事者」として排除される類型に二分して捉えるものがある（松岡・前掲65頁，「民法一七七条の第三者・再論」『民事法理論の諸問題下巻』〔成文堂・1995〕185頁）。すなわち，自由競争の範囲を逸脱する取引行為の態様として，大きく分けると2つの類型が析出される。すなわち1つは，違法な手段を用いて他人の所有権を侵害することが不法行為と評価されることにより第三者から排除される「不当競争類型」であり，これは本条1項の趣旨を一般化したものといえる。他方で，譲渡人と第三者の特殊な関係に着眼して，第三者の主観的態様を問うことなく，当事者に準じて扱うべき関係の特殊性に着眼して第三者から排除される「準当事者類型」が存在し，こちらは2項の延長線上にあるものとみることができる。

(4) **長期間継続する占有利用利益の保護**　最高裁が背信的悪意者に該当すると判断した者で，第1物権変動の権利者が目的物を長期間占有利用しているケースは少なくない。特に(2)で紹介した3件の事例はいずれも時効完成に必要な期間あるいはそれに近いほど長期間第1譲受人が占有を継続しているケースである。これらのケースにつき，判例は，第2譲受人側の取引目的や動機の違法性や追求している利益の不当性といった行為態様の悪性を根拠に第三者から排除している。このような第三者側の違法性は，本条1項が定める詐欺または強迫による登記妨害ほど明白かつ直接的なものではなく，違法評価の対象が，行為の目的や追求している利益の内容にまで及んでおり，その意味で拡張ないし緩和されているということができる。

これはⅡ*1*で述べたように，旧法4条が，第1譲受人側の事情（登記懈怠といえるかどうか）と第2譲受人側の不法性とを比較考量するという考え方の延長線上において，第1譲受人側の利益の要保護性と第三者側の行為態様の違法性とを相関的に考慮する枠組みとして背信的悪意者排除論が機能していることを示している。すなわち第1譲受人が単に契約を締結したにとどまるのか，すでに引渡しを受けて占有しているかどうか，その占有期間がどの程度の長期間に及ぶのか，に応じて譲受人の要保護性に違いがあり，第1譲受人の占有が長期間継続する場合はその要保護性が高くかつ代替可能性に乏しいため，第三者側の行為態様の悪性は相関的にある程度緩和して判断することを容認するものとみることができる。

長期間継続する占有利用利益を厚く保護すべきであるという評価は，時効完成後の第三者への取得時効に対抗が問題になったケースで，背信的悪意者排除論を適用した比較的最近の判決においてかなり明確な形で示されている。すなわち，取得時効の場合，時効完成の要件につき第三者が認識していることを証明するのは極めて困難であるから，不動産の譲受人が，占有者が「多年にわたり当該不動産を占有している事実を認識しており」占有者

の「登記の欠缺を主張することが信義に反するものと認められる事情が存在するとき」その第三者は背信的悪意者にあたるものとして悪意の要件充足判断基準を緩和する方向性が示されている（最判平18・1・17民集60・1・27）。このケースでは，これまで背信性が容認されてきたケースに見られたような，目的や動機の不法性とか競争手段の違法といった悪質な行為態様は認定されていない。そもそも第三者側の悪意の認定じたいが争点であり，かりに悪意だとしてどのような場合に登記欠缺の主張が信義則に反すると判断されるのかはわからない。しかしながら悪意要件の充足判断自体を緩く解そうとすること自体が，やはり長期間占有を継続する取得時効者の利益の要保護性の高さを裁判所が認めていることの徴表であるということができよう。

4 背信的悪意者排除論の相対的適用

(1) **公序良俗違反の場合**　第二譲渡契約が犯罪行為の一環として行われるなど，契約自体の有効性が否定されるべき場合は，第二譲受人は端的に無権利者として，民法177条の第三者から除外されるべきである。このような場合と背信的悪意者排除論が適用される事例とは一見類似しているものの厳密に言えば，利益状況は異なる。すなわち，係争不動産を20年以上占有中の第1契約者に対して，別の紛争で持った恨みを晴らすことを主目的として，第1契約者のなした処分禁止の仮処分を偽造文書を用いて取り消すという登記妨害行為をなしたうえ，低廉な価格でなされた第2契約を公序良俗違反により無効としたものがある（最判昭36・4・27民集15・4・901）。第2契約の効力自体が民法90条違反により否定される場合には，転得者は権利を前主から承継できず，民法94条2項類推適用などの信頼保護法理によって極めて例外的に保護されるにとどまる。

(2) **背信的悪意者排除論による場合**　本条により登記欠缺を主張できない第三者から当該不動産を譲り受けた転得者との関係はどうなるか問題となる。判例は，背信的悪意者からの転得者による登記欠缺の主張が許されるかについて，背信的悪意者は無権利者ではなく，所有権は承継取得しているため転得者自身が背信的悪意者に該当する事情がない限りは，登記を先に取得することで優先することができるとしている（最判平8・10・29民集50・9・2506）。背信的悪意の認定は紛争当事者となっている者の間で相対的に判断されるべき性質のものであって，(1)とは明確に区別された枠組みに依拠している。

（石田　剛）

（執筆協力：加藤政也）

第2章 登記所及び登記官

＊旧法関係……章名変更なし

【前　注】
I　登記の管轄
　本章は，不動産手続を管掌する国家機関についての規定を置いている。その国家機関とは登記所であり，登記所において，登記の実行するための人的設備として登記官が配備されている。また，登記官が行う登記事務についての総則規定も本章に置かれている。

II　旧法の規定の整理
　旧法第2章「登記所及ヒ登記官」の条文配列は，国家機関である登記所に関する規定，続いて，登記所で行われる登記事務について，当該登記所で実施されない場合の規定がなされ，最後に登記官に関する規定が置かれていた。
　このうち，登記事務の管轄の転属については，政省令事項とされ，不動産登記規則に移行した。

III　新法の配列
　基本的には，旧法の条文の配列をそのまま維持している。登記管轄が決まるまでの暫定的な措置について6条3項で新設された点，及び登記事務の管轄についての転属が，不動産登記規則に移動したことにより，以下の**表**のような配列となった。

	規定の内容	旧法	新法
登記所	管轄登記所	8条1項	6条1項
	管轄登記所の指定	8条2項	6条2項
	管轄登記所指定までの暫定措置	(新設)	6条3項
登記事務	事務の委任	9条	7条
	管轄の転属	10条	規則32条
	事務の停止	11条	8条
登記官	登記官	12条	9条
	登記官の除斥	13条	10条

(登記所)
第6条 登記の事務は，不動産の所在地を管轄する法務局若しくは地方法務局若しくはこれらの支局又はこれらの出張所(以下単に「登記所」という。)がつかさどる。
② 不動産が二以上の登記所の管轄区域にまたがる場合は，法務省令で定めるところにより，法務大臣又は法務局若しくは地方法務局の長が，当該不動産に関する登記の事務をつかさどる登記所を指定する。
③ 前項に規定する場合において，同項の指定がされるまでの間，登記の申請は，当該二以上の登記所のうち，一の登記所にすることができる。

＊旧法関係……①②旧法8条1項・2項，③新設〔→(参考)不動産登記法施行細則37条ノ8〕
＊関連法規……①(他の登記所の管轄区域への建物のえい行移転の場合)準則4条，②(管轄登記所の指定)準則3条，(他の登記所の管轄区域にまたがる場合の管轄登記所)準則5条〔→(管轄区域がまたがる場合の登記完了の通知の様式等)準則118条，(通知書の様式)準則119条〕，③(管轄区域がまたがる場合の移送等)規則40条〔→(管轄区域がまたがる場合の移送の方法)準則11条，(各種の通知の方法)準則188条，(通知書の様式)準則118条，(管轄区域がまたがる場合の登記完了の通知の様式等)準則119条〕，(不動産及び工場財団の管轄登記所の指定)不動産等の管轄登記所の指定に関する省令(昭和50年12月26日法務省令第68号)1条，(管轄登記所の指定)同2条

I　本条の趣旨

本条は，登記の事務について「登記所」がこれを取り扱うことを定めている(本条1項)。「登記所」とは，法務局若しくは地方法務局若しくはこれらの支局またはこれらの出張所のうち登記をつかさどる国の機関を指しており，「登記所」という名称の機関は存在しない。

国の機関が登記事務をつかさどるのは，登記事務が国民の最も基本的かつ重要な財産である不動産に関する権利関係を登記公示するものであり，その権利関係が混乱すると取引秩序が乱れ社会的安定性が損なわれるため，それを防止する必要があること，その事務処理には複雑な法律判断を要すること，また，その性質上全国的に同質の取扱いがなされるべきものであること，全国的に登記事務を処理するためには巨額の経費を要すること(林＝青山・注解89頁)，不動産，特に土地は国家存立の基盤でもあり，また，各種行政の基礎でもあること(名越功「登記所・登記官」鎌田＝寺田＝小池・新講座①総論Ⅰ106～107頁)などから，国の事務として一律に処理されるべきものと考えられ，本条が設けられた。

II 登記所
1 登記所の沿革

　旧登記法(明治19年法律第1号)の施行当時においては，原則として治安裁判所が，登記事務を扱っていたが，その当時すでに，治安裁判所が遠隔である地方では，「郡区役所其他司法大臣指定スル所」にも登記事務を取り扱わせることが規定され，実際には郡役所や戸長役場などにおいて事務が扱われていた(清水誠「わが国における登記制度の歩み——素描と試論——」『不動産登記制度の歴史と展望』〔日本司法書士会連合会・1986〕134頁)。また，裁判所構成法(明治23年法律第6号)の制定・施行により，区裁判所とその出張所が登記所として登記事務を管掌することとされ，新たに制定・施行された不動産登記法(明治32年法律第24号)においても，区裁判所とその出張所が登記所として登記事務を管掌することとされていた(清水・前掲162頁)。このように，内務省の所管ではなく，司法省の管轄化に置かれたのは，不動産登記法の母法であるプロイセン法の影響である(清水・前掲134頁)。これにより，裁判所が非訟事件として登記事務を扱っていたが，第2次世界大戦後，司法と行政が分離されることになり，新たに設けられた司法事務局およびその支局・出張所が登記所として登記事務を扱うことになった(司法省官制の一部を改正する等の政令．政令第6号)。この司法事務局およびその支局・出張所が，現在の法務局若しくは地方法務局またはその支局若しくは出張所となっている(名越・前掲107頁)。

2 登記所の配置

　法務局および地方法務局の前身である司法事務局が発足した昭和22年当時，全国に2066庁の登記所が配置されていた。これは，登記制度が創設された明治時代中期に，当時の交通事情を前提として，主として登記の申請等をする利用者が1日で往復することができるようにとの方針に基づき，登記所の配置が決定された結果，多数の登記所が全国に分散配置され，それがほとんどそのまま維持されてきたからであり，しかもその大部分は職員数のきわめて少ない小規模庁であった(名越・前掲108頁)。その後，少人数の人員では登記事務を適正円滑に処理することが困難であり，人員の分散ロスがあること，庁舎施設の整備や高性能の能率機器の導入を図る上で予算がかかるといった問題点が指摘された。その一方で，住民の行動圏域の拡大，広域市町村圏の進展などが考慮に入れられ，登記所の整理統合が進んでいる(名越・前掲108～109頁)。平成19年2月1日の時点では登記所の数は，558庁であったが，平成19年度から平成22年度までの間に約100庁程度の統廃合が進められ(松井信憲「登記所の適正配置の現状について」登研724号9頁)，平成23年12月31日までには登記所の数は，439庁となった(法務省「平成23年法務年鑑」229頁)。このように登記所を統廃合することによる行政サービスの低下が問題となっており，住民および司法書士からは反対の声が挙がっている。

3 登記事務のコンピュータ化と登記所

　平成16年6月時点で不動産登記が土地，建物を合わせて約2億7000万筆個あり，そのうち約1億9100万筆個，そのうち約71%がコンピュータ化されていたが(登記研究編集室編・平成16年改正不動産登記法と登記実務(資料編)222頁)，その後，平成20年3月に全国でコンピュータ化が完了した(松井・前掲8頁)。また，オンライン申請ができる登記所は，平成20年4月末の時点で98%に達し，同年7月には全登記所が指定を受け(松井・前掲7頁)，現在では，全国全ての登記所でオンライン申請システムが稼働している(法務省「平成23年法務年鑑」229頁)。

Ⅲ 管轄登記所
1 原則——不動産の所在地が確定している場合

　登記の事務は，不動産の所在地を管轄する登記所が扱うことになっている(本条1項)。すなわち，登記所には管轄区域が定められており，登記所は，原則としてその管轄区域内に所在する不動産に関する登記事務についてのみ取り扱う権限を有している。
　登記所の管轄区域は，行政計画すなわち市区町村またはその区域内の町若しくは字の区域を基準として定められている(法務省設置8②，法務局及び地方法務局の支局及び出張所設置規則)。したがって，事件の種類その他に関係なく，不動産の所在地によって当然に管轄登記所が定まっているのが原則である。これは，ある不動産についての権利関係等を調査しようとする場合に，どの登記所に行って調査すればよいかが，あらかじめ一般国民にわかるように定められていなければならず，その基準としては，不動産の所在地が最も明確かつ適当であるからである。
　なお，平成12年9月より，インターネットを介して登記情報を提供する登記情報提供システムの運用が開始され，現在では全国全ての登記所がその対象となっていることから，権利関係を調査するという目的で登記情報を請求するに際し，必ずしも当該不動産を管轄する登記所に行く必要はなくなっている。

2 例外——不動産の所在地が未確定の場合

　所在地の確定していない不動産，例えば公有水面埋立地(公有水面埋立地は，公有水面のみに係る市町村の境界変更を定め，その境界変更の決定により公有水面の埋立てにより造成された土地の所属の市町村が定まる(地自9の4))や従来から普通地方公共団体に属していない地域(その地域を都道府県又は市町村の区域に編入するために，利害関係のある地方公共団体の意見を聞いて，内閣がその編入の決定処分をし，その旨の告示により決定処分の効力が生ずる(地自7の2))や所属未定地上の建物は，所在が未確定であるため，管轄登記所が定まらず，管轄が定められるまでは登記できない(昭30・5・17民甲930民事局長通達・先例集追Ⅰ345，昭43・4・2民甲723民事局長回答・先例集追Ⅳ1335，名越・前掲112頁，香川・逐条(1)68〜69頁)。

3 管轄違背の場合

　管轄登記所を誤ってなされた登記は，公示上無意味な登記であり，無効である。したがって，登記官は，そのような登記を発見したときは，職権でその登記を抹消することになる(25①・71①④。名越・前掲115頁，香川・前掲69頁)。

　なお，指定されない間に，関係登記所のいずれかが当該建物の登記を了してしまった場合，その登記は無効と解されるが，その後その登記所が管轄登記所に指定をうけたときは，瑕疵が治癒され有効となるものと解されている(名越・前掲115頁，林＝青山・注解94頁)。

IV　管轄登記所の指定

　1個の不動産が複数の登記所の管轄区域にまたがる場合，すなわち，建物がA登記所の管轄地とB登記所の管轄地とにまたがる場合にA登記所とB登記所の双方が管轄登記所になるとすると，1つの不動産について2つの登記簿が設けられ，一不動産一登記記録主義(2(5))の原則に反し，公示機能を果たせなくなる。なお，この原則について，登記簿の電子化により紙から電子記録にその媒体は変更されたが，一不動産について一登記という原則に変更はない。そこで，建物が二以上の登記所の管轄区域にまたがるときは，法務省令の定めるところにより，法務大臣または法務局もしくは地方法務局の長が管轄登記所を指定することにしている(本条2項)。すなわち，「不動産の管轄登記所の指定に関する省令」(昭50年法務省令68号・平成17年法務省令106号改正)により，不動産が数個の登記所の管轄区域にまたがる場合において，以下の区分に従い，そこに定められた者が指定することとされている。

　①　当該数個の登記所が同一の法務局または地方法務局管内の登記所である場合には，当該法務局または地方法務局の長が指定する(同省令1条1号)。

　②　①の場合を除き，当該数個の登記所が同一の法務局の管轄区域(法務省組織令(平成12年政令248号)68条2項の事務に関する管轄区域をいう)内の登記所である場合には，当該法務局の長が指定する(同省令1条2号)。

　指定がなされるとその登記所だけが管轄登記所となり，登記が可能となる。土地については，1筆の土地が数個の登記所の管轄区域にまたがることはないものと考えられる。土地の地番は，市区町村，字またはこれに準ずる地域をもって定められた地番区域ごとに起番して，1筆の土地ごとに定められ，また，1筆の土地が行政区画の変更により地番区域を異にするに至ったときは，所有者の申請がなくとも登記官が職権でその土地を分筆しなければならないからである(吉野・注釈(上)291頁，名越・前掲113頁，香川・前掲69～70頁)。また，複数筆の土地について合筆申請をする場合に，土地を管轄している登記所が異なる場合があるか否かであるが，土地の地番区域が相互に異なる土地の合筆の登記は禁止されているため(41(2)。清水・Q&A139頁)，現実にはそのような合筆申請は生じないと思われる。

　建物が数個の登記所の管轄区域にまたがる場合としては，1棟の建物が数個の登記所の管轄区域にまたがって建てられた場合と主たる建物と付属建物が管轄区域を異にして建て

られた場合とがある。この場合，管轄登記所の指定をする必要があるのは，複数の登記所の管轄区域にまたがる建物について初めて登記をする場合である。というのは，すでに登記されている建物については，その建物の登記されている登記所が引き続いて，その建物についての管轄権を有する(準則5前)ので，管轄登記所をあらためて指定する必要はない。初めて登記をする場合，すなわち，その建物について表示の登記が申請された場合(47)，表示登記のされていないその建物について，判決により自己の所有権を称する者または収用により所有権を取得した者から所有権の保存登記が申請された場合(74①(2)・(3))，表示の登記のされていないその建物について処分制限の登記が嘱託された場合(76③)および登記官が職権でその建物について表示の登記をする場合(28)である(名越・前掲114頁，香川・前掲71頁)。

V 登記管轄されるまでの暫定措置

　管轄登記所の指定は，その建物の所在地を管轄する数個の登記所のうちの1つの登記所の登記官からの，法務局若しくは地方法務局の長または法務大臣に対する管轄登記所指定請求によってなされ，登記申請人からの管轄登記所指定請求の申請によってなされるものではない(名越・前掲114頁)。したがって，法6条2項の指定を受けるまでの間，当該二以上の登記所のいずれに対しても登記の申請をすることができる旨を定めたものである。旧法の不動産登記法施行細則37条ノ8第1項と同趣旨である。旧法下では，表題登記(表示ノ登記)の申請に限って規定されているが，表題登記がない不動産についても，所有権の保存の登記を申請することが可能である(75)ことを考慮し，6条3項において，より一般的な規定を設けたものと説明されている(平成16年改正不動産登記法と登記実務(解説編)81頁)。

　6条3項の規定により登記の申請がされた後，6条2項の指定により他の登記所が管轄登記所となったときは，登記の申請を受けた登記所の登記官は，当該指定された他の登記所に当該申請に係る事件を移送する(規則40①)。そして，登記官は，当該移送の旨を申請人に対し通知する(規則40②)。

(小西飛鳥)

(執筆協力：加藤政也)

(事務の委任)
第7条 法務大臣は、一の登記所の管轄に属する事務を他の登記所に委任することができる。

　＊旧法関係……旧法9条
　＊関連法規……(事務の委任による登記記録等の移送等)準則10条〔→(管轄転属による登記記録等の移送)準則8条,(管轄転属による地番等の変更)準則9条〕

I 本条の趣旨

　交通事情や登記事務量などの諸事情によっては，A登記所の管轄に属する事務をB登記所に取り扱わせたほうが，登記申請人あるいは登記行政にとって適当な場合がある。そのような場合には，法務大臣は，A登記所の管轄に属する事務の全部または一部をB登記所に委任することができる(本条)。この登記事務の委任は，登記事務委任規則(昭24年法務府令13号)により具体的に行われる。登記事務の委任が，委任する登記所と受任する登記所とが同一の法務局または地方法務局の管内にある場合に限られるかどうかについては説が分かれており，否定説は，登記所といえども一の行政組織であるから，他局管内の登記所に事務を委任した場合は，その局の長は，本来自局の管内に存在する不動産の登記事務処理につき何らの指揮監督をすることができない結果となり妥当ではないと主張する(林=青山・注解95頁)。実務上，現在までのところ，委任は，同一の法務局または地方法務局に限ってなされているようである(名越功「登記所・登記官」鎌田=寺田=小池・新講座①総論I120頁)。

　実際に，平成18年11月13日法務省令82号改正時には，東京法務局三宅出張所の管轄に属する登記事務は，東京法務局に委任されていたが(同規則1条)，その後の改正により同規則1条は削除された。

　事務の委任がなされたときには，当然に登記記録等，地図等および登記簿の付属書類を電磁的記録に記録されているものを含め，委任を受けた登記所に送付しなければならない(準則10・8・9)。

(小西飛鳥)
(執筆協力：加藤政也)

(事務の停止)

第8条 法務大臣は，登記所においてその事務を停止しなければならない事由が生じたときは，期間を定めて，その停止を命ずることができる。

＊旧法関係……旧法11条
＊関連法規……(事務の停止の報告等)準則6条

I　本条の趣旨

　本条は，登記事務の停止に関する規定である。登記は，意思表示により効力を生じた物権変動の対抗要件にすぎないが，不動産に関する権利を確保する法的手段であり，登記を欲する国民には，その欲する時期に登記制度を利用できる態勢を確保しておくべきであり，長い期間登記事務を停止するようなことは，避けなければならない。

　しかし，水害，火災，震災などの天災地変その他の事由により登記所において登記事務を取り扱うことができない事情が生じた場合には，登記事務を停止せざるをえない。この「事務を停止しなければならない事由」とは，その登記所で登記事務を続行することが客観的にみて不可能な場合に限られる。したがって，事務の取扱いが物理的に不可能な場合のみならず，登記所における執務が登記官の生命に危険を及ぼすおそれのある場合も該当するが，登記官が1人のみの登記所において，その登記官が病気などの理由によって事務処理ができないというような登記官の一身上の都合により登記事務の遂行が不可能となった場合には，事務停止は行われない。このような場合には，代理登記官を派遣すればよいからである(名越功「登記所・登記官」鎌田=寺田=小池・新講座①総論Ⅰ120頁)。

　新法では，「事故」が「事由」に改められたが，電子情報処理組織で事務を行う場合には，事故が発生しなくてもシステムの管理上，やむを得ず事務を停止しなければならない場合があるため，停止事由の範囲が拡大された(清水・Q&A 50頁)。

II　登記事務停止の手続

　登記所の事務を停止しなければならない場合には，登記官は速やかにその旨および事務停止を要する期間を監督法務局または地方法務局の長に報告し，その報告を受けた監督法務局または地方法務局の長は，速やかに所定の様式による意見書を提出しなければならない(準則6条・同別記第5号様式)。法務大臣は，その意見書を相当と認めたときは，一定の期間その登記所の登記事務の停止を命令することになる。また，この命令は，官報への告示で公示される(林=青山・注解98頁)。最近の事例として，昭和61年に三原山の噴火の際に東京法務局大島出張所が，平成7年1月に発生した阪神・淡路大震災の際に神戸地方法務局および同局管内の一部の登記所(名越・前掲121頁)が，平成23年3月に発生した東日本大震災の際に仙台法務局気仙沼支局，福島地方法務局富岡主張所および盛岡地方法務局管内の一部の登記所が事務を停止している。

III　登記事務停止の効力

　事務停止を継続する必要がある場合は，その期間を更新延長することができる(林=青山・注解98頁，名越・前掲120〜121頁，香川・逐条(1)76頁)。

　登記事務の停止命令は，命令で定められた期間登記事務を全面的に停止することを意味しており，この命令の解除のない限り，停止命令で定められた期間内は登記事務を取り扱うことが禁止される(林=青山・注解98頁)。

　事務停止期間中に，誤って登記がなされた場合，その登記は何の効力も有せず，無効と解される(吉野・注釈(上)306頁，香川・前掲76頁)。したがって，その登記は登記官の職権によって抹消されることになる(名越・前掲121頁)。

（小西飛鳥）
（執筆協力：加藤政也）

(登記官)
第9条 登記所における事務は，登記官(登記所に勤務する法務事務官のうちから，法務局又は地方法務局の長が指定する者をいう。以下同じ。)が取り扱う。

＊旧法関係……旧12条
＊関連法規……(登記官の交替)準則7条

I 本条の趣旨

本条は，登記所に勤務する法務事務官のうちから，法務局または地方法務局の長により指定された者が，登記官として，登記事務を取り扱うことを定めたものである。

この指定を受けた登記官のみが，登記官の名において登記事務を取り扱う権限を有することになる。したがって，登記所においては，登記官以外の法務事務官も配置されているが，登記事務の処理に関しては，登記官の補助者たる地位において登記事務の処理に従事しているのである(林=青山・注解98～99頁)。また，指定を受けた登記官は，その者が勤務する登記所における登記事務を処理する権限を付与されたのであり，たとえ同じ法務局または地方法務局に属する登記所であっても他の登記所の登記事務を処理することはできない(名越功「登記所・登記官」鎌田=寺田=小池・新講座①総論 I 121頁)。

ただし，登記事項証明書については，法務省令で定める場合を除き，請求に係る不動産の所在地を管轄する登記所以外の登記所の登記官に対してもすることができる(119⑤)。

II 本条制定の経緯

旧登記法(明治19年法律第1号)では，本条に相当する規定はなく，登記事務は治安裁判所において取り扱うものとされていた(例外的に郡役所または法務大臣が指定する戸長役場で取り扱うものとされていた。同法3)ことから，治安裁判所判事が登記事務を取り扱うものとされていた。裁判所構成法の施行により，治安裁判所が区裁判所に改められ，登記事務は，区裁判所が取り扱う非訟事件と規定され(旧裁判所構成法15)，区裁判所判事が登記官吏として登記事務を取り扱うことが規定上も明確となった。なお，区裁判所出張所の登記事務については，裁判所構成法施行条例11条において，判事に差し支えがあるときは，裁判所書記をして登記事務を取り扱わせることができる旨の規定が置かれており，この規定からも，登記事務が区裁判所判事の取り扱う事務であったことが明らかである。

不動産登記法が明治32年6月に施行された後においても，登記事務は区裁判所の非訟事件と位置づけられ，区裁判所判事が登記官吏として登記を取り扱うものとされたが，大正2年の裁判所構成法の改正により，15条に2項が新設され，「非訟事件中登記事務ハ裁判所書記ヲシテ之ヲ取扱ハシムルコトヲ得」と規定され，これにより，登記事務は判事ではなく裁判所書記により処理されてきた。

第2次世界大戦後，司法と行政は分離され，登記事務は行政事務として法務省の所管事

務とされた。法務局及び地方法務局設置に伴う関係法律の整理等に関する法律（昭和24年法律第137号）により不動産登記法の一部が改正され、登記事務は法務事務官が取り扱うべきものとする条文が設けられることになった（旧法12）（吉野・注釈(上)313頁以下、林＝青山・注解100頁）。さらに、本改正により、条文の位置が改められた。

Ⅲ 登記官の指定
1 登記官の指定

登記事務は、当該登記所に勤務する登記官のみが処理する権限を有するから、登記所には、常時登記官を配置しなければならない。そこで、登記官の指定は、その登記所に勤務する法務事務官に対して指定する必要がある。勤務する法務事務官には、出張命令に基づき、一時的に登記所の業務に従事する法務事務官も含まれる。登記所に勤務する登記官が休暇等により一時的に不在となるような場合には、他の登記所に勤務する法務事務官を出張させ、その者を登記官に指定することもできる。

登記官の指定は、個別的に指定の旨を明確にした辞令によるのが一般的であるが、一定の役職に任命された者は、登記官に指定する旨の訓令を発し、個別的な指定を省略する取扱いも認められる（吉野・注釈(上)328頁、林＝青山・注解100頁）。

登記事務については、昭和58年度からは、課長、課長補佐、出張所長制が廃止され、完全専門官制が導入され、登記事務に従事する職員は、主席登記官、統括登記官、登記官、表示登記専門官、登記相談官、登記専門職、事務官の7官職からなっている。この登記官は官職上の名称であって、本条の登記官とは本質的に異なり、この官職に発令されたことにより当然に登記事務を取り扱う権限が付与されるものではない。しかし、登記相談官以上の主席登記官、統括登記官、登記官、表示専門官の5官職は、本条の登記官としての経験、能力を有する者が任命される実態にあることから、これら官職に任命された場合には、個別的指定を要せず、あらかじめ発せられた訓令により本条の登記官と指定されている実情にある（名越・前掲122～123頁）。

登記官の指定は、1登記所1人に限定されるものではない。登記事務の量等を考慮して、1登記所に複数の登記官を指定することができる。登記官を複数配置する登記所においては、各法務局長または地方法務局長の訓令で登記官相互の事務分担を定めているが、この場合にも、それぞれの登記官は、各々その登記所における登記事務の全般について処理する権限を有する（吉野・注釈(上)328頁）。

2 登記官の交替

法務局長、地方法務局長は、登記官の指定をいつでも解除できる。この指定解除は、この事実を本人が明確に認識できるような方法で行う必要がある。また、人事異動により他の登記所に異動すれば、指定の効力は消滅する（林＝青山・注解101頁）。

人事異動または指定の解除により、登記所の登記官が交替した場合には、前任および後

任の登記官は，前任登記官が管理していた登記簿等の帳簿を点検のうえ引継ぎを行い，所用の調査を行い，後任登記官は，その結果を監督法務局長または地方法務局長に報告しなければならない(準則7)。なお，複数の登記官が配置された登記所においては，その登記官の長たる登記官が帳簿等の管理責任者であるから，登記所の長たる登記官の交代の場合にのみこの手続をすれば足りる(林=青山・注解101頁)。

　登記官の処分に対する取消訴訟が提起され，その訴訟係属中に登記官が交替した場合に，だれがその訴訟を承継するかについて，数人の登記官が置かれている登記所の場合に問題になるが，一般的には後任の登記官が承継するのが実際的と考えられている(吉野・注釈(上)329頁，名越・前掲130頁)。しかし，これは絶対ではなく，その登記所の登記官のいずれか，あるいはその登記所の長たる上席の登記官が承継するとしても差し支えないものと考えられ，職務命令によって内部的に承継者となる登記官が決定されたときに，対外的にもその承継が確定すると解するのが妥当とされる(吉野・注釈(上)329頁，名越・前掲130頁)。

Ⅳ　登記官の権限
1　総論

　登記官は，登記所の事務を処理する権限を有しているが，この登記所の事務とは，登記事務(登記申請の受理・却下，登記の実行，登記事項証明書の交付等の事務)のことであり，法務局もしくは地方法務局またはその支局もしくは出張所の事務のなかの登記事務に関してのみ登記官は処理する権限を有している。

　登記事務の処理は，すべて登記官の権限により，登記官によってなされる。すなわち，登記官は，その登記所の登記事務全般を，独立完結的に処理する権限を有する。1つの登記所に複数の登記官が指定されている場合，それぞれの事務分担が定められているが，これはあくまでも内部的な事務分担に過ぎず，対外的にはいずれの登記官も，その登記所の登記事務全般を処理する権限を有するものと解され(吉野・注釈(上)328頁)，事務分担に反してなされた処分も，それだけの理由で無効となることはない(名越・前掲124頁)。

　登記事件の処理は，登記官の名で，登記官の責任においてなされる。例えば，登記申請事件の受否・登記事項証明書の交付(119)は登記官がその名において行い，登記した場合には処理した登記について，登記記録に登記官の識別番号を記録しなければならない(規則7)。また，登記事項証明書の交付については，証明書に職氏名を記載し，職印を押さなければならない(規則197)。

2　登記官の地位(独立性)

　登記事務は，不動産に関する一定の事項を登記簿に記録してこれを公示する機能を果たす行政作用であり，登記官は，この登記事務(行政)をつかさどる機関として登記申請を受理あるいは却下する処分(行政処分)を行うものであるから，「行政庁」に当たる(名越・前掲126～127頁)。

登記官は，その権限を独立して行使することができる。すなわち，個々の具体的事件の処理にあたっては，登記官自身の判断によって行うことができ，上司の指示または決裁を受ける必要はない。ただし，法令が特に定める場合（例えば，登記官の処分を不当として審査請求がなされた場合に(128)，法務局または地方法務局の長が，その審査請求を理由ありと認めて，登記官に対し相当の処分として具体的な登記の実行を命ずるとき(129③)），あるいは，登記の錯誤または遺漏が登記官の過誤による場合に，登記官が法務局または地方法務局の長の許可を得て，職権更正登記をするとき(67②)は，別である。また，複数の登記官が置かれている登記所においても，各登記官はそれぞれ独立して権限を行使することができる。このように，登記官は一般的に言って，自己の判断によって，自己の名の下に，登記申請事件の受理・却下等の行政処分を行うものであるから，その地位は独立性があり，独任制の行政庁であるといわれ（吉野・注釈(上)324頁），また，その独立性から，登記官は独任官であるともいわれている（名越・前掲127頁）。

したがって，登記官の行った処分に対する抗告訴訟（行訴3①）において，登記官は，その名において訴えられることになる。すなわち，当該登記官が，処分した行政庁として被告適格を有することになる（行訴11①）。

しかし，登記官の地位は，独立性を有するといっても，やはり独立性の認められている裁判官の場合と同じではないと解されている。登記官は，具体的な登記事件の処理に当たって，上司等の指示・命令にはよらずに自己の判断に基づいてこれを行うことができるという点においては独立性を有するが，行政組織法上，登記官はだれの指示も受けない完全に独立した地位を有するものではないと解され（名越・前掲127頁），この点で職務の性質上だれの指示も受けない裁判官とは本質的に異なる。すなわち，登記官は，最終的には，内閣の責任の下にある国家行政権の行使としてその権限を行使するものであるから，法務大臣の監督に服し，その指揮を受ける立場にあり，したがって，登記官は，その事務処理について，法務大臣はもとより，大臣の権限を委譲された法務局長，地方法務局長等の指揮監督を当然に受けることになる（法務局及び地方法務局組織規則23⑤・32・42③・49。名越・前掲127～128頁）。

不動産登記法が，登記事務について登記官制を設け，一般行政事務のように大臣の行政権限の分掌という形をとらずに，登記官に独立した事務処理権限を与えているのは，かつて登記事務の処理が判事の権限とされていたという沿革的理由と，全国で日々大量に生ずる登記事務を迅速に処理するための特別の合理的な制度が必要とされるという理由によるものと解される（枇杷田泰助「登記官とその権限・職責」・旧不動産登記講座Ⅰ〔日本評論社・1976〕18頁）。すなわち，登記事務そのものに，これを取り扱う者の完全独立性を要求する性質が内在するものではない。したがって，登記官は行政組織法上の指揮に基づいて上司から命令があった場合には，その命令に従って事務を処理しなければならない行政組織法上および国家公務員法上の義務がある。しかし，具体的事件の処理に当たって上司の指示を受けなければならない義務はなく，また仮に，上司の指示に反した事務処理をしたとし

ても，行政処分としては有効に成立し，上司の指示に違背したというだけの理由によって，その処分が無効になるものではない。登記官は，そのような意味で，またその限りで独立性を有している(枇杷田・前掲18頁，名越・前掲128頁)。

3 登記官の審査権

(1) 実質的審査と形式的審査　登記官の審査権に関し，実質的審査主義・形式的審査主義という用語が使われているが，この用語の使い方は必ずしも定まっていない(鈴木禄弥『抵当制度の研究』〔一粒社・1968〕102頁以下，幾代＝徳本・不登法152頁以下など)。特に権利に関する申請について，この用語の用法が問題となる。以下では，審査の対象と審査の方法とを分けて，審査の対象が原因関係にまで及ぶことを実質的審査主義，原因関係にまで及ばないことを形式的審査主義と呼ぶことにする。もっとも，わが国の場合，物権変動の無因性は採られていないので，審査の対象としては，常に実質的審査主義が採用されていることになる。また，審査の方法について，いわば裁判所的な徹底的な審査をすること，すなわち，登記官自身が資料を収集したり，当事者に事情を聴取するなどの実地調査をすることを対人的審査(裁判官的審査)，一方，提出された記録のみで審査をすることを書面審査(窓口的審査)と呼ぶことにする。

(2) 表示・権利に関する登記に共通の審査—本人確認　旧法では，権利に関する登記について，出頭した申請人が登記名義人でないことが明らかであれば，当事者が出頭していないことを理由に申請を却下すべきものとされていた(旧法49(3))。旧法では，当事者出頭主義が採られていたため，申請人として出頭した者が本人であるか否かを対面で判断することができ，その者が申請人本人であるかどうかは，制度上は，登記官の審査の対象となっていたものと考えられていた(平成16年改正不動産登記法と登記実務(解説編)316～317頁)。しかし，実際問題としては，登記官が申請当事者と面識がある場合はむしろ少なく，出頭者がはたして申請当事者本人であるかを積極的に審査することは困難であり，また強いて確認することは不適当と考えられ，本人確認の制度としては機能していなかった(幾代＝徳本・不登法147頁)。

オンライン申請の導入により，新法では出頭主義が廃止された。そうなると，申請人が出頭した際に本人であるかを登記官が確認するという手続は必ずしも取れなくなる。しかし，登記官には，登記の申請がされた場合には，その申請が却下事由のない適正なものであることを確認して登記簿に記録する権限と責任を負っているので，その職責上，申請人となるべき者が申請していることを確認すべき義務があるということができる。例えば，申請人となるべき者以外の者が申請していると疑うに足る相当な理由があるときにおいても，なお登記官は申請人から提供された情報のみによってしか審査できないという書面審査(窓口的審査)を適用することは，登記の真正を担保するためには相当でないことは明らかであり，申請人として申請している者が本人であるかどうかを登記官が確認することを可能にしておく必要がある(平成16年改正不動産登記法と登記実務(解説編)317頁)。

そこで、出頭主義の廃止に伴い、新法24条において、登記官が申請人となるべき者が申請人として申請していることを審査するための権限の内容が明確にされた。これにより、権利に関する登記は、旧法においてはすべての場合に当事者の出頭が必要であったものが、真に必要な場合にのみ出頭または必要な資料を提供すればよいことに改正された。

(ｱ) **登記官が本人確認をする場合**　登記官は、登記の申請があった場合において、①申請人となるべき者以外の者が申請していると疑うに足りる相当な理由があると認めるときであって、②法25条の規定によりその申請を却下すべき場合でないときに行われる(24①)。

登記官が本人確認調査をすべき場合、すなわち申請人となるべき者以外の者が申請していると疑うに足りる相当な理由があると認めるときとして、次のような場合がある(準則33条)

① 捜査機関その他の官庁または公署から、不正事件が発生するおそれがある旨の通報があったとき
② 申請人となるべき者本人からの申請人となるべき者に成りすました者が申請をしている旨またはそのおそれがある旨の申出に基づき、準則35条7項の措置をとった場合において、その不正登記防止申出に係る登記の申請があったとき
③ 同一の申請人に係る他の不正事件が発覚しているとき
④ 前住所地への通知をした場合において、登記の完了前に、その通知にかかる登記の申請について異議の申出があったとき
⑤ 登記官が、登記識別情報の誤りを原因とする補正または取下げもしくは却下が複数回されていることを知ったとき
⑥ 登記官が、申請情報の内容となった登記識別情報を提供することができない理由が事実と異なることを知ったとき
⑦ 上記以外の場合のほか、登記官が職務上知りえた事実により、申請人となるべき者に成りすました者が申請していることを疑うに足る客観的かつ合理的な理由があると認められるとき

(ｲ) **登記官による本人確認調査の対象**　24条に規定する登記官による本人確認調査は、申請人の申請の権限の有無についての調査である。すなわち、申請人となるべき者が申請しているかどうかを確認するためのものであり、申請人の申請意思の有無は本人確認調査の対象ではない(平17・2・25民二457民事局長通達第1‐(6)**【参考資料②】**参照)。

したがって、申請人が申請人となるべき者であることを確認することができたことで、本人確認調査は終了することになる。例えば、出頭した者が本人であることが確認され、委任状に押印された印が本人が押印したものであることが確認されれば、申請人が白紙委任状に押印したものであり、登記の申請をするつもりはなかった等の発言があったとしても、その発言により本人確認の結果は左右されないとされる(平成16年改正不動産登記法と登記実務(解説編)319頁)。このような場合、登記官に本人の申請意思を確認する機会がある

にもかかわらずその権限が認められていないため，結果として実体と齟齬のある登記がされる可能性がある。その一方で，もし登記官に，登記申請後に意思確認する権限があるとすると，登記申請時には登記申請意思があったにもかかわらず，登記申請後何らかの事由で登記申請意思を翻して，登記官にその旨を申述したときに，登記官の判断で登記処理を中止できることになりその結果，登記申請の他の一方の当事者に不測の不利益を及ぼすことになり，特に代金の支払いと登記申請が同時履行でなされるような決済性のある登記申請の場合には，より深刻な問題となるのではないかとの指摘もある。この点について，登記申請時が意思確認の基準となるのであり，その後に申請意思を翻した場合は，共同申請主義の趣旨からもはや一方当事者のみによる当該申請は撤回できないと解すべきと思われる。

(ウ) **登記官による本人確認調査の方法**　登記官による本人確認調査は，申請人またはその代表者もしくは代理人に対し，①出頭を求め，質問をする方法，または②文書の提示その他必要な情報の提供を求める方法によりすることとされている(24①)。このうち，①の出頭を求め，質問をするとは，登記所に出頭した者に対して，身分証明書等や本人であれば知っているであろうと考えられる事項を質問して本人確認をするほか，登記官が申請人となるべき者以外の者が申請していると疑った理由に対する合理的な説明を求めることが考えられる。また，②の文書の提示その他必要な情報の提供を求める方法によることができるとしているのは，登記官が申請人となるべき者以外の者が申請していると疑った疑いの程度またはその契機となった事由に応じて，最適な方法により調査をすればよく，必ずしも本人の出頭を求めることを要しないという趣旨と考えられている(平成16年改正不動産登記法と登記実務(解説編)320頁)。すなわち，登記官が申請人となるべき者以外の者が申請していると疑った理由が出頭を求めるまでもなく，その内容を確認することができるものである場合には，電話での照会等により疑った理由に対する合理的な説明を求めたり，電話で申請人の生年月日や本籍等について質問したり運転免許証等(規則72②各号所定のもの)の写しといった本人であることが分かる資料の送付を求めること等により，本人からの申請であるか否かを調査すれば足りると解されている(平成16年改正不動産登記法と登記実務(解説編)320頁，鎌田薫＝日本司法書士会連合会『新不動産登記法の解説と申請様式』〔商事法務・2005〕65頁)。

　なお，登記の申請が資格者代理人によってされている場合に，登記官が本人確認の調査をすべきときとは，原則として，資格者代理人に対し必要な情報の提供を求めるものとするとされている(準則33②)。これは，登記の申請が資格者代理人によってされている場合には，資格者代理人がその職責において，十分な本人確認をしているはずであり，多くの場合は，資格者代理人に質問等をすることによって申請人となるべき者以外の者が申請しているかどうかを迅速に判断することができると考えられているからである。もっとも，登記官が申請人となるべき者以外の者が申請していると疑った理由からして資格者代理人に質問等をすることが相当でないと判断される場合や，資格者代理人に質問等をした結果

§ 9 Ⅳ 3 (2)(エ)

によっても，申請人となるべき者以外の者が申請していると疑うに足る相当な理由がなお解消されない場合には，直接申請人本人に対する調査を行うこととなろう（平成16年改正不動産登記法と登記実務（解説編）320頁）。

(エ)　**他の登記所の登記官への本人確認調査の嘱託**　登記官は，申請人となるべき者以外の者が申請していると疑う相当の理由を認めたときに，申請人等の出頭を求めることができることとされたが，申請人等は，必ずしも登記を申請した登記所の管轄区域内あるいはその近隣に居住しているとは限らない。特に，今回の改正により権利に関する登記についても，出頭主義が廃止され，オンライン申請のほか，郵送でも申請することができることとなったことから，遠隔地に居住している申請人等が出頭を求められても，申請をした登記所に直ちに出頭することが困難な事案も予想される。このような場合にも，なお，申請した登記所に出頭することを求めることは，申請人等にとって大きな負担となる。そこで，申請人等が遠隔地に居住しているとき，その他申請をした登記所以外の登記所に出頭することが相当であると登記官が認めるときは，登記官がすべき本人確認の調査を他の登記所の登記官に嘱託することができることとされた（24条②，平成16年改正不動産登記法と登記実務（解説編）320～321頁）。

(a)　**他の登記所への登記官への本人確認調査を嘱託する場合**　他の登記所の登記官に対する本人確認の調査の嘱託は，申請人の利便を考慮してすることができることとされた。しかしながら，申請人から他の登記所に出頭したい旨の申出があったからといって，必ずこの嘱託がされるとは限らない。例えば，申請人が登記を申請した登記所の管轄区域に隣接する市町村に居住し，その市町村を管轄する登記所のほうがより近いとしても，申請をした登記所への出頭の困難性が認められなければ，嘱託することが相当とは認められないとされる（平成16年度改正不動産登記法と登記実務（解説編）321頁）。他の登記所に出頭したい理由が相当と認められる場合としては，遠隔地に居住していることのほか，申請人の勤務地が遠隔地にあること，申請人の勤務，研究もしくは学業の都合等または療養等により，一定の期間居住地を離れ，遠隔地に滞在していることなどが考えられる（平成16年度改正不動産登記法と登記実務（解説編）321頁）。

(b)　**嘱託の方法**　登記官は，本人確認の調査を他の登記所の登記官に嘱託するときは，嘱託書（新準則別記第52号様式）を作成し，これを嘱託する他の登記所の登記官に送付する方法によってするが，この場合，登記事項証明書および申請書の写しのほか，委任状，印鑑証明書等の本人確認の調査に必要な添付書面の写しを嘱託書に添付して，嘱託する他の登記所に送付する方法によって行うものとされている（準則34②）。

(c)　**嘱託による本人確認調査の終了後の措置**　嘱託を受けた登記所の登記官が本人確認の調査を終了したときは，本人確認調書を作成し，それを送付を受けた嘱託書と共に嘱託した登記所に送付することになる（準則34③）。また，嘱託した登記所に送付する本人確認調書は，本人確認の調査において，嘱託を受けた登記所の登記官が申請人等から提供を受けた身分証明書の写しその他の資料も添付して，嘱託した登記所に送付することは

いうまでもない。嘱託した登記所から送付された書面は，本人確認の調査が終了した後は，いずれの登記所においても必要がなくなることから，適宜に廃棄して差し支えないとされている(施行通達第1-1(8)なお書)。したがって，嘱託を受けた登記所では，登記事務日記に，嘱託書の受領および本人確認調書の発送などの記録が残るが，それ以外の記録は何ら残らないことになる。なお，万一，廃棄した書面を再度確認する必要が生じたときは，登記の申請があった登記所に原本があるので，これを再度送付してもらえばよいことになる(平成16年度改正不動産登記法と登記実務(解説編)323頁)。

(3) 表示に関する登記 表示に関する登記については，登記官は，申請があったときあるいは職権で登記を行おうとするとき，必要があると認めるときは，不動産の表示に関する事項を調査することができる(29①)。表示に関する登記については，当事者による申請主義と登記官の職権主義の併用の制度がとられている(小川・みちしるべ197頁)。これは，徴税のためには税務官吏の職権調査主義も併用せざるをえなかったことの名残であるとされる(小川・みちしるべ197頁)。このように表示に関する登記について，当事者申請主義と職権主義が採用されていることから(28)，審査に当たっては，対人的審査(裁判官的審査)をとっていると理解されている(久保田浩史「登記をめぐる国家賠償」鎌田=寺田=小池・新講座①総論Ⅰ230頁)。法29条に定める「必要があると認めるとき」とは，「登記官が不動産の表示に関する事項について自ら調査することを要するか否かは担当登記官の合理的裁量に委ねられているものと解され」ている(後掲 **表1** -No.8)。

㋐ 対人的審査(裁判官的審査)の要否 対人的審査の手段として，実地調査があげられる。規則93条において「登記官は，表示に関する登記をする場合には，29条の規定により実地調査を行なわなければならない」とされ，準則60条において「登記官は，事情の許す限り積極的に不動産の実地調査を励行し」なければならないとしている。ただし，すでに申請に係る不動産の調査に関する報告が資格者代理人によってなされている場合には，真正が担保されるとして調査をする義務がない(規則93ただし書)。

(4) 権利に関する登記
㋐ 審査の対象と方法 権利に関する登記については，書面審査(窓口的審査)を採用し，その対象が原因関係にまで及ぶ実質的審査を行っていることになる。書面審査(窓口的審査)とは，文字通り，書面審理のみに頼る消極的審査であり，本人確認を除いては，対人的審査は行われない。また，登記官の心証の程度については，旧法下において，申請内容と一致した実体的権利関係が存在することにつき積極的確信ないしそれに近い程度の心証までは求められず，実体関係の存在が特に疑わしいと思われる場合に限って，申請を却下すべきものとされており(幾代=徳本・不登法166頁)，これは新法でも変わらないと考えられる。判例・学説も，実体関係の存在が特に疑わしいと思われる場合に限って，申請を却下すべきであり，そうでない限り，登記官は登記を実行すべき義務を負うとされる(幾代=徳本・不登法170頁，後掲 **表2** -No.45)。

㋑ 申請情報審理の具体的方法 申請情報審理の具体的方法としては，第1に，提

出を必要とする情報が提出されているか否かが審査される(25(5)・(9))。

　第2に，提出された情報について，作成名義人が真実作成ないし提供したかについて(形式的真正)は，様式等が法定されている官公署の書面(例えば印鑑証明)の場合には，その形式的真正の審査は比較的容易であり，登記官としての通常の注意をもってすれば偽造であることが容易にわかるものを除き，真正であることの積極的心証を得る必要はないとされる(幾代=徳本・不登法164頁)。これ以外の情報についても原則として，登記官は真正であることの積極的心証を得る必要はないと考えられるが，これらの情報の形式的真正を推認する手段として他の情報(印鑑証明・登記識別情報等)の提出が要求されるために，間接に審査がなされる結果となる場合はある。

　登記識別情報について，登記官・登記所の職員に対してその安全確保義務・秘密の保持義務を課し(123)，この義務違反に対しては，2年以下の懲役または100万円以下の罰金という重い刑罰に処せられる(131)。このように登記識別情報の安全確保に重い義務が課せられていることは，逆にこの識別情報が登記情報システムに記録されている登記名義人のものと同一である場合には，この情報について形式的真正が認められたと判断することが許されると思われる。仮に登記名義人，司法書士等がこの識別情報を第三者に奪われるようなことが生じても，失効手続を踏まない限り，登記官は真正であると判断することになるため，登記名義人の権利が害されるおそれがある。

　第3に，提出された申請情報の実質的真正(記載内容の実体関係との符号，実体法上の有効性等)については，新法下でも，原則として審査権限は及ばない。ただし，記載の外形そのものから論理必然的に登記の無効が判明し，または無効登記を生ずるおそれがあることが明白なときは，申請を却下すべきとされる(幾代=徳本・不登法165頁)。この申請を却下すべき場合について，法では，25条1号ないし3号，5号ないし8号，13号および不動産登記令20条において，詳細に規定している。

　判例は，登記済証の印影照合義務について，登記官として真正な各印影についての正確な認識を含む職務上の経験に基づいて当該印影の真否を判断すれば足り，その際何らかの疑義が生じまたは疑義を持つべかりし場合に当該印影の相互対照を行うべき義務があり，それをもって足りるとしている(後掲　**表2**-No.11, 15など)。

V　登記官の義務と責任
1　歴史的経緯

　国家賠償法が制定される以前(昭和22年)，すなわち，旧憲法時代においては，公務員の職務執行にあたって他人に違法に損害を与えた場合に，国も当該公務員もその賠償責任を負わないのが原則であった(国家無責任の原則)。これに対して，不動産登記法旧13条が「登記官吏カ其ノ職務ノ執行ニ付キ申請人其ノ他ノ者ニ損害ヲ加ヘタルトキハ其ノ損害カ登記官吏ノ故意又ハ重大ナル過失ニ因リ生シタル場合ニ限リ之ヲ賠償スル責ニ任ス」と規定していたのは，国家無責任の例外に当たる。これは，登記事務の処理が国民の重要な財産権

ときわめて密接な関係を持ち，その過誤が私法秩序に直接混乱をもたらすからであるとされる(枇杷田・前掲20頁，名越・前掲129頁)。

2 登記官の義務の総論

登記官は，登記事務を処理する権限を有しているが，その反面として，当然のことながら登記事務を法令に従って適正に処理すべき義務を負っている。不動産登記法をはじめとする関係法令において登記官の義務を具体的に定めた規定は非常に多くあるが，登記官はこれらの法令の規定に従って登記事務を適正・迅速に処理しなければならない。さらに登記官は，法令以外にも，指揮監督権を有する上司からの指示に従う義務も負っている。この上司の指示のうち，法令の解釈や運用の統一的基準を一般的な形で全国の登記官に示したものが訓令・通達であり，個別の具体的事件の処理方法や適用法令の解釈についての判断を示した，通達の形をとらないものが照会に対する回答で，登記官はこの回答にも，事実上拘束される。もしこれに反する処理をすれば，審査請求(128以下)により処分が覆されるおそれがあるからである。

登記事務は，国家が私権のために行う公証行為(特定の法律事実または法律行為の存在を証明する行為)に関する事務であって，これを担当する登記官が，国の公権力の行使にあたる公務員に当たることはいうまでもないと解される(東京高判昭38・4・24下民集14・4・792，後掲 表2-No.39の控訴審)。その職務を行うについて故意または過失によって違法に他人に損害を与えた場合は，国がその損害を賠償する責めに任じる(国賠1①)。この場合に登記官に故意または重大な過失があったときは，国はその登記官に対して求償権を有することになる(国賠1②)(名越・前掲129頁)。国が登記官に対して求償権を行使したかについては，裁判例からは明らかでない。

過失の前提となる登記官の注意義務の程度について，法令の解釈，適用の事項に関しては，登記官吏として当然に知っているべき関係法令(先例も服務)を知らなかったとか，実務上の知識経験を欠いていたため，登記に関する法令の解釈，適用を誤り法令に違反した場合には，当該登記官吏に過失ありとされる(浦野雄幸「登記官吏の過失と責任」登研195号8頁，名越・前掲129頁)。

3 登記官の義務の類型

(1) **本人確認** 登記官の審査権限の項で述べたように，登記官による本人確認調査については，登記官が申請人となるべき者以外の者が申請していると疑った理由が出頭を求めるまでもなく，その内容を確認することができるものである場合には，電話での照会等により疑った理由に対する合理的な説明を求めることや，本人であることが分かる資料の送付を求めること等により，本人からの申請であるか否かを調査すれば足りると解されており，必ずしも積極的に対人的審査を行う必要はない。

これまでのところ，改正後の新制度の下での本人確認に対する義務違反をめぐる判例は，

管見の及ぶ限りでは見当たらない。

改正前の本人確認に関連する裁判例としては，保証書による申請について，本人か否かについての明白な疑義が生じたのに，補正もしくは却下しなかった場合に，登記官の責任が肯定された判決がある(後掲，**表2**-No.7，19，21)。その一方で，登記官の過失を認定したが，損害との因果関係を否定し，損害賠償を認めなかった判決も出されている(**表2**-No.13)。

(2) **表示に関する登記** 表示に関する登記については，実体と一致しているか否かを実地に調査することが義務付けられている。

これまで登記官の過失を認めた事例として，分筆登記をめぐり実地調査を行わなかったことにより実体と異なる表示登記がなされた場合のものがいくつかある(後掲，**表1**-No.6，8，21)。この他の事例としては，登記官による地籍換算の誤り(**表1**-No.1)及び公図の誤記(**表1**-No.10)，所在地番を誤認したことによる建物表示登記(**表1**-No.22)，実体に反する地目変更登記(**表1**-No.20)のように，審査義務以前の段階での単に，登記官のうっかりミスが原因の事例がある。

登記官の過失が認められなかった事例として，従来の地積を約200倍にする旨の地積更正登記申請について，土地家屋調査士の作成した地積測量図および実地調査書ならびに隣地所有者の承諾書，印鑑証明書等が添付されていたため，登記官が実地調査の必要なしと判断した判決がある(**表1**-No.12)。また，建物の表示登記にあたって，所有権に関する調査をなすべき職務上の義務はないとした判決がある(**表1**-No.9)。さらに，添付書類について登記済証の代わりに評価証明書で足りるとし，これに加えて納税証明書の提出を求めなかったことにより不実の表示変更登記がなされた事例についても，登記官の責任を否定している(**表1**-No.5)。

裁判例をもとに実地調査の要否をまとめると，次の基準になる。①土地家屋調査士の作成になる書類を信用したこと，②利害関係人の存在する場合，例えば地積更正登記により影響を受けるおそれのある隣地所有者などの承諾書が添付されていること，③実地調査をすることが困難であるか，実地調査をしても判明できないという事情のあること，(伊藤進「登記官の注意義務と不動産登記制度(下)」登研504号9頁)，さらに④原則として要求される添付書類が提出できない場合でも，これに代わるなんらかの書類が提出できていること，のいずれかに該当するときは登記官は実地調査を省略できる。

(3) **権利に関する登記** 権利に関する登記については，原則として書面審査をする権限しか与えられていないことから，提出された申請情報が明白に疑わしい場合にのみ申請を却下すべきであり，この場合に積極的に対人的審査を行う義務までは課されていない。

これまでに登記官の過失が認められた事例として，登記済証の登記済印の印影の確認が不十分であったとして，損害賠償が認められたものが数多く出されている(後掲 **表2**-No.2，4，12，14，30，34，39，40)。同様のものとして，添付書類の印鑑証明書の偽造がある(**表2**-No.5，24，31，35，46)。また，真の登記義務者でない者の作成した保証書を看過し

て登記申請を受理した場合に、損害賠償を認めた事例もいくつか見られる(表2-No.19, 21, 37)。

登記官の責任が否定された事例として、偽造の登記済証を看過して登記申請を受理した事案(表2-No.17, 18, 22, 28, 29)がある。また、添付書類の印鑑証明書と委任状の印影の照合義務違反が認められなかった事案(表2-No.11)、登記原因証明書と印鑑証明書の印影の照合義務違反が認められなかった事案(表2-No.15)などがある。さらに、印鑑証明書の偽造と登記申請前の融資との間には因果関係が認められず、損害賠償請求が否定された事案がある(表2-No.29)。

登記官の過失の肯定・否定事案の境界については、必ずしも明確ではない。登記官として要求される法令についての知識を含む能力に照らし、提出された書面を審査しても実体と乖離する登記申請がなされたと、登記官が判断できない場合には登記官の責任は否定されているように思われる。

権利に関する登記については、司法書士が主に専門家として関与するが、司法書士に対して過失が肯定されている事案も多い(表2-No.4, 7, 15, 19, 20など)。これは、司法書士は当事者から直接、当該申請に関わる情報を得られることから、この情報を用いて正しく判断できなかったことに対しての責任が問われているように思われる。

(4) **その他** 上記以外の登記官に課される義務として、登記情報が電子化される以前においては、紙の登記簿が改ざんされることがたびたびあったことから、この場合に、登記官に閲覧を監視する義務が課されるか否かが問題となった。これについて、一般論としては監視義務が尽くされたかどうかを検討すべきであり、当該登記所の人的、物的な条件下で実施可能なものが採られていなかったとして過失を認める判決が出されている(後掲、表3-No.3～11, 13, 14)。また、登記簿の真正を確保するために改ざんされた登記簿を発見するための調査点検義務が登記官に課されているかについて、学説は新たな登記申請がある機会ごとに当該登記用紙に存在する全登記を点検することを登記官に義務付けるべきとするもの(幾代通『不動産登記と物権変動』〔一粒社・1986〕252頁)と、そこまで要求すると登記事務の遅滞を招くおそれがあることからこれに反対するもの(久保田・前掲239頁)とがある。判例は、過誤登記は職権抹消の対象であり、登記申請時にそれを怠ったとして登記官の過失を認めたものがある(後掲 表3-No.12)。ただ、現在では昭和60年代に始まった登記情報のコンピュータ化も、平成20年3月に全国で完了したことから(松井信憲「登記所の適正配置の現状について」登研724号8頁)、今後は閲覧監視・調査点検義務に関わる問題は生じないであろう。

4 改正後の展望

本改正により、本人確認のための制度として、登記識別情報制度が新たに作られたが、この識別情報を本人の管理ミスにより、他人が知り、これにより損害が発生しても、登記官の過失とはならないため、これによる責任を問われることはないであろう。ただ、登記

識別情報の管理ミスにより，登記所からその情報が漏れてしまうような事態が生じたときには，当然，登記官の責任が問われることになる(131)。このような問題が起きないように，セキュリティシステム関係の点検が，定期的に実施されることが必要であろう。

登記識別情報を提供できない場合の登記申請の真実性の確認制度として，保証書制度に代わって事前通知制度が導入された(23①)。事前通知制度では，登記義務者が個人の場合は，本人が確実に受け取れるよう本人限定受取郵便制度を採用したり，成りすましによる不正な登記を防止するために前住所地通知制度を採用するなどの改善がなされた(23②)。これにより，登記を得ることにより利益を得ようと試みる真の権利者でない者が，制度上，関与することが，保証書制度に比べて著しく困難になったように思われる。しかしながら，すでに，事前通知制度および資格者代理人による本人確認制度を経たものの，不実の登記がなされたが，民法94条2項の規定による類推適用が受けられなかった事例(大阪高判平18・11・22登記情報560・17)があり，本人確認制度として両制度が完全なものとまでは言い切れない。

司法書士などの資格者代理人が本人確認をした場合には，本人を確認するための情報を資格者代理人が提出することになるので(23④(1)，令72)，この情報の真偽が問題になる可能性がある。本人以外の者が申請したことを看過してしまった場合，登記官と資格者代理人の両者に対して責任が認められる可能性がある。この点について，司法書士が運転免許証により本人確認を行ったが，その際免許証をケースから出すこともせずに確認を行ったことで偽造免許証であることを発見できなかった事例について司法書士の責任が認められている(東京地判平20・11・27判タ1301・265)。

表示に関する登記については，改正前と比べて，大きな違いはない。オンライン申請による場合でも，登記官の審査権限に変更はないことから，実体と異なる登記を受理してしまった場合には，責任が認められることになろう。

権利に関する登記については，登記済証の制度が廃止されたため，今後，登記済証に基づく申請は減っていくことになるので，登記済証を偽造したことによる事案も減っていくと思われる。その代わりに，登記識別情報を発行した場合の問題が出てくるであろう。本人の管理ミスなどにより第三者にこの番号が漏れた場合には，登記官の責任は否定されるであろう。登記識別情報が発行されなかった場合，あるいは失効の手続がなされた場合には，本人確認の方法として，司法書士などの資格者代理人が本人確認する場合が多くなると予想されるが，これにより本人以外の者を本人と誤認してしまったときには，司法書士はもちろん，登記官の責任も肯定されると思われる。

[表1 表示に関する登記]

	判決年月日 (下級審年月日)	事例	登記官の責任
1	京都簡判平20・3・17登記インターネット114・58	登記官が地籍換算を誤り登記簿に誤った地籍を表示した事例	否定
2	東京高判平19・1・30登記インターネット114・13 (東京地判平18・8・29登記インターネット91・26)	登記官が地籍測量図の内容を信頼し，実地調査をせずに分筆登記をした事例	否定 (否定)
3	大阪高判平18・7・19登記インターネット91・94 (京都地判平17・9・29登記インターネット91・76)	地番重複が登記官の違法な分筆登記等にあったとしても，国賠法に基づく損害賠償請求権は除斥期間の経過により消滅したとされた事例	否定 (否定)
4	福岡高宮崎支判平18・6・30登記インターネット91・23 (鹿児島地判平18・3・2登記インターネット91・12)	分筆登記の申請に対し，行われた実地調査が適切であったとされた事例	否定 (否定)
5	大阪高判平14・10・8判タ1121・139 (神戸地判平13・5・24判タ1121・142)	登記済証の代わりに評価証明書で足りるとし，ほかに納税証明書の提出を求めなかったことにより不実の表示変更登記がなされた事例	否定 (否定)
6	広島高判平8・3・13判例自治156・48 (広島地判平6・2・17判例自治128・23)	分筆登記の地積記載の誤りを登記官が看過して過大な地積の分筆登記をし，土地所有者の相続人が，過剰納付した相続税・固定資産税相当額の損害賠償を求めた事例	肯定 (肯定)
7	那覇地判平7・6・28判タ888・176	土地および建物に対する競売手続において，建物の所在する土地と現況調査報告書上の所在地が異なるために，敷地利用権がない建物が競落されたが，登記官は，実地調査を省略して表示に関する登記をしていた事例	否定
8	大阪高判平3・4・26判時1399・48 (大阪地判平2・2・19訟月36・10・1803)	分筆登記の申請書に添付されていた地積測量図の不自然さを看過して対人的審査を行う注意義務に欠けていた事例	肯定 (肯定)
9	福岡高判平1・10・25判タ725・180 (長崎地判昭62・8・7判時1275・110)	所有権を証する書面の添付に疑義があったが，実地調査を行わなかった事例	否定 (肯定)

10	東京地判昭63・10・27 判時1297・68	公図が再製された際に地番が誤記され，これが町地図に写されたために，町地図の記載を信じた者が土地の所有権を時効取得し，そのために同土地を失った所有者が国に対して損害賠償を請求した事例	肯定
11	名古屋地判昭63・10・12 判タ684・199	畑から宅地への地目変更登記の申請が不正なものであることを知りながら，登記を完了した事例	肯定
12	東京高判昭63・1・28 訟月35・1・1 （東京地判昭62・5・13 判タ651・161）	土地家屋調査士の作成した更正登記の申請に基づき，実地調査を行わずに従来の地積を約200倍に更正する旨の更正登記をした事例	否定 （否定）
13	最判昭62・11・13判タ680・115 （福岡高判昭58・6・30 高民集36・2・75） （福岡地判昭56・2・26 判時1024・94）	同一不動産につき表示登記と所有権保存登記が同時に申請されたが，表示登記申請について実地調査をするためその処理を留保している間に，仮差押決定に基づく登記嘱託がされ，受付番号の順序に従わずに登記がなされた事例	否定 （肯定） （否定）
14	仙台高判昭60・6・26 訟月32・3・547 （福島地白河支判昭59・6・28 訟月31・2・195）	公図に表示された土地の位置関係，形状等が実際と符合していなかったことにより，不動産に担保価値ありと誤信して貸付をした者からの損害賠償請求について，因果関係なしとした事例	否定 （否定）
15	東京高判昭59・10・30 判時1136・60 （東京地判昭58・2・21 判タ498・120）	誤った登記簿および公図を登記所に備え付け，申請に応じてその登記簿謄本を交付し公図を閲覧させていたが，その誤りが容易に発見できない事例	否定 （否定）
16	東京地判昭59・1・30 判時1129・85	公図に土地の境界の記入が洩れていたが，境界を誤認して取引をしたこととの間に因果関係がないとされた事例	否定
17	岐阜地判昭57・8・24 判時1071・120	山林の分筆登記申請に対して申請書等に基づき分筆した結果，登記に表示される面積が実際の地積の約1000分の1になった事例	否定
18	東京地判昭57・4・28 判タ478・77	分筆に伴う公図の修正について，登記官に対人的な審査・調査義務がないとされた事例	否定
19	岡山地判昭57・1・25 判タ498・178	職権主義とは，保安林の指定がなされた山林について登記官が自らこの指定のあることを探知発見し，職権をもって保安林への地目変更登記をすべきことを義務付けているのではないとされた事例	否定

20	福井地判昭56・4・24 訟月27・10・1807	保安林の指定解除処分がなされていないのに，保安林から雑種地へ実体に反する地目変更登記をした事例	肯定
21	福岡地判昭56・2・12 訟月27・6・1084	登記官が分筆登記申請を処理するに当たり，現地調査および旧土地台帳附属地図参照などの調査義務を怠った事例(現地検分をしなかった申請人にも過失を認定)	肯定
22	東京高判昭54・12・27 判タ413・108 (東京地判昭48・9・26 判例集未登載)	所在地番を誤認して建物表示登記がなされた事例	肯定 (否定)
23	大阪高判昭53・12・25 訟月25・5・1211 (最判昭54・11・2判例集未登載) (京都地判昭51・7・16判例集未登載)	建物全体を解体し新築建物とすべきところ改築前の建物の家屋台帳に対してされた床面積訂正申告を登記官が受理・登録した事例	否定 (否定)
24	京都地判昭49・9・20 訟月20・12・8	二重の表示登記をしたが，固定資産税賦課対象者を調査するなどの義務までは課せられないとされた事例	否定

[表2 権利に関する登記]

	判決年月日 (下級審年月日)	事例	登記官の責任
1	東京地判平20・4・22登記インターネット114・32	登記官が本店の表記の誤りを単なる誤記ととらえ，虚偽の仮登記申請を受理した事例	否定
2	大阪地判平17・12・5 判時1928・89	登記済証の印影の確認を怠った事例(司法書士に対しては否定)	肯定
3	東京高判平17・7・20登記インターネット91・63 (水戸地判平16・12・15登記インターネット7・6・285)	印鑑登録証明書が偽造されたものであることを発見すべきであったことについては登記官に過失があったが，本件土地の売買ないし譲渡担保自体が実体を伴わないものであり，損害は生じていないとされた事例	否定 (否定)
4	東京高判平14・12・10 判時1815・95 (東京地判平14・4・23 訟月50・3・898)	登記済証が偽造されたものであることを発見し却下すべきであったのにこれを怠った事例(第1審では，原告および司法書士の過失も認定し，原告側8割の過失相殺をした)	肯定 (肯定)
5	千葉地判平12・11・30 判時1749・96	添付書類の印鑑証明書の「複製」の文字を看過して受理した事例	肯定

6	福岡高判平12・5・26 金判1098・20 (熊本地判平11・8・30 金判1098・22)	抵当権の債権額が誤って登記され，過誤登記が放置されていた場合に，第三者が過誤であると認識ないし容易に認識できるとされた事例	否定 (否定)
7	千葉地判平11・2・25 判例自治197・18	登記審査の過程で職務上知りえた資料により，申請された登記に明白な疑義が生じたのに，補正もしくは却下しなかった事例(保証書を作成した司法書士の責任も肯定)	肯定
8	東京高判平8・11・27 判時1590・67 (東京地判平7・10・31 判タ915・96)	登記官が誤って抵当権設定仮登記を抹消し，これを見た金融業者が，仮登記が抹消されたと考えて，自らが第一順位の担保権者になれると信じて当該不動産を担保に融資したことによる損害との間に因果関係があるとされ，登記官に8割の過失があるとされた事例	肯定 (否定)
9	大阪高判平7・7・18 訟月43・1・137 (大阪地判平7・3・3 判時1572・102)	添付書類が偽造であることを発見した登記官は，申請人にその事実を伝えず，ただ補正日に申請を受理するか却下するかの手続をすればよいとされた事例	否定 (否定)
10	大阪高判平6・1・27 訟月41・4・641 (大阪地判平4・3・27 訟月38・12・2545)	抵当証券発行においても，審査の方法・資料に関しては書面審査にとどまるとされた事例	否定 (否定)
11	浦和地判平4・11・27 訟月39・8・1441	印鑑登録証明書の印影と申請書ないし委任状の照合にあたっては，原則として肉眼で対照すれば足りるとされた事例(司法書士の責任も否定)	否定
12	大阪高判平4・2・28 訟月38・7・1200 (大阪地判平2・9・3 金法1269・35)	登記済印の使用開始時期に着目すれば，押捺された登記済印が偽造されたものであることを看取できたはずであるとされた事例	肯定 (肯定)
13	大阪高判昭63・11・24 判タ691・173 (神戸地明石支判昭63・2・15 判例集未登載)	真の登記義務者でない者の作成した保証書を看過して登記申請を受理した事例で，登記官の過失は認めたが，過失と損害との間の因果関係を否定した事例	否定 (否定)
14	東京高判昭63・10・11 判タ691・176 (東京地判昭61・12・23 判時1247・101)	他人所有の不動産を自己所有と偽って第三者と売買契約を締結した者が，偽造登記済証を添付して登記申請した後，代金として受領した小切手の換金前に偽造が発覚するのを防ぐために登記所の受付箱から申請書類を盗み，再び投函したという事案について，申請書類を盗まれた登記官の過失と小切手の現金化による損害との間の因果関係を認めた事例	肯定 (否定)

15	京都地判昭63・2・25 判タ676・214	登記原因証明書と印鑑証明書の印影との符号を確認しなかった事例（司法書士の保証書作成については責任を肯定）	否定
16	最判昭62・11・13判タ680・115 （福岡高判昭58・6・30 高民集36・2・75） （福岡地判昭56・2・26 判時1024・94） 表1-No.13	同一不動産につき表示登記と所有権保存登記が同時に申請されたが、表示登記申請について実地調査をするためその処理を留保している間に、仮差押決定に基づく登記嘱託がされ、受付番号の順序に従わずに登記がなされた事例	否定 （肯定） （否定）
17	東京高判昭62・1・28 訟月33・9・2284 （東京地判昭60・9・24 訟月32・6・1121）	登記済証が偽造されたが、真正な印影との相違が登記済証の偽造を推知せしめる資料とはなりえない性質の相違であるか、または近接照合をしても容易には識別できない程度の相違であるとされた事例	否定 （否定）
18	浦和地判昭62・1・28 訟月33・12・2962	偽造の印鑑証明書および登記済証を看過して登記申請を受理した事例	否定
19	鹿児島地判昭61・2・25 判タ599・54	真の登記義務者でない者の作成した保証書を看過して登記申請を受理した事例（司法書士の保証書作成についても責任を肯定）	肯定
20	大阪地判昭61・1・27 判タ612・59	偽造の戸籍謄本等に基づいてなされた相続登記申請を受理した事例（司法書士の責任も否定）	否定
21	東京地判昭60・1・25 判タ550・174	保証書による登記申請について、通知書の回答欄の印影と申請書添付の委任状の印影が異なっていた事例	肯定
22	大阪地判昭59・11・26 判タ546・164	偽造登記済証による申請を受理した事例	否定
23	東京高判昭58・12・19 判時1107・75 （宇都宮地大田原支判昭57・11・29下民集33・5=8・1229）	所有権移転登記申請を受理しながら記入を遺漏した登記官の過失と、譲渡人がこれに乗じて当該不動産を第三者に譲渡したことによる第1譲受人の損害との因果関係がないとされた事例	否定 （時効消滅）
24	大阪高判昭57・8・31 判タ480・108 （大阪地判昭56・11・27 判タ467・143）	警察官からの虚偽の登記申請の連絡があったにもかかわらず、登記官が審査を慎重に行わなかった事例	肯定 （否定）
25	名古屋地判昭56・3・24 判時1034・118	二重登記が生じた状態で、権利の登記申請がなされた時点で、この登記簿が二重登記であるかの調査をせずに登記申請を経由させた事例	肯定

26	東京地判昭56・2・23 判タ441・125	登記嘱託の受理に先立ち，物件の買収・売渡処分に伴う登記の過誤を発見し，職権で更正登記をしなかったとしても，登記官の調査は窓口的審査（書面審査）に限られるとされた事例	否定
27	福岡地判昭56・1・27 判時1027・97	先順位根抵当権設定登記の極度額増額変更申請に，後順位抵当権者の承諾書がないことを看過して登記をした事例	肯定
28	大阪地判昭56・1・16 判タ449・266	偽造の登記済証を看過して根抵当権設定登記の申請を受理した事例	否定
29	大阪高判昭54・9・26 判タ400・166 （神戸地尼崎支判昭53・11・8 判例集未登載）	偽造の登記済証（「司法事務局」とあるべきところが「地方法務局」となっていた）を見過ごして登記をした登記官の過失と登記申請前に融資をしたことによる損害の発生との因果関係を否定した事例	否定 （否定）
30	東京地判昭54・5・14 判タ392・105	偽造の登記済証（庁印の「區」が裏文字になっていた）を看過して受理した事例	肯定
31	広島高判昭54・4・18 訟月25・10・2525 （山口地判昭53・3・3 判例集未登載）	印鑑証明書の偽造されたことに気づかず登記を受理した事例	肯定 （肯定）
32	仙台地判昭54・3・28 訟月25・7・1804	印鑑証明書の偽造を看過して登記手続を完了したことと登記申請前の融資において生じた損害との因果関係はないとされた事例	否定
33	東京地判昭52・7・12 判タ365・296	委任状に押捺された印影が印鑑証明書の印影と異なっていることを看過して，偽造の委任状に基づく登記申請を受理した事例	否定
34	東京高判昭51・10・27 判時838・39 （東京地判昭50・9・29 判時811・70）	偽造の登記済証（登記済印の「渋谷」が「澁谷」になっていた）に基づく登記申請を受理した事例	肯定 （肯定）
35	大阪地判昭51・9・30 判時845・84	代表印の改印届がなされたにもかかわらず，改印届前の登録印鑑につき発行された虚偽の印鑑証明書が添付された登記申請を受理した事例	肯定

36	名古屋地判昭50・1・16 判タ323・209	虚偽の申請によってなされた名義人表示変更登記を信頼して取引をしたために被った損害賠償について，書面の実質的内容が真実であるか否かについても一応の調査権を有するものの，登記官は添付書面内容についてそれが実質関係と一致するという積極的確信を得なくても，特に疑念を生ずることのないかぎり申請を却下できないとされた事例	否定
37	東京地判昭49・5・27 判時761・86	保証書による登記について，事後通知書を登記義務者の住所に郵送しなかった事例	肯定
38	福岡高判昭47・1・19 判時670・54 (福岡地判昭46・1・29 判タ261・324)	農地法上の許可についての添付書面がないにもかかわらず，所有権移転登記を受理した事例	肯定 (時効により消滅)
39	最判昭43・6・27 民集22・6・1339 (東京高判昭38・4・24 下民集14・4・792) (東京地判昭36・8・29 下民集12・8・2071)	偽造の登記済証に基づく登記申請を受理した事例	肯定 (肯定) (肯定)
40	福井地判昭40・2・5 訟月11・6・852	偽造の登記済証に基づく登記申請を受理した事例	肯定
41	東京地判昭39・12・25 下民集15・12・3097	確定判決による登記権利者でない者のした抹消登記申請を受理した事例	肯定
42	長崎地判昭38・6・28 訟月9・10・1169	法定代理権を欠く者の申請にかかる登記を受理した事例	肯定
43	大阪高判昭36・12・7 高民集14・9・660 (大津地判昭36・1・26 判時258・26)	農地法上の許可についての添付書面がないにもかかわらず，所有権移転登記を受理・登記したことと，その土地を担保に融資した場合において生じた損害との因果関係はないとされた事例	否定 (否定)
44	和歌山地判昭35・11・18 下民集11・11・2495	登記簿謄本の作成に当たり抵当権設定登記の受付日付を誤記し，これにより配当を受けられなかった債権者の損害との因果関係があるとされた事例	肯定
45	最判昭35・4・21 民集14・6・963 (東京高判昭32・11・15 下民集8・11・2111) (新潟地判昭32・4・30 民集14・6・967)	改正前の真正な印鑑を冒用してされた登記申請に係るものであり，当該申請の添付書類からは冒用の事実を知りえなかった事例	取消訴訟

	判決年月日（下級審年月日）		事例	登記官の責任
46	東京高判昭33・10・15 下民集9・10・2102 (東京地判昭32・2・26判時112・37)		明らかに不適式な印鑑証明書を提出してなされた根抵当権設定登記申請を受理・登記し登記済証を発行したことと、登記済証の記載を信じて金員を貸与した者の被った損害との間に因果関係があるとされた事例	肯定 (否定)
47	広島高裁松江支判昭33・6・13 高民集11・7・411 (松江地判昭32・6・13 高民集11・7・418)		登記簿の記載と申請書の登記原因、相続年月日等を対照することによって、相続人でない者のした所有権移転登記申請であることは容易に発見できたはずであるにもかかわらず、その登記申請を受理・登記した事例	肯定 (肯定)

[表3 その他の事例]

	判決年月日 (下級審年月日)	表示・権利以外の事例	事例	登記官の責任
1	広島高判平20・7・31登記インターネット114・73 (岡山地判平20・2・4登記インターネット114・69)	登記相談	登記官が相談者に対し、中間省略登記の登記申請はできない旨、教示した事例	否定 (否定)
2	神戸地判平14・11・12 (裁判所ウェブサイト)	登録免許税	被災証明書が添付されなかった場合に、登記官の添付への助言義務がなされなかった事例	否定
3	広島地判平7・5・30 判タ902・62	原本の抜取り・改ざん	閲覧監視義務違反の事例	肯定
4	広島地判平6・10・28 判タ887・186	原本の抜取り・改ざん	閲覧監視義務違反の事例	肯定
5	東京地判平4・12・18 判タ832・97	原本の抜取り・改ざん	閲覧監視義務違反の事例	肯定
6	東京高判平4・10・28 判タ809・127 (東京地判平3・9・30 判タ789・152)	原本の不正記入改ざん	閲覧監視義務違反の事例	肯定 (否定)
7	東京高判平3・4・30 判タ765・194 (東京地判平2・4・17 判タ724・272)	原本の抜取り・改ざん	閲覧監視義務違反の事例	肯定 (否定)
8	東京高判平3・2・28 判時1382・24 (横浜地判平2・2・14 判タ721・199)	原本の抜取り・改ざん	閲覧監視義務違反の事例	肯定 (肯定)
9	東京高判昭63・10・24 判時1297・44 (東京地判昭62・5・29 判タ646・200)	登記簿の偽造	閲覧監視義務違反の事例	肯定 (肯定)

10	仙台高判昭63・1・27 判時1267・44 (盛岡地判昭61・8・21 訟月33・8・2013)	登記簿の偽造	閲覧監視義務違反による登記官の過失を認めた事例(金融業者の過失約1割5分と過失相殺)	肯定 (否定)
11	京都地判昭57・12・24 判タ498・172	原本の抜取り・改ざん	閲覧監視義務違反により登記官の過失を認めた事例(不動産業者の過失8割と過失相殺)	肯定
12	福岡高判昭55・4・30 判タ424・112 (福岡地小倉支判 昭52・3・22判例集未登載)	職権抹消	昭和17年に記入された過誤登記について,職権抹消手続をする義務があるとされた事例	肯定 (肯定)
13	東京地判昭48・5・30 判時704・36	公図の改ざん	閲覧監視義務違反・虚偽事項の早期発見訂正義務違反の事例	肯定
14	広島地判昭43・3・6 判時540・65	原本の偽造	閲覧の監視に専従する職員を置かなかった事例	肯定

＊上記表1から3に挙げた裁判例は，TKCデータベースを基に，登記インターネット(〜126号)に登載されているものを加えて整理したものである(平成20年7月までに出された裁判例を参照)。

(小西飛鳥)

(執筆協力：加藤政也)

(登記官の除斥)

第10条 登記官又はその配偶者若しくは4親等内の親族(配偶者又は4親等内の親族であった者を含む。以下この条において同じ。)が登記の申請人であるときは，当該登記官は，当該登記をすることができない。登記官又はその配偶者若しくは4親等内の親族が申請人を代表して申請するときも，同様とする。

＊旧法関係……旧法13条

I 本条の趣旨

本条は，登記官が登記に一定の関係を有する場合に，登記を行えない旨を定めたものである。これは，訴訟制度においては，裁判の公正を確保する見地から，訴訟に一定の関係を有する者を裁判から排除する除斥制度が設けられている(民訴23)ことと同趣旨であり，登記についても，登記の公正を確保する見地から，登記申請人と一定の身分関係にある登記官の登記事務に制限が加えられている。

登記官は，自ら勤務する登記所の登記事務については，自らの権限と責任において処理する権限を有するが(9)，不動産登記が直接に私権の得喪変更に関係するものであることを考慮し，登記事務処理の公正を確保する見地から，登記申請人が登記官と一定の身分関係にある者であるときは，当該登記官はその登記をすることができない(本条)。

なお，旧法13条は，申請人が登記官本人，その配偶者または4親等内の親族であるときは，他の中立的な立場にある者の立会を得て登記すべきことを定めていた。この理由として，小規模登記所においては，登記官を除斥事由のある登記申請の処理から排除することは，当該登記申請の処理に支障をきたすことになることが挙げられていた(林=青山・注解102頁)。新法は，この立会による登記制度を廃止したが，実務上は，ある登記官に除斥事由があるときは，他の登記官に処理をさせることとすれば足りるはずであること，オンライン申請の導入を踏まえて考えると，立会により登記をすることを想定する事は現実的ではないことなどが，その根拠として説明されている(平成16年度改正不動産登記法と登記実務(解説編)81〜82頁，清水・Q&A 51頁)。旧法下では，小規模の登記所が少なからず存在していたが，新法下では，登記所の統廃合が進められており，小規模登記所が消滅しつつあることもその理由として考えられるであろう。

II 除斥事由

除斥事由の第1は，登記官自身が登記申請人となって登記申請する場合である。登記権利者，登記義務者のいずれであるかを問わない。他の者を代理人として登記申請する場合にも該当する(林=青山・注解102頁)。

除斥事由の第2は，登記官の配偶者が登記申請人である場合である。この配偶者に事実

婚関係にある者が含まれるかは問題であるが、本条が登記の公正を確保するという趣旨からすれば、肯定に解される(吉野・注釈(上)331頁)。

除斥事由の第3は、登記官の4親等内の親族が登記申請人である場合である。4親等内の親族は、4親等内の血族と3親等内の姻族を指す(民725・726)。

なお、親族関係、姻族関係は、離縁、離婚により終了する(民728・729)が、4親等内の親族であった者については、この身分関係が解消した後においても本条が適用される(林=青山・注解103頁、幾代=徳本・不登法21頁、杉之原・不動産登記法152頁)。

除斥事由の第4は、新法で明文化されたが、登記官本人、その配偶者または4親等内の親族が申請人である法人の代表者である場合である。商業登記法5条1項後段と同じ規定を10条後段に追加している。これらの者が代理人である場合を含めていないのは、商業登記法5条1項後段と同様であり、これらの者が申請人本人またはこれを同視することができる立場(法人が申請人である場合の代表機関)である場合に限り、除斥する趣旨である(平成16年度改正不動産登記法と登記実務(解説編)81～82頁)。これにより、旧法下で、これらの者が、登記申請人の任意代理人または法定代理人として申請する場合に、本条の適用の可否が問題となっていたが(林=青山・注解102頁、幾代=徳本・不登法22頁、吉野・注釈(上)331頁)、今後は、否定と解されるであろう。法人の代表者である場合と異なり、登記申請にあたって利害関係がないことがその理由である。

III 本条違反の登記の効力

登記官が本条に違反して登記を行った場合、本条違反を理由として登記が当然に無効となることはないと解されている(幾代=徳本・不登法22頁、吉野・注釈(上)335頁、林=青山・注解103頁)。本条の規定は、一定の場合に登記所がその権限を行使するについての特別の手続を命じた命令規定であり、登記官の権限そのものを奪った効力規定ではないからである。また、この場合に登記を当然に無効としたのでは、親族であるほうの当事者はともかく、そうでない相手方当事者や第三者に不測の損害を与えるおそれがあるからである(名越功「登記所・登記官」鎌田=寺田=小池・新講座①総論I126頁)。

また、本条違反の登記がなされた場合について、利害関係人から登記の抹消を求める審査請求が認められるか否かについては、否定に解されている(幾代=徳本・不登法22頁、杉之原・不登法152頁、吉野・注釈(上)336頁、名越・前掲126頁)。

(小西飛鳥)

(執筆協力:加藤政也)

第3章　登記記録等

＊旧法関係……章名「第三章　登記ニ関スル帳簿及ビ図面」

【前　注】
I　登記記録等の意義
　「登記記録」という文言は，平成16年の不動産登記法改正により初めて登場した概念である。従来の「登記簿」が「登記記録」に変更され，「登記簿」は，「登記記録」を記録する媒体という概念となった。改正前においても，登記に関する情報を紙から電磁的媒体へと移行する手続が定められていたが，本改正により電磁的媒体が原則となり，これに合わせて名称も一新されることになった。

II　旧法の規定の整理
　旧法第3章「登記ニ関スル帳簿及ビ図面」の条文配列は，登記所に備えられている登記に関する記録用紙を順番に挙げる配列となっていた。すなわち，①登記簿，②登記用紙の編成，③地図，④申請書編綴簿，⑤登記簿等の保存期間である。続いて，これらの用紙の閲覧・謄本交付請求に関連する規定，すなわち，⑥登記簿等の交付請求，⑦登記簿等の持出禁止が置かれていた。さらに，登記簿が⑧滅失，⑨閉鎖したときの取扱いに関する規定が置かれていた。また，⑩地図に準ずる図面に関する規定が③地図の補遺として置かれていた。

1　定義規定への移動
　これに対して，新法では，不動産登記の原則である一不動産一登記記録主義（①登記簿中に規定）については，新法2条で新たに定義規定が設けられたのを機に，同条5号に移動された。

2　登記事項の証明等への移動
　また，これまでは紙媒体を原則とした規定が本章に置かれていたが（上記II⑥），旧法第4章の2に定められていた電子媒体による記録についての特別規定を原則とした，新法第5章「登記事項の証明等」へと移動された。

3　政省令への規定の移動
　さらに，表題部・甲区・乙区欄の記載事項，建物所在図の内容，登記簿等の保存期間，

登記簿等の持出禁止，登記簿等の滅失のおそれがある場合の取扱いに関しては，法務省令（不動産登記規則）事項とされた。

4　紙の登記簿を念頭に置く規定の削除

一方，電磁的媒体を原則とする規定になったことから，紙を原則としていたときには必要とされていた登記簿の分類，区分建物の登記用紙を別に設けること，申請書編綴簿，閉鎖登記簿といった特別の簿冊が不要となり，これらの規定が廃止された。

Ⅲ　新法の配列

上記Ⅱ**1**～**4**のように整理した結果，新法第3章「登記記録等」の条文配列は，旧法を継受して，基本的には登記所に備えられている登記に関する記録を順に挙げる配列となっているが，新たに法務省令への委任に関する規定が15条に設けられた点が，旧法とは異なっている。また，今回の法改正で，不動産登記制度を高度情報化社会にふさわしい制度にすることが目的とされたことから，不動産登記のコンピュータ化の進捗状況を踏まえ，紙の登記簿を原則とするこれまでの規定が見直され，電磁的記録に記録された登記記録を原則とした規定に改められている。また，登記所には，登記記録のほかにも地図や土地所在図などの登記制度を利用する者にとって必要不可欠な各種の資料があり，これらについても，今回の改正で電磁的記録に記録することができることとされた。地図等および土地所在図等の電子化は，精度の高い地図の維持・管理を可能とし，地図等および土地所在図等の公開の迅速化を図ることができるほか，将来的には，登記所に備え付けられた地図等および土地所在図等に対する国民の多様なニーズに対応することができるものと考えられている（登記研究編集室編・平成16年度改正不動産登記法と登記実務（解説編）〔テイハン・2005〕359頁）。

	規定の内容	旧法	新法
登記簿	登記簿の種類	14条	廃止
	一不動産一登記記録主義	15条	2条5号
登記用紙の編成	表題部と権利部の区分	16条1項	12条
	表題部の記載事項	16条2項	規則4条1～3号
	甲区欄の記載事項	16条3項	規則4条4号
	乙区欄の記載事項	16条4項	規則4条5号
	順位番号欄の記載	16条5項	59条8号
	区分建物の登記用紙の編成	16条の2	廃止
地図等	地図および建物所在図の備付	17条	14条1項
	地図の内容	18条1項	14条2項
	建物所在図の内容	18条2項	14条3項，規則11条
申請書編綴簿	登記簿の滅失の場合の申請書編綴簿	19条	廃止

登記簿等の保存期間	登記簿等の保存期間	登記記録, 地図, 建物所在図	20条1項	規則28条1～3号
		登記の申請情報, 添付情報	20条2項	規則28条9号
登記簿等の交付請求	登記簿謄本の交付請求等		21条	120条, 121条
登記簿謄本の持出禁止	登記簿等の持出禁止		22条	規則31条
登記簿の滅失	登記簿の滅失および登記簿の回復		23条	13条, 69～71条
	登記簿等の滅失のおそれがある場合の取扱い		24条	規則30条3号
閉鎖登記簿	閉鎖登記簿		24条の2	廃止
地図に準ずる図面	地図に準ずる図面		24条の3	14条
委任事項	法務省令への委任		7条の2	15条, 26条, 122条

(小西飛鳥)
(執筆協力：加藤政也)

(登記)
第11条 登記は，登記官が登記簿に登記事項を記録することによって行う。

＊旧法関連……旧法151ノ2

I 本条の趣旨

本条は，磁気ディスク登記簿（2(9)）を本則とする旨の規定である。旧法では，紙の登記簿を原則としていた。この場合，1つの不動産には一登記用紙を備えることとされ，登記に関する記録は，物理的にも一不動産ごとにまとめられて存在していた。これに対し，新法では，磁気ディスクを登記簿として調製するため，紙を媒体としていたときに1つの登記用紙上に記録されていた内容が，物理的には磁気媒体の部分に記録されることになり，論理的に1つの不動産を単位とする1つの情報のまとまりとして観念することができるだけとなった（平成16年改正不動産登記法と登記実務（解説編）60頁）。

また，磁気ディスクを登記簿として調製することにより，区分建物の登記記録の単位（旧法15ただし書），土地登記簿と建物登記簿の区別（旧法14），登記記録の回復，共同担保目録，登記簿の公開方法等の見直しが図られ，これらについても改正された。

II 登記のコンピュータ化の経緯
1 パイロット・システムによる実験

法務省民事局における不動産登記のコンピュータ化の研究開発は，すでに昭和47年から開始されている。当初は，登記の申請書等に記載されている文字を直接コンピュータに読み取らせる直接入力方式の開発に主力が注がれたが，昭和54年頃日本語ワープロが実用化されるに及んで，このワープロ技術を利用した間接入力方式の採用が急速にクローズアップされてきた。コンピュータ化がフランスなどに比べて遅れているドイツにおいては，登記簿をスキャナーで読み込む方式が採用されているが，日本語をスキャナーで読み込み，文字として認識することの難しさと，当時の記録媒体にかかるコストが，方式選択の違いにも現れているように思われる。その後，数年にわたるシステム開発を経て，昭和58年1月から，東京法務局板橋出張所において，コンピュータを用いて登記事務を確実に，かつ，能率的に処理することが可能か否かを検証するための現場実験が開始された。パイロット・システムと称されるこの実験は，昭和63年3月まで継続して行われたが，民事局長の諮問機関として，この実験で得られた検証データの評価に当たったパイロット・システム評価委員会は，昭和63年3月に最終報告を提出した。これによると，パイロット・システムの下で，コンピュータ・システムを用いて登記事務が合理的，かつ，効率的に処理されているほか，利用者に対するサービスおよび職員の執務環境の面においても，簿冊処理の場合に比較して格段の向上が期待できるとされた（小口哲男「登記事務のコンピュータ化」鎌田=寺田=小池・新講座①総論 I 200頁以下，林=青山・注解26頁以下）。

2 いわゆる円滑化法の制定

　このように，登記コンピュータ化のシステム開発が進展する一方で，登記所の現場は大量の事件増に見舞われた。すなわち，登記申請事件は，昭和30年代後半の高度経済成長期から増勢に転じたが，その後も経済活動の活発化，土地の細分化，建物の高層化，持ち家政策の推進等の原因により逐年増加している。また，近年，農村地域の登記所では，国土調査，土地改良，土地区画整理等の公共事業実施の成果を登記に反映させるためのいわゆる公共事業関連嘱託事件が激増し，都市部の登記所には，大規模な区分建物に関する登記申請事件が多数提出されている(小口・前掲203頁)。

　こうした事件の急増は，登記所の事務を圧迫し，その処理は，ほぼ慢性的に停滞・遅滞の状況にあるほか，事務の過誤処理や部外者による登記簿の抜取り・改ざん事件が発生するなどして，登記所の事務処理のあり方に対する国民の批判が高まってきた(本書9条の解説参照)。そして，このままの状態で推移するならば，登記事件が今後ますます質的にも高度化していくであろうことと相俟って，登記所の事務は著しく停滞し，その結果，わが国の経済取引にも重大な支障を生ずるのではないかが，憂慮されるに至った(小口・前掲203頁)。かつて，ドイツにおいて登記官が過誤登記の責任を追及されることをおそれ，登記事務が遅滞するという現象が起きたが，同様のことがわが国においても問題となったのである。

　こうした中にあって，昭和60年6月，第102回通常国会において「電子情報処理組織による登記事務処理の円滑化のための措置等に関する法律」(以下「円滑化法」という)が制定された。この法律は，最近における登記事務の処理の状況にかんがみ，電子情報処理組織の導入によるその処理の円滑化を図るための措置等について必要な事項を定めることを目的とするものであるが(同法1)，その根幹をなすのは，「国は，電子情報処理組織を用いて登記を行う制度その他の登記事務を迅速かつ適正に処理する体制の確立に必要な施策を講じなければならない。」とする第5条第1項である。この規定により，登記事務のコンピュータ化は国の責務であることが宣明されるに至ったのであるが，これと同時に，そのコンピュータ化を推進する上での財政的基盤を整備するために，登記特別会計法が制定された(小口・前掲200頁)。

3 民事行政審議会の答申

　円滑化法は，前述の第5条第1項に続く第2項で，法務大臣は，前項の施策のうち重要なものを講ずるにあたっては，政令で定める審議会の意見を聴かなければならない，と規定する。この規定に基づいて政令で指定を受けたのが民事行政審議会で，同審議会は，法務大臣の諮問を受けて，昭和63年9月からコンピュータ・システムを用いて登記事務を処理する場合において留意すべき事項につき審議し，昭和62年10月5日大臣に対して答申を行った。この答申の内容は，登記事務を処理するためのコンピュータ・システムの全体構想，データ保全・保護対策，システム障害対策，データ処理方式，現行方式からコンピュ

ータ方式への移行方法，登記事項の公開方法等登記のコンピュータ化に当たっての基本的，かつ重要な事項についての提言が盛り込まれている。

不動産登記法に第4章ノ2を新設することを骨子とする法改正が昭和63年6月11日法律第81号として公布され，改正法附則1条1号により，一部を除き7月1日から施行された。これにより，コンピュータ・システムを用いて取り扱われる登記事務がスタートした。

4　本改正に至るまで

昭和63年の改正により，法務大臣が指定した登記所（以下「指定登記所」という）においては，登記事務の全部または一部を電子情報処理組織によって取り扱うことができるとされた（旧法151ノ2①前段）。

昭和63年の不動産登記法改正後も，当初の予想とは異なり，登記所のコンピュータ化はなかなか進まなかった。その理由として，都市部においては土地の細分化，建物の高層化により対象物件が増大している点，またコンピュータの技術の進展に伴うシステムの再構築といった点があげられる。

今回の改正では，コンピュータ・システムそのものには変更点はない。旧法は，紙媒体を原則として規定していたが，本改正により，磁気ディスクが原則となり，紙を媒体とする登記はコンピュータ化が完了するまでの暫定的なものとなった（附則3）。

平成16年6月時点で不動産登記が土地，建物を合わせて約2億7000万筆個あり，そのうち約1億9100万筆個，そのうち約71パーセントがコンピュータ化されていたが（平成16年改正不動産登記法と登記実務（資料編）222頁），その後，平成20年3月に全国でコンピュータ化が完了した（松井信憲「登記所の適正配置の現状について」登研724号8頁）。また，オンライン申請ができる登記所は，平成20年4月末の時点で98パーセントに達しており，同年7月には全登記所が指定を受け（松井・前掲7頁），現在では，全国全ての登記所で不動産オンライン登記申請システムが稼働している（法務省「平成23年法務年鑑」229頁）。

平成20年1月から，オンライン申請による場合について登録免許税の軽減措置がとられ，オンライン利用率が低調とされてきた不動産登記申請でも，以前に比べて普及の傾向がみられた（松井・前掲7頁）。

さらに平成23年2月から「登記・供託オンライン申請システム」が開始され，また登記完了証の記録内容の充実等を内容とした不動産登記規則の一部改正等の成果もあり，平成23年12月では利用率が33.7％と飛躍的に増大している（小出邦夫「不動産登記制度を巡る最近の動向」登研767号21頁）。

III　登記簿と登記記録の概念

「登記事項」とは，登記記録として登記すべき事項をいい（2(6)），1個の不動産ごとに作成される電磁的記録（登記記録）の内容として登記すべき事項を指す。

また「登記記録」とは，表示に関する登記または権利に関する登記について，1筆の土地

または1個の建物ごとに作成される電磁的記録をいい(2(5))，1つの不動産ごとに把握した概念であって，登記記録は，情報の記録形式とその内容の両者を含む。

これに対し「登記簿」とは，登記記録が記録される帳簿で，磁気ディスクをもって調整するものをいう(2(9))。旧法151条の2第1項の磁気ディスクによって調整された登記簿と同じ概念であり，1個の不動産ごとの登記記録を集合的に記録した磁気ディスクを意味する。すなわち，登記簿はもっぱら登記記録を記録する媒体を示す概念である。

1 副登記記録

従来の紙の登記記録(登記簿)は，1つの不動産につき一登記用紙を備え，登記に関する記録は，物理的にもオリジナル(原本)は一部しか存在しなかった。これに対し，登記が電磁的に記録される場合には，容易にコピー(複製)を作成することが可能である。またデータの保存・安全確保のためには，バックアップを作成することが望ましい。

そこで，法務大臣および登記官を監督する法務局または地方法務局の長は，登記記録に記録されている事項(共同担保目録および信託目録に記録されている事項を含む)と同一の事項を記録する副登記記録を調製するものとした(規則9)。

登記簿に記録した登記記録によって登記事項証明書または登記事項要約書を作成することができないときは，副登記記録によって作成することができる(規則199)。

(小西飛鳥)

(執筆協力：加藤政也)

（登記記録の作成）
第12条 登記記録は，表題部及び権利部に区分して作成する。

＊旧法関係……16条，16条の2
＊関連法規……(登記記録の編成)規則4条，(移記又は転写)規則5条，(記録事項過多による移記)規則6条，(登記官の識別番号の記録)規則7条，(登記記録の閉鎖)規則8条，(副登記記録)規則9条〔→(副登記記録による作成)規則199条〕，(帳簿の備付け及び保存期間)規則17条，(帳簿)規則18条〔→(図面の整理)準則55条，(各種通知簿の記載)準則117条，(つづり込みの方法)準則22条〕，(帳簿の備付け及び保存期間)準則17条〔→(登記簿保存簿等)準則20条，(日記番号等の記載)準則27条，(再使用証明申出書類つづり込み帳等)準則21条，(つづり込みの方法)準則22条〕，(帳簿等の様式)準則18条，(申請書類つづり込み帳)規則19条〔→(申請書類つづり込み帳)準則19条，(通知番号の記載)準則26条，(通知書の様式)準則118条〔→(通知書の返戻の場合の措置)準則121条，(市町村長に対する通知)準則120条〕，(土地図面つづり込み帳)規則20条〔→(土地所在図等の除却)準則58条〕，(地役権図面つづり込み帳)規則21条〔→(土地所在図等の除却)準則58条〕，(建物図面つづり込み帳)22条〔→(土地所在図等の除却)準則58条〕，(職権表示登記等書類つづり込み帳)規則23条，(決定原本つづり込み帳)規則24条，(審査請求書類等つづり込み帳)規則25条，(登記識別情報失効申出書類つづり込み帳)規則26条，(請求書類つづり込み帳)規則27条，(保存期間)規則28条，(記録の廃棄)29条〔→(帳簿等の廃棄)準則23条〕，(登記記録の滅失等)規則30条〔→(登記記録等の滅失又は滅失のおそれがある場合)準則24条〕，(持出禁止)規則31条〔→(登記簿等を持ち出した場合)準則25条〕，(管轄転属による登記記録等の移送)規則32条〔→(管轄転属による地番等の変更)準則9条，(管轄転属による登記記録等の移送等)準則8条〕，(管轄転属による共同担保目録の移送)規則33条〔→(管轄転属による地番等の変更)準則9条〕

I 本条の趣旨

本条は，登記記録を表題部と権利部とに区分して記録することを定めている。表題部は表示に関する登記が記録される部分をいい，権利部は権利に関する登記が記録される部分(2(8))をいう。旧法では，権利に関する部分をまとめた概念は，登記法上は存在していなかった。単に，法律事項として，登記用紙を表題部と甲区・乙区に区分する旨を定めていた。これに対し，新法の権利部は，旧法の甲区と乙区の上位概念ということになる。また，旧法では登記簿の編成の中に，順位番号欄が設けられ，事項欄に登記事項を記載した順序を記載することとされていた(旧法16⑤)。この順序の表示は番号によってし，その記載時期は事項欄に登記をするときと同時でなければならないとされた(旧法52)。この順位番号欄は，権利の順位を決定する基準とされており，この点については，新法でも変更はなく，

順位番号欄は、登記簿の編成の構成要素をなすものであるが、同時に権利関係を確定するための基準となるものであるため、新法59条8号において同様の欄を設けることが定められた。

さらに、旧法16条の2において、区分建物以外の建物とは異なる特別の定めが区分建物について置かれていた。これは、区分建物について、1棟の建物の表題部とは別に専有部分ごとに専有部分の表題部および甲区・乙区を設けることとされていたためであったが、この規定は廃止され、本条においてまとめられることになった。

II 本条の沿革
1 不動産登記法制定時
明治32年に不動産登記法が制定された当時、土地登記簿(旧法16)と建物登記簿(旧法17)は別々の条文に規定が置かれていた。まず、土地登記簿は、登記番号欄、表題部、甲区(所有権)、乙区(地上権、永小作権)、丙区(地役権)、丁区(先取特権、質権および抵当権)および戊区(賃借権)に区分されていた。表題部は、新法と同様土地の表示に関する事項を記載する部分であったが、当時は表示に関する登記は独立の登記ではなく、表題部用紙は甲区に所有権保存登記をする際に開設された。その意味では、表題部は、甲区の一部であった。一方、建物登記簿は、登記番号欄、表題部、甲区(所有権)、乙区(地役権)、丙区(先取特権、質権および抵当権)、丁区(賃借権)に区分されていた。登記番号欄が設けられていたのは、登記簿がいわゆる大福帳式に調製され、いったん編綴した登記用紙の加除が許されなかった当時においては、この登記番号は、継続用紙や分筆もしくは合筆後の登記用紙を検索する上での便宜のために必要であった(林=青山・注解118~119頁)。

2 大正2年の法改正
制定当初の不動産登記法が採用した上記のような登記用紙の編成方式は、権利の登記をその種別に従って別の登記用紙に記載することにより、公示の明確性を期そうとしたものであった。しかし、土地にあっては5区、建物にあっては4区という区分は、公示をあまりにも細分化してしまうことになって煩瑣である上、抵当権を除く所有権以外の権利が登記される頻度はそれほど高くないため、これらの権利の公示のために独立の用紙を設ける実益は乏しかった(林=青山・注解119頁)。

このようなことから、大正2年法律第18号による改正により、いずれも甲区(所有権)および乙区(所有権以外の権利)のみに整理された(清水・Q&A 56頁)。

3 昭和26年の法改正
不動産登記法制定当初は、大福帳方式により編綴されてきた登記簿は、戦後になってバインダー式帳簿に改製されることになった。登記簿のバインダー化が図られれば、登記用紙の加除が自由になるから、継続用紙または関連する登記用紙の検索の手段であった登記

番号は不要になる。このため,昭和26年の不動産登記法の一部改正(法律150号)により,本文中の「登記番号欄」が削除された(林=青山・注解119頁)。

4 昭和35年の法改正

昭和35年法律第14号による不動産登記法の一部改正により,登記簿と台帳が統合されることになった。これにより,不動産の表示に関する事項の公示は専ら登記簿の表題部が担うことになった。このため,それまで権利に関する登記の一部にすぎなかった不動産の表示に関する登記を独立の登記とし,これを申請に基づく場合だけでなく,登記官が職権によってもすることができることとしたほか,細則2条を改正して表題部の様式を改めた(林=青山・注解120頁)。

なお,上記の登記簿と台帳とを統合するためのいわゆる一元化作業は,昭和38年から順次各登記所において実施された。この作業は,新様式の表題部用紙に台帳の記載事項を移記し,これを登記簿に編綴するというもので,全登記所につきこの作業を完遂するには,長期の年月を要したが,昭和42年頃には完了した(林=青山・注解120頁)。

5 平成16年の改正

平成16年法律第123号による不動産登記法の全面的改正により,従来,不動産登記法において定められていた登記記録の編成の細目は,公示技術の問題として,省令に委ねられることとし,法律においては,基本的な区分のみを定めることにした。

III 表題部と権利部

表題部とは,表示に関する登記が記録される部分をいい,旧法の表題部と同じ概念である。権利部とは,旧法の制度の事項欄の甲区と乙区の上位概念に相当するものである。上述したように,登記記録の編成の細目は,省令に委ねられている(規則4条)。

1 表題部の登記事項

土地および建物の表示に関する登記の登記事項について,土地および建物に共通する登記事項は,登記原因およびその日付,登記の年月日である(27条(1)〜(2))。権利部が起こされておらず,所有権の登記がない不動産については,所有者の氏名または名称および住所ならびに所有者が2人以上であるときはその所有者ごとの持分を記載する(27(3))。不動産を識別するために必要な事項として,1筆の土地または1個の建物ごとに番号,記号その他の符号を記録することができる(27(4),規則90)。

(1) **土地の表題部** 土地の表示に関する登記事項については,34条以下に定めがある。土地の所在する市,区,郡,町,村および字および地番を記載する(34(1)・(2))。地番は,地番区域ごとに起番し,土地の位置が分かりやすいように,1筆の土地ごとに付さなければならない(35,規則98①・②,準則67)。地目,地積については,法務省令で定められ

§ 12 Ⅲ 1(2)

ることになっており(34②),地目は,土地の主たる用途により,田,畑,宅地,学校用地,鉄道用地,塩田,鉱泉地,池沼,山林,牧場,原野,墓地,境内地,運河用地,水道用地,用悪水路,ため池,堤,井溝,保安林,公衆用道路,公園および雑種地に区分して定められる(規則99,準則68・69)地積は,水平投影面積により,平方メートルを単位として定め,1平方メートルの100分の1(宅地および鉱泉地以外の土地で10平方メートルを超えるものについては,1平方メートル)未満の端数は,切り捨てられる(規則100,準則70)。

具体的な記載事項について,土地の登記記録の表題部は,**別表1**の第1欄に掲げる欄に区分し,同表の第1欄に掲げる欄に同表の第2欄に掲げる事項を記録するものとする(規則4①)。すなわち,地図番号欄に,地図の番号,土地の表示欄に,不動産番号,所在,地番,地目,地積,登記原因およびその日付,登記の年月日,閉鎖の年月日,所有者欄に,所有者およびその持分を記すことになる。

別表1 土地の登記記録(表題部)

【表題部】	(土地の表示)			調製平成○○年○月○日	地図番号	余白
【不動産番号】)	1234567890123					
【所　　在】	○○県○○市○○町一丁目					
【①地　番】	【②地　目】	【③地　籍】	m²	【原因及びその日付】	【登記の日付】	
999番3	宅地	100	05	999番から分筆	平成○○年○月○日	
【所有者】						

(2) **建物の表題部** 建物の表示に関する登記事項については44条以下に定めがある。建物の所在する市,区,郡,町,村,字および土地の地番(区分建物である建物にあっては,当該建物が属する1棟の建物の所在する市,区,郡,町,村,字および土地の地番)を記載する(44①(1))。建物が他の都道府県にまたがって存在するときは,不動産所在事項に当該他の都道府県名を冠記する(準則88①)。家屋番号は,1個の建物ごとに付さなければならないが,この家屋番号は,地番区域ごとに建物の敷地の地番と同一の番号をもって定める(44①(2)・45,規112①,準則79)。建物の種類,構造および床面積(44①(3)),建物の名称があるときは,その名称(44①(4)),付属建物があるときは,その所在する市,区,郡,町,村,字および土地の地番(区分建物である建物にあっては,当該建物が属する1棟の建物の所在する市,区,郡,町,村,字および土地の地番)ならびに種類,構造,および床面積を記載しなければならない。建物の種類は,建物の主たる用途により,居宅,店舗,寄宿舎,共同住宅,事務所,旅館,料理店,工場,倉庫,車庫,発電所および変電所に区分して定める(規則113①,準則80)。また建物の構造は,建物の主たる部分の構成材料,屋根の種類および階数により区分して定められる(規則114)。建物の床面積は,各階ごとに壁その他の区画の中心線で囲まれた部分の水平投影面積により,平方メートルを単位として定める(規則115)。建物が共用部分または団地共用部分であるときは,その旨(44①(6)),建物または付

属建物が区分建物であるときは，当該建物または付属建物が属する1棟の建物の構造および床面積(44①(7))，建物または付属建物が区分建物である場合であって，当該建物または付属建物が属する1棟の建物の名称があるときは，その名称(44①(8))，建物または付属建物が区分建物である場合において，当該建物について区分所有法2条6項に規定する敷地利用権(登記されたものに限る)であって，区分所有法22条1項本文(同条3項において準用する場合を含む)の規定により区分所有者の有する専有部分と分離して処分することができないものがあるときは，その敷地権(44①(9))を記載する。

他の建物の表題部の具体的な記載事項については，区分建物を除き，**別表2**の第1欄に掲げる欄に区分し，同表の第1欄に掲げる欄に同表の第2欄に掲げる事項を記録するものとする(規則4②)。すなわち，所在図番号欄に，建物所在図の番号，主たる建物の表示欄に，不動産番号，所在(付属建物の所在を含む)および建物の名称がある場合はその名称，家屋番号，種類，構造，床面積，登記原因およびその日付，登記の年月日，閉鎖の年月日，付属建物がある場合はその表示欄に，付属建物の符号，付属建物の種類，付属建物の構造，付属建物が区分建物である場合におけるその1棟の建物の所在，構造，床面積および名称，付属建物が区分建物である場合における敷地権の内容，付属建物の床面積，付属建物に係る登記の登記原因およびその日付，付属建物に係る登記の年月日，所有者欄に所有者およびその持分を記載する。

別表2　建物の登記記録(表題部)

【表題部】(主たる建物の表示)			調製　平成○○年○月○日		所在図番号	余白
【不動産番号】	1234567890					
【所在】	○○市○○町○○丁目○○番地○○					
【家屋番号】	○○番○○					
【①種類】	【②構造】	【③床面積】m²		【原因及びその日付】		【登記の日付】
居宅	木造かわらぶき平屋建	115	70	平成○○年○月○日新築		平成○○年○月○日
【表題部】　　(附属建物の表示)						
【符号】	【①種類】	【②構造】	【③床面積】m²		【原因及びその日付】	【登記の日付】
1	物置	木造亜鉛メッキ鋼板ぶき平屋建	50	00		平成○○年○月○日
【所有者】	○○市○○町○○丁目○○甲野太郎					

区分建物については，**別表3**の第1欄に掲げる欄に区分し，同表の第1欄に掲げる欄に同表の第2欄に掲げる事項を記録する(規則4③)。すなわち，1棟の建物の表題部について，専有部分の家屋番号欄には，1棟の建物に属する区分建物の家屋番号，1棟の建物の表示欄には，1棟の建物の所在，建物所在図の番号，1棟の建物の名称，構造，床面積，

1棟の建物に係る登記の登記原因およびその日付，1棟の建物に係る登記の年月日，閉鎖の年月日を，敷地権の目的たる土地の表示欄には，敷地権の目的である土地の符号，所在および地番，地目，地積，敷地権に係る登記の年月日を記載する。また，区分建物の表題部には，専有部分の建物の表示欄には，不動産番号，区分建物の家屋番号，名称，種類，構造，床面積，区分建物に係る登記の登記原因およびその日付，共用部分である旨，団地共用部分である旨，区分建物にかかる登記の年月日を記載し，付属建物の表示欄には，一般の建物に付属建物がある場合と同様の事項を記載する。敷地権の表示欄には，敷地権の目的である土地の符号，種類，割合，敷地権に係る登記の登記原因およびその日付，付属建物に係る敷地権である旨，敷地権に係る登記の年月日，所有者欄には所有者およびその持分を記載する。

別表3　区分建物である建物に関する登記記録（表題部）

専有部分の家屋番号						
【表題部】（一棟の建物の表示）			調製　　平成〇〇年〇月〇日		所在図番号	余白
【所在】	〇〇市〇〇町〇〇丁目〇〇番地〇〇		余白			
【建物の名称】	〇〇マンション		余白			
【①構造】	【②床面積】m^2		【原因及びその日付】		【登記の日付】	
鉄筋コンクリート造陸屋根三階建	1階　　800 : 50 2階　　800 : 00 3階　　800 : 00		平成〇〇年〇月〇日新築		平成〇〇年〇月〇日	
【表題部】（敷地権の目的たる土地の表示）						
【①土地の符号】	【②所在及び地番】	【③地目】	【④地積】m^2		【登記の日付】	
1	〇〇市〇〇町〇〇丁目〇〇番〇〇	宅地	2000	30	平成〇〇年〇月〇日	

【表題部】	（専有部分の建物の表示）					
【不動産番号】	1234567890					
【家屋番号】	○○市○○町○○丁目○○番 ○○の201				余白	
【建物の名称】	○○マンション				余白	
【①種類】	【②構造】	【③床面積】m²		【原因及びその日付】		【登記の目的】
居宅	鉄筋コンクリート造1階建	2階部分80	33	平成○○年○月○日新築		平成○○年○月○日
【表題部】(附属建物の表示)						
【符号】	【①種類】	【②構造】	【③床面積】m²		【原因及びその日付】	【登記の日付】
【表題部】(敷地権の表示)						
【①土地の符号】	【②敷地権の種類】		【③敷地権の割合】	【原因及びその日付】		【登記の日付】
1	所有権		70分の12	平成○○年○月○日敷地権		平成○○年○月○日
【所有者】	○○市○○町○○丁目○○　甲野　太郎					

2　権利部の表示

　権利に関する区分は，必ずしも絶対的に維持するべき性質のものではなく，将来的には，公示のわかりやすさという観点から，公示技術の問題として見直す必要が生じる可能性がある。そこで，新法においては，登記記録の編成の細目は，公示技術の問題として，省令に委ねることとし，法律においては，基本的な区分のみを定めることにした(清水・Q&A 56頁)。

IV　権利部の区分

　権利部は，甲区と乙区に区分されるが，甲区には所有権に関する登記の登記事項を記録し，乙区には所有権以外の権利に関する登記の登記事項を記録する(規則4④)。「所有権に関する登記事項」とは，所有権の保存，移転，変更，処分の制限または消滅の各事実である。「所有権以外の権利」とは，「登記すべき所有権以外の権利」であり，具体的には，地上権，永小作権，地役権，先取特権，質権，抵当権，賃借権，採石権の各権利をいう(3 (2)～(9))。乙区には，これらの権利の設定，保存，移転，変更，処分の制限または消滅の各事実を記載するが，それだけでなく，これらの権利を目的とする他の権利(例えば，地上権または永小作権を目的とする抵当権(民369②))の設定，移転，変更，処分の制限または消滅に関する事実もまた記載する(林=青山・注解124頁)。

　権利に関する登記の登記事項は，登記の目的(59(1))，申請の受付の年月日および受付番号(同(2))，登記原因およびその日付(同(3))，登記権利者および登記名義人が2人以上であ

るときは各持分(同(4)),登記の目的である権利の消滅に関する定めがあるときは,その定め(同(5)),共有物分割禁止の定め(同(6)),登記の代位申請の場合の代位者の氏名または名称および住所ならびに代位原因(同(7)),順位番号(同(8),規則147)である。

権利に関する登記

【権利部(甲区)】(所有権に関する事項)				
【順位番号】	【登記の目的】	【受付年月日・受付番号】	【原因】	【権利者その他の事項】
1	所有権移転	平成〇〇年〇月〇日第〇〇号	平成〇〇年〇月〇日売買	所有者〇〇市〇〇丁目〇番〇号　甲野　太郎

【権利部(乙区)】(所有権以外の権利に関する事項)				
【順位番号】	【登記の目的】	【受付年月日・受付番号】	【原因】	【権利者その他の事項】
1	抵当権設定	平成〇〇年〇月〇日第〇号	平成〇〇年〇月〇日金銭消費貸借同日設定	債権額　金〇〇〇万円 利息　年〇% 損害金　年〇〇%年365日日割計算 債務者〇〇市〇〇丁目〇番〇号　乙野　二郎 抵当権者　〇〇県〇〇市〇〇丁目〇番〇号　株式会社　〇〇〇〇

(小西飛鳥)

(執筆協力:加藤政也)

(登記記録の滅失と回復)
第13条 法務大臣は、登記記録の全部又は一部が滅失したときは、登記官に対し、一定の期間を定めて、当該登記記録の回復に必要な処分を命ずることができる。

＊旧法関係……旧法23条

I 本条の趣旨

本条は、登記記録の全部または一部が滅失したときの措置について定めている。「登記記録」は、1つの不動産ごとの登記情報のまとまりである電磁的記録(2(5))であり、登記簿は登記記録の集合体が記録された電磁的記録媒体である(2(9))。したがって、「登記記録の全部又は一部が滅失したとき」とは、電磁的記録媒体そのものに破損等が生じたことにより、媒体に記録された情報の全部または一部が失われた場合と、電磁的記録媒体そのものに破損等はないが、記録されていたデータが誤って消去された場合の双方が含まれることになる(清水・Q&A57頁)。磁気ディスク登記簿の場合、副登記記録(バックアップ)が作成されるので(規則9)で、滅失という事態は想定しづらいが、法13条では登記記録が滅失した場合、法務大臣の命令により必要な回復措置を施すことにしている。

II 登記記録の滅失

登記記録の全部または一部が滅失した場合とは、電磁的記録媒体そのものに破損等が生じたことにより、媒体に記録された情報の全部または一部が失われた場合と、電磁的記録媒体そのものには破損等はないが、記録されていたデータが誤って消去された場合の双方が含まれる。すなわち、「滅失」とは、単に物理的に媒体が損傷し、または媒体上のデータが消去されただけではなく、バックアップデータによっても回復することが不可能な事態になった場合をいう。

旧法においても、コンピュータ化された登記簿の場合には、登記簿のバックアップである記録(副登記記録)を電子情報処理組織により作成することとされ、登記簿が滅失したときの回復は副登記記録により行い、旧法23条以下の回復手続を要しないこととされていた(旧細則74)。これは、コンピュータ化された登記簿においては、副登記記録により登記記録を回復することができる限り、法律上は、登記簿の全部または一部が滅失した事態には該当しないと解することを前提としている。したがって、電磁的記録媒体である登記簿における「滅失」の概念は、物理的な媒体の破損やデータの消去という要素に加え、副登記記録によっても回復不可能であるという要素を含んだ概念であり、新法においても、同様に解されることになる(清水・Q&A 57～58頁)。

なお、コンピュータ化がなされておらず、登記記録が紙を媒体としている場合にも、本条の適用があり得たが(付則3①)、コンピュータ化の完了により、事実上、適用すべき事

案はなくなったと考えられる。

Ⅲ 回復に必要な処分

「登記記録の回復に必要な処分」とは，公告をして当事者の協力を求める等の措置を施したり，申請情報その他の登記簿の付属書類が残存しているときは，これにより滅失した登記を回復する措置を施すことをいう(清水・Q&A58頁)。

Ⅳ 滅失のおそれがあるとき

登記記録等の滅失のおそれ(旧法24)があるときについて新法には明文の規定はないが，そのような場合はないと考えられる(香川・前掲89頁)。

Ⅴ 滅失回復登記の効力

上述したように，磁気ディスク登記簿の場合，副登記記録(バックアップ)が作成されるので(規則9)で，滅失という事態は想定しにくいが，法務大臣令により必要な回復措置がなされ登記が回復した場合の効力について，触れておく。

物権を取得した者は，その旨の登記を得ることによって，登記の欠缺を主張するにつき正当な利益を有する第三者に自己の有する物権を主張することができるようになる(対抗力を取得する)が，抹消登記等により登記を失うと，原則として対抗力も消滅する。例えば，抵当権者から委任を受けた者の過誤による申請によって抵当権設定登記が抹消された場合には，当該抵当権の対抗力は消滅するとした判例がある(最判昭42・9・1民集21・7・1755)。

登記記録が滅失した場合にも，権利者は，未登記の状態になるが，これは，権利者とは全く関係のない事由に起因するものであることから，本条の処分がなされる以前に取得した対抗力を引き続き保有することになる。したがって，登記記録が滅失した後に当該不動産について物権を取得した第三者に対しても，自己の権利を主張することができる(林=青山・注解161～162頁)。

旧法では滅失回復登記の申請を登記権利者がしなければならなかったため，滅失回復登記申請期間経過後の権利者の地位が問題となった。判例は，Aから所有権を取得しその登記を得たBが，登記簿が滅失したにもかかわらず，滅失回復登記の申請をしなかったが，滅失回復登記申請期間経過後に新たに所有権保存登記をしたAから所有権移転登記を得たCに対し，抹消登記手続を請求した事案について，Bの請求を認めた(最判昭34・7・24民集13・8・1184)。この理由として，「不動産登記法23条は回復登記期間の徒過により所有権登記の対抗力も消滅する趣旨を含むと解することはできないのみならず，かつて排他的物権変動の効力により絶対的に無権利者となった元の譲渡人が，現所有者の回復登記期間徒過の一事により再び実体上の権利を回復することになるような物権変動の効果を認むべき根拠は存しないから」と判示した。これに対して，学説は滅失回復登記の申請をしない限り対抗力を失うとする見解が有力であった。その根拠は，主として，旧法23条が登記簿が滅

失した場合には一定期間内に滅失回復登記の申請をした者に限り旧登記簿における順位を有するとしているのであるから，反対に，定められた期間内に滅失回復登記の申請をしなかった者は，従前の順位すなわち対抗力を失うというのが法の趣旨であると主張していた（林＝青山・注解162〜163頁）。新法では，そもそも権利者が滅失回復の登記を申請することが予定されていないため，どのように解すべきかが問題となる。旧法で「申請をした者に限り旧登記簿における順位を有する」としていたことから，一律に権利者は旧登記記録における順位を有すると解するのが妥当であろう。

（小西飛鳥）
（執筆協力：加藤政也）

（地図等）
第14条 登記所には，地図及び建物所在図を備え付けるものとする。
② 前項の地図は，1筆又は2筆以上の土地ごとに作成し，各土地の区画を明確にし，地番を表示するものとする。
③ 第1項の建物所在図は，1個又は2個以上の建物ごとに作成し，各建物の位置及び家屋番号を表示するものとする。
④ 第1項の規定にかかわらず，登記所には，同項の規定により地図が備え付けられるまでの間，これに代えて，地図に準ずる図面を備え付けることができる。
⑤ 前項の地図に準ずる図面は，1筆又は2筆以上の土地ごとに土地の位置，形状及地番を表示するものとする。
⑥ 第1項の地図及び建物所在図並びに第4項の地図に準ずる図面は，電磁的記録に記録することができる。

＊旧法関係……旧法17，18，24条の3
＊関連法規……（電磁的記録に記録された地図等）通達第1-11(1)，（地図）規則10条〔→地図の作成等）準則12条，（地図に準ずる図面の備付け）準則13条，（国土調査の成果に基づく登記に伴う地積測量図の処理）準則57条〕，（地図等の備付け等についての報告）準則14条，（建物所在図）規則11条〔（建物所在図の作成等）準則15条〕，（地図等の閉鎖）規則12条〔→（電磁的記録に記録された地図等）第1-11(1)〕，（地図の記録事項）規則13条，（建物所在図の記録事項）規則14条，（地図及び建物所在図の番号）規則15条，（地図等の訂正）規則16条〔→（地図等の変更の方法等）準則16条，（地図等の訂正）通達第1-11(2)，（新住市街地登記令の土地の全部についての所在図の取扱い）同第3-5〕

I 本条の趣旨

　本条は，地図と建物所在図に関する規定であり，旧法17条，18条，24条の3をまとめ，登記所に地図および建物所在図を備え付けることを規定したものである（14①～⑤）。また，地図および建物所在図について，電磁的記録に記録することも可能であることを定めた（14⑥）。

　不動産の表示に関する登記は，権利の客体である不動産の物理的状態を明確にするため，土地については，所在，地番，地目，地積等を土地登記記録の表題部に記載することにしており，建物については，所在，家屋番号，種類，構造，床面積等を建物登記記録の表題部に記載することにしているが，この所在，地番，地目，地積等が正確に記載されたとしても，それだけでは登記されている土地が現地のどこに位置し，その形状および区画がどのようなものであるかを明らかにすることはできないし，また，登記された建物が現地のどの場所に位置し，その形状がどのようなものであるかを明示することもできない。そこで，不動産登記法は，本条において各筆の土地の区画および地番を明確にした地図と各個の建物の位置および家屋番号を明確にした建物所在図を登記所に備えることを規定したのである。すなわち，地図は，登記された土地とこれに対応する現地とを結びつける機能と土地登記記録の表題部の記載事項で表現することができない土地の形状および所在位置を公示する機能とを有しており，建物所在図は，登記された建物と現地の建物とを結びつける機能と建物登記記録の表題部の記載事項で表すことができない建物の形状および所在位置を明示する機能とを有している（林＝青山・注解134頁）。

II 地図の電子化と公開方法

　旧法17条では，登記簿以外の図面は紙で保管する建前であり，地図等を電子化しても，制度上は紙の図面を原本として保管しなければならなかった。しかし，14条6項では，地図，建物所在図および地図に準ずる図面についても，電磁的記録に記録することができることになった。

　電磁的記録に記録「することができる」としたのは，地図の電子化を進めても，当面は紙の地図と電子化された地図が並存することが予想され，電子化される前の過去の地図についても公開の対象とする必要があったからである（平成16年改正不動産登記法と登記実務（解説編）359頁）。

　登記された各筆の土地の位置，形状および筆界を示す正確な地図（登記所備え付け地図）は，世界測地系に則した座標値を持ち，個別の土地所有者の権利の範囲を確定する上で重要かつ有用なものであるが，全国的には全体の約半数にも満たない整備状況にある。特に，都市部においては，国土調査が進捗していないため，登記所においては旧土地台帳付属地図（いわゆる公図）を備え付けているが，概して正確性に劣るため，土地再開発などの際には個々の土地の範囲を逐一確定する必要が生じる。また，中には，公図と現況とが大幅に食い違ういわゆる地図混乱地域が存在し，土地の正しい位置を確定することができなかっ

たり，分筆や地積更正の登記ができないために，土地取引の阻害要因となっている(都市部では，その全体の面積の19パーセント程度の整備状況である。横山亘「民活と各省連携による地籍整備の推進の今後の方向性について——地籍調査事業・都市再生街区基本調査を中心として」登研723号41頁)。

そこで，平成16年以降，特に都市部の地図の整備を図るため，法務省と国土交通省とが連携し，「平成地積整備」が進められた。また，平成18年1月筆界特定制度が創設され，境界紛争を解決し，これを地図に反映させることとされた。申請件数は平成23年12月31日までに合計約1万5000件に上っており，境界確定訴訟に代替し得るものとして相当程度，機能している(小出邦夫「不動産登記制度を巡る最近の動向」登研767号23〜24頁)。

登記所に備え付けられている地図情報をコンピュータによって処理することを可能とする地図情報システムは，平成23年7月にすべての登記所への導入が完了した。そして，登記所に保管されている土地所在図，地積測量図，地役権図面，建物図面および各階平面図の「各種図面」についても平成25年3月末までに地図情報システムへの登録作業が完了する予定である。平成24年1月現在，オンラインによる各種図面の証明書の送付請求が可能な登記所は240庁となっている(小出邦夫・前掲22頁)」。

III 建物所在図の要件緩和

旧法18条では，建物所在図は「建物の位置及び家屋番号」を「明確にする」ことが要求されていたが，新法14条3項では，「表示する」ことで足りることにした。建物は外形上その存在を確認することが容易であり，建物の所在する土地は建物の登記事項として登記記録上明らかにされ，土地の所在は「地図」により正確に特定されるので，建物自体の位置につき，高い精度を要求する必要はなく，土地上の位置関係がわかる程度に表示されていれば十分だからである(平成16年改正不動産登記法と登記実務(解説編)423頁)。

IV 地図・建物所在図の内容・作成
1 地図の内容・作成

本条に規定する地図は，登記された土地の位置，形状および区画を現地において明確に指示することができる図面であり，かつ，現地において登記された土地の区画を明らかにすることができなくなった場合に，その区画を復元することができる図面でなければならない。地図は，地番区域またはその適宜の一部ごとに，正確な測量および調査の成果に基づき作成する(規則10)。地図は，原則として，磁気ディスクその他の電磁的記録に記録するが，それができないときは，ポリエステル・フィルム等を用いて作成することも認められている(準則12)。この地図の縮尺は，土地の利用用途によって異なり，市街地地域は250分の1または500分の1(規則10②(1))，村落・農村地域は500分の1または1000分の1(同規則②(2))，山村・原野地域は1000分の1または2500分の1(同規則②(3))の縮尺である。また，地積図は国土調査法20条1項の規定により登記所に送付されるが，土地の表示に関す

る登記および所有権の登記名義人の氏名もしくは名称もしくは住所についての変更の登記もしくは更正の登記をし(同条②)，または地積調査に基づき分筆または合筆の登記をした(同条③)後に，地図として備え付けられる(規則10⑤)。

2 建物所在図の内容・作成

建物所在図は，登記された建物の位置，形状等を明らかにし建物を特定するために備え付けられるものである。また，建物所在図は，建物の重複登記の防止に大きな役割を果たしている(林＝青山・注解135頁)。建物所在図は，地図および建物図面を用いて作成することができる(規則11①)。建物所在図も，地図と同様に，原則として，磁気ディスクその他の電磁的記録に記録するが，それができないときは，ポリエステル・フィルム等を用いて作成することも認められている(準則15①)。この建物所在図の縮尺は，原則として当該地域の地図と同一とする(準則15②)。

3 公図の内容・役割

登記所には，地図および建物所在図のほかにいわゆる公図が保管されている。

公図は，旧土地台帳法施行細則(昭和25年法務府令第88号で公布され，昭和35年廃止された)2条1項の規定に基づき，登記所に保管されていた図面(旧土地台帳付属地図とも言われる)である。この公図には，地押調査図，耕地整理の換地図，国土調査の地積図，土地改良および土地区画整理の土地の所在図等があるが，このうちの多くを占めるのは地押調査図である。

地押調査図は，明治6年の地租改正条例の制定に基づき地租改正事業において作製された図面(野取絵図，改租図)を明治20年の町村地図調製式および更正手続の地押調査事業によって更正した図面である。地押調査図は，明治22年3月の土地台帳規則の制定に伴い土地台帳の付属地図となり，以後府県収税部出張所，府県直税分署，府県収税署，税務署に次々と保管されてきたが，昭和25年法律第227号「土地台帳法の一部を改正する法律」の施行により土地台帳とともに登記所に移管されたものである。その後に，前記の地積図，換地図も公図として登記所に備え付けられた(昭32・7・22民甲1388民事局長通達・先例集追Ⅱ114)が，上記の土地台帳法は，昭和35年法律第14号による不動産登記法の一部改正(いわゆる登記簿と土地台帳の一元化)に伴い廃止されたため，一元化後，地押調査図を含めて公図は，法的根拠を失ったが，登記実務上では本条の地図として備え付けられたものを除き，地図に準ずる図面として取り扱われ(新準則13)ている。

公図は，前記のとおり，登記実務において地図に準ずる図面として取り扱われ，その保存状況を明らかにするため，本条の地図と同様に公図の番号，材質，縮尺，規格等を地図保存簿に登載させることとされている(規則20③)が，公図は，本条の地図ではないので，土地登記記録の表題部の地図番号欄に公図の番号を記載する必要はないことと旧法下で扱われてきたが(林＝青山・注解137〜138頁)，この点については，新法でも変更はないと思

われる。

V 地図・建物所在図等の備付・閉鎖
1 地図の備付・閉鎖

　　国土調査法20条1項の規定により送付された地積図，土地改良登記令6条2項2号および土地区画整理登記令第6条第2項第2号の土地の所在図等は，本条の地図として備え付けることを適当としない特別の事情がない限り，登記が完了した後に，本条の地図として備え付けられるものとされている(規則10⑤・⑥)。備え付けることが不適当である具体例としては，①地積調査後，登記所に送付されるまでの間に異動が生じたと地につき，その異動に伴う地積図の修正(その修正が不能の場合における筆界未定の処理を含む)がされていない場合，②地積図の材質がポリエステル・フィルムまたはアルミケント紙以外のものの場合，③地積図が地番区域内のごく一部の土地についてのみ存する場合その他法14条(旧法17)の地図として備え付けることを相当としない事情が存する場合がある(昭52・9・3民三4474民三課長依命通知・先例集追Ⅵ417第2-1-(1))。また，登記所に保管されている地積図，土地の所在図等で本条の地図として備え付けられていない図面が修正等により地図としての要件を充足するものとなったとき，または特別の事情が消滅したときは，地図として備え付けるものとされている(準則13②)。

　　登記官は，新たな地図を備え付けたときは，土地の登記記録の表題部の地図の番号欄に地図の番号を記載し(規則15)，従前の地図があるときは，当該従前の地図の全部または一部を閉鎖しなければならない(規則12①)。そして，従前の地図を閉鎖するときは，登記官は当該地図に閉鎖の事由およびその年月日を記録するほか，当該地図が，電磁的記録に記録されている地図であるときは登記官の識別番号を記録し，その他の地図であるときは登記官印を押印しなければならない(規則12②)。さらに，本条の地図を備え付けたときは，登記所の窓口に法14条の地図として備え付けた旨を掲示する(昭52・9・3民三4474民三課長依命通知・先例集追Ⅵ417)ほか，備え付けた地図の枚数，種類，備付年月日等を監督法務局または地方法務局の長に報告するものとされている(準則14)。

2 建物所在図の備付・閉鎖

　　新住宅市街地開発法による不動産登記に関する政令第6条第2項から第13条の建物の所在図その他これに準ずる図面は，特別の事情がない限り，本条の建物所在図として備え付けるものとされる(規則11②)。

　　登記官は，新たな建物所在図を備え付けた場合，建物所在図に記録された建物の登記記録の表題部の建物所在図の番号欄に建物所在図の番号を記録し(規則15)，従前の所在図があるときは，当該従前の建物所在図の全部または一部を閉鎖しなければならない(規則12④・①)。そして，従前の建物所在図を閉鎖するときは，登記官は当該建物所在図に閉鎖の事由およびその年月日を記録するほか，当該建物所在図が，電磁的に記録されている建

物所在図であるときは登記官の識別番号を記録し，その他の建物所在図であるときは登記官印を押印しなければならない(規則12④・②)。さらに，本条の建物所在図を備え付けたときは，遅滞なく，当該登記官を監督する法務局または地方法務局の長に，地図の場合と同様に備え付けた建物所在図の枚数，種類，備付年月日等を報告するものとされている(準則15条)。

VI 地図および建物所在図の保存・滅失

本条の地図，建物所在図は閉鎖したものを含めて，永久に保存することとされている(規則28②・③)。電磁的に記録されたものは，登記記録と同様に，副記録が作成されるため(施行通達第1-11-(1)エ)，実際には滅失することはおそらくないと考えられる。

これまでの紙を媒体に記録したものについては，滅失のおそれがあるため，従来と同じ手続をとることになる。

VII 地図等の訂正・変更
1 地図等の訂正の申出

地図または建物所在図に当初から誤りがあり，登記官が書証，人証，物証等により土地または建物の現況を正しく表現していないと判断したときには現況に符合するように地図または建物所在図を訂正しなければならないが，この手続については，不動産登記法上明文の規定が存在しない。規則16条において地図等の訂正が定められている。旧法においても，不動産登記法上，明文の規定がなく，旧準則113条において，所有者その他の利害関係人からの訂正の申出の定めが置かれていたにすぎないことから，所有者等の当事者には，訂正の申請権を認めていないと解していた(林=青山・注解139頁)。

しかし，登記所に備え付けられている地図等に間違いがあったときは，そのままでは分筆の登記や地積の更正ができないなど，登記手続に支障が生じることから，新法では，一定の範囲の者に地図および地図に準ずる図面についての訂正の申請権が認められた(規則16①。平成16年改正不動産登記法と登記実務(解説編)328頁)。

これにより，申請適格がある者から適法な申出がなされた場合は，登記官は，申出に係る訂正をしなければならないこととなり(規則16⑫)，登記官が申出を不適法であるとして却下した場合(規則16⑬)は，申出人はその処分の取消を求めて，争うことができることとなった。申請に対する却下事由は，①申出に係る土地の所在地が当該申出を受けた登記所の管轄に属しないとき(規則16⑬(1))，②申出に係る土地の所在地が当該申出を受けた登記所の管轄に属しないとき(規則16⑬(2))，③地図訂正申出情報またはその提供の方法がこの省令の規定により定められた方式に適合しないとき(規則16⑬(3))，④この省令の規定により地図訂正情報と併せて提供しなければならないものとされている情報が提供されないとき(規則16⑬(4))，⑤申出に係る事項を調査した結果，地図または地図に準ずる図面に誤りがあると認められないとき(規則16⑬(5))，⑥地図または地図に準ずる図面を訂正すること

によって申出に係る土地以外の土地の区画または位置もしくは形状を訂正すべきこととなるとき(規則16⑬(6))の場合である。このうち⑤と⑥を理由とする却下の場合には，行政処分性を有しないと考えられるので，その処分の取消を求めて争うことはできないと解されており(平成16年改正不動産登記法と登記実務(解説編)328頁)，行政処分性を有しないことから，取消訴訟の被告および出訴期間等に関する事項を教示する必要もない(平17・6・23民二1422民二課長回答・民月60・7・255)。

また，これと同様に，土地所在図，地積測量図，建物図面および各階平面図についても，一定の範囲の者に訂正の申出権が認められた(規則88①)。

なお，地図が国土調査の成果である地積図であるときは，地方税法第381条第7項により所定の手続を経て訂正することができる(昭48・10・18民三7689民三課長通知・先例集追Ⅴ886)。

(1) **訂正の申出をすることができる図面**　訂正の申出をすることができるのは，表示された土地の区画または地番に誤りがある地図および表示された土地の位置，形状または地番に誤りがある地図に準ずる図面である(規則16①)。また，土地所在図，地積測量図，建物図面および各階平面図についても，表題部の登記事項に関する更正の登記によって，訂正後のこれらの図面を提出できる場合を除き，訂正の申出をすることができる(規則88①)。

建物所在図については，訂正の申出は認められていない。これは，建物所在図は地図および建物図面により作成することができる(規則11①)ところ(本条Ⅲの解説参照)，これらの図面を訂正することにより，建物所在図も訂正することが可能となることから，建物所在図のみの訂正の手続を設ける必要がないためであると解されている(平成16年改正不動産登記法と登記実務(解説編)329頁)。もちろん，登記官は職権により地図および建物所在図の訂正をすることができる(規則16⑮)。

登記官は，申出に係る事項を調査した結果，地図または地図に準ずる図面を訂正する必要があると認めるときは，地図または地図に準ずる図面を訂正しなければならず(規則16⑫)，また一定の場合に申出に対する却下事由が定められていることから(規則16⑬)，旧法とは異なり，登記官に職権の発動を促すものではなく，当事者に訂正の申請権を付与したものと解するのが妥当であろう。もちろん，登記官は職権により地図および建物所在図の訂正をすることも認められている(規則16⑮)。

(2) **申出権者**　地図，地図に準ずる図面ならびに土地所在図，地積測量図，建物図面および各階平面図についての訂正の申出(以下「地図等訂正申出」という)ができるのは，その不動産の表題部所有者もしくは所有権の登記名義人またはこれらの相続人その他の一般承継人である(規則16①・88①)。旧法では，職権発動を促すための申出について，利害関係人からもすることを認めていたが，新法では，利害関係人には訂正の申出権が認められていない。ただし，利害関係人から申出があった場合において，登記官は，その申出による訂正が必要であると判断したときは，これまでのとおり，職権で，訂正をすることがで

きると解されている(平17・2・25民二457民事局長通達【**参考資料**②】、平成16年改正不動産登記法と登記実務(解説編)330頁)。

　(3)　申出方法および添付情報　　地図訂正等の申出は、申出人の氏名または名称および住所(①申出人が法人であるときはその代表者の氏名、②代理人によって申出をするときはその代理人の氏名または名称および住所ならびに代理人が法人であるときはその代表者の氏名、③申出人が表題部所有者または所有権の登記名義人の相続人その他の一般承継人であるときは、その旨ならびに④申出に係る訂正の事項を内容とする情報(以下「地図訂正申出情報」という)を提供しなければならない(規則16③)。

　地図訂正等申出は、いわゆるオンライン方式と書面を登記所に提出する方法のいずれかによりすべきものとされている(平成16年改正不動産登記法と登記実務(解説編)431頁)。

　地図訂正情報と併せて提出すべき添付情報は、次のとおりである。

　①地図または地図に準ずる図面に表示された土地の区画もしくは位置もしくは形状または地番に誤りがあることを証する情報(規則16⑤(1))

　地図訂正等申出をする場合には、地図または地図に準ずる図面に誤りがあることを証するに足りる情報の提供が必要であり、官庁または公署が保管する図面や隣接地所有者の立会い確認書等がこれに該当するものと思われる(平成16年改正不動産登記法と登記実務(解説編)431頁)。ただし、この場合、関係資料、他の利害関係人の証言や物証等から当該誤りを登記官において確認できる場合には、必ずしも利害関係人全員の同意を要しない(昭52・12・7民三5936民三課長回答・先例集追Ⅵ482)。

　なお、地図訂正等申出をする場合において、地図または地図に準ずる図面に表示された土地の区画もしくは位置もしくは形状または地番の誤りが、登記所に備え付けられている土地所在図、地積測量図または閉鎖された地図もしくは地図に準ずる図面により確認できる場合には、その図面を特定する情報を提供すれば、規則16条5項1号の誤りがあることを証する情報の提供があったものと認めて差し支えないとされている(施行通達第1-11-(2)-イ-(エ))。

　②地図または地図に準ずる図面に表示された土地の区画または位置もしくは形状に誤りがあるときは、土地所在図または地積測量図(規則16⑤(2))を提供する必要がある。

2　地図等の変更

　地図または建物所在図の変更は、これらの図面を備え付けた後に土地の表示の登記、土地の分筆、合筆の登記、建物の表示の登記、建物の区分、合併の登記がなされたために地図または建物所在図に修正を行うことである。すなわち、新たに土地の表示の登記をしたときには、地図にその土地の位置を画し、地番を記載し(準則16①(3))、土地の分筆の登記の場合には、地図に分割線を記入し、分割後の地番を記載する(準則16①(4))が、分割線の記入は、分筆登記の申請書に添付された地積測量図に基づいて行うことになる(準則16①(1))。また、土地の合筆の登記をしたときは、その境界線を削除し、合筆後の地番を記録

して従前の地番を削除する(準則16①(5))。さらに，建物の表示の登記をした場合には，その建物の位置を画し，家屋番号を記載し(準則16②(3))，建物の区分の登記をしたときは，区分後の家屋番号を記載し，変更前の家屋番号を削除する(準則16②(4))。また，建物の合併の登記をした場合は，合併後の家屋番号を記載し，従前の家屋番号を削除する(準則16②(5))。

（小西飛鳥）
（執筆協力：加藤政也）

（法務省令への委任）
第15条 この章に定めるもののほか，登記簿及び登記記録並びに地図，建物所在図及び地図に準ずる図面の記録方法その他の登記の事務に関し必要な事項は，法務省令で定める。

＊旧法関係……旧7条の2

I 本条の趣旨

本条は，法務省令への委任規定である。旧法7条の2に対応する規定であるが，新法では15条，26条，122条に分散して規定された。法務省令への委任とは，本来，法律で定める事項を，法律の委任に基づいて，法務省にその制定権を委ねるものである。憲法は，「命令」について，政令以外には具体的に定めてはいないが，実際上の必要から，国家行政組織法12条1項により，各大臣は，それぞれの機関の命令として省令を発することができるとしている。しかし，この命令は，法律の委任がなければ，罰則の制定，国民の権利を制限するないし義務を課す規定を設けることはできない(国家行政組織法12③)。佐藤幸治『憲法(第3版)』〔青林書院・1995〕230頁，辻村みよ子『憲法(第4版)』〔日本評論社・2012〕434頁など)。確かに，技術的な事項に関わるものについては，省令に委ねることについて異論は出ないであろうが，旧法において不動産登記法レベルで定められていたもので令・規則・準則に移行したものの全てが，省令に委ねられるべき事柄であったのか，その基準は必ずしも明確ではない。例えば，本章で扱われていた条文のうち，登記用紙の編成のうち，表題部，甲区欄，乙区欄の記載事項および登記簿等の保存期間の規定が規則へ移動したが，これらの規定が純粋に技術的な事柄のみを扱っているのかは疑問が残る。一方，登記簿等の持出禁止，登記簿等の滅失のおそれがある場合の取扱いの規定が規則へ移動したことに関しては，これらの規定は，登記情報の電子化に伴い，適用される機会が消滅する規定であることが予想されることから，特に法律レベルで定めるべき事項ではなくなったということについては，争いがないと思われる。

§ 15 Ⅱ, Ⅲ

なお，今回の改正により，旧不動産登記施行令が新不動産登記令に，旧不動産登記法施行細則が，新不動産登記規則に改正された。

Ⅱ 法務省令への委任事項

本条により委任される法務省令では，主に，登記簿および登記記録への登記事項の具体的な記録方法（記録事項過多になった場合の処理，登記記録の項目の細目，登記記録へ記録する方式等），地図，建物所在図および地図に準ずる図面（公図等）の記録方法（記録する事項の細目や方式等）が定められることになる。また，例示事項以外の「その他の登記の事務に関し必要な事項」としては，例えば，登記識別情報の管理に関する事項（その失効手続を含む），登記記録の保存期間，地図等の保存期間，登記事務に必要な補助帳簿に関する事項等が挙げられる。

Ⅲ 法務省令で委任された事項

登記簿および登記記録への登記事項の具体的な記録方法（記録事項過多になった場合の処理，登記記録の項目の細目，登記記録へ記録する方式等），地図，建物所在図および地図に準ずる図面（公図等）の記録方法（記録する事項の細目や方式等）については，それぞれ本書12条，14条の解説を参照。

その他例示事項以外について，例えば，登記記録，地図等の保存期間については，規則28条により，それぞれの保存期間が定められた。各情報の保存期間については，次の表を参照してほしい。現在，不動産登記規則等の一部を改正する省令（平成20年法務省令第46号）により，規則28条に定める情報の保存期間について，その一部の情報の保存期間を30年に延長するための改正がなされた。具体的には，規則28条9号〜14号13条について，現行5年または10年の保存期間が30年に延長された（平成20年7月22日施行）。

各情報の保存期間

	保存の対象	保存期間	適用条文	備考
1	登記記録	永久	28条1号	閉鎖登記記録[*]を除く
2	地図および地図に準ずる図面	永久	28条2号	閉鎖したものを含む
3	建物所在図	永久	28条3号	閉鎖したものを含む
4	土地に関する閉鎖登記記録	閉鎖した日から50年間	28条4号	
5	建物に関する閉鎖登記記録	閉鎖した日から30年間	28条5号	
6	共同担保目録	当該共同担保目録に記載されているすべての事項を抹消した日から10年間	28条6号	

7	信託目録	信託の登記の抹消した日から20年間	28条7号	
8	受付帳に記録された情報	受付の年の翌年から10年間	28条8号	
9	表示権利に関する登記の申請情報およびその添付情報	受付の日から30年間	28条9号	申請情報およびその添付情報以外の情報であって申請書類つづり込み帳につづり込まれた書類に記載されたものを含む
10	権利表示に関する登記の申請情報およびその添付情報	受付の日から30年間	28条10号	同上
11	表題部所有者もしくはその持分の更正の登記または合体による登記等の申請情報およびその添付情報	受付の日から10年間	28条10号	同上
12 11	職権表示等事件簿および職権表示等書類つづり込み帳につづり込まれた書類に記載された情報	立件の日から5年間	28条11号	
12	職権表示登記等書類つづり込み帳につづり込まれた書類に記載された情報	立件の日から30年間	28条12号	
13	土地所在図，地積測量図，建物図面および各階平面図	永久(閉鎖したものにあっては，閉鎖した日から30年間)	28条13号	第20条第3項(第22条第2項において準用する場合を含む)の規定により申請書類つづり込み帳につづり込まれたものを除く
14	地役権図面	閉鎖した日から30年間	28条14号	第21条第2項において準用する第20条3項の規定により申請書類つづり込み帳につづり込まれたものを除く
15	決定原本つづり込み帳または審査請求書類つづり込み帳につづり込まれた書類に記載された情報	申請または申出を却下した決定または審査請求の受付の年の翌年から5年間	28条15号	
16	各種通知簿に記録された情報	通知の年の翌年から1年間	28条16号	
17	登記識別情報の失効の申出に関する情報	当該申出の受付の日から10年間	28条17号	

| 18 | 請求書類つづり込み帳につづり込まれた書類に記載された情報 | 受付の日から1年間 | 28条 18号 | |

※閉鎖登記記録とは閉鎖した登記記録をいう。

(小西飛鳥)
(執筆協力：加藤政也)

第4章 登記手続

＊旧法関係……章名変更なし

【前　注】
I　登記手続の意義

　本章の表題にいう「登記手続」とは，ある特定の登記事件につき，登記官に登記簿への登記事項（登記記録として登記すべき事項。2⑥）の記録行為に着手させ，これを完了させるに至るまでの過程において，登記官ならびに関係当事者に対して法が要求する一連の行為をいう。

　登記手続の開始は，原則として，当事者の申請または官庁・公署（官公署）の嘱託によるものとされ（申請主義。16），この申請（および嘱託）は，申請（嘱託）情報を登記所に提供する方法で行われ（18柱書），申請（嘱託）情報の提供を受けた登記所の登記官は，申請の受付をして（19①），当該申請に受付番号を付さなければならない（19③）。ただし，以上の申請主義の手続に対する例外として，登記官の職権または法務大臣あるいは法務局長・地方法務局長の命令により登記手続を開始する旨の，法令の別段の定めが置かれている場合もあり，この場合の登記手続は，職権（あるいは命令）により登記すべき事件の立件をもって開始される（職権表示登記に関して，規則96，準則65）。

　登記手続の終了は，「登記の完了」（21本文・71①・117①），ならびに，登記の完了の効果として登記官が行うべき行為を終えた時点となる。このうち「登記の完了」とは，「登記官が登記簿に登記事項を記録する」行為（11）を終えることである。一方，登記完了後に登記官が行う作業としては，登記識別情報の通知（21）や登記完了証の交付（規則181）などがある。

II　不動産登記法の定める他の手続との関係

　以上に対して，①登記所・登記官の組織構成や事務内容や，②登記簿の作製方法は，特定の登記事件とは無関係な行為規範であるため，「登記手続」の概念には含まれない。①については「第2章　登記所及び登記官」，②については「第3章　登記記録等」に規定が置かれている。また，地図の作製・訂正等も，11条の規定する「登記」の概念に含まれないから，その作業は，本章にいうところの「登記手続」ではない（上記②と同様「第3章」で規律される）。同様に，③登記事項の証明ならびに地図，登記簿の附属書類等の閲覧や，④筆界特定の手続も，「登記手続」ではない。これらは，③「第5章　登記事項の証明等」および④「第6章　筆界特定」において規定される。

　なお，これら登記官が行う行政行為を総称して「登記官の処分」という（13・132②・152・156〜158）。

第1節　総　則

＊旧法関係……旧法「第1節　通則」

【前　注】
I　「第4章　登記手続」における「第1節　総則」の位置づけ

　旧不登法の「第4章　登記手続」は，「第1節　通則」「第2節　不動産ノ表示ニ関スル登記手続」「第3節　所有権ニ関スル登記手続」「第4節　所有権以外ノ権利ニ関スル登記手続」「第5節　抹消ニ関スル登記手続」の全5節から成り立っていた。現行不登法は，権利に関する登記に関する旧法「第3節」「第4節」「第5節」を1節にまとめて，「第1節　総則」「第2節　表示に関する登記」「第3節　権利に関する登記」の全3節構成とし，旧法の「通則」の用語は，「第2節　表示に関する登記」「第3節　権利に関する登記」のそれぞれの登記に関する共通事項を規定した「第1款」の表題に用いている。

II　現行法「第1節　総則」の配列

　一方，現行法「第1節　総則」の内部の条文配列は，表示に関する登記・権利に関する登記に共通する登記手続を，原則として登記手続の開始から終了に至るまでの進行順・時系列——①申請(嘱託)→②受付→③調査(審査)→④記録(記入→校合)→⑤登記完了後の手続——に沿ったものとなっている(**次表**参照)。このうちの①は当事者(および官公署)に関する事項，②→③→④→⑤は登記官が行う手続を定めた規定である。

　この時系列に沿った条文配置は，基本的には旧法と同様であるが，現行法が，旧法と異なる点は，以下の2点である。

　第1に，平成16年現行不登法制定に際しては，旧法の規定のうち，〔I〕申請人や登記事項といった登記制度の骨格に関わる事項のみを法律事項とし，〔II〕申請(嘱託)書(現行法では申請(嘱託)情報)の内容や添付書面(現行法では添付情報)の種類といった申請人(嘱託者)側の提供すべき書面(情報)については政令事項に委ね(26)，〔III〕登記簿への記録方法その他登記官が行う登記事務については省令事項に委ねた(令2(2)-(8)など)。その結果，例えば〔II〕添付書面(添付情報)を定めた旧法41〜45条の規定は不動産登記令に移され，〔III〕仮登記や付記登記の記載方法に関する旧法54〜59ノ2の規定は不動産登記規則に移されている(**次表**参照)。

　第2に，現行不登法は，申請方法として書面申請のほかに電子申請(オンライン申請)の制度を導入し(18)，また，登記簿への記録に関しても磁気ディスク登記簿(2(9))に即した規定へと変更する基本方針をとったため，登記手続に関する規定は，この方針に沿う形に全面的に改められている。

　なお，以上の2点と関連して，留意すべきは，登記識別情報に関する条文配置である。

この添付情報は，旧法の登記済証の制度では電子申請に対応できないことから，これに代替する制度として導入されたものであるが，しかし，当事者の提供すべき申請情報・添付情報の内容・種類は政令で規定するとの基本方針からすれば，本来ならば不動産登記令において規定すべきところ，改正の重要性を勘案して，敢えて法律事項として規定されたものである(同様の考慮から法律事項として規定された添付情報としては，権利に関する登記についての登記原因証明情報がある。61)。また，旧法の登記済証に関する規定は，登記手続の時系列に沿って分かれて規定されていたが(提出に関して旧法35，登記済証がない場合の代替制度である保証書・事前通知に関して旧法44・44条ノ2，交付に関して旧法60)，現行法は，これらを1箇所にまとめて規定している(21～23，24)。登記手続の時系列よりも，登記識別情報(およびその代替制度)の機能の全体像を明らかにすることを重視したものである。

登記手続			規定の内容		旧法	現行法
①	開始	申請主義	申請による登記		25①	16①
			嘱託による登記		②	②
			代理権の不消滅		③	17
			例外	表示に関する登記の職権登記	25ノ2	→28
		申請の方法	共同申請主義		26	→60
			出頭主義 (→電子申請・書面申請)			(廃止)
						18
			例外	単独申請	27	→63
				登記名義人の氏名等の変更登記	28	→64
				滞納処分による差押えの登記の 嘱託の場合の代位登記	28ノ2	(削除)
					28ノ3	→59(7)
				公売処分による登記	29	→115
				国・地方公共団体の登記の嘱託	30	→116②①
					31	
				仮登記	32	→107
				仮処分に関する登記	33	→108
				予告登記の嘱託	34	(廃止)
		申請情報・添付情報	申請情報		35①(1)	18
			添付情報	登記原因証書(→登記原因証明情報)	(2)	→61
				登記済証(→登記識別情報)	(3)	22
				その他の添付書面(添付情報)	(4)(5) ②③	26，令7
			申請書の記載事項(→申請情報の内容)		36	18，令3
					37	→96
					38	→59(5)
					39	→59(4)
					39ノ2	→59(6)
			申請書副本の提出		40	(廃止)
					41	→令別表22
					42	→令7(5)
					43	→令別表23

第1節【前注】Ⅱ

			添付情報の種類	44	(廃止)
				44ノ2	23
				45	→令19
			一括申請	46	→令4
			代位による登記の申請情報・添付情報	46ノ2	→59(7)
②	受付		登記申請の受付手続	47	19
			登記の順序	48	20
③	調査		登記官の本人確認	—	24
			却下事由	49	25
			登記官の実地調査権	50	→29
④	記録		登記事項	51	→27・59
			順位番号の記載方法	52 53	→59(8)
			仮登記の記載方法	54 55	→規則179
		付記登記の記載方法	権利の変更登記	添付情報	56	→令別表25
				記載方法	57	→規則150
			表示の変更登記	登記名義人の表示の変更	58	→規則3(1)
				行政区画・名称の変更	59	
			買戻しの特約	59ノ2	→規則3(9)
⑤	登記完了後の手続		登記済証の還付(→登記識別情報の通知)	60 61	21
			登記完了通知	62	→規則183
⑥	登記完了後の修正	更正登記		63 64 65 66	→67① ② ③ →66
		回復登記	抹消回復登記	67 68	→72 →規則3(3)
			滅失回復登記	69 70 71 72 73 74 75	(13)
⑦	その他		登記用紙の枚数過多による移記	76	(削除)

* 網掛け部分は，削除あるいは「第1節　総則」以外の箇所に移動した条文

(当事者の申請又は嘱託による登記)
第16条　登記は，法令に別段の定めがある場合を除き，当事者の申請又は官庁若しくは公署の嘱託がなければ，することができない。
②　第2条第14号，第5条，第6条第3項，第10条及びこの章(この条，第27条，第28条，第32条，第34条，第35条，第41条，第43条から第46条まで，第51条第5項及び第6項，第53条第2項，第56条，第58条第1項及び第4項，第59条第1号，第3号から第6号まで及び第8号，第66条，第67条，第71条，第73条第1項第2号から第4号まで，第2項及び第3項，第76条，第78条から第86条まで，第88条，第90条から第92条まで，第94条，第95条第1項，第96条，第97条，第98条第2項，第101条，第102条，第106条，第108条，第112条，第114条から第117条まで並びに第118条第2項，第5項及び第6項を除く。)の規定は，官庁又は公署の嘱託による登記の手続について準用する。

＊旧法関係……旧法25条

I　本条の趣旨

　登記手続には，当事者の申請(またはその一種としての官庁・公署(併せて官公署という)の嘱託)を端緒として行われるもの(申請による登記・嘱託による登記)と，登記官の職権(法務大臣あるいは法務局長・地方法務局長の登記官に対する命令に基づく場合を含む)を発端とするもの(職権による登記・命令による登記)があり，それらを基点として開始されるその後の登記手続の内容は，相当程度異なったものとなっている。

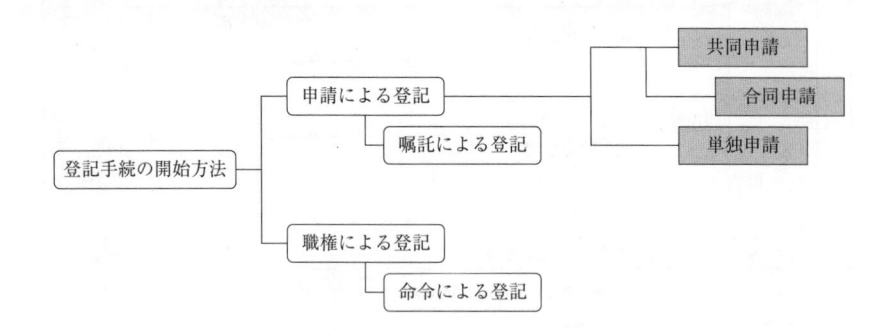

```
                    ┌─ 申請による登記 ─┬─ 共同申請
                    │                  ├─ 合同申請
登記手続の開始方法 ─┤    嘱託による登記 └─ 単独申請
                    │
                    └─ 職権による登記
                         命令による登記
```

　本条は，これらのうち，当事者の申請(および官公署の嘱託)を発端とする登記手続を原則とし(「当事者申請主義」あるいは単に「申請主義」という。なお，世界各国の登記法もまた，申請主義を採用するところが通例である)，登記官の職権による登記(命令による登記)を例外とする(すなわち，法令に特段の定めのある場合にだけ職権による登記が行われる)旨を定めた規定で

ある。

1 申請主義の根拠

　登記手続の開始原因につき，当事者の申請を原則とする立法の理由は，以下の諸点に求められている。すなわち，第1に，国内の不動産について日々生ずる物理的状況の変化（土地の分筆や建物の新築など）や権利の変動（所有権の移転や抵当権の設定など）のすべてについて，登記官が職権で調査することが，人員的・予算的に見て，およそ現実的ではない。第2に，それらの不動産の物理的な現況の変化や権利の変動に関して最も知悉しているのは，それらの不動産の所有者その他の利害関係を有する者であり，彼ら当事者から不動産に関する情報を入手するほうが，登記の真実性を担保できる。

　なお，以上の点のほか，第3に，不動産登記制度が私法上の権利の公示ないし保護を目的とする制度であることから，登記をするかどうかは当事者の自由な判断に委ねられるべき事項である，との説明が行われることがある。しかしながら，この説明は，今日の日本においてのみ主張される独自のものであって，対抗要件主義の母法フランス法や登記制度の母法ドイツ法においては，不動産登記が「公の秩序（公序）」に関する制度である点に関して，まったく争いはない。そして，この点は，フランス法・ドイツ法が継受された当初の日本においても同様であった。にもかかわらず，上記のような理解がわが国において広まった背景には，課税問題が控えている。すなわち，上記説明は，そもそも中間省略登記その他の租税回避目的でなされる公示の要請に反する登記につき，これを正当化するための便法として考案されたものである。

　法16条の定める申請主義は，それが表示に関する登記・権利に関する登記に共通の「第1節　総則」に配置されている以上，私人間の取引安全・第三者保護のための制度と理解されている権利に関する登記のみならず，租税（地租税・家屋税）徴収という公法目的の制度である土地台帳・家屋台帳の系譜を引く表示に関する登記についても，等しく妥当する。表示に関する登記については，職権による登記が認められているが(28)，原則はあくまでも16条の申請主義であって，28条は，16条1項にいう「法令に別段の定めがある場合」の例外規定にすぎない。

2 申請主義と登記の効力との関係

　だが，登記手続の開始を，当事者の申請に委ねた場合，登記をすること・しないことに対する何らかのメリット・デメリットがなければ，当事者は，自発的に登記の申請を行おうとはしないであろう。そこで，申請主義を採用した場合には，当事者を登記申請に向かわせるための，何らかの公示強制の制度が必要になる。

　この公示強制には，(1)公法上の公示強制と，(2)私法上の公示強制がある。

　(1) 公法上の公示強制　公法上の公示強制の典型例は，当事者に対して公法上の公示義務を課し，当事者がこの義務に違反して登記を行わなかった場合には処罰する，とい

うものであり，わが国においても，表示に関する登記のうち，報告的登記(不動産の物理的状況を公示する登記。表題登記・表示の変更の登記・滅失の登記など)に関して，この方法が採用されている(登記義務に関して，36・37①②・42・47①・49①〜④・51①〜④・57・58⑥⑦，登記義務違反の行政罰(10万円以下の過料)に関して，164)。ただし，実際にこの行政罰が課された例は，管見の及ぶ限り存在しておらず，その実効性については，疑問がないではない。ちなみに，フランスでも公示義務の懈怠に対して民事罰が課されていたが，実際にはほとんど適用されなかったことから1998年に廃止された。

(2) **私法上の公示強制** 一方，登記の中には，何らの私法上の効力も有さないものもあるが(例えば旧法の予告登記)，これに対して，当事者の申請を促すため，登記に一定の私法上の効力が与えられることもある。一般に「登記の効力」と呼ばれるものがこれに当たり，比較法的にいえば，①設権的効力(成立要件主義)・②対抗力(対抗要件主義)・③推定力・④公信力の4種がある。ドイツ法は，これらのうち，①成立要件主義・③推定力・④公信力の3つの制度を採用することによって，当事者が申請を行うよう強制しているが，これに対し，フランス法では，②登記をしなければ第三者に対して権利を主張できないとすることによって，当事者に申請を促す方法を採用している(対抗要件主義)。日本法は，フランス法にならって，②の公示強制方法のみを採用したが(民177)，その後のドイツ法の強い影響(学説継受)により，①に関しては物権変動時期につき代金支払・引渡し・登記時移転説が有力化し，③に関しては民法188条(占有の本権推定力)を不動産に関しては登記に類推適用する見解が一時期通説化する一方，④に関しては，戦後の判例において民法94条2項類推適用法理が確立されるに至っている。

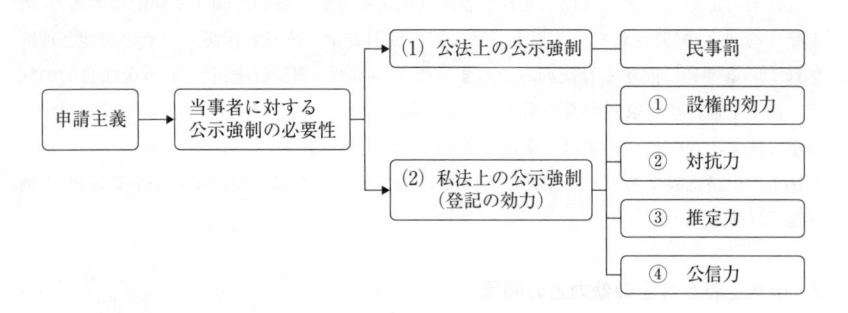

```
申請主義 → 当事者に対する     ┌─ (1) 公法上の公示強制 ─ 民事罰
           公示強制の必要性    │
                              │                        ┌─ ① 設権的効力
                              │                        │
                              └─ (2) 私法上の公示強制 ─┼─ ② 対抗力
                                     (登記の効力)      │
                                                       ├─ ③ 推定力
                                                       │
                                                       └─ ④ 公信力
```

II 申請による登記・嘱託による登記

登記手続は，「法令に別段の定めがある場合を除き」(すなわち原則として)「当事者の申請」または「官庁若しくは公署の嘱託」に基づいて開始される(本条①)。

1 申請による登記

このうち，「当事者の申請」の場合の登記手続あるいはその結果としてなされる登記のこ

§ 16　Ⅱ 1 (1)

とを「申請による登記」という。

(1) **申請主体**　本条の見出し書および1項は，登記申請の主体につき，「当事者」という表現を用いている。しかし，登記の申請主体に関して「当事者」の用語を用いているのは，本条のみであり（なお，不登令・不登規則には「当事者」の語は登場しない），不動産登記法の他の条文においては，「申請人」という用語が用いられるか（10・18・21・22・23・24・25・30・61・62），あるいは，申請する登記の種類ごとに，下記**図表**に掲記したような申請適格者の具体的名称が表記されている。

	「当事者」の具体的内容に関する法文の用語		不登法の条文
登記法上の利害関係人	表題部所有者		30，31，37，38，39，42，49，51，52，53，54，57，58，74①(1)
	登記名義人	登記名義人	2 (14)，22，62，64，65
		所有権の登記名義人	30，37，38，39，42，49①(2)(4)(5)(6)・④，51①・②，52②・④，53①，54，57，58②，77，87②
		所有権以外の権利の登記名義人	89①(抵当権)，93(根抵当権)
		仮登記の登記名義人	110
	登記権利者・登記義務者	登記権利者	2 (12)，22，60，62，63 ②，69，70①・②・③
		仮登記の登記権利者	107①・②
		登記義務者	2 (13)，22，60，62，仮登記の登記義務者につき107②
		当該申請を共同してしなければならない者の他方	63①
	登記上の利害関係人		110(仮登記)
実体法上の利害関係人	不動産の所有者		33①
	建物の所有者		48②・④，49①，51①・③，53①，54②，57，58⑤・⑥，87①
	共有者		33③，65
	所有権を有することが確定判決によって確認された者		74①(2)
	所有権取得者	所有権を取得した者	36，47①，48，51④，58⑦，74①(3)・②
		持分を取得した者	49③
	所有者となるべき者		86①
	信託の当事者	委託者	98②
		受託者	98②，99
		受益者	99
	債権者		111①
上記の者の関係人	代表〔申請人の4親等内の親族〕		10
	代表者〔法人〕		24①②，
	代理人		17，18(1)，23④，24①②
	代位者		59(7)
	相続人その他の一般承継人		30，43④，47②，48④，62，74①(1)

(2) **申請**

(ア) **申請の意義**　「申請」とは，私人が，国又は公共団体の機関に対して，登記・登録・許可・認可などの一定の行為を求めることをいう。したがって，本条１項にいう登記の「申請」とは，私人が，国家・公共団体の機関(ここでは国家の機関である登記官)に対して，登記(11)という行政行為を行うよう求めることをいう。

(イ) **申請の種類**　私法上の法律行為が，単独行為・契約・合同行為に分かれるのと同様，公法上の法律行為である登記申請行為も，単独申請・共同申請・合同申請の３種に分かれる。

　(a) **共同申請**　このうち，共同申請とは，権利に関する登記に関して，登記上直接に利益を受ける者(登記権利者。2(12))と，直接に不利益を受ける者(登記義務者。2(13))が共同して行う申請行為のことをいう。

　(b) **単独申請**　これに対して，単独申請は，表示に関する登記のすべて，および，権利に関する登記の一部(63・64・69・70②③・77．93．98③・100・107①・110・111①・113・118①)について認められる。

　(c) **合同申請**　権利に関する登記についての複数人による申請の中には，登記権利者・登記義務者という対立当事者の関係に立たない者による申請もある。この場合に関して，法は，「登記名義人が共同して」申請するとの表現を用いており，①共有物分割禁止の定めの登記(65)，②抵当権の順位の変更の登記(89①)，③根抵当権の優先の定めの登記(89②)の３か条が，これに当たる。これらの登記の申請については，共同申請に関する規定のうち，登記権利者・登記義務者の対立構造を前提とする規定の適用はないため，講学上「合同申請」と呼んで，共同申請と区別している。

(ウ) **申請の相手方**　公法上の法律行為(公法行為)も，私法上の法律行為と同様，相手方のある法律行為と相手方のない法律行為とがあるが，不動産登記の申請行為は，登記所(登記官ではない。18条柱書・19条１項)に対して行う相手方のある法律行為である。なお，「登記所」とは「不動産の所在地を管轄する法務局・地方法務局若しくはこれらの支所又はこれらの出張所」をいうから(6①)，管轄違いの法務局・地方法務局等への申請は，却下されることとなる(25(1))。

(エ) **申請行為の方式・内容**　また，私法上の法律行為(とくに契約)に関しては，法律行為自由の原則(契約自由の原則)ないしその下部原則である①締結自由の原則，②方式自由の原則，③内容自由の原則が妥当するが，これに対して，公法上の法律行為である登記の申請行為に関しては，②方式自由の原則が排除され，当事者は，法の要求する一定の方法によってしか，申請行為を行うことができない。

　この点に関して，旧法は，登記所に出頭して書面を提出する方法のみを認めていたが，新法は，電子申請(18(1)，規則１(3))と書面申請(18(2)，規則１(4))の２つの方法を認める。また，書面申請においても，旧法の出頭主義は廃止され，郵送申請・民間業者の信書便による申請も認められるようになった(なお，書面申請の中には，磁気ディスクを提出する方法も含

まれる。法18(2)かっこ書，令15，規則51・52)。これに対して，口頭での申請やファックスによる申請等は認められない。法の要求する方式に適合しない申請は，却下される(25(5))。

同様に，登記申請行為に関しては，③内容自由の原則も排除され，当事者は，法の要求する事項を申請情報の内容とし，その内容を証する所定の添付情報とともに，登記所に提供すべきことが要求されている(18柱書)。これらの内容が提供されないとき，あるいは不適合な内容が提供された場合には，申請は却下される(25(5)～(11))。

(3) 申請行為に対する民法の適用 一方，私的自治の原則の消極的側面(「意思なくして法律効果なし」の原則)が，登記申請行為(登記申請意思)についても妥当するか否かに関して，学説の理解は必ずしも一貫していない。

(ア) 登記官の過誤による登記 学説は，登記官の過誤によりなされてしまった登記は，当事者の申請行為ないし申請意思が不存在であるがゆえに，無効である(対抗力を有さず，また抹消される)と説く。しかしながら，この論点に関して学説が引用する判例(大判明35・11・24民録8・10・139。登記官の錯誤により抹消された抵当権設定登記の対抗力が問題となった事案)は，旧法65・66(昭和35年法改正により67・68に繰下げ。現行法72)の当事者の申請による抹消回復登記をまたなければ対抗力がないとする主張を退けたものである。

(イ) 他人の「成りすまし」による登記 同様に，他人の「成りすまし」による登記の申請が却下されるのもまた，それが単に25条4号の却下事由に該当するからにすぎない。同号は，もっぱら手続法的な視点に基づく政策的考慮によって「成りすまし」を却下事由としたものであり，当事者の登記申請行為ないし登記申請意思の不存在といった実体法の私的自治理論を前提に規定されたものではない。一方，同号の却下事由に関しては，職権による抹消は認められておらず(71参照)，したがって，当事者の申請を待たなければ，これを抹消することができない。にもかかわらず，「成りすまし」による不実登記が対抗力をもたないとされているのは，この登記が現在の権利状態に合致していないため，実質的有効要件を欠いているからであって，当事者の登記申請意思の不存在により申請行為が手続的有効要件を欠き無効とされた結果ではない。

(ウ) 当事者能力 以上のように，少なくとも「成りすまし」事例に関しては，登記申請行為に対して民法理論の適用を認めた場合の問題点——登記申請行為それ自体の無効を理由として，登記が形式的有効要件を欠き無効とされる可能性——は，顕在化してこない。しかしながら，これに対して，旧法下において民法の規定の適用(準用)の可否が問題となっていた他の事例においては，25条13号の委任を受けた令20条8号との関係で，この点が新たな争点となる可能性が生ずる。例えば，民法上の権利能力のない者を申請人として(他の何者かが)登記申請を行った場合，その申請行為は，民法理論に基づけば無効となる。このような申請行為は，申請受理のための要件を欠き却下されるべきこととなるが，その却下事由をいずれに求めるかにより，なされてしまった登記が形式的有効要件を欠き無効となるかどうかが変わってくる。意思能力を欠く者や行為能力を制限された者による本人申請に関しても同様である。

しかるに，従来の不動産登記法学説ならびに判例は，これら権利能力・意思能力・行為能力の問題を，同じ手続法である民事訴訟法上の議論を参照しつつ論じてきた。従前の学説は，このうち，少なくとも当事者能力に関しては，民法の権利能力に関する規定が基本的に準用されるとする。民法上，権利能力が認められるのは，人すなわち自然人および法人であるから，これらの者については，登記申請手続に関する当事者能力が認められ，反面，自然人および法人でない者には，原則として，当事者能力が認められない。もっとも，ここにいう当事者能力の問題は，登記申請手続の場合には，申請人となることのできる地位という意味と，登記の名宛人（表題部所有者・登記名義人）となることのできる地位という意味の，2つの側面に分裂することに注意が必要である。

(a) **自然人** 民法上，自然人の権利能力は，出生に始まり（民3①），死亡によって消滅することから，登記申請手続に関する当事者能力について民法が適用されるとした場合，申請人となることのできる地位，あるいは，表題部所有者・登記名義人となることのできる地位は，出生によって取得し，死亡によって消滅することになる。ただし，登記手続の特殊性から，そのおのおのにつき，以下の点が問題となる。

(i) **当事者能力の始期** 民法上，胎児は「人」ではないことから，権利能力を有さないため，登記手続においても，胎児は，登記申請権の主体（申請人）となり得る地位を有さず，また，登記名義の帰属点（表題部権利者・登記名義人）となることもできない。

ただし，民法は，不法行為による損害賠償請求（民721）・相続（民886①）・遺贈（民965）については，例外的に胎児に権利能力を認めている。この胎児の特別権利能力に関して，民法上は法定停止条件説と法定解除条件説の対立があるが，登記実務は法定解除条件説に立ち，胎児の段階で，相続および遺贈を登記原因とする登記を申請できるとされている。この場合の登記権利者の記載は「亡何妻何某胎児」となる（明31・10・19民刑1406民刑局長回答・先例集上18）。なお，この場合に関しては，民法の法定代理人の規定が類推適用されて，母親が代理申請の権限を有するが，ただし，胎児には，相続放棄や遺産分割をする権利能力はないので，母親には相続放棄や遺産分割に関する実体法上の代理権は認められず，したがってまたこれらを登記原因とする登記申請（代理申請）も認められない（昭29・6・15民甲1188民事局長回答・先例集下2205）。

(ii) **当事者能力の終期** 民法上，権利能力は死亡によって終了するため，死者は権利義務の帰属点とはなり得ない。しかしながら，登記は，現在の権利状態のみならず，過去の権利変動の過程・態様をも正確に反映している必要があるから，登記手続に関しては，死者も登記名義人となり得る地位または資格を有するという意味においては当事者能力がある。

これに対して，問題となるのは，登記申請権の主体（申請人）となり得る地位または資格という意味での当事者能力，すなわち，死者自身を申請人とする登記手続が認められるのか，それとも，この場合にはもっぱら相続人等が申請人となって登記手続を行うのかという点であるが，現行法は，この点に関する旧法下での実務の取扱いを明確化し，表示に関

する登記については表題部所有者・所有権の登記名義人，権利に関する登記については登記権利者・登記義務者あるいは登記名義人につき相続その他の一般承継があったときは，相続人その他の一般承継人が申請人となって，死者である被相続人を登記名義人とする登記その他の登記手続を行うことができる旨の明文規定を設置している(30・61)。なお，死者である被相続人から相続人への相続に基づく権利の移転の登記については，相続人の単独申請が認められている(63②)。また，いずれの条文に関しても，その適用対象は，自然人の死亡の場合と，法人の解散・合併等の場合の両者を含む)。

(iii) **当事者能力を欠く場合の効果**　登記申請が当事者能力を欠いている場合，登記官は，理由を付した決定で，申請を却下する(25)。

(b) **法人**　法人の権利能力に関しては，自然人の場合と異なって，①性質による制限(例えば通常の法人は親族法・相続法上の権利義務の帰属点とならない)，②法令による制限，③定款・寄附行為による制限が存在しているが，これらの制約に関しては，胎児あるいは外国人の権利能力の制限(民3)と同様に考えてよい。ただし，上記のうち②・③の制限の内容に関しては，行為能力制限説・代表権制限説も有力であり，両説に立った場合には，②・③の問題は，当事者能力ではなく，申請能力の問題となる。

また，外国法人に関しては，民法上，認許を待ってはじめて内国法人と同一の権利能力を取得するとされているため(民35)，認許により内国法人と認められない限り，法人名義で不動産の所有権を取得することはできない(昭26・9・7民甲1782民事局長電報回答・先例集下1659)。

(i) **法人の機関**　法人に関して，実際に申請行為を行う者は，①法人の代表者あるいは②法人からの委任による代理人であり(なお，②には，支配人その他の法人の内部者である場合と，土地家屋調査士・司法書士のような法人の外部者の場合とがある)，ことに①代表者に関しては，その氏名が申請情報の内容とされ(令3(2))，また，代表者の資格証明情報が添付情報とされている(令7①(1))。しかし，この場合の申請人は，あくまでも法人であって(上記条文も「申請人が法人であるとき」と表記している)，代表者もまた，申請人たる法人につき包括的代理権を有する者として代理申請を行う者にすぎない。同様に，その他の法人の機関についても，基本的には，当事者能力は認められない。

(ii) **権利能力なき社団・財団**　判例にあっては，かつては登記名義人を「当該社団代表者某」とすべきとする裁判例も存在したが(東京地判昭36・2・15下民集12・2・285)，登記実務はこれを拒絶し(昭36・7・21民三625号民三課長回答・先例集追Ⅲ588)，その後，最高裁も，権利能力なき社団が不動産登記の申請人となることは許されないとし，権利能力なき社団の資産たる不動産については，社団の代表者が，構成員全員の受託者たる地位において，代表者の個人名義で登記をすることができるにすぎず，社団そのものを登記名義人とする登記や，社団の代表者である旨の肩書を付した代表者個人名義の登記をすることは許されないとした(最判昭47・6・2民集26・5・957)。

その結果，権利能力なき社団その他の法人格のない団体が登記をする場合には，①当該

団体が部落団体の場合には市町村名義とし，②当該団体の規約によって財産を代表者名義とする定めがある場合には代表者個人名義とし，③それ以外の場合には団体構成員全員の共有名義にすべきものとされる（昭28・12・24民甲2523民事局長回答・先例集下2132。②に関しては，構成員全体から代表者への財産の信託的譲渡があったものと理解される）。ただし，近時の立法においては，公益も営利も目的としない団体に法人格を認める途が広げられているため（地方自治法260条の2で「地縁による団体」は市町村長の認可を受ければ法人格を有し，公益も営利も目的としない団体も一般法人法の要求する基準を満たせば法人格を有する），登記名義をめぐって上記のような問題が生ずる余地は減少した。

　なお，物上保証人との間の抵当権設定契約において，債務者が法人格を有しない団体であった場合に関しては，当該団体が登記名義人となるわけではなく，また，法人格を有しない団体でも債務者となり得るから，申請を受理して差し支えないとされている（昭31・6・13民甲1317民事局長回答・先例集追Ⅰ612）。

　(iii) 法人の解散・合併　　自然人の死亡の場合と異なり，解散した法人は，清算の目的の範囲内において，清算の結了まで権利能力を有する（会社476・645，一般法人207）。その結果，清算中の会社を登記義務者とする抵当権設定登記の申請は，設定契約の時点が解散の前であると後であるとにかかわらず受理される（昭41・11・7民甲3252民事局長回答・先例集追Ⅳ931）。また，抵当債務が弁済されたが，抵当権設定登記の抹消が行われないまま抵当権者たる会社が解散し，清算結了の登記がなされたとしても，旧債務者は，解散した法人を登記義務者とし，旧清算人をその法定代理人として抹消登記の申請をするか，あるいは利害関係人として裁判所に清算人の選任を申請し，その清算人との共同申請により，抹消登記をすべきことになる（昭5・7・11民事692民事局長回答・先例集上563，昭24・7・2民甲1537民事局長電報通達・先例集下1334）。

　また，自然人に関して，死者が登記名義の名宛人（表題部所有者・登記名義人）となり得るという意味での当事者能力を有するのと同様，解散した法人あるいは合併により消滅した法人も，登記名義の名宛人となり得るという意味での当事者能力を有する。この点に関して，現行法は，相続人その他の一般承継人が申請人となって，被相続人あるいは消滅した法人を登記名義人とする登記その他の登記手続を行うことができる旨の明文規定を設置している（30・62）。なお，破産手続開始前に生じた登記原因に基づいて破産手続開始後にされた登記・仮登記は，破産手続の関係においては，その効力を主張することができない（破産39①本文）。ただし，登記権利者が破産手続開始の事実を知らないでした登記・仮登記については，この限りでない（同ただし書）。

　(iv) 当事者能力を欠く場合の効果　　権利能力を有さない団体を表題部所有者・登記名義人とする登記の申請は，法25条13号の委任を受けた令20条2号により却下される。法人格を有さない団体を申請人とする本人申請がなされた場合についても，自然人の場合と同様，申請人への「成りすまし」に関する法25条4号の却下事由として処理されることになろう。結局，自然人・法人のいずれに関しても，当事者能力（権利能力）は，登記申請受

理の要件であるが，しかし，なされてしまった登記の有効性に関しては，登記の名宛人となり得る資格という意味での当事者能力は，登記の形式的有効要件ではあるが(25条13号の委任に基づく令20条2号)，申請人となり得る資格という意味での当事者能力は，登記の形式的有効要件ではなく，したがって，実質的有効要件を満たしている限り，当該登記は対抗力を有し，また抹消登記請求も認められない。

(エ) **申請能力**　民事訴訟手続においては，当事者能力と同様，訴訟能力(訴訟行為を単独で有効に行うことのできる能力)に関しても，特別の規定がない限り，民法の意思能力・行為能力を基準として決定される(民訴28)。ところが，学説は，当事者能力に関して，民事訴訟法上のそれと同様に解する一方で，登記申請手続に関する申請能力(登記申請行為を単独で有効に行うことのできる能力)に関しては，民法にいう意思能力は必要としながらも，行為能力に関する規定は準用されないとする。

(a) **意思能力**　通説は，申請能力の内容としては，少なくとも民法上の意思能力は必要であるとし，意思能力のない者が行った登記申請を却下すべきことを説く。判例の立場も同様である(大判昭10・2・25民集14・226)。

(b) **行為能力**　戦前の登記事務は，区裁判所管轄の非訟事件手続であった(裁判所構成15②参照)。その結果，登記手続に関しては，本人が出頭した場合には訴訟能力がなくてもよいとする旧非訟事件手続法(明31・6・21法律14号)6条1項が適用されることとなり，旧不登法の出頭主義(旧法26)とあいまって，訴訟能力(訴訟上の行為能力)不要の結論が導かれた。そして，その影響は，戦後になっても尾を引き，今日の登記実務および学説においても，民法の行為能力者制度は，登記申請行為には適用(準用)されず，したがって，行為能力の制限は，申請受理の要件ではないとされている(これに対して，新非訟事件手続法(平23・5・25法律51号)16条は，当事者能力・手続行為能力に関しては，民事訴訟法の規定を準用する旨を定めており，その結果，当事者能力・訴訟能力および訴訟無能力者の法定代理に関しては，原則として民法の規定に従うこととなる。民訴28)。

(オ) **申請行為と民法の意思表示規定**　今日の通説はまた，登記申請行為が公法上の行為であることを理由に，民法総則第5章「第2節　意思表示」(民93〜98の2)の適用も排除する。

(a) **意思の欠缺・瑕疵ある意思表示**　その結果，登記申請意思が心裡留保・虚偽表示・錯誤により欠缺していた場合や，詐欺・強迫の瑕疵の付着した登記申請を行った場合であっても，登記申請は受理され，かつ，なされてしまった登記は有効となる。この処理は，瑕疵ある登記申請意思に関しては，同じ取り消すことできる行為である行為能力制限に関する処理と整合性がとれているが，登記申請意思の欠缺に関しては，意思無能力の場合との間で整合性がとれていない。

(b) **到達主義**　意思表示の効力発生時期に関しては，電子申請・書面申請のいずれにあっても，申請情報が登記所に提供されたときに受付を開始する旨の規定が存在しているため(19)，民法の到達主義の原則(民97)を適用(準用)する必要性はないように見える。

しかしながら，この点に関しては，上記(a)の場合とは逆に，とりわけ郵送申請や使者による申請について，民法97条に関して形成されてきた判例・学説の法理論を援用できないことから，新たな問題が生ずる可能性もないではない。

　(c)　**受領能力**　同様に，意思表示の受領能力に関する民法98条の2の規定も，登記申請行為には適用がないとした場合には，登記官が行う事前通知(23)や補正の連絡(25柱書ただし書，準則36)等が，意思無能力者・制限行為能力者に対して行われた場合の効力が問題となってこよう。上記申請能力に関する通説的見解に従うならば，意思無能力者の場合には効力は発生せず，制限行為能力者の場合には効力が発生するということになろうか。

　(d)　**公序良俗違反・強行法規違反**　さらに，登記申請行為それ自体に関して，民法第5章「第1節　総則」(民90～92)の適用(準用)があるかも問題となる。ここで，公序良俗違反(民90)・強行法規(法令中の公の秩序に関する規定。民91・92)違反は，登記申請の原因となった法律行為の側の問題であるとして，登記申請行為それ自体について公序良俗違反無効・強行法規違反無効を問題としない立場は，登記申請による登記の効力具備に独立的な法的意味を付与しない理解とつながる。しかしながら，これに対して，登記申請行為それ自体に関する公序良俗違反・強行法規違反に基づく無効を問題とした場合，その却下事由は，法25条13号の委任を受けた令20条8号となる結果，職権による抹消が認められるなど，その効果はきわめて強力なものとなる。

　(カ)　**申請行為と代理**　では，民法総則第5章「第3節　代理」(民99～118)についてはどうか。民事訴訟法および新非訟事件手続法は，訴訟能力のない者の法定代理人ならびに訴訟行為につき特別の授権を受けた代理人につき，原則として民法の規定を適用する旨を規定するが(民訴28，新非訟16・17)，登記手続の申請能力に関しては，そもそも民法の行為能力の規定の適用はないとされている以上，民法の代理の規定の適用に関して，制限行為能力者の法定代理人が，登記申請につき委任を受けた代理人と異なる処理が行われることはない。

　(a)　**代理行為**　民法の代理の規定のうち，代理行為に関する規定(民99～102)は，登記の代理申請にも適用があるか。学説は，申請人本人に関する申請能力とまったく同様の事柄が，代理人についても妥当すると説く。すなわち，申請代理人には，意思能力は必要であるが，行為能力は必要ではないというのである。

　(b)　**代理権**　民法の代理の規定中，代理権に関する規定(民103～118)は，登記の代理申請にも適用があるか。

　(i)　**代理権の消滅**　このうち，代理権の消滅に関する民法の原則(民111・653)に関して，かつての判例は，譲渡人の死亡後同人の代理人名義の申請によってなされた移転登記につき，代理権の存在は，登記申請受理のための要件であるが(旧法35①(5)・49(8)。現行令7(2)，現行法25(9))，登記の形式的有効要件ではなく，したがって，真実の権利状態に符合するものである限り，対抗力を有し，抹消登記を請求することもできないとしてい

たが(最判昭31・7・27民集10・8・1122)。しかし，この点に関しては，すでに平成5年旧不登法改正の際に，委任による申請代理権は本人または代理人の死亡もしくは破産等によって消滅しない旨を定める規定が設置され(旧法26③。現行法17)，そもそも有権代理として処理されることとなった。

(ii) **表見代理** これに対して，民法の表見代理(民109・110・112)の規定の適用ないし準用につき，最判昭41・11・18民集20・9・1827は，偽造文書による登記申請は不適法であり，また，公法上の行為である登記申請行為自体に表見代理に関する民法の規定の適用はないとしつつ，偽造文書による登記申請が受理されて登記を経由した場合に，その登記の記載が実体的法律関係に符合し，かつ，登記義務者においてその登記を拒みうる特段の事情がなく，登記権利者において当該登記申請が適法であると信ずるにつき正当の事由があるときは，登記義務者は右登記の無効を主張することができないとしている。

(iii) **利益相反行為** 利益相反行為に関する規定(代理一般につき民108，制限能力者の親権者・後見人につき民826・860，法人の理事・会社の取締役につき一般法人84，会社356)は，登記原因となった実体的な法律行為に関してはもちろん適用されるが(その結果，原因関係が追認拒絶により本人に対する効果不帰属が決定した後は，登記は実体的要件を欠き無効となる)，登記申請代理それ自体については適用ないし準用されないとするのが，通説である。その理由に関しては，①登記申請行為は私法上の法律行為ではないとするものと，②登記申請は当事者間に新たに実体法上の利益交換を生ずるものではないから，民法108条ただし書の「債務の履行」に該当すると述べるものがあるが，先例および判例は，②の理由づけに立つ(大14・9・18民事8559民事局長回答・先例集上530，大判昭12・11・9法学7・2・106，大判昭19・2・4民集23・42)。

2 嘱託による登記

本条1項は，「当事者の申請」とならんで，「官庁若しくは公署の嘱託」を，登記手続開始の原則形態として規定している。申請と嘱託とでは，相手方が登記所である点は同一であるが，主体が「当事者」か「官庁若しくは公署」かの点において異なる。

(1) **官庁・公署(官公署)** 本条にいう「官庁又は公署」とは，国または地方公共団体の機関のことをいい(国の機関が「官庁」，地方公共団体の機関が「公署」である。なお，法116参照)，両者を合わせて「官公署」という。

(2) **嘱託** 一方，嘱託という言葉は，一般的には，依頼や委託と同義であるが，不動産登記法においては，とくに官公署あるいはその職員(公務員)が，他の官公署あるいはその職員に対して，一定の事務を委託する場合に用いられている。その代表的な例が，①官公署が登記所に対して依頼する登記の嘱託であり(官公署一般につき法16のほか，76・115・116・117・118・133，とくに河川管理者が登記所に対してする嘱託につき法43，裁判所が登記所に対してする嘱託につき法102。このほか，登記官が他の管轄登記所に対して依頼する抵当証券作成・交付の登記の嘱託(94③・④)がある)。これらの官公署からの嘱託を受けた登記所の

登記官が行う登記を，嘱託による登記という．

　(3)　**官公署による登記の嘱託**　　官公署による登記の嘱託手続については，当事者による登記の申請手続に関する規定を原則的に準用するというのが，法文の基本構造である(16②)．

　(ア)　**嘱託による登記の種類**　　嘱託による登記に関しては，その手続に種々の簡易化が図られていることから，法文上「嘱託」と明記されている場合に限って認められると解されている．したがって，官公署が行う登記であっても，「嘱託」による旨が明定されていない登記については，通常の「申請」の手続を行うべきことになる．

　法文上「嘱託」による旨が明記されている登記は，(a)国または地方公共団体が表題部所有者・登記名義人あるいは登記権利者・登記義務者である場合に行われるものと，(b)私人が表題部所有者・登記名義人あるいは登記権利者・登記義務者である場合に，これに公権力の行使として介入・干渉する形で行われるものとに分かれる．

　　(a)　**国・地方公共団体の登記を機関として行う場合**　　このうち，公法人である国・地方公共団体が登記名義の主体である場合に，その機関である官公署が行う登記の嘱託は，私法人が登記手続を行う際に，法人の機関が登記の申請をするのと基本的には変わるところはない．これは，さらに次の2つの場合に分かれる．

　　　(i)　**国・地方公共団体が新たに登記名義の主体となる場合**　　表示に関する登記については，河川区域に属することになった土地の登記の嘱託(43②・④)などがあり，権利に関する登記については，国・地方公共団体が登記権利者となる場合一般につき116条1項の規定があるほか，国・地方公共団体が起業者である場合の不動産の収用による所有権の移転の登記の嘱託(118②)，徴税官公署による滞納処分による差押えの登記の嘱託(国税徴収64・68③・80・86・88)，保全担保としての抵当権の登記の嘱託(同158④)などがある．

　　　(ii)　**国・地方公共団体が現に登記名義の主体である場合**　　表示に関する登記については，河川区域に属さなくなった土地の登記の嘱託(43③・④．⑤・⑥)などがあり，権利に関する登記については，国・地方公共団体が登記義務者となる場合一般につき116条2項の規定があるほか，滞納処分による差押えの登記の抹消の嘱託(115(3))などがある．

　　(b)　**私人の登記に公権力の行使として関与する場合**　　一方，私人の登記につき，官公署が公権力の行使として関与し，嘱託による登記を行う場合としては，不動産登記法上の規定としては，①表題登記がない不動産につき所有権の処分制限の登記をするための前提として行う保存登記の嘱託(76②・③)，②複数の管轄にまたがる抵当証券交付の申請を受けた登記所の登記官が他の管轄登記所に対して行う抵当証券交付の登記の嘱託，③申請を却下した場合の抵当権作成の登記の抹消の嘱託(94③・④)，④裁判所・主務官庁が信託の内容を変更した場合の変更の登記の嘱託(102①・②)，⑤公売処分による権利の移転の登記(115(1))，⑥公売処分により消滅した権利の登記の抹消(115(2))，⑦国・地方公共団体が起業者である場合の所有権以外の権利の収用による権利の消滅の登記の嘱託(118②・③)がある．このほか，特別法上の規定としては，裁判所書記官が行う強制競売に関する差押

えの登記の嘱託(民執48)等がある。

　(イ)　**嘱託者**　　申請による登記の当事者を指して，法文は「申請人」と呼んでいるが，この語は，嘱託による登記に関しては，「嘱託者」と読み替えられる(規則192，準則146)。

　申請による登記に関しては，申請人となることのできる地位，登記名義の主体となることの意味の両面において，当事者能力が問題となったが，嘱託者となることのできる地位に関しても，法人(私法人)の当事者能力におけると同様の事柄が当てはまる。

　嘱託者は，官庁と公署に限られる。それ以外の公的機関に関しては，「嘱託」によるとの明文がない限り，申請による登記を行うことになる。なお，外国の所有する不動産の処分に伴う登記手続は，嘱託による登記に関する旧法30条(現行法116②)の規定による取扱いに準じて差し支えなく，同国の在日大使の登記申請権限を証する書面を添付する必要はない(昭36・1・6民甲3339号民事局長通達・先例集追Ⅲ425)。

　官庁による登記の嘱託は，庁名ですべきではなく，その代表者の名義で行うべきものとされる(明32・9・7民刑1647民刑局長回答・先例集上107)。ただし，この点に関しては，民事執行法・民事保全法・民事再生法等において，官公署(裁判所)の代表者(裁判所長)名義ではなくして，裁判所書記官が嘱託を行う旨の規定が置かれている(民執48・54・82・150・164，民保47・60，民再12，会更108，破産190・259，信託64・170・246，一般法人315など)。

　一方，登記名義の主体に関しては，現行法においては，「国又は地方公共団体が登記権利者となって」(116①)，「国又は地方公共団体が登記義務者となる」(同条②)との形で，表現が揃えられた。なお，国の機関である官庁(農林水産省，国土交通省，財務省など)そのものが登記名義の主体となることは認められている。

　(ウ)　**申請による登記の規定の「準用」**　　官公署の嘱託による登記もまた，当事者の申請による登記の一種として位置づけられていることから，①2条14号(登記識別情報)，②5条(登記がないことを主張することができない第三者)，③10条(登記官の除斥)，および，④第4章(登記手続)の規定が準用される(16②)。ただし，④に関しては，16条2項かっこ書に列挙された規定は除かれる。当事者の申請による登記に関する規定が，そのまま適用される場合(A)と，嘱託に関する登記についてだけの特別な条文が設置されている場合(B)とを列挙すれば，次頁の**表**のようになる。

	不登法の規定		見出し書		理　由
1	16条		当事者の申請又は嘱託による登記	B	嘱託に関する特則
2	27条		表示に関する登記の登記事項	A	直接適用
3	28条		職権による表示に関する登記	A	直接適用
4	32条		表題部所有者の変更等に関する登記手続	A	直接適用
5	34条		土地の表示に関する登記の登記事項	A	直接適用
6	35条		地番	A	直接適用
7	41条		合筆の登記の制限	A	直接適用
8	43条～46条	43条 1項	河川区域内の土地の登記	A	直接適用
		43条 2項～5項		B	嘱託に関する特則
		44条	建物の表示に関する登記の登記事項	A	直接適用
		45条	家屋番号	A	直接適用
		46条	敷地権である旨の登記	A	直接適用
9	51条5項, 6項		建物の表題部の変更の登記	A	直接適用
10	53条2項		建物の表題部の更正の登記	A	直接適用
11	56条		建物の合併の登記の制限	A	直接適用
12	58条1項, 4項		共用部分である旨の登記等	A	直接適用
13	59条1号, 3号～6号, 8号		権利に関する登記の登記事項	A	直接適用
14	66条		権利の変更の登記又は更正の登記	A	直接適用
15	67条		登記の更正	A	直接適用
16	71条		職権による登記の抹消	A	直接適用
17	73条1項2号～4号, 2項, 3項		敷地権付き区分建物に関する登記等	A	直接適用
18	76条		所有権の保存の登記の登記事項等	A	直接適用
19	78条～86条	78条～82条	用益権に関する登記	A	直接適用
		82条～86条	担保権等に関する登記（申請による登記に関する87条, 89条, 93条, 95条2項を除く）	A	直接適用
20	88条			A	直接適用
21	90条～92条			A	直接適用
22	94条			A	直接適用
23	95条1項			A	直接適用
24	96条			A	直接適用
25	97条		信託の登記の登記事項	A	直接適用
26	98条2項		信託の登記の申請方法	A	直接適用
27	101条		職権による信託の変更の登記	A	直接適用
28	102条		嘱託による信託の変更の登記	A	直接適用
29	106条		仮登記に基づく本登記の順位	A	直接適用
30	108条		仮登記を命ずる処分	A	直接適用
31	112条		保全仮登記に基づく本登記の順位	A	直接適用
32	114条～117条	114条	処分禁止の登記の抹消	A	直接適用
		115条～117条	官公署が関与する登記等	B	嘱託に関する特則
33	118条2項, 5項, 6項			B	嘱託に関する特則

(エ) **嘱託による登記の登記手続** 　一方，嘱託による登記に固有の規定が存在する部分では，嘱託の方法および嘱託情報・添付情報の内容・種類等につき，大幅な軽減化が図られている。その他，不登法令以外の法令においても，申請による登記とは異なる処理を定める特別規定がある(会更263，民事保全規則43・47，破産規則61③・78〜81，会社更生施行令1①・②・15・16・17，民事再生規則8・81③，国税徴収158⑥など)。

　なお，法文により，嘱託による登記が認められている場合であっても，あえて申請による登記を行うことは妨げられない。この点に関して，旧法下では議論が存在したが，現行法の立法担当者は，これを明言している(河合・逐条不登介343頁，347頁)。

　(a) **嘱託の方法** 　申請による登記にあっては，権利に関する登記について，共同申請主義が採用されているが(60)，これに対して，嘱託による登記は，嘱託者が官公署に限定されていることから，官公署が単独で行うことが認められている場合がある。

　　(i) **国・地方公共団体の登記** 　国・地方公共団体の登記を官公署が機関代理する場合のうち，国・地方公共団体が登記権利者となる場合には，官公署は，登記義務者の承諾を得て，単独で登記を嘱託する(116①)。国・地方公共団体が登記義務者である場合には，登記権利者からの請求に基づき，やはり単独で登記を嘱託する(同条②)。一方，国・地方公共団体が起業者である場合の収用による権利の移転登記や権利の消滅の登記については，登記義務者の承諾を要しない(ただし，この場合には収用の裁決の存在を証明する情報の提供が必要である。令別表74)，単独で登記を嘱託する(118②・③)。

　　(ii) **私人の登記** 　他方，私人の登記に官公署が関与する場合に関しても，公売処分による権利移転の登記等に関しては，官公署は，登記権利者の請求を受けて，単独で登記を嘱託する(115)。民事執行法・民事保全法・破産法・会社更生法・民事再生法の手続において行われる種々の登記の嘱託についても同様である。

　(b) **嘱託情報・添付情報**

　　(i) **嘱託情報** 　申請による登記にいう「申請情報」(18柱書)は，嘱託による登記にあっては「嘱託情報」という(令2(7)に定義規定がある)。嘱託情報の内容に関しては，16条2項により，申請情報につき18条柱書の委任を受けた政令(不動産登記令)の定める通則規定(令3(1)〜(13))が準用される。

　　　① **嘱託者の住所** 　しかし，令3条1号・3号は，申請人・代理人の氏名または名称とともに，住所を申請情報の内容としているところ，新法施行に際して法務省民事局が平成17年3月3日に発出した「新不動産登記法の施行に伴う登記嘱託書等の様式について(お知らせ)」の書式例は，国・地方公共団体が登記権利者・登記義務者となる場合につき，国・地方公共団体ないしその機関の住所を嘱託情報の内容としていない。また，嘱託者である官公署に関しても，嘱託職員の肩書付きの氏名のほか，連絡先の電話番号の記載が要求されているだけで，住所の記載は要求されていない。

　　　② **登記識別情報の通知に関する申出** 　当事者による登記の申請の場合には，原則として，登記完了後に登記識別情報の通知が行われるが，ただし，「当該申請人があ

らかじめ登記識別情報の通知を希望しない旨の申出をした場合その他の法務省令で定める場合」には，例外的に，登記識別情報が通知されない(21本文・ただし書)。この点は，①官公署が登記権利者のために登記を嘱託した場合においても，登記権利者の官公署に対する申出に基づいて，官公署が登記識別情報の通知を希望しない旨の申出をした場合も同様である(規則64①(1)かっこ書)。だが，これに対して，②登記識別情報の通知を受けるべき者が官公署であった場合には，上記の原則・例外関係が逆転し，原則として，登記識別情報の通知は行われないが，例外的に，官公署が登記識別情報の通知を希望する旨の申出をした場合には，通知が行われる(規則64①(4))。なお，これら①・②の申出は，嘱託情報報の内容となる(規則64②)。

　　　③　**令3条13号・令別表により追加的に要求される嘱託情報の内容**　さらに，令3条13号は，「前各号に掲げるもののほか」，別表掲記の登記に関しては，同表の申請情報欄に掲げる事項も追加的に提供すべきとしているところ，嘱託による登記に関しては，次の3つにつき，令別表に規定がある。

　第1に，河川区域内の土地の滅失の登記について河川管理者が行う嘱託(43⑤)に関しては，①「法第43条第5項の規定により登記の嘱託をする旨」を，さらなる申請情報の内容としなければならない(令別表10)。

　第2に，河川区域内の土地の一部滅失の登記の嘱託(43⑥)に関しては，①「法第43条第6項の規定により登記の嘱託をする旨」に加えて，②変更後の地積も登記情報の内容とする必要がある(令別表11イ・ロ)。

　第3に，不動産の収用による所有権の移転の登記に関しては，①登記の目的，②申請の受付の年月日，③登記原因及びその日付，④順位事項が，追加的な申請情報の内容とされている(別表74)。

　　(ii)　**添付情報**　一方，種々の添付情報の提供に関しても，官公署による登記の嘱託は，以下の諸点において，当事者による登記の申請と異なっている。

　　　①　**代表者資格証明情報・代理権限証明情報**　当事者による登記の申請において，申請人が法人の場合には，代表者の資格証明情報が必要であり(令7①(1))，また，その法人の職員が登記を申請する場合には，さらに，その者の代理権限証明情報が必要であるが(令7①(2))，これらの情報は，不動産に関する国の機関の所管に属する権利について命令または規則により指定された官公署の公署の職員が登記の嘱託をする場合には不要とされている(令7②)。

　一方，この場合の相手方である私人側の添付情報に関しても，とくに書面申請の場合における代表者の資格証明情報を記載した書面につき，作成後3か月以内の期間制限が(令17①)，嘱託による登記に関しては適用されない(同②)。

　　　②　**住所証明情報**　上記のように，①登記事項につき，申請人の住所を登記事項とする法27条3号・59条4号，および，②申請情報の内容につき，申請人ならびに代理人の住所を要求する令3条1号・3号に関しては，嘱託による登記につき，これを不要

である旨を明示した規定が存在しない。

　これに対して，③添付情報である住所証明情報に関しては，私人による所有権の移転の登記の申請については，令別表30ロが登記名義人となる者の住所証明情報を要求しているのに対して，嘱託登記に関する令別表73の添付情報欄においては，住所証明情報が掲げられていないことから，少なくとも，国・地方公共団体が登記権利者となる場合の嘱託登記に関しては，登記名義人となる国・地方公共団体の住所証明情報は不要という結論を導くことは可能である。しかし，それ以外の場合の登記の嘱託に関しては，住所証明情報を不要とする結論を導く条文根拠を見出しがたい。

　③　**登記識別情報**　新法は，旧法におけると同様，①共同申請による登記の場合と，②その他登記名義人が政令で定める登記の申請をする場合（令8①(1)〜(8)に列挙されている場合）の2つの場合にだけ，登記識別情報の提供を要求している（22本文）。

　登記の嘱託は，官公署が単独で行うので，①の場合に関する登記識別情報の要求は，嘱託による登記に関しては，そもそも問題とならない。

　④　**第三者の許可・同意・承諾証明情報**　一方，旧法35条1項4号の登記原因に関する第三者の許可・同意・承諾書の添付の要否に関しても，旧法下の登記実務の立場は必ずしも一定していなかった。新法下においては，登記原因に関する第三者の許可・同意・承諾証明情報を要求する令7条1項5号ハへの委任を定めた法26条も，法16条2項により嘱託による登記に「準用」されるから，その提供が必要となるようにも見える。しかし，平成17年3月3日法務省民事局「新不動産登記法の施行に伴う登記嘱託書等の様式について（お知らせ）」の嘱託書の書式例における添付書類の記載には，上記(ウ)登記済証・登記識別情報と同様，第三者の許可・同意・承諾証明情報も掲げられていない。

　⑤　**令7条1項6号・令別表により追加的に要求される添付情報**　一方，令7条1項6号・令別表により，追加的に要求される添付情報には，以下のものがある。

令別表11	河川管理者による地積に関する変更の登記の嘱託（43⑥）	地積測量図
令別表73	国・地方公共団体が登記権利者となる登記の嘱託（116①）	イ　登記原因を証する情報 ロ　登記義務者の承諾を証する当該登記義務者が作成した情報
令別表74	不動産の収用による所有権の移転の登記の嘱託（118②）	イ　収用の裁決が効力を失っていないことを証する情報およびその他の登記原因を証する情報 ロ　土地の収用による所有権の移転の登記を申請するときは，この項の申請情報欄に規定する権利が消滅し，または同欄に規定する差押え，仮差押えもしくは仮処分が失効したことを証する情報
令別表75	不動産に関する所有権以外の権利の収用による権利の消滅の登記の嘱託（118③）	収用の裁決が効力を失っていないことを証する情報およびその他の登記原因を証する情報

なお，令別表73の定める国・地方公共団体が登記権利者となる登記の嘱託につき要求される登記義務者の承諾証明情報(承諾書)につき，旧法下の先例中には，登記義務者の承諾書の添付を要しないとしたものや(明41・12・16無号民刑局長電報回答・先例集追Ⅰ45)，「登記義務者の承諾済」の旨を付記することによって登記義務者の承諾書の添付を省略できるとしたもの(昭41・12・21民甲3375民事局長通知・先例集追Ⅳ971，昭44・6・20民甲1296民事局長通達・先例集追Ⅴ121)，登記義務者の承諾書および印鑑証明書の添付を要するとしたもの(昭44・10・7民三1046民三課長電報回答・先例集Ⅴ166)などが存在した。しかし，現行法下においては，承諾証明情報の提供不要を認める特別規定は存在していないため，例外なく承諾証明情報の提供が要求されると考えられる。

　　　(iii)　**電子署名・電子証明書，記名押印・印鑑証明書**　一方，電子申請の場合に申請情報・添付情報の双方に付与しなければならない電子署名・電子証明書，あるいは，書面申請の場合の記名押印・印鑑証明書についても，とくにそのうちの電子証明書・印鑑証明書に関して，以下のような例外が認められている。

　　　① **電子申請(嘱託)**　私人(個人・法人)が行う電子申請の場合に要求される電子証明書に関しては，認証機関の種類が限定されている(規則43①(1)～(3))。しかし，これに対して，官公署の嘱託による登記の場合には，その種類が緩和されている(同(4))。

　　　② **書面申請(嘱託)**　一方，書面申請(嘱託)の場合においては，以下の2つの書面につき，印鑑証明書の添付の省略が認められている。

　その第1は，申請書(嘱託書)であって，私人が書面申請を行う場合においては，原則として，印鑑証明書の添付が必要とされているのに対して(令16②)，官公署が嘱託による登記を書面で行う場合には，印鑑証明書の添付が不要とされている(令16④)。

　第2は，委任による代理人の代理権限を証する書面(委任状)であり，私人による書面申請の場合には，原則として，印鑑証明書の添付が要求されているのに対して(令18②)，嘱託による登記の場合には不要とされている(同④)。

　　　③ **登記識別情報の通知の省略**　申請による登記においては，登記完了後の処理に関しても，原則として，登記識別情報が通知され，例外的に，申請人が不通知の申出をした場合等に通知が行われないのに対して(21本文・ただし書)，嘱託による登記においては，この原則・例外関係が逆転し，原則として，登記識別情報の通知は行われず，例外的に，官公署が通知希望の申出をした場合に限って，通知がなされる(規則64①(4))。

Ⅲ　職権による登記・命令による登記

　以上の申請主義の原則に対して，16条1項は，「法令に別段の定めがある場合」には，例外的に，申請(嘱託)に基づかずに登記手続を開始できる旨を規定する。

　この「別段の定め」には，①個々の登記官が行う職権による登記と，②法務大臣あるいは法務局長・地方法務局長の登記官に対する命令による登記の2つがある。

1 職権による登記

　16条1項にいう「別段の定め」のうち，個々の登記官の職権による登記を認める規定としては，不動産登記法においては，表示に関する登記につき，28条，39条3項，46条，51条6項，58条4項，権利に関する登記につき，67条2項，71条，76条2項・3項，80条4項，94条2項，101条，109条2項，111条3項，114条，118条4項があり，さらに，不動産登記規則にも，規則16条15項，123条2項，165条4項，177条，附則18条の規定があるほか，他の法令中にも規定が置かれている場合がある（工場抵当23①など）。これらの規定を，その性質に即して分類すると，以下の3種に分かれる。

　(1)　表示に関する登記　　登記官の職権による登記が認められている第1の類型は，表示に関する登記である(28)。同様の手続は，地図等(14条の地図・建物所在図・地図に準ずる図面をいう。規則1(2))の作成および訂正に関しても認められている(規則10以下，とくに職権による訂正につき規則16⑮)。

　(2)　錯誤・遺漏に基づく登記の更正，却下事由を看過してなされた登記の抹消　　職権による登記の認められる第2の類型は，登記官が，権利に関する登記につき，登記完了後，①錯誤または遺漏を発見した場合に行う更正登記(67)，ならびに，②当該登記が25条の定める却下事由のうち1号〜3号または13号に該当することを発見した場合に行う抹消登記(71)である。なお，①更正登記に関しては，当該登記官を監督する法務局・地方法務局の長の許可が必要となる。①更正登記・②抹消登記もまた，16条により，原則的には，当事者の申請または官公署の嘱託によらなければ，これを行うことができない。

　(3)　一定の手続に付随・連鎖して登記が必要となる場合　　登記が職権によるべきことが規定されている第3の類型は，ある一定の登記手続等に付随・連鎖して，登記が必要となる場合である。すなわち，①区分建物の表示に関する登記をする際には，その敷地権を土地の登記記録にも登記する必要があり(46)，②区分所有建物の表示に関する登記につき変更登記をする際には，同じ1棟の建物に属する他の区分建物についても変更登記をする必要があり(51⑥)，③共用部分・団地共用部分である旨の登記をする際には，それ以前の表題部所有者あるいは所有権の登記名義人に関する登記につき抹消登記をする必要があり(58④)，④所有権の登記や表題登記がない不動産について，所有権の処分制限の登記をする際には，所有権保存登記をする必要があり(76②・③)，⑤地役権の設定登記を承役地にした場合には，要役地についても登記をする必要があり(80④)，⑥抵当証券を作成した場合には，抵当証券作成の登記をする必要があり(94②)，⑦信託の受託者の変更による権利の移転・変更の登記をする際には，信託の変更の登記もする必要があり(101)，⑧仮登記に基づく本登記をする際には，第三者の登記を抹消する必要があり(109②)，⑨処分禁止の登記に遅れる登記を抹消するときは，処分禁止の登記それ自体の抹消もすべき時にほかならず(111③)，⑩保全仮登記に基づく本登記をするときも，保全仮登記とともにした処分禁止の登記を抹消すべき時であり(114)，⑪土地の収用による権利の移転登記が申請された場合には，収用により消滅した権利や失効した差押え・仮差押え・仮処分に関する

登記を抹消する必要がある(118④)。これらの場合に関して、当事者に対して別個独立の登記申請を求めることは、手続をいたずらに煩瑣にするだけであるから、職権による一括処理を定めたものである。

2　命令による登記

一方、職権に基づく登記の一種としての命令による登記には、(1)法務大臣の命令による登記と、(2)法務局長・地方法務局長の命令による登記がある。

(1)　**法務大臣の命令による登記(滅失回復登記)**　法務大臣は、登記記録の全部または一部が滅失した場合には、登記官に対して、当該登記記録の回復に必要な処分を命ずることができる(13)。この処分の結果として行われる登記が滅失回復登記であるが、しかし、磁気ディスクの登記簿に関しては、常にバックアップデータが作成されており、メインの磁気ディスクが物理的に破損し、あるいはデータが過誤により消去された場合にも、バックアップデータによって直ちに登記記録を回復できることから、こうした場合は、あえて法務大臣の命令が出されるまで待たなければならない13条の「滅失」には該当しないとされている(清水・Q&A57～58頁)。したがって、13条の予定する滅失回復登記が行われるのは、バックアップデータによっても回復が不可能であるような非常に稀なケースが生じた場合ということになる。

(2)　**法務局長・地方法務局長の命令による登記(審査請求における登記)**　一方、登記官を監督する法務局長・地方法務局長の命令により登記官が行う登記として、不動産登記法が規定しているのは、審査請求における次の2つの登記である。

(a)　**「相当の処分」としての登記**　登記官を監督する法務局長・地方法務局長は、登記官の処分を不当とする者からの審査請求(156)につき理由があると認めた場合には、登記官に「相当の処分」を命ずることになるが(157③)、ここにいう「相当の処分」の中には、登記官に対して一定の登記をすることを命ずる場合も当然含まれる。すなわち、登記官の不当処分の内容が、登記申請を受理すべきであったのに却下した場合であったならば、登記を行う旨の命令となり、登記申請を却下すべきだったのに受理してしまった場合であったならば、当該登記を抹消する旨の命令となる(ただし、後者の場合には、却下事由が25条1号～3号・13号に該当していなければならない)。

(b)　**処分前の命令による仮登記**　一方、監督法務局長・地方法務局長は、審査請求に関する判断を行う以前に、審査請求人に回復できないような損害が発生するおそれがある場合には、相当の処分を命ずる以前の段階で、登記官に対して、審査請求の対象となっている登記について、仮登記をするよう命令することもできる(157④。処分前の命令による仮登記)。

(七戸克彦)

(執筆協力：齋木賢二)

(代理権の不消滅)
第17条 登記の申請をする者の委任による代理人の権限は，次に掲げる事由によっては，消滅しない。
(1) 本人の死亡
(2) 本人である法人の合併による消滅
(3) 本人である受託者の信託に関する任務の終了
(4) 法定代理人の死亡又はその代理権の消滅若しくは変更

＊旧法関係……旧法26条3項

I 本条の趣旨

不動産の権利に関する登記申請は司法書士が，不動産の表示に関する登記申請は土地家屋調査士が，それぞれ登記申請人の委任を受けた代理人として申請する場合が多い。本条は，そのような登記申請委任に基づく代理人による登記申請の場合，登記手続を迅速に進行する趣旨から，民法上の委任契約の終了事由およびそれに基づく代理権の消滅事由(民111①(1)・653(1))とは異なる特則として，その代理権の不消滅の原因を定めたものである。

登記申請代理権の不消滅に関する規定は，平成5年に新設され(旧法26③)，平成18年の不動産登記法の改正に伴い，独立の条文となった。

II 代理権限の不消滅事由
1 委任に基づく場合
(1) **本人の死亡(1号)** 本条1号は，登記を申請する者(その登記申請が共同申請による場合には「登記権利者」「登記義務者」)が登記申請を代理人に委任した後，申請時(実務上，具体的には，登記申請情報が登記所に到達し受付番号が付された時点となろう。なお，大判明36・11・26民録9・1305は，委任による代理権は，登記申請書受理時に存在していればよいとしていた)までに死亡した場合でも，代理権は消滅しない旨を規定する。本来，代理権は登記の申請時に存在することを要するので，申請前に委任者が死亡すると代理権は消滅する(民111①(1)・653(1))はずである。そうなると，あらためて委任者の相続人から再度委任を受けなければ代理行為ができなくなり，登記申請に遅延をきたすことになる。そこで，平成5年の不動産登記法一部改正により，このような場合には代理権は消滅しない旨が規定された。

本条により登記申請者(共同申請の場合の「登記権利者」「登記義務者」を含む)が登記申請を委任した後死亡した場合でも，委任を受けた代理人は登記申請が可能である。すなわち，登記名義人が登記申請の委任をした後死亡した場合，相続人が，死亡した登記名義人の委任を受けた代理人により当該委任に係る代理権限情報を提供して登記申請するときは，相続を証する情報のほか，登記名義人の印鑑証明書(作成後3か月以内のものに限る)を提供して

登記申請すべき場合（所有権登記名義人が登記義務者である場合，および登記識別情報等が提供できないために事前通知をする場合）はそれを添付して登記申請する必要がある（平6・1・14民三366民三課長通知・先例集追Ⅷ562）。なお，同先例は，旧法44条の2の保証書を添付すべき場合につき，登記申請人である相続人全員あてに旧法上の事前通知をし，その全員から「間違いなきことの申出」があった場合は申請を受理することができるとしている。したがって，現行法23条5項に基づいて，登記名義人の生存中に面談等を行った資格者代理人による本人確認による本人確認情報等が添付されていない場合（事前通知による場合）には，現行法の事前通知制度においても同様に取扱われる。また，全ての添付情報を電子文書にしてオンライン申請をする場合，添付情報に死亡した登記名義人の電子署名をし，それを申請情報に添付して代理人により申請をしたときには，受付処理はなされるものの，登記官においてその電子署名の有効性が確認できないので，当該申請は却下されるのではないかとの指摘があり，その場合には，本条の実効性に疑問が生じる。

　(2)　**法人の合併による消滅（2号）**　　登記を委任した本人である法人が合併により消滅しても代理権は消滅しない。

　(3)　**受託者の任務終了（3号）**　　登記を委任した本人である信託の受託者が，その信託における任務を終了しても代理権は消滅しない。

　(4)　**法定代理人の死亡またはその代理権の消滅もしくは変更（4号）**　　法定代理人の死亡またはその代理権が消滅した場合も登記代理権は消滅しない。また法定代理人の権限に変更があり，変更以後登記代理権がないことになっても，いったん委任を受けた登記代理権は消滅しない。

　法人の代表者は法定代理人と解される。法人の代表者が登記申請を委任した後，その代表権限が消滅した場合でも，委任を受けた代理人が代理権限証書を添えて登記申請をすれば，受理される。

　登記申請を委任した法人代表者の代表権が消滅した場合には，委任当時に当該代表者が代表権限を有していたことが当該法人の登記記録（代表権が消滅していることと，代表権を有していた時期が明らかとなるような事項が記録されているものか，代表権が消滅する前に発行された登記事項証明書で，発行後3か月を経過していないもの）で確認できるのであれば，委任を受けた代理人は，これらの情報を提供（添付）して登記申請をすることが認められる（平5・7・30民三5320民事局長通達・先例集追Ⅷ424）。

　登記申請を委任した法人代表者の代表権が消滅した場合に，その委任を受けた代理人は代理権限証書とともに当該代表権限を有していたことが確認できる当該法人の閉鎖登記簿謄本（閉鎖登記事項証明）を添付して登記申請をすることが認められるが，この場合には，当該閉鎖登記簿謄本（閉鎖登記事項証明）が発行されてから3か月を経過したものでも，差し支えないとされている（平6・1・14民三366民三課長通知・先例集追Ⅷ562）。閉鎖登記簿（閉鎖登記記録）の内容が，時の経過によって変更されることはないからである。

2 登記代理権の授権の撤回

　登記代理権の授権は民法上の委任を実体的根拠とする。共同申請の場合に，実体関係上の利害対立のある登記代理権を登記権利者・登記義務者双方から受任する司法書士においては，当事者による受任の撤回について，その当事者双方の関係を考慮しなければならない。

　委任の撤回について，受任後に一定の制約を認めた判例がある(最判昭53・7・10民集32・5・868)。訴外会社の有していた土地に関して同社との間で締結された売買契約の買主の地位にある者が，司法書士であり本件土地の登記手続に関して訴外および買主らと委任契約を締結した登記申請代理人が訴外会社の要請に応じて登記に必要な書類を返還したことは委任契約の不履行にあたり，それにより買主らは損害を受けたと主張して，被上告人に対して損害賠償を請求したところ，原判決において上告人の請求が棄却されたためこれに対して上告した事案である。最高裁は売主である登記義務者と司法書士との間の登記手続の委託に関する委任契約とは，売買契約に起因し，相互に関連付けられ，前者は登記権利者の利益をも目的としており，司法書士が受任に際し，登記義務者から交付を受けた登記手続に必要な書類は同時に登記権利者のためにも保管すべきといえるから，このようの場合には登記義務者と司法書士との間の委任契約は登記権利者の同意等特段の事情のない限り解除することはできなく，それに違反した被上告人は債務不履行の責を負うとした。

　　　　　　　　　　　　　　　　　　　　　　　　　　　(中村昌美)
　　　　　　　　　　　　　　　　　　　　　　(執筆協力：齋木賢二)

（申請の方法）

第18条 登記の申請は，次に掲げる方法のいずれかにより，不動産を識別するために必要な事項，申請人の氏名又は名称，登記の目的その他の登記の申請に必要な事項として政令で定める情報（以下「申請情報」という。）を登記所に提供してしなければならない。

(1) 法務省令で定めるところにより電子情報処理組織（登記所の使用に係る電子計算機（入出力装置を含む。以下この号において同じ。）と申請人又はその代理人の使用に係る電子計算機とを電気通信回線で接続した電子情報処理組織をいう。）を使用する方法

(2) 申請情報を記載した書面（法務省令で定めるところにより申請情報の全部又は一部を記録した磁気ディスクを含む。）を提出する方法

＊旧法関係……旧法35条・36条，(1)新設，(2)旧法35条1項1号
＊関連法規……（申請情報）令3条，規則34条，（登録免許税を納付する場合における申請情報等）規則189条〔→（前登記証明書）準則125条〕，（課税標準の認定）規則190条〔→（課税標準認定価格の告知）準則123条〕，（納付不足額の通知）準則127条〔→登録免許税法28条〕，（申請情報の作成及び提供）令4条〔→（一の申請情報によって申請することができる場合）規則35条〕，（一の申請情報による登記の申請）令5条〔→（地図等の変更の方法等）準則16条〕，（申請情報の一部の省略）令6条，（添付情報）令7条〔→（経過措置）令附則3条，（資格証明情報の省略等）規則36条，（代表者の資格を証する情報を記載した書面の期間制限等）令17条，（代理人の権限を証する情報を記載した書面への記名押印等）令18条〔→（委任状への記名押印等の特例）規則49条〕，（承諾を証する情報を記載した書面への記名押印等）令19条〔→（承諾書への記名押印等の特例等）規則50条〕，（添付情報の一部の省略）令9条〔→（資格証明情報の省略等）規則36条4項〔→（法附則6条（経過措置）の指定前の登記手続規則附則15条1項，（住所証明情報の省略等）規則44条〕，（添付情報の省略）規則37条〕〕，(1)(電子申請の受附後の処理)通達第2-1，（電子申請の方法）規則41条〔→（法附則6条（経過措置）の指定前の登記手続）規則附則15条，（登記権利者に交付する登記済証の取扱い）通達第1-4，（登記義務者に還付する登記済証等の取扱い）同第1-5，（電子申請の補正の方法）同第2-4〕，（添付情報の提供方法）令10条，（登記事項証明書に代わる除法の送信）令11条，（電子署名）令12条，規則42条，（表示に関する登記の添付情報の特例）令13条〔→（表示に関する登記の添付情報の特例）通達第1-13〕，（電子証明書の送信）令14条〔→（電子証明書）規則43条，（審査の方法）通達第2-2〕，（電子申請における印紙等による納付）準則124条〔→（電子情報処理組織による登記等の申請等の場合の納付の特例）登録免許税法24条の2，（電子情報処理組織等を使用した登記等の申請等）同33条，（現金納付）同21条，（印紙納付）同22条〕，

(使用済の記載等)準則126条,(電子情報処理組織による登記等の申請等の場合の納付方法等)登録免許税法施行規則13条],(2)(申請等の文字)規則45条〔→(申請情報を記録した磁気ディスク)規則51条],(添付情報の提供方法)令15条〔→(申請書に添付することができる磁気ディスク)規則52条],(申請情報を記載した書面への記名押印等)令16条〔→(契印等)規則46条,(申請書に記名押印を要しない場合)規則47条,(申請書に印鑑証明書の添付を要しない場合)規則48条],(申請書等の送付方法)規則53条,(受領証の交付の請求)規則54条〔→(受領証の取扱い)通達第1-6〕,(添付書面の原本の還付請求)規則55条〔→(原本還付の取扱い)通達第1-7〕,(申請情報を記載した書面への記名押印等)令16条,(代理人の権限を証する情報を記載した書面への記名押印等)令18条,(承諾を証する情報を記載した書面への記名押印等)令19条,(原本還付の旨の記載)準則30条〕

I 本条の趣旨

本条は,平成17年改正における中心的条文の1つであり,登記申請の方法として,表示に関する登記および権利に関する登記において,電子申請を創設した規定である。

1 旧法規定

旧不登法は,登記申請の際の過誤を防止するため,口頭の申請を認めず,書面主義を採用して「登記ヲ申請スルニハ左ノ書面ヲ提出スルコト要ス」とし(旧法35条1項柱書き),申請書(同条項1号)のほか,主要な添付書面(2号~5号)を列挙していた。さらに,旧法36条には,表示に関する登記ならびに権利に関する登記の申請書の記載事項を列挙した規定が設置されていた。

2 新法規定

これに対して,現行不登法18条は,登記申請の方法として,電子申請と書面申請の選択を認めた。書面申請強制主義は廃止されたといえるが,口頭主義を採用したものではない。

また,同条は,登記所に提供すべき申請情報の内容に関しては,柱書で極めて大まかな事項を規定するにとどめ,細目については政令(不動産登記令)に委任している。一方,添付書面については,本条には言及がない。

II 申請情報提供事項

法18条は,柱書により,申請情報の記載事項の概略を定める。申請情報提供事項は電子申請による場合,書面申請による場合,双方共通である。旧法35条は相当詳細な事項を規定していたが,新法は「その他登記の申請に必要な事項として政令で定める情報」として多くの申請事項が政令に委ねられている。まず,18条所定事項について検討し,続いて政令委任事項として規定された令3条の事項を検討する。

1 **18条所定事項**

(1) **不動産を識別するために必要な事項**　不動産を識別するために必要な事項は土地と建物によって異なる。18条の定めを受けて，令3条は7号8号において詳細を定めている。

　(ア)　土地の表示に関する登記または土地についての権利に関する登記申請の場合
　　① 土地の所在する市，区，郡，町，村および字
　　② 地番(土地の表題登記を申請する場合，法74条1項2号または3号に掲げる者が，表題登記のない土地について所有権の保存の登記を申請する場合および表題登記のない土地について所有権の処分の制限の登記を嘱託する場合を除く)
　　③ 地目
　　④ 地積

　(イ)　建物の表示に関する登記または建物についての権利に関する登記申請の場合以下が記載事項である。
　　① 建物の所在する市，区，郡，町，村，字および土地の地番(区分建物である建物にあっては，当該建物が属する一棟の建物の所在する市，区，郡，町，村，字および土地の地番)
　　② 家屋番号(建物の表題登記(合体による登記等における合体後の建物についての表題登記を含む)を申請する場合，法74条1項2号または3号に掲げる者が，表題登記のない建物について所有権の保存の登記を申請する場合および表題登記がない建物について所有権の処分の制限の登記を嘱託する場合を除く)
　　③ 建物の種類，構造および床面積
　　④ 建物の名称があるときは，その名称
　　⑤ 附属建物があるときは，その所在する市，区，郡，町，村，字および土地の地番(区分建物である附属建物にあっては，当該附属建物が属する1棟の建物の所在する市，区，郡，町，村，字および土地の地番)ならびに種類，構造および床面積
　　⑥ 建物または附属建物が区分建物であるときは，当該建物または附属建物が属する1棟の建物の構造および床面積((イ)⑦に掲げる事項を申請情報の内容とする場合((イ)②に規定する場合を除く)を除く)
　　⑦ 建物または附属建物が区分建物である場合であって，当該建物または附属建物が属する1棟の建物の名称があるときは，その名称

(2) **申請人の氏名または名称および住所**　申請人を特定するために申請人の氏名または名称と申請人の住所も記載事項であり，令3条1号から4号によりさらに細目が規定されている。以下が令規定事項である。
　　① 申請人の氏名または名称および住所(法人の場合は商号および主たる事務所)
　　② 申請人が法人であるときは，その代表者の氏名
　　③ 代理人によって登記を申請するときは，当該代理人の氏名または名称および住所ならびに代理人が法人であるときはその代表者の氏名

④　民法423条等で代位申請するときは申請人が代位者である旨，当該他人の氏名または名称および住所ならびに代位原因

(3)　**登記の目的**　「登記の目的」として，登記を求める事項の種類を記載しなければならない。例えば，「建物表示」，「土地分筆」，「所有権移転」，「抵当権設定」などである。変更・更正の登記あるいは登記の抹消を申請する場合には，対象となる登記を順位番号等により特定して「参番所有権変更」のように記載する。また，「弐番抵当権を甲某持分の抵当権とする変更」，「何某を除く共有者全員持分全部移転」(昭43・6・13民甲1838民事局長通達・先例集追Ⅳ1392)のように記載する場合もある。

なお，同一名義人が数回に分けて格別の登記により持分を取得している場合には，その登記に係るそれぞれの持分につき抵当権設定の登記または持分移転の登記を申請することができるが，この場合の登記の目的は「何某持分一部(順位何番)で登記した持分の抵当権設定(または移転)」のように記載する(昭58・4・4民三2252民事局長通達・民月38・8・117)。

2　政令委任事項

法18条の委任を受けて令3条が6号から13号にわたって以下の事項を申請事項としている。

①　登記原因およびその日付(所有権の保存の登記を申請する場合にあっては，法74条2項の規定により敷地権付き区分建物について申請するときに限る)

②　表題登記または権利の保存，設定もしくは移転の登記(根質権，根抵当権の設定の登記および信託の登記を除く)を申請する場合において，表題部所有者または登記名義人となる者が2人以上であるときは，当該表題部所有者または登記名義人となる者ごとの持分

③　法30条の規定により表示に関する登記を申請するときは，申請人が表題部所有者または所有権の登記名義人の相続人その他の一般承継人である旨

④　権利に関する登記を申請するときは，次に掲げる事項

　イ　申請人が登記権利者または登記義務者(登記権利者および登記義務者がない場合にあっては，登記名義人)でないとき(4号ならびにロおよびハの場合を除く)は，登記権利者，登記義務者または登記名義人の氏名または名称および住所

　ロ　法62条の規定により登記を申請するときは，申請人が登記権利者，登記義務者または登記名義人の相続人その他の一般承継人である旨

　ハ　ロの登記を申請する場合において，登記名義人となる登記権利者の相続人その他の一般承継人が申請するときは，登記権利者の氏名または名称および一般承継の時における住所

　ニ　登記の目的である権利の消滅に関する定めまたは共有物分割禁止の定めがあるときは，その定め

　ホ　権利の一部を移転する登記を申請するときは，移転する権利の一部

ヘ　敷地権付き区分建物についての所有権，一般の先取特権，質権または抵当権に関する登記(法73条3項ただし書に規定する登記を除く)を申請するときは，次に掲げる事項
　　　　(1) 敷地権の目的となる土地の所在する市，区，郡，町，村および字ならびに当該土地の地番，地目および地積
　　　　(2) 敷地権の種類および割合
　　⑤　申請人が法22条に規定する申請をする場合において，同条ただし書の規定により登記識別情報を提供することができないときは，当該申請人が登記識別情報を提供することができない理由
　　⑥　その他，不登令別表の登記欄に掲げる登記を申請するときは，同表の申請情報欄に掲げる事項

3 申請情報の作成方法

(1) 申請情報の作成方法(令4条)　　申請情報は，登記の目的および登記原因に応じ，1つの不動産ごとに作成しなければならない。

　ただし，同一の登記所の管轄区域内にある2つ以上の不動産について申請する登記の目的ならびに登記原因およびその日付が同一であるときその他法務省令で定めるときは，この限りでないものとする(同条ただし書)。このように，2つ以上の不動産について1件の申請情報を作成して申請する方法を，登記実務では「同一申請」，「一括申請」もしくは「同時申請」と呼ばれている。登記令では，不動産毎に申請することが原則とされているが，特に共同抵当権などの複数の物権を担保権の対象にするような担保権設定登記やそれらの抹消登記，複数の不動産をひとつの契約で売買する場合や複数不動産相続の場合の所有権移転登記の申請では，これら複数の不動産について同一申請(同時申請)で，登記申請することが通常である。

(2) 申請情報の一部省略　　令6条1項は申請情報の一部省略を規定する。法務省令で定めるところにより，不動産を識別するために必要な事項として法27条4号により「不動産識別事項」(1筆の土地または1個の建物ごとの符号である。規則90)を申請情報の内容としたときは，それぞれ当該各号に定める事項を申請情報の内容とすることを要しないとする。
　一　3条7号に掲げる土地の表示事項
　二　3条8号に掲げる建物の事項
　三　3条11号ヘ(1)敷地権の目的となる土地の所在する市，区，郡，町，村および字ならびに当該土地の地番，地目および地積，
　さらに同条第2項は別表の13の建物合体登記に関する所定事項についても，法務省令で定めるところにより，不動産識別事項を申請情報の内容としたときは，一部申請情報の内容とすることを要しないとする。

III 電子申請

本条1号は，電子情報処理組織を利用した提供方法(いわゆる電子申請またはオンライン申請)を認める条項である。

1 電子処理組織

同号は，「電子情報処理組織」に関しては，「登記所の使用に係る電子計算機(入出力装置を含む。以下この号において同じ。)と申請人またはその代理人の使用に係る電子計算機とを電気通信回線で接続した電子情報処理組織をいう。」との一般的定義を規定しているが，しかし，これを用いた申請情報の提供方法については，法務省令(不登規則)に委任している。一方，添付情報の提供方法に関しては，政令(不登令)10条により，法務省令(不登規則)に委任されており，そして，不登規則41条は，それらをさらに法務大臣に委任している。

システムの基本構造は以下のとおりである。電子(オンライン)登記申請を処理するためのシステムは，「法務省オンライン申請システム」・「オンライン登記申請配信・受付管理システム」から構成され，既存の登記情報システムのうち，登記所において登記申請の処理を行うシステム(「登記所システム」)との連携がなされている。オンライン登記申請配信・受付管理システムは，登記所システムの稼動時間内の稼動し，登記情報センター内に設置したオンライン登記申請受付管理サーバと，登記所内に設置したオンライン登記申請処理用端末装置(複合パソコン端末装置がさらにネットワークでつながっていることになる)で構成され，登記所システムとの間の連携が行われている。受付管理システムについては，登記情報センターに設置する受付管理サーバとは別に保全サーバを設置され，データを保全するとともに，受付管理システムに障害が発生した場合でも，電子登記申請の受付順位を確保するため，自動受付の機能を保全サーバが代行する仕組みとなっている。

登録免許税および手数料の納付は電子的に行うための「歳入金電子納付システム」を利用する仕組みとなっている。

オンライン登記申請が真に当該申請人によってなされたものか，送信途上で申請情報等が改ざんされていないかを確認するための認証の仕組みは，一般的な行政手続におけると同一の仕組みを用いるものとされた(平成15年3月「オンライン登記申請制度研究会最終報告書」参照。http://www.moj.go.jp/MINJI/MINJI43/minji43-5.html#1)。その結果，電子署名及び認証業務に関する法律(平成12年法律第102号)3条により，認証は電子署名の認定認証事業者(一定の要件を満たし認証業務を行う者として認定を受けた者)が行うものとされ，事業者は政府認証基盤(GPKI)におけるブリッジ認証局との相互認証が可能や電子証明書に関する失効情報の提供を求めることができる。事業者の認証作業を通して，電磁的記録による情報は，本人による電子署名(これを行うために必要な符号および物件を適正に管理することにより，本人だけが行うことができることとなるものに限る)が行われているときは，真正に成立したものと推定されるようになる。なお，日本司法書士会連合会は，司法書士認証サービスとして平成19年9月21日に事業者としての認定を受けた。

2 提供方法

電子申請の具体的な手順・方法については，法務省の民事局のホームページに詳細なガイドが掲示されている(http://www.moj.go.jp/MINJI/MINJI43/minji43-5.html#2)。特殊な接続方法ではなく，極めて一般的なインターネットの通信組織を利用してできる点において，一応は一般に開かれた方法を採用したことになる。

(1) **申請方法** 電子申請の方法について，令10条は法務省令による方法で情報の提供をしなければならないとし，それを受け，規則41条はさらに法務大臣がそれを定めるとしている(規則41条「電子申請における申請情報は，法務大臣の定めるところにより送信しなければならない。令第10条の規定により申請情報と併せて送信すべき添付情報についても，同様とする。」)。したがって，電子申請の方法は，登記実務レベルで定められることになる。

なお，同条は，申請情報と添付情報は併せて送信しなければならないと規定し，添付情報のみを書面で郵送申請する方式は当初は採用されなかった。しかし，平成20年1月15日から当分の間，オンライン申請促進策の一環として，オンライン申請による登記申請においても，添付情報が書面で作成されているときには，登記識別情報以外の情報を，登記所に持参もしくは郵送等による送付の方法を採ることができるようになっている(令付則5。いわゆる特例方式)。このような場合でも，登記識別情報は，登記申請と同時にオンラインで提供する必要があり，登記原因証明情報を添付する必要のある登記申請の場合には，オンライン申請時に書面で作成された登記原因証明情報の写し(登記原因証明情報をPDFファイルとしたもの)を添付する必要がある(原本は他の添付情報と一緒に持参または送付する)。

(2) **電子署名** 不動産登記令は12条1項により，電子情報処理組織を使用する方法により登記を申請するときは，申請人またはその代表者もしくは代理人は，申請情報に電子署名及び認証業務に関する法律2条1項に規定する電子署名を行わなければならないとしている。さらに2項により電子情報処理組織を使用する方法により登記を申請する場合における添付情報も，作成者による電子署名が行われているものでなければならない。ただし，前記オンライン申請促進策により，添付情報を持参または送付する場合には，登記原因証明情報の原本も持参または送付するので，写し自体に作成当事者等の電子署名をする必要はない。

規則42条は，電子署名は，電磁的記録に記録することができる情報に，工業標準化法に基づく日本工業規格X573118の附属書Dに適合する方法であって同附属書に定めるnの長さの値が1024ビットまたは2048ビットであるものを講ずる措置とする。

(3) **電子証明書** 令14条は電子申請による場合，電子署名が行われている情報を送信するときは，電子証明書を併せて送信しなければならないとしている。電子証明書とは電子署名を行った者を確認するために用いられる事項が当該者に係るものであることを証明するために作成された電磁的記録をいう。

規則43条によれば電子証明書は，47条3号イおよびロに掲げる者に該当する申請人またはその代表者もしくは代理人(委任による代理人を除く。同条2号および3号ならびに49条1項

1号および2号において同じ)が申請情報または委任による代理人の権限を証する情報に電子署名を行った場合には，以下のとおりなる。ただし，3号に掲げる電子証明書については，1号および2号に掲げる電子証明書を取得することができない場合に限る。

　① 電子署名に係る地方公共団体の認証業務に関する法律3条1項の規定に基づき作成された電子証明書(1号)

　② 電子署名を行った者が商業登記法12条の2(他の法令において準用する場合を含む)に規定する印鑑提出者であるときは，商業登記規則33条の8第2項(他の法令において準用する場合を含む)に規定する電子証明書(2号)

　③ 電子署名及び認証業務に関する法律8条に規定する認定認証事業者が作成した電子証明書(電子署名及び認証業務に関する法律施行規則4条1号に規定する電子証明書をいう)その他の電子証明書であって，氏名，住所，出生の年月日その他の事項により電子署名を行った者を確認することができるものとして法務大臣の定めるもの(3号)

　④ 官庁または公署が嘱託する場合にあっては，官庁または公署が作成した電子証明書であって，登記官が電子署名を行った者を確認することができるもの(4号)

なお，規則同条2項によれば，前項以外の場合にあっては，電子証明書またはこれに準ずる電子証明書として法務大臣の定めるものとする。

ただし，電子証明書を提供した場合には，当該電子証明書の提供をもって，以下の申請情報の提供を一部省略することがみとめられている(規則44)。

　① 申請人の現在の住所を証する情報
　② 申請人の代表者の資格を証する情報
　③ 登記官が確認することができる代理権限を証する情報

Ⅳ 書面申請

本条2項は，従来と同様な書面による登記申請を認めたものであるが，ここにいう「書面」の中には，「法務省令で定めるところにより申請情報の全部または一部を記録した磁気ディスクを含む」。

1 狭義の書面申請

狭義の書面による申請の場合は，申請書への記名押印，資格証明書の期間制限(作成後3月以内)，代理権限証書・承諾書への記名押印の要請等，従来の申請方法とおおむね変わらない方式が定められている(令16・17・18・19)。

2 磁気ディスクによる申請

一方，申請情報または添付情報の双方あるいは一方を磁気ディスクを提出する方法によって行うことも可能である。この方法については，令12条1項および14条の規定が準用され(令16⑤)，申請情報と添付情報に電子署名と電子証明書を添付しなければならない。な

お，磁気ディスクによる申請が認められるのは指定庁に限定されている(規則51①)。

(中村昌美)

(執筆協力：齋木賢二)

(受付)
第19条 登記官は，前条の規定により申請情報が登記所に提供されたときは，法務省令で定めるところにより，当該申請情報に係る登記の申請の受付をしなければならない。
② 同一の不動産に関し二以上の申請がされた場合において，その前後が明らかでないときは，これらの申請は，同時にされたものとみなす。
③ 登記官は，申請の受付をしたときは，当該申請に受付番号を付さなければならない。この場合において，同一の不動産に関し同時に二以上の申請がされたとき(前項の規定により同時にされたものとみなされるときを含む。)は，同一の受付番号を付するものとする。

＊旧法関係……①③旧法47条，②新設
＊関連法規……(申請の受付)規則56条，準則31条，(申請書等の処理)準則32条，(使用済の記載等)準則126条，(調査)規則57条

I 本条の趣旨

本条は，登記官が申請情報を受け取った場合の事務の取扱い方法を定めたものである。平成17年改正を経ても本質的には変更のない規定ではあるが，電子申請と書面申請の両種の申請が認められたので，受付の方法も双方を分けて考慮しなければならなくなった。複数種の申請方法がみとめられたわけであるが，それらの受付の相互関係・優先関係に関しても厄介な問題が予想されるが，本条はその点につき言及していない。

II 申請情報の受領

「申請情報が登記所に提供されたとき」とは，①電子(オンライン)申請により，電子的情報が送信される場合と(規則41)，②申請情報を書面(磁気ディスクを含む)が提供される場合を含む。

電子申請の場合は，登記の受付は，申請人が法務省オンライン申請システムに接続し，提供した申請情報が法務省の当該組織を経由して，各管轄登記所の受付システムファイルに申請情報が記録されたときに登記所に到達したことになり，登記官による受付がなされたことになる(規則56)。法務省オンライン申請システムの利用時間は，平成24年11月の時

点で，月曜日から金曜日まで(国民の祝日・休日，12月29日から1月3日までを除く)の午前8時30分から午後9時まで。なお，法務局の業務時間(窓口での受付時間)は午前8時30分から午後5時15分までであり，午後5時15分から午後9時までに法務省オンライン申請システムに送信された申請情報は，管轄登記所の翌業務日に受け付けられる。

　一方，書面(磁気ディスクを含む)による窓口申請の場合は，従前と同じく，受付担当の登記官またはその補助者たる職員が登記所の執務時間中に，登記所において，登記申請書を受領したときという意味である。また，書面が郵送等による申請の場合は，登記所あてに郵送された当該申請を受付担当の登記官またはその補助職員が受領したときが提供されたときになると解される。

　なお，窓口申請・郵送申請の両場合とも，申請情報が「提供されたとき」とは，登記官が第25条各号に該当しない適法な申請と認めたうえ受理することではなく，単に情報を受理すること，書面を物理的に入手することである。

Ⅲ　受付処理
1　受付

　登記官が申請書を受け取ったときは，受付帳に登記の目的，申請人の氏名，受付の年月日および受付番号ならびに不動産所在事項を記録しなければならない。書面申請の受付にあっては，申請書に(磁気ディスクによる申請のときは適宜の用紙に)受付の年月日および受付番号を記載しなければならない(規則56①・②)。

　受付番号は1年ごとに更新するものとされるが，法務局長または地方法務局長の許可を得て，1月ごとに更新することができる(規則56③)。

2　受付帳

　受付帳は，一定の様式により毎年調製し，受付番号を1か月ごとに更新する場合は毎月調製する。受付帳に申請人の氏名を記載するには，申請人1名のみの氏名および他の人員を記載すれば足りる。受付帳の記載要領については，準則32条1項により合理化が図られている。

3　取下げ

　登記の申請書の提出があったときは，登記官(またはその補助者)は直ちに受付帳に所要の事項を記載し，申請情報に不備な点がある場合でも，受付帳の記載を省略して便宜申請人またはその代理人にこれを返戻する取扱いはしないこととされる(準則31③)。また登記官が申請書を受け取ったときは，遅滞なく申請に関するすべての事項を調査することを要するが(規則57)，登記の申請を却下すべき場合であっても，事前にその旨を申請人または代理人に告げ，その申請の取下げの機会を設けることができる(準則31④)。

Ⅳ 受付番号交付・同時申請

　申請の受付をしたとき受付番号を付さなければならない(19③)。申請書による場合は申請書に，電子申請にあっては，申請ごとに印刷した受付年月日・受付番号を表示した書面にこれをおこなう(準則32③)。

　いわゆる連件申請の場合，一連の受付番号を付するものとし，適宜の順序に従った番号を付すことができる(準則31②)。従来から実務において，関連するものと認められる複数の申請書が重ね合わせて提出されたときに，特に同順位での受付け(同一番号での受付け)で処理する等の意思が明確にされていない場合，申請人もしくはその代理人の意思は，各申請書の重ね合わせた順序に申請するものと解して，その順番に受付番号を付す取扱いが明文化された。この場合，従来の実務上は，申請書に順序をつけて申請した場合，「1／2」「2／2」などのように連件申請である注書きを申請書の欄外等に注記する方法で明確にしていた。また，複数の申請について同順位での受付け(同一番号の受付け)を希望する場合については，「同順位何件中の何」等の注書きを申請書の欄外等に注記する方法で明確にしていた。新法でも，書面申請では同様の取扱いがなされており，電子申請の場合には，法務省オンライン申請システム上で複数の申請を連件申請とする旨の指示ができるようになっているので，その注記または指示に従った受付処理がなされる。

Ⅴ 同時到達

　平成17年改正法により，当事者出頭主義が廃止され，申請の方法が，出頭・郵送等・電子申請と多様化された結果，従来あまり問題とならなかった同時到達の場合が現実の問題となった。

1 同時到達

　同時到達の場合の受付番号は，同一となる。旧当事者出頭主義のもとで，実務においての先例は2件ある。同一不動産に対して，同時に2件(登記権利者は各々別人)の所有権移転請求権保全の仮登記の申請があった場合は，2件とも同一受付番号で受け付け，同時に却下すべきであるとし(昭30・4・11民甲693民事局長通達・先例集追Ⅰ329)，また，目的不動産を甲，乙，丙とするものおよび甲，丁，戊とするものおよび甲，丁，戊とするもの2件の抵当権設定登記の申請がされた場合は，同一の受付番号を記載し，同順位で登記するものとしている(昭39・1・28民甲199民事局長電報回答・先例集追Ⅳ6)。

　同時受付か否か，従来旧法下で実際上頻繁に問題となっていたのは，郵送が認められていた嘱託登記の場合であった。例えば，同一不動産について郵送による仮処分の登記の嘱託があり，同時に出頭により所有権移転登記の申請があった場合のようなケースである。これに関して，日曜日に仮処分登記の嘱託書の送達があり，翌月曜日の午前8時30分(登記所の始業時)に同一不動産について所有権移転登記の申請があったケースについて，仮処分登記の嘱託を先に受け付けることとされた実務上の先例(昭47・5・2民甲1776民事局長回

答・先例集追V736)があるが、平日に仮処分登記の嘱託が郵送され、同日に所有権移転登記が申請されたときは、受付担当登記官が当該嘱託書を受け取った時と受付窓口で出頭による申請書を受け取った時のそれぞれの順序で受付番号を付すことになると解すべきであり、その結果、仮処分登記が先受付であれば、所有権移転登記は仮処分の制限に服することになり、逆に仮処分登記が後受付となれば、当該仮処分登記の嘱託は、登記義務者が異なり却下される(25(6))。

2 電子申請と同時到達

電子申請が同時到達する可能性は現実的には極めて低い。電子的申請データが送信されると同時に自動的に受け付られるので、受付の優先関係は簡明である。

郵送等と電子申請の優先関係についてであるが、現実には電子申請が優先される。

窓口申請と電子申請が同日に到達した場合も、双方とも受付日時が記録されることになっているので、受付時間によって優先関係が決定される。電子申請が絡む場合は同時到達は極めてまれである。

(注) 平成15年10月3日第1回法制審議会議事録より

「同時到達に関しては、オンラインではまず問題にならない。自然科学的な何分何秒までの違いが出ますから、出ません。それから、オンラインと窓口、あるいはオンラインと郵送の間での優先関係もまずオンライン優先でというのが今までの法務省の方針ですから、そこを動かさないとすれば変わらない。」

平成16年6月10日参議院法務委員会議録 第23号議案より

19条の2項で、「同一の不動産に関し二以上の申請がされた場合において、その前後が明らかでないときは、これらの申請は、同時にされたものとみなす。」と、こういう規定があるわけですが、これはどういうようなケースを想定して、そしてその際の内部の処理手続というのはどのようになっていくのか、その点をお願いします。

○政府参考人(房村精一君) 不動産に関する登記の申請におきましては、順番が問題になることがあります。先に申請されたものが優先するという扱いになっておりますので、そういう順番が大きな意味があるということを踏まえまして、その前後が明らかでないときには同時にされたとみなすという条文をわざわざ置いているわけでございます。ただ、実際上は、例えばオンライン申請を考えますと、これはオンラインの場合には、もう来ると同時に受付の処理がされますので、同時ということはまず考えられません。

3 窓口申請・郵送申請と同時到達

(1) **窓口申請対窓口申請** 窓口申請対窓口申請の受付についてもあまり同時到達の問題は起きないと考えられる。通常は担当者が来た申請について順次受付を行っていかなければならない(規則31①)ので、同時ということ極めてまれである。

(注)　平成15年10月3日第1回法制審議会議事録より
　「それから，窓口に来た場合におきましても，通常は担当者が来た申請について順次受付を行っていきますので，やはりこれも同時ということは普通は考えられない。まあ，何かの事情でたまたまそこが混乱をしたりして順番が分からなくなったと，そういう極めて限られた場合以外には通常は起こらないと思っています。」

(2)　**郵送申請対窓口申請**　さらに郵送申請対窓口場合の優先関係についてであるが，もちろん受付時間によるのは明かであるが受付の順位としては，郵送はどうしても処理の関係上郵送受領者から窓口までの運搬の過程があり，後回しにされることにならざるを得ない。窓口の申請が朝一番になされたとしたら，そちらの受付が早くなる。

(注)　平成15年10月3日第1回法制審議会議事録より
　「問題は郵送で来るとどさっと来ますね，そこら辺の処理の仕方，つまり順位のつけ方がありますから，開庁時に郵便局から直接持ってこない限りは，多分朝一番で直接提出されたものより順番が劣後するのは，これは仕方がないかなと思いますけれども，どういう形で処理をするかということですね。郵便局から来る時間帯にもよるのでしょうけれども，今の考え方としてはどういうふうに順番処理をするという予定なのかをお聞かせ願えればと思います。」

　「郵送による申請というのは，今全くないという状態かというと，そうではなくて，例えばもちろん表示に関する登記は郵送というのはもともと制度として認めておりますし，いわゆる嘱託については出頭主義が必ずしも厳格に守られていない結果として，郵送による嘱託というのはある。したがって，そのときにどういう処理をするかということですが，来た順番にまず開封して，登記所に来る郵便物というのは非常に多くのものがございますから，その中で申請書だと分かれば分かったときに申請書の窓口に持っていって，そこで受け付けをする。そういうことでございます。したがって，正にそういった人間がやることですから，時間等が直接窓口に持ってこられるよりもかかるというのは，それはいわば仕方がないと，ただ，そういう前提で利用してくださいという，そういう制度だということだと思います。ですから，本当に急ぐときは窓口に来てくださいということだと思います。

　結局，まとめて届いた郵便物はみんな同時受付という形で処理するというふうになるわけですね。そこは今検討中でございますが，本当にシビアに，同時の受付番号を振らなければいけないといのは，先ほどちょっとレアケースと申し上げましけれども，同じ物件について競合するものが来たときだけなのではないかというふうに考えております。」

(3)　**郵送申請対郵送申請**
1番の同時到達の可能性が高い形態であるが，郵送の場合は正確な到達の時間は記録できないので，同じ配達の場合は同時到達となる。

(注)平成16年6月10日参議院法務委員会議録　第23号議案

○政府参考人(房村精一君)　……ただ，今回郵送申請を認めますので，郵送の場合ですと，これは固まりでそれぞれ登記所に来ますので，その同じ一回の配達で来たものは，これはもう同時と考えるしかありませんので，これは同時ということで，今後は郵送に関しましてはこの同時ということが増えてこようかと思いますが，従来のような扱い，窓口できちんと受け付けている，あるいはオンラインで申請をしていただくという場合には，この例外的な場合に当たるのは本当に限られていのではないかと，こう思っています。……。

○井上哲士君　郵送，郵送の方は。

○政府参考人(房村精一君)　郵送の場合も，郵送で来た時点で職員がその処理をいたしますので，すから，ただ郵送で一括して来たものについては同じ順番ということにはなります。

Ⅵ　受領証の交付

　受領証の交付に関する規定は，不動産登記法から不動産登記規則に移された。申請人は，書面申請の場合，登記の完了をするまでの間に申請書の内容と同一の書面を提出して，受領証の交付を請求することができる(規則54①・②)。この請求があったときは，登記官は当該書面に受付の年月日および受付番号を記載して職印を押印して受領証を作成の上，申請人に交付することを要する(同規則③)。オンライン申請の場合は，申請書の到達確認通知がされるほか処理状況の確認の操作をすることにより，登記の進捗を確認できることになるので，受領証の交付はない。

(中村昌美)
(執筆協力：齋木賢二)

(登記の順序)
第20条 登記官は，同一の不動産に関し権利に関する登記の申請が二以上あったときは，これらの登記を受付番号の順序に従ってしなければならない。

＊旧法関係……旧法48条
＊関連法規……(登記の順序)規則58条

I　本条の趣旨

本条は，登記官が登記をする場合の順序を定めたものである。登記は受付番号の順序に従って処理され，登記されるべきことを規定したものである。

登記申請は，申請された順序に従って受付番号が付されるので(19③)，登記を受付番号の順序に行うべきことは，一般的にも当然のことであるが，特に，同一不動産について登記した数個の権利の順位が登記の先後によって決せられる(4・73)，したがって権利の優先順序が定まるところから，登記官に注意を喚起するため，明示的に規定されたものである。

II　登記の順序
1　原　則

本条の趣旨から，「登記を受付番号の順序に従ってしなければならない。」とは，同一の不動産については，登記記録への記載順序は受付番号順によるべき旨を定めるとともに，登記の処理の順序も受付番号順によるべき旨を定めたものと解すべきである(吉野・注釈(下)285頁，幾代=浦野・判例・先例コンメ新編不登法II231頁)。

具体例を利用して考えてみよう。A所有名義の同一不動産について，A→B, B→Cの各所有権移転登記の申請が相前後して申請された場合には，登記の処理は，A→Bの申請を処理し，次いでB→Cの申請を処理すべきであって，後から提出されたB→Cの申請を先に審査し，登記名義人がAだとして第25条7号により却下すべきではない。逆にB→Cの所有権移転登記申請が先にされ，続いてA→Bへの所有権移転登記の申請が続いた場合，物権変動として全体をみれば，一応の整合性があり，A→B→Cへの移転登記を認めることができそうではあるが，審査の順序からみて登記名義人が登記義務者とはならず25条7号により却下されよう。

しかし，異なる不動産については，登記の前後によって権利の順位が影響を受けることはないので，特段に受付の順序による登記処理をする必要はない。旧法では「同一不動産について」の文言は記されておらず，解釈として，権利に関する登記と表示に関する登記とを分けたり，管轄区域を数地区に分けて各々分担処理することも許されるとされていた(ただし，区分建物とその区分建物に係る敷地権の目的たる土地については，建物の登記が土地の登記としての効力がみとめられるので，分担処理は適用外である(73条)。林=青山・注解323頁)。

新法では旧法の解釈として定着していた扱いが明記されたといえよう。

2 問題例

(1) 権利の登記と表示の登記の同時申請　本条は，権利に関する登記のほか，表示に関する登記にも適用される。同一不動産に関して権利に関する登記と表示に関する登記が申請された場合については，本条は弾力的に適用されるべきである。権利に関する登記が申請を受け付けた日から相当期間内に処理することになっている(25)のに対して，表示に関する登記は，登記官の実地調査に基づいて行う場合もあり(29①)，登記完了の時期は，通常は受付時期より後になり，登記事項も，権利に関する登記は受付年月日および受付番号を記載するのに対して，表示に関する登記は登記(完了)の年月日を記載することとされている(27)ので，必ずしも受付番号の順序に従って登記することができない場合が生ずるからである。

① 所有権移転登記と分筆登記　まず，同一不動産について所有権移転登記が申請された後に分筆登記が申請された場合は，本条を適用し，所有権移転登記した後に分筆登記を実行する。この場合の分筆登記の申請人が新所有者(現所有権登記名義人)であれば受理できるが，申請人が旧所有者(旧所有権登記名義人)であれば却下(25・39)することになる。

② 表示の登記と所有権移転登記　次に，同一不動産について，表示に関する登記が申請された後に権利に関する登記が申請された場合は，本条を適用すべきでない。本条が機械的に適用されたならば，先の受付番号を有する表示に関する登記の完了が，実地調査の必要上，後から申請された権利に関する登記の受付の日より後になるような場合には，当該権利に関する登記の受付日に従った登記の処理ができない。この場合は，権利に関する登記を即日処理の建前に従って処理し，先に申請された表示に関する登記を前提とするものであれば，25条6号(不動産の表示が登記簿と抵触する)により却下すべきである。表示に関する登記の完了を待つ必要はない。

反対の立場もある。同一建物について，表示の登記と所有権保存の登記を前後連続して申請した場合には，建物の表示の登記が実地調査によって処理された日(登記の日)が所有権保存登記の受付の日より後れた場合でも，所有権保存登記を却下するのは違法であるとする(吉野・注釈(下)287頁参照)。

(2) 未登記不動産　未登記不動産についても本条は適用されるべきである。未登記不動産について，表示登記の申請と同時に所有権保存登記を申請した後，登記完了前に，同一不動産について未登記不動産の仮差押登記の嘱託(76②③)がされた場合，各登記の申請の受否の決定が順次なされた後に登記嘱託の受否を決定すべきとする判例がある(福岡高判昭58・6・30高民集36・2・75)。旧48条は，同一不動産に関しては，その登記が表示に関するものと権利に関するものとを問わずすべての登記に強行規定として適用され，したがって，必ず受付番号の順序により登記すべきものと判示している。未登記不動産においても自己の取得した所有権の保全に最善の努力を払おうとするものに対して，本条を無視し

て嘱託による職権の登記を優先することは不動産登記を通じての不動産取引の安全を図ろうとする登記制度の理念に反するといえよう。

III　本条の強行法規性

　本条は，登記官に対する職務規定ないし命令規定であり，本条に違反して後の受付番号の登記を先にした場合でも，当該登記の効力は失わないと解すべきである(幾代＝浦野・判例・先例コンメ新編不登法II240頁，吉野・注釈(下)288頁，不動産が異なる場合訓示規定であるとの考えもある。香川・精義(上)206頁)。最高裁判決は，本条を表示登記及び権利の登記に共通する強行規定と解している(最判昭62・11・13判タ680・115)。さて，登記の効力まで否定するか否かはであるが，登記は，いったん登記記録として公開された以上，それが登記手続に違反してされたものであったとしても，当然に無効とすることは取引の安全を著しく害すると考えらよう(25・71参照)。

　もっとも，本条に違反してなされた登記によって先に申請した申請人が損害を受けた場合は，国に対して損害賠償請求をなしうることは当然である。前掲最高裁判例の事件も登記官に対する国家賠償請求として提起されたものであった(抵当金額誤記につき福岡高判平12・5・26金判1098・20，抵当権抹消につき東京高判平8・11・27判時1590・67も同旨)。

(中村昌美)
(執筆協力：齋木賢二)

(登記識別情報の通知)
第21条 登記官は，その登記をすることによって申請人自らが登記名義人となる場合において，当該登記を完了したときは，法務省令で定めるところにより，速やかに，当該申請人に対し，当該登記に係る登記識別情報を通知しなければならない。ただし，当該申請人があらかじめ登記識別情報の通知を希望しない旨の申出をした場合その他の法務省令で定める場合は，この限りでない。

*旧法関係……本条新設〔→(参考)旧法60条〕
*関連法規……(登記識別情報の定め方)規則61条，(登記識別情報の通知の相手方)規則62条，(登記識別情報の通知の方法)規則63条〔→(登記識別情報の通知)準則37条，(登記識別情報の再作成)通達第2-3〕，(登記識別情報の通知を要しない場合)規則64条〔→(登記識別情報の通知を要しないこととなった場合)準則38条，(登記識別情報の管理)準則41条〔→(審査の方法)通達第2-2〕〕，(登記識別情報の失効の申出)規則65条，準則39条，(登記完了証)規則181条，(登記完了証の交付の方法)規則182条，(申請人以外の者に対する通知)規則183条〔→(通知書の様式)規則118条11号，12号〕，(各種の通知の方法)規則188条，(日計表)準則122条

I 本条の趣旨

不動産登記法改正の最重要点の1つである登記識別情報について定めた規定である。改正前は，登記済証および印鑑証明書を添付することにより，申請人についての本人確認をしていたが，電子申請の導入に伴い，これらの書面に代わって電磁的な情報提供による本人確認が必要となり，登記済証という書面の代わりに，登記識別情報という電子的情報が導入されたものである。それゆえ，登記識別情報の交付は，登記が完了したことの証拠としての機能も担うといえよう(ただし，登記の完了については，すべての登記申請について，登記完了時に，登記所から「登記完了証」によって登記が完了した旨が通知される。規則181)。

II 登記識別情報制度の意義
1 意 義
登記識別情報とは，登記名義人が登記申請をする場合において，当該登記名義人が自ら，当該登記を申請していることを確認するための情報であり(2(14))，12桁の英文字・数字で構成された符号情報である。

2 雛 型
登記識別情報の様式

```
            登記識別情報通知
次の登記の登記識別情報について，下記のとおり通知します。
【不動産】新宿区中落合8丁目1299番
【不動産番号】G45678
【受付年月日・受付番号】平成19年2月14日受付3045号
【登記の目的】所有権移転
【登記名義人】目白太郎
                （以下余白）

                   記
              登 記 識 別 情 報
              １４４-FR１-５U４-ZZZ


平成19年2月14日
    東京法務局　新宿出張所
        登記官　　　東京花子　　　　［職印］
```

III　登記識別情報の通知
1　通知の相手方

　登記識別情報の通知は，その登記をすることによって，申請人自らが登記名義人となる場合において，その申請人に対して行われる(21)。

　したがって，複数の相続人がいる場合において，相続人の1人から保存行為として申請された相続登記では，登記識別情報は，当該申請をした相続人1人にのみ通知され，他の相続人には通知されない。共有の登記の場合は，共有者の人数分の登記識別情報が通知される。その他，代位による登記や権利の変更・更正・抹消登記など新たに登記名義人にならない申請のときには，登記識別情報の通知はない。

　また，登記識別情報は不動産ごとに通知される。登記名義人が多数でかつ複数の不動産が目的となっている登記申請では，非常に多数の登記識別情報が通知されることになる。

　登記識別情報は，原則として申請人本人に通知されるが，規則62条に以下の例外が定められている。

　　①　法定代理人(支配人その他の法令の規定により当該通知を受けるべき者を代理することができる者を含む)によって申請している場合には，当該法定代理人。

　　②　申請人が法人である場合には，当該法人の代表者。

③　登記識別情報の通知を受けるための特別の委任を受けた代理人がある場合，当該代理人。したがって，登記申請代理人が，登記識別情報を受領する場合については，登記申請とは別の授権が必要となる。

2　登記識別情報の通知の方法

登記識別情報の通知方法は，電子申請，書面申請の区分に応じ，異なる。

① **電子申請の場合**　法務大臣の定めるところに従い，登記官の使用に係る電子計算機に備えられたファイルに記録された登記識別情報を，電子情報処理組織を通じて送信し，これを申請人またはその代理人の使用に係る電子計算機に備えられたファイルに記録する方法による。ただし，電子申請促進策として，平成20年1月15日から当分の間，電子申請の場合でも，書面によって登記識別情報を窓口での交付もしくは送付による交付の方法で通知を受けることができる扱いとなっている。

② **書面申請の場合**　これに対して，書面申請(窓口申請および郵送申請)の場合には，登記識別情報ならびに当該登記識別情報に係る登記および登記名義人を特定することができる情報を記載した書面(登記識別情報通知書という)を，窓口で交付するか，または送付する方法によって行う(規則63①・同③〜⑨)。

なお，平成20年からは，上記①電子申請の場合においても，申請人が希望すれば，登記識別情報通知書を，窓口もしくは送付の方法で交付されることとなった。

この情報または書面は，前述のように，登記名義人ごと，かつ不動産ごとに作成される。書面による通知の場合，例えば登記権利者が3名で申請し，不動産が5物件の場合，通知書は15通作成される。登記識別情報は，印刷と同時に自動的に目隠しシールが貼られるため，登記所の職員であっても登記識別情報の内容をみることはできない(準則37②)。

3　登記識別情報の通知内容

登記識別情報の通知の内容は，登記識別情報(12桁の英数字)のほか，①不動産所在事項および不動産番号，②申請の受付の年月日および受付番号または順位番号および同順位の符号，③登記の目的，④登記名義人の氏名または名称および住所を含む(準則37)。

IV　登記識別情報の通知を要しない場合
1　登記識別情報の不通知

登記識別情報は，申請人が通知を希望しない場合は通知されない(21ただし書)。通知がされなかった場合でも，再度通知を請求することはできない。なお，不交付の場合には，申請情報または申請書にその旨を記載しなければならない。

さらに，ただし書の委任による法務省令(規則64)で定める場合として，登記識別情報を一定期間受領せずに放置した場合も，登記識別情報を通知しないことになる。

2 不通知の類型

(1) 申出による場合　法21条本文の規定により登記識別情報の通知を受けるべき者があらかじめ登記識別情報の通知を希望しない旨の申出をした場合(官庁または公署が登記権利者のために登記の嘱託をした場合において，当該官庁または公署が当該登記権利者の申出に基づいて登記識別情報の通知を希望しない旨の申出をしたときを含む)には，登記識別情報は通知されない(規則64①(1)・(4))。

(2) その他の事由による場合

① **ダウンロード懈怠**　電子申請において，法21条本文の規定により登記識別情報の通知を受けるべき者が，登記官の使用に係る電子計算機に備えられたファイルに登記識別情報が記録され，電子情報処理組織を使用して送信することが可能になった時から30日以内に自己の使用に係る電子計算機に備えられたファイルに当該登記識別情報を記録しない場合には，その後は登記識別情報の通知を受けることができない(規則64①(2))。

② **不受領**　書面申請において，法21条本文の規定により登記識別情報の通知を受けるべき者が，登記完了の時から3か月以内に登記識別情報を記載した書面を受領しない場合にも，その後は登記識別情報通知書の交付を受けることはできない(規則64①(3))。

③ **官公署による申請**　登記識別情報の通知を受けるべき者が官庁または公署である場合には，当該官庁または公署があらかじめ登記識別情報の通知を希望する旨の申出をした場合を除いて，登記識別情報は通知されない(規則64①(4))。

V 登記識別情報の失効の申出

登記識別情報の通知を受けた者またはその相続人その他の一般承継人は，登記官に対し，当該通知を受けた登記識別情報について失効の申出をすることができる(規則65②)。申出に理由は不要であるが，識別情報の管理の煩に耐えられない場合や，情報の流出のおそれがある場合などが，申出原因として考えられる。

1 申出事項

申出事項は以下のとおりである(規則65②)。

① 申出人の氏名または名称および住所
② 申出人が法人であるときは，その代表者の氏名
③ 代理人によって申出をするときは，当該代理人の氏名または名称および住所ならびに代理人法人であるときはその代表者の氏名
④ 申出人が登記識別情報の通知を受けた者の相続人その他の一般承継人であるときは，その旨および登記識別情報の通知を受けた者の氏名または名称および住所
⑤ 当該登記識別情報に係る登記に関する次に掲げる事項
　イ　不動産所在事項または不動産番号
　ロ　登記の目的

ハ　申請の受付の年月日および受付番号
　　ニ　電子申請の場合は甲区・乙区の別

2　失効申出の方法
　以下の2種類の方法がある。
　　①　電子申請によって申出情報を登記所に提供する方法
　　②　書面を登記所に提出する方法
　なお，登記簿に記録されている登記名義人の氏名または名称および住所が実際と異なるときは，申出情報と併せて変更または錯誤もしくは遺漏があったことを証する市町村長，登記官その他の公務員が職務上作成した情報を提供しなければならない。また，登記識別情報の通知を受けた者の相続人その他の一般承継人が申出をするときは，相続その他の一般承継があったことを証する市町村長，登記官その他の公務員が職務上作成した情報を提供しなければならない。

3　添付書類
　失効の申出をするには，書面による申出の場合は，申出情報を記載した書面への記名押印および印鑑証明書，オンラインによる申出の場合は，申出情報への電子署名および電子証明書，相続人等の一般承継人が請求する場合は承継があったことを証する市町村長等の公務員が職務上作成した情報等，代理人による申出の場合は，代理権限を証する情報等の添付情報を併せて提供する必要がある。

4　審　査
　失効の申出があった場合，登記官は，添付情報と登記記録の登記名義人の表示から，申出権者からの申出かどうかを審査し，当該申出を相当と認めるときは，登記識別情報を失効させる(準則39②)。
　失効の申出の受付の前に同一の不動産について受け付けられた登記の申請がある場合には，当該申請に基づく登記の処理をした後でなければすることができない(準則39③)。

(中村昌美)
(執筆協力：齋木賢二)

(登記識別情報の提供)
第22条 登記権利者及び登記義務者が共同して権利に関する登記の申請をする場合その他登記名義人が政令で定める登記の申請をする場合には、申請人は、その申請情報と併せて登記義務者(政令で定める登記の申請にあっては、登記名義人。次条第1項、第2項及び第4項各号において同じ。)の登記識別情報を提供しなければならない。ただし、前条ただし書の規定により登記識別情報が通知されなかった場合その他の申請人が登記識別情報を提供することができないことにつき正当な理由がある場合は、この限りでない。

＊旧法関係……本条新設〔→(参考)旧法35条1項3号〕
＊関連法規……(登記識別情報を提供することができない正当な理由)準則42条〔→(登記義務者の権利に関する登記済証の取扱い)通達第1-3〕,(登記識別情報の提供)規則66条〔→(審査の方法)通達第2-2〕

I 本条の趣旨
　登記申請の際、登記官による登記義務者の意思確認のために従来は登記済証の確認が有力な方法とされ、不動産上の権利が移転・変更される場合には原則として登記済証の添付が要求されてきた(旧法35①(3))。平成17年改正では電子申請・書面申請の場合を問わず、登記済証の制度が原則として廃止され、登記完了の際に従来の登記済制度に代わるものとして、一定の場合に当該登記申請の登記権利者に対する登記識別情報を通知することを定めた(21)。登記名義人が登記義務者となって登記申請するとき等に、自己が通知を受けた登記識別情報を提供する本条の趣旨は、登記義務者(登記名義人)の登記意思確認のためである。

II 登記識別情報の提供
1 提供義務者　登記義務者による提供
　22条は、登記権利者および登記義務者が共同して権利に関する登記の申請をする場合、申請人は、その申請情報と併せて登記義務者の登記識別情報を提供しなければならないとする。

2 提供義務者　登記名義人による提供
　22条の「登記名義人が政令で定める登記の申請をする場合」に該当するのは、不登令8条による。単独申請であっても登記名義人が登記識別情報を提供しなければならない登記は以下である(確定判決による登記を除く)。
　　① 所有権の登記がある土地の合筆の登記
　　② 所有権の登記がある建物の合体による登記等

③ 所有権の登記がある建物の合併の登記
④ 共有物分割禁止の定めに係る権利の変更の登記
⑤ 所有権の移転の登記がない場合における所有権の登記の抹消
⑥ 抵当権又は質権の順位の変更の登記
⑦ 民法398条の14第1項ただし書(同法361条において準用する場合を含む)の定めの登記
⑧ 仮登記の登記名義人が単独で申請する仮登記の抹消

3 登記識別情報の提供方法

具体的な提供方法は規則66条に定められている。

(1) 電子申請による場合 電子申請により登記義務者が登記識別情報を提供する場合は，登記官の公開鍵により暗号化し申請情報と併せて提供することになる。

(2) 書面申請による場合 書面申請の場合には，登記識別情報を記載した書面を申請書に添付して提出する。書面は，封筒に入れて封をする。封筒には，登記識別情報を提供する申請人の氏名または名称および登記の目的を記載し，登記識別情報を記載した書面が在中する旨を明記するものとする。

(3) 登記識別情報の提供の省略——連件申請の場合 同一の不動産について二以上の権利に関する登記の申請がされた場合(当該二以上の権利に関する登記の前後を明らかにして一括して申請がされた場合に限る)において，前の登記によって登記名義人となる者が，後の登記の登記義務者となるときは，当該後の登記の申請情報と併せて提供すべき登記識別情報は，当該後の登記の申請情報と併せて提供されたものとみなされる(規則67)。従来の実務でも，連件申請の場合に，前件の登記権利者に交付されるべき登記済証について，当然後見の登記申請に添付されたものとして取り扱われていたものを，登記識別情報の提供の場合について明文化したものである。

Ⅲ 登記識別情報の提供

申請人が登記識別情報を提供することができないことにつき正当な理由が認められる場合には，登記識別情報の提供は不要である(22条ただし書)。「正当な理由が認められる場合」とは，具体的には以下①から⑤の場合である。

① 登記識別情報が通知されなかった場合(22ただし書)
② 登記識別情報の失効の申出に基づき，登記識別情報が失効した場合(準則42)
③ 登記識別情報を失念した場合(準則42)
④ 登記識別情報を提供することにより登記識別情報を適切に管理する上で支障が生ずることとなる場合(準則42)
⑤ 登記識別情報を提供したとすれば当該申請に係る不動産の取引を円滑に行うことができないおそれがある場合(準則42)

登記識別情報制度の施行前に，①登記済証の交付を受けなかった場合や，②登記済証が滅失または紛失した場合については，登記識別情報を提供できない正当な理由となる。

なお，登記識別情報を提供しない場合には，申請情報の内容として，以上の正当な理由を提供しなければならない(令3⑫)。

Ⅳ 登記識別情報に関する証明制度(有効証明請求)

登記名義人またはその相続人その他の一般承継人は，登記官に対し，手数料を納付して，登記識別情報が有効であることの証明その他の登記識別情報に関する証明を請求することができる(令22)。なお，手数料の納付は，原則として収入印紙による。

1 登記識別情報に関する証明の請求手続

有効証明請求の際には，以下に掲げる事項を内容とする情報を登記所に提供してしなければならない(規則68)。

① 請求人の氏名または名称および住所
② 請求人が法人であるときは，その代表者の氏名
③ 代理人によって請求をするときは，当該代理人の氏名または名称および住所ならびに代理人が法人であるときはその代表者の氏名
④ 請求人が登記名義人の相続人その他の一般承継人であるときは，その旨，および，登記識別情報の通知を受けた者の氏名または名称および住所
⑤ 当該登記識別情報に係る登記に関する次に掲げる事項
　イ　不動産所在事項または不動産番号
　ロ　登記の目的
　ハ　申請の受付の年月日および受付番号
⑥ 登記識別情報(申請の際の登記識別情報の提供方法が準用される)

2 請求方法・証明方法

登記識別情報有効証明の請求方法には，以下の2つがある。

① **電子請求**　電子情報処理組織を使用して有効証明請求情報を登記所に提供する方法による場合，請求人が有効証明を求める登記識別情報は，登記申請の場合に準じて，登記官の公開鍵によって暗号化し送信すべきものとされ(規則68②・66)，一方，登記官による有効証明は，登記官の使用に係る電子計算機に備えられたファイルに記録された情報を電子情報処理組織を使用して送信し，これを請求人またはその代理人の使用に係る電子計算機に備えられたファイルに記録する方法によって交付される(規則68④(1))。

② **書面請求**　書面で登記所の窓口に請求する場合には，登記申請と同様に，登記識別情報ならびに当該登記識別情報に係る登記および登記名義人を特定することができる情報を記載した書面を封筒等に入れ，印鑑証明書等とともに有効証明請求書に添付して請

求し，登記官は，証明に係る事項を記載した書面を交付する。

3 請求人資格

登記識別情報の有効証明の請求人は，当該識別情報に係る登記名義人またはその相続人その他の一般承継人に限られる（令22）。

請求人の請求資格を証明するため，書面による場合は，有効証明請求情報を記載した書面への記名押印および請求人の印鑑証明書，オンラインで行う場合は，有効証明請求情報への電子署名および請求人の電子証明書が要求される。また，相続人等の一般承継人から請求する場合はそれらの承継を証する市町村長などの公務員が職務上作成した情報の提供が要求され，代理人により請求する場合は，代理権限を証する情報の提供が必要になる。ただし，資格者代理人によって請求する場合には，一定の緩和措置が認められている（規則68⒂）。

4 審査の内容

請求人から提供された有効証明請求情報につき，登記官は，以下の点を審査する。
① 手数料が納付されているか
② 物件または登記事項が存在するかどうか
③ 請求権のある者が請求しているかどうか
④ 登記識別情報の照合
　ア 登記識別情報が通知されているか，または失効しているか
　イ 提供された登記識別情報と一致しているか

5 登記識別情報に関する証明

登記官は，令22条1項に規定する登記識別情報に関する証明の請求があったときには，以下の計6種類の証明のうち（有効である場合につき①，そうでない場合につき②〜⑤）のどれかをする（準則40）。

① **有効証明** 提供された登記識別情報が請求に係る登記についてのものであり，かつ，失効していないとき，登記官は，請求に係る登記を表示した上，「上記の登記について平成何年何月何日受付第何号の請求により提供された登記識別情報は，当該登記に係るものであり，失効していないことを証明する。」旨の認証文を付すものとする。

有効であることの証明ができないとき，登記官は，事由に応じて，以下の認証文を付して，有効であることの証明ができない理由を明らかにする。

② **不一致の証明** 請求に係る登記があり，かつ，当該登記の登記名義人についての登記識別情報が失効していないが，当該登記の登記名義人についての登記識別情報と提供された登記識別情報とが一致しないときには，「上記の登記について平成何年何月何日受付第何号の請求により提供された登記識別情報は，正しい登記識別情報と一致しませ

ん。」旨の認証文を付すものとする。

　③　**失効の証明**　請求に係る登記があるが，当該登記の登記名義人についての登記識別情報が通知されていないとき又は失効しているときには，「上記の登記に係る登記識別情報が通知されず，又は失効しています。」旨の認証文を付すものとする。

　④　**請求人不適格**　請求に係る登記があるが，請求人が登記名義人又はその一般承継人であることが確認することができないときには，「別添の登記に係る平成何年何月何日受付第何号の登記識別情報に関する証明の請求については，請求人は，請求人としての適格があると認められません。」旨の認証文を付すものとする。

　⑤　**登記不存在**　請求に係る登記がないときには，「別添の登記に係る平成何年何月何日受付第何号の登記識別情報に関する証明の請求については，請求に係る登記はありません。」旨の認証文を付すものとする。

　⑥　**その他**　なお，以上の理由以外の理由により証明することができないときには，以上の例にならって，例えば登記手数料の納付がないなど，具体的な理由を認証文に示して明らかにする。

（中村昌美）
（執筆協力：齋木賢二）

(事前通知等)

第23条 登記官は，申請人が前条に規定する申請をする場合において，同条ただし書の規定により登記識別情報を提供することができないときは，法務省令で定める方法により，同条に規定する登記義務者に対し，当該申請があった旨及び当該申請の内容が真実であると思料するときは法務省令で定める期間内に法務省令で定めるところによりその旨の申出をすべき旨を通知しなければならない。この場合において，登記官は，当該期間内にあっては，当該申出がない限り，当該申請に係る登記をすることができない。

② 登記官は，前項の登記の申請が所有権に関するものである場合において，同項の登記義務者の住所について変更の登記がされているときは，法務省令で定める場合を除き，同項の申請に基づいて登記をする前に，法務省令で定める方法により，同項の規定による通知のほか，当該登記義務者の登記記録上の前の住所にあてて，当該申請があった旨を通知しなければならない。

③ 前二項の規定は，登記官が第25条(第10号を除く。)の規定により申請を却下すべき場合には，適用しない。

④ 第1項の規定は，同項に規定する場合において，次の各号のいずれかに掲げるときは，適用しない。

(1) 当該申請が登記の申請の代理を業とすることができる代理人によってされた場合であって，登記官が当該代理人から法務省令で定めるところにより当該申請人が第1項の登記義務者であることを確認するために必要な情報の提供を受け，かつ，その内容を相当と認めるとき。

(2) 当該申請に係る申請情報(委任による代理人によって申請する場合にあっては，その権限を証する情報)を記載し，又は記録した書面又は電磁的記録について，公証人(公証人法(明治41年法律第53号)第8条の規定により公証人の職務を行う法務事務官を含む。)から当該申請人が第1項の登記義務者であることを確認するために必要な認証がされ，かつ，登記官がその内容を相当と認めるとき。

＊旧法関係……本条新設〔→(参考)旧法44条ノ2〕
＊関連法規……①(事前通知)規則70条，準則43条〔→(事前通知書のあて先の記載)準則44条，(事前通知の通知番号等)通達第1-8，(相続人等から申出)準則46条，(通知書の様式)準則118条1号，(事前通知書の再発送)準則45条〕，(事前通知書の保管)準則47条，②(前の住所への通知)準則71条〔→(前の住所地への通知方法)準則48条，(通知書の様式)準則118条2号〕，④(資格者代理人による本人確認情報の提供)規則72条，準則49条，通達第1-9，(申請書等について

の公証人の認証)通達第 1-10

I 本条の趣旨

旧法下(44・44の2),虚偽申請等の事故が発生し,かねてから問題を指摘されてきた保証書制度を廃止し,創設された新たな本人確認制度が本条である。新法は事前通知制度を改善し,登記識別情報の提供がない場合には,事前通知手続により本人確認をすることを原則とした。さらに,全く新しい制度として,事前通知に代わる本人確認手段として資格者代理人による確認情報の提供を創設した。

II 事前通知
1 事前通知制度の意義

(1) **意義** 23条1項,2項は新しい事前通知制度を創設した。申請人が22条に従って共同申請より権利に関する登記申請をする場合に(所有権に関する登記に限定されない),登記識別情報を提供することができないとき,登記義務者に対し,当該申請があった旨および当該申請の内容が真実であると思料するときはその旨の申出をすべき旨を登記官は通知しなければならない。この申立がなされた旨の登記官による通知を事前通知という。

登記官は,通知期間内に,義務者本人による真実の申請である旨の申出がない限り,当該申請に係る登記をすることができない。旧法の保証書を用いた事前通知制度と異なる点は,本人限定受取郵便または書留郵便及びそれらに準ずる郵便によってなされるとされた点である。旧法では普通郵便で通知がなされていたことから,本人以外の者がこの通知を受領して手続を行う等の不正手続が少なくなかったからである。

(2) 旧制度との比較

	事前通知の制度(新制度)	旧保証書制度(旧44・44ノ2)
対象	①登記識別情報の提供ができない場合(登記済証含む)②登記済証滅失・登記識別情報不交付③登記識別情報失念④登記識別情報を提供することにより登記識別情報を適切に管理する上で支障が生ずることとなる場合(登記識別情報を提供すれば当該申請に係る不動産の取引を円滑に行うことができないおそれがある場合を含む)	登記済証滅失の場合
手続	事前通知 　登記申請時点で,登記を受付けて,登記申請があった旨及び当該申請内容が真実だと思料するときには,定められた期間内にその旨の申出をするよう	所有権に関する登記 　登記申請時点では,登記を仮に受付けて,登記義務者の本人性を保証する保証人(成人2名)をたてて申請登記申請があったことを事前通知,

		に，登記義務者の住所に本人限定受取郵便で通知，期間内に義務者本人から当該登記申請内容が真実だとの返答があった場合に登記申請受理	通知発信後3週間以内に，義務者本人から事前通知書に登記申請に間違いのない旨を記載した返答があった後，登記申請を正式に受け付けて受理(旧法44ノ2)
			所有権以外に関する登記
			同じく保証人をたてて申請，登記終了後，義務者に事後通知
通知手段		①登記義務者が自然人の場合 　　本人限定受取郵便またはこれに準ずる郵便 ②登記義務者が法人の場合 　　書留郵便または信書便の役務であって信書便事業者において引受け及び配達の記録を行うもの ③登記義務者が外国に住所を有する場合 　　書留郵便もしくは信書便事業者において引受け及び配達の記録を行うものまたはこれらに準ずる方法	普通郵便または信書便
他手段		①資格者代理人による確認がなされた場合 ②公証人による認証がなされた場合	

2　手　続

(1) **通知の相手方とその方法**　　登記官は，登記義務者が自然人である場合は，本人の住所に通知を行う。なお，申請人から，住所に，例えば「何アパート内」または「何其方」と付記して事前通知書を送付されたい旨の申出があったときは，その申出に応じて差し支えない(準則44)。

　登記義務者が法人である場合において，事前通知をするときは，事前通知書を当該法人の主たる事務所にあてて送付する。ただし，申請人から事前通知書を法人の代表者の住所にあてて送付を希望する旨の申出があったときは，その申出に応じて差し支えない。

　自然人または法人の代表者の住所にあてて通知する場合は日本郵便の内国郵便約款の定めるところにより名宛人本人限定受取郵便等による。これに対して，法人の事務所あてに通知する場合は，本人限定郵便は困難であるので，書留郵便または配達記録等による。登記義務者が外国に在住する場合は本人限定受取郵便制度は一般的にないので，書留郵便または引き受け・配達記録付き郵便による(令70)。

(2) **申出期間(規則70条8項)**　事前通知の通知期間は，通知を発送した日から2週間である(規則70(8)本文)。ただし，登記義務者の住所が外国にある場合には，4週間とする(同条項ただし書)。

(3) **申請の内容が真実である旨の申出**　通知が到達した後，登記義務者は申請の区分に応じ，登記意思が真実である確認の申出をしなければならない。

① **電子申請による場合**　オンラインによる申出は，法務大臣の定めるところに従い，登記義務者が通知書面の内容を通知番号等を用いて特定し，申請の内容が真実である旨の情報に電子署名を行った上，登記所に送信する方法で行う(規則70⑤(1))。

② **書面申請による場合**　書面による申出は，登記義務者が，通知書の内容が真実である旨を記載して，記名し，申請書又は委任状に押印したものと同一の印を用いて当該書面に押印した上，登記所に提出する方法で行う(規則70⑤(2))。

(4) **申出がない場合の却下**　23条1項の期間内に，通知に係る申請の内容が真実である旨の申出がなされなかった場合には，登記申請は25条10号により却下される。

(5) **前住所通知**　旧法下における保証書による通知においては，なりすましによる不正な登記申請の方法として，登記所からの通知が真の登記名義人に通知されることのないよう，登記の申請に先立って違法に住民票の移転手続をし，住所移転を原因とする登記名義人表示変更登記をして登記簿上の住所を変更してから，移転先の住所で通知を受領する悪用例が頻繁にあった。このような不正を防止するため，新法では所有権に関する登記申請については，登記名義人の過去の登記簿上の住所にも通知することとした(23②)。

(ア) **前住所通知を要しない場合**　ただし，成りすましのリスクが少ない以下の場合については，前住所通知を要しない(規則71②)。

① 登記義務者の住所についての変更の登記原因が，行政区画もしくはその名称の変更または字もしくはその名称の変更である場合

② 登記申請の日が，その登記義務者の住所についてされた最後の変更の登記または更正の登記の申請に係る受付の日から3か月を経過している場合

③ 登記義務者が法人である場合

④ 資格者代理人による本人確認情報の提供があった場合において，当該本人確認情報の内容により申請人が登記義務者であることが確実であると認められる場合，申請情報が公証人による認証を受けている場合

(イ) **前住所通知の方法**　前住所通知は，「転送不可」と明記した郵便により行う(規則71①)。本人が居住しない場合には，登記所に返送されることを確保するためである。なお，登記義務者が登記申請前3か月以内に2回以上住所の変更登記がされている場合には，成りすましの危険防止のため，すべての登記簿上の前住所に通知する。

III　資格者代理人による本人確認情報の提供
1　本人確認情報の提供の意義
　登記識別情報を提供できない正当な理由がある場合，資格者代理人による本人確認情報の提供があり，かつ，登記官がその内容が相当であると認めたときは，事前通知は不要とされる(23④(1))。新法が創設した新たな制度である。

2　制度創設の根拠
　登記申請は，その大部分が，司法書士や土地家屋調査士等の資格者が代理して行っているのが実態である。これらの資格者は，業法上，職務に対して公正かつ誠実である旨が法律により定められており(司法書士2，土地家屋調査士2)，申請人を代理して登記申請をするときは，職務上真実の登記を申請する注意義務を負う。不動産登記法上，登記官には形式的審査しか課されていないことから，登記の申請は，実質的には，これら専門家による登記原因・意思確認によって，真実性が担保されてきたといえよう。資格者代理人による本人確認情報の提供制度は，こうした実情を踏まえて，資格者に登記の真実性を担保する一定の権限と責任を不動産登記法上正面から規定したものである。
　ただし，現行不動産登記法の条文は，登記識別情報(ないしは登記済証)を提供できない場合における本人確認の本則を事前通知とし(23①)，そのさらに例外として資格者代理人による本人確認情報提供制度を位置づけている(23④)。

3　本人確認情報の内容
(1)　提供資格
　本人確認情報を提供することができる資格者は，業として登記申請代理をすることができる個人(司法書士，土地家屋調査士，弁護士)，または法人(司法書士法人，土地家屋調査士法人，弁護士法人)である。

(2)　本人確認情報の内容
　本人確認情報は，以下の①～③の事項を明らかにするものでなければならない(規則72①(1)～(3))。
　①　資格者代理人が申請人と面談した日時，場所およびその状況
　②　資格者代理人が申請人の氏名を知り，かつ面識がある場合
　　この場合には，申請人の氏名を知り，面識がある旨および面識が生じた経緯を記載しなければならない。なお，面識がある場合とは，次のいずれかの場合をいう(準則49)
　　ア　当該登記申請の3か月以上前に当該申請人について，資格者代理人として本人確認情報を提供して登記申請をしたとき
　　イ　資格者代理人が当該登記申請の依頼を受ける以前から申請人の氏名および住所を知り，かつ，当該申請人と親族関係や1年以上にわたる取引関係その他安定し

た継続的な関係の存在があるとき
　　なお，面識ある場合には，証明書類の確認を省略できる。
　③　資格者代理人が申請人の氏名を知らず，または，面識がない場合
　この場合，資格者代理人は，規則72条2項1号～3号の定める書類を用いて，本人確認を行う。ただし，1号および2号に掲げる書類および第3号に掲げる書類で有効期間または有効期限のあるものについては，資格者代理人が提示を受ける日において有効なものに限る。
　　　1号　運転免許証，外国人登録証明書，住民基本台帳カードまたは旅券(パスポート)等のうちいずれか一以上の提示を求める方法
　　　2号　国民健康保険，健康保険，船員保険等もしくは介護保険の被保険者証，医療受給者証，健康保険日雇特例被保険者手帳，国家公務員共済組合もしくは地方公務員共済組合の組合員証または私立学校教職員共済制度の加入者証，国民年金手帳，児童扶養手当証書，特別児童扶養手当証書，母子健康手帳，身体障害者手帳，精神障害者保健福祉手帳，療育手帳または戦傷病者手帳であって，当該申請人の氏名，住所および生年月日の記載があるもののうちいずれか二以上の提示を求める方法
　　　3号　前号に掲げる書類のうちいずれか一以上および官公庁から発行され，または発給された書類その他これに準ずるものであって，当該申請人の氏名，住所および生年月日の記載があるもののうちいずれか一以上の提示を求める方法
　(3)　**資格者証明情報**　資格者代理人は，申請人の本人確認情報を提供する際には，代理人が資格者であることを証する情報の提供を要する(規則2③，準則49②)。証明書類は以下のいずれかである。なお，②および④の証明書は，発行後3か月以内のものであることを要する。
　　①　個人である資格者が代理人として電子申請する場合は，資格者団体が発行する電子証明書，例えば日本司法書士会連合会認証局が発行する電子証明書(ただし，現在は，いわゆる特例方式が認められているため，電子申請の場合でも書面による本人確認情報の提供が可能となっていることから，その場合には，資格者団体が発行した印鑑証明書)
　　②　個人である資格者が代理人として書面申請する場合は，資格者団体が発行した印鑑証明書，例えば，司法書士会の発行する職印証明書
　　③　法人である資格者が代理人として電子申請する場合は，電子認証登記所が発行する電子証明書(ただし，現在は，いわゆる特例方式が認められていることから，電子申請の場合でも書面による本人確認情報の提供が可能となっていることから，その場合には，登記所が発行した印鑑証明書)
　　④　法人である資格者が代理人として書面申請する場合は，登記所が発行した印鑑証明書
　　なお，虚偽の情報を提供した資格者代理人は法132条により，2年以下の懲役または50

(4)　**審査**　なお，登記官は，資格者代理人の提供した本人確認情報の内容を相当と認めることができない場合には，事前通知の手続を採るものとされている(準則49④)。

Ⅳ　公証人による認証

　公証人が，申請情報を記載し，電磁的記録について申請人が登記義務者であることを確認するために必要な認証をしている場合には，登記認識情報の提供がない場合でも，資格者代理人の本人確認情報の提供の場合と同様，事前通知を省略することができる(法23④(2))。公証人は，国の公証事務を担当する公務員であり，一般に，私人が作成した私署証書又は電磁的記録について，私人が公証人の面前で行った署名・記名捺印又は電子署名について公証人が認証を付す権限が認められている(公証人58・62ノ6)。したがって，登記官が，当該認証を相当と認めたときは，重ねて事前通知をする必要がないとの考えを制度化したものである。

　なお，公証人が私署証書の認証をするに当たり行った本人確認の内容を明らかにするため，整備法8条において公証人法59条を改正し，当事者の申立があれば，面識の有無，印鑑証明書の提出その他これに準ずる確実な方法により人違いでないことを証明させたこととしている(電磁的記録については，指定公証人の行う電磁的記録に関する事務に関する省令)。これは，登記官が，当該公証人の認証が登記義務者を確認するために相当なものであるか否かの判断をすることができるようにするためである。

制度の流れ

```
          ┌─────────────────────┐
          │登記済証または登記識別情報が│
          │      添付できない      │
          └──────────┬──────────┘
             ┌───────┴───────┐
             ▼               ▼
┌─────────────────────┐  ┌─────────────────────┐
│資格者代理人による本人確認│  │資格者代理人による本人確認│
│情報を添付しているまたは申│  │情報を添付していない    │
│請情報が公証人による認証を│  │                    │
│受けている            │  │                    │
└──────────┬──────────┘  └──────────┬──────────┘
           │              ┌───────┴───────┐
           │              ▼               ▼
           │    ┌─────────────────┐ ┌─────────────────┐
           │    │3か月以内に住所を移転│ │3か月以内に住所を移転│
           │    │し住所変更登記をして│ │し住所変更登記をして│
           │    │いない           │ │いる             │
           │    └────────┬────────┘ └────────┬────────┘
           ▼             ▼                   ▼
     ┌──────────┐  ┌──────────┐    ┌────────────────┐
     │事前通知省略│  │  事前通知  │    │事前通知・前住所通知│
     └──────────┘  └──────────┘    └────────────────┘
```

(中村昌美)
(執筆協力：齋木賢二)

(登記官による本人確認)

第24条 登記官は，登記の申請があった場合において，申請人となるべき者以外の者が申請していると疑うに足りる相当な理由があると認めるときは，次条の規定により当該申請を却下すべき場合を除き，申請人又はその代表者若しくは代理人に対し，出頭を求め，質問をし，又は文書の提示その他必要な情報の提供を求める方法により，当該申請人の申請の権限の有無を調査しなければならない。

② 登記官は，前項に規定する申請人又はその代表者若しくは代理人が遠隔の地に居住しているとき，その他相当と認めるときは，他の登記所の登記官に同項の調査を嘱託することができる。

* 旧法関係……本条新設
* 関連法規……①(登記官による本人確認)規則59条，準則33条，通達第1-1〔→(不正登記防止申出)準則35条，(不正登記防止申出の取扱い)通達第1-2〕，②(他の登記所の登記官に対する本人確認の調査の嘱託)準則34条

I 本条の趣旨

本条は新設の規定である。申請人が本人であることの確認義務について，旧法では具体的な規定を欠いていた。旧49条3号の解釈として，書面を通じてであるが，本人確認の実体審理を行うと解されてきた。新法では，25条4号により本人による申請でないことが明確な場合は却下事由になる。本条項はかかる明確な却下事由に該当しない場合で，登記申請をするべき者(本人)による申請かを確認する義務を登記官に課したものである。本人の譲渡意思—物権変動の実体関係についての意思確認義務を課すものでない点に注意されたい。

II 旧法下における本人確認調査義務

新法下における登記官による本人確認義務を検討する前に，物権変動における一般的な本人確認・譲渡意思確認の調査および旧法下における登記官の本人確認義務について前提的な説明を行っておく。

登記申請において，本人性の確認と譲渡意思の確認(意思能力および譲渡が真意であり，瑕疵のないものであることの確認)を行うことは，登記の真実性を担保し，瑕疵のない物権変動の実体関係を保証する審査の要となるべき調査である(幾代=徳本・不登法146頁)。物権変動につき意思主義を採用し，物権行為の独自性を認めない日本法の下では不動産取引契約の有効性・瑕疵のないことが健全な物権変動の要件である。取引契約の有効性の確認・実体関係の調査は必須であるはずで，有因主義を採用する日本法のもとでは物権変動の有効

性そのものの調査ともいえよう。この調査はいかなる者によっていかなる方法で行われてきたのであろうか。

1 調査方法

不動産物権変動おける実体調査の段階は大きく3段階に分かれる。第1段階として，売主・買主双方の本人性の確認，第2段階として，彼らの譲渡意思の確認，譲渡に関する実体関係に現在・過去とも瑕疵がないことの調査が必要であり，第3段階として，彼らの登記意思の確認が審査として必要なはずである。

調査の第1段階としての本人確認方法であるが，現在日本における本人認証の手段としては印鑑証明書と実印の照合が一般的である。しかしながら本人性の確認方法は様々で，運転免許証の確認・パスポートの確認・住民票の提示・電話確認など，それらの組み合わせが他に考えられる。厳格に考えると真の意味での本人確認は指紋照合・虹彩照合・DNA照合などの生物的認証によることなる。完璧な本人性確認とその意思の確認はきわめて高度で困難な作業である。

第2段階の取引関係の実体審理であるが，現在対象となっている取引については取引関係者が契約交渉時からの関与すること，契約時において第三者の立ち会いを行うことによって精度の高い調査の実践が可能であると言えよう。立ち会い時のおける契約上の瑕疵の調査は，契約当事者の状況・契約書の内容等から総合的に判断されよう。契約後の調査として当該不動産売買契約書の確認があろう。しかし，過去の取引につきさかのぼって瑕疵のないことを確認するのは容易ではない。

第3段階の登記意思の確認としては，建前としては，登記申請の際共同申請により当事者の申請意思を確認することになっている(26①)ので，登記義務者・登記権利者双方の申請当事者としての本人性確認・登記意思の確認がそこでなされるはずである(幾代=徳本・不登法147頁)。適法・適式な登記申請書の確認，所有権譲渡等の場合は，登記識別情報の提供・登記委任状の実印捺印とその照合などによってなされる。登記意思の確認は主として添付書類の書類審査を通じておこなわれているといえよう。

2 調査主体と調査責任

以上の本人確認・譲渡意思確認等の調査は，実務上誰が，いかなる方法で実施しているのであろうか。実は，これらの調査は，一元的あるいは徹底的に行われてはいない。複数の取引関係者が調査し，しかも対面調査がなされる場合，なされない場合もあり，なされた場合の調査レベルもまちまちである。

　(1)　**宅地建物取引業者による調査**　　宅地建物取引業者は，取引仲介の際に，登記意思確認の義務はないが，第1段階としての，売主・買主双方の本人性の確認，第2段階としての，彼らの譲渡意思の確認，譲渡に関する実体関係に現在・過去とも瑕疵がないことの調査については，まさに仲介者としては出発点となる調査に関し調査義務を負う。売主

と称する権利者の真偽については委任契約上の善管注意義務を負うとされているし，業者の介入に信頼して取引をするに至った一般第三者に対しても一定の業務上の注意義務を負う(最判昭36・5・26民集15・5・1440)と判断されている。本人確認の方法に関しては，主として登記名義の確認，実印と印鑑証明書の照合・確認，登記識別情報・登記済証の確認等の書面調査である平成20年3月1日以降は「犯罪による収益移転防止に関する法律」(いわゆるゲートキーパー法)によって宅地建物取引業者は特定事業者として(2条)，運転免許証の掲示等において顧客の本人確認が義務づけられた。譲渡意思については，さらに所有者である売主本人への意思確認などの対面調査が要求されている。宅地建物取引業者は仲介報酬が高額であり，もっとも取引の実体過程に関与するものであるから，高度の注意義務が課される。なお，最判昭43・12・24民集22・13・3454は，所有権移転の仲介に際して，本人確認・実体調査について調査責任に基づく賠償責任を肯定している(他人物売買において，宅建業者が不動産所有者の真の譲渡意思を確かめないまま，仲介をして売買契約を成立させた結果，契約が履行不能となった事案において，他人物売買の場合宅建業者は，事前に不動産登記簿を調査し，所有者を確認するのはもとより，売主の職業，信用度，所有者本人の譲渡意思等を，確認するとともに，所有者の委任状・印鑑証明書・権利証を提示させその真意を確認する義務を負うとする。なお，同旨の裁判例として，東京地判昭60・9・25判タ599・43，東京高判昭54・4・25判時933・64がある)。

(2) 司法書士による調査　不動産物権変動は登記をしないと対抗力がない(民177)。一般的に登記申請は，売主・買主双方が1人の司法書士に委任して行う。司法書士は有効な登記申請のために当事者の本人確認，登記意思の確認をしなければならない，委任契約上の注意義務をおう(住吉博『不動産登記と司法書士職能』〔テイハン・1986〕257頁)。

今日，司法書士は，登記委任事務の適正な実行のために，①契約の成立の確認，②契約の有効性の確認，③契約内容に関する助言を積極的に行っているといわれる(鈴木正道『不動産売買取引における司法書士の役割』〔日本評論社・2000〕115頁以下)。しかしながら，法的な調査義務として司法書士が負うものは，従来の理解では，登記申請の手続法的要件としての本人確認ならびに登記申請意思の確認であるとされており，この点に関して，司法書士は，通常は取引の最終段階で，売主・買主両当事者に面会し，意思確認をして，委任状・計約書・登記済証・印鑑証明書等の書類審査をして，注意義務を果たしていく。

そのうち，調査義務の中核となっているのは，書類の審査である。司法書士の意思確認義務をめぐる裁判例は多く，以下は司法書士の賠償責任を肯定した例であるが，目下のところ，契約の実体関係の確認まで法的義務をして要求した裁判例は存在していない。

① 千葉地判平9・10・27判時1658・136　抵当権設定登記を受任した司法書士が，現に登記義務者として登記申請をする抵当権設定者と登記簿上の登記義務者とが同一人であることの確認を怠って保証書により無効な登記をなしたことにつき，司法書士に損害賠償責任が認められた事例。土地の所有者の替え玉を使い他人の土地に抵当権を設定して金員を騙取するという事件で司法書士は所有者本人か不審を抱いてしかるべきであり，署名捺

印をした者が本人であるかの確認を全く行っていないと認定された。被害に遭った金融機関にも，本人確認をしてから融資をすべきであるのにこれを怠った重大な過失があるとして，65パーセントの過失相殺をするのが相当であるとされた事例である。

② **名古屋地判平12・4・10判時1717・119** 不動産の所有者の弟が所有者になりすまし，その不動産に根抵当権を設定して原告から融資を受けるに際して，登記手続及び登記済証に代わる保証書の作成の依頼を受けた司法書士および保証人となった司法書士につき，本人確認を怠った過失が認められた事例である。保証書作成と融資の因果関係が認められ損害賠償責任が肯定された。

(3) **登記官による審査** 旧法下においても，登記官には，当事者の確認と実体法上の法律関係に関する調査義務が課されている。しかし，審査方法に関しては，原則として書面審査主義がとられており(幾代＝徳本・不登法162頁)，本人確認，譲渡意思の確認，登記意思の確認等については，もっぱら当事者が提出した書面の適式性を中心とする形式的審査が行われる(形式的審査主義)。これは，登記の迅速な処理の要請を重視した方法で，実体関係の調査方法としては心許ないものであった。

登記官の調査の不備による国家賠償責任については，相当数の裁判例の集積があり，明白な形式違背を見過ごした場合には賠償責任が認容されるものの，総じて賠償への道はきびしい。以下は本人確認につき登記官に過失ありとし，国家賠償を認めた判決である。

① **大阪高判平4・2・28訟月38・7・1200** 登記済証等の登記申請添付書類の審査に際して，添付書類に押なつされた登記済印公印等の各印影と真正な印影とを相互対照すべき義務が登記官に常にあるとはいえず，登記官は，自己の知識経験に照らし，申請書，添付書類自体の様式，形態，刻印文言等を総合的に観察し，何らかの疑義を抱いた場合に限って印影の相互対照をすれば足りるが，しかし，本件の場合は，所有権移転登記申請書に添付された登記済証に押なつされている登記済印の使用開始時期に着目すれば，押なつされた登記済印が不正なものであり，右登記済証が偽造されたものであることを看取できたとして，これを看過した登記官の過失を認めた。

② **千葉地判平11・2・25判例自治197・18** 登記官が登記審査の過程で職務上知りえた資料により，登記申請書又はその付属書類の形式的真正に明白な疑義が生じたのに，補正若しくは却下をせず，そのまま登記を実行したことに過失があるとされた事例。

以上のように，契約の実体関係にまで踏み込んで，書類審査だけでない多方面の調査の注意義務を課されるのは，宅建業者であり，これに対して，司法書士は，書面審査を中心とした本人確認と登記意思の確認にかかる調査義務を負うにとどまり，実体関係の調査義務を負わないと一般的に判示される。さらに，登記官にいたっては，非常に形式的な調査義務内容となる。この現状は問題が多く，改革の余地が大いにあると指摘されている(横山美夏「信頼性の高い登記制度に向けて」登記情報494・34)。

III 登記官による本人確認の要件・手続

1 登記官による本人確認

　登記官は，登記の申請があった場合において，申請人となるべき者以外の者が申請していると疑うに足りる相当な理由があると認めるときは，申請を却下すべき場合を除き，申請人またはその代表者もしくは代理人に対し，出頭を求め，質問をし，または文書の提示その他必要な情報の提供を求める方法により，当該申請人の申請の権限(本人性および代理権限)を調査しなければならない(24)。

2 調査開始要件

　調査開始の要件は1つである。申請人となるべき者以外の者が申請していると疑うに足りる相当な理由があるである。しかし，何が法24条1項の「申請人となるべき者以外の者が申請していると疑うに足りる相当な理由がある」と認めるかは抽象的である。この点につき，24条を受けて準則33条はいくつかの具体的要件を定めており，以下の(1)から(7)のうちどれか1つに該当する場合，登記官は本人確認の実体調査をしなければならない。

(1) 捜査機関その他の官庁または公署から，不正事件が発生するおそれがある旨の通報があったとき。
(2) 申請人となるべき者本人からの申請人となるべき者に成りすました者が申請をしている旨またはそのおそれがある旨の申出(以下「不正登記防止申出」という)に基づき，第35条第7項の措置を執ったとき。
(3) 同一の申請人に係る他の不正事件が発覚しているとき。
(4) 前の住所地への通知をした場合において，登記の完了前に，当該通知に係る登記の申請について異議の申出があったとき。
(5) 登記官が，登記識別情報の誤りを原因とする補正または取下げもしくは却下が複数回されていたことを知ったとき。
(6) 登記官が，申請情報の内容となった登記識別情報を提供することができない理由が事実と異なることを知ったとき。
(7) 前各号に掲げる場合のほか，登記官が職務上知り得た事実により，申請人となるべき者に成りすました者が申請していることを疑うに足りる客観的かつ合理的な理由があると認められるとき。

3 調査の方法

　調査の方法に限定はない。本人の出頭を求めることには限定されない。疑いの程度または当該契機となった事由に応じて，電話等による事情の聴取または資料の提出等により当該申請人の申請権限の有無を確認することも認められている(法務省民二457平17・2・25「不動産登記法の施行に伴う登記事務の取扱について」「第一　法の施行に伴う登記事務の取扱」「1　登記官による本人確認」(5)」【**参考資料②**】参照)。

4 調査の委任

(1) 資格者代理人に対する調査委任 　登記官は，登記の申請が資格者代理人によってなされている場合において，本人確認の調査をすべきときは，原則として，当該資格者代理人に対し必要な情報の提供を求めるものとする(規則72)。この場合において，申請人となるべき者の申請であると認められるときは，資格者代理人に対する調査をすれば足りる。

(2) 他の登記所の登記官への嘱託 　登記官は，申請人またはその代表者もしくは代理人が遠隔の地に居住しているとき，その他相当と認めるときは，他の登記所の登記官に同項の調査を嘱託することができる(24②)。

具体的な方法は準則34条2項，3項に規定されている。

IV 不正登記防止申出

1 制度の趣旨

不正な登記申請がされるおそれがある場合の措置として，不正登記防止申出の制度が創設された(準則33②)。法24条の登記官の本人確認をより確実に実行し，登記の真実性を保つための予防的な制度である。

対象は，申出をした者が登記義務者となる登記の申請である。①申出をした者が申し出に係る登記の申請人となる本人であるが，濫用を防止するために，②成りすましにより登記申請がされるおそれがある事由に対応する措置を採っている場合に申出が認められる。対応措置の例として以下のものが挙げられる。印鑑，印鑑カードの盗難があった場合は，警察に対する被害届。偽造した印鑑証明書が出回っている場合は，告発又は捜査機関に対する相談。本人の知らない間に住所移転の届出がされ，住民票，印鑑証明書が発行されている場合，市町村長による当該証明書の無効の告示手続(不動産登記法の施行に伴う登記事務の取扱について法務省民二457平17・2・25「第一　法の施行に伴う登記事務の取扱」「2 不正登記防止申出の取扱い」「(2)」**【参考資料②】**)。

2 手続内容

手続については準則35条が定める。第1に，登記名義人またはその代表者もしくは代理人(委任による代理人を除く)——要するに本人が登記所に出頭して申出する。

申出書には，登記名義人またはその代表者若しくは代理人が記名押印するとともに，以下の3種の書面を添付しなければならない。

　① 登記名義人またはその代表者もしくは代理人(委任による代理人を除く)の印鑑証明書
　② 登記名義人が法人であるときは，当該法人の代表者の資格を証する書面
　③ 代理人によって申出をするときは，当該代理人の代理権限を証する書面

ただし，登記申請における添付書面の扱いに準じて，上記の添付書面を省略することが

できる。

その後,申出人の本人確認,申出をするに至った経緯ならびに申出が必要な理由に対応する措置をとっていることの確認が行われる。

最後に相当と認めたときは不正登記防止申出書類綴り込み帳の目録に本人確認調査を要する旨を記載する。これらの手続が完了すると以後の登記申請について,登記官は格段の注意を払うことになる。

3 該当する登記が申請された場合

形式的審査により申請が却下される場合を除き,法24条1項,規則72条2項各号による登記官の本人確認調査が行われる(準則35④)。調査の結果,疑わしい事由が認められず,当該申請が本人からの申請でないことを確認することができなかったときは,その理由が付されて申出書及び添付資料は,申請書とともに保管される。調査の結果,本人からの申請でないことが確認されたときは,その理由が付され,申出書の添付資料は,却下決定書とともに保管される(準則35⑤)。

4 その他

不正登記防止申出により登記官の本人確認調査が行われるのは,申出の日から3か月である。申出から3か月以内に申出に係る申請がされた場合,申出をした者に連絡される。また本人確認がなされ登記が完了した場合も同様である(準則35⑧)。

申出から3か月以内に申出に係る措置の必要がなくなった場合には,申出者は,撤回書を提出する。

(中村昌美)

(執筆協力:齋木賢二)

(申請の却下)

第25条 登記官は，次に掲げる場合には，理由を付した決定で，登記の申請を却下しなければならない。ただし，当該申請の不備が補正することができるものである場合において，登記官が定めた相当の期間内に，申請人がこれを補正したときは，この限りでない。

(1) 申請に係る不動産の所在地が当該申請を受けた登記所の管轄に属しないとき。

(2) 申請が登記事項(他の法令の規定により登記記録として登記すべき事項を含む。)以外の事項の登記を目的とするとき。

(3) 申請に係る登記が既に登記されているとき。

(4) 申請の権限を有しない者の申請によるとき。

(5) 申請情報又はその提供の方法がこの法律に基づく命令又はその他の法令の規定により定められた方式に適合しないとき。

(6) 申請情報の内容である不動産又は登記の目的である権利が登記記録と合致しないとき。

(7) 申請情報の内容である登記義務者(第65条，第77条，第89条第1項(同条第2項(第95条第2項において準用する場合を含む。)及び第95条第2項において準用する場合を含む。)，第93条(第95条第2項において準用する場合を含む。)又は第110条前段の場合にあっては，登記名義人)の氏名若しくは名称又は住所が登記記録と合致しないとき。

(8) 申請情報の内容が第61条に規定する登記原因を証する情報の内容と合致しないとき。

(9) 第22条本文若しくは第61条の規定又はこの法律に基づく命令若しくはその他の法令の規定により申請情報と併せて提供しなければならないものとされている情報が提供されないとき。

(10) 第23条第1項に規定する期間内に同項の申出がないとき。

(11) 表示に関する登記の申請に係る不動産の表示が第29条の規定による登記官の調査の結果と合致しないとき。

(12) 登録免許税を納付しないとき。

(13) 前各号に掲げる場合のほか，登記すべきものでないときとして政令で定めるとき。

＊旧法関係……旧法49条
＊新法改正……平成17年4月13日法律第29号「不動産登記法等の一部を改正する法律」1条：

本条7号一部改正
＊関連法規……(13)(登記すべきものでないとき)令20条，(申請の却下)規則38条，準則28条，(申請の取下げ)規則39条，準則29条〔→還付通知)準則128条，(再使用証明)準則129条，(再使用証明後の還付手続)準則130条，(再使用証明領収証書等の使用)準則139条〕，(補正)規則60条〔→(補正期限の連絡等)準則36条〕

I 本条の趣旨

　本条は，登記官が登記の申請を却下すべき場合および却下の手続等を定めた規定で，不動産登記法のうちでも中核的な条文の1つであり，実務上も極めて重要なものである。
　却下要件は本条1号から13号まで制限的に列挙されているが，1号，2号，3号および13号に規定する却下事由は，絶対的事由で，これらの事由に該当する場合，たとえ，登記がなされても，登記の効力がなく，登記官は職権をもって，通知手続の後その登記を抹消しなければならない(71条。昭31・5・26民甲1109民事局長回答・先例集追Ⅰ602)。一方，本条4号ないし12号に規定する却下事由は「相対的事由」で，申請時に当該事由が見落とされてなされた登記は，実体法上の法律関係に合致している限り有効で，登記官においてもはや職権により抹消することができない。
　登記官が本条各号の規定に基づいて登記申請を却下する場合には，却下決定書には，却下の理由および本条の何号に基づくものであるかを明記する必要がある(本条柱書)。却下決定の適正を担保するとともに，却下決定の内容を申請人に明確に知らせることに役立つ。なお，本条柱書のただし書の規定から明らかなとおり，申請の不備が補正し得る性質のものである場合に，申請人またはその代理人が相当期間内に補正したときには，申請を却下することなく受理して登記をすることができる。したがって，申請の不備が補正可能なものである場合には，補正の機会を与えることが相当で，相当期間内に補正されないため申請を却下すべき場合にも，なるべく事前にその旨を申請人または代理人に告げ，申請の取下げの機会を与えるものとされている(準則36)。

II 登記官による審査の法的性格

1 審査の対象

　不動産登記は，不動産の物理的状況および権利関係を登記記録に登載して公示することにより，取引の安全と円滑を図ろうとする制度であるから，登記記録に記載された登記は事実に合致していることが望ましく，できる限り不実，無効の登記が現出しないような審査が理想である。理想の実現のために登記官は，登記申請後，遅滞なく申請に関する総ての事項を調査しなければならないとされ，調査の結果に基づき受否を決定しなければならない。しかも，調査内容は，本条3号，8号，11号等の規定に照らすと，単に形式的，手続的な事項のみならず，実体法的な事項をも調査の対象としていることから，調査は実体面にも及ぶことは確かである。

2　書面審査主義・消極審査主義

しかしながら，実体関係に関する調査を徹底して行うことは，長い時間と費用がかかり，登記の迅速性を阻害することから，不動産登記法の手続は，原則として実地調査・対面調査をとらず，申請情報とその添付情報を用いた資料調査によって行うものとしている。平成17年改正により，本人確認に関しては，登記官による実体的調査権限が認められているが(法24)，同条以外に，登記官に対面審査権限を認める規定は設けられていない。

登記官に，申請の内容と実体関係とが一致していることについて裁判手続におけるような積極的確信ないしそれに近い程度の心証まで到達することまで要求されていないことは明らかである(幾代=徳本・不登法166頁)。もし，登記申請手続において全般的調査を，訴訟手続と同様に，各種の調査方法，判断資料を駆使し，証明に近い心証を得るよう慎重な判断を要するものとした場合には，登記手続は渋滞し，取引の迅速性を阻害することになろう。不動産登記法は，原則として，申請に際し提出すべきものとしている添付情報等ならびに登記記録という情報・書面による審査により，本条各号に掲げる事由が存在する場合に限って(本条11号に掲げる場合を除く)，申請を却下することになる。これは，いわば書面による消極的調査主義を採用したものであり，このことを指して，登記官は形式的審査権しか有しないといわれるが，幾代=徳本・不登法166頁は，「書面審査に頼る消極的審査―窓口的審査主義といった言葉のほうがよいかも知れない。」としている。

ただし，表示に関する登記については，他の関係資料を調査したり，実地調査をすることができる(法29，準則60・61・62・64)。

III　調査方法
1　権利に関する登記申請の調査

権利に関する登記の申請があった場合における登記官の調査は，申請情報およびその添付書類等と関連する登記を，電子申請の場合には提供情報の内容審査，書面申請の場合には，書面審査の方法により，それぞれ調査・照合し，申請に係る登記が不動産登記法上登記することができるものであるか否か，当該登記の申請が手続上の要件を具備しているか否かを，本条各号の規定を基準にして判断し，受否を決定する。

調査に際しては，原則として，申請人やその代理人に出頭を求めたり，実体関係の他の資料を求めたり，登記名義人の不正登記防止の申出等を根拠に受否を決定することはできない。ただし，公知の事実や官公署からの通知を斟酌することが許される場合が例外的にあると考えられる。例えば，登記申請が犯罪行為に基づいてされていることが，判決正本の写しの提供や警察からの通知により相当蓋然性が高いと認められる場合には調査に当たり，申請情報およびその添付情報を精査すべき高度の注意義務が生ずるであろう。しかし，具体的には調査は，申請情報およびその添付書類等の形式的な適格性を調査し，さらにこれらの照合，関係登記情報との照合をすることによって行われ，書類または情報として却下事由に該当しないときは，登記を実行することになる。調査・照合の方法を以下に述べ

ていく。
(1) 申請情報と登記事項との照合
(ア) 不動産の表示(本条6号)　不動産の表示に関しては，申請情報上の不動産の表示と，登記簿の表題部に記載されている登記事項とを照合する。両者が合致しないときは，たとえ，申請情報の記載の方が実体に合致している場合であっても，登記をすることができない。
(イ) 登記の目的たる権利の表示(本条6号)　既存登記の変更，更正または抹消登記を申請する場合には，既存の当該権利を特定するために，既存登記の受付年月日および受付番号または順位番号を，登記の目的の一部として申請情報に記載しなければならない。また，所有権以外の権利を目的とする権利の設定，移転，処分制限の登記を申請する場合にも，当該登記の目的たる権利を特定するために，その権利の種類，受付年月日，受付番号または順位番号を申請書に記載しなければならない。以上の申請情報上の表示を登記記録と照合する必要がある。
(ウ) 登記義務者の表示(本条7号)　登記義務者は登記記録の記載から判断される者であるから，登記記録上権利に関する現在の名義人として表示されている者でなければならない。登記記録に記載されている登記義務者の表示と申請情報に記載されている登記義務者の表示との一致を照合する。
(エ) 登記権利者の表示(本条4号)　既存の登記の変更・更正・抹消をしたり，仮登記を本登記にする場合には，登記記録に記載されている者が登記権利者になることがある。すでに登記記録に記載されている者が登記権利者となる場合は，申請情報に記載された登記権利者の表示と登記記録上の表示が符合しなければならない。この点も照合する。もっとも，登記実務上は，例えば抵当権の抹消登記の申請において，登記権利者の住所が登記のそれと符合しない場合，住所の変更を証する書面を添付すれば，当該抹消登記の申請は受理される。
(オ) 登記申請人の表示(本条7号)　登記名義人が登記の単独申請人となる場合には(65条の共有物分割禁止の定めの登記，77条所有権登記の抹消，89条1項における抵当権の順位変更の登記，93条における根抵当権の確定の登記，110条前段における仮登記の抹消)，申請情報に記載された登記名義人の表示と登記記録上の表示が符合しなければならない。
(2) 添付情報と登記記録との照合
(ア) 登記識別情報(本条9号)　登記権利者と登記義務者の共同申請の場合には，原則として登記義務者の権利に関する登記識別情報を提供しなければならない。また登記名義人が政令で定める登記の申請をする場合も登記識別情報を提供しなければらない(22)。これらの場合には，申請情報と登記記録の記載から登記義務者または申請人を確定した上，これらの者の権利に関する登記識別情報が提供されているかどうかを調査し，登記識別情報と登記記録の一致を照合する必要がある。
(イ) 利害関係人の承諾書等(本条9号)　登記申請の種類によっては，「登記上利害

の関係を有する第三者」の承諾書等を添付しなければならない場合がある。申請情報にある登記の目的と登記記録から，利害関係人を確定し，その者の真正な承諾書等が添付されているかどうかを調査しなければならない。これらの情報には承諾者の意思の申請を担保するために印鑑証明書又は電子署名が添付される扱いとなっており，その添付の調査も必要である。

(3) **申請情報と添付情報との照合**

(ア) **登記原因情報(本条9号)**　申請情報には，原則として，登記原因を証する情報を添付しなければならない(61)。この登記原因証明情報には，物権変動の当事者たる登記権利者および登記義務者が明示され，登記の目的たる不動産の表示および申請情報に提供されている登記事項が全部提供され，かつ，その記載が申請情報と符合していなければならない。

(イ) **代理権限(本条8号)**　登記の申請を代理人によってする場合には，代理人の権限を証する情報を添付しなければならない(令7①(1)(2))。委任による代理人の場合の委任状等，法定代理人である親権者または後見人である場合のこれを示す戸籍の謄抄本，法人の代表者たる資格を証明する法人登記事項証明書等である。委任状等には，登記の申請人(委任者)と代理人(受任者)の住所，氏名を記載するほか申請すべき登記事項，登記の目的たる不動産の表示をしなければならない。代理人は，委任の内容のとおりの登記を代理申請しなければならないので，代理人による登記申請に関する事項に誤りがないかどうかを判断するため，申請情報の記載事項と委任状等に記載されている事項とを照合しなければならない。

(ウ) **電子署名または印鑑証明書(本条9号)**　所有権の登記名義人が登記義務者として登記を申請する場合には，電子申請においては，添付情報に電子証明をつけた電子署名が行われていなければならないとされる(令12・14，規則43・48)。意思の真正を担保するために電子署名が電子証明される必要がある。また，書面申請の場合は，申請書に記名押印した者の作成後3か月以内の印鑑証明書を添付しなければをらない(令16②，規則47)。この印鑑証明書は，申請書に記載された登記義務者の表示と一致することを要するから，印鑑証明書の住所，氏名等を申請書および登記記録と照合したうえ，印鑑証明書の印影が申請書または委任状に押印された印影と同一であるかどうかを確認しなければならない。印鑑証明書は，登記義務者の登記申請意思を確認し，真意に基づくものであることを担保するための重要な手段であるから，偽造の印鑑証明書，あるいは偽造の申請書・委任状によって登記義務者の意思に反する登記が現出することのないように，印鑑証明書と申請書，委任状，登記記録との照合，調査は慎重にされなければならない。

(エ) **第三者の許可書，同意書，承諾書等(本条9号)**　登記原因につき第三者の許可，同意または承諾を要するときは，これを証する情報を申請情報に添付しなければならない(令7①(5)ハ)。添付された許可書等については，その内容が申請情報と同一内容のものであるかを調査する。なお，許可書等が適格者によって真正に作成されたかどうかを確認す

るため，許可書等に作成適格者であることを証する情報(例えば，未成年者の法定代理人であることを示す戸籍の謄抄本，会社法356条 1 項の株主総会の承認を必要とする場合の株主総会議事録)も照合する必要がある。

(オ) **住所証明書** 所有権の保存又は移転の登記を申請する場合には申請人または登記権利者の住所・氏名が架空でないことを確認するため，その住所を証明する情報を提供するべきものとされている(令 7 ①(6)別表)。

2 表示に関する登記申請の調査

表示登記の申請があった場合，または職権で表示の登記をする場合には，まず，申請情報およびその添付書類，登記記録，地図等の関係資料に基づいて書面審査をする。申請情報等と登記記録の符合が調査される。表示に関する登記については，登記官に実地調査権が与えられており(29)，続いて，事情の許す限り実地調査を励行することとされている(準則60)。

Ⅳ 却下事由

書面審査を行う際に以下，本条 1 号から13号に該当する事由が認められた場合申請は却下される。

1 管轄違い(本条 1 号)

「申請に係る不動産の所在地が当該申請を受けた登記所の管轄に属しないとき」には，登記申請は却下される(本条 1 号)。

登記の申請登記がその登記所の管轄に属しないものである場合には，補正の余地がないから，申請の取下げがない限り，直ちに却下しなければならない。管轄違いを理由に事件の移送をすること(民訴16)は，不動産登記法上認められていない。本号に該当することを看過し，誤ってされた登記は，絶対的に無効であり，登記官が本号に該当する登記を発見したときは，71条に定められた手続に従い，職権をもってその登記を抹消しなければならない。

(1) **管轄決定基準** 登記所の管轄は，6 条に規定されているとおり，不動産の所在地によって定まり，当該不動産を管轄する法務局もしくは地方法務局まははその支局もしくは出張所が管轄登記所として登記事務を掌る。登記所の管轄区域は，法務局および地方法務局組織規定と法務局および地方法務局の支局および出張所設置規則によって定まっている。なお，7 条により，ある登記所の管轄に属する事務が他の近隣の登記所に委任されている場合があり，具体的には，登記事務委任規則で定められている。

不動産の所在地とは，土地または建物の存在する場所をいうが，それが管轄区域との関係で不明であるとして問題となることはほとんどない。しかし，その場所がいずれの行政区画に編入されるのか不明な場合や新たに土地が生じたり，公有水面の埋立てにより土地

が造成されたが，いずれの市町村に所属するのか不明である場合等も生じうるのである。このような市町村の境界が不明であったり，未所属地域を新たに地方公共団体の区域に編入する場合のほか，境界の変更もあるが，いずれも地方自治法の規定するところにより，その場所がいずれの市町村に所属するかが定められる(地自6・7・7の2・9・9の2ないし5。なお，郡の区域の変更および市町区域内の町または字の区域の画定改廃に関しては，同法259・260参照)。

公有水面埋立法による竣工認可のあった埋立地は，地方自治法所定の告示および同法施行令の区画決定の告示がされない間は，その土地の所在地が確定せず，管轄登記所が定まらないので申請を受理することができない(昭30・5・17民甲930民事局長通達・先例集追Ⅰ345)。

(2) **管轄登記所の指定**　1個の不動産が数個の登記所の管轄区域にまたがって存在しているときは，法務省令の定めるところにより，法務大臣または法務局もしくは地方法務局の長が管轄登記所を指定する(6②)。数個の登記所の管轄地にまたがっている不動産として考えられるのは，建物および後記のみなし不動産である財団の組成物件である。1個の不動産とみなされる工場財団の登記については，財団を組成する工場財団を組成する数個の工場が数個の登記所の管轄地にまたがって存在するまたは，数個の登記所の管轄地内にそれぞれ存在するときは，申請人の申請により，上記の建物場合と同様に，管轄する登記所が指定される(工抵17)。工場抵当法の工場抵当に関する規定が準用されている鉱業財団，漁業財団，道路交通事業財団，港湾運送事業財団，観光施設財団についても同様である。建物が数個の登記所の管轄地にまたがって存在する場合に，その表示の登記を申請するときは，申請人は，数個の登記所のうちいずれか1つの登記所に申請書を提出し，これを受け取った登記所は，関係する他の登記所と協議により，法務局もしくは地方法務局の長または法務大臣に指定の請求をする(準則2)。

(3) **1号該当の登記申請および登記の効力**　本号に違反してなされた登記は，無効であり，71条1項の規定により，職権をもって抹消されるべきものである。旧不動産登記法下の判例として，いずれの都道府県の区域にも属していなかった土地を市町村の区域に編入する処分が無効であった場合，管轄登記所は存在しなかったのであるから，当該土地について特定の登記所に登記の申請があっても，49条1号(旧法)に基づき却下しなければならない。したがって，その申請を受理して登記をした後においても，登記官は149条の2(現行71条)以下の規定により職権をもって抹消すべきであり，職権抹消を肯定した判決に誤りはないとしたものがある(最判昭36・6・9訟月7・8・1622)。

2　登記事項以外の登記申請(本条2号)

本号にいう「申請が登記事項以外の事項の登記を目的とするとき」とは，申請がその趣旨自体において法律上許容できないことが明らかな場合をいう(大決昭6・2・6民集10・50，最判昭37・3・16民集16・3・567，最判昭42・5・25民集21・4・951)。本条に違反してされた登記は，

71条1項により登記官が職権で抹消することができる。

登記事項以外の項目という点に関し，緩やかに解すると，少しでも瑕疵のある申請が該当することになりかねない。明確に法律上登記が許されない場合に限定される方向で解釈されるが，何が2号に該当するか否かについては，細かな考察が必要である。旧法下ではあるが，数多くの判例・先例の集積がある。以下を参照されたい。

(1) 申請人の不適格

① **権利能力なき社団名義の登記**　権利能力なき社団を所有権の登記名義人とする登記の申請は，受理することができない(昭23・6・21民甲1897号民事局長回答・先例集上834)。

② **権利能力なき社団の代表者名義の登記**　権利能力なき社団所有の不動産について，所有権の登記名義人を当該社団代表者何某とすることはできない(昭36・7・21民三625民三課長回答・先例集追Ⅲ588)。

③ **外国法人名義の登記**　外国で設立された法人は，国，国の行政区画または商事会社以外は，内国法人と認められない限り，法人名義で不動産の所有権移転の登記を申請することはできない(昭26・9・7民甲1782民事局長電報回答・先例集下1659)。

(2) 目的または登記事項の不適格

① **橋梁**　橋梁については，その性質が建物と異なるから登記をすることできない(明32・10・23民刑1895民刑局長回答・先例集上115)。

② **入会権**　入会権は，登記すべきものではない(明34・4・15民刑434民刑局長回答・先例集上218)。

③ **流抵当の特約**　抵当権設定登記の申請において，債務不履行の場合は代物弁済として抵当権者に抵当不動産の所有権を移転させる旨の特約があったとしても，その特約は条件付所有権移転の契約であり，旧不登法117条(現行83条)に規定するいずれの登記事項にも該当せず，同法38条(現行59条5号)にいわゆる登記の目的たる権利の消滅に関する事項の定めにも該当しないから，抵当権設定登記の登記事項として登記すべきものではなく，申請があっても登記をすることができない(昭28・4・14民甲570民事局長通達・先例集下2005。同旨・昭11・3・14民甲282民事局長回答・先例集上618)。

④ **寄附条件**　市が個人等より公立学校敷地として土地の寄附を受けるに際し，将来学校敷地として不用になったとき(寄附の目的が消滅したとき)には，寄附者に無償贈与する旨の寄附条件があった場合，この条件は旧不登法38条(現行59条5号)にいわゆる登記の目的たる権利の消滅に関する事項の定めに該当しないから，登記をすることはできない(昭28・11・2民甲2057民事局長回答・先例集下2105)。

⑤ **地役権の条件設定**　地役権の設定につき「承役地の所有者は，地役権設定後，承役地の浸冠水その他の影響について一切異議・求償等を申し立てないものとする。」旨の特約があったとしても，その特約は登記すべきものではない(昭36・9・15民甲2324民事局長回答・先例集追Ⅲ651)。

⑥　**立木の除外特約**　山林の所有者が土地を売却するに当たり，立木を除く旨の特約をしても，その登記はすべきでない(昭31・2・9民甲222民事局長回答・先例集追Ⅰ539)。
　⑦　**解除約款**　停止条件付売買(買主が昭和37年12月末限り売買残代金40万円を売主に支払った時は所有権が移転する)に基づく停止条件付所有権移転仮登記の申請書中に，売主が昭和37年11月末までに，既受領の代金の内金10万円を買主に返還して売買契約を解除することができる旨の特約の記載があっても，この特約は不登法38条(現行59条5号)に規定する権利の消滅に関する事項に該当しないから，当該申請は受理することができない(昭37・8・3民甲2225民事局長電報回答・先例集追Ⅲ942)。

(3)　**登記手続の不適格**
　①　**仮登記の抹消を命ずる仮処分**　裁判所から仮登記の抹消登記の嘱託があっても，本条2号によりこれを却下すべきである。すなわち，旧不登法144条(現行110条)によれば，仮登記の抹消は仮登記名義人または登記上の利害関係人から申請することができるものであって，仮処分命令に基づく仮登記のように，裁判所が嘱託をなしうることが定められていないから，登記官は嘱託を拒絶すべきである(大決大5・2・23民録22・242。昭47・12・8民三996民三課長回答・先例集追Ⅴ806，昭57・10・26民三6326民三課長回答・民月38・3・145・登記研究422・93)。
　②　**本登記手続の禁止を命ずる仮処分**　停止条件付売買契約による所有権移転仮登記の名義人に対し，本登記手続または移転登記手続その他一切の処分をしてはならない旨を命ずる仮処分登記の嘱託は，受理すべきでない(昭36・7・1民甲1571民事局長電報回答・先例集追Ⅲ580)。

(4)　**実体法上の不適格**
　①　**5年を超える共有物不分割契約の登記**　民法256条1項ただし書所定の5年を超える期間共有物の分割をしない旨の契約は，無効であるから，その旨の登記の申請は受理すべきでない(昭30・6・10民甲1161民事局長通達・先例集追Ⅰ367)。
　②　**存続期間経過後の地上権の移転**　登記簿上存続期間を経過していることが明らかである地上権の移転の登記の申請は，旧不登法49条2号(現行25条2号)により却下すべきである(昭35・5・18民甲1132民事局長通達・先例集追Ⅲ148)。
　③　**単独所有権または共有持分権の各一部を目的とする抵当権の登記**　所有権(または共有持分)の一部を目的とする抵当権は成立しないものと解されるので，その設定の登記申請は受理すべきでない(昭35・6・1民甲1340民事局長通達・先例集追Ⅲ187，昭36・1・17民甲106民事局長回答・先例集追Ⅲ438)。
　④　**買戻特約**　売買と同時に登記しなかった買戻特約に基づく買戻権の仮登記の申請は，旧不登法49条2号(現行25条2号)に該当し，却下すべきものである(大決大7・4・30民録24・570)。
　買戻特約の登記について，登記されている買戻代金である売買代金を増額する旨の変更契約に基づく変更登記申請は，旧不登法49条2号(現行25条2号)により却下すべきである

(昭43・2・9民三34民三課長電報回答・先例集追Ⅳ1295)。

⑤ **共有物の相続**　共有者の1人が相続人なくして死亡した場合において，民法958条の3の規定による相続財産処分の審判に基づき当該共有持分の移転の登記の申請がされたときは，これを受理すべきである(平元・11・30民三2359民事局長通達・民月45・1・159)。

⑥ **財産分与の予約に基づく仮登記**　離婚前における財産分与の予約を登記原因とする所有権移転請求権仮登記は，受理することができない(昭57・1・16民三251民事局長回答・民月37・12・155)。

⑦ **相続に関する登記**　相続権のない者を誤って相続権があるものと解して，遺産分割の調停がなされ，その遺産分割調停調書に基づき相続の登記申請があった場合は，これを受理すべきではない(昭28・4・14民甲570民事局長通達・先例集下2005)。

共同相続人中の一部の者が，自己の相続分のみについて，相続による所有権移転登記を申請した場合は，旧不登法49条2号(現行25条2号)により却下すべきである(昭30・10・15民甲2216民事局長電報回答・先例集追Ⅰ482)。

⑧ **財産区を権利者とする地上権設定登記等**　財産区(地自294)を権利者とする地上権設定登記の嘱託は，財産区が従来有する財産の管理のために地上権を取得したものでないことが明らかに認められる場合においては，受理すべきではない。また，財産区の借入金債務を担保するための抵当権設定登記の嘱託は，受理すべきではない(昭41・10・7民三830民三課長回答・先例集追Ⅳ901)。

⑨ **否認の登記の抹消**　破産財団に属する不動産が換価され，売却を登記原因とする所有権移転の登記および破産登記の抹消登記がされている不動産について，破産法の規定に基づいてされている否認の登記および否認された根抵当権設定の登記の抹消登記はすることができない(昭62・3・20民三1433民事局長回答・民月42・5・196)。

3　既存登記との重複(本条3号)

「申請に係る登記が既に登記されているとき」は却下事由となる。従来は旧法49条2号に該当するとされたが，平成17年改正で，独立の号が制定された。重複登記とされた先例として(旧法下のものではあるが)，以下のものがある。

① **地上権設定登記との抵触**　地上権設定登記が既に存する土地につきさらに別個の地上権設定登記を求めるのは，既存の登記と両立すべからざる登記と得ようとするものであるから，その登記申請は旧不登法49条2号に該当する(大判明39・10・31民録12・1366)

登記上の存続期間の満了した地上権の設定登記がされている土地についても，その登記を抹消しなければ，更に別個の地上権の設定登記をすることはできない(昭37・5・4民甲1262民事局長回答・先例集追Ⅲ860)。

② **保存登記**　事実に適合しない不適法な所有権保存登記がされている場合でも，その登記を抹消してその登記用紙を閉鎖しなければ，同一の建物につき更に所有権保存登

§ 25 Ⅳ 4, 5 (1)

記を申請することはできない(大決大7・5・30民録24・1059)。

既に保存登記がされている土地と同一の地番を付した分割登記の申請は却下されるべきである(大決大7・12・26民録24・2445)。

4 申請の権限を有しない者の申請よるとき(本条4号)

平成17年改正においては、当事者出頭主義が廃止された結果、権利に関する登記についても、当事者またはその代理人の出頭のないことが却下の理由とはならなくなった。しかしながら、当事者となるべき者の一部を除外して登記の申請をした場合や、嘱託登記の規定がないにもかかわらず裁判所から嘱託がされた場合は、申請の権限のない者の申請となる。

また、申請情報に記載された登記権利者の表示と、登記の表示が、登記名義人の転居や氏名変更等の事由により一致しないことがある。このような場合は、登記名義人の変更(あるいは更正)の登記をすべきであって、変更登記の申請がない場合は、申請の権限を有しない者の申請となる。なお、先例は、当該本登記の申請書に変更(更正)を証する書面を添付して仮登記名義人の表示変更(更正)登記を省略することはできないとする(昭38・12・27民甲3315民事局長通達・先例集追Ⅲ1130-408)。ただし、抵当権等の抹消登記の申請において、申請書記載の登記権利者の住所が登記記録記載の住所と符合しない場合、登記実務上は、住所の変更を証する書面を添付すれば、当該抵当権抹消登記の申請は受理できるものとされていて、本号により却下されることはない。

5 申請情報提供方法の不適合(本条5号)

(1) 本号の趣旨　不動産登記法は、登記を申請するには書面または電子情報の提供によることを規定している(18)。申請情報の方式、提供事項および提供方法については、令3条ないし6条等をはじめとして、それぞれ登記の種類に対応して詳細な定めがあるほか、規則等にも多数の規定が置かれている。登記官は、申請情報に基づいて登記をするのであるから、誤った登記が現出することを防止するためにも、申請の方式等は厳格に守られなければならない。申請が所定の方式に適合しないときには、5号により却下される。

本号にいう「申請情報又はその提供の方法がこの法律に基づく命令又はその他の法令の規定により定められた方式に適合しないとき」とは、①本法、令、規則等の規定により登記申請書に記載すべきものとされている事項が欠落していたり誤っている場合のほか、②電子申請の場合、申請人または代理人の電子署名が添付されていないとき(令11)、書面申請の場合、申請人または代理人の記名捺印がないとき(令16)③書面申請の場合、数葉にわたる申請書の綴目に契印を遺漏したときも、これに当たる(規則46)。

なお、申請情報に電子署名が行われていないときの却下事由は法25条5号によるが、委任による代理人の権限を証する情報等の添付情報に電子署名が行われていないときの却下事由は、同条9号による(平17・2・25民二457民事局長通達「不動産登記法の施行にともなう登記

事務の取扱について」【**参考資料②**】)。

　申請情報またはその提供の方法が方式に適合しているかどうかを判断するに当たって，難しいのは，申請情報に提供された登記原因が添付情報や当該登記記録からみて実体的に認め難い場合や疑義のある場合に，本条２号により登記事項以外の事項の登記申請として却下すべきか，５号所定の申請情報が方式に適合しないものとして却下すべきか，という点である。本条２号により却下すべきであったのにこれを看過してなした登記は，職権抹消の対象となるのに対し，５号に該当する登記は職権抹消の対象とはならない。このことから，登記すべきでないことが明瞭な場合に限り，２号により却下することし，申請の適正に疑義があるとしても実体的に有効なとも考えられる場合には，５号により却下するものとされている。

　(2)　**参考先例**　　以下は，旧法下のものであり，却下根拠条文が旧49条４号になっているが，現行25条５号却下にもあてはまるものである。

　　(ア)　登記原因に関するもの

　　　① **不明確な登記原因**　　甲の単有の不動産について，登記原因を単に「財産分割」とする乙への所有権移転登記の申請は，登記原因の記載を補正しない限り，旧不登法49条４号(現行25条５号)により却下すべきである(昭34・10・16民甲2336民事局長電報回答・先例集追Ⅱ553)。

　　　② **登記簿の記載と実体的に抵触する登記原因**　　既にされている競落による所有権移転登記につき，前所有者および現所有者である競落人から「合意解除」を登記原因としてその抹消登記の申請があったときは，受理することができない(昭36・6・16民甲1425民事局長回答・先例集追Ⅲ573)。

　　　③ **信託違反**　　信託財産である不動産について，登記されている信託条項が有償行為による管理・処分とされている場合に，贈与その他の無償行為を原因とする受託者から第三者への所有権移転登記の申請は，旧不登法49条４号(現行25条５号)により却下するのが相当である(昭43・4・12民甲664民事局長回答・先例集追Ⅳ1342)。

　　　④ **共有関係**　　登記簿上夫の単有となっている不動産について，「共有物分割」を原因とする夫から妻への所有権移転登記の申請は，受理することができない(昭53・10・27民三5940民三課長回答・先例集追Ⅵ620)。この場合は，２号却下事由といえよう。

　　また，甲・乙共有名義の不動産につき，甲の持分について共有名義人でない丙のために「持分放棄」を登記原因とする共有持分移転の登記は，受理することができない(昭60・12・2民三5441民事局長通達・民月41・4・183。なお，この先例により，昭44・6・5民甲1132民事局長回答・追Ⅴ117および昭45・2・2民甲439民事局長回答・追Ⅴ202による従前の取扱い)は変更された。

　　　⑤ **仮登記担保の実行**　　仮登記担保契約に関する法律４条１項の担保仮登記であることが登記上明らかな仮登記(例えば代物弁済の予約または停止条件付代物弁済契約を仮登記原因とするもの)に基づく本登記を申請する場合には，その本登記の登記原因は，一般の場合と同様に，仮登記原因に対応するものであることを要するが，登記原因の日付として申

請書に記載する日は，仮登記原因の日付として登記されている日（仮登記原因に始期が付されているときはその始期の到来した日）から2月の期間の経過後の日であることを要し，これに違背する申請は，旧不登法49条4号（現行25条5号）の規定により却下すべきである（昭54・4・21民三2592民事局長通達・先例集追Ⅵ650）。

(イ) 同時申請に関するもの

① **信託終了と移転** 信託の登記がされている不動産について，旧信託法22条1項ただし書に基づき信託財産を固有財産とする裁判所の許可により，委託者が受託者に信託財産を委付したことによって信託が終了した場合は，信託の登記の抹消と固有財産となった旨の所有権の変更の登記を同時に申請すべきであって，信託の登記の抹消のみが申請されたときは，旧不登法49条4号により却下すべきである（昭37・2・8民甲271民事局長回答・先例集追Ⅲ768）。

② **未登記建物との一括申請** 所有権の登記のある土地と所有権の登記のない建物について，同一申請書で贈与を登記原因とする所有権移転登記の申請があった場合は，49条4号により，当該申請の全部につき却下するのが相当である（昭44・12・11民甲2682民事局長電報回答・先例集追Ⅴ190）。

6 申請情報の内容である不動産または登記の目的である権利と登記記録との不合致（本条6号）

(1) 「合致しない」の意義 申請情報には当該不動産の表示またはその不動産を目的とする権利の表示を記載しなければならない（18，令3等）。表示に関する登記・権利に関する登記の双方の申請において，申請情報に記載した不動産の表示または権利の表示と申請に係る不動産の登記記録の記載内容とが合致しない場合には，当事者が果たしてどの不動産につきどのような権利に関して登記を欲しているのか明確でないから，その申請を却下するのが，本条6号の趣旨である。

本条6号にいう「合致しない」ときとは，申請情報に記載されている不動産の表示または権利の表示と登記記録の記載とが内容的に一致しないことをいい，抵触の有無は，形式的に判定されるべきであり，仮に申請の記載の方が真実に合致すると思われる場合でも，本条6号に該当する（幾代＝徳本・不登法159頁）。判例（大決大2・7・9民録19・632）も同旨であり，同判決は，不合致の意味を「申請書ニ記載スル不動産又ハ登記ノ目的タル権利ノ表示自体カ登記簿ト相違シ両立許サザルルトキ」と解したうえ，申請書記載の方が真実に合致している場合についても，「仮令其実質ニ於テハ既存登記カ変更若クハ抹消セラルベキモノニシテ申請カ正当ナル場合ト雖モ変更若クハ抹消ノ登記ヲ為サザル限リハ其申請ヲ容レテ登記ヲ為スベキニアラズ」としている。

しかし，6号却下事由に該当する登記の申請も，これが受理されてしまうと，当然には無効といえず，職権抹消の対象とはならない。

(2) **参考先例**
① **一括申請と6号却下事由との関係** 同一の申請をもって数個の不動産に関する登記を一括申請した場合において、一部の不動産についてのみ却下事由があるときに、当該不動産についてのみ却下(一部却下)するのか、全部について却下すべきなのかについては説の分かれるところであった。令4条により、一括申請は認められているところであるが、その趣旨は、管轄登記所、登記原因および登記の目的が同一の場合には、同一申請による申請を認めても、事務取扱い上繁雑になったり過誤登記を生じさせることもなく、事務処理上簡明で、申請人にとっても便宜だからである。

先例(昭44・12・11民甲2682民事局長電報回答・先例集追Ⅴ190)は、同一の申請書で2個の不動産に関する所有権移転登記の申請をしたところ、そのうち1個の不動産が所有権登記のないものであった場合は、旧不登法49条4号(現行25条5号)により申請全部につき却下するとしている。しかし、これについては、登記記録との不合致としての旧49条5号(現行25条6号)による却下が相当であり、一部却下とすべき場合があるとの考え方もある。

一括申請の性質について、不動産ごとの申請が併合されたものにすぎず、本来各不動産ごとの申請に分けることができるとする考え方(申請可分説)からは、一部についての却下を認められる。一括したことにより一個の申請となり、各不動産ごとの申請に分けることができないとする考え方(申請不可分説)からは、全部却下をすべきことになる。考え方の対立はあるが、準則29条4号で、一部取下げが認められているので、当事者の意思を尊重して、申請者が一部であったとしても申請を欲する場合は、一部取下げを要請すればよく、深刻な問題はおこらないと考えられる。

② **合筆制限違反** 登記官の過誤により、合筆制限に違反して単有名義の土地を共有名義の土地に合筆し、さらに単有名義の登記がされている土地について、合筆前の共有持分について、仮処分の登記の嘱託があった場合は、旧不登法149条(現行71条)以下の規定により合筆登記を職権で抹消した上、仮処分の登記の嘱託を旧不登法49条5号(現行25条6号)の規定により却下するのが相当である(昭54・6・8民三3310民事局長回答・先例集追Ⅵ674)。

7 登記義務者の表示の不合致(本条7号)

(1) **本号の趣旨** 本条7号は「申請情報の内容である登記義務者(65条、77条、89条1項(同条2項(95条2項において準用する場合を含む)および95条2項において準用する場合を含む)、93条または110条前段の場合にあっては、登記名義人)の氏名もしくは名称または住所が登記記録と合致しないとき」は申請を却下する旨を規定している。申請情報に記載した登記義務者の表示が、登記記録上の甲区または乙区にある登記名義人の表示と一致していることを要求するものである(吉野・注釈(下)311頁)。一致していないときは、当該申請は本号により却下される。権利の登記申請の真正を確保するためである。なお、本号に違背して受理された登記も、当然には無効ではなく、登記官が職権で抹消することはできない。

しかし，登記の性質上，申請当事者が登記義務者といえない場合にも，本号に該当すると規定されている。65条(共有物分割禁止の定めの登記)，77条(所有権抹消の登記)，89条(抵当権順位変更の登記)，93条(根抵当権の元本確定の登記)，110条(仮登記の抹消登記)等の申請において，登記名義人の氏名・住所と登記記録の一致が要求されることが明示された。

(2) **登記名義人の表示の変更等がある場合の取扱い**　登記名義人の氏名または住所に変更または錯誤のある場合，当該登記名義人の権利に関する登記を申請するには，その前提として，その登記名義人の表示の変更または更正の登記をしておかなければならないのが原則である。権利の移転の登記を申請する際に，前提としてしなければならない名義人の表示の変更または更正の登記について，権利移転の登記の申請情報に登記義務者の表示として登記記録上の表示と現在の表示とを併記し，かつ，変更または更正を証する情報を添付することにより，表示の変更または更正の登記を省略するというような便宜的方法は許されていない(昭43・5・7民甲1260民事局長回答・先例集追Ⅳ1363)。

(3) **参考先例**

① **被相続人の改名**　既登記の不動産の所有者が改名し，その変更登記をしない間に家督相続が開始した場合の相続登記については，被相続人は申請人ではないから，その表示の変更登記をすることなく，直ちに相続登記をすることができる(明33・4・28民刑414民刑局長回答・先例集上171)。

② **競売申立ての登記の嘱託**　所有者の登記記録上の住所が嘱託書における住所と異なるときは，その住所の変更または更正を証する書面の添付があっても，その嘱託は受理すべきではない(明35・8・20無号民刑局長回答・先例集追Ⅰ17)。

③ **抵当権抹消登記**　登記の抹消や保全処分の登記については，登記実務上便宜的な取扱いも認めている。抵当権等の所有権以外の権利の登記の抹消を申請する場合において，当該権利の登記名義人の氏名または住所に変更または錯誤があったが，その登記名義人の表示の変更または更正の登記が未了であるため，申請書に記載すべき登記義務者の表示が登記記録の表示と符合しないときでも，その変更または錯誤を証する書面を添付すれば，登記名義人の表示の変更または更正の登記を省略しても差し支えない(昭28・12・27民甲2407民事局長通達・先例集下2130，昭31・10・17民甲2370民事局長事務代理通達先例集追Ⅰ741)。

④ **仮登記抹消登記**　所有権移転または請求権保全の仮登記を抹消する場合について，仮登記名義人の住所または氏名の変更または錯誤を証する書面を添付して前提登記を省略することも差し支えないとされている(昭32・6・28民甲1249民事局長回答・先例集追Ⅱ109)。

⑤ **数個の不動産に渡る申請**　数個の不動産の仮処分登記の一括嘱託において，同一登記義務者の登記簿上の住所が物件ごとに異なるため，嘱託書に登記義務者の表示として物件ごとに登記簿上の住所と現住所とを併記して(仮処分決定にも同様の記載がされている)嘱託がされた場合は受理して差し支えない(昭46・2・9民甲538民事局長通達・先例集追Ⅴ

277)。

⑥ **根抵当設定登記** 否認の訴えの提起を登記原因として旧破産法123条1項(現行260条1項)の否認の登記がされている不動産について，所有権の登記名義人(破産者ではない)を登記義務者とする根抵当権設定登記の申請があった場合には，旧不登法49条6号(現行25条7号)により却下すべきである(昭33・8・8民甲1624民事局長心得回答・先例集追Ⅱ318)。

8 申請情報と登記原因証明情報との不合致(本条8号)

(1) **本号の趣旨** 申請情報に記載された事項が登記原因証明情報(61)の記載と一致しない場合には，その登記申請は本号により却下される。

登記原因証明情報とは，①登記すべき物権変動の原因(発生，変更，消滅等)となっている法律行為または事実の存在を証し，②上記①の原因に基づいて物権変動がおきたことの確認する情報である。権利に関する登記につき登記原因証明情報の添付を要するとしている理由は，登記官が書面によるいわゆる形式的審査を行う制度の下において，登記原因の存在を推認させ，不真正な登記，過誤登記を防止することをより推進することにある。申請情報と登記原因証明情報が一致しないときは，不真正な登記がされる可能性が強いから，本号により申請を却下すべきものとしているのである。なお，本号に違反してされた登記も，職権抹消の対象とはならず，実体関係に一致する限り有効である。

登記原因証明情報については，新制度でもあり，論議の集中するところで，問題が多い。法61条の解説を参照されたい。

(2) **「合致しない」の意義** 旧法下において，「符合セサルトキ」とは，申請書に掲記した登記事項と登記原因を証する書面に記載されている事項とが積極的に抵触する場合をいうと解されていた(昭28・9・22民甲1721民事局長通達・先例集下2075参照)。この考え方は現行法の申請情報と登記原因証明情報とが「合致しない」の意義にもあてはまる。例えば，申請書には登記原因が売買とされているのに，登記原因を証する情報には代物弁済と記載されているような場合である。

また，相続登記の原因を証するため提出された戸籍簿の記載では，申請人に相続権の存することが認められない場合には，登記官は本条7号により，登記の申請を却下すべきである(大決昭6・2・6民集10・50)。所有権移転登記抹消を命じる判決の既判力の及ばないものが登記権利者として申請した，判決による登記は本条7号によりその申請を却下すべきであり，誤って認容した抹消登記は登記官の過誤による登記である(東京地判昭39・12・25下民集15・12・3097)。

とはいえ，登記原因証明情報の記載が形式上，申請情報の記載と完璧には一致しないことがあっても，その同一性が認められる限り申請を受理して差し支えないと考えられる。例えば，登記原因発生後で登記申請前に，不動産の地番，所在地や登記権利者の氏名，住所等に変更があった場合には，完璧な一致はみとめられず，差異が生じるが，地番の変更

§ 25　Ⅳ 9(1)(2)　　　　　　　　　　　　　　　　　　201

を証明する書面の添付または行政区画の変更についての登記官の調査確認により，合致するものとして取り扱うことができる。また，登記権利者の氏名または住所の変更を証明する情報として戸籍謄本または住民票の写し等を添付することにより，登記権利者の氏名，住所の表示は合致するものとして取り扱うこともできる。

　また，旧法下の先例ではあるが，申請書に記載した不動産の表示と執行文付与のある判決正本(旧法下では登記原因を証する書面とされていた)記載の不動産の表示とが形式的に符合しなくても，それが判決後に分筆登記がされたことによるもので，両物件が同一であることが，判決正本および登記簿上明白であれば受理して差し支えないとするものがある(昭37・8・8民甲2235民事局長回答・先例集追Ⅲ948)。

　1筆の土地の所有権移転登記の申請において，登記原因証明情報である売買契約書には，売買の目的として数筆の土地が記載されているのに，申請情報にはそのうちの1筆の土地のみが記載されている場合でも，当該土地が売買契約書に記載がされている以上，その限度では申請書の記載と登記原因証明情報の記載とは一致しているのであって，他の土地について登記申請がされていないことを理由として，却下することはできない。

　抵当権設定登記の申請事件において，同一の債権の担保として数個の不動産に抵当権を設定したことが登記原因を証する情報の記載から明らかな場合であっても，その一部の不動産のみについて抵当権設定登記の申請があったときは，これを受理するものとされている(昭30・4・30民甲835民事局長通達・先例集追Ⅰ336)。また，債権額の一部を被担保債権とする抵当権の設定およびその登記をすることも許されている(昭30・4・8民甲683民事局長通達・先例集追Ⅰ327)。登記原因を証する書面に記載されている利息が，利息制限法所定の制限を超えている場合でも，申請書に記載した利息が同法の制限内であるときは，その部分については，符合するものとして取り扱ってよい(昭29・7・13民甲1459民事局長通達・先例集下2218)。

9　添付情報の不提供(本条9号)

　本号は，登記識別情報(22)，登記原因情報(61)その他法令に定められた添付情報が提供されない場合を却下事由としている。

　(1)　**本号の趣旨**　登記の申請情報には，登記の真正を担保し，申請当事者の真意を確認するため，登記の種類，内容等に応じて，法令上，一定の情報を添付しなければならないとされている。書面審査主義の審査の中核を形成するのが添付書面の審査である。添付書面の不備な申請は真正でない登記の可能性が高まるので，法令上添付を必要とされている書面または図面を添付しない場合や，形式的に添付されていてもそれが適格性のないものである場合には，当該登記申請は，本号により，実体関係には拘わらず，却下される。

　ただし，本号に違反して受理された登記も，職権抹消の対象とはならず，実体関係に合致する限り有効である。

　(2)　**添付情報の種別**　添付すべきものとされている情報は登記申請の内容によって

異なる。

　権利に関する登記に通する添付情報として，法律事項として定められたものに，登記原因を証する情報(61)，登記識別情報(22)がある。政令事項として定められたものとして，第三者の許可・同意・承諾を証する情報，代理権限を証する情報，相続を証する情報・代位原因を証する書面，利害関係人の承諾書(以上令7)，電子署名または印鑑証明書(令12・16・18, 規則48・49)のほか，令別表3条7条関係には各個別の登記申請内容に従って，各々の申請に必要な添付書類が定められている。

　表示に関する登記に関する必要添付書面または図面としては，土地の表示に関する登記の申請の場合における地積測量図・土地の所在図・申請人の所有権を証する書面地積の変更登記，分筆または合筆登記の中請の場合における地積測量図，建物の表示登記の申請の場合における建物の図面・各階の平面図，申請人の所有権を証する書面，承役地の一部について，地役権設定登記の申請の場合における地役権設定の範囲を明らかにする図面(令7条別表)などがある。

10 事前通知申出期間の経過(本条10号)

　旧法における保証書の制度に代わって，現行不登法では，改良された事前通知の制度が採用された(23①)。本号は，この事前通知の制度に関して，23条1項に規定する期間内に申出がないとき，却下事由になる旨を規定する。登記識別情報を提供できないとき規則70条に基づき通知が発送されてから2週間(登記義務者が外国在住の場合は4週間)以内に，登記識別情報を提供できない旨を申し出て，登記申請をする。この期間内に申し出がないときは登記義務者の意思確認・本人確認ができないとされ，登記の真正の確保が困難とされ，登記申請は却下される。

11 表示に関する登記申請と実体調査が合致しないこと(本条11号)

　不動産の表示に関する登記については，登記官が実地調査の必要があると認めるときは現場に臨み，土地または建物の表示に関する事項を調査することになる。いわゆる実体審査権である。したがって，調査の結果が，申請してきたところと一致しなければ却下するのが当然のことである。ただ注意しなければならないのは，例えば，建物の形状について申請してきたところと調査の結果が一致しない場合は，直ちに却下すべきではなく，申請の補正を促し，申請人がこれに応じなければ申請を却下し，改めて事実に基づいた登記申請をなすように催告し，この催告に応じなければ，職権で表示に関する登記をなすべきである(28, 準則63。幾代=徳本・不登法161頁)。

　以下は旧法49条10号に関する先例・判例であるが，現行25条11号でも該当するものであろう。

　　① **分筆登記**　　分筆登記の申請については，隣接地との境界が明らかにされていなければならないが，申請情報および添附情報等からこれが明らかでなく，登記官の実地

調査によっても境界が確認できない場合には，この分筆登記の申請は，本号により却下される。これは分筆登記が代位(旧法46条ノ2。現行59条7号)によってされる場合も同様である(平6・1・5民三265民三課長回答・先例集追Ⅷ541参照)。また，代位原因証書が確定判決の場合でも，隣接地との境界が確認できないならば，分筆登記の申請は，本号により却下されることになる。

② **所有者の未確認** 表示に関する登記に申請に係る不動産の表示」の中には，所有者に関する事項が含まれる。先例は，同一建物について所有者の異なる申請人からそれぞれ所有権を証する書面を添付して相前後して建物の表示登記の申請があった場合，所有者を確認できない場合として，本号によって却下すべきであるとする(昭39・5・27民三444民三課長回答・先例集追Ⅴ139)。

また，地積更正の登記の申請があった場合，申請書に添付された地積の測量図に境界線の記入があっても，現地調査に際し隣地所有者の立ち会いを求めたところ，両者の主張する境界線相違するため確認困難な場合は，本号により申請を却下すべきである(昭38・1・21民甲129民事局長回答・先例集追Ⅲ1130-2)。

③ **違法な地目変更** 登記官の実地調査等の結果，地目変更登記の申請が違法であるのに，登記官が却下せず，受理したことにより，第三者が違法な地目変更登記を信じ損害をこうむった場合には，第三者は，国家賠償法1条に基づく損害賠償請求をすることができる(名古屋地判昭63・10・12判タ684・199)。

12 登録免許税の不納付(本条12号)

登記の申請には，登録免許税を納付することが要求されるが，これを納付しない場合は本号によって却下される。登録免許税の詳細は登録免許税法に規定されており(同法2・3・7・9以下，同法施行令5・附則③・④など)，申請情報には課税標準価格を記載するものとされ，登記官はこれを審査し認定する(規則190)。

判例によれば，登録免許税を納付しないときというのは，不足する場合を含み，その場合，登記官は一応その納付額が不足であることを申請人に注意し，申請人が即日に補正せずまたは取下げをもしないとき，はじめて本条によって却下すべきものとされる(宮城控決明38・12・1新聞323・6)。登記官が申告に係る登録税の課税標準額が相当でないと認め，登録免許税法19条ノ6の規定で通知したところ(現行26条による通知)，申請人から国税通則法79条1項(現行87条)による審査請求があり，次いで，申告価格と認定価格との差額の納付があった場合，申請を申請書の受付の年月日および受付番号により受理すべきである(昭39・12・4民三924号民三課長回答・先例集追Ⅳ279)。

登録免許税は，現在，納付方法が改正されて，建前として，現金納付が原則になった(登税21，同施行令17)。現金で納付するといっても，国税の収納機関に金銭で納付し，その納付した領収証を登記の申請書に貼り付けて拠出する。もっとも，登録免許税の額が3万円以下である場合，登記所の近所に収納機関が存在しない場合などでは，印紙によって

納付してもよいとされている(登税22,同施行令18)。実務では,3万円を超える場合でも印紙による納付を認める取扱いをする登記所がほとんどであるので,現実は,登録免許税が3万円を超える場合であっても印紙納付が通常である。また,電子申請の場合には,いわゆる特例方式によって添付情報を別送する場合を除いて電子納付が必要であるので,インターネットバンキングなどを利用した電子納付が行われている。

登録免許税を登記申請者の誰が負担するかについては,登録免許税法の建前では,当該登記による利益を得る者(通常は登記権利者)が負担することとしているようである(登録免許税法や租税特別措置法で登録免許税が減免される場合を参照)が,現実には当事者間の特約が優先され,特約がなければ慣習によることになる。実際の取引でも登記権利者であるとする見解がある(吉野・注釈(下)319頁)。学説には,これと逆に民法485条の弁済の費用にあたり,登記義務者が負担すべきものであるとするものが多い(我妻栄・民法講義V266頁など)が実務の状況からは離れている。実務では,売買などの権利移転の場合や担保権抹消の場合などは,登記権利者が負担することが多く(担保権抹消登記の場合には,当該被担保債権の債務者が負担することも多い)であり,担保権設定の場合には,当該被担保債権の債務者か設定者が負担することが通常である。担保権設定の場合には,通常,融資契約において主導権を持つのは債権者であることから,債務者もしくは登記義務者が負担する特約がなされることが普通である。たとえ,形式上は債権者が負担することとなっていても,手数料名目もしくは金利上で債務者側に転嫁されることになることが多い。

なお,登録免許税が不足していたが,登記官がそれに気づかず登記が実行されてしまった場合,その登記は無効ではない(大判大7・6・10民録24・1169)。

13 登記すべきでないときとして政令で定められた事項(本条13号)

以上の25条1号〜12号に掲げる場合のほか,登記すべきものでないときとして政令で定める場合に関しては,登記申請が却下される(本条13号)。同号の委任を受けた令20条によれば,以下の8つの項目が登記すべきものでない事項である。

① 申請が不動産以外のものについての登記を目的とするとき(令20(1))。

② 申請に係る登記をすることによって表題部所有者または登記名義人となる者(別表の12の項申請情報欄ロに規定する被承継人および3条11号ハに規定する登記権利者を除く)が権利能力を有しないとき(令20(2))。

③ 申請が法31条,41条,第56条,73条2項もしくは3項,80条3項または92条の規定により登記することができないとき(令20(3))。

④ 申請が1個の不動産の一部についての登記(承役地についてする地役権の登記を除く)を目的とするとき(令20(4))。

⑤ 申請に係る登記の目的である権利が他の権利の全部または一部を目的とする場合において,当該他の権利の全部または一部が登記されていないとき(令20(5))。

⑥ 同一の不動産に関し同時に二以上の申請がされた場合(法19条2項)の規定によ

り同時にされたものとみなされるときを含む)において，申請に係る登記の目的である権利が相互に矛盾するとき(令20(6))。

⑦　申請に係る登記の目的である権利が同一の不動産について既にされた登記の目的である権利と矛盾するとき(令20(7))。

⑧　前各号に掲げるもののほか，申請に係る登記が民法その他の法令の規定により無効とされることが申請情報もしくは添付情報または登記記録から明らかであるとき(令20(8))。

(中村昌美)
(執筆協力：齋木賢二)

(政令への委任)
第26条　この章に定めるもののほか，申請情報の提供の方法並びに申請情報と併せて提供することが必要な情報及びその提供の方法その他の登記申請の手続に関し必要な事項は，政令で定める。

＊旧法関係……本条新設
＊関連法規……(法務省令への委任)令24条

I　本条の趣旨

本条は，新設の規定である。旧法は7条の2において，不動産登記法の施行全般について法務省令をもって定めるとし，旧法下では法に定めのない施行の細目については法務省令(明治32年司法省令第11号「不動産登記法施行細則」)に委ねられていた。本条は登記申請手続についても，旧法よりランクを上げて政令に委任するものとした。

平成17年改正の特徴として，電子申請手続をスピード成立させた点がある(「オンライン登記申請制度研究会の最終報告書」が平成15年3月に提出され，その趣旨に従った新法案が平成16年3月に提出されるまで1年しか経過していない)。その結果，電子申請手続について法で十分に基本的な定めをおくことがなされず，政令等に委ねられることになった。電子申請方式は技術的にも変化・進歩が激しく，また初めての試みであるので弾力的な運用及び修正・変更が必要であるから，この手法にも一理はある。

憲法73条6号は「この憲法及び法律の規定を実施するために，政令を制定すること。但し，政令には，特にその法律の委任がある場合を除いては，罰則を設けることができない。」として内閣の政令制定権を定めている。法律の執行のために，政令が定められるのは，個別の法に委任規定があるかないかにかかわらない。あえて，26条を設けたのは，申請手続において，法の定めが電子申請・書面申請双方に適用される規定として定められ，よって相当抽象的な規定になったからである。また，登記識別情報の導入，登記原因情報の提

供など,登記申請手続の抜本的改正も同時になされ,法の政令等への委任範囲が広範にならざるをえなかったともいえよう。

II 法令の委任関係

現在の不動産登記関係法令の委任関係は以下のとおりである。

不動産登記法(平成16年法律第123号)は本条において,申請情報の提供等の申請手続の細目を不動産登記令(平成16年12月1日政令第378号)に委任している。

さらに,令は24条において,法と令の施行に関して,法務省令つまり不動産登記規則(平成17年法務省令第18号収録)に細目を委任している。さらに登記事務の取扱については,法令に定めるもののほかは不動産登記事務取扱手続準則(平17・2・25民二456民事局長通達),「不動産登記法の施行に伴う登記事務の取扱いについて」(平17・2・25民二457民事局長通達【参考資料②】)に従っている。

III 不動産登記令への委任事項

本条は,法第4章(登記手続)第1節(総則)に定めるほか,申請情報の提供の方法ならびに申請情報と併せて提供することが必要な情報およびその提供の方法,その他の登記申請の手続に関し,政令である不動産登記令第3章(電子情報処理組織を使用する方法による登記申請の手続),同第4章,(書面を提出する方法による登記申請の手続)の規定により,登記手続を処理することを定めた。

不動産登記令は法を補充して令3条から9条にかけて申請情報及び添付情報について電子申請・書面申請双方に共通する規定をおく。法では,具体的な規定を欠く申請方法について,電子情報処理組織を使用する方法による登記申請の手続(10条から14条)と書面を提出する方法(15条から19条)による登記申請の手続に分けて,令が基本的な規定を設ける。

(中村昌美)

(執筆協力:齋木賢二)

第2節　表示に関する登記

＊旧法関係……旧法「第二節　不動産ノ表示ニ関スル登記手続」

第1款　通　則

＊旧法関係……款名新設
＊関連法規……(表題部の登記)規則89条，(日付欄の記録)準則66条

(表示に関する登記の登記事項)
第27条　土地及び建物の表示に関する登記の登記事項は，次のとおりとする。
(1)　登記原因及びその日付
(2)　登記の年月日
(3)　所有権の登記がない不動産(共用部分(区分所有法第4条第2項に規定する共用部分をいう。以下同じ。)である旨の登記又は団地共用部分(区分所有法第67条第1項に規定する団地共用部分をいう。以下同じ。)である旨の登記がある建物を除く。)については，所有者の氏名又は名称及び住所並びに所有者が2人以上であるときはその所有者ごとの持分
(4)　前三号に掲げるもののほか，不動産を識別するために必要な事項として法務省令で定めるもの

＊旧法関係……1号2号旧法51条，3号旧法78条5号，91条6号，4号新設
＊関連法規……1号(附属建物等の原因及びその日付の記録)準則93条，4号(不動産番号)規則90条，(行政区画の変更等)規則92条，(地番区域の変更)準則59条

I　本条の趣旨

　本条は，新法第4章「登記手続」第2節「表示に関する登記」27条～58条の冒頭に新設された第1款「通則」27条～33条の先頭に位置する。「表示に関する登記」とは「不動産の表示に関する登記」を指す(2(3))。それは，不動産(土地または建物)の物理的な形状・位置等の客観的状況を登記簿に記録することにより，不動産を特定し，その属性を判断することを可能にし，権利に関する登記が正確かつ円滑に行われるようにするものである(2(2)，後述Ⅱ参照)。不動産登記制度は，①「不動産の表示」と②「不動産に関する権利の公示」を通じて，不動産に関する「国民の権利の保全を図り，もって取引の安全と円滑に資する」ことを目的とするものであるから(1)，「不動産の表示」に関する登記は不動産登記の二大支柱の1つであるといえる。しかも，たとえ不動産に関する権利が正確に公示されたとしても，権利

の客体である不動産の物理的状況が明確にされなければその効用を発揮できないこと，不動産の物理的状況に関する情報が権利変動の原因たる不動産取引の段階で公簿上公開されることには莫大な公益が見込まれることに鑑みれば，表示に関する登記は権利の公示の前提または基礎をなすものとして，不動産登記制度の中で基盤的な重要性をもつものといえる。表示に関する登記は権利に関する登記の前提または基礎となるべき先行登記といわれるゆえんである（有馬・詳論3～4頁参照。このほか，表示登記一般に関しては，御園生進『詳論不動産表示登記』〔東京法経学院出版部・1987〕，赤羽二郎『解説表示登記法（8訂版）』〔住宅新報社・2001〕参照）。

旧法では，「不動産ノ表示ニ関スル登記手続」（旧法第4章第2節・78条～99条ノ5）が「土地ノ表示ニ関スル登記手続」と「建物ノ表示ニ関スル登記手続」の2款に二分され，表示の登記に固有の通則規定は存在しなかった。これに対し，新法は，①土地および建物の表示の登記に共通する規定を旧法第4章第2節（78条～99条）の中から抽出するとともに，②「登記手続」全体の「通則」（旧法第4章第1節・25条～77条）の中で，もっぱら表示の登記に関する規定を抽出し，加えて，③表示の登記の申請権者・申請手続に関して，旧法では明文規定が欠落していた部分を補完することにより，名実ともに表示に関する登記の総論規定（第4章第2節第1款）を設置した（それに対応して，規則第3章「登記手続」第2節「表示に関する登記」第1款「通則」89条～96条，準則第4章「登記手続」第2節「表示に関する登記」第1款「通則」59条～66条にも関連規定が設けられた）。その結果，新法は，土地および建物ごとの表示に関する登記手続に従った旧法に比べ，やや理論的抽象度の高い条文構成となっている点に特色がある。

新法は，この第1款「通則」（27条～33条）に続き，第2款「土地の表示に関する登記」（34条～43条），第3款「建物の表示に関する登記」（44条～58条）を置き，通則で規定されなかった各論的規定を置いている。すなわち，第2款は，①土地の表示に関する登記に固有の登記事項，②土地の表題登記（表題部に最初にされる登記）の申請，③地目・地積の変更登記の申請，④土地の表題部の更正登記の申請，⑤分筆・合筆登記の申請，⑥土地の滅失登記の申請，⑦河川区域内土地の登記について規定する。また，第3款は，①建物ないし区分建物の表示に関する登記に固有の登記事項，②建物の表題登記の申請，③合体による登記等の申請，④建物の表題部の変更登記の申請，⑤建物の表題部の更正登記の申請，⑥建物の分割・区分・合併登記の申請，⑦特定登記，⑧建物の滅失登記の申請，⑨共用部分である旨の登記等について規定する。これらについては，それぞれ該当箇所で解説される。

表示に関する登記の総論規定の冒頭に設けられた本条は，土地・建物の表示に関する登記に共通する登記事項を列挙することにより，「表示に関する登記とは何か」を明らかにするものである。表示に関する登記は，土地・建物の現況を可能なかぎり正確に公示することにより，不動産取引の客体の同一性を明らかにしてその識別・特定が容易にできるようにし，取引の円滑性と安全性を高めることを目的にしている。その目的に照らし，本条は，①登記原因とその日付，②登記の年月日，③所有権の登記がない不動産については所有者

の氏名・名称，住所等，④不動産を識別するために必要な事項として法務省令で定めるものの4点について，土地と建物に共通する表示に関する登記事項を定めている。以下，本条については，この4点についてその内容を確認する(以下，Ⅲ1～4参照)。また，それに先立ち，表示に関する登記の通則規定の個別条文の内容の検討に入る前の準備作業として，表示に関する登記の意義と特色を確認しておくことが有益であろう(以下，Ⅱ参照)。

Ⅱ 表示に関する登記の意義と種類
1 表示に関する登記の沿革

不動産の表示に関する登記の制度は，段階的な発展を辿って現在に至っている。すなわち，(i)不動産を表示するものとして，明治初期に地券制度が導入された当時の地券大帳・地券台帳や，一部の府県で導入された家券に基づく家券控帳(一部)は，実質的には登記簿の一部であった。しかし，その後，(ii)収税目的で土地台帳(明治22年から。当初は府県庁・島庁郡役所が管理。その後，昭和6年の地租法改正により，税務署が管理)・家屋台帳(昭和15年から。税務署が管理)(および土地台帳の附属地図・建物所在図)が登記簿から独立して整備され，発展した。(iii)第2次世界大戦後のいわゆるシャウプ勧告に基づく昭和25年の税制改正により，土地台帳・建物台帳は税務署から登記所に移管され，それらの情報が登記簿に設けられた表題部における土地・建物の表示に移行し，変更事項の記載が加えられた。これにより，課税台帳から地籍簿への性質変更が進んだ。そして，(iv)昭和35年の不動産登記法改正(法律14号)により，登記簿とは別個に存在した土地台帳・建物台帳がバインダー式の登記簿に一元化された(そのほか，詳しくは，本書28条Ⅱ参照)。この点で，同改正は，画期的な改正であった。

しかし，こうした沿革をもつ表題部の登記は，権利を公示する制度として発達してきた権利部の登記とは異なる特色を維持している(詳しくは，後述2(2)(ア)～(オ)参照)。とりわけ，①表題部の登記については，不動産の物理的状況を可能なかぎり正確に反映させるため，登記官に実地調査権限が付与された(これは土地台帳・建物台帳制度の下でも認められていた情報管理制度を承継している)。また，②これを補完するために，表示に関する登記のうち一定事項については所定の者に申請義務が賦課され，その懈怠に対しては過料の制裁を課すことによって実効性の担保が図られている。さらに，③表題部を補完するものとして，地図・建物所在図を登記所に備え付ける旨の規定が設けられた(旧法17)。こうして，表示に関する登記は，権利に関する登記とは別系統の発展を辿りつつ，この大改正を契機として表示に関する登記の制度が形成され，維持されてきたといえる。権利に関する登記が行われると否とにかかわらず，表示に関する登記が行われうることは，その端的な表れである(有馬・詳論6～9頁，12～22頁。土地台帳の沿革，記載内容等につき，友次英樹『新版 土地台帳の沿革と読み方』〔日本加除出版・2002〕参照)。もちろん，両者は，1つの不動産登記制度を構成する二大要素であるから，このような発展経路を踏まえつつも，表示に関する登記と権利に関する登記との独立性と関連性の相互作用を一層合理化し，不動産登記制度の目

的を実現するために，解釈論上・立法論上の課題を解決してゆく必要がある。

2 表示に関する登記の意義と特色

(1) 表示に関する登記の意義

(ア) **不動産の物理的・客観的状況の把握**　「表示に関する登記」とは「不動産の表示に関する登記」と定義され（2(3)），「不動産の表示」とは「不動産についての〔法〕第27条第1号，第3号若しくは第4号，第34条第1項各号，第43条第1項，第44条第1項各号又は第58条第1項各号に規定する登記事項をいう」（2(2)）とされている（なお，この「不動産の表示」の中に，「土地及び建物の表示に関する登記の登記事項」に含まれる「登記の年月日」(27(2))が含まれていないのは，「不動産の表示」は表示に関する登記の対象であり，それが登記された時にはじめて付される日付が「登記の年月日」になるからと考えられる）。それは，①土地・建物の登記原因とその日付，②所有権の登記がない不動産については所有者の氏名（自然人の場合）・名称（法人の場合），住所，所有者が2人以上あるときは所有者ごとの持分，③不動産を識別するために必要な事項として法務省令で定めるもの（不動産番号など），④土地の所在・地番・地目・地積，⑤河川法6条1項の河川区域内の土地であるときの区域，⑥建物の所在，家屋番号，建物の種類・構造・床面積，建物の名称があるときのその名称，附属建物があるときのその所在・地番・種類・構造・床面積，建物が共用部分または団地共用部分であるときはその旨，建物または附属建物が区分建物であるときにそれらが属する一棟の建物の構造・床面積・名称があるときはその名称，建物または附属建物が区分建物である場合に「敷地権」（専有部分と分離処分できない，登記された敷地利用権）があるときはその旨，⑦共用部分または団地共用部分である旨の登記がある建物を共用すべき者が所有する建物の範囲を指す。これらはいずれも，不動産の物理的状況を明らかにし，不動産の正確な特定とその属性の判断ができるようにするために，必要と認められた事項である。

(イ) **登記所の備付図面との関係**　不動産に関する物理的・客観的状況を明らかにするための手段としては，表示に関する登記のほか，登記所に備え付けられた地図（またはそれが備え付けられるまでの間の「地図に準ずる図面」）および建物所在図(14)・地積測量図・建物図面・各階平面図など重要である。表示に関する登記の整備と併せて，これらの地図（地図に準ずる図面）・建物所在図を順次精度の高いものに整備し，維持してゆくことが，不動産の物理的・客観的状況を明確にするためには欠かせない。そのために，①不動産登記法14条による法務局作成の14条地図作成作業，②国土調査法に基づいて地方公共団体が実施する地籍調査，③都市再生本部（内閣府）によるいわゆる「平成地籍整備」による地籍整備などにより，登記所備付地図等の整備が進められている。中でも地図整備の最大の供給源といわれる地籍調査の進捗には大きな期待が寄せられている。また，④筆界特定制度（平成17年法律第29号による不動産登記法等の一部改正により不動産登記法の中に導入，平成18年1月20日施行）もそうした地籍整備事業（平成地籍整備）の一環として創設された。

(2) 表示に関する登記の特色（権利に関する登記との対比）　公益性の観点から，不動

産の物理的状況についてのできるだけ正確な情報を提供すべきという目的ゆえに，表示に関する登記には，権利に関する登記にはないいくつかの特色が見出される。後にそれぞれの関連箇所で触れられることになるが，その概要を予め整理すれば，表示に関する登記に関して，(ア)一定の登記事項についての登記申請義務の賦課，(イ)登記官への職権登記の権限および実地調査の権限の付与，(ウ)共同申請主義の例外と登記請求権の原則的不存在，(エ)権利(変動)の対抗力の原則的不存在が挙げられる。また，(オ)権利の推定力についても相違がある。以上のほかに，旧法では権利に関する登記には当事者出頭主義(旧法26①)が適用されたが，これは新法ではいわゆるオンライン申請の導入に伴って廃止された(以上の点の列挙につき，有馬・前掲23～43頁参照)。

(ア) **一定の登記事項についての登記申請義務の賦課** 土地・建物の物理的状況を登記記録にできるだけ正確に反映させるために，表示に関する登記のうち，つぎに掲げる一定種類の事項につき，一定の者(各々の登記義務につき/の後の者)に登記申請義務を課している。すなわち，①土地の表題登記/所有権取得者(36)，②土地の地目・地積の変更の登記/表題部所有者または所有権の登記名義人(37)，③土地の滅失の登記/表題部所有者または所有権の登記名義人(42)，④建物の表題登記/所有権取得者(47)，⑤建物の滅失の登記/表題部所有者または所有権の登記名義人(57)である。

これらの登記は，いわゆる報告的登記(実体的権利変動を伴わない，不動産の物理的状況に関する登記原因事実を報告するにとどまる登記。後述)であり，それぞれの登記原因が発生した後，原則として1か月以内に登記申請すべきことが義務づけられている。また，その申請義務の懈怠に対しては，10万円以下の過料の制裁が課される(164)。

(イ) **登記官への職権登記と実地調査の権限の付与** 表示に関する登記については，登記官に職権による登記の権限(28)，およびそのための手段として，実地調査の権限(29)が付与されている。これは旧法下でも存在したものである(旧法25ノ2，50)。もっとも，登記官が職権登記の権限を行使すべき範囲，および実施調査の権限を行使すべき範囲については法令上は曖昧な部分があり，議論の余地がある。これらについては，法28条・29条の解説箇所で改めて検討を加える。

(ウ) **共同申請主義の例外と登記請求権の原則的不存在** 権利に関する登記の申請については，登記権利者と登記義務者による共同申請主義の構造が新法でも維持されている(60)。それゆえに，登記義務者が登記に協力しないときは，登記権利者は登記の共同申請に協力するよう登記請求権を行使し，登記義務者が協力しないときは訴えを提起し，その判決をもって共同申請の意思表示に代えることが認められる(判決代用。民414②ただし書)。登記権利者の勝訴判決が確定した時点で，登記義務者は登記申請の意思表示をしたものとみなされ(民執173①)，登記権利者はかかる確定判決に基づいて単独で登記申請をすることができる(63①)。

これに反し，表示に関する登記は，①申請義務者(前述(ア)参照)または申請適格者(土地の分筆・合筆，建物の分割・区分・合併の場合。表題部所有者または所有権の登記名義人。39・54

が単独で申請できることから、登記権利者の登記義務者に対するような登記請求権は問題にならないこと、②登記官は職権による登記もできることから、たとえ登記請求権が認められ、確定判決が得られても、登記官がそれに拘束される義務はないことなどから、表示に関する登記については、原則として、登記請求権は観念しがたいように思われる。

しかし、一定の場合には、表示登記請求権を認めるべきとの議論も存在する。例えば、(a)Aがその所有地上に所有する建物αを取り壊し、Bのために借地権を設定し、Bがそこに新たに建物βを建築したが、Aが建物αの滅失登記をしていなかった場合、Bが建物βの表題登記を申請しようとしても、同一敷地上であるために同一の家屋番号では登記できない(例えば、敷地の地番が「1」、建物αの家屋番号は「1」(敷地地番と同じ)であった場合、建物αの滅失登記がされていないときは、新たに登記する建物βの家屋番号が「1番の2」となる。このような登記がされた場合、現地には1棟の建物しか存在しないにもかかわらず、家屋番号が「1番の2」となることにより、建物の公示制度の機能が阻害される)。このような場合において、BはAに対し、建物αの滅失登記手続を請求できるとする見解がある(吉野衛『判例からみた不動産登記の諸問題』〔新日本法規・1977〕126頁・146頁、新井克美「表示の登記に関する訴訟」鎌田=寺田=小池・新講座②311〜314頁など。肯定裁判例として、福島地判昭46・3・11下民集22・3＝4・248など)。もっとも、判例は、A所有地上の旧建物αが取り壊され、同一敷地上にB所有の新建物βが建築されたが旧建物αの登記が残っていたために、新建物β(すでにB名義の所有権保存登記がされていた)の所有者Bが旧建物αの所有者Aに対して旧建物の滅失登記手続を求めて訴えた事案で、新建物βと「同一性がない」旧建物αの登記については「滅失の登記がなされるべきである」が、「この登記は、建物の表示に関する登記であるから、不動産登記法25ノ2〔新法28〕に基づき登記官が職権をもって調査してなすべき登記である。」として、Bの請求を棄却した(最判昭45・7・16判時605・64)。もっとも、この事案では、Bの新建物βについてはすでに所有権の保存登記がされていたことから、もはや所有権の侵害状態は生じていない(したがって、物権的請求権が行使できる状態にはない)と判断されたのかも知れない。

他方、(b)AがBに融資し、B所有の建物αに抵当権を設定したが、建物αについていったん建物αと建物βへの区分建物の登記を経たうえで、再び合体させ、新建物γが生じたとして、建物αの滅失登記と建物γの表題登記ないし所有権保存登記をしたような場合に、AはBに対し、抵当権に基づく妨害排除請求権(物権的請求権)を根拠にして、建物αの滅失登記の抹消登記手続と、建物γの表示登記(表題登記)ないし所有権保存登記の抹消登記手続を請求できるとの見解がある(吉野・前掲146頁、新井・前掲311〜314頁)。判例は、AがBに融資し、B所有建物αに根抵当権を設定したが、Bが建物αについて内部に隔壁を設けるなどして、建物αと建物βに区分登記し、根抵当権が建物αと建物βを共同抵当として移記された後に、Bが建物αをその配偶者Cに譲渡・移転登記したうえで、前記隔壁を除去して建物α・βが合体したとし、区分建物α・βの滅失登記および合体によるB所有の新建物γの表示登記(表題登記)と所有権保存登記をした。これに対し、Aが、根抵当権に基づく妨害排除請求権(物権的請求権)により、B・Cに対して区分建物滅失登記の抹消登記手続を、Bに対

して新建物γの表示登記(表題登記)と所有権保存登記の抹消登記手続を請求した事案で，A の請求を認めた(最判平6・5・2民集48・4・1005)。

これら(a), (b)の場合には，表示登記請求権を否定すべき根拠としての前記①(登記申請義務者ないし登記申請適格者の単独申請による登記実現)および②(登記官の職権登記による登記実行の実現)という前提状況が妥当しない場面であるとも考えられる。というのも，これらの場合には，表示に関する登記の申請義務者ないし申請適格者による申請または登記官の能動的かつ積極的な職権による不動産の物理的・客観的状況が正確に反映される表示に関する登記が必ずしも迅速かつ確実に期待できないからである。そのような場面では，表示登記請求権を認めるべきとの議論には理由があると解される。

(エ) **権利(変動)の対抗力の原則的不存在** 不動産に関する物権や賃借権の得喪・変更等の「登記」は第三者に対する対抗力を生じさせる効果をもつ(民177・605)。しかし，ここでいう「登記」は権利に関する登記であり，表示に関する登記は，たとえ表題部に表題部所有者の記載があっても，この者の所有権取得に第三者への対抗力を生じさせるものではないと解されている(吉野・注釈(上)71頁)。しかしながら，表示に関する登記の対抗力に関しては，若干の例外も認められていることに注意を要する。

(i) **借地権者が所有する「登記された建物」による借地権の対抗** 借地権者(建物所有を目的とする地上権者および土地賃借人)は，地上権または土地賃借権それ自体については登記(民177・605)がなくとも，借地権者が土地上に「登記された建物を所有する」ときは，借地権について対抗力を取得する(旧建物保護に関する法律1，借地借家10①)。そして，判例は，ここでいう「登記された建物」には，借地権者の名義で所有権の保存登記が行われた建物のほか，借地権者が表題部所有者として記録された表示に関する登記でも足りるものと解している。その理由は，地上に建物が存在し，それについて表示登記がなされ，表題部所有者として借地権者の記載があれば，当該土地の譲受人，差押債権者など，取引をしようとする第三者は，借地権の存在を推知することができ，必要に応じてさらなる調査が可能になるからである(最判昭50・2・13民集29・2・83参照。その他の関連判例につき，後述Ⅲ 3(2)(イ)参照)。

(ii) **共用部分・団地共用部分としての区分建物・附属建物** 区分建物または附属建物は規約によって共用部分または団地共用部分とすることができるが，その旨の登記をしなければ第三者に対抗することができない(区分所有4②・67①)。また，そのような規約を廃止したときも，その旨の登記をしなければ，第三者に対抗することができないと解されている。これらの登記は，「建物の表示に関する登記の登記事項」の1つとして，登記原因とその日付，登記の年月日，建物の所在および土地の地番，家屋番号，種類・構造・床面積などとともに，当該区分建物または附属建物の登記簿の表題部に記録すべきものとされている(58①)。したがって，形式的にみれば，この場合にも区分建物・附属建物の表示に関する登記に共用部分・団地共用部分であることの対抗力が与えられている，ということもできる。

もっとも，それは，当該区分建物または附属建物の所有権に対する制約を登記したものとして，実質的にみれば権利の登記の効果ということもできよう（なお，共用部分・団地共用部分である旨の登記がされたときは，表題部所有者の記載は職権で抹消される。法58④）。同様に，ある区分建物に関する敷地利用権が専有部分と分離して処分することができないもの（敷地権）である旨の記録も，形式的には「建物の表示に関する登記の登記事項」の一部とされているが(44(9))，これも敷地利用権の処分に制限を加えたものとして，実施的には「権利に関する登記の一種」ということができよう（幾代＝徳本・不登法336頁）。

(オ) **権利推定力の有無** 不動産の表示に関する登記は，不動産の形状，位置などの物理的状況を表示するものであるから，それ自体には権利についての推定力は認められない。

もっとも，表示に関する登記の中でも，表題部所有者の記載には，権利推定力が認められるべきとの見解もある（後述Ⅲ3(2)(ウ)参照）。

3 表示に関する登記の種類

(1) **表示に関する登記の分類基準** 不動産の表示に関する登記には多様な形態のものがある。そこで，表示に関する登記の意義や効果，解釈論上の問題点などを議論する際には，その種類について簡潔に分類しておくことが便宜であろう。この点に関しては，登記の内容，機能，手続などの観点からの分類が行われている（有馬・前掲52〜92頁など）。以下では，その概要を整理するにとどめ，詳しくは個別の条文解説に譲る。

(2) **登記の内容による分類** 不動産の表示に関する登記は，その内容により，以下のように分類される（【表1】）。

表1 不動産の表示に関する登記の種類（登記の内容による分類）

登記の種類	登記事項の内容（根拠条文）	申請義務	申請権	職権登記
(ア)表題登記	土地の表題登記(36)	★		○
	建物の表題登記(47，48)	★		○
(イ)表示の変更の登記	表題部所有者・その持分の変更(32)＊		○	○
	不動産に関する記載事項（①表題部所有者の氏名・名称，住所，②建物の表題部など）の変更(31，51，52)	★(51)	○(31)	○
	不動産自体の変更（①土地の地目・地積，②建物の所在・種類・構造・床面積の変更など）(37)	★	○	○
(ウ)表示の更正の登記	表題部所有者の表示の更正(31)		○	○
	表題部所有者・その持分の更正(33)		○	○
	不動産自体の表示事項の更正(38，53)		○	○
(エ)表示の抹消の	土地の滅失の登記(42)	★		○

登記	建物の滅失の登記(57)	★	○
	原始的に無効な表示の登記の抹消		○
	合体前の建物の表示の登記の抹消(49)	★	○
(オ)土地の分筆・合筆の登記	土地の分筆・合筆・合併(分合筆)(39, 40, 41)		○
(カ)建物の分割・区分・合併の登記	建物の分割・区分・合併(54, 56)		○
(キ)建物の合体・分棟の登記	建物の合体・分棟(49, 50)	★	○
(ク)その他	河川区域内の土地に関する登記(河川区域内, 高規格堤防特別区域内, 河川立体区域内, 樹林帯区域内, 特定樹林帯区域内の土地である旨等の登記)(43)		○
	敷地権である旨の登記(46)	○	○
	共用部分・団地共用部分である旨の登記(58)	○	○

★所有権取得者・表題部所有者・所有権の登記名義人などの所定の者に登記申請義務が課されているもの(申請義務の懈怠に対し, 10万円以下の過料の制裁あり。164)。
＊この場合, 所有権の保存登記を経る必要があり(32), 結果的に権利に関する登記となる。

(ア) **表題登記** 表題登記とは, 表示に関する登記のうち, 当該不動産について表題部に最初にされる登記をいう(2⑳)。

(i) **土地の表題登記** ①土地が新たに生じた場合, または②表題登記がない土地の所有権を取得した者がある場合において, 当該土地の所有権取得者が, 所有権取得日から1か月以内に申請する義務を負う(36。添付情報としての, 所有権を証する情報につき, 準則71)。その登記事項は, 法27条・34条に掲げられたものとなる。

このうち, ①の「新たに生じた土地」としては, 公有水面埋立法22条に基づいて竣功認可の告示によって所有権が取得された埋立地などが考えられる。寄洲については, (a)土地の付合を生じ(したがって, 付合した土地の所有者が原始取得する。民242), 付合が生じた土地の地積の増加として捉えられている(昭36・6・6民三459民三課長電報回答・先例集追Ⅲ569)。これに対しては, (b)新たな土地が生じたもの(民法239条2項により, 国有地となる)とみるべきとの見解もある(幾代=徳本・不登法349~350頁)。もっとも, 実務においては, 当該土地の所有権を何らかの権原により, 最初に取得した者からの申請によって表題登記が行われている。

(ii) **建物の表題登記** ①建物が新築された場合, または②区分建物以外の表題登記がない建物の所有権を取得した者がある場合において, 当該建物の所有権取得者が, 所有権取得日から1か月以内に登記申請する義務を負う(47①)。その登記事項は, 法27

条・44条に掲げられたものとなる。

(イ) **表示の変更の登記** 不動産の表示の変更の登記としては，表示に関する登記事項のうち，表題部所有者もしくはその持分，不動産それ自体，または不動産を表示するための記載事項に「変更」があった場合が考えられる。その場合，表題部の該当する登記事項について変更の登記が行われる。登記官は，変更の登記をするときは，変更前の事項を抹消する記号を記録しなければならない(規則91)。以下のような場合がある。

(i) **表題部所有者またはその持分の変更** これについては，通則に規定されている(32)。もっとも，この場合には，表題部所有者につき当該不動産の所有権またはその持分権の移転という実体的な権利変動が生じていることを意味するから，その登記方法は，当該不動産について所有権の保存登記をしたうえで，その所有権の全部または一部の移転として，所有権の登記名義人を公示する形で行わなければならない(32)。その結果，それは表示に関する登記を脱して，権利に関する登記の領域に入ることになる。なお，表題部所有者またはその持分の更正はこの限りではない。

(ii) **不動産それ自体の変更** これには，①土地の地目・地積の変更，②建物の所在・種類・構造・床面積の変更，③附属建物の種類・構造・床面積の変更，④附属建物の新築・滅失などが考えられる(37・51参照)。これは，後にみる不動産を表示するための記載事項の変更(後述(iii))とは異なり，不動産それ自体の形状・位置などの客観的状況に物理的な変更が生じたことを登記原因とするものである。法37条・51条もこの意味の区別を是認しているものとみられる。

①のうち，地積の変更としては，(a)寄洲(土地の付合とみることを前提に，寄洲上に建築された建物の所在は，付合した土地の地番によって表示すべきものと解されている。前掲昭36・6・6民三459民三課長電報回答)，既存の土地に続く海岸部分の隆起，海岸に接する土地の海没などが考えられる。これに対し，(b)寄洲などによる地積の増加，それに基づく表示の変更の登記という見方を批判し，新たに生じた土地としての扱いを示唆する見解もある(幾代＝徳本・不登法349〜350頁，有馬・詳論112〜117頁)。

②のうち，建物の所在の変更としては，建物を人為的に曳行したことによる所在の変更などがある(これに対し，建物の解体移築の場合は，建物を滅失し，建物を新築したものとして取り扱われる)。建物の種類・構造・床面積の変更は，建物の増改築，一部取壊しなどの工事によって生じるが，工事の内容・規模により，工事前後で建物の同一性が認められない程度に至れば，従前建物の滅失(滅失登記)と工事後の建物の新築(表題登記)として扱うべき場合も生じるであろう。

以上のような不動産それ自体の変更は，当然にそれを目的とする権利(例えば，所有権，抵当権など)の効力が及ぶ範囲にも変更をもたらすから，不動産それ自体の変更を原因とする表示の変更登記も，理論的には権利の変更をも反映している(昭和26年法律第150号による改正前の不登法は，そのことを前提に，かかる表示の変更登記には第三者たる登記名義人の承諾書またはこれに対抗できる裁判の謄本の添付を必要としていた。有馬・詳論56頁参照)。しかし，

表示に関する登記と権利に関する登記とを一元化しつつ，実質的に併存させている現行不登法上は，表示に関する登記の変更と権利に関する登記の変更とを制度上区別し，後者の場合は「登記上の利害関係を有する第三者」があるときは，その者の承諾を要するが(66)，前者の場合は実体上当然に効果が生じるものとして，第三者の承諾を要しないものと捉えられている(38・53)。

(iii) **不動産を表示するための記載事項の変更** 不動産それ自体に物理的な変更が生じたわけではないが，不動産を表示する(それにより，不動産の同一性の確定，属性の判断を容易にする)ための手段としての登記事項に変更が生じた場合を指す(幾代=徳本・不登法348頁，有馬・詳論57〜58頁)。例えば，①土地の所在地名称・地番，②建物の所在地名称・家屋番号，附属建物の所在地名称，③表題部所有者の住所・氏名(表題部所有者自身には，その所有権も持分権も変更がないことを前提としている。表題部所有者自身またはその持分権に変更が生じる場合は，前述(i)(法32)に当たる)などの登記事項に変更が生じた場合である。

これらのうち，①土地の所在地名称・地番の変更に関しては，行政区画またはその名称の変更があった場合は，登記記録に記録した行政区画またはその名称については，すでに変更の登記があったものとみなされる。字またはその名称に変更があったときも同様である(規則92①)。したがって，これらの場合には，登記官は速やかに表題部に記録した行政区画もしくは字またはこれらの名称を変更しなければならない(規則92②)。その際，地番区域の変更があった場合において，地番の変更を必要とするときは，職権で，表題部に記録された地番の変更の登記が行われる(準則59)。

また，②(ただし，家屋番号を除く。法51)について，不動産登記法は，表題部所有者または所有権の登記名義人に対し，当該変更があった日から1か月以内に変更登記の申請義務を課し(51)，③について，表題部所有者に申請権を付与している(31)。したがって，それ以外の場合は，当事者等には表示の申請義務も申請権限もなく，登記官の職権登記による変更に委ねられていると解される(28)。

例えば，②のうち，家屋番号の変更(変更登記の申請義務は，法51条1項によって除外)は，元来登記官が付すものであるとの考え方によると思われるが，そのような場合についても，相当の理由がある場合には，職権による変更登記を促すための申出をすることが許されるべきであるとの見解もみられる(有馬・詳論57頁)。

(ウ) **滅失の登記**

(i) **滅失の登記の理論的位置づけ** 土地・建物の滅失の登記(42・57)の理論上の位置づけに関しては，(a)一方では，土地・建物が物理的に消滅した以上，表題部は対応する不動産を失い，表示の登記は全体として実体と符合しなくなることを理由に，抹消登記の一形態に分類する見解がある(有馬・詳論64〜65頁)。これに対し，(b)土地・建物の滅失により，当該土地・建物の上に存在した所有権，その他の権利も実体的に消滅する点に着目して，それは形式上は表示に関する登記の中に規定されているが，理論的・実体的には権利の(消滅の)登記として位置づけられるとみる見解もある(御園生進『詳論不動産表示登

記』〔東京法経学院出版部・1987〕10頁）。

　(c)思うに，土地・建物の滅失の登記は，①表示に関する登記(場合によっては権利に関する登記も)が行われた後に，不動産それ自体に生じた物理的変化を反映した登記という意味では，変更の登記の延長という側面をもつ一方で，②その変化は，不動産の量的な変更(その場合でも，すでに実体法上の権利への影響が生じていることにつき，前述(イ)(ii)参照)にとどまらず，さらに進んで，不動産の存在そのものの消滅という質的な変化を生じさせた結果，実体法上の権利変動の面も前面に現れざるをえず，実質的には権利に関する登記の側面も無視できない。このような二面性をそのまま受容する意味で，本稿では滅失の登記を，変更の登記の後に，かつ抹消登記とは別建てで位置づけることにする。

　　(ii)　**土地の滅失**　　土地が滅失したときは，表題部所有者または所有権の登記名義人が，滅失の日から1か月以内に滅失の登記を申請すべき義務を負う(42)。この場合も，登記官が職権で滅失登記することは可能である。かつて陸地であったが後に海没した土地の滅失登記などが考えられる。ちなみに，かつて1度も土地ではなかった場所(干潟の一部)について土地登記(地目は池沼)が存在した場合，本来は「不存在」または「錯誤」を登記原因とする表示登記の抹消登記手続を行うべきところ，登記原因とその日付を「年月日不詳海没」とする滅失登記処分をしたとしても，「処分時の実体的な法律関係に符合した処分」であるから，滅失登記処分の取消原因となるような手続的瑕疵ではないとした判例がある(最判昭61・12・16民集40・7・1236)。

　　(iii)　**建物の滅失**　　建物が滅失したときは，表題部所有者または所有権の登記名義人(共用部分・団地共用部分である旨の登記がある建物の場合は，その所有者)が，滅失の日から1か月以内に滅失の登記を申請すべき義務を負う(57)。

　(エ)　**表示の更正の登記**　　表示の更正の登記とは，表題部の登記事項に登記の当初から錯誤または遺漏によって登記と実体との間に不一致があった場合に，当該登記事項を訂正する登記をいう。以下のような場合が考えられる。なお，登記官は，該当する登記事項の更正の登記をするときは，更正前の事項を抹消する記号を記録しなければならない(規則91)。

　　(i)　**表題部所有者の表示の更正**　　表題部所有者の氏名(自然人の場合)・名称(法人の場合)，住所が登記の当初から錯誤または遺漏によって誤っていた場合であり，それは表題部所有者からの申請によって更正が行われる(31)。

　　(ii)　**表題部所有者またはその持分の更正**　　①不動産の所有者と当該不動産の表題部所有者とが異なる場合は，当該不動産の所有者の申請によって更正の登記が行われる。その場合には，当該表題部所有者の承諾(33④)が必要である。表題部所有者が任意に承諾に応じないときは，当該不動産の所有者が承諾請求の訴えを提起し，当該表題部所有者に対抗することができる確定判決を得る必要がある(33①・②，令別表2)。また，不動産の表題部所有者である共有者の持分についての更正の登記は，当該共有者の申請により，かつ当該更正の登記によってその持分を更正することとなる他の共有者の承諾またはこの者

(iii)　**不動産自体の表示事項の更正**　　表題部のうち，①土地の登記原因・その日付，登記の年月日，不動産番号，所在・地目・地積，②建物の登記原因・その日付，登記の年月日，不動産番号，所在・種類・構造・床面積，附属建物の種類・構造・床面積，区分建物の敷地権の表示などにつき，錯誤または遺漏により，表題登記の当初から実体との不一致がある場合は，表題部所有者または所有権の登記名義人は，更正の登記を申請することができる(38・53)。

　(オ)　**表示の抹消登記**　　不動産の表示の抹消登記とは，表題部における1筆の土地または1個の建物の登記の全体が，土地または建物の実体と合致しないために，登記自体を存続させておくべきではないと認められる場合に，それを抹消する登記である(なお，土地・建物の滅失の登記の位置づけにつき，前述(ウ)参照)。

　(i)　**原始的に無効な表示に関する登記**　　表示に関する登記が行われた当初から，それに対応する土地・建物がまったく存在しなかった場合，同一の土地・建物について重複して表題登記がされた場合(重複登記，二重登記)など，当初から無効と解される登記は，当然抹消登記手続の対象となると解されている。それによって所有権等の権利行使を潜在的に妨害され，または妨害の危険にさらされている者は，所有権に基づく妨害排除請求権(物権的請求権)を行使して，かかる侵害または侵害の危険を除去しうるであろう。登記官もまた職権で抹消登記手続を行いうる(28)ので，法29条による実地調査権を発動してその事務処理に当たるべきである。

　重複登記の場合，登記実務では，後の表示登記を職権で抹消することを原則としつつ(昭37・10・4民甲2820民事局長通達・先例集追Ⅲ994，昭38・9・12民甲2601民事局長通達・先例集追Ⅲ1130-320，昭40・3・23民甲623民事局長通達・先例集追Ⅳ351)，例外的に，同一名義の所有権保存登記が存在し，かつ後の登記にのみ第三者の権利に関する登記が存在するときは，先の登記を抹消することも便宜的措置として認められるとされる(昭39・2・21民甲384民事局長通達・先例集追Ⅳ12，昭46・3・26民甲1194民事局長回答・先例集追Ⅳ477)。しかし，実際には，重複登記といえるか，とりわけ主張の異なる当事者が存在するときは，判断が困難なこともあり，重複登記(とみられる状態)が迅速かつ容易に解消されるとは限らないようである。その結果，登記官が職権によって抹消登記手続をしようとしない場合に，真の所有者，その他の権利者が物権的請求権などに基づき，表示登記の抹消登記手続請求をする余地も考えられるであろう(新井・前掲論文303頁)。これは，登記官の職権登記・実地調査の権限の限界をめぐる問題の一環といえる。

　(ii)　**合体前の建物の表示の登記の抹消**　　2以上の建物が合体して1個の建物となった場合は，合体の日から1か月以内に，法49条1項各号によって申請義務を課された者の申請により，合体後の建物の表題登記と合体前の建物の表題部の登記の抹消が行われなければならない(49)。

　(カ)　**土地の分筆・合筆の登記**　　(i)1筆の土地を分割して複数筆の土地として登記す

ることを分筆という。また，(ii)複数筆の土地を合併させて1筆の土地として登記することを合筆という。これらの登記は，表題部所有者または所有権の登記名義人が申請することができる(39)。さらに，(iii)1筆の土地を分割し，その分割した部分を他の土地に合併して1筆にする処分を，1つの登記手続で行うことを，土地の分合筆という(規則108①)。これによっていったん分筆の登記をし，ついで合筆の登記をしても同じ結果となることから，事務処理の効率化が図られている。

土地は元々連続した地殻部分であり，あくまでも人工的に区分して1筆として表題登記をしているにすぎず，所有者等は，事実上，1筆の土地を分割して使用・収益・処分したり，複数筆の土地を一括して使用・収益・処分をすることもできる。したがって，取引の最小単位として(1単位として)の土地(1筆)がおのずと必要となってくる。そしてそれは表題部の登記によってはじめて創設されるということになる。

(キ) **建物の分割・区分・合併の登記**

(i) **建物の分割** 表題登記がある建物の附属建物を，当該表題登記がある建物の登記記録から分割し，登記記録上1個の建物とすることを建物の分割という(54①(1)参照)。

(ii) **建物の区分** 表題登記がある建物または附属建物の部分であって区分建物に該当するもの(区分建物としての要件を具備しているもの)を登記記録上区分建物とすることを建物の区分という(54①(2)参照)。

(iii) **建物の合併** 表題登記がある建物を登記記録上他の表題登記がある建物の附属建物とすること，または表題登記がある区分建物を登記記録上これと接続する他の区分建物たる表題登記がある建物もしくは附属建物に合併して1個の建物とすることを建物の合併という(54(3)参照)。

これらはいずれも，土地の分筆・合筆(前述(カ))と同様に，その旨の登記記録によって効力を生じる(いわば人工的に創出される)。これら建物の分割・区分・合併の登記は，表題部所有者または所有権の登記名義人が申請することができる(54①)。

(ク) **建物の合体・分棟**

(i) **建物の合体** 人為的に二以上の建物が合体して(二以上の建物の間の空間に増築した場合・曳行した場合など)事実上1個の建物となった場合は，合体の日から1か月以内に，申請義務を課された所定の者の申請により，合体後の建物の表題登記と合体前の建物の表題部の登記の抹消が行われなければならない(49)。

(ii) **建物の分棟** 反対に，1棟の建物の中間部分が取り除かれ，その双方に隔壁が設けられることにより，事実上2棟(以上)の建物となることを分棟という。不登法上は規定がないが，登記実務では，①分棟によって一方の建物が他方の建物の附属建物となるときは，分棟を登記原因とする分棟前建物の床面積の減少の登記と，分棟によって生じた附属建物の表題登記が行われ，②分棟によって生じた2棟(以上)の建物に主従の関係がないときは，分棟の登記と分割の登記を1度の手続によって行うものとされている(昭54・

3・31民三2112民事局長通達・先例集追Ⅵ649)。

これらはいずれも，土地の分筆・合筆や建物の分割・区分・合併とは異なり，まずは事実として生じた建物の合体ないし分棟したことをありのまま表題部に反映させるものである。

(ケ) その他　　以上のほか，不動産の表示の登記として，(i)河川区域内の土地に関する登記(河川区域内，高規格堤防特別区域内，河川立体区域内，樹林帯区域内，特定樹林帯区域内の土地である旨等の登記)(43)，(ii)区分建物に関する敷地権である旨の登記(46)，(iii)共用部分・団地共用部分である旨の登記(58)などがある。

(3) **登記の機能による分類**　　不動産の表示に関する登記は，その機能ないし効力に従い，便宜上，(i)報告的登記，(ii)形成的登記，(iii)その他(公証的機能や権利公示的機能ももつ表示に関する登記など)に分類されることもある(幾代＝徳本・不登法335～336頁，有馬・詳論86～90頁)。

(i) **報告的登記**　　表示に関する登記は，不動産の物理的な形状，位置などの客観的状況をできるだけ正確に表示することにより，不動産の同一性を確定し，その属性を判断することができるよう，必要な登記事項を登記簿に記録するものであるから，不動産の表示に関する登記は基本的に既発生の事実を情報として提供する機能をもつ。これを表示に関する登記の報告的登記という。そこには，前記(2)の登記内容による分類(前掲【表1】参照)でみた(ア)表題登記，(イ)表示の変更登記，(ウ)滅失登記，(エ)表示の更正登記，(オ)表示の抹消登記，(ク)建物の合体・分棟の登記などが含まれる。これらは，表示に関する登記の本来的機能であり，それゆえに登記官の職権登記の権限や実地調査の権限は当然にこれらの登記にも及ぶことになる。

このうち，(ア)表題登記，(イ)のうちで建物の表題部の変更の登記，(ウ)土地・建物の滅失の登記，(ク)のうちで建物の合体の登記については，所有権取得者・表題部所有者・所有権の登記名義人などの所定の者に登記申請義務が課されており，それらの申請義務の懈怠者は，10万円以下の過料の制裁に処される(164)。これは，登記官による実地調査と職権登記だけでは，表示に関する登記を正確に行い，かつ増改築などがされる度にそれを反映すべくメンテナンス的に公示していくことはおよそ不可能に近いことから，利害関係をもつ者の協力を法によって促したものと解される。

他方，(イ)のうちで表題部所有者の氏名・名称，住所等の表示の変更の登記，(エ)表示の更正の登記については，いずれの者にも登記申請義務は課されていない。これらの場合には，①登記申請を強制するほどの重大な登記事項ではないと解されること，②利害関係人の側から必要に応じて自発的に登記申請することが期待されることなどが，理由として考えられよう。

(ii) **形成的登記**　　これに対し，表示に関する登記の中には，一部ではあるが，登記それ自体よって法律上の効果を生じさせるものもある。例えば，前記(2)の登記内容による分類でみたもののうち，(カ)土地の分筆・合筆(の登記)，(キ)建物の分割・区分・合併

(の登記)である。これらは，もっぱら所有者などがその処分権の行使として行うものであるから，登記官が職権で行うべきものではないことは明らかである。これらの点で，報告的登記(前述(i))とは性格をまったく異にするということができる。

　　　　(iii)　その他　　以上のほかに，表示に関する登記の中には，特色ある機能ないし効力をもつ登記がある。例えば，①所有権の登記がない土地・建物については，所有者の氏名・名称，住所，所有者が2人以上ある場合の持分が登記される(27(3))。かかる記載が行われた表題部所有者(2(10))は，それだけでは所有権取得を第三者に対抗することはできないが，所有権の保存登記の申請資格をもち(74①1)，所有者と推定されるなど，事実上公証的機能をもつとする見解もある(幾代=徳本・不登法336頁，有馬・詳論90頁)。表題部所有者の記載の効力については，後に改めて検討する(後述Ⅲ3(2))。また，②区分建物の「敷地権」の表示(44(9))は，登記記録の構造からみても，表題部の記載事項ではあるが，実質的には権利に関する登記の一種ということもできる。

　　(4)　**登記の手続による分類**　　表示に関する登記は，誰の，どのようなイニシアティブによって登記申請手続が開始されるかにより，(i)所有権取得者・表題部所有者・所有権の登記名義人などの申請による登記，(ii)官庁・公署の嘱託による登記，(iii)登記官の職権による登記に分類される(有馬・詳論91〜92頁)。

　　　　(i)　申請による表示の登記　　同じく申請が行われる場合でも，①所定の申請義務者に申請義務が賦課される場合(36・37・42・47・49・51・57)と，②所定の申請適格者に申請権限が付与される場合(31・33・38・39・53・54・58)とがある。

　　　　(ii)　嘱託による表示の登記　　例えば，土地の全部または一部が法43条1項1号所定の河川区域内等の土地になったとき，同河川区域内等の土地でなくなったとき，同河川区域内等の土地の全部または一部が滅失した場合に，河川管理者から登記所への嘱託によって行われる変更の登記などがある(16①・43②・③・④・⑤・⑥)。

　　　　(iii)　登記官の職権による登記　　表示に関する登記では，登記官の職権による登記(28)が広く認められている。すなわち，前記(2)の登記内容による分類でみた(ア)表題登記，(イ)表示の変更登記，(ウ)滅失登記，(エ)表示の更正登記，(オ)表示の抹消登記，(ク)建物の合体・分棟の登記，(ケ)のうちの敷地権，共用部分・団地共用部分である旨の登記などである。しかし，その一方で，(カ)土地の分筆・合筆の登記，(キ)建物の分割・区分・合併の登記は，所有者による処分権の行使の一環として行われるものであるから，職権登記は及ばないことはいうまでもない。

　　もっとも，以上の3分類は，あくまでも登記手続が開始される契機の相違にすぎず，申請や嘱託によって開始された登記手続の中で，登記官による実地調査や職権登記が行われることもある。他方，登記官の職権登記が当事者の申請による登記によって補完されることもある(【表1】における申請義務・申請権・職権登記の相互関係参照)。

4 表示に関する登記の手続

表示に関する登記には以上のように多様な種類・形態があり(前述3参照)、各々の登記手続や登記申請が行われる場合に必要な申請情報、添付情報などについては、該当する個別条文ごとの解説に譲る。いずれにせよ、表示に関する登記の手続においては、登記手続の一般原則である申請主義(16①。なお、嘱託による登記につき、16②参照)と、その法令上の例外である職権主義(28)との関連性をどのように理解するかが重要になる(【表1】における申請義務・申請権・職権登記の相互関係、前述3(4)、後述、本書28条解説参照)。

III 表示に関する登記の登記事項

1 表示に関する登記の共通登記事項

法27条は、表示に関する登記の登記事項のうち、土地と建物に共通する事項として、①登記原因とその日付、②登記の年月日、③所有権の登記がない不動産の表題部所有者の記載、④その他法務省令で定める不動産識別事項を列挙する。①・②は旧法51条(旧法第4章「登記手続」第1節「通則」中の規定で、表題部の登記事項に関するもの)をベースに、登記の電子化に伴い、登記官の捺印を廃したものである。③は旧法78条5号(土地の表示の登記に関する)および同91条6号(建物の表示の登記に関する)を一括し、後に各所で同様の規定を繰り返す煩を避けたものである。④は新設規定である。

2 「登記原因及びその日付」と「登記の年月日」

(1) 「登記原因及びその日付」と「登記の年月日」を記載する理由　　不動産の表示に関する登記は、その登記事項も登記内容もきわめて多岐に及ぶ。以下、具体的な事項と内容を列記する。(i)不動産の表示に関する登記事項(2(2))には、①土地・建物の登記原因とその日付、②所有権の登記がない不動産の表題部所有者の記載、③不動産識別事項(不動産番号など)、④土地の所在・地番・地目・地積、⑤河川区域内の土地であるときの区域、⑥建物の所在、家屋番号、建物の種類・構造・床面積、名称、附属建物の所在・地番・種類・構造・床面積、建物が共用部分・団地共用部分である旨、区分建物の一棟の建物の構造・床面積・名称、区分建物の敷地権の存在、共用部分・団地共用部分を共用すべき者が所有する建物の範囲がある。他方、(ii)表示に関する登記の内容(態様)(前掲【表1】参照)には、(ｱ)表題登記、(ｲ)表示の変更登記、(ｳ)滅失登記、(ｴ)表示の更正登記、(ｵ)表示の抹消登記、(ｶ)土地の分筆・合筆の登記、(ｷ)建物の分割・区分・合併の登記、(ｸ)建物の合体・分棟の登記、(ｹ)その他がある。

ところで、不動産の物理的形状、位置、その他の客観的状況は、刻一刻と絶えず変化しているから、それを正確に反映するために、これら(i)・(ii)の組合せからなる登記を、職権によるにせよ、申請・嘱託によるにせよ、実行してゆくときには、事実関係が複雑化し、錯綜することが予想される。そこで、表示に関する登記が、①どのような事実を原因にして行われたものか、その事実が何時生じたものか(「登記原因及びその日付」)、そして、②そ

のことを原因として，当該表示に関する登記が何時実行されたか（「登記の年月日」）を，登記簿上において明確にしておく必要がある。法27条1号・2号が，①登記原因とその日付（当該原因が生じた日付），および②登記の年月日（登記行為自体が実行された日付）の記載を求める理由はここにある（旧法51条を承継したものである）。こうして登記官は，表示に関する登記をする場合は，法令に別段の定めがある場合を除き，当該表示に関する登記の登記原因およびその日付と，当該登記の年月日を付したうえで，新たに登記すべきものを記録することになる（規則89）。

(2) **「登記原因及びその日付」** 「登記原因及びその日付」(27(1))とは，土地・建物について登記事項が生じるに至った原因とそれが生じた日付である。例えば，土地の場合，「平成17年10月5日公有水面埋立」，「平成18年2月4日地目変更」など，建物の場合，「平成18年12月25日新築」，「平成19年3月4日増築」，「平成19年4月15日取こわし」などの記載が行われる。

なお，従来から存在していたが，登記されていなかった土地を新たに登記する場合も，新たに土地が生じた場合の取扱いに準じて土地の表題登記が行われるが，その際には登記原因も日付も明らかでないことが多い。この場合，「登記原因及びその日付」は「不詳」と記載される。

また，登記原因は明らかでも日付が明らかでない場合もある。その場合は，「年月日不詳海没」，「平成13年月日不詳一部取こわし」といった記載が行われる。

さらに，土地の分筆・合筆，建物の区分・分割・合併のように，当該登記そのものによってはじめて分筆・分割などの効果を生じさせる登記（形成的登記。前述Ⅱ 3(3)(ii)）の場合は，登記原因〔の日付〕は記載されない（当該登記の日付自体が登記原因が生じた日付となる）。

(3) **登記の年月日** 表示の登記の日付欄に記録すべき登記の年月日としては，「登記完了の年月日」，すなわち，登記官が登記を実行した年月日が記録される（準則66）。

ちなみに，権利に関する登記の場合は，登記の申請の受付の年月日が記録される（規則146）。権利の登記の場合は，第三者対抗要件としての意味を一般的にもつことから，偶然の事情等にも左右されうる実際の登記の遅速によって対抗力の有無が影響を受けるべきではないとの判断によるものと考えられる。

3 所有権の登記がない不動産についての所有者の記載

(1) **表題部所有者の記載** 所有権の登記がない不動産の場合は，表題部に所有者の氏名（自然人の場合）または名称（法人の場合），住所，および所有者が2人以上であるときはその所有者（共有者）ごとの持分が記載される。このように所有権の登記がない不動産の登記記録の表題部に所有者として記録される者を「表題部所有者」という（2(10)）。例えば，「○市△町3丁目2番5号　弘文太郎」といった振り合いで記載される。

ただし，共用部分（区分所有4②）または団地共用部分（区分所有67①）である旨の登記がある建物では，表題部所有者の記載は行われない（27(3)）。

(2) **表題部所有者の記載の意義および効力**

(ア) **表題部所有者の記載の意義** 表題部所有者を記載することの意味は，①所有権の保存登記の申請適格者(74)を明らかにすること，②固定資産税の納税義務者(地方税343②)を特定することなどである。そして，表題部所有者の記載は，あくまでも表示に関する登記の一部であり，権利に関する登記ではないから，第三者に対して当該権利(取得)を主張しうる対抗力(民177)はもたないと解されている(前述Ⅱ2(2)(エ)参照)。しかし，この解釈にはいくつかの例外がある。

(イ) **借地権の対抗力** 借地権者(建物所有を目的とする地上権者または土地賃借権者)は，たとえその借地権自体の登記がなくとも，借地上に「登記されている建物を所有するとき」は，これをもって第三者に対抗することができる(旧建物保護ニ関スル法律1，借地借家10①)。そして，判例によれば，ここにいう「登記されている建物」とは，所有権の保存登記がされた建物だけではなく，借地権者が表題部所有者として記載された表示に関する登記のある建物でもよいと解されている。判例の挙げる理由は，①土地取引をしようとする者は，地上建物の登記があれば，その所有者が地上に建物を所有する権原として借地権をもつことを推知できること，②借地借家法等の特別法規は，地上建物の登記名義の存在をもって借地権者の土地利用保護の要請と第三者の取引安全保護の要請との調和を図ろうとしたと解されることである(最判昭50・2・13民集29・2・83)。

この趣旨に照らすと，一方では，建物の表示に関する登記の所在地番の表示が実際の地番と多少相違していても，建物の種類・構造・床面積等の記載と相まって全体として建物の同一性を認識しうる程度であれば，更正前でも対抗力が認められるし(最判昭39・10・13民集18・8・1559〔登記官が職権で表示の変更登記をする際に地番の表示を誤った事案〕，東京地判平10・11・27判時1705・98)，建物の表示登記の後に建物の構造・床面積に大きな変動が生じても，建物の同一性が失われていなければ，対抗力はなお維持されると解されている(最判昭39・10・13民集18・8・1559，東京高判平13・2・8判タ1058・272)。

しかし，他方では，この建物登記からは借地権者が誰であるかを判断して実際に調査が容易にできるものでなければならないから，所有権の登記名義人または表題部所有者の名前が借地権者以外の他人名義であるときは，たとえそれが自分の子でも，対抗力はないものと解されている(最大判昭41・4・27民集20・4・870，最判昭47・6・22民集26・5・1051，最判昭50・11・28判時803・63)。しかしなお，その場合でも，借地権者による土地利用状況に関する買主(第三者)の認識(悪意)や，この者が明渡請求をするに至った経緯，借地権者が対抗要件を備えていなかったことについてのやむを得ない事情の有無や程度によっては，買主の明渡請求が権利濫用に当たる余地もあると解されている(最判平9・7・1民集51・6・2251)。

こうしてみると，借地借家法10条1項による借地権の対抗の場面では，表示に関する登記の内容が，全体として，建物と借地権者とを実質的に結びつけうるものであるか否かが，個別具体的に検討されることになると考えられる。この意味で，表示に関する登記は，不動産の物理的状況に関する情報提供にとどまらず，権利の対抗の場面でも，現実には重要

な機能を果たしうるということになる。

　　(ウ)　**権利推定力**　不動産の表示に関する登記のうち、土地・建物の物理的形状や位置を表示する部分自体は、何らの権利を推定させるものではないが、表題部所有者の記載は、所有権の保存登記の申請適格者を表示する機能をもつことなどから、権利推定力が認められるべきとの見解がある(舟橋諄一=徳本鎮編『新版注釈民法(6)』〔有斐閣・1997〕320～321頁〔山田晟〕、広中俊雄『物権法(第2版・増補)』〔青林書院・1987〕48頁、鈴木禄弥『物権法講義(4訂版)』〔創文社・2004〕72頁、幾代=徳本・不登法458頁)。これに対し、表題部所有者の記載についても権利推定力を否定する見解もある(吉野・注釈(上)237頁)。

　この点は、権利推定力そのものをどのように解するかの議論とも関わっている。登記の権利推定力を法律上の推定と解すれば(吉野・注釈(上)229頁)、表題部所有者の記載に権利推定力までただちに認めることは困難であろう。これに対し、登記の推定力を事実上の推定と解すれば、表題部所有者の記載にもそれを肯定する余地が生じるものと解される。

　(3)　**表題部所有者の記載の抹消**　表題登記のみが存在する不動産について、所有権の保存登記をしたときは、登記官は職権で表題部所有者に関する登記事項を抹消し、その記号を記録するものとされている(規則158)。

　(4)　**表題登記のない不動産について、所有権の保存登記をするときの不動産の表示**　反対に、表題登記のない不動産について、所有権の保存登記が行われるのに伴い、一定の事項について不動産の表示が行われ、表題登記が行われることもある。例えば、(i)表題登記がない不動産について、所有権を有することが確定判決によって確認された者、(ii)同じく表題登記がない不動産について、土地収用法、その他の法律の規定に基づく収用によって所有権を取得した者は、申請により、所有権の保存の登記を行うことができる(74①(3))。この場合は、法務省令に従い、不動産の表示に関する登記事項(前述*1*参照)のうち、①表題部所有者に関する登記事項、②登記原因とその日付、③敷地権の登記原因とその日付を除く事項が登記される。その際、表題部には、所有権の登記をするために登記する旨が記録される(75、規則157①・②)。

　また、(iii)所有権の登記も表題登記もない不動産について、嘱託により、差押等、所有権の処分の制限の登記をするときは、登記官が職権で所有権の保存登記を行い、登記記録の甲区に、所有者の氏名・名称、住所、登記名義人が2人以上であるときは各人の持分、処分の制限の登記の嘱託によって所有権の登記をする旨を記録する(76②、規則157③)。この場合も、法75条が準用され、法務省令に従い、不動産の表示に関する登記事項(前述*1*参照)のうち、①表題部所有者に関する登記事項、②登記原因とその日付を除く事項が登記される。その際、表題部には、所有権の登記をするために登記する旨が記録される(76③、規則157①・②)。

4　不動産を識別するために必要な事項として法務省令で定めるもの

　土地・建物の表示に関する登記の登記事項として、法27条1項～3項に掲げるもののほ

か，「不動産を識別するために必要な事項として法務省令で定めるもの」(「不動産識別事項」と呼ばれる。令6①・②参照)を掲げる規定(27(4))は，旧法にはない新設規定である。この新法27条4項に基づいて法務省令で定めるべき不動産識別事項として，「不動産番号」(規則90)が設けられた。これは，登記官が1筆の土地または1個の建物ごとに「番号，記号，その他の符号」からなる番号で構成されたものである。

不動産番号が付されることによって生じるメリットとして，登記申請に際して登記所に提供すべき申請情報の一部を省略することができる点が挙げられる。例えば，申請情報の内容に不動産番号を利用したときは，それによって申請にかかる不動産を効率的にかつ絶対的に特定することができることから，以下の事項は申請情報の内容とすることを要しない(令6①)。すなわち，

①土地の表示に関する登記または権利に関する登記を申請する際の，土地の所在・地番・地目・地積，②建物の表示に関する登記または権利に関する登記を申請する際の，建物の所在および土地の地番，家屋番号，建物の種類・構造・床面積，建物の名称があるときのその名称，附属建物があるときのその所在および土地の地番・種類・構造・床面積，建物または附属建物が区分建物であるときにそれらが属する1棟の建物の構造・床面積・名称があるときのその名称，③敷地権付き区分建物についての所有権，一般の先取特権，質権または抵当権に関する登記を申請する際の，敷地権の目的となる土地の所在・地番・地目・地積は，それぞれの登記申請に際して省略することができる。

これらのほか，不動産番号を付すことにより，登記申請に際して省略できる事項として，令6条2項1号～8号の事項がある。

登記実務の現場では，このような不動産を識別するために必要な事項(不動産番号)を活用することにより，登記を申請する側のみならず処理する側(登記所)も事務の効率化が図られている。これはまさに，「国民の利便性の一層の向上を図り，不動産登記制度を高度情報化社会にふさわしい制度にする」という新不動産登記法の趣旨に適った運用がされているということを示すものといえる。

（松尾　弘）
（執筆協力：下川健策）

(職権による表示に関する登記)
第28条　表示に関する登記は，登記官が，職権ですることができる。

　　＊旧法関係……旧法25条ノ2
　　＊関連法規……(職権による表示に関する登記の手続)規則96条，(職権による表示に関する登記の実地調査書等の処理)準則65条，(固定資産課税台帳の登録事項)地方税法381条7項

I　本条の趣旨

　登記は，法令に別段の定めがある場合を除き，当事者の申請または官庁もしくは公署の嘱託がなければ行うことができない(申請主義)(16)。本条は，この申請主義の原則に対する法律上の例外として，「表示に関する登記」については，当事者の申請や官庁・公署の嘱託がない場合でも，登記事項に該当する事実がすでに発生しているときは，登記官が自ら登記できる権限を認めたものである(職権主義)。

　法28条に基づく形式的根拠に加え，表示に関する登記について登記官に職権登記の権限を付与すべき実質的根拠は，①不動産の物理的形状，位置などの客観的状況を正確に表示することは，取引当事者に便宜を提供し，安心・安全な経済活動をするための環境を整えること，②同じくそのことは，不動産をめぐる権利関係を明確にし，狭隘な国土の中にあって，大切な財産の1つの媒体である不動産の正確な登記を通じて財産権の保障を確実にするとともに，私人間の紛争の回避ないし解決にも資するといういわば予防司法的な側面の整備であること，③他方，公共の観点からも，不動産の客観的状況の正確な把握は，固定資産税等の課税・徴収上の公正さと公平性の確保，土地の有効活用，土地利用計画の策定など，行政上の目的を円滑に遂行するための基盤としても有用であることなど，広い意味での公益に適合する点に求められよう。また，④不動産の客観的事実関係を明らかにすることは，登記官にとっても限度はあるもののある程度は実行可能性があることも挙げられよう。いずれにせよ，実際には，表示に関する登記についての職権調査の制度は，その歴史的前身である土地台帳・課税台帳の整備のための職権調査の沿革を承継する面があることも看過できない(後述Ⅱ参照)。

　もっとも，職権登記制度を正当化する実質的根拠のうち，①・②と③・④とは対立的な面も含むことから，表示に関する登記の中でも，職権登記が認められる範囲がどこまで及ぶかの解釈をめぐり，両者間の調整をどのように図るかが，本条をめぐる実質的な問題の中心になる(後述Ⅲ，Ⅳ参照)。そのためにも，職権登記の沿革を理解しておくことは，理論的な観点のみならず，実務的な観点からも重要である。

Ⅱ　職権登記制度の沿革

　表示に関する登記についての職権登記制度は，土地登記簿・建物登記簿の表題部の形成

に際しての1つの基盤となった土地台帳・家屋台帳の制度とそのための職権による調査・登録システムに密接に関わっている。その概要は，以下のようなものである（土地台帳の沿革，記載内容等につき，友次英樹『〔新版〕土地台帳の沿革と読み方』〔日本加除出版・2002〕参照）。

(i) 明治初年に導入された地券制度の下では，府県知事によって調査・作成された地券（正副2通）に土地の所在・面積・石高・地代金等が記載され，その副本が地券台帳に編綴された。地券は，当初は売買譲渡の際に，後には取引の有無にかかわらず一般的に発行され，私人の土地所有権の公証・取引の便宜と引き換えに，土地の調査と徴税・登記が行われた。

(ii) 旧登記法（明治19〔1886〕年）が制定された後，地券制度が廃止され（明治22〔1889〕年），土地台帳制度（土地台帳規則）が設けられると，土地台帳の所管庁（市の土地台帳は府県庁，町村の土地台帳は島庁郡役所）は職権による調査と登録の権限をもち，土地の地目変更，分筆・合筆等の土地の変更に際して，登記所に情報が提供された。他方，土地所有権の移転等の取引に際しては，登記所から土地台帳所管庁に通知が行われ，相互の整備が進められた。

(iii) 明治期の初めに一部の府県で導入された家券に基づく家券控帳は，実質的には登記簿の一部であったが，一般的には普及しなかった。その後，家屋税の課税・徴収のために税務署に家屋台帳が備えられ（昭和15〔1940〕年），家屋の調査・登録が行われ，土地台帳と同様に，登記所との間で情報交換が行われた。

(iv) 第2次世界大戦後，シャウプ勧告による税制改正に基づき，かつては府県税であった地租・家屋税が廃止されて，市町村が課税・徴収する固定資産税に移行したことに伴い，土地台帳・家屋台帳事務が税務署から登記所に移管され，課税・徴税目的から登記制度の基盤を受け持つ役割へと大きく姿を変えた。その後，旧不動産登記法の改正（昭和35年法律第14号，附則2）により，土地台帳・家屋台帳はそれぞれ土地登記簿・建物登記簿における表題部に編入された（土地台帳・家屋台帳に記載のある土地・建物のうち，未登記のものについては表題部が新設された）ことにより，一元化された。

このような経緯を辿って形成されてきた現在の土地登記簿・建物登記簿の表題部は，主として課税・徴収上の目的から職権によって管理（調査・登録・整備）されてきた土地台帳・家屋台帳の情報収集・管理システムの相当部分をベースにして構築されていることは否定できない。そこで，現在でも，不動産の物理的・客観的状況を正確に表示するための表示に関する登記の目的に適合する範囲で，職権による調査の機能を有効に活用することは不可欠であるといえる。その範囲と方法を具体的に検証することが，法解釈論に与えられた課題である。

III 職権登記が認められる範囲
1 登記官による職権登記の権限の範囲

法28条は，「表示に関する登記は，登記官が，職権ですることができる」と一般的に規定

しており，とくにその範囲を個別具体的に列挙していない。しかしながら，職権登記の範囲は，本条の趣旨に照らして職権登記が認められるべき実質的理由(前述Ⅰ①〜④)に合致する範囲で認められるものと解される。このような観点から，その主要な場面を例示してみると，以下のようになろう(本書27条解説の【表1】右欄参照)。すなわち，

(ア)表題登記，(イ)表示の変更の登記，(ウ)滅失の登記，(エ)表示の更正の登記，(オ)表示の抹消の登記，(ク)建物の合体・分棟の登記などである。これらは，不動産についてすでに生じた物理的・客観的状況の変化の事実を登記簿に反映させる性質のものであり，いわゆる報告的登記(本書27条Ⅱ3(3)(i)の解説参照)に該当するものである。

これに対し，(カ)土地の分筆・合筆，(キ)建物の分割・区分・合併は，その旨の登記それ自体によってはじめて不動産の客観的状況に変化が生じるもの(いわゆる形成的登記。本書27条Ⅱ3(3)(ii)の解説参照)であるから，理論上職権登記には馴染まない。また，(ク)のうち，区分建物の敷地権である旨の登記，共用部分・団地共用部分である旨の登記は，当該不動産の所有権に一定の制約を課すものであり，その意味では，実質的には権利の登記としての要素をもつことから，やはりそれ自体は職権登記には馴染まない。総じて，(カ)，(キ)，(ク)のうちの前記事項は，いずれも当該不動産の所有者等がもつ処分権の行使があってはじめて生じる変更であるから，その点において理論上職権登記の範囲外になるものと解される。

ただし，(カ)土地の分筆・合筆に関わる事項であっても，①1筆の土地の一部が別の地目となり，または地番区域を異にするに至ったときは，登記官は職権で当該土地の分筆登記をしなければならない(39②)。また，②登記官は，登記所備付の地図(14①)を作成するために必要があると認めるときは，当該土地の表題部所有者または所有権の登記名義人に異議がない場合には，職権で当該土地の分筆または合筆の登記をすることもできる(39③)。このうち，①の場合は，すでに地目変更，地番区域の変更という不動産の客観的変化が生じたことを前提にして，それに対応するための措置であるといえる。他方，②の場合は，登記所の側の便宜に基づき，そのイニシアティブで開始されるものであるから，それを補完するものとして，表題部所有者または所有権の登記名義人に異議がないことが要件とされている(①・②のいずれも，旧法81ノ2④・⑤を承継するものである)。これらは，公共の福祉に基づく不動産所有者の所有権制限(憲29②)の要素を含む措置であるといえることから，法28条によって登記官に付与された職権登記の権限の実質的理由に照らして，その合理性が判断されるべきである。ここでは，そうした分筆ないし合筆の公共性の高さに鑑みれば，職権登記が認められる範囲に属するとみられる。

また，(ク)のうち，建物について共用部分または団地共用部分である旨の登記をするときは，登記官は職権で，当該建物についての表題部所有者の登記または権利に関する登記を抹消しなければならない(58④)。しかし，これは，当該不動産の所有者によって行われた処分(共用部分・団地共用部分の設定とその旨の登記申請)によって生じた論理的な帰結を表示するものというべきである。

2 関係当事者に認められた登記申請権・登記申請義務との関係

(1) **登記申請権と職権登記との重複事項**　表示に関する登記のうち、登記官による職権登記が認められる事項について、重畳的に所定の関係当事者に登記申請権が認められる登記事項も存在する。例えば、本書27条解説【表1】所掲の(イ)表示の変更の登記、(ウ)表示の更正の登記である。この場合、それぞれの権限は何ら矛盾することはなく、登記官は登記申請に基づいて登記することも、自ら職権で登記することもできる。当事者の申請と異なる登記が登記官によって行われたときは、当該登記行為が抗告訴訟の対象となりうるかどうかの問題が残るだけである(後述Ⅳ1、2参照)。

(2) **登記申請義務と職権登記との重複事項**　他方、表示に関する登記のうち、登記官による職権登記が認められる事項について、重畳的に所定の関係当事者に登記申請義務が課されている登記事項も存在する。例えば、本書27条解説【表1】所掲の(ア)表題登記、(イ)表示の変更の登記、(エ)滅失の登記、(キ)建物の合体・分棟の登記などである。これらの場合も、当事者の登記申請と登記官の職権登記とは矛盾することなく、登記官は登記申請に基づいて登記することも、自ら職権で登記することもできる。実際、登記官が管轄地域のあらゆる不動産について、その物理的・客観的状況およびその変化を逐次完全に監視・把握することは現実的に不可能であるから、法は関係当事者に協力義務を課し(本書27条解説【表1】「申請義務」欄の★と対応条文参照)、その履行を担保するために義務懈怠に対して過料の制裁を課している(164)。

なお、当事者の申請と異なる登記が登記官によって行われたときは、当該登記行為が抗告訴訟の対象となりうるかどうかの問題が残るだけである(後述Ⅳ1)。

Ⅳ 職権登記の法的性質
1 行政処分としての性質

表示に関する登記について、登記官による職権登記が、行政処分としての法的性質をもつ行為か否か、したがって、抗告訴訟(行訴3)の対象になりうるか否かは争われている。

学説には、(a)登記が公証行為にすぎず、不動産登記法自体が登記の効果を定めていないことを理由に、一般的に処分性を否定する見解もあったが(中込秀樹ほか『行政事件訴訟の一般的問題に関する実務的研究(司法研究報告書)』31頁、渡部吉隆=園部逸夫編『行政事件訴訟法体系』〔西神田編集室・1985〕112頁〔渡部吉隆〕)、(b-1)権利の登記については物権変動の対抗力を生じさせることを理由に処分性を認める見解(市ノ瀬雄二ほか「登記官の処分の行政処分性に関する若干の考察」民研327号51頁、樋口哲夫「登記行政に関する争訟と国家賠償(4)・(5)」民研253号91頁・257号93頁)のほか、(b-2)表示に関する登記についても、不動産の正確な状況が表示されることについての当事者の利益が存在することを理由に、処分性を肯定する見解が有力である(園部逸夫「登記と行政訴訟」吉野衛編『民法と登記　香川最高裁判事退官記念論文集(上)』〔テイハン・1993〕41頁)。

判例は、一般論として、公証行為(例えば、旧地代家賃統制令14条に基づいて市町村長が家

賃台帳に家賃の停止統制額・認可統制額等の同法所定の事項を記入する行為=借家の家賃に停止統制額または認可統制額の存在することおよびその金額等につき，公の権威をもってこれらの事項を証明し，それに公の証拠力を与える行為=家賃台帳を市役所または町村役場に備え付け，公衆の閲覧に供することにより，当該事項を一般に周知徹底させ，統制額を超える契約等を防止し，併せて行政庁内部における事務処理の便益に資することを目的とする行為）については，それによって新たに国民の権利・義務を形成したり，その範囲を確認する性質をもつものではないとする（最判昭39・1・24民集18・1・113）。

しかしながら，判例は，様々な権利・義務ないし法律効果に結びつく登記行為に関しては，(i)権利に関する登記が行政処分に該当することは，当然の前提として認めていると解される(最判昭42・5・25民集21・4・951参照)。また，(ii)表示に関する登記についても，①表題部所有者の記載について処分性を認めたもの(最判平9・3・11訟月44・10・1776)，②滅失登記について行政処分に該当することを前提として本案判決を下したもの(最判昭61・12・16民集40・7・1236)が散見される。さらに，下級審裁判例ではあるが，③建物の表示に関する登記(表題部所有者の記載)は，特別法による借地権の対抗力(借地借家10①)に影響を及ぼすことから，処分性が認められることを示唆したもの(高松高判昭59・12・18行集35・12・2204。傍論)，④分筆登記については，一般的に処分性を認めるもの(松山地判昭59・3・21行集35・12・2210)と，④′分筆登記の申請却下および申請人の申請意思と登記官の分筆線の決定とが食い違うとき(申請却下の実質を有する)は分筆登記に処分性が認められる(なぜなら，分筆登記については，登記名義人には，単なる手続的な申請権にとどまらず，申請どおりの分筆登記を請求する実体上の申請権があり，その申請が却下されると，登記名義人は，自己の便宜に従って登記簿上において土地を分割するという法的権利を侵害されることになるからである)，そうでない場合は，一般的には，分筆登記に処分性は認められない(なぜなら，土地の分筆登記は，土地の物理的形状の変化を要件とせず，登記簿上の土地の単一性を変更し，1筆の土地を数筆の土地にする形成的効果をもつにすぎないからである。また，その登記の実行手続は，従前地から分かれる土地について独立の登記用紙〔なお，2008年末以降は，電子化された登記記録。以下，同じ〕を新設し，その表題部に同土地の表示および従前地の登記用紙(既存用紙)から分筆によって移した旨を記載し，従前地の登記用紙の表題部に分筆の結果である残余地の表示および分割によって他の部分を新設用紙に移した旨の記載をして従前の表示を朱抹し，従前地の登記用紙に所有権，その他の権利に関する登記があればその登記を新設用紙の相当区事項欄に転写するといった方法で行われた。したがって，登記簿上の個人の法的地位は分筆後の筆数に分割されたものになっても，その総和は分筆前の法的地位と等価であり，登記名義人はもとより，隣地所有者，その他の第三者も，分筆登記によって法的な不利益を受けることはありえないと考えられるからである)と判断したもの(高松高判昭59・12・18行集35・12・2204＝④の控訴審判決)などがある。

他方で，表示に関する登記行為の処分性を否定した裁判例もある。例えば，⑤地積の更正登記の処分性を否定したもの(大阪高判昭55・7・18行集31・7・1523)，⑥地目の更正登記の処分性を否定したもの(名古屋高判昭57・7・13行集33・7・1495)などである。こうしてみると，

§ 28 Ⅳ 1

判例は，登記官による表示に関する登記の行政処分性については，個々の登記行為ごとに，その実質的内容や具体的な法的効果に照らして，個別的に判断しているものとみられる。

このうち，(i)権利に関する登記は，物権変動の対抗力の有無に直接に影響を与えることから，処分性を伴うことに異論はないであろう。また，(ii)表示に関する登記の中でも，①表題部所有者の登記は，その者に所有権保存登記の申請権限(74)や固定資産税の納付義務(地方税343②)を生じさせる点で，表題部所有者に直接的に権限を与え，義務を賦課する行為であるから，処分性を肯定してよいであろう。前記判決も，「登記官が不動産登記簿の表題部に所有者を記載する行為は，所有者と記載された特定の個人に不動産登記法100条1項1号に基づき所有権保存登記申請をすることができる地位を与えるという法的効果を有する」点に，行政処分に当たることの理由を見出している(最判平9・3・11訟月44・10・1776)。

また，②特別法(借地借家10①など)およびその解釈を通じて，権利(借地権など)の対抗力の有無に直接に影響を与えるものや，③滅失登記のように，目的不動産の物理的消滅にとどまらず，その上の所有権，その他の権利についても当然消滅という実体法上の効果に結びつくものは，処分性を肯定してよいであろう。

さらに，それ以外の表示に関する登記の中でも，法が認める当事者の登記申請に対して応える形で，登記官がつぎのような登記等の行為をしたときは，そのような反応行為としての処分性を問題にすることができる。すなわち，前記④・④'の分筆登記はいわゆる形成的登記であるし，同じく⑤地積の更正登記・⑥地目の更正登記についても表題部所有者(または所有権の登記名義人)に登記申請権が認められているから(38)，登記申請に対して登記官による受理・申請どおりの登記，申請とは異なる登記，申請却下(49)などの何らかの対応する行為が行われれば，その行為(＝リアクション)自体に処分性が認められるとみてよいであろう。これについてはつぎに述べる(後述 *2* 参照)。

問題は，関係当事者からの申請が何ら行われておらず，もっぱら登記官の判断で表示に関する登記の変更，更正，分筆(39②・③)などが行われた場合の処分性の有無である。私見は，これらについても処分性を認めてよいと解する。なぜなら，①不動産登記に伴って生じる様々な効果は，実体法によって付与された対抗力(民177・605，借地借家10①)に限定する理由はないこと，②表示に関する登記は，所有権，その他不動産登記法に従って登記が認められる実体法上の権利の《客体》に関するものであるから，その記載はもっぱら不動産の物理的・客観的状況の記述にとどまらず，滅失登記に典型的にみられるように，その上に成立する権利そのものにも《直接に》影響を与えると解されるからである。そして，地目であれ地積であれ，実際に不動産の物理的・客観的状況と異なる登記が作出されたにもかかわらず，登記官が自発的に更正しないかぎり，なんらそれを正す救済方法がないとすれば，不動産登記法の目的の1つである国民の財産権の確実，円滑かつきめ細かな保護の趣旨に反することになろう。

もっとも，登記行為に処分性が認められて抗告訴訟の対象となるとしても，不動産登記

法が定める手続に反する瑕疵が認められない以上，例えば，表題部所有者の記載と真実の所有者とが異なっているとしても，そのこと自体は所有権の帰属をめぐる当事者間の民事訴訟によって判断されるべき事項であることに留意する必要がある（前掲最判平 9・3・11訟月44・10・1776の園部逸夫裁判官の補足意見参照）。

2 当事者の申請権との関係

登記官の職権登記が認められる登記事項について，関係当事者に登記申請権が認められる場合もあることは，すでに確認したとおりである（前述Ⅲ2(1)参照）。この場合，当事者の登記申請に対し，登記官は自らの判断に従い，それが形式的な要件を備え，かつ内容が正当であると認めれば，速やかに申請どおりの登記を行うべきであるし，所定の理由があれば，これを却下することもできる(25)。その行為は，登記行為そのものとは別の行為であり，それ自体が行政処分に該当することはいうまでもない。

では，登記申請が受理され，それに基づいて表示に関する登記が行われたが，登記官の職権により，登記申請と異なる登記をすることは認められるであろうか。それが登記官に認められた職権登記(28)の範囲内に属する事項（前述Ⅲ1参照）であれば，もとよりそのような処分も可能である。しかし，その場合には，却下(25)の場合に準じて，当事者の申請に対する反応行為（リアクション）としての処分行為性が認められ，抗告訴訟（行訴3）の対象になると解される。例えば，分筆登記の申請とは異なる分筆登記，申請とは異なる地積の更正登記，地目の更正登記などが行われた場合がそれに当たる（前述1参照）。

Ⅴ 職権登記に際しての手続

1 申請の催告

もっとも，登記官は，職権登記の対象となる不動産を発見したときでも，以下の場合にはただちに職権で登記すべきではなく，登記の申請義務がある者に登記の申請を催告すべきものとされており（準則63①），そのための催告書の書式（郵便はがきによる）が規定されていることに留意すべきである（準則63②，別記59号様式）。すなわち，①表題登記のない土地があるとき（催告の相手方は，所有権取得者。法36），②土地の地目または地積の変更があったとき（同，表題部所有者または所有権の登記名義人。法37①・②），③土地が滅失したとき（同，表題部所有者または所有権の登記名義人。法42），④表題登記のない建物があるとき（同，建物の所有権を取得した者。法47①・49②），⑤建物の合体があったとき（同，合体前の建物の表題部所有者もしくは所有権の登記名義人または所有権もしくはその持分権の取得者。法49①・③・④），⑥建物の表題部の記載事項に変更があったとき（同，表題部所有者または所有権の登記名義人。法51①～④），⑦建物が滅失したとき（同，表題部所有者または所有権の登記名義人。法57），⑧区分建物の共用部分または団地共用部分が廃止されたとき（同，当該建物の所有者。法58⑥・⑦）などである。これらの場合には，登記の申請義務を負う者が一定期間内に登記すべきものとされていることから，職権登記の場合であっても，できるだけ申請主義の原

則に合わせることが望ましく，また，そうすることによって職権登記に対する紛争を予め回避する機能が期待できるものと考えられる。

2 職権による登記の手続

　登記官は，職権で表示に関する登記をしようとするときは，「職権表示登記等事件簿」に①登記の目的，②立件の年月日，③立件番号，④不動産所在事項を記録しなければならない（規則96①）。

　また，地図，地図に準ずる図面，土地所在図，地積測量図，建物図面，各階平面図を訂正しようとするときは，登記官は「職権表示登記等事件簿」に①事件の種別，②立件の年月日，③立件番号，④不動産所在事項を記録しなければならない（規則96②）。

（松尾　弘）
（執筆協力：下川健策）

(登記官による調査)

第29条 登記官は,表示に関する登記について第18条の規定により申請があった場合及び前条の規定により職権で登記しようとする場合において,必要があると認めるときは,当該不動産の表示に関する事項を調査することができる。

② 登記官は,前項の調査をする場合において,必要があると認めるときは,日出から日没までの間に限り,当該不動産を検査し,又は当該不動産の所有者その他の関係者に対し,文書若しくは電磁的記録に記録された事項を法務省令で定める方法により表示したものの提示を求め,若しくは質問をすることができる。この場合において,登記官は,その身分を示す証明書を携帯し,関係者の請求があったときは,これを提示しなければならない。

*旧法関係……旧法50条
*新法改正……平成17年4月13日法律29号「不動産登記法等の一部を改正する法律」1条:本条2項一部改正
*関連法規……①(実地調査)規則93条,準則60条,(実地調査の代行)準則64条,②(実地調査上の注意)準則61条,(実地調査における電磁的記録に記録された事項の提示方法等)規則94条,(実地調査書)規則95条,準則62条

I 本条の趣旨

本条は,表示に関する登記について,申請による登記の場合であれ,職権による登記の場合であれ,不動産の物理的・客観的な状況をできるだけ正確に登記記録に反映させるために,表示に関する事項について,実質的な調査権限を登記官に付与するとともに,その実地調査権の行使方法に関する基本原則を定めたものである(旧法50条の内容を基本的に承継している)。一般に,権利に関する登記についての登記官の審査権限の内容が形式的審査権であるとされるのに対し,表示に関する登記についての登記官の審査権限は実質的審査権であるとされるが,その根拠となるのが本条である。本条による登記官への実地調査権(実質的審査権)の付与は,主としてつぎの2つの機能をもつ。

第1に,表示に関する登記の申請(18)に添付された情報の真実性を確認する必要があると登記官が判断した場合に,その権限の範囲内で実地調査を行うことにより,添付情報の内容を検証ないし補完することができる。

第2に,登記官が職権による表示に関する登記(28)を行うための準備作業として,実地調査を行うことにより,不動産の実際の状況を把握することにより,職権登記の権限を的確に行使するための情報を収集することができる。

なお,この第2の機能と関連して,固定資産税等の課税対象となる土地・建物が登記されていなかったり,地目・地積等の登記事項が事実と異なるために課税上支障があると認

める場合に，市町村長が当該土地・建物の所在地を管轄する登記所に対し，それらの登記，登記事項の修正等の必要な措置を申し出た（地方税381⑦前段）ときに，かかる申出に基づいて登記官が実地調査を行うような場合も含まれる（後述 II 2 (3)参照）。

　いずれにしても，不動産の物理的・客観的状況についてできるだけ正確な情報を提供することを目的とする表示に関する登記を制度的に支えるものとして，本条が登記官に付与する実地調査権は本質的に重要な手段である。というのも，土地にせよ建物にせよ，不動産はその個性の多様性ゆえに，その正確な把握と登記自体が当初段階から容易でないだけでなく，かりに相当程度正確な表示に関する登記が実現されたとしても，不動産の状況は刻一刻と変化することから，その追跡調査とそれを適時に的確に反映するための登記簿の維持・管理にも膨大な労力を要するからである。実地調査権は，これらのいずれのプロセスでも必要不可欠な手段を提供する。本条が登記官に対して比較的広範な裁量の余地のある実質的審査権限を付与していることの背景には，そうした実地調査の重要性を踏まえた判断があるものと解される。

　なお，本条の実地調査権は，申請ないし嘱託による場合であれ，職権による場合であれ，後に表示に関する登記を行うための前段階のものとして位置づけられている。もっとも，不動産の物理的・客観的状況を正確に把握する手段としては，このような表示登記に直接的に連結した作業ではないが，これと並行する形で，持続的に推進されるべき基礎作業として，地籍調査・地籍整備がきわめて重要であることは間違いないので，ここで付言しておく。現在，地籍整備に関する事業としては，①国土調査法に基づき，地方公共団体が主体となって進める地籍調査，その成果としての地籍図の作成ほか，農村部のみならず，都市部にも重点を置くことを主眼にして，②都市再生本部（内閣府）による「民活と各省連携による地籍整備の推進」（平成15年6月）として，登記所備付地図（14①）の整備などが進められている。後者②は，都市再生の円滑な推進には，土地の境界・面積等の地籍を整備することが不可欠であるとの認識に基づき，全国の都市部における登記所備付地図の整備事業を強力に推進しようとするものである。また，この地籍整備事業との関連で，法務局が境界の確定等に関与して地籍調査素図を迅速に正式な地図とするための法整備の一環として，不動産登記法の一部が改正され，筆界特定制度が導入された（平成17年法律第29号。平成18年1月20日施行。123～150参照）。いずれにせよ，これら①・②の各省連携による地籍整備事業にも，法務局職員の協力体制がとられていることは，注目すべきである。

II　実地調査権の内容と行使方法
1　実地調査権の内容
　(1)　「**不動産の表示に関する事項**」　「不動産の表示に関する事項」についての立入検査権・情報提示請求権・質問権

　登記官の実地調査権が及ぶ対象範囲は，「不動産の表示に関する事項」（29①）とされている。したがって，「不動産の表示」の定義（2(2)）に照らして解釈すれば，それは，土地・建

物の物理的な形状，土地の所在・地番・筆界・地積・地目，建物の所在・種類・構造(屋根，周壁，土地への定着度などを含む)・床面積などのほか，所有権の登記がされていない不動産の所有者の調査(この点については，後述2(1)も参照)，区分建物の敷地権の有無やその内容なども，調査範囲に含まれると解される。中でも，筆界の確認については極めて慎重な調査が望まれる。なぜなら，筆界は表示登記の屋台骨ともいうべきものであり，それゆえにまた，登記制度の中枢をなすといってもけっして過言ではないからである。

そうした対象事項の調査方法として，登記官は必要があると認めるときは，日出から日没までの間に限り，(i)自ら土地・建物の表示に関する事項について調査するために現地に立ち入って検査する権限(現地検査権)をもつ。

また，(ii)登記官は，「当該不動産の所有者，その他の関係人」に対し，文書または電磁的記録に記載された事項を，①文書に出力する方法，または②当該事項を出力装置の映像面に表示する方法により(規則94①)，表示したものの提示を請求することもできる(29②)。ここでいう文書の中には，例えば，埋立地の竣功認可書(公有水面22)，地目変更のための都道府県知事の農地転用許可書(農地4・5)，建物の表題登記や建物の表題部の記載事項の変更登記のための建築確認通知書(建基6)，検査済証明書(建基7)，建築請負人や敷地所有者の証明書，固定資産税の納付証明書，建物の滅失登記のための取こわし工事証明書や所轄消防署による罹災(焼失)証明書などがある(林＝青山・注解380頁[澤睦])。

さらに，(iii)登記官は，これら「当該不動産の所有者，その他の関係人」に対し，質問をする権限をもつ(29②)。ここでいう「関係人」には，土地・建物の所有者，管理人等のみならず，隣地所有者，その他の利害関係人も含まれると解される。

このほか，実地調査の方法に関しては，後に改めて解説する(後述2(4)参照)。

(2) 実地調査権の法的性質 実地調査権は，登記官に付与された強大な権限であると同時に，登記官が表示に関する登記を行うための要件でもある。すなわち，登記官が表示に関する登記をするためには，実地調査を行わなければならないのが原則である(規則93本文)。

ただし，つぎの場合は例外的に，登記官は実地調査をする必要がないものとされている。すなわち，①土地家屋調査士または土地家屋調査士法人が代理人として申請する登記の場合に，申請に係る不動産の調査に関する報告(規則93にいう調査報告書)であって，当該土地家屋調査士または土地家屋調査士法人の代表者(実際の調査にあたった社員)が作成したもの，その他の申請情報と併せて提供された情報，②公知の事実，または③登記官が職務上知りえた事実により，登記官が実地調査をする必要がないと認めたときである(規則93ただし書)。このように，登記官には実地調査の必要があるか否かを判断する権限(したがって，それを含めた意味での実地調査権)が与えられているといえる。

しかしながら，登記官は，事情の許す限り，積極的に不動産の実地調査を励行し，その結果必要があるときは，職権で，表示に関する登記をしなければならないものとされている(準則60①)。もっとも，実地調査に先立ち，予め地図，その他の各種図面等の調査を行

い，調査事項を明確にしたうえで，実地調査が行われるべきである(準則60②)。
　もっとも，実際には，実地調査のための物的・人的な制約から，必ずしも十分な実地調査をすることが困難な状況もあり，そのためにより具体的な実地調査基準が定められている(なお，東本洋一「表示登記における実地調査をめぐる諸問題」法務研究報告書66集1号〔法務総合研究所・1978〕参照)。

2　実地調査権の行使方法

　(1)　登記申請に当たっての調査　　登記官は，表示に関する登記の申請を受理すべきか，却下すべきか，あるいは補正を求めるべきか判定するに当たり(25)，申請情報および添付情報を審査して，必要があると認めるときは，前記の内容の実地調査(前述 *1*)を行う。登記官が申請書およびその添付情報を審査して実地調査の必要を認めたときは，申請書の1枚目の用紙の上部欄外に，準則別記57号様式による「要実地調査」の印版を押印(書面申請の場合)する(準則62①)。
　この場面での実地調査権の付与規定は，表示に関する登記の申請に対して登記官に与えられた実質的審査権の根拠となっている。それは，かつて土地台帳・家屋台帳の登録手続において認められていた制度を，昭和35年の旧不動産登記法改正に際し，旧法50条の中に取り込んだものである(幾代=徳本・不登法344頁)。登記官は，必要な場合にはかかる実地調査(実質審査)を経て，申請に係る不動産の所在地が登記所の管轄に属しないとき，申請に係る登記がすでに登記されているとき，申請権限をもたない者による申請によるとき，申請情報の内容である不動産が登記記録と合致しないとき，表示に関する登記の申請に係る不動産の表示が調査結果と合致しないときなど，所定の場合は，補正可能な程度の不備で，登記官が定めた相当期間内に補正されないかぎり，理由を付した決定により，登記申請を却下しなければならない(25(1)・(3)・(4)・(6)・(11))。
　では，例えば，表題登記(36・47・48)の申請があった場合に，申請人の提出する添付情報のうち，「表題部所有者となる者が所有権を有することを証する情報」(令別表4(ハ)・12(ハ))から推認される所有者と，登記官が行った実地調査によって推認しうる所有者とが食い違うような場合に，登記官はいずれに依拠して表題登記および表題部所有者の記載をすべきかが問題になる。これは，本条によって登記官に付与されたと解される《実質審査権》の内容解釈に関わる問題である。すなわち，(a)登記官に付与された実質審査権の内容が，あくまでも不動産それ自体の物理的形状・位置等の状況に限定されると解釈すべきだとすれば，登記官は，この場合には，申請に添付された情報に従って表題登記および表題部所有者の記載をすべきことになる。これに反し，(b)本条によって付与された実質的審査権の内容が，およそ表示に関する登記に及ぶとすれば，登記官は申請者に対し，実地調査の結果に合致するような申請への補正を促したうえで，それに応じた補正がされないかぎり，申請を却下すべきことになろう(幾代=徳本・不登法167頁)。これは，登記官の実質審査権の内容を判断する試金石の1つになる問題といえる。

思うに，考え方としては，たしかに(a)説的な立場から，登記官に付与された実質審査権はあくまでも表示に関する登記のための不動産の物理的状況調査に限定され，権利に関する登記については形式的審査権しかないとの峻別論に従い，実質的に権利帰属に関する問題については形式的要件が具備されていればそれに従って判断し，所有権の保存登記の申請(74)の際に，またはその後に所有権の帰属をめぐって争いが生じたときは，当事者間の民事訴訟によって解決を図ればよいとの割り切りも成り立ちうるかも知れない。しかしながら，①そもそも登記官は表示に関する登記については実質的審査権をもつが，権利に関する登記については形式的審査権しかもたないという定式は，ややドグマ的(教条主義的)に受容されている感があり，そのこと自体を明確かつ直接に規定した実定法上の根拠はないこと，②そうしたドグマ的(教条主義的)理解の結果，(a)説は登記官に付与された実質審査権の内容を形式的に限定しすぎ，実地調査権の意義を減殺するおそれがあると解されること，③そのような形式的割り切りは，かえって後々の紛争の火種を点すことが懸念されることから，(b)説を支持したい。

(2) 職権登記に先立つ調査 登記官は，自ら不動産の調査を行い，職権で表示に関する登記をする権限も与えられているが(28・29)，既述のように，登記官は，表題登記のない不動産を発見した場合，土地の地目・地積の変更があった場合，建物の表題部記載事項に変更があった場合，土地・建物の滅失があった場合など，職権登記の対象となる不動産を発見したときでも，ただちに職権で登記すべきではなく，登記の申請義務がある者に登記の申請を催告すべきものとされている(準則63①。本書28条の解説**V 1**参照)。実際，表示に関する登記についても，当事者の申請に基づいて登記される場合がほとんどであり，申請なしに登記官が独自に調査し，登記原因を発見して登記することは，登記所の人的・物的資源の制約もあり，ほとんどないともいわれる(幾代=徳本・不登法338頁)。もっとも，市町村長の申出に基づく実地調査の場合もある(次述(3))。

(3) 市町村長の申出に基づく実地調査 市町村長は，登記簿に登記されるべき土地・家屋が登記されていないために，または地目その他の登記されている事項が事実と相違するために，固定資産税等の「課税上支障がある」と認めるときは，当該土地・家屋の所在地を管轄する登記所に対し，行われるべき登記，登記されている事項の修正，その他の措置をとるべきことを申し出ることができる。その場合において，当該登記所は，その申出を相当と認めるときは，遅滞なく，その申出に係る登記または登記されている事項の修正，その他の措置をとり，その申出を相当でないと認めるときは，遅滞なく，その旨を市町村長に通知しなければならないものとされている(地方税381⑦)。登記官は，この措置をとるための前提として，実地調査を行うことができる(準則62④・65①参照)。もちろん，かかる申出がなくとも，登記官は職権で表示に関する登記をするために，実地調査を行うことができる(準則65①参照)ことは既述のとおりである。

なお，登記官が市町村長の申出を相当でないと認めて市町村長に通知する場合は，市町村長の申出書の写しに「処理済」または「中止」と記載して，市町村長に交付される(準則65

③)。

(4) **利害関係人との衝突の回避**　実地調査権は，登記官に与えられた権限であるが，登記官は調査対象となる土地または建物の所有者，その他の利害関係人との無用な衝突を回避するよう，調査前または調査時における様々な配慮が求められる。例えば，①実地調査に先立ち，これらの利害関係人に予め通知をするなどして，調査上支障がないように「諸般の手配」をすること，②実地調査を行う際にはそれらの利害関係人または管理人の立会いを求め，さらに必要があると認めるときは隣地の所有者またはその利害関係人等の立会いを求めること，③質問・検査をするときは，それらの利害関係人に対して登記官の身分，氏名および質問・検査の趣旨を明らかにし，これらの者に「迷惑をかけることがないように」しなければならない(準則61①～③)。④そのために，登記官は実地調査をする際には身分証明書を携帯しなければならず，関係者の請求があったときはそれを提示しなければならない(29②)。身分証明書の様式は，規則別記4号様式に示されている(規則94②)。

(5) **実地調査の代行**　登記官は，必要があると認めるときは，登記所の職員に「細部の指示」を与えることにより，実地調査を行わせることができる(準則64)。

(6) **実地調査権行使の実効性担保**　登記官による実地調査権の行使の実効性を担保するために，それを妨害する者に対しては，比較的重い制裁として，刑事罰が課される。すなわち，①登記官の検査を拒み，それを妨げ，または忌避した者，②文書または電磁的記録に記録された事項を所定の方法で表示したものの提示をせず，虚偽の文書または電磁的記録に記録された事項を表示したものを提示した者，③登記官の質問に対して陳述をせず，もしくは虚偽の陳述をした者，④筆界調査員等の立入りを拒み，または妨げた者は，30万円以下の罰金に処される(162)。

3　実地調査書の作成と保管

(1) **実地調査書の作成**　登記官は，実地調査を行ったときは，調査結果を記録した調書(実地調査書)を作成しなければならない(規則95)。その書式は準則別記58号様式またはこれに準ずる様式によるものとされている(準則62②)。

登記官が職権で表示に関する登記をしようとするときに実地調査をした場合，または市町村長が固定資産税等の課税に支障があるとして土地・建物の登記，登記事項の修正，その他の必要な措置を求め，かかる申出に基づいて登記官が実地調査をした場合(前述2(3)。地方税381⑦前段。他の法令において準用する場合を含む)は，実地調査書に，準則別記60号様式・61号様式またはこれらに準ずる様式による印版を押印し，職権による表示に関する登記の手続(規則96①)による立件の年月日・立件番号を記載し，立件・調査・記入・校合・図面の整理・所要の通知等をした場合は，その都度該当欄に取扱者が押印する(準則65①前段)。

この手続は，法75条・76条3項に従い，表題登記のない不動産について所有権の保存登記をするとき(確定判決によって所有権が確認された者または収用によって所有権を取得した者

の申請に基づく場合，および嘱託によって差押等の所有権の処分の制限の登記をする場合）に，法務省令に基づく不動産の表示（規則157）を行うために実地調査をしたときも同様である（準則65①後段）。

　登記官が職権による表示に関する登記の手続に従って立件した事件の処理を中止によって終了したときは，職権表示登記等事件簿（規則96①）に「中止」と記載し，前記市町村長の申出書または申出のない事件についての実地調査書に中止の年月日およびその旨を記載する（準則65②）。

　(2)　**実地調査書の保管**　　登記申請に際して提供された添付情報に基づいて実地調査を行った場合，実地調査書は申請書（電子申請の場合は電子申請管理用紙）とともに保管する（準則62③）。

　市町村長が固定資産税等の課税に支障があるとして土地・建物の登記，登記事項の修正，その他の必要な措置を求め，かかる申出に基づいて登記官が実地調査をした場合（前述2(3)。地方税381⑦前段。他の法令において準用する場合を含む。準則65条においても同じ）に従い，実地調査をしたときは，実地調査書を当該申出に係る書面とともに保管する（準則62④）。

　(3)　**図面の作成**　　登記官は，実地調査を完了した場合において，必要があると認めるときは，規則第3章第1節第7款の規定（規則73～88）に従い，土地所在図，地積測量図，建物図面または各階平面図を作成する（準則61④・⑤）。

（松尾　弘）

（執筆協力：下川健策）

(一般承継人による申請)

第30条 表題部所有者又は所有権の登記名義人が表示に関する登記の申請人となることができる場合において，当該表題部所有者又は登記名義人について相続その他の一般承継があったときは，相続人その他の一般承継人は，当該表示に関する登記を申請することができる。

＊旧法関係……本条新設〔→(参考)旧法42条〕
＊関連法規……(添付情報)令7条

I 本条の趣旨

　新法30条〜33条は，表示に関する登記の申請権者および登記方法に関する規定である。このうち，本条は，表示に関する登記一般の申請に関し，表題部所有者(2⑽)または所有権の登記名義人が「表示に関する登記の申請人となることができる場合」(この中には，表題部所有者または所有権の登記名義人が登記申請権をもつ場合だけでなく，登記申請義務を負う場合も含まれると解される。例えば，これらの者が，土地の分筆の登記，土地の地目変更の登記などを申請しようとする場合である)において，この者が死亡(自然人の場合)または消滅(法人の場合)したときは，その一般承継人たる相続人(自然人の場合)または合併後の法人(法人の場合)に，当該表示に関する登記の申請権があることを明確にしたものである。

　ちなみに，表題部所有者または所有権の登記名義人に一般承継が生じたときは，一般承継人がいったん自己名義で所有権保存登記(被承継人が表題部所有者の場合)または所有権移転登記(被承継人が所有権の登記名義人の場合)をしたうえで，その後に表示に関する登記を自分自身の資格で――すなわち，所有権の登記名義人として――申請することもできる。しかし，そのことは，一般承継人に権利に関する登記を強いる結果となる。そこで，本条は，もっぱら被承継人の一般承継人としての資格で表示に関する登記のみを行うことができることを認めたものである。

　注意すべきことは，この場合，表示に関する登記の申請権をもつ「表題部所有者又は所有権の登記名義人」は被承継人(Aとする)のままにとどまる，ということである。すなわち，「表題部所有者又は所有権の登記名義人」の一般承継人(Bとする)は，あくまでも被承継人Aの資格で登記申請をするものであり(むろん，登記申請の申請人の表示は，(被承継人A)・住所(Bの)・氏名(Bの)という具合に，BがAの一般承継人であることを表示する。また，添付情報として一般承継を証明できる証明書を添付することになる(令7))，B自らが「表題部所有者又は所有権の登記名義人」の地位を承継して登記申請するのではない。その結果，例えば，本条に基づき，死亡した表題部所有者Aの相続人Bが，Aが死亡前に行うことができたにもかかわらず行わないままに死亡した土地の地目変更の登記を申請し，変更登記が認められても，表題部所有者はAのままである。このように，本条はあくまでも表示に関する登記

について，一般承継人に申請資格があることを確認したものにすぎず，「表題部所有者又は所有権の登記名義人」を被承継人Aから一般承継人Bに変更する効果はもたない。また，もちろん，一般承継人に申請義務を課すものでもない。

　ちなみに，旧法では，権利に関する登記についてのみ，登記権利者または登記義務者の相続人が申請人となる場合は，その身分を証明する書面の添付を必要とする旨の規定が存在するにとどまった(旧法42)。これもまた，登記権利者または登記義務者の相続人は，被相続人のもっていた登記申請に関する法的地位または登記申請義務を承継したにすぎず，登記権利者または登記義務者そのものになったことを意味するものではなかった。そこで，旧法42条のこの法理は，権利に関する登記のみならず，表示に関する登記の場合にも解釈によって準用されていた。新法は，これと同様の法理を，表示に関する登記一般について，かつ相続人を含む一般承継人に認められることを確認し，これを明確にするために，本規定を新設したものである。なお，権利に関する登記に関して，本条と対をなす規定，すなわち，登記権利者，登記義務者または登記名義人について一般承継が生じた場合については，新法62条が規定している。

Ⅱ　一般承継人による表示に関する登記の申請手続

1　一般承継人の意義

　一般承継人とは，被相続人(自然人の場合)または合併によって消滅した法人(法人の場合)に帰属していた権利・義務につき，個々の権利・義務を特定することなく，包括的に――すなわち，全部または割合的に――承継した者(相続人または合併後に存続もしくは新設された法人)を指す。

2　一般承継証明情報

　表題部所有者または所有権の登記名義人がもっていた表示に関する登記の申請権限を，一般承継人が承継して行使する場合，一般承継人は，①相続・その他の一般承継があったことを証する市町村長(特別区の場合および地方自治法252条の19第1項の指定都市の場合は区長)，登記官，その他の公務員が職務上作成した情報，または②これらの公務員が職務上作成した情報がない場合はこれに代わるべき情報(以上，①・②を併せて，一般承継証明情報という)を添付情報として，申請情報と併せて登記所に提出しなければならない(令7)。

3　一般承継人が複数ある場合

　共同相続の場合のように，一般承継人が複数ある場合の登記申請の手続は，表示に関する登記の内容が報告的登記であるか，形成的登記であるかによって異なる。

　　　　(ⅰ)　申請しようとする表示に関する登記の内容が，いわゆる報告的登記(本書27条解説Ⅱ3(ⅰ)参照)であるときは，共同相続人は各人が単独で保存行為(民252ただし書)として当該表示に関する登記を申請することができる。例えば，前掲・本書27条解説【表1】

のうち，(ア)表題登記，(イ)表示の変更登記（土地の地目・地積の変更，建物の所在・種類・構造・床面積の変更など），(ウ)表示の更正登記，(エ)表示の抹消登記，(キ)建物の合体・分棟の登記などが含まれる。この場合，一般承継証明情報(前述2)は，申請者が一般承継人の1人であることを証明するものであれば足りる。

　(ii)　申請に係る表示に関する登記の内容が，いわゆる形成的登記（本書27条解説 II 3(3)(ii)）であるときは，共有物の変更（民251）に当たるものと解されることから，必ず一般承継人の全員が申請人にならなければならない。例えば，前掲・法27条解説【表1】でみた，(オ)土地の分筆・合筆の登記，(カ)建物の分割・区分・合併の登記である（これらは，もっぱら所有者などがその処分権の行使として行うものである）。この場合，一般承継証明情報(前述2)は，一般承継人の全員が申請人になっていることを証明するものでなければならない。

(松尾　弘)
(執筆協力：下川健策)

（表題部所有者の氏名等の変更の登記又は更正の登記）
第31条 表題部所有者の氏名若しくは名称又は住所についての変更の登記又は更正の登記は，表題部所有者以外の者は，申請することができない。

＊旧法関係……本条新設〔→（参考）旧法81条ノ5，93条ノ10〕
＊関連法規……（申請情報，添付情報）令別表1項

I 本条の趣旨

　本条は，所有権の登記がない不動産について，表題部所有者の氏名（自然人の場合）・名称（法人の場合）または住所という，いわゆる表題部所有者の表示について，変更の登記または更正の登記の申請権者は，表題部所有者であることを明確にしたものである。

　旧法は，これと同様の趣旨を，土地・建物のそれぞれについて規定していた。しかし，土地の地目・地積の更正および建物の表示の更正と併せて規定していた。すなわち，①土地の地目・地積の更正，および所有者の表示の変更・更正についての登記申請手続（旧81ノ5），②建物の表示の更正，および所有者の表示の変更・更正についての登記申請手続（旧法93ノ10）である。

　これに対し，新法は，表題部所有者の表示（氏名・名称，住所）の変更・更正の登記を第1款の通則に編入する一方で，土地の地目・地積の変更・更正，建物の表示の更正については，それぞれ各論規定として，第2款中の土地の表示に関する登記の規定（37・38），および第3款中の建物の表示に関する登記の規定（52・53）に分割したものである。

　また，新法は，表題部所有者の表示の変更・更正のうち，氏名・名称および住所の変更・更正については本条で規定する一方，表題部所有者自身（名義）またはその持分の「変更」の登記は法32条で，表題部所有者自身またはその持分の「更正」の登記については33条で規定することにした。ただし，表題部所有者自身（名義）またはその持分の「変更」は，所有権の保存登記を経た後でなければすることができない。つまり，表題登記のみの状態で，変更登記をすることにより，所有権移転（全権利または共有持分権の一部の移転）と同じ効果を得るということはできない，ということに注意を要する。

　以上の規定の整理の結果，新法では，所有権のない不動産に関する変更の登記および更正の登記について，規定の欠缺を補充し，かつ変更・更正の登記の登記原因の違いに応じた整理がされたものといえる。

II 表題部所有者の表示（氏名・名称，住所）の変更・更正の意義

　所有者を特定するための氏名（自然人の場合）・名称（法人の場合）および住所は，従来から「所有者の表示」（旧法81ノ5・93ノ10など）と呼ばれていた。新法はこれを具体的に，氏名・名称および住所と表現している。

　表題部所有者の表示（氏名・名称，住所）の変更の例としては，例えば，表題部所有者「松

山春子」が婚姻によって「梅谷春子」と氏を変更した場合、「A会社」が本店をX市からY市に移転した場合などである。これに対し、「A会社」が「B会社」との合併により、「AB会社」となり、商号も変わった場合はどうであろうか。AB会社はA会社の一般承継人であるから、例えば、A会社についてすでに生じていた表示に関する登記の申請事由、例えば、A会社が所有していた所有権の登記がない土地α（表題部所有者は「A会社」）の地目変更については、AB会社が申請することができる（表題部所有者は「A会社」のまま）。これは法30条が想定する場合に該当する。これに対し、例えば、A会社が所有していた所有権の登記がない土地α（表題部所有者は「A会社」）につき、AB会社が表題部所有者を「AB会社」とする変更登記をこの法31条によって申請することはできないと解される。AB会社はAの一般承継人ではあるが、土地αの所有権は、合併により、A会社からAB会社に移転した結果、土地αの所有者そのものが、実体的に、A会社からAB会社に変更しているからである。これは、法31条がいう表題部所有者のたんなる「名称」の変更には当たらず、それを越えて、表題部所有者そのものの変更を生じているからである。その場合の変更登記の手続は、次の法32条の射程に入る（それによれば、AB会社は、土地αについて、いったんA会社名義の所有権保存登記をしたうえで、A会社からAB会社への所有権移転登記手続をしなければ、土地αの所有者としての登記名義を取得することができない。後述、次条32条解説参照）。これに対し、31条がいう表題部所有者の氏名・名称の変更とは、表題部所有者自身の変更をまったく伴わない、文字通りたんなる氏名・名称の変更のみにとどまる場合を指す。

III 表題部所有者の氏名・名称、住所についての変更・更正の登記の申請手続

　表題部所有者がその氏名・名称もしくは住所を変更したことに伴って表題部の登記を変更し、またはそれらについての錯誤もしくは遺漏を理由に表題部の登記を更正しようとするときは、(i)申請情報として、変更後または更正後の表題部所有者の氏名・名称もしくは住所を、および(ii)添付情報として、表題部所有者の氏名・名称もしくは住所についての変更があったこと、または錯誤もしくは遺漏があったことを証明するものとして、①市町村長・登記官・その他の公務員が職務上作成した情報、または②公務員が職務上作成した情報がないときはこれに代わるべき情報を登記所に提供しなければならない（令別表1）。

（松尾　弘）
（執筆協力：下川健策）

(表題部所有者の変更等に関する登記手続)
第32条 表題部所有者又はその持分についての変更は，当該不動産について所有権の保存の登記をした後において，その所有権の移転の登記の手続をするのでなければ，登記することができない。

＊旧法関係……旧法81条ノ6，93条ノ10

I 本条の趣旨

本条は，表題部所有者の登記はあるが，所有権の登記がない不動産について，表題部所有者の変更またはその持分の変更があった場合において，この変更を登記簿上公示するための登記手続を規定したものである。

「表題部所有者の変更」(32)とは，表題部所有者(Aとする)から売買・贈与・交換，相続，合併などにより，所有権を取得した者(Bとする)があること，つまり，AB間に実体法上の所有権移転があったことを意味する。これに対し，(i)表題部所有者には何ら変更がなく(Aのまま)，たんにその氏名・名称が変わっただけの場合は，表題部所有者の変更ではなく，表題部所有者の表示(氏名・名称)の変更であり(31)，本条が想定する場合とは異なる。また，(ii)ある不動産について表題登記がされた時点で，当該不動産の所有者がBであり，したがって，表題部所有者もBと記載されるべきであったにもかかわらず，錯誤または遺漏によってAと記載された場合に，表題部所有者をAからBに改めることも，本条がいう変更の登記(2⒂)には当たらない。それは更正の登記(2⒃)に当たり，その登記手続規定も別途設けられている(33①・②)。

また，「表題部所有者の持分についての変更」とは，例えば，2人以上の表題部所有者同士の間で，共有持分権の一部の移転があった場合であり，実体法上は「表題部所有者の変更」と同じ性質のものである。なお，2人以上の表題部所有者以外の第三者が表題部所有者から共有持分権の全部または一部を取得したときは，「表題部所有者の変更」と「表題部所有者の持分についての変更」が同時に生じることになる。なお，共有者の持分の全部が他の共有者に移転し，この者の単独所有になったときは「所有者の変更」，共有者の持分の一部または全部が他の共有者以外の者に移転したときは「所有者の持分の変更」と捉える見解もある(林＝青山・注解507頁[西田幸示]参照)。

いずれにせよ，本条は，「表題部所有者の変更」が生じた場合，「表題部所有者の持分についての変更」が生じた場合，およびその双方が生じた場合のどの場合にも妥当する登記手続について規定している。すなわち，本条は，これらいずれの場合にも，表題部所有者ないしその持分権の変更を公示するための変更登記の方法として，表題部所有者からその所有権または共有持分権を取得した者が，表題部所有者の表示の変更またはその持分権の変更を，表題部に表示することはもはやできないことを明らかにする。そのうえで，本条

は，①表題部所有者が自己名義による所有権の保存登記をして(74①(1))，所有権の登記名義人となったうえで，②表題部所有者とこの者から所有権または共有持分権を取得した者との共同申請により，所有権の移転登記または持分権の移転登記を行うべきことを，当事者に求めている。

すでに同趣旨の規定が，土地登記および建物登記のそれぞれについて，旧法にも存在しており(旧法81ノ6・93ノ10)，本条はこれらと同趣旨の規定を承継しつつ，土地・建物それぞれについて同趣旨の規定を繰り返すことを避け，両者を一括して通則に編入したものである。

II 本条による登記の法的性質

表題部所有者の記載(表題部所有者が2人以上のときは，各人の持分の記載)(27(3))は，その法的性質としては表示に関する登記の一部であり，権利に関する登記とはみられず，実体法上その所有権ないし持分権を第三者に主張する対抗力(民177)を生じさせるものではないと解されている。それは，あくまでも表示に関する登記の一部として，土地の地目・地積の変更登記，滅失登記などの申請義務者，または土地の分筆・合筆の登記，所有権保存登記などの申請適格者を登記簿上明確にすることを目的とするにとどまる。したがって，(a)そのような表示に関する登記の効力にとどめたまま，表題部所有者(および2人以上の場合は各人の持分)の変更の登記申請を認めることも，法理論的には必ずしも不可能というわけではない。しかし，その場合は，実体的に所有権ないし共有持分権の移転が生じていることを，登記簿上，実質的に公示する結果となる。そうであるとすれば，(b)いったん表題部所有者の名義で所有権保存登記をしたうえで，変更後の取得者となるべき者への所有権または共有持分権の移転登記を行うことを求めることが，実体に適合した公示をより直接的に行いうることになるといえる。

本条は，このうち，(a)のような登記手続を認めないこととし，(b)の取扱いを当事者に要求するものである。その結果，それ以前の表示に関する登記は，権利に関する登記へと移行することになる。その意味で，本条は，以前の表題部所有者およびその者から所有権または共有持分権を取得した者に対し，登記の強制を促す側面ももっている。この面を捉えて，当事者の意思ないし私的自治を根拠にして，(b)の解決方法に対して批判的な見解もある。この見解は，所有権に関する登記の手続によることを強制すべきではなく，(a)の手続をとるか(b)の手続をとるかを当事者が選択できるように制度改正すべきであるとする(杉之原・不登法361頁など)。しかし，これに対しては，反論が可能であろう。すなわち，①表題部の登記はあくまでも不動産の表示に関するものに限定すべきで，実体的な権利の得喪・変更についての公示まで持ち込むべきでない，②表題部の所有者の変更を認めると，対抗要件でもないが，純粋に表示に関する登記でもない，中途半端なものを認めることになり，不動産登記制度を歪めるおそれがあること(林=青山・注解507頁[西田幸示]参照)，③(a)の方法を認めるとすれば，登記官に実質的な所有者が誰であるかについて，限られた情

報の中で，しばしば困難な判断を頻繁に強いることになること(幾代=徳本・不登法351頁)，④同じく(a)の方法を認めると，表示に関する登記のままで，実質的には実体的な権利変動を登記簿上公示することになり，いわゆるフリーライド(ただ乗り)を認める結果となりかねないことなどである。このような観点から，本条が求める(b)の措置は是認されうるであろう。

III 表題部所有者の変更の登記

例えば，所有権の登記がされていない土地α(表題部所有者はA)につき，所有権がAからBに移転(売買)されたとする。この場合，表題部所有者の変更を登記簿に公示する方法としては，まず，①表題部所有者A(Aが死亡(自然人の場合)または消滅(法人の場合)しているときは，その一般承継人P)が，所有権に関する登記手続(74①)に従い，所有権の保存登記を行い(AまたはPは，単独でA名義の所有権の登記申請をすることができる。74①(1))，Aを所有権の登記名義人とする。ついで，②A(A死亡の場合はP)とAから所有権を取得したBとの共同申請により，AからBへの所有権移転登記を行うということになる(16・18・22・59・60・61)。

IV 表題部所有者の持分の変更の登記

例えば，所有権の登記がされていない土地α(ABが共有者で，持分は各2分の1とする)につき，Aの持分権の半分(当該不動産所有権全体の4分の1)が，売買・贈与・交換，相続，合併などにより，BまたはCに移転されたとする。この場合も，ABまたはAC間に持分権の移転という実体法上の権利移転があり，その結果として共有者間の持分権の変更(A4分の1，B4分の3)または共有者および持分権の変更(A4分の1，B2分の1，C4分の1)が生じている。この表題部所有者ないしその持分権に生じた変更を登記簿に公示する方法は，①まず，①表題部所有者ABが，所有権に関する登記手続(74①・②)に従い，所有権の保存登記を行い，ABを共有者とする所有権の保存登記を行う。ついで，②AB(またはC)との共同申請により，AからBへの持分権移転，またはAからCへの持分権移転の登記を行うということになる(16・18・22・59・60・61)。

(松尾　弘)

(執筆協力：下川健策)

(表題部所有者の更正の登記等)
第33条 不動産の所有者と当該不動産の表題部所有者とが異なる場合においてする当該表題部所有者についての更正の登記は，当該不動産の所有者以外の者は，申請することができない。
② 前項の場合において，当該不動産の所有者は，当該表題部所有者の承諾があるときでなければ，申請することができない。
③ 不動産の表題部所有者である共有者の持分についての更正の登記は，当該共有者以外の者は，申請することができない。
④ 前項の更正の登記をする共有者は，当該更正の登記によってその持分を更正することとなる他の共有者の承諾があるときでなければ，申請することができない。

＊旧法関係……旧法81条ノ7第1項・第2項，93条ノ10
＊関連法規……(申請情報，添付情報)令別表2項・3項，(表題部の変更の登記又は更正の登記)規則91条，(表題部の変更の登記又は更正の登記に伴う図面の処理)準則56条

I 本条の趣旨

　本条は，前条が「表題部所有者又はその持分についての変更」について規定したのに対し，表題部所有者またはその持分の「更正」の登記手続を規定したものである。したがって，本条は，表題部所有者の所有権やその持分権の移転など，実体法上の権利変動は何ら生じていないことを前提にしている。すなわち，本条は，所有権の登記がない不動産の表題部所有者として，錯誤または遺漏により，真の所有者Aの代わりに誤ってB(実在する者であることも，実在しない者であることもある。例えば，地方において実体的には部落(村落共同体)の所有である土地が，都市において実体的には町内会の所有である土地などが，架空の者の名義で登記されている場合がある)と記載されたり，ABの共有であるのにAと記載されたり，Aの単独所有であるのにABの共有と記載されたり，あるいは真の所有者ABの共有持分権が真実はABともに2分の1であるのに，表題部所有者A3分の1・B3分の2と記載されているような場合である。

　本条は，このような場合に，表題部所有者名を真の所有者に「更正」したり，表題所有者たる共有者の持分を正しい割合に「更正」するための登記手続として，その申請権者を当該不動産の所有者または共有者に限定し，その申請手続として当該表題部所有者または更正登記によって持分を更正することとなる他の共有者の承諾を要件としたものである。その趣旨は，こうした誤りがたんなる錯誤または遺漏によって生じたことに鑑み，比較的簡潔で迅速な手続による是正手段を設けたものである。

すでに旧法でも同趣旨の規定が土地の表示に関する登記と建物の表示に関する登記のそれぞれの場合について存在していたが(旧法81ノ7①・②, 93ノ10), 本条はそれらを一括し, 通則規定に編入したものである。

II 更正の登記と変更の登記

登記事項に変更があった場合に, 当該登記事項を変更する登記を「変更の登記」というのに対し, 登記事項に錯誤または遺漏があった場合に, 当該登記事項を訂正する登記を「更正の登記」と呼んで区別している(2⑮・⑯)。この区別自体は明快な基準であるといえる。

もっとも, 現実問題として, 更正登記によるべきか, 変更登記によるべきか, 微妙な事案も生じうる。例えば, Aが表題登記のされていない土地αの上にAの資金で建物βを建築し, 所有していたが, 表題登記も所有権の保存登記もしないまま, 建物βをBに売却し, 所有権がBに移転したとする。この時点で, 建物βについて所有者をAとする表題登記が行われたとする。この場合, 後になってBは建物βの表題部所有者の記載をAからBに「更正」する登記を申請することができるであろうか。これについては, 更正登記によることはできず, B名義にするためには所有権の登記による変更(Aへの所有権保存登記とAからBへの所有権移転登記。法32)によるべきとする見解がある(香川・精義(上)180頁, 幾代=徳本・不登法356頁注1。理由は, 表題登記の申請は当初は所有者であった旧所有者も可能であることを根拠とする。ちなみに, 新法47条によれば, 新築した建物または区分建物以外の表題登記がない建物の所有権を取得した者は, 所有権取得日から1か月以内に, 表題登記を申請しなければならないと規定する)。前記の事例の場合については, 当初のA名義の登記が, もっぱら錯誤によるものか(そうであれば, 更正するのが本来あるべき手続であるといえるから, 更正登記を認める余地は十分にあるといえる), 権利移転のプロセスを反映する意図で, Bも理解・承諾したうえで行われたものかについての, 実体判断によるべきであろう。

III 表題部所有者についての更正の登記

表題部所有者についての更正の登記は, 当該不動産(土地・建物)の実体法上の所有者のみが申請することができる。

その場合, 申請情報としては, 当該登記をすることによって表題部所有者となる者の氏名(自然人の場合)・名称(法人の場合)および住所, また, 当該表題部所有者となるべき者が2人以上であるときはその表題部所有者ごとの持分を提供する必要がある(令別表2)。

添付情報としては, ①当該表題部所有者となる者が所有権を有することを証明する情報, ②当該表題部所有者となる者の住所を証明する市町村長・登記官・その他の公務員が職務上作成した情報, または公務員が職務上作成した情報がないときはこれに代わるべき情報, ③表題部所有者が表題部所有者の記載を更正後の所有者とすることの承諾を証明する当該表題部所有者が作成した情報(書面であれば印鑑証明書が, 電子申請の場合であれば電子署名が必要である), または当該表題部所有者に対抗することができる裁判があったことを証明す

る情報を提供しなければならない(令別表2)。

登記官は更正の登記をするときは，更正前の事項を抹消する記号を記録しなければならない(規則91)。

Ⅳ　表題部所有者である共有者の持分についての更正の登記

表題部所有者である共有者の持分についての更正の登記も，当該不動産(土地・建物)の実体法上の所有者(共有者)のみが申請することができる。

その場合，申請情報としては，更正後の共有者ごとの持分を提示しなければならない(令別表3)。

添付情報としては，持分を更正することとなる他の共有者の承諾を証明する当該他の共有者が作成した情報(書面であれば印鑑証明書が，電子申請であれば電子署名が必要である)，または当該他の共有者に対抗することができる裁判があったことを証明する情報を提供する必要がある(令別表3)。もっとも，これは真実の権利関係が反映された申請であることを担保する趣旨であるから，共有者全員から申請・承諾があれば，たとえ持分を更正することとならない者を含んでいても，差し支えないと解される。

登記官は更正の登記をするときは，更正前の事項を抹消する記号を記録しなければならない(規則91)。

(松尾　弘)
(執筆協力：下川健策)

第2款　土地の表示に関する登記

＊旧法関係……旧法「第一款　土地ノ表示ニ関スル登記手続」
＊関連法規……(土地所在図，地積測量図，建物図面及び各階平面図の作成方式)規則73条，規則74条〔→(土地所在図及び地積測量図の作成方法)準則51条〕，(土地所在図及び地積測量図の作成単位)規則75条，(土地所在図の内容)規則76条，(地積測量図の内容)規則77条〔→(地積測量図における筆界点の記録方法)準則50条，(地図)規則10条4項，(地積)準則70条，(分筆の登記の申請)準則72条〕，(分筆の登記の場合の地積測量図)規則78条，(地役権図面の内容)規則79条，(地役権図面の作成方式)規則80条，(土地所在図の管理及び閉鎖等)規則85条，(地役権図面の管理)規則86条，(地役権図面の閉鎖)規則87条，(土地所在図の訂正等)規則88条，通達第1-12

(土地の表示に関する登記の登記事項)
第34条　土地の表示に関する登記の登記事項は，第27条各号に掲げるもののほか，次のとおりとする。
(1)　土地の所在する市，区，郡，町，村及び字
(2)　地番
(3)　地目
(4)　地積
②　前項第3号の地目及び同項第4号の地積に関し必要な事項は，法務省令で定める。

＊旧法関係……①旧法78条，②旧法79条2項
＊関連法規……①(2)(地番)規則98条〔→(地番の定め方)準則67条，(要役地の分筆の取扱い)通達第1-14，(分筆に伴う権利の消滅の登記)規則104条〕，①(3)(地目)規則99条，準則68条，(地目の認定)準則69条，①(4)(地積)規則100条，準則70条

I　本条の趣旨

　本条は，土地の表示に関する登記の登記事項について定めたものである。土地の表示に関する登記の登記事項としては，27条に，土地および建物に共通する登記事項として，登記原因およびその日付(27(1))，登記年月日(同(2))，所有権の登記がない不動産(区分所有法上の共用部分である旨の登記または団地共用部分である旨の登記がある建物は除く)については，所有者の氏名または名称および住所ならびに所有者が2人以上である場合にはその所有者ごとの持分(同(3))が，規定されている。これに対し，本条では，これらとは別に土地の表示に関する登記の登記事項として，土地の所在する市，区，郡，町，村および字(34①(1))，

地番(同(2)), 地目(同(3)), 地積(同(4))を規定する。

II 土地の所在する市, 区, 郡, 町, 村および字(1号)
1 土地の所在の意義
　土地の所在とは, 行政区画を基準として「市, 区, 郡, 町, 村及び字」で表示される土地の所在する場所をいう。土地の所在は, 地番と併せて土地の位置関係を特定するものであり, 当該土地を管轄する登記所を決定する基準ともなる。また, 地番と共に不動産所在事項として, 登記簿表題部の所在欄に記載される(規則4①別表1)。

2 市, 区, 郡, 町, 村および字
　(1) **市, 区, 郡, 町, 村および字の意義**　　市, 町, 村とは, 地方自治法に定める普通地方公共団体としての市, 町, 村(地方自治法1の3②)をいう。区とは, 東京都特別区(同281)および政令指定都市の区(同252の20)を, 郡とは, 都道府県にあって, 市の区域外の区域につき認められている地理的名称をいう(同259)。また, 字とは, 市町村内に存在し, これらをさらに細分化した一定範囲の地域の名称をいい, 大区分としての大字と, 大字をさらに細分化した「小字」がある。

　(2) **行政区画未定の土地の表題登記**　　公有水面下の土地については, 都道府県知事より公有水面埋立法に基づく埋立の免許を受けた者が, 埋立公示を竣功し, 都道府県知事より竣功認可を受けた場合に, 当該竣功認可の告示の日において所有権を取得する(公有水面埋立法2・22および24)。この当該埋立地を登記するためには, 管轄登記所が定まっている必要があり, それまでの間は, 当該土地は地方自治法の規定による告示のされていない, いわゆる所属未定地として表題登記を行うことができない(昭30・5・17民甲930民事局長通達・先例集追I345)。

　また, 公有水面を埋め立てた土地で地方自治法の規定による告示のされていない所属未定地に建築した建物の表示登記の申請については, 建物を建築した土地の所属が未確定であることから, 土地の登記管轄が特定できないため, 受理することはできない(昭43・4・2民甲723民事局長回答・先例集追IV1335)。これに対して, 公有水面であっても, 従前からその所属する市町村および字が定められ, その所在が確定している場合には, それが埋め立てられて登記能力を有するに至ったときには, 直ちに表題登記をすることができる(昭32・9・11民甲1717民事局長回答・先例集追II159)。

　(3) **行政区画の変更と表題登記**　　行政区画またはその名称の変更の変更があった場合には, 登記記録に記録した行政区画またはその名称について変更の登記があったものとみなされ, これは, 字またはその名称に変更があったときも同様である(規則92①)。この場合, 登記官は速やかに表題部に記録した行政区画もしくは字またはこれらの名称を変更しなければならない(同②)。

III　地番

　地番とは，土地を特定するために，その土地の属する各地番区域(市，区，町，村，字またはこれに準ずる地域をもって定められる(規則97))において，1筆の土地ごとに登記所によって付される番号をいう。土地の位置が分かりやすいものとなるよう定めるものとされており(規則98②)，一物一権主義を採用する現行不動産登記法において，いわゆる「物」を特定する要素の1つである。土地は隙間なく隣接して連続しているため，1筆の土地を特定するには，土地の所在，地目，地積と併せて，各1筆の土地ごとに番号を付す必要があることから，法は地番を表示に関する登記の登記事項としたものである。

　地番の定め方については，法35条が定める。

IV　地目

1　地目の意義および種類

　(1)　**地目の意義**　　地目とは，土地の主たる用途を反映した分類をいう。地目は土地の質的特徴を示すと同時に，現在の利用状況を社会一般の通念に基づき観念したものであり，量的特徴を示す地積と併せて，土地を特定するための要素として，土地の表示に関する登記の登記事項とされている。

　(2)　**地目の種類**

・地目の種類等　　地目の種類等は，法務省令(不動産登記規則)により定めるものとされる(34②)。

・不動産登記規則99条では，その主たる用途により，田，畑，宅地，学校用地，鉄道用地，塩田，鉱泉地，池沼，山林，牧場，原野，墓地，境内地，運河用地，水道用地，用悪水路，ため池，堤，井溝，保安林，公衆用道路，公園，雑種地の23種類とされている(規則99)。各地目の主たる用途は以下のように定められる(準則68)。

① 　田　　農耕地で用水を利用して耕作する土地
② 　畑　　農耕地で用水を利用しないで耕作する土地
③ 　宅地　　建物の敷地およびその維持もしくは効用を果すために必要な土地
④ 　学校用地　　校舎，附属施設の敷地および運動場
⑤ 　鉄道用地　　鉄道の駅舎，附属施設および路線の敷地
⑥ 　塩田　　海水を引き入れて塩を採取する土地
⑦ 　鉱泉地　　鉱泉(温泉を含む)の湧出口およびその維持に必要な土地
⑧ 　池沼　　かんがい用水でない水の貯留池
⑨ 　山林　　耕作の方法によらないで竹木の生育する土地
⑩ 　牧場　　家畜を放牧する土地
⑪ 　原野　　耕作の方法によらないで雑草，かん木類の生育する土地
⑫ 　墓地　　人の遺体または遺骨を埋葬する土地
⑬ 　境内地　　境内に属する土地であって，宗教法人法(昭和26年法律第126号)第3条第2号

およひ第3号に掲ける土地(宗教法人の所有に属しないものを含む)

⑭ 運河用地　運河法(大正2年法律第16号)第12条第1項第1号または第2号に掲げる土地
⑮ 水道用地　専ら給水の目的で敷設する水道の水源地，貯水池，ろ水場または水道線路に要する土地
⑯ 用悪水路　かんがい用または悪水はいせつ用の水路
⑰ ため池　耕地かんがい用の用水貯留池
⑱ 堤　防水のために築造した堤防
⑲ 井溝　田畝または村落の間にある通水路
⑳ 保安林　森林法(昭和26年法律第249号)に基づき農林水産大臣が保安林として指定した土地
㉑ 公衆用道路　一般交通の用に供する道路(道路法(昭和27年法律第180号)による道路であるかどうかを問わない)
㉒ 公園　公衆の遊楽のために供する土地
㉓ 雑種地　以上のいずれにも該当しない土地

2　地目の認定

(1)　**職権主義**　地目は，登記官の職権によって定めるものであり，土地の所有者が定めることはできない。また，上記 *1* に示した以外の地目は認められない。

(2)　**地目の認定方法**　地目の認定にあたっては，現況および利用目的を勘案し，部分的にわずかな差異があるときでも，土地全体としての状況を観察した上で，主たる用途により認定する(準則68)。

地目の認定は，以下のとおりとされる(準則69)。

① 牧草栽培地は，畑とする。
② 海産物を乾燥する場所の区域内に永久的設備と認められる建物がある場合には，その敷地の区域に属する部分だけを宅地とする。
③ 耕作地の区域内にある農具小屋等の敷地は，その建物が永久的設備と認められるものに限り，宅地とする。
④ 牧畜のために使用する建物の敷地，牧草栽培地および林地等で牧場地域内にあるものは，すべて牧場とする。
⑤ 水力発電のための水路または排水路は，雑種地とする。
⑥ 遊園地，運動場，ゴルフ場または飛行場において，建物の利用を主とする建物敷地以外の部分が建物に附随する庭園に過ぎないと認められる場合には，その全部を一団として宅地とする。
⑦ 遊園地，運動場，ゴルフ場または飛行場において，一部に建物がある場合でも，建物敷地以外の土地の利用を主とし，建物はその附随的なものに過ぎないと認められるときは，

その全部を一団として雑種地とする。ただし，道路，溝，堀その他により建物敷地として判然区分することができる状況にあるものは，これを区分して宅地としても差し支えない。
⑧　競馬場内の土地については，事務所，観覧席およびきゅう舎等永久的設備と認められる建物の敷地およびその附属する土地は宅地とし，馬場は雑種地とし，その他の土地は現況に応じてその地目を定める。
⑨　テニスコートまたはプールについては，宅地に接続するものは宅地とし，その他は雑種地とする。
⑩　ガスタンク敷地または石油タンク敷地は，宅地とする。
⑪　工場または営業場に接続する物干場またはさらし場は，宅地とする。
⑫　火葬場については，その構内に建物の設備があるときは構内全部を宅地とし，建物の設備のないときは雑種地とする。
⑬　高圧線の下の土地で他の目的に使用することができない区域は，雑種地とする。
⑭　鉄塔敷地または変電所敷地は，雑種地とする。
⑮　坑口またはやぐら敷地は，雑種地とする。
⑯　製錬所の煙道敷地は，雑種地とする。
⑰　陶器かまどの設けられた土地については，永久的設備と認められる雨覆いがあるときは宅地とし，その設備がないときは雑種地とする。
⑱　木場（木ぽり）の区域内の土地は，建物がない限り，雑種地とする。

　(3)　**雑種地**　　雑種地とは，駐車場，資材置場等特定の用途に供されているか，または近い将来に供されることが確実なもので，その用途につき明文の規定なきものをいう。上記の他，雑種地に該当するとされたものとして，河川の氾濫により現況は河川であるが，河川の区域と認定されていない土地（昭27・3・4民甲228民事局長通達・先例集下1793），動物の遺骸または遺骨を埋める私有地（登研42），墓地と死体埋葬所とは別個のものとして取り扱われている慣習のある地域における死体埋葬所の前に設けられた広場たる焼香場（登研44），コンクリート造りの工作物があり他所より水を引き入れて地域の共同洗場として使用されている土地（登研228），山林・原野等の海岸線に近い急傾斜地に土砂崩れや地滑りを防止するために設けられた幅3メートル，高さ15メートルの鉄筋コンクリートの擁壁を構築した場合の当該擁壁の占める土地（登研422）等がある。用途が定まらず，あるいは判然としない土地（いわゆる中間地目）を雑種地として登記することはできない。

V　地　積
1　地積の意義
　地積とは，1筆の土地の面積（（実測した）1筆の土地の水平投影面積）をいう。地積に関して必要な事項は法務省令で定める（34②）。
　地積を求めるための測量は，①測量法の規定による基本測量の成果である三角点および電子基準点，②国土調査法19条2項の規定により認証された基準点もしくは同条5項の規

定により指定された基準点，③これらと同等以上の精度を有すると認められる基準点(基本三角点等)を基礎として行う(規則77・10③)。

2 地積の定め方

　地積は，平方メートルを単位として定め，1平方メートルの100分の1未満の端数は切り捨てる(したがって0.01平方メートル未満の土地については，登記することができない)。ただし，宅地および鉱泉地以外の地目の土地で10平方メートルを超えるものについては，1平方メートル未満の端数を切り捨てる(規則100)。

3 地積の誤差の限度

　土地の表示に関する登記の申請情報の内容とした地積と，登記官の実地調査の結果による地積が異なっていても，その差が申請情報の内容とした地積を基準にして地積測量図の誤差の限度内(規則77⑤・10④)であるときは，申請情報の内容とした地積を相当と認めて差し支えない(準則70)。

　一筆地測量および地積測定における誤差の限度は国土調査法施行令別表第4に掲げる精度区分のうち，①市街地地域については甲二まで，②村落・農耕地域については乙一まで，③山林・原野地域については乙三まで，とされる。一般に，測量の精度の高さは，それにかかる費用の大きさに比例する。経済活動の鈍い山間地等に必要以上の経費を投じて測量を行ったとしても，経済効果を考えた場合，必ずしも賢い手法とはいえないのでこのような，地域区分を設けているのである。

　また，土地の分筆登記等を申請する場合には，登記所に地積測量図を提供する。地積測量図は地積を明らかにするとともに，登記所に備え付けられている地図に登記官が分割線を書き入れる作業にも利用される。例えば，登記所に備え付けられている地図が甲二の精度を有する場合，これに乙二の地積測量図を提供しても甲二の地図の精度を維持していくことは無理である。それゆえ，地積の誤差の限度が規定されているのである。

(舟橋　哲)
(執筆協力：下川健策)

(地番)
第35条 登記所は，法務省令で定めるところにより，地番を付すべき区域(第39条第2項及び第41条第2号において「地番区域」という。)を定め，1筆の土地ごとに地番を付さなければならない。

＊旧法関係……旧法79条
＊関連法規……(地番区域)規則97条，(地番)規則98条〔→(地番の定め方)準則67条，(分筆に伴う権利の消滅の登記)規則104条，(土地の表題部の変更の登記または更正の登記の記録)

I 本条の趣旨
　本条は，土地の表示に関する登記の登記事項のうちの地番について，その定め方を規定するものである。すなわち登記所が，法務省令で定めるところにより，地番を付すべき区域(地番区域)を定めて1筆の土地ごとに地番を付すべきことを定める。

II 地番の意義
　地番とは，土地を特定するために，その土地の属する各地番区域(市，区，町，村，字またはこれに準ずる地域をもって定められる(規則97))において，1筆の土地ごとに登記所によって付される番号をいう。地番は，土地の位置を特定できるように定めるものとされており，(同98②)土地の表示に関する登記の登記事項である(34①(2))と同時に，地図および地図に準ずる図面の記載事項でもある(14②・⑤)。

III 地番の決定
　(1) **職権主義**　地番は法務省令に従って，登記所が職権で定める(職権主義)。土地の所有者が地番の設定，変更を申請することはできない。登記所は，地番を付すべき区域，すなわち，地番区域を定めて，地番区域に属する1筆の土地ごとに，地番を付さなければならない。

　(2) **地番決定の基準(準則67条)**
　(ア) **地番の重複の禁止**　地番の重複は土地の特定に支障をきたすことになる。したがって地番は，他の土地の地番と重複しない番号をもって定める(準則67①(1))。2筆以上の異なる土地に既に同一地番が重複して定められている場合には，登記官は地番を変更しなければならない(同③)。また，抹消，滅失または合筆により登記記録が閉鎖された土地の地番は，特別の事情がない限り再使用しない(同①(2))。同一地番の土地が新旧複数生じ，不動産の特定に混乱をきたすことを防止する趣旨である。したがって，不動産の特定に支障をきたすおそれがない特段の事情(土地区画整理事業に基づく換地処分等)がある場合には，再使用をすることが許される。

(イ) **地番の決定** 土地の表題登記をする場合には，当該土地の地番区域内における最終の地番を追って順次にその地番を定める(準則67①(3))。ただし，地番が著しく錯雑するおそれがあるとき(例えば1番の隣接地について表題登記をする場合，最終地番を追って順次に地番を定めると，100番代となってしまうような場合)は，隣接地の地番に支号を付してその地番を定めて差し支えない。この場合において，隣接地の地番が支号を用いたものであるときは，その本番の最終の支号を追って順次に支号を定める(同(7))。すなわち，隣接地に1番1のように支号が付されている場合，最終の支号が3であるときには，1番4とする。

(ウ) **分筆・合筆登記と地番**
　(a) **分筆の場合** 分筆した土地については，分筆前の地番に支号を付して各筆の地番を定める(準則67①(4))。ただし，本番に支号の土地のある土地を分筆する場合には，その1筆には従来の地番を付し，他の各筆には本番の最終の支号を追って順次に支号を付し，その地番を定める。すなわち，1番2を分筆する場合，1筆は1番2とし，分筆によって新たに生じる土地については本番の最終の支番を追い，これが3である場合には，1番4とする。地役権の登記がある土地(要役地)の分筆を行う場合においては，分筆した土地について支号を用いない地番を付することができる(同(5))。

　(b) **合筆の場合** 合筆した土地については，合筆前の首位の地番をもってその地番とする(準則67①(6))。例えば，1番，2番の土地について合筆の登記をした場合には，合筆後の土地は1番となる。ただし，同一の本番に支号を付した土地の全部を合筆した場合には，その支号を除き，本番のみをもって合筆した土地の地番とする(同(7))。例えば支番が1番1から3である3筆の土地をすべて合筆した場合，合筆後の土地の地番は1番となる。

　(c) 上記の準則により地番を付することによって，地番が錯綜し，土地の特定に支障が生ずる等の特別の事情があるときは，適宜の地番を定めて差し支えない。

(エ) **ブロック(街区)地番** 土地区画整理事業を施行した地域等においては，ブロック地番(街区地番)を付することができる。ブロック地番とは，周囲を道路で囲まれた土地群を1ブロック(街区)として，これらの土地に1の本番を付し，各土地に順次支号を付することをいう(準則67①(8))。なお，土地区画整理施行区域内における市道に限り，地番区域ごとに100番と定めてその番号に1，2，3の支号を付するのは差し支えない(昭36・7・21民甲1750民事局長回答・先例集追Ⅲ586)。ただし，土地区画整理施行区域内における市道を1筆としてその地番を定める場合，零番とするのは相当でない(昭35・7・29民甲1896民事局長回答・先例集追Ⅲ270)。

(3) **地番の変更** 既存の地番に甲，乙などの符号や，1番1の1等の支号の支号が付されている場合には，当該土地の表題部の登記事項の変更登記もしくは更正登記，または土地の登記記録の移記もしくは改正をする時に，当該地番を変更しなければならない(準則67②)。また，地番が著しく錯雑している場合において必要であると認められる場合には，その地番を変更しても差し支えない(準則67④)。

(舟橋　哲)
(執筆協力：下川健策)

(土地の表題登記の申請)
第36条　新たに生じた土地又は表題登記がない土地の所有権を取得した者は，その所有権の取得の日から1月以内に，表題登記を申請しなければならない。

　＊旧法関係……旧法80条1項・3項
　＊関連法規……(所有権を証する情報)準則71条，(申請の催告)準則63条，(地図等の変更の方法等)準則16条1項

I　本条の趣旨

　本条は，新たに土地が生じた場合，または既存の土地につき表題登記がない場合について，当該土地の所有権取得者に表題登記の申請義務を課すものである。表題登記とは，いわゆる未登記の不動産について表題部を開設するために最初にされる表示に関する登記をいう(20①(2))。かかる未登記不動産には，新たに土地が生じ未登記である場合と，既に生じているが登記漏れ等の事情により未登記である場合とがあるが，本条はその双方につき，所有権取得者が，所有権取得の日から1か月以内に表題登記の申請すべきものとした。

II　新たに土地が生じた場合
1　登記の対象となるべき土地

　(1)　**私権の客体適格**　不動産登記は，不動産上に存する私法上の権利関係を公示するものであるから，ある土地について表題登記を行うためには，当該土地が，私権の客体としての適格性を備えていなければならない。民法上，私権の客体となりうるためには，有体性(85)，支配可能性，独立性，特定性が必要とされるところ，日本の領土内の陸地部分にあって区画され，かつ特定可能な土地は，これらの要件を備えたものとして登記の対象となる。当該土地の表面が水面に覆われている場合であっても，登記上の「地目」として池沼，運河用地，水道用地等があることから明らかなように，私権の客体となりうる土地であるとすることの妨げにはならない。

　これに対して，公有水面，すなわち河，海，湖，沼その他公共の用に供する水流または水面であって国の所有に属するもの(公有水面埋立1)は，私法上の権利の客体となりえない。

　(2)　**海面および海面下の土地**
　　(ア)　**問題の所在**　では，公有水面たる海面の下の土地は私法上の権利の客体となりうるか。この点については，①海面が開拓その他の目的で払い下げられたがなお埋立が完

了していない場合，②地盤沈下，地震等により陸地が海面下に没した場合，③港湾建設や運河，貯水場建設等の理由から人為的に陸地を掘削して海没させた場合，等が問題となる。

(イ) 従来の判例　判例は古くから，公有水面が公共用物であり私的所有の対象とはならないことから，公有水面下の土地については私的所有の対象たりえないのは条理上明らかであるとし，行政上の処分により一定の区域を限って払い下げれば公有水面といえども権利の対象とすることができるが，その権利の性質は海面の使用または埋立，開墾等の権利であって，海面下の土地については私的所有の対象となりえない，との立場をとってきた(大判大 4・12・28民録21・2274)。したがって，寄州は土地であるのに対して海面は土地とはいえず(大判明29・10・7民録2・9・16)，海面が埋め立てられ，あるいは土砂の堆積等により陸地を形成するものと認められる場合に，当該陸地部分についての総括的支配権を取得する(大阪控判大7・2・20新聞1398・23)。私的所有の対象たる土地か否かを決する基準は，当該土地が海面下であるか否かであって，ここでいう海面とは，海水が最も激しく陸地を侵害する地点を基準とするという意味において，春分および秋分における満潮位を基準とするとされてきた(昭31・11・10民甲2612民事局長事務代理回答・先例集追Ⅰ763)。

(ウ) 学説　このような判例の立場については，これを批判する学説がみられた。すなわち，海面下であることの一事をもって私的所有の対象となりえないとするのは，当該土地部分について払下げを受け，その対価，公租公課を負担した事実との整合性を欠き，私的権利の保障という観点から不合理であり，また公共用物たる海面下の土地を私的所有の対象とするか否かは法政策の問題であるから，海水の常時進入する海面下の土地であっても，支配可能性を有する限りにおいては私的所有の対象たる土地とすべきであるという。(阿部泰隆「海面下に土地所有権は成立するか」ジュリスト特集『土地問題』130頁，水辺芳郎＝香川保一(編)『不動産登記の諸問題(上巻)』登記研究300号記念〔帝国判例法規出版社・1974・1976〕325等)。

一方で，所有権客体の適格性という見地から海面下の土地について所有権の成立に懐疑的な立場をとる見解もみられる。この見解は所有権の客体適格性の要件である支配可能性は埋立を前提とした支配可能性ではなく，現状における利用可能性として理解すべきところ，海面下のままにあっては，法的保護の範囲の確定が困難であるため利用が保障されえないこと，そのため利用可能性に裏付けられた財産的価値があるとも言い難いという(新田敏「いわゆる海面下の土地所有権」法学研究51巻7号990頁，同「海面下の土地所有権」ジュリスト昭和61重要判例解説67頁。なお，この見解は，海面とは，春分および秋分における干潮時を基準とする)。

(エ) 判例および実務の現状　以上のような展開を経て，最判昭61・12・16民集40・7・1236は，以下①〜⑤のように判示し，海面下の土地が私的所有の対象となりうるか否かにつき立場を明らかにした。すなわち，①海は，古来より自然の状態のままで一般公衆の共同使用に供されてきたところのいわゆる公共用物であって，国の直接の公法的支配管理に服し，特定人による排他的支配の許されないものであるから，そのままの状態においては，所有権の客体たる土地に当たらない。②しかし，海も，およそ人の支配の及ばない深海を

除き，その性質上当然に私法上の所有権の客体となりえないというものではなく，国が行政行為などによって一定範囲を区画し，他の海面から区別してこれに対する排他的支配を可能にした上で，その公用を廃止して私人の所有に帰属させることが不可能であるということはできず，そうするかどうかは立法政策の問題であって，かかる措置をとった場合の当該区画部分は所有権の客体たる土地に当たる。③海の一定範囲を区画しこれを私人の所有に帰属させることを認めた法律はなく，かえって，公有水面埋立法が，公有水面の埋立をしようとする者に対しては埋立の免許を与え，埋立工事の竣工認可によって埋立地をその者の所有に帰属させることとしていることに照らせば，法は，海について，海水に覆われたままの状態で一定範囲を区画しこれを私人の所有に帰属させるという制度は採用していないことが明らかである。④国が海の一定範囲を区画してこれを私人の所有に帰属させたことがあったとしたならば，法が海をそのままの状態で私人の所有に帰属させるという制度を採用していないからといって，その所有権客体性が当然に消滅するものではなく，当該区画部分は今日でも所有権の客体たる土地としての性格を保持しているものと解すべきである。⑤私有の陸地が自然現象により海没した場合についても，当該海没地の所有権が当然に消滅する旨の立法は存しないから，当該海没地は，人による支配利用が可能でありかつ他の海面と区別しての認識が可能である限り，所有権の客体たる土地としての性格を失わない。

　本判例は，海面下の土地が所有権対象となりうるか否かは，立法政策上の問題であるとして，一応私的所有の対象となりうる余地を示し，これによって過去になされた払下げ海面下の土地については所有権の客体適格性を認め，この点に関する学説の批判に対応しつつ，他方では現行法に照らして，海面下の土地一般については所有権の適格性を否定することで，従来の判例・実務のあり方を結論として肯定したといえる。

　(3)　**常時河川の水流下となっている土地**　　常時継続して水流の敷地となっている，河川法の適用または準用される河川区域内の土地は私的所有の対象となりえない(河川2②)。他方，法43条は，河川法が適用または準用される河川の河川区域内の土地に関する登記手続を備えており，常時水流下にある土地でない限り，河川区域内の土地であっても私的所有の対象とすることが可能と解される。

2　表題登記すべき「新たに土地が生じた場合」

　上記 *1* を前提とすれば，表題登記をすべき新たに生じた場合としては，①公有水面の埋立等により新たに土地が生じた場合，②寄州により土地が堆積して新たな土地が生じた場合，③海底の隆起によって海面下の土地が海面上に現れて新たに土地が生じた場合，④河川の水流の変化によって，常時継続して水流の敷地となっていた河川区域内の土地が，かかる状態でなくなった場合等が考えられる。

　(1)　**公有水面の埋立**　　公有水面の埋立により新たに土地が生じた場合，免許を得て埋立をした者が，竣工後に竣工認可の申請を行い，同認可が告示されることにより，告示

の日において当該土地の所有権を原始取得する(公有水面埋立2・22)。無許可の埋立により新たな土地が生じた場合には，土地の所有権は国庫に帰属し，埋立をした者は取得時効(民162)によっても土地の所有権を取得することはできない(通説)。

(2) 寄州　　寄州とは，海岸や河口部において，水流，波等によって土砂が吹き寄せられた結果，自然に生じた陸地をいう。寄州の所有権帰属については，判例と実務上の取扱いが異なる。

判例は，土地の筆界は客観的に定まるものであるから，隣接地所有者の合意や1筆の土地の一部について取得時効が成立したとしても，筆界が移動するものではない(最判昭31・12・28民集10・12・1639)とする。その結果，寄州は新たに生じた無主の不動産(民239②)としてその所有権は国庫に帰属するものとする(大判明37・7・8民録10・1061。なお，山口地判下関支判昭60・11・18判例自治30・65は，海流による土砂の堆積によって生じた海浜地の所有権帰属について，同様の理を説く)。判例の立場によれば，寄州は新たに生じた土地として36条に基づく表題登記の対象となる。

実務上は，寄州について，既存の土地に土砂が付合(民242本文)したものとして，その所有権は，既存の土地所有者の土地所有権に吸収されるとする。すなわち，寄州は，付合した土地の一部であるから，寄州部分に建築された建物の所在の表示方法については，当該土地の地番をもって行う(昭36・6・6民三459民三課長電報回答・先例集追Ⅲ569)。

その結果，当該土地についての表示に関する登記をする場合は，既存土地の地積の変更として法37条による変更登記を行うべきことになる。

(3) 海面隆起　　私的所有の対象たりえない海面下の土地が隆起することで海面上に現れ，私的所有の対象となりうる新たな土地を生じた場合，無主の不動産が生じた場合(民239②)として，当該土地の所有権は国庫に帰属すると解される。この場合には新たに生じた土地として，本条により表題登記の申請が行われる。

これに関し，既存の土地に隣接して海岸の隆起があった場合には，隆起した土地部分は付合により既存土地の一部として既存土地の所有権の対象となり新たに生じた土地としてではなく，既登記土地の地積変更として，37条の変更登記をすべきとする少数説がある。しかし，土地の筆界は客観的に定めるべきものであること，独立に隆起した場合と，既存土地に隣接して隆起した場合とで，隆起部分の所有権取得につき適用法規が異なるのは不合理であること，不動産付合の法理はかかる土地の現出の場合までを想定するものでないこと，等の問題を指摘しうる。

(4) 水流の変化による水流敷地の現出　　常時継続して水流の敷地となっている，河川法の適用または準用される河川区域内の土地は，私的所有の対象となりえない(河川2②)が，河川の水流の変化によってそのような状態でなくなった場合には，私的所有の対象となりうる新たな土地を生じたものということができる。この場合においても，海面隆起と同様の理論により，法37条による地積の変更登記ではなく，本条に基づく表題申請の登記が行うべきと考えられる。

なお，池沼，用悪水路，ため池等を埋め立てて陸地とした場合には，これらは登記能力を有する土地の地目であるから，新たに土地が生じたものとしてではなく，地目変更が生じたものとして地目変更登記の対象となる。

III 表題登記のない土地

表題登記のない土地とは，従来から存在しているにもかかわらず，表題登記のなされていない登記漏れの土地（いわゆる無籍地または脱落地）等をいう。未登記の不動産については，新たに土地が生じた場合の取扱に順じて土地の表題登記を行うものとする（準則71）。

IV 表題登記の申請
1 表題登記の申請義務

新たに生じた土地または表題登記のない土地については，当該土地の所有権を取得した者は，その所有権取得の日から1か月以内に表題登記を申請しなければならない。表題登記とは，未登記の不動産について表題部を開設するために最初にされる表示に関する登記をいう（2⑳）。

(1) **報告的登記** 表示に関する登記は，権利の客体である不動産の現況を正確に記録し，速やかに公示することを目的とする。したがって，表示に関する登記については，当事者の申請をまたず，登記官が職権で不動産の現況を調査して登記を実行できる（29①・28）。もっとも，新たに土地が生じた場合や建物を新築した場合，またはこれらの不動産の物理的な現況が変動した場合には，その状況を速やかに公示するため，当該不動産の当事者（表示に関する登記のない未登記不動産については当該不動産の所有者，表示に関する登記のある不動産については表題部所有者または所有権登記の登記名義人）が申請義務を負い，その報告によって登記官が登記を行う。このように土地または建物の新たな出現・物理的状況が変化することにより，当該不動産の所有者等が登記義務を負うものを報告的登記という。

報告的登記には，本条の定める土地の表題登記のほか，地目，地積の変更登記（37①），土地の滅失の登記（42），建物の表題登記（47①），合体による建物の表題登記および表題部の登記の抹消登記（49①），建物の表題部の変更の登記（51①），建物の滅失の登記（57①）がある。

(2) **表題登記の申請義務**

(ア) **申請義務者** 表題登記の申請義務を負うのは，新たに生じた土地または表題登記のない土地の所有者である。所有者は，不動産の現況を最もよく把握し，承知しうる立場にある者だからである。ただし，表題登記がないまま所有権が移転した場合には，旧所有者は申請義務を免れ，新所有者が申請義務を負う。所有者以外の者がする申請は，不動産の表示が登記官の調査の結果と合致しない場合として却下される（25⑾，旧49⑽）。ただし，代位申請については後述）。また，表題登記のない土地の所有者が，死亡等の事由によって権利能力を失い，一般承継が生じた場合，一般承継人は被承継人を所有者として申請する

ことはできず，一般承継人自身が所有者として表題登記を申請しなければならない（荒堀稔穂ほか（編）『(Q&A表示登記の実務・上）表示登記総論，分合筆・地積更正等』〔日本加除出版・1996〕46頁)。これに対しては，被相続人が所有者であったことは事実であるから，このような申請を認めても差し支えないとの見解もある（有馬厚彦「事例でみる表示に関する登記(3)」〔テイハン・2000〕20頁）。

(イ)　**申請期間**　　不動産の物理的現況を速やかに表示するため，所有者は所有権を取得した時から1か月以内に土地の表示の登記の申請をしなければならない。「所有権を取得したときから1か月以内」とは，新たに土地が生じた場合については，当該土地が土地として物理的に現況を把握できる状態になった時を起算日とする1か月以内をいう。

(ウ)　**罰則**　　所有者が新たに土地が生じた時から1か月以内に申請しない場合，または新たに生じた土地の所有権を該当土地の表題の登記を申請する前に取得した者が，所有権を取得した日から1か月以内に土地の表題の登記を申請しない場合は，その所有者または新所有者は，10万円以下の過料に処せられる（164，旧159②）。

(3)　**申請に要する書式等**

(ア)　**申請情報**　　表題登記の申請には，①申請人の氏名，②申請人が法人であるときはその代表者の氏名，③代理人によって登記を申請するときは，当該代理人の氏名または名称および住所ならびにその代表者の氏名，④代位申請をする場合には，申請人が代位者である旨，当該他人の氏名または名称ならびに代位原因（令3(1)ないし(4))，⑤登記の目的（土地の表示に関する登記）ならびに登記原因（公有水面埋立，海面隆起等の事由）およびその日付（現に新たな土地が生じた日等，既登記の既存土地の場合には「年月日不詳」）（令3(5)・(6))，⑥土地の所在，地目および地積（令3(7)，ただし地番を除く），⑦共有者が申請を行う場合にはその持分（令3(9)）を含む申請情報，を登記所に提供しなければならない。

(イ)　**添付情報**　　表題登記の申請にあたっては，申請情報に加え，添付情報として土地所在図，地積測量図，所有権証明情報，住所証明情報を登記所に提供しなければならない（令別表4）。官公署が，その所有する不動産について表題登記を嘱託する場合には，所有権証明情報の提供を省略することができる（準則71・87）。

(a)　**所有権証明情報**　　所有権証明情報は，申請者が表題登記の申請適格者たる所有権者であることを証明する情報である。土地については，公有水面埋立法22条の規定による竣功認可書，官公庁の証明書等，申請人の所有権取得を証するに足りる情報（準則71）であり，建物については，建築基準法にいう建築確認および検査のあったことを証する情報（検査済証），建築請負人または敷地所有者の証明情報，国有建物の払下げの契約にかかる情報，固定資産税の納付証明にかかる情報，その他申請人の所有権の取得を証明する情報である（準則87）。

(b)　**土地所在図**　　土地所在図とは，申請対象たる土地の位置を明らかにすることを目的とした図面であり，方位，土地の形状・隣地の地番を記載し，近傍類似の土地の地図と同一の縮尺によって，1筆の土地ごとに作成される（規則75①・76）。

(c)　**地積測量図**　　地積測量図とは，申請対象たる土地の筆界で囲まれた範囲と地積を明らかにすることを主たる目的とした図面である。地積測量図は，1筆の土地ごとに作成される(規則75①・77)。分筆の登記を申請する場合に提供する分筆後の土地の地積測量図は，分筆前の土地ごとに作成することを要する。この場合には，分筆前の土地を図示し，分筆線を明らかにして各分筆後の土地を表示し，これに符号を付さなければならない(同②・78)。地積測量図の記載事項は，地番地区の名称，方位，縮尺，地番，隣接地の地番，地積およびその求積の方法，筆界点の距離，基本三角点等に基づく測量の成果による筆界点の座標値(近傍に基本三角点等が存しない場合その他基本三角点等に基づく測量ができない特別の事情がある場合にあっては，近傍の恒久的な地物に基づく測量の成果による筆界点の座標値)，境界標(筆界点にある石杭または金属標その他これに類する標識)がある場合には境界標の表示である。地積測量図の縮尺は，250分の1の縮尺値により作成することを原則とするが，土地の状況その他の事情によりこの縮尺値が適当でない場合には，適宜の縮尺によることができる。実務上，市街地地域は100分の1または250分の1，村落・農耕地域では250分の1または500分の1，山林・原野地域では500分の1または1000分の1の縮尺で作成すべきものとされる。

　　　(d)　**土地所在図および地積測量図の精度等**　　土地所在図および地積測量図の誤差の限度は，当該土地の地図を作成する際の誤差と同一の限度とする(規則76③・77④⑤・10④)。

　　　これらの作成は，書面による場合と，電磁的記録を用いる場合とがあるが，いずれも法務大臣の定める方法により作成し，作成年月日および申請人の氏名または名称を記録しなければならない(同73)。

　　　書面申請において紙を用いて作成される土地所在図等は，0.2ミリメートル以下の細線により図形を鮮明に表示しなければならず，作成した図面には，作成年月日を記録し，申請人が記名するとともに，その作成者が署名し，または記名押印しなければならない。また，作成にあたっては，日本工業規格B列4番の丈夫な用紙を用いて作成しなければならない(同74)。

　　　(e)　**住所証明情報**　　表題部所有者となる者の住所を証明する情報をいう。この情報の作成者については，架空名義の登記を防止する趣旨から，「市町村長，登記官その他の公務員」とされている(具体的には，住民票の写し，住民票記載事項証明書等，法人については登記事項証明書)。公務員が職務上作成した情報がない場合には，これに代わるべき情報(具体的には，登記を必要としない法人について所管官庁が作成する証明情報，外国居住日本人である表題部所有者または所有権登記名義人の住所を証する日本国領事が作成した証明情報，外国居住外国人である表題部所有者または所有権登記名義人の住所を証する外国官署が作成した証明情報等)を提供しなければならない。

　　(4)　**代位申請**　　本条の表題登記の申請については，当該不動産所有者以外の者が申請を認められる場合として，以下の場合がある。

(ア) **民法423条に基づく代位申請**　未登記不動産に抵当権が設定された場合において、当該不動産の所有者である債務者が表題登記を申請しない場合には、抵当債権者は、抵当権設定の登記請求権を保全するため、民法423条の規定により債務者に代わって、自己の名において(代位者として)表題登記を申請することができる(令3(4))。

　代位申請をするには、申請情報に代位として申請を行う旨、被代位者の氏名または名称および住所のほか、代位原因を記録し(令3(4))、かつ、代位原因を証する情報(書面)を添付しなければならない(令7①(3))。代位原因とは、代位権発生の原因、すなわち代位者たる債権者が被代位者たる債務者に対して有する債権の発生原因事実(抵当権設定登記請求権)である。代位原因を証する情報(書面)とは、債権者が債務者に代位しなければ自己の債権を保全することができない登記請求権を有している事実を証明する情報(具体的には、抵当権設定契約書)である。

(イ) **公共事業の実施手続における代位申請**　土地改良事業、土地区画整理事業等の公共事業の実施手続に関し、事業施行者は、公共事業およびその施行に伴う登記を円滑、適正、迅速に行うために、事業の成果を登記する前提として、土地所有者に代位して当該土地の表題登記を申請する権限を有する(土地改良登記令2(1)・同(2)、土地区画整理登記令2(1)・(2))。申請手続にあっては、民法423条に基づく代位申請の場合と同様に、申請情報に、代位として申請を行う旨、被代位者の氏名または名称および住所のほか、代位原因を記録し(令3(4))かつ、代位原因を証する情報(書面)を添付しなければならない(令7①(3))。

　　　　　　　　　　　　　　　　　　　　　　　　　　　(舟橋　哲)
　　　　　　　　　　　　　　　　　　　　　　　(執筆協力：下川健策)

(地目又は地積の変更の登記の申請)
第37条 地目又は地積について変更があったときは，表題部所有者又は所有権の登記名義人は，その変更があった日から1月以内に，当該地目又は地積に関する変更の登記を申請しなければならない。
② 地目又は地積について変更があった後に表題部所有者又は所有権の登記名義人となった者は，その者に係る表題部所有者についての更正の登記又は所有権の登記があった日から1月以内に，当該地目又は地積に関する変更の登記を申請しなければならない。

＊旧法関係……旧法81条1項・3項
＊関連法規……(申請の催告)準則63条，(土地の表題部の変更の登記または更正の登記の記録)準則73条

I 本条の趣旨

本条は，土地の表示に関する登記の登記事項中の地目または地積について変更があった場合について，当該土地の表題部所有者または所有権の登記名義人(1項)，および地目または地積について変更があった後に表題部所有者または所有権登記名義人となった者(2項)に，当該地目または地積に関する変更の登記の申請を義務づけるものである。

II 総 論

(1) **変更登記** 変更登記とは登記後の事情により登記事項に変更が生じ，登記簿の記載内容と当該不動産の実体とが合致していない場合に，登記簿の記載内容を実体に合致させるために行う当該事項を変更する登記を変更登記という(2(15))。人為的な土地の利用目的の変更や自然的変更により土地の地目が変更された場合が地目の変更登記であり，土地の変動等の事情に起因する地積の増加または減少したことによって行われる場合が，地積の変更登記である。

(2) **申請義務**
(ア) **報告的登記** 本条よってなされる変更登記は，いわゆる報告的登記であり(36条解説参照)，その申請は義務的である。登記官が登記簿上のすべての土地の現況を職権によって捉えることが実際上不可能に近いことから，当該土地の所有者等に申請義務を賦課し，登記官の職権発動を容易にするためのものである。土地所有者に申請の権利を付与したものではない(福岡高判昭55・10・20訟月27・2・305)。

(イ) **申請義務者** 本条の申請義務を負うのは，①地目または地積の変更前から表題部所有者である者または所有権の登記名義人である者，②(現地が)地目または地積の変更後に表題部所有者または所有権登記名義人となった者である。表題登記のみがされ，権利

に関する登記のない不動産について，所有権が移転した後に土地の地目または地積に変更があった場合には，本条1項に基づき現に所有者である者が申請義務を負う。この場合，その義務を果たす前提として，一旦旧所有者名義で保存登記を行った後，新所有者に所有権移転登記をしておく必要がある。このため，新所有者は所有権の保存登記および所有権移転登記の申請について債権者代位権を行使することができる(59(7))。

(ウ) **申請期間**　申請期間は，地目または地積の変更前から表題部所有者である者または所有権の登記名義人である者については変更があった日から1か月以内に，地目または地積の変更後に表題部所有者または所有権登記名義人となった者については，その者が表題部所有者または所有権登記名義人として登記された日から1か月以内である。

(エ) **罰則**　本条の定める申請義務に違反した場合には，10万円以下の過料に処せられる(164)。

(3) **変更登記の申請**

(ア) **変更申請に必要な提供情報**

(a) **申請情報**　地目または地積に関する変更登記を申請するについては，①変更後の地目または地積(令別表5および6)のほか，通則的な事項として，②申請人の氏名，③申請人が法人であるときはその代表者の氏名，④代理人によって登記を申請するときは，当該代理人の氏名または名称および住所ならびにその代表者の氏名，⑤代位申請をする場合には，申請人が代位者である旨，当該他人の氏名または名称ならびに代位原因，⑥登記の目的ならびに登記原因およびその日付，⑥土地の所在，地番，地目および地積，⑦30条の規定により相続人または一般承継人が申請を行う場合には，申請人が一般承継人である旨を含む申請情報，を提供しなければならない。

(b) **添付情報**　地目変更登記には添付情報を要しない(令別表5)。ただし，他の法令による許可等が必要な場合は，この限りでない(具体的には，例えば，農地法4・5条の転用許可書等)。また実務上は，土地家屋調査士または土地家屋調査士法人の代表者等が作成する規則93条にいう「不動産調査報告書」が添付される。これに対し，地積変更登記については，地積測量図の添付を要する(令別表6)。地積測量図については次条参照。

(イ) **変更された地目または地積の登記の記録**　地目または地積の変更登記の申請が受理された場合には，登記記録の表題部に変更の原因およびその日付が記録される。この場合には，変更された地目または地積に係る該当欄の番号を登記原因およびその日付の記録に冠記してするものとする。例えば，地目の変更をするときは，登記原因およびその日付に，地目欄の該当番号②を冠記する(準則73)。例えば，「②年月日地目変更」とする。

Ⅲ　地目の変更登記

1　地目の変更登記

　土地の利用目的が変更され，あるいは自然的な変更によって他の地目になったときは，表題部所有者または登記名義人は，その変更があった日から1か月以内に当該地目に関す

る登記の変更を申請しなければならない(37①)。また，地目の変更後に表題部所有者か所有権の登記の名義人となった者は，その者に係る表題部所有者の更正登記または所有権の登記があった日から1か月以内に，当該地目または地積に関する登記を申請しなければならない(37②)。

2 各種地目の変更

(1) **宅地への地目変更** 宅地とは建物の敷地およびその維持もしくは効用を果たすために必要な土地をいう(準則68③)。「建物の敷地」とは，現に，当該土地上に物理的に建物が存在している部分をいう。ところが，その部分のみでは建物は住宅としての機能を果たすことはできない。一般社会常識上は，準則68条3項にいうとおり，「その維持若しくは効用を果たすために必要な土地」があって初めて宅地としての評価もされ，取引の対象として扱われる。

建物が現に存在する場合には，建物の敷地であることが明らかであるが，建物が現存しなくても近い将来それに供されることが確実に見込まれることが客観的に明らかである場合には，宅地と認定して差し支えないものとされる(昭56・8・28民三5402民事局長通達・先例集追Ⅵ973)。

具体的には，ア)建物の基礎工事が完了しているもの。イ)住宅街または商店街等の地域内の整地された土地で，周囲の状況その他の事情から近い将来宅地の敷地等として利用されることが，確実であると認められるもの。ウ)建物の敷地として整備され，上下水道および電気，ガス灯を供給する工事が完成しているか，または住宅地造成工事(道路，側溝，石垣および給排水工事等)が完了しているもの(ただし，農地法所定の許可(届け出を含む)のないもの，または都市計画法上の市街化調整区域内の土地については，建築基準法6条1項の規定による建築確認がされていること，建物の敷地等とするための開発行為については都市計画法29条の規定による都道府県知事の許可がされていること，建物の建築については同43条1項による都道府県知事の許可がされていることのいずれかに該当することを要する)。エ)私的な道路部分など，建物の維持，効用を果たすための必要な土地で建物の敷地と一体として使用されているもの。以上のいずれかに該当する場合には，宅地と認定される(昭56・8・28民三5403民三課長依命通知・先例集追Ⅵ986)。

なお，建物の維持または効用を果たすために必要な土地かどうかは，建物の種類や土地の状況等を勘案して決せられることになる。

(2) **農地から他の地目への変更(農地転用)**

(ア) **農地法上の農地転用規制** 農地法は，農業政策上の必要から農地の地目変更については，原則として都道府県知事または農林水産大臣の許可を必要とする旨を定めている(農地4・5)。したがって，農地を農地以外の地目に変更する場合には，農地の地目変更登記申請書と併せて，農地法所定の転用許可書，または非農地証明(当該土地が農地に該当しない旨の都道府県知事または農業委員会の書面)が提出される。

(イ)　**転用許可書または非農地証明の添付がない場合**　地目変更登記には添付情報を要しないものとされているから(令別表5項)，上記(ア)の書面の提出がない場合であっても，直ちに地目変更登記の申請が却下されるものではない(任意的添付情報)。転用許可証または非農地証明書の添付がない場合には，登記官は，農業委員会に対して許可の有無等の事実を照会し，その回答があるまでは，事件の処理を留保する(前掲昭56・8・28民三5402民事局長通達)。

　(ウ)　**登記官による照会**　農業委員会の回答は照会から2週間以内に行うものとされている。この期間に回答がない場合には，登記官は職権で，実地調査の上，当該土地の現在の客観的状況に応じて申請を受理し，または却下して差し支えない(前掲昭56・8・28民三5402民事局長通達・先例集追VI973)。

　照会に対して，農業委員会から，無許可を理由として農地法上の原状回復命令が発せられる見込みがある旨の回答があった場合には，登記官は，この命令が発せられた旨または発せられる見込みがなくなった旨の通知を受けるまで，事件の処理を留保する。ただし2週間以内に発令の有無について通知がない場合には，登記官は，職権で実地調査の上で当該土地の現在の客観的状況に応じて申請を受理し，または却下して差し支えない(前掲昭56・8・28民三5402民事局長通達)。

　これに対して，原状回復命令が発せられた場合には，当該土地の形質が変更され，その原状が農地以外の状態にあると認められる場合であっても，その状況は永続的なものとはいえないことから，未だ地目変更があったものとは認定できない。

　(3)　**他の地目から農地への変更**　現況が農地である土地の登記簿の地目が農地以外の地目である場合，都道府県知事または農業委員会が送付した「地目変更一覧表」により相当と認めたときは，登記官は職権で農地への地目変更をすることができる(昭48・6・7民三4074民事局長通達・先例集追V840)。

　(4)　**筆界未定地の地目変更**　国土調査法における地籍調査で，所有者等において筆界につき紛争がある場合等，1筆の土地が特定できないために筆界を特定できない土地(いわゆる「筆界未定地」)については，1筆の土地の範囲が明らかでないから，当該土地についての地目変更はすることができない。

　(5)　**雑種地への地目変更**　地目変更登記をするためには，当該土地の現況が，安定的かつ継続的に特定の利用目的に供されていることを要する。したがって，ある地目から他の地目に変更される途上にあり，未だ特定の利用目的に供されていない状況下にある場合(中間地目)については，雑種地として地目変更の登記することはできない。例えば，農地を宅地に改廃する中間の過程で単に盛土をし，またはブルドーザーによる地ならしをし，容易に農地に復旧できない状態がみられても，特定の目的に供されていない土地については，たとえその時点において耕作を止めているとしても，利用目的を積極的に判断できない流動的な状態であり，未だ他の地目に転化したとは解されず，その地目を雑種地にするのは相当でない(前掲昭56・8・28民三5402民事局長通達先例集追VI973)。

3 地目の変更に関する中間省略登記

　表示に関する登記は，不動産の「現在の」物理的状況を公示するものであるから，当該土地がどのような経緯により現況に至ったかを示す必要はなく，土地の物理的な現況を公示しなければならない。したがって，例えば田を埋め立てて一旦駐車場等の雑種地とし，その後宅地として使用している等の場合に，地目が田のままとなっているときは，1件の申請により「登記原因およびその日付」を併記して直ちに現況に合わせた地目に変更の登記を申請することができる（昭32・3・22民甲423民事局長通達・先例集追Ⅱ44）。

4 更正登記の却下処分に対する抗告訴訟の可否

　地目変更登記の申請に対して登記官が当該申請を却下した場合に，抗告訴訟によって当該却下処分の取消等を求めることができるか。登記簿上に表示された土地の地目は，その記載と関係なく当該土地の客観的状況によって決すべきものであるから，登記簿上の地目の表示は，これによって直接権利・義務を形成し，その範囲を明確にする性質を有するものではない。したがって，地目変更登記申請却下処分は抗告訴訟の対象となる行政処分にはあたらない（福岡高判昭55・10・20訟月27・2・305，名古屋高判昭57・7・13行集33・7・1495）。

Ⅳ 地積の変更登記

1 地積の変更登記

　登記後に土地の滅失または新たな土地の出現によって土地の変動が生じ，地積についての変更が生じた場合には，表題部所有者または所有権の登記名義人は，その変更があってから1か月以内に地積に関する変更の登記をしなければならない（37①）。また，地積の変更後に表題部所有者または所有権の登記の名義人となった者は，その者に係る表題部所有者の更正登記または所有権の登記があった日から1か月以内に，当該地目または地積に関する登記を申請しなければならない（37②）。

2 地積の変更が生じる場合

　(1) **地積変更の原因**　地積が増加する場合としては，寄州により土地が堆積して新たな土地が生じた場合，海底の隆起によって海面下の土地が海面上に現れて新たに土地が生じた場合，河川の水流の変化によって常時継続して水流の敷地となっていた河川区域内の土地が，かかる状態でなくなった場合，等が考えられる。土地の滅失によって地積が減少する場合としては，既登記の土地の一部が海没した場合，河川法が適用される河川の河川区域内の土地の一部が流水の変化によって常時継続して水流の敷地となった場合等が考えられる。

　(2) **寄州**　実務上，寄州の所有権帰属は，土砂が海岸の土地に付合することによって当該土地の一部になり当該土地所有者の所有権に服したものとして（本書36条解説参照），その登記手続は地積に関する変更としてなされる（昭36・6・6民三459民三課長電報回答・先

例集追Ⅲ569)。

(3) **海面隆起および水流の変化により河川区域内に新たに土地が生じた場合**　これに対して，海面隆起および水流の変化により新たな土地が生じた場合については，当該土地は無主の不動産として国庫に帰属する(民239②)ものと考えられるから(本書36条解説参照)，その登記手続は地積の変更ではなく，新たな土地の表題登記としてなされる。

(4) **海没による地積の減少**　既登記の土地の一部が海没した場合，当該部分は原則において私的所有の対象とはなりえないことから(本書36条解説参照)，土地の一部が滅失したものとして，地積の表題部分の変更の登記を行い，滅失した部分を分筆した上で滅失の登記をすることはしない。

(5) **水流の変化による河川区域内の土地の地積の減少**　河川法の適用される河川の河川区域内の土地の一部が流水の変化によって常時継続して水流の敷地となった場合には，本条ではなく，法43条6項の規定により，河川管理者が遅滞なく地積の変更登記を登記所に嘱託しなければならない。

(舟橋　哲)
(執筆協力：下川健策)

(土地の表題部の更正の登記の申請)
第38条 第27条第1号，第2号若しくは第4号(同号にあっては，法務省令で定めるものに限る。)又は第34条第1項第1号，第3号若しくは第4号に掲げる登記事項に関する更正の登記は，表題部所有者又は所有権の登記名義人以外の者は，申請することができない。

＊旧法関係……本条新設〔→(参考)旧法81条ノ5〕

I 本条の趣旨
　本条は，土地の表題部の更正の登記について土地の表題部の更正の登記の申請をすることができる者を定める。旧法81条ノ5第1項においては，土地の表示の更正の登記については地目または地積の変更の登記申請手続に準じるものとして特段の規定をおいていなかったが，新法ではこれを改め，申請適格者を明らかにした。すなわち，27条1号(登記原因およびその日付)，2号(登記の年月日)もしくは4号(不動産識別情報)または34条1項1号(土地の所在事項)，3号(地目)もしくは4号(地積)に掲げる登記事項の更正の登記は，表題部所有者または所有権登記名義人以外の者は申請することができない。

II 更正登記
1 更正登記の意義
　土地の表示に関する登記事項のうちの地目が，登記申請の際の錯誤により，実際の地目と異なる地目もしくは規則99条に定める23種の地目以外の地目が登記され，または地目が登記されていない場合，正しい地目に訂正し，地目を追完する必要がある。また，土地の表示に関する登記事項のうちの地積が，登記申請の錯誤によって実際の地積と異なる地積となっている場合，または遺漏により登記されていない場合には，正しい地積を登記する必要がある。このように，登記済みの表示に関する登記の登記事項が，登記申請の錯誤または遺漏より実体に合致していない場合に，その更正のために行われる登記を更正登記という。

　地積の更正登記は抗告訴訟の対象となる処分にはあたらないとされている(大阪地判昭54・11・12行集30・11・1852，福島地判昭54・12・17訟月26・3・482)。地積の更正登記は登記簿の表題部に記載された地積がすでに客観的に定まっている筆界によって囲まれた範囲の当該土地の地積と合致しない場合にこれを訂正するものであって，これにより当該土地の権利関係，形状，範囲等が変更されるものでなく，また隣接地との境界，隣接地の範囲等に変更が生じるものでもないからである。

2 更正登記の対象事項

　本条により更正の登記の対象となる事項は，①27条1号所定の登記事項（登記原因およびその日付），②27条2号所定の登記事項もしくは同4号所定の登記事項（登記年月日もしくは法務省令に定める不動産識別事項），③34条1項1号所定の事項（土地の所在する市，区，郡，町，村および字），④34条3号所定の事項（地目）もしくは同4号所定の事項（地積）である。

　表示に関する登記の登記事項のうち，表題部所有者の更正登記については，他の規定（31）により申請適格者が規定されているから，本条の適用は受けない。

　また，土地の表示に関する登記の登記事項のうち，不動産を識別する事項で法務省令が定めるもの（27(4)），および地番（34①(2)）については，登記官が職権で行うものであるから本条の適用は受けない（調停調書による当事者の合意によって地番の更正登記はできない（平4・12・19民三3民三課長回答・先例集追Ⅷ387）。なお，更正前登記が実在しない地番を表示している等の場合には，その登記は無効なものとして抹消し，改めて表題登記がなされる。

　登記原因およびその日付（27(1)），登記年月日（同(2)）については，変更することはないが，原始的な誤りがある場合に更正登記をすることがありうるため，更正の登記の対象とされている。例えば，登記原因およびその日付でいえば，表題登記をしたとき，登記原因およびその日付を「平成年月日不詳」とすべきところを，誤って，「昭和年月日不詳」としてしまったような場合が考えられる。

3 更正の登記の申請適格者

　本条により表示に関する登記の登記事項の更正を申請できるのは，表題部所有者または所有権登記名義人であり，これ以外の者は申請することができない。これは表題部所有者または所有権登記名義人の申請適格を示す趣旨であって，これらの者に申請義務を課すものではない。したがって，不動産の表示に関する変更登記とは異なり，登記を申請すべき期間についても規定していないし，また申請しなかった場合の罰則についても規定がない。もっとも，土地の現況を正確に公示するという表示に関する登記の制度趣旨からすれば，登記事項が実体に合致していないことが明らかになった場合には，すみやかに更正の登記申請をすべきと解される。また，表題部所有者または所有権登記名義人のみが申請者であるから，実体法上の所有権を有していても，登記名義を有しない者は申請適格がないことになる。

4 更正の登記の申請手続

(1) 申請情報

　(ア) **地目または地積に関する変更登記申請**　地目または地積に関する更正登記申請をするためには，①更正後の地目または地積（令別表5および6）に加え，通則的な事項として，②申請人の氏名，③申請人が法人であるときはその代表者の氏名，④代理人によって登記を申請するときは，当該代理人の氏名または名称および住所ならびにその代表者の氏

名，⑤代位申請をする場合には，申請人が代位者である旨，当該他人の氏名または名称ならびに代位原因，⑥登記の目的（地目または地積の更正）ならびに登記原因（錯誤，遺漏等）およびその日付，⑦土地の所在，地目および地積，⑧30条の規定により相続人その他の一般承継人が申請を行う場合には，申請人が一般承継人である旨を含む申請情報を提供しなければならない。

(2) **添付情報**

(ア) **地目の更正登記の添付情報**　地目，地積の変更にあっては，特段の添付情報を要しない（令別表5。ただし，実務上，土地家屋調査士等が申請代理人となった申請においては，土地家屋調査士または，土地家屋調査士法人の代表者等の作成する，不動産登記規則93条にいう不動産調査報告書が添付されている）。

(イ) **地積の更正登記の添付情報**　地積変更登記については，地積測量図の添付を要する（令別表6。実務上，土地家屋調査士等が申請代理人となった申請においては，不動産調査報告書・隣接地との筆界を確認した書面等が添付されている）。

　(a) **地積測量図**　地積測量図には以下の事項を記載しなければならない。すなわち，①地番区域の名称，②方位，③縮尺，④地番（隣接地の地番を含む），⑤地積およびその求積方法，⑥筆界点間の距離，⑦基本三角点等に基づく測量の成果による筆界点の座標値（近傍に基本三角点等が存しない場合，その他基本三角点等に基づく測量ができない特別の事情がある場合には，近傍の恒久的な地物に基づく測量の成果による筆界点の座標値），⑧境界標（筆界点に存する永続性のある石杭または金属標その他これに類する標識をいう）があるときは，当該境界標の表示，である。

　また，地積測量図は原則として250分の1の縮尺により作成するものとし，土地の状況その他の事情により当該縮尺によることが適当でないときは，他の縮尺を用いることができる（規則77④）。その誤差の限度は，土地所在図を作成するための一筆地測量および地積測定における誤差の限度に準じる（規則76③・77④⑤・10④）。すなわち，国土調査法施行令別表第4に掲げる精度区分のうち，①市街地地域については，甲二まで，②村落・農耕地地域については，乙一まで，③山林・原野地域については，乙三まで，である。

　(b) **隣地所有者の証明書**　登記実務上，地積測量図のほかに，当該地積の更正登記の対象となる土地と隣地所有者との筆界を確認したことを証明する書面（筆界確認書）・公共用地との境界確認書が添付されることがある。地積の更正登記の申請があった場合には，登記官が実地調査の上で申請の受理を決定する(29)が，この場合には申請人または当該土地の管理人の立会いを求め，また必要ある場合には隣地所有者または利害関係人の立会いを求めることとされている（準則61②）。この場合に，必要な立会いが得られず，または隣地所有者との間で筆界線に関する主張が異なるなどの理由で筆界・地積を確定的に認定できなければ，登記官は職権で申請を却下すべきものとされる（21⑪，旧法49条10号につき昭38・1・21民甲129民事局長回答・先例集追Ⅲ1130-2）。そこで実務上は，隣地所有者が筆界につき当該申請人と確認できていることの書面（印鑑証明書付）が提供された場合は，こ

れをもって立会いに代えることができるとされている(昭35・12・27民三1187民三課長心得回答・先例集追Ⅲ423参照)。

　(c)　登記原因およびその日付，登記年月日，不動産識別情報，土地の所在事項に関する更正については，一般的な添付情報としての申請情報(更正後の事項)を提供すれば足りる(令別表7)。

　(d)　上記(a)～(c)いずれの場合にあってもなお，代理申請の場合には代理権限の所在を示す情報，代位申請の場合には代位の原因を示す情報の添付が必要である。

(3)　**更正登記の実行**　　地目または地積に関する更正の登記は，更正後の事項を登記記録の表題部の原因およびその日付欄に記録する。この場合は，更正すべき事項の種類に応じて，当該更正に係る該当欄の番号を登記原因およびその日付の記録に冠記して記録する。例えば，地目の更正をするときは，登記原因およびその日付に②を冠記するものとし，1つの申請情報によって地目の更正の登記と地積の更正の登記の申請がなされた場合には，原因およびその日付欄に，それぞれの登記原因およびその日付に②および③を冠記する(準則73)。

(4)　**地積の更正登記後の再度の更正**　　地積の更正登記は登記制度の安定と信頼を損なうことになるから，度重なる地積更正登記は望ましいものではない。しかし，更正登記により新たに土地が生じるものではないから，一旦地積更正登記がなされても，それが誤りであれば，再度の地積更正登記を行うことも許される。例えば，土地を分筆し，他に譲渡するに際し，当事者間において当該土地に土地の地積が公簿上の登記面積より大きい場合の超過部分(いわゆる縄延び地)が含まれている場合にはその超過部分を折半する旨の合意がなされ，後日，実際に超過部分が判明したため譲渡人所有の一方の土地について地積の更正登記がなされたが，分筆された部分である譲受人の土地については更正登記をしないまま放置された後，他に譲渡されてしまったという場合には，譲受人が未更正の縄延び地の地積分を登記簿に反映させ，その上で当該部分を分筆して譲受人に移転させる手続をとるために，譲渡人が一旦更正した登記をさらに更正して当該未更正の縄延び分を登記簿上に表示することが許される(昭46・9・14民三528民三課長回答・先例集追Ⅴ529)。

　もっとも，現在の登記実務は(新法施行後)，分筆の登記に添付する地積測量図は分割後の各土地すべてについて地積を求めることとなっている。したがって，分筆登記の前提として，多くの場合地積の更正登記が避けられない。

(舟橋　哲)
(執筆協力：下川健策)

(分筆又は合筆の登記)
第39条 分筆又は合筆の登記は,表題部所有者又は所有権の登記名義人以外の者は,申請することができない。
② 登記官は,前項の申請がない場合であっても,１筆の土地の一部が別の地目となり,又は地番区域(地番区域でない字を含む。第41条第２号において同じ。)を異にするに至ったときは,職権で,その土地の分筆の登記をしなければならない。
③ 登記官は,第１項の申請がない場合であっても,第14条第１項の地図を作成するため必要があると認めるときは,第１項に規定する表題部所有者又は所有権の登記名義人の異議がないときに限り,職権で,分筆又は合筆の登記をすることができる。

＊旧法関係……旧法81条ノ２第１項・第４項・第５項

I 本条の趣旨
本条は,土地の分筆または合筆の登記を申請する場合における申請人を定めるとともに,登記官が職権で分筆または合筆の登記ができる場合を規定したものである。旧法81条ノ２においても同趣旨の規定があったが,この他に分筆または合筆登記の申請における申請書の特別の記載事項,添付書面について規定していた。新法ではこれらを不動産登記令(令３および令７ならびに令別表８および令別表９)に規定した。

II 分筆登記および合筆登記の意義
表題登記のある土地の区画を変更し,土地の個数を変更する登記を土地の分筆または合筆という。このうち,１筆の土地を分割して２筆以上の土地にすることを分筆といい,このためになされる土地の表題部の登記を分筆登記という。これに対し,表題登記のある２筆以上の土地を合併して１筆の土地にすること合筆といい,そのためになされる土地の表題部の登記を合筆登記という。また,表題登記のある１筆の土地の一部を分割し,他の土地の表題登記に合併する場合で,分筆および合筆の登記を１回または連件で申請するものは分合筆という。

分筆登記および合筆登記は,物権の客体である土地の個数を変更するものである(形成的登記)。不動産登記制度は,一物一権主義の原則の上に立脚しているものであるから,１筆の土地の一部を他人に譲渡する等の場合にあっては,その前提として分筆登記をすることが予定されている。１筆の土地の一部について所有権の成立が認められないわけではなく(大連判大13・10・７民集３・476および509),当事者間の合意によって土地の一部の所有権を移転するという合意も可能である。この場合,分筆登記以前に土地所有権移転の効力が

生じるとされるが(大連判大13・10・7民集3・509)，譲受人が当該土地の所有権について対抗力を備えるためには，その前提として分筆登記をしなければならない。

分筆・合筆は，物権の客体である土地の個数を変更する登記であるから，分筆または合筆の対象となる既存の土地上の実体法上の権利関係を変更するものではなく，従前の土地上に存する権利関係は，分筆後または合筆後の土地上においても存続するのが原則である。

もっとも，合筆後1筆となった土地上に2筆の土地の上にあった従前の権利が同時に存在することは，一物一権主義の原則に反することになるから，このような場合については合筆登記が制限される(41)。

III 申請人
1 表題部所有者または所有権の名義人

本条1項は，分筆および合筆の登記は，表題部所有者または所有権の登記名義人以外の者は申請することができない旨を定める。分筆登記または合筆登記は登記の完了によって所有権客体である土地の個数を変更するものであるから，原則として所有者の意思によってなされるべきである。もっとも，分筆または合筆の登記の申請があった場合に，登記官において当該申請者が真性の所有者であるかどうかを確認することは事実上不可能であることから，本条は，表題部所有者または所有権の登記名義人を申請者と限定して定めている。このような本条の趣旨からすれば，登記名義人ではあるが実体法上の所有権を有しない者が行った分筆登記は無効であり，真正な所有者は当該登記の抹消を求めることができる(東京高判昭42・9・28東高民時報18・9・139)。

本条1項に定める分筆または合筆の登記の申請者については，以下の問題がある。

(1) **登記官の職権による分筆および合筆**　本条2項および3項が定める例外を除いては，登記官が職権によって行うことはできない。

(2) **共有の場合の分筆および合筆の登記の申請人**　分筆または合筆の登記の申請は，所有権の客体である物の個数を変更するものであるから保存行為ではなく処分行為にあたり，土地が共有である場合については全員の合意が必要である(民251)。この場合，共有者の全員が申請情報の申請名義人となることが必要であるが，共有者の1人が申請名義人である場合にも，これに共有者全員が分筆または合筆に同意していることを証する情報を添付する場合には，全員による申請があった場合と同様に扱ってよいものと解される(香川保一『不動産登記法逐条解説(二)』〔テイハン・2005〕37頁注)。

(3) **相続人による分筆および合筆の登記の申請**　上記(2)からすると，相続財産は法定相続人の共有に属するから，相続財産である被相続人名義の土地につき，相続人が複数人いる場合に相続登記未了のままで分筆または合筆の登記を申請する場合には，これらの相続人が全員で申請することが必要となる(昭19・11・10民甲730民事局長回答・先例集上739)。ただし，相続人中，相続放棄等の事情により初めから相続人とならない者，民法903条2項の特別受益者，遺産分割協議によって権利を取得しない相続人等を除いて分割の申請が

あった場合には，これを受理して差し支えない(昭43・10・28開催大阪法務局表示登記事務連絡協議会決議第3問)。

(4) **債権者による分筆および合筆の登記の申請** 所有者からの土地の買受人等の債権者が，登記請求権を保全するために債権者代位(民423)によって分筆または合筆の登記を申請することについては，分筆と合筆とを分けて考える必要がある。

まず，1筆の土地の一部について所有権を買い受けた等の場合には，分筆登記なくして当該土地部分についての所有権の移転登記を了することはできないから，譲渡人が分筆登記手続を申請しない場合には，買受人はその債権である登記請求権を保全するために，債務者たる土地の一部の譲渡人に代位して分割登記の申請を認める必要がある。

これに対して，隣接する2筆の土地を買い受けた者は，自らを所有者としてこれら2筆の土地の合筆登記を申請しうるのであるから，合筆登記について，譲渡人に代位して登記の申請を行う意味はない。

(5) **区分建物における建物所有権の登記名義人** 分譲マンションのように敷地権である旨の登記(一体性の原則)がなされている場合，土地のみの所有権の移転ということが考えられない。そこで，敷地権付区分建物についての所有権または担保権に係る権利に関する登記は，敷地権である旨の登記をした土地の敷地権についてされた登記としての効力を有することになり(73①)，敷地権の移転の登記または敷地権を目的とする担保権に係る権利に関する登記をすることができない(同②)。したがって，このような区分建物の敷地の特性から，本条の定める「所有権の登記名義人」には，敷地権付区分建物の各所有権の登記名義人を含むことになる。

Ⅳ 職権による分筆または合筆の登記

Ⅲの原則に対し，本条2項および3項は，登記官が職権で分筆または合筆の登記ができる場合として，以下の2つを規定している。

1 登記官の職権による分筆(2項)

1筆の土地の一部が別の地目となり，または，地番区域(地番区域でない字を含む)を異にするに至ったときには，職権で当該土地の分筆登記を行わなければならない(本条2項)。1筆の土地というためには同一の地番区域内に存在し，かつ同一の地目の現状を有することが必要であるところ，1筆の土地の一部について，地目や地番区域が異なったりする場合にはその要件を欠くことになる。本条2項は，このような状態を登記官が職権で解消できることを定めたものである。

2 地図の作成の場合の特則(3項)

14条1項の地図を作成するために必要であると認められるときには，表題部所有者または所有権登記名義人の異議がないときに限り，職権で分筆または合筆の登記をすることが

できる(本条3項)。

　14条1項の地図は，1筆の土地の区画を明示するために作成されるものであるが，地図作成のための調査の結果1筆の土地の一部が，溝，垣根等によって事実上区画され，2個の土地として管理されているような場合には，これを1筆の土地として表示することは妥当でない。逆に，2筆以上の土地であるにもかかわらず，筆界を発見することが困難であったり，それらの全部または一部の面積が著しく狭小で，1個の土地として管理されているともみられるような場合には，これらを1筆の土地として地図に表示するほうが妥当な場合がある。本条3項は，このような場合につき，所有者の異議がないことを条件として，登記官が職権で分筆または合筆の登記ができるものとした。

V　分筆または合筆の申請情報
1　申請書の記載事項

　分筆または合筆の登記申請を行う場合には，以下の事項を提供する必要がある。

　(1)　**申請情報**

　①申請人の氏名(または名称)，申請人が法人であるときはその代表者の氏名(令3(1)・(2))。分筆登記または合筆登記の申請人は表題部所有者または所有権登記名義人であるから，申請人の住所，氏名の表示は，表題部所有者または所有権登記名義人と一致していることが必要である。なお，相続人または一般承継人が申請を行う場合には，申請人が一般承継人である旨を含む申請情報を提供する。

　②代理人によって登記を申請するときは，当該代理人の氏名または名称および住所ならびにその代表者の氏名(令3(3))。

　③代位による申請をする場合には，申請人が代位者である旨，当該他人の氏名または名称ならびに代位原因(令3(4))。

　④登記の目的(分筆または合筆)(令3(5))。なお，一般的な登記申請情報においては登記原因および年月日の記載を要する(令3(6))が，土地の分筆または合筆にあっては，その登記により形成されるものであるから，登記原因が存しないため記載は不要である。

　⑤土地の所在，地番，地目および地積(令3(7))。これらの情報については，分割の登記の場合には，分割前の土地，分割する土地，分割後の土地に区分し，合筆の登記の場合には，合併前の土地，合併する土地，合併後の土地に区分して提供する。分筆または合筆前の土地に関するこれらの情報は，登記簿上の土地の表示に関する登記のそれと符合していなければならない。

　(2)　**添付情報**

　　(ア)　**分筆登記を申請する場合**　　分筆登記の申請においては，①分筆後の土地の地積測量図，②地役権の登記がある承役地の分筆の登記を申請する場合において，地役権設定の範囲が分筆後の土地の一部であるときには，当該地役権設定の範囲を証する地役権者が作成した情報または当該地役権者に対抗することができる裁判があったことを証する情報，

および地役権図面を添付しなければならない(令別表8)。

なお，所有権の登記以外の権利に関する登記がある土地について分筆の登記をする場合で，当該分筆後に，分筆後のいずれかの土地について当該権利を消滅させる場合には，登記の申請情報と併せて当該権利に関する登記に係る権利の登記名義人が当該権利の消滅につき承諾したことを証する情報が提供されなければならない(40，規則104①)。

(イ) **合筆登記を申請する場合**　　地役権の登記がある承役地の合筆の登記を申請する場合においては，地役権設定の範囲が合筆後の土地の一部であるときにのみ，当該地役権設定の範囲を証する地役権者が作成した情報または当該地役権者に対抗することができる裁判があったことを証する情報，および地役権図面を添付する(令別表9)。

所有権の登記がある土地について，合筆登記を申請する場合には，登記識別情報を提供しなければならない(登記識別情報を取得していない場合は登記済証(紙)を提供する。ただし，21条ただし書の規定により，通知を受けていない場合は事前通知，もしくは代理人の本人確認情報)。この場合には，当該合筆に係る土地のうちいずれか1筆の土地の所有権の登記名義人の登記識別情報の提供で足りる(22，令8①(1)および令8②)。なお，書面申請する場合には，作成後3か月以内の申請人の印鑑証明書を添付しなければならない(令16②・同③。オンライン申請の場合には，電子署名を送信しなければならない)。

(ウ) **分筆登記の申請に際して提供する地積測量図**　　地積測量図には，分筆後の土地について以下の事項を記載しなければならない(規則77①)。

①地番区域の名称，②方位，③縮尺，④地番(隣接地の地番を含む)，⑤地積およびその求積方法，⑥筆界点間の距離，⑦国土調査法施行令第2条第1項第1号に規定する平面直角座標系の番号または記号，⑧基本三角点等に基づく測量の成果による筆界点の座標値(近傍に基本三角点等が存しない場合，その他基本三角点等に基づく測量ができない特別の事情がある場合には，近傍の恒久的な地物に基づく測量の成果による筆界点の座標値)，⑨境界標(筆界点に存する永続性のある石杭または金属標その他これに類する標識をいう)があるときは，当該境界標の表示，⑩測量の年月日，である。

分筆前の土地が広大な土地であって，分筆後の土地の一方がわずかであるなど特別の事情があるときに限って，分筆後の土地のうち1筆の土地について，⑤～⑦(ただし⑤の「地積」を除く)を記録することを便宜省略して差し支えない(準則72②)。

分筆の登記の申請において提供される分筆後の土地の地積測量図には，分筆前の土地を図示し，分筆線を明らかにして分筆後の各土地を表示するとともに，これに①②③，(イ)(ロ)(ハ)またはABC等の適宜の符号を付さなければならない(規則78，準則51①)。

地積測量図は原則として250分の1の縮尺により作成するものとし，土地の状況その他の事情により当該縮尺によることが適当でないときは，他の縮尺を用いることができる。その誤差の限度は，土地所在図を作成するための一筆地測量および地積測定における誤差の限度に準じる(規則76③・77④⑤・10④)。すなわち，国土調査法施行令別表第4に掲げる精度区分のうち，①市街地地域については甲二まで，②村落・農耕地域については乙一ま

で，③山林・原野地域については乙三まで，である。分筆前と分筆後の地積の差が，分筆前の地積を基準にしてこの誤差の限度を超える場合には，地積に関する更正の登記の申請をしなければならない(準則72①)。

　(エ)　**隣地所有者との筆界確認書**　　地積測量図の作成に際しては，真の筆界を基礎として測量しなければならない。そのため，土地の地積測量にあたっては，測量対象となる土地の隣接地(公共用地を含む)の所有者，管理者等の立会を求めて実施される。このような実状に鑑み，登記実務上は，申請情報には隣地所有者の「筆界確認書」等の添付情報を提供することが求められている。

　ただし，法令上の規定はないため，これらの添付がない場合には，登記官は申請書および登記所備付けの帳簿図面等によって申請対象である土地の筆界を確認することが必要であり，またこれらの情報によっても確認ができない場合には，実地調査により筆界の確認をしなければならない(準則60・61)。この場合には，筆界確認のため，隣地所有者または利害関係人の立会いを求めることとされている(同61②)。必要な立会いが得られず，または隣地所有者との間で筆界線に関する意見(主張)が異なるなどの理由で筆界の確認等ができない場合には，登記官は申請を却下しなければならない(25⑾)。

Ⅵ　分筆または合筆の登記の記録方法

　分筆または合筆の登記がなされた場合，土地の表題部の登記は，不動産登記規則および不動産登記事務取扱手続準則に従い，以下のように記録される。

1　分筆の登記の記録方法

　(1)　**新たに生じた土地の表題部の記録**　　登記官は，甲土地から乙土地を分筆する分筆の登記をするときは，乙土地について新たな登記記録を作成し，当該登記記録の表題部に何番の土地から分筆した旨を記録する(規則101①)。乙土地の登記記録の表題部の原因およびその日付欄には，「何番から分筆」のように記録する(準則74②)。

　(2)　**分割対象となった土地の表題部の記録**　　甲土地から乙土地を分筆した場合には，登記官は甲土地に新たな地番を付し，甲土地の登記記録に，残余部分の土地の表題部の登記事項，何番の土地を分筆した旨，および従前の土地の表題部の登記事項の変更部分を抹消する記号を記録しなければならない(規則101②)。その際，甲土地の登記記録の表題部には，地番，地目および地積のうち変更する事項のみを記録し(所在欄には，何らの記録を要しない)，原因およびその日付欄に，変更を要する事項の事項欄の番号を冠記して，「①③何番何，何番何に分筆」(または「③何番何ないし何番何に分筆」)のように記録するものとする(準則74①)。なお，登記官は，分筆後の甲土地について従前の地番と同一の地番を付すことができる。この場合には，甲土地の登記記録の表題部の従前の地番を抹消する記号を記録することを要しない(規則101③)。登記実務上は，規則101条3項により運用されている。

　(3)　**権利部の記録方法**　　分筆登記は土地の個数の変更を公示するもので，権利関係

の変更を公示するものではないから，単に1筆の土地が分割されたことによって2筆の土地となる場合には，従前の土地上の実体法上の権利関係が各土地上に承継される。このため，分筆登記にあっては，新たに作成される土地の登記記録に従前の土地についての権利に関する登記が転写され，当該土地がもう一方の土地と共に権利客体となっている旨が記録される。また，従前の土地に担保権の登記がある場合には，登記官の職権によって共同担保目録が新たに作成されるか，または既存の共同担保目録に分筆後の土地が新たな物件として追加される。

(ア) **記録の転写** 1筆の甲土地を甲乙2筆に分筆する場合，乙土地の登記記録の権利部の相当区には，甲土地の登記記録から権利に関する登記を転写した上，分筆の登記に係る申請の受付の年月日および受付番号を記録しなければならない。ただし，地役権の登記を転写するのは，乙土地に地役権が存続することとなる場合に限る。分筆に伴って乙地上の地役権を消滅させる場合には，この転写は行わない(規則102①)。

(イ) **所有権，担保権以外の権利の記録** 地上権，借地権，鉱業権等の，所有権および担保権以外の権利(ただし地役権は除く)については，分筆後の甲土地が共にその権利の目的である旨を記録する(規則102①後段)。

(ウ) **担保権の記録** 担保権については，担保権共同担保目録を作成して，転写した権利の登記の末尾にその共同担保目録の記号および目録番号を記録しなければならない(規則102①後段)。また，転写する権利が担保権である場合であって，既にその権利についての共同担保目録が作成されているときは，転写された乙土地に関する権利を当該共同担保目録に記録しなければならない。なお，既にその権利について共同担保目録が作成されている場合には改めて作成する必要はない(同②)。

(エ) **権利の目的である旨の記録および共同担保目録の記録** 甲土地の登記記録から乙土地の登記記録に所有権以外の権利に関する登記を転写したときは，分筆後の甲土地の登記記録の当該権利に関する登記に，担保権以外の権利(地役権を除く)については乙土地が共にその権利の目的である旨を，担保権については既にその権利についての共同担保目録が作成されているときを除いて，上記(ウ)の共同担保目録の記号および目録番号を記録しなければならない(規則102③)。

2 合筆の登記の記録方法

(1) **合筆した土地の登記記録** 登記官は，甲土地を乙土地に合筆する合筆の登記をするときは，乙土地の登記記録の表題部に，合筆後の土地の表題部の登記事項，何番の土地を合筆した旨および従前の土地の表題部の登記事項の変更部分を抹消する記号を記録しなければならない(規則106①)。この場合，乙土地の登記記録の表題部には，合筆後の土地の地積を記録し，原因およびその日付欄に地積欄の番号を冠記して，「③何番を合筆」(または「③何番何ないし何番何を合筆」)のように記録する(準則75②)。

(2) **合筆対象となった土地の登記記録** 甲土地を乙土地に合筆する合筆の登記をす

るときは、登記官は、甲土地の登記記録の表題部に何番の土地に合筆した旨および従前の土地の表題部の登記事項を抹消する記号を記録し、当該登記記録を閉鎖しなければならない（規則106②）。この場合には、甲土地の登記記録の表題部につき、原因およびその日付欄に「何番に合筆」のように記録する（準則75①）。

3 分合筆の登記の記録方法

(1) 分合筆において合筆の対象となった土地の表題部の記録　甲土地の一部を分筆してこれを乙土地に合筆するために分筆の登記および合筆の登記をするときは、登記官は、乙土地の登記記録の表題部に、合筆後の土地の表題部の登記事項、何番の土地の一部を合併した旨および従前の土地の表題部の登記事項の変更部分を抹消する記号を記録しなければならない（規則108①）。この場合には、2で述べた合筆時の登記記録方法はされず、乙土地の登記記録の表題部には、合筆後の土地の地積を記録し、原因およびその日付欄に、地積欄の番号を冠記して、「③何番から一部合併」のように記録する（準則76②）。

(2) 分合筆において分筆の対象となった土地の表題部の記録　甲土地の一部を分筆してこれを乙土地に合筆するために分筆の登記および合筆の登記をするときは、登記官は、甲土地の登記記録の表題部に、残余部分の土地の表題部の登記事項、何番の土地に一部を合併した旨および従前の土地の表題部の登記事項の変更部分を抹消する記号を記録しなければならない（規則108②）。分筆の登記に関する(1)の記録方法はされず、甲土地の登記記録の表題部には、分筆後の土地の地積を記録し、原因およびその日付欄に地積欄の番号を冠記して、「③何番に一部合併」のように記録する（準則76①）。

4 （分筆の登記・合筆の登記による）地図等の変更

分筆の登記をした場合、登記官は、地図または地図に準ずる図面に分筆線および分筆後の地番を記録する。合筆の登記をした場合には、地図または地図に準ずる図面に記録されている筆界線を削除し、合筆後の地番を記録して従前の地番を削除する（準則16①(4)・(5)）。

Ⅶ　地役権の設定された土地の分筆または合筆の登記

1 地役権の意義

地役権とは、設定行為によって定まった目的（通行、流水、観望等）に従って、他人の土地を自己の土地の便益に供する権利である（民280）。便益に供される他人の土地を承役地、便益を受ける土地を要役地という。地役権は、地役権設定者の合意によって定まった承役地の便益の供与およびその享受を内容とするものであるから、例えば要役地である甲土地の通行の便益のために、承役地である乙地の右隅部分のみを利用するというように、1筆の土地の一部のみに設定することができる（民282②）。この場合には、地役権設定の登記手続において、一般的申請情報の他に添付情報として、地役権図面を提供し、承役地のどの部分について地役権が存するかを明らかにするものとされ（令7①(6)・別表35）、登記記録上の乙区にはその範囲が表示される。

2 地役権の設定のある土地の分筆および合筆

上記 *1* で述べたような地役権の性質から，地役権の設定のある土地を分筆または合筆する場合には，当該地役権が分筆後または合筆後の土地のどの部分に存するのかを明らかにする必要がある。

(1) **分筆登記の申請**　地役権の設定のある土地の分筆登記では，①分筆後の土地の所在する市，区，郡，町，村および字ならびに当該土地の地目および地積，および②地役権の登記がある承役地の分筆の登記を申請する場合において，地役権設定の範囲が分筆後の土地の一部であるときは，当該地役権設定の範囲が記録される。その申請には添付情報として，①分筆後の土地の地積測量図，および②地役権の登記がある承役地の分筆の登記を申請する場合において，地役権設定の範囲が分筆後の土地の一部であるときは，当該地役権設定の範囲を証する地役権者が作成した情報，または当該地役権者に対抗することができる裁判があったことを証する情報および地役権図面が必要である(令別表8)。

(2) **合筆登記の申請**　地役権の設定のある土地の合筆登記は，①合筆後の土地の所在する市，区，郡，町，村および字ならびに当該土地の地目および地積，および②地役権の登記がある承役地の合筆の登記を申請する場合において，地役権設定の範囲が分筆後の土地の一部であるときは，当該地役権設定の範囲が記録される。その際添付情報として，地役権の登記がある承役地の合筆の登記を申請する場合において，地役権設定の範囲が合筆後の土地の一部であるときは，当該地役権設定の範囲を証する地役権者が作成した情報または当該地役権者に対抗することができる裁判があったことを証する情報，および地役権図面が必要である(令別表9)。

(3) **分筆または合筆の登記の記録**

(ア) **承役地の分筆登記および要役地の登記記録への記録**　登記官は，承役地についてする地役権の登記がある甲土地から乙土地を分割する分筆の登記をする場合に，地役権設定の範囲が分筆後の甲土地または乙土地の一部となるときは，分筆後の甲土地または乙土地の登記記録の当該地役権に関する登記に，当該地役権設定の範囲および地役権図面に付された番号を記録しなければならない(規則103①)。この場合，登記官は職権で，要役地の登記記録中の，規則159条1項各号に掲げる事項(①要役地の地役権の登記である旨，②承役地に係る不動産所在事項および当該土地が承役地である旨，③地役権設定の目的および範囲，④登記の年月日)に関する変更の登記をしなければならない(規則103②)。なお昭36・5・17民甲1158民事局長回答・先例集追Ⅲ552)。要役地が他の登記所の管轄区域内にあるときは，登記官は，遅滞なく当該他の登記所に承役地の分筆の登記をした旨を通知しなければならず，この通知を受けた登記所の登記官は，遅滞なく要役地に関して規定すべき事項の変更登記をしなければならない(規則103③・④)。

(イ) **要役地の分筆登記**　上記(ア)の承役地についての地役権設定登記は，当事者の申請に基づいて行われるのに対して，要役地についての地役権設定登記は登記官の職権によって行われる。したがって，要役地の分筆登記がされた場合に，登記官が職権で承役地に

ついて分筆による変更登記をすることはできず，承役地の変更登記には当事者の申請を要する。

(ウ) **合筆の登記手続**　甲乙2筆の土地を合筆する場合に，甲土地の登記記録に承役地についてする地役権の登記があるときは，登記官は，乙土地の登記記録の乙区に甲土地の登記記録から当該地役権の登記を移記し，当該移記された地役権の登記に当該地役権設定の範囲および地役権図面に付された番号を記録しなければならない（規則107②）。

　地役権の登記を移記するにあたり，乙土地に登記の目的，申請の受付の年月日および受付番号ならびに登記原因およびその日付が同一の承役地にする地役権の登記があるときは，乙土地の登記記録に甲土地の地番および甲土地につき同一事項の登記がある旨を記録し，当該地役権の登記に当該地役権設定の範囲および地役権図面に付された番号を記録しなければならない（規則107③）。この場合，登記官は職権で要役地の登記記録中の，規則159条1項各号に掲げる事項（①要役地の地役権の登記である旨，②承役地に係る不動産所在事項および当該土地が承役地である旨，③地役権設定の目的および範囲，④登記の年月日）に関する変更の登記をしなければならない（規則107④・103②）。要役地が他の登記所の管轄区域内にあるときは，登記官は，遅滞なく当該他の登記所に承役地の分筆の登記をした旨を通知しなければならず，この通知を受けた登記所の登記官は，遅滞なく，要役地に関して規定すべき事項の変更登記をしなければならない（規則107④・103③および④）。

（舟橋　哲）
（執筆協力：下川健策）

(分筆に伴う権利の消滅の登記)
第40条　登記官は，所有権の登記以外の権利に関する登記がある土地について分筆の登記をする場合において，当該分筆の登記の申請情報と併せて当該権利に関する登記に係る権利の登記名義人(当該権利に関する登記が抵当権の登記である場合において，抵当証券が発行されているときは，当該抵当証券の所持人又は裏書人を含む。)が当該権利を分筆後のいずれかの土地について消滅させることを承諾したことを証する情報が提供されたとき(当該権利を目的とする第三者の権利に関する登記がある場合にあっては，当該第三者が承諾したことを証する情報が併せて提供されたときに限る。)は，法務省令で定めるところにより，当該承諾に係る土地について当該権利が消滅した旨を登記しなければならない。

＊旧法関係……旧法83条3項～6項
＊関連法規……(分筆の登記における表題部の記録方法)規則101条〔→(地図等の変更の方法等)準則16条1項4号，(分筆の登記の記録方法)準則74条〕，(分筆の登記における権利部の記録方法)規則102条，(地役権の登記がある場合の土地の分筆の登記)規則103条，(分筆に伴う権利の消滅の登記)規則104条〔→(要役地の分筆の取扱い)通達第1-14〕，(合筆の登記における表題部の記録方法)規則106条〔→(地図等の変更の方法等)準則16条1項5号，(合筆の登記の記録方法)準則75条〕，(合筆の登記における権利部の記録方法)規則107条，(分合筆の登記)規則108条〔→(分合筆の登記の記録方法)準則76条〕

I　本条の趣旨

本条は，抵当権，地上権などの，所有権以外の権利が存する土地を分筆する場合について，権利者の消滅承諾があった場合の登記手続を定めた規定である。

分筆は，分筆後の土地を第三者に移転する前提として行われることが多いが，分筆前の土地の上に存していた所有権以外の権利については，当該権利の登記名義人の承諾を得て，分筆後の土地について消滅させることがある。このような場合にはいったん分筆の登記をした後に，改めて権利の登記の抹消の手続をなすことを要求するよりも，分筆の登記をする際に同時に権利の登記を消滅させる手続を認める方が申請人にとって便利であり，登記手続上も効率的である。そこで本条では，登記官は，所有権の登記以外の権利に関する登記がある土地について分筆の登記をする場合において，当該分筆の登記の申請情報と併せて当該権利に関する登記に係る権利の登記名義人が当該権利を分筆後のいずれかの土地について消滅させることを承諾したことを証する情報が提供されたときは，当該承諾に係る土地について当該権利が消滅した旨を登記しなければならないものとした(清水・一問一答118頁)。

II　分筆登記における権利部の登記の記録方法

　分筆登記は土地の個数の変更を公示するもので，権利関係の変更を公示するものではないから，単に1筆の土地が分割によって2筆の土地となる場合には，従前の土地上の実体法上の権利関係が各土地上に承継される。このため，分筆登記にあっては，新たに作成される土地の登記記録に従前の土地についての権利に関する登記が転写され，当該土地が，もう一方の土地と共に権利客体となっている旨が記録される。また，従前の土地に担保権の登記がある場合には，登記官の職権によって共同担保目録が新たに作成されるか，または既存の共同担保目録に分筆後の土地が新たな物件として追加される（本書39条解説V参照）。

III　分筆に伴う権利の消滅の登記
1　意義

　例えば，抵当権の対象となった1筆の土地を2筆に分割し，一方を売却してその代金を抵当債務の弁済に充てるというような場合には，抵当権者の承諾を得て売却対象となる土地の抵当権を消滅させ，もう一方の土地にのみ抵当権を存続させることがある。本条は，このような土地を分筆する場合における登記事務処理の簡素化および利用者の経済的負担の軽減の観点から，従前の土地に存していた所有権以外の権利が分筆後の一方の土地について消滅する場合について規定する。

2　分筆に伴う権利の消滅登記の要件
(1)　権利の登記名義人または第三者の承諾を証する情報

　(ア)　**権利の名義人の承諾を証する情報**　分筆に伴って権利の消滅を登記するためには，分筆の登記の申請情報と併せて，分筆前の土地について存する所有権以外の権利にかかる登記の登記名義人が，分筆後のいずれかの土地について当該権利を消滅させる旨の承諾をしたことを証する情報を提供することを要する。消滅の登記の対象となる当該権利が抵当権であって抵当証券が発行されているときは，これと併せて当該抵当証券の所持人または裏書人の承諾を証する情報の提供が必要である（40）。ここにいう当該権利の登記名義人が当該権利を消滅させることを承諾したことを証する情報とは，当該登記名義人が作成した情報，または当該登記名義人に対抗することができる裁判があったことを証する情報のいずれかであり（規則104①(1)，抵当証券の所持人または裏書人の承諾については，併せて抵当証券の添付が必要である（同(3)）。

　(イ)　**第三者の承諾を証する情報**　消滅の登記の対象となる当該所有権以外の権利について，その上に第三者が権利を有する旨の登記がある場合には，併せてこの第三者の承諾を証する情報の提供が必要であり，これは，第三者が作成した情報，または当該第三者に対抗することができる裁判があったことを証する情報のいずれかである。

3 権利の消滅の登記

上記 2 の情報が提供された場合には，登記官は，当該承諾のあった土地について当該権利が消滅した旨の登記をしなければならない(40)。

(1) **分割した土地について権利を消滅させる場合**　甲土地から乙土地を分割する分筆の登記をする場合において，乙土地について権利が消滅した旨の登記をするときは，分筆後の甲土地の登記記録の当該権利に関する登記についてする付記登記によって，乙土地について当該権利が消滅した旨を記録しなければならない。この場合には，分筆登記に係る権利部の登記の記録に関する規則102条 1 項の規定(本書39条解説VI参照)は適用されず，当該消滅した権利に係る権利に関する登記を乙土地の登記記録に転写することを要しない(規則104②)。

例えば，1 筆の甲土地を 2 筆の甲土地，乙土地に分割する場合の分筆登記の申請に際して，新たに生じる乙土地についての抵当権の消滅を抵当権者が承諾することを証する情報が提供された場合には，甲土地の登記記録には，分割によって新たに生じた乙土地について，当該抵当権が消滅した旨が付記登記として記録される。新たに生じた乙土地の登記記録には，当該抵当権に関する記録は転写されない。

(2) **分割された土地について権利を消滅させる場合**　上記(1)に対し，甲土地から乙土地を分筆する分筆の登記をする場合において，分筆後の甲土地について権利が消滅した旨の登記をするときは，分筆後の甲土地の登記記録の当該権利に関する登記についてする付記登記によって分筆後の甲土地について当該権利が消滅した旨を記録し，当該権利に関する登記を抹消する記号を記録しなければならない(規則104③)。

例えば，分割後の甲土地についての抵当権の消滅を抵当権者が承諾することを証する情報が提供された場合には，分筆後の甲土地の抵当権に関する登記について，当該抵当権が消滅した旨が付記登記として記録されると共に，当該抵当権に関する登記を抹消する記号が記録される。

(3) **地役権の登記のある承役地を分割し，分割後の一方につき地役権を消滅させる場合**　上記(1)および(2)の取扱いは，承役地についてする地役権の登記がなされている土地を分筆する場合もこれに準ずる。

(ア) **分割した土地についての地役権の消滅**　承役地についてする地役権の登記がなされている 1 筆の甲土地が甲土地および乙土地に分割されるにつき，新たに生じた乙土地についての地役権が消滅した旨の登記をする場合には，甲土地の登記記録には，分割によって新たに生じた乙土地について地役権が消滅した旨が付記登記として記録され，新たに生じた乙土地には，当該地役権に関する記録は転写されない(規則104④・②)。

(イ) **分割された土地についての地役権の消滅**　上記(ア)と同様のケースにおいて分筆後の甲土地について地役権が消滅した旨の登記をする場合には，分筆後の甲土地の地役権に関する登記について，当該地役権が消滅した旨が付記登記として記録されると共に，当該抵当権に関する登記を抹消する記号が記録される(規則104⑤・③)。

4 要役地についてする地役権の登記ある土地の分筆と地役権の消滅登記

　平成17年改正では，要役地についてする地役権の登記のある土地を分筆する場合に，分筆登記申請にあたり，分筆後のいずれかの土地について地役権が消滅することにつき，地役権の登記名義人が承諾している旨を証する情報が提供された場合には，当該土地について地役権が消滅した旨の登記をすることができることになった。

　すなわち，要役地についてする地役権の登記がある土地について分筆の登記をする場合において，当該分筆の登記の申請情報と併せて当該地役権を分筆後のいずれかの土地について消滅させることを証する地役権者が作成した情報が提供されたとき(当該土地を目的とする第三者の権利に関する登記がある場合にあっては，当該第三者が承諾したことを証する情報が併せて提供されたときに限る)は，登記官は，当該土地について当該地役権が消滅した旨を登記しなければならない(規則104⑥)。

(舟橋　哲)
(執筆協力：下川健策)

(合筆の登記の制限)
第41条 次に掲げる合筆の登記は，することができない。
(1) 相互に接続していない土地の合筆の登記
(2) 地目又は地番区域が相互に異なる土地の合筆の登記
(3) 表題部所有者又は所有権の登記名義人が相互に異なる土地の合筆の登記
(4) 表題部所有者又は所有権の登記名義人が相互に持分を異にする土地の合筆の登記
(5) 所有権の登記がない土地と所有権の登記がある土地との合筆の登記
(6) 所有権の登記以外の権利に関する登記がある土地(権利に関する登記であって，合筆後の土地の登記記録に登記することができるものとして法務省令で定めるものがある土地を除く。)の合筆の登記

＊旧法関係……(1)(2)(参考)旧準則120条2項2号・1号，(3)(4)新設，(5)(6)旧法81条ノ3第2項・第1項
＊関連法規……(合筆の制限の特例)規則105条

I 本条の趣旨

本条は合筆登記ができない場合について規定する。旧法下では，旧法81条の3および旧準則120条が同様の趣旨の規定をおいていたが，本規定は，旧法規定およびその解釈により合筆が制限される場合を新たに明文化したものである。

II 表題部の登記事項に関する合筆不可事由

(1) **相互に接続していない土地(1号)** 相互に連続していない土地は合筆することができない(41(1))。1筆の土地とは，周囲を連続する1本の筆界線(幅のない)で囲まれた土地の区画をいうところ，合筆は，本来の位置として現地が連続している2筆以上の土地を1筆とする手続だからである。

この点，いわゆる「飛び地」(1筆の土地が道路または水路を隔てて存在する場合)につき，地図に関する古来の作図上の慣行として，一体性を有することを示すために，個別の地番を付さないでめがね印(∞)等で両土地を結び，いわゆる「メガネ地」として示すことがあるが，本条との関係で，1筆の土地として認めることはできない。このような処理がなされた土地については，分筆登記をしなければならない。

(2) **相互に地目または地番区域の異なる土地(2号)** 相互に地目の異なる土地は合筆することができない(41(2))。土地の表示に関する登記の登記事項として，土地を特定するために，地番および地目を定めることとされている(34①(2)・(3))以上，2筆の土地を1筆の土地とするためには地目または地番区域が同一であることが求められる。

(ア)　**相互に地目の異なる土地の合筆の禁止**　相互に地目を異にする土地の合筆を認めることは，地目に関する記載を混乱させるものとして許されない。1筆の土地の一部が別の地目となった場合には，登記官の職権によって分筆が義務づけられている(39②)が，これは，土地の分筆手続の点から一不動産一地目の要請を規定したものである。地目は当該土地の現況を表示するものであるから，仮に登記記録上の地目が同一でも現況が異なる場合には同様に合筆することはできない。

　(イ)　**相互に地番区域が異なる土地の合筆の禁止**　相互に地番区域が異なる土地の合筆の登記は許されない。また，地番区域でない字を異にすることも許されない(39②・41(2))。1筆の土地の一部が地番地区または字を異にするに至った場合には，登記官が職権によって分筆しなければならない(39②)。

　(3)　**表題部所有者または所有権の登記名義人が相互に異なる土地(3号)**　相互に表題部所有者または所有権の登記名義人が異なる土地を合筆することはできない(41(3))。1個の物の上の一部に所有権が成立することは認められず，また，1個の物の上に2つ以上の所有権が成立することも認められない(一物一権主義)。相互に表題部所有者が異なる土地の合筆または相互に所有権の登記名義人が異なる土地の合筆を認めることは，この一物一権主義の原則に反するからである。

　(4)　**相互に持分が異なる土地(4号)**　相互に持分が異なる土地の合筆は認められない。相互に持分が異なるとは，合筆しようとする2筆の土地がいずれも共有の場合であって，かつ，これら2筆の土地の共有者の持分が異なる場合をいう。例えば，甲乙2筆の土地を合併しようとする場合において，甲地の所有者A・Bの持分が1/2ずつであるのに対して，乙地の所有者A・Bの持分については，Aが1/3，Bが2/3であるような場合である。このような場合に甲地と乙地を合筆することは，権利関係を錯綜させることになるから，合筆登記が認められない。また，これと同様の理由で，持分の登記がされている土地と，持分の登記がされていない土地(甲地の所有者A・Bの持分につき，Aが1/3，Bが2/3である一方，乙地の所有者A・Bの持分については，登記記録上記載がないような場合)を合筆することはできない(昭40・2・2民甲221民事局長回答・先例集追Ⅳ309)。

　(5)　**所有権の登記のない土地と所有権の登記のある土地(5号)**　所有権の登記がない土地と，所有権の登記がある土地を合筆することは許されない(41(5))。このような登記を認めると，1筆の土地の一部について所有権の登記がされている状態を生じ，また，その一部が登記上不明確になる。しかも，合筆した土地の所有権を移転する場合には，所有権の登記のない部分については移転登記ができないので，分筆しなければならないことになるため合筆する実益もないからである。これと同様の理由で，所有権の登記のある土地と，いまだ所有権の仮登記しかなされていない土地を合筆することはできない(昭35・7・4民甲1594民事局長通達・先例集追Ⅲ223)。

　(6)　**所有権の登記以外の権利に関する登記がある土地(6号)**
　　(ア)　**合筆の制限(原則)**　所有権の登記以外の権利に関する登記がある土地は，原則

として合筆することができない。これらの合筆を認めると，1筆の土地の一部に権利の成立を公示することになり，権利関係の錯綜，権利の効力の及ぶ範囲が不明確になるなどの混乱を生じるからである。

また，同様の理由から，①和議認可の登記（昭41・11・5民甲2572民事局長回答・先例集追Ⅳ928），②買戻し特約の登記（昭39・6・3民甲2040民事局長通達・先例集追Ⅳ141），③当該土地が財団に属した旨の登記（昭35・5・4民甲1048民事局長通達・先例集追Ⅲ121），④予告登記（昭35・10・27民甲2266民事局長事務代理通達・先例集追Ⅲ352），⑤信託法による信託の登記（昭48・8・30民三6677民事局長回答・先例集追Ⅴ887）等のある土地についても合筆は許されない。

(イ) **合筆の可能な例外**　　上記(ア)に対して，権利に関する登記であって，合筆後の土地の登記記録に登記することができるものとして法務省令で定めのあるものについては，合筆も許される(41(6))。具体的には以下のものがある。

(a) **承役地についてする地役権の登記（規則105条1号）**　　地役権は要役地の便益のために承役地の土地の一部に設定される権利であるから，その性質上，1筆の土地の一部の上に地役権が成立することが許され，合筆後の登記記録に登記することができる。

合筆後の登記記録に登記する場合には，①当該地役権設定の範囲を証する地役権者の作成した情報または当該地役権者に対抗することができる裁判があったことを証する情報，②地役権図面を添付しなければならない（令別表9）。

(b) **担保権の登記であって，登記の目的，申請の受付の年月日および受付番号ならびに登記原因およびその日付が同一のもの（規則105条2号）**　　担保権は物の交換価値を支配するものであるから，仮にいずれも担保権の存する土地2筆を合筆したとしても，当該各土地上の担保権についての登記の目的，申請の受付の年月日および受付番号ならびに登記原因およびその日付が同一である場合には，合筆を認めても同一の担保権の登記が合併後の土地の全部を目的として存続することができるため，合筆の妨げとならない。

なお，地上権，賃借権等の用益権は物の使用価値を支配し，時にその物を使用収益するものであるから，数筆の土地について協同的に要役権が設定されており，その登記の登記原因，登記の目的，日付，および受付番号が同一であったとしても，合筆の登記は許されない。

また，共同の担保となっていても，一方が追加担保の登記である場合には受付番号が異なるため，合筆の登記は許されない。また，担保権の登記名義人の表示または更正の登記が一方のみに付されている場合にも，同様に合筆の登記は許されない（昭58・11・10民三6400民事局長通達・先例集追Ⅶ132）。

(c) 上記(b)と同様の理由により，①原則として合筆の許されない信託の登記のある場合であっても，97条1項に掲げる信託の登記の登記事項が同一であるとき，②鉱害賠償登録令25条1項に規定する鉱害賠償登録に関する登記があっても，鉱害賠償登録規則2条に規定する登録番号が同一であるときには，これらの権利を含む土地の合筆は許される。

III 合筆禁止の登記の効果

本条に違反する合筆の登記は，登記手続上認められないものであるから，その申請は却下される(25(2))。登記官の過誤により受理され登記された場合でも，無効な登記として登記官の職権で抹消される(昭37・9・27民三811民三課長回答・先例集Ⅲ979)。

（舟橋　哲）
（執筆協力：下川健策）

（土地の滅失の登記の申請）
第42条　土地が滅失したときは，表題部所有者又は所有権の登記名義人は，その滅失の日から1月以内に，当該土地の滅失の登記を申請しなければならない。

*旧法関係……旧法81条ノ8
*関連法規……(申請の催告)準則63条，(土地の滅失の登記)規則109条，規則110条〔→(通知書の様式)準則118条6号〕

I 本条の趣旨

既に登記されている土地が，海没するなどの事情によって私的所有権の対象となりえなくなったときは，当該土地は滅失したものとして土地滅失の登記をしなければならない。本条は，土地の滅失の登記について，表題部所有者および所有権の登記名義人に，1か月以内に滅失登記の申請を行う義務を課したものである。

本条は，旧法81条ノ8第1項と同趣旨の規定である。旧法においては2項で河川法の適用ある河川の河川区域内の土地が滅失した場合について河川管理者に登記の嘱託をなさしめる規定をおいていたが，同規定事項は，新法では河川区域内の土地の表示に関する登記についての特則である43条にまとめられることになった。

II 土地の滅失の意義

土地の滅失とは，土地が没し，常時流水下の土地となるなどの事情により物理的に滅失した場合をいう。

(1) **海面下の土地となった場合**　海面下の土地につき所有権が認められるか否かについては，①そもそも海面下の土地につき所有権が認められるか，②海面下という場合の基準は何か，につき争いがある(本書36条解説Ⅱ参照)。

判例は，海面下の土地といえども，立法政策によりこれを私権の対象とすることは可能であるが，特段の立法のない現状においては，これに所有権の客体としての適性を認めることができないとした。また，海面下の土地であるか否かは，春分および秋分の日の満潮

時を基準として海面下に没するか否かにより判断し，従来の実務慣行を肯定している。したがって，かかる基準により土地が海没した場合においては，本条の規定により滅失の登記を行う。

(2) **常時流水下の土地となった場合**　河川法が適用される河川の河川区域内の土地は，それが常時公有水面である河川の流水下にあるものでない限りは私権の対象となりうる（ただし，その利用に関しては河川法上各種の規制を受ける）が，土地の全部または一部が常時流水下に没した場合には，滅失したものとして私権の対象とはなりえない（昭44・4・5民三425民三課長回答・先例集追Ⅴ85）。この場合については，43条5項および6項により，河川管理者が滅失の登記を嘱託する。

(3) **土地の滅失に準じて登記を行う場合**　土地の表題登記があるにもかかわらず，当初から土地が存在しない場合や，土地の表題登記が重複している場合などは，土地の物理的な滅失ではないが，土地の表示に関する登記制度の趣旨に合致しない状態であるから，土地の滅失の登記に準じた取扱いをなすべきとされる（幾代＝浦野・判例・先例コンメ新編不登法162頁）。

(ア) **土地の不存在**　過誤により存在しない土地について登記がされており，該当地が不存在である場合には，土地の滅失の登記に準じた取扱いがなされる（昭26・8・29民甲1746民事局長通達・先例集下1654）。

(イ) **重複した表題登記がある場合**　過誤により既に表題登記の存する土地について二重に表題登記がされている場合には，一不動産一登記記録の原則に反するから，いずれかの記録を抹消しなければならない。この場合において，①両者の表題部の所有者が同一人である場合には，原則として後でなされた登記記録を登記官が職権で抹消し閉鎖する。ただし，後からなされた登記記録のみに第三者の権利が登記されている場合には，登記官は職権で前になされた登記記録を抹消する（大判昭2・7・30新聞2725・5，昭30・4・22民甲698民事局長回答・先例集追Ⅰ334）。また，②両者の表題部の所有者が異なる場合には，判例は，実体に合致していないものが無効な登記となるとし（大判昭4・10・11新聞3068・11，札幌高裁函館支部判昭45・1・29高民集23・1・1），登記の先後により，後になされた登記を登記官が職権で抹消すべきものとしている（昭37・10・4民甲2820民事局長通達・先例集追Ⅲ994）。

Ⅲ　滅失登記の申請

1　申請人

滅失登記の申請人は，表題部所有者または所有権の登記名義人であり，申請は土地の滅失の日から1か月以内に行わなければならない。滅失登記の申請は報告的登記であって，申請人の義務である。またその懈怠については，10万円以下の過料に処せられる（164，旧159）。

2 滅失登記の申請

(1) **申請情報**　滅失登記の登記を申請するについては，①申請人の氏名，②申請人が法人であるときはその代表者の氏名，③代理人によって登記を申請するときは，当該代理人の氏名または名称および住所ならびにその代表者の氏名，④登記の目的(土地滅失登記，なお，土地の不存在の場合には土地表示登記抹消)，⑤登記原因およびその日付，⑥土地の所在，地番，地目および地積，の各情報を提供しなければならない(令3(1)～(3)および(5)～(7))。なお，30条の規定により相続人または一般承継人が申請を行う場合には，申請人が一般承継人である旨を含む申請情報を提供しなければならない(同(10))。

(2) **添付情報**　土地の滅失については特段の添付情報を要しない。ただし，一般的な添付情報として，①申請人が法人であるときは当該法人の代表者の資格を証する情報，②代理人によって登記を申請するときは当該代理人の権限を証する情報，③相続その他の一般承継人が申請を行う場合には相続その他の一般承継があったことを証する市町村長，登記官その他の公務員が職務上作成した情報(公務員が職務上作成した情報がない場合にあっては，これに代わるべき情報)の添付が必要である(令7①(1)(2)(5)イ)。

3 土地の滅失登記の実行

(1) **登記記録の閉鎖**　土地の滅失の登記をする場合には，登記官は当該土地の登記記録の表題部の登記事項を抹消する記号を記録し，当該登記記録を閉鎖する(規則109)。

(2) **滅失した土地上の権利に関する記録**

(ｱ) **滅失した旨の記録等**　滅失した土地が他の不動産と共に所有権以外の権利の目的であったときには，登記官は，その旨が登記記録に記録されている場合に限り，①当該他の不動産の登記記録の乙区に，滅失した土地の不動産所在事項ならびに滅失の原因および当該土地が滅失したことを記録し，かつ，②当該滅失した土地が当該他の不動産と共に権利の目的である旨の記録における当該滅失した土地の不動産所在事項を抹消する記号を記録する(規則110①)。

(ｲ) **共同担保目録への記録**　滅失した土地が他の不動産と共に担保権の目的であった場合には，登記官は，共同担保目録として滅失の原因および当該土地が滅失したことを記録しなければならない(規則110②)。

(ｳ) **他の登記所への通知等**　当該他の不動産が他の登記所の管轄区域内にあるときは，遅滞なく，その旨を当該他の登記所に通知しなければならず(規則110③)，通知を受けた登記所の登記官は，遅滞なく，(ｱ)および(ｲ)の登記手続を行わなければならない(同④)。

(舟橋　哲)

(執筆協力：下川健策)

（河川区域内の土地の登記）

第43条 河川法(昭和39年法律第167号)第6条第1項(同法第100条第1項において準用する場合を含む。第1号において同じ。)の河川区域内の土地の表示に関する登記の登記事項は，第27条各号及び第34条第1項各号に掲げるもののほか，第1号に掲げる土地である旨及び第2号から第5号までに掲げる土地にあってはそれぞれその旨とする。

(1) 河川法第6条第1項の河川区域内の土地

(2) 河川法第6条第2項(同法第100条第1項において準用する場合を含む。)の高規格堤防特別区域内の土地

(3) 河川法第6条第3項(同法第100条第1項において準用する場合を含む。)の樹林帯区域内の土地

(4) 河川法第26条第4項(同法第100条第1項において準用する場合を含む。)の特定樹林帯区域内の土地

(5) 河川法第58条の2第2項(同法第100条第1項において準用する場合を含む。)の河川立体区域内の土地

② 土地の全部又は一部が前項第1号の河川区域内又は同項第2号の高規格堤防特別区域内，同項第3号の樹林帯区域内，同項第4号の特定樹林帯区域内若しくは同項第5号の河川立体区域内の土地となったときは，河川管理者は，遅滞なく，その旨の登記を登記所に嘱託しなければならない。

③ 土地の全部又は一部が第1項第1号の河川区域内又は同項第2号の高規格堤防特別区域内，同項第3号の樹林帯区域内，同項第4号の特定樹林帯区域内若しくは同項第5号の河川立体区域内の土地でなくなったときは，河川管理者は，遅滞なく，その旨の登記の抹消を登記所に嘱託しなければならない。

④ 土地の一部について前二項の規定により登記の嘱託をするときは，河川管理者は，当該土地の表題部所有者若しくは所有権の登記名義人又はこれらの者の相続人その他の一般承継人に代わって，当該土地の分筆の登記を登記所に嘱託することができる。

⑤ 第1項各号の河川区域内の土地の全部が滅失したときは，河川管理者は，遅滞なく，当該土地の滅失の登記を登記所に嘱託しなければならない。

⑥ 第1項各号の河川区域内の土地の一部が滅失したときは，河川管理者は，遅滞なく，当該土地の地積に関する変更の登記を登記所に嘱託しなければならない。

＊旧法関係……①②③④旧法90条1項〜4項，⑤旧法81条ノ8第2項，⑥旧法81条4項

I　本条の趣旨

　本条は，河川法の適用される河川区域内の土地の表示に関する登記について定める。河川法は，河川における災害防止，河川の適正利用，流水の正常な機能の維持，環境の整備および保全等の観点から，河川管理者の定めた河川区域を，各種の行為規制，管理行為の対象とする。このような制限を受ける土地である旨を公示する必要があることから，河川区域内の土地について，登記事項（1項），土地の全部または一部が河川法の適用される各区域となった場合，または各区域でなくなった場合の登記手続（2項，3項および4項），河川区域内の土地の全部または一部が滅失した場合の滅失登記手続（5項および6項），を規定している。

II　河川区域内の土地の表示に関する登記の登記事項

1　河川法

　河川法が適用される河川とは，一級河川（国土保全上または国民経済上特に重要な水系とされ，政令により指定されたものに係る河川で，国土交通大臣が指定したもの（河川4①）），二級河川（河川法4条1項に定める政令で指定された水系以外の水系で，公共の利害に重要な関係があるものに係る河川のうち都道府県知事が指定したもの（同5①））である。また，一級河川および二級河川以外の河川で市町村長が指定したもの（準用河川）については，二級河川に関する規定が準用される（同100①）。

　なお，一級河川にあっては国土交通大臣，二級河川にあっては都道府県知事，準用河川にあっては当該準用河川を指定した市町村長が，それぞれ河川管理者となる（同7・9①・10①および②）。

2　河川区域

　河川法6条1項（同法100条1項において準用する場合を含む）の河川区域とは，河川法が適用される河川を構成する下記の土地をいう。

　イ）　河川の流水が継続して存する土地であり，また地形・草木の生茂状況等から河川の流水が継続して存する土地に類する状況を呈している土地の区域（河川6①(1)）

　ロ）　河川管理施設（ダム，堰，水門，堤防，護岸，床止め，樹林帯その他河川の流水によって生ずる公利を増進し，または公害を除却，もしくは軽減する効用を有する施設。同3②）の敷地である土地の区域（同6①(2)）

　ハ）　堤外地（堤防から見て流水の存する側の土地）であって，イ）と一体的に管理する必要があるとして河川管理者が指定した区域（同6①(3)）

　河川の流水および水面は公共用物であって私権の対象とはならない。また，これら河川区域内の土地については，それが常時公有水面である河川の流水下にあるものでない限りは私権の対象となりうるが，土地の占用，土石の採取，工作物の新築，土地の掘削等につき許可を有する（同24～27）等，土地の利用について各種の規制を受ける。

3 河川区域内の土地の表示に関する登記の登記事項(1項)

(1) **登記事項** 河川法の適用される各種規制の対象地であることを公示するため，河川区域内の土地の表示に関する登記については，27条所定の不動産の表示に関する登記の登記事項，および34条1項に定める，土地の表示に関する登記の一般的登記事項の他に，本条に列挙されているとおり，以下の登記事項がある。

イ） 河川区域内の土地については，河川区域内の土地である旨の表示(1号)

ロ） 河川法6条2項の高規格堤防特別区域内の土地(2号)　高規格堤防特別区域とは，河川管理施設である堤防のうち，高規格堤防(計画高水流量を超える流量の洪水の作用に対して耐えることができる規格構造を有する堤防。いわゆる「スーパー堤防」)の敷地である土地の区域について，河川管理者が，通常の利用に供することができる土地の区域として指定した区域をいう。

ハ） 河川法6条3項の樹林帯区域内の土地(3号)　樹林帯区域とは，河川管理施設の敷地である土地区域のうちで，堤内地(堤防から見て人家の存する側の土地)にある樹林帯の敷地となっている土地であって，河川管理者が指定した区域をいう。

河川管理施設とは，ダム，堰，水門，堤防，護岸，床止め，樹林帯その他河川の流水によって生ずる公利を増進し，または公害を除却し，もしくは軽減する効用を有する施設をいう(同3②)。

ニ） 河川法26条4項にいう特定樹林帯区域内の土地(4号)　特定樹林帯区域とは，樹林帯区域の土地で，河川管理施設(ただし，樹林帯は除外される)の保全のために特に必要であると認められる場合に，河川管理者が指定し，工作物の新築，改築および除却が可能である区域をいう。

ホ） 河川法58条の2　2項にいう河川立体区域内の土地については，河川区域内の土地である旨の表示に加えて，各区域内の土地である旨の表示(5号)

河川立体区域とは，河川管理施設が，地下に設けられたもの(放水路，調整池，導水路等)，建物その他の工作物内に設けられたもの(遊水池，ポンプ施設等)，または洪水時の流水を貯留する空間を確保するためのもので，柱もしくは壁およびこれらによって支えられる人工地盤から成る構造を有するもの(ピロティ型の遊水池等)である場合に，河川管理者が当該河川管理施設に係る土地利用の確保を図るため必要があるとして，当該河川管理施設に係る河川区域を，地下または空間に及ぶ一定の範囲として定めた立体的な区域をいう。河川立体区域の指定は，地下または空間に及ぶ一定範囲としてなされるから，指定された範囲のみが河川区域となり，その範囲に含まれない上下の部分には河川法が適用されず，自由な土地利用ができる。

(2) **表示の方法**　登記にあたっては，(1)の河川区域内の土地である旨を登記し，さらに当該土地が先に挙げた2号～5号の各区域内の土地である場合には，その旨の登記がなされる。この登記は土地の登記記録中，登記原因およびその日付欄に記録される(規則別表1の土地の表示欄)。

III 嘱託手続

(1) **登記の嘱託(2項・3項)** 本条に定める登記の嘱託は,表題部所有者または所有権の登記名義人ではなく,河川管理者が行う。該当土地が,河川区域内その他の区域となった,または,そうではなくなった事情について詳しく知りうるのは河川管理者であるからであり,土地所有者は,自己の所有に属する土地であっても,登記の申請をすることはできない。すなわち,土地の全部または一部が河川区域内の土地となったとき,または高規格堤防特別区域内,樹林帯区域内,特定樹林区域内もしくは河川立体区域内の土地となったときは,河川管理者は,遅滞なく,その旨の登記を登記所に嘱託しなければならない(2項)。

同様に,土地の全部または一部が河川区域内の土地でなくなったとき,あるいは高規格堤防特別区域内,樹林帯区域内,特定樹林区域内もしくは河川立体区域内の土地でなくなったときも,河川管理者は,遅滞なく,その旨の登記の抹消を登記所に嘱託しなければならない(3項)。

(2) **代位申請(4項)** ある土地が本条1項の定める河川区域内の土地その他の区域内の土地となった場合には,これらの区域に属する土地と,そうでない土地とを分ける必要が生じる。したがって,河川管理者は,当該土地の表題部所有者もしくは所有権登記名義人,またはこれらの者の相続人その他一般承継人に代位して,当該土地の分筆を登記所に嘱託することができる(4項)。この代位による登記申請は,法律による代位である。申請にあたっては,嘱託人が代位者である旨,当該所有者の氏名または名称および住所ならびに代位原因を申請情報とし(令3(4)),代位原因情報を提供しなければならない(同7①(3))。

(3) **河川区域内の土地の全部または一部が滅失した場合の滅失登記手続(5項・6項)** 河川管理者は,当該土地の状況をよく把握しうる立場にある者として,本条1項各号に定める各河川区域内の土地の全部または一部が滅失したときには,遅滞なく当該土地の滅失登記を登記所に嘱託しなければならない(5項)。また,本条1項各号に定める各河川区域内の土地の一部が滅失したときには,遅滞なく当該土地の地積に関する変更の登記を登記所に嘱託しなければならない(6項)。土地の滅失とは,土地部分が常時流水下に没し,私権の対象となる土地でなくなることをいう。

これらの,土地の滅失または地積の変更を申請する場合には,申請情報に「法43条5項の規定により登記の嘱託をする旨」または「法43条6項の規定により登記の嘱託をする旨」と共に,地積の変更の場合にあっては,変更後の地積を申請情報としなければならない(令別表10・11)。

(舟橋　哲)
(執筆協力:下川健策)

第3款　建物の表示に関する登記

＊旧法関係……旧法「第2款　建物ノ表示ニ関スル登記手続」
＊関係法規……(建物認定の基準)準則77条, (建物の個数の基準)準則78条, (建物図面および各階平面図の作成単位)規則81条, (建物図面の内容)規則82条〔→(建物図面の作成方法)準則52条〕, (各階平面図の内容)規則83条〔→(各階平面図の作成方法)準則53条〕, (建物の分割登記の場合の建物図面等)規則84条〔→(建物図面または各階平面図の作成方法)準則54条, (土地所在図および地積測量図の作成方法)準則51条5項〕

(建物の表示に関する登記の登記事項)
第44条　建物の表示に関する登記の登記事項は，第27条各号に掲げるもののほか，次のとおりとする。
(1)　建物の所在する市，区，郡，町，村，字及び土地の地番(区分建物である建物にあっては，当該建物が属する1棟の建物の所在する市，区，郡，町，村，字及び土地の地番)
(2)　家屋番号
(3)　建物の種類，構造及び床面積
(4)　建物の名称があるときは，その名称
(5)　附属建物があるときは，その所在する市，区，郡，町，村，字及び土地の地番(区分建物である附属建物にあっては，当該附属建物が属する1棟の建物の所在する市，区，郡，町，村，字及び土地の地番)並びに種類，構造及び床面積
(6)　建物が共用部分又は団地共用部分であるときは，その旨
(7)　建物又は附属建物が区分建物であるときは，当該建物又は附属建物が属する1棟の建物の構造及び床面積
(8)　建物又は附属建物が区分建物である場合であって，当該建物又は附属建物が属する1棟の建物の名称があるときは，その名称
(9)　建物又は附属建物が区分建物である場合において，当該区分建物について区分所有法第2条第6項に規定する敷地利用権(登記されたものに限る。)であって，区分所有法第22条第1項本文(同条第3項において準用する場合を含む。)の規定により区分所有者の有する専有部分と分離して処分することができないもの(以下「敷地権」という。)があるときは，その敷地権
②　前項第3号，第5号及び第7号の建物の種類，構造及び床面積に関し必要

§ 44　I, Ⅱ 1 (1)(2)　　　　　　　　　　　　　　　　305

な事項は，法務省令で定める。

＊旧法関係……①旧法91条，旧準則155条2項，②旧法92条2項
＊関連法規……①（表示に関する登記の登記事項）法27条〔→（不動産番号）規則90条〕，（地図等の変更の方法等）準則16条2項，①(1)（建物の所在の記録方法）準則88条，①(2)（家屋番号）規則112条〔→（家屋番号の定め方）準則79条〕，（区分建物の家屋番号）規則116号，①(5)（附属建物の表題部の記録方法）準則89条，（附属建物の略記の禁止）準則92条，①(9)（表題部に関する敷地権の記録方法），②（建物の種類）規則113条〔→（建物の種類の定め方）準則80条〕，（建物の構造）規則114条〔→（建物の構造の定め方）準則81条〕，（区分建物の構造の記録方法）準則90条〕，（建物の床面積）規則115条〔→（建物の床面積の定め方）準則82条，（床面積の記録方法）準則91条〕

I　本条の趣旨

本条は建物の表示に関する登記の登記事項を規定するとともに，登記事項中「建物の種類，構造および床面積に関し必要な事項は，法務省令で定める」ことを規定したものである。

Ⅱ　建物の表示に関する登記の登記事項

1　建物の意義および認定基準

建物とは，屋根および周壁またはこれらに類するものを有し，土地に定着した建造物であって，その目的とする用途に供し得るものをいう（規則111）。建物かどうかの判断は，その物理的状況を基準とし，その利用状況等を勘案して以下の例示から類推して判定する（準則77）。

(1)　**建物として取り扱うもの**
　(ア)　停車場の乗降場または荷物積卸場（上屋のある部分に限る）
　(イ)　野球場または競馬場の観覧席（屋根のある部分に限る）
　(ウ)　ガード下を利用して築造した店舗，倉庫等の建造物
　(エ)　地下停車場，地下駐車場または地下街の建造物
　(オ)　園芸または農耕用の温床施設（半永久的な建造物と認められるものに限る）

(2)　**建物として取り扱わないもの**
　(ア)　ガスタンク，石油タンクまたは給水タンク
　(イ)　機械上に建設した建造物（地上に基脚を有し，または支柱を施したものを除く）
　(ウ)　浮船を利用したもの（固定しているものを除く）
　(エ)　アーケード付街路（公衆用道路上に屋根覆いを施した部分）
　(オ)　容易に運搬することができる切符売場または入場券売場等

2　建物の個数

(1)　**原則**　効用上一体として利用される状態にある数棟の建物は，所有者の意思に反しない限り，1個の建物として取扱い，その1個の建物を主たる建物とし，他の数個の建物を附属建物として，併せて1個の建物とする。

(2)　**区分建物**　1棟の建物の構造上区分された数個の部分で独立して住居，店舗，事務所または倉庫その他の建物としての用途に供することができるもの(2⑵)がある場合は，その各部分は，各別にこれを1個の建物(区分建物)として取り扱う。ただし，所有者が同一であるときは，その所有者の意思に反しない限り，1棟の建物の全部または隣接する数個の部分を1個の建物として取り扱う(準則78①②)。なお，数個の区分建物(専有部分)に通ずる廊下または階段室，エレベーター室，屋上等建物の構造上区分所有者の全員またはその一部の共用に供されるべき建物の部分は，各別に1個の建物(区分所有権の目的とならない)として取り扱うことができない(建物区分4①，準則78③)。

3　建物の表示に関する登記事項

本条1項は，建物の現況を明確にすべく，以下，建物の表示に関する登記事項を定める。

(1)　**建物所在の市，区，郡，町，村，字および土地の地番(1号)**　建物の位置を特定するため，建物の所在とその土地の地番を表示する。数筆の土地にまたがって所在する建物については，その数筆の土地の地番をすべて表示する。なお，建物の一部が，道路・水路等のいわゆる公共用地にまたがって所在している場合は，「1番地」，「1番地地先」(ただし，登記記録のみによって，この「地先」が道路か水路かを見分けることはできないため建物図面を閲覧・確認しなければならない)と表示する(昭36・6・6民三459民三課長電報回答・先例集追Ⅲ569)。

(2)　**家屋番号(2号)**　→本書45条解説参照。

(3)　**建物の種類，構造および床面積(3号)**　建物の状況を明らかにする事項として，建物の種類，構造および床面積を登記する。

　　(ア)　**建物の種類**　建物の種類とは，その建物の主たる用途をいう。建物の種類は，建物の主たる用途により，居宅，店舗，寄宿舎，共同住宅，事務所，旅館，料理店，工場，倉庫，車庫，発電所，および変電所に区分して定め，これらの区分に該当しない建物(校舎，講堂，研究所，病院，診療所，集会所，公会堂，停車場，劇場，映画館，遊技場，競技場，野球場，競馬場，公衆浴場，火葬場，守衛所，茶室，温室，蚕室，物置，便所，鶏舎，酪農舎，給油所等)については，これに準じて定める(規則113①，準則80)。

　　建物の主たる用途が二以上の場合には，その種類を例えば「居宅・店舗」と表示する(規則113②，準則80②)。「・」の意味は，居宅兼店舗の「兼」を意味する。

　　(イ)　**建物の構造**　建物の構造は，建物の主たる部分の構成材料，屋根の種類および階数により，次のように区分して定め，これらの区分に該当しない建物については，これに準じて定める(規則114，準則81)。

① 構造材料による区分：木造，土蔵造，石造，れんが造，コンクリートブロック造，鉄骨造，鉄筋コンクリート造，鉄骨鉄筋コンクリート造等。

② 屋根の種類による区分：かわらぶき，スレートぶき，亜鉛メッキ鋼板ぶき，草ぶき，陸屋根等

③ 階数による区分：平家建て，2階建て，3階建て等。地下部分のある場合には，「地下何階付き何階建て」とする。なお，天井の高さ1.5メートル未満の地階および屋階等(特殊階いわゆる「塔屋」)は，階数に算入しない(準則81④)。ただし，天井の高さ1.5メートル以上の屋階等で，ただ単に屋上に出る階段室のみの場合は階数に算入しない。しかし，その部分が，階段室のみならず，例えば，一般社会通念上，物置兼倉庫と認められる利用形態がある場合は階数に算入することとなる。

(ウ) **床面積** 床面積とは，建物の各階ごとに壁その他の区画の中心線(区分建物にあっては壁その他の区画の内側線)で囲まれた部分の水平投影面積をいう。建物の面積は平方メートルを単位とし，1平方メートルの100分の1未満の端数は切り捨てる(規則115)。このほか，以下の基準による(準則82)。

① 天井の高さ1.5メートル未満の地階，屋階(特殊階)は，床面積に算入しない。ただし，一室の一部が天井の高さ1.5メートル未満であっても，その部分は，その一室の床面積に算入する。

② 停車場の上屋を有する乗降場および荷物積卸場の床面積は，その上屋を占める部分の乗降場および荷物積卸場の面積により計算する。

③ 野球場，競馬場またはこれらに類する施設の観覧席は，屋根の設備のある部分の面積を床面積として計算する。

④ 地下停車場，地下駐車場および地下街の建物の床面積は，壁または柱等により区画された部分の面積により定めるものとする。ただし，常時一般に開放されている通路および階段の部分を除く。

⑤ 停車場の地下道設備(地下停車場のものを含む)は，床面積に算入しない。

⑥ 階段室，エレベーター室またはこれに準ずるものは，床を有するものとみなして各階の床面積に算入する。

⑦ 建物に附属する屋外の階段は，床面積に算入しない。

⑧ 建物の一部が上階まで吹抜けになっている場合には，その吹抜けの部分は，上階の床面積に算入しない。

⑨ 柱または壁が傾斜している場合の床面積は，各階の床面の接着する壁その他の区画の中心線で囲まれた部分による。

⑩ 建物の内部に煙突またはダストシュートがある場合(その一部が外側に及んでいるものを含む)には，その部分は各階の床面積に算入し，外側にあるときは算入しない。

⑪ 出窓は，高さ1.5メートル以上のものでその下部が床面と同一の高さにあるものに限り，床面積に算入する。

⑫　このほか，床面積の算出方法については，次のように取り扱うものとされている（昭46・4・16民三238民三課長通知・先例集追Ⅴ485）。

　(a)　木造の建物については，壁の厚さまたは形状にかかわらず，柱の中心線で囲まれた部分の水平投影面積により算出する。

　(b)　鉄骨造の建物については，柱の外側が被覆されている場合は，柱の外面を結ぶ線で囲まれた部分の水平投影面積により，柱の両側が被覆されている場合は，柱の中心線で囲まれた部分の水平投影面積による。柱の外側に壁がある場合には，壁の中心線で囲まれた部分の水平投影面積による。さらに，壁がない場合で床面積を算出すべきときは，柱の中心線で囲まれた部分の水平投影面積による。

　(c)　鉄筋コンクリート造（鉄骨コンクリート造およびコンクリートブロック造を含む）の建物については，壁構造の場合は，壁（またはサッシュ）の中心線で囲まれた部分の水平投影面積により，壁がない場合で床面積を算出すべきときは，柱の中心線で囲まれた部分の水平投影面積による。さらに，壁構造の場合で，各階の壁の厚さが異なるときは，各階ごとの壁の中心線で囲まれた水平投影面積による（同通知の図面参照）。

　(エ)　**建物の名称（4号）**　　建物の名称とは，「○○アパート」，「○○ハイツ」等のように，所有者が建物に適宜付している名称をいう。建物を特定するための有用な情報として，付されているときは登記事項とされている。建物の特定の便宜として付されるものであるから，その名称にはおのずと制限があるというべきであり，建物の簡易な識別に困難をきたすような名称は制約を受けるというべきである。

　(オ)　**附属建物の種類，構造，床面積および符号等（5号）**　　附属建物とは，表題登記がある建物に附属する建物であって，当該表題登記がある建物と一体のものとして1個の建物として登記されるものをいう（2⑵⑶）。附属建物の登記事項は，以下のとおりである。

　　①　附属建物が非区分建物の場合：当該附属建物の種類，構造，床面積を登記するほか，所有者の付した符号（番号を含む）を登記する（規則111②）。

　　②　附属建物が区分建物の場合：当該付属建物の種類，構造，床面積のほか，a) その1棟の建物の所在，地番，b) 1棟の建物の構造，床面積，c) 1棟の建物として名称があるときはその名称，d) 敷地権（法44条1項9号参照）があるときは，その旨の表示も登記する。

　(カ)　**建物が共用部分または団地共用部分であるときは，その旨（6号）**　　区分建物，附属の建物は規約により共用部分とすることができ（建物区分4②），団地内の附属施設である建物（区分建物を含む）は，規約により団地共用部分とすることができる（同67）。この場合，当該建物について，共用部分または団地共用部分である旨の登記をし，当該登記した部分については，権利に関する登記が行われない。

　(キ)　建物または附属建物が区分建物であるときは，その建物または附属建物が属する1棟の建物の構造および床面積（7号）。

　(ク)　建物または附属建物が区分建物である場合であって，その建物または附属建物が

属する1棟の建物の名称があるときは，その名称(8号)。

(ケ)　建物または附属建物が区分建物である場合において，当該区分建物を所有するための登記された敷地利用権で，区分所有法第22条第1項本文(同条第3項の準用の場合を含む。)の規定により，区分建物と分離しての処分ができないもの(敷地権)があるときは，その区分建物についてその敷地権(9号)。

(コ)　**27条各号に掲げる事項**　27条各号に掲げる「登記原因及びその日付」，「登記の年月日」のほか，所有権の登記がされていない建物(共用部分または団地共用部分である旨の登記がある建物を除く)の所有者の表示(氏名または名称，住所)，および共有の場合はその所有者ごとの持分。

これらの事項は，所有権の保存の登記の申請適格者を明らかにし，地方税法による家屋の固定資産税の納税義務者を確定させるために(地方税343①・②)，特に登記事項とされている。

(舟橋　哲)
(執筆協力：下川健策)

(家屋番号)

第45条 登記所は、法務省令で定めるところにより、1個の建物ごとに家屋番号を付さなければならない。

　　＊旧法関係……旧法92条1項
　　＊関連法規……(家屋番号)規則112条〔→(家屋番号の定め方)準則79条〕、(区分建物の家屋番号)規則116条、(区分建物の登記記録の閉鎖)規則117条

I 本条の趣旨

本条は、登記官が、法務省令で定めるところにより、1個の建物ごとに家屋番号を付さなければならないことを定めたものである。

II 家屋番号の付番

家屋番号の付番の基準および付番方法については、不動産登記規則112条および不動産登記事務取扱手続準則79条がこれを定め、建物のうち特に区分建物については、同規則116条が規定する。

1 家屋番号の意義および家屋番号の決定

家屋番号とは、1個の建物ごとに登記所によって付される番号をいい、以下の方法により付番される。

(ア) 家屋番号は、地番区域ごとにその建物の敷地の地番と同一の番号を付することを原則とする。

(イ) 数個の建物が1筆の土地の上に存するとき、1個の建物が数筆の土地の上に存するとき、その他特別の事情があるときには、敷地の地番と同一の番号に、1、2、3の支号を付する。

(ウ) 2筆以上の土地にまたがって1個の建物が存する場合には、主たる建物(附属建物の存する場合)または床面積の多い部分(附属建物の存しない場合)の存する敷地の地番と同一の番号をもって、主たる建物が2筆以上の土地にまたがる場合には、床面積の多い部分の存する敷地の地番と同一の番号をもって定める。建物が管轄登記所を異にする土地にまたがって存する場合には、管轄指定(6②)を受けた登記所の管轄する土地の地番により定める。

(エ) 2筆以上の土地にまたがって2個以上の建物が存する場合にも、(イ)および(ウ)と同じ方法によって定める。

(オ) 建物が永久的な施設としてのさん橋上に存する場合または固定した浮船を利用したものである場合には、その建物に最も近い土地の地番と同一の番号をもって定める。

(カ) 1棟の建物の一部を1個の建物(区分建物)として登記する場合に、その1棟の建物が2筆以上の土地にまたがって存するときは、1棟の建物の床面積の多い部分の存する敷

地の地番と同一の番号に支号を付して定める。

　(キ)　家屋番号が敷地の地番と同一である建物の敷地上の他の建物を登記する場合には，敷地の地番に2，3の支号を付した番号をもって定める。この場合には，最初に登記された建物の家屋番号を必ずしも変更することを要しない。

　(ク)　建物の分割または区分の登記をする場合は，(ア)〜(キ)に準じて定める。

　(ケ)　建物の合併の登記をする場合は，合併前の建物の家屋番号のうち上位のものを合併後の家屋番号とする。ただし，上位の家屋番号によるのが相当でないと認められる場合には，他の番号を用いても差し支えない。

　(コ)　敷地地番の変更または更正による建物の不動産所在事項の変更または更正の登記をした場合には，前記各項に準じて，家屋番号を変更する。

2　区分建物の家屋番号の付番

　区分建物の登記記録の表題部には，表題部の登記事項のほか，当該建物が属する1棟の建物に属する他の区分建物の家屋番号を記録する(規則116①)。区分建物の家屋番号の変更または更正の登記をしたときは，当該建物の属する1棟の建物に属する他の区分建物の登記記録に記録されていた当該建物の家屋番号を抹消する記号を記録し，変更後または更正後の家屋番号を記録する(規則116②)。

(舟橋　哲)
(執筆協力：下川健策)

(敷地権である旨の登記)
第46条 登記官は，表示に関する登記のうち，区分建物に関する敷地権について表題部に最初に登記をするときは，当該敷地権の目的である土地の登記記録について，職権で，当該登記記録中の所有権，地上権その他の権利が敷地権である旨の登記をしなければならない。

　＊旧法関係……旧法93条ノ4
　＊関連法規……(敷地権である旨の登記)規則119条，(敷地権の登記の抹消)規則124条

I　本条の趣旨
　本条は，区分建物の表示に関する登記に関して，区分建物の敷地権について表題部に最初に登記を行う場合，すなわち敷地権の表示をする場合には，登記官が職権で，その敷地権の目的である土地の登記記録中の所有権，地上権または賃借権(共有持分を含む)が，当該敷地利用権が敷地権である旨の登記をすべきことを規定する。

II　敷地権の意義
1　敷地権
　建物の区分所有者が専有部分を所有するため，当該建物の敷地について有する権利(所有権，地上権，賃借権，使用貸借権(登記することはできない))等を敷地利用権という。敷地利用権は，専有部分を所有するための建物の敷地に関する権利であり，敷地利用権のうちで，専有部分と分離して処分することが禁止される関係があり，かつ登記されたものが敷地権である。区分所有法2条6項の敷地利用権として，敷地権は，登記することができる権利でなければならない。つまり，敷地権となり得る権利は，すでに登記されている所有権・地上権・賃借権(共有持分を含む)ということになる。

2　分離処分禁止の関係があること
　専有部分と敷地利用権の分離処分禁止の関係は，敷地利用権が，1)数人の区分所有者の共有または準共有の状態にある場合(建物区分22①)，2)区分所有建物の専有部分の全部を所有する者が単独で有する所有権その他の権利である場合に生じる。その理由は，第1に，専有部分の所有権と敷地権とを分離して処分することを許せば，専有部分所有者と敷地利用権者の不一致が生じ，区分所有建物の管理に支障をきたすからであり，第2に，敷地利用権を多くの区分所有者らで共有(または準共有)する場合には，登記記録(簿)における敷地利用権の持分の記載が膨大なものとなり，登記記録(簿)上に敷地と敷地上の建物の権利関係を簡明に公示することが困難となるからである。
　ただし，区分所有規約(公正証書等)において分離処分できる旨を定めることは可能であ

る(22①ただし書)。

　区分建物にあって，処分禁止に反する専有部分または敷地利用権の処分は原則として無効であるが，この無効は善意の相手方に対抗することができない。ただし，本条に定める敷地権を表示する登記がなされ，分離処分ができない専有部分および敷地利用権であることが公示された後は，善意の相手方に対して当該無効を対抗することができる(建物区分23)。

3 敷地利用権が登記されていること

　敷地権といえるためには，敷地利用権が区分建物の表題部に登記(記録)されていることが必要である。この点，

　(ア)　敷地利用権に関し，移転，条件付移転または移転請求権の仮登記がなされている場合，当該敷地利用権が仮登記権利者に帰属しているか否かに拘わらず，仮登記義務者の敷地権と解して差し支えない。

　(イ)　①敷地利用権について差押え，仮差押えまたは処分禁止の仮処分の登記がなされている場合，②敷地利用権の不存在や無効を原因として抹消の仮登記がされている場合，③敷地利用権に担保権が設定されている旨の登記がされている場合，いずれも当該敷地利用権を敷地権と解して差し支えない。

　(ウ)　①敷地利用権が，所有権または地上権もしくは賃借権である場合に，これらの権利の上に用益権が設定され登記がされているとき，当該用益権者の所有する区分建物については，当然に当該用益権が敷地利用権となる。②当該用益権の対象となる所有権または地上権もしくは賃借権を有する者の所有にかかる区分建物について，これらの権利を敷地権とするためには，その上に設定された用益権の登記を抹消することを要する。

Ⅲ　敷地権を表示する登記
1　敷地権を表示する登記

　区分建物について分離処分禁止の敷地権があるときは，その敷地権も登記事項である(44①(9))。したがって，登記官は職権で，当該敷地権の目的である土地の登記記録に，その土地が敷地権である旨の登記をしなければならない。附属建物が区分建物である場合，当該附属建物のための敷地権があるときには，主たる建物が区分建物ではないときであっても，同様の登記処理をしなければならない。

　敷地権の表示は，区分建物の表題部の登記事項である。したがって区分建物につき敷地権がある場合に，表題登記のない当該区分建物の実体上の所有者は，表題登記の申請にあたって敷地権の表示を申請情報の内容としなければならない。同様に，表題登記はあるが，遺漏等の理由により表題登記中に敷地権の表示のない当該区分建物の実体上の所有者は，表題部の変更または更正の登記を申請しなければならない。これらの申請があった場合，登記官は職権で，敷地権の表示の登記を行う。

なお，敷地権の表示のある区分建物の専有部分が規約により共用部分とされた場合(建物区分4②・11)には，当該専有部分の敷地利用権は敷地権ではなくなる。この場合登記官は，「共用部分である旨の登記」がされたときには，職権で当該専有部分に係る敷地権の表示の登記を抹消しなければならない(58④，規則141)。

2 敷地権の表示を登記する方法

敷地権の表示を登記する場合には，①1棟の建物の表題部の敷地権の目的たる土地の表示欄に敷地権の目的となる土地の所在，地番，地目，地積および土地の符号を記載して表示し，②区分建物(専有部分)の表題部の敷地権の表示欄には，敷地権の種類(所有権，地上権または賃借権の別)，割合，敷地利用権が敷地権となった旨およびその日を記載して表示する(規則117)。敷地権が附属建物に関するものである場合には，併せてその旨を記載する(「敷地権となった日」とは，分離処分ができる旨の規約が存しない場合には，当該区分建物の敷地利用権が登記された日か，当該区分建物が生じた日の，いずれか後の日をいう。また，分離処分ができる旨の規約のある場合には，敷地権の登記が当該区分建物の生じた日より前にされた場合には規約が廃止された日，敷地権の登記が当該区分建物の生じた日より後にされたときは，登記の日か規約が廃止された日のいずれか後の日をいう)。なお，③附属建物が区分建物であって，主たる建物が区分建物ではない場合，当該附属建物の敷地権の表示は，表題部の附属建物の表示欄中(構造欄)に記載して表示する(平21・2・20民二500民事局長通達『不動産登記記録例集』〔テイハン2009〕113)。

IV 敷地権である旨の登記
1 敷地権である旨の登記

敷地権が区分建物の登記記録の表題部に表示される場合，敷地権の目的である土地の登記記録には，登記官が職権で当該敷地上に存する敷地利用権が敷地権である旨，および敷地権と一体化している区分建物を特定することができる事項(登記された建物の名称等)を記録する。

分離処分禁止に反する専有部分または敷地利用権の処分は原則として無効であるが，この無効は善意の相手方に対抗することができない。しかし，敷地権の表示の登記がなされ，敷地権である旨の登記がなされることで，土地の登記記録から，敷地権と一体的な関係にあり分離処分ができない区分建物を特定することが可能となる。また，区分建物に係る登記記録において，敷地権について生じる権利変動を明らかにすることができる。したがって，分離処分ができない専有部分および敷地利用権であることが公示された後は，善意の相手方に対して当該無効を対抗することができる(建物区分23ただし書)。

反対に，敷地権が敷地権たる要件を欠くにいたった場合，または敷地権であった敷地利用権が消滅する等の場合には，区分建物の表題に関する登記において，変更または更正登記の方法により敷地権の表示の登記が抹消されることになる。この際には，「敷地権の目

的たる土地の表示」も登記官の職権により抹消される(規則124)。

2 敷地権である旨の登記の登記方法

登記官は，敷地利用権が敷地権である旨を示すため，職権で，敷地権の目的である土地の登記記録の権利部の甲区または乙区に，以下の事項を記録しなければならない(規則119①(1)〜(5))。

- (ア) 敷地権である旨
- (イ) 当該敷地権の登記をした当該区分建物が属する1棟の建物の所在する市，区，郡，町，村，字および土地の地番
- (ウ) 当該敷地権の登記をした区分建物が属する1棟の建物の構造および床面積，または当該1棟の建物の名称
- (エ) 当該敷地権が1棟の建物に属する区分建物の一部についての敷地権であるときは，当該一部の区分建物の家屋番号
- (オ) 登記の年月日

敷地権の目的である土地が他の登記所の管轄区域内にあるときは，登記官は遅滞なく，当該他の登記所に前記の記録すべき事項を通知し(規則119②)，通知を受けた登記所の登記官は，遅滞なく，敷地権の目的である土地の登記記録の権利部の甲区または乙区に，通知を受けた事項を記録しなければならない(同③)。

V 敷地権たる旨の登記の効果
1 敷地利用権を目的とする移転登記／担保権設定登記

敷地権たる旨の登記がされた場合，当該敷地利用権について，移転登記またはこれを目的とする担保権の登記をすることはできない(73②本文)。つまり敷地に関する土地の登記記録(簿)の権利部は，事実上機能しない。したがって，区分建物(専有部分)に移転・担保権の設定登記をすればそれらの登記の効力が土地にも及ぶことになる。ただし，当該土地が敷地権の目的となった後に登記原因が生じた場合(分離処分禁止の場合を除く)，または，敷地権についての仮登記もしくは質権もしくは抵当権に係る権利に関する登記であって，当該敷地が敷地権の目的となる前にその登記原因が生じた場合には，敷地権の移転登記または当該敷地権を目的とする担保権の登記をすることができる(73②ただし書)。

これに対して，敷地権たる旨の登記がされた敷地利用権上に地上権または賃借権もしくは転借権を設定し，その登記をすることは，差し支えない。

2 区分建物および敷地権を目的とする移転登記／担保権の設定登記

区分建物およびこれと不可分の敷地権とを一体のものとして移転または担保権の目的とする場合，敷地権付き区分建物について所有権の移転登記または担保権の設定登記を行っても，敷地権についてもこれと同一の登記原因による登記としての効力が生じる。ただし，

その区分建物についてなされた登記が，以下のいずれかにあたる場合には敷地権についての登記としての効力は生じない(73①)。すなわち，

(ア) 所有権または担保権に係る登記であって，敷地権の表示の登記をする前に登記されたものである場合(担保権に係る権利に関する登記にあっては，当該登記の目的等が当該敷地権となった土地の権利についてされた担保権に係る権利に関する登記の目的等と同一であるものを除く)

(イ) 所有権に係る仮登記であって，敷地権の登記をした後に登記されたものであり，かつ，その登記原因が，敷地権の生ずる前に生じたものである場合

(ウ) 質権または抵当権に係る権利に関する登記であって，区分建物に関する敷地権の登記をした後に登記されたものであり，かつ，その登記原因が敷地権の生ずる前に生じたものである場合

(エ) 所有権，質権または抵当権に係る登記であって，区分建物に関する敷地権の登記をした後に登記されたものであり，かつ，その登記原因が敷地権の生じた後に生じたものである場合(分離処分禁止の場合を除く)

（舟橋　哲）
（執筆協力：下川健策）

(建物の表題登記の申請)

第47条 新築した建物又は区分建物以外の表題登記がない建物の所有権を取得した者は，その所有権の取得の日から1月以内に，表題登記を申請しなければならない。

② 区分建物である建物を新築した場合において，その所有者について相続その他の一般承継があったときは，相続人その他の一般承継人も，被承継人を表題部所有者とする当該建物についての表題登記を申請することができる。

＊旧法関係……①旧法93条1項・3項，②新設
＊関連法規……(建物の再築)準則83条，(建物の一部取壊しおよび増築)準則84条，(建物の移転)準則85条，(申請の催告)準則63条

I 本条の趣旨

本条は，建物の表題登記を申請すべき場合および申請(義務)者について規定する。すなわち，第1に，新築した建物(区分建物を含む)または区分建物以外の表題登記がされていない建物の所有権を取得した者は，所有権の取得の日から1か月以内に当該建物の表題登記を申請しなければならない(1項)。第2に，区分建物である建物を新築した場合において，当該建物の原始取得者がその表題登記の申請を完了しない間に所有権の相続その他の一般承継が生じた場合には，相続人その他の一般承継人も，当該承継取得の日から1か月以内に被承継人を表題部所有者とするその区分建物の表題登記を申請することができる(2項)。

II 建物の表題登記
1 申請義務および申請すべき者

(1) **表題登記の意義** 建物の表題登記とは，表示に関する登記のうち，当該建物について登記記録を開設するために最初になされる登記をいい，建物の登記記録の表題部(12，規則4②・③)に記録される。建物の表題登記は，その後の所有権保存登記の申請適格者の把握，および地方税法による納税義務者の特定等，行財政施策において重要な役割を果たす。本条によれば，区分建物を含む新築の建物，または区分建物以外の表題登記のない建物については，表題登記がなされなければならない(本条1項および2項)。

(2) **表題登記の申請義務** 区分建物を含む建物が新築された場合，当該建物の所有者は，建物の所有権の取得の日から1か月以内に(現実的には新築後1か月以内に)，建物の表題登記を申請しなければならない。「建物が新築された場合」とは，建物としてその用途に供し得る程度に完成した時をいう。また，区分建物でない建物の所有権が，原始取得者によって表題登記がされないまま移転した場合，新所有者が，その所有権取得の日から1

か月以内に建物の表題登記を申請しなければならない。

建物の表題登記の申請は，当該建物の所有権取得の日から1か月以内に行わなければならない。この義務を怠った場合，申請義務者に対して10万円以下の過料が課される(164)。

(3) 区分建物の表題登記申請　区分建物が新築された場合には，本条1項の規定により，建物の原始取得者が，1棟の建物に属するすべての区分建物について，同時に表題登記を申請する義務を負う。権利関係の錯綜する区分建物にあって，公示制度を簡便な方法により効果的に機能させるためには，1棟の建物に属する全部の区分建物が併せて同時に登記される必要があり，また，区分建物に特有の敷地権の表示の登記に関して，その1棟の建物に属する全部の区分建物について同時にされることが求められるからである。

この場合，区分建物の表題部には当該原始取得者が所有者として登記される。区分建物が新築された場合において，その所有権の原始取得者が当該区分建物の表題登記の申請をしない間に死亡し，あるいは合併する等の事情により，相続その他の一般承継が生じることがある。このような場合であっても，当該区分建物につき，表題部所有者として登記されるのは一般承継人ではなく，原始取得者である被承継人である。そこで，本条2項は，一般承継人が当該原始取得者(被承継人)を表題部所有者とする表題登記の申請ができるものとした。

この場合の一般承継人には，罰則を伴う表題登記申請義務はないが，表題登記の意義に照らして速やかな申請が求められる。

2　区分建物以外の建物の表題登記申請手続

(1) 申請情報の記録事項　表題登記の申請を行うに際しては，以下の事項を申請情報として記録，提供しなければならない。

(ア)　登記の目的(令3(5))

(イ)　添付情報の表示(規則34①(6))

(ウ)　申請年月日(規則34①(7))

(エ)　表題登記を申請しようとする建物の所在地の管轄登記所(規則34①(8))。建物が数個の登記所の管轄地にまたがっているときは，管轄登記所の指定がされるまでは，いずれの登記所に申請してもよい(6②・③)。

(オ)　建物の表題登記の申請人である建物の所有者の氏名または名称および住所(令3(1))。建物が共有の場合，表題登記の申請は共有物の保存行為(民252ただし書)であるから，各共有者のうち，いずれも単独で行うことができるが，その場合，申請者の表示と併せて，共有持分を記録しなければならない(令3(9))。

(カ)　代理人が申請する場合は，代理人の氏名および住所(令3(2))。申請書には，代理人の記名押印を要する(16①)。

(キ)　建物の表示。すなわち，建物の所在の市，区，郡，町，村，字および地番，建物の種類，構造および床面積，建物に名称が付されている場合にはその名称(令3(8))。

なお、1個または数個の附属建物が存するときは、その所在および土地の地番のほか、その附属建物の種類構造および床面積、また、数個の附属建物が存するときは、それぞれの符号（①、②等）を記載する。
　(ク)　登記原因およびその日付(27(1), 令3(6))。「平成〇〇年〇月〇日新築」と明記する。なお、年次のみ明らかで、月日が不明の場合は、例えば、「平成〇年月日不詳」とする。

(2)　**申請情報の添付情報**　　申請情報には、添付情報として、以下のものを提供しなければならない。

　(ア)　**建物図面および各階平面図**　　建物図面および各階平面図は、1個の建物（附属建物があるときは、主である建物と附属建物を合わせて1個の建物とする）ごとに作成しなければならない(規則81)。
　電子申請において送信する建物図面および各階平面図は、法務大臣の定める方式に従い作成しなければならない。書面申請においてこれらの図面を電磁的記録に記録して提出する場合についても同様であり、建物図面および各階平面図には、作成年月日ならびに申請人および作成者の氏名または名称を記録しなければならない(規則73)。書面申請による場合、建物図面および各階平面図は、日本工業規格B列4番の丈夫な用紙を用いて、0.2ミリメートル以下の細線により図形を鮮明に表示し、作成年月日を記録し、申請人が記名するとともに、その作成者が署名するか、記名押印しなければならない(規則74)。
　このほか、それぞれ以下の方法によって作成することを要する。

　(a)　**建物図面(令別表12添付情報欄イ)**　　建物図面は、500分の1の縮尺により作成する。ただし、建物の状況その他の事情により当該縮尺によることが適当でないときは、この限りでない(規則82③)。また、建物図面は、建物の敷地ならびにその1階（区分建物にあっては、その地上の最低階）の位置および形状を明確にするものでなければならない(規則82①)。ただし、建物が地下のみの建物であるときは、地下1階の形状を朱書する(準則52①)。また、附属建物が区分された建物であるときは、点線をもって1棟の建物の1階の形状を明確にし、さらにその建物（その建物が2階以上の場合はその1階）の存する階層の形状が1棟の建物の1階の形状と異なるときは、一点鎖線をもってその階層の形状をも明確にしなければならない(準則52②)。なお、建物の位置を明確にするため、隣地（道路・水路等を含む）との境界（筆界）からの距離を図示する。さらに、建物図面には、方位、縮尺、敷地の地番およびその形状、隣接地の地番ならびに附属建物があるときは主たる建物または附属建物の別および附属建物の符号を記録しなければならない(規則82②)。

　(b)　**各階平面図(令別表12添付情報欄ロ)**　　各階平面図は、250分の1の縮尺により作成する。ただし、建物の状況その他の事情により当該縮尺によることが適当でないときは、この限りでない(規則83②)。各階平面図には、縮尺、各階の別、各階の平面の形状、複数階の場合はその階における1階の位置（ただし、例えば、1階と2階が全く同じ形状のときは、1階のみの表示で足りる(準則53②の例示参照)）、各階ごとの建物の周囲の長さ、床面

積およびその求積方法ならびに附属建物があるときは，主たる建物または附属建物の別および附属建物の符号を記録しなければならない（規則83①）。

　(イ)　**表題部所有者が所有権を有することを証する情報**（令別表12添付情報欄ハ）　　申請人のその建物についての所有権を証する情報として，以下のいずれかを提出する（準則87①）。

　　　①　建築基準法6条の確認および同法7条の検査があったことを証する情報
　　　②　建築請負人または敷地の所有者の証明情報
　　　③　国有建物の払下げの情報
　　　④　固定資産税の納付証明の情報
　　　⑤　その他申請人の所有権の取得を証するに足る情報。ただし，官庁または公署が国または地方公共団体の所有の建物の表題登記を嘱託する場合には，所有権を証する情報の提供を便宜省略して差し支えない（準則87③）。

　(ウ)　**表題部所有者となる者の住所を証する情報（または書面）**（令別表12添付情報欄ニ）
申請人の住所を証する書面として，自然人であれば住民票の写し等を提出する。

　(エ)　**代理権限を証する情報（または書面）**（令7条1項2号）　　代理人によって申請する場合には，委任状，必要に応じて戸籍抄本，会社登記簿抄本等，代理権限を証する情報を提供しなければならない。

（舟橋　哲）

（執筆協力：下川健策）

(区分建物についての建物の表題登記の申請方法)
第48条 区分建物が属する1棟の建物が新築された場合又は表題登記がない建物に接続して区分建物が新築されて1棟の建物となった場合における当該区分建物についての表題登記の申請は，当該新築された1棟の建物又は当該区分建物が属することとなった1棟の建物に属する他の区分建物についての表題登記の申請と併せてしなければならない。
② 前項の場合において，当該区分建物の所有者は，他の区分建物の所有者に代わって，当該他の区分建物についての表題登記を申請することができる。
③ 表題登記がある建物(区分建物を除く。)に接続して区分建物が新築された場合における当該区分建物についての表題登記の申請は，当該表題登記がある建物についての表題部の変更の登記の申請と併せてしなければならない。
④ 前項の場合において，当該区分建物の所有者は，当該表題登記がある建物の表題部所有者若しくは所有権の登記名義人又はこれらの者の相続人その他の一般承継人に代わって，当該表題登記がある建物についての表題部の変更の登記を申請することができる。

＊旧法関係……①旧法93条ノ2第1項，②同第3項，③同第2項，④同第4項

I 本条の趣旨

本条は，区分建物の属する1棟の建物が新築された場合，または区分建物でない建物がいわゆる未登記の場合に，これに接続して区分建物が新築(増築)され，新たに区分建物の属する1棟の建物が生じた場合における，区分建物の表題登記について規定する。

区分建物の属する1棟の建物が新築された場合，または表題登記のない建物に接続して区分建物が新築されて新たに区分建物を含む1棟の建物になった場合，一の区分建物のみを公示するのでは，当該区分建物の属する1棟の建物について十分な公示ができない。また，マンション等の区分建物において，敷地権が発生する場合は，敷地権は原則として占有部分の床面積の割合により定まるから，床面積の割合を算出するためには，1棟の建物に属するすべての区分建物の表題登記を行うことが便宜である。法は，このような場合における区分建物の表題登記の申請は，1棟の建物に属する他の区分建物の表題登記の申請と併せてしなければならないものとした(1項)。

このため，同一の1棟の建物に属する区分建物の原始取得者が同一人でない場合には，区分建物所有者の1人は，他の区分建物の原始取得者らに代わって，その他の区分建物についての表題登記を申請することができるものとされる(2項)。

また，既に表題登記のなされた非区分建物に接続して区分建物が新築され，新たに1棟の建物が生じた場合，これによって既に表題登記のなされた非区分建物は区分建物となる

から，当該新築された区分建物の表題登記と，当該非区分建物の表題部の変更登記が必要となるが，これらの登記の申請は同時に行わなければならない(3項)。それは，既存の非区分建物の登記記録をそのままにしておけば，現地と異なる表示を公示することとなり，新たに現地の物理的状況を正確に公示する理念に合わないばかりか，取引の一個性の観点からも好ましいことではない。このようなことから，生じた区分建物を含む1棟の建物についての事項，敷地権に関する事項を登記する必要があるからである。

この場合，本条の2項と同様の理由により，新たに生じた区分建物の所有者は，非区分建物であった建物の表題部所有者または所有権の登記名義人等に代わって，表題部の変更登記を申請することができる(4項)。

II 区分建物の表題登記
1 申請義務および申請者

(1) **区分建物の表題登記の意義** 区分建物の表題登記は，区分建物が新たに生じた場合に初めてされる登記である。区分建物が新たに生じる場合としては，分譲マンションが新築される場合のように，複数の区分建物(専有部分等)が属する1棟の建物が新築される場合と，普通の一戸建ての住居に増築をしていわゆる「2世帯住宅」とする場合のように，非区分建物に接続して建物が新築(増築)されたことにより，区分建物となる場合(増築された部分が利用上・構造上区分建物と認められ得るものに限る)がある。これには，非区分建物について未だ表題登記がなされていない場合と，当該非区分建物について既に表題登記がなされている場合がある。

(2) **表題登記の申請義務および申請者** 新築により区分建物が生じた場合，その所有者は，新築後1か月以内にその区分建物の表題登記を申請しなければならず(47①)，その懈怠に対しては10万円以下の過料が課される(164)。

非区分建物の場合と異なり，区分建物の表題登記の申請は，区分建物の原始取得者が所有者として申請しなければならない。譲渡等によりその所有権を喪失した後であっても，原始取得者は自己の所有名義で申請しなければならないことになる。表題登記のない区分建物の所有権を譲渡等の特定承継により取得した者，または原始取得者の死亡による相続等の一般承継により取得した者に区分建物の表題登記の申請義務はないが，一般承継した者は，原始取得者(被承継人)を表題部所有者とする区分建物の表題登記を申請することができる。

原始取得者について，判例は，請負工事により建物が新築された場合，特約のない限りその建物の所有権は材料供給者たる請負人が原始的に取得し，建物の引渡しによって当該建物の所有権が注文者に移転するとしている(大判大3・12・26民録20・1208)。これによれば，原始取得者は請負人であるから，請負人が新築した1棟の建物に属する全ての区分建物についての表題登記を申請しなければならないことになる。当該1棟の建物の敷地利用権である敷地の所有権が注文者にある場合には，敷地利用権を有しない請負人が当該建物につ

いて表題登記の申請をしても，敷地権の表示の登記をすることができない。このような場合には，あらかじめ請負契約において，完成した建物の原始取得者が注文者となる旨の特約をしておく必要がある。表題登記の実務上は，請負人から注文者(建築主)に対して交付される「工事完了引渡証明書」および「建築確認通知書」等を所有権を証する情報として(注文者が原始取得者として)表題登記を申請することが一般とされる。

2 区分建物の表題登記の申請およびその方法

(1) 表題登記の申請 本条1項によれば，区分建物が新たに生じた場合，当該区分建物の表題登記の申請は，当該区分建物の属する1棟の建物に属する他のすべての区分建物の表題登記の申請と同時にしなければならない(48①)。しかし，1棟の建物に属する複数の区分建物について，その原始取得者が異なる場合には，これらの者が同時に表題登記の申請を行うことは現実的に困難である。そこで2項では，1棟の建物に属する一の区分建物を原始取得した者は，同一の建物に属する他の区分建物の所有者に代位して表題登記の申請を行うことができるものとする(48②)。

また，本条3項によれば既に表題登記のなされている非区分建物に接続して区分建物が新築された場合，新たに生じた区分建物についての表題登記と，既に存在していた旧非区分建物についての表題部の変更登記(52①)が必要となる(48③)。これらの登記の申請を併せて行う必要があることから，本条4項では区分建物の表題登記の申請者である当該区分建物の原始取得者は，旧非区分建物の表題部所有者または所有権の登記名義人に代わって，当該非区分建物が区分建物となった旨の表題部の変更登記の申請を行うことができる(48④)ものとした。非区分建物の表題部所有者または所有権の登記名義人が表題部の変更の登記に協力しないときは区分建物の原始取得者が，本条4項を根拠として代位登記を申請することになる。

表示に関する登記の基本理念は，(経済)取引等を視野に入れて，現地と登記記録をいかに整合させるかにあるから，このようないわゆる「増築区分」の場合は，既存の登記記録の変更登記について，「併せて申請しなければならない」と義務を課しているのである。

(2) 申請手続

(ア) 申請情報の記録事項 区分建物の表題登記の申請を行うに際しては，以下の事項を申請情報として記録，提供しなければならない。

(a) 登記の目的(令3(5))
(b) 添付情報の表示(規則34①(6))
(c) 申請年月日(規則34①(7))
(d) 表題登記を申請しようとする建物の所在地の管轄登記所(規則34①(8))
(e) 区分建物の表題登記の申請人である建物の所有者および代位申請者の氏名または名称等(令3(1)・(4))および住所(法人であれば所在地)

① 申請者である区分建物の原始取得者が，1棟の建物に属するすべての区分建

物の所有者と同一である場合には，各区分建物につき当該原始取得者を申請人すなわち所有者として表示する。

　　②　申請者である区分建物の原始取得者が他の区分建物の所有者と異なる場合(例えば，5階建てのビルで1ないし3階までがA，4・5階がBとした場合)，全員(この例でいえばA・B)が共同して申請をするのであれば，各所有者を申請人として表示する。他の区分所有者が申請しない場合(例えば，Aが単独でするとき)には，各区分建物につき所有者を表示し，申請者である所有者を，申請人および代位申請人として表示する。

　　③　申請者が，区分建物の原始取得者の一般承継人である場合，原始取得者として被承継人を表示し(例えば，「被相続人〇〇〇〇」)，申請人として一般承継人を表示する。

　　④　申請者が，区分建物の共有者の1人である場合には，所有者として共有者全員を表示し，それぞれの持分を記録する。申請人としては，申請者である共有者を表示する。なお，表題登記の申請は保存行為であるから，各共有者は単独で行うことができる(民252ただし書)。

　(f)　代理人により申請する場合は，代理人の氏名および住所(法人であれば名称および所在)(令3(3))を記載の上，記名押印する(同16①)。

　(g)　建物の表示　　区分建物の属する1棟の建物について，建物の所在の市，区，郡，町，村，字および地番，建物の構造および床面積，建物に名称がある場合にはその名称(令3(8))等を記録する。次に，区分建物の表示として，区分建物の種類，構造，床面積および建物の名称があるときはその名称を記録する。さらに，区分建物に(非区分建物の)附属建物があるときは，その附属建物の種類，構造および床面積のほか，附属建物の所在を記録する。附属建物が1棟の区分建物を区分したものである場合には，当該1棟の建物の所在，地番，ならびに構造，および床面積，名称も記録する。

　(h)　一括申請情報の記録方法　　1棟の建物に属する区分建物の全部につき，その表題登記を同一の申請情報によって申請する場合には，1棟の建物の表示を記載して全区分建物の共通事項とした上で，各区分建物の表示事項を記録する。

　(i)　敷地権の表示　　申請する区分建物について敷地権があるときは，申請情報にその敷地権の表示を記録しなければならない(44①(9))。

　(j)　登記原因およびその日付(27(1)，令3(6))　　登記原因は新築とし，日付については，1棟の建物の竣工の日を記録する。

　(イ)　**申請情報の添付情報**　　申請情報の添付情報は，原則として，非区分建物の表題登記申請の場合と同一である。すなわち，建物図面，各階平面図，表題部所有者が所有権を有することを証する情報，表題部所有者となる者の住所を証する情報，また代理人によって申請する場合は，代理権限を証する情報等である。ただし，区分建物の表題登記の申請については，この他に以下の添付情報が必要である。

　(a)　敷地に関する規約等(令別表12添付情報欄ヘ(1)(2))を添付する。すなわち，
　　　敷地権の目的となる土地がいわゆる規約敷地として区分所有者らの規約によって

建物の敷地となっている場合は，当該規約を証明する書面として，①区分所有者全員の規約設定合意書，または②規約を設定した公正証書の謄本もしくは③規約を決議した集会の議事録のいずれかを添付する。

(b) 区分建物が属する1棟の建物の敷地について登記された所有権，用役権（地上権・地役権），賃借権が敷地権ではない場合は，そのことを証明する情報（令別表12添付情報欄ホ），敷地に設定された所有権や用役権が，区分建物の所有権と分離して処分できるなど，敷地権とならない場合には，その旨を証明する情報を添付する。

(c) 区分建物の原始取得者の一般承継人が，当該区分建物につき原始取得者を所有者として表題登記を申請する場合，相続等の一般承継があったことを証する書面（令別表12添付情報欄ト）として，戸籍謄本等を添付する。

（舟橋　哲）

（執筆協力：下川健策）

（合体による登記等の申請）

第49条 二以上の建物が合体して1個の建物となった場合において，次の各号に掲げるときは，それぞれ当該各号に定める者は，当該合体の日から1月以内に，合体後の建物についての建物の表題登記及び合体前の建物についての建物の表題部の登記の抹消(以下「合体による登記等」と総称する。)を申請しなければならない。この場合において，第2号に掲げる場合にあっては当該表題登記がない建物の所有者，第4号に掲げる場合にあっては当該表題登記がある建物(所有権の登記がある建物を除く。以下この条において同じ。)の表題部所有者，第6号に掲げる場合にあっては当該表題登記がない建物の所有者及び当該表題登記がある建物の表題部所有者をそれぞれ当該合体後の建物の登記名義人とする所有権の登記を併せて申請しなければならない。

(1) 合体前の二以上の建物が表題登記がない建物及び表題登記がある建物のみであるとき。 当該表題登記がない建物の所有者又は当該表題登記がある建物の表題部所有者

(2) 合体前の二以上の建物が表題登記がない建物及び所有権の登記がある建物のみであるとき。 当該表題登記がない建物の所有者又は当該所有権の登記がある建物の所有権の登記名義人

(3) 合体前の二以上の建物がいずれも表題登記がある建物であるとき。当該建物の表題部所有者

(4) 合体前の二以上の建物が表題登記がある建物及び所有権の登記がある建物のみであるとき。 当該表題登記がある建物の表題部所有者又は当該所有権の登記がある建物の所有権の登記名義人

(5) 合体前の二以上の建物がいずれも所有権の登記がある建物であるとき。当該建物の所有権の登記名義人

(6) 合体前の三以上の建物が表題登記がない建物，表題登記がある建物及び所有権の登記がある建物のみであるとき。 当該表題登記がない建物の所有者，当該表題登記がある建物の表題部所有者又は当該所有権の登記がある建物の所有権の登記名義人

② 第47条並びに前条第1項及び第2項の規定は，二以上の建物が合体して1個の建物となった場合において合体前の建物がいずれも表題登記がない建物であるときの当該建物についての表題登記の申請について準用する。この場合において，第47条第1項中「新築した建物又は区分建物以外の表題登記がない建物の所有権を取得した者」とあるのは「いずれも表題登記がない二以上の建物が合体して1個の建物となった場合における当該合体後の建物について

の合体時の所有者又は当該合体後の建物が区分建物以外の表題登記がない建物である場合において当該合体時の所有者から所有権を取得した者」と、同条第2項中「区分建物である建物を新築した場合」とあり、及び前条第1項中「区分建物が属する1棟の建物が新築された場合又は表題登記がない建物に接続して区分建物が新築されて1棟の建物となった場合」とあるのは「いずれも表題登記がない二以上の建物が合体して1個の区分建物となった場合」と、同項中「当該新築された1棟の建物又は当該区分建物が属することとなった1棟の建物」とあるのは「当該合体後の区分建物が属する1棟の建物」と読み替えるものとする。

③ 第1項第1号、第2号又は第6号に掲げる場合において、当該二以上の建物(同号に掲げる場合にあっては、当該三以上の建物)が合体して1個の建物となった後当該合体前の表題登記がない建物の所有者から当該合体後の建物について合体前の表題登記がない建物の所有権に相当する持分を取得した者は、その持分の取得の日から1月以内に、合体による登記等を申請しなければならない。

④ 第1項各号に掲げる場合において、当該二以上の建物(同項第6号に掲げる場合にあっては、当該三以上の建物)が合体して1個の建物となった後に合体前の表題登記がある建物の表題部所有者又は合体前の所有権の登記がある建物の所有権の登記名義人となった者は、その者に係る表題部所有者についての更正の登記又は所有権の登記があった日から1月以内に、合体による登記等を申請しなければならない。

＊旧法関係……①旧93条ノ4ノ2第1項、②同第2項、③④同第5項
＊関連法規……(合体による変更の登記の記録方法)準則95条、(申請の催告)準則63条

I 本条の趣旨

本条は、二以上の建物が合体して1個の建物となった場合の登記の手続に関して規定する。

1 沿革

複数の建物が、その隔壁を除去、または増築工事など人為的な変更によりで事実上合体し1個の建物として特定できない状態になった場合の登記手続は、旧法下では定められておらず、通達により合体前の各建物について滅失の登記をし、同時に合体後の建物につき新たに表示の登記をする取扱いをすることとされていた。もっとも、合体前の建物上に設定された権利を合体後の建物登記簿に移記する手続については定められていなかったため、

合体前の建物の登記が閉鎖される結果，合体前の建物上に存した抵当権その他の権利が消滅する不都合が生じることとなった。また，これを悪用して抵当権者を害するいわゆる「抵当権とばし」が問題となっていた。

かかる問題の解消のため，建物合体時の登記については，合体後の建物の表示登記申請および合体前の建物の表示登記抹消の登記申請を，同一の申請書をもって行うこととされる(平5・7・30民三5320民事局長通達・先例集追Ⅷ424)一方で，抵当権等の登記の移記に関する規定がおかれた(旧法93ノ4ノ2)。本条は，これらを承継するものである。

2 総説

二以上の建物の合体によって，新たに1個の建物が生じた場合，当該合体後の建物について表題登記により建物の存在を公示するとともに，独立した所有権の客体たる性質を喪失した合体前の建物について表題部の登記を抹消して法律上の建物としての消滅を公示しなければならない。

合体後の建物上の実体的な権利関係は，動産の付合(民243)に準じ，合体前の各建物の価額割合に応じた共有となると解されるが(最判平6・1・25民集48・1・18)，その権利関係は，合体前の建物の登記中に存し，合体後の建物の登記に存続する情報を新たに開設された登記に移記することで公示される。しかし，合体前の建物の一部が所有権登記が未了であった場合，合体後の建物上の所有権の登記は共有持分の一部についてしか行うことができない。このような場合には登記未了であった合体前の建物の所有者のため所有権の登記を行う必要がある。

本条1項前段では，合体後の建物についての表題登記，および合体前の建物についての表題部登記の抹消(以下「合体による登記等」と総称する)の申請義務について規定する。後段では，合体前の建物の一部に表題登記が未了または所有権の登記が未了の建物がある場合に，合体による登記等と併せて当該表題登記未了の建物の所有者または，当該所有権の登記が未了の建物の表題登記所有者を名義人とする，所有権の登記申請をしなければならない旨を定める。

次に，2項は，合体前建物についていずれも表題登記がない場合につき，建物新築の場合に準じて取り扱うべく，47条および48条1項ならびに2項の規定を準用する旨を定める。

また，3項は，合体前の建物の一部に表題登記が未了の建物がある場合においては，合体後，当該表題登記未了建物の表題部所有者から合体後の建物の共有持分に相当する所有権を取得した者についても，合体による登記等を申請しなければならない旨を定める。

さらに4項は，合体後に，合体前の表題部の登記がある建物の表題部所有者となった者または合体前の建物の所有権登記名義人になった者について，合体による登記等の申請義務を定める。

II 建物の合体
1 建物の合体の意義

建物の合体とは，建物の物理的な形状の変更によって数個の建物が1個の建物(物理的に1棟)になることをいう。具体的には①主従の関係にない数棟の建物を，曳行移転(建物を物理的に引いて移動させること)し，建物間の増築工事等により接続させたうえ，建物の間の隔壁を物理的に除去して1棟の建物とした場合，および②互いに接続する区分建物の間の隔壁を除去して物理的に1個の建物とした場合等である。

従前は①の場合を合棟，②の場合を合体としていたが，平成5年の旧法の一部改正(平成5年法律第22号)時に両者を併せて「合体」として取り扱うものと定められた。現行法上「合棟」という用語はない。改正前に既に登記がされているものにおいては，その記載(「合棟」)を改めることをしない(平5・7・30民三5320民事局長通達6-11-(6))。

2 建物の合体の要件

(1) 合体前の建物が建物たる要件を備えていること 建物とは，屋根および周壁またはこれらに類するものを有し，土地に定着した建造物であって，その目的とする用途に供しうるものをいう(規則111)。建物であるかどうかはその物理的状況を基準とし，その利用状況を勘案して判定されるところ，この判定は表題登記時においてなされることから，少なくとも合体前の一の建物について，表題登記がなされていることを要する。合体前の建物のいずれもが表題登記が未了の場合には，建物性の要件が確認されていないというべきであるから，建物の新築に準じて扱われる(49②・47および48)ことになる。

(2) 合体前の各建物が法律上独立のものとして存在していること 合体前の建物が，附属建物である場合には，これを曳行移転して主たる建物に接続したり，あるいは附属建物と主たる建物との間に工作物を築造して接続する等しても，「合体」とはならない。当該附属建物の所有権は付合(民242以下)により主たる建物の所有者に吸収される(東京地判昭61・12・16訟月33・9・2295参照)。この場合には主たる建物の増築により附属建物が主たる建物に付合したとして，建物の表題部表題変更登記がなされることになる。

(3) 人為的な方法(工事)により形状の変更等が行われること 区分建物の合体は，各区分建物間の障壁の全部または一部の除去という人為による物理的，構造的変更によって生ずる。所有者の意思によって物理的な変更を伴わずに二以上の建物を(法律上)1個の建物(家屋番号・不動産番号共に1つ)とする「合併」(54)とは異なる。したがって障壁を除去する等の物理的な変更を伴わない場合には，合併の登記によることになる。

(4) 合体前の各建物が独立の建物としての効用を喪失する状態となること 互いに接続した2個の区分建物について，その間の障壁を除去されるなどの物理的・構造的な変更が生じたとしても，なお両建物がそれぞれ1個の独立した建物としての効用を失っておらず，所有者がこれらをそれぞれ1個の建物として登記している場合には，ここでいう合体とはなり得ない。

3 建物の合体と合体後の建物の権利関係

(1) 合体後の建物の所有関係　建物が合体した場合の合体後の建物の所有関係は，合体前の各建物の所有者が異なる場合と，合体前の各建物の所有者が同一である場合とに分けて検討する必要がある。

(ア)　**合体前の各建物の所有者が異なる場合**　所有者の異なる数個の建物が合体した場合，その権利関係は，民法の動産付合に準ずるものと解され，各建物の間に主従の関係がない場合には，合体後の建物の所有権は，合体前の建物の所有者らの共有に帰する（民243・244）。この場合における各共有者の持分の割合は，当事者間に特段の合意のない限り，付合当時における合体前の各建物の価格の割合に応じて定まる。ただし，当事者間の合意により，当該合体後の建物を合体前の建物の所有者の単独所有とすることも可能である。

(イ)　**合体前の各建物の所有者が同一の場合**　合体前の各建物の所有者が同一である場合，合体後の建物は特段の合意のない限り，原則として合体前の建物の所有者の単独所有となる。

(2) 合体前建物上に存在していた所有権以外の権利等の帰趨　合体前の建物に存していた抵当権等は，原則として合体後の建物上の各共有者の持分の上に存続する（前掲最判平6・1・25）。抵当権のほか，合体前の建物上に存在していた先取特権，質権等も同様に合体後の建物上の各共有者の持分の上に存続する。これに対して，合体前の建物に関する賃借権については，共有者間で合意する等の特段の事情がない限り，消滅するものと解される。

III 建物の合体による登記等
1 申請をなすべき者

(1) 申請をなすべき者(49①関係)　本条1項は，合体による登記等の申請をなすべき者について，合体前の建物の各建物についての表題登記の有無および所有権の登記等の有無に応じて，以下のように定める（49①）。

(ア)　表題登記がない建物および表題登記がある建物の合体の場合には，当該表題登記がない建物の所有者または当該表題登記がある建物の表題部所有者が申請しなければならない（49①(1)）。

(イ)　表題登記がない建物および所有権の登記がある建物の合体の場合には，当該表題登記がない建物の所有者または当該所有権の登記がある建物の所有権の登記名義人が申請しなければならない（49①(2)）。

(ウ)　合体前の二以上の建物がいずれも表題登記がある建物である場合には，当該建物の表題部所有者が申請しなければならない（49①(3)）。

(エ)　表題登記がある建物および所有権の登記がある建物の場合には，当該表題登記がある建物の表題部所有者または当該所有権の登記がある建物の所有権の登記名義人が申請

しなければならない(49①(4))。

　(オ)　いずれも所有権の登記がある建物同士の合体である場合には，当該建物の所有権の登記名義人が申請しなければならない(49①(5))。

　(カ)　表題登記がない建物，表題登記がある建物および所有権の登記がある建物の合体である場合には，当該表題登記がない建物の所有者，当該表題登記がある建物の表題部所有者または当該所有権の登記がある建物の所有権の登記名義人が申請しなければならない(49①(6))。

　(キ)　いずれも表題登記がない建物が合体した場合には，建物の新築の場合の表題登記の申請に準ずるものとして，当該建物の合体時の所有者または表題登記のない合体後の建物の所有権を合体時の所有者から取得した者が申請しなければならない(49②および47①・②)。

　これらの者は，いずれも合体の日から1か月以内に合体による登記等を申請する義務を負う。義務の懈怠については10万円以下の過料が課せられる(164)。

　(2)　**合体前の建物に係る権利を合体後に取得した者**(49③・④)　本条3項・4項は，以下の者についても合体による登記等の申請義務を定める。

　(ア)　合体前の複数の建物中に表題登記が未了の建物が含まれる場合に，合体後，合体前の建物の表題登記が未了の間に所有者から合体後の建物上の当該合体前の建物の所有権に相当する持分を取得した者は，当該取得の日から1か月以内に，合体による登記等を申請する義務を負う(49③)。

　(イ)　合体建物中に表題部登記または所有権の登記のある建物が含まれる場合に，合体後，合体後の建物の表題登記が未了の間に合体前建物についての表題部所有者または所有権登記名義人となった者は，その者に係る表題部所有者についての更正の登記または所有権の登記があった日から1か月以内に，合体による登記等を申請する義務を負う(49④)。

　合体によって消滅する合体前の建物上の所有権と合体によって新たに発生する合体後の建物上の所有権(または持分)は異なる。しかし法は，合体前の建物上の所有権に存した所有権以外の権利を存続させる必要から，登記手続上は，所有権についての移転があったものとして，実体法上の権利関係と異なる公示を特に認めている。義務の懈怠者は，(1)の場合と同様，10万円以下の過料に処せられる(164)。

2　申請すべき登記の内容

　(1)　**合体による登記等**(49①前段)　「合体による登記等」とは，建物が合体したことを原因としてなされる合体後の建物の表題登記および合体前の建物の表題部登記の抹消登記である。

　建物が合体した場合，本条に規定された登記申請義務者は，合体後の建物についての表題登記，および合体前の建物について合体による登記等を申請しなければならない。

　(2)　**合体後の建物についての所有権の登記**(49条1項1号後段)　合体前の建物に所有

権の登記が未了の建物および所有権の登記のある建物が存在する場合(49①(2)・(4)および(6))には，新たに生じた合体後の建物上に存する共有持分を全て公示し得るよう，合体による登記等の申請と併せて，合体後の建物についての所有権の登記を併せて申請しなければならない。

(3) **合体後の建物の表題登記(49条2項・47条2項)** 合体前の建物のいずれもが表題登記のない建物である場合には，建物の新築の場合に準ずるものとして，申請義務者は，合体後の建物につき建物表題登記の申請をしなければならない。なお47条2項によれば，合体前の建物の所有者について一般承継が生じたことにより当該合体前建物の所有権を取得した者は，合体前の所有者を申請名義人として申請することができる。

Ⅳ　建物の表題登記の変更の申請手続

1 申請情報の記録事項(令3条，規則34条)

建物の合体登記を申請するにあたっては，申請情報の記録として，以下の情報を記録しなければならない。

(ア) 登記の目的 「合体後の建物についての表題登記及び合体前の建物についての表題登記の抹消」が目的となる。所有権の登記のない建物と所有権の登記のある建物との間で生じた合体の場合には，所有権登記を有しない合体前の建物の所有者のための所有権の登記をしなければならない(49①後段)から「合体後の建物についての表題登記及び合体前の建物についての表題登記の抹消」ならびに「所有権の登記」が目的となる。

(イ) 添付情報の表示

(ウ) 申請年月日および管轄登記所の記録

(エ) (i)合体前の建物の所有者，(ii)表題部所有者，または(iii)所有権の登記名義人のうち，申請人となるべき者を表示する。合体前の建物の全部の所有者が同一であるときは，その者が申請人となるが，所有者が異なるときであっても，合体後の建物の表題登記の申請等は，共有物の保存行為(民252)であるから，申請等はそのうちの1人によって行うことができる。

(オ) 債権者代位による申請の場合にはその代位原因を証する情報

(カ) 代理人によって申請する場合には，代理人の氏名，住所等の表示

(キ) 合体前の建物の表示事項および，合体後の建物の表示事項

(ク) 登記原因およびその日付 合体前の建物の所有者または表題部所有者のため，49条1項後段に基づいてなされる所有権の登記の申請にあっては記録を要しない。

(ケ) 合体前の建物の全部または一部について所有権の登記のあるものがある場合には，当該建物に関する所有権の登記の表示(家屋番号・順位番号・受付年月日および受付番号・登記名義人の氏名)

(コ) 合体前の建物について所有権の登記以外の所有権または担保権に関する場合には，これらに関する権利の表示

(サ) 合体前の建物について所有権の登記以外の所有権または担保権に関する登記で，存続するものの目的所有権の持分　合体後建物の所有関係は，合体前建物の価額の割合に応じた共有となるが，登記官において合体前の建物価額を正確に把握することができない上，持分割合については，各共有間の合意によって定めることが可能であるから，共有者となるべき者の持分割合を正確に登記記録に示すため，共有者の持分割合について，申請情報にその持分の割合を記録する。
　(シ) 合体後の建物が区分建物であって敷地権がある場合には敷地権の表示

2 申請情報の添付情報(令別表13項，令7条1項2号～4号)

　建物の合体登記を申請するにあたっては，申請情報に以下の情報を添付しなければならない。
　(ア) 合体後の建物の建物図面および各階平面図
　(イ) 合体後の建物につき，表題登記の申請人が所有権を有することを証明する情報
　(ウ) 表題部所有者となる者の住所を証する情報
　(エ) 敷地権に関する情報　合体後の建物が区分建物である場合，敷地利用権が敷地権とならないときはその事由を証する情報，敷地権が存するときは敷地権となった旨を証する情報。
　(オ) 所有権の登記の登記識別情報　合体前の建物に所有権登記が未了のものと所有権の登記を完了したものがある場合には，合体による登記等の申請にあたっては，所有権の登記のない合体前の建物所有者のために所有権登記を申請しなければならない(49①後段)。この場合，所有権の登記のある従前の合体前の建物の所有者は，当該合体前の建物について所有権の登記を完了していることを証明するために，登記識別情報を添付する。
　(カ) 合体後の建物に存続する権利の登記名義人の承諾書　合体後の建物の持分を定めるについて，抵当権者等の登記上利害関係を有する者がいる場合には，その者の承諾書等。
　(キ) 代理人により申請する場合には，代理権限を証する情報
　(ク) 債権者代位による申請の場合には，代位原因を証明する情報
　(ケ) 相続人その他一般承継人が申請する場合には，一般承継を証明する情報

3 合体による登記等の申請があった場合の取扱い

　(1) **合体後の建物についての建物の表題登記**　合体による建物の表示に関する登記の申請があったときは，登記官は，合体後の建物についての建物の表題登記をする。
　なお，建物の表題部における登記原因およびその日付欄の記載は，「平成○年○月○日○番，○番を合体」と記載し，既登記の建物と未登記の建物との合体の場合には，「平成○年○月○日○番，平成○年○月○日新築の建物を合体」と記載する。
　(2) **合体による所有権登記**　合体による建物の表題登記をした場合において，合体

前の各建物に所有権の登記があるとき等は,合体後の建物の登記記録の甲区に,登記官が職権で合体による所有権登記の記録をする(規則120②)。

(3) **所有権の登記以外の権利に関する登記の移記** 合体前の建物上に,所有権の登記以外の所有権に関する登記または先取特権,質権もしくは抵当権に関する登記で合体後の建物またはその持分の上に存続すべきものがあるときはその存続する登記(存続登記)を移記する。また,当該権利合体後の建物の持分の上に存続することとなるときの登記の目的の記載は,当該持分を目的としたものとして引き直し,例えば,抵当権の場合は「何某持分抵当権設定」と記載する(規則120④,基本通達第6-5-(2))。

(4) **合体前の建物の表題部の登記の抹消** 建物の合体の登記の申請があった場合,合体前の建物の登記記録の表題部の登記事項を抹消する記号を記録し,当該登記記録を閉鎖する(規則120⑨・144)。

(舟橋　哲)
(執筆協力:下川健策)

（合体に伴う権利の消滅の登記）
第50条 登記官は，所有権等(所有権，地上権，永小作権，地役権及び採石権をいう。以下この款及び第118条第5項において同じ。)の登記以外の権利に関する登記がある建物について合体による登記等をする場合において，当該合体による登記等の申請情報と併せて当該権利に関する登記に係る権利の登記名義人(当該権利に関する登記が抵当権の登記である場合において，抵当証券が発行されているときは，当該抵当証券の所持人又は裏書人を含む。)が合体後の建物について当該権利を消滅させることについて承諾したことを証する情報が提供されたとき(当該権利を目的とする第三者の権利に関する登記がある場合にあっては，当該第三者が承諾したことを証する情報が併せて提供されたときに限る。)は，法務省令で定めるところにより，当該権利が消滅した旨を登記しなければならない。

＊旧法関係……旧法93条ノ12ノ2
＊関連法規……(合体による登記等)規則120条〔→(地図等の変更の方法)準則16条〕

I　本条の趣旨

　本条は，建物の合体による登記をする場合において，所有権等(所有権，地上権，永小作権，地役権および採石権をいう)の登記以外の権利に関する登記の登記名義人が合体後の建物について当該権利の消滅を承諾したことを証する情報(当該権利を目的とする第三者の権利に関する登記がされているときは，その第三者の権利の消滅を承諾する情報を含む)が合体による登記等の申請情報と併せて提供されているときは，登記官は職権で，当該権利が消滅した旨を登記すべきことを規定する。

　合体の登記は，報告的登記であるから，1つの申請によって行うことを要し(令5①)，合体後の建物について所有権以外の権利が存続する存続登記がある場合には，合体による登記を申請するためには存続登記の権利者から合体による登記をすることについての承諾を得なければならない(規則120⑤)。

　本条は，当該所有権等以外の権利の登記名義人がその権利の消滅について承諾している場合には，登記官が職権で当該登記の消滅を登記することができるものとした。この場合，当該消滅した権利に関する登記を合体後の建物の登記記録に移記する必要はない。

II　合体に伴う権利消滅の登記
1　所有権等の登記以外の権利に関する登記

　本条は「所有権等の登記以外の権利に関する登記」を対象とする。
　「所有権等の登記」とは，所有権，地上権，永小作権，地役権および採石権の登記をいう。

合体前の建物上に存した所有権は合体後の建物上の共有持分として存続するから，本条の定める消滅の登記の対象となりえない。また地上権，永小作権，地役権および採石権はいずれも土地を権利客体とするものであるから，同様である。

これらの権利を除く，先取特権，質権または抵当権に関する登記，および，存続登記(所有権についてなされた所有権移転または移転請求権の仮登記，所有権の抹消に関する仮登記または抹消された所有権の登記の回復の仮登記，所有権を目的とする差押え，仮差押えもしくは仮処分等の処分制限の登記)が本条の対象となる。なお，賃借権については，合体後の建物の上に存続しないから合体により当然に消滅する。

2　権利の消滅の承諾を証する情報

本条により権利が消滅した旨の登記を行うためには，所有権等の登記以外の権利に関する登記の名義人が合体後の建物について当該権利(当該権利を目的とする第三者の権利に関する登記がされているときは，その第三者の権利を含む)の消滅を承諾したことを証する情報が，提供されることが必要である(規則120⑤)。

権利の消滅を承諾したことを証する情報とは，合体前の建物上に存する権利に関する登記の登記名義人(当該権利が抵当権である場合において，抵当証券が発行されているときは，当該抵当証券の所持人または裏書人を含む)が作成した，当該権利を消滅させることについて承諾したことを証する情報，または当該登記名義人に対抗することができる裁判があったことを証する情報をいう(同(1))。また，当該権利を目的とする第三者の権利に関する登記がされているときは，当該第三者が承諾したことを証する当該第三者が作成した情報，または当該第三者に対抗することができる裁判があったことを証する情報(同(2))が相当する。

3　権利の消滅の登記

合体による登記等の申請時に，併せて本条の定める権利の登記の消滅にかかる承諾を証する情報が提供された場合には，登記官が職権で当該権利が消滅した旨の登記を行う。この登記は付記登記によってするものとされる(規則120⑤・⑥)。

(舟橋　哲)
(執筆協力：下川健策)

(建物の表題部の変更の登記)

第51条 第44条第1項各号(第2号及び第6号を除く。)に掲げる登記事項について変更があったときは、表題部所有者又は所有権の登記名義人(共用部分である旨の登記又は団地共用部分である旨の登記がある建物の場合にあっては、所有者)は、当該変更があった日から1月以内に、当該登記事項に関する変更の登記を申請しなければならない。

② 前項の登記事項について変更があった後に表題部所有者又は所有権の登記名義人となった者は、その者に係る表題部所有者についての更正の登記又は所有権の登記があった日から1月以内に、当該登記事項に関する変更の登記を申請しなければならない。

③ 第1項の登記事項について変更があった後に共用部分である旨の登記又は団地共用部分である旨の登記があったときは、所有者(前二項の規定により登記を申請しなければならない者を除く。)は、共用部分である旨の登記又は団地共用部分である旨の登記がされた日から1月以内に、当該登記事項に関する変更の登記を申請しなければならない。

④ 共用部分である旨の登記又は団地共用部分である旨の登記がある建物について、第1項の登記事項について変更があった後に所有権を取得した者(前項の規定により登記を申請しなければならない者を除く。)は、その所有権の取得の日から1月以内に、当該登記事項に関する変更の登記を申請しなければならない。

⑤ 建物が区分建物である場合において、第44条第1項第1号(区分建物である建物に係るものに限る。)又は第7号から第9号までに掲げる登記事項(同号に掲げる登記事項にあっては、法務省令で定めるものに限る。次項及び第53条第2項において同じ。)に関する変更の登記は、当該登記に係る区分建物と同じ1棟の建物に属する他の区分建物についてされた変更の登記としての効力を有する。

⑥ 前項の場合において、同項に規定する登記事項に関する変更の登記がされたときは、登記官は、職権で、当該1棟の建物に属する他の区分建物について、当該登記事項に関する変更の登記をしなければならない。

＊旧法関係……①旧法93条ノ5第1項・第4項、②③同第3項、④同第5項、⑤⑥新設〔→(参考)旧法93条ノ10〕

＊関連法規……①(建物の再築)準則83条、(建物の一部取壊しおよび増築)準則84条、(建物の移転)準則85条、(申請の催告)準則63条、(附属建物の新築の登記)規則

121条，(附属建物変更の登記の記録方法)準則94条，(附属建物がある主たる建物の滅失による表題部の変更の登記の記録方法)準則102条，⑤(区分建物の表題部の変更の登記)規則122条，⑥(建物の表題部の変更の登記等により敷地権の登記をする場合の登記)規則123条

I　本条の趣旨

　本条は，建物の表題部の登記事項に変更があった場合における変更の登記に関して，申請義務がある場合および申請義務者等を定める。

　1項では，建物に関する44条1項1号，3号から5号，7号から9号の登記事項について変更があった場合には，当該建物の表題部所有者または所有権の登記名義人が，当該変更があった日から1か月以内にその表題部の変更の登記を申請すべき旨を定める。これと関連して，共用部分または団地共用部分である旨の登記がされた建物については，登記記録上にその公示がないことから，その実体上の所有者が変更の登記をなすべき旨を定める。

　2項は，建物の表題部の登記事項に事実上の変更があった後に建物の表示の変更の登記が未了の間，表題部所有者または所有権の登記名義人となった者が，表題部所有者の更正登記または所有権の登記があった日から1か月以内に，表題部の変更の登記を申請すべき旨を定める。

　3項～6項は，区分建物の表題部の登記事項に関して変更があった場合について定める。3項では，建物の表題部の登記事項に変更があった後に，共用部分である旨の登記または団地共用部分である旨の登記があった場合に，所有者が，1項または2項により変更登記の申請義務がある場合を除き，共用部分である旨の登記また団地共用部分である旨の登記がされた日から1か月以内に，当該変更のあった登記事項につき変更の登記の申請を行わなければならない旨を定める。

　4項では，共用部分である旨の登記または団地共用部分である旨の登記がある建物の登記事項に変更があった後に所有権を取得した者は，1項または2項により変更登記の申請義務を負う場合を除き，所有権取得の日から1か月以内に，当該と登記事項に関する変更の登記を申請しなければならないことを定める。

　5項では，区分建物の属する1棟の建物の登記事項である所在・構造・床面積・1棟の建物の名称・敷地権に変更が生じ，表題部の変更の登記の申請がなされた場合には，当該1棟の建物に属する1個の区分建物の所有者が表題部の変更の登記を申請すれば，その申請の効果は，同じ1棟の建物に属する他の区分建物の所有者にも及ぶものと定める。

　6項では，区分建物の属する1棟の建物について，表題部の変更登記の申請があった場合には，登記官の職権により，当該1棟の建物に属する他の区分建物について当該登記事項に関する変更の登記をしなければならない旨を定める。

Ⅱ 建物表題部の変更の登記
1 意 義
　建物の表題部の変更の登記とは，建物の表示に関する登記事項につき，登記事項と現況が合致しない場合に，その登記を現況に合致させるための登記手続をいう。
　(1) **表示に関する登記に変更が生じる場合**　建物の表示に関する登記事項につき変更が生じる場合としては，以下のものがあり得る。
　　(ア) 建物一般における表題部の登記事項の変更
　　　(a) **建物の所在の変更**　建物の曳行移動や，数筆の土地上に存する建物の増築や一部の取壊し等により，建物の所在する市，区，郡，町，村，字および土地の地番に変更が生じた場合である。
　　　(b) **所在地番の変更**　建物の敷地の分筆・合筆，または敷地の地番の登記官の職権変更(町名変更等)により，建物の所在地番に変更が生じた場合である。
　　　(c) **種類・構造・床面積の変更**　建物の増築等により建物の種類，構造，床面積の一ないし複数に変更が生じた場合である。なお，建物には附属建物も含む。
　　　(d) **附属建物の新築**
　　　(e) **主従建物関係の変更**　主従の関係にある建物がある場合において，主たる建物が滅失した場合，または附属建物が滅失した場合である。
　　　(f) **建物の名称の変更**
　　　(g) **表題部所有者の変更**　建物の表題部所有者の(表示)変更は，住所の変更・氏名の変更(例えば，婚姻等による)に限り，建物の表題部の変更として行われる(令別表1)。所有権を移転した場合は，表題部所有者の変更にはあたらない。
　　(イ) 区分建物における建物の表題部の登記事項の変更
　　　(a) **区分建物の属する1棟の建物の表題部の登記事項の変更**　区分建物が属する1棟の建物自体について，増築や一部の取壊し等によって，所在，所在地番，種類，構造，床面積および建物の名称等に変更が生じた場合である。
　　　(b) **区分建物の表題部の登記事項の変更**　区分建物自体についての表題部登記事項，すなわち種類，構造，床面積または建物の名称等に変更が生じた場合である。
　　　(c) **共用部分または団地共用部分たる旨の登記のされた建物についての変更**　マンションの集会室等，共用部分または団地共用部分である旨の登記のされた区分建物について，種類，構造，床面積等の表題部の登記事項に変更が生じた場合である。
　　　(d) **敷地権に関する変更**　区分建物の表示に関する登記事項である敷地権に関する表示に変更が生じた場合である。これには，①区分建物の表題登記後，分離処分を可能とする規約の廃止等によって分離処分が可能となって，敷地利用権が敷地権となった場合，②分離処分を可能とする規約の新設等によって，敷地利用権が敷地権ではなくなった場合，③敷地権の目的である土地について，その表示事項の変更もしくは更正があった場合，または区分建物の敷地の分筆の登記がされた場合がある。

Ⅲ 申請義務者および申請義務

建物の表題部の変更の登記の申請義務を負うのは，以下の者である。

(1) 建物の表題部所有者または所有権登記名義人

(ア) 建物の登記事項に変更があったときには，当該変更があった日から1か月以内に表題部の変更の登記を申請しなければならない(本条①)。

(イ) 建物の登記事項に変更があった後に，更正の登記または所有権の登記により当該建物の表題部所有者または所有権登記名義人となったときには，更正の登記または所有権の登記があった日から1か月以内に当該変更につき表題部の変更の登記を申請しなければならない(本条②)。

(2) 共用部分である旨または団地共用部分である旨の登記がある建物の実体上の所有者 共用部分または団地共用部分である旨の登記のされた建物については，登記記録上にその公示がないことから，その実体上の所有者が変更の登記を申請すべき義務を負う。

(ア) 当該共用部分または団地共用部分たる旨の登記がある建物の登記事項に変更があったときには，当該変更があった日から1か月以内に当該登記事項に関する変更の登記を申請をしなければならない(本条①かっこ書)。

(イ) 当該共用部分または団地共用部分である旨の登記がある建物についての登記事項に変更があった後，共用部分である旨または団地共用部分である旨の登記があったときには，登記のあった日から1か月以内に当該登記事項に関する変更の登記を申請しなければならない(本条③)。

(ウ) 当該共用部分または団地共用部分である旨の登記る建物について登記事項の変更があった後に，所有権を取得した場合には，所有権取得の日から1か月以内に，当該と登記事項に関する変更の登記を申請しなければならない(本条④)。

(3) 登記官の職権による変更

(ア) 建物の所在につき，所在の行政区画もしくは字(地番区域等)またはその名称の変更があった場合も，表題部の変更の登記が必要な場合であるが，この変更は登記官が職権で変更登記をしなければならない(規則92)から，上記(1)および(2)の申請義務は生じない。

(イ) 建物の所在地番につき，登記官が職権で分筆・合筆または地番の変更を行った場合には，所有者に申請義務はない。

Ⅳ 建物の表題登記の変更の申請手続

1 申請情報における記録事項

(1) 申請情報に記録すべき事項(令3条，規則34条) 建物の表題部の事項の変更登記を申請するときには，①登記の目的，②添付情報の表示，③申請年月日および管轄登記所の表示，④申請人の表示，⑤債権者代位による申請の場合にはその代位原因，⑥代理人によって申請する場合には，代理人の氏名・住所等の表示，⑦建物の表示(変更前の建物の表示事項および，変更後の建物の事項)，⑧登記原因およびその日付を記録する。

(2) **申請人の表示**　一般承継人が申請する場合には，所有者または所有権登記名義人の氏名を記す。また，債権者が債権者代位(民423)により申請する場合は，債権者を記した上，債務者の表示として，所有者または所有権の登記名義人を記録する(令3(4))。また，表題部所有者または所有権の登記名義人の登記記録の表示が申請情報に記した内容と異なる場合には，あらかじめその表示の変更(または更正)の登記を行うのが望ましいことではあるが，変更を証する情報(例えば，登記記録上の住所が1番地であるが，申請時点では，5番地である場合は，1番地から5番地に住所移転したことが分かる住民票)を提供してすることができる。

(3) **登記原因およびその日付**　表題部の変更登記の登記原因としては，「所在(又は所在地番)変更」，「種類変更」，「構造変更」，「増築」，「一部取壊し」，「一部滅失」，「附属建物新築」，「附属建物取壊し」，「建物名称変更」等を記録し，登記原因が複数ある場合には併記する。また登記原因の日付は，これらの変更が生じた日付を記録する。

2 申請情報の添付情報(令別表14，令7条)

申請情報には，①建物図面および各階平面図，②登記の目的によっては，所有権を証する情報，③代理人により申請する場合には代理権限を証する情報(令7①(2))，④債権者代位による申請の場合には，代位原因を証明する情報(同(3))，⑤相続人その他一般承継人が申請する場合には，一般承継を証明する情報を添付情報(同(4))としなければならない。

(1) **建物図面および各階平面図**　建物の所在の変更の登記の場合には，変更後の建物図面を，床面積の変更または附属建物の新築の登記の場合には，変更後の建物図面および各階平面図を添付する。

(2) **所有権を証する情報**　変更を申請すべき建物につき，申請人が所有権を有することを証する情報を提供しなければならない。例えば，増築により床面積が増加したことによる床面積の変更の場合には，増築部分について，また附属建物の新築に伴う変更の場合には当該新築の附属建物について，それぞれ申請人が所有者であることを証する情報を添付しなければならない。

(舟橋　哲)

(執筆協力：下川健策)

（区分建物となったことによる建物の表題部の変更の登記）

第52条 表題登記がある建物（区分建物を除く。）に接続して区分建物が新築されて1棟の建物となったことにより当該表題登記がある建物が区分建物になった場合における当該表題登記がある建物についての表題部の変更の登記の申請は、当該新築に係る区分建物についての表題登記の申請と併せてしなければならない。

② 前項の場合において、当該表題登記がある建物の表題部所有者又は所有権の登記名義人は、当該新築に係る区分建物の所有者に代わって、当該新築に係る区分建物についての表題登記を申請することができる。

③ いずれも表題登記がある二以上の建物（区分建物を除く。）が増築その他の工事により相互に接続して区分建物になった場合における当該表題登記がある二以上の建物についての表題部の変更の登記の申請は、一括してしなければならない。

④ 前項の場合において、当該表題登記がある二以上の建物のうち、表題登記がある一の建物の表題部所有者又は所有権の登記名義人は、表題登記がある他の建物の表題部所有者若しくは所有権の登記名義人又はこれらの者の相続人その他の一般承継人に代わって、当該表題登記がある他の建物について表題部の変更の登記を申請することができる。

＊旧法関係……①②旧法93条ノ7第1項・第2項、③④旧法93条ノ7第1項・第2項
＊関連法規……①③（建物が区分建物となった場合の登記等）規則140条

I　本条の趣旨

　本条は、表題登記のされている非区分建物が区分建物となった場合における登記の申請について定める。

　1項は、表題登記のされている非区分建物に接続して区分建物が新築され、あるいは表題登記のされている二以上の非区分建物が曳行移転や増築等より相互に接続してそれぞれ新たに区分建物となった場合において、当該表題登記のされていた従前の非区分建物の表題部の変更の登記の申請は、新たに生じた区分建物についての区分建物の表題登記の申請と併せてしなければならないことを規定する。これは48条3項が、同じ場合について、新築された当該区分建物の表題登記の申請という観点から、同申請を表題登記がある従前の非区分建物の表題部の変更の登記の申請と併せてすべきことを規定しているのと、趣旨において同一である。

　2項は、1項に定める新たな区分建物の表題登記の申請については、従前の非区分建物の表題部所有者または所有権の登記名義人が、新たに生じた区分建物の所有者に代わって

申請することができる旨を定める。

　3項では，表題登記のある二以上の各非区分建物が増築等により相互に接続して区分建物となった場合については，従前の非区分建物についての表題部の変更の登記の申請は，全ての建物に関して一括して同時にしなければならないことを規定する。

　4項は，3項に定める，従前の全ての非区分建物についての表題部の変更登記の一括申請については，一の非区分建物の表題部所有者または所有権登記名義人が，他の非区分建物の表題部所有者または所有権登記名義人またはこれらの者の相続人その他の一般承継人に代わって申請することができる旨を定める。

II　非区分建物に接続して区分建物が新築され，両方が区分建物になった場合における建物の表題部の変更の登記

1　非区分建物の表題登記の変更の申請および，新築の区分建物の表題登記申請

　1項および2項は，区分建物でない表題登記のある建物に接続して区分建物が新築された結果，両方が区分建物になった場合における建物の表題部の変更の登記について規定している。

　非区分建物は，1棟ごとに登記記録が設けられ，その登記記録は表題部および権利部に区分され(12)，表題部には「主たる建物の表示欄」，「附属建物の表示欄」および「所有者欄」が設けられる。一方，区分建物は，表題部に，「1棟の建物の表示欄」，「敷地権の目的たる土地の表示欄」および，1棟の建物に属する全部の区分建物ごとの専有部分の建物の表示欄」，「附属建物の表示欄」，「敷地権の表示欄」および「所有者欄」が設けられ，権利部は区分建物ごとに設けられる。このように，非区分建物と区分建物とでは登記記録の方法が異なることから，非区分建物が区分建物になった場合には，登記記録の方法を変更することを要する。登記記録の方法を変更するためには，従前の非区分建物について，区分建物となったことによる表題登記の変更の登記を行うとともに，新たに生じた区分建物の表題登記を行う必要がある。そこで，本条1項は，表題題登記のされている非区分建物に接続して区分建物が新築され，あるいは表題登記のされている二以上の非区分建物が曳行移転や増築等より相互に接続してそれぞれ新たに区分建物となった場合，当該表題登記のされていた従前の非区分建物の表題部の変更の登記の申請は，47条1項に定める新たに生じた区分建物について表題登記の申請と併せてしなければならないとした。

　実際上の問題は，区分建物としての要件が具備されているか否かである。区分建物と認められるためには各建物が構造上・利用上の独立性を有することが必要である。例えば，所有権の登記がされている住宅に増築しいわゆる「2世帯住宅」となった場合であっても，玄関は1か所のみで，既存の住宅を通らなければ増築した子の住宅には進入できないような構造であれば区分建物とはいえない。また，従前の例につき，増築した建物に玄関の設備を設けても，接続する部分が「襖・障子」などで双方の建物の往来が容易である場合には，構造上の独立性が認められない。

2 申請者

(1) **新たに生じた区分建物の原始取得者またはその一般承継人(47)**　　表題登記のされている非区分建物に接続して区分建物が新築された場合は，新築された区分建物についての原始取得者は，47条1項に基づく表題登記の申請をする義務を負う。新築後，表題登記申請前に当該原始取得者について相続等の一般承継が生じた場合には，同条2項により，一般承継人が当該原始取得者(被承継人)を表題部所有者とする表題登記を申請することができる。

(2) **建物の表題部所有者または所有権の登記名義人(代位申請)**　　表題登記のある非区分建物の表題部の変更登記の申請と新築に係る区分建物の表題登記の申請を併せてする場合において，当該表題登記のされている建物の表題部所有者または所有権の登記名義人は，当該新築に係る区分建物の所有者に代わって，その区分建物の表題登記を申請することができる(本条2項)。

すなわち，表題登記のされている非区分建物に接続して新築された区分建物の所有者が，従前の非区分建物の表題部所有者または所有権の登記名義人と異なる(共有である場合を含む)場合において，当該表題部所有者または登記名義人がその所有にかかる従前の非区分建物の変更登記をする場合には，これに接続して新築された区分建物の所有者に代位して，当該区分建物の表題登記申請ができる。

なお，従前の非区分建物の表題部所有者または所有権登記名義人が隣接して新築された区分建物の原始取得者でもある場合には，その者が従前の非区分建物を区分建物として変更登記申請するのと併せて，新築された建物について，これを区分建物として表題登記申請する。

III 二以上の非区分建物の接続により両方が区分建物となった場合における建物の表題部の変更

1 一括申請

いずれも表題登記のされている2個以上の非区分建物が，増築その他の工事により相互に接続して区分建物となった場合には，その2個以上の建物についての表題部の変更登記申請は，その数個の建物について一括して同時に申請しなければならない。これにより，接続によって生じた1棟の建物に属する全区分建物についての登記記録を作成し当該1棟に属する建物の表示を行えるようになる上，敷地権を床面積割合によって算出される場合においてその算出が可能となり，敷地権に関する情報を記録できるようになるからである(令別表21申請情報欄，規則122・123)。

2 申請者

本条3項に定める一括申請を行う場合，一の表題部建物の表題部所有者または所有権の登記名義人は，他の従前の建物の表題部所有者もしくは所有権の登記名義人またはその相

続人その他の一般承継人に代わって，当該建物についての変更の登記を申請することができる。

Ⅳ 登記申請手続
1 申請情報の記録
(1) **申請情報に記録すべき建物の表示** 変更前の表題部登記のある非区分建物の表示事項として，①建物の所在とその地番，②家屋番号，③建物の種類，構造および床面積，④建物の名称が登記されているときは，その名称，加えて⑤附属建物があるときは，(i)その所在と地番ならびに(ii)その種類，(iii)構造および床面積を記録する。次に変更後の区分建物を表示するが，その変更後の表示事項として，①当該区分建物の属する1棟の建物の所在とその地番，②構造および床面積，③1棟の建物の名称があるときは，(i)その名称，(ii)区分建物の種類，(iii)構造および床面積等を記録する(令別表14申請情報欄)。

なお，申請情報に添付すべき情報の詳細については，本書51条の解説を参照されたい。

2 本条に基づく申請があった場合の取扱い
本条により，変更登記の申請があった場合，登記官は，以下の取扱いにより新たな区分建物についての登記記録を作成する。

① 新たに生じた区分建物である建物について登記記録が作成される(規則140①・4③・別表3)。

② 作成された登記記録の表題部に登記を移記した旨を記録する(規則140①)。

③ 作成された登記記録の権利部に，変更前の建物の登記記録から権利に関する登記を移記し，登記の年月日および登記を移した旨を記録する(規則140②)。

④ 変更前の非区分建物の登記記録の表題部に，登記を移記した旨および従前の建物の表題部の登記事項を抹消する記号を記録し，当該登記記録を閉鎖する(規則140③)。

(舟橋　哲)

(執筆協力：下川健策)

(建物の表題部の更正の登記)
第53条 第27条第1号,第2号若しくは第4号(同号にあっては,法務省令で定めるものに限る。)又は第44条第1項各号(第2号及び第6号を除く。)に掲げる登記事項に関する更正の登記は,表題部所有者又は所有権の登記名義人(共用部分である旨の登記又は団地共用部分である旨の登記がある建物の場合にあっては,所有者)以外の者は,申請することができない。
② 第51条第5項及び第6項の規定は,建物が区分建物である場合における同条第5項に規定する登記事項に関する表題部の更正の登記について準用する。

＊旧法関係……①新設〔→(参考)旧法93条ノ10〕,②新設

I 本条の趣旨
本条は,建物の表示に関する登記の登記事項に誤りがあった場合にこれを訂正する,更正の登記の申請につき規定する。

1項は,建物の登記事項が誤って登記されているときには,表題部所有者または所有権登記名義人(共用部分で旨の登記または団地共用部分である旨の登記があるときは所有者)のみが,更正の登記を申請することができることを定める。

2項では,更正の登記の申請対象となっている建物が区分建物である場合に,1棟の建物の登記事項について更正登記をしたときには,その効果は他の区分建物についても生じるものとして,51条5項および6項の準用を定める。

1 厚生登記の申請人
「法27条第1号,第2号若しくは第4号(同号にあっては,法務省令で定めるものに限る。)または第44条第1項各号(第2号および第6号を除く。)に掲げる登記事項」に関する更正の登記は,「表題部所有者又は所有権の登記名義人(共用部分である旨の登記又は団地共用部分である旨の登記がある建物の場合にあっては,所有者)」以外の者は,申請することができない。

2 法27条に規定する登記事項
(ア) **登記原因およびその日付(27条1号)** 錯誤,遺漏等により,建物の表示に関する登記の登記事項における登記原因およびその日付に誤りがある場合には,その是正のための更正の登記を申請することができる。

(イ) **登記の年月日(27条2号)** 建物の表示に関する登記が完了した日付に誤りがある場合には,その是正のため,更正の登記を申請することができる。登記の年月日は,申請の年月日と異なり,登記官が現実に当該建物に関する登記を完了した日である。

(ウ) **建物を識別するために必要な事項として法務省令で定めるもの(27条4号)** 法務省令では,建物を識別するための必要な事項として,法44条に規定する登記事項のうち,

登記官が職権により1個の建物ごとに付する番号，記号その他の符号を定める(規則90)。建物の表題部の登記記録の中に記録されたこの不動産番号に誤りがある場合には，その是正のための更正登記を申請することができる。
　(1)　44条に規定する次の登記事項
　　(ア)　建物の所在事項(44条1項1号)　　建物の表題部に示された建物の所在する市，区，郡，町，村，字および土地の地番が錯誤等によって誤記され，または遺漏により記録されなかった場合には，その是正のための更正の登記を申請することができる。
　　(イ)　建物の種類，構造もしくは床面積(44条1項3号)または建物の名称(44条1項4号)　建物の表題部に記録された当該建物の種類，構造または床面積，建物の名称が，錯誤により誤って記録され，あるいは遺漏により未記入である場合には，その是正のための更正の登記を申請することができる。
　　(ウ)　附属建物または区分建物である附属建物の表示事項(44条1項5号)　　主たる建物と併せて1個の建物として登記されている附属建物の所在する市，区，郡，町，村，字および土地の地番(区分建物である附属建物にあっては，その附属建物の属する1棟の建物の所在する市，区，郡，町，村，字および土地の地番)について，錯誤による誤記，表示事項の遺漏がある場合には，その是正のために，更正の登記を申請することができる。
　　(エ)　建物または附属建物が区分建物である場合のその属する1棟の建物の構造および床面積(44条1項7号)　　建物または附属建物が区分建物である場合は，その建物または附属建物の属する1棟の建物の表示事項として，その1棟の建物の構造および床面積が表題部の1棟の建物の表示欄に記録されるが，その構造または床面積の記録に登記された当初から誤りがありまたは遺漏しているときは，その是正のため更正の登記を申請することができる。
　　(オ)　建物または附属建物が区分建物である場合のその属する1棟の建物の名称(44条1項8号)　　建物または附属建物が区分建物である場合，当該建物または附属建物が属する1棟の建物に名称があるときは，建物の表題部の登記記録中にその名称が登記されるが，登記の際の誤記また遺漏により誤りがある場合には，その是正のため更正の登記を申請することができる。
　　(カ)　敷地権に関する事項(44条1項9号)　　区分建物において敷地権があるときは，当該区分建物の表題部に敷地権に関する事項が記録される。敷地権の表示について，錯誤，遺漏による誤りがある場合には，その是正のための更正登記を申請することができる。なお，敷地権の表示に関する更正登記は，①敷地権の表示自体の遺漏についての更正，②敷地権の目的である土地の表示に関する錯誤や遺漏に起因する更正，さらに，③そもそも存在しない敷地権について表示がなされた場合の更正がある。
　　　(a)　敷地権の表示自体の遺漏についての更正の登記　　更正の登記により新たに敷地権を表示する登記がされた場合において，区分建物についての所有権または特定担保権(一般の先取特権，質権または抵当権)に係る権利に関する登記がされているときは，当該権

利の対象が区分建物のみであることを公示する必要がある。そこで登記官は，所有権の登記を除き，当該権利に関する登記についてする付記登記によって当該権利が建物のみに関するものである旨を記録しなければならない(規則123①本文)。

ただし，特定担保権に係る権利に関する登記であって，その登記の目的等が，当該敷地権についてされた特定担保権に係る権利に関する登記の目的等と同一であるときは，敷地権の表示の登記が当該建物のみに関する旨の付記登記をすることを要しない(同ただし書)。この場合には，登記官は，職権で，当該敷地権についてされた当該特定担保権に係る権利に関する登記を抹消し，その土地の登記記録の権利部の相当区に「規則第123条第2項の規定により抹消する」旨およびその年月日を記録する(同②)。

(b) 敷地権の目的である土地の表示に関する更正登記　1棟の建物の表題部に記録される敷地権の登記事項(敷地権の目的である土地の所在とその地番)，各区分建物の表題部に記録される登記事項(敷地権の目的たる土地の符号，地番，地目，地積，敷地権の生じた登記原因とその日付，敷地権の種類，割合)に誤記または遺漏がある場合は，その是正のために更正の登記を申請することができる。

(c) 元来存在しない敷地権の表示がなされた場合の更正の登記　敷地権たる要件の充足がないのに，敷地権の表示が登記がされてしまった場合には，当該区分建物を含む1棟の建物の表題部にされた敷地権に関する登記事項につき是正(抹消)のため更正登記の申請ができる。誤りが一部の区分建物についての表題部に存する場合には，それに関する部分の登記事項につき更正登記の申請ができる。

登記官は，敷地権の不存在を原因とする区分建物の表題部に関する更正の登記をしたときは，当該存在しない敷地権の対象とされていたその土地の登記記録の権利部の相当区に，敷地権の更正の登記により敷地権を抹消する旨およびその年月日を記録し，敷地権である旨の登記を抹消しなければならない(規則126①)。

(舟橋　哲)

(執筆協力：下川健策)

(建物の分割, 区分又は合併の登記)
第54条 次に掲げる登記は, 表題部所有者又は所有権の登記名義人以外の者は, 申請することができない。
(1) 建物の分割の登記(表題登記がある建物の附属建物を当該表題登記がある建物の登記記録から分割して登記記録上別の1個の建物とする登記をいう。以下同じ。)
(2) 建物の区分の登記(表題登記がある建物又は附属建物の部分であって区分建物に該当するものを登記記録上区分建物とする登記をいう。以下同じ。)
(3) 建物の合併の登記(表題登記がある建物を登記記録上他の表題登記がある建物の附属建物とする登記又は表題登記がある区分建物を登記記録上これと接続する他の区分建物である表題登記がある建物若しくは附属建物に合併して1個の建物とする登記をいう。以下同じ。)
② 共用部分である旨の登記又は団地共用部分である旨の登記がある建物についての建物の分割の登記又は建物の区分の登記は, 所有者以外の者は, 申請することができない。
③ 第40条の規定は, 所有権等の登記以外の権利に関する登記がある建物についての建物の分割の登記又は建物の区分の登記をするときについて準用する。

＊旧法関係……①②旧法93条ノ8第1項・第4項, ③旧法96条, 96条ノ2第1項・第2項
＊関連法規……①(合併の禁止)準則86条, ③(建物の分割の登記における表題部の記録方法)規則127条〔→(分割の登記の記録方法)準則96条, (地図等の変更の方法等)準則16条〕, (建物の分割の登記における権利部の記録方法)規則128条, (建物の区分の登記における表題部の記録方法)規則129条〔→(区分の登記の記録方法)準則96条, 準則97条, (地図等の変更の方法等)準則16条〕, (建物の区分の登記における権利部の記録方法)規則130条

I 本条の趣旨

本条は, 建物の分割, 区分, 合併の登記手続について定める。1項において, 建物の分割, 区分, 合併の登記は, 表題部所有者または所有権の登記名義人以外の者は申請できない旨を定めるとともに, 「分割」・「区分」・「合併」の定義を定める。2項においては, 共用部分である旨の登記または団地共用部分である旨の登記がある建物についての建物の分割の登記または建物の区分の登記は, 所有者以外の者は申請することができない旨を定める。さらに3項においては, 所有権等の登記以外の権利に関する登記がある建物についての建物の分割の登記または建物の区分の登記をする場合には, 法40条(分筆に伴う権利の消滅の登記)の規定を準用することを定める。

II 建物の分割，区分または合併の登記
1 建物の分割，区分または合併の定義および要件

(1) **建物の分割** 「建物の分割」とは，表題登記のある建物(主たる建物)の附属建物を当該表題登記のある建物の登記記録から分割し，登記記録上，別々の1個の建物とすることをいう。これには主たる建物とその附属建物が1個の建物として登記されている場合に，当該附属建物を主たる建物の登記記録から分割する場合と，区分建物である主たる建物と附属建物(区分建物または非区分建物)が1個の建物として登記されている場合に，当該附属建物を主たる建物の登記記録から分割する場合がある。なお，建物の分割とは，必ずしも現物の物理的な工事(例えば，長方形の建物を半分に切断する)を伴うものではない。

(2) **建物の区分** 「建物の区分」とは，もともと区分建物の目的たりうる複数戸からなる1棟の非区分建物(例えば，「賃貸マンション」)または附属建物の区分建物となりうる部分を区分することによって，区分所有権の目的たる専有部分とし，二以上の区分建物とすることをいう。

「区分して」という場合としては，第1に，人為的に障壁を造り，二以上の建物とする場合がある。例えば，長方形の登記された倉庫の中央に壁を造り，2区画として，2個の専有部分を有する区分建物とする場合などである。第2に，いわゆる賃貸マンションを各戸に区分するように，一切現物の物理的な変更(工事)は伴わない場合もある。

(3) **建物の合併** 「建物の合併」とは，表題登記のある非区分建物を主たる建物とし，他の表題登記のある非区分建物または区分建物をその附属建物として1個の建物とすること(附属合併)，または互いに接続する数個の表題登記のある区分建物を併せて1個の非区分建物もしくは区分建物とすること(区分合併)をいう。

区分合併には，互いに隣接する区分建物同士の合併により1個の独立の建物とする場合と，互いに隣接する区分建物の一方がある主たる建物の附属建物である場合に，合併によって当該主たる建物の一附属建物とする場合とがある。この場合の登記はいわば形成的登記であり，登記官の処分が完了した時点で効力が生じる。

(4) **建物の分割合併** 表題登記のある非区分建物と他の表題登記のある建物の附属建物とを合併する場合，当該附属建物を一旦分割し，独立の建物とする表題変更登記(分割の登記)を行った上で，当該非区分建物と合併の登記をすることが可能である。もっとも，このような方法は煩雑であるから，建物の分割および合併を一事件とし，一の申請情報によって申請することができる。この場合の登記の方法としては，①一の附属建物を接続する他の建物に合併する，または一の附属建物を他の建物の附属建物(当該建物と接続していることを要する)に合併する(分割および区分合併)(規則136)，②一の附属建物を他の建物の附属建物に合併するもの(分割および附属合併)(規則135)，③一の建物を区分した部分を他の建物の附属建物に合併するもの(附属合併・区分合併)(規則137・138)がある。

(5) **分割・区分および合併の要件** 建物の分割，区分および合併は，建物の合体と異なり，いずれも建物所有者(表題部所有者または所有権登記名義人)の意思のみによって所

有権の客体たる建物の個数を変更するものである。それを可能とするためには，以下の要件を満たさなければならない。

　第1に，分割，区分および合併の登記は，原則として表題部所有者または所有権登記名義人によって申請されなければならず，登記官が職権でこれを行うことはできない。本条1項はこれを明らかにしたものである。また，建物が共有である場合には，共有者全員の合意を要し，共有者の1名が単独で行うこともできない。

　第2に，区分または合併しようとする建物がそれに適する状態にあることを要する。建物の区分の場合，当該区分の対象とする二以上の建物が，区分所有法が定める「建物の構造上・利用上の独立性」(建物区分1)を具備することを要するのであって，例えば，当該中高層ビルの地下に存する機械室は，たとえ住宅部分または施設部分(専有部分)の専用に供されるものであっても，構造上，利用上の独立性がない場合には，専有部分と認められない(昭38・10・22民甲2933号民事局長通達・先例集追Ⅲ1130-350)。また，共用部分である管理事務室とこれに隣接する管理人室があるマンションにおいて，当該マンションの規模が比較的大きく，区分所有者の居住生活を円滑にし，その環境保全を図るため，その業務に当たる管理人を常駐させて管理業務の遂行に当たらせる必要があり，当該管理事務室のみでは，管理人を常駐させてその業務を適切かつ円滑に遂行させることが困難である場合には，両室は機能的に分離することができず，当該管理人室は構造上の独立性があるとしても，利用上の独立性がないから，建物の区分所有等に関する法律にいう専有部分に当たらない，とされる(最判平5・2・12民集47・2・393)。

2　共用部分である旨または団地共用部分である旨の登記のされている建物の分割または区分

　本条2項により，共用部分である旨または団地共用部分である旨の登記のされている建物についての建物の分割または区分の登記の申請は，(実体上の)所有者以外の者は申請することができない(54②)。

　区分所有法4条2項は，区分所有建物の専有部分を規約により共用部分とすることができる旨を定める。また，同法67条1項は一団地内の附属施設たる建物を規約により共用部分とすることができる旨を定める。規約によって共用部分とされた区分建物または附属の建物，もしくは，規約により団地共用部分とされた団地内の附属施設たる建物(区分建物を含む)については，共用部分である旨の登記がされる(58)。

　共用部分である旨の登記がなされる場合には，当該共用部分となるべき表題部のある建物については表題部所有者に関する事項が抹消され，また，所有権の登記のある建物については，所有権その他の権利に関する登記がすべて抹消される(規則141)から，共用部分である旨または団地共用部分である旨の登記のされた建物の分割の登記，もしくはその建物の区分の登記は，当該建物の実体上の所有者の申請によらなければならない。

　表題部所有者または所有権登記名義人の申請により分割または区分の登記をした場合，

分割または区分前の建物の登記記録に，①当該申請の対象となっている共用部分である建物が，当該建物に属する1棟の建物以外の1棟の建物に属する区分所有者の共用に供せられるものである旨の登記がある場合，または，②当該申請の対象となっている当該団地共用部分が，当該団地共用部分を共用すべき者の所有する建物である旨の記録がある場合には，登記官は，分割または区分された建物の登記記録に当該登記事項を転写しなければならない(規則142)。

3 所有権等の登記以外の権利に関する登記がある建物の分割の登記および区分の登記

本条3項により，所有権等(所有権，地上権，永小作権，地役権および採石権をいう)の登記以外の権利に関する登記がある建物についての建物の分割の登記または建物の区分の登記をする場合には，40条の規定が準用される。

すなわち，その申請情報に権利に関する登記の登記名義人(抵当権の登記の場合の抵当証券が発行されているときは，その抵当証券の所持人または裏書人を含む)が，当該権利について，分割または区分後のいずれかの建物についてその権利を消滅させることを承諾したことを証する情報を提供した場合には(その消滅させる権利を目的とする第三者の権利に関する登記がされている場合には，当該第三者が承諾したことを証する情報を併せて提供することを要する)，当該権利が消滅した旨の登記がなされる(規則104①ないし③)。

III 建物の分割，区分および合併登記の申請手続
1 申請情報に記録すべき事項

分割，区分および合併の登記の申請を行う場合の申請情報には，以下の情報を記録しなければならない。

(ア) 登記の目的(令3条5号)　登記の目的として，「建物の分割」，「建物の区分」，「区分建物の分割・区分又は建物若しくは区分建物の合併」である旨を記録しなければならない。なお，登記原因およびその日付の記録は不要である。要建物の分割，区分または合併は，その登記によって効力が生じるものであって，登記原因は存在しないからである。

(イ) 添付情報の表示(規則34条1項6号)

(ウ) 申請年月日および登記所の表示(規則34条1項7・8号)

(エ) 申請人の表示(令3条1号)　申請人の表示は，申請する時点での登記記録の表題部所有者または所有権の登記名義人の表示と合致していなければならない。また，共用部分たる旨の登記のある建物または団地共用部分たる旨の登記のある建物についての分割，区分の申請にあっては，実体上の所有者を表示するが，申請添付情報である所有者を証する情報(令別表16項「添付情報」欄ロ)の表示(内容)と合致していなければならない。

(オ) 債権者の代位申請の場合は，申請者の氏名等の他，債務者たる所有者または所有権の登記名義人を表示する(令3(4))。

(カ)　代理人によって申請する場合の代理人の表示(令3(3))

(キ)　登録免許税額(規則189①)　所有権の登記のある建物の分割，区分または合併の登記にかかる登録免許税は，分割または区分された後の不動産の1個につき1000円，合併後の不動産の1個につき1000円である(登録免許税法別表第1-1-(13)イ・ロ)。所有権の登記のない建物の分割，区分または合併ついては，登録免許税は課せられない。

(ク)　建物の表示(令3(8))，分割，区分または合併前の建物および分割，区分または合併後の各建物を表示する。表示方法は以下のとおりである。
 ・分割または区分の場合　分割または区分前の建物として，表題部の建物を表示し，分割または区分後の各建物を表示する。
 ・区分の場合　区分後の建物に敷地権があるときは，その敷地権を表示する。
 ・合併の場合　合併前の建物，合併した建物を表示する。
 ・建物の分割または区分の場合　建物図面にその分割または区分後の建物について付された符号をその分割または区分後の建物の表示に付記する(区分建物でない建物の区分の場合には，区分後の建物の表示としてその属する1棟の建物をも表示する)。

2　添付情報

申請情報には，以下の情報を添付する。

(ア)　分割，区分または合併後の各建物の建物図面および各階平面図(令別表16項「添付情報欄」イ)

(イ)　代理人によって申請を行う場合には，代理権限を証する情報(令7①(2))

(ウ)　所有権の登記のある建物の合併の場合には登記識別情報(または(旧)登記済証)(22，令8①(3))および印鑑証明書(令16②)。合併後の建物の所有権の登記は職権でなされるところ，当該建物の登記識別情報を，真正な所有者に対して通知するために必要である。

(エ)　債権者代位による申請の場合には，代位原因を証する情報(令7①(3))

(オ)　分割または区分前の建物に存する所有権の登記以外の権利の名義人が分割または区分後の一部の建物の権利の消滅を承諾したことを証明する情報(54③・40)

3　分割，区分または合併の登記

建物の分割，区分または合併の登記は，以下の手順により行われる。

(1)　建物の分割の場合(規則127)

(ア)　従前の附属建物について新たに登記記録を作成し，当該登記記録の表題部に「家屋番号何番の建物から分割」した旨を記録する(規則127①)。

(イ)　従前の主たる建物の登記記録の表題部に「家屋番号何番の建物に分割」した旨および分割した附属建物を抹消する記号を記録する(規則127②)。分割により建物の所在につき変更が生じた場合には，変更後の所在，および分割により変更した旨および変更前の不動産所在事項を抹消する記号を記録する(規則127③)。

「分割により建物の所在につき変更が生じた場合」とは，例えば，非区分建物の主たる建物が，1番地上に，附属建物が2番地上に位置しているような場合において建物の分割がなされる場合をいう。

(ウ) 分割した従前の附属建物の登記記録の権利部の相当区に，従前の主たる建物の登記記録から権利に関する登記を転写し，かつ，分割の登記に係る申請の受付の年月日および受付番号を記録する。担保権については，既に共同担保目録が存するときを除き，共同担保目録を作成し，転写した担保権の登記の末尾にその共同担保目録の記号および目録番号を記録する(規則128①による規則102①の準用)。

(エ) 所有権の登記以外の権利に関する登記のされている建物の分割の登記の申請において，その権利に関する登記の登記名義人が当該分割後のいずれかの建物についてその権利の消滅の承諾を証する情報が提供されているときは，権利の消滅が承諾されている従前の建物登記記録に，その権利が消滅した旨の付記登記を行う。

分割後の従前の附属建物の登記記録には当該権利に関する登記を転写しない。分割後の従前の主たる建物について当該権利の消滅の承諾があった場合は，分割後の当該建物の登記記録の当該権利に関する登記に，「分割後の当該建物について当該権利が消滅」した旨の付記登記をし，当該権利に関する登記を抹消する記号を記録する。

(2) 建物の区分の場合

(ア) **区分建物でない登記された甲建物を区分して甲建物と乙建物とする建物の区分の登記をする場合**　区分後の各建物について新たに登記記録を作成し，各区分建物の表題部に「家屋番号何番の建物から区分」した旨を記録し，区分前の甲建物の登記記録の表題部に，「区分によって家屋番号何番および何番の建物の登記記録に移記」した旨ならびに従前の甲建物の表題部の登記事項を抹消する記号を記録し，当該登記記録を閉鎖する(規則129①・②)。

(イ) **区分建物である甲建物を区分して，甲建物と乙建物とする区分の登記をする場合**

乙建物について新たに登記記録を作成し，その表題部に「家屋番号何番の建物から区分」した旨を記録し(同③)，従前の甲建物の登記記録の表題部に，残余部分の建物の「表題部の登記事項，家屋番号何番の建物を区分」した旨を記録し，従前の甲建物の表題部の登記事項の変更部分を抹消する記号を記録する(同④)。

　　(a) **区分建物でない建物の区分の登記をする場合**　区分後の各建物の新登記記録の権利部の相当区(甲区または乙区)に，区分前の建物の登記記録から権利に関する登記(仮登記を含む)を移記し，建物の区分の登記の申請の受付の年月日および受付番号を記録する(規則130条①)。

　　(b) **区分建物である建物の区分の登記をする場合**　区分前の建物についてされている権利に関する登記について，登記官は，規則102条および104条1項の規定を準用し登記の手続をする(規則130②)。

なお，区分建物でない建物の区分の登記をした場合，区分後の建物が敷地権付き区分建

物となる場合には，敷地権の表示に関する規則123条の規定が準用される(同③)。

4 建物の合併の場合

(1) 甲建物を乙建物の附属建物とする建物の合併の登記をする場合

(ア) 乙建物の登記記録の表題部に，合併後の建物の表題部の登記事項および「家屋番号何番の建物を合併」した旨を記録し(規則132①)，合併後の建物についての所在に変更が生じたときは，変更後の所在を記録し，合併により変更した旨および変更前の不動産所在事項を抹消する記号を記録する(同②)。

(イ) 建物の登記記録の表題部に「家屋番号何番の建物に合併」した旨および従前の建物の表題部の登記事項を抹消する記号を記録し，当該登記記録を閉鎖する(同③)。

5 区分建物である甲建物を乙建物または乙建物の附属建物に合併する建物の合併の登記の場合

(ア) 乙建物の登記記録の表題部に，合併後の建物の表題部の登記事項，「家屋番号何番の建物を合併」した旨および従前の建物の表題部の登記事項の変更部分を抹消する記号を記録する(規則133①)。

(イ) 甲建物の登記記録の表題部に，「家屋番号何番の建物に合併」した旨および従前の建物の表題部の登記事項を抹消する記号を記録し，当該登記記録を閉鎖する(規則133②)。

(ウ) 合併(甲建物を乙建物の附属建物に合併する場合を除く)の登記をする場合において，合併後の建物が区分建物でなくなるときは，合併後の乙建物について新たに登記記録(区分建物でない通常の建物の登記記録)を作成し，当該登記記録の表題部に合併後の建物の表題部の登記事項および「合併により家屋番号何番の登記記録から移記」した旨を記録する(規則133③)。

「合併後の建物が区分建物でないとき」とは，いわゆる，「二軒長屋」が区分所有の建物として登記され，各区分建物の所有者が同一人である場合において合併がなされるような場合である。その2個を合併した場合(現状・利用はそのまま)，当該建物は，合併することにより，非区分建物になるということである。この場合には，合併前の乙建物の登記記録の表題部に「家屋番号何番の建物を合併」した旨，「合併により家屋番号何番の建物の登記記録に移記」した旨および乙建物についての建物の表題部の登記事項を抹消する記号を記録し，乙建物の登記記録を閉鎖する(同④)。

(舟橋　哲)
(執筆協力：下川健策)

（特定登記）

第55条　登記官は，敷地権付き区分建物（区分建物に関する敷地権の登記がある建物をいう。第73条第1項及び第3項，第74条第2項並びに第76条第1項において同じ。）のうち特定登記（所有権等の登記以外の権利に関する登記であって，第73条第1項の規定により敷地権についてされた登記としての効力を有するものをいう。以下この条において同じ。）があるものについて，第44条第1項第9号の敷地利用権が区分所有者の有する専有部分と分離して処分することができるものとなったことにより敷地権の変更の登記をする場合において，当該変更の登記の申請情報と併せて特定登記に係る権利の登記名義人（当該特定登記が抵当権の登記である場合において，抵当証券が発行されているときは，当該抵当証券の所持人又は裏書人を含む。）が当該変更の登記後の当該建物又は当該敷地権の目的であった土地について当該特定登記に係る権利を消滅させることを承諾したことを証する情報が提供されたとき（当該特定登記に係る権利を目的とする第三者の権利に関する登記がある場合にあっては，当該第三者が承諾したことを証する情報が併せて提供されたときに限る。）は，法務省令で定めるところにより，当該承諾に係る建物又は土地について当該特定登記に係る権利が消滅した旨を登記しなければならない。

②　前項の規定は，特定登記がある建物について敷地権の不存在を原因とする表題部の更正の登記について準用する。この場合において，同項中「第44条第1項第9号の敷地利用権が区分所有者の有する専有部分と分離して処分することができるものとなったことにより敷地権の変更の登記」とあるのは「敷地権の不存在を原因とする表題部の更正の登記」と，「当該変更の登記」とあるのは「当該更正の登記」と読み替えるものとする。

③　第1項の規定は，特定登記がある建物の合体又は合併により当該建物が敷地権のない建物となる場合における合体による登記等又は建物の合併の登記について準用する。この場合において，同項中「第44条第1項第9号の敷地利用権が区分所有者の有する専有部分と分離して処分することができるものとなったことにより敷地権の変更の登記」とあるのは「当該建物の合体又は合併により当該建物が敷地権のない建物となる場合における合体による登記等又は建物の合併の登記」と，「当該変更の登記」とあるのは「当該合体による登記等又は当該建物の合併の登記」と読み替えるものとする。

④　第1項の規定は，特定登記がある建物の滅失の登記について準用する。この場合において，同項中「第44条第1項第9号の敷地利用権が区分所有者の有する専有部分と分離して処分することができるものとなったことにより敷地

権の変更の登記」とあるのは「建物の滅失の登記」と、「当該変更の登記」とあるのは「当該建物の滅失の登記」と、「当該建物又は当該敷地権の目的であった土地」とあるのは「当該敷地権の目的であった土地」と、「当該承諾に係る建物又は土地」とあるのは「当該土地」と読み替えるものとする。

＊旧法関係……①旧法93条ノ16第5項、②旧法93条ノ17第3項、③旧法93条ノ12ノ2第4項、98条6項、④旧法99条ノ2
＊関連法規……(特定登記に係る権利の消滅の登記)規則125条、(敷地権の不存在による更正の登記)規則126条

I 本条の趣旨

本条は、特定登記にかかる権利の消滅を当該権利の登記名義人が承諾したことを証する情報を添付してする区分建物の変更登記(敷地権の変更の登記)の申請においては、登記官が職権で当該権利の消滅を登記できる旨を定めたものである。

II 特定登記にかかる権利の消滅の登記

1 特定登記の意義

敷地権のある区分建物においては、建物の敷地上に存する敷地利用権と区分建物たる専有部分との間に分離処分の関係が存するから、敷地権のある区分建物についてなされている権利に関する登記は、建物のみに関する付記のない限り、土地の敷地権についてされた登記としての効力を有する(73①本文)。すなわち、特定登記とは、このような効力を有する登記のうち、所有権等の登記以外の権利に関する登記をいう。

2 特定登記にかかる権利の登記を抹消することができる場合

本条は、特定登記にかかる権利の登記を抹消し得るための要件として、以下を規定している。

(1) **特定登記にかかる権利**　特定登記にかかる権利に関する登記とは、「所有権等の権利以外の権利に関する登記」のことである。これは、先取特権、質権または抵当権に関する登記、および、所有権についてなされた所有権移転または移転請求権の仮登記、所有権の抹消に関する仮登記または抹消された所有権の登記の回復の仮登記、所有権を目的とする差押、仮差押もしくは仮処分等の処分制限の登記をいう。

(2) **本条1項ないし4項に定める場合**

① 敷地権付区分建物のうち特定登記があるものについて、敷地利用権が専有部分と分離して処分することができるものとなったことにより、敷地権の変更の登記をする場合(55①)

② 特定登記がある建物について、敷地権として登記された権利が、当初から敷地権

ではなかった(敷地権が不存在であった)ことによる表題部の更正の登記をする場合(55②)
　　③　特定登記がある建物の合体または合併により当該建物が敷地権のない建物となった場合における合体による登記等または建物の合併の登記をする場合(55③)
　　④　特定登記がある建物が滅失したことによる滅失登記をする場合(55④)
　(3)　**特定登記にかかる権利の登記名義人が，当該特定登記にかかる建物または敷地権の目的である土地上の権利の消滅を承諾したことを証する情報が提供されたこと**　前記(2)記載の各登記手続を申請するに際して，特定登記の権利にかかる登記名義人が，当該特定登記にかかる権利の消滅を承諾したことを証する情報が提供されることが必要である。この情報は不動産登記規則125条において以下のものとされる。
　　①　特定登記にかかる権利の登記名義人(当該権利が抵当権である場合において，抵当証券が発行されているときは，当該抵当証券の所持人または裏書人を含む)が当該権利を消滅させることを承諾したことを証する当該登記名義人が作成した情報または当該登記名義人に対抗することができる裁判があったことを証する情報(確定判決(確定証明書))
　　②　特定登記にかかる権利を目的とする第三者の権利に関する登記があるときは，当該第三者が承諾したことを証する当該第三者が作成した情報または当該第三者に対抗することができる裁判があったことを証する情報(確定判決(確定証明書))

3　特定登記にかかる権利の消滅の登記

　前記*2*の(1)ないし(3)の要件を充足する場合，登記官は，特定登記にかかる権利の登記された建物または土地(敷地)の登記記録に，当該権利の消滅を付記登記する(規則125②・③)。
　また，併せて，敷地権に関する権利関係を土地の登記記録に公示するため，区分建物の登記記録のうち，敷地権の変更の登記としての効力を有するものを土地の登記記録に転写する(規則126②)。

(舟橋　哲)
(執筆協力：下川健策)

（建物の合併の登記の制限）

第56条 次に掲げる建物の合併の登記は，することができない。
(1) 共用部分である旨の登記又は団地共用部分である旨の登記がある建物の合併の登記
(2) 表題部所有者又は所有権の登記名義人が相互に異なる建物の合併の登記
(3) 表題部所有者又は所有権の登記名義人が相互に持分を異にする建物の合併の登記
(4) 所有権の登記がない建物と所有権の登記がある建物との建物の合併の登記
(5) 所有権等の登記以外の権利に関する登記がある建物（権利に関する登記であって，合併後の建物の登記記録に登記することができるものとして法務省令で定めるものがある建物を除く。）の建物の合併の登記

＊旧法関係……(1)旧法93条ノ8第4項，(2)新設，(3)新設，(4)旧法93条ノ9第2項，(5)旧法93条ノ9第1項

＊関連法規……（建物の合併の登記の制限の特例）規則131条，（地図等の変更の方法等）準則16条，（附属合併の登記における表題部の記録方法）規則132条〔→（附属合併の登記の記録方法）準則98条〕，（区分合併の登記における表題部の記録方法）規則133条〔→（区分合併の登記の記録方法）準則99条〕，（建物の合併の登記における権利部の記録方法）規則134条，（建物の分割の登記および附属合併の登記における表題部の記録方法）規則145条〔→（附属合併の登記における表題部の記録方法）規則132条1項・3項，（建物の分割の登記における表題部の記録方法）規則127条1項・2項，（建物の分割および附属合併の登記の記録方法）準則100条〕，（建物の分割および区分合併の登記における表題部の記録方法）規則136条〔→（区分合併の登記における表題部の記録方法）規則133条，（建物の分割の登記および附属合併の登記における表題部の記録方法）規則135条2項，（建物の分割の登記における表題部の記録方法）規則127条1項・2項〕（建物の区分および附属合併の登記における表題部の記録方法）規則137条，（建物の区分および区分合併の登記における表題部の記録方法）規則138条，（建物の分割の登記および附属合併の登記等における権利部の記録方法）規則139条

I　本条の趣旨
1　本条の趣旨

本条は，合併の登記により1個の建物とすることができない場合を具体的に示したものである。

II 建物の合併が制限される場合
1 建物の合併の意義

建物の合併とは，所有者の意思で，表題登記のある数個の建物を法律上1個の建物とすることである。合併は，所有者(表題部所有者・所有権の登記名義人に限られる)の意思によってすることができるが(54①(3))，本条各号に規定される場合においては，合併が制限される。

合併制限に違反してなされた合併の申請は却下される(25(13))。

2 合併制限

(1) **共用部分である旨の登記または団地共用部分である旨の登記がある建物の合併の登記(56(1))** 共用部分または団地共用部分である旨の登記がされている建物は，区分建物と非区分建物であるとにかかわらず，合併をすることができない。表題部に所有者が記録されていないことから，合併の登記を認めると権利関係の公示が複雑になるのを防ぐためである。

(2) **表題部所有者または所有権の登記名義人が相互に異なる建物の合併の登記(56条2号)** 建物の合併は，登記された建物の所有者の意思によって，物理的な形状の変更を伴うことなく2個の建物を1個の建物(主たる建物・附属建物)とするものである(ただし，隣接する区分建物は主従の関係を問わない)。したがって，合併しようとする2個の建物の所有者は同一の者でなければならない。また，公示上の混乱を防ぐため，実体上はこの制限に抵触するものではなくとも登記記録の表示が異なる場合には，申請をすることができない。

(3) **表題部所有者または所有権の登記名義人が相互に持分を異にする建物の合併の登記(56(3))** 共有持分が異なる建物の合併にあっては，合併後の建物について，表題部所有者の登記または「合併による所権登記」をすることができないからである。

(4) **所有権の登記がない建物と所有権の登記がある建物との建物の合併の登記(56条4号)** 所有権の登記がない建物と所有権の登記がある建物の合併の登記は，合併後の建物についての表題部所有者または単一の所有権の登記をすることができないからである。

(5) **所有権等の登記以外の権利に関する登記がある建物(権利に関する登記であって合併後の建物の登記記録に登記することができるものとして法務省令で定めるものがある建物を除く)の建物の合併の登記(56条5号)** 所有権等の登記以外の権利に関する登記がある建物であって，合併後の建物の登記記録に登記することができるものとして法務省令で定めているものとは，担保権の登記であって，登記の目的，申請の受付の年月日，および受付番号ならびに登記原因の日付が同一のものである。

合併前の建物の一部(1個)に所有権等の登記以外の権利がある場合，合併後の建物に当該権利を存続させようとすると，建物の一部についてのみ権利の公示することを認めることになり，公示が複雑となることからこれを禁止したものである。

例えば，地上権または抵当権の登記，あるいは処分の制限がなされている土地または建

物については，合併の登記をすることができない（昭35・3・31民甲712民事局長通達・先例集追Ⅲ45）。

また，所有権の仮登記のなされている土地または建物についても，合併の登記をすることができない。また，共同抵当権の目的たる土地または建物相互あるいは財団を組成する土地または建物相互の合併登記もすることができない（昭35・7・4民甲1594民事局長通達・先例集追Ⅲ223）。

(舟 橋　哲)
(執筆協力：下川健策)

（建物の滅失の登記の申請）
第57条　建物が滅失したときは，表題部所有者又は所有権の登記名義人（共用部分である旨の登記又は団地共用部分である旨の登記がある建物の場合にあっては，所有者）は，その滅失の日から1月以内に，当該建物の滅失の登記を申請しなければならない。

＊旧法関係……旧法93条ノ11
＊関連法規……（申請の催告）準則63条，（建物の滅失の登記）規則144条〔→（附属建物がある建物の滅失の登記の記録方法）準則101条，（附属建物がある主たる建物の滅失による表題部の変更の登記の記録方法）準則102条〕，（敷地権付き区分建物の滅失の登記）規則145条

Ⅰ　本条の趣旨
1　本条の趣旨
　本条は，建物が滅失した場合における，表題部所有者または所有権の登記名義人のその滅失の登記の申請義務を規定したものである。
　すなわち，登記された建物が滅失した場合，当該建物の表題部所有者または所有権登記名義人は，その滅失の事実を速やかに報告的に申請することで，登記官が登記記録を閉鎖することができるよう，滅失の日から1か月以内に建物の滅失登記を申請すべきことを定める。

Ⅱ　建物の滅失の意義
1　建物の滅失
　建物の滅失とは，建物の取壊し，倒壊，焼失などの事由により，社会通念上，建物としての効用を喪失した場合，または登記制度にいう取引の対象として扱うことのできない状態になったことをいう。

(1) 建物の滅失とされる場合　建物を一旦取り壊して再築する場合(準則83)や，建物の解体移転(同85①)は，一旦建物がその効用を完全に失うものであるから，建物の滅失および新築として取り扱うものとされている。

(2) 建物の滅失ではないとされる場合　これに対して，建物の曳行移転(準則85②)や，火災等で焼け残った鉄筋コンクリート造の建物，建物の一部取壊し等の場合には，建物の滅失とはいわない。

　なお，数個の建物を合体させて1個の建物とした場合，合体前建物は1個の所有権の客体たる性質を失うから実体法上の権利の客体が消滅したという意味では消滅であり，また，登記法上も合体後の建物についての建物の表題登記と併せて合体前の建物についての建物の表題部の登記の抹消がなされる(49)。しかしながら，この場合においては，合体前の建物の効用が合体後の建物においても維持されていること，また，合体により生じた新建物の上には合体前の建物に存した権利が存続しうる(所有権の場合には共有持分となる)ものとされていることから，合体前の建物の表題部の登記の抹消は，建物の滅失の登記とは性質を異にする。

　なお，ある建物が他の建物の附属建物となり，所有権の客体としての独立性を喪失した場合，当該附属建物は登記上1個の建物ではないものとして扱われることになる。この場合は，登記手続上は，建物の合併(54①(3))であって，建物の滅失としては扱われない。

(3) 存在しない建物の表題登記抹消　当初から不存在の建物が登記されている場合には，滅失に準じた登記がなされることになる。この場合の登記の目的は建物表題登記抹消であり，登記原因は「不存在」である。

2　滅失の登記の申請義務

　建物の滅失の登記は，表題部所有者または所有権の登記名義人が，滅失時から1か月以内に申請しなければならない。申請義務の懈怠は10万円以下の過料に処せられる(164)。

3　申請情報の記録事項(令3条，規則34条)

　建物の滅失の登記の申請をするためには，申請情報において，①登記の目的(「建物滅失登記」，「建物表示登記抹消(不存在の場合)」と記録)，②添付情報の表示，③申請年月日および登記所の表示，④申請人の表示(表題部所有者または所有権の登記名義人を表示。登記記録上の表示と一致していることが必要)，⑤代理人によって申請する場合の代理人の表示，⑥建物の表示，⑦登記原因およびその日付を記録する。

4　申請情報の添付情報

　申請情報には，①代理人によって申請する場合については代理権を証明する情報(委任状，必要に応じて，戸籍等，法人の場合はいわゆる登記簿抄本等)，②共用部分または団地共用部分である旨の登記がされている区分建物の滅失登記の場合，建物申請人が滅失した建物

の所有者であったことを証明する情報(共用部分および団地共用部分である建物については，登記記録上所有者の記載がないため)を添付しなければならない。

　建物を目的とした抵当権が設定された建物の滅失登記を申請すれば，登記官が建物の登記記録を閉鎖する(登記が完了する)ので，その権利を第三者に対抗したくても目的物自体が消滅してしまい，その抵当権自体も形式上，自ずと消滅することになる。

(舟橋　哲)
(執筆協力：下川健策)

(共用部分である旨の登記等)
第58条　共用部分である旨の登記又は団地共用部分である旨の登記に係る建物の表示に関する登記の登記事項は，第27条各号(第3号を除く。)及び第44条第1項各号(第6号を除く。)に掲げるもののほか，次のとおりとする。
　(1)　共用部分である旨の登記にあっては，当該共用部分である建物が当該建物の属する1棟の建物以外の1棟の建物に属する建物の区分所有者の共用に供されるものであるときは，その旨
　(2)　団地共用部分である旨の登記にあっては，当該団地共用部分を共用すべき者の所有する建物(当該建物が区分建物であるときは，当該建物が属する1棟の建物)
②　共用部分である旨の登記又は団地共用部分である旨の登記は，当該共用部分である旨の登記又は団地共用部分である旨の登記をする建物の表題部所有者又は所有権の登記名義人以外の者は，申請することができない。
③　共用部分である旨の登記又は団地共用部分である旨の登記は，当該共用部分又は団地共用部分である建物に所有権等の登記以外の権利に関する登記があるときは，当該権利に関する登記に係る権利の登記名義人(当該権利に関する登記が抵当権の登記である場合において，抵当証券が発行されているときは，当該抵当証券の所持人又は裏書人を含む。)の承諾があるとき(当該権利を目的とする第三者の権利に関する登記がある場合にあっては，当該第三者の承諾を得たときに限る。)でなければ，申請することができない。
④　登記官は，共用部分である旨の登記又は団地共用部分である旨の登記をするときは，職権で，当該建物について表題部所有者の登記又は権利に関する登記を抹消しなければならない。
⑤　第1項各号に掲げる登記事項についての変更の登記又は更正の登記は，当該共用部分である旨の登記又は団地共用部分である旨の登記がある建物の所

有者以外の者は，申請することができない。
⑥　共用部分である旨の登記又は団地共用部分である旨の登記がある建物について共用部分である旨又は団地共用部分である旨を定めた規約を廃止した場合には，当該建物の所有者は，当該規約の廃止の日から1月以内に，当該建物の表題登記を申請しなければならない。
⑦　前項の規約を廃止した後に当該建物の所有権を取得した者は，その所有権の取得の日から1月以内に，当該建物の表題登記を申請しなければならない。

*旧法関係……①旧法99条ノ4第2項，②③旧法99条ノ4第1項，④旧法99条ノ4第2項，⑤新設，⑥⑦旧法99条ノ5
*新法改正……平成17年4月13日法律第29号「不動産登記法等の一部を改正する法律」1条：本条1項2号一部改正
*関連法規……（共用部分である旨の登記等）規則141条，（共用部分である旨の登記がある建物の分割等）規則142条，（共用部分である旨を定めた規約等の廃止による建物の表題登記）規則143条，（共用部分である旨の登記における記録方法等）準則103条，（申請の催告）準則63条

I　本条の趣旨

　本条は，共用部分である旨の登記は団地共用部分である旨の登記（以下，「共用部分である旨の登記等」という）について，登記事項および申請すべき者，申請の方法および規約を廃止した場合の申請方法等について規定する。
　すなわち，
　1項は，共用部分である旨の登記等の登記事項について定める。
　2項は，共用部分である旨の登記等の申請者は，当該登記によって公示すべき建物の表題部所有者または所有権と登記名義人に限られる旨定める。
　3項は，共用部分である旨の登記等の申請手続において，当該申請対象となる建物上に，所有権等の登記以外の権利に関する登記がある場合には，当該権利の登記名義人の承諾を要する旨を定める。
　4項は，共用部分である旨の登記等の登記手続においては，登記官が職権で，共用部分である旨の登記と併せ，当該建物につき，表題部所有者の登記または権利に関する登記を抹消しなければならない旨を定める。
　5項は，共用部分である旨の登記等の登記事項についての変更または更正につき，申請者は当該登記の対象たる建物の所有者に限られる旨を定める。
　6項は，共用部分である旨の登記等のある建物について，当該建物を共用部分とする旨を定めた規約が廃止された場合の，当該建物所有者の表題登記申請義務について定める。
　7項は，共用部分である旨の登記等のある建物について，当該建物を共用部分とする旨

の規約が廃止された後に，当該建物の所有権を取得した者についての表題登記の申請義務について定める。

II 共用部分である旨の登記または団地共用部分
1 共用部分および団地共用部分の意義
 (1) **共用部分** 共用部分とは，区分建物の属する建物(区分所有建物)のうち，区分建物所有者の共用に供せられる，専有部分以外の建物の部分をいう。共用部分には，法定共用部分と規約共用部分の2種類がある。

 (ア) **法定共用部分** 分譲マンションを例にとれば，各戸に通ずる廊下，階段室，エレベーター，外壁等，建物の構造上区分所有者の全員またはその一部の共用に供されるべき建物の部分であり，法律上当然に共用部分とされる部分である。

 (イ) **規約共用部分** 例えばマンションの集会室のように，構造上，利用上の独立性を備え，1個の独立した所有権の対象となりうる部分(区分建物)であって，規約により共用部分とされた部分である(建物区分4②前段)また同様に，区分建物の属する1棟の建物の附属の建物または区分建物の附属の建物も，規約により共用部分とすることができる。

 (2) **団地共用部分** 例えば，一団地内に存する数棟の建物の附属建物または区分建物であって，規約によって共用部分とされた部分をいう(建物区分67①前段)。

2 共用部分および団地共用部分の所有関係
 (1) **共用部分の所有関係** 共用部分は，規約で別段の定めがない限り，区分所有者全員の共用に供される部分(全体共用部分)については，全区分所有者の共有に属し(建物区分11①本文)，区分所有者の一部の共用に供される部分(一部共用部分)は，その一部の区分所有者の共有に属する(建物区分11①ただし書)。

 共有持分は，規約で別段の定めがない限り，全体共用部分については専有部分の床面積の割合により，一部共用部分については，当該部分を共用すべき各区分所有者の専有部分の床面積の割合により配分して，各区分所有者の専有部分の床面積に参入する(建物区分14①・②)。

 この共有持分は，その共用部分の共有者の有する専有部分の処分に従い(建物区分15①)，規約で別段の定めがない限り，専有部分と分離して処分することはできない。

 廊下，階段室，エレベーターのような法定共用部分は，建物の一部(構成部分)であってそれ自体は建物ではないため，1個の建物として登記することはできないが，規約共用部分は1個の建物として登記しなければならず，その旨の登記をしなければ，規約による共用部分であることを第三者に対抗することができない(建物区分4②後段)。また，規約共用部分である旨の登記がなされた建物については，民法177条の規定の適用が排除される(区分11③)。一方，共用部分である旨の登記がされれば，表題部所有者または権利に関する登記は抹消される。

(2) 団地共用部分の所有関係 団地共用部分の所有関係については，共用部分に関する規定が準用される(建物区分67③)。すなわち，団地共用部分は団地建物所有者全員の共有に属し(建物区分11①本文)，各共有者の持分は特段の規約の定めのない限り，専有部分の床面積の割合によって定まる(建物区分14)。また，規約に別段の定めのない限り，共有持分を専有部分と分離して処分することはできない(建物区分15②)。また，登記をしなければ，団地共用部分であることを第三者に対抗することができず，団地共用部分である旨の登記がなされた建物については，民法177条の規定の適用が排除される(建物区分11③)。

III 共用部分または団地共用部分である旨の登記
1 登記事項(58条1項)
共用部分または団地共用部分である旨の登記にあって，登記事項とされるのは以下の事項である。
(1) **不動産一般に関する登記事項**
① 登記原因およびその日付
② 登記の年月日
③ その他建物を識別するために必要な事項(登記官が当該建物を識別するために必要な事項とし1個の建物ごとに記録した番号，記号その他の符号(不動産番号)(27(4)，規則90))
(2) **建物一般に関する登記事項(44条関係)**
① 当該区分建物が属する1棟の建物の所在する市，区，郡，町，村，字および土地の地番(44①(1))
② 家屋番号(44①(2))
③ 建物の種類，構造および床面積(44①(3))
④ 建物の名称があるときは，その名称(44①(4))
⑤ 附属建物があるときは，その所在する市，区，郡，町，村，字および土地の地番(区分建物である附属建物の場合は，その属する1棟の建物の所在する市，区，郡，町，村，字および土地の地番)ならびに種類，構造および床面積(44①(5))
⑥ 建物または附属建物が区分建物であるときは，当該建物または附属建物が属する1棟の建物の構造および床面積(44①(7))
⑦ 建物または附属建物が区分建物であって，その属する1棟の建物の名称があるときはその名称(44①(8))
⑧ 建物または附属建物が区分建物であって当該区分建物について敷地権があるときは，その敷地権(44①(9))
(3) **用部分である旨の登記の登記事項(58条1項1号)** 当該共用部分である建物が当該建物の属する1棟の建物以外の1棟の建物に属する建物の区分所有者の共用に供されるものであるときは，その旨。
(4) **団地共用部分である旨の登記の登記事項(58条1項2号)** 当該団地共用部分を共

用すべき者の所有する建物。当該建物が区分建物である時は、その建物の属する1棟の建物。

2 登記を申請し得る者および申請の条件

(1) 申請をなし得る者 共用部分である旨の登記または団地共用部分である旨の登記等は、当該登記の対象となる建物の表題部所有者またはその所有権の登記名義人が申請しなければならず、他の者が申請することはできない(58②)。共用部分である旨の登記は、当該共用部分について民法の定める実体法上の対抗力に影響を与えるものであるから、権利に関する登記の一種とみるべきものである。したがって、当該登記対象建物の表題部所有者または所有権登記名義人は、登記をなし得るが、申請義務はなく、また登記官が職権で共用部分である旨の登記等を行うこともできない。

(2) 当該建物上に権利を有する者の承諾 共用部分または団地共用部分である旨の登記を申請する場合、当該建物について所有権等(所有権、地上権、永小作権、地役権および採石権)の登記記録以外の権利に関する登記がされているときは、当該登記された権利の登記名義人(権利が抵当権であり、抵当証券が発行されているときは、当該抵当証券の所持人または裏書人)の承諾がなければ行うことができない。

また、当該登記された権利を目的とする第三者の権利に関する登記(または仮登記)がある場合には、その者の承諾がなければならない(58③)。それは、建物が共用部分である旨の登記等がなされる場合、当該建物についての表題部所有者の登記または権利に関する登記は、登記官の職権によって抹消されるため(58④)である。したがって、当該共用部分となる建物上に権利を有する者の承諾が必要とされるのである。

3 申請情報および申請情報に添付すべき情報

共用部分である旨の登記等については、前記 *2* に示す条件等があることから、登記申請に必要な申請情報として令3条が定めるものを記録して提供するほか、申請情報に添付する情報として、以下のものを記録し、提供しなければならない(令別表18添付情報イないしニ)。

① 共用部分である旨を定めた規約を設定したことを証する情報
② 所有権以外の権利に関する登記があるときは、当該権利に関する登記に係る権利の登記名義人(当該権利に関する登記が抵当権の登記である場合において、抵当証券が発行されているときは、当該抵当証券の所持人または裏書人を含む)の承諾を証する、当該登記名義人が作成した情報または当該登記名義人に対抗することができる裁判があったことを証する情報
③ ②の権利を目的とする第三者の権利に関する登記があるときは、当該第三者の承諾を証する当該第三者が作成した情報または当該第三者に対抗することができる裁判があったことを証する情報。当該権利が、抵当証券の発行されている抵当権であるときは、当該抵当証券

建物が共用部分である旨の登記等を行う場合、登記官は、当該建物の登記記録のうち、表題部の原因および日付の欄に共用部分である旨または団地共用部分である旨を記載し、表題部に所有者の表示のある場合にはこれを抹消し、所有権その他の権利がある場合にはこれを抹消する(58④、規則141)。

4 共用部分である旨の登記等の変更・更正

(1) 申請をなすべき者　58条1項各号に掲げる登記事項についての変更または更正の登記は、当該共用部分または団地共用部分である旨の登記がある建物の所有者が申請する(58⑤)。共用部分である旨の登記等においては、表題部所有者または所有権登記名義人が存在しないので、実体法上の所有者を申請適格者とする趣旨である。なお、共用部分である旨の登記等の変更または更正の登記は、共用部分である旨の登記等とは異なり、報告的登記であるから実体法上の所有者には申請義務があり、その懈怠には過料が科せられる(164)。

共用部分に関する登記等の登記事項について、変更・更正を申請する場合には、当該登記の対象たる建物の所有者が、当該建物の登記について、変更があった場合(例えば、増築・屋根の変更等)、そもそも錯誤もしくは遺漏があった場合は更正の登記を申請することとなる。それには、それらを証明する情報および所有権証明情報を添付して行う(令別表20添付情報欄イ・ロ)。

5 規約の廃止に伴う表題登記の申請

(1) 申請義務および申請をなすべき者　共用部分である旨の登記等がなされた附属の建物または区分建物につき、当該建物を共用部分とする旨の規約が廃止された場合には、当該建物は一般の建物となるから、かかる場合には新たに建物が生じた場合に準じて、表題登記の申請をしなければならない(58⑥・⑦)。

すなわち、当該建物の所有者(共有者)は、当該建物を共用部分とする規約が廃止された後1か月以内に建物の表題登記を申請しなければならない(58⑥)。また、規約の廃止後に当該建物の所有権を取得した者は、所有権取得から1か月以内に当該建物の表題登記を申請しなければならない(58⑦)。

(2) 登記手続　規約の廃止に基づく表題登記の申請を行う場合には、申請情報に、以下の情報を添付しなければならない(令別表21添付情報欄イ・ロ・ハ)。

① 共用部分である旨を定めた規約を廃止したことを証する情報
② 表題部所有者となる者が所有権を有することを証する情報
③ 表題部所有者となる者の住所を証する市町村長、登記官その他の公務員が職務上作成した情報
④ 敷地権に関する情報

また、新たに表題登記のなされる建物につき敷地権が存するときは、申請情報に以下の事項を記録しなければならない(令別表21申請情報欄イ・ロ・ハ)。

⑤　敷地権の目的となる土地の所在に関する情報
⑥　敷地権の種類および割合
⑦　敷地権の登記原因およびその日付

　共用部分とした規約の廃止による建物の表題登記の申請をする場合，登記官は既存の当該表題部に所有者の氏名または名称および住所ならびに所有者が2人以上であるときはその所有者ごとの持分を記録する一方，共用部分たる旨の記録を職権で抹消する記号を記録する。また，敷地権があるときは，その敷地権の内容を記録する(規則143)。

(舟橋　哲)
(執筆協力：下川健策)

第3節　権利に関する登記

＊旧法関係……節名新設

第1款　通　　則

＊旧法関係……旧法「第四章　登記手続」「第一節　通則」

（権利に関する登記の登記事項）
第59条　権利に関する登記の登記事項は，次のとおりとする。
(1)　登記の目的
(2)　申請の受付の年月日及び受付番号
(3)　登記原因及びその日付
(4)　登記に係る権利の権利者の氏名又は名称及び住所並びに登記名義人が2人以上であるときは当該権利の登記名義人ごとの持分
(5)　登記の目的である権利の消滅に関する定めがあるときは，その定め
(6)　共有物分割禁止の定め（共有物若しくは所有権以外の財産権について民法（明治29年法律第89号）第256条第1項ただし書（同法第264条において準用する場合を含む。）の規定により分割をしない旨の契約をした場合若しくは同法第九百八条の規定により被相続人が遺言で共有物若しくは所有権以外の財産権について分割を禁止した場合における共有物若しくは所有権以外の財産権の分割を禁止する定め又は同法第907条第3項の規定により家庭裁判所が遺産である共有物若しくは所有権以外の財産権についてした分割を禁止する審判をいう。第65条において同じ。）があるときは，その定め
(7)　民法第423条その他の法令の規定により他人に代わって登記を申請した者（以下「代位者」という。）があるときは，当該代位者の氏名又は名称及び住所並びに代位原因
(8)　第2号に掲げるもののほか，権利の順位を明らかにするために必要な事項として法務省令で定めるもの

＊旧法関係……(1)(2)(3)旧法51条2項，(4)旧法39条，(5)旧法38条，(6)旧法39条ノ2，(7)旧法51条3項・46条ノ2・28条ノ3・110条2項，(8)旧法16条5号
＊関連法規……（権利部の登記）規則146条，（順位番号等）規則147条，（付記登記の順位番号）規則148条

I 本条の趣旨

本条見出し書にいう「登記事項」とは，法2条6号の定義によれば「この法律の規定により登記記録として登記すべき事項をいう」。

旧不登法51条は，1項で表示に関する登記の登記事項，2項で権利に関する登記の登記事項を規定していたが，しかし，表示に関する登記のうち，表題登記の登記事項に関しては，別途旧法78条が存在していたほか，権利に関する登記に関しても，権利の消滅に関する定め(旧法38)・持分(旧法39)・共有物分割禁止の定め(旧法39ノ2)など，登記事項を定めた条文は，旧法51条以外のあちこちで規定されていた。また，旧法は，①登記制度の骨格に関する事項・②当事者の申請に関する事項・③登記官の事務処理に関する事項を一括して規定していたため，旧法51条にも，①登記制度の骨格に関する事項に属する登記事項のほか，②・③に関する規律が混在していた。

これに対して，現行不登法においては，①登記制度の骨格に関する事項のみを法律事項とし，②当事者の申請に関する事項は政令(不動産登記令)に委任し，③登記官の事務処理に関する事項は法務省令(不動産登記規則)に委任する基本方針がとられたため，旧法51条の規律のうち②登記事項に関する当事者の申請方法ならびに③登記事項に関する登記官の記載・記録方法に関する規律は取り除かれ，①に属するところの登記事項を単純列挙する体裁に改められた。その結果，現行法においては，②当事者が提供すべき申請情報の内容と，①登記簿に記載・記録されるべき登記事項の内容が，必ずしも合致しないことが明確化された(②当事者が提供した申請情報のすべてが①登記事項として登記されるわけでもなく，①登記事項のすべてを②当事者が申請情報として提供しなければならないわけでもない)。一方，現行不登法は，登記事項に関する規定を，旧法51条のように表示に関する登記・権利に関する登記を一括して規定とせず，「第4章 登記手続」「第2節 表示に関する登記」「第3節 権利に関する登記」の節下に独立別個に規定した。

また，現行不登法における登記事項に関する規定は，表示に関する登記・権利に関する登記のいずれについても，「第1款 通則」に設置されたすべての登記に共通の登記事項に関する一般規定(27・59)と，第2款以下に定められた各種登記に固有の登記事項を定めた特別規定とに分かれる。それゆえ，権利に関する登記についていえば，その登記事項は，本条(59)掲記の8つに，第2款以下に定められた7種類の各種登記(①「第2款 所有権に関する登記」，②「第3款 用益権に関する登記」，③「第4款 担保権等に関する登記」，④「第5款 信託に関する登記」，⑤「第6款 仮登記」，⑥「第7款 仮処分に関する登記」，⑦「第8款 官庁又は公署が関与する登記等」)に固有の登記事項を加えたものとなる。

II 権利に関する登記に共通の登記事項

旧法51条2項は，「事項欄ニ登記ヲ為スニハ〔①〕申請書受附ノ年月日，〔②〕受附番号，〔③〕登記権利者ノ氏名，住所，〔④〕登記原因，〔⑤〕其日付，〔⑥〕登記ノ目的〔⑦〕其他申請書ニ掲ケタル事項ニシテ登記スヘキ権利ニ関スルモノヲ記載シテ登記官捺印スルコトヲ要

ス」と規定していた。現行不登法において、①・②は本条(59条)2号、③は4号、④・⑤は2号、⑥は1号、⑦は6号〜8号に規定されている。

　登記事項は、登記簿に記録事項すなわち公示の対象として広く国民による権利関係の把握・調査の便宜に供されるものであるから、一方において、その内容は他の権利関係との混同を来さない程度に特定されていなければならず、他方において、その記載・記録は簡決・明瞭でなければならない。

　一方、これに対応して、申請人の側では、「〔①〕不動産を識別するために必要な事項、〔②〕申請人の氏名又は名称、〔③〕登記の目的〔④〕その他の登記の申請に必要な事項として政令で定める情報(以下「申請情報」という。)を登記所に提供……しなければならない」(18柱書)。そして、これらの申請情報につき、登記官の側では、②については本条4号の登記事項として、③については本条1号の登記事項として、④については本条2号・3号・5号〜8号の登記事項として、登記簿に記録することとなる。

1　登記の目的(本条1号)

　「登記の目的」とは、終局登記(本登記)に関していえば、3条各号に掲げる9種類の権利の別と、3条柱書に掲げられた6種類の権利変動等の別(「権利の保存等(保存、設定、移転、変更、処分の制限又は消滅をいう。次条第2項及び第105条第1号において同じ。)」)を組み合わせたものをいい、その表示方法は、「所有権保存」「所有権移転」「A持分全部(一部)移転」「地上権設定」「何番抵当権抹消」のようになる。なお、上記3条柱書にいう「変更」は、「更正」と狭義の「変更」の両者を含むから、付記登記(4)における登記の目的の表示方法は、「何番登記名義人表示変更」「何番所有権更正」のようになる。一方、仮登記にあっては、上記3条各号の権利(105条1号仮登記)のほか、3条各号の権利の保存等に関する請求権(105条2号仮登記)を保全することが登記の目的となり、その表示方法は、「甲区何番仮登記所有権の抵当権設定仮登記」「甲区何番仮登記所有権の抵当権設定請求権仮登記」のようになる。

　なお、申請人が申請情報に記載・記録した登記の目的が、登記事項の目的であるところの公示としての特定性・明確性を欠く場合には、登記官は、25条2号(「申請が登記事項(他の法令の規定により登記記録として登記すべき事項を含む。)以外の事項の登記を目的とするとき」)あるいは25条6号(「申請情報の内容である不動産又は登記の目的である権利が登記記録と合致しないとき」)の却下事由に基づき、当該申請を却下する。

2　申請の受付の年月日および受付番号(本条2号)

　登記官は、申請の受付をしたときは、当該申請に受付番号を付さなければならず(19③)。なお、受付番号は1年ごとに更新される。平3・3・29民三2139民三課長依命通知・先例集追Ⅷ197)、登記を受付番号の順序に従ってしなければならない(20)。それゆえ、受付年月日と受付番号は、権利そのものの優先順位を知るための重要な要素となるため(なお、本条8号には「第2号に掲げるもののほか、権利の順位を明らかにするために必要な事項」との表現がある)、登記

事項とされている。

3 登記原因およびその日付(本条3号)

　登記原因とは,「登記の原因となる事実又は法律行為をいう」(5②)。通説的見解によれば,わが国の登記制度は,現在の権利状態にとどまらず,権利変動の過程および態様も公示の客体とする建前をとっているとされる。また,仮にわが国の登記制度における公示の客体を,現在の権利状態のみを公示する制度と捉えたとしても,5条2項ただし書や73条のように,登記原因およびその日付が,登記の効力や実体的な権利関係の優先順位の基準となる場合もある。

　登記は,3条各号に掲げる9種類の権利の保存・設定・移転・変更・処分の制限・消滅についてなされるから,登記名義人の氏名や住所の更正・変更の登記のように,実体的な権利変動をもたらさないものについても,登記原因およびその日付が登記事項となる(「○年○月○日錯誤」「○年○月○日住所移転」「○年○月○日住居表示実施」など)。なお,所有権の保存登記については,登記原因およびその日付を登記することを要しない旨の特則があるが(76①本文),ただし,敷地権付き区分建物の取得者が保存登記をする場合には,敷地権の移転原因を公示する目的から,登記原因およびその日付が登記事項となる(76①ただし書)。

　登記簿の登記記録として公示されるべき登記原因は,一方において,他の権利変動原因等と明瞭に区別できる程度に特定されたものでなければならない。民法176条の物権変動原因事実たる「意思表示」につき,通説・判例は債権行為・物権行為の独自性否定説に立っているから,通常の物権変動の場合,登記原因は「売買」「贈与」等となり,物権行為たる「譲渡」は登記原因たり得ない。したがって,「遺産分割による代償譲渡」なる登記原因を申請情報として提供した登記申請は却下される(平21・3・13民二646民二課長通知・民月64・5・221)。これに対して,「抵当権の譲渡」「債権譲渡」のように,他の変動原因と区別可能な程度に特定しているものは,公示の要請を害さないので,登記事項として適切な登記原因たり得る。

　しかし,その一方において,公示方法たる登記簿の記載・記録事項は,簡潔・明瞭であることを要することから,例えば物権変動が無名契約から発生した場合に,登記原因として当該無名契約の法的性質を詳細に記載・記録することもまた公示の要請を害することとなる。それゆえ,無名契約の場合には,その法的性質を特定できる程度に,類似する典型契約を登記事項の登記原因として記載・記録して差し支えない(上記「遺産分割による代償譲渡」に関していえば,有償なら「遺産分割による売買」,無償なら「遺産分割による贈与」となる)。

　その他,登記事項たる登記原因として認められるかどうかは,従前からの登記実務の扱いに左右されている部分も多く,例えば契約解除を理由とする所有権移転登記の抹消の場合の登記原因は,合意による解除の場合には「合意解除」であるが,それ以外の場合には単に「解除」と記載・記録する(昭31・6・19民甲1247民事局長通達・先例集追Ⅰ623)。一方,実務では抹消登記に代えて移転登記の方法で登記名義の回復を行うことが認められているが,

この場合の登記原因は「真正な登記名義の回復」である（昭39・2・17民三125民三課長回答・先例集追Ⅳ10，昭39・4・9民甲1505民事局長回答・先例集追Ⅳ106）。

なお，登記名義人の氏名等の変更の登記の登記原因は，「婚姻」「離婚」等ではなく，ただ単に「氏名変更」と記載する（平21・2・20民二500号民事局長通達『不動産登記記録例集』〔テイハン・2009〕〔599〕433頁）。

一方，登記原因の「日付」とは，登記の原因となった事実または法律行為の日付ではなく，当該事実または法律行為に基づいて権利変動が生じた日付を指す。民法176条の「意思表示」による物権変動時期に関して判例・通説は契約時移転説をとるが，実際には物権変動時期に関する特約等が付されている場合が多いため，登記原因の日付は，契約時ではなく物権変動の日となる。なお，錯誤を原因とする抹消登記の場合には，錯誤の日付は登記申請時となることから，日付は不要とされる。「真正な登記名義の回復」を原因とする所有権移転登記についても，同様に日付は不要とされる。時効取得を原因とする所有権移転登記の登記原因の日付は，時効の遡及効に関する規定（民144）に従い，起算日（占有開始時）とされるが，遺産分割による持分全部移転登記の原因日付は，遺産分割の成立日とされる。また，農地法3条の許可を停止条件とする農地売買において，許可が下りた後の所有権移転登記の登記原因の日付は，許可の日とされる（昭32・4・2民甲667民事局長通達・先例集追Ⅱ75）。

4 登記権利者の氏名・名称および住所，登記名義人複数の場合の持分（本条4号）

当該不動産の現在の権利者が誰であるかは，公示制度としての根幹の情報であることから，登記権利者の氏名（自然人の場合）または名称（法人の場合）および住所の記載・記録が登記事項とされている。ただし，地役権の登記については，地役権は土地（要役地）に付着した権利であるから，登記権利者の氏名・名称および住所は登記事項とならない（80②）。また，登記義務者の氏名・名称および住所についても，直前の登記の登記権利者として登記されているので，登記事項とはされていない。これに対して，登記申請の際に提供すべき申請情報の内容としては，登記権利者のみならず登記義務者の氏名・名称および住所も必要となる（令3(1)）。

自然人の氏名に関しては，戸籍簿に記録されたとおりの漢字表記等にて登記される。胎児の場合には，「亡A妻B胎児」とし（平21・2・20民二500民事局長通達『不動産登記記録例集』〔191〕187頁），生きて生まれた場合には登記原因・日付を「○年○月○日出生」とする戸籍名への氏名変更登記を行い，死産の場合には登記原因を「錯誤」とする（日付なし）相続登記の更正を行う（平21・2・20民二500号民事局長通達『不動産登記記録例集』〔240〕216頁，〔602〕434頁）。法人の名称は，定款ないし商業・法人登記に記載・記録された名称（一般法人法上の法人の場合）・商号（会社に関しては商号が名称となる。会社6）が登記事項となる。

一方，住所は，自然人の場合には生活の本拠であるが（民22），印鑑証明書その他の添付情報の住所地が住民票に記載・記録された住所であることから，住民票に記載・記録され

た住所を登記簿に記載・記録することになる。他方，法人の住所は，一般法人法上の法人に関しては主たる事務所の所在地(一般法人4)，会社に関しては本店の所在地(会社4)である。

また，登記名義人が2人以上であるときは，当該権利の登記名義人ごとの持分も登記事項となる(旧法39条は申請情報としてこれを要求していた)。なお，共同所有の3類型のうち，総有については持分が観念できないので，権利能力なき社団の財産を構成員全員の名義で登記する場合には，持分の記載・記録はあり得ない。これに対して，合有については，潜在的ながらも持分を観念できるが，現行不登法の立法担当者は，受託者が2名以上ある信託財産(信託法79条により合有とされる)の登記についても，持分は登記事項とならないとする(清水・Q&A 195頁)。この見解に従えば，同じく合有とされる組合財産に関しても，持分は登記事項とならないことになろう。

5 権利の消滅に関する定め(本条5号)

本号は，旧法38条が当事者に対して申請書の記載事項として要求していたところのものを，登記簿の記載・記録事項の体裁に改めたものである。「権利の消滅に関する定め」とは，解除条件や終期の定めを指すが，しかし，登記能力のある権利のすべてに関して，かかる定めを登記することができるかについては，旧法以来争われている。

まず，所有権(3(1))につき，その消滅に関する定めを登記することができるかに関しては，旧法下では，肯定・否定の両説が対立していたが(吉野・注釈(下)172頁以下参照)，旧法38条の規定は「登記原因ニ登記ノ目的タル権利ノ消滅ニ関スル事項ノ定アルトキハ」というものであったから，所有権移転の発生原因事実たる売買・贈与・遺贈等の法律行為の付款として，解除条件や終期の定めを付すことができる，との解釈を導くことができ，旧法下の先例も肯定説に立っていた(明32・12・28民刑2059民刑局長回答・先例集上130，昭32・9・21民甲1849民事局長回答・先例集追Ⅱ169)。これに対して，現行不登法59条5号では「登記原因ニ」の文言が削除されていることから，解除条件や終期の定めは権利そのものに関して付されるものを指すと解釈せざるを得ず，近代法は有期の所有権を認めない建前をとっていることから(所有権の永久性)，所有権に関しては「権利の消滅に関する定め」を観念できないようにも思われる。しかし，所有権移転の原因事実に付された解除条件・終期を登記事項とし，第三者効力が認められれば，例えば後継ぎ遺贈における遺贈者Aから第1次受遺者Bを経て第2次受遺者Cに至る財産承継は安定する(AB間の第1次遺贈につきBの死亡等の終期が公示されれば，AC間の第2次遺贈に関してはBの死亡を始期とする請求権保全仮登記(105(2))は認められるので，Bの生前の権利保護ならびにB死亡後のCの権利確保は図られる)。

3条2号～9号の権利のうち，地上権・永小作権・賃借権・採石権に関しては，存続期間の定めが登記事項とされているから(78(3)・79条(2)・81(2)・82(1))，解除条件・終期の定めを存続期間の定めとして登記することができる。ただし，借地権たる地上権・賃借権(借

地借家2(1))に関して，借地借家法3条は最低存続期間を30年としていることから，同条の期間を満たさない解除条件・終期の定めは存続期間の定めとして登記できない。問題は，存続期間の定めが登記事項とされていない地役権・先取特権・質権・抵当権も含めて，解除条件・終期の定めを59条5号の「権利の消滅に関する定め」として登記することができるかであるが，所有権に関して肯定説をとるならば，これら制限物権や特別法上の物権につき否定に回る理由は見当たらない。

なお，解除条件・終期の定めが「登記原因ニ」付された付款であることが文言上明確であった旧法においては，買戻特約と同様，登記原因たる法律行為と別個の法律行為で権利の消滅の定めをしても，その特約には登記能力がないとされていた(吉野・注釈(下)178頁)。これに対して，「登記原因ニ」の限定のない現行59条5号の下では，登記原因たる契約とは別個に行った権利の消滅の定めも登記できるように読めるが，この点に関する現行不登法の立法担当者の立場は不明である。

6　共同所有の目的物に関する分割禁止の定め(本条6号)

共同所有の3類型のうち，共有および準共有にかかる物もしくは権利につきなされた不分割特約(民256①ただし書)は，登記事項とされる(登記簿の記載・記録は「原因○年○月○日特約」「特約○年間共有物不分割」となる)。遺言による遺産分割の禁止(民907①・908)，家庭裁判所による遺産分割禁止の審判(民907③)についても同様である。これに対して，合有および総有においては，そもそも構成員に分割請求権が認められていないので，不分割の定めを問題にする余地がない。

共有物分割禁止特約の法的性質に関しては，共有者間の債権的な特約にすぎない(ただし共有者間の債権も特定承継人に対して行使できるので(民254)登記事項とされている)と解する見解もあるが(吉野・注釈(下)187頁)，民法学説の多くは，特約の効果を物権的なものと解するようである。また，旧法下では，共有物分割禁止特約の登記が，処分の制限の登記か，権利の変更の登記かにつき争いがあったが，現行不登法は，これを権利の変更の登記として位置づけた(65)。

7　代位の登記における代位者の氏名・名称および住所ならびに代位原因(本条7号)

民法の定める債権者代位権(民423)を用いた登記の申請や，不登法の定める代位による信託の登記の申請(法99)，その他の法令の規定(国土調査法32の2，土地改良登記令2，土地区画整理登記令2，農地法による不動産登記に関する政令8，入会林野等に係る権利関係の近代化の助長に関する法律による不動産登記に関する政令2，都市再開発法による不動産登記に関する政令2，農業経営基盤強化促進法による不動産登記に関する政令2，マンションの建替えの円滑化等に関する法律による不動産登記に関する政令2，密集市街地における防災街区の整備の促進に関する法律による不動産登記に関する政令2など)により，本来の申請人に代わって登記を申請す

ることが認められる場合には，この者(代位者)の法律上の地位が，登記の有効性に影響を与えるため，その氏名・名称および住所と，代位原因(およびその日付)が登記事項となる。

8 権利の順位を明らかにするために必要な事項として法務省令で定めるもの(本条8号)

「権利の順位を明らかにするために必要な事項」とは，具体的には順位番号と符号の2つである。

旧法は，登記簿の体裁に関する規定を設置していたが(旧法16①「登記簿ハ其ノ用紙ヲ表題部及ヒ甲乙ノ二区ニ分チ各区ニ事項欄，順位番号欄ヲ設ク但甲区及ビ乙区ニ付テハ記載スベキ事項ナキトキハ之ヲ設ケザルコトヲ得」・②〜⑤略，旧法16ノ2)，現行不登法は，登記簿の記録方法その他の登記の事務に関し必要な事項は法務省令で定めることとしたため(法15)，順位番号も，省令事項に移動した(規則147)。

現行不動産登記規則において，順位番号は，「〔規則〕第147条第1項の規定により権利部に記録される番号をいう」と定義され(規則1(1))，規則147条1項はこれを「権利部の相当区に登記事項を記録した順序を示す番号」と規定する。

一方，同順位である2以上の権利に関する登記においては，順位番号に当該登記を識別するための符号((あ)(い)……)が付される(規則147②)。

なお，不動産登記令において，法第59条8号の規定により権利の順位を明らかにするために必要な事項として法務省令で定めるものは「順位事項」と呼ばれ(令2(8))，先取特権の保存の登記(令別表42ロ(3))，質権設定・転質の登記(令別表46ハ(3))，根質権の設定の登記(令別表47ホ(3))，質権の担保設定・譲渡・放棄の登記(令別表49ハ(3)・ヘ(3))，抵当権の設定の登記(令別表55ハ(3))，根抵当権の設定の登記(令別表56ニ(3))，抵当権の担保設定・譲渡・放棄の登記(令別表58ハ(3)・ヘ(3))，土地収用による所有権の移転の登記(令別表74)の場合には，当事者が登記所に提供すべき申請情報の内容となる(それ以外の場合には，順位番号・符号は，登記事項ではあるが，申請情報の内容ではない)。

(七戸克彦)
(執筆協力：加藤政也)

(共同申請)
第60条 権利に関する登記の申請は，法令に別段の定めがある場合を除き，登記権利者及び登記義務者が共同してしなければならない。

＊旧法関係……旧法26条

I 本条の趣旨

現行不登法は，オンライン申請制度の導入に伴い，出頭主義および共同申請主義を規定していた旧不登法26条の規定のうち，出頭主義の部分を廃止した。本条は，残る共同申請主義に関する規律部分を維持・承継した規定である。

旧不登法26条の立法過程においては，明治19年旧登記法(明23年改正規定)8条1項，ドイツ民法第1草案828条・833条1項，第2草案794条1項・796条1項，ドイツ不動産登記令19条2項の諸規定が参照されている(「法典調査会不動産登記法案議事筆記」法務大臣官房司法法制調査部(監修)『日本近代立法資料叢書26』〔商事法務・1986〕69頁)。これらのうち，旧登記法明治23年改正8条1項は，明治19年原始規定(売買譲与に関する14条1項と質入書入に関する21条1項に分けて規定されていた)を統合したものであり，明治19年原始規定は1872年プロイセン所有権取得法に由来し，他方，上記ドイツ民法・ドイツ不動産登記令の規定もまた同法を継受したものであるから，いずれの参照条文との関係でも，本条がプロイセン法起源であることに変わりはなく，旧不登法26条の原案30条の趣旨説明に当たった田部芳も，「抑モ此登記ニ付テハ承諾主義ヲ採用シタリ即独逸ノ『こんぜんす，ておりー』ノ主義ニ倣ヒタリ」と述べている。

1 出頭主義・共同申請主義の沿革

上記旧不登法の立法担当者にいう「独逸ノ『こんぜんす，ておりー』」〔Konsenstheorie；Konsensprinzip(合意主義)〕あるいは「承諾主義」〔Bewilligungsprinzip(許諾主義)〕とは，以下のようなものである。

ドイツの不動産物権変動法制は，所有権移転の仮装訴訟の歴史的系譜を色濃く残している。すなわち，中世における所有権移転は，譲受人を原告，譲渡人を被告とする仮装訴訟によって行われていた。これは，裁判制度を通じて封建的な土地コントロールを行おうとする国王・封建領主の思惑と，不可争性(絶対的証拠力)を有する裁判証書を具備することで証拠保全を図ろうとする当事者のニーズとが結びついた結果である。そして，ドイツにおいては，その後の土地取引の活発化により，この仮装訴訟を専門に取り扱う裁判所が，通常の裁判所から独立した。それが現在の登記所であり，ドイツの登記手続(およびこれを継受した日本の戦前の登記手続)が，裁判所管轄の非訟事件手続であるのは，そのためである。また，この仮装訴訟専門の裁判官が登記官へと発展し，その判決証書原本が登記簿へ

と発展した。

　登記申請における出頭主義も，この仮装訴訟における両当事者の裁判所への出頭に由来するが，一方，裁判所に出頭した両当事者が裁判官の面前で行う請求と請求の認諾の陳述は，その後，次の2つの性格を有するものと理解されるようになった。その1は，登記申請の手続的要件としての登記官に向けられた公法行為としての意思表示であり(共同申請主義)，その2は，物権変動の実体的要件としての両当事者の合意である(物権的合意ないし物権契約)。すなわち，共同申請の意思表示と物権的合意(物権契約)とは，元来同一物であって，それを手続法(登記法)の側面から理解するか，実体法(民法)の側面から理解するかの違いにすぎない。

　上記旧不登法の立法担当者の発言のうち「独逸ノ『こんぜんす，ておりー』」(合意主義)とは，以上の手続のうち，仮装訴訟(物権変動)の当事者が裁判所(登記所)に出頭して裁判官(登記官)の面前で行う請求と請求認諾に由来する共同申請ないし手続法的側面と実体法的側面の未分化な合意を念頭に，登記ないし物権変動の要件として当事者の合意を要求する主義のことをいう。

2　ドイツにおけるその後の発展

　だが，ドイツにおいて，上記「合意主義」は，以下のように変化した。

　第1に，合意主義の実体法的側面に関して，ドイツ民法典は，所有権の移転の合意についてのみ，両当事者が登記所に出頭して，登記官の面前で行うことを要求し(この所有権移転に関する厳格形式の合意を「アウフラッスング(Auflassung)」という。ドイツ民法925条)，それ以外の一般的な物権的合意(Einigung)については，登記官の面前での合意を不要とした。さらに，所有権移転の合意(アウフラッスング)に関しても，その後の改正により，現在においては，フランス法と同様，公証人の面前で(債権的合意と同時に)所有権移転の合意を行い，その公正証書を登記所に提出する方法が認められているが，わが国の物権法教科書においては，このドイツ法の改正を知らず，依然として過去の法制度を今日のドイツ法の立場として説明しているものが多い。

　第2に，合意主義の手続法的側面に関しても，ドイツ不動産登記令は，共同申請主義を棄てて，登記義務者の承諾書を添付して登記権利者が単独申請を行う法制を採用した。両当事者を出頭させ，登記官が裁判官的な実質的審査を行う共同申請主義は，当事者・登記官の双方にとって負担が大きく，登記事務の遅延を招いたため，すでに当時のドイツの領邦(ラント)では，代理申請を認める一方，登記官の審査を書面審査に切り替えていたため，出頭主義と共同申請主義は形骸化していたからである。

3　わが国の法制度の欠陥

　これに対して，明治32年旧不登法は，①登記官の裁判官的な審査を念頭に置く制度である出頭主義・共同申請主義を採用しながら，登記官の審査方法を形式的な書面審査とし，

その一方で，②登記官の形式的審査に供される書面につき，フランスや現在のドイツのように，公証人その他法律専門職を介在させることをしなかった。その結果，わが国においては，登記申請に関する実質的審査機関が欠けた状態となっている。わが国の登記が実体関係を反映する蓋然性が低いのは，そのためである。平成16年現行不登法の制定過程においては，新法制定を期に，②登記官の形式的審査に供される書面につき，真実性担保のための措置を講ずるべきとの主張もなされたが，立法過程における審議は，当時政府が強力に推進していたe-Japan戦略に基づくオンライン申請制度の導入に追い立てられ，登記原因証明情報の必須的提供(61)を除けば，書面(現行法では情報)の真実性向上のための抜本的改革まで手が回らなかった。

なお，平成16年現行不登法は，出頭主義の廃止に伴い，登記官の対面審査に関する規定を新設した(24)。だが，同条の規定する実質的審査の対象は，もっぱら本人確認に限定され，登記申請意思については，対面審査の対象とされていない。訴訟における本人の出廷が，単なる本人確認のためだけではないのと同様，仮装訴訟に由来する登記申請の出頭主義もまた，本人確認のみならず，当事者の登記申請意思を確認する機能を営むとされていた(林=青山・注解183頁[山田誠一])。

一方，平成16年現行不登法の立法過程においては，共同申請主義についても，これを廃止し，ドイツ法と同様，登記義務者の承諾書を添付した登記権利者の単独申請に移行すべきとの見解も主張されたが，この立場は，結局採用されなかった(清水・Q&A 198頁)。

II 共同申請の原則

登記手続の開始原因については，当事者による申請主義(官公署の登記に関しては嘱託主義)がとられているが(16)，表示に関する登記については，①登記官の職権による登記が認められており(28)，また，申請による登記の場合でも，②表題部所有者(2(10))または所有権の登記名義人(2(11)参照)ならびにその一般承継人(30)による単独申請となる。これに対して，権利に関する登記につき，現行不登法は，上記(I)のような理由から，旧法以来の共同申請主義を維持したが，現行法60条と旧法26条とでは，出頭主義の廃止以外にも，以下の点に相違がある。

1 「共同して」

現行不登法60条には，旧法26条には存在しなかった「共同して」の文言が加えられ，共同申請の趣旨が明確化された。しかしながら，ここにいう「共同して」とは，ただ単に，登記所に提出・提供される申請書・申請情報の申請人の記載が，登記権利者単独ではなく，登記権利者・登記義務者の両名であることを意味するにとどまり，登記権利者・登記義務者がそれぞれ署名・電子署名の付された申請書・申請情報を登記所に提出・提供するわけではない(オンライン申請につき，清水・Q&A 198頁参照)。多くの場合，実際の登記所への提出・提供は，登記権利者側が単独で行う。それゆえ，現行法における共同申請主義とは，

結局，申請書・申請情報の申請人として誰を記載・記録するかという，単なる書面・情報の体裁の問題にすぎないともいえる。

2 代理申請

一方，旧法26条には「登記権利者及ヒ登記義務者又ハ其代理人」とあったところ，現行不登法60条には「其代理人」の文言がない。もちろん現行法は代理申請を認めているが，現行法において，「代理人」の文言は，登記申請の任意代理権の不消滅を定めた17条において唐突に登場するのであり，表示に関する登記・権利に関する登記につき，代理申請が認められる旨の条文，あるいは登記申請に関する代理権の発生原因(法定代理・任意代理)を定めた条文は，存在しない(これに対して，不動産登記令の条文は，旧法26条と同様，申請人のほかに代理人を並列して掲げる書きぶりとなっている。令12条1項・13条1項・16条1項「申請人又はその代表者若しくは代理人」)。

3 登記権利者・登記義務者

旧法下では，旧法26条の定める「登記権利者」「登記義務者」の意味内容をめぐって，判例・登記実務・学説上争いが存在した。そこで，現行不登法は，2条の定義規定中に，従来の通説的見解に従った「登記権利者」「登記義務者」の定義を掲げた(2条12号「登記権利者」とは「権利に関する登記をすることにより，登記上，直接に利益を受ける者をいい，間接に利益を受ける者を除く」。13号「登記義務者」とは「権利に関する登記をすることにより，登記上，直接に不利益を受ける登記名義人をいい，間接に不利益を受ける登記名義人を除く」)。

だが，このようにして抽象的・一般的な定義を確定した場合にもなお，具体的にどのような者が「登記権利者」「登記義務者」に該当するかという，旧法以来の当てはめ問題は，依然として存在する。登記の種類ごとに，その具体例を挙げれば，次の通り。

(1) **設定の登記**　地上権・永小作権・地役権・先取特権・質権・抵当権・賃借権・採石権の設定の登記において，登記権利者は地上権者・永小作権者・地役権者・先取特権者・質権者・抵当権者・賃借権者・採石権者であり，登記義務者は設定者たる不動産所有者ないし権利者(所有権以外の権利に権利を設定する場合)である。

なお，借地借家法15条は，借地権が他の者と準共有になる場合には，自己借地権の設定を認めているため，自己借地権の設定登記においては，登記義務者(土地所有者)が同時に登記権利者(自己借地権者)となる(平4・7・7民三3930民事局長通達・先例集追Ⅷ330)。

(2) **移転の登記**　所有権・地上権・永小作権・地役権・先取特権・質権・抵当権・賃借権・採石権の移転の登記に関しては，一般に，旧権利者が登記義務者，新権利者が登記権利者となるが，客体が共有の場合，移転原因が放棄・相続(遺贈を含む)の場合，および，権利が転々移転している場合には，若干の問題が生ずる。

① 甲乙間の売買による所有権移転登記が未了のまま売主甲が死亡した場合，甲の共同相続人全員が登記義務者となる(昭27・8・23民甲74民事局長回答・先例集下1917)。一方，

甲が乙に売却した不動産を、甲の共同相続人の１人丙が遺産分割により取得し登記を経由した場合には、本来ならば、丙の登記は錯誤を原因として抹消した後に、共同相続人全員から買主乙への所有権移転登記をなすべきであるが、登記実務では、丙の登記を抹消することなく、丙を登記義務者とし、登記原因を甲乙間売買とする、丙から乙への直接の所有権移転登記が認められている(昭37・3・8民甲638民事局長電報回答・先例集追Ⅲ809)。

② さらに、登記実務は、甲名義の所有権登記がなされている不動産につき、登記権利者を乙、登記義務者を甲とし、登記原因を「真正なる登記名義の回復」とする所有権移転登記の共同申請を認める(昭36・10・27民甲2722民事局長回答・先例集追Ⅲ704、昭39・2・17民三125民三課長回答・先例集追Ⅳ10、昭39・4・9民甲1505民事局長回答・先例集追Ⅳ106)。

③ 一方、相続その他の一般承継を原因とする所有権移転登記は、相続人その他の一般承継人による単独申請であるが(62)、これに対して、包括遺贈による所有権移転の登記は、受遺者を登記権利者とし、遺言執行者または相続人を登記義務者とする共同申請による(昭33・4・28民甲779民事局長心得通達・先例集追Ⅱ261)。なお、甲が所有不動産を乙に遺贈し遺言執行者Aを指定したが、登記義務者たる遺言執行者Aが受遺者乙への登記手続をしないまま死亡し、他方、乙は不動産を丙に遺贈し遺言執行者Bを指定した場合、甲から乙への所有権移転登記は、甲の相続人を登記義務者、乙の相続人またはBを登記権利者とする共同申請により行い、乙から丙への所有権移転登記は、Bを登記義務者、丙を登記権利者とする共同申請により行う(昭43・8・3民甲1837民事局長回答・先例集追Ⅴ11)。

④ 遺贈と同様、権利の放棄も単独行為であるが、放棄による権利移転も、放棄者と権利取得者の共同申請による所有権移転登記になる(我妻栄＝有泉亨『新訂物権法(民法講義Ⅱ)』248頁は「不動産所有権の放棄は、登記官に申請して登記の抹消を〔する〕」と述べるが(舟橋諄一『物権法』53頁も同旨)、昭57・5・11民三3292民三課長回答・先例集追Ⅵ1173は、相続不動産の所有権放棄の結果、国が権利を取得する場合につき、抹消登記の単独申請を否定する)。一方、甲乙のうち甲が死亡し、甲の相続人の不存在により、甲の持分につき相続財産法人名義に変更の附記登記がなされている場合において、乙の持分の放棄による相続財産法人への帰属による当該持分移転の登記の申請は、登記権利者を亡甲の相続財産(管理人を代理人とする)、登記義務者を乙とする共同申請となる(昭31・6・25民甲1444民事局長回答・先例集追Ⅰ625)。

⑤ 共同鉱業権者の１人が死亡により脱退した場合の登記は、鉱業登録に先立ち、死亡した共同鉱業権者の相続人を登記義務者、他の共同鉱業権者を登記権利者とし、「脱退」を登記原因とする、鉱業財団の共有持分の移転登記による(昭42・3・30民甲317民事局長電報回答・先例集追Ⅳ1037)。

⑥ 遺産分割審判における家庭裁判所の換価命令(旧家事事件手続法194)に基づく所有権移転登記は、登記権利者を買受人、登記義務者を相続人全員とし、買受人と換価人が、審判書を添付して申請する(昭58・3・28民三2232民事局長回答・先例集追Ⅶ78)。

(3) 変更・更正の登記 変更および更正の登記に関しては、一般に、当該変更または更正によって、登記上、利益を受ける者が登記権利者、不利益を受ける者が登記義務者

となる。

　①　したがって，根抵当権で担保すべき債権の範囲の変更の登記は，一般的には，根抵当権者が登記権利者，設定者が登記義務者となって共同申請する。ただし，担保すべき債権の範囲が縮減されることが形式的に明らかな変更の登記については，根抵当権者が登記義務者，設定者が登記権利者となる(昭46・10・4民甲3230民事局長通達・先例集追Ⅴ531)。

　②　これに対して，所有権移転登記の登記原因を変更・更正する登記(例えば「売買」から「贈与」への変更・更正登記)においては，当該変更・更正により当事者の登記上の地位は利益にも不利益にも変化しないが，この場合には，変更・更正前の登記における登記権利者・登記義務者が，そのまま変更・更正登記における登記権利者・登記義務者となると解されている(幾代=徳本・不登法194頁注(1)，林=青山・注解185頁[山田誠一])。

　③　なお，合筆による甲乙共有の所有権登記を，甲の単独所有とする所有権更正登記の登記義務者は乙である(昭45・3・9民甲973民事局長回答・先例集追Ⅴ211)，甲乙共有名義の所有権移転登記につき，錯誤を登記原因として乙の単独所有名義とする更正登記における登記義務者は，前の所有権の登記名義人および甲になる(昭36・10・14民甲2604民事局長回答・先例集追Ⅲ702)。同様に，甲から乙への所有権移転登記を，乙丙共有名義への移転登記に更正する場合の登記義務者は，甲および乙である(昭40・8・26民甲2429民事局長回答・先例集追Ⅳ491)。

4　抹消の登記

　移転登記を抹消する登記においては，前の登記名義人が登記権利者，現在の登記名義人が登記義務者となる。一方，設定登記の抹消登記においては，所有権の登記名義人が登記権利者，設定された権利の登記名義人が登記義務者となる。

　①　抵当権が被担保債権の弁済により消滅した場合につき，所有権の登記名義人のみならず，後順位抵当権者も登記権利者として抹消登記を申請することができるか。登記実務はこれを肯定するが(昭31・12・24民甲2916民事局長電報回答・先例集追Ⅰ802)，学説の中には，後順位抵当権者の利益は間接的なものにすぎないから，登記権利者たり得る地位または資格を有さないとする見解もある(幾代=徳本・不登法82頁注(3)。この場合には，登記権利者を所有権の登記名義人とし，後順位抵当権者を代位者とする代位による登記によるべきとする)。

　②　甲→乙→丙と順次所有権移転登記が経由されている場合に，甲乙，乙丙の所有権移転の原因の無効を理由に，甲に所有名義を復帰させるには，まず，乙(または乙に代位する甲)を登記権利者，丙を登記義務者とする共同申請により乙丙間の所有権移転の登記の抹消をし，次いで，甲を登記権利者，乙を登記義務者とする共同申請により甲乙間の所有権移転の登記の抹消をする(昭51・10・15民三5415民三課長回答・先例集追Ⅵ140)。

　③　一方，甲乙間での設定登記の後，甲の所有権につき丙への移転登記が経由されている場合に，甲乙間の設定登記を抹消するときの登記権利者は，現所有者丙であって，旧所有者甲ではないとするのが，登記実務の立場である(明32・8・1民刑1361民事局長回答・

先例集追Ⅰ8，大8・7・26民事2788民事局長回答・先例集追Ⅰ107，昭30・2・24民甲226民事局長通達・先例集追Ⅰ309）。

　　④　では，甲乙間での設定登記の後，乙の権利につき丁への権利移転の登記(付記登記)が経由されている場合に，甲乙間の設定登記(主登記)を抹消するときの登記義務者は，旧権利者乙か，現権利者丁か。判例は，上記③の場合と同様，甲は，現権利者丁のみを被告として，甲乙間の権利設定の主登記ならびに乙丁間の権利移転の付記登記の抹消を請求すべきとする(最判昭44・4・22民集23・4・815)。

　　⑤　なお，登記実務は，抹消された抵当権の回復登記申請における登記義務者についても，抵当権の目的たる不動産の現在の所有者であって，抵当権が抹消された当時の所有者ではないとする(昭57・5・7民三3291民三課長回答・先例集追Ⅵ1170)。

5　仮登記・仮登記に基づく本登記

　　①　仮登記の申請も，仮登記の登記権利者と仮登記の登記義務者(なお，旧法の「仮登記権利者」「仮登記義務者」の用語(旧法32・33)は現行法では用いられていない)による共同申請を本則とするが(107①)，ただし，仮登記の登記義務者の承諾があるとき，および，仮登記を命ずる処分(108)があるときは，仮登記の登記権利者が単独で申請することができる。なお，共同申請の場合には，登記識別情報(22本文)の提供を要しない(107②)。

　　②　仮登記に基づく本登記の申請は，仮登記の登記権利者と仮登記の登記義務者を，そのまま本登記の登記権利者と登記義務者とする，共同申請となる。ただし，甲乙間で抵当権設定の仮登記がなされた後，所有者甲から第三者丙への所有権移転登記が経由された場合の，仮登記に基づく本登記の登記義務者は，抵当権設定時の所有権の登記名義人甲または現在の所有権の登記名義人のいずれでもよいとされる(昭37・2・13民三75民三課長電報回答・先例集追Ⅲ794)。また，根抵当権設定仮登記後に仮登記の登記義務者が破産した場合，仮登記に基づく本登記は，仮登記の登記権利者が，仮登記の登記義務者の破産管財人を本登記の登記義務者として共同で申請するか，または，当該破産管財人に対して本登記手続を命ずる確定判決を添付して単独で申請する(平10・6・17民三1160民三課長回答・先例集追Ⅸ113)。

6　特殊の登記

　　①　抵当権設定後に設定された賃借権が先順位抵当権に優先する旨の同意の登記(民387)は，登記権利者を賃借権者，総先順位抵当権者を登記義務者とする共同申請で行う(平15・12・25民二3817民事局長通達・民月59・3・141)。

　　②　根抵当権者の相続人が相続開始後に取得した債権を被担保債権とする旨の合意(民法旧398条ノ9第1項〔現行398条の8第1項〕)の登記は，相続による根抵当権の移転の登記による登記名義人(共同相続人)全員が登記権利者，設定者が登記義務者となって申請する(前掲昭46・10・4民甲3230民事局長通達。なお，この合意の登記は，当該相続による根抵当権の移

転または債務者の変更の登記をした後でなければ，することができない。法92)。

　③　担保仮登記に基づく本登記がされている場合に仮登記担保法11条の受戻権が行使されたときの登記は，担保仮登記の登記義務者を登記権利者とする所有権移転登記の方法による(昭54・4・21民三2592民事局長通達・先例集追Ⅵ650)。

Ⅲ　共同申請の例外

「法令に別段の定めがある場合」には，60条は適用されない。これには，以下のものがある(なお，登記官の職権による登記は，60条の共同申請主義の例外である以前に，16条の申請主義そのものに対する例外である)。

(1)	単独申請	法文上「単独で申請することができる」と規定されているもの	①		63条1項(判決による登記)
			②		63条2項(相続または合併による登記)
			③	変更登記更正登記	64条1項(登記名義人の氏名(名称)・住所の変更・更正の登記)
			④		64条2項(抵当証券が発行されている場合の債務者の氏名(名称)・住所の変更・更正の登記)
			⑤	抹消登記	69条(死亡または解散による登記の抹消)
			⑥		70条2項(登記義務者の所在が知れない場合において除権決定(非訟事件手続法148条1項)があった場合の登記の抹消)
			⑦		70条3項(登記義務者の所在が知れない場合において被担保債権消滅証明情報を提供して行う先取特権・質権・抵当権の登記の抹消)
			⑧		77条(所有権の登記の抹消)
			⑨		93条(根抵当権の元本確定の登記)
			⑩	信託の登記	98条2項(信託の登記)
			⑪		98条3項(自己信託(信託法3条3号)による権利の変更の登記)
			⑫		100条1項(信託の受託者の変更による権利の移転の登記)
			⑬		100条2項(信託の共同受託者の1人の任務の終了による権利の変更の登記)
			⑭		104条2項(信託の登記の抹消)
			⑮		107条1項(仮登記の登記義務者の承諾があるときおよび仮登記を命ずる処分

				(108条)があるときの仮登記の申請)
			⑯	110条(仮登記の抹消)
		仮登記	⑰	111条(処分禁止の登記(民保53条1項)に後れる登記の抹消)
			⑱	113条(保全仮登記に係る仮処分の登記に後れる登記の抹消)
			⑲	118条(不動産の収用による所有権の移転の登記)
	規定されていないもの		—	74条(所有権の保存登記)
(2) 合同申請	法文上「登記名義人が共同して」と規定されているもの		①	65条(共有物分割禁止の定め(民256条1項ただし書)の登記)
			②	89条1項(抵当権の順位の変更(民376条))の登記)
			③	89条2項(根抵当権の共有者間の優先の定め(民法398条の14第1項))の登記)
	規定されていないもの		①	共有物の所有権の保存登記(ただし,共有者の1人が保存行為(民252条ただし書)として単独で申請することもできる)
			②	共同相続を原因とする権利の移転登記(ただし,共同相続人の1人が保存行為(民252条ただし書)として単独で申請することもできる)
(3) 共同申請主義が適用されるが,結果において単独での申請となるもの			①	混同を原因とする登記の抹消
			②	相手方または双方の代理人による登記の申請
			③	中間省略相続登記

1 単独申請

　まず,不動産登記法の規定の中には,「単独で申請することができる」との表現を用いている条文が19か条ある(**図表**(1)①~⑲)。なお,これらの条文は,さらに,(a)法文上「第60条の規定にかかわらず」との文言が付されているもの(**図表**(1)で網掛けを施した10か条)と,(b)付されていないもの(9か条)の2種に分かれるが,この書きぶりの相違は,(a)に関しては,60条にいう「登記権利者」「登記義務者」の区別を観念できるが,不実の登記がなされるおそれが少なく,あるいは簡易・迅速性の要請が強い等の特別の理由から,60条の適用が排除されている場合であるのに対して,(b)は,「登記権利者」「登記義務者」の区別を観念できないため,そもそも60条の適用の余地がない場合であることを意識したものである(清水・Q&A 199頁)。それゆえ,(a)の場合には,申請情報に「登記権利者」「登記義務者」の表示が必要となる(仮登記の抹消(**図表**(1)⑯)につき昭40・7・17民甲1890民事局長回答・先例集Ⅳ469)。

　一方,これら「単独で申請することができる」との表現が用いられている条文のほかにも,所有権の保存登記に関しては,(b)「登記義務者」が存在しないので,そもそも60条の適用はなく,74条1項1号~3号の定める者の単独申請となる。

2 合同申請

また，不動産登記法の中には，「登記名義人が共同して」との表現を用いている条文が3か条あり(65・89①・②)，これらは講学上「合同申請」と呼ばれているが，この場合も，(b) 60条にいう「登記権利者」「登記義務者」の区別が困難であることから，申請人を一括して「登記名義人」(2(11))と呼称するものである。

なお，所有権の保存登記(74)，相続による登記(63②)は，(b)「登記義務者」が存在しないため単独申請となるが，不動産が共有物であった場合・共同相続財産であった場合に，共有者全員で行う所有権の保存登記・共同相続人全員で行う共同相続による権利の移転登記も，合同申請の範疇に属するであろう。ただし，これらの場合につき，登記実務では，共有者の1人・共同相続人の1人が，民法252条ただし書の保存行為として，単独で共有者・共同相続人の全員に関する登記ができるとしている(共有物の所有権の保存登記につき明33・12・18民刑1661民刑局長回答・先例集上201。これに対して，自己の持分・相続分についてのみ登記の申請をすることは認められない。相続による移転登記につき昭30・10・15民甲2216民事局長電報回答・先例集追Ⅰ482，共有物の所有権の保存登記につき昭40・9・2民甲1939民事局長回答・先例集追Ⅳ513)。

3 共同申請の原則に服するが，結果において単独での申請となるもの

①権利の混同を原因とする抹消登記においては，(a)「登記権利者」「登記義務者」は観念できるため，60条は適用されるが，ただし，その地位は同一人に帰していることから，結果において単独での申請となる(申請情報には，「権利者兼義務者」と表示する)。

また，②相手方あるいは当事者双方を代理して行う登記申請も，(a)「登記権利者」「登記義務者」を観念できるため，60条の適用される登記であり，ただ，現実の申請が申請代理人によってなされるにとどまる。

その他，登記実務では，③被相続人A名義の不動産につき，共同相続人BCD間で，Bの単独所有とする旨の遺産分割協議が調った場合や，CDが相続放棄をした場合，CDがBに相続分を譲渡した場合については，A→BCDの共同相続登記およびCD→Bの持分移転登記を経由することなく，直接A→Bの相続を原因とする所有権移転登記をすることが許されている(明44・10・30民刑904民刑局長回答・先例集追Ⅰ51，昭19・10・19民甲692民事局長通達・先例集上737，昭59・10・15民三5195民三課長回答・先例集追Ⅶ449，同日民三5196民三課長回答・先例集追Ⅶ451)。この取扱いは，遺産分割の遡及効(民909条)を形式的根拠とするが，結果において，BCDの共同相続登記の合同申請ならびにCD→Bの持分移転登記の共同申請に対する，単独申請の例外を認めたのと同様になる。

(七戸克彦)

(執筆協力：加藤政也)

(登記原因証明情報の提供)
第61条 権利に関する登記を申請する場合には，申請人は，法令に別段の定めがある場合を除き，その申請情報と併せて登記原因を証する情報を提供しなければならない。

＊旧法関係……旧法35条1項2号

I 本条の趣旨

本条は，権利に関する登記の申請の際の添付情報として，「登記原因を証する情報」(「登記原因証明情報」)の必須的提供を義務づけた規定であり，これを受けて，不登令7条1項5号ロ本文も，権利に関する登記を申請するときは，添付情報として，登記原因を証する情報を提供すべき旨を規定している。

1 添付情報の一種としての登記原因証明情報

旧不登法における登記申請の方法は，表示に関する登記・権利に関する登記のいずれについても書面提出主義がとられ(旧法35条)，また，申請の際に提出すべき書面として，①「申請書」，②「登記原因ヲ証スル書面」(登記原因証書)，③「登記義務者ノ権利ニ関スル登記済証」，「登記原因ニ付キ第三者ノ許可，同意又ハ承諾ヲ要スルトキハ之ヲ証スル書面」(許可・同意・承諾書)，⑤「代理人ニ依リテ登記ヲ申請スルトキハ其権限ヲ証スル書面」(委任状)の5つを並列的に挙示していた(旧法35条1項1号～5号)。

これに対して，現行不登法は，旧法の立場に以下のような変更を加えた。

第1に，現行不登法が新たに導入したオンライン申請(法18条1号。不動産登記規則1条の定義規定はこれを「電子申請」と呼び(3号)，他方，法18条2号の申請を「書面申請」と呼ぶ(4号))の下では，旧法の書面提出主義は維持できない。そこで，現行不登法は，旧法の「書面」の要求に代えて，書面の内容である「情報」の提供を要求する体裁に条文の表現を改めた。

第2に，現行不登法は，旧法が要求していた上記①～⑤の書面(現行法では情報)を，「申請情報」(①)と，「添付情報」(②登記原因証明情報，④許可・同意・承諾証明情報，⑤代理権限証明情報，および，③の代替的制度として登記識別情報)の2種に大別したうえで，添付情報の種類・内容・提供方法に関しては，その多くを政令(不動産登記令)に委任した(26条)。このことから，「申請情報」の用語は，不登法において登場するが(法18条柱書にはこれを「不動産を識別するために必要な事項，申請人の氏名又は名称，登記の目的その他の登記の申請に必要な事項として政令で定める情報」と定義する)，「添付情報」なる用語は，不登法では用いられておらず(不登法では「第22条本文若しくは第61条の規定又はこの法律に基づく命令若しくはその他の法令の規定により申請情報と併せて提供しなければならないものとされている情報」(25条9号)，「申請情報と併せて提供することが必要な情報」(26条)，「当該保存等に係る登記の申請をする

ために登記所に対し提供しなければならない情報であって，第25条第9号の申請情報と併せて提供しなければならないものとされているもの」(105条1号)といった表現が用いられている)，「添付情報」の用語は，不登令2条の定義規定においてはじめて登場する(令2条1号は，これを「登記の申請をする場合において，法第22条本文若しくは第61条の規定，次章の規定又はその他の法令の規定によりその申請情報と併せて登記所に提供しなければならないものとされている情報をいう」と定義する)。これは，現行不登法の制定に際して，登記制度の骨格に関する事項のみを法律事項とし，当事者の申請に関する事項は政令(不動産登記令)に委任し，登記官の事務処理に関する事項は法務省令(不動産登記規則)に委任する形で旧法の条文を整理する基本方針がとられたためである。

もっとも，この方針は必ずしも徹底されてはおらず，添付情報が，法律事項として規定されている場合もある。これには，上記のうち②登記原因証明情報(法61)，③登記識別情報(22)のほか，単独申請に特殊の添付情報として，登記名義人の承諾証明情報(40・50・55)ならびに被担保債権消滅証明情報(70③)の2種があるが，このうちの前2者に関しては，旧法の立場を大きく変更するものであり，登記制度の根幹に関わるとの認識から，法律事項とされたものである。一方，後2者は，単独申請の手続を法律で定めたことから，併せて法律事項として規定されたものであるが，上記条文整理の基本方針を徹底させるなら，以上のすべては政令事項になるべきものであった。

2　旧法の登記原因証書との相違

(1)　旧法の登記原因証書の機能　　旧法の登記原因証書の機能には，次の2つの機能が存したといわれる。①その第1は，登記の真実性の確保，とりわけ登記の実質的(実体法的)有効要件であるところの権利変動の原因事実の存在に関する登記官の審査の材料としての機能である。②第2は，旧法60条1項に基づき登記済証を作成する際の素材としての機能である。

ところが，旧法においては，これらの2つの機能のうち，②登記済証の素材としての機能が重要視され，①登記の真実性担保機能の側は，等閑視される傾向にあった。その理由は，第1に，登記原因証書に関する登記官の審査の方法に関して，旧法49条7号が，申請書の記載との不合致のみを問題にしていたためである(「申請書ニ掲ケタル事項カ登記原因ヲ証スル書面ト符合セサルトキ」)。旧法47条7号の制度趣旨は，登記済証として還付される登記原因証書の内容が，登記簿記載の登記事項に反映されるところの申請書の内容と食い違うのを防止する点にあり，上記①の登記それ自体の真実性の確保(とりわけ登記の実質的有効要件たる権利変動原因の有効性確認)を，直接の目的としていない。第2の理由は，旧法が，登記原因証書が当初より存在しないか存在しても提出不能の場合には，申請書の副本の提出で足りるとしていた点である(旧法60条1項)。申請書副本を提出させる趣旨もまた，②旧法60条の登記済証としての素材を確保する点にあり，登記原因証書の不存在・提出不能の場合に，これに代替する①権利変動原因の有効性確認制度は，設置されていない。

(2) 登記原因証書の廃止論と強化論　このことから，旧法下においては，立法論として，登記原因証書の提出制度を廃止し，申請書副本の提出制度に一本化すべきとの見解も主張されていた(幾代＝徳本・不登法134〜135頁。なお，旧法下では，登記原因証書の提出が55％であったのに対して，申請書副本の提出は45％を占めていた)。だが，その一方では，登記の真実性向上のためには，登記原因証書の内容を精緻化させ，また提出を必須化すべきとの見解も存在していた(木茂鉄＝木茂隆雄『不動産登記の原理』〔法律文化社・1973〕70頁，藤原勇喜『登記原因証書の理論と実務』〔キンザイ・1986〕464頁以下，甲斐道太郎「『登記原因証書論』覚書」法務省法務総合研究所(編)『(不動産登記制度100周年記念論文集)不動産登記をめぐる今日的課題』〔日本加除出版・1987〕351頁)。

　このうちの廃止論の根拠は，上記のように旧法が申請書中心主義をとっており，登記原因証書には登記済証の素材としての機能しかないこと，その結果，登記実務においても，売渡証書その他の「報告証書」(登記申請のために作成した権利変動がなされた旨を証する書面)の提出で足りるとされており，登記原因の真実性を担保は，むしろ申請人の登記申請意思を通して間接的に推認されていること，わが民法の意思主義ならびに諾成契約原則の下で，登記法の領域で売買契約書等の「処分証書」の提出を要求することは，取引の簡易・迅速化を妨げ，登記手続の渋滞を招くおそれがあることに求められていた。

　これに対して，登記原因証書の機能強化論は，フランスにおいては，意思主義にもかかわらず登記申請に際しては公正証書の提出が要求されていることから，わが民法における意思主義・諾成契約原則の採用と，登記法における登記原因証書の提出不要の結論は論理的に結びつくものではないこと，他方，ドイツにおいても，実体法(民法)における登記成立要件主義ならびに物権行為の独自性・無因性原則の採用と，手続法(登記法)における申請書中心主義にもかかわらず，紛争予防の観点から債権契約証書等の原因証書の提出が要求されており，登記原因証書廃止論は，フランス法・ドイツ法のいずれにおいても存在する登記の真実性担保制度を見落としている旨を指摘する。

　このように，廃止論者が，登記原因証書の機能のうち，登記の真実性確保機能を軽視する理由は，かつての日本の高度経済成長期における不動産取引の実情につき肯定的な態度をとっていたためである。高度経済成長期における不動産取引の爆発的増加は，登記所内部の登記事務の深刻な渋滞をもたらした。一方，取引当事者にとっての最大の関心事は，迅速な決済と取引の完了であって，粗雑な契約・粗雑な登記申請から生ずる紛争発生は，簡易・迅速な不動産取引に伴う当然のリスクと受け取られた。だが，その結果，被害を蒙るのは，不動産のエンド・ユーザたる一般消費者等である。そこで，これらの者を救済するために，昭和30〜40年代に形成され発展したのが，背信的悪意者排除法理や民法94条2項類推適用法理といった判例法理であった。そして，このような高度経済成長期の不動産取引の実態につき，現状追認ないし積極的肯定の立場から理論を構築した学説の代表格が，幾代通の所論であり，その登記原因証書提出制度廃止論も，登記の真実性確保よりも簡易・迅速な取引を最優先させる基本主張の一環として理解される。

だが，その後の高度経済成長の終焉からバブル経済崩壊後の不動産取引の沈静化と軌を一にして，学説においては，それまでの「迅速な取引（すなわち雑な契約・雑な測量調査・雑な審査）」＋「事後的救済法理」という幾代に代表される取引モデルを捨てて，予防法学的な観点から，慎重な契約・慎重な測量調査・慎重な審査を行うべき，との主張がなされるようになる。その代表的論者が鎌田薫であり（鎌田薫「不動産物権変動の理論と登記手続の実務――『フランス法主義』の特質」法務省法務総合研究所（編）『（不動産登記制度100周年記念論文集）不動産登記をめぐる今日的課題』57頁以下），同論文は，予防法学的観点に立って，司法書士および土地家屋調査士がまず綿密な実質的審査を行い，それに基づく正確な資料を登記所に提出することにより，登記の真実性を確保することを通じて，紛争を未然に防止すべき旨を説いた（以上の不動産登記制度の基本設計に関する「幾代モデル」と「鎌田モデル」の相違に関しては，小粥太郎「不動産登記法」内田貴＝大村敦志（編）『民法の争点（新・法律学の争点シリーズ1）』〔有斐閣・2007〕103頁，七戸克彦「不動産物権変動における公示の原則の動揺・補遺（10・完）」民事研修613号3頁参照）。

(3) **現行不登法の立法過程における議論** 平成16年現行不登法は，旧法における「書面」の「提出」制度を，書面に記載されている「内容（コンテンツ）」である「情報」そのものの「提供」を求める制度に改めた。しかしながら，その一方において，旧法の申請書中心の審査主義は，現行不登法においても基本的には維持されたため（法25），現行不登法の立法過程においては，旧法下の議論を受けて，添付情報のうち登記原因証明情報の提供を不要とする意見と，登記原因証明情報の提供を必須化し，かつその内容も精緻化すべきとする意見が対立した。

だが，平成16年現行不登法の法案提出理由が「不動産登記についてその正確性を確保しつつ」国民の利便性の一層の向上を図るとされたこととの関係で，旧法より登記の正確性が低下する危険のある登記原因証明情報の提供不要の意見は採用されなかった。

しかし，その場合にも，登記の正確性の確保は，旧法と同様の水準を維持する程度で足りるとするか，それとも，旧法以上の高い水準まで登記の正確性を向上させる改正を行うべきかにつき，意見は分かれた。この対立は，具体的には，㈦登記原因証明情報の提供の必須化の論点と，㈣登記原因証明情報の内容の精緻化の論点の2つに分かれる。

㈦ **登記原因証明情報の提供の必須化** このうち，登記原因証明情報の提供の必須化に関して，立法担当者は，以下のような事情を総合的に判断したとする（小宮山秀史「登記原因証明情報の必須化について」登記研究704号163頁，清水・Q&A 200頁）。すなわち，①旧法の下においても，報告証書（売渡証書等）形式の登記原因証書を作成する手間と申請書副本を用意する手間とでは大きな差異はなく，現に権利に関する登記の申請の55%において登記原因証書（処分証書のほか報告証書を含む）が提出されていた。②改正法の下でも，実体法（民法）の意思主義・諾成契約原則との関係で，旧法下の売渡証書と同様の報告的な情報を登記原因証明情報として認めることとされたので，登記原因証明情報を提供することができないような事態は，およそあり得ない。また，③改正法の下では，旧法下の登記原因

§61　Ⅰ2(3)(ア)

証書の主要な機能と目されていた登記済証の素材提供機能はなくなり，登記原因証明情報は，登記簿の附属書類として登記所に一定期間保存され(現行規則17)，その閲覧・写しの交付(現行法121)を通じて，国民による権原調査の用に供することが可能となっている。さらに，④当事者に登記原因を確認する書面・電磁的記録の作成を求めることで，原因関係の有効性をめぐる後日の紛争を未然に防止する機能も期待できる。

　もっとも，以上の立法担当者の説明にもかかわらず，登記原因証明情報を必須化した法の趣旨を疑問視する見解もないではない(香川保一「登記原因証明情報に関する最高裁判所(第一小法廷)判決について」登記研究738号4頁以下)。同説の論者もまた，かつての「幾代モデル」と同様，基本的には高度経済成長期における不動産取引の実態と登記実務の運用につき肯定的な立場に立ち，取引の簡易・迅速性ならびに登記事務の円滑化の要請を強調し，改正法の立法担当者の意図した登記の正確性の向上・紛争予防の観点を否定するのであるが，その主張内容の中には傾聴すべき点も含まれている。①第1に，同説の論者は，登記原因証書ないし登記原因証明情報の種類につき，売買契約書等の処分証書を念頭に置き，売渡証書等の報告証書が提出される場合を想定していないように見える。これに対して，立法担当者は，上記のように，登記原因証明情報として報告証書を提出することも許容し，したがって，登記原因証明情報が提供できない場合はあり得ないとの前提に立つ。しかしながら，もし報告証書の内容が旧法と同程度の粗雑なもので許されるならば，登記の正確性は向上せず，登記原因証明情報を要求する意味がない。旧法下においても，この点が登記原因証書廃止論の論拠として挙げられていたのであり，それゆえ，改正法の登記原因証明情報に関しては，旧法下の売渡証書以上の内容の精緻化が図られなければ，かかる批判をかわすことができない。ところが，改正法の立法過程においては，当事者の負担増を理由に，登記原因証明情報の内容の精緻化に反対する動きが見られた(後述(イ)およびⅡ参照)。②第2に，登記原因証明情報の提供の必須化を疑問視する見解は，平成16年改正法が，旧法とまったく同様のドイツ法系の共同申請主義(60条)と申請書(申請情報)中心の審査主義(とくに申請情報と登記原因証明情報の不合致を却下事由とする法25条8号)を維持していることから，登記の正確性を確保する手続構造は，旧法とまったく異なるところはないと結論づける。かかる批判を浴びないためには，共同申請主義を廃止し，申請書中心の審査主義を抜本的に改めるのが，最善の立法手段だったろう。しかしながら，すでに触れたように，登記成立要件主義と物権行為の独自性・無因性原則を採用するドイツにおいても，登記の正確性確保と紛争予防の観点から，登記申請に際して原因契約証書の提出が要求されている。それゆえ，登記原因証明情報の提供の必須化は，もっぱら政策的な判断に基づき採用が決定されるべき事柄であって，共同申請主義や申請書中心の審査主義の維持は，何らの阻害要因にもならない。にもかかわらず，論者が上記のような主張を行うのは，取りも直さず，論者が，当事者ならびに登記所の負担軽減を最優先させ，登記の正確性確保と紛争予防を等閑視する，かつての高度経済成長期の登記手続への回帰指向を有しているからである。③第3に，論者は，登記原因証明情報の提供の必須化を定めた改正法61条が，「法

令に別段の定めがある場合を除き」との留保を付している点を問題視する。すなわち，改正法下において定められている提供不要の例外には，必ずしも論理一貫性がなく，そのことは，振り返って，必須化を要求する根拠が薄弱であることの証左である，というのである。しかしながら，改正法令が許容している登記原因証明情報提供不要の4つの例外(令7③(1)～(4)。→IV参照)は，いずれの場合に関しても，他の添付情報(1号にあっては所有権取得証明情報等，2号～4号にあっては同時になされる他の登記申請に関する登記原因証明情報)により権利変動の真実性が担保されていることを理由に，登記原因証明情報の提供を不要とするものであって，上記のような批判は当たらない。

(イ) **登記原因証明情報の内容の精緻化**　一方，改正法の立法過程においては，登記原因証明情報の提供の必須化には表立って反対しないものの，その内容の精緻化に対して難色を示す意見も多数見られた。とりわけ問題視されたのが，売買代金額の記載の要否であり，買主に転売利益を知られることを嫌う業界の意向を配慮して，代金の定めがある旨の記載は必要であるが，具体的な額まで記載されていなくても登記原因証明情報として有効であるとされた。また，登記原因証明情報の種類に関しては，上記のように，売買契約書等の処分証書型の情報のみならず，売渡証書等の報告形式の情報も当然に予定されていたが，立法過程においては，申請人の負担増を懸念する声に応える形で，報告証書型の情報の内容は，従来の売渡証書と同程度で足りる旨の答弁がなされている(以上の点につき，登記研究編集室(編)『平成16年改正不動産登記法と登記実務(資料編)』〔テイハン・2005〕「国会審議録」278頁以下)。

以上のような反対を受けての一定の妥協はあったものの，新制度の施行後の運用は比較的厳格に行われており，これにより現行法下での不動産登記の真実性は向上し，無効登記・虚偽登記の申請による紛争発生の危険は，旧法下より低減したものと考えられる。

II 登記原因

1 「登記原因」の意義

「登記原因」という用語について，旧法には定義規定が存在しなかった。これに対し，現行法には，「登記の原因となる事実又は法律行為をいう」との定義がある(法5②ただし書)。一方，「登記は，……不動産についての次に掲げる権利の保存等(保存，設定，移転，変更，処分の制限又は消滅をいう。……)についてする」ものであるが(法3柱書)，これには，①実体的な権利変動に基づく場合と，②それ以外の場合(実体的な権利変動がないのになされてしまった登記の抹消・更正など)がある。

2 登記事項・申請情報・登記原因証明情報における「登記原因」

「登記原因及びその日付」(以下「登記原因・日付」と記載する)は，①登記記録として登記すべき登記事項(法2(6))であり(表示に関する登記につき法27条1号，権利に関する登記につき法59(3))，したがって，申請に際しても，②登記所に提供しなければならない申請情報(法18

柱書)の内容に含まれている(令3(6))。なお、①登記事項における登記原因・日付(登記簿では「登記原因及びその日付」とする欄名表示と、単に「原因」とする欄名表示とがある)の記載の仕方は、一定の簡略化された表記に定式化されており(例えば無名契約についても、類似の典型契約を表記する。また、「〇年〇月〇日売買」のように、日付を先、原因を後に表記する)、②申請情報として提供する登記原因・日付の記載は、①登記事項として登記簿に記載されるべき表記に完全合致していなければならないが、これに対して、③登記原因証明情報に関しては、(a)とくに契約書(電子契約書)その他既存の情報を利用する場合には(処分証書型ないし既存情報利用型)、それが②申請情報で記載されるべき定式化された表記と一字一句違えぬ記載があることは、むしろ少ないであろう。それゆえ、③登記原因証明情報として提供すべき「登記原因(・日付)」の具体的な記載内容は、それが②申請情報の内容として提供する「登記原因(・日付)」の真実性を証する内容として十分なもの、ということになる。一方、(b)登記申請に際して新規に登記原因証明情報が作成される場合(報告証書型ないし新規情報作成型)、司法書士等の専門職の作成した登記原因証明情報には、②申請情報に完全合致する登記原因・日付の独立記載があることが通例であるが、もしそれがなくても、上記(a)既存情報利用型と同様、③登記原因証明情報の記載の全体が、②申請情報の内容として提供された登記原因・日付を証するものである場合には、登記原因証明情報としての適格性を有する(法25条8号の却下事由とはならない)。

III 「証する」情報
1 「証する情報」の意義・種類・精度

　登記原因を「証する」情報とは、登記官が形式的な書面(情報)審査主義の下で登記原因が存在することにつき心証を得られる程度の情報を意味する。

　情報の種類は、原則的には(法文に特別の指定がない限り)無限定である。売買のような諾成契約に関しては、(a)契約書の作成がある場合と、(b)書面の作成がない場合とがあり得るが、(a)契約書が作成されていた場合には、当該契約書が実体法上所有権移転の事実を証するに十分な内容であれば、登記申請との関係でも、これを有効な登記原因証明情報と認めることができる。これに対し、(b)登記原因に関する既存情報が存在しない場合および既存情報が電子申請に適合しない場合には、登記申請のために新たな情報を作成すべきことになるが、この場合の情報内容に関しては、旧法下で容認されていた「売った、買った、所有権が移転した」程度の粗雑なものでは足りず、最低限、①契約当事者、②契約日時、③対象不動産、④売買契約の事実、⑤売買契約に基づき所有権が移転した旨の事実が明示されていなければならない。ただし、④に関しては、売買であることが特定されればよく、代金額までは明示する必要はないとされている。一方、⑤に関して、所有権移転時期につき特約(例えば代金完済時に所有権が移転する旨の特約など)が存在する場合には、その特約と条件等の成就の事実についても提供が必要となる。したがって、この特約が存在する場合には、上記(a)既存情報利用型の場合においても、売買契約書(電子契約書)だけでは足りず、

契約書記載の条件等の成就を証する情報を併せて提供する必要がある。なお，旧法における登記原因証書は，登記済証を作成するための素材でもあったため，複数の文書を組み合わせて提出することは認められず，したがって，代金完済時に所有権が移転する旨の特約付の売買契約書と代金完済を証する領収書を併せて登記原因証書として提出することは許されず，この場合には(b)新規の報告証書を作成するほかはなかった。これに対し，登記済証を廃止した現行法の下では，複数の情報を組み合わせたものも，登記原因を「証する」情報として認められることとなり，⑤所有権移転時期の特約がある場合についても，売買契約書と領収書を組み合わせる形で，(a)既存情報利用型の登記原因証明情報の提供が可能である。一方，(b)新規情報作成型における情報の具体性の程度は，例えば以下のごとくである。「(1)Aは，Bに対し，平成21年7月1日，本件不動産を売った。(2)AとBは，本件売買契約の際，本件不動産の所有権移転時期を代金完済時とする旨を約した。(3)Bは，Aに対し，平成22年3月1日，本件売買代金全額を支払った。(4)よって，本件不動産の所有権は，同日，AからBに移転した。」。

なお，共同申請(法60条)の場合に関しては，登記義務者(法人の場合には代表者またはこれに代わるべき者)が，登記原因の内容を確認したうえ，署名押印(ただし印鑑証明までは必要ない)ないし電子署名(電子署名に関しては常に電子証明書が必要)をしていれば真実性は担保されているとされ，したがって，①差し入れ方式の契約書・電子契約書(登記義務者のみが署名押印・電子署名をした契約)，②契約書・電子契約書の写しに登記義務者が署名押印・電子署名をしたもの，③登記原因に関する報告形式の書面・情報に登記義務者が署名押印・電子署名をしたものも，登記原因を「証する」情報として十分であるとされる(河合・逐条不登令70～71頁)。

2 提供すべき情報の種類等が限定される場合

以上のように，登記原因証明情報は，その内容が登記官の心証形成にとって十分な程度に精緻なものであれば，その種類は原則的には無限定であるが，しかし，ある一定の登記に関しては，例外的に，登記原因証明情報の種類を特定のものに限定したり，あるいは，登記原因証明情報の一部として特定の情報を提供することが要求されている。

(1) 単独申請の場合　単独申請の場合に関しては，不登令7条1項5号ロただし書の定める2種のほか，不登令別表の規定する16種につき，提供すべき登記原因証明情報の種類・内容に限定が加えられており，それ以外の情報は，登記原因を「証する」情報の要件を満たさない。

令7条1項5号ロただし書	(1)	判決による登記(法63条1項)	執行力のある確定判決の判決書の正本
	(2)	仮登記処分命令による登記(法108条)	仮登記処分命令の決定書の正本

令別表	22	相続または法人の合併による権利の移転の登記(法63条2項)	相続または法人の合併を証する市町村長，登記官その他の公務員が職務上作成した情報
	23	登記名義人の氏名・名称または住所の変更・更正の登記	当該登記名義人の氏名・名称または住所について変更・錯誤，遺漏があったことを証する市町村長，登記官その他の公務員が職務上作成した情報
	24	抵当証券が発行されている場合の債務者の氏名・名称または住所の変更・更正の登記	当該債務者の氏名・名称または住所について変更・錯誤，遺漏があったことを証する市町村長，登記官その他の公務員が職務上作成した情報
	26	①死亡・解散による権利消滅の場合の抹消の登記(法69条)・②登記義務者の所在が知れない場合の抹消の登記(法70条)	①につき死亡・解散を証する市町村長，登記官その他の公務員が職務上作成した情報(イ)，②につき除籍決定があったことを証する情報等(ロ～ニ)
	52	根質権の元本確定の登記(元本確定請求による確定の場合)	元本確定請求をしたことを証する情報
	53	同上(根質権者が競売手続開始・滞納処分による差押えを知ったときから2週間経過による確定の場合)	民事執行法49条2項の催告・国税徴収法55条の通知を受けたことを証する情報
	54	同上(債務者・根質権設定者が破産手続開始決定を受けたことによる確定の場合)	破産開始手続決定があったことを証する情報
	61	根抵当権の元本確定の登記(元本確定請求による確定の場合)	元本確定請求をしたことを証する情報
	62	同上(根抵当権者が競売手続開始・滞納処分による差押えを知ったときから2週間経過による確定の場合)	民事執行法49条2項の催告・国税徴収法55条の通知を受けたことを証する情報
	63	同上(債務者・根抵当権設定者が破産手続開始決定を受けたことによる確定の場合)	破産開始手続決定があったことを証する情報
	66	信託財産に属する不動産についてする受託者の変更による権利の移転の登記	受託者の任務が終了したことを証する市町村長，登記官その他の公務員が職務上作成した情報及び新たに受託者が選任されたことを証する情報
	66の2	信託財産に属する不動産についてする権利の変更の登記	申請人が受益者であることを証する情報の種類を限定
	66の3	同上(信託宣言(信託3条3号)の場合)	信託法4条3項1号に規定する公正証書等

67	信託財産に属する不動産についてする一部の受託者の任務の終了による権利の変更の登記	一部の受託者の任務が終了したことを証する市町村長，登記官その他の公務員が職務上作成した情報
74	収用による登記(所有権の移転の登記)	収用の裁決が効力を失っていないことを証する情報
75	同上(所有権以外の権利の収用による権利の消滅の登記)	収用の裁決が効力を失っていないことを証する情報

　さらに，以上の不登令の規定のほか，他の法令中にも，登記原因の一部を証する特定の情報を添付情報として要求する特別規定がある(民執82③，会社更生法施行令1，破産規則61③など)。

(2) 書面の作成が実体法上の成立要件となっている場合　なお，上記(1)単独申請の登記のうち，別表66の3の信託宣言は，公正証書等の作成または受益者への確定日付のある証書による通知が，実体法上の効力発生要件であり(信託4③(1)・(2))，また，別表74・75の収用は，裁決が効力発生要件である。共同申請の登記に関しても，公正証書等の書面の作成が，実体法上権利変動の発生要件となっている場合には，当該書面のみが，登記原因を「証する」情報となる。この点に関して，不登令別表には，いずれも期限付借地・借家に関する権利につき，別表33に2種，別表38に5種について特別規定がある。

令別表	33	地上権の設定の登記	イ	定期借地権(借地借家22条)の場合には公正証書等の書面
			ロ	事業用定期借地権(借地借家23条)の場合には公正証書の謄本
	38	賃借権の設定の登記	イ	定期借地権(借地借家22条)の場合には公正証書等の書面
			ロ	事業用定期借地権(借地借家23条)の場合には公正証書の謄本
			ハ	提起建物賃貸借(借地借家38条)の場合には公正証書等の書面
			ニ	取壊し予定建物の賃貸借(借地借家39条)の場合には同条2項の要求する書面(建物を取り壊すべき事由を記載した書面)＋その他の登記原因証明情報
			ホ	高齢者の居住の安定確保に関する法律56条の死亡時終了建物賃貸借の場合には公正証書等の書面

Ⅳ　登記原因証明情報の提供を要しない場合

　以上の登記原因証明情報の必須的提供の原則(法61，令7①(5)ロ本文)に対し，令7条3項は，(1)所有権の保存登記の申請ならびに(2)処分禁止の仮処分の登記に後れる登記の抹消登記の申請に関して，例外的に登記原因証明情報の提供を要しない旨を規定している。

1 所有権の保存登記の申請(令7条3項1号)

　所有権の保存の登記に関しては，登記原因・日付が登記事項とされていないことを受けて(法76①本文)，登記申請に際しても，登記原因・日付は申請情報の内容とならず，また，添付情報として登記原因証明情報の提供を要しない。もっとも，これに代えて，登記名義人となる者の所有権取得証明情報等の提供が必要となる(令別表28添付情報欄イ〜ハ)。

　なお，区分建物については，表題部所有者(A)から所有権を取得した者(B)も，自己名義で保存登記ができるが(法74②)，敷地権付き区分所有建物に関しては，登記原因・日付が登記事項とされているため(法76①ただし書)，申請に際しても，登記原因・日付が申請情報の内容となり(令3(6))，添付情報としてAB間の権利変動原因事実に関する登記原因証明情報を提供しなければならない(令7③(1)かっこ書，令別表29添付情報欄ロ)。

2 処分禁止の仮処分の登記に後れる登記の抹消登記の申請(令7条3項2〜4号)

　(ア)　**不登法111条1項に基づく抹消の登記**(令7条3項2号)　　不動産の登記請求権を保全するための仮処分の執行は，処分禁止の登記をする方法により行うが(民保53①)，不登法111条1項は，所有権について処分禁止の登記を経由した仮処分債権者が，その後，仮処分債務者を登記義務者とする所有権の登記(仮登記を除く)を申請する場合，仮処分債権者は，自己の処分禁止の登記に後れる登記の抹消を，単独で申請することができる旨を規定する。令7条3項2号は，この場合の抹消登記の申請に関して，登記原因証明情報の提供が不要とするものであるが，その理由は，抹消登記の登記原因は被保全権利たる登記請求権の存在であるところ，これは，抹消登記と同時に行われる所有権の登記の申請の添付情報として提供される登記原因証明情報によって証されるからである。

　(イ)　**不登法111条2項に基づく抹消の登記**(令7条3項3号)　　不登法111条2項は，所有権以外の権利について処分禁止の登記がされた場合につき，上記(ア)の所有権に関する不登法111条1項と同様，これに後れる登記の抹消を，単独で申請することができる旨を定めた規定である。この抹消の登記の申請につき，登記原因証明情報の提供が不要とされる理由も，上記(ア)所有権に関する処分禁止の登記の場合と同様である。

　(ウ)　**不登法113条に基づく抹消の登記**(令7条3項4号)　　不動産に関する所有権以外の権利の保存・設定・変更について登記請求権を保全するための処分禁止の仮処分の執行は，上記(ア)の処分禁止の登記とともに，仮処分による仮登記(保全仮登記)をする方法により行う(民保53②)。不登法113条は，不動産の使用または収益をする権利について保全仮登記がされ，その後，仮処分債権者が本登記を申請する場合に，保全仮登記とともにした処分禁止の登記に後れる登記の抹消を，単独で申請できる旨を規定する。令7条3項4号は，この場合の抹消の登記の申請について，登記原因証明情報の提供を不要とするものであり，その理由も，上記(ア)(イ)と同様である。

V 権利変動の「過程」に合致しない登記

わが国の不動産登記制度は、①物権(正確には登記能力のある権利。法3)の現状のみならず、権利変動の②過程および③態様を正確に公示するものでなければならない、といわれる。高度経済成長期の実務および理論は、不動産取引の簡易・迅速性を重視した結果、②・③を切り捨て、①のみを公示の対象に据えたが、法61条の登記原因証明情報の必須化により、少なくとも権利変動の③態様に合致しない登記の申請は激減したものと見られる。

では、権利変動の②過程に合致しない登記についてはどうか。権利変動の③態様につきA→B、B→Cの登記原因証明情報が確実に提供されれば、必然的に権利変動の②過程A→B→Cの公示の精度も向上するように思われるが、しかし、この点との関係では、旧法下の登記実務が、実際の権利変動の②過程に対応しない登記の申請を、一定範囲で許容してしまっている点が問題となる。これには、(1)中間省略相続登記(Aが死亡した後、相続人Bが相続登記を経由する前に死亡し、CがBを相続した場合に、A→Cの直接の相続登記を行うもの)、(2)中間省略登記(上記①のA→B→Cの順次移転の権利変動原因が、相続ではなく、売買・贈与等の特定承継である場合に、中間者Bを省略して、直接AからCへの移転登記を行うもの)、(3)冒頭省略登記(不動産が未登記のままAからBに譲渡された場合に、譲渡人Aが保存登記をしたうえA→Bの移転登記を経由するのではなく、譲受人Bが保存登記をするもの)のほか、(4)中間過剰登記(登記簿上はA→B→Cの転々譲渡とされているが、実際の権利変動はA→Cの直接移転であった場合)もある。さらに、(5)抹消登記に代えて行う移転登記も、実体と異なる権利変動の過程を公示するものである。

1 中間省略相続登記

(1) 中間省略相続登記の「申請」　中間省略相続登記に関しては、登記実務は、旧不登法制定直後より、その申請を許容していた(明32・3・7無号民刑局長回答・先例集上25、明33・3・7民刑260民刑局長回答・先例集上151)。ただし、今日の登記実務の立場は、「単独相続(遺産分割、相続放棄又は他の相続人に相続分のないことによる単独相続を含む。)が中間において数次行われた場合」に限って申請を認める立場に立っている(昭30・12・16民甲2670民事局長通達・先例集追I507。なお、相続分の譲渡の場合についても、同様に直接の相続登記が認められる。昭40・12・7民甲3320民事局長回答・先例集追Ⅳ623、昭59・10・15民三5195民三課長回答・先例集追Ⅶ449、同日民三5196民三課長回答・先例集追Ⅶ451)。

(2) 中間省略相続登記の登記原因証明情報　上記中間省略相続登記の申請が許容される場合に、提出すべき登記原因証明情報は、数次相続(A→B、B→C)のそれぞれを証する情報(亡Aの除籍謄本・亡Bの除籍謄本・Cの戸籍謄本)を組み合わせたものになる。なお、遺産分割の場合には、これら戸籍謄本等のほか、遺産分割を証する情報(協議分割の場合には遺産分割協議書および協議者の印鑑証明書、審判分割の場合には審判の正本、調停分割の場合には調停調書の正本等)の提供が必要である。同様に、相続放棄や相続分の譲渡に関しては、それらを証する情報(書面)を組み合わせたものが登記原因証明情報となる。したがって、

少なくとも①現在の権利状態に関して、実体と異なる登記がなされる事態は少ないであろう。もっとも、①現在の権利状態のみならず、権利変動の②過程および③態様を正確に公示するというわが国の不動産登記制度の建前からすれば、上記のような情報を提供して連続した数件の相続登記の申請を認めるような形に、制度それ自体を改正することが望ましい。

2 中間省略登記

(ア) **中間省略登記の「請求」** A→B→Cの数次移転の原因が、上記*1*のような相続ではなく、売買・贈与等の特定承継であった場合には、前々主A(ないし中間者B)とCとの共同申請となるため、登記所に対する中間省略登記の「申請」の問題のほかに、私人間における中間省略登記の「請求」の問題が生ずる。この「請求」の側面に関して、判例は当初否定説に立っていたが(大判明44・12・22民録17・877)、大正期にいったん無条件肯定説まで進んだ後(大判大5・9・12民録22・1702、大判大8・5・16民録25・776、大判大8・10・20民録25・1828、大判大10・4・12民録27・703)、中間者の同意がある場合にのみ請求を肯定することで歯止めをかけ(大判大11・3・25民集1・130)、先後の判例もこの立場を採用していたが(最判昭40・9・21民集19・6・1560)、しかし、平成16年現行不登法下において、中間省略登記の請求を完全に否定するかのごとき判例が登場した(最判平22・12・16民集64・8・2050「不動産の所有権が、元の所有者から中間者に、次いで中間者から現在の所有者に、順次移転したにもかかわらず、登記名義がなお元の所有者の下に残っている場合において、現在の所有者が元の所有者に対し、元の所有者から現在の所有者に対する真正な登記名義の回復を原因とする所有権移転登記手続を請求することは、物権変動の過程を忠実に登記記録に反映させようとする不動産登記法の原則に照らし、許されないものというべきである。」)。

(イ) **中間省略登記の「申請」** では、登記の「申請」の側面においても、Cが、登記名義人Aと共同で、中間者Bの同意書(同意証明情報)を添付して、中間省略登記の申請を行った場合、申請は受理されるか。現行法の立法担当者は、これを否定し、①中間省略登記の申請を認める特別の法令の定めがある場合(農地法による不動産登記に関する政令2条3項・3条3項、入会林野等に係る権利関係の近代化の助長に関する法律による不動産登記に関する政令4条1項)のほかは、②判決による登記の場合以外に中間省略登記の申請を認めないのが、旧法以来の登記実務の立場であるとする(清水・Q&A 202頁、河合・逐条不登令77頁)。②に関する登記実務の立場は、昭和35年に同日付で発出された2つの民事局長回答(昭35・7・12民甲1580民事局長回答・先例集追Ⅲ248、同日民甲1581民事局長回答・先例集追Ⅲ249)によって定立されたものであるが、それらはいずれも、AからC(D)への移転登記請求を認める判決が、その理由中でA→B→C(→D)の転々移転を認定している場合に、A→C(D)の直接移転登記を認めて差し支えない、というものであった。一方、その後に発出された民事局長通達(昭39・8・27民甲2885民事局長通達・先例集追Ⅳ180)は、「主文に登記原因が明示されていなくとも、理由中にある最終の移転原因を登記原因及びその日付とした判決による中間省略の

登記申請は、中間及び最終の登記原因に相続又は遺贈もしくは死因贈与含まれていない限り受理してさしつかえない」とする。これが通常の登記原因証明情報であったならば、現行不登法でいえば25条8号の却下事由（申請情報の内容が登記原因証明情報の内容と合致しないとき）に該当し（申請情報におけるA→Cの権利移転は登記原因証明情報のA→B→Cの順次移転に合致せず、また、申請情報の登記原因・日付は判決理由中に記載されたB→Cの移転原因・日付のみである）却下されるところであるが、現行法の立法担当者は、判決書に関しては、裁判官による実質的審査が行われていることから、以上の旧法下の登記実務の立場を維持することで妥協したのである。ただし、立法担当者の説明の通り、旧法下の通達が生きているとすれば、たとえ判決による登記であっても、転々移転の原因中に相続・遺贈・死因贈与が含まれている場合には、中間省略登記の申請は認められないことになる（これらを証する情報を添付した申請も認められないであろう）。

一方、現行法下の裁判例も、立法担当者と同様の立場に立って、中間者の同意書を添付した中間省略登記の申請を不登法25条8号の却下事由に基づき却下した登記官の処分を妥当とし（東京高判平20・3・27登記情報567・32）、また、中間省略登記の申請はできない旨の登記官の教示により順次移転登記を経由した当事者が提起した国家賠償請求を棄却している（岡山地判平20・2・4登記インターネット（114号）11・6・69）。

　㈦　**中間省略登記の代替手段**　だが、中間省略登記は、登録免許税を節約するきわめて有効な手法であったことから、法改正を不服とする向きは、内閣府の規制改革・民間開放会議（当時）を動かし、中間省略登記の代替手段として、「第三者のためにする契約」方式と「買主の地位の譲渡」方式の2種の方法につき、申請が受理される旨の法務省側の回答を勝ち取った（平19・1・12民二52民二課長通知・民月62・2・193）。

もっとも、これらの代替手段には、以下のような難点がある。第1に、これらの方式はいずれも、権利がいまだ移転していない段階において、中間者Bを経由せずにAからCへの直接の譲渡を行うものであり、すでにA→B→Cと権利が順次移転した後になってから、これらの方法を用いた申請を行うことはできない。第2に、かかる代替方法は、きわめて技巧的であるため、一般市民はもちろん、専門の業者にあっても、後に予想外の課税処分を受け、あるいは当事者間に紛争を生起させないような、万全の契約書を作成することは非常に難しい。その結果、司法書士等の専門職に作成を依頼するとなれば、その分のコストが余計にかかることとなる。しかも、かかる作成コストの発生の一方で、第3に、規制改革・民間開放会議は、この代替方法のメリットを、転売目的の中間者Bの課税負担軽減ではなくして、最終買受人Cの買受価格が抑えられる点に求めているため、この制度趣旨を遵守する以上は、中間者Bが節税分を利得することは許されない。結局、この代替方法は、中間者Bの紛争発生リスクないし書類作成コストの負担を増大させる一方で、何らの利潤も生み出さない。そもそも中間省略登記は、もっぱら租税回避の目的のみで行われてきたものであり、したがって、この問題に関しては、登記法の分野では、代位による登記の制度を利用しやすいものに改善する一方、租税制度の分野において、とくに転売目的の

場合の登録免許税・不動産取得税の減免を提言するのが本来の筋と解される(以上の点につき、七戸「中間省略登記の代替手段について」マンション学30号34頁、七戸「不動産物権変動における公示の原則の動揺・補遺(10・完)」民事研修613号47頁)。

3 冒頭省略登記

登記実務は、上記*1* 中間省略相続登記と同様、当初より冒頭省略登記に対して寛容であり、旧不登法制定直後より、隠居または入夫婚姻により未登記不動産を相続した場合には、直接相続人名義の保存登記ができるとしていた(明32・6・27民刑1162民刑局長回答・先例集上81)。ただし、取得原因が遺贈の場合には、受遺者名義の保存登記は認められず、遺贈者名義の保存登記をした後、遺贈を原因とする移転登記を経由すべきとされる(昭34・9・21民甲2071民事局長通達・先例集追Ⅱ548)。また、未登記の共有地につき共有者全員が死亡している場合には、被相続人らの共有名義の保存登記を行うものとし、相続人名義の保存登記はできない(昭36・9・18民甲2323民事局長回答・先例集追Ⅲ656)。一方、取得原因が時効取得の場合につき、国名義の表題登記がある土地を時効取得した者は、①表題登記が時効完成前の場合には、国名義の保存登記をしてから移転登記をし、②時効完成後の場合には、表題登記を自己名義に更正のうえ自己名義の保存登記をすべきとされる(昭41・11・22民三1190民三課長依命通知・先例集追Ⅳ936)。

なお、所有権の保存登記に関しては、登記原因・日付が登記事項とされておらず、申請情報の内容にもなっていないから、登記原因証明情報の提供は不要であるが、これに代えて、登記名義人となる者の所有権取得証明情報等の提供が必要となる(令別表28添付情報欄イ〜ハ。→**Ⅳ***1*参照)。

4 中間過剰登記

判例の中には、本来ならば死因贈与を原因とするAからCへの移転登記がなされるべきところ、Aの相続人ではないBに対して家督相続を原因とする移転登記がされた後、BからCへの贈与を原因とする移転登記が経由された事案につき、Aの相続人からCに対してなされた抹消登記請求を、登記名義が物権の現状と合致していることを理由に否定したものがある(最判昭43・6・6判時524・50)。B→Cの移転登記は、本来ならばA→Bの移転登記を抹消したうえでA→Cの移転登記を経由すべきところ(すなわち、B→A→Cと登記名義を移さなければならないところ)を、Aへの名義復帰を省略した点において、中間省略登記の一種ともいえるが、現行法の下においても、CがあえてBとの間で贈与契約を締結したうえ(無権利者Bにしてみれば他人物贈与、所有者Cにしてみれば自己物に関する贈与契約になる)、これを登記原因証明情報として提供してB→Cの直接の移転登記を経由する事例も、考えられないわけではない。

5 抹消登記に代えて行う移転登記

(ア) **抹消登記に代えて行う移転登記の「請求」**　私人間における登記「請求」の側面において、本来ならば抹消登記を請求すべきところを、これに代えて移転登記を請求した場合につき、判例が肯定説の立場を確立するのは、大正期の中間省略登記「請求」の肯定と同時期であり、その発端は、①虚偽表示や譲渡担保の当事者間における登記名義の回復方法につき、抹消登記・移転登記のいずれでも差し支えないとする判例であった(大判大6・1・18民録23・167, 大判大7・4・4民録24・465, 大判大8・9・1民録25・1553)。だが、抹消登記の方法によれば、そもそも権利変動が生じていない形での公示がなされるのに対して、移転登記の方法を用いると、登記簿上はA→B→Aの転々譲渡(再売買)が生じているかのごとき公示となる。これは、Bの公示が過剰である点において、上記**4**中間過剰登記そのものである。一方、これとほぼ時を同じくして、判例は、②Aが虚偽表示や譲渡担保により登記名義をBに移した不動産を第三者Cに譲渡した場合、A→Bの移転登記を抹消ないし再移転した後改めてA→Cの移転登記を経由する手間を省略して、B→Cの直接の移転登記を肯定した(大判大9・7・23民録26・1151, 大判大10・6・13民録27・1155, 大判大15・4・30民集5・344)。上記①の判例により、B→Aの名義移転の方法は抹消登記でも移転登記でも差し支えないのであるから、②の判例は、結局、上記**2**中間省略登記と同一に帰する。そして、これら①・②の立場は、その後の判例により踏襲され(①当事者間の名義回復事例につき大判昭12・9・29新聞4186・15, 大判昭13・2・15法学7・793, ②真の権利者による直接の移転登記請求につき大判昭16・3・4民集20・7・385, 大判昭16・6・20民集20・14・888, 最判昭30・7・5民集9・9・1002, 最判昭32・5・30民集11・5・843, 最判昭33・3・6民集12・3・436, 最判昭34・2・12民集13・2・91, 最判昭51・10・8金法809・79など)、今日へと至っている。

(イ) **抹消登記に代えて行う移転登記の「申請」**

(a) **「真正な登記名義の回復」を原因とする移転登記の承認**　他方、「申請」の側面に関していえば、当事者がこれら抹消登記に代えての移転登記請求を認める確定判決を得た場合、判決による登記(法63①)の単独申請が認められるのは、上記**2**中間省略登記の場合と同様であり、その場合の登記原因証明情報は、執行力のある確定判決の判決書の正本となる(令7①(5)ロただし書(1))。

では、当事者が裁判外で合意のうえ、抹消登記に代えて移転登記を共同申請をする場合はどうなるか。上記判例類型のうち、①当事者間における登記名義回復型の類型に関しては、申請情報の「登記の目的」が「○番所有権抹消」ではなく「所有権移転」とされるだけで、申請情報の「原因」は本来行われるべき抹消登記に等しく(登記原因が不成立または無効の場合には「錯誤」(日付は不要), 取消しの場合は「○年○月○日取消し」、法定解除の場合は「○年○月○日解除」, 合意解除の場合は「○年○月○日合意解除」となる)。そして、これらの登記原因を証する具体的事実を、登記原因証明情報として提供すべきことになる。

これに対し、②第三者との間で抹消登記を省略して直接の移転登記を申請する類型は、結果的には中間省略登記と変わるところはない。ところが、登記実務は、中間省略登記の

申請を判決による登記に限定したのと同時期(昭和30年代半ば)に、直接の移転登記の申請を容認するに至った。その発端となった昭36・10・27民甲2722民事局長回答・先例集追Ⅲ704は、「一。BはCに対し、現にB名義に登記されている後記物件は昭和36年6月7日CがAから買い受け取得したものであることを確認する。二。BはCに対し直に右物件の所有権移転登記手続をなすこと。」との和解調書による登記申請がなされた事案である。この場合は、本来ならばA→Bの移転登記につき「錯誤」を原因とする抹消登記を経由したうえ、改めてA→Cの「昭和36年6月7日売買」を原因とする移転登記を経由すべきであるが、何らかの事情で中間者Aの協力が得られなかったか、あるいは二度の登記の手間を省こうとしたのであろう。これに対し、同先例は、申請を受理して差し支えないとし、そして、この場合の申請書(申請情報)の登記原因には「真正なる登記名義の回復」と記載すべきとした。もっとも、本件は和解調書の事案であるから、中間省略登記の申請を判決による登記に限定する登記実務の処理との間のアンバランスはない。

ところが、その後、昭39・2・17民三125民三課長回答・先例集追Ⅳ10は、「登記官吏には登記上の利害関係人売主Aの意思と、Cが真正の所有者なりと判定する実質的審査権が与えられていないから」判決による登記以外は認められないのではないかとの照会に対し、判決を得ることなく「真正なる登記名義の回復」を登記原因とする移転登記の申請を認めて差し支えないとするに至り、そして、この処理は、Cが保存登記を経由している場合にも拡張された(昭39・4・9民甲1505民事局長回答・先例集追Ⅳ106)。なお、両先例によれば、「真正なる登記名義の回復」なる登記原因には、日付の記載は不要であるとされたが、これは、権利変動の無効を理由とする抹消登記における登記原因が、単に「錯誤」とだけ記載され、日付の記載が不要であるのと同じ理由である。一方、登記原因を証する書面に関していえば、とくに②中間省略型の場合には、登記原因証書は存在し得ないから、旧法下においては申請書副本の提出で足りるとされ、したがって、登記原因の真実性は、まったく担保されていなかった。

(b) 「真正な登記名義の回復」を原因とする移転登記の限界 だが、こうして認められることとなった「真正なる(その後の先例・判例においては「真正な」が一般的になる)登記名義の回復」を原因とする移転登記に対して、登記実務は、一定の歯止めがかけようとする。

まず、上記以降に発出された登記先例の中には、B名義の所有権保存登記がされ、BがCのために抵当権設定登記をした建物につき、Aが「真正な登記名義の回復」を原因とするB→Aの所有権移転登記をBと共同申請することを認めたもの(昭40・10・6民三1008民三課長電報回答・先例集追Ⅳ900)や、AからBへの売買による所有権移転登記、BからAへの売買予約による所有権移転仮登記、Bを義務者とするCのための処分禁止の仮処分の登記がされている不動産につき、「真正なる登記名義の回復」を原因とするBからAへの所有権移転登記の申請を認めるものがあるが(昭41・11・1民甲1746民事局長回答・先例集追Ⅳ922)、これらの場合においては、Cの抵当権登記・処分禁止の仮処分登記はB→Aの所有権移転登記に

優先するので，中間省略登記とは異なり，中間処分を受けた者の利益が害されることはない。また，不動産が農地である場合については，①前の所有権登記名義人に回復する場合には農地法の許可を必要としないが，②その他の場合においては農地法の許可を必要とするとして(昭40・9・24民甲2824民事局長回答・先例集追Ⅳ556，昭40・12・9民甲3435民事局長回答・先例集追Ⅳ637)，農地法の許可を回避する目的での利用を阻止している。さらに，抵当権の移転登記(昭40・7・13民甲1857民事局長回答・先例集追Ⅳ456)や，停止条件付所有権移転の仮登記(昭41・7・11民甲1850民事局長回答・先例集追Ⅳ806)については，「真正な登記名義の回復」を原因とする移転登記の申請が認めない立場がとられている。

一方，以後の判例においても，「真正な登記名義の回復」を登記原因とする移転登記の請求訴訟が提起されるようになり(最も古いのは鹿児島地判昭42・9・21判時507・59，最高裁判例では最判昭51・12・2民集30・11・1021(所有者Aの無権代理人から農地を買い受けたCが，登記名義を経由したAの相続人Bらに対し時効取得を主張して「真正な登記名義の回復」を原因とする移転登記を請求した事案)が最初である)，登記先例の側でも，「真正なる登記名義の回復」を原因とする所有権移転登記請求訴訟を提起して勝訴判決を得た場合，これに基づく判決による登記の申請を認めているが(昭55・8・11民三4926民三課長回答・先例集追Ⅵ827)，そもそも判例に現れた事案はすべて判決による登記がなされる事案なのであるから，たとえそれが②中間省略型の事案であったとしても，中間省略登記に関する当時の判例の処理との間でのバランスは保たれていた。なお，昭53・3・15民三1524民三課長依命回答・先例集追Ⅵ537は，Aの共同相続人間において土地をCが取得する旨の遺産分割協議が成立しているにもかかわらず，他の共同相続人の1人Bが自己名義の相続登記を経由したのに対して，Cが「BはCに対し，所有権移転登記をせよ。」との何ら原因を記載しない判決を得た場合につき，「所問の判決は，登記手続上問題があるが，判決理由中においてCが相続により取得したのを誤ってB名義で所有権移転の登記がされたものであることが明らかであるときは，登記義務者をBのみとし，登記原因を『真正な登記名義の回復』として，判決によるCの単独申請により所問の登記をできる」としている(登記原因のない移転登記請求を肯定するものではない)。

また，昭57・3・11民三1952民三課長回答・先例集追Ⅵ1164は，亡Aの所有していた不動産が相続人ではないB名義で登記されている場合，Aの相続人は「真正な登記名義の回復」を原因としてBから死者A名義への所有権移転登記の申請できるとしているが，事案は移転登記をすべき旨の遺産分割協議調停調書が作成された場合を念頭に置くものである。また，平3・11・8民三5667民三課長回答・先例集追Ⅷ242は，亡Aの所有していた不動産を遺産分割協議により共同相続人の1人Bが取得し，B死亡により相続人B'が相続登記を経由した後，亡Aの他の相続人Cが，遺産分割協議の無効を理由にB'に対し遺留分減殺請求権を行使して直接の移転登記を認めるが，これは「真正な登記名義の回復」を原因とする移転登記請求訴訟を提起して勝訴判決を得た場合を念頭に置くものである(なお，昭30・5・23民甲973民事局長回答・先例集追Ⅰ352は，亡Aからの包括受遺者Bに対して相続人Cが遺留分減殺請求

権を行使した場合につき，共同申請によるB→Cの直接の移転登記を認めるが，この場合の登記原因は「遺留分減殺」とされている）。さらに，平13・3・30民二874民二課長回答・先例集追Ⅸ528も，買受不動産の移転登記名義を妻B名義としたAが，不動産を長男Cに贈与した後に死亡し，Cが登記手続に協力しないBに対して，「真正な登記名義の回復」を原因とするBから死者A名義への所有権移転登記を請求する訴訟を提起した事案につき，「原告が請求どおりの給付判決を得てこれが確定すれば，当該判決書の正本及び確定証明書を添付して，原告が単独でこれらの登記を申請することができる」としており，判決による登記以外の方法で，死者に対する「真正な登記名義の回復」を原因とする移転登記の申請を認めるものではない。

(c) 現行法における「真正な登記名義の回復」を原因とする移転登記の申請　　以上のように，旧法下においては，(a)判決による登記以外の方法で「真正な登記名義の回復」を登記原因とする登記申請を一般的に許容した昭和39年の2つの先例に対し，(b)一定の制限が加えて，その許容される範囲を中間省略登記その他権利変動の過程に合致しない登記に関する処理*1~4*と同程度に収めようとする傾向が見られた。それゆえ，現行法改正の際には，(a)昭和39年先例の立場を破棄・変更して，中間省略登記におけると同様「真正な登記名義の回復」を原因とする移転登記の申請を判決による登記に限定する選択肢もあり得た。一方，立法担当者は，判決による登記以外の申請を認めつつ，とくに中間省略型の申請に関して，回復者の前主および中間者（登記簿上A→B→C→Dと登記名義が移転している場合に，BがDに対して真正な登記名義の回復を求める場合のAおよびC）を登記原因証明情報の作成者に加える方法を考えたようである（この処理は，中間省略登記に関して立法担当者自身および現行法施行後の判例が否定する，中間者の同意証明情報を添付して行う中間省略登記の申請と類似する）。だが，立法担当者は，結局，この方法をも断念し，「真正な登記名義の回復」を原因とする移転登記の申請に関しても，通常の移転登記の共同申請におけると同様，登記義務者のみを登記原因証明情報の作成者とすることで足りるとした（清水・Q&A 205頁）。その具体的な記載例は，次のようになる。「(1)Aは，Bに対し，平成21年7月1日，本件不動産の所有権の持分2分の1を売った。(2)Aは，Cに対し，平成22年3月1日，本件不動産の所有権の持分2分の1を売った。(3)しかし，本件不動産の全部について，平成21年8月1日付でAからBへの所有権の移転の登記がされ，さらに，同日付でBを債務者，Dを債権者とする，Dのための抵当権の設定登記がされている。(4)Cは，B名義の所有権移転登記の抹消登記手続につき，Dに承諾を求めたが，Dはこれに応じない。(5)よって，Bは，Cに対し，本件不動産の持分2分の1につき，持分の移転の登記をする必要がある。」。

もっとも，立法担当者は，①先の例における回復者の前主Aや中間者Cが登記原因証明情報の作成者に加わることを排除するものではないとする一方，②根本的には，「真正な登記名義の回復」を原因とする移転登記が認められる範囲についての議論が必要である，としている（清水・Q&A 206頁）。

このうち，①の点に関していえば，そもそも「真正な登記名義の回復」を原因とする移転

登記の申請の許容は，抹消登記を経由する中間者等が多数存在し，あるいは相続が生じている場合に，それら多数の関係者の署名押印等を集めさせるのは，申請人に過大な負担を課すものである，との考慮に基づくものであった。となれば，現行法の下において提供された登記原因証明情報から，かかる抹消登記手続の不可能ないし困難の事情(上記記載例(4)のような事情)が認められないような場合には，当該情報は，「真正な登記名義の回復」を原因とする移転登記申請の登記原因証明情報としては不十分なものとなり，立法担当者が述べるように，登記義務者作成の情報に，他の関係人の提供する情報を追加し組み合わせる形で，複数情報一体型の登記原因証明情報を提供する必要が生じよう。

　他方，②「真正な登記名義の回復」を原因とする移転登記が認められる範囲に関する立法担当者の立場は，中間省略登記に関すると同様，これに一定の制限を加える旧法下の登記実務(→上記**V5(イ)(b)**参照)をそのまま承継したものと解される。それゆえ，現行法の下においても，「真正な登記名義の回復」を原因とする移転登記は，所有権の移転登記についてしか認められず，また，死者名義への移転登記は，判決による登記以外は認められないことになる。

　なお，現行不登法下において中間省略登記の請求を完全否定したかのように見える最判平22・12・16民集64・8・2050(前掲**V2(ア)**参照)の事案は，XY共有名義の土地につき，Xの共有物分割請求の本訴に対して，単独所有を主張するYが「真正な登記名義の回復」を原因とするXの持分の移転登記を請求する反訴を提起した事案であり，原審がX→亡A→Yの所有権移転(X→Aは贈与，A→Yは相続)を認定してYの反訴請求を認容したことから，Xが，Yの請求原因事実は「真正な登記名義の回復」であるのに，原審が「X・A間贈与」を認定したのは弁論主義に反するとして上告受理を申し立てた事案であった。すでに見たように，判旨は，「不動産の所有権が，元の所有者から中間者に，次いで中間者から現在の所有者に，順次移転したにもかかわらず，登記名義がなお元の所有者の下に残っている場合において，現在の所有者が元の所有者に対し，元の所有者から現在の所有者に対する真正な登記名義の回復を原因とする所有権移転登記手続を請求することは，物権変動の過程を忠実に登記記録に反映させようとする不動産登記法の原則に照らし，許されないものというべきである。」としたが，ただし，これに続けて，判旨は，「Yの反訴請求は，これを合理的に解釈すれば，その反訴請求の趣旨の記載にかかわらず，予備的に，本件土地について本件贈与を原因とするXからAに対するX持分全部移転登記手続を求める趣旨を含むものであると理解する余地があり，そのような趣旨の請求であれば，前記事実関係等の下では，特段の事情のない限り，これを認容すべきものである。そうであれば，Yの反訴請求については，事実審において，適切に釈明権を行使するなどして，これが上記の趣旨の請求を含むものであるのか否かにつき明らかにした上，これが上記の趣旨の請求を含むものであるときは，その当否について審理判断すべきものと解される。したがって，上記の観点から，反訴請求につき，更に審理を尽くさせるため，原判決中，反訴請求に関する部分を原審に差し戻すこととする。」とした。すなわち，「真正な登記名義の回復」を原因とするX→

Yの直接の移転登記請求は，X→Aの贈与を原因とする移転登記請求の趣旨を含むと解される場合にのみ許容されるというのであるから，結局，同判決は，「真正な登記名義の回復」の論点に関しても，少なくともX→A→Yと権利が順次移転した事案に関しては，「真正な登記名義の回復」を原因とするX→Yの直接の移転登記を許さず，X→A→Yの登記を経由すべきことを命じたものといえる。

（七戸克彦）

（執筆協力：加藤政也）

（一般承継人による申請）
第62条 登記権利者，登記義務者又は登記名義人が権利に関する登記の申請人となることができる場合において，当該登記権利者，登記義務者又は登記名義人について相続その他の一般承継があったときは，相続人その他の一般承継人は，当該権利に関する登記を申請することができる。

＊旧法関係……新設〔→(参考)旧法42条〕

I　本条の趣旨

①共同申請主義を定めた法61条は，権利に関する登記の申請は「登記権利者及び登記義務者が共同してしなければならない」旨を定めているが，この規定のみでは，登記可能な権利変動等の原因が生じた後，登記未了の間に，登記権利者・登記義務者あるいはその双方に死亡その他の一般承継が生じた場合には，登記申請ができないことになってしまう。②単独申請あるいは③合同申請を定めた条文の規定する申請者たる「登記名義人」が死亡した場合等においても同様である。そこで，本条は，これらの者に死亡等の一般承継が生じた場合には，その相続人その他の一般承継人が，被相続人等に代わって登記を申請することができる旨を定めている。

旧法においては，本条のような申請人の相続人等が被相続人等に代わって登記申請できる旨を直接定めた条文は存在せず，それが可能であることを当然の前提としたうえで，その場合に被相続人が提出すべき添付書面に関する規定を設置していた(旧法42)。現行法改正の際には，①登記制度の骨格に関する事項のみを法律事項として不登法に規定し，②申請情報・添付情報の具体的内容に関しては政令(不登令)に委任し，③登記官の登記事務に関して必要な事項は法務省令(不登規則)に委任する制度設計が行われたため，①法律事項として本条を新設する一方，添付書面に関する旧法42条の規定は②不登令(現行令7(5)イ)に移された。

なお，表示に関する登記についても，本条と同様の規定が新設されている(法30)。

II 登記権利者・登記義務者，登記名義人

旧法42条においては，もっぱら①共同申請の場合のみを念頭に，登記申請人となることができる者について，「登記権利者又ハ登記義務者」とだけ規定していた。しかしながら，旧法下の登記実務では，②単独申請によるべき登記申請の事由が発生した後，登記申請人となるべき者が死亡した場合についても，相続人は，被相続人名義の登記を単独申請できるとの運用がなされていた。

そこで，現行法62条は，「登記権利者」「登記義務者」のほかに，「登記名義人」を加えることによって，①共同申請のほかに，②単独申請の登記に関しても，相続人(等)が登記申請できる旨を明確化した。また，「登記名義人」による申請には，②単独申請のほか，③合同申請（複数人の申請ではあるが①共同申請のように登記権利者・登記義務者の対立構造をとらないもの。法65・89①・89②）があるが，「登記名義人」の語が加わったことにより，本条が②単独申請のみならず，③合同申請についても適用されることが明らかとなった。なお，本条は，①共同申請において，登記権利者・登記義務者の双方につき死亡その他の一般承継があったときにも適用がある。

III 相続その他の一般承継

一方，旧法42条は，登記権利者・登記義務者が死亡した場合のみを念頭に置いて，その一般承継人を「相続人」とだけ規定していた。しかし，旧法下の登記実務では，法人の合併の場合の合併後の法人も，ここにいう「相続人」に含まれるとの解釈・運用がなされていた。

そこで，現行法62条は，旧法の「相続人」の文言を「相続その他の一般承継人」に改め，合併後の法人も申請人となることができる旨を明確化した。なお，ここにいう「相続人」は，代襲相続人を含み，相続放棄をした相続人を含まない。

IV 登記手続

本条が想定しているのは，あくまでも被相続人・消滅法人の行う登記手続であり，登記権利者・登記義務者ないし登記名義人は死亡した被相続人・消滅した法人であって，その一般承継人(相続人・合併後の法人)ではない。

(1) 登記権利者について一般承継があったとき

(ア) **申請情報**　AB間売買の後，A→Bの所有権移転登記がなされる前に，買主Bが死亡した場合，亡Bの相続人Cは，本条に基づき，売主Aを登記義務者，買主亡Bを登記権利者として，A→亡Bの所有権移転登記を申請することができる。A→亡Bの所有権移転登記であることから，申請情報の「登記の目的」はAB間の「所有権移転」，「原因」もAB間の「○年○月○日売買」である。これに対して，相続人Cが直接A→Cの移転登記を請求することは中間省略登記であるから，判決による登記以外は許されない(A→Bの移転が特定承継であるため，単独相続が連続した場合にのみ許容される中間省略相続登記は認められない)。したがって，相続人Cは，本条によりA→亡Bの移転登記を経由したうえで，亡B→

Cの相続を原因とする移転登記を経由すべきことになる。

一方，申請情報の「権利者」には，被相続人亡Bの住所・氏名（「○市○町○丁目○番○号（亡）B」。登記権利者Bが死亡していることを明示するため「（亡）」と冠記する）の表記の後に，相続人Cの住所・氏名（△市△町△丁目△番△号　相続人C」。登記権利者の相続人であることを明示するため「相続人」と冠記する）を記載する。

登記権利者亡Bの相続人が数人いる場合（C_1・C_2・C_3の共同相続の場合），亡B名義の登記経由は，C_1・C_2・C_3名義の共有登記を経由するために必要な前提であるから，民法252条ただし書の保存行為に当たり，したがって，共同相続人の1人C_1は，単独で，登記義務者たる売主Aと，本条に基づくA→亡Bの登記申請ができる。

なお，遺言執行者は，相続人の代理人とみなされるので（民1015），相続人の代理人の資格をもって，本条に基づく登記申請を行うことができる。

　(イ)　**添付情報**　　AB間売買の後，登記権利者Bについて一般承継があったときの添付情報は，①登記義務者Aの登記識別情報（法22），②AB間売買に関する登記原因証明情報（法61，令7(5)ロ・令別表30イ），③登記名義人となる者である亡Bの住所証明情報（令7(6)・令別表30ロ。亡Bの住民票（除票）の写し）のほか，本条に基づく一般承継人による申請であることとの関係で，④「相続その他の一般承継があったことを証する市町村長，登記官その他の公務員が職務上作成した情報（公務員が職務上作成した情報がない場合にあっては，これに代わるべき情報）」（令7①(5)イ。一般承継証明情報）の提供が必要である。

なお，登記手続が完了した後の登記識別情報の通知（法21）は，登記権利者亡Aの一般承継人であるBに対してなされる。

(2)　登記義務者について一般承継があったとき

　(ア)　**申請情報**　　以上とは逆に，AB間売買の後，A→Bの所有権移転登記なされる前に，売主Aが死亡して，DがAを相続した場合には，不動産の所有権はすでに亡Aの生前にBに移転してしまっているため，Dが亡A→Dの相続を原因とする所有権移転登記を経由したうえで，D→Bの移転登記を経由する処理はできない。したがって，この場合には，もっぱら本条に基づき亡A→Bの移転登記を申請することとなる。なお，亡Aの相続人が数人いる場合（D_1・D_2・D_3の共同相続の場合）は，上記(1)登記権利者の共同相続の場合と異なり，登記義務者の共同相続人の1人が単独で本条の登記申請を行うことはできないとされている（昭27・8・23民甲74民事局長回答・先例集下1917）。

一方，この場合の申請情報の「義務者」には，共同相続人全員につきその住所・氏名（「○市○町○丁目○番○号　亡A相続人D_1」等。登記義務者の相続人の申請であることを明示するため，氏名の前に「亡A相続人」と冠記する）を記載する。なお，上記(1)登記権利者に一般承継があった場合と異なり，被相続人亡Aを義務者として記載する必要はない。

　(イ)　**添付情報**　　AB間売買の後，登記義務者Aについて一般承継があったときの添付情報は，①登記義務者亡Aの登記識別情報（法22。なお，これを亡Aの一般承継人Dが提供できない場合には，事前通知または本人確認情報の制度（法23①～③・④）を利用すべきことになる），

②AB間売買に関する登記原因証明情報(法61, 令7(5)ロ・令別表30イ), ③Bの住所証明情報(令7(6)・令別表30ロ), および, ④Dの一般承継証明情報(令7①(5)イ。共同相続の場合には, 共同相続人全員分の情報が必要)である。

　(3)　**登記名義人について一般承継があったとき**　　未登記不動産の表題部所有者Bが死亡した場合, 亡Bの相続人Cは, 直接自己名義の所有権保存登記の単独申請ができる(法74①(1))。未登記の共有不動産につき, 共有者B_1〜B_5全員が死亡した場合, 死亡者(被相続人)全員を登記名義人とする保存登記を申請できるのみならず, 死亡者の1人(B_1)の相続人C_1とその後の死亡者B_2〜B_5を登記名義人とする保存登記を申請することもでき, しかも, この場合の登記申請は, 保存行為として, 死亡者の相続人の一部(例えば$C_1$1人)ですることができる(昭36・9・18民甲2323民事局長回答・先例集追Ⅲ656)。

　これに対して, 未登記不動産の表題部所有者Aが, Bに不動産を売却した後に死亡した場合, 亡Aの相続人Dが, 亡Aの相続財産ではなくなっている本件不動産につき, 自己名義の保存登記を経由できないこと, 上記(2)の場合と同様である。だが, その一方において, 買主Bは, 所有権を有することが確定判決によって確認された場合(法74①(2))以外は, 直接自己名義での保存登記を申請することはできない。したがって, この場合には, まず表題部所有者亡A名義の保存登記がなされる必要があるが, 旧法下においても, 亡Aの相続人Dは, 亡A名義の所有権移転登記を単独申請することができるとされていた(旧土地台帳の所有名義人につき昭32・10・18民甲1953民事局長通達・先例集追Ⅱ173)。現行法62条においては, 「登記名義人」の相続人その他の一般承継人が登記を申請できる旨が明定されている。

(七戸克彦)
(執筆協力：加藤政也)

(判決による登記等)

第63条 第60条，第65条又は第89条第1項(同条第2項(第95条第2項において準用する場合を含む。)及び第95条第2項において準用する場合を含む。)の規定にかかわらず，これらの規定により申請を共同してしなければならない者の一方に登記手続をすべきことを命ずる確定判決による登記は，当該申請を共同してしなければならない者の他方が単独で申請することができる。

② 相続又は法人の合併による権利の移転の登記は，登記権利者が単独で申請することができる。

　　＊旧法関係……旧法27条
　　＊新法改正……平成17年4月13日法律第29号「不動産登記法等の一部を改正する法律」1条：
　　　　本条1項一部改正

I　本条の趣旨

　①「登記権利者」と「登記義務者」の共同申請の原則を定めた60条，および，「登記名義人」全員の合同申請を定めた65条(共有物分割禁止の定めの登記)・89条1項(抵当権・根抵当権の順位の変更の登記)・89条2項(根抵当権共有者の優先の定めの登記)(なお，89条1項・2項は，95条2項により質権の登記に準用される)においては，申請当事者の一方ないし1人が登記手続に協力しない場合には，登記ができないことになってしまう(本条1項の場合)。また，②権利の移転の登記は共同申請の原則に服するが，しかし，相続を原因とする被相続人から相続人への移転登記，法人の合併を原因とする消滅法人から合併後の存続・設立法人への移転登記に関しては，被相続人・消滅法人はこの世に存在しないため，共同申請ができない。そこで，本条1項・2項は，これら①・②の場合に関して，例外的に，単独申請を認める旨を規定している。

　旧法27条は，「〔①〕判決又ハ〔②〕相続ニ因ル登記ハ登記権利者ノミニテ之ヲ申請スルコトヲ得」と規定していた。現行法は，これを①1項・②2項に分けて規定したものである。

II　判決による登記（本条1項）

　(1)　**申請人**　　申請人(申請権者)に関して，旧法27条は「判決……ニ因ル登記ハ登記権利者ノミニテ之ヲ申請スルコトヲ得」と規定したが，現行法は，「登記権利者」の文言を，「当該申請を共同してしなければならない者の他方」に改めた。これは，合同申請の場合のほか，共同申請における登記義務者側からの登記引取請求権を肯定した判例の立場(最判昭36・11・24民集15・10・2573)に対応したものである。

　なお，本条1項は，平成16年制定の原始規定においては，「第60条，第65条又は第89条第1項(同条第2項において準用する場合を含む。)の規定にかかわらず」と規定されていた。

だが，昨今の立法においては，準用規定が存在する場合には，準用される側の規定においても，準用の有無を明記するのが通例となっている。それゆえ，上記原始規定は，89条1項につき「同条第2項において準用される場合を含む」旨のかっこ書を付したのであるが，しかし，立法者は，抵当権に関する89条1項が，質権に関する95条2項においても準用されていることを見落とした。そこで，筆界特定制度等の制定に関する平成17年改正の際に，この点に関する脱落を補充したのである。

(2) **判決** 一方，共同申請・合同申請の例外として，単独申請が認められるための判決は，(ア)登記申請の意思表示を命ずる給付判決でなければならない。一方，本条1項は，それが(イ)「確定判決」であることを要求している。

(ア) **登記申請の意思表示を命ずる給付判決** 登記申請行為は，国家機関である登記所に対して，一定内容の登記をなすべきことを要求する手続法上の意思表示であるが，その法的性質につき，判例は，私法行為説(最判昭37・5・24民集16・7・1251)から，公法行為説(最判昭39・4・2民集18・4・497，最判昭41・11・18民集20・9・1827，最判昭42・2・23裁判集民86・335，最判昭43・3・8民集22・3・540)を経て，現在は，公法行為・私法行為の両性質を有するとの併有説をとっている(最判昭46・6・3民集25・4・455)。したがって，強制履行に関する民法414条2項ただし書(「法律行為を目的とする債務については，裁判をもって債務者の意思表示に代えることができる」)およびこれを受けた規定である民事執行法174条1項本文(「意思表示をすべきことを債務者に命ずる判決その他の裁判が確定し，又は和解，認諾，調停若しくは労働審判に係る債務名義が成立したときは，債務者は，その確定又は成立の時に意思表示をしたものとみなす」)の規定は，登記申請の意思表示についても適用され，共同申請ならびに合同申請の当事者の一方ないし1人(一部)が登記申請に協力しない場合，他方ないし他の当事者は，登記申請の意思表示をすべきことを命ずる確定判決等を得たならば，共同申請・合同申請に必要な関係当事者の意思表示はすべて揃う。本条1項は，その場合の登記申請手続を定めた規定ということになり，したがってまた，本条1項にいう「判決」は，「意思表示をすべきことを債務者に命ずる」給付判決でなければならない(なお，大判大15・6・23民集5・536は「登記権利者及登記義務者カ連署シテ登記ヲ申請スヘキ場合ニ後者カ之ヲ肯セサル以上前者ハ後者ニ対シ意思ノ陳述ヲ為スヘキ旨ノ訴ヲ提起シ以テ登記権利者ノミニテ登記ヲ申請スルノ外アルヘカラス〔旧〕不動産登記法第27条ハ畢竟民事訴訟法第736条〔現・民事執行法174条〕ノ一適用ニ過キサルカ故ニ茲ニ所謂判決ハ意思ノ陳述ヲ為スヘキ旨ヲ命スル給付判決タルコト云フ迄モ無シ」と判示している)。

これに対して，①登記原因となる権利変動それ自体についての給付判決や，②この権利変動を判決によって形成する判決，あるいは，②登記原因となる権利変動のあったことを確認する判決は，本条1項の「判決」に含まれない(①売買代金と引換に所有権移転を命ずる給付判決につき明33・9・24民刑1390民刑局長回答・先例集上185，③所有権の確認判決につき大判明44・12・22民録17・877)。

(イ) **確定判決** 判決は，判決書の送達を受けた日から2週間の不変期間内に上訴し

なければ(民訴285・313)、その期間の満了時に確定する(同法116①)。本条1項は、単独申請のできる登記が、「確定判決」による登記である旨を明定する。

これに対して、旧法27条は、単に「判決」とだけ規定していたが、上記民事執行法174条1項本文の文言(「判決その他の裁判が確定し」)を援用するまでもなく、およそ一般に判決は確定をもって効力を生ずるものであるから、効力が未発生の判決に基づく登記の申請を認めるべきではない。なお、未確定の判決に基づく登記がなされた場合、当該登記は無効となる(東京控判大6・1・29評論6・諸法34)。

(ウ) **判決に準ずるもの** 民事執行法174条1項本文には、①判決のほかに、②その他の裁判(外国判決・仲裁判断・外国仲裁判断など)を掲げ、また、③和解・④認諾・⑤調停・⑥労働審判の債務名義が掲げられている。これに対して、本条1項には、①判決のみしか規定されていないが、しかし、②その他の裁判(外国判決・仲裁判断)・③和解調書・④認諾調書・⑤調停調書および⑥家庭裁判所の審判に関しては、確定判決に準じて、本条1項に基づく登記ができるものと解されている。

(a) **外国判決** 民事執行法174条1項本文の意思表示をすべきことを債務者に命ずる判決その他の裁判の中には、外国判決も含むが、ただし、外国裁判所の判決については、それが確定しており、かつ民事訴訟法118条1号〜4号の要件を備えている場合に限り、執行判決を求める訴えを提起することができるとされている(民執24)。

なお、不登法学説の中には、不動産に関する物権関係を目的とする訴訟は、所在地国の裁判権に専属するのが通例であるから、登記申請の意思表示を命ずる給付請求につき外国裁判権は認められないとする見解もある(香川保一『不動産登記法逐条解説(一)』〔テイハン・2004〕350頁、新井克美『判決による不動産登記の理論と実務』21頁)。

(b) **仲裁判断** 仲裁とは、仲裁合意(民事上の紛争の解決を仲裁人の判断に服する旨の合意)がなされた場合に、この合意に基づき仲裁人が当該紛争について審理し、仲裁判断を下す手続をいう(仲裁2)。仲裁判断は要式行為であり、仲裁判断をするには、仲裁判断書を作成し、これに仲裁人が署名しなければならない(同法39①)。仲裁判断は、確定判決と同一の効力を有する(同法45①本文)。なお、仲裁地が日本国内にあるかどうかを問わないとされるが(同法45①本文かっこ書)、不動産物権や登記に関する外国仲裁判断に関しては、上記(a)外国判決と同様、裁判管轄が問題となり得る。

一方、当該仲裁判断に基づく民事執行をするには、仲裁法46条の執行決定を得なければならない。したがって、登記手続を命ずる仲裁判断については、執行決定を得れば、これに基づき不登法63条1項により単独での登記申請が認められる(昭29・5・8民甲938民事局長回答・先例集下2193。最判昭54・1・25判時197・52。いずれも執行決定の前制度である旧民事訴訟法802条の執行判決に関する事案)。

なお、登記義務者Aが死亡した後、登記権利者Bと登記義務者亡Aの相続人Cを当事者とする仲裁判断がなされた場合、亡Aの相続人Cの身分を証する書面を添付しなければ、登記申請は受理されない(昭52・12・15民三6043民事局長回答・先例集追Ⅵ519、横浜地判昭61・2・19

判タ623・92)。ABを当事者とする仲裁判断がなされた後，登記権利者Bが死亡した場合にも，亡Bの相続人Dは，相続人の身分を証する書面を添付しなければ，判決による登記の単独申請ができない(東京地判昭60・12・26判時1181・91)。

(c) **和解調書** 和解のうち，裁判上の和解——訴訟上の和解(民訴89・265)および訴え提起前の和解(同法275)——に関しては，和解がされた旨の調書が作成され，その記載は，確定判決と同一の効力を有する(同法267)。したがって，登記手続を命ずる旨の裁判上の和解が成立した場合には，その旨の記載された和解調書に基づいて，判決による登記の単独申請をすることができる(明33・1・17無号民刑局長回答・先例集上133，明35・7・1民刑637民刑局長回答・先例集上237)。これに対して，裁判外の和解(民695)は当事者間で行われる諾成契約であって「調書」は作成されず，確定判決と同一の効力を有さないから，登記の単独申請は認められない。

なお，「所有権移転登記手続に必要な書類を交付する」旨が記載されているにすぎない和解調書は，旧法27条にいう「判決」に該当しない(昭56・9・8民三5483民三課長回答・先例集追VI992)。

(d) **認諾調書** 請求の認諾とは，民事訴訟の口頭弁論・弁論準備手続・和解の期日において，被告が原告の訴訟上の請求(訴訟物)である権利主張を認める陳述をすることをいい(民訴266)，被告が請求の認諾をすると，裁判所書記官はこれを調書に記載し(民訴規則67①(1))，訴訟手続は終局判決を経ずに終了し，請求の認諾がされた旨の調書の記載は，和解がされた旨の調書の記載と同様，確定判決と同一の効力を有する(民訴267)。したがって，原告の登記請求に対し，被告が請求を認諾した場合には，その旨の記載された認諾調書に基づいて，判決による登記の単独申請をすることができる。

(e) **民事調停，調停に代わる決定** 民事調停法に基づいて簡易裁判所・地方裁判所が行う調停においては，当事者間に合意が成立し，これを調書に記載したときに調停が成立し，その記載は，裁判上の和解と同一の効力を有する(民調16)。また，裁判所は，調停が成立する見込みがない場合でも相当であると認めるときは，調停に代わる決定をすることができ(同法17)，この決定に対して2週間内に異議の申立てがないときは，この決定は裁判上の和解と同一の効力を有する(同法18③)。そして，裁判上の和解は，確定判決と同一の効力を有するから，登記申請をする旨の調停が成立した場合には，調停調書を提供して，単独で登記の申請をすることができる。

(f) **家事審判，家事調停** 一方，家庭裁判所は，家事事件手続法の別表第一および別表第二に掲げられた事件について審判をすることができるが(家事39)，それらのうち，金銭の支払，物の引渡，登記義務の履行その他の給付を命ずる審判は，執行力ある債務名義と同一の効力を有する(同法75)。また，家庭裁判所は，人事に関する訴訟事件その他一般に家庭に関する事件について調停を行うことができる(同法244)。この家事調停についても，当事者間に合意が成立し，それが調書に記載されたときに調停が成立するが，その記載は，確定判決あるいは確定した審判と同一の効力を有する(同法268)。したがって，

「登記義務の履行」に関する審判書あるいは調停調書については、これに基づいて、登記の単独申請ができる。

　(エ)　**判決に準じないもの**　　以上に対して、判決による登記の単独申請ができないとされたものには、次のようなものがある。なお、いずれも民事執行法174条1項本文には掲げられていない。

　　(a)　**公正証書**　　公正証書は、金銭の一定の額の支払またはその他の代替物若しくは有価証券の一定の数量の給付を目的とする請求に関するもの以外は、債務名義とならない(民執22(5)参照)。したがって、たとえ登記申請を命ずる旨の公正証書を作成したとしても、この公正証書は執行力を有さないから、同書面を用いて、単独で登記を申請しても却下される。先例も、古くから、以上の理由に基づいて、公正証書による単独申請を否定しており(明35・7・1民刑637民刑局長回答・先例集上237)、戦後の裁判例もまた、同趣旨を説く(東京地判昭33・3・19行裁集9・3・528、東京高判昭34・4・30高民集12・6・227)。

　　(b)　**転付命令**　　転付命令は、支払に代えて券面額で差し押さえられた金銭債権を差押債権者に転付する命令であって(民執159①)、登記手続を命ずるものではない。したがって、債務者が第三者に対して有している抵当権の被担保債権につき転付命令を得た差押債権者が、この転付命令を用いて、債務者から自己への抵当権の移転登記を単独で申請することはできない(明33・8・9民刑637民刑局長回答・先例集上179。大阪区判大5・2・1新聞1083・13)。

　　(c)　**民事保全法に基づく保全命令(仮処分命令)**　　保全命令(民事保全の命令。民保2①)は、民事訴訟による権利の確定までに生じうる一定の不都合(例えば口頭弁論終結前に係争物が第三者に譲渡され登記が経由されてしまった場合には、原告は改めて承継人を被告として訴えを提起しなければならなくなる)を防止する目的で認められた制度であり、確定判決を先取りするような効力を有し得ないから、もし裁判所が誤って登記申請手続を命ずる仮処分命令をした場合にも、登記権利者は、この仮処分命令に基づいて単独で登記を申請することはできない(昭47・12・8民三996民三課長回答・先例集追V806)。

　　(d)　**家事事件手続法に基づく審判前の保全処分(仮処分)**　　家庭裁判所は、本案の家事審判事件の申立があった場合に、必要があるときは、仮差押え・仮処分・財産の管理者の選任その他必要な保全処分を命ずることができるが(家事105)、その執行および効力は、民事保全法その他の仮差押えおよび仮処分の執行および効力に関する法令の規定に従うとされている(同法115)。

　　したがって、上記(c)民事保全法に基づく保全命令(仮処分命令)と同様、家事審判法に基づく保全処分(仮処分)についても、終局判決を先取りした効力は認められず、家庭裁判所が誤って登記手続を命ずる仮処分をしたとしても、これに基づく登記の申請は受理されない(昭37・10・24民甲3042民事局長通達・先例集追Ⅲ1065)。

　　(e)　**仮執行宣言付判決**　　財産権上の請求に関する判決については、裁判所は、仮執行をすることができることを宣言することができる(民訴259、民執22②)。しかし、登記

請求訴訟の判決には，仮執行宣言を付すことができない。なぜなら，同訴訟は，被告に登記申請の意思表示を求めるものであり，判決の確定によって相手方の意思の陳述が擬制される性質のものだからである(民執174①本文)。判例は，古くからこの点を明言する(大判明43・5・14民録16・377，大判明45・4・12民録18・382，大決昭10・9・27民集14・1650)。

もし仮に裁判所が誤って仮執行宣言を付し，この仮執行宣言付判決に基づいて，登記権利者が単独で登記申請をした場合，当該申請は，添付情報(登記原因証明情報。令7①(5)ロただし書(2))の不備を理由に却下される(現行不登法25条9号。昭25・7・6民甲1832民事局長通達・先例集下1429)。ただし，この申請を登記官が誤って受理してしまった後は，登記官は，これを不登法71条の規定に基づいて職権で抹消することはできない(前掲昭25・7・6民甲1832民事局長通達)。さらに，この誤った登記の後，原告勝訴の判決が確定した場合には，判決確定による登記義務者の意思表示の追完により，登記の瑕疵は治癒され，登記は有効となる(最判昭41・6・2判時464・25)。

(3) 執行文・承継執行文

(ア) 執行文の要否　そもそも登記請求訴訟とは，登記申請の意思表示をすることを命ずる訴訟であり，そして，意思表示の擬制の効果は，原則として判決確定時に直ちに発生することから，確定判決の執行力の存在につき証明の必要がない(民執174①本文)。したがって，登記請求訴訟においては，原則として執行文の付与(民執26)を申し立てる必要はない。この点は，確定判決と同一の効力を有するところの和解調書・認諾調書・調停調書等(→Ⅱ(2)(ウ))についても同様である。

ただし，意思表示の擬制効果の即時発生の原則に対して，民事執行法174条1項ただし書は，以下の3つ場合においては，執行文が付与された時に意思表示擬制の効果が発生する旨の例外を設けており，したがって，これらの場合には，執行文が必要となる。

(a) 債務者の意思表示が，債権者の証明すべき事実の到来に係るとき　①債務者の登記申請の意思表示が一定の事実の到来を条件・不確定期限としており，かつ，②それが判決主文に明示されており，③債権者が事実の到来に関する証明責任を負っている場合(例えば「原告が被告に対し金1000万円を平成20年6月30日までに支払ったときは，被告は，原告に対し，○年○月○日売買を原因とする所有権移転登記手続をせよ」との確定判決や，「一。被告は，原告に対し，本件農地について，○○知事に対して農地法3条(あるいは5条)の規定による所有権移転の許可の申請手続をせよ。二。前項の許可があったときは，被告は，原告に対し，前項の許可の日の売買を原因とする所有権移転登記手続をせよ」との確定判決の場合)，債権者は，その事実の到来したことを証する文書を裁判所書記官に提出して(民執27①)，執行文の付与を受ける必要がある。これに対して，①確定期限が付されている場合(例えば「被告は，原告に対し，平成20年3月31日限り，別紙目録記載の不動産について，○年○月○日売買を原因とする所有権移転登記手続をせよ」との確定判決など)，確定期限の到来は執行機関において容易に判断できるから，執行文付与の申立ての際に証明書の提出を必要としない(民執30①)。一方，判決の確定時に，すでに条件・不確定期限となる事実が到来していた場合には，執行文は必要

ない。また，判決主文ないし理由中で，売買代金の支払や農地法上の許可があった旨が認定されている場合には，登記原因証明情報として，確定判決のほかに領収書や許可書を合わせて提供する必要はない(農地法上の許可があった場合につき昭22・10・13民甲840民事局長回答・先例集上816)。判決確定時に，すでに非農地となっていることが判決理由より明らかである場合も同様である(同上)。

(b) **債務者の意思表示が，反対給付との引換えに係るとき** 上記(a)のうち，債権者が反対給付の先履行義務を負っている場合と同様，反対給付が同時履行の関係にある場合についても(例えば「被告は，原告に対し，原告が被告に対し金1000万円を支払うのと引換えに，○年○月○日売買を原因とする所有権移転登記手続をせよ」との確定判決)，債権者(原告・買主)は，債務者(被告・売主)に対する反対給付の履行または履行の提供をしたことを証する証明書を裁判所書記官に提出した場合に限って，執行文が付与され(民執174②)，そして，この執行文が付与された時に，登記申請の意思表示がされたものとみなされる(同条1項ただし書)。

(c) **債務者の意思表示が，債務の履行その他の債務者の証明すべき事実のないことに係るとき** 以上に対して，「被告が原告に対し金1000万円を平成20年6月30日までに支払わなかったときは，被告は，原告に対し，○年○月○日代物弁済を原因とする所有権移転登記手続をせよ」という確定判決のように，登記請求が債務者の証明すべき事実(金1000万円の支払)のないことを条件としている場合につき，民事執行法施行前の旧規定(民訴旧518②)には規定が存在せず，そのため，執行文を必要とする登記実務(昭47・1・26民三76民三課長電報回答・先例集追Ｖ678)と，これを不要とする裁判所との間で，対立が見られた。そこで，民事執行法は，この場合にも執行文を必要とするとの規定を置き(民執174①ただし書)，かつ，この場合の執行文付与の要件として，裁判所書記官は，債務者に対し一定の期間を定めてその事実を証明する文書を提出すべき旨を催告し，債務者がその期間内にその文書を提出しないときに限り，執行文を付与することができるものとした(同条③)。なお，債務者から文書が提出されたが，その内容から債務の履行等がされた事実が認定できない場合は，文書が提出されない場合に該当し，裁判所書記官は，執行文を付与することとなる。

(イ) **承継執行文の要否** 口頭弁論終結後に，訴訟の目的である権利あるいは義務につき①一般承継(当事者の死亡・法人の合併。なお，不動産登記法をはじめ多くの法令においては「一般承継」の用語が用いられ，「包括承継」の語が用いられるのは信託法(31条2項3号)などごくわずかである)または②特定承継(係争物の譲渡等)が生じた場合，確定判決の効力(既判力等)は，当事者(民訴115①(1))のほか，口頭弁論終結後の承継人にも及ぶ(同項(3))。確定判決と同一の効力を有するところの和解調書・認諾調書・調停調書等についても同様である。そして，これらの債務名義による強制執行は，債務名義に表示された当事者(民執23①(1))のほか，債務名義成立後の承継人(同項(3))に対し(義務承継人の場合)，またはその者のために(権利承継人の場合)することができる。これを承継執行といい，この場合の執行文(承継執

行文)は，承継執行をすることができることが裁判所書記官もしくは公証人に明白であるとき，または債権者がそのことを証する文書を提出したときに限り付与される(民執27②)。だが，登記申請手続をすべきことを命ずる判決(等)については，当該判決(等)が確定した時または執行文が付与された時に，その者の登記申請の意思表示がされたものとみなされるため(民執174①)，この時点において執行はすでに完了している。したがって，この場合には，そもそも承継執行の余地が存在しないようにも思われるが，登記実務ならびに通説は，債務名義成立後(口頭弁論終結後)の承継人に対する承継執行を肯定する。

これに対して，口頭弁論終結前に訴訟の目的である権利あるいは義務の承継があった場合については，①一般承継に関しては，当然承継主義がとられており，訴訟手続が中断されて，一般承継人への訴訟手続の受継がなされる(民訴124①(1)・(2)。ただし，2項)。他方，②特定承継に関しては，日本法は当事者恒定主義(判決効を口頭弁論終結前の承継人にも及ぼす主義。ドイツ法が採用する)をとらず，(a)権利の承継があった場合には，権利承継人から参加承継の申出があった場合に(民訴49・51)，また，(b)義務の承継があった場合には，既存の当事者からの申立てに基づき裁判所が引受承継(引受参加)を認めた場合にのみ(民訴50・51)，(a)権利承継人ないし(b)義務承継人に既存の当事者の訴訟上の地位を引き継がせる立法(訴訟承継主義)を採用している。また，登記請求訴訟の場合には，登記義務者に特定承継がある場合に備えて，登記権利者は，仮処分命令(民保23)の制度を利用することができ，登記請求権を保全するための仮処分の執行は，処分禁止の登記の方法により行われ(民保53)，その後の特定承継は債権者に対抗することができないので(同法58)，登記義務者の口頭弁論終結前の特定承継人に訴訟を引受承継させる必要はない。反面，以上のような防衛策をとらない当事者は，登記義務者からの特定承継人に対して，登記なくして対抗することはできない(民177)。

そこで，以下では，口頭弁論終結後ないし債務名義成立後に，(a)登記権利者あるいは(b)登記義務者に，①一般承継ないし②特定承継があった場合につき分説する。

(a) 登記権利者について承継があった場合

① 一般承継の場合 不動産の売主Aに対し，買主Bが所有権移転登記請求訴訟を提起し，B勝訴の判決が確定したが，同訴訟の口頭弁論終結後，判決による登記の申請前に，登記権利者Bが死亡し，CがBを相続した場合については，不登法62条の問題となり「相続人その他の一般承継人は，当該権利に関する登記を申請することができる」。したがって，亡Bの相続人Cは，亡B勝訴の確定判決書の正本(不登令7①(5)ロ(1))のほか，Cの一般承継証明情報(法62，令7①(5)イ)を添付情報として提供して，単独で(法63①)，A→亡Bの売買を原因とする所有権移転登記を申請し，亡B名義の登記を経由した後，不登法63条2項に基づいて，亡B→Cの相続を原因とする所有権移転登記を単独で申請することになる。それゆえ，この場合には，承継執行文の付与を受ける必要はない。また，仮に承継執行文の付与を受けたとしても，Aから直接Cへの所有権移転登記の申請は認められない。

② 特定承継の場合 不動産の売主Aに対し，買主Bが所有権移転登記請求訴

訟を提起し，B勝訴の判決が確定したが，同訴訟の口頭弁論終結後，判決による登記の申請前に，登記権利者BがCに不動産を転売した場合，中間者BがA→Bの所有権移転登記の申請を行わない場合，転得者Cは，債権者代位権(民423)に基づき，CがBに対して有する登記請求権を被保全債権として，Bに代わって，B勝訴の確定判決書の正本(令7①(5)ロ(1))のほか，Cの代位原因証明情報(令7①(3))を添付情報として提供して，単独で(法63①)，A→Bの売買を原因とする所有権移転登記を申請し，B名義の登記を経由した後，B→Cの売買を原因とする所有権移転登記を，BC共同で，あるいはC勝訴の確定判決を得て単独で申請することになる。それゆえ，この場合についても，承継執行文の付与を受ける必要はなく，また，仮に承継執行文の付与を受けたとしても，Aから直接Cへの中間省略登記の申請は認められない。

  (b) **登記義務者について承継があった場合**
    ① **一般承継の場合**　AからBへの所有権移転登記につき，AがBに対して抹消登記手続請求訴訟を提起し，A勝訴の判決が確定したが，同訴訟の口頭弁論終結後，判決による登記の申請前に，登記義務者Bが死亡し，亡Bの相続人Cが移転登記を経由した場合，Aは，亡Bを名宛人とする確定判決に，亡Bの相続人Cに対する承継執行文の付与を受けて，亡B→CならびにA→亡Bの各移転登記の抹消登記を，単独で申請することができる(昭32・5・6民甲738民事局長通達・先例集追Ⅱ94)。

  一方，不動産の売主Aに対し，買主Bが所有権移転登記請求訴訟を提起し，B勝訴の判決が確定したが，同訴訟の口頭弁論終結後，判決による登記の申請前に，登記義務者Aが死亡し，Cが亡Aを相続した場合には，不動産の所有権はAの生前にすでにBに移転しており，Cの取得すべき相続財産には含まれないから，Bは，AB間訴訟の確定判決に基づき，亡A→Bの売買を原因とする所有権移転登記の単独申請を行うだけである。

  だが，問題は，Cが相続に基づく所有権移転登記を経由していた場合である。この場合も，本来ならば，亡A→Cの相続登記を抹消して登記名義を亡Aに戻したうえで，改めて亡A→Bの売買を原因とする所有権移転登記を経由するのが筋であるが，しかし，登記実務は，この場合のBCが合意のうえ，抹消登記を省略して，直接C→Bの所有権移転登記を共同申請することを認めている(昭37・3・8民甲638民事局長電報回答・先例集追Ⅲ809)。そこで，学説中には，判決による登記の単独申請の場合にも，Bは，亡Aの相続人Cに対する承継執行文の付与を受け，C→Bの直接の所有権移転登記を申請できるとする見解も有力であるが(新井克美『判決による不動産登記の理論と実務』[テイハン・2009]116～117頁)，しかしながら，上記抹消登記請求訴訟の場合との権衡上，移転登記請求訴訟の場合についても，直接の所有権移転登記を認めるべきではなく，BがCに対する承継執行文の付与を受け，亡A→Cの相続登記の抹消登記ならびに亡A→Bの移転登記の両者をともに単独で申請できると解すべきであろう。

    ② **特定承継の場合**　売主Aに対して買主Bが所有権移転登記請求訴訟を提起し，B勝訴の判決が確定したが，判決による登記の申請前に，登記義務者Aが第三者Cに

不動産を譲渡した場合は，Cは民事訴訟法115条1項3号ないし民事執行法23条1項3号の「口頭弁論終結後の承継人」「債務名義成立後の承継人」に含まれず，承継執行文は付与されない。この場合は，民法177条の対抗要件主義に服すべき二重譲渡事例にほかならず，第三者Cには固有の利益が存するからである(最判昭41・6・2判時464・25)。なお，この点は，A→Cの第二譲渡が口頭弁論終結前であると終結後であるとを問わない。口頭弁論終結前の登記義務者からの特定承継人については，そもそも承継執行文の付与が認められないから，たとえ承継執行文が付与されたとしても，不登法25条2号の却下事由(申請が登記事項以外の事項の登記を目的とするとき)に該当する申請として却下される(昭31・12・14民甲2831民事局長電報回答・先例集追I787)。一方，A→Bの所有権移転登記を命ずる判決の確定後に，登記義務者AからCへの贈与がなされCへの所有権移転登記が経由された場合，たとえCに対する承継執行文が付与されたとしても，これに基づくC→Bの直接の所有権移転登記の申請は認められない(昭44・5・1民甲895民事局長回答・先例集追V97。もっとも，そもそも承継執行文の付与が認められないとする趣旨か，中間省略登記の申請は認められないとするにとどまり，C名義の登記の抹消登記とA→Bの移転登記の申請は認められるとする趣旨かは，明確ではない)。

　これに対して，AがBに対して抹消登記手続請求訴訟を提起し，A勝訴の判決が確定したが，判決による登記の申請前に，登記義務者Bが第三者Cに不動産を譲渡した場合に関しては，第1に，B→Aの抹消登記の原因につき，実体法上，第三者保護規定(虚偽表示に関する94条2項，詐欺による意思表示に関する96条3項，解除に関する545条1項ただし書など)が存在し，Cにこれらの規定の保護を受ける固有の利益が存する場合には，民事訴訟法115条1項3号ないし民事執行法23条1項3号の「口頭弁論終結後の承継人」「債務名義成立後の承継人」に含まれず，承継執行文は付与されない(94条2項の善意の第三者につき最判昭48・6・21民集27・6・712，悪意の第三者につき最判昭54・1・30判時918・67)。第2に，B→Aの抹消登記の原因に関しては，実体法上，無権利構成によって処理される場合と，復帰的物権変動構成によって処理される場合とがある。無権利構成の場合には，第三者Cには固有の利益はないから，上記①一般承継の場合における表見相続人の登記事例と同様，Cは「口頭弁論終結後の承継人」ないし「債務名義成立後の承継人」に該当し，承継執行文の付与が認められるが，復帰的物権変動構成の場合には，Bを頂点とするB→A，B→Cの二重譲渡と同様の関係となるから，第三者Cには固有の利益が存在し，承継執行文の付与は認められないようにも思われる(新井克美『判決による不動産登記の理論と実務』109頁以下参照)。なお，この点に関する判例および登記先例は存在していない。

　(4)　**登記手続**　判決による登記は，共同申請・合同申請の登記に関して，登記権利者・登記義務者あるいは他の登記名義人の協力を得られない場合に，登記申請の意思表示を擬制する判決を得て行う登記であるから，その登記手続は，基本的には共同申請・合同申請の登記手続と異なるところはないが，しかし，単独申請であることと，判決による真実性の担保があることから，申請情報・添付情報の内容・種類につき，若干の相違箇所が見られる。

(ア) 申請情報

　(a) 登記の目的　　申請情報の「登記の目的」(令3⑤)の内容は，共同申請・合同申請の場合と，何ら異なるところはない(「所有権移転」「所有権一部移転」等)。

　(b) 原因　　一方，「登記原因及びその日付」(令3⑥)に関して，古い判例の中には，当該判決そのものが登記原因であるとするものもあり(大判明38・5・17民録11・727)，これに賛成する学説も存する。一方，登記実務の立場は，判決の主文あるいは理由中に，登記すべき権利の変動の原因の記載がある場合には，これを登記原因とし，記載がない場合には，「判決」とするとし(昭29・5・8民甲938民事局長回答・先例集下2193。なお，仲裁判断による登記の場合も，これに準じて取り扱うとされる)，また，所有権登記名義人以外の者から買い受けた不動産について，当該登記名義人を相手方として所有権移転登記をすべきことの和解が成立した場合には，登記原因を「真正なる登記名義の回復」とすれば，申請を受理するとしていた(昭36・19・27民甲2722民事局長回答・先例集追Ⅲ704)。

　しかしながら，判決の主文あるいは理由中に，登記原因たる権利変動に関する記載がまったく認められないようなケースは，およそ考えられない(そのような判決は，理由不備の上告理由(民訴312②(6))に該当するであろう)。それゆえ，上記先例は，判決書の説示する権利変動の原因が，無名契約その他，申請情報に記載される一般的な登記原因に当てはまらないケースを念頭に置くもののように思われる。だが，一般の共同申請の場合にあっても，権利変動の原因が無名契約に基づく場合があり，その場合には，当該契約に近似の契約をもって登記原因の記載(有償の所有権移転であれば「〇年〇月〇日売買(交換)」，無償の所有権移転であれば「〇年〇月〇日贈与」との記載)で足りるとするのが登記実務の処理であるから，判決による登記の申請情報における登記原因の記載も，判旨認定の変動原因事実に類似の移転原因の記載で足りるというべきである(なお，最判平20・12・11家月61・4・82では，遺産分割調停において「相手方は，〔被相続人が所有していた土地〕を取得した代償として，〔相手方の固有財産たる建物〕を，平成18年8月末日限り，申立人ら両名(但し，持分2分の1)に譲渡する」旨の調停調書が作成された場合の申請情報の登記原因を「平成18年6月15日遺産分割による代償譲渡」と記載した登記申請につき，かかる記載では譲渡行為の法的性質が明らかにならないとして却下されており，同判決を受けて発出された平21・3・13民二646民二課長通知・民月64・5・221も同旨を説く)。判決による登記の制度が，あくまでも共同申請・合同申請における当事者の登記申請の意思表示を補完する制度である以上，登記原因の内容が，通常の共同申請・合同申請の場合と異なるのは不合理である。したがって，共有物分割の判決(裁判分割。民258)に関しては，協議分割の場合と同様，登記原因は「共有物分割」とすべきであり，また，和解や遺産分割による権利移転も，裁判外の和解や協議分割にあっては，有償移転の場合には「和解(遺産分割)による売買(代物弁済)」，無償移転の場合には「和解(遺産分割)による贈与」との表記がなされるのに対応して，裁判上の和解や遺産分割審判・調停についても，同様の表記がなされるべきであろう。さらに，詐害行為取消しのように，もっぱら裁判において権利行使をすべき場合に関しても，その登記原因は「詐害行為取消し」で足りるであろう(多数説は，

この場合の登記原因を「詐害行為取消判決」とする。しかし，詐害行為取消権に関しては裁判外の行使が認められない以上，「判決」であることは自明である）。

一方，「真正な登記名義の回復」を原因とする移転登記は，本来なら抹消登記がなされるべきところ，これに代えて便宜的に行われるものであるから，その登記原因は，本来行われるべき抹消登記と同一でなければならず，しかも，現行不登法においては，「真正な登記名義の回復」を原因とする移転登記の申請に関しても，登記原因証明情報を提供しなければならないとされていることからすれば，上記先例の事案に関しては，裁判外の和解に基づく権利移転における申請情報記載の登記原因が，有償移転の場合には「和解による売買」，無償移転の場合には「和解による贈与」と表記されることに対応して，（「真正な登記名義の回復」ではなくして）「和解による売買」「和解による贈与」と記載されるべきであろう。

なお，判決によって確認された権利変動の日付が，「昭和60年3月10日頃」「昭和60年3月頃」「昭和60年頃」売買によって移転した，とあるような場合には，申請情報の登記原因・日付は「昭和60年3月10日頃売買」，「昭和60年3月頃売買」，「昭和60年頃売買」で足りるとされ，判決の主文あるいは理由から日付が不明な場合には，「年月日不詳売買」と記載するほかはないとされている（昭34・12・18民甲2842民事局長回答・先例集追Ⅱ575）。一方，判決そのものによって実体的な権利変動が生ずる場合に関しては，判決の確定の日（裁判上の和解・請求の認諾・調停等にあっては，その成立の日すなわち和解調書・認諾調書・調停調書の作成の日）を記載すべきことになる。

　　(c)　**申請人の氏名（名称）・住所**　　判決による登記は，共同申請・合同申請における登記権利者・登記義務者ないし登記名義人の意思表示が判決より補完されているだけのものであるから，申請情報における「申請人の氏名又は名称及び住所」（令3(1)）の記載も，通常の共同申請・合同申請の場合と，基本的には異なるところはない。すなわち，本来共同申請をなすべき場合については，判決による登記の申請情報にあっても「権利者」「義務者」両名の住所氏名の記載は必要であり，ただし，権利者・義務者のいずれが単独申請を行ったかを明示するため，「権利者（申請人）」あるいは「義務者（申請人）」と表記する。

一方，合同申請による登記には，①共有物分割禁止の定めの登記（法65），②抵当権・質権の順位変更の登記（89①・95②），③根抵当権・質権の共有者の優先の定めの登記（89②・95②）があるが，これらの合同申請の登記の申請情報の書式における登記名義人の項名は「名義人」ではなくして「申請人」である一方，そこには登記名義人全員の住所氏名が記載されることとなる。したがって，それらの者のうちの1人ないし一部が判決による単独申請の登記を行う場合にも，上記共同申請の場合と同様，登記名義人全員の住所氏名を記載すべきことになるが，しかし，共同申請の場合と異なり，「申請人」の項名のほかに，単独申請を行った者につき「（申請人）」といった表記を冠記する取扱いはされていないようである。

　(イ)　**添付情報**

　　(a)　**登記申請一般につき要求される添付情報**　　およそ登記申請一般に関して要求される添付情報には，①申請人が法人である場合の法人の代表者の資格証明情報（令7①

⑴)，②代理申請の場合の申請代理人の代理権限証明情報(同⑵)，③代位による登記の場合の代位原因証明情報(同⑶)があるが，これらの添付情報に関しては，判決による登記の場合においても，提供する必要がある。

　　(b)　**権利に関する登記につき要求される添付情報**　さらに，権利に関する登記に関しては，上記(a)に加えて，①不登法62条の一般承継人による申請の場合には，一般承継証明情報(令7①⑸イ)，②登記原因証明情報(同ロ)，③登記原因について第三者の許可・同意・承諾を要するときは，当該第三者の許可・同意・承諾証明情報(同ハ)の提供が必要となる。

　　　　①　**一般承継証明情報**　BがAに対して登記手続を命ずる確定判決を得た後，Bにつき相続その他の一般承継が生じた場合に，亡Bの一般承継人Cが判決による登記を申請する場合は，不登法62条の一般承継人による申請に該当するため，Cに関する一般承継証明情報(戸籍謄本，住民票の写し等)の提供が必要となる。

　　　　②　**登記原因証明情報**　登記原因証明情報の種類・内容については，制限がないのが原則であるが，しかし，判決による登記を申請する場合の登記原因証明情報に関しては，常に「執行力のある確定判決の判決書の正本(執行力のある確定判決と同一の効力を有するものの正本を含む)」に限定される。それ以外の情報では，単独申請を許容し，あるいは登記識別情報の提供を不要とする(→Ⅱ⑷(イ)(c))だけの真実性の担保が得られないからである。なお，確定判決と同一の効力を有するところの，裁判上の和解，請求の認諾，調停，あるいは仲裁判断，家事審判等についても，不登法63条1項の判決による登記として単独申請が認められることに対応して(→Ⅱ⑵(ウ))，それぞれにつき和解調書・認諾調書・調停調書あるいは確定した仲裁判断書・家事審判書等が，登記原因証明情報となる。

　　　　③　**第三者の許可・同意・承諾証明情報**　第三者の許可・同意・承諾証明情報には，不登令7条1項5号イの規定する「登記原因について第三者の許可，同意又は承諾を要するとき」の当該第三者の許可・同意・承諾証明情報のほかに，「登記上の利害関係を有する第三者」の承諾証明情報がある。

　　このうち，前者は，第三者の許可・同意・承諾が登記原因たる実体法上の権利変動の条件となっている場合の，条件成就を証する情報をいうが，判決による登記にあっては，判決の主文ないし理由中で，かかる実体法上の条件の成否が判断されているから，判決書の正本が，登記原因証明情報兼登記原因に関する第三者の許可・同意・承諾証明情報となる(同情報それ自体が不要とされるわけではない。河合・逐条不登令80頁)。

　　これに対し，後者は，登記上の利害関係を有する第三者の承諾が登記申請の手続法的な要件(条件)となっている場合の(法66・67②・68・71・72・109)，要件充足(条件成就)を証する情報であるが，登記手続を命ずる訴訟は，被告たる登記義務者等の登記申請の意思表示を擬制するものであるから，訴訟当事者ではない第三者の登記申請に関する承諾の有無までは判断されない。したがって，判決による登記の場合にも同情報の提供は必要となる。

　　(c)　**不登令別表に掲げる添付情報**　以上(a)(b)の添付情報のほか，不登令「別表」の

登記欄に掲げる登記を申請するときは，同表の添付情報欄に掲げる情報を併せて提供する必要がある。上記「登記上の利害関係を有する第三者」の承諾証明情報(令別表25ロ，26ヘ，27ロ，36ニ，37ハ)のほか，登記名義人となる者の住所証明情報を証する市町村長，登記官その他の公務員が職務上作成した情報(令別表28ニ，30ロ。ただし，令9参照)などがあるが，判決による登記の場合にも，住所証明情報の提供は必要である。被告(登記義務者等)に対して登記申請の意思表示を命ずる判決においては，原告たる登記名義人となる者の現住所についての審理・認定は行われないからである。

(d) **登記識別情報** 現行法は，種々の添付情報のうち，登記識別情報と登記原因証明情報の2つだけを法律事項として規定し(法22・61)，その余については政令事項に委任した(法26)。一方，これを受けた不登令は，添付情報に関する7条では登記識別情報を挙示せず，続く8条1項において登記識別情報を提供しなければならない9つの場合を列挙する(表示に関する登記につき令8①(1)〜(3)，権利に関する登記につき令同条項(4)〜(9))。しかしながら，判決による登記の場合には，登記申請に協力しない登記義務者は登記識別情報の提供にも協力しないであろうし，また，登記識別情報の提供を求める制度趣旨は，登記義務者(等)の本人確認ならびに登記申請意思の確認にあるところ，判決による登記においては，裁判所によりこれらの点に関する真実性が担保されていることから，登記識別情報の提供は不要とされている(令8①柱書ただし書)。

(e) **押印・印鑑証明書** なお，以上の申請情報および種々の添付情報の内容の一部に属するもの(構成部分)であるが，①電子申請の場合には，申請情報および各添付情報のそれぞれについて，作成者の電子署名ならびに電子署名の真正担保のための電子証明書の提供が必要となる(令12・14の委任による規則43)。一方，②書面申請においては，登記の申請人が所有権の登記名義人である場合に，この者が登記義務者となる登記の申請(権利に関する登記の共同申請)，共有物分割禁止の定めに係る権利の変更の登記の申請(合同申請)等の場合には，原則として，申請書または委任状への押印・印鑑証明書が必要となる(令16・18。ただし，不登令16条2項の委任を受けた不登規則48条1号〜5号に該当する場合には，例外的に印鑑証明書の添付を要しない)。なお，判決による登記においては，申請人以外の者の登記申請の意思表示は，判決によって擬制されているから，申請人以外の者の押印・印鑑証明書が不要であることはいうまでもない。

Ⅲ 相続・法人の合併による権利の移転の登記(本条2項)

権利の移転の登記は，登記義務者と登記権利者の共同申請によりなされるのが原則であるが，しかし，被相続人から相続人への相続を原因とする権利の移転の登記に関しては，登記義務者たる被相続人が死亡した段階で登記原因たる権利変動が生ずるため，判決による登記のように，判決により登記義務者の登記申請の意思表示を擬制することは不合理である。そこで，現行法63条は，判決による登記と，相続を原因とする被相続人から相続人への権利の移転の登記とを，一括して規定していた旧法27条の体裁を改め，両者を1項・

2項に分けて規定した。

また，旧法27条は「相続ニ因ル登記」のみを規定していたため，旧法下では，法人の合併（吸収合併・新設合併）を原因とする消滅法人から存続法人・設立法人への権利の移転の登記に関しては，同条の類推適用により，単独申請を認める解釈がとられていた。そこで，現行法は，相続のほか，法人の合併も明記することで，単独申請の処理がなされることを，法文上明らかにした。

(1) 相続による権利の移転の登記

(ア) 相続 本条2項にいう「相続」は，昭和22年12月22日法律第222号(昭23年1月1日施行)による民法・家族法大改正後の現行規定における相続のほか，日本国憲法の施行に伴う民法の応急的措置に関する法律(昭和22年4月19日法律第74号。昭和22年5月3日施行)による相続，戦前の民法旧規定において認められていた家督相続・遺産相続等のすべてを含む。

この点との関係では，相続が，いずれの法律の施行期間内に発生したかに留意する必要がある。例えば，①戦前の民法旧規定の遺産相続においては，兄弟姉妹には相続権がなく(なお，現行民889①(2)参照)，また，②民法応急措置法においては，兄弟姉妹に関して代襲相続が認められていなかった。その後，③昭和22年大改正により，兄弟姉妹についても代襲相続が認められ，さらに，④昭和37年改正(同年3月29日法律第40号。同年7月1日施行)により，子の直系卑属による再代襲(民887③追加)とともに，兄弟姉妹の子の代襲相続ならびに直系卑属の再代襲が認められたが(民889②〔旧規定〕による同法887②・③の準用)，しかし，兄弟姉妹にまで再代襲を認めたことには批判が多く，⑤昭和55年改正(5月17日法律第51号。昭和56年1月1日施行)により民法889条2項〔旧規定〕から887条3項の準用は削除された。したがって，相続が以上のいずれの規定の施行期間内に生じたかにより，相続人の範囲が異なってくる。各相続人の相続分に関する法改正についても同様である。

なお，代襲相続・再代襲相続は，被相続人の子あるいは代襲者が，①相続開始以前に死亡している場合か，②相続の欠格事由(民891)がある場合か，③相続の排除(民892・893)がある場合に生ずる(民887②・③)。したがって，代襲相続人・再代襲相続人が相続による登記を申請する場合には，これら代襲相続・再代襲相続の要件の充足を証する書面を提供する必要がある。

一方，代襲相続人・再代襲相続人がいない場合にあっても，相続人中に，②相続欠格者がいる場合，③相続排除者がいる場合には，各相続人の相続分が変わってくるため，②相続欠格・③相続排除を証する情報の提供が必要となる。

(イ) 共同相続の場合 相続人が数人いる場合，相続財産は法定相続分に応じて共同相続人の共有となるから(民898)，共有名義の登記が経由されることになるが，共有不動産の登記申請行為は民法252条ただし書の「保存行為」に属すると解されているので(なお，登記「請求」権の行使も保存行為に属する。抹消登記請求につき最判昭33・7・22民集12・12・1805，共有地の地役権設定登記請求につき最判平7・7・18民集49・7・2684)，共同相続人の1人が，本条2項に基づき，単独で，共同相続人全員の共有名義の登記を申請することができる。これ

に対して，被相続人Aの共同相続人B_1・B_2・B_3のうちの1人B_1が，自己の持分権に基づいて，自己の相続分のみの権利の一部の移転登記を申請することは，死者AとB_1の共有登記の申請を意味するから，法25条2項の却下事由に基づき却下される(昭30・10・15民甲2216民事局長電報回答・先例集追Ⅰ482)。

(ウ) **特別受益者がいる場合** 共同相続人中に被相続人から遺贈または生前贈与を受けた者(特別受益者)があるときは，その特別受益を遺産に持ち戻したものを相続財産とみなし，これに基づき各相続人の相続分を算定し，特別受益者に関しては，特別受益の額を差し引いた額が相続分となり(民903①)，特別受益の額が相続分以上であるときは，特別受益者は相続分を受けることができない(同条②)。なお，この場合には，被相続人の除籍謄本，相続人の戸籍謄本のほか，特別受益者である相続人に相続分のないことまたは法定相続分より少ない相続分しかないことを証する書面(なお，同証書には特別受益者の押印と印鑑証明書が必要である)を添付情報として提供しなければならないが，この添付情報が，不登令別表22前段の「相続……を証する市町村長，登記官その他の公務員が職務上作成した情報(公務員が職務上作成した情報がない場合にあっては，これに代わるべき情報)」の一部なのか，それとも後段の「その他の登記原因を証する情報」なのかにつき，次述(エ)寄与分の定めに関する旧法下の先例は「相続を証する書面の一部」とするが，現行法の立法担当者は「その他の登記原因を証する情報」とする(河合・逐条不登令199頁)。

(エ) **寄与者がいる場合** 共同相続人中に被相続人の財産の維持・増加について特別の寄与をした者があるときは，共同相続人の協議または家庭裁判所の審判で定めた寄与分を控除したものを相続財産とみなし，これに基づき各相続人の相続分を算定し，寄与者については，算定された額に寄与分を加えた額が相続分となる(民904の2)。

(a) **寄与分の定めのみがある場合** 登記名義がいまだ被相続人名義Aの場合，共同相続人B_1・B_2・B_3のうち，寄与者B_1の寄与分が定められたことで，A→B_1・B_2・B_3の共同相続登記の持分割合は，法定相続分(民900)または指定相続分(民902)と異なってくるので，相続を証する情報のほか，寄与分を定める共同相続人の協議書あるいは家庭裁判所の審判書(前者の場合には共同相続人全員の押印および印鑑証明書が必要)を提供しなければならない。なお，旧法下の先例は，これを「相続を証する書面の一部」としていたが(昭55・12・20民三7145民事局長通達・先例集Ⅵ924)，現行法での位置づけは，不登令別表22後段の「その他の登記原因を証する情報」となる。

一方，すでにB_1・B_2・B_3の法定相続分・指定相続分に基づく相続登記が経由されている場合には，各共同相続人の持分につき更正登記の方法で修正を行う(B_2・B_3から寄与者B_1への持分の一部の移転登記の方法にはよらない)。なお，その後に遺産分割が成立した場合には，上記更正登記を経由することなく，直接遺産分割を原因とする移転登記を行って差し支えない(例えばB_3が当該不動産を単独取得する旨の遺産分割が成立した場合には，B_1・B_2→B_3の持分移転登記を行って差し支えない。以上につき，前掲昭55・12・20民三7145民事局長通達)。

(b) **寄与者が特定の不動産(または権利)を寄与分として取得する旨が定められた場**

合　この場合には，寄与分の定めに加えて，寄与者が当該不動産を取得する旨の遺産分割が成立したと解されるので，寄与者は，当該定めのある共同相続人の協議書あるいは家庭裁判所の審判書（前者の場合には共同相続人全員の押印および印鑑証明書が必要）を提供して，相続を原因とする移転登記の単独申請を行う。

一方，すでに共同相続の登記がなされている場合には，上記同様の書面を提供して，遺産分割を原因とする持分移転登記を申請する（以上につき，前掲昭55・12・20民三7145民事局長通達）。

(オ)　**相続放棄**　相続放棄をした場合には，初めから相続人とならなかったものとみなされる（民939）。したがって，亡Aの共同相続人B_1・B_2のうち，B_2が相続放棄した場合には，Aの死亡時に遡ってB_1が単独相続したことになるから，B_1は，亡A→B_1の（単独）相続を原因とする所有権移転登記を，本条2項に基づき単独申請できる（明44・10・30民刑904民刑局長回答・先例集追Ⅰ51，昭53・3・15民三1524民三課長依命回答・先例集追Ⅵ537）。

しかし，B_1・B_2の共同相続を原因とする登記が経由された後，B_2が相続を放棄した場合については，B_1・B_2の共有名義をB_1の単有名義とする更正登記ではなく，「相続の放棄」を原因とするB_2からB_1への持分移転登記を申請すべきとされる（昭26・12・4民甲2268民事局長通達・先例集下1709，昭30・11・21民甲2469民事局長電報回答・先例集追Ⅰ495）。一方，B_2の相続放棄により亡AからB_1への単独相続登記がなされている場合に，B_2の相続放棄の申述受理の審判が取り消された場合，B_1単有名義からB_1・B_2共有名義への登記への修正は，「相続放棄の取消」を原因とする持分移転登記による（昭29・1・26民甲174民事局長回答・先例集下2161）。

なお，相続人がある特定の不動産に関して有している持分を放棄することは，相続放棄とは異なる，まったく新たな別個の行為である。したがって，被相続人AからB_1・B_2・B_3への共同相続後，その登記前に，共同相続人の1人B_1が当該不動産に関する持分を放棄した場合には，まずA→B_1・B_2・B_3の共同相続登記を経由した後に，B_1→B_2・B_3の「持分の放棄」を原因とする持分移転登記を経由すべきであって，A→B_2・B_3の直接の相続を原因とする登記を申請することはできない（昭6・10・3民事997民事局長回答・先例集追Ⅰ172，昭16・11・20民甲920民事局長回答・先例集上691，昭28・4・25甲697民事局長通達・先例集下2025）。

(カ)　**遺産分割**　遺産分割についても，上記(オ)相続放棄と同様，その効力は，相続開始の時にさかのぼって生ずる（民909）。相続財産に属する個々の財産は，遺産分割により各共同相続人に帰属する。この点は，遺産分割の手続が，①遺言による遺産分割の方法の指定（民908。指定分割），②共同相続人間の協議（民907①。協議分割），③家庭裁判所による審判または調停（民907②，家事別表第二12。審判分割・調停分割）のいずれであると，異なるところはない。したがって，亡Aの共同相続人B_1・B_2の遺産分割により，不動産をB_2の単独所有とした場合，B_2は，亡A→B_2の（単独）相続を原因とする所有権移転登記を，本条2項に基づき単独申請できる（②協議分割につき明44・10・30民刑904民刑局長回答・先例集追Ⅰ51，昭19・10・19民事692民事局長通達・先例集上737，昭28・4・25甲697民事局長通達・先例集

下2025, ①遺産分割の方法の指定につき昭47・8・21民甲3565民事局長電報回答・先例集追Ⅴ783)。

しかし, B₁・B₂の共同相続を原因とする登記が経由された後, 遺産分割によりB₂が不動産を単独取得した場合については, 前記(オ)相続放棄の場合と同様,「遺産分割」を登記原因(日付は遺産分割の成立日)としてB₁→B₂の持分の移転登記を共同申請しなければならない(昭28・8・10民甲1392民事局長電報回答・先例集下2051, 昭42・10・9民三706民三課長回答・先例集追Ⅳ1151)。

(キ) **相続分の譲渡**　民法905条1項は「共同相続人の1人が遺産の分割前にその相続分を第三者に譲り渡したときは, 他の共同相続人は, その価額及び費用を償還して, その相続分を譲り受けることができる」旨を規定している。これは, 遺産分割の前であれば, 共同相続人の1人(または一部の者)が自己の相続分を第三者に譲渡できることを当然の前提とした規定と解される。なお, ここにいう「相続分」とは, 遺産分割以前における相続分——すなわち遺産全体に対して有する包括的・抽象的な相続分ないし法律上の地位を意味し(これに対して, 共同相続人の1人が遺産を構成する特定の不動産について共有持分権を第三者に譲り渡した場合については, 民法905条の規定を適用または類推適用することはできない。最判昭53・7・13判時908・41), したがって, これを譲り受けた第三者は, 譲渡人たる共同相続人たる地位を承継するから,「共同相続と登記」の論点と同様,「相続分の譲渡と登記」の論点に関しても, 相続分の譲受人は, 登記なくして第三者に自己の相続分を対抗でき(東京高決昭28・9・4高民集6・10・603), 相続分が二重譲渡された場合にも対抗問題とはならず, 後の譲渡が当然に無効となる(和歌山家審昭56・9・30家月35・2・167, 新潟家佐渡支審平4・9・28家月45・12・66)。

しかしながら, 相続分の譲渡に関しては, 相続放棄や遺産分割のような遡及効は認められておらず, あくまでも被相続人Aから共同相続人B₁・B₂・B₃・B₄の1人B₄がいったん取得した抽象的相続分を, その後B₄と第三者Cとの間で新たに締結された譲渡契約を原因として移転させるものであるから, 相続を原因とするA→B₁・B₂・B₃・Cの移転登記は認められず, いったんB₁・B₂・B₃・B₄の共同相続登記を経由した後, B₄→Cの相続分の譲渡につき, 有償・無償の別に従い「○年○月○日相続分の売買」または「○年○月○日相続分の贈与」を原因(日付は相続分の譲渡の日)とする持分移転登記を行うべきことになる(『Q&A権利に関する登記の実務Ⅲ』〔日本加除出版・2008〕247頁)。なお, 登記実務では, 相続分の譲渡を受けた第三者(C)が, 共同相続人の1人(B₁)であった場合につき, 中間省略相続登記を認めているが(昭40・12・7民甲3320民事局長回答・先例集追Ⅳ623, 昭59・10・15民三5195民三課長回答・先例集追Ⅶ449, 同日民三5196民三課長回答・先例集追Ⅶ451), 同先例は, 上記共同相続人以外への相続分の譲渡の事例には及ばないものと解される。

(ク) **遺贈**　以上に対して, 遺贈(民964)に関しては, 不登法63条2項の「相続」には含まれず, したがって, 遺贈による登記申請は, (a)「遺贈」を原因とし, 登記義務者を遺贈者(実際の手続は遺言者の義務の一般承継人たる相続人(不登61)または遺言者の代理人たる遺言執行者が行う), 登記権利者を受遺者とする共同申請となる。ただし, (b)当該遺言が相続分の

指定あるいは遺産分割の方法の指定と解される場合には，本条2項に基づき「相続」を原因とする移転登記の単独申請がなされる。

　　(a)　**「遺贈」を原因とする共同申請**　　相続人の1人または一部に対して，相続財産の全部を包括遺贈する旨の遺言がある場合には，「遺贈」を登記原因とする共同申請となる(昭38・11・20民甲3119民事局長電報回答・先例集追Ⅲ1130-365)。相続人および相続人以外の者を受遺者とする包括遺贈についても同様である(昭58・3・2民三1310民三課長回答・先例集追Ⅶ18)。

　一方，特定遺贈に関しては，相続人以外の者への特定遺贈の場合はもちろん，相続人の1人に対する特定遺贈(昭48・12・11民三8859民事局長電報回答・先例集追Ⅴ905)や，相続人全員に対して，各別に不動産を特定遺贈する旨の遺言がある場合(昭58・10・17民三5987民三課長回答・先例集追Ⅶ109)についても，「遺贈」を原因とする登記がなされる。

　　(b)　**「相続」を原因とする単独申請**

　　① **相続分の指定**　　以上に対して，相続人の全員に対して，相続財産の全部を包括遺贈する旨の遺言がある場合(例えば遺言者Aが相続人B_1・B_2・B_3に対して各6分の3・6分の2・6分の1の割合で包括名義の遺贈をした場合)は，相続分の指定(民902)を行ったのと同じであるとされ，「相続」を原因とする登記がなされる(前掲昭38・11・20民甲3119民事局長電報回答)。

　　② **遺産分割方法の指定**　　一方，「遺言者は，次のとおり遺産分割の方法を指定する。長男A農地，二男B農地」との遺言がある場合も，遺贈(特定遺贈)ではなく遺産分割方法の指定(908条。指定分割)であることから，「相続」を原因とする登記がなされる(前掲昭47・8・21民甲3565民事局長電報回答)。

　　③ **「相続させる」旨の遺言**　　特定の不動産を特定の相続人に「相続させる」旨の記載された遺言は，特定遺贈(民964)か，相続分の指定(民902)か，遺産分割方法の指定(民908)か。登記実務では，かかる遺言がある場合について，すでに昭和40年代より，相続を原因とする登記の単独申請を認めていた(昭47・4・17民甲1442民事局長通達・先例集追Ⅳ1179。なお，平2・1・20民三156民三課長回答・先例集追Ⅷ1は，相続人中の1人に対して「相続させる」旨の遺言がされた相続財産について共同相続の登記がされた場合の更正手続は，共同相続の登記を単独相続の登記に更正する手続によるとしている)。一方，この問題に関する最初の最高裁判例(最判平3・4・19民集45・4・477)は，同遺言を遺産分割方法の指定と解釈・認定し，被相続人の死亡の時に直ちに当該遺産が当該相続人に相続により承継されるものとした。「相続させる」旨の遺言が遺産分割方法の指定と評価された場合のメリットとしては，登記申請が相続を原因とする単独申請となるほか(これに対して，遺産分割や遺贈に基づく登記は共同申請であるため，他の相続人の協力を必要とする)，同判決当時においては，相続による登記の登録免許税額が遺贈を原因とする登記の4分の1以下(相続による登記1000分の6に対して，遺贈による登記は1000分の25)という特殊事情が存在していた。その後の判例が，同判決の立場を踏襲したのに対し(最判平3・9・12判タ796・81，最判平7・1・24判時1523・81，最判

平10・2・27民集52・1・299，最判平11・12・16民集53・9・1989，最判平14・6・10家月55・1・77），学説にあっては，かかる遺言が節税目的で行われていることを理由に，上記判例による遺言の解釈・認定に反対する見解も多かった。だが，その後，平成15年の登録免許税法改正により，相続人に対する遺贈を原因とする登記の登録免許税額が相続と同率(1000分の4)に平準化されたことから，今日遺言者が「相続させる」旨の遺言をする意図は，もっぱら相続人の登記手続を容易化させる点にあると解せられ，同遺言を遺産分割方法の指定とする判例の解釈・認定に対し，異論を唱える見解は以前より少なくなっている。

では，被相続人の財産の全部を「相続させる」旨の遺言は，包括遺贈か，相続分の指定か，遺産分割方法の指定か。最判平17・7・22家月58・1・83は，「法的に定められたる相続人を以って相続を与へる」との遺言は客観的には遺贈の趣旨と解する余地が十分にあるとするが，一方，最判平21・3・24民集63・3・427は，被相続人Aの有する財産全部を特定の相続人Bに「相続させる」旨の遺言につき，「Bの相続分を全部と指定し，その遺産分割の方法の指定として遺産全部の権利をBに移転する内容を定めたものである」と認定した。したがって，この問題に関しては，「相続させる」対象が，特定の不動産であるか，財産の全部であるかによる違いはなく，遺贈(特定遺贈・包括遺贈)，相続分の指定，遺産分割方法の指定のいずれに当たるかは，第1次的には遺言の解釈に関する一般理論(最判昭58・3・18家月36・3・143，最判平5・1・19民集47・1・1参照)によって定まり，かかる一般理論に基づき，当該遺言が相続分の指定ないし遺産分割方法の指定であると解釈・認定された場合には，相続人は，単独で，相続を原因とする移転登記を申請できる。

(ケ) **遺留分減殺**　　兄弟姉妹以外の相続人は，直系尊属のみが相続人である場合には相続人の財産の3分の1，それ以外の場合には2分の1の遺留分を有し(民1028)，この遺留分が，被相続人の遺贈または贈与により侵害された場合には，遺留分権利者およびその承継人は，それらの遺贈または贈与の減殺を請求することができる(民1031)。この遺留分減殺請求権は形成権であって，その権利の行使は相続人から受遺者に対する意思表示によってなせば足り必ずしも裁判上の請求による必要はなく，また，その意思表示がなされた以上，法律上当然に減殺の効力を生ずる(最判昭41・7・14民集20・6・1183，最判昭44・1・28家月21・7・68)。なお，上記「相続させる」旨の遺言が相続分の指定ないし遺産分割方法の指定と解される場合にも，遺留分減殺請求権を行使し得る(最判平10・2・26民集52・1・274)。

　(a)　**受遺者・受贈者の登記前に遺留分減殺請求権を行使した場合**　　被相続人Aが不動産をBに遺贈したが，Bが登記を経由する前に，亡Aの相続人Cが遺留分減殺請求権を行使した場合，Cは，直接亡A→Cの相続を原因とする登記を単独申請することができる(昭30・5・23民甲973民事局長回答・先例集追Ⅰ352)。

　(b)　**受遺者・受贈者の登記後に遺留分減殺請求権を行使した場合**　　被相続人Aが不動産をBに遺贈し，Bが登記を経由した後に，亡Aの相続人Cが遺留分減殺請求権を行使した場合には，亡A→Bの遺贈を原因とする移転登記を抹消することなく，「○年○月○日遺留分減殺」を登記原因(日付は遺留分減殺の意思表示がBに到達した日)とするB→Cの直接の

移転登記をして差し支えないとされる(前掲昭30・5・23民甲973民事局長回答)。

　㈡　**数次相続**　Aの死亡により相続人B(あるいは共同相続人Bら)への第1次相続が生じたが、B(Bら)が相続による登記を経由しない間に、B(Bらの一部または全員)が死亡してC(Cら)への第2次相続が生じた場合、C(Cら)は、中間相続人B(Bら)を省略して、直接A→C(Cら)の相続を原因とする移転登記(中間省略相続登記)を申請できるか。この問題に関する登記実務の立場は、(a)「単独相続(遺産分割、相続放棄又は他の相続人に相続分のないことによる単独相続を含む。)が中間において数次行われた場合に限り」中間省略相続登記の申請を許容するが(単独相続連続型)、(b)中間相続中に共同相続がある場合には(共同相続介在型)これを認めない(A死亡によりB₁・B₂が共同相続人となり、さらにB₁の死亡によりCが、B₂の死亡によりDが、それぞれの相続人となった場合には、まずA→B₁・B₂の相続に基づく共有名義の所有権登記を経由したうえ、次いでB₁→C、B₂→Cの相続に基づく持分移転登記を経由すべき)というものである(昭30・12・16民甲2670民事局長通達・先例集追Ⅰ507)。

　なお、上記先例が(a)単独相続連続型の中に「遺産分割、相続放棄又は他の相続人に相続分のないことによる単独相続を含む」としているのは、被相続人Aの共同相続人B₁・B₂のうち、B₂が①相続放棄・②遺産分割・③相続分の譲渡(ただし他の共同相続人B₁への譲渡の場合に限る)をした結果、B₁が不動産を単独取得した場合には、単独相続の場合と同視して、A→B₁の(単独)相続を原因とする登記を認めていることに対応したものである(→Ⅲ(1)(オ)(カ)(キ))。その結果、①相続放棄・②遺産分割・③相続分の譲渡により不動産を単独取得したB1が相続登記を経由しないまま死亡し、C(Cら)がB₁を相続した場合には、C(Cら)は、A→C(Cら)の直接の相続登記を単独申請できる。なお、この場合の登記原因は「〇年〇月〇日B1相続、〇年〇月〇日相続」(日付はAの死亡時およびB₁の死亡時)となる(②遺産分割の場合につき昭27・7・30民甲1135民事局長回答・先例集下1903)。

　また、亡Aの共同相続人B₁・B₂による遺産分割前にB₁が死亡し、その後、亡B₁の相続人C₁・C₂とB₂の間で、不動産をB₂が単独取得する旨の遺産分割協議が成立した場合も、単独相続連続型となるから、亡A→B₂の中間省略相続登記を単独申請できる(昭29・5・22民甲1037民事局長通達・先例集下2200)。しかし、C₁・C₂とB₂の間で、C₁・B₂を共同相続人とする旨の遺産分割協議が成立した場合には、共同相続介在型となるので、まずA→B₁・B₂の共同相続登記を経由したうえ、次いで、B₁の持分につきB₁→C₁の相続による持分移転登記を経由しなければならない(昭36・3・23民甲691民事局長回答・先例集追Ⅲ494)。

　㈹　**相続人の不明・不存在**
　　(a)　**相続財産法人の登記**　相続人のあることが明らかでない場合(戸籍上相続人が存在しない場合をいい、戸籍上相続人が存在するがその生死・所在が不明の場合を含まない)、相続財産は法人となり(民951)、利害関係人・検察官の請求に基づき、家庭裁判所は相続財産管理人を選任する(民952)。相続財産管理人は、相続財産法人の代理人として(953条による28条の準用)、被相続人亡A名義の登記を相続財産法人(「亡A相続財産」)名義の登記にする登記を申請することができるが、これは権利の移転登記ではなく、登記名義人の氏名の変

更登記によるものとされ（昭10・1・14民甲39民事局長通牒・先例集上607），したがって，登記は，付記登記の方法でなされる(不登66)。

(b) **特別縁故者の登記** その後，相続人のあることが明らかになったときは，相続財産法人は，成立しなかったものとみなされる(民955)。これに対し，公告期間内に相続人としての権利を主張する者が現れなかった場合，家庭裁判所は，特別縁故者の請求により，清算後残存する相続財産の全部または一部を与える旨の審判をすることができ(民958の3)，特別縁故者は，この審判に基づき，登記権利者を特別縁故者とし，登記義務者を相続財産法人（「亡A相続財産」），「平成○年○月○日民法第958条の3の審判」を原因とする所有権移転登記を，不登法63条1項の判決による登記として単独申請できる（昭37・6・15民甲1606民事局長通達・先例集追Ⅲ895）。

(c) **共有者の1人が相続人なくして死亡した場合** 不動産共有者A・BのうちAが死亡し，相続人のあることが明らかでない場合には，亡Aの共有持分につき，上記(a)の相続財産法人名義の登記がなされる。

公告期間内に相続人としての権利を主張する者が現れなかった場合，特別縁故者Cが相続財産分与の審判を請求し，審判が確定すれば，Cは，亡Aの共有持分につき，上記(b)の相続による持分移転登記を単独申請できる。なお，民法255条は「共有者の1人が……死亡して相続人がないときは，その持分は，他の共有者に帰属する」旨を規定しているが，民法958条の3による特別縁故者Cへの相続財産分与の審判は，他の共有者Bへの持分帰属を定める民法255条に優先する（最判平元・11・24民集43・10・1220）。

これに対して，民法958条の3第2項の期間内に特別縁故者から相続財産分与の審判の請求がなかった場合には，亡Aの共有持分は他の共有者Bに帰属し，相続財産法人（「亡A相続財産」）を登記義務者，Bを登記権利者とし，「○年○月○日特別縁故者不存在確定」を登記原因（日付は民法958条の3第2項の期間満了の翌日）とする持分全部移転登記の共同申請がなされる。

(シ) **登記手続**

(a) **申請情報**

① **登記の目的** 申請情報の「登記の目的」（令3(5)）の内容は，通常の共同申請による権利の移転の登記と異なるところはない。

② **原因** 「登記原因及びその日付」（令3(6)）は，「○年○月○日相続」である。

③ **申請人の氏名（名称）・住所** 申請情報の「申請人の氏名又は名称及び住所」（令3(1)）の記載は，項名を「相続人」とし，「（被相続人A）」とのかっこ書を入れたうえで，相続人の住所氏名を掲記する。

(b) **添付情報**

① **登記原因証明情報** 旧不登法は，登記原因が相続の場合に関しては，旧35条1項2号の「登記原因ヲ証スル書面」がないとの理解に立って，別条（旧41）にて「相続ヲ証スル市町村長若クハ区長ノ書面又ハ之ヲ証スルニ足ルヘキ書面」の提出を要求していた。

これに対し，現行法では，相続を証する情報もまた登記原因証明情報の一種と位置づけられている(不登令別表22には「相続……を証する……情報及びその他の登記原因を証する情報」とあり，不登令7条1項5号ロは「同表の登記欄に掲げる登記を申請する場合にあっては同表の添付情報欄に規定する」ものを「登記原因を証する情報」としている)。したがって，令別表22前段「相続……を証する市町村長，登記官その他の公務員が職務上作成した情報(公務員が職務上作成した情報がない場合にあっては，これに代わるべき情報)」は，一般的には種類・内容に制限のない登記原因証明情報に，単独申請の真実性を担保するため，種類に限定を加えた規定ということになる。なお，立法担当者は，令別表22前段の「相続……を証する……情報」を，被相続人の死亡を証する情報ないし相続人の法定相続分を証する情報と捉え，一方，令別表22後段にいう「その他の〔＝相続証明情報以外の〕登記原因を証する情報」は，法定相続分と異なる相続分を証する書面を念頭に置くもののようである(特別受益者につき相続分がないことの証明書，寄与分を定める協議書・審判書，相続放棄申述受理証明書，遺産分割協議書・審判書・調停調書，相続分譲渡証書，相続分の指定・遺産分割方法の指定のある遺言書(「相続させる」旨の遺言書)など)。

② **登記識別情報** 不登法22条は「登記権利者及び登記義務者が共同して権利に関する登記の申請をする場合」および「登記名義人が政令で定める登記の申請をする場合」に登記識別情報の提供を求めているが，相続による登記は単独申請であり，また政令(令8)にも相続による登記は掲げられていないから，登記識別情報の提供は不要である。

(2) **法人の合併による権利の移転の登記** 法人(営利社団法人(＝会社)に関しては会社法，その他の法人に関しては一般法人法の適用を受ける)の合併には，①吸収合併(会社2(27)・749，一般法人244)と②新設合併(会社2(28)・753，一般法人254)とがある。合併は，合併契約(会社748条，一般法人242)を原因とし，また，存続法人(存続会社)・設立法人(設立会社)は，消滅法人(消滅会社)の権利義務を承継するが，効力発生時期に関しては，①吸収合併と②新設合併とで異なっており，①吸収合併にあっては，合併契約において約定した「効力発生日」(株式会社が存続する場合につき会社法750条1項，持分会社が存続する場合につき752条，その他の法人につき一般法人法245条1項)，②新設合併にあっては，設立法人(設立会社)の成立の日である(株式会社を設立する場合につき会社法754条1項，持分会社を設立する場合につき会社法756条1項，一般法人法255条)が効力発生時である(なお，平成17年会社法制定前の商法旧規定ならびに平成18年一般法人法制定前の民法旧規定においては，①吸収合併に関しては，存続会社(存続法人)の変更登記が要件とされていたため，効力発生時期は変更登記時であった)。

(ア) **登記手続** 法人(会社)の合併による，登記義務者を消滅法人(消滅会社)，登記権利者を存続法人(存続会社)・設立法人(設立会社)とする権利の移転の登記の申請については，相続による登記と同様，登記義務者が不存在となるため(合併は，消滅会社の解散事由ではあるが(株式会社につき会社法471条4号，持分会社につき会社法641条5号，その他の法人につき一般法人法148条5号・202条1項4号)，清算の開始原因ではないため(株式会社につき会社法475条1項，持分会社につき会社法644条1号，その他の法人につき一般法人法206条1号)，清算

法人(清算株式会社・清算持分会社)に移行しない),登記権利者のみの単独申請が認められている(不登法63条2項)。

　(a) **申請情報**　申請情報の登記原因は「〇年〇月〇日合併」とだけ表示し,①吸収合併・②新設合併の別は表示せず,項名を「承継会社」とし,「(被合併会社A)」とのかっこ書を入れたうえで,合併後の会社の本店商号を掲載する。日付は,①吸収合併に関しては「効力発生日」,②新設合併に関しては設立法人(設立会社)の成立日である。

　(b) **添付情報**　添付情報のうち登記原因証明情報は,相続による登記と同じく,不登令別表22の「法人の合併を証する市町村長,登記官その他の公務員が職務上作成した情報(公務員が職務上作成した情報がない場合にあっては,これに代わるべき情報)」であるが,通常は,①存続法人(存続会社)あるいは②設立法人(設立会社)の①吸収合併・②存続合併による変更登記(会社につき①会社法921条・②922条,その他の法人につき①一般法人法306条・②307条)後の登記事項証明書が用いられる。

　(イ) **法人の分割による登記**　会社の合併に関しては,登記権利者たる存続法人(存続会社)・設立法人(設立法人)の単独申請が認められるのに対し,会社の分割(これには①吸収分割(会社2(29)・757)と②新設分割(会社2(30)・762)がある。なお,分割は会社に固有の企業再編制度であり,一般法人法には規定はない)の場合には,合併の場合と異なり,分割される前の会社が分割会社として存続するので,分割会社を登記義務者,①吸収分割承継会社ないし②新設分割設立会社を登記権利者とする共同申請の登記を申請する。

　申請情報の登記原因は「〇年〇月〇日会社分割」とする。また,添付情報のうち登記原因証明情報に関しては,一般原則に従い,その種類・内容に制限はないが,通常は,会社分割の登記(会社法①923条・②924条)がされた後の登記事項証明書が用いられる。

　(ウ) **国・地方公共団体の合併による登記**　地方公共団体――これには普通地方公共団体(都道府県・市町村。地方自治1の3②)と特別地方公共団体(特別区・地方公共団体の組合・財産区・地方開発事業団。同条③)があり,いずれも法人とされている(同法2①)――が合併(吸収合併・新設合併)した場合,旧地方公共団体から新地方公共団体への権利の移転の登記は,いかなる手続によるか。

　旧法下の登記実務では,B₁村・B₂町・B₃町を廃止し,その地域をもってC町を新設した場合,合併前にB₁村がAから買収した不動産については,新設のC町の長により,①A→旧B₁村の買収による所有権移転の登記を嘱託し,次いで②旧B₁村→新C町の合併による所有権移転の登記を嘱託すべきとされていた(昭31・10・27民甲2515民事局長事務代理回答・先例集追Ⅰ754)。また,沖縄の本土復帰に伴い消滅した琉球政府その他の公法人(B)の不動産に関する権利を承継した国・沖縄県その他の法人(C)は,承継を証する書面を添付して(ただし当該不動産の承継が法令の規定により明らかな場合には添付不要),単独で権利の移転登記の申請ができるとされていた(昭47・5・15民三441民三課長依命通知・先例集追Ⅴ750)。

　このうち①は現行不登法では62条の一般承継人による申請,②は現行不登法63条2項の法人の合併による権利の移転の登記の申請の処理に相応する。これに対応する旧不登法の

規定(①につき旧42条, ②につき旧27条)は, いずれも相続に関する規定であり, 旧法下では, これを法人の合併にも類推・拡張解釈する運用がとられていたが, 現行不登法は, 法人の合併を明記することで立法的解決を図ったものである。だが, その一方において, 私人による登記の「申請」に関する規定が, 国または地方公共団体の機関である官庁または公署による登記の「嘱託」に適用されるか否かにつき, 旧不登法25条2項は「嘱託ニ因ル登記ノ手続ニ付テハ法令ニ別段ノ定アル場合ヲ除ク外申請ニ因ル登記ニ関スル規定ヲ準用ス」として, 原則適用の立場に立っていたのに対し, 現行不登法16条2項は, 嘱託による登記について準用される規定につき列挙主義をとり, その結果, 同項に掲記されていない条文に関しては, 嘱託による登記には準用されないように読める。しかるに, 上記①一般承継人による申請に関する不登法62条, ②法人の合併による権利の移転の登記の申請に関する不登法63条2項の規定は, いずれも不登法1条2項において準用されていない。

　現行不登法の立法者が, ①62条・②63条2項の両条を, 官公署の嘱託による登記に準用しなかった理由は, (a)116条で, 国または地方公共団体が登記権利者となって権利に関する登記をするときは, 登記義務者の承諾証明情報を添付情報として提供した(不登令別表73ロ), 官公署の単独での嘱託を認めており, また, (b)118条で, 不動産の収用による権利の移転・消滅の登記についても, 起業者が単独で申請(国・地方公共団体が起業者である場合にはその機関たる官公署による嘱託)できるためであろう。

　だが, 現行法下で, 上記登記先例のような事案が生じた場合, ①不登法62条の準用がない以上, 新C町(町長)が, 旧B₁村の一般承継人として, A→旧B₁村の所有権移転登記を申請する法的根拠がない。一方, 旧B₁村→新C町あるいは旧琉球政府→日本国・沖縄県の権利の移転登記に関しては, 現行法では上記(a)不登法116条の手続によるべきことになるが, 相続や私法人の合併におけると同様, 登記義務者たる旧B₁村や旧琉球政府はすでに消滅しており, 同条1項の要求する「登記義務者の承諾」を得ることができない。

　したがって, 国または地方公共団体の合併による権利の移転の登記に関しては, [Ⅰ]不登法16条2項の文言には反するが62条・63条2項の準用を認めるか, あるいは, ②に関しては[Ⅱ]不登法116条1項の「登記義務者の承諾」の文言を, 旧法下の実務が要求していた「承継を証する書面[情報]」と読み替えて(あるいは合併を成立させる法令の規定により明らかであるから提供を要しないとして)同条を(類推)適用するほかあるまい。

(七戸克彦)
(執筆協力:加藤政也)

(登記名義人の氏名等の変更の登記又は更正の登記等)
第64条 登記名義人の氏名若しくは名称又は住所についての変更の登記又は更正の登記は，登記名義人が単独で申請することができる。
② 抵当証券が発行されている場合における債務者の氏名若しくは名称又は住所についての変更の登記又は更正の登記は，債務者が単独で申請することができる。

＊旧法関係……旧法28条

I 本条の趣旨

　新法は，その60条で，権利に関する登記の申請について，「法令に別段の定めがある場合を除き，登記権利者及び登記義務者が共同してしなければならない」と共同申請の原則を定めている。したがって，当事者の単独申請による登記は例外的な場合に限られるが，本条は，63条とともに，例外的に単独申請が認められる場合を定めた規定である。

1 本条1項

　本条1項は，登記名義人の同一性とその権利関係には何ら変更がないが，登記名義人の氏名もしくは名称または住所(法人の場合は，主たる事務所または本店の所在地をいう)に変更があった場合の変更の登記や，これらの項目について登記の際に誤った表示がなされた場合の更正の登記について，その申請方法を規定したものである。

　登記名義人の氏名もしくは名称または住所が変更された場合，あるいは，これらについて誤った表示がなされている場合，それをそのまま放置しておくと，登記名義人が登記義務者として新たな登記を申請しても，申請情報における登記義務者の表示と登記記録とが形式上合致しないため，登記の申請は登記官によって却下されてしまう(25(7))。また，実務の扱いでは，抵当権抹消登記の申請の場合，申請情報における登記権利者(抵当不動産に関する所有権の登記名義人)の表示が登記記録と一致しない場合も，当該登記申請は受理できないものとされている(新訂不動産登記関係質疑応答集1052頁)。

　上記の変更や更正の登記が必要な理由は以上のようであるが，本項は，共同申請の原則の例外の1つとして，これらの登記を申請する場合は，登記名義人が単独で申請できることを規定する。要するに，これらの登記は，権利の主体や権利の内容を実質的に変更する登記ではなく，単に権利主体の表示を変更・更正する登記であるにすぎない。このため，この登記に関しては，登記義務者，すなわち，権利に関する登記によって登記上，直接に不利益を受ける登記名義人(2⒀参照)は存在しない，というのがその理由である。

　ただし，これらの登記を申請する場合には，登記の真正を担保するため，当該登記名義人の氏名もしくは名称または住所について変更または錯誤もしくは遺漏があったことを証

する市町村長，登記官その他の公務員が職務上作成した情報（公務員が職務上作成した情報がない場合にあっては，これに代わるべき情報）を，その申請情報と併せ，添付情報として登記所に提供しなければならない（令7①(5)ロただし書，別表23）。登記名義人が自然人の場合は，戸籍謄・抄本，住民票の写し，登記名義人が法人の場合は，法人登記簿の登記事項証明書などがこれにあたる。

なお，行政区画もしくはその名称または字もしくはその名称に変更があった場合，先例では，登記名義人の住所について当然に変更の登記があったものとみなされるため，登記名義人が変更の登記を申請する必要はない，とされる（明38・5・8民刑1253民刑局長回答・先例集上257。旧法59参照）。

2 本条2項

本条2項は，抵当証券が発行されている場合において，登記に記録されている債務者の氏名もしくは名称または住所に変更があったとき，あるいは，これらについて更正が必要になったときの登記の申請に関する規定であり，本条1項と同様，共同申請の原則(60)の例外として，債務者が単独で申請することを認める。

抵当権によって担保される被担保債権が特定されるためには，その債務者が明示される必要があるが，このことを受け，83条1項2号は，債務者の氏名または名称および住所を，抵当権に関する登記をする場合の必要的登記事項として掲げている。したがって，それらに変更が生じた場合または更正が必要な場合は，本来からいえば，権利内容の変更または更正の登記として，抵当権者と抵当権設定者の共同申請が必要なはずである。

しかし，抵当証券が発行されている場合は，抵当権および債権の処分は抵当証券をもって行われ（抵証14），さらに，抵当証券の譲渡は裏書によって行われる（抵証15）ため，一般に，債務者が現在の抵当権者，すなわち抵当証券の所持人を確知することは困難である。一方，債務者は，自己についての表示が現在の事実に符合するかどうかについて大きな利害関係を有する（抵証27・28・30参照）が，債務者の表示を変更・更正する登記を申請する際には，変更または錯誤・遺漏の事実を証する情報を添付することが義務づけられている（令7①(5)ロただし書，別表24）。そうすると，申請した事実の真正が添付情報により担保され，その結果，債務者の単独申請を認めても抵当権者に不利益は生じないため，本項は，本条1項の場合に準じて，債務者にこの場合の単独申請を認めたのである。

なお，抵当証券に記載されている債務者の氏名および住所の変更または更正は，上記の登記の完了後，抵当証券の所持人が登記所に抵当証券の記載の変更または更正を申請することによって行われる（抵証12①(2)・4(7)・17）。

II 登記名義人の表示の変更または更正

1 登記名義人の意義

本条1項でいう登記名義人とは，登記記録の権利部（権利に関する登記が記録される部分

〔2(8)〕)に，法3条各号に掲げる権利について権利者として記録されている者をいう(2(11))。例えば権利部に，現在，所有者として登記されている者，あるいは抵当権者として登記されている者がこれにあたる。仮登記の名義人も同項の登記名義人に該当する。しかし，登記名義人とは，権利に関する登記における名義人のみを指すため，登記記録の表題部に所有者として記録されている者は，ここでいう登記名義人からは除かれる。

2 登記名義人の表示の変更または更正

　本条1項は，登記名義人自体は同一であるにもかかわらず，その表示(旧法28①参照)，すなわち，氏名もしくは名称または住所に変更があった場合，あるいは，これらの項目が誤って表示されているため更正をする場合における登記の申請方法を定めたものである。

　(1)　**登記名義人の表示の変更**　氏名・名称の変更原因としては改氏や改名，商号の変更，住所の変更原因としては，住所移転，住居表示実施などがあげられる。

　登記名義人の表示の変更の登記が認められた先例としては，①登記名義人に相続人がいないため，その相続財産が法人名義に変更される(民951)場合(昭10・1・14民甲39民事局長通牒・先例集上607)，②官有地の所管換えがあった場合(昭11・5・18民甲564民事局長通牒・先例集上624)，③中小企業等協同組合法施行法4条1項により旧組合が中小企業等協同組合に組織変更する場合(昭25・6・10民甲1612民事局長通達・先例集下1414)，④信用協同組合が信用金庫に組織変更した場合(昭29・11・16民甲2404民事局長回答・先例集下2256)，⑤日本電信電話公社等の公共企業体の職員をもって組織された共済組合が，日本電信電話株式会社等の職員をもって組織される組合となって名称が変更した場合(昭60・3・29民三1765民三課長回答・先例集追Ⅶ468等)などがある。

　一方，否定された先例としては，まず，①A町をB市に吸収合併し，A町所有の不動産をA財産区の所有財産とした場合があり，この場合は，A町とA財産区は別個の地方公共団体であるから，所有権移転の登記をなすべきものとされる(前掲昭25・6・10民甲1612民事局長通達)。また，②日本国有鉄道などの公共企業体が，その設立に際して，国から国有不動産を承継した場合も，登記名義人の表示の変更登記ではなく，所有権移転の登記手続をなすべきものとされる(昭29・10・23民甲2232民事局長回答・先例集追Ⅰ285)。

　(2)　**登記名義人の表示の更正**　旧法28条1項では，「登記名義人ノ表示ノ変更ノ登記」とのみ規定されていて，「又ハ更正ノ登記」という語句はなかったが，登記実務においては，同項でいう「表示ノ変更」は，登記の更正をも包含する広い意味のものである，と解されていた(大2・10・29民事975法務局長回答・先例集上369)。これに対して，本条1項は，従来の実務の扱いに従い，更正の登記も単独申請によることを明文で定めた。

　登記名義人の表示の更正登記の申請が認められた先例としては，①現登記名義人BがAより買い受けた不動産の所有権移転登記を申請するにあたり，Bの住所を誤記した申請書を提出したが，登記の錯誤が申請書の誤記にもとづくことが明白で，更正登記によって登記名義人の権利に影響を及ぼす疑いがないとされる場合(大3・9・25民事1444法務局長回答・

先例集上383)，②被担保債権の債権者(抵当権者)をB，債務者をAとする抵当権設定登記申請があったところ，申請書添付の登記原因証書によれば，債権者(抵当権者)はA，債務者はBであったにもかかわらず，それを看過して申請書記載どおりの登記がなされた場合(昭35・6・3民甲1355民事局長回答・先例集追Ⅲ191)，③既存の抵当権の設定登記に取扱支店を追加するため，遺漏を原因として抵当権登記名義人の表示の更正登記の申請がなされた場合(昭36・9・14民甲2277民事局長回答・先例集追Ⅲ648)がある(ただし，実際の実務では，取扱支店の追加は，「何番抵当権変更」という抵当権変更登記の形式で申請されている)。

一方，否定された先例としては，県が買収した土地について，誤って内務省を登記名義人とする所有権移転登記がなされている場合があり，この場合は，内務省名義の所有権移転登記を抹消した後，あらためて売主から県名義への所有権移転登記をなすべきものとされる(昭30・8・5民甲1652民事局長回答・先例集追Ⅰ396)。

Ⅲ 登記申請手続

1 総説

本条1項・2項が定める表示の変更または更正の登記は，登記名義人または債務者が単独申請できる点を除けば，権利に関する登記の申請手続一般とほとんど異なるところはない。したがって，登記名義人または債務者は，それら登記を申請するにあたって，令所定の申請情報および添付情報を登記所に提供しなければならない(令3・7，別表23・24)。

この場合，申請情報の事項には，令3条13号，別表23・24の定めるところにより，変更後または更正後の登記名義人(または，抵当証券が発行されている場合における債務者)の氏名もしくは名称または住所が含まれる。また，令3条6号の規定する「登記原因及びその日付」としては，例えば「平成何年何月何日氏名変更」，「平成何年何月何日住所移転(または，住居表示変更)」と記せばよく，氏名変更の場合，婚姻・離婚等の原因は不要であり，単に「氏名変更」とすればよい(昭54・3・31民三2112民事局長通達・先例集追Ⅵ649，昭54・9・4民三4503民三課長通知・先例集追Ⅵ762)。なお，更正の登記を申請する場合は，日付は省略して，単に「錯誤」または「遺漏」と記せばよい。

2 中間省略登記の申請

登記名義人の表示の変更の登記は，登記名義人の現在の氏名もしくは名称または住所が正しく公示されることを目的とするものであるため，登記名義人の表示の変更が数回にわたってなされている場合であっても，1回の手続で，中間を省略して，直ちに現在の表示に変更する登記を申請することができる。この登記を申請するには，各変更についての登記原因およびその日付を申請情報として提供するとともに，それらを証する情報を添付しなければならない。ただし，例えば住所移転が数回繰り返された場合のように，同種の登記原因が数個存するときは，便宜その最後の登記原因およびその日付のみを申請情報として提供すれば足りるものとされている(昭32・3・22民甲423民事局長通達・先例集追Ⅱ44参照)。

なお，この場合でも，登記原因証明情報として添付する住所移転を証する情報は，各回の住所移転を証するものすべてが必要である）。本条2項の規定する債務者の表示についての変更登記を申請する場合も同様と考えられよう。

3 登記名義人の表示についての変更・更正登記の省略

登記簿の登記名義人の表示が現在の事実と異なっている場合，所有権移転登記など権利に関する登記を申請する前提として，通常は，登記名義人の表示の変更または更正の登記が必要とされる（Ⅰ，*1*参照）。しかし，登記実務によれば，抵当権や賃借権等の所有権以外の権利の登記の抹消を申請する場合は，登記名義人の表示の変更（または錯誤もしくは遺漏）の事実を証する情報を添付すれば，権利の抹消登記の前提としての登記名義人の表示の変更（または更正）の登記を省略しても差しつかえないとされる（昭31・10・17民甲2370民事局長事務代理通達・先例集追Ⅰ741）。所有権に関する仮登記（法105(1)(2)）の抹消登記についても同様に登記名義人表示変更（または更正）の登記を省略することが可能である（昭32・6・28民甲1249民事局長回答・先例集追Ⅱ109）。

これに対して，権利の移転の登記の前提としてする登記名義人の表示の変更または更正の登記は省略が認められていない（昭43・5・7民甲1260民事局長回答・先例集追Ⅳ1363）。もっとも，相続や合併による権利の移転登記を申請（単独申請〔法63①②〕）する場合は，登記義務者が存在しないため，被相続人や消滅会社の住所等に変更が生じていても，登記名義人の表示変更または更正の登記なしに，相続・合併による権利移転登記をすることが可能である。

4 登記の一括申請

登記を申請する場合，本来，申請情報は，登記の目的および登記原因に応じ，1個の不動産ごとに作成して登記所に提供することを要する（令4本文）。ただし，例えば同一の登記所の管轄区域内にある数個の不動産を所有している登記名義人が住所を移転したような場合は，これらの不動産について1個の申請情報で申請することが認められる（同条ただし書）。また，氏名が誤って記録されている登記名義人が住所を移転した場合は，住所変更の登記と氏名更正の登記を同一の申請情報で申請することが可能である（規則35(8)）。さらに，ある不動産をA・Bの共有とする所有権移転登記の際，申請の錯誤によって，AについてはBの住所が，BについてはAの住所が登記された場合，それらを更正する登記はおのおのの申請人を異にするのであるが，実務の取扱いに従えば，便宜1個の申請情報で申請しても差しつかえないとされる（昭38・9・25民甲2654民事局長回答・先例集追Ⅲ1130-325）。

Ⅳ 登記実行手続

登記名義人の表示の変更または更正の登記は，付記登記によって行う（法4②かっこ書，規則3(1)）。この場合，変更・更正前の事項は，それを抹消したことを示す記号が登記簿

に記録され，登記事項証明書においては，その事項に下線が付される。

（草野元己）
（執筆協力：八神　聖）

（共有物分割禁止の定めの登記）
第65条　共有物分割禁止の定めに係る権利の変更の登記の申請は，当該権利の共有者であるすべての登記名義人が共同してしなければならない。

＊旧法関係……旧法39条ノ2

I　本条の趣旨

　民法は，その256条1項本文で，各共有者はいつでも共有物の分割を請求することができると規定するが，同項ただし書によれば，共有者は，全員の合意で，5年を超えない期間内ならば分割の禁止を特約できるものとされ，この特約は，期間経過後5年を超えない範囲内ならば更新できるものとされる（民256②）。また，以上については，数人で所有権以外の財産権（地上権・賃借権など）を有する場合（準共有）に準用される（民264）。

1　旧　法

　ところで，旧法39条ノ2は，Aが単独所有している不動産をAとBの共有にするとともに，A・B間で共有物分割禁止の特約を結んだ場合のように，不動産の所有権または所有権以外の財産権の一部を移転した時に当事者間で分割禁止が定められた場合は，登記の申請書の登記原因事項として分割禁止の特約を記載することを認めていた。そして，この場合，共有物分割禁止の特約は，旧法51条2項が規定する「申請書ニ掲ケタル事項ニシテ登記スヘキ権利ニ関スルモノ」にあたり，権利の一部移転の登記をする際の登記事項の1つとして登記されていた。

　ところが，Aが単独所有する不動産をBとCに売却したが，買主B・C間で共有物分割禁止の特約をしたような場合，あるいは，被相続人の財産を承継した共同相続人の間で共有物分割禁止の特約をしたような場合，これらの特約は，売買や相続など所有権移転登記等の登記原因とは別個の合意であるため，当該移転登記に上記特約を記載することはできないものとされる。しかし，旧法下においては，上記のような場合に関して明文がなく，登記実務では，このような場合，移転登記の後で，共有物不分割の特約を原因とする所有権変更の登記を新たに申請すべきものとされていた（昭49・12・27民三6686民三課長回答・先例集追Ⅴ1030）。また，前段の事例のように，共有物分割禁止の特約を所有権一部移転の登記の登記事項として登記できる場合であっても，移転登記とは別に，所有権変更の登記とし

て登記することもできると解されていた(昭50・1・10民三16民事局長通達・先例集追Ⅴ1035)。

2 新 法
(1) 共有物分割禁止の定めに係る権利の変更の登記の申請
新法60条は，旧法26条1項と同様，権利に関する登記の申請について，原則として，登記権利者と登記義務者が共同して申請すべきことを定める。ところが，共有物分割禁止の定め(所有権以外の財産権について分割を禁止する定めを含む。以下同じ)に係る権利の変更の登記を申請する場合，申請の当事者は共有者(または準共有者)全員ということになるが，その中で，登記権利者と登記義務者を明確に区別することは不可能である。この点，旧法下では，登記実務上，登記申請書に各共有者を「登記権利者兼登記義務者」と記載し，全員で共同申請すべきものとされていた(前掲昭49・12・27民三6686民三課長回答，前掲昭50・1・10民三16民事局長通達)。

そこで，新法では，以上の点を明らかにするために，本条を新設し，共有物分割禁止の定めに係る権利の変更の登記の申請は，共有者(または準共有者)全員が，登記名義人として共同して行うべきことを明確に定めた。ちなみに，実務上は，このように，登記名義人同士が共同して行う申請は，「合同申請」と呼ばれている。

(2) 旧法39条ノ2に該当する場合
なお，旧法39条ノ2が規定していた権利の一部を移転する登記に含めて共有物分割禁止の特約の登記を申請する場合，すなわち，Aが単独所有していた不動産の一部をB(またはBとC)に譲渡し，AとB(またはA・B・C)の共有にするとともに，A・B(またはA・B・C)間で共有物分割禁止の特約を結んだような場合に関して，新法ではそれに対応する条文は特に設けていない。よって，この場合については，新令3条11号ニにより，権利の一部を移転する登記の申請をする際に，申請情報の1つとして，当該共有物分割禁止の定めを登記所に提供することになる。

Ⅱ 登記申請手続
1 申請情報
共有物分割禁止の定めに係る権利の変更の登記を申請する場合，申請情報に掲げる「登記の目的」(令3(5))は「何○○番所有権変更」等となるが，その登記原因およびその日付(令3(6))は「○年○月○日特約」と記し，特約の内容として「何○年間共有物不分割」などと記入する(令3(11)ニ)。なお，登記原因の日付は，特約が成立した日となる。

2 添付情報
法22条，令8条1項4号によれば，共有物分割禁止の定めに係る権利の変更の登記の申請をする場合には，登記名義人の登記識別情報を提供しなければならないが，この申請の場合，当該権利の共有者全員が登記名義人であるため，法22条ただし書が適用される場合を除き，共有者(または準共有者)全員の登記識別情報が必要となる。

(草野元己)

(執筆協力：八神　聖)

(権利の変更の登記又は更正の登記)
第66条　権利の変更の登記又は更正の登記は，登記上の利害関係を有する第三者(権利の変更の登記又は更正の登記につき利害関係を有する抵当証券の所持人又は裏書人を含む。以下この条において同じ。)の承諾がある場合及び当該第三者がない場合に限り，付記登記によってすることができる。

＊旧法関係……旧法56条，66条

I　本条の趣旨
本条は，旧法のうち，権利変更登記の申請に関する56条と，申請による更正登記に関する66条にほぼ対応する規定である。

1　権利の変更の登記の場合
本条でいう「権利の変更の登記」とは，例えば地上権や賃借権の地代・賃料の増減，根抵当権の極度額の変更などのように，既に登記されている権利の登記事項について事後的に変更があった場合に，変更前の登記を新しい実体に合致させるため行われる登記のことである(2⒂参照)。そして，このような登記は，権利自体は以前から登記されていて，その内容が後から変更された場合に行われるにすぎないものであるから，この面からみた理想的な公示方法としては，権利の変更の登記はすべて，既になされている当該権利の登記(主登記)の付記登記としてなされるのが望ましい。

ところが，4条2項によれば，付記登記の順位は主登記の順位によるとされ，付記登記に記録された権利の変更内容は，その主登記の順位で，主登記に劣後する第三者に対抗できることになる。しかし，そうすると，当該変更登記によって損害を受けるおそれのある第三者がその登記以前に存在していた場合も対抗できることになるが，これら第三者の意向を無視してそのような結果を認めることは妥当とはいえない。そこで，本条は，権利の変更の登記は登記上の利害関係を有する第三者の承諾がある場合，および，そのような第三者がいない場合に限って，付記登記によって行うことができるとした。

2　権利の更正の登記の場合
本条でいう「権利の更正の登記」とは，既に登記されている権利の登記事項について，その当初の登記手続において錯誤または遺漏があり，登記された登記事項が実体と原始的に合致していない場合に，正しい実体に一致させる目的で当該登記事項を訂正・補充する登

記のことをいう（2(16)参照）。変更の登記と更正の登記とは、登記された登記事項と実体との間に齟齬があるという点で共通しているが、前者の齟齬が事後的に生じたものであるのに対し、後者の齟齬は最初から存在していたものであるという点で差異が存する。

　旧法は、その63条から66条の4か条で、権利に関する登記の更正登記に関する規定を設け、そのうちの66条で、当事者の申請によって権利の更正の登記をする場合について、権利変更登記に関する56条を準用している。これに対し、新法は、変更登記・更正登記とも、上述のように、登記内容と実体とを一致させるという目的という点で、また、付記登記を行うための要件という点で共通しているため、両者を1つの条文で規定することにした。

　ところで、権利の更正の登記は、既に登記された権利の登記事項が原始的に実体と符合していない場合に関するものであるから、それを付記登記によって行うことは、権利の変更の登記以上に、その性質にかなっているものということができよう。しかし、この場合についても、付記登記がなされれば、更正された登記内容は、*1* で記したと同様に、主登記に劣後する第三者に対抗できることになる（4②）。だが、錯誤または遺漏のある登記が実体と一部分は一致しており、更正の登記が行われる前に、錯誤または遺漏のある登記を信頼して法律関係を形成した第三者が出現した場合、やはりこの者の意向を無視して付記登記を行うことは相当とはいえない。よって、本条は、権利の更正の登記についても、登記上の利害関係を有する第三者の承諾がある場合、および、そのような第三者がいない場合に限って、付記登記によって行うことができるとした。

II　権利の変更の登記
1　総　説

　本条にいう「権利の変更の登記」は、登記された権利の内容に後発的な変更が生じた場合に行う登記であり、AからBに所有権が移転したときのように、権利の主体が変更した場合や、不動産の表示に変更があったときのように、権利の客体に変更があった場合（大判昭15・8・10民集19・1438）は含まれない。具体的には、Iの*1*であげたもののほか、地上権・永小作権等権利の存続期間の伸縮、地代・賃料の支払時期の変更、先取特権・質権・抵当権の被担保債権額の減少、弁済期日の変更（抵当証券発行の定めがある場合）、利率の増減、根抵当権の担保すべき元本の確定期日の変更、共有物分割禁止の特約などの登記がこれに含まれる。

　なお、本条でいう権利の変更の登記は、登記権利者と登記義務者の共同申請（60）を前提としている。ところが、抵当権の順位の変更（民374）の登記は、関係抵当権者全員が登記名義人として合同して申請することを要する（89①）。すなわち、1番抵当権者A→2番抵当権者B→3番抵当権者Cという順につけられている抵当権の順位を、C→B→Aという順に変更する場合は、A・B・C3人で登記の申請をしなければならないが、この場合のBは、登記権利者・登記義務者のいずれともいいがたい。よって、抵当権の順位の変更の登記は、本条でいう権利の変更の登記にはあたらず、常に主登記でなされることになる（昭46・10・4

民甲3230民事局長通達・先例集追Ⅴ531)。

2 先 例

本条が規定する権利の変更の登記に該当するか否か問題となった代表例としては，以下のものがある。

(1) 抵当権の変更の登記

㋐ 債権額の増加による変更の登記

まず，債権の一部を被担保債権とする抵当権について，その後，債権全額の範囲内で被担保債権を増額する場合，これを変更登記で処理することは可能である(幾代＝徳本・不登法302頁)。しかし，例えば，債権全額にあたる1000万円が当初から抵当権の被担保債権であったところ，貸増しにより債権額が1500万円に増加し，増加後の債権額を同一不動産で担保するという場合については，貸増し後の500万円の債権は，当初の債権から独立した別個の債権と解されるため，債権額変更の登記を行うことはできない。したがって，この場合は，貸増しした被担保債権額500万円について，第2抵当権設定のための独立した登記(主登記)をしなければならない(明32・11・1民刑1904民刑局長回答・先例集上116)。ただし，これに対しては，登記上の利害関係ある第三者はこのような場合の変更登記を承諾する義務はないが，もし承諾すれば，変更登記(付記登記)で処理しても別段の不都合はない，という見解もある(幾代＝徳本・不登法302頁)。

また，金銭消費貸借の予約にもとづいて，本契約時に発生する貸付金債権を担保するための抵当権設定登記がなされた場合において，当該予約契約を変更し，貸付金額を増額したときは，その将来債権の発生すべき契約の同一性が保持されていると解されるので，増額した債権額への変更登記をすることができる，とされる(昭42・11・7民甲3142民事局長回答・先例集追Ⅳ1173)。

㋑ 共有持分の抵当権を設定者の単有となった不動産の全部に及ぼす登記

自己の持分に対して抵当権を設定していた共有者の1人が，他の共有者の持分全部を取得して当該不動産の単独所有者になった場合，不動産全部に抵当権の効力を及ぼさせる旨の登記は，抵当権変更の付記登記(ただし，登記上の利害関係者が存在し，その承諾を得られない場合は，独立の登記〔主登記〕)による(昭28・4・6民甲556民事局長回答・先例集下1998)。本来，このような場合については，新たな抵当権設定契約が必要なはずであるが，実務上，単独所有権の一部を目的とする抵当権設定登記は許されていない(昭36・1・17民甲106民事局長回答・先例集追Ⅲ438)。ただし，同一人が不動産の所有者から数回にわたり順次持分の移転登記を得ている場合は，その中の特定の持分を目的とする抵当権設定登記は可能〔昭58・4・4民三2252民事局長通達・先例集追Ⅶ91〕)ため，抵当権変更の登記で処理されることになる(吉野・注釈(下)376頁)。

なお，同様に，A・B・C共有の不動産につき，Aの持分についてDを抵当権者とする抵当権設定登記がなされた後，AがCの持分を取得してA・Bの共有不動産となった場合，Dの抵当権の効力をAの新たな持分にも及ぼすためには，抵当権の効力をAの持分全部に及ぼす変更の登記をすればよい(新訂不動産登記関係質疑応答集1022頁)。

(ウ) 利息等に関する「特別の登記」(民375条1項ただし書)　民法375条1項本文によれば，抵当権の被担保債権から生ずる利息その他の定期金は，満期となった最後の2年分についてのみ担保されるのが原則であるが，満期後「特別の登記」をしたときは，それ以前の利息等についても，その登記の時から抵当権を行使することができる(民375①ただし書)。そして，この登記は，権利の変更の登記の一種と解される。したがって，登記上の利害関係を有する第三者の承諾があるか，または，当該第三者に対抗することができる裁判があり，それらを証する情報が添付された場合は付記登記により，そうでない場合は主登記(独立の登記)により登記を行うことができる(昭27・4・8民甲396民事局長通達・先例集下1843)。

(エ) 根抵当権の極度額の変更の登記　民法398条の5は，根抵当権の極度額の変更は利害関係人の承諾を得なければ行うことができない，と規定する。そこで，根抵当権の極度額の変更の登記を申請する際において利害関係人がある場合は，令7条1項5号ハ(旧法35①(4)に対応)の定める当該利害関係人の承諾を証する情報を添付しなければならない。極度額の変更の登記は，増減とも本条の定める付記登記によって行われる(昭46・10・4民甲3230民事局長通達・先例集Ⅴ531)。民法398条の5によれば，利害関係人の承諾は極度額の変更の効力発生要件であるため，当該利害関係人の承諾がない場合に主登記(独立の登記)によって変更の登記を行うことは許されない，と解される(香川保一「新不動産登記法逐条解説(63)」登研683号22頁)。

(2)　賃借権の変更の登記　民法604条2項の規定により賃借権の存続期間を更新した場合は，更新契約による賃借権設定の登記ではなく，期間変更の付記登記をなすべきである(昭29・4・1民甲718民事局長電報回答・先例集下2182)。ただし，登記上の利害関係者が存在し，その承諾を得られない場合は，更新契約を原因とする独立の登記(主登記)をすることになろう。

Ⅲ　権利の更正の登記
1　総説

本条にいう「権利の更正の登記」は，権利に関する登記において，当初の登記手続における錯誤または遺漏が原因で，既に登記された登記事項が実体と合致していない場合に，正しい実体に合致させるため行われる登記をいう。ところで，登記の錯誤または遺漏は，①登記官の過誤による場合と，②登記申請人の過誤による場合，さらには，③双方の過誤による場合とがある。そして，法67条1項・2項によれば，登記官が権利に関する登記に錯誤または遺漏を発見し，その錯誤・遺漏が①にあたる場合は，登記上の利害関係を有する第三者(抵当証券の所持人または裏書人を含む。以下同じ)が存在しないか，または，当該第三者の承諾があるときに限って，登記官が職権で更正の登記をすべきものとされる。したがって，以上の要件に該当しない場合は，権利の更正の登記であっても，すべて当事者の申請によって行われることになる。

2 更正の登記が認められるための要件

(1) 錯誤・遺漏が存在すること

(ア) 当初から錯誤・遺漏が存在すること 権利の更正の登記は，既に登記されている権利の登記事項に当初から錯誤・遺漏が存在する場合に行われる。したがって，①競落を原因とするA・B共有名義への所有権移転登記について，その後行われたAの単独所有を確認する和解を原因として，Aの単独名義に更正する登記をすることはできない(昭35・12・23民甲3260民事局長回答・先例集追Ⅲ417)。以上により，この事例では，和解を登記原因として，BからAへの共有持分の移転登記をする必要がある。

また，②AからBへ遺贈されたものの，相続人Cらへの共同相続登記がなされた不動産について，Cらが遺留分が侵害されているとして，Bに対して遺留分減殺請求をした場合，Cらの遺留分減殺によって取得した持分は，相続開始後，遺留分減殺という新たな物権変動によって取得したものであるから，当初の相続登記を更正することによってCらの遺留分減殺による持分の取得登記を実現することはできない(最判平12・5・30家月52・12・39)。

(イ) 権利に関する登記の登記事項に錯誤・遺漏があること 権利の更正の登記は，権利に関する登記の登記事項に錯誤または遺漏があった場合に認められる。登記された権利の順位を示す順位番号等(規則147)に錯誤・遺漏があった場合，旧法の下では多少議論があったが，新法の下では，順位番号等も権利に関する登記の登記事項とされた(59⑻)ため，順位番号等に錯誤・遺漏があった場合も，当然に権利の更正の登記の対象となる。

これに対して，土地の登記簿上の地積が実測面積と異なることを理由とする地積更正登記は，土地の表示に関する登記であって，権利に関する登記ではないから，本条(旧法66，56)の適用はなく，利害関係人の承諾は問題とならない(最判昭46・2・23判時625・51)。

なお，錯誤または遺漏の詳しい説明は，67条の解説に譲る。

(2) 更正の前後で登記の同一性が存在すること
権利の更正登記の申請が認められるのは，錯誤・遺漏のある登記を訂正・補充しても，その前後を形式的に比較し，登記としての同一性が維持されると認められる場合である(最判平12・1・27判時1702・84)。

(ア) 登記記録の全部を遺漏した場合 なすべき登記記録の全体を遺漏した場合は，更正の登記を申請することはできない。この点，判例によれば，更正の登記の申請が認められるのは，既存の登記の一部に錯誤または遺漏がある場合であり，登記全体に錯誤または遺漏がある場合は，当事者の申請によって更正登記をすることは許されない，とされる(大判大4・12・23民録21・2173)。

これに対して，登記実務によれば，登記の記録全部を遺漏した場合であっても，申請は正しくなされていて，その遺漏が登記官の過誤による場合は，登記上利害関係を有する第三者が存在しない限り，登記官は法67条2項の定める職権更正の登記ができる，とされる(昭32・8・3民甲1454民事局長通達・先例集追Ⅱ144〔甲・乙両土地の所有権移転登記の申請がなされたところ，甲土地についてのみ登記がなされ，乙土地については登記すべき記載の全部が遺漏していた事例〕，昭46・10・4民甲3111民事局長電報回答・先例集追Ⅴ539〔抵当権設定登記の記載を遺

漏した後，相続による所有権移転登記がなされた事例］）。

　(イ)　**登記の客体である不動産を誤った場合**　例えば地番2001番地の土地の所有権移転登記を申請すべきところ，錯誤によって地番2002番地の土地を申請してそのまま登記がなされたというように，登記の客体である不動産に錯誤があった場合は，更正の登記をすることはできない。したがって，この事例では，地番2002番地の移転登記を抹消し，これとは別個に改めて地番2001番地の移転登記の申請を行うことになる。もっとも，上記の事例が登記官の過誤によって生じた場合は，登記の更正，すなわち，地番2002番地の移転登記の抹消と地番2001番地の移転登記を職権で行うことができる（昭36・8・14民甲2030民事局長回答・先例集追Ⅲ596）。

　(ウ)　**権利の種類を誤った場合**　例えば，不動産工事の先取特権（民327）の登記（民338）をなすべきところを，錯誤によって不動産保存の先取特権（民326）の登記（民337）がなされた場合，これを登記の更正によって前者の登記に改めることはできない（前掲大判大4・12・23）。また，仮登記に基づく所有権移転の本登記をすべきところ，申請書にその旨を示す記載がなかったため，誤って別個の新たな順位番号による所有権移転登記がなされた場合も，更正登記の申請は認められない（昭36・3・31民甲773民事局長回答・先例集追Ⅲ510）。賃借権の登記をなすべきところ，誤って地上権の登記がなされた場合も同様とされる（杉之原・不登法239頁）。ただし，この最後の事例のように，真実の権利と，現に登記上に表示された権利とが，その性質においてかなり近似のものである場合については，疑問を表明する見解も存在する（幾代=徳本・不登法189頁以下）。

　(エ)　**権利の内容に錯誤・遺漏がある場合**　権利の種類に誤りがないが，権利の内容の点で錯誤や遺漏がある場合については，通常，登記の更正が認められる。したがって，①登記原因に誤りがある場合，例えば所有権移転登記の登記原因を「売買」とすべきところを「贈与」とした場合，あるいは，「相続」とすべきところを「遺贈」とした場合に，登記原因を真実のもの，すなわち「売買」または「相続」に更正する登記は許容される（昭33・4・28民甲786民事局長心得通達・先例集追Ⅱ261，昭41・6・24民甲1792民事局長回答・先例集追Ⅳ803）。②抵当権設定登記（またはその仮登記）において，錯誤により，債務者をAとすべきところBとした場合も同様である（昭37・7・26民甲2074民事局長回答・先例集追Ⅲ931，大判昭11・7・23法学5・11・115，最判昭56・2・24判時996・58〔後2者の判決は，Aが債務者，Bが物上保証人の事案で，誤って物上保証人Bを債務者として表示してしまったもの］）。また，③地上権の地代や賃借権の賃料，あるいは，これらの権利の存続期間など権利の具体的内容・範囲について誤りがある場合にも，当然登記の更正は認められる（大判明35・5・30民録8・5・156〔地上権の地代が事実に相違していた事案］）。

　さらに，④新法105条（旧法2条）の2号仮登記をなすべき場合に1号仮登記をしてしまった場合も，更正が許される（大決大8・5・15民録25・866）。なお，仮登記の変更または更正の登記も，新法107条1項（旧法32条）が規定する仮登記の申請方法に従い，仮登記の登記権利者が単独で申請することができる（昭42・8・23民甲2437民事局長回答・先例集追Ⅳ1127〔仮

登記の登記原因を誤った事例〕)。

(オ) **持分の記録に錯誤があった場合** ①共有不動産において，共有者1名のみの持分を移転する登記をすべきところ，不動産全体を移転する登記をしてしまった場合の更正登記(昭41・5・13民甲1180民事局長回答・先例集追Ⅳ740)，あるいは，②共同相続において，共同相続人の1人の持分放棄がなかったことを理由とする持分移転の更正登記(昭40・10・2民甲2807民事局長回答・先例集追Ⅳ559)は，いずれも認められる。なお，②の登記の申請は，共同相続人A・B・C3名中のB・Cの持分放棄の登記のうち，Cの持分放棄の不存在を認定し，Bの放棄した持分3分の1をAのみに帰属させる持分移転の更正登記を命じた判決に基づくものである。そして，この更正がなされれば，形式上民法255条の規定に違背する登記を現出する結果となるのであるが，②は，そのような申請であっても受理してさしつかえないとした先例である点に注意を要する。

(カ) **登記名義人に関して錯誤があった場合** 登記名義人をAと記録すべきところを，別人のBと記録してしまった場合，更正の登記は原則として認められない。これを認めると，登記官には原則として形式的審査権限(「登記記録と当事者が提出した資料のみを対象とする審査権限」〔清水・Q&A 201頁〕)しかない(例外──相当な理由がある場合における登記官による本人確認〔24条〕)ため，例えばAから不動産を買い受けて所有権移転登記も経たBが，同不動産をCに転売したにもかかわらず，三者で共謀して，A→Bの登記をA→Cに更正するというような不正な登記の申請がなされる可能性があるからである。したがって，真実はDからE・Fが共同相続した事案で，D→E→E'という数次相続を原因としたDからE'単独名義への不実の所有権移転登記がなされている場合，これをいったんDからE・Fへの共同相続を原因とする所有権移転登記に更正することは，更正の前後で登記名義人の同一性を全く欠くため許されない。この場合，Fは，真正な登記名義の回復を原因とする所有権一部移転登記を申請すべきである(前掲最判平12・1・27)。

以上に対して，登記官の過誤によって登記名義人を誤った場合については，法67条2項の要件を充たせば職権登記が認められる(昭35・12・13民甲3136民事局長回答・先例集追Ⅲ391，昭36・2・17民甲358民事局長回答・先例集追Ⅲ470)。

(キ) **登記名義人の一部に錯誤・遺漏があった場合** 共有(または準共有)の登記にかかわる事例において，本来登記名義人に該当しない者が登記名義人に加えられていた場合，あるいは，複数の登記名義人のうち一部の者が脱落していた場合は，更正登記が認められる。すなわち，①所有権移転または保存登記において，登記名義人をA等複数名の共有名義からAの単独名義へと更正する場合(昭36・10・14民甲2604民事局長回答・先例集追Ⅲ702，昭37・6・28民甲1717民事局長通達・先例集追Ⅲ906，平2・1・20民三156号三課長回答・先例集追Ⅷ1)，②AからBへの所有権移転登記後，A・Bの共有名義(AからBに持分2分の1を移転)へと更正する場合(昭33・9・3民甲1822民事局長心得回答・先例集追Ⅱ324)，③A等複数名の共同相続人のうちのAの単独名義でなされた所有権移転登記を，Aほか数名の共有名義に更正する場合(最判昭37・5・24裁判集民事60・767，最判昭38・2・22民集17・1・235)などがそれにあた

る。ちなみに、前掲平2・1・20民三156民三課長回答は、相続人中の1名に対して「相続させる」旨の遺言がされた相続財産について共同相続の登記がされた場合(最判平3・4・19民集45・4・477参照)に関するものである。

　なお、上記事例のように、単有名義を共有名義にする、あるいは、共有名義を単有名義にする所有権更正の登記は、実質上、一部の抹消登記の性質を有するものと解されるため、登記上の利害関係を有する第三者がある場合は必ずその承諾を得なければならず、その承諾がないときは登記をすることができない(68)。したがって、このような場合の所有権の更正登記は常に付記登記で行われることになる(具体的な記載例については、『不動産登記記載例集(平21・2・20法務省民二500民事局長通達)』〔テイハン・2009〕212頁以下)。

Ⅳ　登記申請手続
1　申請人
　権利の変更または更正の登記も、権利に関する登記の一種であるため、職権により更正登記がなされる場合(67②)を除き、登記権利者と登記義務者が共同して申請することを原則とする(60)。この場合も、変更または更正の登記が行われることによって、登記簿上利益を受ける者が登記権利者であり、不利益を受ける者が登記義務者である(2⑫⑬)。

　(1)　変更の登記の場合　例えば、抵当権の被担保債権額の減少を登記する場合は、抵当権設定者が登記権利者、抵当権者が登記義務者となるが、増加の場合はその逆となる。また、根抵当権の極度額の増額を登記する場合は、根抵当権者が登記権利者、根抵当権設定者が登記義務者である。

　(2)　更正の登記の場合　例えば、①売買等を原因として、ⅰ)AからB・C共有名義への所有権移転登記をBの単独名義への移転登記に更正する場合は、Bが登記権利者、A・Cが登記義務者となる。また、ⅱ)AからBの単独名義への所有権移転登記をB・C共有名義への移転登記に更正する場合は、Cが登記権利者、A・Bが登記義務者となる(前掲昭36・10・14民甲2604民事局長回答)。さらに、②共同相続人(例えば、A・B・C)の一部(例えば、C)を遺漏した相続登記を更正する場合は、A・Bを登記義務者、Cを登記権利者として、共同相続人全員で申請することを要する(昭33・7・5民甲1366民事局長心得回答・先例集追Ⅱ295)。

　なお、所有権移転登記の登記原因を「売買」とすべきところを「贈与」とした場合のように登記原因を更正する場合は、それによって登記上の利益・不利益は生じないため、元の登記の登記権利者・登記義務者がそのまま更正登記の登記権利者・登記義務者となる(林=青山・注解425頁[南敏文])。

2　登記上の利害関係を有する第三者の承諾
　権利の変更または更正の登記を行う方法としては、付記登記によるもののほか、独立の登記(主登記)による方法も存在するが、付記登記をした場合は、当該登記名義人は主登記

の順位を保つことができる（4②）。しかし、その場合は、変更または更正の登記前に出現した第三者に不当な損害を与えるおそれがあるので、本条は、登記上の利害関係を有する第三者が存在する場合の付記登記について、その者の承諾を要件としている。

(1) **登記上の利害関係を有する第三者** 本条でいう「登記上の利害関係を有する第三者」とは、登記申請人以外の第三者のうち、権利の変更または更正の付記登記がされることによって、登記の形式からみて一般的に損害を受けるおそれがあると認められる者をいい、損害を受けるおそれのない第三者は、これにあたらない。したがって、①1番抵当権者A、2番抵当権者B、3番抵当権者Cという事例で、2番抵当権の被担保債権の利率を増加する変更登記を行う場合、Cはここでいう第三者にあたるが、Aは該当しない。また、②Aが債権額減少の変更登記を行おうとする場合、この登記によって利益を受けるにすぎないB・Cは、「第三者」に含まれないと解される。本条の文言には「利害関係」とあるが、本条の趣旨からいえば、上記の解釈は当然のことといえよう。

次に、③Dが単独相続したとする不動産にGのため抵当権設定登記がなされている場合、同単独相続の登記からD・E・Fの共同相続に更正する付記登記を行うには、Gの承諾が必要である。この場合、Gの承諾がなされれば、Gの抵当権の効力はDの持分のみに限定される（昭35・10・4民甲2493民事局長事務代理通達・先例集追Ⅲ321）。また、④H・Iの持分各2分の1と登記された共有不動産のHの持分について、Jのため共有持分移転請求権保全の仮登記がなされている事例で、共有持分をH3分の1、I3分の2と更正する登記を申請するには、Jの承諾を要する（昭41・7・18民甲1879民事局長回答・先例集追Ⅳ808）。

なお、登記官はこの場合形式的審査権限しか持たないため、損害を受けるおそれがあるかどうかは登記記録に基づいて判断される。したがって、未登記の第三者は、実質的に損害を受けるおそれがあっても、本条の第三者に該当しない。一方、前例①で、被担保債権の弁済などによってCの抵当権が既に消滅していたが、その登記がいまだ抹消されていない場合、Cは実質的には損害を受けるおそれがなくても、登記の形式面からは損害を受けるおそれのある者と認められるため、本条でいう第三者に含まれることになる。

(2) **第三者の承諾** 権利の変更の登記について利害関係を有する第三者が存する場合、その第三者が承諾をするかどうかは、一般的にはその者の判断に任される。また、権利の更正の登記において、利害関係を有する第三者に承諾義務があるかどうかは、その実体関係に依拠する。そこで、例えば、債権額3000万円とすべきところを錯誤により2000万円と記録した抵当権設定登記がなされ、その後、後順位抵当権者Bや抵当不動産の第三取得者Cの登記がなされた場合、実体法上、抵当権者AがB・Cに対抗できるのは債権額2000万円の範囲に限られるから、Aが債権額を3000万円に増額する更正登記を申請する場合、BやCにはそれを承諾する義務はない。

しかし、第三者が承諾すべき特約が予めなされている場合や、(1)の最終段の事例におけるCのように、第三者が実体上無効な登記の登記名義人である場合、当該第三者は承諾義務を負う。また、A・B共有の不動産についてB単独名義の不実の登記がされた後、こ

の登記を前提にCのための抵当権設定登記がなされたとしても，登記には公信力がなく，実体法上，CはAの持分にまで抵当権を有するものではないから，B単独名義の登記をA・B共有名義に更正する付記登記を行うについて，Cは承諾義務を負う（最判昭44・9・2判時574・30参照）。ただし，この事例で，B単独名義の登記がA・Bの通謀虚偽表示によってなされたのであるならば，第三者のCには承諾義務はない（民94②）。

(3) **承諾の方法** 第三者の承諾を得て付記登記の申請をする場合，登記申請人は，当該第三者の承諾を証する当該第三者が作成した情報を添付しなければならない（令7①(6)，別表25添付情報欄ロ）。したがって，電子申請をする場合は，その情報に当該第三者による電子署名がなされる（令12②）とともに，あわせて電子証明書が送信される必要があり（令14），書面申請をする場合は，当該第三者が記名押印した承諾書と印鑑証明書を添付しなければならない（令19）。

(4) **承諾に代わる裁判等** 第三者に権利の変更または更正の登記を承諾する義務があるにもかかわらず，承諾を行わない場合，権利変更または更正の付記登記を申請しようとする者は，当該第三者を被告として，権利の変更または更正の登記を承諾すべき旨の訴えを提起することができる。そして，承諾すべきことを第三者に命ずる判決その他の裁判が確定し，またはこれと同一の効力を有する和解・調停などが成立すると，第三者は，その確定または成立のときに承諾をしたものとみなされる（民執174①本文）。そこで，この場合，登記申請人は，裁判の正本・謄本等，当該第三者に対抗することができる裁判があったことを証する情報（またはこれに準ずるもの）を添付すれば，付記登記を申請することができる（令7①(6)，別表25添付情報欄ロ）。

なお，旧法56条，66条によれば，利害関係のある第三者が存する場合に権利変更または更正の付記登記を行える要件として，当該第三者の承諾書または「之ニ対抗スルコトヲ得ヘキ裁判ノ謄本」の添付があげられていたが，ここでいう裁判とは承諾を命ずる給付判決のこと（吉野・注釈(下)379頁，幾代＝徳本・不登法180頁）なのか，あるいは，確認判決でもよい（杉之原・不登法237頁）のか争いがあった。

しかし，本条は，この場合の要件としては「第三者の承諾」を定めるのみであり，裁判等については一切規定していない。そして，民事執行法174条1項本文によれば，承諾すべきことを命ずる給付判決が確定することによって承諾の意思表示があったものとみなされるが，本条の承諾の要件は，これによって初めて充たされることになる。もっとも，令別表25項添付情報欄ロは，添付情報について，「当該第三者の承諾を証する当該第三者が作成した情報又は当該第三者に対抗することができる裁判があったことを証する情報」と旧法56条と類似の規定を置いているため，ことさら旧法と異なった解釈をする必要もないようにも思われるかもしれない。

だが，令7条1項6号，別表25は，あくまでも権利の変更の登記または更正の登記を申請する際に必要とされる添付情報を定めているに過ぎず，旧法56条のように，添付情報の提供を付記登記の要件と規定しているわけではない。すなわち，新法においては，付記登

記で権利の変更または更正の登記をするための要件を定めているのは，法66条のみと解される。そうすると，このような規定の下では，確認判決によって付記登記を認めることは否定せざるをえないであろう。

3 抵当証券が発行されている場合

抵当証券が発行されている場合，権利の変更または更正の登記は，①当該登記について利害関係を有する抵当証券の所持人または裏書人の承諾（承諾があったとみなす裁判等を含む）があるか，②当該所持人または裏書人が存しないときに限り，付記登記によって行うことができる。したがって，①について権利変更または更正の付記登記を申請する場合は，これらの者が作成した承諾を証する情報（またはこれらの者に対抗できる裁判の情報），および，当該抵当証券を添付することを要する（令7①(6)，別表25添付情報欄ロ，ハ）。なお，抵当証券が発行されている当該抵当権の変更または更正登記を申請する場合は，利害関係を有する所持人・裏書人がおらず，主登記・付記登記いずれがなされる場合であっても，当該抵当証券を添付する必要がある（令7①(6)，別表25添付情報欄ニ）。

以上，抵当証券の添付が要求されるのは，現在の抵当証券の所持人や裏書人を知るため，あるいは，抵当証券の記載を変更しなければ抵当権の変更（または更正）を第三者に対抗できない（抵証16。なお，同19参照）からである。

V 登記の実行

権利の変更または更正の登記について登記上の利害関係を有する第三者（抵当証券の所持人または裏書人を含む。以下同じ）が存在しない場合，当該登記は必ず付記登記によって行わなければならない（明33・2・7民刑39民刑局長回答・先例集上140）。この場合，付記登記の順位番号を記録するときは，主登記の順位番号に付記何号と付加する方法により記録する（規則148）。また，登記官は，これとともに，変更または更正前の事項を抹消する記号を記録しなければならない（規則150）。なお，登記事項証明書に抹消する記号を表示する場合は，抹消すべき事項に下線を付す形で記載される（規則197⑤）。

一方，登記上の利害関係を有する第三者が存在し，なおかつ当該第三者の承諾（承諾があったとみなす裁判等を含む。以下同じ）がある場合は付記登記を行うことができるが，承諾がない場合は，権利変更（または更正）の登記は主登記によって行われる（明33・4・26民刑603民刑局長回答・先例集上171）。そして，後者の場合は，法4条2項ではなく，同条1項が適用されるため，当該権利変更または更正の登記は，その登記後に出現した第三者にのみ対抗できることになる。

（草野元己）

（執筆協力：八神　聖）

(登記の更正)
第67条　登記官は，権利に関する登記に錯誤又は遺漏があることを発見したときは，遅滞なく，その旨を登記権利者及び登記義務者(登記権利者及び登記義務者がない場合にあっては，登記名義人。第3項及び第71条第1項において同じ。)に通知しなければならない。ただし，登記権利者，登記義務者又は登記名義人がそれぞれ2人以上あるときは，その1人に対し通知すれば足りる。
②　登記官は，前項の場合において，登記の錯誤又は遺漏が登記官の過誤によるものであるときは，遅滞なく，当該登記官を監督する法務局又は地方法務局の長の許可を得て，登記の更正をしなければならない。ただし，登記上の利害関係を有する第三者(当該登記の更正につき利害関係を有する抵当証券の所持人又は裏書人を含む。以下この項において同じ。)がある場合にあっては，当該第三者の承諾があるときに限る。
③　登記官が前項の登記の更正をしたときは，その旨を登記権利者及び登記義務者に通知しなければならない。この場合においては，第1項ただし書の規定を準用する。
④　第1項及び前項の通知は，代位者にもしなければならない。この場合においては，第1項ただし書の規定を準用する。

＊旧法関係……旧法63条・64条・65条

I　本条の趣旨

旧法はその63条から66条で，権利の更正の登記について定めていたが，そのうち，申請による更正登記に関する66条は新法66条の規定に含められ，旧法63条〜65条の規定が，必要な修正を施されて本条1か条にまとめられた。

II　本条1項
1　総　説

本条1項は，登記官が権利に関する登記を完了した後，その登記に錯誤または遺漏があることを発見した場合に，遅滞なく，その旨を登記申請人(登記権利者・登記義務者等)に通知すべきことを規定したものである。権利に関する登記は，不動産に関する権利関係の公示という目的からいって，実体上の権利関係を忠実に反映することを理想とする。そうすると，登記に錯誤や遺漏があることが発見された場合は，速やかに訂正・補充がなされることが望まれるが，権利に関する登記については，本条の次項のように，法令に別段の定めのある場合を除き，当事者の申請によるのを原則とする。そこで，本項は，このような場合に，当事者による更正の登記の申請を促すため，錯誤・遺漏を発見した登記官は遅滞

なく当事者にその旨を通知すべきことを規定した。

　なお，登記の錯誤・遺漏が登記官の過誤によるものであり，なおかつ，①登記上の利害関係を有する第三者が存在しないか，あるいは，②当該第三者は存在するがその承諾がある場合について，本条2項で登記官の職権による登記の更正が定められているため，これに該当する場合の当事者への通知の要否が一応疑問になる。しかし，職権更正が可能な場合も，当事者が更正登記の申請をすることは許されるし，また，②の場合に第三者の承諾を得るためには，登記申請人を通じて当該第三者に錯誤・遺漏の存在が知らされる必要があるから，以上の場合にも，当事者への通知は必要と解される（ちなみに，旧法64条は上記①の場合に限って職権更正を認めていたことから，理論的には通知不要とされたものの，実務上は通知が行われていた）。

2　通知義務の発生要件

　(1)　登記官が登記を完了したこと　登記官が登記に存する錯誤または遺漏を当事者に通知することを要するのは，権利に関する登記の完了後，錯誤または遺漏があることを発見した場合である。登記完了以前に錯誤・遺漏が発見され，申請情報・添付情報に不備がない場合は，登記記録作成中の登記官がその場で訂正・補充すればよいのであって，登記の更正の問題とはならない。

　(2)　錯誤または遺漏を発見したこと　本条1項の定める通知は，既存の登記に錯誤または遺漏が発見された場合になされる。ここで，まず「錯誤」とは，本来記録されるべき登記事項に代えて，積極的に誤った記録がなされている場合をいう。これに対して，「遺漏」とは，正しい登記事項の記録を消極的に欠いてしまった場合をいう。

　なお，本項にいう「錯誤又は遺漏」については，登記官の過誤によるか申請人の過誤によるかは問題とされない（大判明41・9・24民録14・902，明32・12・28民刑2059民刑局長回答・先例集上130）。

3　通知の相手方

　登記官が錯誤または遺漏があることを通知する相手方は，錯誤・遺漏のある登記の登記権利者および登記義務者である。ただし，登記名義人の表示や所有権保存登記に錯誤・遺漏があるときのように，登記権利者・登記義務者が存在しない場合は，登記名義人が通知の相手方となる。なお，当該登記が代理人の申請または官庁もしくは公署の嘱託による場合であっても，本条1項の通知は，登記権利者・登記義務者（または登記名義人）本人になされるべきである。

　ちなみに，登記権利者・登記義務者または登記名義人がそれぞれ2人以上存在する場合は，そのうちの1人に対して通知すれば足りる（本項ただし書）。

4 通知の様式

本条1項による通知は，不動産登記事務取扱手続準則別記第71号様式により郵便はがきを送付して行う(準則118(3))。

Ⅲ 本条2項
1 総説

権利に関する登記は当事者の申請によるのが本則である(60)ため，登記官は，登記に錯誤または遺漏があることを発見した場合，その旨を当事者に通知し(本条①)，その申請を待つことを原則とする。しかし，不動産登記の公示機能という側面からすれば，錯誤や遺漏が可及的速やかに訂正・補充されるべきなのはいうまでもないことである。また，登記官の過誤によって錯誤・遺漏が発生したにもかかわらず，当事者の申請があるまで何らの処置も施さないというのでは，登記官の職責を果たしているとは到底いえないであろう。

そこで，本条2項は，登記の錯誤・遺漏がもっぱら登記官の過誤によるものであり，かつ，①登記の更正によって登記上不利益を受ける第三者が存在しないか，②当該第三者は存在するがその承諾がある場合に，例外的に，登記官の職権によって登記の更正をできるものとした。なお，この場合は，60条の「法令に別段の定めがある場合」にあたることになる。

2 職権による登記の更正の要件

(1) **登記官が登記完了後，その登記に錯誤・遺漏があることを発見したこと** 本条2項に，「前項の場合において」とあるところから明らかなように，登記官が権利に関する登記に錯誤または遺漏があることを発見したことが，職権更正登記をするための第1の要件となる。

(2) **登記の錯誤・遺漏が登記官の過誤によるものであること** 登記官が職権で登記の更正をすることができるのは，錯誤または遺漏がもっぱら登記官の過誤によって生じたものでなければならない。申請人と登記官の双方の過誤により錯誤・遺漏が生じた場合については，職権による更正は認められない。この場合は，登記官の判断だけでは，どのように更正すべきか決められないからである。

(3) **登記上の利害関係を有する第三者が存在しないこと，または，当該第三者の承諾があること(本条2項ただし書)** これについては，後の **4** にて解説する。

(4) **監督法務局長等の許可を得ること** 登記官が職権で登記の更正をしようとする場合は，当該登記官を監督する法務局または地方法務局の長の許可を得なければならない。登記官の専断により登記の更正が誤って行われることを防ぐ趣旨である。

3 職権による「登記の更正」の可否

権利の更正の登記は，一定の実体関係の登記において，当初錯誤または遺漏のある記録がなされたため，それを事後に訂正・補充するものであり，新たに別の実体関係を登記す

るものではない。したがって，更正の前後では，登記の同一性が維持されることを要件とする。そして，当事者の申請による権利の更正の登記が行われる場合については，この要件は厳格に守られる必要がある(本書66条Ⅲ*2*(2))。

ところが，登記実務においては，本条2項(旧法64)が規定する職権による「登記の更正」は，上記のような本来の更正(権利の更正の登記)に比較して，より広い形で運用されている。以下，この点について具体的類型ごとに解説する。

(1) **登記記録の全部を遺漏した場合** 例えば，①甲・乙2筆の土地について所有権移転登記の申請がなされたところ，甲地についてのみ登記がなされ，乙地については登記の記録全部を遺漏してしまった場合，これは，更正の前後で登記の同一性を要するとする要件にあてはまらないことから，本来の更正の登記はできないことになる。しかし，登記実務では，これが登記官の過誤に起因し，登記上利害関係を有する第三者が存在しない場合は，本条2項の「登記の更正」に該当するものとされ，申請事件の処理未済の扱いで，監督法務局または地方法務局の長の承認(これを実務上「記入承認」という)を得て，職権により乙地の移転登記をすべきものとされる(昭32・8・3民甲1454民事局長通達・先例集追Ⅱ144)。②抵当権設定登記の記録全部を遺漏した後，相続による所有権移転登記がなされた場合も同様である(昭46・10・4民甲3111民事局長電報回答・先例集追Ⅴ539)。

また，③順位1番の根抵当権設定登記がなされている不動産について，順位2番の抵当権設定登記が申請されたが，この登記が遺漏のまま順位1番の登記の抹消登記がなされた場合は，登記官は監督局長の承認を得て，職権で乙区順位3番に遺漏された抵当権設定登記を行うことができる(昭41・11・2民三867民三課長回答・先例集追Ⅳ927)。

(2) **登記の客体である不動産を誤った場合** ①本来甲地について行われるべき所有権移転登記が乙地についてなされていた場合，乙地の登記と甲地の登記との間には同一性がないから，当事者の申請によっては，この場合を更正の登記で処理することは許されない。しかし，このような錯誤が登記官の過誤によって生じた場合は，本条2項による登記の更正が認められ，乙地の登記は職権で抹消され，甲地については，登記遺漏または未済として新たに登記されることになる(昭36・8・14民甲2030民事局長回答・先例集追Ⅲ596)。また，②甲地について所有権移転登記の抹消登記の申請があったところ，登記官の過誤によって乙地の移転登記について抹消登記がなされてしまった場合は，職権で抹消登記の回復(72条)をなしうる(昭36・5・29民甲1256民事局長電報回答・先例集追Ⅲ567)。

以上のように，登記実務によれば，本項でいう「登記の更正」は法66条の規定する「更正の登記」より広義であり，その中には登記の抹消や回復も含まれることになる。

(3) **登記名義人に関して錯誤・遺漏があった場合** 例えば所有権移転登記の登記名義人について，Aと記録すべきところを，同町同字同番地の別人Bと記載してしまったような場合，登記名義人に異同があれば同一の登記とは認められないため，申請による更正の登記は認められない。しかし，これが登記官の過誤による場合は，職権による更正が認められる(昭36・2・17民甲358民事局長回答・先例集追Ⅲ470)。また，登記官の過誤によって抵

当権者の記載を遺漏した抵当権設定登記は、登記上の利害関係を有する第三者が存在しない限り、職権によって更正をすることができる(昭40・7・14民甲1876民事局長回答・先例集追Ⅳ465)。

(4) **抹消すべきでない登記を抹消してしまった場合**　Aの順位2番の抵当権設定登記を抹消すべきところ、登記官の過誤によって、Aの順位3番の根抵当権設定登記を抹消した場合、登記上の利害関係を有する第三者が存在しない限り、本条2項(旧法64条)の登記手続に準じて、職権による抹消回復登記を行うことができる(昭39・8・10民甲2737民事局長通達・先例集追Ⅳ165)。

(5) **総括**　以上のように、職権による「登記の更正」は、登記実務上、登記の抹消、抹消登記の回復をも含め、狭義の更正登記の枠外の類型についても幅広く認められている。要するに、誤った登記をそのままにしておけば様々な弊害が生ずるおそれがあるが、それが登記官の過誤のみに起因する場合は、申請情報・添付情報には不備がないわけであるから、それら情報によって本来行うべき登記が容易に判断できる。このような理由から、登記官の職権による早期の是正が広い範囲について認められている、と考えられる。

4　登記上の利害関係を有する第三者との関係

　登記の錯誤や遺漏がたとえ登記官の過誤のみで生じた場合であっても、職権による更正によって第三者に損害が生ずるならば、そのような更正は決して許されるものではない。もちろん主登記によって更正をすれば、第三者に損害を与える事態は生じないが、もしそのような登記が行われれば、今度は、登記名義人が、付記登記による更正によって得られる地位を失うことになる。このため、職権による登記の更正は必ず更正すべき登記の付記登記の形で行われる(後述)が、付記登記によって第三者に損害が生ずることを防ぐべく、本条2項ただし書は、登記上の利害関係を有する第三者が存在しない場合、あるいは、当該第三者の承諾がある場合に限って、登記官の職権による登記の更正をできるものとした。なお、この「第三者」には、当該登記の更正について利害関係を有する抵当証券の所持人または裏書人も含まれる(本条2項の解説において、以下同じ)。

　ちなみに、旧法64条では、登記上の利害関係を有する第三者が存在する場合は、その者の承諾いかん等は一切考慮することなく、職権による登記の更正が認められていなかった。したがって、この場合、登記を更正するには当事者の申請を要し、当該第三者の承諾が得られれば付記登記で、得られなければ主登記で更正がなされることになる。この点、本項ただし書は、登記上の利害関係を有する第三者が存在する場合であっても、その者の承諾が得られた場合は、職権による登記(付記登記)ができるものと改めた。

　なお、当該第三者の承諾が得られない場合は、当事者の申請によって主登記による更正登記を行うことになるのであって、これについては、旧法と変わるところはない。ただし、当該更正登記が一部の抹消登記としての性質を有する場合には、第三者の承諾が必須の要件となるため(68)、その承諾が得られないときは当事者の申請による更正登記もすること

ができない。

(1) **利害関係を有する第三者が存在するとされた先例**　登記上の利害関係を有する第三者が存在するとして，職権による登記の更正が否定された先例としては，①所有権移転登記を遺漏した不動産について，その後抵当権設定登記がなされた場合(昭36・5・15民甲1157民事局長電報回答・先例集追Ⅲ548)，②粗悪用紙等移記要領に基づいて移記すべき抵当権の登記の移記を遺漏し，その後新用紙に新たに根抵当権の登記がなされた場合(昭43・4・19民甲232民事局長回答・先例集追Ⅳ1348)，③根抵当権設定の仮登記を登記用紙の甲区に誤って記載した後，乙区に別の根抵当権設定登記がなされた場合(昭45・1・30民甲440民事局長回答・先例集追Ⅴ200)などがあげられる。

(2) **利害関係を有する第三者にあたらないとされた先例**　以上に対して，登記上の利害関係を有する第三者に該当しないとされた者は，以下のとおりである。すなわち，①処分禁止の仮処分の登記が遺漏している間に，当該不動産になされた競売申立登記の登記名義人は，その登記後に，遺漏による登記未了を理由とする仮処分の登記について，登記上の利害関係人に該当しない(昭33・9・18民甲1962民事局長心得回答・先例集追Ⅱ327)。また，②新用紙(新登記簿権利部)に移記した根抵当権の登記事項中，債権極度額の記載を遺漏した場合については，新用紙(新登記簿権利部)になされた後順位の根抵当権設定登記の登記名義人は利害関係人に該当しないものとして，職権で更正が可能である(昭47・7・14民甲2614民事局長回答・先例集追Ⅴ761)。

5　職権による登記の更正の手続

(1) **法務局長または地方法務局長の許可**　職権による登記の更正をする場合，まず登記官は準則別記第62号様式またはこれに準ずる様式による申出書によって，当該登記官を監督する法務局または地方法務局の長に対し，許可の申出をしなければならない(準則104①)。また，登記上の利害関係を有する第三者が存在する場合で，その第三者の承諾があるときは，申出書に当該承諾を証する書面を添付することを要する(準則104②)。以上の申出に対して，法務局または地方法務局の長は，提出書面によって職権登記の要件の存否を審査し，許否を決定する。法務局長等が許可をする場合は，準則別記第63号様式またはこれに準ずる様式による許可書を送付する(準則104③)。

(2) **登記の実行**　法務局長等からの許可書が到達した場合，登記官は受付帳へ記録し(準則106①)，登記の更正を行う。この時，登記官は，許可をした者の職名，許可の年月日および登記の年月日を記録しなければならない(規則151)。なお，法66条は，申請による更正の登記のみならず，職権による更正の登記についても適用されると解されるため，職権による更正の登記も，法66条を根拠に付記登記として行われることになる。

Ⅳ　本条3項

登記官が本条2項に従って登記の更正をしたときは，その旨を登記権利者と登記義務者

(登記権利者・登記義務者がない場合は，登記名義人)に通知しなければならない(本項前段)。登記権利者，登記義務者または登記名義人がそれぞれ2人以上いる場合は，そのうちの1人に対して通知すれば足りる(本項後段)。

なお，この通知は所定の通知書によって行われるが，平成16年に改正された行政事件訴訟法(平17・4・1から施行)の46条1項に基づき，通知書においては，更正の通知を行うほか，①更正の処分に不服がある場合は審査請求ができること(156参照)，②更正処分について取消訴訟(行訴8～)を提起する場合における被告とすべき者(国。行訴11参照)および出訴期間(行訴14)を教示することが必要となった(平17・3・31民二851民事局長通達・民月60・5・479)。

V 本条4項

権利に関する登記の申請は，民法423条が定める債権者代位権に基づいて，登記権利者または登記名義人の債権者が，当該債務者である登記権利者・登記名義人に代わって行うことも可能である。例えば，①不動産がA→B→Cと譲渡されたが，まだA→Bの移転登記が済んでいない場合，CはBに代位して，Aと共にA・B間の登記を申請できるし，②仮差押債権の債務者が相続した不動産についてその相続登記が未了の場合，仮差押債権者は，仮差押登記の前提として，代位による相続登記の申請を行うことができる。また，③信託の受益者または委託者は，受託者に代わって信託の登記(97～)を申請することができる(99)。③の場合は，新法59条7号が規定する民法以外の法令の規定による代位に該当する。

本条4項は，以上のようにして行われた代位登記について，登記官が錯誤または遺漏があることを発見した場合(本条1項)，および，登記官が職権による登記の更正をした場合(本条3項)，その旨の通知は，登記権利者(被代位者)・登記義務者または登記名義人(被代位者)のみならず，代位登記をした代位者(59(7)参照)にも行うべきことを規定したものである(本項前段)。代位申請により登記がなされたときは，代位者も，登記権利者や登記名義人と同様，その登記に大きな利害関係を持ち，また，登記に錯誤や遺漏がある場合，代位者のほうが本来なすべき登記内容を知っている可能性が強いから，と考えられる。

なお，代位者が2人以上いる場合は，そのうちの1人に対して通知すれば足りる(本項後段)。また，登記に錯誤・遺漏のあることが代位者に通知され，これによる代位者の代位申請に基づいて登記の更正が行われた場合，登記官は，登記権利者・登記義務者または登記名義人に対して，登記が完了した旨を通知しなければならない(規則183①(2))。

(草野元己)
(執筆協力：八神　聖)

(登記の抹消)

第68条 権利に関する登記の抹消は，登記上の利害関係を有する第三者(当該登記の抹消につき利害関係を有する抵当証券の所持人又は裏書人を含む。以下この条において同じ。)がある場合には，当該第三者の承諾があるときに限り，申請することができる。

＊旧法関係……旧法146条1項

I 本条の趣旨

本条は，例えば，AからBへ所有権移転登記がなされた土地の上にCのための地上権設定登記がなされている事例で，上記A→Bの所有権移転登記の抹消登記を申請するといった場合などに適用される規定である。すなわち，本条は，権利に関する登記を抹消する登記を申請する場合において，抹消の対象となる登記について登記上の利害関係を有する第三者等が存在するときは，当該第三者等(本例ではC)の承諾を得なければならないことを規定したものである。

II 抹消登記

1 意　義

抹消登記とは，登記簿上に一定の登記が存在するにもかかわらず，それに対応する実体関係が存在しない場合に，実体関係に対応しない当該登記を全体的に消滅させるための登記をいう。既存の登記と実体関係とが合致しない原因には，例えば，無効な売買契約に基づいて所有権移転登記がなされた場合のように，その原因が当初から存在していたものと，被担保債権が弁済されたことによって抵当権が消滅した場合の抵当権設定登記のように，実体と登記の不一致が後発的に発生したものとがあるが，どちらも，抹消登記の対象となる。

2 抹消登記の申請

抹消登記は一般に当事者の申請によって行われるが，他の権利に関する登記と同様，この登記も，登記権利者・登記義務者の共同申請によって行われることを原則とする(60)。例えば，①A→Bの所有権移転登記を抹消する登記，あるいは，②Bを抵当権者とするA所有地上の抵当権設定登記を抹消する登記については，①②いずれの場合も，抹消登記によって登記上直接に利益を受ける者(2⑿参照)はAであり，登記上直接に不利益を受ける登記名義人(2⒀参照)はBであるため，これらの抹消登記は，登記権利者Aと登記義務者Bの共同申請によって行われることになる。

3 抹消登記の実行

抹消登記は，実体に符合しない既存の登記を単に登記記録から削除するというものではない。抹消登記も独自の順位番号(規則1(1), 147参照)が付された1つの独立した登記であり，例えばある不動産の1番抵当権の登記を抹消するときは，登記の目的として「1番抵当権抹消」と記録した登記が行われる。なお，この場合，登記官は，抹消の登記をするとともに，抹消すべき登記を抹消する記号を記録しなければならない(規則152①)。また，登記事項証明書に抹消する記号を表示する場合は，抹消すべき事項に下線を付して記載される(規則197⑤)。

Ⅲ 登記の抹消について登記上の利害関係を有する第三者が存在する場合

例えば，A所有地上のBの地上権を目的として，Cを抵当権者とする抵当権設定登記がなされている場合(民396②参照)において，A・B間の地上権設定契約の解除等を理由に地上権の登記を抹消しようとするとき，この抹消登記は，登記権利者Aと登記義務者Bの共同申請によって行われることになる。しかし，上記Cは抹消されようとする地上権の登記を前提に抵当権の登記を得たものであるから，もしこの場合にA・Bの申請だけで地上権の登記の抹消がなされれば，Cには抵当権設定時に予測しえなかった損害が生ずる可能性がある。そこで，本条は，このような登記上の利害関係を有する第三者等が存在する場合は，当該第三者等の承諾を得て初めて抹消登記の申請ができるものと定めた。

なお，以上の例で，A・Bが抹消登記の申請をしたにもかかわらず，Cが承諾したことを証する情報を提供しなかった場合は，登記の申請が却下される(25(9), 令7①(5)ハ)。これに関して，変更の登記や更正の登記を対比してみると，これらの登記の場合は，利害関係を有する第三者の承諾が得られなくても，付記登記に代えて主登記を行うことが可能であり，この点が大いに異なるといえよう。

1 登記上の利害関係を有する第三者

(1) 意義　本条でいう「登記上の利害関係を有する第三者」とは，判例によれば，「事実上当該権利ヲ有スルト否トヲ問ハス登記簿ニ自己ノ権利ヲ登記シタル者ニシテ登記簿ニ依レハ登記ノ抹消ニ因リテ権利上ノ損害ヲ受ケ又ハ受ク可キ虞アル者ヲ謂フ」とされる(大決昭2・3・9民集6・65)。本決定は，地上権に付けられた抵当権が実体上消滅しているにもかかわらずまだその登記が抹消されていない場合において，地上権の登記の抹消が申請された事案に関するものであるが，このように，68条(旧法146条)の規定する「第三者」(以下，「利害関係人」とする)にあたるか否かは，登記簿の記録に基づいて形式的に判断され，登記されている権利が実際に存在するかどうかは問題とされない。

一方，実体法上は抹消登記によって損害を受けるおそれのある第三者であっても，それが登記されていない場合は，本条にいう利害関係人には該当しない。したがって，AからBへ所有権移転登記がなされた土地について，BがCのために地上権を設定したがその登

記が未経由の場合，Cは，上記所有権移転登記の抹消に関する利害関係人にはあたらない。

以上のように，本条の利害関係人の認否は登記面のみで決定されるが，これは，登記官には形式的な審査権しか与えられておらず，実質的審査権が認められていないためである。

(2) 利害関係人にあたる者の例示

(ア) 地上権・永小作権を目的とする抵当権者・転抵当権者など　地上権や永小作権を目的とする抵当権や同抵当権を目的とする転抵当権の権利者(既登記)は，地上権や永小作権の登記を抹消するについて，利害関係人にあたる。上記の抵当権や転抵当権は，実体法上も，地上権・永小作権の存在を前提として存在しうる権利であり，また，登記手続上は，地上権・永小作権の登記が抹消された場合，その上の抵当権・転抵当権は，登記官の職権によって自動的に抹消されてしまうからである(規則152②)。仮登記所有権を目的として抵当権設定の仮登記をした者も同様に，本条の利害関係人にあたる。

(イ) 所有権移転登記後，抵当権設定登記がなされた抵当権者　AからBへ仮装売買による所有権移転登記がなされた後，Cのための抵当権設定登記がなされた場合，A・B間の所有権移転登記の抹消について，Cは利害関係人に該当する。上記抵当権設定登記後，BからDへの相続登記がなされた場合，DはBから抵当権の負担を承継する者であり，Dの相続登記はCの抵当権を実行するのに必要な登記となるため，B・D間の相続登記を抹消する際にも，Cは利害関係人となる(大判大4・12・17民録21・2124)。

なお，上記は，Cが善意ならば，Aは実体法上Cに対抗しえない事案である(民94②)が，例えば，要素の錯誤(民95)を理由としてA・B間の所有権移転登記の抹消を申請するというように，Aが実体法上も第三者Cに対抗しうる場合であっても，Cは本条の利害関係人にあたる。けだし，利害関係人に該当するか否かは，登記面のみから判断すべきだからである。

(ウ) 所有権移転登記後なされた差押登記・仮差押登記を有する債権者　AからBへの所有権移転登記後，Bの債権者Cが当該不動産について差押登記をなし，同じくBの債権者Dが仮差押登記を行った場合，A→Bの所有権移転登記を抹消するについては，C・Dは利害関係人に該当する(昭30・12・20民甲2693民事局長回答・先例集追Ⅰ510)。

(エ) 所有権移転登記後に担保不動産競売開始決定に係る差押登記がなされた場合の差押登記の登記名義人　AからBへの所有権移転登記後に，当該不動産に対して，C(従来からのAの債権者)の根抵当権に基づく競売開始決定に係る差押えの登記がされている場合，Aの別の債権者Dが詐害行為を理由とした勝訴判決をもとに上記所有権移転登記の抹消を申請するには，Cの承諾を必要とする(昭61・7・15民三5706民三課長回答・先例集追Ⅶ505)。

(オ) 所有権移転登記前に登記された抵当権の権利者　AからBへの所有権移転登記がなされる以前に，Aの不動産上にCのための抵当権設定登記がなされている場合，このままでは，当該所有権移転登記が抹消されてもCは何ら不利益を受けないが，その後，Cの競売申立記入登記がなされたときは，Cは本条の利害関係人となる(昭35・8・4民甲1976民事局長回答・先例集追Ⅲ289)。

(カ) **先順位の抵当権者から抵当権の順位を譲り受けた後順位の抵当権者** 例えば，順位1番の抵当権について，順位3番の抵当権のために順位譲渡の登記がなされているという事例で，この順位1番の抵当権の登記を抹消しようとする場合は，順位3番の抵当権者は利害関係人にあたり，この者の承諾がなければ，順位1番の抵当権の登記を抹消することはできない(昭37・8・1民甲2206民事局長通達・先例集追Ⅲ940)。

(キ) **代位者** 民法423条等の規定により他人に代わって登記を申請した者(59(7))は，その代位によってなされた登記が抹消される場合，利害関係人に該当する。

(3) **利害関係人にあたらない者の例示**

(ア) **抵当権・地上権の抹消登記の場合** ①後順位の抵当権の登記を抹消する場合，先順位の抵当権者はそれによって何らの影響も受けないから，本条の利害関係人には該当しない。一方，②先順位の抵当権を抹消する場合，後順位の抵当権者は，順位昇進の原則によってかえって利益を受けることになるため，これもその承諾を要する利害関係人にはあたらない。要するに，条文には「登記上の利害関係を有する第三者」とあるが，抹消登記についてその承諾を得なければならない第三者は，その登記によって不利益を受けるおそれがある者に限定される。同様に，③ある土地に付けられた抵当権の抹消登記について，その土地の地上権者は何ら不利益を被ることがないため，利害関係人にはあたらないことになる。また，④これとは逆に，地上権と抵当権が付けられている土地上の地上権が抹消される場合も，当該抵当権者は何ら不利益を受けないから，利害関係人にあたらない。

なお，④甲不動産と乙不動産を共同担保としたAの抵当権が設定され，一方，乙不動産についてのみBの後順位抵当権が付けられている場合，このBは，甲不動産の抵当権の抹消登記については，利害関係人に該当しないとされる(大決大6・10・22民録23・1410参照)。

(イ) **所有権(その他同種の権利)の数次移転の場合** A→B→Cと順次所有権移転の登記がなされたところ，A・B間の所有権移転が無効であった場合，①CはA・B間の所有権移転登記の抹消について本条の第三者に該当するとして，Cの承諾を得て当該抹消登記を行うことが可能か。それとも，この場合は，②まずB・C間の所有権移転登記を抹消し，Bを登記上の所有名義人とした上で，A・B間の所有権移転登記の抹消をするという方法(いわゆる巻戻し的方法)をとらざるをえないか。以上の問題について，最判昭36・6・6民集15・6・1523は，前例のCは本条(旧法146)の第三者にあたり，Cの承諾を得ることにより直接A・B間の所有権移転登記の抹消が可能であるという前提に立った判決を下している。

しかし，登記先例によれば，この場合は，②の方法，すなわち，まずB(またはBに代位するA)とCの申請によってB→Cの移転登記を抹消し，ついで，AとBの申請によりA→Bの移転登記を抹消すべきものとされる(昭43・5・29民甲1832民事局長回答・先例集追Ⅳ1375，昭51・10・15民三5415民三課長回答・先例集追Ⅵ140)。また，学説も一般に，本条の利害関係人は，A→Bの所有権移転登記後，B→Cの抵当権設定登記がなされた事例で，A→Bの登記を抹消する場合の抵当権者Cというように，抹消される登記より縮減された形の登記における登記権利者である，と解している(幾代通『登記請求権』〔有斐閣・1979〕94頁，林＝青山・注

解880頁[清水勲]等)。法25条7号(旧法49条6号)から明らかなように,「あらゆる登記は現在の登記名義人を起点として」行われなければならないという不動産登記手続の建前からいえば,A→B→Cという順次所有権移転の登記を抹消するには,②の方法をとるべきものと考えられる(幾代・前掲91頁)。

2 利害関係人の承諾義務

本条の利害関係人に該当する者が抹消登記について承諾義務を負うか否かは,その実体関係に依存する。そこで,例えば,A→Bの所有権移転登記後,B→Cの抵当権設定登記がなされた事例で,①A→Bの登記がBの偽造などによる不実のものであるとか,②A→Bの所有権移転が無効であるか,あるいは取り消されたとき,Bは無権利者となるが,この場合,原則として,B→Cの抵当権設定登記は実体に符合しない登記となるため,Cは,A→Bの登記の抹消について承諾義務を負う。

しかし,例えば,Cが,①A・B間の虚偽表示における善意の第三者である(民94②)とか,②詐欺を理由にしてAが意思表示を取り消した場合の善意の第三者である(民96③)場合のように,抹消登記の原因が第三者に対抗できないときは,第三者Cは承諾義務を負わない。したがって,A・B間の抵当権設定登記(原抵当権設定登記)が虚偽仮装のものであるところ,この登記を前提に転抵当権の設定登記を得た善意のCは,民法377条1項(旧法376条1項)の対抗要件を具備していなくても,原抵当権設定登記の抹消についての承諾請求を拒否することができる(最判昭55・9・11民集34・5・683)。

3 登記の抹消について利害関係人の承諾を要する場合の申請手続

(1) **総説** 抹消登記も,権利に関する登記の一種として,原則として登記権利者と登記義務者の共同申請によって行わなければならない(60)が,当該抹消について登記上の利害関係を有する第三者が存在する場合は,その第三者の承諾を得なければ申請することができない(本条)。そこで,令7条1項6号および別表26の添付情報欄ヘによれば,抹消登記を申請する場合には,当該第三者の承諾を証する当該第三者が作成した情報,または当該第三者に対抗することができる裁判があったことを証する情報(確定判決の謄本など)を,添付情報として登記所に提供しなければならない,とされる。

(2) **第三者に対抗することができる裁判** 令別表26添付情報欄ヘのいう「当該第三者に対抗することができる裁判」とは,第三者が任意に承諾をしない場合にその者に承諾義務があることを認める裁判と解される。したがって,この裁判は,当該第三者に既判力の及ぶものでなければならない。例えば,地上権上に抵当権の設定登記がなされている事案で地上権の登記の抹消を申請しようという場合について,大審院は,たとえ実体法上その地上権の消滅が抵当権者に対抗できるとしても,地上権者に対し地上権登記抹消手続を命じた確定判決の既判力は抵当権者に及ばないがゆえに,この判決では,「当該第三者に対抗することができる裁判」があったということはできない,としている(前掲大決昭2・

3・9）。

　次に，通説によれば，この場合の「裁判」とは，登記の抹消を承諾すべき旨を第三者に命ずる確定の給付判決，あるいは，和解調書・認諾調書（民訴267），調停証書（民調16条等）など上記判決と同一の効力を有するものでなければならない，とされる（幾代＝徳本・不登法199頁，180頁等）。これに対しては，確認判決もここでいう「裁判」に含まれるという反対説も存在する（杉之原・不登法259頁，237頁）が，本書66条Ⅳ2(4)で，権利の変更または更正の登記について述べたと同様の理由から，新法の下では確認判決は認められず，給付判決（またはそれに準ずるもの）に限定されることになろう。

　また，この「裁判」には，抹消登記の承諾を命ずる判決のみならず，当該第三者に対して抹消登記を命ずる判決も含まれるとする少数説もある（幾代＝浦野・判例・先例コンメ新編不登法224頁［奈良次郎］）が，この見解も，新法の下では否定されることになろう。

4　登記の実行

　権利に関する登記の抹消について利害関係を有する第三者が存在する場合において，当該第三者の承諾を証する第三者自身が作成した情報，または，当該第三者に対抗することができる裁判があったことを証する情報が，令3条，7条，法22条所定の情報にあわせて登記所に提供されたとき，登記官は抹消登記を実行する。そして，この場合，当該第三者の権利に関する登記は，登記官の職権によって自動的に抹消されることになる（規則152②）。

Ⅳ　抵当証券が発行されている場合

　抵当証券が発行されている場合において，権利に関する登記の抹消について利害関係を有する抵当証券の所持人または裏書人が存在する場合，当該抹消登記は，これらの者が作成したこれらの者の承諾を証する情報，または，これらの者に対抗することができる裁判があったことを証する情報，および当該抵当証券を添付することによって申請することができる（本条かっこ書，令7①(6)，別表26添付情報欄ヘ，ト）。

　なお，抵当証券が発行されている抵当権の登記自体の抹消を申請する場合は，利害関係を有する所持人・裏書人が存在しないときであっても，当該抵当証券を添付しなければならない（令7①(6)，別表26添付情報欄チ）。また，登記官は，抵当証券を交付したときは，職権で抵当権交付の登記を行う（94①，規則171）が，この抵当証券交付の登記の抹消を申請する場合も，当該抵当証券，または非訟事件手続法160条1項の規定によって当該抵当証券を無効とする旨を宣言する除権決定があったことを証する情報を添付しなければならない（令7①(6)，別表26添付情報欄リ）。

（草野元己）
（執筆協力：八神　聖）

(死亡又は解散による登記の抹消)
第69条 権利が人の死亡又は法人の解散によって消滅する旨が登記されている場合において，当該権利がその死亡又は解散によって消滅したときは，第60条の規定にかかわらず，登記権利者は，単独で当該権利に係る権利に関する登記の抹消を申請することができる。

＊旧法関係……旧法141条

I 抹消登記を単独申請できる場合

　第1に，権利に関する登記の抹消登記も登記権利者と登記義務者が共同して申請することを原則とする(60)が，登記義務者が申請に協力しないため，これを被告として登記権利者が抹消登記手続請求の訴えを提起し，勝訴の確定判決を得た場合，登記権利者は，当該抹消登記を単独で申請することができる。また，例えば契約の解除などを理由に，登記義務者が登記引取請求権を行使して抹消登記手続請求訴訟で勝訴した場合は，登記義務者が単独で抹消登記を申請することができる(63①)。

　第2に，例えば所有権保存登記のような場合は，その登記の性質に基づき，法令における別段の定めにより単独申請が認められている(74等)。そこで，このような登記を抹消する場合は，抹消の対象となる登記の登記名義人が単独で抹消登記を申請することになる。

　なお，例えば，①A所有地上にBの地上権設定登記がなされていたところ，A死亡によりBがAを相続した場合，混同によりBの地上権が消滅する(民179①本文)が，この場合は，Bの地上権を抹消する登記が必要となる。また，②A・B双方が法人であって，AとBの合併によりBの地上権が消滅する場合についても同様である。そして，以上のような場合，Bは，登記権利者兼登記義務者として，法60条の定める共同申請をすることになる(平2・4・18民三1494民事局長通達・先例集追Ⅷ24参照)が，これを実質的にみれば，Bが単独申請をしていることになろう。

　ちなみに，幾代＝徳本・不登法196頁は，相続によって抹消登記をなす場合として，相続による混同で消滅した制限物権の抹消登記を例としてあげ，この場合は，旧法27条によって登記権利者の単独申請が認められる，とする。そして，これについては，前段①の例で，被相続人Aの死亡によって直接Bの地上権消滅の効果が生ずる(民882・896・179①)という構成をとるならば，そのような解釈も可能と思われる。ただし，旧法27条に対応する新法63条2項では，単独申請は相続等による権利の移転の登記についてのみ規定されているにすぎない。したがって，仮に上記の解釈をとった場合，新法では，その適用条文が問題となろう。

　以上，一般に抹消登記を単独申請できる場合をあげたが，このほか，不動産登記法は，本条と法70条で，抹消登記を単独申請できる場合の特例を規定する。

II 本条の趣旨

例えば，高齢者居住安定確保法56条は，一定の要件の下で，高齢者(または高齢者と同居する配偶者)を賃借人とする終身建物賃貸借を定めているが，この賃貸借では，賃借人の死亡時に賃貸借が終了することになる。そこで，この賃借権が登記されている場合(3(8)参照)，賃借人の死亡時に当該賃借権の登記を抹消することが必要となるが，本条は，権利が人の死亡によって消滅する旨が登記されているときは，登記権利者は単独で抹消登記を申請できるとして，共同申請の原則(60)の例外を規定した。登記官に形式的審査権限しかないわが不動産登記法の下では，登記の真正を確保するために，一般に，登記権利者と登記義務者の共同申請が要求されるが，人が死亡したという事実は戸籍謄本などによって簡単に証明でき，単独申請を認めても登記の真正が侵される心配がないため，このような簡便な申請方法を認めたのである。

なお，本条は，人の死亡のみならず，法人の解散によって権利が消滅する場合においても，登記権利者は，単独で抹消登記の申請を行うことができるものとする。この点，旧法141条は，「登記シタル権利カ或人ノ死亡ニ因リテ消滅シタル場合」のみを定めていたが，会社等法人の解散の場合も，商業登記簿などの登記事項証明書(商登10参照)(かつては登記簿の謄本・抄本)によってそのことを容易に証明できるため，後者の場合についても同条の類推適用が認められていた。本条は，従来のこのような解釈を明文で規定したものである。

III 本条が適用されるための要件

1 死亡・解散による権利の消滅の定め

本条が適用されるためには，例えばIIの例のように，当事者の特約によって，賃借権や地上権等の権利が賃借人・地上権者など特定人の死亡，あるいは法人の解散によって消滅すると定められていることを要する。権利消滅が予め定められていない場合は，死亡・解散によって真実権利が消滅したか容易に判断できないのがその理由である。

なお，その死亡によって権利が消滅する「人」としては，通常，上例のような当該権利の権利者が想定されるが，法文上は，担保権の登記における債務者のような第三者，あるいは当該権利の義務者も含むものと考えられる。

2 死亡・解散による権利の消滅の定めが登記されていること

1で述べた権利消滅の定めは，その旨が登記簿に登記されていなければならない。旧法141条の条文にはこの点が規定されていなかったが，登記官が形式的審査権しか有しないことから，解釈上登記を要するものとされていた。本条は，これを明文で定めたものである。

そこで，当事者が特約で死亡あるいは解散によって権利が消滅することを定め，それを登記しようという場合は，当該当事者は，「登記の目的である権利の消滅に関する定め」を申請情報として登記所に提供することを要する(令3(11)ニ)。そして，この定めは，例えば

賃借権設定登記のような権利に関する登記の登記事項の1つとして登記される(59(5))。

3 人の死亡または法人の解散

本条における権利は人の死亡または法人の解散によって消滅するのであるから，その消滅原因である死亡または解散が発生することは当然の要件となる。なお，本条でいう「人の死亡」は，死亡とみなされる場合(失踪宣告)(民30・31)も含むと解される。

4 所有権に関する登記への適用の可否

例えば，AがBに，Bの死亡を終期としてAの不動産を贈与した場合，受贈者Bが死亡すれば，贈与者AからBへなされた贈与の効果は失効し，Bの死亡とともに，その所有権はAのもとへ戻ることになる。そこで，このような場合に本条を適用して，Aの単独申請によるA→Bの所有権移転登記の抹消ができるか問題となる。

しかし，大決大3・8・24民録20・658は，次のように述べて，本条(旧法141)の適用を否定した。すなわち，「終期附贈与ノ効力ハ其終期タルBノ死亡ト共ニ消滅セルモ其消滅ニ至ル迄ハBニ於テ有効ニ贈与ノ目的タル土地ノ所有権ヲ有シ其消滅ト共ニ其所有権贈与者タルAニ復帰シタルモノナレハ其所有権ハBヨリAニ移転シタルモノニシテ消滅ニ帰シタルモノト謂フ可ラス故ニ此場合ニ於テハ登記権利消滅ノ場合ニ於ケルカ如ク抹消登記ヲ為スヘキモノニ非スシテ所有権移転ノ登記ヲ為スヘキモノトス」，というのである。

要するに，所有権はその目的物が滅失しない限り消滅しないと考えられるのであって，上記した終期付贈与のような場合は，いったんBに移転した所有権がBの死亡によってBからAに復帰するにすぎず，所有権が消滅するわけではない。したがって，このような場合は，改めてBの相続人とAとの共同申請により(60・62)，BからAへの所有権移転登記をすべきことになる(反対──香川保一「新不動産登記法逐条解説(65)」登研685号185頁)。

Ⅳ 登記の申請

本条により登記の抹消を申請する場合は，登記権利者は，単独で申請することができる。例えば賃借権を抹消する登記の場合は，賃貸人が登記権利者となるため，この者の単独申請によって登記されることになる。

1 申請情報

登記権利者が登記所に提供すべき申請情報は令3条が定めるところであり，共同申請の場合と格別変わるところはないが，登記原因(令3(6))については，例えば「平成○年○月○日賃借権者死亡」というように表示する。

2 添付情報

本条による抹消登記は例外的に登記権利者の単独の申請によって行われるものであるが，

当該登記原因が人の死亡または法人の解散であるため，登記の申請に際して提供する添付情報には，これらを公的に証するものが含まれていなければならない。そこで，不動産登記令は，登記の申請に際して提供されるべき添付情報として，人の死亡または法人の解散を証する市町村長，登記官その他の公務員が職務上作成した情報をあげる（令7条1項6号①(6)，別表26添付情報欄イ）。

V　登記の実行

申請者より所定の情報が提供されたとき，登記官によって抹消登記がなされる。そして，その際，登記官は，消滅した権利についてなされていた「権利の消滅に関する定めの登記」を抹消しなければならない（規則149）。

（草野元己）
（執筆協力：八神　聖）

（登記義務者の所在が知れない場合の登記の抹消）

第70条 登記権利者は，登記義務者の所在が知れないため登記義務者と共同して権利に関する登記の抹消を申請することができないときは，非訟事件手続法（平成23年法律第51号）第99条に規定する公示催告の申立てをすることができる。

② 前項の場合において，非訟事件手続法第106条第１項に規定する除権決定があったときは，第60条の規定にかかわらず，当該登記権利者は，単独で前項の登記の抹消を申請することができる。

③ 第１項に規定する場合において，登記権利者が先取特権，質権又は抵当権の被担保債権が消滅したことを証する情報として政令で定めるものを提供したときは，第60条の規定にかかわらず，当該登記権利者は，単独でそれらの権利に関する登記の抹消を申請することができる。同項に規定する場合において，被担保債権の弁済期から20年を経過し，かつ，その期間を経過した後に当該被担保債権，その利息及び債務不履行により生じた損害の全額に相当する金銭が供託されたときも，同様とする。

＊旧法関係……旧法142条

I　本条の趣旨

　権利に関する登記の抹消登記についても，登記権利者と登記義務者が共同して申請することが原則である(60)が，登記権利者が抹消登記の申請をしようとするとき，登記義務者の所在が知れないため，共同申請ができない場合がままある。このような場合，通常の手続に従えば，登記権利者は，登記義務者に対して抹消登記手続請求の訴えを提起し，公示送達の手続によって(民訴110①(1))勝訴の確定判決を獲得した上で，単独で申請することになる(63①)。

　しかし，このような手続を踏むには多くの時間と労力・費用がかかり，登記権利者に酷であるとともに，また一方で，実体に沿わない登記を長い間放置せざるをえないことにもなりかねない。そこで，本条は，以上の場合について，旧法142条とほぼ同趣旨の規定を設け，登記権利者に対する救済策として簡易な手続を設定し，共同申請の原則に対する例外を定めた。

　なお，平成23年５月25日法律第51号「非訟事件手続法」制定(明31・6・21法律14号「非訟事件手続法」を全面改正)に伴う法改正(同日法律53号「非訟事件手続法及び家事事件手続法の施行に伴う関係法律の整備等に関する法律」150条による不登法改正)により，本条１項および２項の旧非訟事件手続法の法律名(公布年)および条文の挙示が新法に改められた(１項：旧非訟142条から現行99条，２項：旧非訟148条から現行106条)。

II　除権決定による単独申請
1　本条1項

　本条1項によれば，登記権利者は，登記義務者の所在が知れないため，登記義務者と共同して権利に関する登記の抹消を申請できない場合は，簡易裁判所に対して公示催告の申立て(非訟99・100)をすることができる。本条でいう「所在」とは，民法上の「住所」(民22)や「居所」(民23)よりもさらに広い概念である。したがって，住所・居所が不明でも，勤務先に勤務していることが明らかであれば，本項でいう「所在が知れない」にはあたらないことになる。

　公示催告手続については，非訟事件手続法99条以下に規定されている。そこで，これを抹消登記手続との関連で概説すれば，公示催告とは，登記権利者の申立てに基づき，簡易裁判所が，公告により，所在の知れない登記義務者に対して，公示催告の期間(2か月[非訟103参照])内に届出をしない場合は失権する旨の警告を付して，抹消登記に対抗すべき権利の届出を促す手続のことをいう。公示催告についての公告は，裁判所の掲示場に掲示されるとともに，官報にも掲載される(非訟102)。

2　本条2項

　公示催告後，公示催告の期間内に，登記義務者から適法な権利の届出または登記権利者の権利を争う旨の申述がないときは，簡易裁判所によって除権決定がなされる(非訟106①)。そして，本条2項によれば，この除権決定がなされると，当該権利者は，単独で登記の抹消を申請できるようになる。この場合，登記を申請する登記権利者は，登記原因証明情報として，除権決定があったことを証する情報を添付して申請しなければならない(令7①(5)ロ，別表26添付情報欄ロ)。なお，除権決定に対しては，非訟事件手続法108条の規定による場合のほか不服を申立てることができない(非訟106⑤)ので，除権決定の確定証明書の添付は必要とされない(新訂不動産登記関係質疑応答集1060頁)。

III　担保権の登記の抹消のため被担保債権の消滅を証する情報を提供する場合
1　総説

　登記義務者の所在が知れない場合の抹消登記を単独で申請する方法として，本条1・2項の定める除権決定による方法が，確定判決に基づくよりも容易なものであることはいうまでもないことである。しかし，除権決定も裁判の1つであるため，この場合も，ある程度は煩瑣な手続に従わざるをえない。そこで，この点を考慮して，本条3項前段は，先取特権・質権・抵当権の登記の抹消について，より簡便な方法を設けることにした。

　すなわち，既に被担保債権が弁済されていることを原因として，抵当権設定者Aが抵当権抹消の登記を申請しようとする場合を例にあげると，この場合，Aが登記権利者，抵当権者Bが登記義務者となるため，AはBと共同で抹消の登記を申請しなければならない(60)。しかし，登記義務者である抵当権者Bの所在が知れないときは，この共同申請をす

ることは不可能である。そこで、このような場合について、本条3項前段は、Aが被担保債権の消滅したことを証する情報を登記所に提供したときは、単独で抵当権抹消の登記を申請できるものと定めた。

なお、以上のことは、抵当権のみならず、先取特権・質権の登記の抹消の場合についても同様である。

2 申請手続

登記義務者の所在が知れないため、先取特権・質権・抵当権の抹消登記を単独で申請しようとする登記権利者(債務者または物上保証人、担保不動産の第三取得者)は、第1に、本条3項前段が規定する「被担保債権が消滅したことを証する情報」(登記原因情報)として、①債権証明書、および、②最後の2年分の利息その他の定期金(債務不履行により生じた損害を含む)の完全な弁済があったことを証する情報(受取証書など)、第2に、登記義務者の所在が知れないことを証する情報を、登記所に提供しなければならない(令7①(5)ロ・(6)、別表26添付情報欄ハ)。

以上のうち、債権証書の提供が要求されるのは、これが債務者または物上保証人等の手元に戻ってきていたということによって、被担保債権とそれに基づく担保物権の消滅が非常に高い確度で推定されるからである。また、最後の2年分の定期金の受取証書などが要求されるのは、先取特権・質権・抵当権の効力が最後の2年分の定期金に優先的に及ぶ(民375・341・361)からである。

Ⅳ いわゆる休眠担保権の登記の抹消
1 休眠担保権

いわゆる休眠担保権とは、被担保債権の弁済期から長年月経過したにもかかわらず何ら実行がなされない担保権のことをいう。このような担保権が存在する場合、その多くは、担保権者には担保権行使の意思がないという推測が働く。また、担保権者が所在不明である場合は、その意思も確認しようがない。一方、担保不動産の所有者・地上権者等担保権設定者、あるいは担保不動産の第三取得者の側からいうと、長期間にわたり担保権の拘束を受ければ、その不動産や不動産上の権利について資金化などの有効利用が困難になり、これは、社会経済的観点に立っても望ましくない状況と考えられる。

そこで、旧法は、昭和63年の改正で、本条3項後段の前身である142条後段の規定を新設したのであるが、新法の制定にあたって、同段は、ほぼそのまま本条3項後段に引き継がれた。

2 本条3項後段が適用されるための要件

本条3項後段によれば、①抹消登記をする場合に登記義務者となるべき担保権者の所在が不明の場合で、②被担保債権の弁済期から20年以上が経過し、かつ、③その期間を経過

した後に当該被担保債権，その利息，および債務不履行により生じた損害の全額に相当する金銭が供託された場合，債務者・物上保証人らの登記権利者は，単独で抵当権など担保権の登記の抹消を申請することができる。

(1) **抹消登記の対象となる担保権**　本条3項後段によって登記を抹消できる担保権は，前段の場合と同様，先取特権・質権・抵当権である。根質権や根抵当権もここでいう質権・抵当権に包含されるが，本段は供託によって被担保債権・担保権が登記上消滅したとして扱うものであるから，根質権・根抵当権については，元本が確定されていることを要する。なお，本段の規定は，抹消しようとする担保権の登記が仮登記の場合において，法105条1号の仮登記についてはすべて，同条2号仮登記については，その登記が既発生の債権を担保するものであるものに関して適用される（新訂不動産登記関係質疑応答集946頁）。

(2) **登記義務者の所在が知れないこと**　「登記義務者の所在が知れないこと」の意義については，IIの1で述べたことがそのままあてはまる。そして，本条3項後段により登記の抹消を申請する登記権利者は，登記義務者の所在が知れないことを証する情報を，登記所に提供しなければならない（令7①(6)，別表26添付情報欄ニ(3)）。

登記実務によれば，この情報としては，①登記義務者が登記簿上の住所に居住していないことを市区町村長が証明した書面(不在籍証明)，または，②登記義務者の登記簿上の住所に宛てた被担保債権の受領催告書が不到達であったことを証する書面で差しつかえない，とされる（昭63・7・1民三3456民事局長通達・先例集追VII632）。さらに，③警察官が登記義務者の所在を調査した結果を記載した書面，④登記義務者がその登記簿上の住所に居住していないことを民生委員が証明した書面でもかまわないものとされる（昭63・7・1民三3499民三課長依命通知・先例集追VII640）。ただし，②の書面は配達証明付郵便によるもの(不到達であったことの記載がされて返送されてきたもの〔齋藤・集中講義不登法212頁参照〕)でなければならない（前掲昭63・7・1民三3499民三課長依命通知）。ちなみに，本段は，登記義務者の生死不明の場合も適用されるが，登記義務者の死亡とその相続人が確認できる場合は，本法62条により共同申請ができるため，本段の適用はない。

なお，本段は登記義務者が法人である場合についても適用があるが，詳細については省略する（前掲昭63・7・1民三3456民事局長通達参照）。

(3) **被担保債権の弁済期から20年を経過したこと**　1で述べたように，20年もの間担保権が行使されていない場合は，もはや担保権者には担保権行使の意思がないと推認される。このような観点から，本条3項後段は，供託手続を経ることによって登記簿上担保権を消滅させても差しつかえない要件として，弁済期から20年という期間を定めた。

そこで，本段により担保権の抹消を単独で申請するためには，登記権利者は，被担保債権の弁済期を証する情報を登記所に提供しなければならない（令7①(5)ロ，別表26添付情報欄ニ(1)）。この情報としては，金銭消費貸借契約証書，弁済猶予証書等当事者間で作成したもののほか，これらの書面が当初から存在せずまたはこれを提出することができないときは，弁済期についての債務者の申述書(債務者の印鑑証明書を添付したもの)でも差しつか

えない，とされる（前掲昭63・7・1民三3456民事局長通達）。

(4) 供託 本条3項後段により登記権利者が担保権の抹消登記を単独で申請するための最後の，そして最も重要な要件は，被担保債権の弁済期から20年を経過した後に当該被担保債権，その利息，および債務不履行により生じた損害の全額に相当する金銭が供託所に供託されることである。本要件は，弁済期から長期間が経過したにもかかわらず，債権者（担保権抹消登記の登記義務者）の所在が知れないため，本来の弁済をすることができず，登記の抹消の共同申請もできない債務者または物上保証人等の立場を考慮し，弁済供託（民494）を条件に抹消登記の単独申請を認めたものである。この供託は，本来は債務者が行うべきであるが，物上保証人や担保不動産の第三取得者も第三者として当該供託をすることができる（民494・474①）。

以上の供託後，本段により抹消登記を申請する場合，登記権利者は，登記原因（令3(6)）は「弁済」，その日付（令3(6)）は供託の効力が生じた日とし（前掲昭63・7・1民三3456民事局長通達），登記原因証明情報の1つとして，被担保債権の弁済期から20年を経過した後に当該被担保債権，その利息，および債務不履行により生じた損害の全額に相当する金銭が供託されたことを証する情報を，登記所に提供しなければならない（令7①(5)ロ，別表26添付情報欄ニ(2)）。なお，この場合の情報は，①抹消の対象となる登記に利息・損害金に関する定めの記録のないときは，年6分の割合による利息・損害金に相当する金銭をも供託したことを証する情報，②損害金に関する定めの記録はないが，利息に関する定めの記録があるときは，その利率による利息および損害金に相当する金銭をも供託したことを証する情報，③損害金に関する定めのみの記載があるときは，年6分の割合による利息および定められた利率による損害金に相当する金銭をも供託したことを証する情報でなければならない（前掲昭63・7・1民三3499民三課長依命通知。根抵当権・根質権の抹消登記の場合は，同依命通知3-3参照）。

ちなみに，供託をした日より前に債権の一部を弁済したことを証する受取証書と，債権の弁済期から20年を経過した後に残余の債権を供託したことを証する情報を併せ添付して，登記の申請があった場合は，法定の要件に適合した情報が添付されていないため，その申請は却下すべきものとされる。また，供託をした日より前に弁済の提供をしたが，その受領を拒絶されたとして，損害金として，債権の弁済期から供託をした日までの分全額に満たない金銭を供託した旨の記録がある情報を添付して登記の申請があった場合も，同様である（前掲昭63・7・1民三3499民三課長依命通知）。

（草野元己）
（執筆協力：八神　聖）

（職権による登記の抹消）

第71条 登記官は，権利に関する登記を完了した後に当該登記が第25条第1号から第3号まで又は第13号に該当することを発見したときは，登記権利者及び登記義務者並びに登記上の利害関係を有する第三者に対し，1月以内の期間を定め，当該登記の抹消について異議のある者がその期間内に書面で異議を述べないときは，当該登記を抹消する旨を通知しなければならない。

② 登記官は，通知を受けるべき者の住所又は居所が知れないときは，法務省令で定めるところにより，前項の通知に代えて，通知をすべき内容を公告しなければならない。

③ 登記官は，第1項の異議を述べた者がある場合において，当該異議に理由がないと認めるときは決定で当該異議を却下し，当該異議に理由があると認めるときは決定でその旨を宣言し，かつ，当該異議を述べた者に通知しなければならない。

④ 登記官は，第1項の異議を述べた者がないとき，又は前項の規定により当該異議を却下したときは，職権で，第1項に規定する登記を抹消しなければならない。

＊旧法関係……旧法149条・150条・151条

I 本条の趣旨

　本条は，権利に関する登記を登記官がその職権で抹消すべき場合と，その方法を規定したものである。これについて旧法では，149条から151条の3か条で定められていたが，新法では，本条1か条にまとめられた。

　25条によれば，権利に関する登記の申請がなされたが，①申請に係る不動産の所在地が当該申請を受けた登記所の管轄に属しないとき（同条1号），②申請が登記事項以外の事項の登記を目的とするとき（2号），③申請に係る登記が既に登記されているとき（3号）などに該当する場合，登記官は，一定の手続を経た上で，当該申請を却下することを要する。しかし，登記官が同条所定の却下事由を見落とした結果，登記が完了し，実体と異なった登記がなされた場合は，改めて当該登記の抹消登記がなされなければならない。そして，そのような場合は，原則として，当事者の申請によることが必要となる(60)。

　ところが，既存の登記が上記①〜③にあたるとき，あるいはこれに準ずるとき(25(13), 令20)は，当該登記が無効であることが登記記録自体から明らかであり，また，一方で，登記官の過誤によってなされたこのような無効の登記を当事者の申請あるまで放置しておけば，第三者に損害を与えるなど，重大な問題が生ずるおそれが多分に存在する。そこで，本条は，法25条1号から3号，または13号に該当する場合に限り，当該登記が職権で抹消

されるべきことを規定したのである。

なお、旧法において職権による登記の抹消について規定していた149条は、登記一般に関する規定であったため、権利に関する登記のみならず、表示に関する登記も同条の対象に含まれる、と解することができた。これに対して、本条は、「権利に関する登記を完了した後に」と明文でうたっているため、表示に関する登記には、適用されないことになる。表示に関する登記は、法28条で、「もともと職権による登記が可能とされている」のがその理由とされる(清水・Q&A 227頁。なお、このような立法を問題とするものとして、香川保一「新不動産登記法逐条解説(65)」194頁以下)。

II　職権による登記抹消の事由

職権による登記の抹消が行われるのは、登記官が権利に関する登記を完了した後に当該登記が法25条1号から3号、または13号に該当することを発見した場合である(本条1項)。なお、上記の職権抹消事由の存否は、登記簿または申請情報・添付情報など登記所に提供された情報で判断すべきであり、それができないときは、職権による抹消は認められない(大5・7・27民事889法務局長回答・先例集追Ⅰ89)。

1　法25条1号に該当する場合

登記された不動産の所在地がその登記所の管轄に属さない場合がこれにあたる。したがって、いずれの都道府県・市町村にも属していない土地(離島)については、それを管轄する登記所は存在しないため、誤って所有権保存登記等の申請を受理して登記を完了した場合は、登記官は職権で当該登記を抹消する必要がある(最判昭36・6・9訟月7・8・1622、昭31・5・26民甲1109民事局長回答・先例集追Ⅰ602)。

2　法25条2号に該当する場合

各権利に関する登記については、不動産登記法の各条文でその登記事項が法定されている(59・74・78・79・80・81・82・83・84・88・95・96・97)。そこで、登記の申請が登記事項(他の法令の規定により登記記録として登記すべき事項を含む)以外の事項の登記を目的とする場合、そのような申請は、登記官によって却下される(25(2))。

以下、先例等をあげると、①入会権は、3条(旧法1条)所定の登記可能な権利に含まれないため、入会権の登記の申請は却下される(明34・4・15民刑434民刑局長回答・先例集上218)。なお、②留置権も登記可能な権利でないため、同様である(新・基コンメ不登法22頁[鎌田薫])。また、③債務不履行の場合は、代物弁済として抵当権者に抵当物件の所有権を移転するとの特約が付された抵当権の登記の申請(昭11・3・14民甲282民事局長回答・先例集上618、昭28・4・14民甲570民事局長通達・先例集下2005)、④立木を除く旨の特約を付した山林所有権移転登記の申請(昭31・2・9民甲222民事局長回答・先例集追Ⅰ539)、⑤違約金の定めを付した抵当権設定登記の申請(昭34・7・25民甲1567民事局長通達・先例集追Ⅱ519)なども同様である。

しかし，登記官の過誤によって却下されないまま以上のような登記がなされた場合は，登記官は，それを発見し次第，本条の定めに従い，登記の抹消に向けた手続をしなければならない。

3 法25条3号に該当する場合

例えば，既にAの地上権の登記がなされている土地について，それと同一内容のAの地上権の登記が申請された場合のように，申請に関する登記が既に登記されている場合，登記官はその申請を却下しなければならない(25(3))。しかし，登記官の過誤によって申請が受理され，既登記と同一内容の登記がされた場合，その登記は，本条の規定に従い，登記官の職権で抹消されることになる。

4 法25条13号に該当する場合

旧法は，登記官が登記の申請を却下する事由をその49条で定めていたが，その2号は，「事件カ登記スヘキモノニ非サルトキ」という抽象的な文言で却下事由を規定していた。これに対して新法25条は，同条に対応する内容をより具体化し，「申請が登記事項以外の事項の登記を目的とする」場合(2号)，「申請に係る登記が既に登記されている」場合(3号)と規定したほか，その13号で，「登記すべきものでないときとして政令で定めるとき」として，その具体的内容を政令(不動産登記令)に委任している。これを受けて，令20条は，その1号から8号で具体的却下事由を規定するが，令20条各号のいずれかに該当していたにもかかわらず登記がなされてしまった場合は，本条に従って，登記が抹消されることになる。以下，令20条各号の具体的内容に沿って概説を行う。

(1) **令20条1号に該当する場合** 法25条13号，令20条1号によれば，「申請が不動産以外のものについての登記を目的とする」場合，その申請は却下されることになる。わが国では，土地または建物が不動産とされる(2(1))から，土地・建物(規則111)以外のもの，例えば，橋梁(明32・10・23民刑1895民刑局長回答・先例集上115)，鉄塔，ガスタンク，トンネルなどの表題登記が申請された場合がこれにあたる(ただし，立木〔立木①〕や工場財団〔工抵14①〕など不動産とみなされるものは除く)。そして，このような申請が受理され，それに基づいた表題登記がなされてしまった場合，当該登記は抹消の対象となる。

しかし，新法では，表示に関する登記の抹消は，法28条に基づいて登記官が職権で当然に抹消できるものとされ，本条による登記の抹消は権利に関する登記に限定されることになった。ところが，そうだとするならば，権利に関する登記で令20条1号に該当する事例はほとんどないと考えられるため，この場合への本条の適用は通常は問題とならないであろう。

(2) **令20条2号に該当する場合** 法25条13号，令20条2号によれば，「申請に係る登記をすることによって……登記名義人となる者が権利能力を有しないとき」は，死者等の被承継人が表題部所有者または登記名義人となることが予定されている場合(47②・62)を

除き（令20(2)かっこ書），その申請が却下されることになる（河合・逐条不登令115頁以下）。例えば，新たに権利能力なき社団を所有者とする所有権移転登記の申請がなされた場合などがこれにあたる（昭23・6・21民甲1897民事局長回答・先例集上834）。しかし，このような申請が却下されず登記されてしまった場合，本条に従い，その登記は抹消すべきものとなる。

(3) **令20条3号に該当する場合**　例えば法80条3項によれば，「要役地に所有権の登記がないときは，承役地に地役権の設定の登記をすることができない」とされ，法25条13号，令20条3号により，このような登記の申請は却下すべきものとされるが，却下されないまま登記されてしまった場合は，本条による抹消の対象となる。

(4) **令20条4号に該当する場合**　地役権の対象となる承役地が1個の不動産の一部であるときを除き，権利に関する登記の申請が1個の不動産の一部についての登記を目的とする場合，その申請は却下される（25⑬，令20(4)）。しかし，却下されずに登記された場合，その登記は，本条に従って抹消されることになる。

(5) **令20条5号に該当する場合**　例えば抵当権は地上権の上にも設定することができる（民369②）が，この場合，抵当権の目的である地上権が登記されていないときは，当該地上権を目的とする抵当権の登記の申請は却下される。このように，申請に係る登記の目的である権利が他の権利の全部または一部を目的とする場合において，当該他の権利の全部または一部が登記されていないとき，その申請は却下される（25⑬，令20(5)）。しかし，却下されないまま登記に至った場合，その登記は，本条によって抹消の対象となる。

(6) **令20条6号に該当する場合**　同一の不動産に関して同時に2以上の申請がされた場合で，申請に係る登記の目的である権利が相互に矛盾するときは，その申請は却下される（25⑬，令20(6)）。例えば，A所有の土地について，一方ではA→Bの所有権移転登記，他方ではA→Cの所有権移転登記が同時に申請された場合，これらの登記は相互に矛盾することになるため，その申請は却下される。先例では，同一不動産に対し同時に2件（各別人）の所有権移転請求権保全の仮登記申請がなされたというものがあり，2件とも同一受付番号をもって受け付け，同時に却下すべきものとされた（昭30・4・11民甲693民事局長通達・先例集追Ⅰ329）。しかし，令20条6号に該当する登記の申請が却下されないまま登記がなされてしまった場合は，その登記は抹消の対象となる。

(7) **令20条7号に該当する場合**　申請に係る登記の目的である権利が同一の不動産について既にされた登記の目的である権利と矛盾する場合，その申請は却下される（25⑬，令20(7)）。例えば，①Aの地上権の登記がなされている土地の上に，重ねてBの地上権を設定する登記の申請があった場合（大判明39・10・31民録12・1366），②同じくAの地上権の登記がなされている土地上に，Bの永小作権を設定する登記の申請があった場合などがこれにあたる。矛盾するかどうかは登記の形式面で判断されるため，①②において，Aの地上権が実体上無効であった場合でも，Bの申請は却下される。また，③ある土地上に既に存続期間の満了した地上権の登記がある場合でも，その登記が抹消されない限り，同土地上に重複して地上権を設定する登記の申請は却下される（昭37・5・4民甲1262民事局長回答・先例

集追Ⅲ860）。

　しかし，以上のような申請が却下されずにそのまま登記されてしまった場合は，本条によって抹消すべきことになる。

　(8) 令20条8号に該当する場合　　令20条1号～7号に該当するもののほか，申請に係る登記が民法その他の法令の規定により無効であることが申請情報・添付情報または登記記録から明らかである場合も，その申請は却下される（25⑬，令20(8)）。例えば，①利息制限法所定の限度を超えた利息の定めを登記事項とする（88①(1)参照）抵当権設定登記の申請がなされた場合，登記官は，この申請を却下しなければならない（昭29・6・2民甲1144民事局長通達・先例集下2203，昭29・6・28民甲1357民事局長通達・先例集下2206）。

　このほか，先例に現れた事例としては，②5年を超える期間をもって定めた共有物不分割（民256①ただし書参照）の登記の申請（昭30・6・10民甲1161民事局長通達・先例集追Ⅰ367），③買戻期間（民580）が明確でない買戻特約の登記（昭34・1・27民甲126民事局長回答・先例集追Ⅱ405）などは却下の対象である。また，④買戻特約登記の買戻代金を増額することは民法581条1項に違反するので，増額のためになされた変更登記の申請は却下され（昭43・2・9民三34民三課長電報回答・先例集追Ⅳ1295），⑤民法601条は賃貸借の対象を「物」としているところ，共有持分は「物」には該当しないので，共有持分に対する賃借権の設定の仮登記の申請は却下すべき（昭48・10・13民三7694民事局長回答・先例集追Ⅴ879），とされる。さらに，⑥婚姻の予約は無効であるから，これに基づく財産分与の予約を原因とする所有権移転請求権保全の仮登記の申請は受理すべきでないとされる（昭57・1・16民三251民事局長回答・先例集追Ⅵ1155）。なお，令20条8号でいう「無効」は，実体法上のもののみに限られず，登記手続法上無効とされる場合も含まれる。

　ところで，令20条8号に該当する申請がなされた場合，本来その申請は当然に却下されるべきであるが，登記官の過誤により登記が誤ってなされたときは，本条の規定に従い，当該登記は，登記官の職権により抹消されることになる。そこで，契約を原因として，地上権・永小作権・賃借権の設定禁止，所有権移転行為の禁止という内容の処分制限の登記がなされていた場合は，本条（旧法149条以下）によって職権抹消しなければならない（昭41・8・3民甲2367民事局長回答・先例集追Ⅳ816）。

　なお，上例①の利息制限法違反の申請が却下される場合は，利息の定めのみが却下されるのではなく，抵当権設定登記の申請全体が却下されるのである（河合・逐条不登令117頁以下）が，それが誤って登記されてしまった場合も，抵当権の登記全体を抹消すべきか問題となる。というのは，利息制限法1条によれば，同法所定の限度を超える利息を定めた金銭消費貸借契約は，その超過部分の利息のみ無効とされるのであるが，抵当権の登記全体が抹消されれば，その抵当権自体の対抗力まで奪うことになってしまうからである。そこで，この点については，本条の定める職権抹消には「登記事項の一部の抹消に該当する登記の更正も含まれ」うるとして，付記登記の方法によって，利息の事項のみを抹消するか，あるいは，記録されている利息を制限利率の範囲に更正する登記を認めるべきとする見解

も存在する(香川保一「新不動産登記法逐条解説(65)」208頁以下)。

5 職権による抹消が認められない事例

以上に対して，職権による登記の抹消が認められなかった先例を若干あげると，以下のようである。

①偽造または変造の登記申請書，委任状，登記原因証明情報(登記原因証書)に基づく登記がなされた後，裁判で偽造または変造の事実が認められた場合，この登記を抹消するには当事者の申請を必要とする(前掲大5・7・27民事889法務局長回答)。また，②仮執行宣言を付した判決に基づく所有権移転登記の申請がなされた場合，申請書に添付された判決が確定判決(63①参照)でない限り却下されるべきである(25(9)〔旧法49(8)〕)が，登記完了後は，登記官の職権による抹消をすることはできない(昭25・7・6民甲1832民事局長通達・先例集下1429)。③農地法3条の許可証を添付しないままなされた農地の所有権移転登記の申請は本来却下されるべきところ(25(9)〔旧法49(8)〕)登記完了後は，職権抹消事由に該当しないため，職権で抹消することはできない(昭30・2・4民甲226民事局長通達・先例集追Ⅰ308)。

Ⅲ 職権による登記の抹消のための手続

1 通　知

権利に関する登記の完了後，当該登記が職権による登記の抹消をすべき事由(25(1)〜(3)・(13))に該当することを発見した場合，登記官は，登記権利者・登記義務者ならびに登記上の利害関係を有する第三者に対して，1か月以内の期間を定めて，当該登記の抹消について異議のある者がその期間内に書面で異議を述べないときは，当該登記を抹消する旨の通知をしなければならない(本条1項)。通知の方法は，準則別記第65号様式の通知書によって行う(準則107②)。

なお，「登記上の利害関係を有する第三者」については，本書68条Ⅲ1で詳述した。民法423条等の規定により他人に代わって登記を申請した者(59(7))もこれに該当する。一方，先例によれば，多数の者が共有する土地に関して，一部の共有者のその持分についてのみの所有権保存登記が発見された場合，その登記は登記すべきものにあらざるものとして，登記官の職権によって抹消すべきであるが，その際，保存登記がなされていない他の共有者は，抹消について「登記上の利害関係を有する第三者」にはあたらない，とされる(昭40・8・31民三711民三課長回答・先例集追Ⅳ512)。

2 公告(本条2項)

1で述べた通知を受けるべき者の住所または居所が知れない場合，登記官は，当該通知に代えて，通知すべき内容を公告しなければならない。公告の方法は不動産登記規則154条に規定があり，同条によれば，①抹消すべき登記が登記された登記所の掲示場その他登記所内の公衆の見やすい場所に掲示して行う方法，または，②登記所の使用に係る電子計

算機に備えられたファイルに当該情報を記録する方法であって，インターネットに接続された自動公衆送信装置(サーバなど)を使用する方法により，2週間行うものとされる。公告の内容については，準則108条に規定されている。

3 異　議

(1)　異議の申述　本条1・2項の通知または公告があった場合，職権抹消に異議のある登記権利者・登記義務者，登記上の利害関係を有する第三者は，登記官に対して異議の申述をすることができる。異議申述の方法に制限はなく，文書による以外に口頭の申述でも差しつかえない。異議申述の理由についても特に規定はないが，通知書に記載された抹消理由が存在しないということなどが理由となろう。

(2)　異議に対する決定(本条3項)　登記官は，(1)に記した異議を述べた者があるときは，当該異議について決定をしなければならない。この場合，登記官は，自己の誤解・誤認によって誤った決定がなされることを防ぐために，当該登記官を監督する法務局または地方法務局の長に内議することを要する(準則109①)。

上述の内議も経て，申述された異議に理由がないと認めた場合，登記官は，決定で当該異議を却下しなければならない。この場合，登記官は決定書を2通作成し，そのうちの1通を，異議を述べた者に適宜の方法で交付することを要する(準則109②)。これに対して，登記官によってなされた異議却下の処分を不当とする場合，異議を述べた者は，当該登記官を監督する法務局または地方法務局の長に審査請求をすることができる(156)。

なお，平成16年に改正された行政事件訴訟法46条1項に基づき，上記決定書においては，異議を却下したこととその理由を記すほか，①却下処分に不服がある場合は審査請求ができること，②却下処分について取消訴訟(行訴8〜)を提起する場合における被告とすべき者(国。行訴11条参照)および出訴期間(行訴14)を教示することが必要となった(平17・3・31民二851民事局長通達・民月60・5・479)。

一方，当該異議に理由があると認めた場合は，準則別記第67号様式の決定書による(準則109①)決定で，異議に理由があるので抹消しない旨の宣言をしなければならない。この場合も，登記官は決定書を2通作成し，そのうちの1通を，異議を述べた者に適宜の方法で交付することを要する(準則109②)。

IV　職権抹消の実行(本条4項)

*3*で記した異議を述べた者がない場合，または，異議が却下された場合，登記官は，職権で当該登記の抹消をしなければならない。抹消の具体的実行方法については，本書68条Ⅱ*3*で記したことがそのままあてはまる(規則152①・197⑤)。また，抹消に係る権利を目的とする第三者の権利に関する登記がある場合は，当該第三者の権利に関する登記も抹消することを要する(規則152②)。なお，本条4項の定める職権抹消をする場合，登記官は，登記記録にその事由を記録しなければならない(規則153)。

(草野元己)
(執筆協力:八神 聖)

(抹消された登記の回復)
第72条 抹消された登記(権利に関する登記に限る。)の回復は,登記上の利害関係を有する第三者(当該登記の回復につき利害関係を有する抵当証券の所持人又は裏書人を含む。以下この条において同じ。)がある場合には,当該第三者の承諾があるときに限り,申請することができる。

＊旧法関係……旧法67条

I 本条の趣旨
　本条は,旧法67条と同一の趣旨を定めるものであり,抹消された登記を回復するに際して,登記上の利害関係を有する第三者(以下,「利害関係人」とする)がある場合は,その者の承諾があるときに限り申請することができる,と規定する。例えば,A所有地上に設定されていたBの抵当権の登記が不当に抹消された後,同地にCの抵当権設定登記がなされた場合は,Cが利害関係人であり,Bの抵当権の登記の回復を申請するためには,Cの承諾を得なければならない。要するに,本条は,不適法な理由で登記が抹消された場合,抹消された登記を回復することによって,抹消がなされる以前の登記上の法律関係を復元しうることを前提として,上記のCのように,抹消された登記の回復によって登記の形式上損害を受ける者がいる場合は,その者の利益を考慮し,その承諾を回復登記申請の要件として規定したものである。

II 抹消された登記の回復
1 意 義
　抹消された登記の回復とは,権利に関する登記が本来抹消すべきでないにもかかわらず,何らかの不適法な原因で抹消されてしまった場合に,抹消当時に遡及して,抹消がなされなかったのと同様の効果を生じさせる登記をすることをいう。
　なお,ここでいう「登記の抹消」とは,既登記全体が抹消された場合のみならず,その登記の一部の登記事項が抹消された場合も含む。例えば,共有物である不動産の所有権に関する登記に共有物分割禁止の定めが登記(59(6))されていたところ,当該定めが廃止されたとして,その定めの部分のみ抹消する変更登記がなされたが,実は当該定めは廃止されておらず,変更登記が誤りであったという場合がそれにあたる。したがって,前者,すなわち,既登記の全部の抹消を回復する場合は,まさに不適法な抹消登記の効力を否定するこ

とになるが，後者，すなわち，登記の一部の抹消を回復する場合，それは，不適法な変更登記（または更正登記）の効力を否定するものとなる。

2 要件

(1) **抹消された登記が権利に関する登記であること** 抹消された登記の回復が認められるのは，権利に関する登記が抹消された場合に限られる。その理由としては，本条の定める登記の回復の根拠が，不適法な原因に基づく登記の抹消によっては権利に関する登記の対抗力（民177）は失われないという点に求められること（大連判大12・7・7民集2・448，最判昭36・6・16民集15・6・1592，我妻=有泉『新訂物権法』〔岩波書店・1983〕123頁），また，表示に関する登記が不当に抹消された場合は，登記官が職権で回復できる(28)ということがあげられる。そして，抹消回復登記の対象が権利に関する登記であることは，明文のない旧法下でも当然とされていたのであるが，本条では，この点が明記されるに至った（本条第1かっこ書）。

なお，上記のように，抹消された登記の回復の根拠を，不適法な抹消によっては対抗力が失われないという点に求めるならば，対抗力を有しない仮登記の抹消については，その回復が許されるのかという疑念が生じないわけではない。しかし，この点について，最大判昭43・12・4民集22・13・2855は，仮登記には本登記の順位保全効があり，本登記がなされれば対抗力が備わることを理由に，仮登記の不法抹消についても，その回復登記を認める。

(2) **登記の抹消が不適法になされたこと** (1)でも記したように，わが国の登記には公信力がないため，無効な抹消登記がなされたことによっては，抹消された登記の対抗力は消滅しない。そして，本条の定める抹消された登記の回復は，このことを根拠とするのであるから，その回復は，登記の抹消が不適法であった場合にのみ認められる。

不適法とされる場合としては，第1に，抹消登記または変更・更正登記（登記の一部の抹消の場合）の登記原因が不存在または無効であるとき，あるいは取り消されたときのように，実体上の理由がある場合があげられる。また，第2に，例えばA所有の地番2001番地の抵当権を抹消すべきところ，登記官の過誤により，地番2001番地のみならず，同じくA所有の地番2002番地の抵当権も抹消してしまった場合のように，手続上の瑕疵を原因とする場合も含まれる。

(ｱ) **実体法上の理由がある場合に関する判例** ①抵当権者が抵当不動産の所有権を取得したため混同によって抵当権が消滅した（民179①）として抵当権の登記を抹消したが，その所有権取得が無効であった場合は，抵当権消滅の原因がないのであるから，その所有権取得の無効原因いかんを問わず，抹消された抵当権の登記を回復できる（大判大6・10・18民録23・1592）。

②抵当債権者と債務者との間で，いまだ債務の弁済がないにもかかわらず，その弁済あるべきを予想し，実体的法律関係の錯誤に基づいて抵当権の登記を抹消する申請をした場合は，当該登記の回復を申請することができる（大判昭9・3・31評論23諸法・377）。

(イ)　**手続上の瑕疵を原因とする場合**　第1に，偽造文書によってなされた抹消登記の申請は，登記名義人の意思に基づかない無効なものであるから，この場合は，原則として，抹消された登記の回復が認められる(東京地判昭33・3・28下民集9・3・517)。

　第2に，上述のように，登記官の過誤による手続上の瑕疵を原因として登記が抹消された場合も，本条(旧法67条)により登記の回復ができるというのが通説である。ただし，登記実務においては，例えば，所有権移転登記の抹消登記を甲地の登記簿になすべきところ，登記官の過誤によって乙地の登記簿に行ってしまった事案について，職権による登記の更正を定めた法67条2項(旧法64条)に準じて，職権による回復の登記ができるものとされている(昭36・5・29民甲1256民事局長電報回答・先例集追Ⅲ567)。

　(3)　**利害関係人の承諾**　本条によれば，抹消された登記の回復について利害関係人(当該登記の回復につき利害関係を有する抵当証券の所持人または裏書人を含む。以下同じ)が存在する場合，その回復は，利害関係人の承諾があるときに限って申請することができるとされるが，これについては，Ⅲで詳述する。

3　抹消された登記の回復が許されない場合

　以上に対して，①登記を抹消すべき実体法上の理由がない場合であっても，当事者がその自発的な意思で登記の抹消を申請した場合，あるいは，②登記の抹消自体は不適法であるが，抹消された結果が実体と一致している場合は，抹消された登記の回復は認められない。

　(1)　**当事者の自発的な意思で登記の抹消を申請した場合**　例えば，抵当権者が，被担保債権の弁済を受ける前に，抵当権設定者との合意で抵当権の登記を抹消しても，その合意が無効でない限り登記の抹消は有効であり，抵当権の登記の回復は許されない(大判明43・5・13民録16・367)。要するに，この場合は，対抗要件の具備という登記の利益を放棄する当事者の意思に基づいて，適法に抹消がなされたと解されるからである。

　なお，A所有の甲・乙両地に抵当権の登記を得ているBが，甲地の登記を抹消するためその申請を司法書士Cに依頼したところ，代理人Cの錯誤による申請によって，甲地のみならず乙地の登記も抹消されてしまった場合，Aは乙地に対する抵当権の登記の回復を求めることはできない(最判昭42・9・1民集21・7・1755)。代理人の錯誤による申請がなされたとしても，それはBが自ら委任したCによってなされたものであり，したがって，Bの自発的意思に基づいた申請がなされている，と解されるからである。

　(2)　**抹消された結果が実体と一致している場合**　不動産登記の第1の目的は，その不動産に係わる法律関係を現実に即して公示するところにあり，抹消された登記の回復の根拠も，登記を現実の権利関係に合致させる点にある。したがって，登記の抹消が不適法であっても，その結果が現在の権利状態と一致している場合，登記を回復することによって現在の権利状態と相反する公示を作り出すことは許容されず，このような場合は登記の回復は認められない。

そこで，①被担保債権が不存在の場合になされた抵当権の登記は本来抹消されるべきものであるから，偽造文書によって抵当権の登記が抹消されても，その登記の回復を求めることはできない(東京高判昭30・6・29高民集8・5・378)。また，②所有権移転登記の抹消登記が登記義務者の錯誤に基づく不適法なものであっても，所有権移転登記自体が虚偽表示により無効である(民94①)場合，登記の回復は，回復された登記をさらに抹消するという迂遠な方法をとることになるから認められない(東京地判昭58・3・28判夕500・182)。

III 登記上の利害関係を有する第三者(利害関係人)の承諾

　前述のように，抹消された登記の回復は，登記上の利害関係を有する第三者がある場合には，当該第三者の承諾があるときに限って申請することができる。

1 「登記上の利害関係を有する第三者」の意義

　本条でいう「登記上の利害関係を有する第三者」(以下，「利害関係人」とする)とは，形式的に登記記録のみで判断し，抹消された登記が回復されることによって損害を受けるおそれのある者をいう。

　(1) **登記の抹消後に登場した第三者**　例えばIであげた事例のCのように，A所有地上のBの抵当権の登記が抹消された後，同地に抵当権の登記を得た者は，抹消された登記の回復についての利害関係人にあたる。第1順位の抵当権者であったBの抵当権の登記の有無によって，Cの抵当権の順位が変わるからである。同様に，甲地につきなされた強制競売申立記入登記の抹消後に，同地に根抵当権設定登記および所有権移転請求権保全の仮登記を得た者は利害関係人と解され，当該強制競売申立記入登記の回復のためには，その承諾を必要とする(昭39・11・20民甲3756民事局長回答・先例集追IV256)。

　(2) **登記の抹消前に登場した第三者**

　　(ア) **先例**　以上に対し，第三者が登記の抹消前に登場した者である場合は，先例の対応は，以下のように分かれる。

　　　(a) **肯定先例**　①Aのための所有権移転請求権保全の仮登記の抹消当時，既に次順位にあった所有権移転請求権保全の仮登記の登記名義人Bは利害関係人にあたり，Aの仮登記の回復を申請するにはその承諾を要する(昭29・8・27民甲1539民事局長通達・先例集下2219)。②先順位抵当権の登記が解除を原因として抹消されたが，錯誤を理由として当該登記の回復を申請する場合，抹消以前から存在する後順位抵当権登記の登記名義人も，利害関係人にあたる(昭52・6・16民三2932民事局長回答・先例集追VI190)。

　　　(b) **否定先例**　①甲地に対する競売申立記入登記後その抹消前に甲地の所有権移転登記を受けた第三者は，競売申立記入登記の回復についての利害関係人にあたらない(昭31・11・8民甲2587民事局長事務代理通達・先例集追I761)。②抹消されたAの根抵当権設定登記と同順位の根抵当権設定登記の名義人Bは，Aの登記の回復について利害関係人に該当しない(昭39・8・10民甲2737民事局長通達・先例集追IV165〔登記官の職権による抹消回復の事

案〕)。③Aの1番抵当権の登記，Bの2番抵当権の登記のある不動産がAに売却された際に，Bの2番抵当権の登記が存在するにもかかわらず，混同を原因として1番抵当権の抹消登記が誤って(民179①ただし書)なされてしまった事案で，1番抵当権の抹消回復については，Bは利害関係人でないからその承諾は不要である(昭41・10・6民甲2898民事局長回答・先例集追Ⅳ899)。

　(イ)　**理論**　　以上のように，先例は，登記が抹消される前に登場している第三者が本条の利害関係人に該当するかについて区々の対応を示しているが，この根底には，「登記上の利害関係を有する第三者」と判断すべき時点に関する理論的対立がある。

　　(a)　**回復登記時基準説**　　例えば，甲地上にAの1番抵当権とBの2番抵当権があったが，Aの抵当権が不当に抹消されたためその回復が申請された場合について，この説は，Bを利害関係人と解してその承諾を必要とする。要するに，この説は，登記の回復がなされる時点における登記簿面で形式的に判断するのであり，Aが抵当権を回復しようとする時点において，Bよりも先順位の抵当権者が登記簿上存在していないのが，Aの登記が回復されることによってBの順位が繰り下げられることになり，その結果，登記簿上Bは損害を受けるおそれがある者に該当することになる，と解するのである。(ア)(a)の肯定先例はこの説に従ったものであり，一般に，こちらが通説とされる。

　　(b)　**第三者登記時基準説(抹消登記時基準説)**　　大決大4・6・30民録21・1079によれば，Aの仮差押登記のある甲地の所有権移転登記をBが受けた後で当該仮差押登記が抹消されたが，さらにその後，抹消された仮差押登記を回復するについて，Bは利害関係人にあたらない，とされる。そして，同決定によれば，BはAの仮差押登記を前提として所有権移転登記を受けているのであるから，Aがいったん抹消された仮差押登記を回復しても，Bには何らの損害も及ぼすことにはならない，ということが理由としてあげられる。要するに，この決定は，第三者が本条の利害関係人に該当するかどうかについて，第三者登記時基準説(抹消登記時基準説)に立つものであり，したがって，Bが登記をした時，あるいは，仮差押登記が抹消された時の登記簿の記録を基準として利害関係を決すべきとするのである。(ア)(b)の否定先例は，このような立場に立つものといえよう。

　なお，司法書士の実務感覚によれば，過去の通達・先例は原則的に(a)の回復登記時基準説をとっているが，抹消回復登記の前提となる抹消登記を受理したことについて登記官に過誤がある場合には，(b)説をとっている傾向があるように感じられるとのことである。

　(3)　**回復される登記と両立しえない登記の登記名義人**　　例えば，A→Bの所有権移転登記が不法に抹消された後，A→Cの所有権移転登記がなされた場合，A→Bの移転登記の回復に際して，Cは利害関係人に該当するであろうか。もしCが本条の利害関係人にあたるならば，Bは，Cの承諾を得ることによって，A→Bの移転登記を回復できることになろう。

　しかし，そうだとすれば，抹消回復登記については法109条2項のような規定がないため，暫定的かもしれないが，登記簿上1つの不動産にB・C両名の所有権が公示されると

いう一物一権主義からは好ましくない事態が生ずることになる。そこで，有力説は，上記事例のCは本条の利害関係人には該当せず，この場合は，まずA→Cの移転登記を抹消し，その後で，A→Bの移転登記を回復すべきものとしている(吉野・注釈(下)464頁以下，京都地判昭43・7・24下民集19・7=8・456)。

(4) **回復される登記の登記義務者の承継人** 大判明43・4・30民録16・338によれば，Aのため地上権設定登記をした甲地の所有者Bが書類を偽造してその登記を抹消した後で，Cに所有権移転登記をした場合，Bは，抹消された地上権設定登記の回復登記における登記義務者であり，Cは当該回復登記の利害関係人に該当する，とされる(抹消された抵当権設定登記の回復について，同旨——大判明44・9・8刑録17・1524)。

しかし，これに対して，有力説は，Aの登記は不法に抹消されたことによってその対抗力を失わないのであるから，Cは地上権付きの所有権を取得したのであって，Aの登記の回復について利害関係人ではなく，Bから申請義務を承継した登記義務者となる，とする(吉野・注釈(下)465頁以下)。なお，登記実務においては，A所有不動産上のBの抵当権の登記の抹消後，A→Cの所有権移転登記がなされた場合，抹消された抵当権の登記の回復を申請するに際しては，Cは利害関係人ではなく，登記義務者となるとする先例が存在する(昭57・5・7民三3291民三課長回答・先例集追Ⅵ1170)。

(5) **抵当証券の所持人または裏書人** 本条でいう「登記上の利害関係を有する第三者」には，「当該登記の回復につき利害関係を有する抵当証券の所持人または裏書人」も含まれる(本条第2かっこ書)。

2 承諾義務

(1) **総説** 前述のように，抹消された登記の回復は，本来抹消すべきでない登記が不適法に抹消されてしまった場合に認められるものであり，そのような抹消によっては登記の対抗力が消滅しないことを根拠とするのであるから，一般に，利害関係人には承諾義務が存在することになる。したがって，利害関係人が任意に承諾しないときは，抹消回復登記の登記権利者は承諾請求権を有するから，当該利害関係人を被告として，承諾の意思表示を求める訴えを提起することができる(前掲最判昭36・6・16)。

ただし，例えば虚偽表示によって抵当権の登記を抹消した場合，その虚偽表示は善意の第三者に対抗できず(民94②)，また，詐欺によって抵当権の登記を抹消した場合は，詐欺による意思表示の取消しは善意の第三者に対抗できない(民96③)のであるから，抹消後抵当不動産の所有権移転登記を得た善意の利害関係人は，承諾義務を有しない。要するに，承諾義務の存否は実体法にも依存するのであって，抹消回復登記の登記原因で対抗できない者に対しては，承諾を要求することができない。

(2) **判例** 利害関係人の承諾義務，および登記権利者の承諾請求権について，判例に現れた具体的事例をあげると，以下のようである。

①抵当権の登記が登記官の過誤によって抹消された場合，当該抵当権者は，登記の抹消

後新たに抵当権の登記を得た第三者に対して，回復登記の申請に必要な承諾を請求できる（前掲大連判大12・7・7）。抵当権設定登記が抵当権者不知の間に不法に抹消された場合も同様である（前掲最判昭36・6・16）。

②A所有の不動産上に付けられたBの抵当権の登記がAの強迫によって抹消された後，当該不動産上にCが抵当権設定登記を受けた場合，Bは自己の抵当権の登記の回復にあたり，C（または，Cから抵当権の譲渡を受けたD）の承諾を請求できる（大判昭4・2・20民集8・59）。

③所有権移転の仮登記が仮登記権利者の不知の間に不法に抹消された場合，当該仮登記がなされていた不動産について所有権移転登記を受けた者は，その善意悪意または回復登記により受ける損害の有無・程度にかかわらず，仮登記権利者の回復登記手続に必要な承諾を与えなければならない（前掲最大判昭43・12・4）。

IV 抹消された登記の回復の申請

1 共同申請

抹消された登記の回復は，回復されるべき原登記が共同申請によるものであったときは，原則として，原登記の登記権利者・登記義務者がそのまま（換言すれば，抹消登記の登記権利者と登記義務者が逆になった形で）回復登記の登記権利者・登記義務者となる。そして，原登記を共同申請したと同様に，回復登記も，登記権利者・登記義務者双方が共同して申請しなければならない(60)。したがって，例えば，不法に抹消された抵当権設定登記の回復を申請する場合，通常は，抹消された抵当権の登記名義人が登記権利者となり，原登記の登記義務者であった抵当権設定者が登記義務者となって回復を申請する。

ただし，今日の登記実務によれば，A所有の不動産上に付けられたBの抵当権の登記が抹消された後，当該不動産について，Cへの所有権移転登記がなされた場合は，抵当権の登記の回復における登記義務者は，AではなくてCであるとされる（前掲昭57・5・7民三3291民三課長回答）。したがって，抵当権など他物権の回復登記における登記義務者は，正確にいえば，他物権の目的である不動産の現在の所有権登記名義人ということになろう。

なお，抵当権等の権利を譲渡した者(A)は，当該権利の譲受人Bに対してその登記を移転する義務を負う。したがって，現在Aは権利者ではないが，Aのための登記（抵当権設定登記等）が不法に抹消された場合は，Bに対する移転登記義務を履行するため，抹消回復登記の登記権利者として回復登記の手続を行うことができる（大判明40・11・11民録13・1123）。

2 単独申請

例えば，相続を原因とする所有権移転登記のように，原登記が単独で申請できるものである(63②)ときは，抹消された原登記の回復も単独の申請が認められる。本来は，登記の回復を登記権利者・登記義務者の共同で申請しなければならない場合において，その一方に登記手続を命ずる確定判決が出されたときも同様である(63①)。

3 申請情報

抹消された登記の回復を申請する場合は，令3条が掲げる通常の申請情報のほかに，回復する登記の登記事項を，回復登記独自の申請情報として登記所に提供しなければならない（令3⑬，別表27申請情報欄）。

4 添付情報

抹消された登記の回復について，登記上の利害関係を有する第三者（当該登記の回復につき利害関係を有する抵当証券の所持人または裏書人を含む）が存在する場合は，当該第三者の承諾を証する当該第三者が作成した情報，または当該第三者に対抗することができる裁判があったことを証する情報を，添付情報として登記所に提供することを要する（令7①(6)，別表27添付情報欄ロ）。また，上記第三者が抵当証券の所持人または裏書人であるときは，当該抵当証券も添付しなければならない（令7①(6)，別表27添付情報欄ハ）。

V 登記の回復の実行

1 登記の全部が抹消された場合の回復

規則155条によれば，抹消された登記の回復をする場合，登記官は，回復の登記をした後，抹消に係る登記と同一の登記をしなければならない，とされる。したがって，例えば，登記記録の権利部（乙区）における順位番号1番の抵当権設定登記を抹消する順位番号2番の抹消登記がなされ，その後，他の登記がなされない間に抹消回復登記をするという場合は，3番の順位番号を付して，「順位番号1番の抵当権の回復」という趣旨の登記を行い，それに続けて，抹消される前の抵当権設定登記と同一の登記を，順位番号1番を付して改めて行うことになる（幾代＝徳本・不登法204頁）。

なお，抹消された登記が回復されるのは，抹消登記自体が無効の場合であるから，原登記の回復に代えて，抹消登記の抹消という方法はとりえないか，ということが一応問題となる。しかし，不当な抹消登記を抹消しても，原登記は登記簿上回復されず，それを抹消する記号が記録された（規則152①）ままで残ることになる。このような理由から，抹消登記の抹消という方法は認められず，不適法な抹消登記がなされた場合は，必ず本条の定める抹消された登記の回復という方法をとらなければならない（杉之原・不登法252頁以下）。

2 登記事項の一部が抹消されている場合の登記の回復

規則3条3号によれば，登記事項の一部が抹消されている場合において行う抹消された登記の回復は，付記登記によって行うべきものとされる。その手続は，明33・2・7民刑39民刑局長回答・先例集上140に従えば，次のようになる。

すなわち，例えば，登記記録の権利部（乙区）に，地代と支払期の定めのある地上権設定登記が順位1番でなされていたところ，地代および支払期の定めの廃止を原因とする地上権変更（地代および支払期の定めの抹消）の付記登記（付記1号）がなされたが，その後，錯誤

を理由に地代および支払期の定めを回復する登記をする場合は、付記(付記2号)によって回復登記を行い、その回復登記の末尾に抹消に係る登記事項と同一の登記事項(この場合は、地代と支払期の定め)を記録する(林=青山・注解437頁[西村一郎])。

なお、登記事項の一部が抹消されている場合についても、不適法に登記事項を抹消した変更登記・更正登記の更正登記という方法がとれないか疑問となる。しかし、このような方法をとれば、原登記の一部の登記事項を抹消する記号(規則150)はそのまま残されることになり、登記記録上錯雑でわかりにくい状態が引き起こされるため、やはりここでも、回復登記という方法をとらなければならない(幾代=徳本・不登法203頁)。

(草野元己)
(執筆協力:八神　聖)

(敷地権付き区分建物に関する登記等)
第73条　敷地権付き区分建物についての所有権又は担保権(一般の先取特権，質権又は抵当権をいう。以下この条において同じ。)に係る権利に関する登記は，第46条の規定により敷地権である旨の登記をした土地の敷地権についてされた登記としての効力を有する。ただし，次に掲げる登記は，この限りでない。
(1)　敷地権付き区分建物についての所有権又は担保権に係る権利に関する登記であって，区分建物に関する敷地権の登記をする前に登記されたもの(担保権に係る権利に関する登記にあっては，当該登記の目的等(登記の目的，申請の受付の年月日及び受付番号並びに登記原因及びその日付をいう。以下この号において同じ。)が当該敷地権となった土地の権利についてされた担保権に係る権利に関する登記の目的等と同一であるものを除く。)
(2)　敷地権付き区分建物についての所有権に係る仮登記であって，区分建物に関する敷地権の登記をした後に登記されたものであり，かつ，その登記原因が当該建物の当該敷地権が生ずる前に生じたもの
(3)　敷地権付き区分建物についての質権又は抵当権に係る権利に関する登記であって，区分建物に関する敷地権の登記をした後に登記されたものであり，かつ，その登記原因が当該建物の当該敷地権が生ずる前に生じたもの
(4)　敷地権付き区分建物についての所有権又は質権若しくは抵当権に係る権利に関する登記であって，区分建物に関する敷地権の登記をした後に登記されたものであり，かつ，その登記原因が当該建物の当該敷地権が生じた後に生じたもの(区分所有法第22条第1項本文(同条第3項において準用する場合を含む。)の規定により区分所有者の有する専有部分とその専有部分に係る敷地利用権とを分離して処分することができない場合(以下この条において「分離処分禁止の場合」という。)を除く。)
②　第46条の規定により敷地権である旨の登記をした土地には，敷地権の移転の登記又は敷地権を目的とする担保権に係る権利に関する登記をすることができない。ただし，当該土地が敷地権の目的となった後にその登記原因が生じたもの(分離処分禁止の場合を除く。)又は敷地権についての仮登記若しくは質権若しくは抵当権に係る権利に関する登記であって当該土地が敷地権の目的となる前にその登記原因が生じたものは，この限りでない。
③　敷地権付き区分建物には，当該建物のみの所有権の移転を登記原因とする所有権の登記又は当該建物のみを目的とする担保権に係る権利に関する登記をすることができない。ただし，当該建物の敷地権が生じた後にその登記原因が生じたもの(分離処分禁止の場合を除く。)又は当該建物のみの所有権につ

いての仮登記若しくは当該建物のみを目的とする質権若しくは抵当権に係る権利に関する登記であって当該建物の敷地権が生ずる前にその登記原因が生じたものは，この限りでない。

＊旧法関係……旧法110条ノ15・140条ノ3・110条ノ13・140条ノ2

I 本条の趣旨
1 分離処分禁止の原則(一体性の原則)

わが国の法制では，建物はその敷地から独立した不動産とされ，建物と敷地はそれぞれ所有権など別個の権利の対象となる。したがって，マンションなど区分所有建物においても，専有部分に対する区分所有権(建物区分2①)と，敷地の所有権などの敷地利用権(建物区分2⑥)とは別々の財産権であり，法制の基本原理からいえば，区分所有権と敷地利用権とが別個に処分される可能性もあるわけである。

しかし，このように，区分所有権と敷地利用権とが別々に処分されるとすると，区分所有者等にとってはなはだ不都合な事態が生ずるのは，自明のことである。そこで，建物区分所有法22条1項は，マンションなど区分所有建物の敷地利用権が数人で有する所有権その他の権利(借地権など)である場合，一般に，区分所有者はその有する専有部分とその専有部分に係る敷地利用権とを分離して処分することができない，と分離処分禁止の原則(一体性の原則)を定めた。したがって，敷地利用権が所有権である場合，区分所有者Aの専有部分をBに譲渡する場合は，Aの敷地利用権もそれと一緒にBに譲渡しなければならず，また，Aの専有部分にCの抵当権を設定する場合は，それとともに，敷地利用権の上にもCの抵当権を設定しなければならない。

なお，同条3項によれば，以上のことは，マンションの分譲業者など建物の専有部分の全部を所有する者の敷地利用権が，単独で有する所有権その他の権利である場合も同様とされる。

2 登記の問題

ところで，登記記録は建物とその敷地とで別々に作成されるため，この建前に従えば，分離処分禁止の原則によって専有部分の処分とともに敷地利用権が処分されても，建物と敷地の双方についてその処分に関する登記をしなければならない。ところが，そうだとすれば，敷地については，敷地利用権が所有権である場合は区分所有者全員で共有持分登記をまず行う必要があり，各区分所有者の専有部分とその敷地利用権について譲渡や抵当権設定などがなされたときは，その都度，共有持分の移転登記や抵当権設定登記，あるいはその抹消登記などを，建物の登記とは別に行っていかなければならないことになる。

しかし，これでは，区分所有建物に関する権利関係の公示が錯雑化して一目瞭然といか

ないのみならず，建物の登記と敷地の登記との間に齟齬をきたすおそれもないわけではない。そこで，本条は，建物区分所有法が定めた専有部分と敷地利用権との一体的処分が公示上も明瞭かつ簡潔に示されることを目的として，敷地権(後述)の権利変動の公示は，区分建物(マンション等区分所有建物において，構造上区分され，独立して住居等建物としての用途に供することのできる部分で，通常は専有部分であるもの〔2(22)〕)の権利に関する登記を通じて行うことを原則とした。

II 本条1項
1 本条1項本文

(1) **意義** 本条1項本文によれば，敷地権付き区分建物(敷地権の登記がされている区分建物〔55①第1かっこ書〕)についての所有権または担保権(一般の先取特権，質権，抵当権)に係る権利に関する登記は，当該区分建物に対する登記としての効力のみならず，当該敷地の所有権・地上権等が敷地権である旨の登記(46)をした場合に，土地の敷地権についてされた登記としての効力も有する，とされる。

そこで，例えば，各区分所有者が敷地を共有するマンションにおいて，区分所有者の1人Aがその所有するマンションの専有部分をBに譲渡した場合，マンションの規約に別段の定めのない限り，敷地所有権(持分権)もBに譲渡することになるが，AからBへその専有部分についての所有権移転登記がなされれば，土地の登記記録に何らの記録がなくても，敷地の共有持分権の移転登記もあったものとして扱われる。また，各区分所有者が敷地の地上権を準共有している場合は，準共有されている敷地の地上権(の持分)も一括して譲渡され，当該地上権の(持分)移転登記もあったものとされるのである。

(2) **敷地権** 前述のように，建物区分所有法22条によれば，敷地利用権が数人で有する所有権その他の権利である場合，または，建物の専有部分全部を所有する者の敷地利用権が単独で有する所有権その他の権利である場合は，原則として，専有部分とその専有部分に係る敷地利用権とは分離して処分することができない，とされる。そして，法44条1項9号によれば，「敷地権」とは，登記された敷地利用権(所有権・地上権・賃借権)で，建物区分所有法22条によって専有部分と分離して処分することができないものをいう，とされる。そうすると，登記された敷地利用権でなければ敷地権とはなりえないことから，敷地権としては，登記が可能な所有権・地上権・賃借権のみが認められ，使用借権は敷地権に含まれないということになる。

(3) **敷地権である旨の登記** 法44条1項9号は，建物または附属建物が区分建物である場合において，当該区分建物に敷地権が付いているときは，その敷地権も，建物の表示に関する登記の登記事項となる，と定める。そして，法46条によれば，登記官は，建物の表示に関する登記をする際，区分建物に関する敷地権について表題部に最初に登記をするときは，当該敷地権の目的である土地の登記記録に，職権で，当該登記記録中の所有権・地上権・賃借権が敷地権である旨の登記をしなければならないものとされる。

以下，その趣旨を説明すると，本条1項本文により，区分所有建物が存在する土地の敷地権についての権利関係の公示は，建物の登記記録によってなされることになったが，そうすると，区分所有建物の敷地の権利関係を知るためには，土地の登記記録のみならず，建物の登記記録をも参照することが必要となる。そこで，ある土地の所有権等の権利が敷地権に該当し，それに関する権利関係は建物の登記記録で公示されるということを明らかにするため，46条の規定が設けられたのである。したがって，本条1項本文が適用されるためには，土地の登記記録に，土地の権利が敷地権である旨の登記がなされていることを必要とする。

(4) 所有権または担保権に係る権利に関する登記
　(ア) 所有権に係る権利に関する登記　　本条1項本文は，敷地権にも効力を及ぼす区分建物についての登記を，所有権または担保権に係る権利に関する登記と広く規定している。そこで，まず所有権に係る権利に関する登記としては，所有権移転登記はもちろん，所有権に関する仮登記，買戻特約の登記(96)，差押え・仮差押えの登記，所有権に関する変更・更正・抹消の登記，あるいは，所有権に関する登記の登記名義人の表示の変更・更正の登記などが含まれる。
　一方，所有権保存登記についてであるが，転得者保存登記，すなわち，区分建物において表題部所有者から所有権を取得した者が申請する所有権保存の登記(74②)は，この中に含まれる。そして，この登記は，マンションの分譲業者などが表題部所有者になっていてその者から分譲を受けたような場合になされるため，表題部所有者から所有権移転登記を受けたと同様な実質を有するものと考えられる。したがって，この登記がなされた場合は，敷地権については，敷地権の共有持分権または準共有持分権の移転登記の効力が認められることになる。以上に対して，法74条1項が規定する一般の所有権保存登記は，その性質からいって建物のみに関する登記であると解されるから，本条は適用されず，敷地権についてされた登記としての効力は有しない。
　(イ) 担保権に係る権利に関する登記　　次に，敷地権付き区分建物についての担保権に係る権利に関する登記も敷地権についてされた登記としての効力を有するが，ここでの担保権とは，一般の先取特権，質権，抵当権のことをいう(本条1項本文かっこ書)。そこで，本条1項本文でいう担保権に係る権利に関する登記としては，一般先取特権の保存の登記，質権・抵当権の設定登記だけではなく，これらの権利の移転登記，あるいは，これらの権利に関する登記の変更・更正・抹消の登記なども含まれることになる。
　これに対して，区分建物についての特別の先取特権の登記は，その権利の性質上，敷地権には効力を及ぼさない。また，区分建物に抵当権設定登記がなされた場合であっても，敷地権が賃借権であるときは，賃借権は抵当権の目的とは認められないため(民369②参照)，その登記の効力が敷地権に及ぶことはない。

2 本条1項ただし書による例外

1(1)で述べたように，敷地権付き区分建物についてなされた所有権移転登記などの登記は，敷地権についてなされた登記としての効力を有することを基本とするのであるが，本条1項ただし書は，同ただし書の1号から4号まで規定する場合を，区分建物についてのみ効力が生じ，土地の敷地権には効力が及ばない例外として定めている。

(1) **本条1項ただし書1号** 本条1項ただし書1号によれば，敷地権付き区分建物についての所有権または担保権に係る権利に関する登記であって，区分建物に関する敷地権の登記をする前に登記されたものは，原則として，建物についてのみ効力を有する登記とされ，敷地権についてされた登記としての効力は認められない，とされる。

(ア) **敷地権の登記前における区分建物についての所有権に関する登記** そもそも旧法110条ノ15第1項は，建物について行った所有権に関する登記が敷地権についてされた登記としての効力も有する要件の1つとして，その所有権に関する登記が，敷地権の表示を登記した後になされたものであることをあげていた。これに対して，新法は，これを逆にした形で規定したにすぎず，その意味するところは，旧法と同様と考えられる。

敷地権の登記をする前に区分建物についてなされた権利に関する登記としては，例えばマンション分譲業者が分譲当初，敷地利用権の一部の分離処分を可能とする規約(建物区分22①ただし書・③)を公正証書で設定して(建物区分32)専有部分の所有権を移転した場合の所有権移転登記などが考えられる。そして，このような登記は，建物区分所有法22条1項本文により分離処分が禁止される前の処分に関する登記にあたるため，敷地権の登記がなされた後であっても，建物についてのみの効力しか認められないのは当然のことといえよう。また，敷地権の登記がなされる前の土地の権利関係の公示は土地の登記によって行われるべきであるから，この場合になされた区分建物についての所有権に関する登記は，その敷地に効力を及ぼしえないのである。

(イ) **敷地権の登記前における区分建物についての担保権に関する登記** 所有権に関する登記の場合と同様に，区分建物についての担保権(一般の先取特権，質権，抵当権)に関する登記も，それが敷地権の登記をする前に登記されたものであった場合は，敷地権についてされた登記としての効力は認められないのを原則とする。しかし，これには，以下に述べるような重要な例外がある。

すなわち，本来ならば，敷地権の登記をする前になされた区分建物の担保権に関する登記は，敷地権に効力を及ぼさないはずである。しかし，本条1項1号かっこ書によれば，このような登記であっても，その①登記の目的，②申請受付の年月日と受付番号，③登記原因とその日付(以下，「登記の目的等」とする)が，当該敷地権となった土地の権利についてなされた担保権に関する登記の目的等と同一であれば，敷地権の登記後，敷地権についてされた登記としての効力を有するものとされる。

要するに，この場合は，敷地権の目的となった土地(または地上権・賃借権)が区分建物と共同担保の関係にあったのであるが，そのようなときは，敷地権の登記後，敷地に関する

担保権の公示を建物の登記記録によって公示させても特に不都合ではないし，また，公示技術の点からはかえって合理的と解される(清水・Q&A 231頁以下)。そこで，本条1項1号かっこ書のような規定が設けられたのである。

なお，区分建物についての登記の表題部に新たに敷地権の登記をする場合は，建物の表題部の変更または更正の登記(51①・53①)の手続により行うことになる。そして，この場合，登記官は，敷地権の目的である土地の登記記録に関して，職権で，当該登記記録中の所有権等が敷地権である旨の登記をする(46)とともに，従来の担保権に関する登記の抹消をしなければならない(規則123②)。

(2) 本条1項ただし書2号　本条1項ただし書2号によれば，敷地権付き区分建物についての所有権に係る仮登記のうち，区分建物に関する敷地権の登記をした後に登記されたものであるが，その登記原因が当該建物の当該敷地権が生ずる前に生じたものは，建物に関してのみその効力が認められ，敷地権についてされた登記としての効力は生じない，とされる。敷地権が生ずる前に区分建物について売買などの登記原因が生じた場合とは，要するに，規約によって専有部分と敷地利用権の分離処分が許されていた場合(建物区分22①ただし書)である。したがって，その趣旨からいえば，敷地権が登記された後においても，敷地権登記前の登記原因に基づく区分建物の所有権移転登記によって，敷地権について移転登記がなされたと同様の効力を生じさせるようなことは，本来は相当といえないであろう。

ところが，敷地権登記後に，区分建物についてのみ効力を有する所有権移転登記が認められるならば，そのことによって区分所有者の名義が敷地権者と異なることになるが，このような結果は，敷地権が区分建物と敷地利用権の一体的帰属を前提とする権利である(44①(9)参照)という点からは，認めがたいものといえよう。要するに，敷地権という権利の法律構成からいって，敷地権の登記が抹消されない限り，区分建物のみの売買等を登記原因とする所有権移転登記は，原則として認められないのである(本条3項本文)。

しかし，当該登記が区分建物についての所有権に関する仮登記であるならば，それによってすぐに本登記としての効力(対抗力)が生ずるわけではないから，敷地権が登記されていることと，仮登記の効力を建物のみにとどめることとは，必ずしも相容れないわけではない。また，敷地権発生後，敷地権発生前に生じた登記原因に基づく本登記は認められないにしても，将来に備えて，少なくとも順位保全の効力は認めておく必要がある。本条1項2号の規定は，このような理由に基づいて設けられたものと考えられよう(清水・Q&A 232頁)。

以上のところから，本条1項2号でいう仮登記には，法105条における1号仮登記と2号仮登記の双方が含まれると解される。また，敷地権登記後において上記仮登記が認められるとしても，この仮登記に基づいて本登記を行うには，建物の表題部の変更の登記(51条)によって，敷地権の登記を抹消することが必要となる。

(3) 本条1項ただし書3号　本条1項ただし書3号によれば，敷地権付き区分建物

についての質権または抵当権に係る権利に関する登記のうち，区分建物に関する敷地権の登記をした後に登記されたものであるが，その登記原因が当該建物の当該敷地権が生ずる前に生じたものも，所有権に係る仮登記の場合と同様，建物に関してのみその効力が認められ，敷地権についてされた登記としての効力は生じない，とされる。けだし，この場合に登記される権利は，区分所有建物の専有部分と敷地利用権との分離処分が禁止される前に，建物に有効に設定された質権または抵当権である。そうすると，そのような権利に関する登記は，分離処分の禁止にともなって敷地権が発生した後も，区分建物に関してのみ効力を有するものとして認める必要がある，と考えられるからである。

ところで，本条1項本文かっこ書は，敷地権に関する登記としての効力をも有する区分建物についての担保権の登記として，質権または抵当権の登記のほか，一般先取特権の登記をも掲げているが，本条1項ただし書3号では，質権または抵当権の登記のみがあげられていて，一般先取特権の登記は除かれている。そこで，その理由であるが，一般の先取特権は債務者の総財産の上に法律上当然に成立する（民306)ため，一般先取特権の発生が敷地権の生ずる前であっても，債務者が区分建物とその敷地利用権を有していれば，一般先取特権は両者の上に成立する。そして，そうだとするならば，敷地権発生後は，区分建物について行う登記によって区分建物とその敷地権上の一般先取特権を一体的に公示するほうが簡明であるがゆえに，本条1項ただし書3号からは，一般の先取特権が除外されているのである。

　(4)　**本条1項ただし書4号**　　本条1項ただし書4号の定めるところによれば，敷地権付き区分建物についての所有権または質権もしくは抵当権に係る権利に関する登記のうち，区分建物に関する敷地権の登記をした後に登記されたものであり，なおかつ，その登記原因が当該建物の当該敷地権が生じた後に生じたものは，建物区分所有法22条の規定する分離処分の禁止に該当する場合を除き，建物に関してのみその効力が認められ，敷地権についてされた登記としての効力は生じない，とされる。以上のように，この条文の表現にそのまま従うと，敷地権発生後に登記原因が生じた区分建物の所有権・質権・抵当権に関する登記についても，その効力は建物に関してのみ生ずるのが原則のようにとれないわけでもない。

しかし，前述のように，建物区分所有法22条は専有部分と敷地利用権との分離処分の禁止を原則とし，本法44条1項9号は，その分離処分できない登記済みの敷地利用権を「敷地権」と規定している。したがって，敷地権発生後においては，区分建物についての所有権・質権・抵当権の登記は，本来，敷地権についてされた登記としての効力をも有するのであり，法律上例外的に分離処分が許される場合に限り，建物についてのみ効力を有することになる。本条1項ただし書4号は，その表現が少し迂遠であることは否定できないが，以上の意味を有する条文と解せられる。

そこで，法律上例外的に分離処分が禁止されていないため，区分建物についての登記の効力を建物のみにとどめることが許容される例としては，建物のみに関する処分禁止の仮

処分の登記(民保53)があげられよう(昭58・11・10民三6400民事局長通達・先例集追Ⅶ163第14-1-(5))。というのは，この場合は，区分建物の所有権の帰属についてのみ争いがあるため，建物のみについて処分禁止の仮処分命令が発せられていると解されるからである(新・基コンメ不登法224頁[橘田博])。

最後に，本号も，一般の先取特権に関する登記には適用されないが，その理由は，(3)で述べたとおりである。

Ⅲ 本条2項
1 本条2項本文

本条2項本文によれば，46条の規定に基づき，土地の権利が敷地権である旨の登記がされた土地には，原則として，敷地権の移転の登記，または，敷地権を目的とする担保権(一般の先取特権，質権，抵当権)に係る権利に関する登記をすることができない，とされる。建物区分所有法22条の定める分離処分禁止の原則(一体性の原則)によれば，敷地権である旨の登記がされた土地の所有権・地上権・賃借権(敷地権)を建物と分離して処分することは，実体法上無効になる。とすれば，敷地権のみを処分する旨の登記ができないことを定める本条2項本文は，当然の規定といえよう。また，敷地権である旨の登記がされた土地については，敷地権の移転等の本登記ができないのであるから，そのための仮登記もできないと解される。

なお，敷地権の移転や敷地権を目的とする担保権の設定などの処分は，区分建物の登記のほうで公示するという制度がとられているため(本条1項本文)，分離処分禁止の原則(一体性の原則)に基づいて建物と敷地権を一体的に処分した場合も，敷地権である旨の登記をした土地には，土地の処分についての登記をする必要はなく，また，そのような登記はすることができない。本条2項本文には，このような意味も内包されているのである。ちなみに，以上のことは，仮登記をする場合についても該当する。

ところで，敷地権の目的である土地の一部が時効取得された場合，その土地の所有権は時効取得者が取得するため，区分建物の所有権とは分離されることになるが，その場合でも，当該土地に，法46条の規定する敷地権である旨の登記がなされている以上，時効取得を原因とする所有権移転登記をすることができない。そこで，このようなときは，まず分筆の登記(39①)をして，その上で，敷地権であった権利が敷地権でない権利となったことによる建物の表題部の変更登記(51)を行い，それとともに，時効取得地の登記記録で，その土地の所有権等が敷地権である旨の登記(46)を抹消する(規則124①)。そして，以上の手続を経た後，時効取得による所有権移転登記を行うことになる。

2 本条2項ただし書による例外

*1*で述べたように，法46条の敷地権である旨の登記をした土地には，敷地権移転の登記や敷地権を目的とする担保権の登記ができないのが原則であるが，本条2項ただし書は，

これらの登記をすることが例外的に可能な場合について定める。

(1) **分離処分禁止の場合にあたらないとき**　土地が敷地権の目的となった後に登記原因が生じたものであっても、分離処分禁止の場合にあたらないときは、当該土地について、敷地権移転の登記や敷地権を目的とする担保権の登記をすることができる(本条2項ただし書前段)。例えば、①敷地権が生ずる前に設定された質権または抵当権の実行による差押えの登記は、土地の所有権・地上権・賃借権のみを目的とするものであっても認められる。また、②土地のみに関する処分禁止の仮処分の登記(民保53)も同様である(前掲昭58・11・10民三6400民事局長通達・先例集追Ⅶ163第14-1-(5)、(6))。これらの場合は、各処分の制度目的上やむをえないものとして、分離処分ないしはその登記が許されるのである。

なお、本条2項が規定する登記ではないが、③土地のみを目的とする特別の先取特権の保存登記は、法定担保物権というその権利の性質上、敷地権が設けられた後であっても、土地の上にその登記が認められる。また、④敷地権が土地の所有権である場合、当該土地上に地上権や賃借権を設定することは、一体性の原則(分離処分禁止の原則)とは無関係であるため、これらの登記も容認される(前掲昭58・11・10民三6400民事局長通達・先例集追Ⅶ164第14-2-(4))。

(2) **土地が敷地権の目的となる前に登記原因が生じたもの**　本条2項ただし書後段によれば、敷地権についての仮登記、または、質権もしくは抵当権に係る権利に関する登記であって、当該土地が敷地権の目的となる前にその登記原因が生じたものは、敷地権である旨の登記をした土地に当該登記をすることができる、とされる。要するに、これらの登記は、分離処分禁止の原則(一体性の原則)が成立する前になされた処分に関する登記であるため、敷地権発生後も土地についてのみ行うことができるのである。

ちなみに、分離処分が認められている間になされた処分に関する登記であるということが、上記の例外の認められる理由であるとするならば、敷地権発生前に生じた登記原因に基づく土地の敷地権(所有権・地上権・賃借権)移転の本登記はできないかということが、一応問題となろう。しかし、区分建物から分離して敷地権のみの本登記を認めることは、区分建物との一体的処分を前提とする敷地権の概念からは決して認められるものではない。本登記をするためには、まず敷地権の登記を抹消しなければならないのである。

なお、本ただし書では、本条1項本文かっこ書であげられている担保権のうち、一般の先取特権が除かれている。その理由は、一般の先取特権は債務者の総財産の上に成立するものであり、土地とか建物とかいった個別の財産上にのみ成立することはない、という点にある。

Ⅳ　本条3項

1　本条3項本文

本条3項本文によれば、敷地権付き区分建物には、原則として、当該建物のみの所有権の移転を登記原因とする所有権の登記、または、当該建物のみを目的とする担保権(一般

の先取特権，質権，抵当権)に係る権利に関する登記をすることはできない，とされる。区分建物に敷地権の登記がある場合，分離処分禁止の原則(一体性の原則)によって，区分建物とその敷地権とを分離して処分することは認められない(建物区分22)。そうすると，この原則に反する形で，当該建物のみを処分する登記ができないのは当然のこととなる。また，一体性の原則に従い，区分建物と敷地権を一体的に処分したならば，その公示も一体的に行うべきであり，したがって，建物のみに関する登記は認められない，と解されるからである。

ところで，以上述べた登記には，本登記のみならず，仮登記も包含される。本登記ができないのならば，そのための仮登記も認める必要がないからである。また，本条3項本文の「所有権の移転を登記原因とする所有権の登記」には，74条2項の規定する転得者保存登記も含まれる。転得者保存登記が，表題部所有者からの所有権移転登記の実質を有するからである。これに対して，同条1項の定める登記は，純然たる建物所有権保存の登記であるから，建物のみについて行うことができる。

2 本条3項ただし書による例外

*1*で述べたように，敷地権付き区分建物の場合，当該区分建物についてのみ所有権を移転する登記や，当該建物のみを目的とする担保権の登記はできないのを原則とするが，本条3項ただし書は，これらの登記をすることが例外的に可能な場合について規定している。

(1) **分離処分禁止の場合にあたらないとき**　区分建物の敷地権が生じた後に登記原因が生じたものであっても，分離処分禁止の場合にあたらないときは，当該建物のみの所有権の移転を登記原因とする所有権の登記や，当該建物のみを目的とする担保権に関する登記をすることが可能である(本条3項ただし書前段)。例えば，所有権処分禁止の仮処分の登記や，敷地権が生ずる前に設定された質権または抵当権の実行による差押えの登記は，その登記の性質上，分離処分禁止の場合にあたらないと解され，建物の所有権のみを目的とするものでも行うことができる(前掲昭58・11・10民三6400民事局長通達・先例集追Ⅶ163第14-1-(5))。

なお，本条3項が規定する登記には該当しないが，①建物のみを目的とする特別の先取特権の保存登記は，法定担保物権という権利の性質上，敷地権が生じた後であっても，その登記が認められる。また，②建物のみを目的とする賃借権も，一体性の原則(分離処分禁止の原則)と相反するものではないから，その登記が可能である。

(2) **建物の敷地権が生ずる前に登記原因が生じたもの**　本条3項ただし書後段によれば，区分建物のみの所有権についての仮登記，または，区分建物のみを目的とする質権もしくは抵当権に係る権利に関する登記であって，当該建物の敷地権が生ずる前にその登記原因が生じたものについては，その登記が可能である，とされる。その理由は，Ⅲ*2*(2)で，敷地権についてのこれらの登記に関して述べたところと同様である。また，本ただし書でも，本条1項本文かっこ書にあげられている担保権のうち，一般の先取特権が除

外されているが，その理由も，Ⅲ2(2)で述べたとおりである。

(3) **登記の具体的方法**　規則156条によれば，登記官は，本条3項ただし書に規定する登記をしたときは，当該登記に付記する方法により，当該登記が建物のみに関する旨，および，登記の年月日を記録しなければならない，とされる。敷地権付き区分建物の場合は，本条1項本文により，建物の登記記録になされる当該建物の所有権や担保権の登記が，原則として，土地の敷地権についてされた登記としての効力をも有する。そこで，本条3項ただし書が適用される登記については，それが建物のみに関する登記であって，敷地権の登記としての効力は生じないものであることを示す何らかの記録が必要となる。このような理由から，上記のような付記が要求されるのである。

（草野元己）
（執筆協力：八神　聖）

第2款　所有権に関する登記

＊旧法関係……旧法「第3節　所有権ニ関スル登記手続」

(所有権の保存の登記)
第74条　所有権の保存の登記は，次に掲げる者以外の者は，申請することができない。
(1)　表題部所有者又はその相続人その他の一般承継人
(2)　所有権を有することが確定判決によって確認された者
(3)　収用(土地収用法(昭和26年法律第219号)その他の法律の規定による収用をいう。第118条第1項及び第3項から第5項までにおいて同じ。)によって所有権を取得した者
②　区分建物にあっては，表題部所有者から所有権を取得した者も，前項の登記を申請することができる。この場合において，当該建物が敷地権付き区分建物であるときは，当該敷地権の登記名義人の承諾を得なければならない。

＊旧法関係……①旧法100条1項，②旧法100条2項・101条5項

I　本条の趣旨
　所有権の保存の登記とは，権利部甲区に初めてされる登記をいう。当該不動産について実体法上の所有権が成立して(典型的には建物新築)初めてなされる登記であり所有権登記について観念できる登記である。ここでは前主を観念できず，それ故，登記申請の原則である「共同申請」もおよそ観念することはできない。したがって，実体法上の所有者が単独で申請できることになるが，手続法は，実体法上所有者である蓋然性が認められる者を予め法定し，これらの者に登記申請を認めるという仕組みをとった。
　本条1項は，所有権保存登記についてこれを申請できる者を一般的に列挙し，本条2項は区分所有建物に係る各区分所有権の保存登記というやや特殊な場面での保存登記申請について規定する。

II　1項
　本条1項は，所有権保存登記についてこれを申請できる者を一般的に列挙する。本項により保存登記を申請するには，本項各号のいずれにあたるかを登記情報において明らかにし(令別表28項申請情報欄イ)，各号を通じて，登記名義人となる者を証する市町村長，登記官その他の公務員が職務上作成した情報(公務員が公務上作成した情報がない場合にあっては，

これに代わるべき情報)を添付しなければならない(同別表添付情報欄ニ、その他の添付情報については同別表28)。

1 1号

　表示の登記があるが、所有権登記がない場合には、表題部には所有者の氏名または名称および住所ならびに所有者が2人以上であるときはその所有者ごとの持分が記載される(27(3))。表題部に表示された者が所有者であるとは限らないものの、表題登記を申請するにあたり、所有権証明情報を添付しなければならないので(令別表4項添付情報欄ハ)実体法上所有者である蓋然性が極めて高く、このような者は所有権保存登記が申請できるとした。実際上も所有権保存登記の多くはこの表題部所有者によって申請されるのであり、実体法上所有権の移転もなく、また、表題部に表示された所有者と実体法上の所有者が一致する場合には特段の問題は生じない。表題部に表示された所有者と実体法上の所有者が一致する場合でも表題部所有者についての表示について変更(例えば住所移転)・誤り(例えば氏名・住所の誤記)があるときには、まず表題部の所有者の表示を変更または更正をしたうえで保存登記を申請することになる(鎌田=寺田・新基コンメ不登法225頁[宮本俊忠])。表題部に表示された所有者と実体法上の所有者が一致しない場合については、次の2号でまとめて述べる。

　表題部所有者が共有として表示されている場合には、共有者の一部の者についてのみ所有権保存登記を申請することはできない(明32・8・8民刑1311民刑局長回答・先例集上99、昭40・9・2民甲1939民事局長回答・先例集追Ⅳ513)。しかし、共有者の1人は共有物の保存行為(民252ただし書)として単独で共有者全員のために所有権保存登記を申請できる(鎌田=寺田・新基コンメ不登法225頁[宮本俊忠])。

　表題部に所有者として登記された者が死亡して相続が開始した場合や、表題部に所有権登記された法人が合併により消滅した場合には、その相続人・存続法人は直接に所有権保存登記を申請することが認められる(被承継人の名義での保存登記することが排除されているわけではない、昭32・10・18民甲1953民事局長通達・先例集追Ⅱ173、昭36・9・18民甲2323民事局長回答・先例集追Ⅲ656)。実体法上表題部所有者と同一視できるからである。登記申請にあたっては、「相続その他の一般承継による承継を証する情報(市町村長、登記官その他の公務員が作成した情報(公務員が作成した情報がない場合にあつては、これに代わるべき情報))」を添付しなければならない(令別表28項添付情報欄イ)。一般承継人の一般承継人も含まれるが、包括受遺者も含めて受遺者は本号にいう一般承継人として所有権保存登記を受けることはできない(幾代=徳本・不登法265頁。遺言執行者が、被相続人名義で保存登記をなし、その後に遺贈の登記を申請すべきである。昭34・9・21民甲2071民事局長通達・先例集追Ⅱ548)。

　相続人が複数いる場合には次の点に注意されるべきである。①本号による保存登記は遺産分割協議が成立する前でもできる。相続人全員が申請人となりうるのは当然である。判例の立場によれば遺産共有も民法249条以下の共有と異ならないから、上で述べた共有の

表示ある場合と当然に同様の取扱いとなる。②本号による保存登記は，遺産分割協議成立後もなすことができる(先の令別表28項添付情報欄イの括弧内が具体的には「遺産分割協議書」の添付を想定しているという，山野目章夫・不動産登記法379頁)。この場合は，遺産分割協議によって当該不動産を具体的に取得した者が申請することになる。

これに対して表示の登記がない不動産について所有権保存登記を申請する場合には，まず所有権証明情報を添付して表示の登記を申請し，表題部に所有者であることが登記された後に，本号に基づき保存登記を申請することになる。

保存登記がされた後は，表題部の所有者表示はその役割を終え，登記官は表題部所有者の登記を抹消する措置を講じなければなければならない(規則158)。甲区・表題部の2つで所有者を表示することは無用の重複であり，もし両者に齟齬がある場合は，前者が優先すべきは当然であり，そのことを明示し，公示上の混乱を防止する必要があるからである(幾代＝徳本・不登法273頁)。

2　2号

実体法のレヴェルで所有権ありとされたことから申請適格が与えられるものである。ここにいう確定判決とは，判決主文で所有権の存在が確認される判決のみならず，確認判決・給付判決・形成判決を問わず判決全体から所有権を確認できるものであればよい(大判大15・6・23民集5・536)。また，確定判決と同一の効力が認められる裁判上の和解または調停もしくは審判の場合の和解調書または調停調書もしくは審判書によって所有権が確認されている場合を含む(裁判上の和解調書につき，前掲大判大15・6・23，幾代＝徳本・不登法267頁，鎌田＝寺田・新基コンメ不登法226頁〔宮本俊忠〕)。本号に基づく申請には，所有権を有することが確定判決またはこれと同一の効力を有するものにより確認されたことを証する情報を添付しなければならない(令別表28項添付情報欄ロ)。

本号は，表題登記がない場合は勿論(76条は表題登記がない場合に本号による保存登記ができることを前提とする，令別表28項ヘも参照)，これがある場合にも適用される(幾代＝徳本・不登法266頁)。この結果，表題登記がある場合は，一定の限度で1号の取扱いが変更されることになる。

表題登記がない場合の勝訴者は，①自己が所有者であることを当該判決によって証明して，まず表題登記を申請し，表題部に所有者として記載し，然る後に本条1項1号により保存登記を申請することができ，また②直接に本号に基づいて所有権保存登記を申請することもできる(75条はこのような場合を想定している)。

表題登記がある場合は如何。実体法上の局面からは2つの場面が考えられるが，いずれの場合でも，表題部所有者は，保存登記がされる前はこれを変更できるところ(32)，本号の意義は，まず表題部所有者を変更せずに直接保存登記をして，しかる後に表題部所有者の登記の抹消を認めるところにある。1つは表題部に所有者として表示された者がこれを第三者に売却した場合である。この場合は，一旦表題部に所有者として登記された者が本

条1項1号により所有権保存登記をして，その後に所有権移転登記をするのが原則である。しかし，表題部の所有者と表示された者が買主の所有権を争う場合で買主の所有権が確定判決によって認められたときには，実体法上所有者とされた買主は，①表題部の所有者登記を自己に更正し，1号により保存登記する方法と，②直接に確定判決により本号により保存登記することも可能である。この方法を認めても，証拠資料は確定判決という信頼性の高いものであるからである(幾代=徳本・不登法266頁)。もう1つは，表題部に所有者と登記された者がそもそも所有者でない場合である。この場合の原則的取扱いは上で述べたが，表示された者が所有権の帰属を争い更正の登記ができない場合も，実体的に権利変動があった場合と同様の取扱いになる。

　判決により所有権を確認することができる者が本号による保存登記申請をしないまま一般承継が発生した場合には，前号と同様の取扱いが認められるべきである(山野目・不登法380頁)。

3 3号

　土地収用法その他の法律により所有権を取得した起業者は，直接自己名義での所有権保存登記ができる。本号は表示の登記の有無を問わず適用される(令別表28へ参照)。表示の登記がある場合は，本号にいう収用とはある表題部所有者を被収用者としてなされた収用であることを要する。収用の場合は起業者の所有権取得の証明が容易であり，実体法上も所有権取得が有効であることはかなり高い確実さを持っているからである(幾代=徳本・不登法268頁)。保存登記申請には，「収用によって所有権を取得したことを証する情報」で「収用の裁決が効力を失っていないことを証する情報を含むもの」を添付しなければならない(令別表28ハ)。これは土地収用法100条が起業者が権利取得裁決において定められた時期までに補償金等を支払わないときには権利取得裁決はその効力を失い，裁決手続開始の決定は取り消されたものとみなされる旨規定していることに基づく。

　本号にいう「その他の法律の規定」としては，例えば，都市計画法69条，鉱業法105条，森林法55条などがある。

Ⅲ　2項

　本項は旧法100条2項，101条5項を整理したもので，区分建物で「表示の登記がある」区分所有権を表題部所有者から取得した者にも1項の所有権保存登記の申請を認めるものである。具体的には次のような保存登記申請が認められる(山野目・不登法381頁)。分譲マンション販売業者Aが建物完成後，全ての専有部分についてAを所有者とする表示の登記を行う。専有部分をAから購入したB_1〜B_nが，Aから区分所有権を取得したことを証する一定の情報を添付して，直接各買主であるB_1らの名義で保存登記を行うことが認められる。もちろん，表題部所有者と登記されたAが本条1項1号により，保存登記をしてその後に買主への所有権移転登記をすることも可能であるが，これでは登録免許税がかかり煩雑で

もある。また買主B_1〜B_nを表題部所有者として表示登記することも可能ではある(47①)が、この場合は、48条1項により表示登記を一括してしなければならず実際上無理がある。このような区分所有建物という特殊性の故に、一種の「冒頭省略登記」の申請権限が特に認められたものである(旧法での立法の事情について簡単に幾代＝徳本・不登法269頁も参照)。

本項により所有権保存登記を申請できる者は、表題部所有者からの直接所有権を取得した者に限られ、取得者からの転得者は含まれない。

敷地権付き区分建物である場合には、当該敷地権の登記名義人の承諾が必要である(本項後段)。

登記申請にあたっては、登記名義人となる者の住所を証する情報(令別表29項添付情報欄ハ)のほかに、①「建物が敷地権のない区分所有建物であるときは、申請人が表題部所有者から当該区分建物の所有権を取得したことを証する表題部所有者又はその一般承継人が作成した情報」を(令別表29項添付情報欄イ。これは表題部所有者AからBが区分所有権を取得した後にAが死亡した場合でも、Bは所有権保存登記を申請できることを意味する。この場合には「AからBへの権利変動」があった旨の、Aの相続人A'の作成する情報およびAからA'への相続を証する情報を添付して登記申請することになる、幾代＝徳本・不登法270頁。これに対して、AからBが所有権を取得した後に、B'がBを相続した場合には、本項によるB'名義による保存登記申請はできない)、②「建物が敷地権付き区分建物であるときは、登記原因を証する情報及び敷地権の登記名義人の承諾を証する当該登記名義人の承諾を証する当該登記名義が作成した情報」(令別表29項添付情報欄ロ)の添付が要求されている。②で「登記原因を証する情報」が要求されているのは、法76条1項ただし書が、借地権付き区分所有建物について本項による登記をなすには登記原因をおよびその日付を登記することを要求しているからである(これが要求される理由等については本書76条の解説Ⅱ *2* 参照)。

(田中康博)

(執筆協力：石谷　毅)

(表題登記がない不動産についてする所有権の保存の登記)
第75条 登記官は，前条第1項第2号又は第3号に掲げる者の申請に基づいて表題登記がない不動産について所有権の保存の登記をするときは，当該不動産に関する不動産の表示のうち法務省令で定めるものを登記しなければならない。

＊旧法関係……旧法102条
＊関連法規……(表題登記がない不動産についてする所有権の保存の登記)規則157条

I　本条の趣旨
　前条1項2号3号の手続に基づく保存登記の申請は，表題登記がない場合にもできるが，所有権保存登記をする前提として目的不動産を特定するために表題登記をする必要がある。表題登記の登記事項は27条が規定しているが，ここでは保存登記をなす前提して表題登記が必要とされるということから通常の表題登記の登記事項を「一定の範囲で省力化」(山野目・不登法384頁)した登記事項が定められている。

II　登記事項
　不動産登記規則157条1項によれば「表示に関する登記事項」(27)のうち，①表題部所有者に関する登記事項②登記原因およびその日付③敷地権の登記原因およびその日付，の3つは記録されない。しかし，「表題部に所有権の登記をするために登記する旨」が記録される(規則157②)。これはここでの表題登記は職権でなされなければならないところ，表題登記をするために実地調査するとすれば所有権の保存登記を迅速にすることが困難となるので，まず申請書記載どおりに不動産の表題登記をし，必要あればその後に実地調査したうえで，もし表題登記が現況と一致しないときは職権で更正または変更の登記をすることにしているからである(鎌田=寺田・新基コンメ不登法228頁[宮本俊忠])。

　　　　　　　　　　　　　　　　　　　　　　　　　(田中康博)
　　　　　　　　　　　　　　　　　　　　　(執筆協力：石谷　毅)

(所有権の保存の登記の登記事項等)
第76条 所有権の保存の登記においては，第59条第3号の規定にかかわらず，登記原因及びその日付を登記することを要しない。ただし，敷地権付き区分建物について第74条第2項の規定により所有権の保存の登記をする場合は，この限りでない。
② 登記官は，所有権の登記がない不動産について嘱託により所有権の処分の制限の登記をするときは，職権で，所有権の保存の登記をしなければならない。
③ 前条の規定は，表題登記がない不動産について嘱託により所有権の処分の制限の登記をする場合について準用する。

＊旧法関係……①旧法101条，②③新設〔→旧法104条1項2項・102条〕
＊関連法規……②表題部所有者の氏名等の抹消)規則158条，③(表題登記がない不動産についてする所有権の保存の登記)規則157条3項

I 本条の趣旨

権利に関する登記の登記事項は59条が包括的に規定しているが，本条は保存登記の特殊性からその例外を規定する(1項)，とともに職権での保存登記について規定する(2項3項)。

II 1項
1 本文

所有権の保存登記では，原則として登記原因およびその日付の登記を要しない。59条3号は権利に関する登記事項の1つに「登記原因及びその日付」を挙げているが，本条1項本文はこの記載を不要とするものである。これは，所有権保存登記にあっては実体的な意義における「登記原因」を考えることはできないという保存登記の特殊性に由来する。所有権の移転登記が最初にある所有権の公示(これが保存登記に他ならない)を出発点として，その所有者がどのように変動したかを公示するのであるが，ここでは物権の変動原因(売買・相続等)が必ず存在し，これを公示する要請が存する。これに対して保存登記は前主の権利に関する登記がないところから出発するのでここでは公示されるべき物権変動自体が存しないのである。そもそも保存登記にあっては「登記原因及びその日付」は観念できず従って登記できないのである。それゆえ，次に述べる本項ただし書の場合を除き，保存登記申請をするときに登記原因を証する情報を提供する必要はないのである(令7③(1))。

2 ただし書

　これに対して保存登記であっても敷地権付き区分建物について74条2項に基づいて保存登記の日付が登記される。敷地権付き区分建物にあっては，表題登記の所有者から建物所有権の移転を受ける者(分譲マンションについて言えば買主)は，これと共に敷地権も移転する(専有部分と敷地利用権の「一体性の原則」建物区分22条——土地と建物は別個独立の不動産であるとの原則の例外)。この一体性の原則を登記上も公示するために，敷地権付き区分所有建物の所有権または担保権に係る権利に関する登記おいては，敷地権である旨の表題登記がある土地の敷地権についての登記としての効力を有するという制度が採られている(73①)。このことから敷地権付き区分建物の保存登記にあっては，敷地権実体法上の変動原因を区分建物の保存登記の登記原因として公示する必要が生じる。本項ただし書はこのような敷地権付き区分建物と敷地権との実体法上の例外的取扱いを前提とする登記上の特殊な取扱いを反映するものである(本書74条の解説Ⅲも参照)。

Ⅲ　2項

　本項は所有権保存登記がない不動産について嘱託で処分制限の登記をする前提として所有権保存登記ができるとする。所有権の処分の制限の登記を嘱託する場合としては，民事執行法48条1項，111条，188条他に規定されている。本項により所有権保存登記がなされると表題部所有者の氏名等は抹消される(規則158)。

Ⅳ　3項

　本項により，表題登記がない不動産について嘱託で処分制限の登記をする場合に，処分制限の登記および所有権保存登記の前提として，当該不動産に関する不動産の表示のうち法務省令で定まるものを登記すべきものとする75条の規定が準用されることになる。具体的な登記すべき事項は規則157条によるが，75条による登記事項に加えて，本項による場合には，登記官は「登記記録の甲区に，所有者の氏名または名称及び住所，登記名義人が2人以上であるときは当該所有権の登記名義人ごとの持分並びに処分の制限の登記の嘱託によって所有権の登記をする旨を記録しなければならない」(規則157③)。

(田中康博)

(執筆協力：石谷　毅)

(所有権の登記の抹消)
第77条 所有権の登記の抹消は，所有権の移転の登記がない場合に限り，所有権の登記名義人が単独で申請することができる。

＊旧法関係……旧法143条

I　本条の趣旨

　所有権の登記の抹消には，所有権保存の登記の抹消と所有権移転の登記の抹消があるが，本条は，所有権の移転の登記がなされていない所有権の保存登記の抹消について共同申請の例外を規定する。所有権移転登記がある場合に，現在の所有権登記名義人が実体的に所有権を有せず，前主を登記名義人としようとする際には，現在の登記名義人を登記義務者，前主を登記権利者とする共同申請により所有権移転登記を抹消する。場合によっては実体法上の所有者を登記名義人とするのは所有権移転登記によっても図られるが，この場合もやはり共同申請である(山野目・不登法387頁)。

II　登記の抹消

　所有権の移転登記がない場合には，所有権の登記の抹消は，その所有権の登記名義人から，その者に実体法上所有権が帰属しない(すなわち所有権保存の登記が無効である)ことを理由に，所有権保存登記が単独でなされるのと同様に単独でなされる。申請人は，その所有権の登記名義人(共有の場合は共有者全員)であり，登記名義人が抹消の申請をしないときは，その者に対し所有権保存の登記の抹消を命ずる確定判決を得た者である。

　本条に基づいて所有権保存登記が抹消された場合の表題登記の処遇については規定されていないが，表題登記も抹消して登記記録を閉鎖すべきであろう(保存登記がなされると表題部登記から所有者氏名等が抹消されるので表題部登記を残しては実体法上の所有権との関係で不適切な結果が生じるからである，山野目・不登法386頁)。

(田中康博)

(執筆協力：石谷　毅)

第3款　用益権に関する登記

（地上権の登記の登記事項）

第78条　地上権の登記の登記事項は，第59条各号に掲げるもののほか，次のとおりとする。
(1)　地上権設定の目的
(2)　地代又はその支払時期の定めがあるときは，その定め
(3)　存続期間又は借地借家法（平成3年法律第90号）第22条前段若しくは第23条第1項の定めがあるときは，その定め
(4)　地上権設定の目的が借地借家法第23条第1項又は第2項に規定する建物の所有であるときは，その旨
(5)　民法第269条の2第1項前段に規定する地上権の設定にあっては，その目的である地下又は空間の上下の範囲及び同項後段の定めがあるときはその定め

＊旧法関係……旧法111条・51条2項
＊新法改正……平成16年12月1日法律第147号「民法の一部を改正する法律」附則102条：5号一部改正

I　本条の趣旨

　本条は地上権登記の登記事項を定める。民法265条によれば地上権は工作物または竹木を所有するため他人の土地を使用する権利である。このことからまず設定当事者間で「目的」を定める必要がある。本条1号が地上権設定の目的を必要的登記事項とする所以である。これに対して，地代は必ずしも地上権の内容ではなく（民266参照），また存続期間も必ずしも定める必要はない（民268）。また，建物所有を目的とする地上権については借地借家法の適用がある（借地借家2）。以上に関する2号から4号の事項が任意的登記事項とされる所以である。
　地上権は，排他的に土地を占有利用する権利であることから1つの土地の同じ部分に重ねて地上権を設定できない。すでに地上権設定登記が経由されている場合はこの登記の存在によりこの地上権の存続が推定される以上，形式的審査権限しかない登記官としては第2の地上権は成立しえないものとして扱うほかなく，したがって既登記地上権の存続期間が満了していても第2の地上権設定登記申請は受理されない（昭37・5・4民甲1262民事局長回答・先例集追Ⅲ860〕，不動産登記先例百選66頁〔鈴木禄弥〕，ただし，鈴木博士は第2地上権の登記を認める）。
　なお，1筆の土地の水平的な一部に地上権を設定することも実体法のレヴェルでは可能

であるが水平的一部の範囲が登記事項に挙げられておらず，登記はできない（垂直的一部については本条5号，また本書81条の解説も参照）。

　また，判例は不動産共有持分に対する地上権の設定はできないと解しており（最判昭29・12・23民集8・12・2235。なお，ここでの考えは全ての用益物権に当てはまる），登記実務においても不動産共有持分に対する採石権の設定登記の可否について，他の共有者の同意書添付の有無にかかわらず49条2号〔現25条2号〕の規定により却下すべきであるとされている（昭37・3・26民甲844民事局長通達・先例集追Ⅲ842）。

Ⅱ　登記権利者登記義務者と登記原因

　地上権設定の登記申請も地上権者を登記権利者とし，土地所有者を登記義務者とした共同申請による。

　地上権は，設定契約，遺言・時効により取得されるほか，法律の規定により設定される（民388，国税徴収127，民執81）。登記原因（日付）(593(3))はそれぞれ「設定」（契約成立日）「土地所有者の遺言による設定」（遺言者の死亡日）「時効取得」（起算日）とされる。民法が規定する法定地上権は買受人が代金を納付して所有権を取得した時に成立すると解されている（通説）から，登記原因である「設定」日付は代金納付日とされる（その余の法定地上権の場合も同様である）。なお農地上への地上権設定については本書79条の解説も参照。

Ⅲ　1号

　地上権は他人の土地で「工作物」また「竹木」を所有する権利であるが，その目的により権利内容に差が生じること，また，地上権者は土地の利用にあたって土地に対して回復することのできない損害を生ずべき変更を加えることはできない（民法271条の準用，新版注釈民法(7)417頁〔鈴木禄弥〕）が，それでも竹木を所有するか工作物を所有するかで土地の基本的形質に基本的変化をもたらす可能性があるため「目的」を必ず登記しなければならない（清水・Q&A244頁，本書80条の解説Ⅰも参照）。設定目的（用益目的）としては実体法上は「工作物」「竹木」であればいかなる種類のものであっても設定契約によって自由にこれを定めうる。建物は工作物に包摂される概念であり，実体法のレヴェルでは工作物所有の目的である場合に，具体的には建物を所有しても差し支えない。しかし，登記実務では，「工作物」に限らず「竹木」も含めて，例えば，「建物所有」「ガスタンク所有」「杉所有」「檜所有」のようにその種類を限定して具体的に記載すべきものとされている（法務省民事局編『不動産登記実務（四訂版）』〔法曹会・1991〕434頁，鎌田＝寺田・新基コンメ不登法233頁〔宮本俊忠〕）。これは建物所有目的の場合は借地借家法の適用があり，その結果存続期間が借地借家法3条の最短期間を下回る申請は却下されるからである(25(2))。これに対しては，登記手続法は実体法上の権利関係の公示の可能性を合理的理由なしに阻害するように解釈されたり運用されたりすべきではなく，「工作物の所有」「竹木の所有」「工作物および竹木の所有」のような概括的な設定目的の登記を拒むべきでなく，「建物所有」を目的と掲げるときに限って特別の配

慮をすれば足りるとする見解がある(幾代=徳本・不登法277頁)。
　なお，竹木のうちで，果樹・茶の木・桑の木のようにその植栽が耕作とみられる樹種のみに限定する場合には，地上権の要件を満たさないものとして登記することができない(永小作権の目的となり永小作権が設定されるべきである，新版注釈民法(7)871頁[鈴木禄弥])。

Ⅳ　2号

　地上権は永小作権と異なり，地代を要素としない。地代の支払時期については民法266条2項により賃貸借の規定が準用される結果地代の定めがあっても支払時期に関しての合意はなくてもよい。地代・その支払時期が任意的登記事項とされる所以である。地代の支払の合意がある場合はこれを登記しないと第三者に対抗できない(民177)。支払時期について合意があるのにこれを登記しない場合は民法の規定(民614)に従うことになる。しかし，登記原因証明情報に地代・支払時期に関する定めがあるときには申請書に記載が要求され，記載がない場合には却下事由(25(8))となる(幾代=徳本・不登法280頁，鎌田=寺田・新基コンメ不登法234頁[宮本俊忠])。

Ⅴ　3号

　建物所有を目的としない地上権にあっては存続期間を定めないことも可能である(民268)。または建物所有を目的とする地上権では最低存続期間が法定されているが上限の制限はない(借地借家3条)。このことから存続期間は任意的登記事項とされた。前者の場合は何らの登記も，またそのための登記申請も必要ではない。しかし，登記原因証明情報に存続期間に関する定めがあるときには申請書に記載が要求され，記載がない場合には却下事由(25条8号)となる(幾代=徳本・不登法280頁)。存続期間について合意があるにもかかわらず存続期間の登記がなされなかった場合には，存続期間を第三者に対抗できず，存続期間なしとされる(鎌田=寺田・新基コンメ不登法234頁[宮本俊忠])。後者の場合は，30年より短い存続期間を記載した申請は却下される(25(2))。
　地上権の存続期間の上限については民法も借地借家法も何ら規定していない。上限が有限であれば問題はない(これまでには存続期間を2500年とする地上権設定登記もあったとのことである，成田博『断章民法学』〔日本評論社・2001〕142頁)。「永久」の地上権が認められるかは実体法上の1つの問題である。通説(新版注釈民法(7)885頁[鈴木禄弥])・判例(大判明36・11・16民録9・1244)が「永久」または「永代」の地上権も認められるとしていることから，これ存続期間を「永久」または「永代」とする申請も受理される。これに対して存続期間を「無期限」とするのは，「定めがない」のか，「永久」なのか紛らわしいので，登記実務では明確にして申請すべきとされている(幾代=徳本・不登法281頁)。
　借地借家法22条は「定期借地権」について規定する。定期借地権の登記申請ではその旨が本号で登記事項とされる。法文にいう「借地借家法22条前段の定め」とは，更新請求権・建物築造による延長請求権・建物買取請求権の三者すべてを不可分的に排除しなければなら

ないとするのが登記実務であるが,実体法のレヴェルでは三者の一部が欠けた場合であっても定期借地権は成立しうるとの見解が有力であり,これによれば三者の排除が不可分である必要はない(詳しくは,吉田克己・ジュリスト100号52頁,山野目章夫『定期借地権論——定期借地制度の創設と展開』〔一粒社・1997〕41頁,稲本洋之助=澤野順彦編『コンメンタール借地借家法(第3版)』〔日本評論社・2010〕163頁[山野目章夫]〕)。また,原則として借地借家法22条後段に基づき作成すべきものとされている公正証書等の書面を添付情報としなければならない(令別表33項添付情報欄イ)。

VI 4号

借地借家法23条1項は「事業用借地権」について規定する。事業用借地権の登記申請ではその旨が本号で登記事項とされる。原則として借地借家法23条3項に基づき作成すべきものとされている公正証書の謄本を添付情報としなければならない(令別表33項添付情報欄イ)。

VII 5号

民法269条の2第1項前段に規定する地上権とは,土地の水平面を上下に区分して地上権の客体とする区分地上権である。この場合は地上権の対象となる地下または空間の「上下の範囲」を定めなければならないので本号で登記事項とされた。範囲の定め方は,「平均海面または地上権を設定しようとする土地の特定の地点を含む水平面を基準として上下の範囲を明らかにする等の方法によってするのを相当とする」とされている(昭41・11・14民甲1907民事局長通達・先例集追IV932。この通達は,地上権の範囲を明確にするための図面の添付は要しないとしている)。例えば「東京湾平均海面の上壱〇〇メートルから参〇〇メートルの間」「土地の南東隅の地点下弐〇メートルから下参〇メートルの間」のように記される(前掲・不動産登記実務434頁)。

民法269条の2第1項後段の定めとは地上権行使のための土地使用の制限の定めである。土地使用の制限の特約は「内容が明確なものであることを要する」(上記通達第3項)。例えば,「土地の所有者が高架鉄道の運行の障害となる工作物を設置しない」,「土地所有者は地上に1平方メートルあたり何トン以上の重さの工作物を設置しない」と具体的に定めを記さなければならず,単に「土地所有者は土地を使用してはならない」との定めの記載は相当ではない(不動産登記先例百選69頁[谷山忠也]。ただし,この定めにより土地所有者の土地使用を全面的に禁止する記載はできず,このような場合は通常の地上権によるべきである)。この定めは登記がないと第三者に対抗できない。なお,登記申請に際しては区分地上権にあっても「高架鉄道敷設」「地下鉄道敷設」のように区分地上権の目的となる工作物を具体的に記載しなければならないとされている(前掲・不動産登記実務434頁)。

区分地上権は土地の空間の一部の使用権であるから,目的不動産の上下の範囲が抵触しない場合には,複数の区分地上権を設定することは実体法上可能であり,またそのような登記も認められる(山野目・不登法397頁)。

また，民法269条の2第2項が区分地上権の目的土地にすでに使用収益権を有する者(例えば，地上権者，永小作権者，賃借人)がいる場合には，このような者の「承諾」が必要と規定することから，このような場合には第三者の承諾証明情報が添付情報として求められる(令7条1項5号イ，上記通達第3項，前掲・不動産登記実務435頁)。

Ⅷ　その他

　地上権に対する当該地上権の農地・採草放牧地上に地上権を設定する場合は，農業委員会または知事の許可が必要であるので，農地法所定の許可のあったことを証明する書面を添付しなければならない(令7①(5)ハ)。

（田中康博）
（執筆協力：渡邉経子）

(永小作権の登記の登記事項)
第79条 永小作権の登記の登記事項は，第59条各号に掲げるもののほか，次のとおりとする。
(1) 小作料
(2) 存続期間又は小作料の支払時期の定めがあるときは，その定め
(3) 民法第272条ただし書の定めがあるときは，その定め
(4) 前二号に規定するもののほか，永小作人の権利又は義務に関する定めがあるときは，その定め

＊旧法関係……旧法112条・51条2項

I 本条の意義

本条は永小作権の登記事項について定める。永小作権とは，小作料を支払って他人の土地において耕作または牧畜をする権利をいう(民270)。地上権と異なり小作料(地代)は永小作権の要素であり必ず定める必要がある。これに対して永小作権は耕作または牧畜あるいはこの双方をなしうる権利を含むのを原則とすると解されることから(耕作・牧畜はそのいずれにあっても土地の基本的形質に基本的変化をもたらすものではないからである。幾代＝徳本・不登法285頁，鎌田＝寺田・新基コンメ不登法236頁[大橋光典])，地上権と異なりいずれかの一方を「目的」として必ず定めなければならないわけではない。地上権と異なり「目的」が必要的登記事項とされない所以である。また存続期間についても民法は期間の定めのない永小作権を認めているから(民278③)，任意的登記事項とされている。

地上権と同様に永小作権も1筆の土地の一部に設定登記をすることはできない(実体法のレヴェルではこのような永小作権の設定も有効と解されよう)。

II 登記権利者登記義務者と登記原因

永小作権の登記申請も永小作権者を登記権利者と土地所有者を登記義務者とした共同申請による。

永小作権は，設定契約によるほか，遺言・時効によっても取得されるから，登記原因(日付)(59(3))はそれぞれ「設定」(契約成立日)「遺言による設定」(遺言者の死亡日)「時効取得」(起算日)とされる。なお，設定契約の登記原因の日付は契約の成立日と解されるが，農地法3条が「農地または採草放牧地」への永小作権の設定には農業委員会または知事の許可がなければ効力を生じないと規定しているので，設定契約後に許可があった場合は許可書が到達した日となる(小川・みちしるべ296頁)。

Ⅲ　1号

　小作料は必ず登記しなければならない。「無償の永小作権」は民法270条に反し無効である(民175)。小作料を無償とする永小作権設定登記の申請は受理されない(登記令20(8))。これに対して、小作料を定めた上で、一定の場合にこれを免除する合意は本条4号の「定め」として登記可能であろう(清水・Q&A247頁)。

Ⅳ　2号

　存続期間については民法は20年以上50年以下とし、設定行為で50年以上と定めても50年とすると規定し、更に存続期間を定めなかったときは、別段の慣習がある場合を除き、30年とすると規定する(民278①・③)。本号はこれを受けて存続期間を任意的登記事項とした。存続期間の定めがない場合には、何らの登記も、またそのための登記申請も必要ではない(幾代＝徳本・不登法285頁。もっとも実体法のレヴェルでは存続期間は原則として30年となる)。存続期間を20年以上50年以下とする民法規定に反する存続期間の登記申請は25条2号により却下されると解されている(鎌田＝寺田・新基コンメ不登法236頁[大場光典]、山野目・不登法406頁、旧法に関して、幾代＝徳本・不登法285頁)。

　永小作権についてはその性質に反しない限りで賃借権に関する規定が準用される(民273)。小作料の支払時期については設定当事者で特に定める必要はない。しかし、民法規定(民614)と異なる支払時期の特約がある場合はこれを登記できる。

　右の特約があってもこれを登記しない場合にはこれを「第三者」に対抗することはできない(民177)。

Ⅴ　3号

　設定行為で譲渡また永小作権の賃貸借禁止が特約された場合である。この特約には物権的効力が認められ、特約があってもこれを登記していなければこれを「第三者」に対抗することはできない(民177)。

Ⅵ　4号

　前二号以外の特約がある場合はこれを登記できる。例えば、永小作権の目的を「牧畜」だけあるいは「耕作」だけに限定する特約、「牧畜」の種類を限定する特約がこれにあたる(杉之原・不登法303頁)。永小作権の内容は慣習によっても定まるがそのように内容に関する慣習も4号の登記事項となる(清水・Q&A247頁、山野目・不登法407頁)。ここでの特約はこれを登記しなければこれを「第三者」に対抗することはできない(幾代＝徳本・不登法284頁)。

Ⅶ　その他

　永小作権の移転登記や永小作権に対する抵当権設定登記は、当該永小作権の本登記に対する付記登記による。本条2号により譲渡禁止特約が登記されている場合はこれに違反す

る処分行為は効力を有しないから(山野目・不登法406頁)、移転登記申請は却下されよう(山野目章夫・NBL841号51頁)。

農地に永小作権を設定する場合には、農地法所定の許可(上述Ⅱ参照)のあったことを証明する書面を添付しなければならない(令7①(5)ハ)。

(田中康博)
(執筆協力：渡邉経子)

(地役権の登記の登記事項等)
第80条 承役地(民法第285条第1項に規定する承役地をいう。以下この条において同じ。)についてする地役権の登記の登記事項は、第59条各号に掲げるもののほか、次のとおりとする。
 (1) 要役地(民法第281条第1項に規定する要役地をいう。以下この条において同じ。)
 (2) 地役権設定の目的及び範囲
 (3) 民法第281条第1項ただし書若しくは第285条第1項ただし書の別段の定め又は同法第286条の定めがあるときは、その定め
② 前項の登記においては、第59条第4号の規定にかかわらず、地役権者の氏名又は名称及び住所を登記することを要しない。
③ 要役地に所有権の登記がないときは、承役地に地役権の設定の登記をすることができない。
④ 登記官は、承役地に地役権の設定の登記をしたときは、要役地について、職権で、法務省令で定める事項を登記しなければならない。

＊旧法関係……①旧法113条・51条2項、②旧法113条ノ2、③旧法112条ノ2、④旧法114条
＊新法改正……平成16年12月1日法律第147号「民法の一部を改正する法律」附則102条：1項一部改正
＊関連法規……(地役権の登記)規則159条〔→(通知書の様式)準則118条7号・8号〕、(地役権図面の番号の記録)規則160条

I 本条の趣旨

地役権とは、ある土地のために、設定契約により定めた内容に従って他人の土地をその便益に供する権利である(民280)。地役権の内容は目的によって定まり、目的が分からないと負担内容も明確にならない。また地役権は1筆の要役地の一部に限定して設定することはできないが、承役地の一部については設定できることから地役権の範囲も明確にする

必要がある。本条1項3号により目的・範囲が必要的登記事項とされる所以である。

　地役権は地役権者に帰属するが，土地所有者のためではなく，ある土地＝要役地(民281)の便益のために，他人の土地＝承役地に設定されることから，他の用益物権と異なり要役地が登記され，要役地自体の登記も必要とする(本条3③項)という特殊な規律の下におかれる(本条①(1)・(2))。

　民法上，地役権者が承役地を使用する対価は，地役権の要素ではないが，使用の対価を支払うことを合意することは可能である。地上権にあっては地代の合意がある場合は，これを登記できたが，地役権については対価が任意的登記事項としても挙げられておらず，一切登記できない。また存続期間については民法には特に規律を設けていないが，当事者は合意することができるもののやはり任意的登記事項にされておらず登記はできない。対価・存続期間についての合意のあることが登記原因証明情報から明らかであっても申請は却下されないし登記もされない(対価・合意の特約の第三者に対する対抗力については不動産登記先例百選75頁〔中尾英俊〕参照)。

　地役権はその目的に従って，「通行地役権」「用水地役権」「眺望地役権」「電線路地役権」などがある。例えば通行地役権のように承役地を排他的に使用しない地役権については，同一承役地上に同一内容の地役権の設定登記が可能である(昭38・2・12民甲390民事局長回答・先例集追Ⅲ1130-18参照：東京地判昭62・1・12判タ656・158)。その他に他の用益物権と両立できる場合にも，重ねての登記は可能である。

　なお，地上権と同様，土地の共有持分上に地役権を設定することはできない(本書78条の解記Ⅰ参照)。

Ⅱ　登記権利者登記義務者と登記原因

　地役権の登記申請も地役権者を登記権利者とし，地役権を登記義務者とした共同申請による。登記原因・日付については本書78条の解説Ⅱ(ただし，法律の規定による設定を除く)参照。通行地役権が黙示的に設定された場合でも地役権者は設定者に対して設定登記手続を請求できる。また未登記地役権を承役地の特定承継人に対抗できる場合(最判平10・2・13民集52・1・65参照)には特定承継人に対しても設定登記手続を請求できる(最判平10・12・18民集52・9・1975)。

　実体法のレヴェルでは地役権設定の当事者は，それぞれ土地の所有者に限定されない。しかし，登記に関してはいくつかの問題がある。要役地の地上権者・賃借人も土地所有者とは別に独自の地役権者たりうる(通説，判例は賃借人については否定している大判昭2・4・22民集6・199，最高裁の判決はないが，近時では東京高判昭62・3・18判時1228・87も否定している)。登記実務もこのことを前提に右の者に地役権設定登記を認めている(昭36・9・15民甲2324民事局長回答・先例集追Ⅲ651，昭39・7・31民甲2700民事局長回答・先例集Ⅳ155)。しかし，本条4号が要役地についても登記を要求していることから，地上権・賃借権自体の登記が経由されていることが求められる。このことから土地賃借人が地役権者である場合は事実上登

記はできない(申請は却下される)ことが多いであろう(土地賃借権の登記は可能であるが、特約のない限り賃貸人は賃借人の登記手続請求に応じる義務はない)。また、地役権は、承役地の賃借人・地上権者が土地賃借権・地上権の負担として設定することも可能である。この場合は、土地所有権に対する負担でないことを示すために、例えば、地上権登記の付記登記として、承役地の登記簿には「何番地上権地役権設定」という標題で記録され、要役地の登記簿における所在地番何番登記される(幾代=徳本・不登法291頁)。ここでも土地賃借権登記がないと地役権設定登記ができないという問題が生じる。

地役権登記は承役地所有権登記の権利部乙区になされるが上のように当事者がそれ以外の者であるときは、若干の読み替えが必要となる。以下は設定当事者が土地所有者の場合について述べる。

III 第1項の登記事項
1　1号
要役地は必ず登記しなければならない。承役地と要役地の関係を示すために4項により一定の登記がなされる。しかし、地役権者の氏名(名称)・住所は登記されない(本条②)。

2　2号
地役権の目的および範囲は必要的登記事項である。前者については地役権設定契約で定められた目的を具体的に記載する。例えば、「通行」(通行地役権)、「用水使用」(用水地役権)、「庭園観望」(観望地役権)、「電線の支持物の設置を除く電線路の施設」・「電線路の障害となる工作物を設置しない」・「特別高圧送電線の架設・保守のため、その特別高圧送電線の最下垂時における電線から何メートルの範囲内に建造物築造の禁止及び送電線保守のための土地の立ち入り」(送電地役権)、「日照確保」(日照地役権)、「発電所ダム運営による浸水あるいは冠水の忍容および住居その他工作物の建築禁止」(浸冠水地役権)のように記載される(法務省民事局編『不動産登記実務(四訂版)』〔法曹会、1991〕437頁、昭42・9・29民甲2511民事局長回答・先例集IV1139)。後者については、承役地全部の場合は「全部」、一部の場合はその一部を特定するに足りる方位、延長、幅、奥行、距離等を掲げて具体的明確に記載しなければならない。区分地上権の場合と異なり、その部分を図示した図面(地役権図面、令別表35項添付情報欄ロ)を添付しなければならない(前掲・不動産登記実務437頁)。

3　3号
民法281条1項ただし書の定めとは、例えば、「地役権は要役地と共に移転せず要役地の上の権利の目的とならない」というような定めをいう。民法285条1項ただし書の別段の定めとは、例えば、「用水はまず要役地のために使用する」という定めをいう。また民法286条の定めとは、「承役地の所有者は地役権行使のための工作物の設置又はその修繕の義務を負う」という定めをいう(前掲・不動産登記実務437頁)。

Ⅳ 2項

　本条2項によれば，要役地所有者の氏名(名称)・住所は表示されない。地役権が要役地所有権に随伴するという地役権の法的性質に由来する。もっとも地役権設定登記にも60条の共同申請の原則が妥当するから，申請情報としては登記権利者である地役権者の住所・氏名が必要となる(18，令3)。要役地が他の登記所の管轄区域内にあるときは，設定登記申請に際して当該要役地の登記事項証明書を添付しなければならず(令別表35項添付情報欄ハ)，また，地役権の変更・更正および地役権登記の抹消の申請に際しても当該要役地の登記事項証明書を添付しなければならない(令別表36項添付情報欄ハ。本条4項参照)。

Ⅴ 3項

　承役地についての地役権登記にあっては，要役地のみが表示され，要役地についても一定の事項が登記される(本条4項)という地役権の特殊性に由来する制限である(このような制限の実体法上の問題性については上述Ⅰ参照)。

Ⅵ 4項

　地役権登記は要役地についても登記することが合理的であるということに基づく(幾代＝徳本・不登法291頁)。具体的には要役地の所有権が便益を受けるから要役地の権利部甲区欄に，要役地の地役権の登記である旨・承役地に係る不動産所在事項および当該土地が承役地である旨・地役権設定の目的および範囲・登記の年月日(規則159①)が職権で登記される(山野目・不登法411頁)。

Ⅶ その他

　地役権は要役地に附従する(随伴する)権利であり，要役地自体は登記上表示されるが要役地所有者は表示されないことから独自の地役権移転登記は観念できない。それゆえ，地役権移転登記なるものは，これを申請しても却下されなければならない(山野目・不登法412頁)。

　農地・採草放牧地上に地役権を設定する場合は，農業委員会または知事の許可が必要であるので，農地法所定の許可のあったことを証明する書面を添付しなければならない(令7①(5)ハ)。

(田中康博)
(執筆協力：渡邉経子)

(賃借権の登記等の登記事項)

第81条 賃借権の登記又は賃借物の転貸の登記の登記事項は，第59条各号に掲げるもののほか，次のとおりとする．

(1) 賃料
(2) 存続期間又は賃料の支払時期の定めがあるときは，その定め
(3) 賃借権の譲渡又は賃借物の転貸を許す旨の定めがあるときは，その定め
(4) 敷金があるときは，その旨
(5) 賃貸人が財産の処分につき行為能力の制限を受けた者又は財産の処分の権限を有しない者であるときは，その旨
(6) 土地の賃借権設定の目的が建物の所有であるときは，その旨
(7) 前号に規定する場合において建物が借地借家法第23条第1項又は第2項に規定する建物であるときは，その旨
(8) 借地借家法第22条前段，第23条第1項，第38条第1項前段若しくは第39条第1項又は高齢者の居住の安定確保に関する法律(平成13年法律第26号)第52条の定めがあるときは，その定め

＊旧法関係……旧法132条・51条2項
＊新法改正……平成16年12月1日法律第147号「民法の一部を改正する法律」附則102条：5号一部改正
平成23年4月28日法律第32号「高齢者の居住の安定確保に関する法律等の一部を改正する法律」附則14条：8号一部改正

I 本条の趣旨

賃借権は債権であるが，民法は不動産賃借権については登記できることを前提としている(民605)．本条はこれを受けて賃借権の設定登記について定める．登記された不動産賃借権が対抗力を有することは民法が規定するところである．しかし，建物所有を目的とした土地の賃借権，建物賃貸借，農地賃貸借についてはそれぞれ特別法で賃借権自体の登記に代わる代替的対抗力付与が規定されていて(借地借家10・31，農地16)，従来は2003年担保執行法改正前の民法395条が規定していた「短期賃貸借」の場合を除いて「正常」な不動産賃借権の登記は殆どないともされていた．しかし，2003年改正により建物賃貸借については特別法による代替的対抗力の取得では十分でない「抵当権設定後の賃借権についての抵当権者の同意の登記」の制度(民387)が導入されたことから，一定の限度ではあろうが，今後は賃借権登記についてはその数が増加するかもしれない(道垣内弘人=山本和彦=古賀政治=小林昭彦著『新しい担保・執行法制度(補訂版)』〔有斐閣・2004〕63頁以下参照)．

不動産(土地・建物)の一部を目的物とする賃貸借契約は有効であり，かつ実体法上は両

立し得る複数の賃借権はともに有効に存立する(この場合は順位的にも両立することになろう)。しかし，本条は目的物の範囲を登記事項に挙げていないからこれをそのまま登記することはできない。この点では区分地上権でない一般の地上権と同じであり，上で述べた「抵当権設定後の賃借権についての抵当権者の同意の登記」を登記法のレヴェルで困難ならしめることになる。しかし，登記実務は地上権の場合と異なり(本書78条解説Ⅰ参照)，甲のための賃借権登記が存在しても乙のための賃借権登記の申請は受理できるとする(昭30・5・21民甲972民事局長通達・先例集追Ⅰ351，鎌田=寺田・新基コンメ不登法241頁[大場光典]は賃借権が債権であることから既に用益権の登記がなされている不動産についても設定登記が可能であるとする)。これに対しては，本条6号の事項を含む賃借権の登記がなされている場合には後発の賃借権登記の申請は却下されるべきであるが，そうではない場合は後発行の賃借権登記の申請は受理されてよい，とする見解(山野目・不登法423頁以下，登記官の審査権限も踏まえたうえで山野目教授は最終的には局面の法律的解決策は実体に即して当事者間において図られるべきであるとする)，と逆に登記官に実質的審査権がないことを理由に賃借権設定の重複は許されないとする見解(不動産登記先例百選66頁[鈴木禄弥])がある。

Ⅱ 登記権利者，登記義務者と登記原因

　賃借権の登記申請も賃借人を登記権利者とし，賃貸人を登記義務者とした共同申請による。転貸借の場合は，実体法上一定の制限があるから(民612①)，本条はこの制限を前提に登記事項・申請にあたって一定の配慮をしている。

　地上賃借権は，設定契約，遺言・時効により取得されるほか，法律の規定により設定される(仮登記担保10，立木6・7)。登記原因(日付)(法59(3))はそれぞれ「設定」(契約成立日)「土地所有者の遺言による設定」(遺言者の死亡日)「時効取得」(起算日)とされる。法定賃借権は仮登記担保権者の清算金見積額の通知が債務者等に到達して2か月後に仮登記担保権者が所有権を取得した時に成立するからの「設定」日付はその2か月経過後の日とされる。なお農地上への賃借権設定については本書79条解説Ⅱも参照。

　賃借権の登記は，権利部乙区に登記される。転貸借の登記，賃借権の移転登記，賃借権を目的とする他の権利設定はいずれも付記登記として乙区になされる。しかし，転貸借契約は原賃貸借契約とは別の契約であるところからそれ自体を公示する必要がある。本条が転貸借の登記事項を明らかにするために転貸借を挙げているのはこのためである(山野目・不登法422頁)。賃借権の移転または転貸借の登記申請にあっては，民法612条が賃貸人の承諾を求めているから，本条3号により譲渡・転貸借を認める旨の登記がない場合には，賃貸人の承諾証明情報または借地借家法19条による裁判所の許可があったことを証する情報を添付しなければならない(令別表39項添付情報欄ロ・40項添付情報欄ロ)。

Ⅲ 1号

　賃料は必要的登記事項である。一般的には賃料は必ずしも金銭である必要はない(大判

大11・3・16民集1・109)が，その額は客観的に定まるものでなくてはならない(鎌田=寺田・新基コンメ不登法242頁[大橋光典])。

Ⅳ 2号

存続期間・賃料の支払時期については民法・借地借家法により当事者の合意がなくても定まるので特に設定契約で合意された場合にのみ登記事項となる。建物賃貸借・農地賃貸借を含む建物所有を目的としない土地の賃貸借の存続期間については借地借家法・農地法に特別規定がないので民法604条が適用される結果，最長存続期間は20年，これを超える合意があっても20年に短縮される。20年を超える存続期間が記載された登記申請については，これを受理しなければならない(実体法上20年に短縮されて効力を有するからである)とする見解(杉之原・不登法359頁)と20年に補正されたうえで受理すべきあるという見解(幾代=徳本・不登法288頁)がある。建物所有を目的とする土地の賃貸借については借地借家法3条により民法604条の適用が排除される結果，建物所有を目的とする地上権の存続期間と同様に取り扱われてよい(本条6号で建物所有を目的とする土地の賃貸借であることを登記できる)。存続期間として不確定期限を登記することはできるとされている(昭38・11・22民甲3116民事局長回答・先例集追Ⅲ1130-368)。なお，民法604条2項の規定により存続期間が更新された場合は，賃借権の存続期間の変更の付記登記をなすべきと解されている(昭29・4・1民甲718民事局長電報回答・先例集下2182)。賃料の支払時期に関して賃料の前払いがあった場合はそのことを登記できる(大判昭7・4・28民集11・851)。その他については，本書78条解説Ⅳ，Ⅴも参照。

Ⅴ 3号

民法612条1項を受けた規定である。この登記がなければ賃借権の移転・転貸借の設定登記ができないわけではない(上述Ⅱ参照)。

Ⅵ 4号

敷金の登記は，2003年担保執行法改正に伴い旧法132条に付加された登記事項である。賃貸目的物の所有権が譲渡され，それに伴い賃貸人たる地位も移転したが，敷金が交付されているにも拘わらず登記されていなかった場合には，賃借人は譲受人に対して敷金の返還を請求できないということになろう(山野目・不登法421頁)。このような実体法上の効力を考えれば登記原因証明情報に敷金に関する定めがあるときには申請書に記載が要求され，記載がない場合には却下事由(25(8))となると解されよう。

Ⅶ 5号

民法602条との関係で公示することが要請される。問題となるのは5号の記載がある申請で存続期間が602条所定の期間を超える記載のある申請の取扱いである。建物賃貸借お

よび建物所有を目的とした土地の賃貸借は登記上明確になるが，右の土地賃貸借以外の土地賃貸借が「樹木の植栽又は伐採を目的とする山林の賃貸借」かこれ以外の土地の賃貸借かは登記上は当然には明確にはならない(山林か否かは土地の地目が表題部に登記されるから明確にはなるが，賃貸借の目的一般は登記事項ではない)。建物賃貸借では3年を，建物所有を目的とする土地の賃貸借では5年を，その他の土地の賃貸借では10年を超える場合は登記申請は却下すべきであろう。

Ⅷ　6号

　借地借家法の適用の有無を明確にする必要から求められる任意的登記事項である。右のような規定の趣旨からは，登記原因証明情報から建物所有目的が明確である場合は申請情報書に記載が要求され，記載がない場合には却下事由(25(8))となると解されよう。

Ⅸ　7号および8号

　建物所有を目的とする賃貸借に関しては78条4号5号と同じである(令別表38項添付情報欄イ，ロも参照)。8号にいう借地借家法38条1項前段もしくは39条1項または高齢者の居住の安定確保に関する法律第52条の定めはいずれも建物賃貸借に関する。

　借地借家法38条1項前段の定めとは契約の更新がないことの定めであり，この旨の登記をする場合は，原則として借地借家法38条1項前段に基づき作成すべきものとされている公正証書等の書面を添付情報としなければならない(令別表38項添付情報欄ハ)。

　借地借家法39条1項の定めとは建物を取り壊すこととなる時に賃貸借が終了する旨の定めであり，この旨の登記をする場合は，原則として借地借家法39条2項に基づき作成すべきものとされている書面を添付情報としなければならない(令別表38項添付情報欄ニ)。

　高齢者の居住の安定確保に関する法律52条の定めとは，賃借人が死亡した時に終了する旨の定めである。この旨の登記をする場合は，原則として同法52条に基づき作成すべきものとされている公正証書等の書面を添付情報としなければならない(令別表38項添付情報欄ホ)。なお，この52条の定めの登記がある賃借権の登記は，69条にいう「権利が人の死亡……によって消滅する旨の登記」にあたる。したがって，賃借人が死亡したときは，69条の手続により賃貸人が単独で賃借権の抹消登記を申請できる(詳しくは本書69条の解説参照)。

Ⅹ　その他

　農地・採草放牧地上に賃借権を設定する場合は，農業委員会または知事の許可が必要であるので，農地法所定の許可のあったことを証明する書面を添付しなければならない(令7①(5)ハ)。

(田中康博)

(執筆協力：渡邉経子)

(採石権の登記の登記事項)
第82条 採石権の登記の登記事項は，第59条各号に掲げるもののほか，次のとおりとする。
(1) 存続期間
(2) 採石権の内容又は採石料若しくはその支払時期の定めがあるときは，その定め

＊旧法関係……旧法133条・51条2項

I 本条の趣旨

採石権とは，設定行為をもって定めるところに従い，他人の土地において岩石および砂利(砂および玉石を含む。以下同じ。)を採取する権利をいう(採石4)。本条は採石権の登記事項について定める。

II 登記権利者登記義務者と登記原因

採石権者を登記権利者，採石権設定者を登記義務者とした共同申請により，「設定」を登記原因として設定契約日がその日付とされる。ただし，採石法12条により経済産業局長の決定により採石権が成立した場合には，採石権者が単独で申請できるが，この場合には，その申請情報と併せて決定書謄本および補償金または対価(採石権の設定の登記については，補償金および最初に支払うべき採石料)の受取りを証する情報または供託の受領を証する情報を提供しなければならない(採石31①・③)。採石法4条2項は「その内容が地上権または永小作権による土地の利用を妨げないものに限り，これらの権利の目的となっている土地にも，設定することができる。ただし，地上権者又は永小作権者の承諾を得なければならない」と規定しているから，地上権・永小作権の目的となっている土地に採石権を設定した場合には，これらの者の承諾証明情報を添付しなければならない(令7①(5)ハ)。採石権は「物権とされ」「地上権に関する民法の規定(民法269条の2を除く)が準用されている(採石4③)から，登記のレヴェルでも基本的には地上権に準じて取り扱えばよい。

III 登記事項
1 1号

存続期間について，採石法5条1項は「採石権の存続期間は，設定行為をもつて定めることを要する」とされていることから存続期間は必要的登記事項とされる(本条(1))。なお，採石法5条2項は最長存続期間を20年としていて，これを超える場合には20年に短縮される旨規定する。20年を超える存続期間が記載された登記申請の取扱いについては本書81条解説IV参照。

2 2号

　内容・採石料・その支払時期は「設定契約」において定めた場合に記載される任意的登記事項である。内容とは，例えば，採取する岩石を制限する(「花崗岩に限る」)とか，採石権行使を制限する(「露天掘りを禁止する」)ことをいう(鎌田=寺田・新基コンメ不登法245頁[大橋光典])。登記原因証明情報にこのような特約の定めがあるが申請書に記載のない場合の取扱いは地上権の場合に準じて考えれば当該申請は却下されよう(本書78条解説Ⅳ参照)。

(田中康博)
(執筆協力：渡邉経子)

第4款　担保権等に関する登記

＊旧法関係……款名新設(旧法「第4節　所有権以外ノ権利ニ関スル登記手続」)

(担保権の登記の登記事項)
第83条　先取特権，質権若しくは転質又は抵当権の登記の登記事項は，第59条各号に掲げるもののほか，次のとおりとする。
(1)　債権額(一定の金額を目的としない債権については，その価額)
(2)　債務者の氏名又は名称及び住所
(3)　所有権以外の権利を目的とするときは，その目的となる権利
(4)　二以上の不動産に関する権利を目的とするときは，当該二以上の不動産及び当該権利
(5)　外国通貨で第1号の債権額を指定した債権を担保する質権若しくは転質又は抵当権の登記にあっては，本邦通貨で表示した担保限度額
② 登記官は，前項第4号に掲げる事項を明らかにするため，法務省令で定めるところにより，共同担保目録を作成することができる。

＊旧法関係……①旧法115条，(1)旧法120条・116条・117条，(2)旧法119条，(3)旧法118条，(4)旧法122条，(5)旧法121条・51条2項，②新設〔→(参考)旧法151条ノ7・122条2項〕

＊関連法規……(共同担保目録の作成)規則166条〔→(申請書等に記載すべき事項の処理)通達第2-8(1)，(共同担保目録の目録番号の記載)準則113条，(共同担保目録)規則附則9条・10条・11条，(共同担保目録に係る事務の取扱い)通達第1-16，(申請書類つづり込み帳)規則19条〕，(共同担保目録の記載事項)規則167条〔→(共同担保目録の記号及び目録番号)準則114条〕，(追加共同担保の登記)規則168条〔→(共同担保目録に係る事務の取扱い)通達第1-16，(通知書の様式)準則118条9号〕，(共同担保の根抵当権等の分割譲渡の登記)規則169条〔→(旧根抵当権の分割等による権利の変更の登記)規則附則19条〕，(共同担保の一部消滅等)規則170条〔→(通知書の様式)準則118条10号〕

I　本条の趣旨

本法は，第4款において，担保権等に関する登記事項を定めている。すなわち，83条および84条では担保物権の登記およびその移転の登記に共通する登記事項，85条ないし87条では先取特権に関する登記事項，88条ないし91条では抵当権および根抵当権に関する登記事項，92条および93条では根抵当権に関する特別の登記事項，94条では抵当証券に関する

登記事項，95条では質権に関する登記事項，96条では買戻特約に関する登記事項を，それぞれ定める。

本条は，本法59条に定める権利に関する登記の登記事項（通則）に加えて，本法85条以下に規定する個別の担保物権に共通して適用される通則的な登記事項（債権額，債務者の氏名または名称および住所，目的とする権利，共同担保目録等）を定めたものである。

民法上の担保物権には，法定担保物権である留置権および先取特権，約定担保物権である質権および抵当権（根抵当権）がある。これらのうち，留置権は登記をすることができない。したがって，本条は，具体的には，先取特権，質権，抵当権の登記に共通する登記事項を定めたものである。旧法では担保権の保存または設定の登記に関する申請書の登記記載事項として規定されている事項を，本条は「担保権の登記の登記事項」として整理したものである。

担保物権┬─法定担保物権─留置権・先取特権
　　　　└─約定担保物権─質権・抵当権・仮登記担保・譲渡担保・買戻特約登記

なお，民法典には規定がないか，または規定はあっても担保方法として利用することが予定されていなかった非典型担保も担保物権としての機能および効力を有する。非典型担保のうち不動産登記に関係するものとしては，譲渡担保と仮登記担保がある。譲渡担保には買戻特約が付される場合が多いので，買戻特約登記(96)において解説する。また，仮登記担保については，第6款の仮登記を参照されたい。

以下では，個別の担保物権を理解するうえで重要である，担保物権に共通する性質および効力について概観する。そのうえで，本条が規定する，担保物権に共通の登記記載事項を説明する。

1 担保物権に共通する性質

(1) 附従性　　留置権，先取特権，質権および抵当権は，附従性を有する。担保物権は，被担保債権の回収を確保するために存在するから，被担保債権が存在しなければ，この回収を確保するという必要もない。すなわち，附従性とは，被担保債権が存在し，かつ，特定しなければ，これを確保するための担保物権も成立・存続しえないというものである。附従性は，成立における附従性，存続における附従性，消滅における附従性，実行における附従性に分けられる。①成立における附従性は，被担保債権となる債権が公序良俗違反などで最初から無効であった場合，これを被担保債権とする担保権も無効であるとするものである。②存続における附従性は，被担保債権額が一部の弁済によって減額すれば抵当権の優先弁済的効力もその限度で影響を受け，利息・遅延損害金が発生・増加すればそれだけ優先弁済額も増加するというものである。③消滅における附従性は，被担保債権が弁済，免除，時効などによって消滅すれば，担保物権も自動的に消滅する。④実行における

附従性は，根抵当権に妥当するもので，確定するまでは被担保債権が一定の枠内で変動し不特定でもよいが，実行の時までに確定していなければならないとするものである。

約定担保物権においては，附従性により，設定時に被担保債権が存在し，特定していなければならないが，特定の原則では，担保目的物も存在し・特定していなければならない。根抵当権では，前者の附従性が緩和されている。

(2) **随伴性** 随伴性とは，被担保債権が移転した場合，これに伴って従たる担保物権も移転するというものである。質権および抵当権は，被担保債権が移転すると，当然に新債権者に移転する。また，留置権および先取特権は，債権者が変わっても，被担保債権が同一性を失わない限り，新債権者がその物権を行使することができる。ただし，第三者に不利益を及ぼすことはできないから，物上保証人の設定している抵当権は，その同意がなければ随伴しない。抵当不動産の第三取得者についても同様である。また，被担保債権の債権者でなければ抵当権者になれないから，債権が移転しこれに抵当権が随伴しないときは，抵当権は消滅する(我妻栄『新訂担保物権法』〔岩波書店・1968〕337頁)。

(3) **不可分性** 不可分性とは，1つの物件に担保物権が成立した場合，被担保債権全額を回収するまでは，担保目的物全部の上にその効力を及ぼすことができるというものである。したがって，債権の一部弁済があっても，当然に目的物の一部が解放されるわけではない。民法上留置権に規定(民296)が置かれ，先取特権(民305)，質権(民350)，抵当権(民372)に準用されている。

(4) **物上代位性** 担保物権の物上代位性とは，その担保目的物が売却，賃貸，滅失，損傷によって損害賠償請求権や保険金，賃料などに変じた場合には，その価値変形物に効力を及ぼすことができるとするものである。先取特権の民法304条に規定があり，質権および抵当権に準用されている(民350・372)。

最近，抵当権に基づく物上代位および先取特権に基づく物上代位の効力が問題となっている。詳細は，それぞれの条文において解説する。

2 担保物権に共通する効力

(1) **優先弁済的効力** 優先弁済的効力とは，被担保債権が不履行となった場合に，担保権者は，裁判手続により，担保目的物を競売して，その競売代金から優先的に債権を回収することができるとするものである。担保物権の最も中心的な効力であり，先取特権，質権，抵当権に妥当する。留置権には優先弁済権は与えられないが，留置権者は，後述する，留置的効力を主張することによって，事実上の優先弁済を受けることができる。各担保物権の優先弁済的効力については，それぞれの箇所で解説する。

(2) **留置的効力** 留置権や質権は，被担保債権を担保するために，目的物を占有しなければならない。占有の移転が，成立要件であり，対抗要件でもある。留置権者および質権者は，被担保債権が弁済されるまで，当該目的物を留置することができる。留置権者および動産質権者は，原則として，使用収益はできない。この留置的効力によって，被担

保債権の弁済を促す機能を有する。他の優先順位権者は，留置権者の被担保債権を消滅させない限り，原則として，担保権を実行することができない。そのため，留置権者は，事実上最優先の担保権者となる。

(3) **収益的効力** 収益的効力とは，担保目的物を占有するだけではなく，当該目的物を自ら使用し収益を取得することができるとするものである。不動産質権の場合は，質権者が当該不動産を占有し，管理しなければならないため，多額の管理費用・その他の負担を負わなければならない。そのために，当該不動産を使用収益することができると定められている(民356)。不動産質権が民法典上唯一の収益担保物権であった。

なお平成15年の担保法の改正(平成15年法律第134号)により，抵当権の効力は不履行後に果実に及ぶと規定し(民法新371)，判例法理によって広く認められてきた賃料への物上代位に加えて(最判平10・1・30民集52・1・1，最判平10・3・26民集52・2・483など)，担保不動産収益執行制度が設けられた(民執180(2)・188・93)。また，以前は対抗力を与えていた短期賃貸借保護の規定(民法旧395)を改正し，抵当権の実行によって賃貸借期間の途中でも(6か月の猶予期間あり)排除することができるように改めた(民法新395)。さらに，一定の場合には担保不動産について占有権限がなく，また担保不動産の管理・負担の義務を一切負わない抵当権者のために，抵当権に基づく明渡請求を認めるようになった(最大判平11・11・24民集53・8・1899，最判平17・3・10民集59・2・356)。これらによって，抵当権者が抵当目的不動産の使用収益に関与できる範囲が大きく拡張された。

II 担保物権に共通する登記事項(1項)

担保物権には，前述のように，被担保債権が有効に存在する場合(附従性)，その被担保債権を優先的に回収する優先弁済的の効力がある。そのためには，被担保債権となる「債権額」を登記事項として公示する必要がある。そこで，本条は，先取特権，質権もしくは転質または抵当権については，59条各号に掲げるもののほか，以下のような，担保物権に共通し，かつ，担保物権に特有の登記事項を定める。先取特権，抵当権，質権などの個別の担保物権に特有の登記事項は，別途85条，88条，95条などで規定する。

1 担保物権の種類および被担保債権の発生原因

(1) **先取特権** 先取特権は，一定の被担保債権の取得により，法律の規定によって当然に発生する法定担保物権であり，不動産登記にかかわるものとしては，一般の先取特権(民306)と不動産の先取特権(民325)に分かれる。不動産の先取特権は，さらに，不動産保存の先取特権，不動産工事の先取特権，不動産売買の先取特権に分かれる(民325)。このうち，不動産保存の先取特権と不動産売買の先取特権は，すでに存在する不動産を対象とする登記であるのに対して，不動産工事の先取特権は，まだ存在しない不動産を対象とする登記であることから特有の性質を有する(詳細は本書85条ないし87条の解説を参照)。

一般の先取特権→民法306条の債権のために特定の不動産に先取特権の保存登記

不動産先取特権─┬─不動産保存の先取特権(民326)
　　　　　　　　├─不動産工事の先取特権(民327)
　　　　　　　　└─不動産売買の先取特権(民328)

　① 一般の先取特権は，共益費用，雇用関係，葬式の費用，日用品の供給に基づく債権(民306)を取得した場合に，債務者の有する一般財産のうえに発生する担保物権である。この場合の一般先取特権者は，上記の債権を回収するために特定の不動産に対して先取特権の登記をすることができるかどうかが問題となる。

　一般の先取特権が成立する場合における債務者所有の不動産については，先取特権の登記をすることができるとするのが今日の登記実務となっている(香川・精義(中・1)371頁)。ただし，学説には，一般の先取特権は，担保物権といっても債権の特殊な効力にすぎず，そもそも登記ができないとする見解と登記が可能であるとする見解に分かれる。この点について，通説および登記実務は，民法335条3項や336条の趣旨から，前述のように，特定の不動産に対する先取特権の登記を肯定している。すなわち，民法335条3項および336条によると，登記のない一般先取特権は特別担保を有しない債権者には対抗できるが，特別担保を有する債権者には優先できないと規定していることから(後述*4*参照)，一般先取特権には，登記をする実益があり，登記をすることができるとされている(東京地判昭25・6・27下民集1・6・1000，昭54・3・31民三2112民事局長通達・先例集追Ⅵ649，香川・精義(中・1)371頁，鈴木禄弥「登記された一般先取特権」法学49巻6号75頁，清水誠「一般の先取特権の意義・効力」『担保法大系第2巻』342頁，大原哲三「先取特権の登記」鎌田=寺田=小池・新講座⑤各論Ⅱ2頁，幾代=浦野・判例・先例コンメ新編不登法Ⅳ296頁[上野芳昭]など参照)。

　この場合における登記の目的は「一般の先取特権保存」となり，登記原因は，それが雇用関係に基づく債権であれば，「平成何年何月何日から平成何年何月何日までの給料債権の先取特権発生」等とし，債権額，債務者，先取特権者住所・氏名が記載される。

　② 不動産保存の先取特権は，当該不動産に対して保存行為を行った場合に発生する債権，例えば当該建物の修繕費用を回収するための先取特権であり，この保存行為が完了した後直ちに登記をしなければならない(民337)。この場合の登記は「不動産保存先取特権保存」となり，原因を「平成何年何月何日修繕費の先取特権発生」とし，債権額，債務者，先取特権者住所・氏名を記載する。

　③ 不動産工事の先取特権は，当該建物を新築・増築等の工事，宅地造成工事等をした場合に発生する債権の回収を確保するものであり，工事を始める前にその費用の予算額を登記しなければならない(民338)。この場合の登記は，「不動産工事先取特権保存」であり，その登記原因は，不動産工事の先取特権の場合は，「平成何年何月何日新築請負の先取特権発生」「平成何年何月何日増築請負の先取特権発生」「平成何年何月何日宅地造成請負の先取特権発生」等となる。

④　不動産売買の先取特権は，当該不動産の売買代金の回収を確保するための先取特権であり，売買契約と同時に，不動産の代価またはその利息の弁済がなされていない旨を登記しなければならない(民340)。この場合の登記は「不動産売買先取特権保存」となり，原因を「平成何年何月何日売買の先取特権発生」とし，債権額，利息，債務者，先取特権者住所・氏名を記載する。

　これらの場合，先取特権の設定契約書というものは存在しえず，被担保債権(請負代金債権や売買代金債権)が発生する建物請負契約や不動産売買契約の成立を証する登記原因証明情報が必要となる。

　また，不動産保存の先取特権および不動産工事の先取特権については，これを登記したときは，それより前に設定されている抵当権にも優先することができる(民339)。不動産売買の先取特権と抵当権との優先順位は，原則どおり，登記の先後によって決まる。

　(2)　**不動産質権**　　不動質権は，約定担保物権であり，質権設定契約によって成立する。その登記は，「質権設定」であり，その登記原因を「平成何年何月何日金銭消費貸借の同日設定」とし，債権額，存続期間，利息，損害金，債務者，質権者，設定者住所・氏名等を記載する。

　(3)　**抵当権**　　抵当権は，約定担保物権であり，抵当権設定契約によって成立する。その登記は，「抵当権設定」であり，その登記原因を「平成何年何月何日金銭消費貸借の同日設定」とし，債権額，利息，損害金，債務者，抵当権者住所・氏名等が記載される。

　不動産質権設定契約や抵当権設定契約を証する登記原因証明情報が添付され，金銭消費貸借契約書は，前述の附従性の原則から，被担保債権が存在することを証するために必要となる。

2　債権額(1号)

　本条1項1号は，いわゆる元本として，その債権額を登記し，一定の金額を目的としない債権についてはその価額を登記すべきことを規定したものである。旧法では先取特権(旧法115)，質権(旧法116)，抵当権(旧法117)の登記事項としてそれぞれ規定していたものを，担保物権の通則である本号にまとめたものである。

　(1)　**債権額の公示**　　担保物権における被担保債権としての債権額の記載は，被担保債権を特定公示するためのほか，その優先弁済権(優先弁済額の範囲)を第三者に対抗するためでもあり，必要的記載事項である。

　一般的には，「債権額　金何万円」と記載する。特異な例として，不動産工事の先取特権の債権額については，「工事費用の予算額　金何百万円」とする。不動産工事の先取特権に関する特有の登記事項については，85条ないし87条に譲る。

　担保物権の債権額の記載方法については，若干の先例がある。

　第1に，被担保債権が一個の債権の一部である場合には，その一部を債権額として表示する(昭30・4・8民甲683民事局長通達・先例集追Ⅰ327)。この場合，特約がない限り，元本の

最後の部分が担保されることになる。すなわち，1000万円の金銭消費貸借のうち600万円について抵当権を設定した場合において，700万円を弁済したときは，700万円のうち400万円が無担保債権に充当され，残り300万円が被担保債権に充当されることになる。

第2に，抵当権設定契約後その登記未了の間に債権額の一部が弁済された場合には，債権額として，現債権額を表示することも（昭41・12・6民甲3369民事局長回答・先例集追Ⅳ952，最判昭39・12・25民集1・10・2260)，また現存する債権額を表示することもできる（昭34・5・6民甲900民事局長通達・先例集追Ⅱ495)。

第3に，債権者を同じくする複数の債権を担保する場合は，担保される債権の合計額を債権額として登記をすることができる。この場合は，登記原因において，「何年何月何日金銭消費貸借による債権額何万円および何年何月何日金銭消費貸借による債権額何万円について同日抵当権設定」と記載し，その内訳を表示する。また，この場合の債権額の表示は，登記原因たる債権契約の表示と合わせて(あ)，(い)という符合で表示することもできる。

(2) 債権の価額 旧法120条が独立の条文で被担保債権の価格について規定していたものを，本条1項1号にかっこ書きで定めたものである。すなわち，被担保債権が一定の金額を目的としない場合（非金銭債権の場合）には，登記申請情報にその債権の価額を記載しなければならない。担保権を実行する場合において優先弁済権の範囲が明確でなければ，第三者が不測の損害を被るおそれがある。そこで，例えば，石油100トンの引渡請求権，労務の提供を目的とする債権なども，その債務不履行による損害賠償請求権として金銭債権に転換しうるものであれば，その損害額を債権の価額として登記することができるようにしたものである。

この債権の価額は，登記申請の時における価格，または当事者が任意に合意して定めた価格のどちらでもよいとされている（清水・一問一答216頁)。

担保される優先弁済権の範囲は，登記された債権の価額を限度とする。すなわち，担保権者の優先弁済権は，損害額が登記された債権価額を超えてもその債権価額に制限され，損害額が登記された債権価額を下回った場合にはその損害額まで行使することができる。

3 債務者の氏名または名称および住所（2号）

本条1項2号は，旧法119条で規定していた債務者の表示に関する登記事項を取り入れたものである。すなわち，先取特権の保存，質権，抵当権の設定の登記を申請する場合には，被担保債権を特定するために，申請情報に債務者の表示をなすべきことを規定した。

これまでの沿革をみると，昭和35年の改正前は，先取特権の登記には債務者を表示する必要はなく，質権または抵当権の設定の登記には物上保証の場合にのみ債務者を表示するとなっていた（遠藤浩＝青山正明編・基本法コンメンタール不動産登記法(第4版補訂版)279頁[高柳輝雄])。昭和35年の改正により，旧法119条は，「先取特権，質権又は抵当権の保存又は設定の登記を申請する場合に於いては申請書に債務者の表示を為すことを要す」と規定し

た。新法は，これを担保権の登記の登記事項として，法83条1項3号に取り入れたものである。

この債務者の登記は，対抗要件としての意義を有するものではなく，登記の公示の便宜から債務者を明確にするためのものであるとされている(昭35・7・1民甲1586民事局長通達・先例集追Ⅲ215)。ただし，普通抵当権では，附従性の原則から被担保債権が特定され，債務者も定まっていることが必要である。これに対して，根抵当権の場合は，債権の範囲が定まっていればよく(附従性の緩和)，債務者が定まっていることは必須の要件ではない。したがって，この債務者の登記は，根抵当権において被担保債権の範囲を対人的に限定する機能を営むことになる。

根抵当権の被担保債権の債務者は複数であってもよく，共有根抵当権においては各共有者ごとに異なる債務者を定めることも可能である(昭46・10・4民甲3230民事局長通達・先例集追Ⅴ531)。

また，法人格を有しない社団・財団は，社団・財団名義によって登記名義人となることはできないが，本号の債務者として表示することは差し支えないとされている(昭31・6・13民甲1317民事局長回答・先例集追Ⅰ612)。

4 所有権以外の権利(3号)

本条1項3号は，旧法118条で規定していた登記事項を本条に取り入れたものである。

まず，民法369条2項は，抵当権は，地上権や永小作権を目的として設定することができると規定する。さらに，旧法118条は，「先取特権，質権又は抵当権の保存又は設定の登記を申請する場合に於いて，その権利の目的が所有権以外の権利なるときは，申請書にその権利の表示を為すことを要す」と規定していた。そこで，本条3号は，所有権以外の権利を担保物権の目的とする場合には，その権利を登記事項として記録することとした。権利の表示としては，担保権の目的たる権利を特定するために，順位番号と権利の種類を表示する。例えば，「何番地上権抵当権設定」と記載する。なお，所有権以外の権利を目的とする権利に関する登記は，付記登記によって行う。

先取特権が所有権以外の権利を目的とする場合としては，一般の先取特権のみが問題となる。一般の先取特権は，債務者の総財産について成立するからである(民306)。この先取特権の保存登記がなされた場合，目的不動産が第三者に譲渡されたときでも，その効力が及ぶ。

質権は，原則として，所有権以外の権利(例えば，地上権，永小作権，抵当権)を目的とすることができる。なお，譲渡・転貸をすることができる旨の特約がついた土地賃借権も，質権の目的とすることができる(昭30・5・16民甲929民事局長通達・先例集追Ⅰ344)。また，抵当権付債権を目的とする質権のほか，根質権を設定することもできる(平4・5・13民三2310民事局長通達・先例集追Ⅷ271)。

抵当権は，地上権，永小作権，採石権を目的とすることができる(民369②，採石4③)。

これに対して，賃借権，不動産質権，地役権については，これを目的として抵当権を設定することができないとされている(民369②，大12・4・23無号民事局長回答・先例集上508，民281)。

5 二以上の不動産および当該権利(4号)——共同担保とその登記

(1) 共同担保の申請　本条1項4号は，旧法122条1項の共同担保の申請に関する規定を本条に取り入れたものである。担保物権が複数の不動産を目的として設定された場合(共同担保)は，これを明らかにするために「二以上の不動産及び当該権利」を登記事項とした。本号では，その共同担保の登記ができる旨を定めたものであるが，本条2項は，より具体的に，関係する複数の不動産を一覧できるようにまとめた共同担保目録を作成することを規定している。共同担保である旨が記載された抵当権設定等の登記申請があった場合，登記官は，当該申請にかかる物件の登記簿に抵当権設定等の登記申請事項を登記したうえで，共同担保となっている旨を登記簿に記載する。

(2) 共同担保の登記の記載　共同担保である旨の記載は，乙区事項欄の登記事項の末尾に登記される。具体例としては，「共同担保目録(あ)第何号」と記載される。

共同担保は，担保権の実行の際に優先弁済権の範囲に大きな影響を及ぼす。すなわち，複数の不動産に1個の抵当権が設定された場合，抵当権の実行の際に，特定の不動産のみを実行するか(異時配当)，全部の不動産を一括して実行する(同時配当)かは，担保権者(抵当権者)が自由に選択できる。いずれの場合も，抵当権者が特定の不動産からいくらまで優先弁済を受けられるかによって次順位担保権者に影響を及ぼすことになる。民法392条は，その1項において同時配当を，2項において異時配当を規定している。また，一定の場合に，根抵当権にも準用されている。

いずれにしても，どの不動産が何個共同抵担保になっているかは，不動産登記簿からは明らかではなく，共同担保目録番号から，共同担保目録をみたうえで，各不動産の所在地を確認し，それぞれ個別の不動産を評価して判断することになる。

6 本邦通貨で表示した担保限度額(5号)

本条1項5号は，旧法121条で規定していた外国通貨による債権額に関する登記事項を本条に取り入れたものである。当事者が被担保債権を外国通貨で指定した場合(民403)は，抵当権者等の担保権実行時における優先弁済は，その時点における為替相場によって日本円に換算した額で行われることになる。そのため，その通貨によっては，第三者に邦貨換残額が明確でない場合もあるため，1号の債権額を登記するほか，邦貨で表現される担保限度額を登記しなければならない(山野目章夫・NBL843号47頁)。

7 共同担保目録(2項)

(1) 共同担保目録の意義　本条2項は，同1項4号による共同担保の登記が実行さ

れるのを踏まえて，登記官は，複数の不動産を一覧的に把握することを可能にするために，共同担保目録（共担目録）を作成することを定める。複数の不動産が担保物権の目的として設定された場合（共同担保），前述のように，各不動産の登記事項の末尾に共同担保である旨が記載されるが，それを一覧表にしたものが共同担保目録である。共同担保の目的とされる不動産・権利が多数の場合もあり，各不動産の登記簿に登記事項として記載すると登記簿が膨大になったり，複雑になるので，別途共同担保目録を作成することとしたものである。共同担保目録は，登記簿の一部とみなされ，その登記事項も登記とみなされる（旧法126②）。

(2) **共同担保目録の作成と記載事項**　旧法122条は，共同担保の登記と共同担保目録の添付を義務付けていた。新法では，不動産登記簿への共同担保の登記は，担保権者の申請による。これに対して，共同担保目録の作成は，本項では，登記官が作成することができると規定する。しかし，当面の運用としては，不動産登記規則により，登記官は共同担保目録を作成し，当該共同担保目録の記号および目録番号も記載しなければならないとされている（規則166①）。

共同担保目録には，次に掲げる事項を記載しなければならない（規則167）。
①共同担保目録を作成した年月日
②共同担保目録の記号および目録番号
③担保権が目的とする二以上の不動産に関する権利に係る次に掲げる事項
　イ　共同担保目録への記録の順序に従って当該権利に付す番号
　ロ　当該二以上の不動産に係る不動産所在事項
　ハ　当該権利が所有権以外の権利であるときは，当該権利
　ニ　当該担保権の登記（他の登記所の管轄区域内にある不動産に関するものを除く）の順位番号

(3) **追加共同担保**　前に1個または数個の物件に担保権設定などの登記申請があった後に，同一債権を担保するため，さらに1個または数個の物件を共同担保として追加する登記申請が行われた場合，登記官は，当該申請に基づく登記をするときは，当該登記の末尾に共同担保目録の記号および目録番号を記録しなければならない（規則168②）。

登記官は，規則168条2項の場合において，前の登記に関する共同担保目録があるときは，当該共同担保目録に共同担保目録の記録事項のほか，当該申請に係る権利が担保の目的になった旨，受付年月日，受付番号を（同③），前の登記に関する共同担保目録がないときは，新たに共同担保目録を作成し，前の担保権の登記についてする付記登記によって当該担保権に担保を追加した旨，共同担保目録の記号，目録番号，登記年月日を記録しなければならない（同④）。

登記官は，同2項の登記をした場合において，前の登記に他の登記所の管轄区域内にある不動産に関するものがあるときは，遅滞なく，当該他の登記所に同項の登記をした旨を通知しなければならない（同168⑤）。

(4) 共同担保の一部消滅等　　共同担保物件に変動が生じたときは，それに合わせて共同担保目録などにもその旨を表示する必要がある。そのため，共同担保の抵当権等の一部抹消・変更・更正の登記申請があったときは，登記官は，当該申請のあった物件の抵当権等の登記の抹消・変更・更正をした旨を記録し，当該物件の表示が記載されている共同担保目録の登記事項に掲げる事項を抹消する記号を記録しなければならない(規則170①・②)。この場合には，規則168号5項が準用される(同③)。

（鳥谷部　茂）
（執筆協力：齋木賢二）

(債権の一部譲渡による担保権の移転の登記等の登記事項)
第84条　債権の一部について譲渡又は代位弁済がされた場合における先取特権，質権若しくは転質又は抵当権の移転の登記の登記事項は，第59条各号に掲げるもののほか，当該譲渡又は代位弁済の目的である債権の額とする。

＊旧法関係……旧法124条・51条2項

I　本条の趣旨

担保物権は，前述(83条)のように，被担保債権に随伴する性質を有する(随伴性)。被担保債権が売買，贈与，交換などを原因として第三者に譲渡された場合や，第三者が弁済した場合には，その債権を確保するための従たる権利である担保物権も第三者に移転する。債権の一部のみが債権譲渡により移転した場合には，旧債権者と新債権者が1つの担保物権を準共有することになる(大判大10・12・24民集27・2182)。また，第三者や保証人が被担保債権を弁済した場合にも，同様の問題が生ずる(民法499~502)。このような担保物権の移転も，民法177条の対抗関係にたつ物権変動となるので，第三者に対抗するには登記が必要である。そこで，このような移転が登記事項とされた。

II　債権の一部の譲渡・代位弁済による抵当権等の移転

被担保債権の一部が譲渡された場合は，譲渡前の債権者と譲渡後の債権者は1つの担保物権を準共有することになるが，被担保債権の移転の原因・内容によって，記載事項も異なる。

1　債権譲渡

債権は，売買契約などを原因として，債権者と一定の者(譲受人)との合意により移転する(民466)。その債権が抵当権等の担保物権の被担保債権となっている場合，まず，債権

譲渡の対抗要件(債務者および第三者対抗要件)を具備しなければならない。譲渡当事者間での債権譲渡が有効に行われ，担保物権の移転の登記をした場合であっても，主たる債権である被担保債権の譲渡が対抗要件を具備していなければ，譲受人への債権譲渡は債務者または第三者に対抗できない債権譲渡であった(譲受人の回収に応じなくてもよい債権であり，その回収を確保する必要もなかった)ことになる。したがって，その担保物権移転の登記は抹消しなければならなくなるからである(香川・精義(中・1)158頁)。

根抵当権において，確定前に被担保債権が譲渡された場合，個々の債権と根抵当権とは特定の結びつきを有しないため，根抵当権は個別の被担保債権には随伴せず，債権の譲受人に移転しない(民398の7)。

2 保証人等による法定代位

第三者が債務者に代わって弁済する代位弁済は，法定代位と任意代位に分かれる。前者の代位は，保証人，物上保証人，抵当不動産の第三取得者等が弁済につき法律上正当の利益を有する場合である。この場合には，被担保債権の移転について債権譲渡の対抗要件は不要である。連帯保証人は，催告・検索の抗弁権を有しないため，債務者に代わって弁済するのが一般的である。保証人が債務者に代わって弁済した場合，民法500条は，弁済によって当然に債権者に代位すると定める。さらに，具体的に，民法501条は，自己の権利に基づいて求償することができる範囲において，その債権者が有していた一切の権利を行使することができると定める。債務者の債権の一部を弁済した場合も同様である(民502)。この場合，保証人は，求償債権を被担保債権として，債権者が有している担保物権を取得する。この担保物権の保証人への移転は，債務者に対しては登記なくして代位行使できる。ただし，担保目的不動産が第三者(第三取得者)に譲渡された場合，保証人は，抵当権等の登記に代位の附記登記をしておかないと，第三取得者に対して債権者に代位することができなくなる(民501①)。

3 第三者の任意弁済による代位

任意代位とは，弁済につき法律上の利益を有しない第三者が債務者に代わって任意に弁済する場合をいう。この場合には，弁済と同時に債権者の承諾を得たときにのみ債権者に代位することができる(民499①)。ただし，被担保債権の移転を債務者に対抗するためには民法467条の対抗要件が必要である(同②)。

代位の範囲について，民法501条は，法定代位の場合と同様に，弁済者が求償権の範囲内で債権者を代位することを認める。ただし，第三者が任意に代位する場合は，保証人等のように法律上弁済義務を負う場合と求償権の存否・範囲が異なりうる(民474)。

4 債権の質入など

被担保債権が移転したのではないが，被担保債権に質権が設定され処分を制限されたた

めに，この被担保債権に従たる担保物権の実行ができなくなる場合がある。これを第三者に公示するために，「何番抵当権の債権質入」とする登記が許容されるべきであり，その場合には本条に準じて質権の債権額，債務者，質権者を登記すべきであるとされている（幾代＝徳本・不登法288頁），昭39・12・26民甲4056民事局長電報回答・先例集追Ⅳ297，山野目章夫・NBL843号48頁）。

また，被担保債権が差し押さえられた場合は，その旨の登記がなされるが，さらに転付命令・譲渡命令が発せられた場合には，前述の，被担保債権が譲渡された場合と同様の登記がなされる（山野目章夫・NBL843号48頁）。

Ⅲ　準共有における代位権の行使

債権の一部について弁済が行われた場合，代位者は，その弁済した価額に応じて債権者とともにその権利(担保物権)を行使することになる（民502①）。

この一部代位権の行使については，債権者と代位権者との関係，すなわち代位権者が単独で担保権の実行ができるのか（共同行使説と単独行使説），その実行による配当は債権者が優先するのか債権額による按分か（債権者優先説と按分比例説）が問題となる。従来の判例・学説は，両者の地位を平等に扱い，一部代位権者と債権者は独立して抵当権を実行でき，その配当は各自の債権額に按分比例して取得できるとしていた（大決昭6・4・7民集10・535）。これに対して，判例には，物上保証人所有の不動産が先に競売されて一部弁済がなされた事案において，債権の一部につき代位弁済がなされた場合，右債権を被担保債権とする抵当権の実行による競売代金の配当については，代位弁済者は債権者に劣後するとするものがある（最判昭60・5・23民集39・4・940）。最近の学説の多数説は，単独行使説・按分比例説では，抵当権者に抵当不動産の処分を強いることになること，担保物権の不可分性に反すること，債権者を害してまで代位権者を保護することは代位弁済制度の趣旨を逸脱することなどから，共同行使説・債権者優先説を支持している（『基本法コンメンタール債権総論（第4版）』〔日本評論社・2005〕196頁〔良永和隆〕，潮見佳男『プラクティス民法債権総論（第4版）』〔信山社・2012〕377頁など）。ただし，法定代位と任意代位を区分すべきであるとの見解もある（近江幸治『民法講義Ⅳ債権総論〔第3版補訂〕』〔成文堂・2010年〕335頁）。

わが国の金融実務では，一部弁済によって保証人は代位しない旨の特約および全部弁済においては代位権を放棄する旨の特約が付されている場合が多い（椿寿夫編『新版代位弁済—その実務理論』銀行法務21・別冊No.1〔経済法令研究会，1995年〕などを参照）。

Ⅳ　譲渡または代位弁済等の登記手続
1　申請当事者

債権の一部譲渡による代位の場合，譲受人を登記権利者，譲渡人を登記義務者として，共同で申請する。代位弁済の場合も同様である。

転付命令等による債権の移転の場合には，申立てにより抵当権付債権の差押えの登記の

抹消と同時に，執行裁判所書記官の嘱託により移転の登記がなされる(民執167①)。

2 登記の方法・記載事項

　一般的に，被担保債権の移転によって抵当権等が第三者に移転した場合，その登記は，付記登記で行う(旧法134)。このことは，債権の一部について債権譲渡や代位弁済があった場合も同様である(昭30・8・17民甲1736民事局長回答・先例集追Ⅰ445)。

　登記の目的は，「何番抵当権移転」「何番抵当権一部移転」などとする。

　登記原因は，「債権譲渡」「代位弁済」「相続」「債権転付命令」などと記載する。

　法59条各号に掲げるもののほか，債権の一部譲渡の場合は当該「債権額」が，債権の一部代位弁済の場合は，当該「弁済額」が登記事項となる。この場合，利息・損害金を元本とともに弁済した場合であっても元本額のみを記載すべきであるとされている(香川・精義(中・1)761頁，997頁，1016頁)。これに対して，譲渡人の残存債権の額については，記録する必要がないとされている(幾代=浦野・先例・判例コンメ新編不登法Ⅳ459頁[佐久間弘道]などを参照)。

　　　　　　　　　　　　　　　　　　　　　　　（鳥谷部　茂）
　　　　　　　　　　　　　　　　　　　　（執筆協力：齋木賢二）

（不動産工事の先取特権の保存の登記）
第85条 不動産工事の先取特権の保存の登記においては，第83条第１項第１号の債権額として工事費用の予算額を登記事項とする。

＊旧法関係……旧法115条・51条２項

I　本条の趣旨

旧法では，先取特権に関する規定が115条，136条ないし140条の３の８か条に分散していたものを，新法では，本条を含め３か条にまとめたものである。前述（本書83条解説 II *1*）のように，不動産工事の先取特権の登記は，工事前に登記をするなど一般の登記と異なることから，先取特権の目的物が明確でない段階で登記をしなければならない。そのために，「工事費用の予算額」を先取特権の債権額（被担保債権）としてあらかじめ登記すべきことを規定し，また，それが着工前の新築建物である場合は，その登記義務者・登記事項に関する根拠規定が必要であり，建物が完成した場合には，その所有権保存登記の申請義務に関する規定が必要となる。

そこで，本条は，不動産工事一般について，工事前における先取特権の被担保債権額を，その額が未確定の段階で，「工事費用の予算額」を登記事項として登記すべきことを定めたものである（旧法115②）。また，着工前の新築建物に関する登記義務者・登記事項については，法86条が規定し，建物が完成した場合における所有権保存登記については，法87条が規定するので，次条以下で詳論する。いずれにしても，法85条ないし法87条は，前述のように，不動産工事の先取特権のうち，新築建物の工事に限定して登記事項を定めたものである。

```
                    ┌─不動産保存の先取特権（民326）
不動産先取特権───┼─不動産工事の先取特権（民327）→この先取特権を保存するため
                    └─不動産売買の先取特権（民328）
```

その中でも，本条が規定する「不動産工事の先取特権の保存の登記」は，新築・増築建物や宅地造成土地などのようにこれまで登記がなされていない不動産に対して，最初に行う先取特権の登記である。したがって，すでに登記がなされている不動産に対して，建物を修繕した場合などのように，不動産に保存行為を行ったときになされる不動産保存の先取特権（民326）とは異なる（本書83条解説 II *1* 参照）。

以下では，まず先取特権の一般に関連する，登記できる先取特権の種類，登記をすべき時期，先取特権の優先順位を整理したうえで，本条に直接関係する，不動産工事の先取特権の保存の登記，の順に解説する。

II 登記をすることができる先取特権
1 一般の先取特権のための特定不動産に対する登記の可否

先取特権とは，特定の原因によって発生する一定の債権について，債務者の有する一般財産または特定の財産の上に，法律の規定に基づいて生ずる法定担保物権である（民306以下）。先取特権には，債務者の全財産に対して効力が及ぶ一般の先取特権，特定の動産に対して効力が及ぶ動産の先取特権，特定の不動産に対して効力が及ぶ不動産の先取特権に分かれる。さらに，不動産の先取特権は，前述のように，不動産保存の先取特権，不動産工事の先取特権，不動産売買の先取特権の3つに分かれる（民325）。

これらのうち，一般の先取特権が成立する場合における債務者所有の不動産についても，本書83条解説 II 1において述べたように，先取特権の登記をすることができるとするのが今日の判例・通説・登記実務となっている（香川・精義（中・1）371頁，東京地判昭25・6・27下民集1・6・1000，幾代=浦野・判例・先例コンメ新編不登法296頁［上野芳昭］参照）。

2 特別の先取特権の登記

① 動産保存の先取特権は，不動産の価値を現状において維持することを目的とする行為（保存行為——民252ただし書参照）によって費用（保存費）を支出した場合に，当該不動産に対して法律の規定によって取得する法定担保物権である（民326）。この場合には，保存行為完了後に「直ちに」登記をしなければならないと規定されている（民337）。

② 不動産工事の先取特権は，新築建物の請負人等が有する工事費用債権に基づいて成立する先取特権がその典型である。この場合の不動産工事とは，建物の新築，増築または付属建物の新築，土地の造成などをいう。不動産の工事費用により請負人が取得する債権を担保するために，当該不動産の工事により増加した価値が現存する場合に限り，その増加額について成立する先取特権である（民327）。この先取特権は，工事を始める前にその費用の予算額を登記しなければならない。工事の費用が予算額を超えるときは，先取特権は，その超過額については存在しない（民338）。なお，いったん登記された予算額を増額する変更登記は認められないとされている。

③ 不動産売買の先取特権は，当該不動産の代価およびその利息を担保するために成立する（民328）。この先取特権は，売買契約（所有権移転登記）と同時に，不動産の代価またはその利息の弁済がなされていない旨の登記をすることによって効力を生ずる（民340）。

III 登記をなすべき時期

不動産の先取特権については，以下のように，それぞれ登記をなすべき時期が法定されている。本条は，次の②に関わる登記について規定しているが，まず，登記の時期に関する全体を見ておこう。

① 不動産保存の先取特権については，保存行為が完了したのち「直ちに」登記をしなければならない（民337）。

②　不動産工事の先取特権は，工事を始める前にその予算額を登記しなければならない（民338①）。

③　不動産売買の先取特権は，売買契約と同時に，登記をしなければならない（民340）。

①については，前述のように，不動産自体の保存費用，不動産に関する保存・追認・実行に要した費用などが含まれ，保存行為の完了後「直ちに」登記をしなければならない。「直ちに」とは，「遅滞なく」と解されているが，これは実体法上の要件であり，登記申請の時点において審査の対象となるものではない。実体法上は，直ちに登記がなされた場合には，この登記よりも前に登記された抵当権に対しても優先的効力を有する（民339）。

②については，工事の着手前に，その工事費用の予算額を登記しなければ，第三者に対抗できない。この先取特権についても，不動産保存の先取特権と同様に，登記をすることによって，この登記の前に登記された抵当権に優先する効力が与えられている（民339）。ただし，①および②については，所定の時期に遅れてなされた登記は，実体法上は先取特権の効力を有する登記とみなされず，優先権を主張できないとされてきた（幾代＝浦野・判例・先例コンメ新編不登法Ⅳ296頁［上野芳昭］）。判例も，工事着手後になされた不動産先取特権の登記は無効であり（大判大6・2・9民集23・244），すでに存在する不動産保存の先取特権の登記を更正登記によって不動産工事の先取特権に変更することはできないとしてきた（大判大4・12・23民録21・2173）。この点については，工事着手後に債務者の無資力を発見したような場合は不都合を生じることから，工事後でも先取特権の登記ができるようにし，この場合は登記の先後によって他の担保物権との優劣を決めるべきとの解釈論や立法論が提案されている（注釈民法(8)220頁［西原道雄］，我妻栄『新訂担保物権法』66頁など）。

なお，民法338条1項後段は超過額を，同2項は増価額について規定する。超過額とは，工事費用が予算額を超える額をいい，先取特権の効力は及ばない。増価額とは，当初の工事見積額が資材等の値上がりによって工事費用が増価した場合をいう。この場合，増価額が予算額を超えない範囲については，他の担保権者等に不測の損害を与えないので，配当加入の際に裁判所が選任した鑑定人の評価によって増価額の有無，配当額を決することになる。この評価は，民事執行法58条に規定する評価人の評価手続によって行われる。最判平14・1・22判時1776・54は，根抵当権が設定されている土地について，宅地造成工事を請負った請負人が不動産工事先取特権保存の登記を経由した場合において，評価人が不動産競売手続における先取特権の増価額を0円としたときでも，予算額の範囲内における増価額については根抵当権に優先するとした。

③について，不動産売買の先取特権の登記は，売買契約による所有権移転登記の申請と同時に申請すべきものとされている（昭29・9・21民甲1931民事局長通達・先例集下2240）。

民法340条の文言では，「売買契約と同時に」登記しなければならないと規定されているが，売買契約が成立しても売主に所有権がある間は先取特権は成立しないから，実際上は所有権の移転時にということになる。しかし，代金未払いの間に所有権の移転登記がなされることはまれであり，この登記はあまり大きな意義を有しない（基本法コンメンタール物

権(第5版)198頁[平田春二], 幾代=浦野・判例・先例コンメ新編不登法Ⅳ297頁[上野芳昭])。

Ⅳ 先取特権の登記の効力と優先順位
1 一般の先取特権の優先順位
　一般の先取特権の優先順位は民法329条に規定されている。これは, 一般の先取特権の登記がされていない場合の優先順位を定めたものであり, 登記をした場合は登記の先後によって優先順位が決まると解されている(香川・精義(中・1)375頁)。

　以上から, 登記がない場合の一般先取特権相互間の優先順位は, 以下のとおりである。

　①国税・地方税の法定納期限以前に登記した一般の先取特権, ②国税(国税徴収8), ③地方税(国税徴収14), ④各種保険料, ⑤共益の費用(登記のない場合, 民306(1)), ⑥雇用関係(登記のない場合, 民306(2)), ⑦葬式の費用(登記のない場合, 民306(3)), ⑧日用品の供給(登記のない場合, 民306(4))。

2 不動産先取特権相互および他の担保権と優先順位
　不動産先取特権の相互の優先順位は, 民法331条によって定められ, ①不動産保存, ②不動産工事, ③不動産売買の先取特権の順序となる。また, 不動産売買がAからB, BからCとなされた場合, 当該不動産に対する先取特権は, 売買の時の順序により, Aの不動産売買先取特権がBのそれに優先する(民331②)。同一の不動産について, 同一順位の先取特権者が複数存在する場合には, 各先取特権者は, 債権額の割合に応じて弁済を受ける(民332)。

　不動産の先取特権と一般の先取特権が競合した場合, 登記を有する抵当権は, 登記を有しない一般の先取特権に優先する。一般の先取特権が登記を有する場合には, 抵当権との優劣は登記の先後によって決まる(民336)。

　不動産の先取特権と抵当権が競合した場合には, 不動産保存および不動産工事の先取特権が登記を有する場合には, 抵当権に優先する。不動産売買の先取特権と抵当権の優劣は, 登記の先後による(民339)。

Ⅴ 不動産工事の先取特権の保存の登記の申請
　共同申請主義のもとで, 不動産先取特権の保存の登記の申請当事者は, 申請する登記がなされることにより登記記録上に先取特権を取得することになる債権者が登記権利者(不動産工事費用の債権者)であり, 債務者が登記義務者である(法60・2(12)・(13))。なお, 先取特権については, 権利の性質により債務者でない第三者が担保目的物を提供することがないので, 第三者が登記義務者となることがないとされている(齋藤・集中講義不登法180頁)。

　不動産先取特権の保存の登記の申請情報は, 登記の目的, 登記原因およびその日付, 申請人, 添付情報の表示, 管轄登記所, 申請の年月日, 代理人, 登録免許税, 土地や建物を

特定するための事項等を表示する(法18,令3)。このうち,不動産工事先取特権の保存の登記については,登記の目的およびその日付は,「平成何年何月何日新築(又は宅地造成,増築,附属建物新築)請負の先取特権発生」と記載する。その日付は,請負契約成立日を記載する。債権額は,前述のように,工事費用の予算額を記載する。また,建物を新築する場合の不動産工事先取特権については,本書86条の解説を参照。

(鳥谷部　茂)
(執筆協力：齋木賢二)

(建物を新築する場合の不動産工事の先取特権の保存の登記)
第86条　建物を新築する場合における不動産工事の先取特権の保存の登記については,当該建物の所有者となるべき者を登記義務者とみなす。この場合においては,第22条本文の規定は,適用しない。
②　前項の登記の登記事項は,第59条各号及び第83条第1項各号(第3号を除く。)に掲げるもののほか,次のとおりとする。
　(1)　新築する建物並びに当該建物の種類,構造及び床面積は設計書による旨
　(2)　登記義務者の氏名又は名称及び住所
③　前項第1号の規定は,所有権の登記がある建物の附属建物を新築する場合における不動産工事の先取特権の保存の登記について準用する。

　＊旧法関係……①新設,②旧法137条,③旧法138条・51条2項
　＊関連法規……(建物を新築する場合の不動産工事の先取特権の保存の登記)規則161条

I　本条の趣旨
　本条は,建物および附属建物を新築する場合において,不動産工事によって発生する債権をあらかじめ担保するために,工事開始前における先取特権の保存に関する登記方法(登記義務者と登記事項)を定めたものである。前条の85条は不動産工事の保存に関する一般規定であったのに対して,本条は,建物および附属建物新築の工事費用を担保する場合に限定したものであり,その場合の登記義務者,登記事項,附属建物新築の登記について規定している。
　本条1項の登記義務者に関する規定は,新設規定である。本条2項の登記事項に関する規定は,旧法137条を改正したものである。また,本条3項の附属建物に関する規定は,旧法138条と同趣旨のことを規定したものである。

II　建物を新築する場合の登記義務者（1項）

　建物を新築する場合における不動産工事の先取特権の保存の登記は，前述のように，工事の開始前にその費用の予算額を登記しなければならない（本書85条解説III参照）。また，この場合において，工事の費用が予算額を超えるときは，先取特権は，その超過額には存在しない（民338①）。ところが，建物を新築する場合，工事開始前である登記申請時には，目的不動産が存在しないため当該登記記録も存在しない。したがって，本来ならば登記義務者も存在しないことになる。先取特権の登記をする場合には，その不動産の所有権保存登記をしたうえで，所有権登記名義人と先取特権を取得した者の共同申請によって，先取特権の保存登記をすることになる。ところが，前述のように，まだ建物が存在しないので，一般規定では，先取特権の保存登記はできないので，建物が完成した後に当該建物の所有者となるべき者を登記義務者とみなすこととしたものである。この場合においては，登記義務者が有する登記識別情報を提供する旨を規定する法22条本文は適用されない。

III　建物を新築する場合の登記事項（2項）

　建物を新築する場合，そもそも登記識別情報は存在しないので，前述のように，この者は登記識別情報を提供する必要がない（本条1項2文）。この場合における先取特権の保存の登記においては，一般の登記事項（59）および担保権に共通の登記のほかに，「新築する建物」ならびに「新築する建物の種類，構造及び床面積」は設計書による旨（本条2項1号）および「登記義務者の氏名又は名称及び住所」（本条2項2号）を登記事項としている。なお，家屋番号や所有者の登記はしない。この点については，旧法137条と同旨である。

1　新築する建物ならびに当該建物の種類，構造および床面積は設計書による旨

　この場合の先取特権の保存の登記は，前述のように，建築工事を始める前に登記をしなければならないため，この登記を申請する時点では先取特権の目的である建物は存在しない。本項は，新築建物の場合の先取特権の保存の登記をするについて，その目的建物を特定し，その登記記録を設けるために，設計書によるものとした。そのために，登記の申請書には，設計書に定めた建物の種類，構造，床面積および建物を新築すべき市，郡，区，町，村，字および土地の地番に関する情報を添付すべきこととされている（規則161，令別表43）。

　具体的な登記記録への記載方法は，表題部の所在が「何市何町何番地」となり，家屋番号は記載されず，前述のように，種類・構造・床面積が記載され，原因およびその日付として「種類，構造及び床面積は設計書による」と記載される（香川・精義（中・1）433頁）。

2　登記義務者の氏名または名称および住所

　所有権に関する事項を記載する甲区事項欄には，登記の目的「登記義務者表示」とし，「住所」，「登記義務者氏名」を記載し，「不動産工事の先取特権保存の登記により登記」する

旨を記載する(香川・精義(中・1)433頁)。この甲区事項欄に記載された登記義務者を表示する登記は，当該建物の所有権の登記ではない(基本法コンメンタール不動産登記法(第4版補訂版)302頁[西田幸示])。工事開始前になされた不動産工事の先取特権保存の登記は，他の債権者に不測の損害を与えないための優先順位の公示方法であり，建物が完成した後に，遅滞なく，本来の建物の表示登記および所有権保存の登記がなされなければならない(詳しくは，本書87条の解説参照)。

Ⅳ　附属建物新築の先取特権の登記(3項)

　本項は，すでに所有権の登記がなされている主たる建物について，附属建物を新築する場合おける不動産工事の先取特権保存の登記の実行方法について規定したものである(旧法138)。附属建物の登記は，附属建物新築工事前に登記しなければならない点で，本条2項1号と同様に工事設計書によるが，主たる建物がすでに存在する場合には甲区事項欄に所有権の登記があり，その主たる建物の所有者が登記義務者として附属建物の先取特権保存登記を申請するので，他の条項は準用されていない。

　ところで，附属建物とは，表題登記がある建物に附属する建物であって，当該表題登記がある建物と一体のものとして1個の建物として登記されるものをいう(2(23))。例えば，主たる建物とは別棟の湯殿，便所，物置などがこれにあたる。数棟の建物のうち，1棟を主たる建物に，他の棟をすべて附属建物として，全体を1個の建物として登記をすることができるとされている(幾代=徳本・不登法45頁，林=青山・注解845頁[生熊長幸]など参照)。

　附属建物新築のための不動産工事先取特権の登記事項としては，主たる建物の表題部について，新築すべき附属建物の表示を行い，かつ，その建物の種類，構造および床面積は設計書による旨を記載しなければならない。また，主たる建物の乙区事項欄には，登記の目的として不動産工事先取特権保存を，その他の記載事項としては，登記原因のほか，工事費用の予算額および債務者の表示を登記する(令別表44参照)。登記申請情報や添付情報については，河合・逐条不登令276頁を参照。

　なお，附属建物の建築が完了した場合の登記については，87条2項を参照。

　さらに，建物を増築した場合における不動産工事先取特権の保存登記については，規定がない。先例によると，建物増築の場合における先取特権保存登記は，表題部に予定される増築後の表示の登記をし，その表示の登記記載と増築が完了したときの登記については，本条3項および法87条に準じて行うとされている(昭42・8・23民三666民三課長回答・先例集追Ⅳ1130)。

(鳥谷部　茂)
(執筆協力：齋木賢二)

(建物の建築が完了した場合の登記)

第87条 前条第1項の登記をした場合において、建物の建築が完了したときは、当該建物の所有者は、遅滞なく、所有権の保存の登記を申請しなければならない。

② 前条第3項の登記をした場合において、附属建物の建築が完了したときは、当該附属建物が属する建物の所有権の登記名義人は、遅滞なく、当該附属建物の新築による建物の表題部の変更の登記を申請しなければならない。

＊旧法関係……旧法139条1項・2項
＊関連法規……(建物の建築が完了した場合の登記)規則162条

I 本条の趣旨

本条は、建物または附属建物の新築工事前に不動産工事先取特権の保存の登記をした場合(86)において、建物または附属建物の建築が完了したときは、建物の所有者は、遅滞なく、建物新築の場合は所有権の登記を、附属建物新築の場合は附属建物新築の登記(建物の変更の登記)を申請しなければならない旨を定めたものである。86条のように、建物不存在の時点で、かつ、所有権保存登記がない間に所有権以外の権利に関する登記を認めるのはきわめて変則的な登記であり、工事完成後これを本来の登記に改めようとするものである。旧法では139条が本条と同趣旨の登記申請義務を、140条がその登記の実行方法を規定していた。

II 建物建築完了後の所有権保存登記の申請

本条1項は、前述のように、建物の新築工事前に不動産工事先取特権の保存の登記をした場合、建物の建築が完了したときは、建物の所有者は、遅滞なく、所有権の登記を申請しなければならないとした。86条によってなされた新築すべき建物の表示は、本来の建物の表示の登記ではない(すなわち、当該建物には、不動産工事の先取特権の登記はあるが、まだ所有権の登記がない)から、建物完成後、所有者は、新築の日から1か月以内に表題登記を申請したうえで(47)、遅滞なく所有権の登記を申請しなければならない。なお、前者の表題登記の懈怠があった場合の制裁については、51条1項・164条の通則に従う(山野目章夫・NBL843号50頁)。

登記官は、86条(令161)の登記をした場合において、当該建物の建築が完了したことによる表題登記をするときは、同条の登記をした登記記録の表題部に表題登記をし、86条2項1号に掲げる登記事項を抹消する記号を記録しなければならない(令162①)。

登記官は、本条1項の所有権の保存登記をするときは、令161条の規定により記録した事項を抹消する記号を記録しなければならない(令162②)。

なお，旧法のもとで，誤って建物の所在地番として実在しない地番を記載して建物新築の不動産工事の先取特権の保存の登記をした場合において，建物完成後に他の債権者が当該建物につき仮差押えをし，裁判所の嘱託により正しい所在地番を表示した別の保存の登記がなされたという事案において，先取特権者が建物の所在を正しい地番に改める旨の更正登記を申請することは許されないとする裁判例がある（最判昭50・10・29判時798・22，基本法コンメンタール不動産登記法（第4版補訂版）303頁［西田幸示］参照）。

Ⅲ　附属建物の建築完了後の登記の申請

　本条2項では，前述のように，附属建物の新築工事前に不動産工事先取特権の保存の登記をした場合において，附属建物の建築が完了したときは，建物の所有者は，遅滞なく，附属建物新築の登記（表題部の変更の登記）を申請しなければならない。

　登記官は，本条2項の建物の表題部の登記事項に関する変更の登記をしたときは，86条3項において準用する同条2項1号に掲げる登記事項を抹消する記号を記録しなければならない（令162③）。

　なお，建物増築につき不動産工事先取特権保存の登記をした場合において，増築完了後の建物所有者が行う登記申請については，本条が類推適用される（昭42・8・23民三666民三課長回答・先例集追Ⅳ1130，林=青山・注解848頁［生熊長幸］参照）。

（鳥谷部　茂）
（執筆協力：齋木賢二）

（抵当権の登記の登記事項）

第88条 抵当権(根抵当権(民法第398条の2第1項の規定による抵当権をいう。以下同じ。)を除く。)の登記の登記事項は，第59条各号及び第83条第1項各号に掲げるもののほか，次のとおりとする。

(1) 利息に関する定めがあるときは，その定め

(2) 民法第375条第2項に規定する損害の賠償額の定めがあるときは，その定め

(3) 債権に付した条件があるときは，その条件

(4) 民法第370条ただし書の別段の定めがあるときは，その定め

(5) 抵当証券発行の定めがあるときは，その定め

(6) 前号の定めがある場合において元本又は利息の弁済期又は支払場所の定めがあるときは，その定め

② 根抵当権の登記の登記事項は，第59条各号及び第83条第1項各号(第1号を除く。)に掲げるもののほか，次のとおりとする。

(1) 担保すべき債権の範囲及び極度額

(2) 民法第370条ただし書の別段の定めがあるときは，その定め

(3) 担保すべき元本の確定すべき期日の定めがあるときは，その定め

(4) 民法第398条の14第1項ただし書の定めがあるときは，その定め

＊旧法関係……①旧法117条1項・51条2項，②1号・2号・3号・旧法117条2項・51条2項，4号・新設

＊新法改正……平成16年12月1日法律第147号「民法の一部を改正する法律」附則102条：1項2項一部改正

I 本条の趣旨

本条は，抵当権および根抵当権の設定登記を申請する場合の特別記載登記事項を規定したものである。すなわち，権利に関する一般的な登記事項(59各号)および担保権等に関する一般的な登記事項(83①各号)に加えて，本条1項では，旧法117条で抵当権の設定の登記の申請書の記載事項として規定されている事項を「抵当権設定の登記事項」として整理したものである。また，抵当権設定登記の申請情報および添付情報については，令3条および7条ならびに令別表55の項に規定されている。

本条2項は，抵当権と同様に，権利および担保権等に関する一般的な登記事項に加えて，根抵当権設定の登記事項となるものを規定している。また，根抵当権設定登記の申請情報および添付情報については，令3条および7条ならびに令別表56の項に規定されている(清水・Q&A268頁)。

以下では，抵当権および根抵当権の意義・性質を概観した上で，抵当権設定および根抵当権設定の登記事項を解説する。

II　抵当権の意義・性質
1　抵当権の登記の意義
　抵当権は，特定の債権(被担保債権)の回収を確保するために，債務者または第三者(設定者)が有する不動産に設定され，他の債権者に先立って弁済を受けることができる担保物権である(民369①)。

　このような抵当権は，設定者と債権者の設定契約によって成立するが，抵当権の登記をすることによって第三者に対抗できる(対抗要件)。抵当権設定契約が締結されたが，その旨の登記がされていない場合には第三者には対抗できない(民177)。また，抵当権を実行する場合には，確定判決の謄本，公正証書の謄本，登記簿の謄本が必要とされているので(民執181)，抵当権の登記がない場合には，実行が困難になっている(林=青山・注解762頁[小杉茂雄])。

2　抵当権設定契約の性質
　抵当権設定契約は，債権者と設定者(抵当不動産の所有者)との間で，抵当権を発生させる物権的合意によって設定される。設定者は，消費貸借契約の債務者が設定する場合と第三者(物上保証人)が設定する場合に分かれる。注意しなければならないのは，抵当権設定契約自体は，責任を負担する物権契約であり，債権債務を発生させる債権契約ではないということである。これは，物上保証人の場合を考えると明白である。すなわち，消費貸借契約上の債務を負わない第三者が設定者となり，この設定者は，責任のみを負担する。いわゆる「債務なき責任」と呼ばれる。債務者が設定者となる場合も，抵当権設定契約の性質は同じである。

　抵当権は，債権者と設定者の合意によって成立する約定担保物権である点において法律の規定によって成立する先取特権(民303以下)や留置権(民295以下)，さらには法定地上権(民388)等と異なる。また，約定担保物権のなかでは，設定者が目的不動産の占有を自己に留めておく点で不動産質権と異なる(本書95条の解説を参照)。また，所有権を設定者に留める点で不動産の譲渡担保と異なる(本書96条の解説を参照)。

　抵当権は被担保債権の回収を確保することが目的であるから，被担保債権が有効に存在していなければならない(附従性の原則)。したがって，被担保債権が無効であったり消滅した場合には，抵当権の登記がなされていても，この附従性の原則によって抵当権は消滅し，無効な登記のみが残ることになる(無効な登記は，所有権の物権的請求権に基づいて抹消登記請求をすることができる)。

3 抵当権の対象(目的)

　抵当権は，設定者の不動産所有権のうえに設定されるのが一般的であるが，設定者が地上権者や永小作権者である場合には，その地上権，永小作のうえにも抵当権を設定することができる(民369②)。賃借権については，その旨の登記がなされている場合でも，現在は，賃借権を目的とする抵当権を設定することができない(債権質権の設定や譲渡担保の設定は可能である)。

Ⅲ　抵当権の登記事項
1　抵当権に関する本条以外の登記事項

　(1)　**権利に関する一般的な登記事項(59条各号)**　　抵当権の登記事項として，59条は，権利に関する一般的登記事項を定める。すなわち，①登記の目的，②申請の受付の年月日および受付番号，③登記原因およびその日付，④登記に係る権利の権利者の氏名または名称および住所ならびに登記名義人が2人以上であるときは当該権利の登記名義人ごとの持分，⑤登記の目的である権利の消滅に関する定めがあるときは，その定め，⑥共有物分割禁止の定めがあるときは，その定め，⑦民法423条その他の法令の規定により他人に代わって登記を申請した者があるときは，当該代位者の氏名または名称および住所ならびに代位原因，⑧2号に掲げるもののほか，権利の順位を明らかにするために必要な事項として法務省令で定めるもの，を登記申請書に記載しなければならない(本書59条の解説を参照)。

　(2)　**担保権の一般的な登記事項(83条1項各号)**　　さらに，抵当権の登記事項として，83条1項は，担保権の一般事項を定める。すなわち，①債権額，②債務者の氏名または名称および住所，③所有権以外の権利を目的とするときは，その目的となる権利，④二以上の不動産に関する権利を目的とするときは，当該二以上の不動産および当該権利，⑤外国通貨で1号の債権額を指定した債権を担保する質権もしくは転質または抵当権の登記にあっては，本邦通貨で表示した担保限度額，を登記申請書に記載しなければならない(これらの事項については，本書83条の解説を参照)。

2　利息の定め

　本条1項1号は「利息に関する定めがあるときは，その定め」を登記事項としている。利息に関する定めとは，「利息を生ずべき旨の定め，法律上当然利息を生ずべき債権についての無利息の定め，利息の発生時期の定め，利率の定めおよび重利契約」である(基本法コンメンタール不動産登記法(第4版補訂版)273頁[髙柳輝雄]参照)。なお，遅延利息は，金銭の支払を目的とする債務不履行によって生ずる損害賠償であるから，本号による抵当権の利息には含まれない(大判明33・5・19民録6・5・64)。

　利息に関する定めをする趣旨は，民法374条1項の規定により抵当権者は最後の2年分の利息についてのみ抵当権の効力が及ぶことから，後順位抵当権者等に優先弁済の範囲を知らしめ，その抵当権の目的である不動産の余剰価値の測定を容易にして，抵当不動産の

取引の安全，円滑を図るためである(香川・精義(中・1)720頁参照)。したがって，「最高限日歩何銭以内」や「利息は金融情勢により当事者間で別に定める」などの登記はすることができない(昭31・3・14民甲506民事局長通達・先例集追Ⅰ574参照)。

なお，登記原因証書に利息に関する定めがあるときは，その定めを申請書に記載すべきであって，その記載がないときは，旧法117条の規定によりその申請を却下すべきであるとされてきた(昭42・3・24民三301民三課長回答・先例集追Ⅳ1025)。そもそも抵当権の登記をするか否かは本人の意思によるものであるが，旧法117条では，「記載スルコトヲ要ス」と規定しており，抵当権の登記をする以上は，利息の定めがある場合は，必ず申請書に記載すべきものと解されてきたものである(香川・精義(中・1)719頁)参照。

利息の定めは年利で記載するのを原則とし，利息支払期間に満たない期間の利息計算を日歩による場合には，年利を登記し，ただし書として日歩による旨の登記をすることができる。例えば，「利率　年7.5パーセント」「ただし，1か月に満たないものについては日歩何銭何厘何毛とする」などである。

利息を生ずべき債権であって利息の定めがないときは，法定利率の年5分または年6分を申請書に記載する。ただし，商行為によって生じた債権(商514)は，利息を生じさせる定めがないときでも，当然に法定利息が請求できるので，登記がなくても年6分を第三者に対抗できる。反対に，商事債権において無利息の定めがあるときは，その旨を登記しなければ第三者に対抗できない。これに対して，民事債権の場合，利息に関する登記がなければ，第三者に対しては法定利率も対抗できず，無利息の登記をしたことと同じになる。反対に，利息の登記だけで利率の登記がなされていないときは，法定利率を対抗できることになる。

利息制限法1条1項所定の制限利率を超える利息の定めは，その超過部分について無効とされているから，同項所定の制限を超える利息を担保するための抵当権設定契約もその超過部分については無効であり，登記実務上はこのような利率の登記の申請は，旧法49条2号の規定により却下すべきものとされてきた(昭29・6・2民甲1144民事局長通達・先例集下2203)。

重利の特約について，判例には，元本に組み入れられた利息は元本の一部をなすものであり，もはや利息の性質を有しないから重利の特約は有効であり，この定めを登記することは民法旧374条(現民375)の趣旨に反しないとするものがあった(大決大2・6・21民集19・466)。しかし，後の登記実務では，重利の特約を登記しただけでは，元本に組み入れられた延滞利息の額について優先弁済権を対抗することができないから，重利の特約を登記する実益はなく，登記をすることができないとしている(昭34・11・26民甲2541民事局長通達・先例集追Ⅱ564参照)。

3　損害の賠償額の定め

本条1項2号は「民法第375条第2項に規定する損害の賠償額の定めがあるときは，その

定め」を登記事項としている。この規定の趣旨は、民法375条が抵当権の優先弁済の範囲に関して、「抵当権者が債務の不履行によって生じた損害の賠償を請求する権利を有する場合におけるその最後の2年分についても適用する。ただし、利息その他の定期金と通算して2年分を超えることができない」と規定し、この規定を受けて、本号に登記事項として設けられたものである。したがって、この本号は民法372条を前提とするものであり、「損害金　年10パーセント」などのように、定期金としての性質を有するものに限定される。定期金としての性質を有する定めであれば、遅延損害金・損害賠償額の予定・違約金の名称を問わず、本号の登記をすることができる。この点で、不動産質権に関する「賠償額の定め」(95①(3))と区別されている。このように定期金的性質を有する場合に限定されるとの取扱いは、旧法117条のもとで、登記実務として認められてきたものである(昭34・7・25民甲1567民事局長通達・先例集追Ⅱ519、昭34・10・20民三999民三課長心得依命通知・先例集追Ⅱ554参照)。

4 被担保債権に関する条件

　本条1項3号は「債権に付した条件があるときは、その条件」を登記事項としている。抵当権は、附従性の原則から、被担保債権の存否によって影響を受ける。そこで、被担保債権の発生・消滅に条件が付されている場合は、この「債権に付した条件」を登記事項としたものである。

　条件には、解除条件と停止条件がある。債権に解除条件を付しその旨を登記した場合において解除条件が成就したときは、抵当権者は、抵当権の登記を抹消しなくても債権の消滅および抵当権の消滅(附従性)を第三者に対抗できる。したがって、解除条件が意味を有するのは、被担保債権とは別に、抵当権そのものを直接消滅させる定めをするような場合(物権行為に対する付款)である。

　債権に停止条件が付された場合、その旨の登記をすることができる。典型的な例が、将来の債権(求償権)を担保するために抵当権を設定する場合である。すなわち、保証委託契約が締結され、将来発生すべき求償権担保のために抵当権が設定できるとされるのは、附従性の理論が緩和された結果であり、将来債権を被担保債権とする抵当権自体は無条件に設定しうるとされている(基本法コンメンタール不動産登記法(第4版補訂版)275頁[高柳輝雄]参照)。

5 効力の及ぶ目的物の範囲

　本条1項4号は「民法第370条ただし書の別段の定めがあるときは、その定め」を登記事項とする。すなわち、民法370条は、「抵当権の効力は抵当地の上に存する建物を除き、その目的である不動産(以下「抵当不動産」という。)に付加して一体となっている物に及ぶ。ただし、設定行為に別段の定めがある場合……は、この限りでない」と規定する。この別段の定めとは、例えば「立木には抵当権の効力は及ばない」などであり、この旨の登記をする

ことによって，抵当権設定者は，第三者(抵当権の譲受人など)に抵当権の効力が及ばないことを対抗することができる。

6 抵当証券の発行の定め

本条1項5号は「抵当証券発行の定めがあるときは，その定め」を登記事項としている。

抵当証券は，抵当権の価値に見合う証券を発行し，流通させることによって抵当権自体を投資の対象とすることを可能とするものであり，わが国における資産の証券化・流動化の最も先駆的制度である。

抵当権の設定契約において，抵当証券発行の定めがあるときは，その定めを登記することができる。抵当証券の交付を受けるには，この登記が抵当証券の発行要件となっている(抵証3・5)。抵当証券の交付に関する登記については，本書94条の解説を参照。

7 抵当証券発行の場合における元本・利息等の定め

本条1項6号は「前号の定めがある場合において元本または利息の弁済期または支払場所の定めがあるときは，その定め」を登記事項としている。

抵当証券は，転々流通することが予定されており，その所持人に対して，元本または利息の弁済期または支払場所を知らしめるために，これらを記載する必要があるからである(抵証12①(2)・4(6))。

IV 根抵当権の意義・性質
1 根抵当権の意義

根抵当権とは，一定の範囲に属する不特定の債権を極度額の限度において担保する抵当権である(民398の2①)。例えば，会社が金融機関から継続して資金を調達し，返済を繰り返すような場合に，金銭貸借による借入れが多くなったり，返済金融機関への預金が多くなったりする。このような場合でも根抵当権が消滅することなく一定期間担保としての優先的効力を維持することが必要である。根抵当権は，普通抵当権では対応できない担保方法として，実務において形成され，判例法として承認され，最終的に民法典に追加規定(昭46法律99号)されたものである。この新法により，改正以前に広く認められていた被担保債権や極度額を定めないいわゆる「包括根抵当権」は認められないこととなった。根抵当権の沿革については，槇悌次『根抵当法の研究』〔一粒社・1976〕など参照。

根抵当権については，担保される債権の範囲とその限度額が基本的要素となり，担保される債権の範囲は「債権の発生原因」および「債務者」によって特定され，限度額は「極度額」によって限定される。この三要素が根抵当権設定登記の必要的記載事項とされている。

2 根抵当権の性質

根抵当権とは，前述のように，所定の範囲に属する入れ替わり可能な債権を所定の範囲

内で担保する抵当権をいう。その性質は，抵当権の一種である。根抵当権は確定までは，附従性が緩和されるなどの点で抵当権と異なる性質を有するが，確定後は抵当権と同様の性質・効力を有することになる。

V 根抵当権の登記事項
1 はじめに
本条の冒頭に述べたように，本条2項は，抵当権の場合と同様に，権利に関する一般的な登記事項(59条各号)および担保権等に関する一般的な登記事項(83①各号)に加えて，根抵当権設定の登記事項となるものを規定している。したがって，以下では，根抵当権の設定に特有の登記事項のみを説明する。

2 担保すべき債権の範囲と極度額
本条2項1号は「担保すべき債権の範囲及び極度額」を登記事項としている。根抵当権設定の三要素のうち債務者は抵当権一般の登記原因でありここでは省略する(本書83条Ⅱ3の解説を参照)。残り2つの要素は，被担保債権の発生原因である「担保すべき債権の範囲」，およびその担保すべき限度額である「極度額」である(鈴木禄弥『(新版)根抵当法概説』〔新日本法規・1993〕参照)。

(1) **担保すべき債権の範囲**　根抵当権によって担保すべき不特定の債権の範囲は，民法398条の2が規定するように，原則として，①「債務者との特定の継続的取引契約によって生ずる」債権，②「債務者との一定の種類の取引によって生ずる」債権である(同2項)。①は具体的範囲基準と呼ばれ，②は抽象的範囲基準と呼ばれる。ただし，設定行為によって定めた場合には，例外的に，③「特定の原因に基づいて債務者との間に継続して生ずる債権」，④「手形上若しくは小切手上の請求権」を被担保債権として根抵当権を行使することができる(同3項)。さらに，⑤根抵当権設定時にすでに具体的に発生している特定債権も，設定契約で，特に被担保債権に加えることができるとされている。

以上の①ないし⑤について，登記実務において具体的な取扱い(記載例)が公表されているので，紹介する(根抵当権実務研究会編『根抵当権の実務』〔六法出版社・1990〕61頁，鈴木・前掲『(新版)根抵当法概説』51頁，香川・精義(中・2)1364頁など。浦野雄幸『先例判例で読み解く新不動産登記法』〔三省堂・2007〕315頁も参照)。

① **特定の継続的取引契約**　登記実務において認められている例として，年月日当座貸越契約，年月日手形割引(貸付)契約，年月日石油販売特約店契約，年月日電気製品供給契約，年月日ファクタリング取引契約，年月日フランチャイズ契約，年月日リース取引契約，年月日農業共同組合取引契約などがある。これに対して，登記実務として認められない例として，年月日継続的債務保証契約に基づく将来の求償債権のうち何某に関する求償債権などがあげられている。いずれも，特定の継続的契約があり，その契約から不特定の債権が発生することを前提としている。登記手続としては，申請書に特定の継続的取引

契約を約定することで足りる事項として，当該契約の名称および契約成立の年月日を記載すればよいとされている（基本法コンメンタール不動産登記法（第4版補訂版）276頁[高柳輝雄]参照）。

② 「債務者との一定の種類の取引によって生ずる」債権　　登記実務において認められている例として，売買取引，電気製品売買取引，手形貸付取引，当座貸越取引，商品供給取引，石油供給取引，銀行取引，信用金庫取引，保証取引，委任取引，消費貸借取引，賃貸借取引，請負取引，売買委託取引，保証委託取引などがある。これに対して，登記実務として認められない例として，金融取引，代理取引，仲立取引，問屋取引，根抵当取引，手形小切手取引，債務引受取引，リース取引，ファクタリング取引，レンタル取引，委託販売取引，準消費貸借取引などがあげられている。これらの場合，特定の契約の締結は必要ではなく，抽象的に契約の種類のみを登記しておくものである。ただし，前者が認められ後者が認められない理由は，「社会通念上その取引が客観的に法律上明らかになるように，換言すれば，ある債権が発生した場合，その債権が根抵当権によって担保される債権の範囲として約定されたその取引によって生じたものかどうかが法律上明確になるように定めなければならない」（香川・精義（中・2）1363頁参照）からであるとされている。さらに，後者については，債権発生の原因となる法律関係が限定されることが必要であり，単に取引の主体が限定されただけでは不十分であるとされている（前掲・基本法コンメンタール不動産登記法[高柳輝雄]276頁参照）。

　「一定の種類の取引」に関して，「信用金庫取引による債権」として設定された根抵当権の被担保債権には，信用金庫の根抵当債務者に対する保証債権も含まれるかどうか争われたが，最高裁は，「信用金庫取引による債権」に保証債権も含まれるものと解するのが相当であるとした（最判平5・1・19民集47・1・41）。銀行取引による債権についても同様であると解されている。

③ 「特定の原因に基づいて債務者との間に継続して生ずる債権」　　登記実務において認められている例として，甲工場の排液による損害賠償債権，乙工場から清酒移出による酒税債権，軽油の取引による軽油取引税債権などがある。これに対して，登記実務として認められない例として，債権者の不法行為に基づく損害賠償債権，年月日設定契約の付随債権，養育料給付債権，医療給付債権などがあげられている。ここで「特定の原因」とは，不法行為，不当利得，事務管理などの原因をいい，継続的な債権発生の可能性が必要であるとされている（前掲・基本法コンメンタール不動産登記法[高柳輝雄]277頁参照）。要するに，①②以外に根抵当権を利用する必要があると認められる相当の理由がある場合に途を開いておこうとするものである（基本法コンメンタール物権（第4版）44頁[清水誠]参照）。

④ 「手形上若しくは小切手上の請求権」　　根抵当権の被担保債権となる手形もしくは小切手上の請求権というのは，いわゆる回り手形，回り小切手上の請求権のことをいう。回り手形，回り小切手とは，債務者が根抵当権者以外の第三者にあてて振り出した手形が転々流通して根抵当権者が取得するところとなった手形である。根抵当権の被担保債権が

極度額を下回っている場合に，回り手形を安く買い取って根抵当権の実行に利用することは，他の担保権者の利益を害するので，債務者の支払停止など一定の事由が発生した後に取得した回り手形を被担保債権として根抵当権を実行することが禁止されている（民398の3②）。

⑤ **根抵当権設定時にすでに具体的に発生している特定債権** 特定債権は，単独で根抵当権の被担保債権とすることができない。しかし，不特定債権とともに設定時において具体的に特定している特定債権をもあわせて被担保債権と定めた場合には，当該債権を特定するに足りる事項を記載することによって登記することができる。その場合は，「年月日貸付金何円」などとする。

(2) 極度額 民法398条の3は，根抵当権者は，確定した元本ならびに利息その他の定期金および債務の不履行によって生じた損害の賠償の全部について，極度額を限度として，その根抵当権を行使することができると定める。したがって，根抵当不動産を実行した場合の根抵当権者の優先弁済額は，あらかじめ登記したこの極度額が限度となる。例えば，AがBの5000万円相当の甲不動産に極度額3000万円として根抵当権を設定し，Bに銀行取引を被担保債権として金銭を継続的に貸し付けたが，Bの債務不履行を理由に根抵当権を実行した場合，実際の貸金残額や利息等の負債総額が6000万円であっても3000万円しか優先弁済ができない。実際に甲不動産が5000万円で売却された場合，学説には争いがあるが，判例によれば，後順位抵当権者らの第三者がいるかいないかに拘わらず，極度額を限度としてしか優先弁済ができない（最判昭48・10・4判時723・42参照）。ちなみに，根抵当権の効力は，前述のように，極度額の範囲内で利息・損害金に当然に及ぶので，利息や損害金等の定めは根抵当権設定の登記事項として認められていない。

根抵当権の極度額を変更するには，利害関係を有する者の承諾を得なければ，することができない（民398の5）。

3 根抵当権の効力の及ぶ目的物の範囲

本条2項2号は「民法第370条ただし書の別段の定めがあるときは，その定め」を登記事項としている。目的物の範囲については，前述Ⅲ*5*「効力の及ぶ目的物の範囲」と同様であり，省略する。

4 元本確定期日の定め

本条2項3号は「担保すべき元本の確定すべき期日の定めがあるときは，その定め」を登記事項としている。

まず，民法398条の6は，元本確定期日の定めについて，「①根抵当権の担保すべき元本については，その確定すべき期日を定め又は変更することができる。②前項の変更をするには，後順位の抵当権者その他の第三者の承諾を得ることを要しない（準用）。③第1項の期日は，これを定め又は変更した日から5年以内でなければならない。④第1項の期日の

変更についてその変更前の期日より前に登記をしなかったときは，担保すべき元本は，その変更前の期日に確定する」と規定する。実体法上は，元本確定期日を定めるのは自由であり，定めた場合はこれを登記しなければ，当事者間では根抵当権の確定の効力は生ずるが，当該不動産を譲り受けた第三者の確定請求(根抵当権設定から3年経過後は確定請求が可能である)等に対抗できない(民398の19③)。元本確定期日の定めがあるのに，申請書にその記載がない場合，当該登記申請は却下される。元本確定期日の定めが5年を超えるときも却下されるべきであるとされている。登記手続としては，申請書に「確定期日　平成何年何月何日」と記載する。

　元本確定期日の定めがない場合は，民法398条の20によって，根抵当権の担保すべき元本は確定することになる。

5　共有根抵当権における優先弁済の定め

　本条2項4号は「民法第398条の14第1項ただし書の定めがあるときは，その定め」を登記事項としている。

　共有根抵当権とは，1つの根抵当権を複数の者が共同で利用することをいう(正確には根抵当権の準共有であるが，民法典は根抵当権の共有とする)。このような共有根抵当権について，民法398条の14第1項は，「根抵当権の共有者は，それぞれその債権額の割合において弁済を受ける。ただし，元本の確定前に，これと異なる割合を定め，又はある者が他の者に先立って弁済を受けるべきことを定めたときは，その定めに従う」と規定する。本文によれば，根抵当権が実行されたときは，原則として，債権額の割合に応じて，同順位で優先弁済を受けることになる。これに対して，ただし書によれば，当事者間で異なる割合または優先順位を定めた場合(例えば，債権額にかかわらず半額とする，3分の2とする，または一方が他方に優先する「優先の定め」など)，当事者間では効力を有するが，第三者に対しては登記をしなければ対抗できない。

　優先の定めをする場合の申請人は，各共有者であり，この共有者は互いに登記権利者，登記義務者の関係に立たない。各共有者が合同で申請しなければならない。

　この「何番根抵当権優先の定め」の登記申請について，旧法119条の8第2項は「前項の登記は附記においてこれをなす」と規定し，附記登記によるものとしている。したがって，根抵当権設定の登記の申請または根抵当権の一部譲渡の登記の申請と同一の申請書でできないとされている(基本法コンメンタール物権(第4版)284頁[藤谷定勝]，林=青山・注解802頁[有馬厚彦]参照)。

(鳥谷部　茂)
(執筆協力：齋木賢二)

(抵当権の順位の変更の登記等)

第89条 抵当権の順位の変更の登記の申請は，順位を変更する当該抵当権の登記名義人が共同してしなければならない。

② 前項の規定は，民法第398条の14第1項ただし書の定めがある場合の当該定めの登記の申請について準用する。

＊旧法関係……①旧法119条ノ2，②旧法119条ノ8
＊新法改正……平成16年12月1日法律第147号「民法の一部を改正する法律」附則102条：2項一部改正
＊関連法規……(担保権の順位の変更の登記)規則164条

I 本条の趣旨

　本条1項の抵当権の順位の変更とは，複数の抵当権が同一不動産に設定されている場合において，1番抵当権(被担保債権3000万円，利息年5％)を2番抵当権(被担保債権1000万円，利息年7％)と入れ替えたり，さらに1番根抵当権(極度額2000万円)，2番地上権，3番抵当権(被担保債権1000万円，利息年7％)を，1番抵当権(被担保債権1000万円，利息年7％)，2番地上権，3番根抵当権(極度額2000万円)と順位を入れ替えるように，抵当権のうちの一部または全部の順位を各抵当権者の合意によって変更することをいう。

　そもそも，民法374条1項本文は，「抵当権の順位は，各抵当権者の合意によって変更することができる」と定め，同373条は，「同一の不動産について数個の抵当権が設定されたときは，その抵当権の順位は登記の前後による」と定めて，抵当権の順位の変更ができることを規定している。以上から，抵当権と根抵当権を入れ替えること，根抵当権と不動産質権を入れ替えること，抵当権と不動産先取特権を入れ替えること，または同順位とすることなどができると解されている(香川・精義(中・1)810頁，香川・精義(中・2)1527頁参照)。

　ちなみに，本法次条の90条が規定する抵当権の処分には，抵当権の順位の譲渡・順位の放棄，抵当権の譲渡・抵当権の放棄等がある(民375)。抵当権の処分の場合は，処分の対象となる抵当権の順位(被担保債権等)は維持される点で，抵当権の順位の変更と異なる。すなわち，抵当権の順位の譲渡では，先順位抵当権の順位(被担保債権額等)を維持したままで，後順位の抵当権者が先順位抵当権者に優先して配当を受けるものである。

　また，民法398条の14第1項によると，1つの根抵当権を複数人が共有する場合(共有根抵当権)には，原則として，優先弁済は債権額の割合によって同順位となる。しかし，同条ただし書は，これと異なる優先弁済の特約を認めている。この場合に，本条2項は，特約による変更を第三者に公示するために，本条1項を準用するものである。

　これらの場合には，登記権利者・登記義務者を明確に区別できないので，共同で申請すべきことを定めたものであり，抵当権の順位変更に関する旧法119条の2および共有根抵当権における優先の定めの登記に関する旧法119条の8を，本条1項および2項にまとめ

たものである。

そもそも、民法における抵当権の順位の変更の制度は、その目的を達するために煩雑かつ複雑な手続を回避するために昭和46年の根抵当立法の際に民法典中に設けられたものである。根抵当立法時における抵当権の順位の変更の沿革については、林＝青山・注解783頁[寺田逸郎]など参照。

II　抵当権の順位の変更

前述のように、抵当権の順位の変更は、複数の抵当権が同一不動産に設定されている場合において、先順位と後順位を入れ替えるものである。したがって、複数の抵当権者間における変更であり、抵当権者が無担保権者との間で行う、いわゆる抵当権の譲渡・放棄と区分される。

抵当権の順位変更の当事者は、中間者を含めて全ての抵当権者の合意を必要とする。債権額や利息額(利率)が大きいかどうかによって、有利または不利に影響を受けるからである。また、順位の変更について利害関係を有する者(例えば、転抵当権、根抵当権またはその順位の譲渡または放棄を受けている者など)がいる場合には、その者の承諾を証する情報を添付しなければならない(令7①(5)ハ)。さらに、根抵当権の順位の変更により不利益を受ける根抵当権について仮登記を有する者も利害関係人となる。これに対して、用益権者や所有権移転等の仮登記権利者は抵当権の順位の変更により不利益を受けないから利害関係人に当たらないとされている(香川・精義(中・1)815頁、香川・精義(中・2)1537頁参照)。

以上のような抵当権の順位の変更は、以下の登記手続に従い、その旨の登記をすることによって効力を生じる(民法374条2項は、「抵当権の順位の変更は、その登記をしなければ、その効力を生じない」と定める)。すなわち、この登記は成立要件であり、かつ、第三者に対する対抗要件であるとされている。

III　登記手続

1　申請人

登記権利者と登記義務者の共同申請によるのが原則であるが、順位の変更の登記は、通常の登記手続と異なり、順位の変更を合意する当事者全員を申請人として行う。前述のように、債権額や利率が異なる場合において、当事者が多数のときは、ある者に対しては登記権利者であるが、同時に他の者に対しては登記義務者となることがあり、一概に登記権利者と登記義務者の区分を明確にできない場合があるからである。このような申請を、合同申請と呼ぶことがある。抵当権の順位の変更に合意したが、登記の申請に協力しない場合は、その者に対する判決を得て申請することができる(香川・精義(中・1)821頁参照)。

2　申請書の記載事項

登記の順位を変更する登記申請書には、登記の目的として、各抵当権を登記簿上の順位

番号を用いて表示し，その各抵当権間の順位の変更である旨を「1番，2番，3番順位変更」のように記載する。登記原因は，順位を変更する該抵当権の権利者全員の「合意」であり，その日付は，その合意の効力の生じた日である。利害関係人がいる場合は，その承諾の日が登記原因の日付となる(香川・精義(中・1)821頁参照)。

3 順位の変更の登記

順位の変更の登記は，物権の優先順位を公示するものであるから，主登記で行う。抵当権の順位の変更の登記は，個々の抵当権の登記の登記事項を変更するものではないから，権利の変更の登記に関する規定は適用されない。

登記官は，担保権の順位の変更の登記をするときは，順位の変更があった担保権の登記の順位番号の次に変更の登記の順位番号を括弧を付して記録しなければならない(規則164)。すなわち，順位番号1番，2番，3番登記の順位を，3番，2番，1番に変更する場合には，4番登記欄に登記目的として，「1番，2番，3番順位変更」，原因年月日の後に，新たな順位を記載する。具体的には，「第1 3番抵当権，第2 2番抵当権，第3 1番抵当権」となる。

IV 根抵当権の順位の変更

1 順位の変更

根抵当権については，その元本確定の前後を問わず，抵当権の一種であることから，抵当権に関する民法373条2項および3項が適用されるのであって，これらの規定によって順位の変更をすることができるとされている(香川・精義(中・2)1527頁参照)。

具体的には，根抵当権相互間の順位の変更または根抵当権と普通抵当権その他の担保権との順位の変更ができ，その順位の変更は，関係する根抵当権その他の担保権者全員の合意によるが，その順位の変更により不利益を受ける第三者が存する場合には，その承諾を必要とする。この場合，その承諾が合意の有効要件であり，同時に効力要件であるとされている。

2 根抵当権の順位の変更の登記

根抵当権等の順位の変更の登記は，関係根抵当権者等の全員が申請人となる。1つの登記によって多数の根抵当権その他の担保権の順位が変更されるので，形式的な登記権利者および登記義務者の観念はないと解されている(香川・精義(中・2)1538頁参照)。具体的な登記手続や共有根抵当権の優先の定めについては，本書89条の解説を参照。

V 共有根抵当権の優先の定め

前述のように，民法398条の14第1項は「根抵当権の共有者は，それぞれを債権額の割合に応じて弁済を受ける。ただし，元本の確定前に，これと異なる割合を定め，又はある者

が他の者に先立って弁済を受けるべきことを定めたときは、その定めに従う」と規定している(優先の定め)。

優先の定めがない共有根抵当権については、共有根抵当権者の1人が単独でその実行をすることができるとする東京高決昭54・5・1金法905・42がある。

この優先の定めを第三者に対抗するためには、その旨の登記をしなければならない。この場合の登記は付記登記による。旧法119条の8第2項には「前項の登記は附記によりこれをなす」とする規定があった。

登記先例では、優先の定めの登記申請は、根抵当権設定の登記の申請と同一の申請書ですることができないとされている(昭46・10・4民甲3230民事局長通達・先例集追Ⅴ531)。

(鳥谷部　茂)

(執筆協力：齋木賢二)

(抵当権の処分の登記)
第90条 第83条及び第88条の規定は，民法第376条第1項の規定により抵当権を他の債権のための担保とし，又は抵当権を譲渡し，若しくは放棄する場合の登記について準用する。

＊旧法関係……旧法119条ノ3・51条2項
＊新法改正……平成16年12月1日法律第147号「民法の一部を改正する法律」附則102条：本条一部改正
＊関連法規……(順位の譲渡又は放棄による変更の登記)規則163条，(根抵当権等の分割譲渡の登記)規則165条

I 本条の趣旨

　本条は，抵当権の処分の登記の登記事項を定めている。旧法119条の3が117条を準用し，抵当権の処分の登記の申請書の記載事項として規定していたものを，抵当権の処分の登記事項として整理したものである。

　そもそも，民法376条は，抵当権の処分について，「①抵当権者は，その抵当権を他の債権者の債権の担保とし，又は同一の債務者に対する他の債権者の利益のためにその抵当権若しくはその順位を譲渡し，若しくは放棄することができる。②前項の場合において，抵当権者が数人のためにその抵当権の処分をしたときは，その処分を受ける者の権利の順位は，抵当権の登記にした付記の前後による」と規定し，本条の対象にもなる転抵当権，抵当権の順位の譲渡，抵当権の順位の放棄，さらに，抵当権の譲渡，抵当権の放棄ができること，付記登記によるべきことを定めている。ただし，質権・根質権・根抵当権の処分(転担保，分割譲渡等)については，本条と同様の性質であることから，省令に委ねている。

　民法373条の抵当権の順位の変更は，当該抵当権の被担保債権額等とともに，他の抵当権者と順位を入れ替えるので主登記により変更する必要があった。しかし，抵当権の処分，すなわち転抵当権，抵当権の順位譲渡，抵当権の順位放棄，抵当権の譲渡，抵当権の放棄は，いずれも当初の抵当権の順位(被担保債権額等)を維持したままでこれに第三者のために抵当権を設定するか，第三者に抵当権またはその順位の譲渡・放棄をするので，元の抵当権の主登記の順位は変わることがない。処分を受けた第三者の権利は，元の抵当権に付記することによって，優先弁済権を第三者に対抗できるとするものである(民376②)。

　転抵当権以外の抵当権の処分は，以下のように区分される。抵当権の順位の譲渡は，先順位抵当権者から後順位抵当権者に譲渡するものであるのに対して，抵当権の譲渡は，先順位抵当権者から無担保債権者に譲渡するものである。抵当権の順位の放棄は，先順位抵当権者から後順位抵当権者に放棄するものであるのに対して，抵当権の放棄は，先順位抵当権者から無担保債権者に放棄するものである。抵当権の順位の譲渡・抵当権の譲渡は，いずれも譲受人が譲渡人の抵当権により譲渡人に優先して弁済を受けられるものであるの

に対して，抵当権の順位の放棄，抵当権の放棄は，いずれも放棄した者と放棄を受けた者が優先配当額から平等に債権額の割合で弁済を受けることができるものである。これらの抵当権の処分は，CがAの系列会社の場合等に利用されることが予想される。

また，本条は根抵当権にも適用されるので，根抵当権の処分とその登記手続についても後述する。

II 抵当権の処分
1 転抵当権
(1) **転抵当権の意義**　転抵当権とは，抵当権を他の債権者の債権の担保とすることをいう。例えば，Aは，甲不動産(時価4000万円)を所有しているが，Bから3000万円を借り入れ甲不動産にBのために抵当権を設定した。その後抵当権者Bは，Cから2000万円を借り入れる必要が生じ，自己の有する抵当権の上にCのために抵当権を設定した。この場合，BC間の抵当権が転抵当権であり，転抵当権者Cは，転抵当権の実行により，原抵当権者Bが受けるべき優先弁済額の範囲内で債権を回収することができる。転抵当権は，抵当権を対象とする一種の資金調達手段としての機能を有している。

(2) **転抵当権の性質・効力**　転抵当権の法的性質については，被担保債権と抵当権の双方が転抵当権の目的になるとする見解(抵当権・債権共同質入説)と被担保債権と分離して抵当権だけが転抵当権の目的となるとする見解(抵当権再度質入説)に分かれる。民法375条の趣旨を付従性の例外として抵当権の処分を認めたとものと捉える後者の見解が有力である。しかし，転抵当権者の優先弁済額が原抵当権者の優先弁済額に制限されること，対抗要件として民法467条の通知または承諾が必要とされること(民377)は，後者の見解では合理的でなく，前者の見解から当然に導かれることになる。

原抵当権の弁済期よりも転抵当権の弁済期が後に到来する場合は，原抵当権設定者は配当額を供託することによって債務を免れる。また，転抵当権の被担保債権が原抵当権の被担保債権を超えるときは，転抵当権の優先弁済額は原抵当権の被担保債権の範囲に制限される。

(3) **転抵当権の対抗要件**　転抵当権設定契約の当事者は原抵当権者と転抵当権者であり，原抵当権設定者(原債務者)およびその承継人に対して転抵当権を対抗するためには，民法476条の通知または承諾が必要である(民377)。また，複数の者に抵当権が処分された場合など他の第三者に対しては，転抵当権の登記をしなければ，対抗することができない(民376②)。

2 抵当権の順位の譲渡・抵当権の譲渡

前述のように民法376条は，抵当権の順位の変更とあわせて，抵当権の順位の譲渡・抵当権の順位の放棄，抵当権の譲渡，抵当権の放棄を認めている。

抵当権の順位の譲渡・順位の放棄の当事者は，先順位抵当権と後順位抵当権であり，中

間者は不利益を受けないので，この両者の合意のみで足りる。具体的に，1番抵当権者が3番抵当権者に順位譲渡した場合の取扱いをみてみよう。例えば，被担保債権はAが1番抵当権2000万円，Bが2番抵当権2000万円，Cが3番抵当権2000万円の場合において，抵当権不動産の競売価格が5000万円であったときは，1番抵当権2000万円の配当は譲渡を受けたCが取得する。Bが2000万円の配当を受け，譲渡したAが残り1000万円の配当を受け，Aの残債権1000万円は一般(無担保)債権となる。

他方，抵当権の譲渡とは，抵当権者から譲渡を受けた無担保債権者がその抵当権者に優先して弁済を受けることができるものである。抵当権の譲渡の当事者は，抵当権者と譲渡を受ける無担保債権者である。上記の例において，Cが2000万円の無担保債権者であった場合である。譲渡を受けたCが1番抵当権を利用して2000万円の配当を受け，Aは2000万円の一般債権者となる。

3 抵当権の順位の放棄・抵当権の放棄

前述のように，抵当権の順位の放棄，抵当権の放棄は，いずれも放棄した者と放棄を受けた者が優先配当額から平等に債権額の割合で弁済を受けることができるものである。上記の例で，AがCに抵当権の順位の放棄をした場合，ACの優先弁済額はAの2000万円とCの1000万円をあわせて合計3000万円であり，これをACの債権額の割合に応じて各1500万円の配当を受けることになる。他方，抵当権の放棄は，Cが無担保債権者であった場合においてAがCに放棄したときは，Aの優先弁済額2000万円をACが債権額の割合に応じて各1000万円の配当を受けることになる。この場合も，2番抵当権者である中間者Bは，AC間の抵当権の処分によってまったく影響を受けないので，承諾なども必要とされない。

III 抵当権の処分の登記手続

本条は，抵当権の処分(転抵当権，抵当権の譲渡，抵当権の放棄)の登記について，本法83条および88条を準用する。また，順位の譲渡および順位の放棄については規則163条が規定する。以下では，申請人，登記事項，申請情報・添付情報に分けて整理する。

1 申請人

転抵当権の登記は，抵当権者(登記義務者)と転抵当権者(登記権利者)の共同申請による。抵当権の順位の譲渡・順位の放棄の登記は，譲渡・放棄をした先順位抵当権者(登記義務者)と後順位抵当権者(登記権利者)の共同申請による。抵当権の譲渡・抵当権の放棄の登記は，抵当権者(登記義務者)と譲渡・放棄を受けた無担保債権者(登記権利者)の共同申請による。これらの登記義務者が登記申請に協力しないときは，登記権利者が裁判により判決書正本謄本を添付して申請することができる。また，これらの当事者が登記未了のまま死亡したときは，その相続人が登記権利者または登記義務者の承継人となる。

2 登記事項

転抵当、抵当権の譲渡および放棄の登記は、原抵当権の登記について、付記登記で行う。転抵当権の登記事項としては、何番抵当権転抵当として、受付番号、原因、債権額、利息、債務者の住所・氏名、転抵当権者の住所・氏名が記載される。

抵当権の譲渡または放棄の登記事項としては、何番抵当権譲渡または放棄として、受付番号、原因、債権額、利息、債務者の住所・氏名、受益者の住所・氏名が記載される。

3 申請情報・添付情報

抵当権および根抵当権の処分の登記の申請情報および添付情報については、令3条および7条ならびに令別表58項に規定されている(質権および根質権の処分の登記については、令別表49参照)(清水・Q&A273頁)。

Ⅳ 根抵当権の処分と登記手続

1 根抵当権の処分(転抵当、全部譲渡、分割譲渡、一部譲渡、順位の変更)

民法398条の11は、「元本の確定前においては、根抵当権者は、第376条1項の規定による根抵当権の処分をすることができない。ただし、その根抵当権を他の債権の担保とすることを妨げない」と定める。この規定により、根抵当権の場合は、抵当権において可能とされる、根抵当権の無担保債権者への譲渡や放棄、根抵当権の順位の譲渡や順位の放棄はできないことになる。根抵当権の元本確定前は、まだ被担保債権も確定していないからである。これに対して、同条ただし書において、根抵当権の元本確定前でも、転根抵当権が可能であることが規定され、民法398条の12は、1項で根抵当権の全部譲渡、2項で分割譲渡を規定している。また、民法398条の13は、根抵当権の一部譲渡を規定し、さらに、民法373条2項および3項により根抵当権の順位の変更もできるとされている。これらが実体法上認められていることから、詳細は以下に述べるように(「*2* 根抵当権の処分の登記手続」を参照)、登記法上の対応が必要とされる。

(1) 転根抵当 根抵当権については、前述のように、元本確定前でも、根抵当権を目的とする根抵当権を設定することができる。例えば、Aに対して、Bが1500万円を貸し付け、債務者Aの所有する甲不動産に極度額2000万円、確定期日を3年後の期日を定めて根抵当権を設定した場合において、BがCから1000万円の融資を受ける必要が生じたとき、CはBの有する極度額2000万円の根抵当権を担保目的物としてその上に1500万円の根抵当権を設定するということによって資金調達を実現することができる。

根抵当権の転根抵当には、民法367条1項が適用され、民法467条の規定に従って根抵当権者が主債務者に転根抵当を通知し、またはその債務者が承諾しなければ、主債務者、保証人、根抵当権設定者およびこれらの承継人に対抗することができない。転根抵当の極度額が原根抵当権の極度額を超えるのは差し支えないが、転根抵当権者Cは、BがAに有する債権の限度でしか甲不動産に対する優先弁済権を行使することができない。ただし、A

には，民法376条2項に規定されたAのBに対する弁済の制約がないので，Aの弁済によりBの債権が減少した場合には，転根抵当権者Cの優先弁済額も減少することになる。普通抵当権における転抵当権の効力と異なる点である(香川・精義(中・2)1510頁参照)。

(2) **根抵当権の全部譲渡・分割譲渡**　根抵当権の全部譲渡とは，根抵当権者Bから第三者Dに根抵当権を譲渡することにより，譲受人Dに根抵当権が移転し，その結果，根抵当権者が入れ替わることになる。前述のように，転根抵当権は従来の根抵当権の当事者を変更(交替)しない資金調達方法であったのに対して，根抵当権の全部譲渡は，根抵当権者を交替させるものである。

他方，根抵当権の分割譲渡とは，例えば，極度額3000万円の根抵当権を，極度額2000万円の根抵当権と極度額1000万円の根抵当権に分割登記したうえで，一方を第三者に譲渡するような場合である。1つの根抵当権を2つ以上に分割したうえで，第三者に譲渡する点で，次の一部譲渡と異なる。

いずれも要件としては，元本確定前であること，根抵当権設定者の承諾があることが必要である。分割譲渡の場合は，利害関係人の承諾も必要である。

(3) **一部譲渡**　甲不動産に対する根抵当権者Aが被担保債権3000万円のうち1000万円を表示して第三者Dに根抵当権を一部譲渡することができる(民398の13)。その債権額は，抵当権の一部譲渡として登記されることになる(船越隆司『担保物権法(第3版)』〔尚学社・2004〕263頁)。要件は，元本確定前であること，根抵当権設定者の承諾があることが必要である。その結果，AとDは甲不動産に対する根抵当権を準共有する。すなわち，一部譲渡の効果は，譲渡人と譲受人が1つの根抵当権の共有者になることであり，複数の債権者が被担保債権額の割合で優先弁済権を行使できる点で他の抵当権の処分と異なる。

2　根抵当権の処分の登記手続

前述のように，民法には根抵当権の転抵当，全部譲渡，分割譲渡，一部譲渡および順位の変更に関する実体法上の規定が存する。しかし，本法には，抵当権の処分に関する規定は存するが，根抵当権の処分に関する規定はない。本法88条は「抵当権(根抵当権(民法第398条の2第1項の規定による抵当権をいう。以下同じ。)を除く。)の登記の登記事項は，第59条各号及び第83条第1項各号に掲げるもののほか，次のとおりとする」と定めることから，抵当権の趣旨に反しない場合には，抵当権に関する規定は根抵当権に適用されるものと解されている。また，このような前提として，規則165条は，根抵当権等の分割譲渡の登記に関する詳細な規定をおいている。この点に関しては，「抵当権の登記事項の規定(法59条，83条1項，88条2項)が根抵当権に適用されることになり，登記官が行う根抵当権の分割譲渡の登記の具体的な内容については，公示技術の問題として省令等で明らかにすれば足りる，との考え方による」とされている(清水・Q&A273頁)。

根抵当権の全部譲渡，分割譲渡および一部譲渡のいずれの場合も根抵当権設定者(登記申請時の所有権等の登記名義人)の承諾が効力要件であるので，その承諾を証する書面を添

付しなければならない(香川・精義(中・2)1440頁参照)。

(1) 転根抵当・根抵当権の全部譲渡・一部譲渡　前述のように，抵当権の処分に関する規定が適用され，抵当権に関する転根抵当権，抵当権の譲渡・一部譲渡と同様である。転根抵当の登記の申請は，根抵当権者(登記義務者)と転根抵当権者(登記権利者)が共同で申請する。申請書には，目的を「何番根抵当権転根抵当」，原因を「何年何月何日設定」とし，極度額のほか，債権の範囲，利息，遅延損害金，債務者，転根抵当権者を記載する。登記は付記登記でなされる。全部譲渡および一部譲渡の場合も申請当事者や付記登記の点は同じであり，全部譲渡の登記については，目的を「何番根抵当権移転」，原因を「何年何月何日譲渡」と記載し，一部譲渡の登記については，目的を「何番根抵当権一部移転」，原因を「何年何月何日一部譲渡」と記載する。

(2) 根抵当権の分割譲渡　根抵当権の分割譲渡について，旧法では119条の6に根抵当権の分割譲渡による移転の登記に関する規定が存した。新法では規定がなく，規則165条に詳細な規定をおくこととした。すなわち，規則165条は，この場合の移転の登記は，主登記ですることなど旧法119条の6第2項から第4項までおよび旧細則58条の3と同様の内容を規定している(清水・Q&A274頁)。例えば，2000万円の極度額の根抵当権を1500万円と500万円の根抵当権に分割し，500万円の根抵当権を譲渡する場合，まず，譲渡される根抵当権の極度額金2000万円に下線を引き，同一順位番号に付記登記で，目的を「何番(あ)根抵当権変更」，権利者その他の事項欄に「極度額金1500万円　分割譲渡により何年何月何日付記」と記載する。そのうえで，主登記かつ同一順位で，目的を「何番根抵当権分割譲渡」，原因を「何年何月何日分割譲渡」と記載し，根抵当権の表示として，元の根抵当権のうち，極度額500万円，根抵当権者を譲受人の箇所を変更して記載する。なお，譲渡前の根抵当権の登記に共同担保目録がある場合には，その共同担保目録と同一内容の共同申請書に添付しなければならない。ただし，分割譲渡による登記を申請する場合において，同一の登記所にすでに分割譲渡の登記による共同担保目録が提出されているときは，その申請書には前に提出した共同担保目録の記号および番号を記載するものとし，重ねて共同担保目録を提出する必要はないとされている(基本法コンメ不動産登記法(第4版補訂版))284頁［藤谷定勝］，香川・精義(中・2)1441頁参照)。なお，共同担保の根抵当権の分割譲渡の登記申請情報には，原根抵当権の登記の共同担保目録の記号および番号を記載し，その申請がされた場合，登記官は，分割後の根抵当権について，原根抵当権の登記と同一の不動産に関する権利を記録した共同担保目録を作成しなければならない(規則169)。

根抵当権(根質権)の分割譲渡の登記の申請情報および添付情報については，令別表60の項に規定されている(根質権については，令別表51の項参照)(清水・Q&A274頁)。

(鳥谷部　茂)
(執筆協力：齋木賢二)

(共同抵当の代位の登記)
第91条 民法第393条の規定による代位の登記の登記事項は，第59条各号に掲げるもののほか，先順位の抵当権者が弁済を受けた不動産に関する権利，当該不動産の代価及び当該弁済を受けた額とする。
② 第83条及び第88条の規定は，前項の登記について準用する。

＊旧法関係……旧法119条ノ4・51条2項

I 本条の趣旨
1 民法上の共同抵当と本条の趣旨
　本条は，共有担保物権が異時配当された場合の後順位担保権者の「代位の登記」の登記事項を規定したものである。すなわち，旧法119条の4では共同抵当の代位の登記の申請書の記載事項を規定していたが，本条は，この事項を共同抵当の代位の登記の登記事項として整理したものである(清水・Q&A275頁)。

2 民法上の共同抵当権
　共同抵当権とは，「債権者が同一の債権の担保として数個の不動産につき抵当権を有する場合」(民392①)をいう。例えば，AがBに対して3000万円の貸付債権を有する場合に，この債権の回収を確保するために甲建物(時価2000万円)と乙土地(時価4000万円)の双方に抵当権を設定している(Aが甲乙不動産に抵当権を有することは，共同担保目録により公示される。本書83条の解説Ⅱ5および7を参照)。他方，Cは，Bに2000万円の債権を有し甲不動産に2番抵当権を設定している。Aは，Bの債務不履行に基づき抵当権を実行する場合，甲乙不動産の同時競売により甲乙不動産の競売代金から不動産価格の割合に応じて回収できるが(同時競売)，同時競売の義務を負っているわけではない。そこで，Aは，必要に応じて，甲乙不動産のどちらか一方のみを競売することもできる(異時競売)。以上のような共同抵当制度が設けられた趣旨は，担保価値の集積(1つの不動産では被担保債権を下回る場合に複数の不動産に設定する)と危険の分散(1つの不動産が焼失したり担保価値を失う場合がある)にあるとされている。
　いずれにしても，共同抵当が設定された場合における行動基準としては，同時競売の場合における割付額(甲不動産から1000万円，乙不動産から2000万円)が基準となる(民392①)。ところで，Aが甲不動産のみを競売し全額優先弁済を得たときは，甲不動産の2番抵当権者Cは一部の配当しか得られない。この場合に，民法392条2項はCに乙不動産に対する代位権を与え，民法393条がその代位の登記を定めている。すなわち，民法392条は，甲乙不動産の所有者が効率的に不動産の担保価値を利用できることを前提に，先順位抵当権者が異時競売を申し立てたことにより，次順位担保権者が不利益を受けないように，先順位抵

当権者が弁済受領後に不要となった他方の不動産に対する権利を代位することを認めたものである。本条は、この登記手続を定めたものである。

3 次順位者による代位とその対抗

共同抵当権が設定された場合にとくに問題となるのは、異時競売が申し立てられた場合であり、民法392条2項後段は、「この場合において、次順位の抵当権者は、その弁済を受ける抵当権者が前項の規定に従い他の不動産の代価から受けるべき金額を限度として、その抵当権者に代位して抵当権を行使することができる」と定める。前掲の事例では、Aが乙土地の競売をし、3000万円の弁済を受け、2000万円の貸付債権を有する次順位のCは、1000万円の弁済を受け、不足分について、割付額1000万円の限度で甲不動産から先順位の地位で優先弁済を受けることができる。そこで、民法393条は、「前条第2項後段の規定により代位によって抵当権を行使する者は、その抵当権の登記にその代位を付記することができる」と規定する。この登記は、乙不動産の後順位抵当権者であったCの申請により、まだ競売されていない甲不動産について、後述Ⅱの登記事項を登記しておくものである。この登記については、代位の目的である当該不動産について、新たに権利を取得した者や、代位の対象である抵当権の処分の相手方に対する関係では、この付記登記が対抗要件となる。ただし、通説は、債務者や代位時の後順位抵当権者等に対してはこの付記登記がなくても代位を対抗できるとしている（柚木馨=高木多喜男『担保物権法（第3版）』〔有斐閣・1982〕408頁、我妻栄『新訂担保物権法』〔岩波書店・1968〕450頁参照）。

Ⅱ 「代位の登記」の登記事項

代位の登記事項は、抵当権の一般的登記事項（59各号）のほかに、「先順位の抵当権者が弁済を受けた不動産に関する権利」、「当該不動産の代価」および「当該弁済を受けた額」である。これらは、共同抵当中の残された対象不動産（上記甲不動産）が将来競売されるに当たり次順位担保権者が代位に係る債権額の範囲を算定することを容易にするためである（林=青山・注解790頁〔寺田逸郎〕）。

1 「先順位の抵当権者が弁済を受けた不動産に関する権利」

この場合の不動産とは、上記の事例では先に競売された乙不動産をいい、「競売不動産〇〇市〇〇町〇〇番の土地」と記載する。その場合の権利である代位権は、「原因 平成何年何月何日民法第392条第2項による代位」と記載され、登記原因の日付は先に競売された乙不動産の配当が実施された日となる。

2 「当該不動産の代価及び当該弁済を受けた額」

本条の「当該不動産の代価及び当該弁済を受けた額」は、同時競売の場合にはいわゆる割付額を限度とするが、その額は、他の不動産が競売されるまでは算定することができない。

そこで，代位の登記においては，「当該不動産の代価」とは，上記事例では「競売代価4000万円」になるが，競売された不動産の売却代金そのものをいうのではなく，同時配当が行われるとすれば，共同抵当権者が各不動産から優先弁済を受けるべき額（割付額）を算定する基準となる価額を意味するものと解されている。したがって，共同抵当権に優先する債権があるような場合には売却代金からその額を控除した残額が「当該不動産の代価」となる（基本法コンメ不動産登記法（第4版補訂版）282頁［大内俊身］）。また，「当該弁済を受けた額」は，「当該先順位の抵当権者が」「当該弁済を受けた額」として，元本および利息等を含めて，「弁済額3000万円」と記載される。

同時競売を基準とするこれらの額を記載しておくことによって，前述のように，将来異時競売が行われた場合の債権額算出に供しようとするものである。

3 登記手続と申請情報・添付情報

共同抵当の代位の登記手続は，代位権者である後順位抵当権者を登記権利者（上記C）とし，代位の対象となる共同抵当権の抵当権者を登記義務者（上記A）として共同で申請する。

申請情報・添付情報は，令3条および7条ならびに令別表の50の項（質権，根質権）および59の項（抵当権，根抵当権）に規定されている。代位の登記は，前述のように，付記登記による（規則3(7)，民393）。

登記記録には，末尾に「債務者　住所A」，「代位者　住所B」と記載される。

Ⅲ　共同根抵当

根抵当権の場合において民法392条が適用されるためには，複数の不動産に根抵当権が設定されている場合において，「担保すべき債権の範囲」，「債務者」，「極度額」がすべて同一であり，かつ，共同担保である旨の登記がされていることが必要である（民398の16）。このような共同根抵当権を純粋共同根抵当または狭義の共同根抵当と呼ぶ。これらの要件を欠く共同根抵当権は，累積式共同根抵当と呼ばれ，民法392条（次順位者の代位）は適用されない。ここから，共同根抵当においては，累積式共同根抵当が原則であり，前述の要件をすべて具備した場合にのみ，例外的に，純粋共同根抵当になると解されている。

根抵当権の代位の登記について，民法392条2項の規定に基づき根抵当権の代位の付記登記をするには，その前提として，当該根抵当権につき元本確定の登記を経由する必要があり，その登記は，根抵当権設定者が登記権利者，根抵当権者が登記義務者となって申請するとされてきた（昭57・7・6民三4278民三課長回答・先例集Ⅵ1174参照）。民法改正法により，抵当権者からも確定請求ができる規定が設けられ（民398の19②），この場合には根抵当権者が単独で確定の申請をすることができるようになった（本書93条解説参照）。

（鳥谷部　茂）

（執筆協力：齋木賢二）

(根抵当権当事者の相続に関する合意の登記の制限)
第92条 民法第398条の8第1項又は第2項の合意の登記は，当該相続による根抵当権の移転又は債務者の変更の登記をした後でなければ，することができない。

＊旧法関係……旧法119条ノ5
＊新法改正……平成16年12月1日法律第147号「民法の一部を改正する法律」附則102条：本条一部改正

I　本条の趣旨

　根抵当権は，債務者(所有者)と根抵当権者の個人的な信頼関係によって結ばれる継続的取引契約から生ずる債権を担保する物権である。債務者が経営する会社が債権者から融資を受ける際に設定された根抵当取引は，債務者と債権者の信頼関係によって成立したもので，根抵当権が確定する前に両当事者に相続が開始した場合には，両当事者とその相続人とは別人格で信頼関係も異なるから，原則として，相続人に承継されない。したがって，根抵当権の確定が生じ，一般抵当権として相続の対象となるのみである(6か月以内に合意の登記がなされない場合には，相続開始の時に遡って根抵当権は確定する。民395の9④)。しかし，相続人が被相続人の経営を引き継ぐなどの理由から，当該当事者の相続人とその相手方の間で，根抵当権を確定しないままその継続的取引契約を承継してもよいという合意が成立した場合には，これを否定する理由はない。そこで，民法398条の8は，これらの合意を有効と認め，ただし6か月以内にその合意の登記をした場合に制限している。

　以上を前提として，本条は，根抵当権の確定前に根抵当権者または債務者について相続が開始した場合の合意の登記手続を定めたものである。

　ところで，旧法119条の5は，1項において，合意の登記は，相続による根抵当権の移転の登記または債務者の変更の登記をしてからでなければすることができないこと，第2項において，合意の登記は付記登記でしなければならないことを規定していた。本条は，この第1項のみを規定し，2項は規則3条2号ロに委ねることとした(林＝青山・注解791頁[有馬厚彦])。

II　根抵当権者について相続が開始したとき

　(1)　相続による根抵当権移転の登記　民法398条の8は，1項において，「元本の確定前に根抵当権者について相続が開始したときは，根抵当権は，相続開始の時に存する債権のほか，相続人と根抵当権設定者との合意により定めた相続人が相続開始後に取得する債権を担保する」と定める。

　そこで，根抵当権者が死亡し，その相続人が取引を承継する場合，まずその前提として相続により根抵当権が相続人に移転した旨の登記をしなければならない。これは，次の根

抵当権を承継する相続人の指定の合意の前提として必要とされるものであり，一般の相続による権利の移転の登記と趣旨が異なる(香川・精義(中・2)1498頁以下参照)。

(2) 指定根抵当権者に変更する旨の合意の登記 前述のように，根抵当権者からその相続人への根抵当権移転の登記がなされた後，根抵当権の相続による移転の登記を受けた相続人全員と根抵当権設定者との間で，根抵当権の承継人として特定の相続人を指定根抵当権者とする旨の合意が必要である。相続開始後6か月以内にこの登記が行われた場合には，指定相続人が相続開始の時に遡って根抵当権を取得(地位を承継)したと解されている(香川・精義(中・2)1498頁以下参照)。この合意の登記をする場合には，後順位抵当権者その他の第三者の承諾を得ることを要しない(民398の8③・398の4②)。

III 債務者について相続が開始したとき

(1) 相続による根抵当権変更の登記 民法398条の8は，2項において，「元本の確定前にその債務者について相続が開始したときは，根抵当権は，相続開始の時に存する債務のほか，根抵当権者と根抵当権設定者により定めた相続人が相続開始後に負担する債務を担保する」と定める。

そこで，根抵当権設定者が死亡し，その相続人が取引を承継する場合，まずその前提として相続により根抵当債務者を相続人に変更する旨の登記をしなければならない。これは，次の根抵当債務を承継する債務者変更の合意の前提として必要とされるものであり，一般の相続による債務者の変更の登記とは趣旨が異なるが，特殊なものとして，当該根抵当権の債務者として登記されている者の法定相続人(全員)またはそれらの者の協議による現存の被担保債務を相続により承継する相続人を登記するものと解するほかないとされている(香川・精義(中・2)1333頁，1499頁以下参照)。

(2) 指定債務者に変更する旨の合意の登記 前述のように，根抵当債務者からその相続人への根抵当債務者変更の登記がなされた後，根抵当権者と根抵当債務の相続による変更の登記を受けた相続人全員と根抵当権設定者との間で，根抵当権の承継人として特定の相続人を指定債務者とする旨の合意が必要である。相続開始後6か月以内にこの登記が行われた場合には，指定相続人が相続開始の時に遡って根抵当権を取得(または地位を承継)したと解されている(香川・精義(中・2)1498頁以下参照)。この合意の登記をする場合にも，後順位抵当権者その他の第三者の承諾を得ることを要しないことは，根抵当権者について相続が開始した場合と同様である。

また，根抵当権設定者について，相続の開始後6か月以内に合意の登記がなされなければ，根抵当権(担保すべき元本)は，相続開始時に確定したものとみなされる点も同様である(民398の8④)。

Ⅳ 登記手続
1 根抵当権者について相続が開始したとき

　根抵当権の移転の登記の申請人は，①既発生の債権を相続した者，②既発生の債権を相続するとともに将来とも根抵当権者としてその取引を続けていく意思を持った者，③既発生の債権は相続しないが将来は当該根抵当権を利用する意思を持つ者に限られるとされる(林=青山・注解792頁[有馬厚彦])。

　この相続による移転の登記は，上記のような相続人全員により申請する。申請書には，持分の記載をする必要はない(昭46・10・4民甲3230民事局長通達・先例集追Ⅴ531参照)。この根抵当権の移転の登記は，付記登記で行う。登記の目的は「何番根抵当権移転」で，原因は「平成何年何月何日相続」で，根抵当権者・住所・氏名を記載する。

　その上で，指定根抵当権者変更の登記を行う。相続による移転登記と指定根抵当権者変更の登記は，登記原因およびその日付を異にするので，1つの申請情報により一括して申請することができない。指定根抵当権者変更の合意の登記は，根抵当権者の相続人(移転登記後の登記名義人全員)が登記権利者，根抵当権の設定者が登記義務者となって共同で申請する(昭46・10・4民甲3230民事局長通達・先例集追Ⅴ531，林=青山・注解792頁[有馬厚彦]，香川・精義(中・2)1501頁以下参照)。この指定根抵当権の合意の登記も，上記根抵当権の移転の登記に続き，付記登記で行う。登記の目的は「何番根抵当権変更」で，原因は「平成何年何月何日合意」で，「指定根抵当権者・住所・氏名」を記載する。

2 債務者について相続が開始したとき

　根抵当債務者について相続が開始した場合も，基本的な構造は，前述の根抵当権について相続が開始した場合と同じ扱いとなる。異なるところは，以下のような点である。債務者について相続が開始した場合は，相続による根抵当権の債務者変更の登記も指定債務者の合意の登記も，根抵当権者が登記権利者，根抵当権設定者が登記義務者として共同で申請する。また，この指定債務者の合意の登記も，上記債務者変更の登記に続き，付記登記で行う。登記の目的は「何番根抵当権変更」で，原因は「平成何年何月何日合意」で，「指定債務者・住所・氏名」を記載する(林=青山・注解793頁[有馬厚彦]，香川・精義(中・2)1505頁以下参照)。

(鳥谷部　茂)
(執筆協力：齋木賢二)

（根抵当権の元本の確定の登記）

第93条 民法第398条の19第2項又は第398条の20第1項第3号若しくは第4号の規定により根抵当権の担保すべき元本が確定した場合の登記は，第60条の規定にかかわらず，当該根抵当権の登記名義人が単独で申請することができる。ただし，同項第3号又は第4号の規定により根抵当権の担保すべき元本が確定した場合における申請は，当該根抵当権又はこれを目的とする権利の取得の登記の申請と併せてしなければならない。

＊旧法関係……旧法119条ノ9・119条ノ10
＊新法改正……平成16年12月1日法律第147号「民法の一部を改正する法律」附則102条：本文一部改正

I　本条の趣旨

根抵当権は，一定の種類の継続的取引から生ずる債権を担保するために設定される。元本の確定とは，利息・損害金を除き，新たに債権が発生したとしても担保されない状態になること，すなわち，根抵当権が流動性を失い，確定状態（普通抵当権と同じ状態）になることをいう。一般に，根抵当権の元本の確定の登記は，当該不動産について利害関係を有する第三者（例えば，被担保債権の譲渡を受けて根抵当権の移転の登記を受けようとする者，根抵当権の譲渡またはその順位の譲渡を受けようとする者等）にとっては，当該根抵当権の元本が確定したか否かはきわめて重要なことであり，これらの事実を第三者に公示するという機能を有する（香川・精義（中・2）1560頁）。

本条は，根抵当権の元本の確定の登記を根抵当権の登記名義人が単独で申請することができる場合を定めたものである。

II　根抵当権の確定事由と確定請求の沿革

根抵当権は昭和46年までは明文規定を有しない判例法に基づくものであったが，昭和46年の根抵当権立法により民法398条の2ないし同22が追加規定された。その際に，不動産登記法も改正され根抵当に関する119条の5ないし同8が追加規定された。昭和46年の時点で民法398条の19および同20は，根抵当権の元本の確定事由を定めるが，平成15年の改正まで根抵当権者からの確定請求は規定されなかった。我妻栄『新訂担保物権法』〔岩波書店・1968〕539頁によると，根抵当権者による競売や物上代位の差押えの申立てが確定事由となる。根抵当権者による競売手続開始決定や差押えがあれば，その効力が消滅しても確定の効力は残るとする（この点で，第三者の申立てによる場合と異なる）。したがって，あえてこれと別に根抵当権者からの確定請求を必要としなかった。また，確定は，根抵当権者が取引を打ち切る意思表示であると考えられてきた。

しかし，規制緩和の影響で金融機関の再編のもとに合併や営業譲渡が行われるようになり，根抵当権の実行申立てをせずに確定する必要が生じてきた。

そこで，根抵当権の確定に関しては，平成12年の商法改正の会社分割制度導入の際に民法398条の10の2が挿入された。また，担保法・執行法改正(平15年法134追加)の際に，民法398条の20から「取引の終了」が削除され，初めて根抵当権者からの確定請求に関する民法398条の19第2項が追加規定された。この民法改正を受けて，旧不動産登記法119条の9に根抵当権者からの確定請求に関する規定が追加された。その後，平成16年の破産法の施行に伴い，旧不動産登記法119条の10(競売手続開始等により根抵当権の担保すべき元本が確定した場合)が規定された。さらに，平成16年および平成17年に旧不動産登記法の大改正が行われ，旧不動産登記法119条の9および同10を本条1か条にまとめて現在に至っている。

III 根抵当権の確定事由

1 一般的な確定事由

現行民法における根抵当権の確定は，確定期日の到来(民398の6④)，根抵当権債務者の相続(民398の8②)，根抵当権者または債務者の合併(民398の9③)，根抵当権者または債務者の会社分割(民398の10③)，共同根抵当の変更(民398の17②)，根抵当権設定者の確定請求(民398の19①)，根抵当権者による競売申立(民398の20①(1))，不動産収益執行・物上代位による差押え(同条同項(2))などの場合に生じる(後藤浩平「根抵当権の登記3」鎌田=寺田=小池・新講座⑤各論Ⅱ188頁参照)。

これらについては，根抵当権設定当事者の合意によるもの，根抵当権設定者が一定の場合に行うもの，根抵当権者が一定の場合に行うものに分かれるが，いずれも一般的な確定事由における確定の登記は，根抵当権者が登記義務者，根抵当権設定者が登記権利者として共同申請で行う(香川・精義(中・2)1344頁，清水・Q&A278頁)。

2 根抵当権者による確定事由(本条)

根抵当権者が単独申請できる確定事由としては，根抵当権者による確定(民398の19②)，第三者による競売・滞納処分による差押えを知った時から2週間経過(民398の20①(3))および債務者または設定者の破産手続開始(同条同項(4))がある。

IV 元本確定の登記の要否

元本確定の登記の性質については，対抗要件説と公示機能説とに分かれ議論があるところであるが，公示機能説が一般的になっている(香川・精義(中・2)1560頁)。

原則として，元本確定の登記は，共同申請の原則に基づいている。これは，根抵当権の元本確定によってその後の新たな取引によって生ずる債務は根抵当権によって担保されなくなり，この点で根抵当権者に不利益であり根抵当権設定者に有利であるとされる(清水・Q&A278頁)。しかし，実際上は，確定後も，根抵当権者は，民法398条の3第1項により，

確定した元本・利息・その他の損害金全部について極度額まで優先弁済を受けることができるのに対して、債務者は新たな取引を打ち切られることになる。多くの議論があるが、詳細は民法の解説に譲る。

ところで、登記実務上、根抵当権の元本が確定し、その確定の登記をした後でなければ次の処分の登記ができないのが原則である(逆に、被担保債権の範囲や債務者変更の登記などのように元本確定する前にしなければならないものもある。詳細は、後藤浩平・前掲論文187頁を参照)。これに対して、例外的に、根抵当権の元本が確定しても確定の登記を要しない場合がある。「元本の確定の登記がなされていなくても、登記簿上その元本の確定していることが認められる場合、例えば、登記されている元本の確定期日の約定から確定期日が既に到来している場合、根抵当権設定者についての破産の登記がされている場合、その根抵当権の目的不動産に対して根抵当権者を登記権利者とする競売開始決定による差押えの登記がなされている場合等には、元本確定の登記がされていなくても、元本の確定後の処分等による登記の申請が適法なものとして取り扱われている」(昭46・12・27民三960民三課長依命通知・先例集追V620、香川・精義(中・2)1560頁、後藤・前掲194頁)。

V 根抵当権者の請求による確定とその登記

上述のように、根抵当権者からの確定請求は、平成15年の担保法改正により導入された。民法398条の19第2項は、「根抵当権者は、いつでも、担保すべき元本の確定を請求することができる。この場合において、担保すべき元本は、その請求の時に確定する」と規定する。これは、根抵当権設定者による確定請求(同第1項)の場合には、設定から3年経過後で、確定請求から2週間経過後に確定するのと大きく異なり公平ではない。また、根抵当権者から、実行のリスクを負わずに、いつでも一方的に新たな取引を打ち切ることができることになり、とくに「根抵当権を有する金融機関などの事業者が事業の再編・整理をするにあたり被担保債権と共に根抵当権を移転させることに需要が認められる」(山野目・NBL845号40頁)場合において、それが根抵当権者に不利益であり根抵当権設定者に有利であるとするのは、あまりにも根抵当権者寄りの説明ではなかろうか。

この場合の確定の登記は、本条により、根抵当権者から単独申請によるものとされている。根抵当権設定者からの確定請求は共同申請である点でも異なるが、単独申請の理由としては、第1に、「債務者及び根抵当権設定者に不利益を与えることはないというところにあり」、第2に、「根抵当権者の請求によって元本が確定したということは、添付資料によって客観的に明確にすることが可能であり、これによって、登記内容の真正を客観的に明確にすることができ」(清水・Q&A279頁)、第3に、「元本確定の請求ができるのは、根抵当権の設定者であるが、これは、債務者と同一人である場合もあれば、そうでない場合もある」「この元本確定は、当然には登記官には明らかではなく、また、元本確定の単独申請を許容しなければならないものとは認められない」(山野目・NBL845号39頁)ことがあげられている。根抵当権者と根抵当権設定者からの確定請求との差異を説明する理由として

妥当であるといえるか疑問である。法が公平でなければ，一般市民から法律も法律家もこれを利用する金融機関も信頼されないことに留意すべきである(鳥谷部「根抵当権制度―確定事由を中心に」広島法学27巻1号114頁)。

Ⅵ 抵当不動産に対する競売手続開始，滞納処分または破産開始による確定の場合

　本条は，民法398条の20第1項3号(第三者による競売・滞納処分による差押えを知った時から2週間経過)および4号(債務者または設定者の破産手続開始)の確定について，これを根抵当権の登記名義人が単独で申請することができると定めた。また，ただし書では，この場合の確定の申請は当該根抵当権等の取得の登記の申請と同時でなければならないと定める。

　競売・滞納処分による差押えや債務者または設定者の破産手続開始の場合についても，何故に根抵当権者が単独で申請することができるのか，前述の民法398条の19第2項と同様の疑問が生ずる。

　これに対して，ただし書については，すでに旧法時からそれら第三者による差押えや破産開始決定の効力が消滅した場合については，元本の確定はなかったものとみなされている。したがって，根抵当権の元本が確定するのは，実際にそれらの第三者が当該根抵当権またはこれを目的とする権利を取得した場合であり，これを担保するためにその取得の登記の申請と併せてすることとしている(清水・Q&A279頁，山野目・NBL845号40頁)。

Ⅶ 登記手続

　根抵当権の元本確定の登記は，前述のように，共同申請が原則であり，例外的に根抵当権者が単独で申請することができる。登記は，付記登記で行う。

　登記の目的は，「何番根抵当権元本確定」である。登記の原因は「平成何年何月何日確定」であり，合意の場合は合意の日，確定請求の場合は確定請求が到達した日となる。共同申請の場合，前述のように，登記権利者は当該不動産の所有権等の登記名義人であり，登記義務者は抵当権者である。根抵当権者による単独申請の場合は，「権利者　根抵当権者　住所・氏名」となる。

　民法398条の19第2項の元本確定の登記の申請の申請情報および添付情報については，令3条および7条ならびに令別表の61の項(根質権の場合は令別表52)に規定されている。

　民法398条の20第1項3号および4号の元本確定の登記の申請の申請情報および添付情報については，令3条および7条ならびに令別表の62の項および63(根質権の場合は令別表53および54)に規定されている(清水・Q&A279頁以下)。

　　　　　　　　　　　　　　　　　　　　　　　　(鳥谷部　茂)
　　　　　　　　　　　　　　　　　　　　　　(執筆協力：齋木賢二)

(抵当証券に関する登記)

第94条 登記官は，抵当証券を交付したときは，職権で，抵当証券交付の登記をしなければならない。

② 抵当証券法第1条第2項の申請があった場合において，同法第5条第2項の嘱託を受けた登記所の登記官が抵当証券を作成したときは，当該登記官は，職権で，抵当証券作成の登記をしなければならない。

③ 前項の場合において，同項の申請を受けた登記所の登記官は，抵当証券を交付したときは抵当証券交付の登記を，同項の申請を却下したときは抵当証券作成の登記の抹消を同項の登記所に嘱託しなければならない。

④ 第2項の規定による抵当証券作成の登記をした不動産について，前項の規定による嘱託により抵当証券交付の登記をしたときは，当該抵当証券交付の登記は，当該抵当証券作成の登記をした時にさかのぼってその効力を生ずる。

*旧法関係……①旧法129条，②③旧法130条1項・2項，④旧法131条
*関連法規……①(抵当証券交付の登記)規則171条，②(抵当証券作成及び交付の登記)規則172条，(抵当証券交付の登記の抹消)規則173条

I 本条の趣旨

本条は，抵当証券に関する旧法129条(抵当証券交付の登記)，130条1項・2項(抵当証券作成の登記等)，131条(抵当証券交付の登記の効力)を1か条にまとめ，抵当証券の交付申請があった場合に，登記官が行う抵当証券交付・作成の登記およびその登記の効力等について規定したものである。

II 抵当証券制度の沿革

わが国の抵当証券制度は，資産の証券化・流動化の先駆けとして，昭和2年の金融恐慌を契機として，昭和6年に制定されたものである。特に，わが国の抵当証券は，当初，地方銀行の抵当権付不動産融資によって生じた焦げ付き債権を流動化する手段として考案されたものであり，その内容は高度な法技術を駆使したものとして注目された。立法当時あまり利用されなかったが，昭和40年代後半に抵当証券を高利回りの不動産金融手段として利用しようとする機運が高まり機関投資家や一般投資家により利用されるようになった(今村与一「日本の抵当証券制度―その基本的性格と特徴」，上原由起夫「抵当証券の流通をめぐる実務上の問題点」，庄菊博「抵当証券の手続面における特色と問題点」，いずれも，加藤一郎=林良平編『担保法大系第3巻』〔金融財政事情研究会・1985〕396頁，424頁，461頁所収参照)。

ところが，バブル経済崩壊後，金融機関の破綻が相次ぎ，それに伴って抵当証券会社3社が整理され，その後始末を抵当証券保管機構がするという事態が生じた。もともと現行

の抵当証券取引は多くの問題を抱えているうえに，同機構は組織上の基盤が不十分であり，証券取得者に対する十分な対応ができなかった(五十嵐徹「抵当証券」鎌田＝寺田＝小池・新講座⑦各論Ⅳ20頁参照)。

その後，アメリカ型の資金調達方法である資産流動化法が制定(平成10年成立，平成12年改正)され，その基盤を支える動産債権譲渡対抗要件特例法等(平成10年成立，平成16年改正)も整備され，最近の資金調達方法の主流は，新たな資金調達方法に移行しているということができる。

近時の抵当証券をめぐる実務の現状および実際的な問題については，上原・前掲447頁以下，五十嵐・前掲20頁以下を参照されたい。

Ⅲ　抵当証券交付の登記(1項)

抵当証券とは，抵当証券法(昭6法律15号)によって定められるところに従い，抵当権者の交付申請に基づいて登記所より発行される証券をいう。抵当証券法1条1項は，土地，建物または地上権を目的とする抵当権を有する者は，その登記を管轄する登記所に抵当証券の発行を申請することができると定める。これによれば，1個の不動産に抵当権が設定された場合や同一登記管轄内の複数の不動産に共同抵当権が設定された場合において，抵当権者から抵当証券の交付申請があったときは，登記所は，抵当証券の発行を禁止する事由がなく(抵証2)，必要な手続のもとで，必要な添付書類が添付されている場合には抵当証券を発行し，その旨を登記簿に登記しなければならない。

登記所が作成する抵当証券には，証券番号，抵当証券法4条1号および3号ないし9号に掲げる事項，登記所の表示，証券作成年月日が記載され，登記官が記名押印をする。

抵当証券を交付したときは，登記簿の抵当権設定登記に続けて，「何番抵当権につき平成何年何月何日第何号抵当証券交付同日付記」した旨の付記登記をする。この抵当証券を交付した場合において付記登記をする所以については，林＝青山・注解821頁[藤原勇喜]を参照。

Ⅳ　抵当証券作成および交付の登記(2項および3項)

甲乙複数の登記所にまたがる不動産に共同抵当が設定されている場合に，抵当証券が1枚発行される。甲土地登記所が抵当権者から抵当証券の発行の申請を受けた場合は，申請を受理した甲登記所の登記官が乙登記所の登記官に同管轄内の抵当権について抵当証券の作成を嘱託する。嘱託を受けた乙登記所の登記官は，乙登記所が管轄する抵当権に嘱託により抵当証券を作成した旨の登記をしたうえで，その抵当証券を甲登記所の登記官に送付する。乙登記所が嘱託を受けて行う抵当証券作成の付記登記は，「何番抵当権につき何法務局何出張所の嘱託により平成何年何月何日第何号の抵当証券作成同日付記」となる。

甲登記所の登記官は，甲登記所で作成した証券を最上部とし，乙登記所の登記官から送付された抵当証券と一括して編綴し契印をして1個の抵当証券として発行する。甲登記所

は，申請人に抵当証券を交付したときは，乙登記所に抵当証券交付の旨の付記登記をするよう嘱託する。これを受けて，乙登記所は，職権で「何番抵当権につき抵当証券交付」の付記登記をして，一連の登記手続が終了する(基本法コンメ不動産登記法(第4版補訂版)295頁[西田幸示]参照)。

V 抵当証券作成の登記の効力(4項)

　上述のように，抵当権者が甲登記所に抵当証券の交付を申請した時点から乙登記所が嘱託を受けて「何番抵当権につき抵当証券交付」の付記登記が完了するまで時間差が生ずる。

　しかし，抵当証券には，交付時における抵当権の登記事項を記載する必要があり，一方，抵当証券交付についての阻害事由の存否の判断も，抵当証券の申請時ではなく，現実の抵当証券の交付時をもってすべきものと解されている(昭6・10・8民事1029民事局長回答・先例集上577)。そこで，本項は，抵当証券作成の嘱託を受けた登記所における抵当証券を交付した旨の登記の効力が，抵当証券作成の付記登記の日に遡ることとした。これによって，嘱託を受けた登記所にのみ関係があり，他の登記所には関係のない事項については，人的抗弁が許されないこととなる時点は当該嘱託を受けた登記所における証券作成の時であるとして，複数登記所管轄にかかる抵当証券の円滑な発行に資するものである(前掲基本法コンメ不動産登記法(第4版補訂版)296頁[西田幸示]参照)。

　具体的には，嘱託を受けて抵当証券を発行した時から嘱託をした登記所が抵当証券を交付するまでの間に，嘱託を受けた登記所の抵当権の目的不動産に抵当証券の発行を妨げる債権の差押え等の登記がなされることがある。このような場合に，交付された抵当証券の効力を失わせないように，その効力を抵当証券作成の登記時に遡及することを定めたものである(林=青山・注解825頁[藤原勇喜]，清水・Q&A281頁など参照)。

(鳥谷部　茂)
(執筆協力：齋木賢二)

(質権の登記等の登記事項)

第95条 質権又は転質の登記の登記事項は，第59条各号及び第83条第1項各号に掲げるもののほか，次のとおりとする。
(1) 存続期間の定めがあるときは，その定め
(2) 利息に関する定めがあるときは，その定め
(3) 違約金又は賠償額の定めがあるときは，その定め
(4) 債権に付した条件があるときは，その条件
(5) 民法第346条ただし書の別段の定めがあるときは，その定め
(6) 民法第359条の規定によりその設定行為について別段の定め(同法第356条又は第357条に規定するものに限る。)があるときは，その定め
(7) 民法第361条において準用する同法第370条ただし書の別段の定めがあるときは，その定め

② 第88条第2項及び第89条から第93条までの規定は，質権について準用する。この場合において，第90条及び第91条第2項中「第88条」とあるのは，「第95条第1項又は同条第2項において準用する第88条第2項」と読み替えるものとする。

＊旧法関係……①旧法116条，51条2項，②旧法119条ノ11

I 本条の趣旨

本条は，旧法51条2項(一般的な権利の登記の記載事項)，116条(質権の登記の申請)，119条の11(抵当権・根抵当権規定の質権・根質権への準用)を1か条にまとめて規定したものである。

質権に関する民法342条は，「質権者は，その債権の担保として，債務者又は第三者から受け取った物を占有し，かつ，その物について他の債権者に先立って自己の債権の弁済を受ける権利を有する」と規定する。このような質権は，対象となる担保目的物によって，動産質，不動産質，権利質に分けられる。本条の対象となるのは，不動産登記簿に登記できるこの不動産質のみである。

不動産質は，質権者に目的不動産の占有を移転(留置)し，使用収益しながら債権回収・優先弁済を図ることができる担保方法(収益質)であり，この点が抵当権と異なる(ただし，最近は，非占有担保である抵当権に果実等に対する効力が与えられている)。このような不動産質は，債権者にとって不動産の占有移転を受けて行う管理・費用負担(民357)が煩わしいこと，金融業の専門化により収益管理部門を有しないこと，利息や存続期間等(民358〜360)に制限があることなどから，現在ではほとんど利用されていないといわれている(鳥谷部「不動産質権の登記」鎌田=寺田=小池・新講座⑤各論Ⅱ18頁参照)。

II 目的物(対象)・被担保債権に関する登記事項
1 不動産質の目的物(対象)

　不動産質の目的物(対象)としては、土地および建物の所有権、登記された地上権、採石権・永小作権または不動産賃借権などにも設定することができる(昭30・5・16民甲929民事局長通達・先例集追Ⅰ344参照)。抵当権は、非占有担保であり、不動産質の設定登記をすることができない。

　登記記録における登記の目的は、「質権設定」と記載し、継続的取引上の債権を担保する場合は「根質権設定」と記載する。

　登記の原因および日付は、被担保債権の発生原因およびその日付、さらに質権設定とその日付を記載する。その際、登記原因の日付は、不動産質権では目的不動産の引渡しが効力要件(要物性、民344)であるから、引渡しのあった日を記載する。例えば、「原因　平成何年何月何日金銭消費貸借同日質権設定」となる。

2 被担保債権

　民法346条は、質権に共通する被担保債権の範囲について、「質権は、元本、利息、違約金、質権実行の費用、質物保存の費用および債務不履行または質物の隠れた瑕疵によって生じた損害の賠償を担保する」と定める。

　不動産質権においても、債務者に債務不履行があったときに、目的物を換価し優先弁済を受けることができる権利であり、被担保債権が存在しなければ成立し得ないもの(付従性)であるから、必ず申請書に被担保債権を登記しなければならない。被担保債権の債権額は、絶対的記載事項であり、「債権額　金何万円」と記載する。債権の一部を被担保債権としたときは、その旨を登記原因に記載し、担保される額を債権額として記載する(昭30・4・8民甲683民事局長通達・先例集追Ⅰ327参照)。

III その他の記載事項
1 質権の存続期間(1号)

　当事者は設定契約において質権の存続期間を定めることができるので、これを登記事項としている。ただし、民法360条は、「不動産質権の存続期間は、10年を超えることができない」(更新は可能)と規定する。したがって、これより長い期間を定めたときは、10年に短縮される。なお、設定契約書に10年を超える存続期間の定めがあっても申請情報に10年と記載すれば申請を却下されることはないとされている。

2 利息(2号)

　民法358条は、「不動産質権者は、その債権の利息を請求することができない」と規定する。これは、利息は債権元本の使用の対価であり、不動産質の対象となる質物から生ずる果実は管理等の費用を差し引いても利息に相当するのが通例であり、収益額・管理費用・

利息額の間の複雑な計算を避けようとしたことにあるとされている(柚木馨=高木多喜男『担保物権法(第3版)』〔有斐閣・1982〕135頁)。ただし，当事者間の設定行為に別段の定めがある場合には，これを登記することができる(民359)。

3 違約金・損害賠償額(3号)

民法346条が規定するように，違約金または賠償金の定めがある場合には，これらも質権の被担保債権となりうる。そこで，この当事者の定めを登記事項としている。

4 債権に付した条件(4号)

質権は被担保債権に付従する性質を有するので，その被担保債権に条件が付いている場合には，条件の成就によって質権も影響を受ける。そこで，「債権に付した条件」を登記事項としている。

5 被担保債権の別段の定め(5号)

前述のように，民法346条は，被担保債権の範囲を規定し，このただし書に，「設定行為に別段の定めがあるときは，この限りでない」として，当事者が合意により変更することを認めている。本号は，この別段の定めを登記事項としている。

6 民法359条の別段の定め(6号)

民法は，356条で不動産質権者に使用収益権があること，357条で不動産質権者が管理費用や公租公課等の負担を負うことを定めるが，359条で設定行為に別段の定めをすることを認めている。本号は，この別段の定めを登記事項としている。

7 土地の付加一体物に関する別段の定め(7号)

土地に対する不動産質権の効力は，民法361条の準用する370条により，その土地に付加して一体となる物(建物を除く)に及ぶことを原則とする。これに対して，370条のただし書は，設定行為に別段の定めをすることを認めている。本号は，この別段の定めを登記事項としている。

Ⅳ 抵当権に関する登記の準用

民法361条は，「不動産質については，この節に定めるもののほか，その性質に反しない限り，次章(抵当権)の規定を準用する」と規定する。この結果，性質に反しない限り，抵当権および根抵当権と同様に扱われることになる。したがって，不動産の根質権の優先順位は登記の順位(民373)により，第三取得者の代価弁済(民378)や質権消滅請求(民379)により質権が消滅する。

不動産の転質権については，民法348条(転質)のほか，民法376条(抵当権の処分)および

377条(抵当権の処分の対抗要件)の場合と同様に扱われることになる。本法90条(抵当権の処分の登記)を参照。

　根質権には，前述の民法361条により次章(抵当権)が準用されることから(香川・精義(中・1)517頁，532頁参照)，根抵当権の登記事項と同様に扱われることになる(本書88条解説V参照)。

V　登記申請情報・添付情報

　質権の設定の登記および転質の登記の申請情報および添付情報については，不動産登記令3条および7条ならびに不動産登記令別表46に規定されている。なお，根質権の設定の登記については，以上のほか，同別表47の項を参照。

（鳥谷部　茂）
（執筆協力：齋木賢二）

(買戻しの特約の登記の登記事項)
第96条 買戻しの特約の登記の登記事項は，第59条各号に掲げるもののほか，買主が支払った代金及び契約の費用並びに買戻しの期間の定めがあるときはその定めとする。

＊旧法関係……旧法37条
＊関連法規……(買戻しの特約の登記の抹消)規則174条

I 本条の趣旨

　買戻しとは，不動産の売主が，売買契約と同時にした特約により，後に買主の支払った代金・契約費用を返還して売買契約を解除することをいう(民579)。買戻しの期間は，10年を超えることができない(民580)。また，買戻しは，売買契約と同時に買戻しの特約を登記したときは，第三者に対しても効力を有する(民581)。そこで，本条は，買戻しの特約の登記事項について，法59条各号に掲げるもののほか，買主が支払った代金および契約の費用ならびに買戻しの期間の定めがあるときはその定めをするものと規定したものである。

II 民法上の買戻し

　民法は不動産を対象とする買戻しのみを規定するが，本来，買戻しは不動産に限定されない。また，不動産所有権のほかに，地上権，永小作権などの不動産を目的とする権利で，売買の対象となるものも含まれる(香川・精義(上)1826頁)。ところで，動産の買戻しには民法の買戻規定は適用されないが，契約自由の原則から，動産の買戻しも有効であり，実際の取引では再売買の予約も行われていると指摘されている。以下では，不動産を対象とする買戻しに限定して整理する。

　また，実際の取引では，売買契約書中に買戻特約が付されているにもかかわらず，買戻特約の登記をしない場合が多い。この場合において，買主が第三者に転売したときは，売買契約の当事者間では，買戻登記がなくても売主は買主の債務不履行責任を追求できる。しかし，第三者に対しては，買戻権を対抗することができない。反対に，売主から第三者に対する買戻権の譲渡については，後述IVを参照。

　さらに，実際の取引では，買戻しは，担保のための買戻特約付売買契約と転売を規制するための買戻特約付売買契約に区分され，利用されている。前者は，裁判例によって譲渡担保や売渡担保と認定されてきたが，債務者である売主の地位が弱いことから買戻特約登記をしていない場合が多い。担保のためにする買戻特約付売買契約や再売買予約と譲渡担保や仮登記担保などとの関係については，後述する。後者は，例えば住宅供給公社や住宅公団等が行う不動産販売の場合に，買主が居住・利用目的ではなく，購入価格と転売価格の差額を得るために購入し第三者に転売することを防ぐために，当該不動産を売却する場

合には公社・公団等が買い戻すという特約を付するような場合である(川井健「買戻・再売買予約」『契約法大系Ⅱ』〔有斐閣・1984〕70頁, 生熊長幸「買戻・再売買予約の機能と効用」『担保法大系4巻』〔金融財政事情研究会・1984〕451頁)。

Ⅲ 買戻特約の登記
1 売買登記と同時申請

買戻の特約の登記は, 売買の目的である権利の移転の登記と同時にしなければならない(昭35・3・31民甲712民事局長通達・先例集追Ⅲ45)。所有権移転と買戻特約の2つの登記は, 別々の申請情報により申請するが, 同一の不動産に関して同時に申請がなされるため, 受付番号は同一になる(19③)。

買戻特約の登記は, 買主が所有権移転を受けるときは, その「所有権移転の登記」に対する「付記登記」として行う。買主のために所有権保存登記がなされる場合には, これと同時に買戻特約の付記登記をすることも可能であるとされている(昭38・8・29民甲2504民事局長通達・先例集追Ⅲ1130-314)。例えば, 未登記の不動産について買戻特約付きの売買契約を締結した場合, 買主の所有権保存登記の申請と同時に買戻特約の登記申請をすればよいとされている(林=青山・注解272頁[野口尚彦])。

買主のための所有権移転登記等について仮登記(条件不備または売買予約等)がなされる場合には, 買戻特約の登記は, 当該仮登記に付記して仮登記ですることができる。この買戻特約の仮登記は, 所有権移転またはその請求権の仮登記について付記登記によって行われる。この場合, 仮登記は所有権移転またはその請求権の仮登記と同時に申請されることを要しないが, 買戻特約の本登記は, 所有権移転の本登記と同時に申請しなければならない(昭36・5・30民甲1257民事局長通達・先例集追Ⅲ568)。

いずれにしても, 売主から買主への所有権移転の本登記がなされる場合には, 買戻特約の登記は必ずこれと同時に申請されなければならず, それ以後の買戻特約の登記申請は認められない。売買代金・契約費用・期間とあわせて厳格な要件が法定され, 利用しにくい硬直な制度となっているということができる。

2 申請書の記載事項

(1) **登記の目的・原因・日付** ①登記の目的は「買戻特約」と記載する。②登記の原因および日付は, 買戻特約成立の日である「平成何年何月何日買戻特約」と記載される。この日付は, 売買契約が成立した日と同じでなければならない。

(2) **買主が支払った代金** 買戻特約の登記の申請情報には, 必要的記載事項として買主の支払った代金および契約費用を, 任意的記載事項として, 買戻期間の定めのあるときはその旨を記載しなければならない。売買契約の代金は, 「売買代金 金何万円」と記載する。買主は登記義務者になるが, 登記識別情報がないため, 添付する必要がない。登記原因証明情報として, 買戻特約証書が売買契約証書と別々のときはそれを添付する(令別

表64)。

　買主が支払った代金とは，売買代金として買主が実際に支払った金額である。売買契約において代金を分割して支払うこととされている場合には，買主が登記する時点までに支払った代金および売買の総代金を記載する(昭35・8・2民甲1971民事局長通達・先例集追Ⅲ280)。売買代金のほかに利息もあわせて返還すべき旨を特約しても，その合計額として登記を許すべきでないとされている(昭35・8・1民甲1934民事局長通達・先例集追Ⅲ278)。

　複数の不動産を一括して売買し，買戻特約をした場合，売買代金は各不動産ごとに定め，申請書に記載すべきであるが，これが不可能なときは，他の不動産とともに売買代金がいくら，契約の費用がいくらと記載してもよいとされている。

　売買代金がいったん登記された場合には，その後，この金額を変更する契約を締結しても，その変更の登記の申請は受理されないとされている(前掲・昭35・8・1民事局長通達，基本法コンメ不動産登記法(第4版補訂版)109頁[藤谷定勝]など)。

　(3) 契約の費用　　契約の費用は「契約費用　金何円」と記載する。契約の費用とは，売買契約の締結に必要な費用(契約証書に貼付する印紙代，公正証書作成の手数料，不動産の測量，鑑定の費用など)で買主が支払ったものをいう。登録免許税について，通説および登記実務は売主の債務の弁済のための費用である(民485)と解している。契約の費用がないときは，「契約の費用なし」と記載する。

　(4) 買戻期間　　買戻しの期間について定めがあるときは，その期間を記載しなければならない。買戻しの期間は，「買戻期間　平成何年何月何日から何年」と記載する。買戻しの期間は，10年を超えることができない。10年を超える期間を定めた場合，10年に短縮される(民580①)。買戻しの期間を定めたときは，後にその期間を伸長することができない(民580②)。買戻しの期間を定めなかったときは，買戻権を5年以内に行使しなければならない(同条③)。

Ⅳ　買戻権の行使・移転
1　買戻権の行使

　買戻権者が買戻権を行使し不動産に関する権利を得たときは，売買契約は解除により遡及的に消滅するにもかかわらず，法はこれを復帰的な物権変動ととらえて，抹消登記ではなく，権利の移転の登記による(大判大5・4・11民録22・691)。買戻権行使による権利の移転の登記をした場合には，買戻特約の登記は登記官が職権で抹消することになる(規則174)。なお，買戻特約の登記に劣後する当該目的不動産上の抵当権等が買戻権の行使によって消滅するものの，その登記の抹消は，共同申請によるとされている(香川・精義(上)1826頁)。

2　買戻権の移転

　登記された買戻権は独立した財産権として譲渡その他の処分の対象となり，買戻権の譲渡は，移転の登記による(大判大11・12・21民集1・786，大判昭8・9・12民集12・2151)。この場

合の買戻権の移転の登記は，付記登記の付記登記による。
　買戻権の移転の登記手続について，買戻権の売買等による特定承継の場合は，登記権利者として買戻権を取得した者と登記義務者としての現在の買戻権の登記名義人との共同申請によるが，判決による場合は，登記権利者の単独申請による(香川・精義(上)1826頁)。

V　担保のための買戻と譲渡担保
1　所有権移転の登記
　典型的なケースとして，時価1000万円の甲不動産の所有者AがBから700万円を借りるために貸主Bに甲不動産の所有権を移転しその旨の登記を経由したとしよう。
　買戻特約の登記は，担保のためであっても転売を規制するためであっても，その前提として，所有権移転の登記を必要とする。この所有権移転の登記は，法律の規定による場合を除き，当事者間に所有権移転の合意(民176)がない限り行われることはない。したがって，買戻特約が担保のためであっても転売を規制するためであっても，買戻特約付売買契約による所有権移転登記は，その前提として，不動産登記法上は貸主に所有権が移転していることになる。その結果，担保のためであるからといって，買戻特約の登記が所有権移転を前提としないということにならない(鳥谷部茂「不動産譲渡担保の登記」広島大学法科大学院論集 3 号121頁)。

2　売渡担保・譲渡担保の認定
　前述のように，ほとんどの場合，買戻特約付売買契約では，売買原因による所有権移転登記が貸主Bのためになされるが，借主Aのための買戻特約の登記は多くの場合行われない。Aは資金需要に逼迫した者であり，Bはノンバンクや高利貸しが多く，抵当権では執行手続等が面倒であるため，裁判外で処分・換価し回収できるようにするためである。端的に言えば，両者の力関係の差によるものである。しかし，消費貸借契約とともに買戻特約付売買契約が行われた場合に，古くはこれを売渡担保と認定し，現在は譲渡担保と認定するのが一般的である。売渡担保と譲渡担保の差異は，従来は被担保債権が存在しないものが前者であり，被担保債権が存在するものが後者であるとされてきた。しかし，今日では両者を区分する必要がなく，譲渡担保に一元化されている。そのうえで，以下に述べるように，判例は，譲渡担保により所有権は債権者に移転するが，目的物の利用権，受戻権，差額がある場合の清算金請求権が債務者に帰属することを肯定してきた(四宮和夫『総合判例研究叢書(17)譲渡担保』〔有斐閣・1962〕100頁以下，鳥谷部茂「不動産譲渡担保の認定と効力」NBL849号23頁以下参照)。

3　担保のためにする買戻特約の効力
　不動産譲渡担保の効力については，所有権は債権者に移転するが，元本と利息を弁済することにより移転した所有権を取り戻す受戻権，受戻権が消滅するまで目的物を使用する

利用権，目的物の価格が被担保債権を超えるときは清算金請求権が譲渡担保債務者にあるとされてきた。担保のためにする買戻特約付売買契約も，所有権が移転し，売主に買戻権および利用権がある点で，所有権移転の合意がある不動産譲渡担保の効力と同様である。ただし，これらの債務者の権利は，登記しなければ当事者以外の第三者に対抗できない。民法上の買戻権には清算義務は存しないが，担保のためにする買戻権には，担保であるが故にこれと矛盾するまる取りは認められないので，買主の清算義務を認めるべきである。しかし，いわゆる担保権的構成が支配的になるとともに当事者の権利関係，すなわち，所有権の帰属，両当事者の実体的権利とそれに見合う対抗要件などが不明確になっている。裁判例には，当事者間の契約は買戻特約付売買契約であるのに，これを譲渡担保と認定し，この譲渡担保契約から効力を導くのではなく，仮登記担保法を類推適用して効力を付与するものがある（東京高判平元・7・25判時1320・99，鳥谷部茂『非典型担保の法理』〔信山社・2009〕307頁参照）。当事者間の契約が担保のためにする買戻特約付売買契約であるならば，この契約自体から効力を導けるはずであり，これを認定した譲渡担保から効力を導くわけでもなく，所有権移転の対抗力を有しない仮登記担保法から導くというのは，あまりにも迂遠であり，かつ，作為的であるということができる。当事者の契約が担保の内容を有する場合，重要なことは，所有権が移転したことを否定することではなく，担保の効力を導くことである。所有権の移転を否定するだけでは担保としての実体的権利やその内容に合致した対抗要件を説明したことにはならない（鳥谷部・前掲広島大学法科大学院論集3号121頁）。

（鳥谷部　茂）
（執筆協力：齋木賢二）

第5款　信託に関する登記

＊旧法関係……款名新設(旧法「第四節　所有権以外ノ権利ニ関スル登記手続」)

【前　注】
I　旧信託法・現行信託法の制定と不登法改正

　第5款の表題にいう「信託に関する登記」とは、①信託行為がされた場合(および信託の併合と信託の分割の中でも新規信託分割の場合)になされる「信託の登記」(法98・104の2第1項)、②信託の内容にその後変更が加えられた場合になされる「信託の変更の登記」(101条～103条。なお、信託の「更正」の登記を明記した条文はない)、③信託財産に属する不動産に関する権利が信託財産に属さなくなった場合になされる「信託の登記の抹消」(法104)を総称する概念である。

　明治32年旧不登法の信託に関する登記の条文は、旧信託法(大正11年4月21日法律第62号)の制定に伴い、同法と同日付にて公布された不動産登記改正法(同日法律第64号)により、旧不登法104条ノ2～143条ノ2(全16か条)として追加・新設されたものであったが、その後、平成16年現行不登法は、「信託に関する登記」の款の下に、上記大正11年旧信託法に関する旧不登法の規定を再整理した。

　だが、その後、大正11年旧信託法のうち、①私益信託に関する規定については、現行信託法(平成18年12月15日法律第108号)が新規に制定され、他方、②公益信託に関する規定(旧信託法66条～73条)についても、信託法の施行に伴う関係法律の整備等に関する法律(平成18年12月15日法律第109号)1条(旧信託法の一部改正)により、法律名も「公益信託ニ関スル法律」へと変更され、内容も全面的に改定された。

　一方、上記平成18年整備法71条(不動産登記法の一部改正)により、制定されたばかりの現行不登法の規定にも大幅な改正がなされた。改正箇所は、以下の通り。

目次	新104条の2新設により「第百四条」を「第百四条の二」に変更
17条	3号一部修正(信託「の任務終了」を信託「に関する任務の終了」に変更)
97条	1項：新2号追加／旧2号一部修正のうえ3号に繰り下げ／新4号～7号追加／旧3号～6号を新8号～11号に繰り下げ 新2項追加 旧2項一部修正のうえ3項に繰り下げ

98条	見出し一部修正 1項一部修正 2項全部修正 3項全部修正
99条	(改正なし)
100条	見出し一部修正 1項一部修正
101条	一部修正（新1号〜3号新設により柱書となる） 新1号〜3号追加
102条	全部修正
103条	一部修正（新2項新設により1項となる） 新2項追加
104条	1項一部修正 2項全部修正 旧3項削除
104条の2	新設

II 現行信託法における信託に関する登記の規定

　一方，現行信託法においては，信託財産のうち，登記または登録をしなければ権利変動を第三者に対抗することができない財産について，以下のような規定が存在するが，その中には，旧信託法時代にはもっぱら旧不登法・現行不登法原始規定において定められていた信託に関する登記についての規定を，信託法の側でも設置したものがある。

1 信託の登記（登録）なき財産に関する信託の対抗不能

　旧信託法3条1項は「登記又ハ登録スヘキ財産権ニ付テハ信託ハ其ノ登記又ハ登録ヲ為スニ非サレハ之ヲ以テ第三者ニ対抗スルコトヲ得ス」と規定していた。同様に，現行信託法14条も「登記又は登録をしなければ権利の得喪及び変更を第三者に対抗することができない財産については，信託の登記又は登録をしなければ，当該財産が信託財産に属することを第三者に対抗することができない」と規定する。

2 受託者の権限違反行為に対する受益者の取消権

　また，旧信託法31条と同様，現行信託法27条も，信託の登記（登録）の対象となる財産につき，受託者が権限の範囲外の行為を行った場合には，当該行為の当時，①信託の登記（登録）がなされているか，または，②未登記（未登録）の場合であっても行為の相手方が悪意・重過失の場合には，受益者は当該行為を取り消すことができるとする。

3 受託者の分別管理の区分の基準

　一方，現行信託法においては，受託者の分別管理義務(信託財産に属する財産と固有財産および他の信託の信託財産に属する財産とを分別して管理すべき義務)が明定されているが(信託34)，信託の登記(登録)の対象財産であるか否かは，この分別管理の区分の基準とされている。

4 信託管理命令の登記(登録)

　信託の終了事由のうち現行信託法56条1項各号の定める終了事由に基づいて受任者の任務が終了した場合には，新受託者が選任されるまでの間に，必要があると認められるときは，裁判所は，信託財産管理者に管理を命ずる旨の処分(信託財産管理命令)をすることができる(信託63)。信託財産管理命令があった場合に，信託財産に属する権利で信託の登記(登録)がなされたものがあることを知ったときは，裁判所書記官は，職権で，遅滞なく，信託財産管理命令の登記(登録)を嘱託しなければならない(信託64⑤)。信託財産管理命令の取消，あるいは新受託者の選任により，抹消登記(登録)を行う場合についても同様である(同条⑥)。

　旧信託法時代において，この場合の裁判所書記官の嘱託による登記に関する規定は信託法には存在せず，この点に関しては，もっぱら不動産登記法のみが規律していた(旧不登法110ノ7・110ノ8。現行不登法原始規定102)。

5 信託財産法人管理命令の登記(登録)

　また，現行信託法56条の定める受任者の任務の終了事由のうち，受託者が個人である場合にこの者が死亡した場合(信託56①(1))には，信託財産は法人とされ(信託財産法人。信託74①)，必要があると認められるときは，裁判所は，信託財産法人管理人に管理を命ずる旨の処分(信託財産法人管理命令)をすることができる(信託74②)。そして，信託財産法人管理命令があった場合については，上記*4*信託管理命令があった場合の嘱託による登記の規定(信託64)が準用され，また，信託財産法人管理人については，信託財産管理者に関する66条から72条までの規定が準用される(信託74⑥)。

6 信託財産に関する保全処分の登記(登録)

　さらに，現行信託法は，公益の確保のための信託の終了を命ずる裁判(信託166)の申立てに伴い，裁判所が信託財産に関する保全処分(信託169)を命じた場合にも，信託の登記(登録)がされた信託財産については，保全処分が管理命令(管理人による管理を命ずる処分。信託169①・170)である場合には，上記*4*信託管理命令の登記に関する64条の規定が準用される(信託170④)。

　公益の確保のための信託の終了を命ずる裁判は，現行信託法において新設された制度であるから，この裁判に伴う保全処分の登記(登録)に関する規定は，旧不登法ならびに現行

不登法原始規定には存在しない。

（七戸克彦）
（執筆協力：石谷　毅）

（信託の登記の登記事項）
第97条　信託の登記の登記事項は，第59条各号に掲げるもののほか，次のとおりとする。
　(1)　委託者，受託者及び受益者の氏名又は名称及び住所
　(2)　受益者の指定に関する条件又は受益者を定める方法の定めがあるときは，その定め
　(3)　信託管理人があるときは，その氏名又は名称及び住所
　(4)　受益者代理人があるときは，その氏名又は名称及び住所
　(5)　信託法（平成18年法律第108号）第185条第3項に規定する受益証券発行信託であるときは，その旨
　(6)　信託法第258条第1項に規定する受益者の定めのない信託であるときは，その旨
　(7)　公益信託ニ関スル法律（大正11年法律第62号）第1条に規定する公益信託であるときは，その旨
　(8)　信託の目的
　(9)　信託財産の管理方法
　(10)　信託の終了の事由
　(11)　その他の信託の条項
②　前項第2号から第6号までに掲げる事項のいずれかを登記したときは，同項第1号の受益者（同項第4号に掲げる事項を登記した場合にあっては，当該受益者代理人が代理する受益者に限る。）の氏名又は名称及び住所を登記することを要しない。
③　登記官は，第1項各号に掲げる事項を明らかにするため，法務省令で定めるところにより，信託目録を作成することができる。

　＊旧法関係……①旧法110条ノ5，②新設〔→（参照）旧法110条ノ6，135条〕
　＊改正…………平成18年法律第109号【前注】参照）。
　＊関連法規……（信託目録）規則176条〔→（信託目録の作成等）準則115条，（信託目録）規則附則12条・13条〕

I　本条の趣旨

　旧不登法においては，信託に関する登記に限らず，各登記の登記事項(現行不登法2条6号)を挙示した規定は，およそ一般に存在していなかった。これに対して，現行不登法は，「第4章　登記手続」において，「第2節　表示に関する登記」の冒頭ならびに「第2款　土地の表示に関する登記」「第3款　建物の表示に関する登記」の各冒頭，「第3節　権利に関する登記」の冒頭ならびに「第2款　所有権に関する登記」「第3款　用益権に関する登記」「第4款　担保権等に関する登記」「第5款　信託に関する登記」の各冒頭に，それぞれの登記の登記事項に関する条文を配置している。97条1項各号の登記事項のうち，1号，3号，7号〜11号は，旧不登法の信託原簿の記載事項(旧法110ノ5第1号〜第5号)を，現行不登法の信託目録に記録されるべき登記事項として再整理したもので，2号，4号〜7号は，その後の新信託法制定により追加されたものである。

　法97条2項も，新信託法制定に伴い新設された規定で，1項2号〜6号の登記がされた場合に関しては，1項1号の関係当事者の住所氏名のうち，受益者の住所氏名の記載については不要である旨が定められている。

　法97条3項は，上記2項の新設に伴い，旧2項が繰り下げられたもので，旧不登法の信託原簿の制度に代わる，信託目録の制度について規定したものである。

II　信託に関する登記の登記事項(本条1項)

　信託においては，信託行為(信託契約・遺言信託・自己信託)により，委託者から受託者への「財産の譲渡，担保権の設定その他の財産の処分」がなされるため(信託3(1)・(2)・(3))，信託行為に基づいてなされる登記は，①上記財産の処分そのものについての権利に関する登記と，②信託の登記の二本立てとなる(法98)。このうちの①財産の処分についての権利に関する登記は，登記記録の権利部の登記事項となるが，これに対して，②信託の登記については，信託目録という新たな登記記録が作成され(法97③)，その後の信託の変更の登記も，信託目録の登記事項を変更することにより行われる。本条1項は，この信託目録に登記されるべき登記事項を規定したものである。なお，1項の文言には「信託の登記」とあるが，本項は，信託の登記(狭義)だけではなく，信託の変更の登記・信託の登記の抹消についても適用がある。

　旧不登法において旧不登法110条ノ5が信託原簿(現行法の信託目録の前の制度)に記載すべき登記事項として規定していたのは，現行1号(旧1号)，現行8号(旧2号)，現行9号(旧3号)，現行10号(旧4号)，現行11号(旧5号)にすぎなかった。これに対して，現行不登法は，平成16年現行不登法制定の際に現行3号を追加し(原始規定では2号)，さらに平成18年現行信託法制定に伴う現行不登法改正により現行2号および4号〜8号が追加されて，登記事項の種類は旧法の5種類から11種類へと増加した。

1 信託の関係当事者の氏名(名称)および住所(本条1項1号)

　信託目録には，信託における委託者・受託者・受益者(信託149・151・155・159の見出し書は，これら三者を総称して「関係当事者」という)全員の氏名(法人の場合には名称)および住所が，登記記録として登記されなければならない。ただし，このうちの受益者に関しては，2号～6号の登記がされた場合には，省略することができる(本条2項)。

2 受益者の指定に関する条件の定め・受益者を定める方法の定め(本条1項2号)

　信託行為においては，受益者となるべき者が指定されている場合と，指定されていない場合がある。このうち，受益者の定めのない信託とは，後掲*5* 信託法258条1項の目的信託か(本条1項6号)，あるいは，後掲*6* 公益信託(本条1項7号)である。これに対して，信託行為中に，受益者となるべき者を指定する定めがあるが，(1)この定めに条件が付されている場合，および，(2)受益者を定める方法が定められている場合については，それらが信託目録の記載事項となる。

(1)　**受益者の指定に関する条件の定め**　　例えば担保権の信託受益権付の被担保債権の販売(セキュリティ・トラスト)の際に「○○の債権を有する者」との方法で被担保債権の購入者を受益者に定める場合や，「将来生まれてくる子供を受益者とする」旨の定めなど，将来の被担保債権の購入や出生を条件として受益者が特定される場合が，これに当たる。なお，本号は，条件のみを問題とし，期限については掲記していないが，しかし，現行信託法にあっては，①遺言信託において受託者となるべき者を指定する定め(信託5①ただし書)，②受託者の任務終了後に新受任者となるべき者を指定する定め(信託62②ただし書)，③信託管理人となるべき者を指定する定め(信託123②ただし書)，④信託監督人となるべき者を指定する定め(信託131②ただし書)，⑤受益者代理人となるべき者を指定する定め(信託138②ただし書)につき，条件(停止条件)付の場合と期限(始期)付の場合の両者が規定されていることから(①～④は受託者等に関する規定であるが，⑤は本号と同じく受益者等に関する規定である)，期限(始期)の定めに関しても，登記事項と考えるべきであろう。

(2)　**受益者を定める方法の定め**　　現行信託法は，信託行為において一定の者(実際には委託者ないし受託者を選任することが多いと思われるが，それ以外の者を選任しても差し支えない)に受益者を指定させることを認めているが(受益者指定権。現行信託法89条)，この場合に，指定権者が将来どのような者を受益者として指定するかは，信託行為に別段の定めがない限り，もっぱら受益者指定権者の一存にかかっている。なお，信託法258条1項も，「受益者の定め」の中には，このような「受益者を定める方法の定めを含む」とのかっこ書を付している。

(3)　**信託管理人の氏名(名称)・住所(本条1項3号)**　　旧信託法においては，信託管理人は，受益者が①不特定または②不存在の場合に，もっぱら裁判所が選任するものとされていた(旧信託8①)。だが，これと異なり，現行信託法は，受益者が①不特定の信託を承認したため，現行信託法の信託管理人は，受益者が②不存在の場合にのみ選任される。ま

た，現行信託法における信託管理人は，信託行為における信託管理人となるべき者を指定する定めに基づいて選任される（現行信託123①）。これに対し，旧法以来の裁判所の選任による信託管理人は，信託行為に信託管理人に関する定めがない場合か，または，信託行為の定めにより信託管理人となるべき者として指定された者が就任の承諾をしなかった場合にのみ，例外的に選任されるにすぎず（同法123④），しかも，この場合の信託管理人を選任する裁判は，信託行為における信託管理人となるべき者を指定する定めとみなされる（同法123⑤）。

　(ア)　**新信託管理人**　　立法担当者によれば，本号にいう「信託管理人」とは，「信託法123条第1項に規定する信託管理人」を指すとされる（清水・Q&A 290頁）。しかし，129条の「新信託管理人」も，本号に含まれるというべきであろう。

　(イ)　**信託財産管理者・信託財産法人管理人・管理命令に基づく管理者**　　また，現行信託法においては，「信託管理人」と紛らわしい用語として，①裁判所の信託財産管理命令に基づいて選任される「信託財産管理者」（現行信託63），②裁判所の信託財産法人管理命令に基づいて選任される「信託財産法人管理人」（同法74②），③裁判所の管理命令に基づいて選任される「管理者」（同法169①・170）がある。信託管理人は，信託監督人・受益者代理人とともに，受益者の権利を行使する権限を有する者であるのに対して，①信託財産管理者・②信託財産法人管理人・③管理命令の管理者は，いずれも受託者の権利を行使する立場にあり，また，いずれの命令も，裁判所書記官の嘱託による信託の変更の登記の対象である（→Ⅱ3・4・5）。

3　受益者代理人の氏名（名称）・住所（本条1項4号）

　現行信託法は，受益者の補充的制度として，①信託管理人（→Ⅱ2），②信託監督人，③受益者代理人の3つの制度を設置している。いずれの者も，受益者のために，受益者の権利に関する一切の裁判上または裁判外の行為をする権限を有するが，③受益者代理人が，本人たる受益者の名をもってその権利を行使するのに対して（信託139），①信託管理人・②信託監督人においては，自己の名をもって受益者の権利を行使する点が異なる（同法125・132）。また，①信託管理人・②信託監督人に関しては，信託行為の指定の定めに基づいて就任する場合と，これらの者を選任する裁判を信託行為の指定の定めとみなす場合とが存在しているが，これに対して，③受益者代理人の就任は，信託行為に受益者代理人となるべき者を指定する定めがある場合にのみ認められ，裁判所による選任の制度は存在していない（信託138）。

　(1)　**新受益者代理人**　　本号にいう「受益者代理人」も，「信託法138条第1項に規定する受益者代理人」をいうとされるが（清水・Q&A 290頁），しかし，本号には，信託法142条の規定する「新受益者代理人」も含まれるとしなければならないだろう。

　なお，新受益者代理人に関しては，新受託者の選任に関する規定が準用されるので（信託142条による62条の準用），受益者代理人と異なり，信託行為の定めにより就任する場合の

ほかに、裁判所により選任される場合がある。

　(2)　**信託監督人**　また、本条(法97)は、①信託管理人・②信託監督人・③受益者代理人のうち、①信託管理人と③受益者代理人のみを登記事項に掲げており(同条①(3)・(4))、②信託監督人は、登記事項として掲げられていない。③受益者代理人がいる場合と異なり、②信託監督人がいる場合には、受益者は権利を行使することが可能なので(③受益者代理人に関する信託法139条4項に相応する規定が、②信託監督人に関する同法132条には存在しない)、受益者の氏名(名称)・住所の省略(不登法97条2項)は認められないが、一方、信託監督人の側にあっても、受益者の権利を行使できるのであるから、信託監督人の氏名(名称)・住所についても、信託目録の登記事項とされる必要があろう。

4　受益証券発行信託である旨(本条1項5号)

　旧信託法には、受益権を有価証券化する規定は存在しなかった。これに対して、現行信託法は、受益権を商品として流通させるニーズに応えるため、信託行為において受益権を表示する証券(受益証券)を発行する旨を定めることができる旨を定め(現行信託185)、受益権原簿(同法186)その他の手続を整えた。受益証券発行信託の受益権の譲渡・質入れは、受益証券の交付を効力発生要件とし(同法194)、受益権原簿への取得者の記載を受託者対抗要件とする(同法195)。質入れに関しても、受益証券の交付が効力発生要件とされ(同法199)、受益証券の占有が受託者ならびに第三者に対する対抗要件であり(同法200①)、受益権の所在を、信託に関する登記によって公示する必要がない。そのため、不登法97条2項は、受益証券発行信託の場合には、受益者の氏名(名称)・住所を省略する一方、1項5号において、信託に関する登記以外の公示・対抗要件制度に服する信託である旨を公示するため、これを登記事項としたのである。

　なお、本号の「信託法(平成18年法律第108号)第185条第3項に規定する受益証券発行信託であるとき」の文言は、信託法185条3項以外の受益証券発行信託については、本号の適用がないことを明示する趣旨であり、したがって、①投資信託及び投資法人に関する法律(昭和26年6月4日法律第198号)の規定する証券投資信託、②貸付信託法(昭和27年6月14日法律第195号)の規定する貸付信託、③特定目的信託(資産の流動化に関する法律(平成10年6月15日法律第105号))については、本号の適用はない(清水・Q&A 291頁)。これらの受益証券発行信託に関しては、本条1項2号の「受益者の指定に関する条件の定め」または「受益者を定める方法の定め」として「受益証券の交付を受けた者を受益者とする」等の定めを登記することになる。

5　受益者の定めのない信託である旨(本条1項6号)

　旧信託法の下では、公益信託を除き、受益者が現存・特定していない信託を無効とするのが通説的見解であった。しかし、公益目的ではないが、受益者が確定していない場合としては、自己の死亡後のペットの世話を目的とする信託(ペットには権利能力がないため受益

者になれない)や，特定の地域住民を対象とする子育て支援・老人介護目的での財産拠出といったニーズが存在する。そこで，現行信託法は，このような受益者の定めのない信託(目的信託)を認める一方，その濫用を防止するため，自己信託の方法での成立を排除し(信託258条1項)，受益者の定めのある信託への変更を禁止し(2項。同様に，受益者の定めのある信託から定めのない信託への変更も禁止される。3項)，20年以内の存続期間制限を設け(259条)，受託者に対する監督を強化し(260条)，さらに，受託者となる者の資格制限を設けている(附則3項)。

なお，本号が「信託法第258条第1項に規定する受益者の定めのない信託」と規定しているのも，同条項以外の規定を根拠に成立する受益者の定めのない信託(具体的には次号の公益信託)を除外する趣旨と解される。

6　公益信託である旨(本条1項7号)

平成18年新信託法の制定に伴い，私益信託部分を削除された大正11年旧信託法は，残存する公益信託に関する条文も全面改正され，法律名も「公益信託ニ関スル法律」と変更された。同法の定める公益信託は，上記 **5** 現行信託法258条1項の定める受益者の定めのない信託(目的信託)の一種と位置づけられており(公益信託とは「信託法第258条第1項ニ規定スル受益者ノ定ナキ信託ノ内学術，技芸，慈善，祭祀，宗教其ノ他公益ヲ目的トスルモノ」をいう。公益信託1・2①)，存続期間に関しても目的信託の規定が準用されている(公益信託2②)。

ただし，公益信託に関しては，主務官庁の許可が効力発生要件であり(公益信託2①)。効力発生後も，主務官庁の監督に属し(公益信託3・4・5・8)，公益信託の変更・併合・分割に関しても，主務官庁の許可を受けることを要する(同法6)。さらに，受託者の辞任に関しても，公益信託にあっては，やむことを得ない事由がある場合に限って，主務官庁の許可を受けて認められる(同法7)。このような特殊性から，公益信託に関しては，受益者の定めのない信託とは別途に，公益信託である旨を登記すべきものとされているのである。

7　信託の目的(本条1項8号)

「信託の目的」とは，現行信託法2条1項の「信託」の定義(「特定の者が一定の目的に従い財産の管理又は処分及びその他の当該目的の達成のために必要な行為をすべきものとすること」)にいう「一定の目的」「当該目的」を指す。信託の目的は，通常は，信託行為によって定められるが，法律の規定に基づき，一定の目的での信託がなされる場合もある(信託分割に対して債権者が異議を述べた場合に，受託者が信託会社等に相当の財産を信託する場合の信託の目的につき，現行信託法156条5項本文，160条5項本文は，「当該債権者に弁済を受けさせることを目的として」と規定している)。

信託目録における「信託の目的」の具体的記載は，旧不登法時代の登記先例における信託原簿の記載を例にとれば，以下のようなものである。「信託財産は之れを賃貸し若しくは

運用し又は処分するを以て目的とする/前項の運用又は処分に依り得たる金銭は左に投資する/有価証券の取得又は貯金〔預金〕」(昭43・4・12民甲664民事局長回答・先例集追Ⅳ1342, 昭44・8・16民甲1629民事局長回答・先例集追Ⅴ136)。

8 信託財産の管理方法(本条1項9号)

「信託財産の管理方法」とは，信託行為において定められた信託財産の管理または処分等の方法をいう。同号には「管理」しか掲げられていないが，「処分」も含む(信託法は「管理又は処分の方法」という表現を用いている)。

なお，現行信託法の条文の規定する管理または処分の方法それ自体は登記事項とはならず，当該規定が任意規定である場合に，これと異なる管理・処分の方法の定めが信託行為に存在する場合に，それが登記事項となる。例えば，一定金額以上の支出を伴う管理については受益者の承諾を要する旨の定めや，特定の信託財産については処分を禁ずる旨の定めなどが，これに当たる。

9 信託の終了の事由(本条1項10号)

現行信託法は，信託の終了事由につき，同法163条1号〜8号の終了事由が生じた場合のほか，9号で「信託行為において定めた事由が生じたとき」に終了する旨を規定している。登記事項となる「信託の終了原因」とは，これらのうち，9号規定の，信託行為において1号〜8号以外の特別の終了事由が定められた場合をいい，1号〜8号の法定の終了事由については，登記事項ではない。

10 その他の信託の条項(本条1項11号)

「その他の信託の条項」とは，本条1項1号〜10号の事項以外で，信託行為においてとくに定められた事項をいう。例えば，受益権の譲渡禁止の定め(信託93②)・質入れ禁止の定め(同法96②)や，信託終了時における残余財産の帰属につき，信託法182条と異なる定めをした場合などが，これに当たる。

Ⅲ 受益者の氏名(名称)・住所の省略(本条2項)

現行不登法103条は，旧不登法110条ノ10の規定を受け継いで，97条1項1号〜1号に掲げる登記事項について変更があった場合には，101条の職権による登記，102条の嘱託による登記がなされる場合を除き，受託者は，遅滞なく，信託の変更の登記の申請をしなければならない旨を規定している。ところが，平成18年現行信託法により創設された多種多様な信託の中には，受益者がそもそも存在しないもの，受益者が将来特定するもの，受益者の多数・受益権の転々流通が予定されているもの，受益権の所在・変動につき特別の公示制度が用意されているもの等が存在する。そこで，本条2項は，1項2号〜6号の定める5種の信託に関する登記につき，受益者の氏名(名称)・住所の省略を認めた。ただし，こ

こでは,①信託行為に基づき信託の登記がなされる場合(不登法98条)の受益者の氏名(名称)・住所の省略と,②その後に受益者が特定・変動した場合の信託の変更の登記(不登法101条~104条)における受益者の氏名(名称)・住所の省略とを,分けて考えなければならない。

1 法97条1項2号に該当する場合

本条1項2号(受益者の指定に関する条件がある場合・受益者を定める方法の定めがある場合)には,①信託の登記の時点では受益者は現に存在していないが,その後になって受益者は特定してくるから,その段階で②信託の変更の登記により,特定するに至った受益者の氏名(名称)・住所を登記させるのが本筋ではある。しかし,これに対しては,信託実務の側から,この場合に登記の申請を要求するのは,信託の利用者に過度の負担を強いるものであり,新しい信託制度の普及を妨げるとの主張があり,これを受けて,現行不登法は,②受益者が特定した場合の信託の変更の登記の申請を不要とした。それゆえ,かかる制度趣旨との関係でいえば,受託者が,受益者特定の場合にあえて②信託の変更の登記の申請を行うことは妨げられない(平19・9・28民二2048民事局長通達「信託法等の施行に伴う不動産登記事務の取扱いについて」民月62・11・118)。

2 法97条1項3号に該当する場合

本条1項3号の信託管理人は,受益者が不存在の場合に選任されるものであり,①信託管理人の登記がなされる段階で,受益者の氏名(名称)・住所の登記を要求することは不合理である。ただし,②その後に受益者が現存するに至り,信託管理人の事務処理が終了した場合(信託130条1項1号)には,受益者の氏名(名称)・住所に関する登記を省略することはできない。

3 法97条1項4号に該当する場合

本条1項4号の受益者代理人がいる場合,当該受益者代理人に代理される受益者は,原則として受益権を行使できない(信託139条4項。ただし,信託法92条1号~26号に掲げる権利および信託行為において定めた権利を除く)。したがって,受益権を行使する資格のない受益者について公示をする必要はないとの理由で,①信託の登記に関して,受益者の氏名(名称)・住所の省略が認められたものである。それゆえ,3号の信託管理人と同様,②受益代理人の事務処理の終了(信託143)により,受益者の権利行使が可能となった時点においては,信託の変更の登記により,受益者の氏名(名称)・住所に関する登記がされなければならない。

4 法97条1項5号に該当する場合

一方,本条1項5号の受益証券発行信託は,受益権を有価証券化して多数の者に販売し

転々流通させることを念頭に置く制度であるが、この場合における受益権の譲渡・質入れの効力は、信託法上、受益証券の交付・占有あるいは受益権原簿への記載によって決せられるから（→II2）、登記制度の側で、受益権の所在・変動を公示する必要がない。

5 法97条1項6号に該当する場合

本条1項6号の受益者の定めのない信託（目的信託）に関しては、受益者が存在しない以上、①信託の登記にせよ、②その後の信託の変更の登記にせよ、受益者の氏名（名称）・住所を登記記録とすることは、そもそも不合理である。

なお、本条1項7号の公益信託は、信託法上は、6号の受益者の定めのない信託の一種と位置づけられているから、6号の場合と同様、①信託の登記、②信託の変更の登記のいずれにおいても、受益者の氏名（名称）・住所を登記できない。にもかかわらず、97条2項が、6号を掲げながら7号を挙示していないのは、立法の過誤である。

IV 信託目録（本条3項）

旧不登法は、信託に関する登記の申請人に対し、添付書類として、現行不登法でいえば97条1項1号および8号～11号の事項を記載した書面（信託原簿）の提出を要求し（旧不登法110条ノ5第1項）、提出された信託原簿は登記簿の一部とみなされ、その記載は登記とみなされていた（旧不登法110条ノ6第2項）。

これに対して、現行不登法における信託目録につき、本条3項は「登記官は、……法務省令で定めるところにより、信託目録を作成することができる」と規定する。一方、本条3項の委任を受けた法務省令は、「登記官は、信託の登記をするときは、法第97条第1項各号に掲げる登記事項を記録した信託目録を作成し、当該目録に目録番号を付した上、当該信託の登記の末尾に信託目録の目録番号を記録しなければならない」と規定している（不登規則176条1項）。

1 信託目録の電子化

一方、旧不登法と現行不登法とでは、旧法の信託原簿の作成者が申請人（受託者）であったのに対し、現行法の信託目録の作成主体は、登記官とされている点が異なる。

これは、登記簿の磁気ディスク化に対応した措置であり、現行不登法の下では、旧法の信託原簿のように①申請人が提出した書面を②そのまま登記簿の一部として使用するのではなく、①申請人は、不登法97条1項1号～11号の登記事項を証明する情報を不登令別表65の添付情報ロ「信託目録に記録すべき情報」として提供し、この添付情報に基づいて、②登記官が、上記不登法97条1項1号～11号の登記事項に関する情報を信託目録として磁気ディスクに記録することとなる。一方、③登記事項証明書の交付（不登法119条）に関しても、電子データをして記録された情報をプリントアウトした書面が交付される。

2 信託目録未指定登記所における処理

　信託目録に関する事務について不登法附則3条の指定を受けていない登記所(信託目録未指定登記所)においては, 信託目録つづり込み帳が備えられ(不登規則附則12条1項), ①電子申請により信託目録に記録すべき情報が提供されたときは, 登記官は, 書面で信託目録を不登規則「別記第五号様式」により作成し(同2項), 信託目録つづり込み帳につづり込まれる(同3項)。②書面申請による場合には, 申請者が不登規則「別記第五号様式」による用紙に信託目録に記録すべき情報を記載して提出し(不登規則176条2項), 当該書面は不登法97条3項の信託原簿とみなされ(不登規則附則12条4項), 信託目録つづり込み帳につづり込まれる(同5項)。

　一方, 旧不登法下における信託原簿の様式は, 「一　委託者の住所氏名」, 「二　受託者の住所氏名」, 「三　受益者の住所氏名」, 「四　信託管理人の住所氏名」, 「五　信託条項」および「予備」の計6欄から構成されていたが, 現行不登法の信託目録に関する「別記第五号様式」は, 上記旧法の信託原簿から「四　信託管理人の住所氏名」欄を削除し, 「一　委託者に関する事項」, 「二　受託者に関する事項」, 「三　受益者に関する事項」, 「四　信託条項」および「予備」の計5欄になった。しかし, 旧法の信託原簿の記載方法を定めた不動産登記法施行細則の規定は, 信託目録未指定登記所の信託目録について, なおその効力を有するものとされている(現行不登規則附則12条5項)。その結果, ①「一　委託者に関する事項」欄には, 不登法97条1項1号の登記事項のうち「委託者の氏名又は名称及び住所」が, また, ②「二　受託者に関する事項」欄には, 同じく1号の登記事項のうち「受託者の氏名又は名称及び住所」が記載されるのであるが, これに対して, ③「三　受益者に関する事項」欄には, 上記1号の登記事項である「受益者の氏名又は名称及び住所」のほか, 2号～7号の登記事項が記載され, ④「四　信託条項」欄に, 「信託条項」として8号～11号の登記事項が記載される。なお, ⑤「予備」欄は, その後に関係当事者や信託の内容が変更された場合の信託の変更の登記のためのものである。

3 信託目録に関する登記事項証明書

　上記不登規則「別記第五号様式」は, 登記事項証明書の様式でもある(不登規則197条2項5号)。しかし, 同「様式」一～四の記載事項の配列(順番)は, 現行信託法の条文配列に対応していない。両者の対応関係を示すならば, 下図のようになる。

現行信託法の条文配列			現行「別記第五号様式」		○不登法97条1項の登記事項 ＊追加が必要な登記事項
	イ	受託者等に関する	二	受託者に関する事	○受託者(1号) ＊新受託者(信託法62条) ＊信託財産管理者(信託法63条, 64条5項・6項)

一 関係当事者に関する事項			る事項	項	*信託財産法人管理人(信託法74条2項・6項) *管理命令に基づく管理人(信託法169条1項，170条4項)
	ロ	受益者等に関する事項	三 受益者に関する事項		○受益者(1号) ○受益者の指定に関する条件又は受益者を定める方法(2号) ○信託管理人(3号) *信託監督人(信託法123条) *新信託管理人(信託法129条) ○受益者代理人(4号) *新受益者代理人(信託法142条)
	ハ	委託者に関する事項	一 委託者に関する事項		○委託者(1号)
二 信託の目的					○信託の目的(8号)
三 信託財産の管理方法等に関する事項	イ	信託財産の管理または処分に関する事項			○信託財産の管理方法(9号)
	ロ	信託の変更，併合及び分割に関する事項			*信託法「第6章 信託の変更，併合及び分割」に関する事項(信託行為の定めとその変更)
	ハ	信託の終了及び清算に関する事項	四 信託条項		○信託の終了の事由(10号) *信託法「第7章 信託の終了及び清算」に関する事項(信託行為の定めとその変更)
四 信託法の特例に関する事項	イ	受益証券発行信託の特例に関する事項			○「受益証券発行信託であるときは，その旨」(5号) *信託法「第8章 受益証券発行信託の特例」に関する事項(信託行為の定めとその変更)
	ロ	限定責任信託の特例に関する事項			○「限定責任信託であるときは，その旨」(5号) *信託法「第9章 限定責任信託の特例」に関する事項(信託行為の定めとその変更)
	ハ	受益証券発行限定責任信託の特例に関する事項			*信託法「第10章 受益証券発行限定責任信託の特例」に関する事項(信託行為の定めとその変更)
		受益者の定めの			○「受益者の定めのない信託であるときは，その旨」(6号)

	ニ	ない信託の特例に関する事項		*信託法「第11章　受益者の定めのない信託」に関する事項(信託行為の定めとその変更)
	ホ	公益信託に関する事項		○「公益信託であるときは，その旨」(7号) *「公益信託ニ関スル法律」に関する事項(信託行為の定めとその変更)
	(不要)		予備	

(七戸克彦)

(執筆協力：石谷　毅)

(信託の登記の申請方法等)
第98条　信託の登記の申請は，当該信託に係る権利の保存，設定，移転又は変更の登記の申請と同時にしなければならない。
②　信託の登記は，受託者が単独で申請することができる。
③　信託法第3条第3号に掲げる方法によってされた信託による権利の変更の登記は，受託者が単独で申請することができる。

*旧法関係……①旧法110条ノ2，135条，②旧法108条，135条，③旧法109条，135条
*改正…………平成18年法律第109号【前注】参照)。
*関連法規……(信託の登記)規則175条

I　本条の趣旨

　登記の対象となる財産に関して信託行為(信託契約・遺言信託・自己信託)がされた場合の登記は，①委託者から受託者への権利の移転等の登記と，②信託に関する登記の二本立てとなるが，本条1項は，両者の同時申請を要求した規定である。
　一方，2項は，上記のうちの②信託の登記に関する規定で，①委託者から受託者への権利の移転等の登記が共同申請の原則(不登法60条)に服するのに対し，②信託の登記について単独申請の例外を認める。
　これに対して，3項は，権利の移転等の登記に関する規定であり，自己信託がされた場合の権利に関する登記につき，(委託者兼)受託者による単独での権利の変更の登記を認める。

II　権利の移転等の登記と信託の登記の同時申請（本条1項）
1　同時申請・同一申請情報による申請

　信託においては，委託者から受託者への「財産の譲渡，担保権の設定その他の財産の処分」がなされ（信託3(1)・(2)・(3)），信託財産は「受託者に属する財産」（信託2③）である。そこで，信託に関する登記の申請の前提として，対象財産が受託者に属していることの確認のため，委託者から受託者への権利の移転等の登記がなされている必要がある。この点は，他から買い受けた不動産につき抵当権を設定するためには，まず自己名義の所有権移転登記を経由しておく必要があるのと同じである。しかし，不動産の買受けは，買受不動産への抵当権設定を必ずしも目的とするものではない。これに対して，信託における委託者から受託者への財産処分は，常に信託の成立を目的とするものであり，それゆえ，財産処分の段階で，信託の登記がされなかった場合には，それは信託目的での財産処分ではなく，あるいは，その後になって信託の登記がされたとしても，それは有効な信託行為に基づいていないように見える。そこで，98条1項は，財産処分についての権利の移転等の登記と，信託の登記の申請を同時に行わせることで，信託の登記の真実性を担保しようとした。これは，買戻しの特約の登記が，売渡担保を念頭に，売買を原因とする権利の移転の登記との同時申請が要求されているのと（民581，不登法96），同じ処理である。

　旧不登法は，信託における同時申請の要求を，申請人の提出すべき申請書の一体性の側から規定していた（110条ノ2第1項「信託ノ登記ノ申請ハ信託ニ因ル不動産ノ所有権ノ移転ノ登記ノ申請ト同一ノ書面ヲ以テ之ヲ為スコトヲ要ス」）。しかしながら，現行不登法は，登記制度の骨格に関する事項のみを規定し，当事者が提供すべき申請情報・添付情報の詳細に関しては不動産登記令に委任する制度設計を行ったため，同一申請書による申請を定めた旧法の規定は，不登令5条2項へと移された。

2　「権利」の保存・設定・移転・変更の登記

　同時申請を要求される権利に関する登記の種類につき，旧不登法110条ノ2第1項は，「不動産ノ所有権ノ移転ノ登記」に限定していた。これに対して，現行不登法98条1項は，「権利の保存，設定，移転又は変更の登記」と規定する。

　旧不登法が権利の種類を「所有権」に限定していたのは，旧不登法が，権利に関する登記の登記手続を第4章「第3節　所有権ニ関スル登記手続」と「第4節　所有権以外ノ権利ニ関スル登記手続」の2つに区分けし，前者の規定を後者に準用する建前をとっていたためである（信託の登記に関する準用規定については旧不登法135条）。だが，これに対して，現行不登法の章立てでは，所有権に関する登記・用益権に関する登記・担保権等に関する登記・信託に関する登記が並列的に規定されているため（第4章第3節第2款〜第5款），信託に関する登記の款の内部で，所有権と所有権以外の権利とを分ける必要はなくなる。現行法が，単に「権利」としているのは，そのためである。

3 権利の「保存」「設定」「移転」「変更」の登記

　一方，登記の種類につき，所有権の「移転」の登記のみを規定する旧不登法においては，信託の目的に従って受託者が建物を新築した場合や，未登記不動産の譲受人につき自己名義の保存登記が許されている場合に（区分建物の表題部所有者から所有権を取得した者（現行不登法では74条2項）など），当該不動産を信託財産とした場合に，受託者の所有権「保存」登記と同時に信託の登記が可能か否かが条文上不明であったが，現行不登法で「保存」の文言が加わったことで，かかる疑問は立法的に解消した。

　また，権利の「設定」の登記としては，セキュリティ・トラスト（抵当権設定登記と信託登記の同時申請）などが想定されている。

　なお，現行不登法98条1項の原始規定には「変更」の登記の文言は存在していなかった。しかし，現行信託法制定に伴う法改正の際に，新規創設の自己信託に関しては，権利に関する登記については権利の「変更」の登記によるとされたことから（法98③），信託の登記との同時申請を定める98条1項についても「変更」の文言が追加された。

　また，現行不登法の原始規定においては，①信託財産の管理・処分，滅失・損傷その他の事由により受託者が得た財産の信託財産への編入（旧信託法14条，現行信託法では16条1号），および，②委託者の任務懈怠により信託財産に変更が生じた場合の信託財産の復旧（旧信託法27条，現行信託法では40条1項2号の「原状回復」）の場合の登記申請の方法が定められており（98条3項原始規定），旧不登法110条ノ2は，まず委託者から受託者への所有権の「移転」により信託財産が形成される場合について規定したうえで（1項），同項を，上記①・②の場合に準用していた（2項）。原始規定3項は，この準用規定の影響を受けたものであるが，現行不登法98条1項の包括的な規定の仕方からすれば，同項にいう「移転」は，信託行為に基づく委託者から受託者への移転のみに限られないから，①・②の信託財産の変動については，1項の「移転」あるいは新規追加の「変更」の範疇で処理できる。そのため，上記98条3項の原始規定は，現行信託法制定に伴う不登法改正の際に削除された。

Ⅲ　信託の登記の単独申請（本条2項）

　信託行為に基づいてなされる2つの登記のうち，委託者から受託者への財産処分に関する権利の保存・設定・移転・変更の登記は，単独申請の例外が規定されている所有権の保存の登記（不登法74条）および自己信託の場合の権利の変更の登記（本条3項）等を除けば，委託者を登記義務者，受託者を登記権利者とする共同申請主義（不登法60条）に服する（なお，遺言信託の場合には，遺言執行者が委託者（登記義務者）側の申請を行う）。

　一方，これと同時申請にかかる信託の登記に関して，旧信託法時代の立法である旧不登法108条ならびに現行不登法98条2項の原始規定は，権利に関する登記と同じく，受託者を登記権利者，委託者を登記義務者とする共同申請としていた（なお，信託の制度は，受託者の財産から信託財産を隔離するものであるから，これにより固有財産の減少を来たす受託者が，信託の登記の登記義務者のはずである。しかし，権利に関する登記との同時申請の関係上，両者の

表示を揃える必要があることから，旧法は，信託の登記の申請当事者の表示を，権利に関する登記の当事者表示に合わせたのである)。

だが，その後の新信託法制定に伴う不登法改正の際，信託実務の申請人の負担軽減と新たな信託制度の活用の容易化の要望を受けて，共同申請を定めた原始規定は，受託者のみによる単独申請へと変更された。問題は，これにより信託の登記の真実性の担保が低下するのではないか，という点であるが(受託者が信託財産を自己の固有財産に組み込む目的で過小な信託の登記を行うようなことが起これば，委託者や受益者の利益を害する)，信託契約に関しては98条1項の同時申請により，また，遺言信託・自己信託に関しては信託行為の厳格な要式性により，信託の登記の真実性は十分に担保される，というのが立法担当者の説明である(清水・Q&A 297頁)。

Ⅳ 自己信託の場合の権利に関する登記の単独申請(本条3項)

本項は，現行信託法において自己信託(3条3号)が認められたことを受けて，平成18年法改正で新設された規定である。自己信託(委託者が自ら受託者となって，委託者の固有財産から信託財産を隔離する信託行為)の法的性質に関しては，単独行為説と自己契約説とがあり，単独行為説の場合には，自己の固有財産を信託財産たる性質に変ずる権利の変更の登記がなされるのに対して，自己契約説に立った場合には，委託者兼受託者が登記義務者兼登記権利者となる権利の移転の登記をするとの解釈も成り立ち得る。平成18年改正法の立法担当者が，単独行為説・自己契約説のいずれに立つかは必ずしも明らかではないが，登記手続に関して，改正98条3項は，権利の「変更」の登記を行うものとしている。また，申請権者は，委託者兼受託者の単独申請となるが，法文には「受託者」とあることから，申請情報・添付情報の表記も「受託者」となる。

Ⅴ 登記手続

信託財産に属することとなる各種権利の移転・保存・設定・変更の登記と，信託の登記の同時申請の手続について分説すれば，以下のようになる。

1 所有権に関する登記と信託の登記の同時申請

(1) **所有権の保存の登記と信託の登記** ①所有権の保存の登記は，権利部に最初になされる登記なので，そもそも登記義務者が存在しないため，単独申請となる(不登法74条)。一方，②信託の登記は，98条2項により受託者の単独申請とされているから，信託の目的に従って建物を新築した受託者や，未登記区分建物の表題部所有者から信託行為により所有権を取得した受託者は，「登記の目的　所有権保存および信託」，「原因　平成○年○月○日信託」，申請人につき「受託者　住所氏名」とする単一の申請情報に，①所有権保存登記の添付情報(不登令別表28・29)および②信託の登記の添付情報(不登令別表65添付情報欄イの登記原因証明情報およびロの信託目録に記録すべき情報)を添付して同時申請すること

となる。

  (2) 所有権の移転の登記(変更の登記)と信託の登記
　　(ア) 信託契約の場合　　信託契約(信託3①)に基づく①所有権の移転の登記と②信託の登記の同時申請の申請情報も,「登記の目的　所有権移転および信託」,「原因　平成〇年〇月〇日信託」であるが,①所有権移転登記の側が共同申請主義に服するので,申請人の表記は,受託者につき「権利者　住所氏名」,委託者につき「義務者　住所氏名」とする。
　　なお,受託者複数の場合,信託財産は合有となるので(信託79),登記の目的が「所有権移転(合有)および信託」となる。
　　(イ) 遺言信託の場合　　遺贈による登記の申請は,遺贈者を登記義務者,受遺者を登記権利者とする共同申請であるが,遺言の効力は,遺言者の死亡により発生するので,遺言執行者が登記義務者たる遺贈者の登記申請手続を行う。その結果,遺言信託(信託3条2号)に基づく①所有権の移転登記と②信託の登記の同時申請の申請情報は,「登記の目的　所有権移転および信託」,「原因　平成〇年〇月〇日遺言信託」であり,申請人の表記は,「受託者　住所氏名」ならびに「義務者　住所氏名」,「遺言執行者　住所氏名」である。添付情報としては,遺言書ならびに遺言の効力発生(遺言者の死亡)を証する情報(住民票の除票・戸籍(除籍)謄本)が,①遺贈による所有権移転登記と②遺言信託の登記の双方の登記原因証明情報(①につき令別表30イ,②につき令別表65ロ)を兼ねる。このほか,信託目録(令別表65ハ)の添付が必要となるのは,他の同時申請と同様である。
　　(ウ) 自己信託の場合　　自己信託(信託3条3号)の場合に関する①権利に関する登記は,権利の移転の登記ではなく権利の変更の登記である。権利の変更の登記も原則は共同申請であるが,自己信託に関しては,不登法98条3項により受託者による単独申請が認められている。その結果,自己信託の場合の①権利の変更の登記と②信託の登記の同時申請の申請情報は,不登法98条の条文の表記に忠実に従うならば,「登記の目的　権利の変更および信託」,「原因　平成〇年〇月〇日信託法第三条第三号に掲げる方法によってされた信託〔自己信託〕」,「受託者　住所氏名」となる。一方,添付情報に関しては,自己信託の効力発生を証する情報(信託4条3項1号の公正証書ないし2号の確定日付ある通知・承諾書)が,①権利の変更の登記の登記原因証明情報(令別表25イ)であるとともに,②信託の登記との関係でも,自己信託を証する情報として要求されている(令別表65イ)。
　　(エ) 信託法16条1号・40条1項2号の場合　　なお,現行不登法98条3項の原始規定が定めていた,信託財産の価値代替物たる不動産の信託財産への編入(旧信託14条,現行信託16(1)),信託財産の復旧・原状回復としての不動産の編入(旧信託27,現行信託40①(2))に関しては,①不動産を新築したのであれば所有権の保存の登記,②当該不動産が受託者以外の者から取得したものであれば所有権の移転の登記,③受託者の固有財産を信託財産に編入したものであれば権利の変更の登記がなされる。②の場合の申請情報の内容は,「登記の目的　所有権移転および信託財産の処分〔原状回復〕による信託」,「原因　平成〇年〇月〇日売買〔信託法40条1項2号の原状回復〕」,申請人の表示は「所有者(信託登記申請人)住所氏

名」「義務者　住所氏名」、③の場合には、「登記の目的　権利の変更および財産の処分〔原状回復〕による信託」となってこよう。なお、③権利の変更の登記につき、信託行為に受益者の指定に関する条件の定めや受益者を定める方法がある場合、あるいは受益証券発行信託である場合には、添付情報として、信託目録のほか、不登令別表66の２イあるいはハの添付情報の提供が必要となる。

2　用益権に関する登記と信託の登記の同時申請

(1)　**用益権の設定登記と信託の登記**　　地上権・永小作権・地役権・賃借権・採石権を設定する信託に基づく同時申請の登記における、申請情報の内容は、「登記の目的　地上権設定および信託」、「原因　平成○年○月○日地上権設定信託契約」、申請人は「受託者　住所氏名」、「義務者　住所氏名」である。なお、上記登記能力を有する用益権は、いずれも契約により設定されるので、単独行為であるところの遺言信託・自己信託においては、信託行為の段階で、これらの用益権が信託財産となることはない（ただし、自己信託につき自己契約説に立った場合は可能か）。

(2)　**用益権の移転登記と信託の登記**　　委託者が既存の用益権を信託財産として受託者に移転する信託における同時申請の登記の申請情報は、地上権を例にすると、「登記の目的○番地上権移転および信託」、「原因　平成○年○月○日信託」、「権利者　住所氏名」「義務者　住所氏名」となる。

3　担保権に関する登記と信託の登記の同時申請

(1)　**担保権の設定（保存）登記と信託の登記**　　現行信託法は、信託の発生原因として信託行為のみを認め、法定信託は認めていないから、登記能力のある担保権（先取特権、抵当権・根抵当権、質権・根質権、買戻特約付売買）のうち、信託行為による先取特権の「設定」はあり得ない。一方、約定担保物権を信託財産とした場合の同時申請の登記の申請情報は、抵当権の信託を例にとれば、「登記の目的　抵当権設定および信託」、登記原因については被担保債権の発生原因を明示して「原因　平成○年○月○日金銭消費貸借平成○年○月○日信託」、申請人については「受託者　住所氏名」、「義務者　住所氏名」とし、そのほか抵当権設定登記の申請情報を提供する。

(2)　**担保権の移転登記と信託の登記**　　既存の担保権を移転する形での信託の場合の申請情報は、「○番抵当権移転および信託」、「原因　平成○年○月○日信託」、申請人は「権利者　住所氏名」、「義務者　住所氏名」となる。

（七戸克彦）

（執筆協力：石谷　毅）

(代位による信託の登記の申請)
第99条　受益者又は委託者は，受託者に代わって信託の登記を申請することができる。

＊旧法関係……旧法110条・135条

I　本条の趣旨

法98条2項により，受託者は信託の登記を単独で申請できるが，受託者が自己に帰属することとなった財産につき，(権利に関する登記と同時申請で。法98①)信託の登記をしない場合には，当該財産が受託者の固有財産であると主張する第三者に対し，受益者あるいは委託者は，委託者の固有財産から隔離された信託財産である旨を主張できなくなる(信託14)。それゆえ，本条は，受託者が信託の登記を申請しない場合には，受益者または委託者が，受託者に代位して，信託の登記の申請ができるとしている。

II　本条の意義

本条に関しては，代位による登記に関する一般規定として現行不登法59条7号(令3(4)・7①(3))が存在しているから，本条はたかだかその注意規定にすぎない，あるいは，今日では民法423条の債権者代位権の「転用」が認められているから，信託の登記に関する本条あるいは代位による登記の一般規定を設置する意義は少ない，と説く見解もある。

しかしながら，本条あるいは現行不登法59条7号の沿革は，次のようなものである。

1　現行不登法59条7号の沿革

代位による登記の①登記事項・②申請情報・③添付情報を規定した①現行不登法59条7号・②現行不登令3条4号・③同令7条1項3号は，旧不登法46条ノ2に由来し，同条は，明治39年6月22日法律第55号「債務者ニ代位スル債権者ノ登記申請ニ関スル法律」を，大正2年法改正(4月9日法律第18号)の際に，旧不登法中に編入したものである。

しかるに，明治39年の特別法の立法趣旨は，債務者B所有の不動産につき，不動産の表示の変更の登記あるいは被相続人A→相続人Bの相続登記がされないため，債権者Cによる競売手続が妨げられている問題を解消する点にあった。第22回帝国議会明治39年3月22日貴族院本会議(第一読会)における松田正久司法大臣の趣旨説明は，次のようにいう〔貴族院議事速記録17号290頁〕。「凡ソ登記簿ニ掲ゲタル債務者ノ不動産ノ表示ノ変更ヲ生ズルコトガアルノデゴザイマスル，或ハ又債務者ガ登記簿ニ表示シタル所有者ノ相続人タル場合ガアリマスル，斯ノ如キ場合ニ当リマシテハ債務者タル者ガ変更ノ登記又ハ相続登記ヲ致サナケレバナリマセヌ，然ル所此登記ノ手続ヲ忘レルコトガアルノデアリマスル，デ此場合ニ当ッテ債権者タル者ガ民事訴訟法又ハ競売法ノ規定ニ拠リマシテ右ノ不動産ニ対シ競

売ノ申立ヲ為シマスルトカ其債務者又ハ不動産ノ表示ガ登記簿ト相違ヲ致シテ居ル所ヨリシテ此競売ノ申立ヲ為ス訳ニ行カヌヤウニナルノデアリマス、然ルニ債務者ハ是レ幸ナリト致シテ何時マデモ故ラニ相続ノ登記モセズ或ハ又変更ノ登記モ致サナイノデアリマス、其結果トシテ債権者ハ其権利ヲ行用スルニ非常ナ阻碍ヲ被ルノデアリマスガ、現時此弊害ガ益々著クナッテ来タノデアリマス、デスノ如ク債権者ノ権利ニ阻碍ヲ来タスト云フコトニナリマシテハ法律ノ缺点ヨリシテ生ズルコトデアリマスルカラシテ、ドウシテモ此缺点ダケハ補ハナケレバナリマセヌ」。不動産の表示の変更の登記・相続登記は、いずれも単独申請の登記であり、債権者Cは、債務者Bが登記所に対して有している登記申請権を代位する。だが、これに対し、共同申請の登記について、立法過程における議論は明瞭ではなく、債務者Bと債権者Cとの間の登記を抹消する場合に、CはBの登記申請権を代位できるとの説明はあるが(第22回帝国議会衆議院「債務者ニ代位スル債権者ノ登記申請ニ関スル法律案委員会」会議録(筆記)第2回(明治39年3月13日)3頁)、第三債務者Aと債務者Bの共同申請の登記につき、債権者Cが、Bの登記申請権を代位できるかに関する議論はない。

なお、その後、大判明43・7・6民録16・537は、第三債務者Aが債務者Bとの共同申請の登記への協力に応じない場合に、債権者Cが、BのAに対して有する登記請求権を代位することができるとしたが(債権者代位権の「転用」の端緒となった判例)、この場合の登記手続は、Aの登記申請意思に代わる確定判決に基づく、Bの単独申請の登記になる(判決による登記。旧不登法27、現行不登法63①)。だが、この場合のBの登記申請権をCが代位することができるか、あるいは上記Aの登記申請権につき、確定判決を得ることなくCが代位することができるか(裁判外の代位)に関して、判例・学説・登記実務の立場は明瞭ではない。

結局、現行不登法59条7号(および現行不登令3(4)・7①(3))の旧規定である旧不登法46条ノ2は、大判明43・7・6民録16・537により認められた債権者代位権の「転用」とは別個の事案を想定しており(前者は債務者自身の登記申請権の代位、後者は債務者の第三債務者に対する登記請求権の代位)、したがって、判例により債権者代位権の「転用」が認められているから、旧法46条ノ2の規定は不要である、といった立論は成立しないように見受けられた。

2 現行不登法99条の沿革

一方、信託の登記に関して代位による登記を認める現行不登法99条は、大正11年旧信託法制定に伴う法改正で追加された旧不登法104条ノ4に由来する。その後、同条は、昭和35年不登法大改正の際に条数を110条に繰り下げられたが、条文内容に変更はない(1項「受益者又ハ委託者ハ受託者ニ代位シテ信託ノ登記ヲ申請スルコトヲ得」。2項「第46条ノ2ノ規定ハ前項ノ規定ニ依ル代位登記ノ申請ニ之ヲ準用ス此場合ニ於テハ申請書ニ代位原因ヲ証スル書面ノ外登記ノ目的タル不動産カ信託財産タルコトヲ証スル書面ヲ添附スルコトヲ要ス」)。

同条は、2項で旧不登法46条ノ2を準用している。にもかかわらず、とくに信託の登記に関して特別の条文が設置されたのは、受益者あるいは委託者による受託者の登記申請の代位が、46条ノ2の適用範囲外と考えられたためである。旧不登法は、現行不登法と異な

り，信託の登記につき共同申請主義をとっていたが，その内容は「不動産ノ信託ノ登記ニ付テハ受託者ヲ登記権利者トシ委託者ヲ登記義務者トス」というものであった(108条)。同条は，登記権利者・登記義務者の表示を，信託の登記と同時申請される権利に関する登記に合致させるための条文であるが，その結果，共同申請の当事者でない受益者はもちろん，「登記義務者」である委託者についても，46条ノ2をそのまま適用するのは困難と考えられ，信託の登記に関して上記条文が設置されたものであって，旧法46条ノ2に対する注意規定ではなかった。

他方，債権者代位権の「転用」に関する判例法理は，第三債務者Aの登記申請意思に代わる確定判決を得て債務者Bの単独申請の登記(判決による登記)を可能にする処理であるようにも解され，したがって，受益者Cまたは委託者Aが受託者Bを代位して(旧不登法ならびに現行不登法原始規定においてはA→Bの共同申請であるところの)信託の登記をする場合を，カバーできないように見受けられた。

3 現行不登法59条7号・99条と旧法との相違

さらに，平成16年現行不登法の制定により，代位による登記に関する旧法46条ノ2，信託の登記の代位に関する旧法110条の規定は，大きく改められた。

(1) 現行不登法59条7号と旧不登法46条ノ2の相違　旧不登法46条ノ2は，単独申請の登記である表示の変更の登記と相続登記を念頭に，「民法第423条ノ規定ニ依リ」債権者による債務者の登記申請権の代位を認めた規定であった。これに対して，現行不登法59条7号は，第1に，権利に関する登記の登記事項を定めた規定であることから，表示に関する登記については，何ら触れるものではない(なお，表示に関する登記については，代位者および代位原因が登記事項とされていないため，同種の規定は設置されていない)。第2に，現行59条7号は，代位による登記が認められる条文根拠を「民法第423条その他の法令の規定により」との表現に改めた。すなわち，現行不登法は，代位による登記が認められる根拠規定として，①「民法第423条」のほかに，「その他の法令の規定」が存することを明示したのであるが，これには②不動産登記法の規定と③不動産登記法以外の法令の規定とがある。そして，このうちの②不動産登記法上の規定が，現行不登法99条ならびに同条を準用する103条2項である(権利に関する登記については，この2箇条のみ。なお，表示に関する登記については，43条4項〔河川区域内の土地の登記〕，48条2項・4項〔区分建物についての建物の表題登記〕，52条2項・4項〔区分建物となったことによる建物の表題部の変更の登記〕の3箇条がある)。すなわち，現行不登法99条(および103条2項)の規定は，民法423条に基づく代位による登記の注意規定として位置づけられてはいない。

(2) 現行不登法99条と旧不登法110条の相違　上記の点は，現行不登法99条の規定が，旧不登法110条のうち，旧不登法46条ノ2の準用を定めた2項を削除し，1項のみを残存させたこととも関連する。その結果，信託の登記の代位申請に関して，民法423条が根拠となる余地はなくなり，受益者Cまたは委託者Aは，民法423条の要件を充たしていなくて

も，信託の受益者または委託者であることを証する情報を提供するだけで，受託者Bの登記申請権を代位できる旨が明確化された．

さらに，その後，平成18年現行信託法制定に伴い，信託による登記の申請を委託者Aと受託者Bの共同申請としていた現行不登法98条2項の原始規定は，受託者Bの単独申請へと改められた．その結果，共同申請の登記における登記請求権の代位に関する債権者代位権の「転用」の判例理論が，信託の登記に関して適用される余地はなくなったことから（なお，現行不登法99条を準用する103条2項の信託の変更の登記は，当初より受託者Bの単独申請である．103条1項），信託の登記・信託の変更の登記の代位申請を定めた99条・103条2項の規定を，民法423条あるいは同条の「転用」法理と結びつけて考える理解は，もはや成り立たない．

III 登記手続
1 権利に関する登記の代位申請

信託の登記に関しては，信託財産に供される権利の移転等の登記との同時申請が要求されているから（法98①），99条に基づき信託の登記につき代位による登記をする受益者・委託者は，権利の移転等の登記についても，代位による登記をする必要があるのが通常であろう．しかし，同時申請とはいえ，権利の移転等の登記については99条の適用がないので，現行不登法の下では，受益者・委託者は，民法423条の債権者代位権の行使を申請情報とし（令3④），同条の要件を満たしていることを証する情報を添付情報（代位原因証明情報．令7①(3)）として提供する必要がある．

2 信託の登記の代位申請

一方，信託の登記の添付情報につき，旧不登法110条2項は，①「代位原因ヲ証スル書面」と②「登記ノ目的タル不動産カ信託財産タルコトヲ証スル書面」の2つを要求していた．これに対して，現行不登法における信託の登記の添付情報は，不登令別表65「イ　登記原因を証する情報」と「ロ　信託目録に記載すべき情報」であるが，①代位者の住所氏名および代位原因も，②信託財産も，信託目録に記載されるところの登記事項ではない（法97①参照）．立法担当者は，これらのうち，①代位原因証明情報に関しては，不登令7条1項3号に基づき，また，②信託財産証明情報に関しては，不登令別表65イの登記原因証明情報の一部として，それぞれ提供を要するとしている（河合・逐条不登令330頁）．しかし，①信託の登記に関する代位権者は，不登法99条により，ただ単に受益者・委託者であれば足りるところ，受益者あるいは委託者であることを証する情報とは，すなわち信託行為（信託契約・遺言信託・自己信託）を証する情報であり，他方，②信託財産証明情報についても同様である．そして，権利の移転等の登記との同時申請の下では，信託行為を証する情報（信託契約書等）は，権利の移転等の登記の登記原因証明情報として同時に提供されているから，この権利の移転等の登記の登記原因証明情報を，兼信託の登記の代位原因証明情報

兼登記原因証明情報として提供すれば足り，信託の登記につき別個の①代位原因証明情報・②登記原因証明情報を提供する必要はないと考えられる。

　また，代位権者につき，法文は「受益者」と「委託者」を掲げるにすぎないが，①受益者の権利を行使できる者としては，信託管理人(信託125)・信託監督人(信託132)・受益者代理人(信託139)がおり，これらの者も代位による登記ができると解さなければならない。信託行為にこれらの者を指定する定めがある場合には，信託行為を証する情報(信託契約書等)が，兼代位原因証明情報となるが，信託行為の定め以外の方法でこれらの者が選任された場合には(裁判所による選任等)，選任の裁判書を代位原因証明情報として別途提供する必要がある。

(七戸克彦)
(執筆協力：石谷　毅)

(受託者の変更による登記等)
第100条 受託者の任務が死亡，後見開始若しくは保佐開始の審判，破産手続開始の決定，法人の合併以外の理由による解散又は裁判所若しくは主務官庁(その権限の委任を受けた国に所属する行政庁及びその権限に属する事務を処理する都道府県の執行機関を含む。第102条第2項において同じ。)の解任命令により終了し，新たに受託者が選任されたときは，信託財産に属する不動産についてする受託者の変更による権利の移転の登記は，第60条の規定にかかわらず，新たに選任された当該受託者が単独で申請することができる。

② 受託者が2人以上ある場合において，そのうち少なくとも1人の受託者の任務が前項に規定する事由により終了したときは，信託財産に属する不動産についてする当該受託者の任務の終了による権利の変更の登記は，第60条の規定にかかわらず，他の受託者が単独で申請することができる。

＊旧法関係……旧法110条ノ3・110条ノ4・135条
＊改正…………平成18年法律第109号(第5款【前注】参照)。

I 本条の趣旨

本条1項は，受託者が任務が終了し，新たに受託者が選任された場合の，旧受託者から新受託者への信託財産に属する権利の「移転」の登記につき，一定の終了事由に限って，新受託者の単独申請を認める規定である。

一方，2項は，受託者が複数いる場合に，そのうちの1人ないし一部の者の任務が終了した場合の，信託財産に属する権利の「変更」の登記につき，1項と同じ終了事由に限って，残された受託者による単独申請を認める。

1 旧信託法，旧不登法・現行不登法旧規定

(1) **旧信託法** 旧信託法における受託者の任務の終了事由には，旧信託法42条の定める①死亡，②破産手続開始決定，③後見開始または保佐開始の審判，④法人の解散のほか，旧44条で⑤特定資格に基づき受託者となった者の資格喪失(例えば同窓会の幹事が受託者となる旨が定められている場合に，同窓会の幹事を辞任しあるいは解任された場合)，旧46条で⑥辞任，旧47条で⑦解任が任務終了事由とされていた。

そして，これらの終了事由があった場合の信託財産の移転については，旧信託法50条が，1項で「受託者ノ更迭アリタルトキハ信託財産ハ前受託者ノ任務終了ノ時ニ於テ新受託者ニ譲渡サレタルモノト看做ス」と規定し，2項で「受託者数人アル場合ニ於テ其ノ一人ノ任務終了シタルトキハ信託財産ハ当然他ノ受託者ニ帰ス」と規定していた。

(2) **旧不登法** 上記旧信託法の規定を受けて，旧不登法は，まず110条ノ3において，

旧信託法50条1項・2項の振分けに従い，受託者が1人の場合にその者の「更迭」があった場合には「所有権移転ノ登記」（1項），受託者が複数の場合にそのうちの1人に「任務終了」があった場合には「変更ノ登記」を行い，いずれの場合にも受託者の「更迭〔任務終了〕ヲ証スル書面」の添付を要求したうえ，続く110条ノ4において，上記旧信託法の定める7つの任務終了事由のうち，①～④の場合に関して，新受託者による単独申請を認める規定を設置した（なお，旧不登法においては，④法人の解散につき，後の改正により追加的に，裁判所もしくは主務官庁の解任命令（現行法でいえば会社法824条，一般法人法261条，宗教法人法81条，私立学校法62条など）が規定されている）。

(3) **現行不登法原始規定** これに対して，平成16年現行不登法の原始規定は，旧法110条ノ3と110条ノ4の規定を統合し，100条1項において単独受託者の「更迭」の場合になされる権利の移転の登記につき，上記①～④の終了事由に基づく場合には単独申請を認める規定を設置し，2項において複数受託者の1人（一部）の「任務終了」の場合になされる権利の変更の登記についても1項の規定を準用する旨の規定を設置した。

一方，旧110条ノ3が定めていた「更迭〔任務終了〕ヲ証スル書面」の提出要求に関しては，政令事項に落とされ，不登令別表66で「更迭」を証する情報，別表67で一部受託者の「任務終了」を証する情報を，それぞれ添付情報とする旨が定められた。

2 現行信託法，現行不登法改正規定

(1) **現行信託法** だが，その後，平成18年制定の現行信託法は，旧信託法の内容を大きく改めた。

(ア) **受託者の任務の終了事由** まず，受託者の任務の終了事由に関して，新信託法は，56条1項1号～7号において，①死亡，②後見開始または保佐開始の審判，③破産手続開始決定（ただし，信託行為に別段の定めがある場合を除く。56条1項柱書ただし書），④法人の合併以外の理由による解散，⑤辞任，⑥解任，⑦信託行為において定めた事由を列挙する形で，任務終了事由を整理した。

旧信託法との相違箇所は，上記③破産手続開始決定につき，信託行為に別段の定めがある場合には，受任者の任務が終了しないとされたこと，④法人の解散に関して，合併が任務終了事由から除かれ，旧法の⑤の資格喪失が終了事由から削除されていること，⑦信託行為の定める終了事由の発生が追加されたことである。このうち，④法人の解散に関して，合併が受任者の任務の終了事由から除外されたのは，法人の合併ならびに分割に際しては，信託行為に別段の定めがない限り，旧法人の有していた他の権利義務と同様，受託者の任務についても，新法人に一般承継させることとしたためである（新信託法56条2項・3項）。また，旧信託法の終了事由の⑤資格喪失が削除されたのは，辞任あるいは解任の終了事由で処理できると考えられたためである。

(イ) **旧受託者から新受託者への信託財産の承継** 一方，旧受託者から新委託者への信託財産の承継につき，新信託法は，まず①受託者が1人である場合を念頭に置く条文を

設けた後，末尾に設置の②「受託者が 2 人以上ある信託の特例」においてそれらを準用する規定を設ける条文配置を行ったため，旧信託法50条 1 項の①単独受託者の「更迭」の場合の承継と，2 項の②複数受託者の 1 人の「任務終了」の場合の承継は，①については75条 1 項，②については86条 4 項と，分断された形で規定されることとなった。

また，新信託法においては，①の場合を「更迭」，②の場合を「任務終了」と呼ぶ旧信託法の用語も改められ，いずれの場合に関しても，受託者の「変更」の用語が用いられることとなった。

3 現行不登法改正規定

以上の新信託法の規定の変化に伴う現行不登法100条の改正点は，以下の 2 点である。

第 1 に，新信託法における受託者の任務終了事由の変更に対応して，原始規定の終了事由のうち，④「法人の解散」の文言が，「法人の合併以外の理由による解散」に改められた。

第 2 に，旧受託者から新委託者への信託財産の承継につき，新信託法が，受託者が 1 人の場合の任務終了の場合の承継と，複数受託者の 1 人の任務終了の場合の承継を，ともに受託者の「変更」と表現するに至ったため，100条の原始規定の見出し書および 1 項における受託者が 1 人の場合に関する「更迭」の表現も，「変更」に改められ，不登令別表66原始規定「受託者の更迭による権利の移転の登記」の文言も，「受託者の変更による権利の移転の登記」に改められた。

II 受託者の任務の終了事由と単独申請・共同申請

上記のように，現行信託法における受託者の任務の終了事由は，①死亡，②後見開始または保佐開始の審判，③破産手続開始決定(信託行為に別段の定めがある場合を除く)，④法人の合併以外の理由による解散，⑤辞任，⑥解任，⑦信託行為において定めた事由の発生の合計 7 つであり(信託56①(1)～(7))，これらの事由が発生した場合に，受託者が 1 人の場合には旧受託者から新委託者への，受託者が複数の場合には残存する受託者への，信託財産の承継が起こる。しかしながら，それらの場合の登記手続につき，例外的に新受託者ないし残存受託者の単独申請が認められるのは，①～④の場合に限られ，⑤～⑦の場合に関しては，原則どおり旧受託者と新受託者(残存受託者)の共同申請となる。

1 単独申請が認められる場合

① **死亡** 自然人たる個人が死亡した場合については，一般承継人による申請の方法を用いた共同申請(不登法62)の方法もあるが，前受託者の死亡は，公的な証拠によって証明することが容易であることから，信託制度の活用の観点から，単独申請が認められている。

② **後見開始または保佐開始の審判** 自然人たる個人が後見開始または補佐開始の審判を受けた場合についても，後見登記の登記事項証明書等の提供により証明できることか

ら，単独申請が認められている。

③ **破産手続開始決定** 破産手続開始決定の事実についても，公的な証拠で証明できることから，これにより登記の真実性は担保できるとして，単独申請が認められている。

なお，旧信託法においては，未成年者・成年被後見人・被保佐人とともに，破産者は受託者不適格者とされていたため(旧信託5)，受託者が破産手続開始決定を受けた場合には，当然に任務が終了するとされていた。しかし，現行信託法は，受託者不適格者から破産者を除外したため(現行信託7)，任務の終了事由に関しても，56条1項柱書ただし書を設けて，信託行為に別段の定めがあるときは，受託者の任務は終了しないとしている。

④ **法人の合併以外の理由による解散** 法人の解散に基づく新受託者への権利の移転の登記に関して，新受託者の単独申請が認められている理由も，以上と同様である。

一方，現行信託法において，法人の合併による解散は，受託者の任務の終了事由とされておらず，旧法人の有していた受託者たる地位は，合併後の法人に一般承継される。その結果，旧法人から合併後の法人への信託財産の移転の登記は，任務終了に関する規定である100条の問題ではなく，相続または法人の合併による権利の移転の登記を定めた不登法63条2項に基づいて，登記権利者たる合併後の法人による単独申請がなされることになる。法人が分割された場合における，分割前の法人から分割後の法人への信託財産の権利の移転の登記についても同様である。

2 共同申請の原則に服する場合

現行信託法の定める7つの任務終了事由のうち，以上の①～④の任務終了事由以外のもの——⑤辞任・⑥解任・⑦信託行為に別段の定めがある場合——については，これに伴う旧受託者から新受託者への権利の移転の登記は，共同申請の原則(不登法60)に服する。⑤辞任・⑥解任については，前受託者自身が登記手続に関与することが可能であり，登記義務者の関与による登記の真実性確保という共同申請の制度趣旨になじむ。これに対して，⑦信託行為に別段の定めがある場合に関しては，単独申請を認めても差し支えない場合もあるようにも思われるが，現行不登法の立法者がこの場合につき一律に共同申請の原則に服するとした理由は不明である。

なお，受託者の任務終了以外の信託の変更に伴いなされる，権利に関する登記(権利の移転の登記，登記名義人の住所・氏名の変更の登記，権利の変更の登記，権利に関する登記の抹消)については，それぞれの登記の一般原則に従い，共同申請・単独申請の別が定まる。なお，共同申請の場合の登記権利者・登記義務者について，104条の2第2項に特則があるほか，権利の変更の登記に関しては，令別表66条の2に添付情報に関する特別規定がある。

III 旧受託者から新受託者への信託財産の承継と権利に関する登記
1 権利の移転の登記・権利の変更の登記

　旧信託法50条は，1項において①受託者が1人であった場合の旧受託者から新受託者への信託財産の承継を「新受託者ニ譲渡サレタルモノト看做ス」と規定し，2項において②受託者が複数である場合の旧受託者から残りの受託者への合有にかかる信託財産の承継を「信託財産ハ当然他ノ受託者ニ帰ス」と規定していた。これに対して，現行信託法の表現は，①の場合の信託財産の承継に関しては，旧法の「譲渡」の文言が，「新受託者は……前受託者から承継したものとみなす」との表現に改められている（現行信託75①）。なお，②の場合に関しては，変化はない（現行信託86④「他の受託者が当然に承継し」）。

　一方，旧不登法110条ノ3および現行不登法100条の原始規定は，1項において①の場合の登記の種類を「所有権移転ノ登記」「権利の移転の登記」，2項において②の場合の登記の種類を「変更ノ登記」「権利の変更の登記」と規定し，平成18年改正後の規定も，①の場合の登記を「権利の移転の登記」，②の場合の登記を「権利の変更の登記」とする。通常の共有において，共有者の1人が死亡して相続人がない場合，その持分は他の共有者に当然に帰属するところ（民255），その際の登記は，権利の一部「移転」の登記によるとされており（明43・11・22民刑906民刑局長回答・先例集追Ⅰ47），権利の「変更」の登記がなされるのは，相続人不明の場合に，持分を相続財産法人名義に書き替える場合である（昭10・1・14民甲39民事局長通牒・先例集上607，昭31・6・25民甲1444民事局長回答・先例集追Ⅰ625）。これに対して，信託財産の合有（信託79）に関して，合有者の1人が死亡した場合の他の合有者への権利の一部移転の登記が「移転」ではなく「変更」の登記とされているのは，実体法的な問題とは無関係の，登記手続上の技術的な理由に基づくもので，合有に関しては持分が顕在化していないことから，持分が申請情報とならず（不登令3(9)かっこ書），通常の共有の場合のような各人の有する持分の「移転」の登記ができないためである。

2 添付情報

　(1) **100条1項の権利の移転の登記**　100条1項の規定する受託者が1人であった場合の旧受託者から新受託者への権利の移転の登記の単独申請の際には，不登令別表66で「法第100条第1項に規定する事由により受託者の任務が終了したことを証する市町村長，登記官その他の公務員が職務上作成した情報及び新たに受託者が選任されたことを証する情報」を添付情報として提供すべきことが要求されている。

　(2) **100条2項の権利の変更の登記**　一方，100条2項の規定する複数受益者の一部の任務終了の場合の他の受益者への権利の「変更」の登記の単独申請の際には，不登令別表67により「法第100条第1項に規定する事由により一部の受託者の任務が終了したことを証する市町村長，登記官その他の公務員が職務上作成した情報」の提供が求められている。

（七戸克彦）

（執筆協力：石谷　毅）

（職権による信託の変更の登記）

第101条 登記官は，信託財産に属する不動産について次に掲げる登記をするときは，職権で，信託の変更の登記をしなければならない。
(1) 信託法第75条第1項又は第2項の規定による権利の移転の登記
(2) 信託法第86条第4項本文の規定による権利の変更の登記
(3) 受託者である登記名義人の氏名若しくは名称又は住所についての変更の登記又は更正の登記

＊旧法関係……旧法110条ノ10
＊改正…………平成18年法律第109号（第5款【前注】参照）。

I 本条の趣旨

本条1号・2号は，権利に関する登記について定めた前条(法100)1項・2項に対応する，信託の変更の登記に関する規定である。前条1項・2項は，受託者の任務終了による新受託者(1項の場合)・残存受託者(2項の場合)への信託財産の権利の移転・変更の登記に関する規定であるが，本条1号・2号は，その各々の場合になされるべき信託の変更の登記につき，登記官が職権による登記をすべき旨を定めた規定である。

一方，本条3号は，信託に関する登記につき，登記官が職権による登記をなすべき，その他の場合を規定したもので，権利に関する登記につき，受託者である登記名義人の氏名名称・住所の変更・更正の登記がなされた場合の，信託の変更の登記および信託の更正の登記が，これに当たる。

II 職権による信託の変更の登記をすべき場合

「信託に関する登記」のうち，信託行為に基づいてなされる「信託の登記」に関しては，登記官の職権による登記がなされることはない。これに対して，「信託の変更の登記」に関しては，本条1号～3号の規定する権利に関する登記がなされる場合に限って，登記官の職権による登記がなされる。

1 受託者の任務終了による受託者の変更の場合（本条1号・2号）

受託者の任務が終了した場合，信託財産についての受託者名義の権利に関する登記は，①受託者が1人の場合には，旧受託者から新委託者への権利の移転の登記の方法により（不登法100条1項），②受託者が2人以上の場合には，任務が終了した受託者から残りの受託者への権利の変更の登記の方法により（2項），登記名義人の修正が行われる。

これに対応して行われるべき信託の変更の登記に関して，旧不登法では，①新受託者・②残存受託者の申請による登記の例外として，登記官の職権による登記を認めていた（旧

不登法110条ノ10ただし書）。現行不登法も，この処理を承継し（原始規定100条），現行信託法制定に伴い3号を追加した際に，①を1号，②を2号として規定した。

2　受託者の氏名(名称)・住所の変更・更正の場合(本条3号)

　旧信託法時代に制定された旧不登法110条ノ10ならびに現行不登法101条の原始規定は，上記 *1* 受託者の任務終了による登記名義人の変更の場合以外に，登記官の職権による登記を認めておらず，その結果，信託財産の権利に関する登記について，登記名義人の氏名(法人の場合には名称)・住所の変更の登記あるいは更正の登記の申請をした受託者は(なお，氏名(名称)・住所の変更・更正の登記は登記名義人(受託者)のみの単独申請である。現行不登法64条1項)，信託の変更の登記に関して，別途登記申請をしなければならなかった。

　しかし，新信託法制定に伴う法改正の際に，受託者の任務終了による旧受託者から新委託者への権利の移転の登記ですら，信託の変更の登記について登記官の職権による登記がなされるのに，主体の変更がない受託者の氏名(名称)・住所の変更および更正の登記について職権による登記がなされないのは権衡を欠くとの議論を受けて，本号が新設され，信託財産についての権利に関する登記について，受託者の氏名(名称)・住所の変更の登記，および，氏名(名称)・住所の更正の登記の申請がされた場合には，登記官は，職権で，信託の変更の登記をすべきこととなった。

　　　　　　　　　　　　　　　　　　　　　　　　　　　　（七戸克彦）
　　　　　　　　　　　　　　　　　　　　　　　　　（執筆協力：石谷　毅）

（嘱託による信託の変更の登記）

第102条 裁判所書記官は、受託者の解任の裁判があったとき、信託管理人若しくは受益者代理人の選任若しくは解任の裁判があったとき、又は信託の変更を命ずる裁判があったときは、職権で、遅滞なく、信託の変更の登記を登記所に嘱託しなければならない。

② 主務官庁は、受託者を解任したとき、信託管理人若しくは受益者代理人を選任し、若しくは解任したとき、又は信託の変更を命じたときは、遅滞なく、信託の変更の登記を登記所に嘱託しなければならない。

＊旧法関係……①旧法110条ノ7・110条ノ8・110条ノ9第1項・135条，②旧法110条ノ7・110条ノ8・110条ノ9第2項・135条
＊改正…………平成18年法律第109号(第5款【前注】参照)。
＊関連法規……(信託法における嘱託による登記の定め)信託法64条5項・6項、170条4項・5項、246条、(受託者の解任による付記登記)規則177条

I 本条の趣旨

信託の変更の登記につき、前条(法101)は、登記官の職権による登記が認められる場合を規定していたが、続く本条(法102)は、1項において裁判所書記官の嘱託による登記がなされる場合、2項において主務官庁の嘱託による登記がなされる場合について規定したものである。

II 裁判所書記官の嘱託による登記(法102条1項)

信託法の適用される私益信託につき、嘱託による登記に関する本条1項についての変更点は、旧法の「裁判所」の文言を「裁判所書記官」に改めたことと、現行信託法における受益者関連の規定の設置に対応して、新たに(a)「受益者代理人の選任若しくは解任の裁判があったとき」を追加したこと、(b)「信託財産の管理方法を変更したとき」の文言を「信託の変更を命ずる裁判があったとき」に改めたことである。

1 受託者の解任の裁判

現行信託法の規定する受託者関連の裁判所の権限のうち、本条1項により嘱託による登記をすべき旨が定められているのは、「受託者の解任の裁判があったとき」(信託58④)のみである。

2 信託管理人もしくは受益代理人の選任または解任の審判

現行信託法の規定する受益者関係の裁判所の権限のうち、本条1項は、旧法以来の「信託管理人……の選任若しくは解任の裁判があったとき」(信託123④・258⑥)のほか、新たに

「受益者代理人の選任若しくは解任の裁判があったとき」を追加した。

3 信託の変更を命ずる裁判

　現行不登法原始規定の「信託財産の管理方法を変更したとき」の文言は，旧信託法23条（現行信託150①）の規定を念頭に置くものであり，改正規定の「信託の変更を命ずる裁判があったとき」の文言も，現行信託法150条1項の文言の変化に対応したものにすぎない。すなわち，ここにいう「信託の変更を命ずる裁判」とは，現行不登法における信託の変更を命ずる種々の裁判のうち，特別事情による信託の変更を命ずる裁判のみを指し，他のものを含んでいない。

III 主務官庁の嘱託による登記（法102条2項）

　一方，主務官庁の嘱託による登記に関する本条2項についての変更点は，(a)信託管理人につき選任のほかに解任が加わり，また，1項と同様，(b)受益者代理人の選任・解任が新たに加わったこと，同じく1項と同様，(c)「信託の条項を変更したとき」の文言を「信託の変更を命じたとき」に改めたことである。

1 受託者の解任

　公益信託法8条により，受益者の定めのない私益信託に関する現行信託法の定める裁判所の権限は，同条1号～5号を除き，公益信託に関しては主務官庁に属する。受託者関係の規定はすべてこれに該当するが（なお，受託者の辞任の許可に関しては，公益信託法7条に直接の規定がある），不登法102条は，1項と同様，2項においても「受託者を解任したとき」（公益信託法8条による信託法58条4項の準用）しか掲げていない。

2 信託管理人もしくは受益代理人の選任または解任

　現行信託法の受益者関係の裁判所の権限についての規定のうち，受益者代理人に関する規定を除いた部分は，すべて主務官庁に置き換えられる。平成18年改正において，信託管理人の「解任」が追加されたのは，そのためである。

3 信託の変更を命じたとき

　現行不登法原始規定の「信託の条項を変更したとき」の文言は，旧信託法70条の規定に対応するものであり，これを「信託の変更を命じたとき」と改めたのも，旧信託法70条が公益信託法5条に改正されたのに伴い，同条の文言に合わせたものである（旧信託法23条から現行信託法150条への改正に伴う本条1項の改正に同じ）。

　このほか，公益信託法8条により，私益信託に関する信託法の信託の変更についての裁判所の権限を定めた規定のうち，特別の事情による信託の終了を命ずる裁判（信託165）の規定は，主務官庁の権限に読み替えられるが，しかし，この処分に関して，1項・2項と

も，嘱託による登記としていないのは，職権による手続開始が認められていないことが理由なのであろう。

なお，公益信託にあっても，公益信託法 8 条により信託法の規定する裁判所の権限を主務官庁の権限に読み替えないものについては，一般法たる受益者の定めのない信託に関する信託法の裁判所の権限に関する規定が適用されて，本条 1 項の裁判所の嘱託による登記がなされる。

（七戸克彦）
（執筆協力：石谷　毅）

（信託の変更の登記の申請）
第103条　前二条に規定するもののほか，第97条第 1 項各号に掲げる登記事項について変更があったときは，受託者は，遅滞なく，信託の変更の登記を申請しなければならない。
② 　第99条の規定は，前項の信託の変更の登記の申請について準用する。

＊旧法関係……旧法110条ノ10・135条
＊改正…………平成18年法律第109号（第 5 款【前注】参照）。

I　本条の趣旨
本条 1 項は，信託の変更の登記に関する原則規定であり，信託の登記（法97①）について変更があった場合には，登記官の職権による登記（法101）および裁判所・主務官庁の嘱託による登記（法102）がなされる場合を除き，受託者による単独申請による旨を規定する。

本条 2 項は，平成18年現行信託法制定に伴う法改正で追加されたもので，信託の登記につき受益者または委託者による代位申請を認める99条の規定を，信託の変更の登記について準用するものである。

II　信託の変更の登記
1　「信託の変更」
現行信託法において，「信託の変更」とは，当初の信託行為の定めについて事後的に廃止・改定・追加を行うことをいい，広義では，信託法の条文配置上は別立てにされている「信託の変更」「信託の併合」「信託の分割」を総称する概念である。

このうち狭義の「信託の変更」は，(1)関係当事者の変更，(2)関係当事者の変更以外の信託の定めの変更とに分かれる。

(1)　関係当事者の変更

(ア) **受託者等の変更** 受託者の変更のうち、①主体の変更による信託財産の権利の移転あるいは変更の登記に際しては、一部の変更事由に限って、登記官の職権による信託の変更の登記(法101①・②に該当する場合)あるいは裁判所・主務官庁の嘱託による信託の変更の登記がなされる(法102①・②に該当する場合)。一方、②受託者の氏名(名称)・住所の変更により、信託財産の登記名義人の氏名・住所の変更・更正の登記がされる場合には、登記官の職権による信託の変更の登記がなされる(法101(3))。それ以外の場合には、本条(法102)の適用を受けて、受託者の申請による登記となる。

なお、この場合の権利の移転等の登記について付言すれば、①受託者の変更原因が、任務終了の中でも100条1項に定める終了事由によるときは、受託者が1人の場合には旧受託者から新委託者への権利の移転の登記(法100①)、受託者が複数の場合には他の受託者への権利の変更の登記(法100②)につき単独申請がなされるが、それ以外の変更原因に基づく権利の移転の登記ないし権利の変更の登記については、一般原則に従い共同申請となる(法60)。一方、②受託者の氏名(名称)・住所の変更の登記に関しては、法64条が適用されて、単独申請となる。

(イ) **受益者等の変更** 受益者等(受益者・信託管理人・受益者代理人)の変更に関して、法102条1項・2項は、①信託管理人・受益者代理人について、裁判所・主務官庁による選任・解任があった場合のみ、裁判所・主務官庁の嘱託による信託の変更の登記をすべきものとしている。これに対して、②受益者の変更ならびに③裁判所・主務官庁による選任・解任(①)以外の信託管理人・受益者代理人の変更は、主体の変更と氏名(名称)・住所の変更とを問わず、本条(法102)に基づき、受託者の申請による登記となる。

(ウ) **委託者の変更** なお、委託者の変更に関しては、登記官の職権による登記に関する101条、裁判所・主務官庁の嘱託による登記に関する102条のいずれに関しても、とくに定めがないから、本条(法102)の原則に基づき、すべて受託者の申請による登記となる。

(2) **信託条項の変更** 一方、以上の当事者の変更以外の事項に関する信託の変更は、不登法の側から見れば、同法97条1項5号〜11号の登記事項の変更であり、信託目録の記載欄に即していえば、「信託条項」欄の変更になるが、それら種々の信託条項の変更に関しては、裁判所・主務官庁が「信託の変更」を命じた場合(信託150、公益信託5)に限って、裁判所・主務官庁の嘱託による登記がなされる(不登法102①・②)。なお、旧信託法および旧不登法・現行不登法原始規定は、この場合の信託の変更を指して、裁判所による「信託財産ノ管理方法ノ変更」(旧信託23条、旧不登法110ノ9第1項・現行不登法102①原始規定)・主務官庁による「信託ノ条項ノ変更」(旧信託70、旧不登法110ノ9第2項・現行不登法102②原始規定)と呼称していたため、当該変更と他の変更との区別は容易であった。これに対し、現行信託法・現行不登法改正規定102条1項・2項の「信託の変更」の用語(最狭義の「信託の変更」)は、広義の「信託の変更」、狭義の「信託の変更」との区別が紛らわしい。

上記最狭義の「信託の変更」の場合以外は、信託の変更の登記は、受託者の申請による登記となる。

(3) 信託の併合・信託の分割 以上に対して，広義の「信託の変更」に属するところの「信託の併合」「信託の分割」に関しては，(a)併合・分割による信託財産の移動につき権利の変更の登記がなされるとともに，(b)①併合・分割前の信託と②併合・分割後の信託の両者に関して信託に関する登記がなされることになる。(a)の権利の変更の登記と(b)①・②の信託の登記の合計3つの登記に関しては，同時申請が要求されている(→法104の2①参照)。

(4) 変更の登記 現行不登法2条15号は，「変更の登記」を「登記事項に変更があった場合に当該登記事項を変更する登記をいう」と定義し，同条16号の「更正の登記」(「登記事項に錯誤又は遺漏があった場合に当該登記事項を訂正する登記をいう」)と厳格に区別している(狭義の「変更の登記」)。これは，旧不登法の条文が「更正の登記」をしばしば「変更の登記」と表現していた混乱を解消するためである。

ところが，「信託に関する登記」(現行不登法第4章第3節第5款表題)は，①「信託の登記」(法97)，②「信託の変更の登記」(本条および法101・102)，③「信託の登記の抹消」の3種からなり，「信託の更正の登記」の概念がない。

しかし，登記官の職権による登記に関する101条3号は，信託財産の権利に関する登記につき登記名義人の氏名・住所の「変更の登記又は更正の登記」をした場合に，登記官が職権で「信託の変更の登記」をすべき旨を規定している。これは，更正の登記と狭義の変更の登記とを包摂する概念として「変更の登記」の語を用いていた旧不登法の用例を引き継ぐものである。一方，101条および102条は，受託者の申請による登記を定めた本条(法103)に対する例外規定たる地位にあるから，本条にいう「信託の変更の登記」もまた，①信託の登記の登記事項と実体関係との間に後発的不一致が生じた場合(狭義の「変更の登記」をすべき場合)のほか，②信託の登記の登記事項と実体関係との間の原始的不一致が発見された場合(「更正の登記」をすべき場合)の両者を含む概念である(広義の「変更の登記」)。その結果，不登法の規定する「信託の変更の登記」にいう「信託の変更」は，信託法の規定する「信託の変更」よりも広い概念となる。

Ⅲ 信託の変更の登記の登記手続

1 申請権者

(1) 受託者の単独申請 権利に関する登記の変更・更正の登記に関しては，登記名義人の氏名(名称)・住所の変更・更正の登記は単独申請であるが(法64条)，権利の変更の登記・更正の登記は共同申請の原則(法60)に服する。これに対して，「信託に関する登記」に関しては，①「信託の登記」(法98条2項)，②「信託の変更の登記」(法103条1項)，③「信託の登記の抹消」(法104条2項)のすべてにつき，受託者の単独申請が認められている。

(2) 受益者・委託者の代位申請 ①信託の登記に関して，受益者・委託者の代位による登記を認める99条の規定は，②信託の変更の登記についても準用される(本条2項)。①信託の登記に関する99条は，旧不登法(旧法110条)以来存在する規定であるが，②信託の変更の登記に関する103条2項は，平成18年現行信託法制定に伴う法改正の再追加された

ものである。しかし、③信託の登記の抹消については、同様の準用規定は追加されなかった。

2 申請の時期・方法

①信託の登記ならびに③信託の登記の抹消に関しては、信託財産の権利に関する登記との同時申請が要求されているが(①98条1項、③104条1項)、これに対して、②信託の変更の登記に関しては、信託財産の権利に関する登記の変更・更正の登記との同時申請は要求されず、受任者は「遅滞なく」信託の変更の登記をすべき旨が規定されている(103条1項)。したがって、①信託の登記・③信託の登記の抹消と異なり、②信託の変更の登記に関しては、信託財産の権利に関する登記と同一の申請情報を用いた申請ではなく、各別の申請情報に基づく別個の申請をしなければならない。

本条(法103条)の例外規定である、裁判所・主務官庁の嘱託による登記がされる場合(受任者の解任、信託管理人・受益者代理人の選任・解任、信託条項の変更の場合。102条)、信託財産の権利に関する登記との同時嘱託は定められておらず、信託財産の権利に関する登記に関しては、受任者の申請による。このこととの権衡上、信託財産の権利に関する登記と信託の変更の登記とが、ともに受託者の申請による登記となる場合についても、同時申請ではなく、102条の文言に合わせて、受託者が「遅滞なく」信託の変更の登記をすべき旨が定められたものである。

3 権利の移転等の登記の代位申請

なお、信託の変更の登記がされる場合には、①信託財産についても権利の移転等の登記を行う必要のある場合と、②行う必要のない場合とがあるが、①権利の移転等の登記も行う必要がある場合において、受益者または委託者は、受託者に代位して権利の移転等の登記を申請できなければならないが、その根拠条文は、現行不登法の下では、民法423条に直接求めることになる。

一方、不登令66条の2は、(イ)信託行為に「受益者の指定に関する条件又は受益者を定める方法の定めがあるとき」(不登法97条1項2号)に、この定めに基づいて新たに受益者となった者、ならびに、(ロ)受益証券発行信託の受益者が、信託財産に属する不動産についての権利の変更の登記の申請人である場合につき、特別の添付情報の提供を要求している。

(七戸克彦)

(執筆協力：石谷　毅)

（信託の登記の抹消）
第104条 信託財産に属する不動産に関する権利が移転，変更又は消滅により信託財産に属しないこととなった場合における信託の登記の抹消の申請は，当該権利の移転の登記若しくは変更の登記又は当該権利の登記の抹消の申請と同時にしなければならない。
② 信託の登記の抹消は，受託者が単独で申請することができる。

　＊旧法関係……①②旧法143条ノ2第1項・第2項，③新設
　＊改正…………平成18年法律第109号(第5款【前注】参照)。
　＊関連法規……(信託の登記)規則175条2項・3項

I　本条の趣旨
　本条は，信託に関する登記のうち，信託の登記の抹消に関する規定である。
　本条1項は，信託の登記の抹消と，信託財産から外れた権利に関する登記との同時申請を定める規定であり，信託の登記につき信託財産に編入された権利に関する登記との同時申請を定めた法98条1項に対応する規定である(これに対して，信託の変更の登記に関しては，受託者による申請主義の原則に対して，登記官の職権による登記(法101)，裁判所・主務官庁の嘱託による登記(法102)の例外が存在するため，同時申請主義はとられていない)。
　本条2項は，信託の登記の抹消について，信託の登記に関する法98条2項，信託の変更の登記に関する法103条と同様，受託者の単独申請を認める。

II　信託の登記の抹消と権利に関する登記の同時申請(本条1項)
1　信託の登記の抹消事由
　(1)　旧信託法，旧不登法・現行不登法原始規定　　旧不登法143条ノ2は，信託の登記の抹消事由を，①信託財産に属する権利が「移転」により信託財産に属しなくなった場合(1項)と，②信託の終了により信託財産に属する権利が「移転」した場合(2項)の2つに分けて規定していた。
　これに対し，現行不登法の原始規定は，①信託の終了以外の場合・②信託の終了の場合の両者につき，信託財産たる権利が他に「移転」した場合に加えて，信託財産たる権利が「消滅」した場合を加え(現行不登法原始規定104①・②)，さらに，③旧信託法22条1項ただし書の規定により受託者の許において信託財産たる権利が固有財産に帰属した場合の権利の「変更」の登記と，当該権利に関する信託の登記の抹消との同時申請に関する規定を新設した(原始規定同条③)。
　(2)　現行信託法，現行不登法改正規定　　ところが，現行信託法においては，③信託財産が固有財産に帰属する場合は，旧信託法22条1項ただし書の場合に限られなくなった。すなわち，現行信託法は，受託者の禁止行為(信託31①(1)～(4))として「信託財産に属する財

産(当該財産に係る権利を含む。)を固有財産に帰属させ,又は固有財産に属する財産(当該財産に係る権利を含む。)を信託財産に帰属させること」(1号)や「信託財産に属する財産(当該財産に係る権利を含む。)を他の信託の信託財産に帰属させること」(2号)を掲げているが,しかし,「信託行為に当該行為をすることを許容する旨の定めがあるとき」(信託31②(1))または「受託者が当該行為について重要な事実を開示して受益者の承認を得たとき」(2号)は,例外的に,上記行為が許されるとしている。

そこで,平成18年信託法制定に伴う不登法改正においては,旧規定1項・2項における①信託の終了以外の場合と②信託の終了の場合の条文の振分けは廃され,また,旧規定1項・2項の①②権利の「移転」「消滅」と旧規定3項の③「変更」の振分けも廃されて,それら「移転」「変更」「消滅」を一括して改正1項として規定した。

2 同時申請・同一申請情報による申請

一方,旧不登法143条ノ2においても,信託の登記の抹消と,信託財産に属する権利に関する登記との同時申請が要求されていたが,その規定の仕方は,申請書の形式につき同一書面であることを要求する体裁をとっていた(「信託登記抹消ノ申請ハ移転登記ノ申請ト同一ノ書面ヲ以テ之ヲ為スコトヲ要ス」)。

平成16年現行不登法においては,登記制度の根幹に関わる事項のみが法律において規定され,当事者が登記所に提供すべき申請情報・添付情報の種類・内容については政令事項とされたため,現行不登法(原始規定)104条1項においては,信託の登記に関する規定(法98①)と同様,同時申請の要求のみが規定され,当事者が提供すべき申請情報の同一性に関しては,不登令5条1号～4号(一の申請情報による登記の申請)において,合体による登記(1号),信託の登記(2号),信託の登記の抹消(3号),信託の併合・信託の分割(4号)の場合が一括して並列的に規定されることになった。

このうち③信託の登記の抹消の場合の申請情報の内容は,権利の移転の登記との同時申請の場合には「登記の目的　所有権移転および○番信託登記抹消」,信託の終了による場合には「原因　平成○年○月○日信託財産引継」(日付は信託の終了日)となる。

III 信託の登記の抹消の申請権者
1 受託者の単独申請

旧不登法ならびに現行不登法原始規定においては,②信託の変更の登記に関しては受託者の単独申請であったが(旧不登法110ノ10,現行不登法原始規定103),①信託の登記ならびに③信託の登記の抹消については,共同申請の原則に服するものとされていた。

しかし,その一方において,②信託の変更の登記と異なり,①信託の登記ならびに③信託の登記の抹消については,同時申請が要求され(①旧不登法110ノ2第1項・現行不登法原始規定98条1項,②旧不登法143条ノ2・現行不登法原始規定104条3項),同時申請にかかる権利の移転等の登記の側では共同申請主義が維持されているから,登記の真実性は担保され

うる。そこで，平成18年新信託法制定に伴う不登法改正において，①信託の登記および③信託の登記の抹消に関しても，②信託の変更の登記と同様，受託者による単独申請が認められた（①改正98条2項，③改正104条2項）。

2 受益者・委託者の代位申請

①信託の登記については，受託者または委託者による代位による登記申請が認められており（法99），②信託の変更の登記に関しても，平成18年現行信託法制定に伴う法改正の際に，①信託の登記に関する規定の準用規定が追加された（法103②）。これに対して，③信託の登記の抹消に関しては，同様の準用規定が設置されていない。

（七戸克彦）

（執筆協力：石谷　毅）

(権利の変更の登記等の特則)

第104条の2 信託の併合又は分割により不動産に関する権利が一の信託の信託財産に属する財産から他の信託の信託財産に属する財産となった場合における当該権利に係る当該一の信託についての信託の登記の抹消及び当該他の信託についての信託の登記の申請は，信託の併合又は分割による権利の変更の登記の申請と同時にしなければならない。信託の併合又は分割以外の事由により不動産に関する権利が一の信託の信託財産に属する財産から受託者を同一とする他の信託の信託財産に属する財産となった場合も，同様とする。

② 信託財産に属する不動産についてする次の表の上欄に掲げる場合における権利の変更の登記(第98条第3項の登記を除く。)については，同表の中欄に掲げる者を登記権利者とし，同表の下欄に掲げる者を登記義務者とする。この場合において，受益者(信託管理人がある場合にあっては，信託管理人。以下この項において同じ。)については，第22条本文の規定は，適用しない。

一 不動産に関する権利が固有財産に属する財産から信託財産に属する財産となった場合	受益者	受託者
二 不動産に関する権利が信託財産に属する財産から固有財産に属する財産となった場合	受託者	受益者
三 不動産に関する権利が一の信託の信託財産に属する財産から他の信託の信託財産に属する財産となった場合	当該他の信託の受益者及び受託者	当該一の信託の受益者及び受託者

＊改正…………①平成18年法律第109号により新設，②平成18年改正前104条2項

I 本条の趣旨

本条もまた，平成18年新信託法制定に伴う現行不登法改正の際に新設された規定であり，本条1項は信託に関する登記，2項は権利に関する登記についての規定である。

本条1項は，さらに，「信託の併合」と「信託の分割」がなされた場合の信託に関する登記の同時申請を定めた前段と，同一の受託者に属する複数の信託財産の一方から他方へ権利が移転した場合の信託の変更の登記の同時申請を定めた後段に分かれる。

これに対して，本条2項は，信託に関する登記ではなく，権利に関する登記についての規定であり，同項前段は，固有財産から信託財産への変更(1号)，信託財産から固有財産への変更(2号)，一の信託財産から他の信託財産への変更(3号)の各場合の権利の変更の

登記について，登記権利者と登記義務者を定め，同項後段は，この場合の登記申請の添付情報のうち，受益者につき登記識別情報(法22本文)の提供を不要とする。

II 信託間で信託財産が移動した場合の同時申請（本条1項）

本条1項は，受託者が同一の複数の信託において，信託財産が一方の信託から他の信託に移転する場合を，信託の併合・信託の分割による場合（前段）と，それ以外の事由による場合（後段）に分けて規定している。

1 信託の併合の登記

「信託の併合」とは，「受託者を同一とする二以上の信託の信託財産の全部を一の新たな信託の信託財産とすることをいう」(信託2⑩)。これは，法人の新設合併（会社2⑱・753，一般法人254）に類似しており，信託の併合は，併合前の信託の終了原因ではあるが（信託163⑤)，信託の清算の開始原因から除外されているため（信託175かっこ書），併合前の複数の信託(信託法はこれを「従前の信託」と呼称する)の信託財産ならびに信託財産責任債務(受託者が信託財産に属する財産をもって履行する責任を負う債務のこと。信託2⑨)は，「併合後の信託」に包括承継される。

(1) **信託財産の権利に関する登記** 一方，従前の信託の受託者と，併合後の信託の受託者は同一人なので，併合前と併合後とで信託財産の帰属に変化はなく，したがって，この場合の信託財産についての権利に関する登記は，権利の移転の登記ではなく，権利の変更の登記になる。

(2) **信託に関する登記** これに対して，信託に関する登記については，①従前の信託の登記について「信託の登記の抹消」を行い，②新たに成立した併合後の信託について「信託の登記」を行うことになる。

2 信託の分割の登記

「信託の分割」とは，「吸収信託分割又は新規信託分割をいう」(信託2⑪)。このうちの(a)「吸収信託分割」とは，「ある信託の信託財産の一部を受託者を同一とする他の信託の信託財産として移転すること」をいい，(b)「新規信託分割」とは，「ある信託の信託財産の一部を受託者を同一とする新たな信託の信託財産として移転すること」をいう（同項）。また，(a)吸収信託分割において，信託財産の一部を他の信託に移転する信託の側を「分割信託」といい，分割信託から信託財産の一部の移転を受ける信託の側を「承継信託」という(信託155①⑥)。一方，信託法は，(b)新規信託分割において，信託財産を移転する側の信託の側を「従前の信託」，信託財産の移転を受ける信託の側を「新たな信託」と呼称する。

(1) **信託財産の権利に関する登記** (a)吸収信託分割，(b)新規信託分割のいずれも「受託者を同一とする」ものであるから，信託法の定義にいう(a)分割信託から承継信託への信託財産の「移転」，あるいは(b)従前の信託から新たな信託への信託財産の「移転」は，権利の

帰属主体の変更をもたらさず，したがって，信託の併合の場合と同様，信託の分割の場合の信託財産の権利に関する登記も，権利の移転の登記ではなく，権利の変更の登記となる。

(2) **信託に関する登記**　一方，信託に関する登記については，(a)吸収信託分割においては，①分割信託の側では，信託財産の移転につき「信託の変更の登記」を行い，②承継信託の側では，信託財産の取得につき「信託の変更の登記」を行う。(b)新規信託分割においては，①従前の信託の側では，信託財産の移転につき「信託の変更の登記」を行い，②新たな信託の側では，その成立に伴い「信託の登記」を行う。

これらの登記のうち，(b)新規信託分割における②新たな信託の「信託の登記」と信託財産の権利に関する登記(「権利の変更の登記」)との間には，不登法104条1項の同時申請の要求の適用があるが，しかし，(a)吸収信託分割において(イ)①分割信託および②承継信託の行う信託に関する登記，ならびに，(b)新規信託分割において①従前の信託の行う信託に関する登記は，いずれも「信託の変更の登記」であるところ，信託の変更の登記に関しては，信託財産に関する権利の変更の登記との同時申請が規定されていない(不登法103条は，権利の「変更があったときは，遅滞なく，信託の変更の登記を申請しなければならない」と規定するにすぎない)。

それゆえ，信託の併合および信託の分割に関して，信託財産の権利に関する登記と，①併合前・分割前の信託，②併合後・分割後の信託の両者について生ずる信託に関する登記の合計3つの登記につき，同時申請を要求する104条の2第1項前段の規定は，とりわけ信託の分割(吸収信託分割)に関して存在意義をもつ。

(3) **信託の併合・分割以外の事由による信託財産の移転**　一方，104条の2第1項後段は，受託者を同一とする①一方の信託から②他の信託に，信託の併合または分割以外の事由により信託財産が移転した場合についても，信託財産の権利に関する登記(権利の変更の登記)と，①信託財産を喪失する側の信託の信託に関する登記，②信託財産の帰属する側の信託の信託に関する登記の三者につき，同時申請を要求する。

この場合に，①喪失側の信託から②帰属側の信託への信託財産の移動が，双方の信託の関係当事者の合意(信託151①②④・155①②④・159①②④)または信託行為の定め(信託151③・155③・159③)によるものならば，信託財産の全部移動は(1)信託の合併にほかならず，信託財産の一部移動は(2)(a)吸収信託分割にほかならない。

これに対して，信託間の信託財産の移動が，上記信託の併合・信託の分割の成立要件を満たすものでない場合——受託者による一方の信託から他の信託への信託財産の処分や，信託財産の付合(信託17。添付のうち混和(民245)・加工(民246)は動産に関する規定なので問題とならないが，不動産の付合(民242)については，不動産の不動産への付合が考えられる)等の場合が考えられる——にも，(ア)信託財産の権利に関する登記については「権利の変更の登記」がされるとともに，(イ)①喪失側の信託に関しては信託財産に関する「信託の変更の登記」，②帰属側の信託についても信託財産に関する「信託の変更の登記」をすることになるが，この場合には，本条1項後段に基づき，上記3つの登記を同時申請しなければならない。

(4) 信託の併合・分割による権利の変更の登記の添付情報　なお，(a)信託の併合および(b)信託の分割(①吸収信託分割・②)に対して，(a)については従前の信託，(b)①については分割信託または承継信託，(b)②については従前の信託に関する信託財産責任負担債務(信託2⑼)の債権者は，異議を述べることができるが，ただし，債権者を害するおそれのないことが明らかであるときは，債権者は信託の併合あるいは吸収分割信託について異議を述べることができない((a)信託法152条1項本文・ただし書，(b)①156条1項本文・ただし書，(b)②160条1項本文・ただし書)。

そこで，かかる債権者の異議権の有無に従い，信託の併合・分割による権利の変更の登記の申請の際には，以下のような添付情報の提供が要求されている。

(ア) 債権者に異議権がない場合　信託の併合または分割をしても信託の併合・吸収分割信託の従前の信託あるいは新規分割信託にあっては分割信託・承継信託の信託財産責任負担債務の債権者を害するおそれのないことが明らかであるときは，これを証する情報を添付情報として提供しなければならない(令別表66条の2ハ(1))。

(イ) 債権者に異議権がある場合　一方，債権者が異議を述べることができる場合，受託者は，①信託の併合・分割をする旨を官報に公告し，かつ，②債権者で知れているものには各別に催告し(信託152条2項・156条2項・160条2項。なお，受託者が法人である場合には，時事に関する事項を掲載する日刊新聞紙に掲載する方法での公告か，電子公告をもって，各別の催告に代えることができる。信託152条3項・156条3項・160条3項)，③債権者が期間内に異議を述べなかったときは，当該債権者は，信託の併合・分割について承認をしたものとみなされる(信託152条4項・156条4項・160条4項)。これに対して，④債権者が期間内に異議を述べたときは，受託者は，当該債権者に対し，弁済し，もしくは相当の担保を提供し，または当該債権者に弁済を受けさせることを目的として信託会社等に相当の財産を信託しなければならないが，ただし，⑤当該新規信託分割をしても当該債権者を害するおそれがないときは，この限りでない(信託152条5項本文・同ただし書・156条5項本文・同ただし書・160条5項本文・同ただし書)。

したがって，債権者が異議を述べることができる場合については，以上の①～⑤を証する情報を添付情報として提供しなければならない((令別表66条の2ハ(2)))。

Ⅲ　信託財産が移動した場合の権利に関する登記の申請(本条2項)
1　申請権者

不動産に関する権利が，①受託者の固有財産から信託財産となった場合，逆に，②信託財産から受託者の固有財産となった場合，あるいは，③一の信託の信託財産から他の信託の信託財産となった場合については，権利の帰属主体は受託者のまま変更がないため，権利の変更の登記がなされる。

①　場合のうち，自己信託(信託3条3号)に関しては，公正証書等の作成または確定日付ある証書による通知が信託の効力発生要件とされているため(信託4条3項)，自己信

により固有財産から信託財産となった権利の変更の登記については，受託者による単独申請が認められている(不登法98条3項)。しかし，それ以外の場合については，それが受託者の行為によるときには，原則として利益相反行為になることから(①②につき信託31条1項1号，③につき信託31条1項2号)，権利の変更の登記の有効性を担保するため，共同申請の原則(不登法60条)に服するものとされた(清水・Q&A 315頁)。

だが，①②③に関して共同申請を要求した場合には，誰を登記権利者とし，誰を登記義務者とするかが問題となる。そこで，104条の2第2項前段は，①固有財産から信託財産へ権利の変更の登記については，登記権利者を受益者，登記義務者を受託者とし(別表一)，②信託財産から固有財産への権利の変更の登記については，登記権利者を受託者，登記義務者とする一方(別表二)，③一の信託財産から他の信託財産への権利の変更の登記については，登記権利者を他の信託の受益者および受託者，登記義務者を一の信託の受益者および受益者(別表三)と定めることにより，登記事項ならびに申請情報について混乱が生じないような手当をした。

2 添付情報

一方，上記①②③につき登記権利者と登記義務者の共同申請を要求した場合，添付情報として，登記義務者の登記識別情報が要求されてくることになるが(不登法22条本文)，②および③の場合の登記義務者と定められた受益者については，登記識別情報を有していない。また，不登法97条2項は，受益者の氏名(名称)・住所の登記の省略を認めているため，この場合に，不登法22条ただし書を適用して，23条1項の事前通知の制度の利用することもできない。そこで，立法者は，受益者が登記義務者となる場合については，登記識別情報の提供を要しない旨の規定を設置したのであるが，そもそもこの問題は，上記①②③に対して共同申請を要求したことから生じたものであり，この点に関しては，受託者の単独申請としたうえで，受益者の承諾証明情報を添付情報として要求する等の方法により，登記の真実性を確保する制度設計もあり得た(清水・Q&A 316頁)。

(七戸克彦)

(執筆協力：石谷　毅)

第6款　仮登記

(仮登記)
第105条　仮登記は，次に掲げる場合にすることができる。
(1) 第3条各号に掲げる権利について保存等があった場合において，当該保存等に係る登記の申請をするために登記所に対し提供しなければならない情報であって，第25条第9号の申請情報と併せて提供しなければならないものとされているもののうち法務省令で定めるものを提供することができないとき。
(2) 第3条各号に掲げる権利の設定，移転，変更又は消滅に関して請求権(始期付き又は停止条件付きのものその他将来確定することが見込まれるものを含む。)を保全しようとするとき。

＊旧法関係……旧法2条

I　総説

以下では，まず仮登記の意義とわが国の仮登記制度の沿革を述べ，仮登記制度の趣旨を明らかにしたい。

1　仮登記の意義，本条の趣旨

仮登記は，登記本来の効果である対抗力をもつ終局登記・本登記に対して，それをなしうるだけの実体法上あるいは手続上の要件が完備していない場合に，予めその順位あるいは権利を保全するためになされる登記である。従来，仮登記と予告登記(旧法34条)を併せて，対抗力とは直接関係をもたない登記として予備登記という概念で説明してきたが，新法においては，予告登記は廃止された。そして，本条は，仮登記ができる2つの場合につき規定する。

2　わが国仮登記制度の沿革

わが国の仮登記制度の母法は，ドイツ法であり，それはプロイセン所有権取得法とドイツ民法典草案に由来する。例えば，旧法2条＝現法105条となった，原案2条について，起草委員である田部芳は，「仮登記とは保全登記のことにして独逸語に所謂『フォールメルクング』〔＝Vormerkung〕と云ふに当たるなり」と述べる(明治29(1896)年2月19日不動産登記法案第2回議事筆記)。その際，参照条文としてあげられていたのは，プロイセン所有権取得法8条，22条，60条などのほか，ドイツ民法典第1草案844条1項，第2草案803条であった。また，仮登記仮処分に基づき，あるいは仮登記義務者の承諾書を添付して，仮登記権

利者が申請する仮登記の手続(原案33条, 34条＝旧法32条・33条＝現法107条・108条)については, プロイセン所有権取得法8条, 16条, 22条1項, ドイツ民法典第2草案804条1項が参照条文としてあげられていた(明29・3・13第9回議事筆記)。さらに, 登記簿の事項欄を〔分〕割して右側に仮登記の記載をする原案49条の方法が「欧州の例」に従うものとされていた(明治29年3月28日第11回議事筆記)。

　ドイツ民法典においては, 物権変動について形式主義が採用されている。すなわち, 不動産所有権の移転について言えば, アウフラッスング(Auflassung)という裁判所あるいは公証人の面前でなされる特別の方式による意思表示・物権契約を要するものとし, さらにそれに登記が付加されることによって物権変動の効力が生じる。したがって, ここでは, 仮登記により保全される権利は, 物権変動を求める請求権だけに限定される。しかし, プロイセンの所有権取得法ではなお, 抵当権以外の物権については, 意思表示と引渡しで物権変動の効力が生じるという立場がとられていた(tituls modus理論)。したがって, 登記はまだ移転していないが物権を取得しているという場合があり得る。そこでプロイセン法では請求権保全の仮登記だけでなく, 物権保全の仮登記が認められていた。わが国が継受したのは, この段階での仮登記制度であったといえる。

3　仮登記制度の目的と存在意義

　後述のように, 仮登記には物権保全のための1号仮登記と請求権保全のための2号仮登記の2種類がある(後述II参照)。わが国の不動産登記法の起草者は, これらのうち請求権保全の仮登記を導入することを本則と考えていたようである。旧法2条および現行法105条に当たる原案2条は, 当初次のような文言であった。

　　「仮登記は左の場合に限り之を為す
　　一　登記申請に必要なる手続上の条件が具備せざるとき
　　二　前条に掲げたる権利の設定, 移転, 変更又は消滅の請求権を保全せんとするとき
　　　但其権利が停止条件付なるとき其他将来に於て確定すべきものなるとき亦同じ」

　この原案2条について, 田部芳は, 「独逸民法草案第一読会においては物権に非ざれば仮登記を許さざりしが第二読会草案にては人権にも登記を許すべしとの見認めたり……大に登記の範囲を広むる方反て便宜なるべし且つ第三者のためのみならず後日権利を有すべき者をも保護する方便ならん」と登記の保護を「人権」つまり債権にも拡張すべきであるという趣旨を述べている。また, 2号ただし書の「条件付権利は条件発生までの権利であって請求権ではない」と説明されたが, これに対し梅謙次郎は, 「条件付法律行為より生ずる権利は例えば物権の移転は生ぜざるも条件到来せば移転すべしと謂ふ債権にして乃ち請求権なり本条の請求とは即ち是なり」と発言している。その結果, 「但」を取り, 「其の権利」を「請求権」に改めることが決定され, 原案2条は次のように修正された。

　　「仮登記は左の場合に限り之を為す
　　一　登記申請に必要なる手続上の条件が具備せざるとき

二　前条に掲げたる権利の設定，移転，変更又は消滅の請求権を保全せんとするとき　右の請求権が始期付又は停止条件付なるとき其他将来に於て確定すべきものなるとき亦同じ」

　以上の審議からは，起草者は，登記による保護を請求権にも及ぼすこと，つまり請求権保全の仮登記が重視されていたことがうかがわれる。

　しかし，このことは，ドイツのように形式主義を採用していない日本民法の下では，物権保全の仮登記のほか，請求権保全の仮登記が認められていることの意味につき，後に解釈上の問題を残していくことになった(滝沢聿代「仮登記の対抗力(1)」成城法学3号27頁，「同(2・完)」成城法学4号48頁以下参照)。

II　仮登記をすることができる場合

　本条は，仮登記できる場合として，①物権変動はすでに生じているが，本登記を申請するための手続上の要件を具備していない場合(以下1号仮登記という)，および，②物権変動の効力はいまだ生じていないが，物権変動を目的とする債権的請求権がすでに発生している場合(以下2号仮登記という)の2つを規定している。2号仮登記は，物権変動を求める請求権が始期付きまたは停止条件付きのものである場合その他将来において確定すべきものである場合にも認められる。

　2号仮登記は，ドイツ法の請求権保全の仮登記に対応する。しかし，1号仮登記の理解については，議論がある。立法過程からいえば，1号仮登記は，登記を要件とせず物権変動の効力が生ずることを認めるプロイセン法における物権保全の仮登記(「権利と順位を保全するための異議」)に対応するものと思われるが，例えば，1号仮登記はドイツ法の異議(登記の公信力による保護を阻止するためにされる)に，2号仮登記がドイツ法の仮登記に対応するという理解がある(岡垣学「仮処分命令による仮登記」法学新報67巻2号(26頁)。吉野・注釈(上)144頁も，プロイセン法における物権保全の仮登記は，公信力に対する異議(「抗弁を保全するための異議」)であったと解するとする(実際には，プロイセン法の段階では「権利と順位を保全するための異議」と「抗弁を保全するための異議」の両者を包含しておりそれをわが国が継受したというのが真相ではないか。この点につき，赤松「仮登記制度とドイツ民法典編纂」(1)民商119巻4＝5号674頁参照)。

1　1号仮登記

　ここでは，(1)実質的要件つまり実体法上の要件と，(2)形式的要件つまり手続上の要件が問題となる(以下の解説は，主として吉野・注釈(上)128頁以下による)。

　(1)　**実質的要件**　実質的要件つまり実体法上の要件としては，物権変動がなされたことである。ここで問題となりうる権利は，法3条が規定する所有権，地上権，永小作権，地役権，先取特権，質権，抵当権，賃借権，採石権である。また，その変動とは，設定，保存，移転，変更，消滅のことである。以下ではそれぞれの物権変動の種類に即して，問

題となる点を述べる。

　(ア)　**設定の仮登記**　地上権や抵当権などの制限物権の設定につき仮登記する場合とは異なり、賃借権の設定の仮登記をするには、賃借権が存するだけでは足らず、仮登記をする旨の合意が必要である。ここに賃借権が物権ではなく債権であることの違いが残されている。

　(イ)　**保存の仮登記**　所有権保存の仮登記については、やや疑問もある。しかし、例えば、不動産がAからBへ譲渡され、Bが表題部所有者として記載されたが、AB間の売買が取り消され遡及的に所有権がAに復帰した場合、AB間は無効だからBに代位してAが保存登記を申請することができず、また、表題部所有者の更正登記をBが任意に承諾しない場合、Aとしては承諾を請求して訴えを提起し勝訴判決を得るまで保存登記ができないから、所有権保存登記の仮登記をしておくことが必要であり実益がある。この場合、Aは仮登記を命ずる処分(108)を取得して単独で所有権保存の仮登記を申請することになる(107①)。

　先取特権保存の仮登記については、一般の先取特権および不動産保存の先取特権については、それぞれ登記することにより、登記した特別担保権者や第三取得者に対する優先効や、効力の保存が認められている(民336・337)、債務者が共同申請に応じない場合に、仮登記を命ずる処分を取得して仮登記をする実益がある。

　これに対し、不動産工事の先取特権は、工事の開始前に予算額を登記することにより効力を保存する(民338)が、それは不動産が存在する前であり、したがって、不動産につき他の権利が設定され競合することはありえない。そのため、予め仮登記をする実益はない。不動産売買の先取特権は、売主から買主へ所有権移転登記がなされるのと同時に本登記することにより効力を保存するものであるから(民法340条の「売買契約と同時」とは一般には「所有権移転登記と同時」と解されている)、それ以前は買主に登記名義がなく、したがって通常はそもそも仮登記することが手続上できず、またその実益もないといえる。

　(ウ)　**移転の仮登記**　物権の移転につき仮登記が認められることはいうまでもない。

　(エ)　**変更の仮登記**　変更の仮登記については、例えば、抵当権の順位の変更(民374)についてすることが考えられる(登記が順位の変更の効力発生要件であることは仮登記を認める妨げにはならない。吉野・注釈(上)221頁以下)。

　(オ)　**処分の制限についての仮登記**　仮差押え、仮処分など裁判所の嘱託により記入される登記については、仮登記を認める余地はない。相続財産分離により、相続人は相続財産の処分について制限を受けるが、その登記(民945)について、共同申請主義の原則に従うものとして、相続人が任意に登記申請に協力しない場合には、仮登記を認める実益がある(吉野・注釈(上)139頁)。

　(カ)　**抹消の仮登記**　抹消の仮登記が認められるか。仮装登記を信頼した第三者が、民法94条2項の類推適用により保護される可能性を阻止するため、抹消の仮登記が認められる。抹消の仮登記がなされると、第三者の悪意が推定される(大判大10・7・25民録27・1399,

幾代=徳本・不登法225頁,杉之原・不登法262頁以下)。これは,公信力による保護を阻止するため,ドイツ法上認められる異議(ドイツ民法899条)に対応する機能を果たしうるであろう。わが国においても,真正権利者が不知の間に仮装登記がなされた場合でも,それを知りながら長期間放置しておいた場合には,民法94条2項が類推される可能性があるので(最判昭45・9・22民集24・10・1424),公信力に類似した状況が認められるからである。

　(キ) **更正の仮登記**　権利の更正の仮登記については,例えば,ABの共有不動産につきAの単独所有の登記がなされた場合に,Aが任意に更正登記に応じないときには,Bとしてはとりあえず仮登記を命ずる処分を取得して更正の仮登記をしておく実益がある。

　(ク) **抹消された登記の回復の仮登記**　BはAの土地に地上権を有しその地上権は登記されていたのだが,Bが不知の間にBの地上権の登記が抹消されてしまった。その後Bはこのことを知ったが,抹消回復登記につきAが任意に承諾してくれない間に,善意のCがAからこの土地を譲り受けた場合,Cは地上権の負担のない所有権を取得する可能性がある。このような場合,抹消の回復登記につき仮登記をしておく実益があるであろう。

　(ケ) **買戻しの仮登記**　買戻しの特約の仮登記については,買戻しの特約は,前述の不動産売買の先取特権と同様に,「売買契約と同時」に登記しなければ第三者に対する効力がない(民581)ので,通常は,仮登記することもできなければその実益もないが,買主が本登記ではなく仮登記したにすぎない場合には,仮登記された権利につき利害関係を取得する第三者が現れる可能性があるから,買戻しの特約につき仮登記する実益があるであろう。

　(2)　**形式的要件**　形式的要件としては,登記の申請のために提出しなければならない情報であって法務省令で定めるものを提出できないことである。わが国の不動産登記法においては,共同申請主義の原則により,登記義務者が任意に登記申請に協力しない場合に,仮登記を命ずる処分を得ておいて,とりあえず仮登記して順位を保全し,他方で登記手続請求の訴えを提起しその確定判決を得るまでの間に,登記義務者が第三者に対して中間処分をしても,登記権利者が害されることがないようにする必要がある。これがわが国において1号仮登記が認められる趣旨である(吉野・注釈(上)144頁以下)。このことから,形式的要件・手続的要件について旧法においては,次のように解されていた。

　具体的には,1号仮登記ができる場合として,①登記義務者が申請に協力しない場合(大2・12・29民事1291法務局長回答・先例集上373),②登記義務者が登記済証を提出できない場合(昭35・4・7民甲788民事局長通達・先例集追Ⅲ107,昭39・12・17民甲3965民事局長通達・先例集追Ⅳ295),③登記原因につき第三者の許可,同意,承諾が必要な場合に,それらが実際にはなされているにもかかわらず,それらを証する書面を提出できない場合,④登記の抹消,抹消された登記の回復について利害関係を有する者の承諾書を提出できない場合があげられていた。以上の内,①については,仮登記仮処分(旧法33条。新法の下では仮登記を命ずる処分と称される。新法108条参照)により,他の場合には,共同申請により仮登記を行うことがありうる(幾代=徳本・不登法210頁以下)。

これに対して，1号仮登記ができない場合としては，⑤登記義務者の不出頭(昭5・7・16民甲第771民事局長回答・先例集上564)，⑥登記義務者の印鑑証明書の提出不能(昭29・10・5民甲2022民事局長通達・先例集下2243)，⑦登録免許税の調達不能(昭4・10・7民事8689民事局長回答・先例集上558)，⑧登記原因証書の提出不能，⑨登記権利者の住所証明書の提出不能があげられていた。

　旧法2条1項が1号仮登記ができる場合として定めていた「登記ノ申請ニ必要ナル手続上ノ条件カ具備セサルトキ」という文言に対して，新法105条では，「当該保存等に係る登記の申請をするために登記所に対し提供しなければならない情報であって，第25条第9号の申請情報と併せて提供しなければならないものとされているもののうち法務省令で定めるものを提供することができないとき」と表現振りが異なっているが，規則178条は1号仮登記ができる場合として「登記識別情報又は第三者の許可，同意若しくは承諾を証する情報」を提供できない場合をあげている。結局，1号仮登記ができる場合について，新法の下においても，旧法におけるのと，実質的には異ならないものと解される(清水響「新不動産登記法の概要について」民月59巻8号99頁)。

　したがって，新法の下においても，①登記義務者が申請に協力しない場合(新法では出頭主義は廃止されたが，共同申請主義は維持されている。60条参照)，②登記識別情報の提出ができない場合，③登記原因につき第三者の許可，同意，承諾が必要な場合でこれらを証する情報を提供できない場合，および④登記の抹消，抹消された登記の回復について利害関係を有する者の承諾を証明する情報を提供できない場合，1号仮登記をすることができる。

　多少問題となるのは，②登記識別情報の提出ができない場合である。昭和35年の改正前は，登記済証の提出不能の場合，保証書により登記ができ，受付順位を確保できたので，仮登記はできないとされていた(大判昭8・7・4民集12・1776)。昭和35年の改正で，登記済証に代えて保証書を提出する場合，事前通知をするものとされた。そこで，受付順位が遅れる可能性が生ずるので，この場合，昭35・4・7民甲788民事局長通達・先例集追Ⅲ107は，仮登記ができるものとした。しかし，昭和39年の改正により，所有権以外の権利については，事前通知の手続を経る必要はなく(旧法44ノ2)，したがって，申請時に受付順位が確保できるものとされた。しかし，昭39・12・17民甲3965民事局長通達・先例集追Ⅳ295は，この場合でも仮登記ができるとしていた(しかし，例えば，杉之原・不登法264頁は，この扱いに反対であった)。新法では，登記済証の提出不能の場合付保証書により申請する制度は廃止され，登記識別情報を提供できない場合，法23条1項の事前通知等による本人確認手続によることになるが，その場合でも受付順位は申請時のものが確保される(清水・前掲64頁)。しかし，この場合も，昭39年民事局長通達による取扱いと同様に，1号仮登記をすることができると解される(以上，清水・前掲100頁)。

　また，1号仮登記ができない場合として旧法の下であげられていたものについては，⑤登記義務者の不出頭については，出頭主義(旧法26①)が廃止され，そもそも不出頭は本登記をするのに妨げにはならないので，やはり仮登記できる場合に当たらない。また，電子

申請の導入に伴い，⑥書面申請の場合には登記義務者の印鑑証明書が，電子申請の場合には電子署名についての電子証明書(新令12・14)の提出不能が，問題となるが，やはり仮登記できる場合には該当しない(それらはそもそも仮登記の申請の場合も必須である。もっとも，それらの提出不能が，登記義務者の登記申請への不協力に該当するときは，前述の①に当たるのだから，仮登記を命ずる処分を取得して仮登記できる。幾代＝徳本・不登法211頁)。⑦登録免許税の調達不能，⑨「登記名義人となる者」つまり登記権利者の住所証明情報(新令7①(6)・9参照)の提出不能(それは登記権利者の側の事情である)についても同様に仮登記できる場合には当たらない。⑧登記原因証明情報(新法61)の提出不能については，旧法では登記原因を証する書面を申請書副本で代替できる(旧法40)のが仮登記する必要がないことが理由であった(吉野・注釈(上)146頁)。しかし，今回の改正で，登記原因を証する書面を申請書副本で代替する制度が廃止されたので，解釈上問題となる。登記義務者が登記原因証明情報の作成に協力しない場合には，前述①に該当し，仮登記を命ずる処分を取得して仮登記できることになろう。

　(3)　**2号仮登記**　2号仮登記の趣旨は，登記制度による保護を物権変動を求める債権的請求権にまで拡張することである。いわゆる請求権保全の仮登記であるが(大判昭8・3・28民集12・375参照)，ここでいう請求権は債権的請求権に限られ，物権的請求権は含まれない。物権的請求権が発生しているということは，物権変動がすでに生じているということであるから，1号仮登記をすればよいからである。

　請求権の発生原因としては，契約，遺言，法律の規定の各場合がありうる。例えば，不動産売買の予約，代物弁済予約，抵当権や地上権設定契約の予約などがあげられる。また，地上権や永小作権の設定契約を合意解除する予約によりこれらの権利の抹消請求権保全の仮登記をすることができる。さらに，始期付きあるいは停止条件付売買予約に基づいても2号仮登記をすることができる。

　また，本条2号の「その他将来において確定すべきもの」という文言の意味についてであるが，請求権の発生すべき法律的基礎がすでに存することが必要である。例えば，抵当権および保証により担保されている債務をその保証人が弁済する場合の弁済者代位による抵当権移転請求権，あるいは，共同抵当の場合で異時配当がなされたときに後順位抵当権者が先順位抵当権者に代位する場合などである。これに対し，例えば，被相続人の存命中に推定相続人が不動産を取得する見込みのような，単なる事実上の見込みだけでは足りない。同様に，相続開始前に遺留分を有する推定相続人が遺留分減殺請求権に基づく所有権移転請求権を保全する仮登記をすることはできない。

　物権変動そのものが始期付きまたは停止条件付きである場合には，明文規定がない。この場合，判例は1号仮登記を，学説は2号仮登記をすべきものとする(後述Ⅲ参照)。

　なお，農地について，2号仮登記の申請がなされる場合，その農地の耕作が長期間放棄される場合が多いため，地方法務局長はその情報を適切な指導ができるよう農業委員会に提供すべきものとされる(平20・12・1民二3071民二課長依命通知・民月64・3・171)。

III　1号仮登記と2号仮登記の間の流用

　1号仮登記がなされた物権は、本登記を具備していない限り、対抗力のない物権として実質的には債権と異ならず、また、2号仮登記された物権変動を求める請求権は、後に本登記されれば相容れない中間処分を否定できる点で、物権的効力をもつ。このように両者は接近するのであり、そのため、物権と債権の区別に必要以上にとらわれず、1号仮登記すべき場合に2号仮登記した場合、あるいはその逆の場合も仮登記としての効力が認められる（幾代＝徳本・不登法214頁。杉之原・不登法117頁、最判昭32・6・7民集11・6・936、最判昭37・7・6民集16・7・1452）。さらには、例えば、停止条件付代物弁済予約がなされている場合に、売買予約を原因とする所有権移転請求権保全の仮登記がなされた場合のように、登記原因が異なっていても、その仮登記は有効とされる。

　物権変動が始期付きまたは停止条件付きの場合、大判昭11・8・4民集15・19・1616によれば、2号仮登記はこの場合の本来の受け皿ではないような口吻である（ただし、この判例も停止条件付き物権のためになされた2号仮登記は結果として有効であるとする）。これに対し、学説は、停止条件付き物権の場合も、2号仮登記をすべきであるとする（川島「昭和11年判決判批」判民昭和11年度〔109事件〕411頁、末川「昭和11年判決判批」民商5巻3号142頁以下。幾代＝徳本・不登法213頁も停止条件付き物権は将来現実化すべき物権として、物権へ到達すべき債権と同様に扱い、旧法2条2号の類推適用により、請求権保全の仮登記をすべきであるとする。杉之原・不登法265頁以下も同旨）。

　もっとも、請求権保全の仮登記の方へ流し込んでいく以上のような傾向が、仮登記についてドイツ法的な登記主義を助長することを危惧しつつ、フランス法の流れを汲む日本民法の対抗要件主義の下では、1号仮登記が（仮登記仮処分〔今日では仮登記を命ずる処分〕とセットになって）むしろ本則として位置づけられるべきであるという見解もある（滝沢・前掲「（2・完）」成城法学4号50頁以下参照）。

　前述のように、プロイセン法では、もともと物権および物的請求権保全のために異議（仮登記）が認められていた。そこでは、既存の物権が保全される場合と、抵当権の設定を求める請求権が保全される場合とが認められていた（「権利と順位を保全するための異議」）。その効力については、停止条件付き物権を取得するという構成が支配的であった。つまり、条件成就により物権の効力が生じる。そして、本登記は条件成就の証明手段にすぎないと解されていた。プロイセン法の物権保全の仮登記の方に引きつけた構成が、形式主義を採用していない日本法には合致するということもできよう（なお、プロイセンではその後、1872年法で、さらにアウフラッスングの請求権を保全するための仮登記が認められた）。

IV　特に仮登記の仮登記について

　例えば、AからBへの不動産売買の予約に基づく権利が仮登記（2号仮登記）されているとして、予約完結権者Bがこの権利をさらに第三者Cに譲渡する場合には、譲渡の付記登記がなされる。それでは、BからCへの仮登記が認められるであろうか。また、Xの不動産

がYへ譲渡され，本登記の手続に必要な要件を具備していないので仮登記（1号仮登記）がなされた後，この不動産の所有権がYからZに譲渡された場合，あるいは，YからZのために制限物権が設定された場合はどうか。登記実務は，いずれの場合も，仮登記を起点とする仮登記を認め，前者の場合は，当該仮登記の付記登記により，後者の場合は，主登記により仮登記すべきであるとする（YからZへの制限物権の設定については，乙区になされる）。

仮登記に基づき仮登記することのを認めることは，仮定的な公示に基づき仮定的な公示を積み重ねることになり，登記面をそれだけ複雑化する。学説はかつては否定説，制限的積極説，積極説に分かれていたが，今日では仮登記に基づき仮登記することを肯定するものが有力である。問題を少し精密化すると，仮登記されている権利の移転的承継や，それに基づく権利の設定的承継が確定的になされた旨の，つまり対抗力のある公示を認めることができるか，という問題と，仮登記されている権利の譲渡やそれに基づく権利の設定がなされた場合に，順位保全効しかない仮定的な公示を認めるか，という問題に分けることができる。しかし，いずれの場合にも，原権利が仮登記により保全されたものにすぎないのであるから，それに基づきなされる公示も仮登記の性質を持つほかなく，仮登記に基づき仮登記をするほかないと解される（幾代=徳本・不登法214頁以下参照）。

登記実務は，1号仮登記がなされた所有権の移転は主登記である仮登記により，2号仮登記がなされた所有権移転請求権の確定的な移転の場合は当該仮登記の単なる付記登記により，また，2号仮登記がなされた所有権移転請求権の移転を求める請求権を保全するためには，当該仮登記の付記登記による仮登記，付記してなす仮登記がなされる（昭39・2・27民甲204民事局長通達・先例集追Ⅳ16-17）。これに対し，1号仮登記がなされた所有権の移転につき登記申請に必要な情報を提供できない場合，および，その移転を求める請求権を保全するための公示方法について，実務上どのように扱うべきかは明確ではないといわれる（幾代=徳本・不登法221頁以下は，これらの場合，原仮登記に基づき，付記して仮登記すべきであるとする。）。

また，1号仮登記に基づきなされた仮登記に基づいて本登記をするには，まず原仮登記に基づき本登記をしなければならない。一方，2号仮登記に基づきなされた2号仮登記，すなわち，例えば「所有権移転請求権の移転請求権仮登記」がされている場合は，当該「所有権移転請求権の移転請求権仮登記」を本登記にした後に原2号仮登記の本登記をしなければならない。

なお，二重の仮登記についてここで述べれば，仮登記は，不確定の登記であるから，すでに仮登記がなされている不動産についても，重ねて仮登記をすることが認められる。

V 仮登記の効力

仮登記の効力については，法106条に規定されているが，以下では，補足的に述べておかねばならないことを中心に述べる。

1 順位保全の効力

仮登記に基づき後に本登記がなされた場合，その本登記の順位は，仮登記の順位による。これが仮登記の本来的効力であるが，これについては，本書106条の解説参照。

2 仮登記のままでの効力

最判昭38・10・8民集17・9・1182は，仮登記権利者が仮登記のままで中間処分を受けた第三者に対する不動産の明渡請求はできないものとする。XがY₁に金融を与え，本件不動産につき根抵当権設定の登記と代物弁済予約による請求権保全の仮登記をした。その後，Y₁の国税滞納処分により本件不動産中の建物が公売に付され，Y₂が所有権を取得し，所有権取得の登記がなされた。Xは，代物弁済予約完結の意思表示をなし，Y₁に対し，本件不動産につき所有権移転の本登記と引渡しを，Y₂に対して，取得した建物の所有権移転登記の抹消と，明渡しを求めた事案である。最高裁は，「仮登記権利者は，本登記を経由し，または本登記をなすに必要な要件を具備するに至ったときは，仮登記によって保全された権利に抵触する仮登記後の物権変動を，それが仮登記権利者の所有権取得の時期の前であっても，すべて否認し，その登記の抹消を請求しうるものと解すべきである」としたが，Y₂に対する明渡請求については，「仮登記は本登記の順位を保全する効力があるに止まり仮登記のままで本登記を経由したのと同一の効力があるとはいえない。したがって，本登記手続が終わるまでは，Y₂はXの右登記の欠缺を主張しうる第三者に該当し，XはY₂に対しその所有権の取得を対抗しえない筋合いである」と判示した。なお，この判例は，Xは，仮登記のままで，Y₂への移転登記の抹消を請求しうるとしたが，この点については，昭和35年に不動産登記法が改正され，現行法109条の前身である旧法105条の規定により立法的に解決された。詳しくは本書109条の解説参照(もっとも，109条により登記上利害関係を有する第三者に対する承諾請求が認められる限度で，仮登記そのものの効力が認められているともいえる。本書109条の解説 I 3 参照)。

そのほか，仮登記のままでは，仮登記後に所有権の登記を経た者に対し，所有権の確認請求をすることはできない(最判昭32・6・18民集11・6・1081)。仮登記後に第三者による競売の請求がなされた場合，第三者異議の訴えを提起できるかについては，新法109条および旧法105条により仮登記と相容れない中間処分は相対的無効であるとする見解によっても消極的に解されている(吉野衛「仮登記の一考察(1)」判例評論79号71頁以下)。

なお，仮登記担保法は，代物弁済予約，停止条件付代物弁済契約がなされ，仮登記がされている場合につき，当該仮登記の順位の抵当権が設定されている場合としてみなす規定(13①)を置いている。ここでは，その限度で，仮登記そのものの効力が認められているといえる。

執行・倒産手続における仮登記権利者の地位については，民事執行法91条1項5号は，その債権に係る抵当権，先取特権，質権についての仮登記がなされている場合，売却代金で配当額に相当する金額が供託されねばならないとする。また，破産法49条1項によれば，

破産手続開始前の原因に基づき破産手続開始後になされた１号仮登記については，仮登記権利者が破産手続開始を知らないでした場合に限り，破産手続においてその効力を主張できるとする。会社更生法56条１項，民事再生法45条１項も同様である。なお，以上においては，２号仮登記は除外されている点に注意しなければならない。

　従来は，以上のほか，仮登記権利者が滌除権者に含まれるか，仮登記権利者にも抵当権実行の通知をすべきか，仮登記された短期賃貸借の解除請求が認められるか，という問題があったが，平成15年の民法改正により，滌除に代わり抵当権消滅請求の制度が設けられ，抵当権実行通知の制度は廃止され，また短期賃貸借の制度も廃止された。したがって，今日解釈上問題となりうるのは，仮登記権利者が抵当権消滅請求をなしうるか(民379)という点だけである。

VI　仮登記申請の手続

　仮登記も不動産登記法の原則に従い共同申請，判決に基づく単独申請が認められるほか，仮登記義務者の承諾がある場合，および，仮登記を命ずる処分(108)に基づく場合には仮登記権利者のみによる単独申請が認められる(107)。これらについては，本書107条および108条の解説参照。

VII　仮登記に基づく本登記の手続

　所有権に関する仮登記に基づき本登記をするには，仮登記後相容れない中間処分がなされ登記上の利害関係を有する第三者がいる場合にはその第三者の承諾を証明する情報を添付して仮登記義務者と仮登記権利者の共同で申請する。そして，その場合，登記官は，職権で，同項の第三者の権利に関する登記を抹消しなければならない(109)。この点につき，詳しくは本書109条の解説参照。

（赤松秀岳）
（執筆協力：渡邉経子）

(仮登記に基づく本登記の順位)

第106条 仮登記に基づいて本登記(仮登記がされた後,これと同一の不動産についてされる同一の権利についての権利に関する登記であって,当該不動産に係る登記記録に当該仮登記に基づく登記であることが記録されているものをいう。以下同じ。)をした場合は,当該本登記の順位は,当該仮登記の順位による。

＊旧法関係……旧7条2項

I 総説

本条は,仮登記に基づき後に本登記がされた場合,本登記の順位は,仮登記の順位による旨を定める。登記官は,権利部の相当区に仮登記をしたときは,その次に当該仮登記の順位番号と同一の順位番号により本登記をすることができる余白を設けなければならない。そして,仮登記に基づいて本登記をするときは,当該仮登記の順位番号と同一の順位番号を用いてしなければならない(規則179①②)。これは旧法では54条,55条に規定されていた事項だが,新法では登記簿への記載方法に関する事項として,法から省令へ移された。

II 仮登記の順位保全的効力

前述のように,仮登記に基づき本登記がなされた場合,本登記の順位は仮登記の順位による。この仮登記の順位保全的効力により,中間処分の結果生じた権利関係で併存しえないものは失効し無効となり,その登記は抹消される(所有権に関する仮登記につき109②)。また,併存することができるものも後順位の権利となる。例えば,抵当権設定に関する仮登記がなされた後,中間処分として第三者のために抵当権の設定がなされた場合,後に仮登記に基づき本登記がなされると,中間処分により設定された抵当権が後順位となる。

以上の用語と異なり,吉野・注釈(上)258頁以下は,数個の権利が本登記されたならば順位関係が成立する場合に,仮登記された権利が優先する効力のみを「順位保全的効力」,併存しえない中間処分に基づく権利を失効させる効力を「権利保全的効力」(これを定める法条は109条ということになる)と呼び,区別をする。ドイツ民法883条2項が「土地又は権利に対する仮登記の記載の後になされた処分は,その請求権を妨げ又は侵害する限りで効力を生じない。処分が,強制執行,仮差押えの実行,又は破産管財人によりなされる場合も,同様とする」として,同3項が「その設定が請求権の目的である,その権利の順位は,仮登記の記載により定める」として,両者を分けて規定することに従う解釈である。

III 仮登記後本登記までの中間処分に対する効力

仮登記がなされても,仮登記義務者が当該の権利について処分すること自体が妨げられ

るわけではない。しかし，後に仮登記に基づき本登記がなされると，仮登記の順位保全効により，仮登記された権利と相容れない中間処分は失効するか順位が下げられる。例えば，Aの不動産について，Bのために仮登記がなされ，その後，AからCへ中間処分として譲渡がなされ移転登記がされ，さらにその後，Bの仮登記に基づいて本登記がなされた場合，Cの所有権取得は失効する。仮登記に基づき本登記をする手続については，本書109条の解説参照。仮登記のままで認められる効力については，本書105条（V2）および109条の解説参照。以下，中間処分に対する効力のうち問題となるいくつかの事例を挙げる。

1 競売手続に対する効力

大判大3・12・10民録20・1064は，「登記権利者ガ仮登記ヲ為シタル後本登記ヲ為シタルトキハ其本登記ハ仮登記ノ当時ニ遡リテ効力ヲ生ジ仮登記後本登記前ニ登記ヲ為シタル第三者ニ対シテ其権利ヲ主張スルコトヲ得ルモノト解セザル可カラズ」として，売買による所有権取得の仮登記後になされた仮登記義務者に対する債権者による競売手続は，仮登記に基づき本登記をした後は，続行することができないとする。大判大4・1・15民録21・5は，所有権取得の仮登記がなされた後に抵当権に基づく競売開始決定がなされ，その後仮登記に基づき本登記がなされた事案で，やはり「仮登記ハ将来ノ本登記ノ為メ順位保存ノ効力ヲ有シ登記権利者ガ仮登記ヲ為シタル後本登記ヲ為シタルトキハ其本登記ハ仮登記ノ当時ニ遡リテ効力ヲ生ジ登記シタル権利ハ仮登記ノ当時ヨリ第三者ニ対抗スルコトヲ得ルニ至ル」ことを理由に，競落許可決定に対し抗告できるとする。

2 破産手続における優先効

大判大15・6・29民集5・602は，所有権移転の仮登記がなされた後，仮登記義務者について破産手続が開始した場合，仮登記の登記原因が破産宣告前に生じたものである以上，破産管財人に対して仮登記により保全された権利につき本登記手続を請求できるとする。これを吉野・注釈(上)262頁は，母法の解釈に従い「満足的効力」と呼ぶ。

3 仮登記がなされた土地の法定地上権

最判昭41・1・21民集20・1・42は，「〔仮登記義務者Aは〕本件土地についてみずから地上権または賃借権を設定したものではないけれども，本件仮換地上の前記建物に抵当権を設定し，これによって建物競落人たるYのために本件仮換地について法定地上権が成立するにいたることは，まさに所有権移転の本登記と抵触する結果を生ぜしめるものであることが明らかであ〔る〕」として，所有権移転請求権保全の仮登記がなされた土地の仮換地の上に存する建物についてその後設定された抵当権に基づく競売手続により建物を競落した者は，法定地上権を取得するが，仮登記に基づき本登記がなされた後は，法定地上権を対抗することができないとする。

4 仮登記後本登記までに賃借権が対抗力を具備した場合

最判昭42・8・24民集21・7・1689は、「Y〔賃借人〕のなした前記所有権保存登記は……その土地の賃貸借につき対抗力が付与される点から考えると、それは、本件建物敷地部分については、前記仮登記にもとづく所有権移転の本登記と相容れない、いわゆる中間処分に準ずるものと解するのが相当であるといわなければならない」として、土地につき所有権移転請求権保全の仮登記がなされた後に、土地の賃借人が地上建物の保存登記をした場合、本登記がなされれば、賃借人は土地を明け渡さねばならないとした。

5 土地の収用手続

大判昭10・3・5民集14・539は、Aの所有する土地をXが買い受け所有権移転の仮登記をした後、Y県は、Aを土地所有者とし土地収用の手続を行い、Aに補償金を支払った。その後、Xが仮登記に基づき本登記をして、Yに対して、土地の時価相当額などの支払いを請求した事件で、大審院は、収用後、仮登記に基づき本登記がなされたとしても、収用の効力には影響がないとする。土地収用の特殊性による例外と解すべきであろう。

IV 順位保全的効力の理論構成

中間処分のうち相容れない権利関係を失効させ、併存しうる権利を後順位へ下げる効力については、本条の文言から本登記の順位が仮登記によるという構成だけで充分とも考えられるが、判例学説上は、その理論構成につき、対抗力遡及説と不遡及説の対立がある。

1 対抗力遡及説

判例は、伝統的に、仮登記後本登記をすることにより、本登記により得られた対抗力が仮登記の時点に遡ると説明してきた。例えば、前述の大判大3・12・10民録20・1064、大判大4・1・15民録21・5 など。

2 昭和8年判決(前田判決)

大判昭8・3・28民集12・375は、理論をより精緻化し、1号仮登記については、仮登記の時点まで、2号仮登記については、履行期まで対抗力が遡るとする。事案は、AはBから不動産を買い受け、大正13年7月29日付けの仮登記仮処分命令により同年8月4日仮登記をし、本登記を請求して訴えを提起したが敗訴している。昭和3年7月27日にBからAへ所有権が移転したので昭和4年再度訴えを提起して勝訴し、昭和7年3月3日本登記がなされた。その間YはBに対する債権に基づき、本件不動産に強制執行をかけ、昭和5年7月9日Xが競落して代金を納入し、昭和5年9月16日Xへ所有権移転登記がなされたが、このXへの移転登記は、昭和7年3月3日判決により抹消された。そこでXはYに対して、競売代金を不当利得として返還請求した。要するに、昭和7年3月3日のAへの本登記の効力が、大正13年まで遡及し、BはYによる強制執行の前から所有者ではなかったことに

なり，Xも所有権を取得しなかったことになるから，Yには不当利得の返還義務があるかどうかが，問題となった(原審はYの返還義務を肯定)。判旨は,「本登記ノ効力即チ当該物権変動ノ対抗力ハ仮登記当時ニ遡及シテ之ヲ生ズトノ義ニ外ナラズ則チ爾ルカ故ニ仮登記ト本登記ノ中間ニ於テ第三者トノ間ニ為サレタル所謂中間処分ハ此対抗力ヲ致サザル範囲ニ於テハ存在ノ余地ナキニ至ルハ当然必至ノ結果ナラズンバアラズ」として対抗力遡及説を宣明するが，2号仮登記につき「請求権ノ実現ス可カリシ時(即チ義務履行期)ト仮登記ノ為サレシ時ト其ノ後ナル時マデ遡リテ本登記対抗力ハ之ヲ生ズルモノトス」と述べ，仮登記後履行期までの間の中間処分については,「請求権保全ナルモノハ之ヲ結果ヨリ観ルトキハ相対権タル請求権ヲシテ或関係ニ於テハ絶対権化セシムルモノナリトイウモ過言ニ非ズ」とし請求権保全の観点から優先効を正当化した。

この判決の以上の説示は，後の判例学説に影響を与えたといわれる。しかし，他方で，仮登記と無関係の原因で本登記がされた場合，本登記の時から対抗力が生ずるにすぎず，Aの本登記がそれに当たり，それ以前になされたXの競落による所有権取得の登記が優先し，抹消回復を請求すればよく，不当利得の問題は生じないとして，原判決を破棄した。したがって，以上の理論は実は傍論であった。

3 最高裁判例

最高裁の判例も，基本的には，対抗力遡及説の立場に立つ。例えば，最判昭31・6・28民集10・6・754は，2号仮登記に基づき本登記がなされた場合，その対抗力が，所有権取得の時点まで遡り，仮登記後に仮登記義務者が死亡し，その相続人が限定承認した場合，仮登記義務者の相続債権者に対抗できるとした。

最判昭36・6・29民集15・6・1764は，A所有の本件建物をXが買い受け，昭和29年8月11日所有権移転請求権保全の仮登記をし，判決に基づき昭和30年11月22日付け売買を原因として，昭和31年8月7日に所有権取得の登記がなされた(登記簿上は昭和31年7月16日付けの売買を原因とする)。他方で，Yは，昭和31年1月31日以来，Aから本件建物を賃借して占有している。原審が，昭和31年1月31日以降YはX所有の建物を不法占拠しているとしたのに対し，最高裁は,「所有権移転の本登記によって，仮登記の時以後における，これと相容れない中間処分の効力が否定されるということは，決して仮登記の時に所有権の移転があったという事実を擬制するのではないから，Yの本件家屋の占有によってXに仮に損害があったとしても，その損害の発生は，特段の事由のないかぎりXにおいて現実に本件家屋の所有権を取得した以後でなければならない」とし，原判決を破棄した。仮登記後でさらに所有権取得後は，損害の発生が認められるとするので，判例の対抗力遡及説を前提とするものである。

これに対し，最判昭54・9・11判時944・52は，A所有不動産についてXのため仮登記がなされた後，YがAとの代物弁済契約に基づいて所有権移転登記を経由し，遅くとも昭和39年9月14日には占有を取得した。Xが所有権を取得したのは，昭和42年4月8日という事

案で，原審が，昭和39年9月14日以降賃料相当額の損害金の支払いをYに命じたのに対し，「Xが右停止条件付代物弁済契約に基づき本件土地の所有権を取得し本件仮登記に基づく本登記を経由しても，これによって，Yは遡って右本登記以前の権原に基づく土地占有につきXに対し不法占有者としての損害賠償責任を負うものではない」とした。「Yは遡って……Xに対し不法占有者としての損害賠償責任を負うものではない」との説示は，対抗力遡及説を否定するようにも読めるが，それを維持しつつ，不法占有による損害賠償については，別に解するという読み方がなお可能である。

4 対抗力不遡及説

以上に対し，学説では，対抗力不遡及説が有力である（幾代=徳本・不登法467頁，杉之原・不登法121頁以下）。旧法7条2項および本条の文言，中間処分の効力につき仮登記権利者と第三者の間の社会的利益衡量が必要であり，〔昭和8年判決が区別した〕2号仮登記の効力を対抗力遡及説では十分に説明できないこと，さらには，後述のように，中間処分に由来する権原に基づき第三者が不動産を占有している場合，後に本登記されることにより遡って不法占有者，不当利得者とされてしまうことの不合理などが理由である。

もっとも，Aの不動産につき，Bのために仮登記がなされた後，AからCへ譲渡がなされ移転登記がされ，その後，Bの仮登記に基づき本登記がされた場合，Cの所有権取得は失効するとの結論は，本登記による対抗力が，仮登記の時点に遡って生ずると説明しても，対抗力自体は本登記の時から生じ，順位のみが仮登記の時点に遡ると言ってみても，説明の違いにすぎない。しかし，①Aの不動産につき，Bのために仮登記がなされ，その後，AからCへ中間処分として賃貸借がなされ，さらにその後，Bの仮登記に基づいて本登記がなされた場合，Cは遡って不法占有者として扱われるか。あるいは，②Aの不動産につき，Bのために仮登記がなされ，その後，AからCへ中間処分として譲渡がなされ移転登記がされ，さらにその後，Bの仮登記に基づいて本登記がなされた。この場合で，Cがこの不動産をDに賃貸して賃料を受け取ってきた場合，Cが受け取ってきた賃料は，不当利得になるか，といった問題では，対抗力遡及説と不遡及説とで違いが出る可能性がある。

実は判例にも不遡及説を採るものがある，例えば，福岡高判昭33・8・11高民集11・6・407は，「〔甲の不動産につき乙のために仮登記がなされたがその後，甲が第三者丙に対して譲渡し又は賃借権を設定し登記がなされた場合〕本登記による対抗力は本登記のときから生ずるので，乙は丙との関係ではその本登記にときに所有権を取得したことになり，従ってそれ以前において丙が当該不動産を使用収益したことについて，乙は自己の所有権を理由として損害賠償又は不当利得償還の請求をすることはできない」と述べて，対抗力不遡及説を表明する。

しかし，以上の不法占有者や不当利得の問題は，対抗力の遡及不遡及とは別次元の問題として捉えることもできる。例えば，大判昭12・2・26民集16・176は，Aから土地を昭和6年5月9日買い受けたXが7月15日所有権移転請求権保全の仮登記をし，昭和10年3月9

日所有権移転の本登記をしたが引渡しは未だ受けていない。他方で，YがAからこの土地を買い受け昭和6年7月29日移転登記をした上，Bにこの土地を賃貸し，昭和6年度から9年度まで賃料を収受しているという事案であるが大審院は，「引渡前ニ於テ例ヘバ売主ガ目的物タル不動産ヲ他ニ賃貸シタルトキハ賃料ハ当然売主ニ属ス」として，民法575条の問題と解した（ちなみにこの判決は対抗力不遡及説の立場に立つ）。

不遡及説に立つと，中間処分を受けた第三者が，法109条1項により本登記手続のため必要な承諾を引き延ばしても損害賠償義務を負わない不合理が指摘される（幾代=徳本・不登法467頁）。しかし，これは対抗力具備の妨害として，別途不法行為責任を根拠づける行為であるといえる。あるいは，法109条1項の承諾を訴求され敗訴した第三者は，民法189条2項の類推により起訴の時から不当利得返還義務を負うと解することができる（東条敬・最判昭和54年9月11日「判批」判タ411号24頁参照）。

5　新たな対抗力遡及説の提唱

1号仮登記については，物権変動はすでに生じており，手続上の追完が予定されているので，本来は解除条件付きの対抗力を認めてもよいが，本登記を停止条件とする対抗力の遡及を認めるのが利益状況に適うこと，2号仮登記についても，明文規定がないので母法であるドイツ民法883条2項のように中間処分の相対的無効という強い効力は認められないから，やはり対抗力の遡及により請求権保全の効力を認めるべきことを理由に，改めて対抗力遡及説が支持されている。この立場では，中間処分が否定されることによる損害賠償と不当利得返還の問題は，対抗力とは切り離し，賃料収取による不当利得・損害賠償については，仮登記義務者との関係で，あるいは賃料請求に登記が必要かという民法177条プロパーの問題として，また，民法575条1項の果実収取権の問題として，解決すべきとされる（滝沢聿代「仮登記の対抗力（2・完）」成城法学4号48頁以下）。

（赤松秀岳）

（執筆協力：渡邉経子）

(仮登記の申請方法)

第107条 仮登記は，仮登記の登記義務者の承諾があるとき及び次条に規定する仮登記を命ずる処分があるときは，第60条の規定にかかわらず，当該仮登記の登記権利者が単独で申請することができる。

② 仮登記の登記権利者及び登記義務者が共同して仮登記を申請する場合については，第22条本文の規定は，適用しない。

＊旧法関係……旧法32条

I 仮登記権利者と仮登記義務者による共同申請

仮登記も，不動産登記法の原則に従い，仮登記権利者と仮登記義務者が共同して申請することができる(本条②・60)。

1 共同申請の当事者

仮登記権利者とは，当該の仮登記により登記上，直接に利益を受ける者(本来あるいは将来なすべき登記の登記権利者)である (2⑿)。

仮登記義務者は，逆に，当該の仮登記により登記上，直接に不利益を受ける者(本来あるいは将来なすべき登記の登記義務者)である (2⒀)。例えば，所有権移転請求権保全の仮登記，抵当権設定請求権保全の仮登記の場合，当該不動産の所有者が，ここでいう仮登記の登記義務者である。

また，仮登記権利者，仮登記義務者のそれぞれが代理人により申請することができることも，通常の原則通りである。さらに，仮登記権利者，仮登記義務者の相続人が申請できること(62)，また，仮登記権利者の債権者が仮登記権利者に代位して，仮登記の申請ができること(59⑦)も，通常の原則と同様である。

2 申請情報

申請情報については，1号仮登記の場合は，物権変動そのものは生じているが，終局登記ができない場合であるので，登記原因は本来なされるべき登記の場合と同じである。これに対し2号仮登記の場合は，将来生じる物権変動そのものと，仮登記される権利である物権変動を求める請求権や条件付き権利は別々のものであるので，登記原因も別々のものとなる。

3 添付情報

仮登記は暫定的な登記であり，終局登記に比べてその申請手続が簡略化されている。例えば，登記権利者の住所証明情報，登記義務者の登記識別情報，第三者の許可・同意・承

諾証明情報などは，仮登記に基づき本登記をする際には必要とされるが，仮登記そのものの申請の際には必要とされない(登記義務者の登記識別情報につき，本条②)。しかし，仮登記は後に仮登記に基づき本登記をすると，その本登記は仮登記の順位により，仮登記義務者によりその間になされた中間処分に優先する効力をもつ。このように仮登記は，実質的には仮登記義務者の処分権に重大な制限をもたらす。そのため，仮登記義務者の真意に基づく申請であることを担保するため，電子申請で電子署名の場合は，電子証明書の添付が，書面申請で記名押印の場合は，印鑑証明書の添付が，それぞれ必要とされる。

また，申請形態によっては，法人代表者の資格証明情報，代理人の代理権限を証する情報の提供が必要である。

II 判決による仮登記権利者の単独申請

仮登記原因(例えば，売買や売買の予約)が存在するのに仮登記義務者が任意に仮登記申請手続に協力しない場合，仮登記権利者は仮登記手続への協力を請求して訴えを提起し，判決証明情報を添付して，単独で仮登記を申請することができるものと解される(63。幾代＝浦野・判例・先例コンメ新編不登法Ⅰ443頁[時岡泰]参照)。しかし，本条①後段および法108条により，仮登記原因が存することを疎明し仮登記を命ずる処分を取得して仮登記権利者が単独で仮登記を申請する途が開かれているので，確定判決を取得する必要性はあまり大きくないであろう(吉野・注釈(下)65頁参照)。

III 仮登記義務者の承諾に基づく仮登記権利者による単独申請

以上に対して，本条1項は，仮登記申請の特則を定める。これは，仮登記は，過渡的な，仮の登記，予備登記の一種であることにかんがみ，共同申請という厳格な手続を要せず，一定の要件のもとで仮登記権利者のみによる単独申請を認めるものである(吉野・注釈(下)65頁)。

1 仮登記義務者の承諾

まず，本条によれば，仮登記義務者の承諾がある場合には，仮登記権利者は，仮登記義務者の承諾を証する当該仮登記義務者が作成した情報を添付して，単独で仮登記を申請することができる(新令7①(6)，別表68)。仮登記義務者の承諾とは，「仮登記義務者が自己の権利の上に仮登記権利者のため仮登記をすることを承諾する意思表示」である(吉野・注釈(下)66頁)。仮登記義務者の承諾が有効であるためには，その者が承諾の時点において，処分権と行為能力を有していなければならない。例えば，仮登記義務者が法人である場合，法人の機関である者の承諾が必要である。また，仮登記義務者本人の管理処分権が制限されて，管財人や遺言執行者が選任されている場合には，これらの者が承諾権限をもつ。仮登記義務者本人が死亡し共同相続が開始した場合には，共同相続人全員の承諾が必要である。

2 偽造された承諾の追認

　A_1の息子であるA_2が，A_1の名でA_1の不動産をBに売却し，A_1名義の仮登記の承諾書を偽造し，それに基づきBのために所有権保全の仮登記がなされた。その後，この不動産にCのために永小作権の登記がなされ，さらにその後，仮登記に基づき本登記がなされた。A_1がこの仮登記の承諾を追認すれば，仮登記が有効となるかについて，大判昭15・11・12民集19・22・2029は，「仮登記ノ承諾ヲ証明スベキ文書ガ偽造ナルニ於テハ其ノ登記ハ無効ニシテ後日為サルベキ本登記ノ為メニ順位ヲ保全スルノ効力ナキモノト謂ハザルベカラズ斯ル仮登記ハ後日登記義務者タルA_1ガBニ対シ之ヲ追認スルノ意思ヲ表示スルモ固ヨリ有効ナルノ理ナシ」とする。学説には，無権代理行為の追認に関する民法116条を類推し，追認によって仮登記が有効となるが，追認後仮登記に基づき本登記をする前に現れた第三者には対抗できない，と解するものがある。そして，追認により有効となるとすれば，追認後に現れた第三者には対抗できるはずだが，この場合公示方法としての登記が問題となっており，追認の効果が登記の上で公示されて初めて第三者に対しても主張できるとする(末川博「昭和15年判決判批」民商法雑誌16巻5号835頁以下参照)。

　その後，最判昭42・10・27民集21・8・2136は，無権代理人が偽造文書により登記をした場合，登記原因とされた法律行為を本人が追認し，登記の記載が実体的権利関係に付合するに至ったときは，本人は，登記の無効を主張できないとした。仮登記についても，登記官が，偽造された承諾を真正な承諾として仮登記の申請を受理した場合，実質関係に符合する限り，仮登記は常に有効とする見解がある(杉之原・不登法272頁，吉野・注釈(下)68頁参照)。

3 判決代用

　仮登記原因が存するにもかかわらず，仮登記義務者が任意に承諾しない場合には，仮登記権利者は承諾を請求して訴えを提起し，判決代用により承諾の意思表示に代えて(民執173)，本条1項により単独で仮登記を申請することができるとされる(吉野・注釈(下)69頁参照)。IIで述べたように，仮登記も権利に関する登記として，法63条により，仮登記権利者が単独申請することができるが，これは不動産登記法上の特別の制度に基づくものであるのに対し，上記の方法は，民法414条2項ただし書および民執173条の一般的規定および本条1項に基づくものであり，適用法条が異なることになる。

4 申請情報，添付情報

　単独で申請する場合の申請情報は，共同申請の場合と基本的に同じであるが，申請にかかわらない仮登記義務者の表示をしなければならない。

　新令7条1項6号・別表68は，本条1項に基づき仮登記の登記権利者が単独で仮登記を申請する場合の添付情報を定めている。それによれば，通則的な添付情報のほか，登記原因証明情報(仮登記も権利に関する登記であるため。61参照)，当該登記義務者が作成した登記義務者の承諾証明情報が必要とされる。

Ⅳ　仮登記を命ずる処分に基づく仮登記権利者の単独申請

　本条は，仮登記義務者の承諾がない場合でも，当該の不動産の所在地を管轄する地方裁判所に対する申立てにより仮登記を命ずる処分(旧法32条，33条では「仮処分命令」と規定され，従来，「仮登記仮処分」と称されていたが，新法では，民事保全法による仮処分ではないことを明らかにするため，「仮登記を命ずる処分」と称されることとなった)を取得して，仮登記権利者がやはり単独で仮登記を申請できるものとする。仮登記を命ずる処分につき詳細は，本書108条の解説参照。

　昭和35年の不動産登記法改正前は，地方裁判所での仮登記仮処分が申請人に告知されて効力が生じると，裁判所は，仮登記の嘱託を登記所に対して行うものとされていた。嘱託には，仮登記仮処分の決定の正本を添付しなければならない。実際には，迅速性が要求されるため，嘱託書をもって仮登記権利者が登記所へ裁判所の使者として走って行っていた。昭和35年の改正により，このような実際と形式を一致させ，仮登記権利者が仮登記仮処分の正本をもって，単独で仮登記の申請ができるものとされた。仮登記義務者に決定を送達・告知する必要はない。仮登記を命ずる処分を得た当事者が仮登記を申請するか否かは自由である。

(赤松秀岳)

(執筆協力：渡邉経子)

（仮登記を命ずる処分）

第108条 裁判所は，仮登記の登記権利者の申立てにより，仮登記を命ずる処分をすることができる。

② 前項の申立てをするときは，仮登記の原因となる事実を疎明しなければならない。

③ 第１項の申立てに係る事件は，不動産の所在地を管轄する地方裁判所の管轄に専属する。

④ 第１項の申立てを却下した決定に対しては，即時抗告をすることができる。

⑤ 非訟事件手続法第２条及び第２編(同法第５条，第６条，第７条第２項，第40条，第59条，第66条第１項及び第２項並びに第72条を除く。)の規定は，前項の即時抗告について準用する。

＊旧法関係……旧法33条

I 本条の趣旨

本条は仮登記を命ずる処分(旧法では仮登記仮処分と称されていた)による仮登記の手続を定める(もっとも旧法の仮登記仮処分についての解釈論は，仮登記を命ずる処分についても妥当するであろう)。仮登記は対抗力をもたない仮定的，暫定的な登記であるから，仮登記義務者が承諾しない場合でも，本条の仮登記を命ずる処分による簡易迅速な方法により仮登記をする途を開こうとするものである。しかし現実には，簡易迅速に本条の仮登記を命ずる処分(つまりかつての仮登記仮処分命令)を取得することは困難であると言われる。

旧法33条に規定されていたこの制度は，ドイツ法，プロイセン法に由来する(吉野・注釈(下)75頁以下)。ドイツ民法885条１項は「①仮登記の記載は，仮処分に基づいて，又はその者の土地若しくは権利について仮登記がなされるその者の同意に基づいて行う。仮処分の発令のためには，保全される請求権が危険にさらされることを疎明する必要はない」と規定する。これは，プロイセン法に由来する。仮登記の手続について，1872年のプロイセン所有権取得法では，公正・中立で専門的知識もある手続裁判官が仮処分命令を発する方法で，登記所に仮登記を命じるものとされていた。ここでは，仮処分命令によるのが原則であり，仮登記義務者の承諾に基づいて仮登記の記載ができるというのが例外であった。これを承けて，ドイツ民法典・部分草案38条は，「①仮登記の記載は，民事訴訟法により仮処分命令を発令する権限を有する裁判所の嘱託により行う。②裁判所は，仮登記すべき請求権の疎明がなされたときは，当事者の申立てにより，登記所の仮登記を嘱託する」と規定していた。ドイツ法において，登記官庁が仮登記の記載をする前に，裁判所が関与するのは，被保全権利である物権変動を求める債権的請求権が当事者の意思表示のみによって成立すると解する合意主義のもとでは，まず請求権の存在を裁判所で確定すべきこと，さらに，

仮登記による権利の制限が重大であることに鑑みると，法的知識のある裁判官が関与すべきことなどに基づくものであった。

また，ドイツ法では，形式主義・登記主義をとっており，特別の方式による意思表示と登記がなされなければ，物権変動の効力が生じない。つまり，物権変動を求める請求権が実現されない危険は当初から存する。したがって，仮処分の発令のため，保全される請求権が危険にさらされることを疎明する必要はないとされた。

このように，仮登記を命ずる処分の手続は，ドイツ法に由来するが，後述のように，わが国独特の変容をみせている。

II　仮登記を命ずる処分の意義

一般の仮処分によって，当該不動産の処分を禁止し，その旨を登記に記載することにより，仮登記を命ずる処分により仮登記をするのと同じ目的を達成することができる。そこで，一般の仮処分と，本条の定める仮登記を命ずる処分の異同が問題となる（岡垣学「仮処分命令による仮登記」法学新報67巻2号24頁以下参照）。

民事訴訟の本案の権利を保全する仮処分が，本案訴訟としての紛争を前提とする手続であるのに対して，仮登記を命ずる処分は，非訟事件としての登記に係わり，本案としての紛争を予定しない，純然たる非訟事件である。また，処分禁止仮処分が発令されその登記がなされる場合，登記自体は本登記だが，仮処分命令自体は，暫定的であるのに対して，仮登記を命ずる処分の場合は，それに基づいてなされる登記が暫定的な仮登記であるに過ぎず，それを命ずる処分自体は仮定的なものではない。

また，仮登記を命ずる処分は，本来，無保証で簡易迅速になされるものであるが，仮登記された権利は，その順位保全効により，後にそれに基づき本登記がなされた場合，中間処分に優先する効力をもつのみならず，一旦なされた仮登記を抹消するには，煩雑な手続が必要とされる。このように仮登記がなされると，仮登記義務者の権利に重大な制限を事実上もたらす。したがって，わが国では，仮登記を命ずる処分は慎重になされることを要し，また，仮登記により保全されうる地位であってもなるべく保証を立ててなされる処分禁止仮処分の方法により保全されるべきであるとされてきた。

以上のように，仮登記を命ずる処分は，処分禁止仮処分などの一般の民事訴訟事件としての仮処分とは，要件・手続・効果の点で違いがある。これに対して，母法であるドイツ法では，仮登記を命じる仮処分は，民事訴訟事件としての仮処分一般と性質上異なるところはなく，請求権の疎明で足りる点で手続要件を簡略化されているだけであるとされる。しかし，わが国においては，民事訴訟事件としての一般の仮処分とは異なるのであるから，仮登記を命ずる処分を認める決定に対して，例えば後述のように，通常の仮処分についての異議手続の類推を認める考え方は，誤りであるとされる。

仮登記を命ずる処分については，不動産登記法に規定がなければ，性質に反しない限り，非訟事件手続法が類推適用される。また，弁論主義の適用はなく，仮登記義務者を審尋す

る必要はない。

なお，例えば，抵当権設定登記請求権を保全するために，処分禁止仮処分が発令された場合，その執行は，当該不動産登記簿の権利部甲区欄に処分禁止の登記をするとともに，権利部乙区欄に保全仮登記をする方法による(民保53②)。そして，保全仮登記がなされた抵当権者には，配当を受けることができる地位が，認められている(民執87①(4))。したがって，この場合，仮登記に関する処分により得られる資格が，処分禁止仮処分によっても得られることになる。

III 要件

仮登記を命ずる処分が発せられるためには，要件として，①仮登記原因が存在すること，②仮登記義務者が仮登記権利者の単独申請に必要な承諾をしないこと，③仮登記を命ずる処分を求める仮登記権利者の申請があること，④仮登記原因の存在を仮登記権利者が疎明すること，が必要である。

1 個々の要件の概要

① **仮登記原因の存在**　1号仮登記については，物権変動の本登記をすることのできる実体上の権利を取得しているにもかかわらず，本登記申請に必要な手続上の要件を具備していないこと，2号仮登記については，仮登記を要求することのできる請求権の存在である。

② **仮登記義務者が仮登記権利者の単独申請に必要な承諾をしないこと**　仮登記義務者の承諾があれば，それにより仮登記の申請ができるのであるから(107①)，仮登記を命ずる処分を請求する必要がそもそも存しない。

③ **仮登記を命ずる処分を求める仮登記権利者の申請があること**　裁判所は，仮登記権利者の申請がないにもかかわらず，職権で仮登記を命ずる処分を発令することはできない。申請は，目的不動産の所在地を管轄する地方裁判所に申請する(本条③)。未登記不動産については，仮登記権利者が，債権者として仮登記義務者に代位して，例えば所有権保存登記をした後に，仮登記を命ずる処分を申請することができる。

④ **仮登記原因の存在を仮登記権利者が疎明すること**(本条2項)　ここでいう疎明とは，主張事実が一応真実らしい推測程度の心証を抱かせることである。仮登記原因の存在を仮登記権利者が疎明することが必要である。すなわち疎明の対象は，2号仮登記の場合，請求権の存在である。その実現が危険にさらされていることは，疎明する必要はない。

2 疎 明

わが国の実務は，仮登記を命ずる処分の発令のために，より厳格な疎明を要求する傾向にある。

例えば，仮登記原因が契約書など私署証書である場合には，仮登記義務者の印鑑証明書

の提出がないと，申請が却下される場合が多いとされる。

　また，疎明に代わる保証を認めず，売買契約書・抵当権設定契約書などの書証を提出できない場合には，申請を却下するのが実務であるが，疎明に代わる保証を認めるべきであるとする見解もある。

　このような実務の傾向を示す裁判例である東京地決平4・6・16判タ794・251は「仮登記仮処分の手続では，訴訟手続であれば，相手方に主張立証の責任のある権利の発生障害事由や権利の変更・消滅事由についても，それらの事由がないことを申立人が疎明しなければならず，その疎明がなければ申立てを却下すべきものと解するのが相当である」とする。その理由としては，仮登記仮処分では，手続に密行性等が要求され，通常は相手方の審尋をしないでなされること，権利の発生要件，権利発生障害事由，権利の変更・消滅事由などの存否について，相手方に反論の機会を与えず裁判がなされること，仮登記仮処分がなされた場合，相手方には不服申立てによる救済がなく，結局仮登記の抹消請求の訴訟を提起するほかないことなどがあげられている。

　これに対し，疎明の要件をやや緩やかに解する裁判例として，東京高決平5・11・26判時1483・50がある。事案は，YがXからの融資の担保のため，所有不動産に譲渡担保契約を締結したが，登記留保を合意し，期限に弁済しないときはXがいつでも登記できること，そのために有効期限が切れる毎に有効な印鑑証明書をYがXに交付するものとされた。ところが，Yが新しい印鑑証明書を交付しないので，Xが仮登記仮処分を申請したというものである。東京地裁(東京地決平5・5・28判タ837・272)は，抗弁事実の不存在を申請人が疎明すべきこと，心証についても証明に近い高度なものを要することを前提に，「契約の成否，解約の有無，被担保債権の存否等に関する被申請人に有利な他の合理的理由によりこのような経過をたどっているのではないかという疑いを否定するには到底足りない」として却下した。これに対して抗告がなされ，東京高裁は「既に実体法上本件不動産の所有権は，……Xに移転しているものであるが，ただ，Yらがその所有権移転の本登記の申請に必要なYらの印鑑証明書を約1年にわたって5回も交付していながらその有効期間が経過した後，正当な理由なしに新たな印鑑証明書の交付を拒否しているためその登記手続きが行えないものであることが一応認められ，……仮登記原因の存在についての疎明があったものというべき」として原決定を取り消した。債務者の所有不動産に担保を取得したが登記を留保した場合，債権者の側からみれば，登記請求権があるのは自明のことかもしれないが，第三者である裁判官から見ると，通常は融資がなされればその時に登記がされるのに，登記がなされていないとすると，実際には融資の実行がなかったなどの事情があるのではないかという疑問が生じてくる。したがって，地裁の判断に示されるように，いきおい仮登記を命ずる処分の発令には慎重にならざるを得ないが，それに対し，高裁は緩やかに解しているといえる。

　仮登記がなされると後に本登記をした場合相容れない中間処分は否定されるから，仮登記義務者の処分権は事実上大きく制約される。それにもかかわらず，仮登記を命ずる処分

の決定には，審尋も保証も不要で，訴訟で争う以外に不服申立ての方法がない。だから，仮登記を命ずる処分の発令には慎重さが要求されるというのが実務の扱いであろうが，これが慎重に過ぎると，仮登記を命ずる処分に基づき仮登記することが認められている制度本来の趣旨が没却されることになろう（母法であるドイツでは，債権契約の存在を裁判官が確実に審査するため裁判官が関与するものとされたが，それは仮登記を命じる処分の発令を抑制的なものとするというのとは趣旨が異なる）。

債権者債務者間の『請求によって直ちに貴社の承認する担保もしくは増担保を差し入れ〔ます〕』という約定に基づいて，別の裁判所が仮登記仮処分命令を発令し，抵当権設定仮登記がなされたものの，「契約証書のどこにも，具体的な増担保等の物件，設定すべき担保の種類，内容などの設定される増担保等を特定する事項については何ら定められていない」として，上記仮登記に基づく本登記請求は認められないとした裁判例がある（東京高判平19・1・30判タ1252・252）。

IV 不服申立て

仮登記を命ずる処分の決定について申請却下の決定がされた場合には，申請人は，即時抗告をすることができ，その手続については，非訟事件手続法の規定が準用される（本条④⑤）。

これに対し，申請が認容されて仮登記を命ずる処分を発令する決定がされた場合には，仮登記義務者は不服申立てができるかについては，明文規定がなく，旧法時代から諸説があった。

非訟事件手続法(66①＝旧20②)の規定に従い，抗告できるとする抗告説は，明文規定がないということが障害になる。

一般の仮処分にと同様に，保全異議が認められるとする異議説は，仮登記を命ずる処分が，一般の仮処分と性格が異なることが障害となる。

結局，仮登記義務者が仮登記権利者を相手に，仮登記がなされた後に仮登記の抹消そのものを求める訴訟を提起して，それにより争うほかないと解する訴訟説によらざるをえない（岡垣・前掲54頁，幾代＝徳本・不登法228頁）。仮登記を命ずる処分は，仮登記義務者の承諾がない場合に仮登記原因の疎明だけで仮登記をする途を開くものだから，容易に不服申立てを認めることはこうした制度本来の趣旨にも反する（杉之原・不登法272頁参照）。判例もこのような立場をとる（大決大13・4・4民集3・127，最判昭42・12・19判時510・37参照）。

大決大3・4・7民録20・288，大決大5・10・28民録22・2002，大決大13・4・4民集3・127は，仮登記仮処分に対する不服申立てとしての抗告を認めない。また大決大13・4・4は，仮登記仮処分について仮処分異議に関する規定の類推適用も認めない。

（赤松秀岳）

（執筆協力：渡邉経子）

(仮登記に基づく本登記)

第109条 所有権に関する仮登記に基づく本登記は，登記上の利害関係を有する第三者(本登記につき利害関係を有する抵当証券の所持人又は裏書人を含む。以下この条において同じ。)がある場合には，当該第三者の承諾があるときに限り，申請することができる。

② 登記官は，前項の規定による申請に基づいて登記をするときは，職権で，同項の第三者の権利に関する登記を抹消しなければならない。

＊旧法関係……旧法105条

I 総説

本条は，前身である旧法105条を実質的に変更するものではない。旧法105条の規定は，昭和35(1960)年の不動産登記法改正によって新設された規定であり，それまで学説判例上の理解の対立があった仮登記に基づき本登記をする手続について立法的に解決するものであるとされた(以下，とくに断らない限り，AからBへ所有権移転に関する仮登記がなされ，その後，AからCへ譲渡と所有権移転登記がなされた後，Bが仮登記に基づき本登記をするという例で解説する)。

1 手続の概要

所有権に関する仮登記に基づく本登記をする手続は次の通りである。上述の例で，仮登記義務者であるAは，Bに対する本登記の申請義務を負う。したがって，A→Bの所有権移転の本登記については，A・Bが共同申請するのが原則である(Aが共同申請に協力しない場合には，Bは登記手続を命じる判決に基づいて単独申請する)。もし，A→Cの中間処分がなければ，以上の通りで通常の場合と異なるところはない。しかし，「登記上の利害関係を有する第三者」Cがいる場合，本登記をしてもよいというCの承諾のあったことを証する情報，または，Cに対抗することのできる裁判があったことを証する情報が必要である(107①，新令7①(6)・別表69)。Cには，承諾義務がある。したがって，Bは，Cが任意に承諾しない場合，Cを訴えて勝訴の確定判決を得て，その裁判があったことを証する情報を添付すればよい。そして，その後は，Cの登記を職権で抹消することになる(本条②)。以上のようにA・Bは，本登記の申請に当たって，添付情報として，Cの承諾があったことを証する情報，またはそれに対抗することができる裁判があったことを証する情報を提供しなければならない。

2 学説判例の対立

前述のように，本条は，旧法105条を実質的に変更するものではない。旧法105条の規定

が設けられる以前は，仮登記に基づいて本登記をする方法につき，学説判例が対立していた（学説については，吉野衛「仮登記の一考察」(1)判例評論79号66頁以下，幾代=徳本・不登法230頁以下参照）。

① **先にA→Bの本登記をして，その後A→Cの登記を抹消するべきと解する説**　仮登記のままでは対抗力がないので，A→Cの登記を抹消することはできず，A→Bの仮登記がなされていることによって，Bの取得もCの取得も未確定で浮動的だから，Aを登記義務者と解するほかないとする。しかし，これによると2つの移転登記が併存する可能性があり，とくにA→Bの本登記の後，A→Cの移転登記が抹消されなかった場合，登記の外見上は所有権がAからB，BからCへと移転して，現在の所有者はCであると混乱させる外観が作出される。

登記実務は，昭28・11・21民甲2164民事局長通達・先例集下2119により，①の処理をしてきた。BおよびCの所有名義が併存する可能性に伴う問題については，A→Bの本登記がなされた後，AからCへの移転登記が抹消されない限りBの他の権利に関する登記申請は受け付けず，また，A→Bの移転登記が抹消されない限りは，Cからの他の権利に関する登記申請はいずれも受け付けないという行政事務対応をするものとされた。

仮登記により本登記をする方法については，旧法105条の新設により立法的に解決されたと言われるが，例えば，幾代=徳本・不登法232頁は，旧法105条の後も①説が妥当と考え，立法論として旧法105条が不必要な改正であったと述べるなど，なお問題を残している（後述*3*参照）。

② **まず，A→Cの登記を抹消して，その後A→Bの移転登記をする説**　この立場は，現在の登記名義人が登記義務者でなければならないという立場を貫くものといえる。しかし，仮登記のままで対抗力を認めるかのような結論を認めてしまうことが難点である。また，A→Cの移転登記を抹消した後，A→Bの仮登記に基づいて本登記がなされないままに放置される場合，次にAからD等々への移転登記がなされても，Bは次々と「撃破」できることになってしまう。

③ **A→Bの本登記，A→Cの抹消を同時に申請しなければならないと解する説**　①②を折衷し，A→Bの本登記とA→Cの登記の抹消を手続的に同時に行わねばならないというものである。

判例もさまざまであった。最判昭32・6・18民集11・6・1081は，Bは，Aに対し本登記手続を求めると同時に，Cに対して抹消登記の請求をすることができるとした（実際はCのみを相手方とする請求の事案）。最判昭38・10・8民集17・9・1182は，Bが仮登記のままでCの登記の抹消請求とAに対する登記請求を認容した原審判断を支持した。他方で，最判昭32・6・7民集11・6・936は，Bは，Cの登記の抹消登記手続をすることなく，Aに対し本登記手続を請求できるとする。

3 実体法的権利関係をめぐる残された問題

　旧法146条は、例えば、AからBが所有権移転(あるいは地上権移転)の登記を受け、さらにその後、Bの権利を目的としてCの抵当権設定登記がされた場合、Bの登記を抹消するには、Cの承諾が必要であるとしていた。これが旧法105条で仮登記に基づき本登記をする手続に準用され、それにより「登記上利害ノ関係ヲ有スル第三者」の承諾書またはこれに対抗することのできる裁判の謄本を付けて本登記を申請し、第三者の登記は職権により抹消することとされた(本条は、旧法105条とは異なり、準用という立法技術を用いない)。

　しかし、Bのために仮登記がなされた後に、AからCへ譲渡と移転登記がなされることにより、Cは対抗力を具備し、Aは確定的に所有権を失っているはずである。この場合、Cの承諾義務の根拠は何か、むしろCは所有権を確定的に取得しているのではないかなど、旧法105条の新設の後も残された解釈上の問題が指摘されてきた(このことは、本条によっても変わらない)。例えば、仮登記の順位保全効という説明で満足すべきでなく、仮登記義務者A、仮登記権利者Bおよび第三者Cをめぐる実体法的な権利関係を仮登記後になされた中間処分の相対的無効という構成で説明すべきであり、これにより、本登記の義務者はAであること、Cが承諾義務を負うことなどが矛盾なく説明できるという見解が「立法的解決」の後も主張されている。

　これによれば、旧法105条は、Bは、AからCに対してなされた中間処分を無視できるというものであり、それはBに対する関係でAからCへの処分は相対的に無効であることを明文により承認するものとされる。また、BはCに対し、承諾を求める権利を取得するものとされ、この場合、第三者の承諾とは、仮登記に反する自己の登記が無効であることについての承諾であるとされる。相対的無効が仮登記に基づき本登記を申請するという登記手続の局面に反映されたものが、仮登記権利者の第三者に対する承諾請求権であるとされる。母法であるドイツ民法888条1項は「登記された権利又はかかる権利についての権利の取得が、その者のために仮登記がなされている者に対して効力を有しないときは、その者は、取得者に対して、請求権の実現に必要な登記又は抹消の承諾を請求することができる」と定める。また、前掲の最判昭32・6・18民集11・6・1081「仮登記義務者は、仮登記があった後においては、仮登記権利者の権利行使を妨げない限度においてのみ処分行為を許されている」と述べる(吉野・前掲「(1)」判評79号70頁)。この立場では、本条についても、なお同様に解することになるであろう。

II　所有権に関する仮登記に基づく本登記

　本条は、所有権に関する仮登記の本登記について規定する。ここに含まれるのは、仮登記に基づき、所有権の保存の登記、所有権の移転の登記、所有権の移転登記の抹消、所有権の登記の抹消の回復等をする場合である。

1 登記原因

仮登記原因とはまったく無関係の登記原因に基づいて，本登記をすることはできない。また，1号仮登記をすべきところを誤って2号仮登記をしてしまった場合には，1号仮登記をすべき合意に実際になされた2号仮登記を流用することは認められているが，本登記をするに当たっては，更正登記をした上で行う。また，仮登記原因を誤った場合も，仮登記は有効であるが，本登記をするに当たって，登記原因を更正する必要がある。

2 申請における添付情報

新令2条1項および7条に従い，通則的な添付情報を提供することが必要であるのはいうまでもない。以下ではそのほか問題となる点を述べるが，とくに重要なのは，(2)登記上利害関係を有する第三者の承諾を証する情報である。

(1) 登記原因につき第三者の許可等を必要とする場合　1号仮登記の場合，2号仮登記の場合いずれにおいても，登記原因について第三者の許可，同意，承諾を必要とする場合には，本登記をするに当たっては，それらを証する情報を提供することが必要である。例えば，農地法3条または5条の許可を停止条件とする所有権移転の仮登記に基づいて本登記を申請する場合である。

(2) 登記上利害関係を有する第三者の承諾を証する情報　登記上の利害関係を有する第三者がある場合には，通則的な添付情報のほか，当該第三者の承諾を証する情報(当該第三者が作成したものに限る)または当該第三者に対抗することができる裁判があったことを証する情報が必要である。

なお，仮登記担保法18条本文によれば，本条1項にかかわらず，仮登記担保権者が清算金を供託した日から1か月を経過した後に，本登記を申請する場合，先取特権，質権あるいは抵当権を有する他の債権者が差し押さえたこと，清算金を供託したことを証する書面を提出すれば足りるとされる。この規定により承諾に代えることのできる差押えをしたこと，および清算金を供託したことを証する情報は，上述の当該第三者の承諾を証する情報に含まれる(令7①(6)，別表69添付情報欄イ)。

(ア) 第三者の承諾の意義　前述の旧105条(現行法の本条)が仮登記後の中間処分が仮登記権利者に対する関係で相対的に無効である旨を宣明したものと解する立場では，第三者の承諾の意義は，次のように解される。つまり，仮登記が有効であれば，中間処分を受けた第三者は，それが仮登記権利者に対して相対的に無効とされるという重大な影響を受ける。そこで，仮登記の有効性について第三者の側が承諾することを要するものとして，登記官に形式的審査権しかない制度の下で，仮登記の有効性，そしてまた中間処分が相対的に無効であることの真正性を確保するのが趣旨である(吉野・前掲「(3)」判評81号60頁)。

なお，最判昭57・3・25民集36・3・446は，仮登記権利者Bが仮登記後登記をした第三者Cの承諾を得られないので仮登記とは無関係に売買契約を原因とする本登記をした事案で，CがBに対して仮登記の抹消請求をしたのに対して，「特段の事情のない限り，右の仮登記

権利者は仮登記義務者に対して仮登記の本登記手続を請求する権利を失うものではなく，仮登記は依然として存続理由を有するから，これを抹消すべきではなく，また，仮登記の本登記を承諾すべき第三者の義務も消滅しないと解するのが相当である」とした．

(イ) **登記上の利害関係を有する第三者**　ところで，承諾義務を負う，登記上利害関係を有する者とはいかなる範囲の者をいうのか．これについては，「仮登記後になされた権利の登記が仮登記上の権利を侵害するとき，その登記の現在の名義人」(吉野・前掲(3)判評81号59頁)，「ある仮登記に基づいて本登記がなされたとすれば当該不動産に対する権利を害されることが登記の形式上において明らかなような第三者」(幾代=徳本・不登法235頁以下)であるとされる．

要するに，仮登記後に仮登記義務者を起点として登記上の地位を取得した者であり，仮登記前の登記上の地位を得た第三者，仮登記前に登記上存在する権利の譲受人が仮登記後に譲受けの登記をした場合(この場合，仮登記の影響を受けない地位が既に生じており，譲受人はそれを譲り受ける)は，「登記上の利害関係を有する第三者」には含まれない．また，中間処分を相対的に無効とする効力は，仮登記後の中間処分のみを対象とすることから，以上の結論を説明する見解もある(吉野・前掲「(3)」判評81号61頁．ドイツ民法883条2項参照)．

第三者の取得した登記が所有権の登記かそれ以外の登記か，本登記か仮登記か，さらに，法律行為に基づく取得か否か(例えば仮差押え，仮処分，強制競売申立てなどの登記など，相対的処分禁止を第三者に対抗するための登記．昭36・2・7民甲355民事局長回答・先例集追Ⅲ463)を問わない(幾代=徳本・不登法235頁以下)．以上のような第三者は，承諾の義務があり，任意に承諾しない場合には，訴えにより承諾に代わる判決を取得される．以下いくつかの具体例をあげる．

(a) **仮登記後に登記された権利の登記名義人**　Aの不動産について，Bのために所有権移転に関する仮登記がなされた後に，不動産がAからCへ譲渡され登記された場合に，Bが仮登記に基づき本登記すると，Cの所有権取得は否認されるが，その場合のCはここでいう利害関係を有する第三者である．この不動産がCからDへ譲渡されて登記されている場合には，登記実務においては，Dの承諾があれば，登記官は，DおよびCの登記を職権で抹消する．また，この例で，AからCへ抵当権設定の登記がなされ，その後Dへ所有権の移転登記がされている場合には，CとDの両方の承諾が必要である．

所有権の抹消あるいは抹消請求権の仮登記がなされた場合には，登記されている権利を起点としてなされたすべて権利の登記の名義人が，利害関係を有する第三者に当たる．

(b) **仮登記後に権利の変更・更正の登記がなされた場合**　Aの不動産について，すでにCのために抵当権設定登記がなされている．その後，AからBへの所有権移転についての仮登記がなされた．Cは利害関係を有する第三者に本来当たらないが，Bのための仮登記の後に，Cの抵当権の被担保債権額が増額され，変更の登記がされている場合はどうか．この場合，変更または更正の登記を付記登記によってする場合，仮登記権利者であるBの承諾を得ているはずである(新法66=旧法55・66)．したがって，この場合，Bは相対

的無効の主張を放棄しており，先順位のCは利害関係を有する第三者に当たらない。これに対して，Cの変更または更正の登記が主登記でなされている場合は，見解が分かれる。Bの仮登記が先順位で，Cの変更または更正の登記はそもそもBのした本登記に対抗できないはずのものだから，Cの承諾は不要とする見解，および，順位の問題は本登記にした後に問題となるのであり，それ以前は，相対的無効の問題であり，この場合は，相対的無効を第三者であるCが承諾することが要件となると解する見解がある(吉野・前掲「(3)」判評81号62頁)。

(c) **所有権保存の仮登記の場合** 表題部所有者Aから所有権を取得したBが，Aを相手方として所有権確認請求の訴えを提起し判決を得るまでは，Bは所有権保存の仮登記をすることができる(大判大14・6・17民集4・12・599)。この場合，Aが自己名義に保存登記をし，さらにそれに基づいてCに移転登記をした場合，Bが仮登記に基づき本登記をする場合，承諾義務を負うのは，CだけかそれともAとCか。後者だとすると，それだけBは本登記をすることが困難になる。登記先例に従えば，Cのみということになる(A→Bの所有権移転の仮登記の場合に関する昭37・7・30民甲2117民事局長通達・先例集追Ⅲ936参照，吉野・前掲「(3)」判評81号60頁)。

(d) **その他** 仮登記された条件付所有権を差し押さえた債権者は，仮登記に基づく本登記申請について，本条1項の「登記上の利害関係を有する第三者」に該当しないとした裁判例がある(東京高決平21・10・5判タ1322・266)。

3 承諾義務者からの抗弁の対抗

登記上利害関係を有する第三者が仮登記権利者から承諾を求められた場合，第三者は仮登記義務者が仮登記権利者に対して有する抗弁を対抗できるか。

この場合，登記上利害関係を有する第三者は，仮登記自体および仮登記により保全された権利の有効性に関する抗弁を対抗できる。例えば，売買予約や代物弁済予約が錯誤により無効であること，取り消されたこと，予約完結権の行使が無効であることなどである。これに対して，仮登記義務者が仮登記権利者に対して有する同時履行の抗弁権，取消権・解除権を第三者が援用行使できるかについては消極的に解されている。これらを行使するか否かは，仮登記義務者の自由意思に委ねられるべきだからである(吉野・前掲(1)判評79号72頁以下)。

これに対して，承諾義務を負う第三者と仮登記義務者，仮登記権利者の関係は，保証人と主たる債務者，債権者の関係と似ており，承諾義務は，仮登記義務者の本登記義務に付従することを理由に，保証人が履行義務を免れる限度で主債務者の取消権・解除権・同時履行の抗弁権の行使が認められるのと同様の関係として，積極的に解する見解もある(岡垣学「登記上利害の関係を有する第三者が，仮登記権利者から不登法105条の承諾を求められた場合，本登記義務者の有する抗弁を援用できるか」判タ177号170頁以下)。

さらに，例えば，仮登記された権利が消滅時効にかかっている場合に，第三者がこれを

援用できるかは，時効により利益を受ける者・当事者の範囲をいかに確定するかにかかわる問題であるが，本登記の承諾義務を免れる利益を受ける点に鑑み，肯定してよいとされる（吉野・前掲(1)判評79号72頁以下）。

4 本登記の実行

以上により，仮登記に基づく本登記の申請がなされた場合，予め設けた余白に本登記の記入をし，第三者の登記が職権で抹消される（本条2項②）。

AからBへの所有権移転請求権保全の仮登記がなされた後，Aが死亡し，相続人Cへ所有権移転の登記がなされた場合，登記面では，Bの本登記は，Cの相続による所有権取得の登記の前の余白になされるので，Cは一見すると登記上の利害関係を有する第三者のように見える。しかし，実体法上はCは物権変動の当事者として本登記義務を負うので，第三者ではない。Cの登記は，職権により抹消される（昭38・9・28民甲2660民事局長通達・先例集追Ⅲ1130-332，吉野・前掲(3)判評81号65頁は旧法105②＝本条②による抹消と解する）。

Ⅲ 制限物権設定についての仮登記の場合

仮登記に基づき本登記をするために，登記上利害関係を有する第三者の承諾を必要とするのは，「所有権に関する仮登記に基づく本登記」の場合に限られる。取引上最も重要な権利である不動産所有権については，公示の混乱を防ぐため，本登記と同時に第三者の権利の登記を抹消する必要性が高い。しかし，所有権以外の権利の場合には，同時に第三者の登記を抹消するまでの必要はなく，むしろ迅速に本登記をするのが仮登記権利者の利益に合致するからである（清水響「新不動産登記法の概要について」民法59巻8号99頁）。

したがって，例えば，Aの不動産についてBのために抵当権など制限物権の設定の仮登記がなされた後に，この不動産がAからCへ譲渡され登記された場合は，本条の適用範囲外の問題である。この場合，登記実務は，仮登記義務者Bあるいは現在の登記名義人Cのいずれを登記義務者としてもよいとする。

これに対して学説では，この場合も，仮登記義務者であるBのみを登記義務者として，本条を類推適用すべきであるとする見解が有力である（杉之原・不登法275頁以下，幾代＝徳本・不登法238頁）。通常は，第三者の登記の抹消ということが問題とならないだけである。しかし，所有権以外の制限物権についての仮登記に基づいて本登記をする場合でも，例えば，AからBへ地上権設定に関する仮登記がなされ，その後，Cのために地上権設定の登記がされた場合については，Cの地上権とBの地上権が衝突する。この場合に規定がないのは立法の不備であり，本条がそのまま準用されるべきことになろう（杉之原・不登法277頁）。

（赤松秀岳）
（執筆協力：渡邉経子）

(仮登記の抹消)

第110条 仮登記の抹消は、第60条の規定にかかわらず、仮登記の登記名義人が単独で申請することができる。仮登記の登記名義人の承諾がある場合における当該仮登記の登記上の利害関係人も、同様とする。

＊旧法関係……旧法144条

I 総説

本条は、仮登記の抹消について規定する。仮登記の抹消も、共同申請の原則に従い、登記権利者(仮登記の抹消についての登記権利者、つまり仮登記義務者)と登記義務者(仮登記権利者・仮登記名義人)が共同で申請することができる(60)。また、抹消についての登記義務者(仮登記権利者・仮登記名義人)が共同申請に協力しない場合、抹消についての登記権利者(仮登記義務者)は、仮登記を抹消すべきことを命ずる確定判決を取得して単独で仮登記の抹消を申請することができる(63)。

しかし、仮登記は、仮定的・暫定的な登記である。そして、仮登記の順位保全効により利益を受けるのは専ら仮登記権利者である。したがって、仮登記権利者がその利益を放棄する場合、仮登記名義人のみによる単独申請が認められてよい(本条前段)。また、抹消について仮登記名義人の承諾を証明する情報が添付されていれば、「登記上の利害関係人」からの抹消の申請も認められる(本条後段)。このように、共同申請の原則に対して、仮登記の抹消の場合に、簡略化された手続を規定するのが、本条である。

II 仮登記を抹消すべき事由

仮登記原因の不存在、無効・取消、解除により、仮登記を抹消することができる。例えば、仮登記原因が売買による所有権移転の仮登記がされた場合、あるいは、売買予約による所有権移転請求権保全の仮登記がなされた場合で、売買や売買の予約が存在していないか、無効であることが明らかになり、あるいは後に取り消されたり、解除(合意解除を含む)された場合である。

また、例えば、ある不動産についての所有権移転請求権を有する者が、当該の不動産の所有権を取得した場合には、仮登記された権利が混同により消滅する(民179①・520)。この場合も、仮登記は、抹消することができる。

仮登記された権利が放棄された場合、それが所有権以外の権利、制限物権である場合には、仮登記された権利が消滅するので、仮登記は、抹消すべきである。例えば、抵当権設定仮登記がされた後、仮登記権利者が抵当権を放棄した場合である。しかし、仮登記された権利が所有権である場合には、不動産の所有者(仮登記義務者)が所有権を放棄しても、無主の不動産は国庫に帰属する(民239②)から、仮登記は国庫の所有権についての仮登記

として存続することになる。したがって、この場合は、仮登記を抹消すべき場合に当たらない。

仮登記された権利が時効消滅した場合には、仮登記を抹消すべきことになる。

以上が、仮登記の抹消の登記原因となる。

III 仮登記の抹消登記の申請

不動産登記法の原則に従い、登記権利者と登記義務者が仮登記の抹消を共同申請する場合(60)には、通則に従う。これに対して、本条により仮登記名義人あるいは利害関係人の単独申請が認められる場合の簡略化された手続は、以下の通りである。

1 仮登記名義人の単独申請(本条前段)

前述のように、仮登記により専ら利益を受けるのは、仮登記権利者であるので、仮登記名義人がそれを放棄する意思がある場合には、単独での仮登記の抹消を認めてよい。この場合、申請情報は、共同申請による場合と同様であるが、仮登記名義人の真意に出たものであることを担保するため、法22条および令8条1項9号は、登記識別情報の添付を要求している。旧法時もしくはオンライン申請未指定庁の時に登記された仮登記の抹消については、登記済証を添付して書面申請すれば、登記識別情報の提供とみなされる(法付則6・7参照)。登記識別情報の提供ができない場合については、後述IVを参照。

申請人の表示として仮登記名義人の氏名または名称および住所を表示する(新令3(1))。また、(抹消の)登記権利者(すなわち仮登記義務者)の氏名または名称および住所を表示しなければならない(令3(11)イ)。

本条前段に基づき仮登記名義人が単独で仮登記の抹消を申請する場合の添付情報は、新令7条1項6号・別表26による。

それによれば、通則的な添付情報のほか、登記原因証明情報(仮登記も権利に関する登記であるため。61参照)、登記上の利害関係を有する第三者がある場合には、当該第三者の承諾証明情報または(当該第三者の承諾を証する当該第三者が作成した情報または当該第三者に対抗することができる裁判があったことを証する情報(旧法146)が必要とされる。なお、抵当権の仮登記の場合には抵当証券の発行が禁止されている(抵当2②)ので、仮登記の抹消の場合、抵当証券の所持人・裏書人は利害関係を有する第三者として問題となることはない。

2 利害関係人による単独申請(本条後段)

ここでいう仮登記の登記上の利害関係人とは、当該の仮登記に基づく本登記により自己の権利を否定されるか不利益を受ける者、および法109条により登記を抹消される者をいう。仮登記名義人が仮登記を放棄する意思である以上、かかる利害関係人からの申請を認めてもよいという趣旨に基づくものである。その際、仮登記名義人の真意を確認するため、

仮登記名義人の承諾を証する当該仮登記名義人が作成した情報を提供しなければならない。

申請情報は、共同申請の場合と基本的に同じであるが、登記権利者(すなわち仮登記義務者)、登記義務者または登記名義人のほか、申請者の氏名または名称および住所を表示しなければならない(令3(1)(11))。

令7条1項6号・別表70は、本条後段に基づき仮登記名義人の承諾がある場合に登記上の利害関係人が単独で仮登記の抹消を申請する場合の添付情報を定めている。

それによれば、通則的な添付情報のほか、登記原因証明情報(仮登記も権利に関する登記であるため。61参照)、登記名義人承諾証明情報(当該登記名義人の承諾を証する情報で当該登記名義人が作成したもの、および当該登記名義人に対抗することができる裁判があったことを証する情報(旧法144②に相当))、登記上の利害関係を有する第三者が〔他にも〕ある場合には、当該第三者の承諾証明情報(当該第三者の承諾を証明する情報または当該第三者に対抗することができる裁判があったことを証する情報(旧法146))が必要とされる。別表70では、仮登記の抹消の場合、抵当証券の所持人・裏書人は利害関係を有する第三者として明示されていないのは、抵当権の仮登記の場合には抵当証券の発行が禁止されていることに基づく(抵証2②)。

3 仮登記義務者の単独申請

本条後段は、「当該仮登記の登記上の利害関係人」は、仮登記名義人の承諾またはこれに対抗することのできる裁判に基づき、仮登記の抹消を単独で申請できるものとする。これは、仮登記の抹消の登記権利者、つまり、仮登記義務者を含む趣旨であると解される(清水・一問一答262頁参照)。「利害関係を有する第三者」ではなく、「利害関係人」という文言の解釈、および、利害関係を有する第三者がこの場合単独申請ができる以上、均衡上、同様のことが仮登記義務者についても認められねばならない、というのが理由である。

旧法144条の下では、仮登記名義人が承諾している場合、利害関係を有する第三者からの単独申請が認められる以上、同様の場合に、仮登記義務者からの単独申請が、旧法144条の類推適用により、認められるべきであると解する見解があった(なお、文言自体は、旧法144条2項でも「登記上ノ利害関係人」とされていた)。仮登記義務者は、抹消登記の登記権利者として直接の当事者であり、「利害関係人」という文言には含まれないことが理由である。この見解によれば、仮登記義務者からの申請については、新法においても同様に本条の類推適用により認められるということになろう。

IV 登記識別情報の提出不能の場合

旧法は、仮登記権利者が単独で仮登記の抹消を申請する場合にそれが真意に出たことを確認するために必要な登記済証を紛失するなど、登記済証の滅失の場合、保証書を添付して仮登記の抹消を申請することができるものとし、保証書を添付して所有権に関する仮登記の抹消の申請があった場合、登記官は、仮登記名義人に抹消の申請があった旨を照会し、3週間内に仮登記名義人から間違いがない旨の申出があった場合に限り、仮登記の抹消を

再受付するものとされていた(旧法144③④)。

　新法により，登記済証の交付の制度が廃止され，登記識別情報の通知の制度が導入された。仮登記の抹消についても，仮登記名義人が，登記識別情報を提供できない場合は，法23条の事前通知の手続または本人確認情報の提供が必要となる(法22・23，令8①(9)参照)。旧法時もしくはオンライン申請未指定庁の時に登記された仮登記の抹消については，登記済証を添付して書面申請すれば，登記識別情報を提供したものとみなされるが，電子申請の場合には，登記識別情報を提供できない正当な理由がある場合(法22ただし書)として，法23条の手続を行うことになる。

(赤松秀岳)
(執筆協力：渡邉経子)

第7款　仮処分に関する登記

＊旧法関係……款名新設

【前　注】
I　仮処分に関する登記における新法と旧法との対応関係

　本款名は新設されたものであるが，内容的には，旧法を踏襲したものとなっている。すなわち，本款中の各条文の条項毎に漏れなく対応している旧法の各条項を承継する内容となっており，民事保全法所定の仮処分のうちの一定の仮処分に伴って行われる登記に関する特則が定められている。具体的には，主として，旧法における「第4章　登記手続」「第5節　抹消ニ関スル登記」手続中の146条（登記の抹消につき利害関係有する第三者ある場合）と147条（登記の抹消手続）の間に挿入された146条ノ2〜146条ノ5の4か条に対応する内容，つまり仮処分に関する登記の抹消について定められているが，民事保全法所定の保全仮登記（民保53②）について順位保全的効力を定めた旧法の各条文（135ノ2・7②）に対応する内容も定められている。

　なお，旧法54条および55条を準用する135条ノ2の部分については新法典自体には直接の対応条項はないが，新法15条の委任を受けた法務省令の不動産登記規則179条が旧法同様の内容を定めており，旧法146条ノ2第2項とそれを準用する146条ノ3第1項の部分および146条ノ4後段についても新法典自体には直接の対応条項はないが，新法26条の委任を受けた政令の不動産登記令別表71項および72項に旧法と同様の内容が付加的な「添付情報」として所定されており（令7③(2)〜(4)・7①(6)）。なお，登記原因証明情報としては位置づけられていない理由につき，河合・逐条不登令83頁），法律事項でなくなり将来の可変性が高められているが，今のところは承継内容には漏れがない。

　また，旧法32条および33条所定のいわゆる「仮登記仮処分」は，もともと民事保全法所定の仮処分とは，名は似て実は非なる手続であったのであり（旧法33③参照），新法では，単に，仮登記を命ずる「処分」として定められ明確に「仮」処分の表現が回避されている（108参照）。

II　民事保全法との対応関係
1　旧法条文の新設経緯

　このように，本款所定の111条〜114条は，民事保全法の仮処分制度を前提とするものであるが，その前身である対応主要旧法条文（135ノ2・146ノ2〜146ノ5）も，民事保全法の制定に伴う新設規定であった。

　すなわち，戦後における一定の仮処分事件やその後の登記手続等において局長通達や最高裁判例を通じ確立してきていた仮処分関連の登記実務を踏まえ不都合な点の改善も盛り込んだ民事保全法が制定されたことに伴い（平成元年法律第91号，平成3年1月1日施行），これと密接に関連する旧不動産登記法も，一定の仮処分事件の執行面やその後の段階を登

記手続的に適切に実現するとともに登記手続面での改善点も加えるべく，民事保全法附則7条により一部改正され，135条ノ2，146条ノ2〜146条ノ5が新設されたのである。

2 本款が対象とする仮処分の範囲

このように，仮処分関連の登記についての不動産登記法の定めは，仮処分制度を登記手続的に実現しようとするものである。ただし，仮処分の内容は極めて多岐に亘り得るものであるところ(民保24)，本款が対象とする仮処分は，その中の一部である「不動産に関する権利についての登記請求権を保全するための処分禁止の仮処分」(民保53)に関連する登記についてのみ定めているのであって，同じく処分禁止の登記をする方法により行う処分禁止の仮処分である「建物収去土地明渡請求権を保全するための建物の処分禁止の仮処分」(民保55)に関連する登記については，本款の定めるところではない。

もとより，処分禁止の登記も不動産登記である場合には不動産登記法の定めるところであり，民事保全法53条・55条いずれの仮処分に基づく登記であれ，法3条の「不動産についての次に掲げる権利[1号所有権]の……(……，処分の制限……)についてする」登記にほかならない(幾代=徳本・不登法52頁)。しかし，本款では，この保全すべき登記請求権に係る登記やその登記に後れる登記についての抹消および保全仮登記を用いた場合の諸般，すなわち，当該登記の客体(不動産)が存続することを前提に当該不動産の各種登記に基づく諸権利の優劣関係等(民保58参照)を登記手続的に妥当に表現しようとするものとなっており，民事保全法55条が定める場合，すなわち，収去され所有権が消滅してしまうことの予定される建物について処分禁止の登記がなされた場合(民保64参照)については建物をめぐる登記に基づく権利の優劣を規定することが不要のため特段の条文を置いていない。このため，民保53条タイプか民保55条タイプかの区別が重要となり，例えば，民保55条タイプの処分禁止の登記に基づき後れる登記の抹消等が行われることを防止するため，民保55条タイプの処分禁止の登記の場合には，登記の目的の記載を「処分禁止仮処分(建物収去請求権保全)」とすることになっている(平2・11・8民三5000民事局長通達「民事保全法等の施行に伴う不動産登記事務の取扱いについて」先例集追Ⅷ38第4-1。民保53条タイプの場合には，単に「処分禁止仮処分」と記載，同第3-1-(1))。

もともと民事保全法の定める処分禁止の仮処分自体，極めて限定された場面，すなわち，登記請求権を保全する場合(詐害行為取消権を保全するための仮処分の場合も含み得る，瀬木比呂志『民事保全法(第3版)』〔判例タイムズ社・2009〕390頁参照)および(建物収去)土地明渡請求権を保全する場合のみを予定するものであるところ(民保52〜65参照，瀬木・前掲586頁参照)，本款が対象とするのは，さらに限定され，結局，不動産登記請求権を保全する場合についてであることになる。

3 不動産登記請求権を保全する方法と機能

民事保全法上の不動産登記請求権を保全する仮処分を実施した場合，単に，当該不動産

登記請求権行使が法的に許されなくなる状態(例えば,民法177条の第三者の登場や民法94条2項の保護ある第三者の登場などにより自己の登記請求が法的に認められなくなる場合)を回避する機能にとどまらず,当該不動産登記請求権に基づく登記手続請求の相手を仮処分債務者に固定してよい,という手続負担の1回性保障という当事者恒定の効力を生じる(民保23①・24・53・58参照)。

この当事者恒定の効力は,例えば,仮処分債権者が仮処分債務者に対して登記手続請求訴訟を提起し勝訴して後に登記を得る場合には,登記名義が第三者に移っていても,民事訴訟法上は本来必要であった筈の第三者への訴訟提起や第三者に訴訟承継させたりすること(民訴115①(1)参照)が不要であり,訴訟は仮処分債務者に対する1回だけで足りる,という形で現れる(なお,仮処分債務者との共同申請によっても仮処分債権者の登記を実現できることにつき,昭37・6・18民甲1562民事局長通達・先例集追Ⅲ900,前掲平2・11・8民三5000民事局長通達・先例集追Ⅷ38第3-1-(2)-エ-(エ)。また,登記名義人に対する手続保障につき,民保59条参照)。

つまり,本款は,不動産登記請求権についての当事者恒定の効力を,民事保全法に依拠しつつ不動産登記手続に反映させる規律群を定めたものとも理解できよう。

4 本款における規律対象

本款による不動産登記請求権を保全するための仮処分(民保53)に関する登記についての規律は,処分禁止の登記や,それと一体となって機能する保全仮登記がなされる段階(例えば,(a)どのような場合にこれらの登記を行えるか,(b)処分禁止の登記は甲区か乙区か,(c)民事保全法53条の仮処分命令のうち1項のみによる命令か2項にもよる命令かの区別の命令書等への現れ方)には及んでおらず(それらの規律は,(a)民事保全法各条項や不動産登記法各条項,(b)規則4④,(c)民保規則22①等を参照),あくまでも,それらの登記がなされたことを前提として,その後の段階について及ぶものとして所定されている。

5 民事保全法との具体的な対応関係

本款は,形式的には,保全仮登記の有無のタイプにより法111条と法112条〜法114条に分けられる。実質的には,前者は,保全される登記に係る権利が他の権利(変動)を排除する場合の規定であり,後者は,原則的に,保全される登記に係る権利が他の権利(変動)と両立する場合で,例外的に,保全される登記に係る権利が他の一定の権利を排除する場合が定められている。つまり,当該保全請求権の実現による登記に係る権利が,例えば,全面的に排他的な所有権なのか,他者の権利との併存も予定される抵当権なのか,所有権とは併存しても他の使用収益権に対しては排他的な使用収益権なのか,によって仮処分の登記後に現れた登記名義人との登記上の優劣関係が異なるということである。この表現方法の異なりは,仮処分の時点で保全しようとする登記請求権に従った登記がなされていたならば実体法の解釈から帰結されるところの権利関係の優劣を登記によって適切に表現する

ために生じる違いである，といえよう。

　また，両タイプ共通の内容として，処分の制限を課し当事者恒定の効力があることを公示する機能を有するといえる処分禁止の登記(山崎潮「仮処分と登記」新講座⑥84頁)をその役割を終えた段階において職権で抹消する場合の規律も定められている。

　以上を，民事保全法の条文との対応で示すと，前者のタイプが，民事保全法53条1項・58条1項2項による仮処分を受けたもの，後者のタイプが，民事保全法53条1項2項・58条1項3項4項による仮処分を受けたもの，ということになる。

(雨宮　啓)
(執筆協力：今川嘉典)

(仮処分の登記に後れる登記の抹消)
第111条　所有権について民事保全法(平成元年法律第91号)第53条第1項の規定による処分禁止の登記(同条第2項に規定する保全仮登記(以下「保全仮登記」という。)とともにしたものを除く。以下この条において同じ。)がされた後，当該処分禁止の登記に係る仮処分の債権者が当該仮処分の債務者を登記義務者とする所有権の登記(仮登記を除く。)を申請する場合においては，当該債権者は，当該処分禁止の登記に後れる登記の抹消を単独で申請することができる。
② 　前項の規定は，所有権以外の権利について民事保全法第53条第1項の規定による処分禁止の登記がされた後，当該処分禁止の登記に係る仮処分の債権者が当該仮処分の債務者を登記義務者とする当該権利の移転又は消滅に関し登記(仮登記を除く。)を申請する場合について準用する。
③ 　登記官は，第1項(前項において準用する場合を含む。)の申請に基づいて当該処分禁止の登記に後れる登記を抹消するときは，職権で，当該処分禁止の登記も抹消しなければならない。

　＊旧法関係……①旧法146条ノ2第1項，②旧法146条ノ3第1項，③旧法146条ノ2第3項，146条ノ3第2項

I　本条の趣旨

　民事保全法53条に基づき不動産登記請求権保全の仮処分の執行がなされた場合のうち，一定の場合における登記面での後始末の手続の方法と根拠を提供するのが本条の趣旨である。一定の場合とは，処分禁止の登記が保全仮登記(詳しくは，本書112条の解説参照)を伴わずに単独でなされた後に，仮処分債権者が保全すべき登記請求権に係る仮登記以外の登

記を申請する場合であり，仮処分債権者が申請する登記として，(a)当該不動産の所有権の登記の場合（本条①）と(b)当該不動産の所有権以外の権利の移転または消滅の登記の場合（同②）とが定められ，登記面での後始末の手続の方法としては，(a)処分禁止の登記に劣後する登記の抹消の単独申請の許容性（同①・②）と(b)劣後登記抹消の場合における処分禁止の登記の職権抹消の必要性（同③）とが定められている。

なお，「処分禁止の登記」のことが，本条の条文タイトルにおいては「仮処分の登記」と表現されている。これは，旧法146条ノ2から旧法146条ノ4における用語法の名残であろうが，用語法としては，処分禁止の登記の方が明快と思われる。仮処分の登記という用語法では，仮処分の執行方法としての登記との意味を思わせる余地があり，処分禁止の登記と保全仮登記の両者を総称するものとの印象を与える可能性があろう。旧法でも，明確に前者のみ指したい場合には，あえて「仮処分の登記」との用語を回避していたと思われる（旧法146ノ5参照）。

II 本条が対象としている場面

保全仮登記を伴わずに単独で処分禁止の登記がなされた場合というのは，民事保全法53条1項の適用はなされたが同条2項の適用はなされなかった場合にほかならないから，「不動産に関する権利についての登記（仮登記を除く。）を請求する権利……を保全するための処分禁止の仮処分」の場合（民保53①）から，「不動産に関する所有権以外の権利の保存，設定又は変更についての登記請求権を保全するための処分禁止の仮処分」の場合（民保53②）を除外した場合であることになる。

例えば，不動産の売主が登記を移転しないので買主が所有権移転登記請求権を保全する仮処分を行った場合は，民事保全法53条の1項には該当するが2項には該当しない（処分禁止の登記のみがなされる）ので，本条の対象となる（典型例である）。

これに対し，例えば，抵当権設定者が設定登記に協力しないので金銭貸主である抵当権者が抵当権設定登記請求権を保全する仮処分を行った場合は，1項に該当し2項にも該当する（処分禁止の登記とともに保全仮登記がなされる）ので，本条の対象とはならない。

要するに，不動産登記請求権を保全するための処分禁止の仮処分の場合，処分禁止の登記は常になされるので（民保53），本条の対象となるか否かは，保全仮登記を伴わないのか伴うのかで差が出ることになる（伴わない場合が本条の対象）。

保全仮登記を伴わず処分禁止の登記のみある場合について，本条は，旧法での条文の区分に従い，1項（旧法146ノ2①に対応）と2項（旧法146条ノ3①に対応）の2つの場合を分けて定めている。この区分は，仮処分権利者が実現しようとする登記が所有権の登記なのか，所有権以外の権利の移転または消滅の登記なのか，の違いによるものである。なお，所有権以外の権利については，「移転」または「消滅」以外の内容の権利変動，すなわち，「保存」，「設定」，「変更」の登記である場合は，もともと民事保全法53条2項で定める処分禁止の仮処分によってその登記請求権を保全する場合であり保全仮登記を伴う場合であるから，本

条の対象外であり，次条以下の対象である。

III 所有権の登記を申請する場合について
1 本条1項と民事保全法58条の関係

　本条1項は，民事保全法53条の1項により処分禁止の登記がされたもののうち同条2項による保全仮登記を伴わないものにつき，仮処分債権者が当該仮処分の債務者を登記義務者とする所有権の登記を申請する場合の処分禁止の登記に後れる登記の抹消手続について定めており，その内容において，民事保全法58条2項を登記法的に変容させたものとなっている。なお，仮処分債権者の行う所有権の登記の申請は，判決による登記申請に限らず共同申請によるものであっても差し支えないとされている（昭37・6・18民甲1562民事局長通達・先例集追III900，平2・11・8民三5000民事局長通達・先例集追VIII38第3-1-(2)-エ-(エ)参照）。

　民事保全法の内容を登記法的に変容させた理由は登記官の審査権の制約によるものである。民事保全法58条2項は，保全仮登記を伴わない処分禁止の登記を受けた仮処分債権者は，「保全すべき登記請求権に係る登記をする場合」において，処分禁止の登記より後順位の登記を抹消しうると定めているが，形式的審査権のみを持つ登記官は，処分禁止の登記には被保全権利の記載がない（前掲平2・11・8民三5000民事局長通達「別紙記載例1番」等）ため，「保全すべき登記請求権に係る登記」であるかどうかを判断することができない。そこで，本条1項は，登記官の審査権限で実現可能な手続を所定したのである。すなわち，所有権について保全仮登記を伴わない処分禁止の登記があり，当該処分禁止の仮処分債権者が仮処分債務者を登記義務者として所有権の登記を申請する場合でありさえすれば，登記手続上は民事保全法58条2項の場合を充足するものとして扱う定めをしたわけである（保全仮登記を伴うか否かについては登記の記載から一目瞭然であるし，仮処分の債権者および債務者についても処分禁止の登記および処分禁止の登記の直前の登記の記載から明らかである）。

　なお，登記実務上，本場合の抹消登記の申請は所有権登記の申請と同時であるべきものとされている（前掲平2・11・8民三5000局長通達・先例集追VIII38第3-1-(2)-(ア)）。もしも所有権登記申請より前や後でもよいとすると，例えば本案で敗れたことを伏せてする抹消登記申請を排除できないことになるからである。また，同時申請であることから，同一の受付番号をもって登記されることとなる（19③後段，前掲平2・11・8民三5000民事局長通達・先例集追VIII38第3-1-(2)-エ-(イ)，後述の登記の具体例※参照）。

　このように民事保全法所定内容を登記法的に変容させた結果，民事保全法の要件を実体的に充足しないにもかかわらず不動産登記法の手続により登記を抹消される場合も起こり得るが，その場合には，抹消された登記の回復（法72条，令別表27参照）の手続が妥当する。なお，抹消された登記名義人が速やかに抹消回復登記手続をとれるように，民事保全法59条は抹消される登記名義人に対する事前通知を求めており，抹消登記には，当該通知をしたことを証する情報が添付情報として必要とされている（令別表71）。

2 「所有権の登記(仮登記を除く。)」

本条1項の「所有権の登記」とは，所有権または共有持分の登記名義人を実質的に変更する登記のことであり，「所有権移転登記」が典型であり，このほか，「所有権移転登記抹消登記」，「所有権移転登記抹消回復の登記」，「持分更正登記」などが含まれる。「所有権保存登記」は，表題部所有者欄記載者等による単独申請によりなされ(74①(1)参照)，登記手続上の登記義務者が存在しないため，実体法的な登記請求権の存在を前提とする(民保53①参照)本条1項には，原則的には(例外の可能性につき，74①(2)参照)含まれないこととなる。

なお，本条1項が(2項も同じであるが)仮登記を含めないことを明記するのは，仮登記を含めてしまうと対抗力を有しない仮登記(6款参照)によって第三者の登記を抹消する過大な効力を認めることになってしまうことを回避するためである。

3 「当該処分禁止の登記に後れる登記」

本条1項の「当該処分禁止の登記に後れる登記」とは，登記実務上，仮処分の登記より後順位の登記のうち，仮処分に対抗することができることが登記簿上明らかな登記を除いたもの，とされる(前掲平2・11・8民三5000民事局長通達・先例集追Ⅷ38第3-1-(2)-(ウ))。本条1項が依拠する民事保全法58条2項にある「後れる登記」が同法1項にある「抵触する」登記であるとの解釈を踏まえつつも，実体的には仮処分に対抗できる登記であっても抹消される場合のあることを含み得る表現であり登記官の形式的審査権に配慮した有権解釈がなされているが，いずれにせよ，単に処分禁止の登記の後にされた登記という意味ではない(瀬木比呂志『民事保全法(第3版)』〔判例タイムズ社・2009〕616頁参照)。

後順位であっても仮処分に対抗することができることが登記簿上明らかな登記とは，「例えば，仮処分の登記前に設定の登記がされた抵当権の登記名義人を申立人とする競売開始決定に係る差押えの登記……，仮処分の債務者に対する破産，……，更生手続開始または企業担保権の実行手続の開始の各登記である」(前掲平2・11・8民三5000民事局長通達・先例集追Ⅷ38第3-1-(2)-(ウ))。

取得時効を原因とする登記が仮処分後になされた場合でも仮処分に対抗できる場合があるか否かについては，分析を要する(山崎潮「仮処分と登記」新不登新講座⑥99〜101頁参照)が，要するに，最高裁判例の取得時効と登記に関して一般に確立した内容として把握されているところ(田中実=新田敏『民法講義ノート(2)物権』〔有斐閣・1980〕67頁参照)に依拠し，時効完成後に処分禁止の登記がなされたことが登記簿上明らかである場合(「時効取得原因日付(時効起算日)が処分禁止の登記の日より20年以上前の日となっている」場合等)以外の場合においては，判決によるなど登記申請自体によって時効取得が仮処分に対抗できないことが明らかでない限り，登記の実務では，仮処分に対抗できるものと扱い債権者の単独申請による抹消登記申請は却下されることになろうとされている(山崎・前掲101頁)。

4 抹消登記申請の対象

　本条1項の基礎となった民事保全法58条2項は「後れる登記を抹消することができる」とし，本条1項も「後れる登記の抹消を…申請することができる」としているから，一見すると，劣後登記の抹消の申請はせずに自己が求める所有権の登記の申請だけをすることも自由であるようにも読めなくはない。

　しかし，例えば，「仮処分債務者甲，仮処分債権者乙，仮処分後甲から所有権移転登記を受けた者丙」との事例で，乙が，丙の登記の抹消を申請せずに甲を登記義務者・自己を登記権利者とする所有権移転登記の申請をしたとしても，登記名義人が丙のままでは，登記義務者との不一致により登記申請は却下される（法25(7)，前掲平2・11・8民三5000民事局長通達・先例集追Ⅷ38第3-1-(2)-エ-(ア)，(ウ)後段）。他方，仮処分債権者の所有権登記申請に対する妨げとならない登記であれば（例えば，仮処分債務者Aを設定者とするBのための抵当権設定登記であれば，所有権移転登記の申請における登記義務者と登記名義人はAで一致するので不一致による却下はされない），仮処分の登記に後れる登記であっても，抹消の申請は必ずしも必要ではなく（抹消を申請しないと，先の例のBの抵当権登記は残存することになる），正に条文の文言のままの帰結となる（前掲平2・11・8民三5000民事局長通達・先例集追Ⅷ38第3-1-(2)-エ-(ア)，(オ)）。

5 抹消登記の登記原因

　これに関しては，実務上の統一が予定されており，「仮処分による失効」或いは「仮処分による一部失効」と記載される（前掲平2・11・8民三5000民事局長通達第3-1-(2)-カ）。

6 登記の具体例

　ここでは，山崎・前掲112頁および山崎潮（監修）＝瀬木比呂志（編集代表）『注釈民事保全法(下)』〔民事法情報センター・1999〕196頁の所有権移転（甲区）に基づいて，規則197②(1)・(2)別記7号・8号様式の【権利部(甲区)】(所有権に関する事項)欄のフォーマットにて，処分禁止の仮処分に関する一連の登記の具体例を示す。

【権利部(甲区)】(所有権に関する事項)				
【順位番号】	【登記の目的】	【受付年月日・受付番号】	【原　　因】	【権利者その他の事項】
1	所有権保存	平成○○年○月○日 第○○○号	余白	所有者○○市……… 　甲山　甲一
2	処分禁止仮処分	平成○○年○月○日 第○○○号	平成○○年○月○日 ○○地方裁判所仮処分命令	債権者○○市……… 　乙田　乙次
3	所有権移転	平成○○年○月○日 第○○○号	平成○○年○月○日 売買	所有者○○市……… 　丙山　丙三
4	3番所有権抹	平成○○年○月○日	仮処分による失効	余白

	消	第○○○号※		
5	所有権移転	平成○○年○月○日 第○○○号※	平成○○年○月○日 売買	所有者○○市……… 　　　　乙田　乙次
6	2番仮処分登記抹消	余白	余白	仮処分の目的達成により 平成○○年○月○日登記

(※同一番号となる)

IV 所有権以外の権利の移転または消滅の登記を申請する場合について
1 本条2項と民事保全法58条の関係

　本条2項は，本条1項を一定の場合に準用するものであるため，民事保全法58条との関係も，本条1項の場合と同様となる。すなわち，所有権以外の権利について保全仮登記を伴わない処分禁止の登記があり当該処分禁止の仮処分債権者が仮処分債務者を登記義務者として当該権利の移転または消滅の登記を申請する場合の処分禁止の登記に後れる登記の抹消手続について定めており，その内容において，民事保全法58条2項を登記法的に変容させたものとなっている点で，本条1項と同様である。つまり，登記官の権限との整合性を配慮して，所有権以外の権利について保全仮登記を伴わない処分禁止の登記があり当該処分禁止の仮処分債権者が仮処分債務者を登記義務者として当該権利の移転または消滅の登記を申請するのと同時でありさえすれば，登記手続上は民事保全法58条2項の場合を充足するものとして扱い，当該債権者は劣後登記の抹消を単独申請できる旨を定めたのである。なお，所有権以外の権利の移転または消滅の登記の申請は，判決による登記の単独申請のほか共同申請でもよい点についても，本条1項と同様である（前掲平2・11・8民三5000民事局長通達・先例集追Ⅷ38第3-2-(2)-ア，1-(2)-エ-(エ)）。

2 「所有権以外の権利」「の移転又は消滅に関」する「登記（仮登記を除く）」

　(1)　**所有権以外の権利**　本条は民事保全法58条1項・2項を前提とするものであるから，本項の予定する「所有権以外の権利」とは，客体が不動産であり登記が予定される権利ゆえ（民保58①・②が前提とする民保53①参照），地上権，永小作権，地役権，先取特権，質権，抵当権，賃借権，一定の採石権ということになる（法3②〜⑨）。

　(2)　**移転または消滅に関する登記**　登記実務上，移転に関する登記とは，権利の全部または一部の名義人を実質的に変更する登記で保存または設定の登記に変更を加えないものを意味し，抵当権もしくは地上権の全部もしくは一部の移転の登記，移転の更正の登記または移転の抹消回復の登記が例示されている（前掲平2・11・8民三5000民事局長通達・先例集追Ⅷ38第3-2-(2)-イ前段）。

　登記実務上，消滅に関する登記とは，権利の全部または一部が設定者との関係において実質的に消滅する登記を意味し，抵当権抹消の登記，一部弁済による抵当権変更の登記または被担保債権額を減額する抵当権更正の登記が例示されている（前掲平2・11・8民三5000

民事局長通達・先例集追Ⅷ38第3-2-(2)-イ後段)。変更の登記も例示されているが，これは，権利変動自体に着目し，優先弁済効の限度の減少であり抵当権の一部「消滅」と評価できるからである。

3 処分禁止の登記に後れる登記の抹消申請

条文上は，この部分について，本条1項を準用するものであるから，特段，本項特有の定めがあるわけではなく，登記実務上も，本条1項と同様の解釈がなされており(前掲平2・11・8民三5000民事局長通達・先例集追Ⅷ38第3-2-(2)-ア，1-(2))，処分禁止の登記より後順位の登記のうち一定のものを除外した登記が対象となることや，移転または消滅の登記と抹消登記とは同時申請をすべきことなど，本条1項と同様である。

4 登記の具体例

ここでは，山崎・前掲115頁および前掲『注釈民事保全法(下)』198頁の抵当権移転(乙区)に基づいて，規則197条2項1号・2号別記7号・8号様式の【権利部(乙区)】(所有権以外の権利に関する事項)欄のフォーマットにて，処分禁止の仮処分に関する一連の登記の具体例を示す。

【権利部(乙区)】(所有権以外の権利に関する事項)					
【順位番号】	【登記の目的】	【受付年月日・受付番号】	【原　因】	【権利者その他の事項】	
1 付1 付2 付3	抵当権設定	平成○○年○月○日 第○○○号	平成○○年○月○日 金銭消費貸借同日設定	債権額 金○○○万○○円 利息 年○○% 損害金 年○○% 債務者○○市……… 　　甲田　甲一 抵当権者○○市……… 　　乙山　乙次	
1 付記1号	1番抵当権処分禁止仮処分	平成○○年○月○日 第○○○号	平成○○年○月○日 ○○地方裁判所仮処分命令	債権者○○市……… 　　丙田　丙三	
1 付記2号	1番抵当権移転	平成○○年○月○日 第○○○号	平成○○年○月○日 債権譲渡	抵当権者○○市……… 　　丁山　丁三	
2	1番付記2号抵当権移転抹消	平成○○年○月○日 第○○○号※	仮処分による失効	余白	
1 付記3号	1番抵当権移転	平成○○年○月○日 第○○○号※	平成○○年○月○日 債権譲渡	抵当権者○○市……… 　　丙田　丙三	
3	1番付記1号仮処分登記抹消	余白	余白	仮処分の目的達成により 平成○○年○月○日登記	

(※同一番号となる)

V 職権による処分禁止の登記の抹消
1 本条3項の趣旨

旧法146条ノ2第3項および旧法146条ノ3第2項と同様の規定であり，それ以前の不動産登記法には，職権による抹消規定がなかったため，裁判所書記官の嘱託による抹消を求める債権者の申立ての懈怠・失念により不要な登記が残されてしまう実務上不都合な事態が生じていたことを解消する必要性と仮処分の効力に依拠したことが明らかな場合にて登記官が職権で抹消しても不都合に乏しいとの許容性の両面から立法されたものである。

抹消を行う場合の記載例は，実務上統一されており（前掲平2・11・8民三5000民事局長通達・先例集追Ⅷ第3-1-(3)-ア，同2-3），前述の登記の具体例では，甲区6番・2番（本条解説Ⅲ6参照），乙区3番・1番付記1号（本条解説Ⅳ4参照）の各記載部分に示されている。

2 裁判所書記官の嘱託による抹消

本条3項は，あくまでも，1項または2項に基づき処分禁止の登記に後れる登記を抹消するときの規定であるため，後れる登記の抹消が申請されない場合には（これが許される場合のあることにつき，本条解説Ⅲ4参照），職権で処分禁止の登記を抹消するわけにはいかない（16①参照。なお，保全仮登記に基づく本登記をする場合には，後れる登記の抹消の有無にかかわらず職権で処分禁止の登記が抹消されることにつき114条参照）。

このような場合でも，もはや不要な処分禁止の登記を残しておくことの不都合を回避する簡便な方法として，民事保全規則48条1項は，仮処分債権者による裁判所書記官に対する抹消申立てにより抹消の嘱託をする方法を定めている。

また，従来同様，仮処分の執行の取下げまたは取消決定に基づく方法も利用可能である（民保53③，民執54）。

これらの場合の登記記載例に関し，前掲平2・11・8民三5000民事局長通達別紙で掲げられているもの（18・19）に基づき，規則197条2項1号・2号別記7号・8号様式の【権利部（甲区）】（所有権に関する事項）欄または【権利部（乙区）】（所有権以外の権利に関する事項）欄のフォーマットにて示す。

(民保規則48の規定による場合)

【順位番号】	【登記の目的】	【受付年月日・受付番号】	【原　因】	【権利者その他の事項】
○	○番（または○番付記○号）仮処分登記抹消	平成○○年○月○日第○○○号	平成○○年○月○日抹消申立	余白

(執行の取下げまたは取消決定の場合)

【順位番号】	【登記の目的】	【受付年月日・受付番号】	【原　因】	【権利者その他の事項】
○	○番(または○番付記○号)仮処分登記抹消	平成○○年○月○日第○○○号	平成○○年○月○日取下(または取消決定)	余白

(雨宮　啓)

(執筆協力：今川嘉典)

(保全仮登記に基づく本登記の順位)
第112条　保全仮登記に基づいて本登記をした場合は，当該本登記の順位は，当該保全仮登記の順位による。

＊旧法関係……旧法135条ノ2，7条2項

I　本条の趣旨

　民事保全法53条に基づき不動産登記請求権保全の仮処分の執行がなされた場合のうち，処分禁止の登記に保全仮登記(II参照)が併用された場合における保全仮登記が順位保全効(III参照)を有する根拠を提供するのが本条の趣旨である。

　本条は，旧法135条ノ2が定めていた内容のうち，旧法7条2項を準用する部分のみを承継するものである。旧法54条および旧法55条を準用する部分(仮登記は余白を設けてし，本登記は余白になすこと)は承継していないが，同様の内容は，不動産登記規則に定められている(本款【前注】I参照)。なお，旧法135条ノ2は，民事保全法制定に伴う新設規定である(同II*1*参照)。

II　保全仮登記
1　意　義

　保全仮登記とは，不動産登記法上は，民事保全法53条2項に規定する保全仮登記のことを指すと定められ(111①)，民事保全法上は，一定の仮処分による仮登記のこと，すなわち，不動産に関する所有権以外の権利の保存，設定または変更についての登記請求権を保全するための処分禁止の仮処分の執行において処分禁止の登記とともになされる仮登記のことを指すと定められている(民保53②)。

2　保全仮登記がなされる場面

　不動産登記法が予定しているのは，不動産に関する所有権以外の権利の，すなわち，地

上権，永小作権，地役権，先取特権，質権，抵当権，賃借権，一定の採石権のいずれかの，保存，設定，変更についての登記請求権を保全する場面である(民保53②，法3)。例えば，抵当権設定者が設定登記に協力しないので，金銭貸主である抵当権者が抵当権設定登記請求権を保全する仮処分を行った場合になされることになる(典型例である)。

「保存」，「設定」，「変更」の登記とは，実質的に新たに権利を創設することを示したり(「保存」，「設定」)，権利帰属主体変更(これは「移転」に該当)および権利の分量的増・減(これは「設定」・「消滅」に各該当)以外の権利内容の変動を示したり(「変更」)するところの登記を指す(瀬木比呂志『民事保全法(第3版)』〔判例タイムズ社・2009〕605頁)。例えば，先取特権の保存の登記，抵当権の設定の登記(典型例である)，地上権の設定の登記(典型例である)，抵当権若しくはその順位の譲渡若しくは放棄(民376①後)の登記がこれらに該当する(平2・11・8民三5000民事局長通達・先例集追Ⅷ38第3-3-(1)-イ参照)。

なお，こうした仮処分が行われる場合，処分禁止の対象は，所有権の場合もあれば，所有権以外の場合もある。つまり，被保全権利が所有権をも制約する場合か否かの違いである(瀬木比呂志『民事保全法(第3版)』605頁)。例えば，抵当権に関する登記請求権の場合でも，抵当権設定の登記請求権を保全するには，所有権が処分禁止の対象となるが(抵当権の設定は，所有権の権能の一部である交換価値を取得するいわゆる設定的承継取得)，転抵当権設定の登記請求権を保全するには，少なくとも所有権全体を処分禁止の対象とする必要はない(目的物を再度抵当に入れることと解する見解も，抵当権者の把握した交換価値を転抵当権者に優先把握せしめる意味を前提とするので(我妻栄『新訂擔保物権法』〔岩波書店・1968〕390頁)，転抵当に関しての見解の対立にもかかわらず，結論は一致しよう)。

3 性格

一般に，保全仮登記は，処分禁止の登記と一体となった「処分の制限」(法3)についてする登記である，と把握されている(瀬木比呂志『民事保全法(第3版)』606頁，幾代=徳本・不登法228頁，前掲平2・11・8民三5000民事局長通達・先例集追Ⅷ38第3-3-(1)-エなど)。この把握は，①民事保全法上，保全仮登記は，処分禁止の登記を前提としていること(民保53②)，②保全仮登記を伴う処分禁止の仮処分により保全される登記請求権にかかる権利の客体である不動産に関する一定の処分は，登記の取得面または順位面で制限を受けること(民保58①・④または民保58条①・③，法112)などに基づくものと思われる。

保全仮登記の処分禁止の登記との一体性については，登記実務上，登記の嘱託は同一の書面で行われ，受付も同一の受付番号をもってなされる(本条解説Ⅳ具体例※参照)ことに現れているが，このほか，記載の方法(本条解説Ⅱ6参照)や登録免許税の扱い(同7参照)にも現れている(前掲平2・11・8民三5000民事局長通達・先例集追Ⅷ38第3-3-(1)-ウ，オ参照)。

4 機能

民事保全法以前の実務では，例えば抵当権といった所有権以外の権利に関する登記請

の保全の場合であっても，所有権の場合と同様の画一性をもって，仮処分の登記をする方法によったうえ，その登記に後れた第三者の登記を抹消する扱いであったため(昭28・11・21民甲2164民事局長通達・先例集下2119など)，仮処分に過大な効力を与えるものとなっていた。つまり，例えば，抵当権の登記請求権保全の仮処分であれば，仮処分の時点での登記順位さえ確保すれば必要かつ十分なはずのところ，その後の登記の抹消までされたのであった。

そこで，民事保全法は，このような問題を解決すべく，保全仮登記を新設し，一定の登記請求権を保全することにより第三者の登記の無用な抹消をしなくても済む技術を立法化した。すなわち，不動産に関する所有権以外の権利の保存，設定または変更についての登記請求権を保全するための処分禁止の仮処分では，処分禁止の登記をするとともに保全仮登記をもする方法によることとし(民保53②)。なお，いずれの登記も裁判所書記官の嘱託による，民保53③・47③)，仮処分債権者が保全すべき登記請求権にかかる登記をするには，保全仮登記に基づく本登記をする方法によらしめることにより(民保58③)，仮処分の執行後の登記を抹消せずとも保全すべき登記請求権にかかる登記の順位を保全することを可能とした。

こうした民事保全法の定めを受けて，不動産登記法では，保全仮登記の順位保全効(本条解説Ⅲ参照)を定め(112)，不動産登記規則では，順位保全効を実現するための具体的な登記の方法を仮登記(105～110のそれ)の方法を準用する形で定めている(規則179。登記の具体例に関しては，本条解説Ⅳ参照)。

5　保全仮登記以外に処分禁止の登記もする理由

これは，現行法上，保全仮登記は，あくまでも登記請求保全のための処分禁止の仮処分のうちの一定の場合に利用される技術として定められていることによる。処分禁止の仮処分は，訴訟承継主義の民事訴訟法の下での権利者の手続負担を軽減するのにも役立つ制度として設計されているから(本款【前注】Ⅱ3(679頁)にある当事者恒定の効力の解説参照)，順位保全に眼目がある場合といえども，処分禁止の仮処分を利用する以上は，当事者恒定の効力あることの公示の役割を有する処分禁止の登記を必須としているのであり(民保53②，前掲平2・11・8民三5000民事局長通達・先例集追Ⅷ38第3-3-(1)-ア)，順位保全の役割を果たす保全仮登記だけでは足りず，不動産登記法も，保全仮登記は必ず処分禁止の登記を伴うことを前提としているのである(法113・114参照)。

なお，当事者が恒定されることが前提となるため，登記義務者は仮処分債務者である当該抵当権設定者であることに固定されるから，仮登記(法105～110のそれ)に基づく本登記の場合においては現在の所有名義人を登記義務者としても差し支えないこととの違いを生じる。

6　記載の方法

処分禁止の登記は，処分禁止の対象が(本条解説Ⅱ2参照)，所有権である場合には甲区に，

所有権以外の権利である場合には乙区にされ(この場合，保全仮登記に先行される)，保全仮登記は，順位を保全しようとしている登記請求権が所有権以外の権利に関するものであることから，常に乙区にされる(規則4④，前掲平2・11・8民三5000民事局長通達・先例集追Ⅷ38第3-3-(1)-ウ)。

また，処分禁止の登記と保全仮登記との関連性を示すため，登記実務上，それぞれの登記の目的欄に他方の登記の存在を示す記載をする(前掲平2・11・8民三5000民事局長通達・先例集追Ⅷ38第3-3-(1)-ウ)。

さらに，登記実務上，保全仮登記の記載事項は仮登記(法105〜110の)に準じて取り扱うものとされているから(前掲平2・11・8民三5000民事局長通達第3-3(1)ア後段)，保全仮登記を伴わない処分禁止の登記による仮処分の場合と異なって(本書111条Ⅲ*1*解説参照)，被保全権利の公示がなされることになる(前掲平2・11・8民三5000民事局長通達別紙記載例2①乙区等，本条解説Ⅳの登記具体例【権利部(乙区)】1番保全仮登記部分参照)。

なお，地役権設定保全仮登記の場合，承役地の乙区に嘱託でなされるほか，要役地の乙区に職権でなされる(法80④，規則159，鎌田=寺田=小池・新講座⑥86頁)。

以上の記載方法を登記の具体例で示したものが，本条解説Ⅳである。

7 登録免許税

処分禁止の登記と保全仮登記の両方の嘱託があっても，登録免許税は，1個の仮処分の登記として徴収される(前掲平2・11・8民三5000民事局長通達・先例集追Ⅷ38第3-3-(1)-オ前段)。

同一債権のために数個の不動産に関する権利を目的とする先取特権，質権または抵当権について保全仮登記の嘱託があった場合，登録免許税法第13条の類推適用があるから(前掲平2・11・8民三5000民事局長通達・先例集追Ⅷ38第3-3-(1)-オ後段)，共同担保の登記等の場合の課税標準および税率が用いられる。

8 他の手続との関係

(1) **破産手続開始決定** 仮処分自体が効力を失うので(破42②本文)，保全仮登記も効力を失いこれに基づく本登記ができなくなる点で，仮登記の場合(破49①本文の反対解釈(「破産手続開始」前になされた仮登記は効力を主張できる)により仮登記に基づく本登記を破産管財人に要求できる)と異なるのが原則であるが，取戻権の対象となる権利(例えば，破産手続開始決定前の抵当権設定登記を抹消請求する場合，瀬木・前掲610頁)については効力を維持する(破62)。

(2) **不動産強制競売等** 民事保全法の制定に伴い改正された民事執行法87条1項4号により，競売で消滅することになる(民執59①)代わりに配当等を受けるべき者として保護される場合，配当等の額に相当する金銭は供託される(民執91①(5))。

なお，不動産担保権の実行の場合も，これらの条文が準用され，同様の手続となる(民

執188条)。

III　順位保全効

　旧法の下では，順位保全効について，仮登記の条文を準用していたため(135ノ2・7②)，仮登記に関する順位保全効をめぐる議論，とりわけ対抗力の遡及効の有無についての議論を，保全仮登記にも及ぼす余地もありえたかもしれない。

　しかし，もともと保全仮登記は，登記請求権を保全する一定の場合における合理的な処理を確保する技術として立法されたのであるから，保全仮登記に基づく登記があったこと自体だけに依拠して対抗力の遡及有無を論じ，端的に，不法行為の成否や不当利得の成否に結び付けてよいかには疑問がある。そもそも仮登記(105～110のそれ)に基づく本登記の場合における対抗力の遡及有無の議論においても，不法行為に関しては別個の観点から帰結する見解もあるのであるから，まして，不動産登記法が仮処分に関する登記の場合に前提としている仮処分は，占有ではなく登記の保全を目的としているのであるから(本款【前注】II 2参照)，占有侵害や占有利得を直結させることには無理があろうと思われる。

　すると，保全仮登記が有する順位保全効に関しては，登記技術的な観点に絞って理解すれば足りる。すなわち，条文にある「……当該本登記の順位は，当該保全仮登記の順位による」以外の点に関しては，そのことを基礎とする場面を規律する他の実定法に従うのである。

　例えば，本条解説IVの登記具体例でいえば【権利部(乙区)】にある「乙田乙次」の抵当権登記の順位は保全仮登記の順位(乙区内では1番，甲区との比較では，保全仮登記の受付年月日・受付番号による順位)となることを基礎にし，例えば，抵当権が実行されて配当の順位を決める場面では，その場面での根拠法規をあてはめて(民執188・85①本文・②，民373)，1番が「乙田乙次」，2番が「丁田丁四郎」となる配当表が作成されることとなるが，かように，順位保全効は登記順位の決定や登記前後の決定の前提を提供するものといえる。

IV　登記の具体例

　ここでは，鎌田=寺田=小池・講座⑥各論III 117，118頁および山崎潮(監修)=瀬木比呂志(編集代表)『注釈民事保全法(下)』〔民事法情報センター・1999〕199，200頁の設定(甲区，乙区)に基づいて，規則197条2項1号・2号別記7号・8号様式の【権利部(甲区)】(所有権に関する事項)欄および【権利部(乙区)】(所有権以外の権利に関する事項)欄のフォーマットにて，処分禁止の仮処分に関する一連の登記の具体例を示す。

【権利部(甲区)】(所有権に関する事項)

【順位番号】	【登記の目的】	【受付年月日・受付番号】	【原因】	【権利者その他の事項】
1	所有権保存	平成○○年○月○日第○○○号	余白	所有者○○市……　甲山　甲一
2	処分禁止仮処分(乙区1番保全仮登記)	平成○○年○月○日第○○○号※	平成○○年○月○日○○地方裁判所仮処分命令	債権者○○市……　乙田　乙次
3	所有権移転	平成○○年○月○日第○○○号	平成○○年○月○日売買	所有者○○市……　丙山　丙三
4	2番仮処分登記抹消	余白	余白	仮処分の目的達成により平成○○年○月○日登記

(※乙区1番の保全仮登記の受付番号と同一となる)

【権利部(乙区)】(所有権以外の権利に関する事項)

【順位番号】	【登記の目的】	【受付年月日・受付番号】	【原因】	【権利者その他の事項】
1	抵当権設定保全仮登記(甲区2番仮処分)	平成○○年○月○日第○○○号※	平成○○年○月○日金銭消費貸借同日設定	債権額 金○○○万○○円　利息 年○○%　損害金 年○○%　債務者○○市……　甲山　甲一　権利者○○市……　乙田　乙次
	抵当権設定	平成○○年○月○日第○○○号	平成○○年○月○日金銭消費貸借同日設定	債権額 金○○○万○○円　利息 年○○%　損害金 年○○%　債務者○○市……　甲山　甲一　抵当権者○○市……　乙田　乙次
2	抵当権設定	平成○○年○月○日第○○○号	平成○○年○月○日金銭消費貸借同日設定	債権額 金○○○万○○円　利息 年○○%　損害金 年○○%　債務者○○市……　丙山　丙三　抵当権者○○市……　丁田　丁四郎

(※甲区2番の処分禁止登記の受付番号と同一となる)

(雨宮　啓)

(執筆協力：今川嘉典)

(保全仮登記に係る仮処分の登記に後れる登記の抹消)

第113条 不動産の使用又は収益をする権利について保全仮登記がされた後、当該保全仮登記に係る仮処分の債権者が本登記を申請する場合においては、当該債権者は、所有権以外の不動産の使用若しくは収益をする権利又は当該権利を目的とする権利に関する登記であって当該保全仮登記とともにした処分禁止の登記に後れるものの抹消を単独で申請することができる。

＊旧法関係……旧法146条ノ4

I 本条の趣旨

民事保全法53条に基づき不動産登記請求権保全の仮処分の執行がなされた場合における処分禁止の登記に保全仮登記(本書112条の解説参照)が併用された場合(民保53②)のうち処分禁止の登記に後れる登記の抹消を仮処分債権者ができる場合(民保58④)について、不動産登記法上の根拠や手続を提供することが本条の趣旨である。なお、「処分禁止の登記」のことが条文タイトルでは「仮処分の登記」と表現されている点は、法111条と同様である。

本条は、旧法146条ノ4が定めていた内容のうち、前段部分のみを承継するものであるが、後段部分と同様の内容については、不動産登記令に定められている(本款【前注】I(678頁)参照)。

なお、旧法146条ノ4は、民事保全法制定に伴う新設規定であった(同 II 1)。

II 本条が対象としている場面

法111条と法112条～114条とは対をなし、前者が保全仮登記を併用しない場合であり後者が保全仮登記を併用する場合である(本款【前注】II 5参照)。本条は後者に属するが、他の2条(112・114)と異なり、その場合のうち、さらに限定された一定の場面、すなわち、不動産使用収益権の保全仮登記に基づき本登記を申請する場合であって、かつ、他の所有権以外の不動産使用収益権またはその権利を目的とする権利の登記が処分禁止の登記に後れる場合、が本条の対象とする場面である。

ただし、このような場合に後れる登記の抹消が予定されている根拠は本登記される権利と後れる登記にかかる権利とが同一不動産上で両立しないとの実体法上の性質(いわゆる物権の排他性ないしこの意味における一物一権主義)を登記に反映させる必要にあると解されるほか、抹消の可否や要否は他の登記手続との整合性にも関連するので、本条の対象場面は、形式的に本条の文言をあてはめるだけでは特定できず個別の検討を経た限定ないし縮小解釈を要する(以下のIIIおよびIVにおける個別の検討で除外されず、かつ、本条の文言に該当する場合が抹消できる場合となる。検討の結果を集約した一覧性ある資料として、山崎潮(監修)=瀬木比呂志(編集代表)『注釈民事保全法(下)』〔民事法情報センター・1999〕260頁掲載の表参照)。

III　本登記される権利が抹消要求の根拠となるか否かの検討

　まず，使用収益をしない旨の定めがある不動産質権は（民359・356，法95①(6)），本条の文言からも，抹消要求の根拠とはできないことは当然である。

　次に，地役権は，いわゆる用益物権に分類されてはいるが（我妻栄＝有泉亨補訂『新訂物権法』〔岩波書店・1983〕34頁），その使用収益の権能は「他人の土地を自己の土地の便益に供する権利」にとどまり他人の土地の占有までは予定されておらず，便益の内容が多様であることや（例えば，観望地役権，日照地役権），同一土地上の他の地役権成立が肯定されていること（民285②参照），所有者の工作物使用が肯定されていること（民288①。それゆえ所有者からの当該範囲内での設定的承継者の使用も肯定されうるであろうこと）などに照らせば，他の使用収益権等と両立するか否かは個別の場合ごとに判断されるのが適当であり，一律に抹消要求の根拠とするにはふさわしくない。

　登記実務においても，同様の結論とされている（前掲平2・11・8民三5000民事局長通達・先例集追Ⅷ38第3-3-(5)-イ参照）。

IV　後れる登記が抹消されるか否かの検討

　ここでも，後れる登記にかかる権利の実体法上の性質から検討する必要があろう。

　まず，地上権および永小作権は保全仮登記にかかる権利が地役権である場合を除き，当然に抹消対象となる。なお，所有権は使用収益権能を含むこともちろんではあるが（民206），使用収益権の負担を順位保全効により優先させつつ他の権能の制約なき所有権を所有者に帰属させるとの両者の両立を認めることこそ実体法上の各権利の性質に適合するから（憲29，民179①本文・265・270・60等参照），保全仮登記併用の処分禁止の登記に後れた所有権登記といえども抹消されるべきではない。条文の文言も，このことを確認している。

　次に，地役権が一律に他の使用収益権と両立せずとされるのにふさわしくないことは前述のとおりであるから（本条解説Ⅲ参照），処分禁止の登記に後れる登記にかかる権利が地役権の場合，抹消の対象とはできない。

　また，不動産質権であるが，使用収益をしない旨の定めがあるものは本条の文言上抹消対象とできないことはもちろん，使用収益をしない旨の定めがない不動産質権であっても，使用収益権の負担を順位保全効により優先させつつ優先弁済権能（民342）を質権者に帰属させるとの両者の両立を認めることこそ，所有権の場合と同様，実体法上の各権利の性質に適合するから，保全仮登記併用の処分禁止の登記に後れた不動産質権登記といえども抹消されるべきではない。使用収益をしない旨の定めがない不動産質権については，本条の「所有権以外の」の部分の類推解釈ないし「使用若しくは収益をする権利」の部分の縮小解釈をすべきである。登記実務における結論も同様である（平2・11・8民三5000民事局長通達・先例集追Ⅷ38第3-3-(5)-イ前段ただし書）。

　さらに，区分地上権であるが，登記実務上は，民法269条の2第2項が区分地上権の設定に必要な承諾を求める相手方とする権利者には保全仮登記をした者を含めて扱うところ

から(山崎潮(監修)=瀬木比呂志(編集代表)『注釈民事保全法(下)』259頁)，保全仮登記を併用する処分禁止の登記に後れる区分地上権登記がある場合でも，当該区分地上権の設定については仮処分債権者の承諾があったことにほかならないから，抹消対象とすべきではない。これは，仮処分債権者の承諾は当該区分地上権と自己の被保全権利とは両立するとの判断であり，多様な内容となりうる区分地上権では当該判断を尊重しようとするところに根拠を見出せよう。

なお，採石権についても，採石法4条2項が，民法269条の2第2項と類似の規定を定めている。同条は，地上権者と永小作権者の承諾に限定するが，その趣旨を岩石等の多様な採取方法に鑑みての権利両立性に対する判断の尊重という点に見出せる以上，他の使用収益権者にも妥当するから，結局，区分地上権の場合と同様，抹消対象とすべきではないこととなろう。

V 抹消の可否と要否について

本条の文言上は，一見すると，抹消を申請するもしないも自由であるようにも読める。

しかし，本条の場合も，登記実務上，保全仮登記に基づく本登記を申請する以上，処分禁止の登記に後れる登記の抹消を同時に申請しなければ，本登記の申請を却下すべき場合のあることが予定されている(前掲平2・11・8民三5000民事局長通達・先例集追Ⅷ38第3-2-(5)-ウは同第3-1-(2)エ～キに準じて取り扱うとする。本書111条解説Ⅲ*4*参照)。

例えば，保全仮登記に基づき地上権の本登記を申請する場合，処分禁止の登記に後れる地上権登記がある場合，後れる地上権登記の抹消を申請しなければ，本登記の申請は却下されるべきである。さもないと，地上権の複数登記という不動産登記法上許されない状態(法25(3)(13)，令20(7)，大判明39・10・31民録12・1366)が生じてしまうからである。

なお，賃借権については，個別の検討において(前述Ⅲ，Ⅳ)，特段に，抹消請求を制限される根拠がない以上，賃借権についての保全仮登記に基づき本登記を申請するに際し，処分禁止の登記に後れる賃借権登記の抹消を申請することはできる(前掲平2・11・8民三5000民事局長通達・先例集追Ⅷ38第3-3-(5)-イ前段本文)。問題は，後れる賃借権登記の抹消申請をせずに保全仮登記に基づく賃借権の本登記を申請しても却下されないのか，という点である。同一内容の場合は，債権である賃借権といえども手続経済の面などから不都合であり申請は却下されるべきであるが(25(3))，別内容の場合は，登記実務上において同一不動産に2個以上の賃借権設定を認めてきたこと(昭30・5・21民甲972民事局長通達・先例集追Ⅰ351)，賃借権相互の両立有無についての当事者の判断を尊重することは賃借権が債権であることと整合することなどに照らせば，法25条13号，令20条7号の「相互に矛盾するとき」に該当するとまではいえず，申請は却下されない，と解することができよう。これは，法111条における抵当権設定登記と同様の扱いにほかならない(本書111条解説Ⅲ*4*参照)。

(雨宮　啓)
(執筆協力：今川嘉典)

（処分禁止の登記の抹消）

第114条 登記官は，保全仮登記に基づく本登記をするときは，職権で，当該保全仮登記とともにした処分禁止の登記を抹消しなければならない。

＊旧法関係……旧法146条ノ5
＊関連法規……（処分の制限の登記における通知）規則184条〔→（各種の通知の方法）規則188条，（通知書の様式）準則118条13号〕

I 本条の趣旨

　民事保全法53条に基づき不動産登記請求権保全の仮処分の執行がなされた場合のうち，処分禁止の登記に保全仮登記（本書112条解説参照）が併用された場合（民保53②）において，保全仮登記に基づく本登記をするに際しては（本書112条解説参照），登記官の職権で，保全仮登記を併用した処分禁止の登記が抹消される，との登記手続方法と根拠を提供するのが本条の趣旨である。

　本条は，旧法146条ノ5が定めていた内容と同様の内容を承継するものである。処分禁止の登記は保全執行裁判所の裁判所書記官が嘱託してなされたものではあるが（民保53③・47②③），保全仮登記に基づく本登記がなされると仮処分の効力を維持・公示させておく必要性が消滅することは明白ゆえ，登記官の職権をもって当該処分禁止の登記を抹消せしめることにより書記官の嘱託の手間を省きつつ無用な処分禁止の登記が残存することの不都合を回避できる機能を有するしくみである点では111条3項と同様である（本書111条解説V参照。ただし，111条3項と異なり，本条は，後れる登記の抹消有無ではなく保全仮登記に依拠する本登記の有無をもって仮処分効力援用有無のメルクマールとしているから，処分禁止の登記に後れる登記の抹消有無に左右されない）。なお，旧法146条ノ5は，民事保全法制定に伴う新設規定である（本款【前注】II *1* 参照）。

II 登記の具体例

　本書112条解説IVにある登記具体例の【権利部（甲区）】4番の登記がこれにあたる。

III 保全仮登記の扱い

　保全仮登記に基づく本登記があっても，本登記の順位は保全仮登記の順位によるとされる以上（112），保全仮登記は存続することが予定されているといえるし，記載面でも，両者は一体として存続することが予定されているから（本書112条解説IVの登記具体例【乙区】1番登記参照），保全仮登記の記載には何らの変更を要しないが，移記・転写の際には，目的の括弧書き（処分禁止登記との連絡表示，同具体例参照）を省くのが登記実務である（平2・11・8民三5000民事局長通達・先例集追VIII38第3-3-(4)-アなお書き）。

Ⅳ　保全仮登記に基づく本登記ではなく同一内容の登記をした場合

　この場合，仮処分の効力に依拠した登記であるとはいえず本条の適用は許されないので，登記官は処分禁止の登記の職権による抹消はできない。

　この場合に処分禁止の登記の抹消をするには，仮処分の執行の取下げまたは取消決定による仮処分の登記の抹消の裁判所書記官の嘱託による(民保53，民執53・54)。

　なお，保全仮登記を併用しない場合とは異なり，抹消嘱託申立てによる方法(民保規48①)は利用できない。保全仮登記に基づく本登記でない以上，順位保全を図る仮処分の効力を援用する場合もある，とすることには無理があり，債権者の申立てにかからしめる前提を欠くからである(本書111条**Ⅴ2**の解説参照)。

(雨宮　啓)
(執筆協力：今川嘉典)

第8款　官庁又は公署が関与する登記等

＊旧法関係……款名新設

【前　注】
I　嘱託による登記の意義

　不動産登記手続は，官庁または公署の嘱託に基づいて行われる場合がある(16①)。ここにいう嘱託とは，広く官庁または公署が行う申請に相当する行為を指す。もっとも，官庁または公署の一方的な行為をもって登記手続が開始される点に特色があることを除けば，申請による登記と異なるところはなく，原則として申請に基づく登記手続に関する諸制度が準用される(16②，令23)。この点は，旧法25条におけると同様である。したがって，新法16条2項により準用されている諸規定については，条文中の「申請」の文言を「嘱託」に置き換えて適用すべきことになり，準用されていない規定に関しては，嘱託による登記に関する特則がない限り，申請による登記に関する諸規定が，嘱託による登記についても直接適用されることになる。

　嘱託による登記がされる場合については，概ね以下のような類型に分けられる(幾代=徳本・不登法247頁)。

　第1に，官庁または公署自体が，実体法上の物権変動の当事者すなわち，登記権利者または登記義務者となる場合。

　第2に，私人間の物権変動の実現に助力もしくは介入すべく，公権力を行使する主体として，官庁または公署が登記を嘱託する場合。強制執行に関する登記などがこれにあたる。

　第3に，両者の中間に属する類型。滞納処分に基づく公売処分がこれに該当する。

　以下，これらの登記手続につき概説する。

II　新法の規定の配列

　新法は，官庁または公署による嘱託に基づく登記を要する場合として，公売処分による登記(115)，国または地方公共団体が登記権利者または登記義務者となる場合(116)，収用による登記につき国または地方公共団体が起業者となる場合(118②)を，それぞれ規定している。また，嘱託に基づく登記完了にともなう登記識別情報の通知についても，嘱託による登記に関連する事項として，ここに定められている(117)。これらの規定配列は，旧法29条・30条・31条および，嘱託による登記における官庁または公署による登記権利者への登記済証の交付を義務づけていた旧法61条を，まとめて配備したものである。

　さらに，第8款は，「官庁又は公署が関与する登記等」として，官庁または公署の嘱託による登記にとどまらず，収用による登記(官庁または公署の嘱託による登記がされる場合を含む)につき，包括的な規定を置いている(118)。収用による登記につき旧法では，106条・107条・148条に関連規定が散在していたが，新法はこれらを一本化した。

(公売処分による登記)
第115条 官庁又は公署は，公売処分をした場合において，登記権利者の請求があったときは，遅滞なく，次に掲げる事項を登記所に嘱託しなければならない。
(1) 公売処分による権利の移転の登記
(2) 公売処分により消滅した権利の登記の抹消
(3) 滞納処分に関する差押えの登記の抹消

＊旧法関係……旧法29条

I 公売処分に関する登記
1 概　説

新法115条は，旧法29条と同趣旨の規定である。ここにいう公売処分とは，公の機関が法律の規定に基づいて，強権をもって，かつ，買受けの機会を一般に公開して行う売買を指す。具体的には，国税徴収法に基づく滞納処分(地方税の滞納処分等を含む)による公売がこれに該当する。滞納処分とは，租税が滞納に陥った場合において，租税債権を満足させるために強制的に行われる換価手続であり，民事上の強制執行と異なり，徴税官公署による執行となる。徴税官公署は，滞納処分として納税義務者の不動産を差し押さえた場合，差押えの登記を登記所に嘱託しなければならない。

そして，これに基づいて差押不動産を公売処分に付した官庁または公署は，登記権利者の請求があったときは，遅滞なく登記所に嘱託することが義務づけられている。すなわち，当該官庁または公署は，公売処分に関する登記原因証明情報を添付して，①公売処分による権利移転の登記，②公売処分による権利消滅に関する登記の抹消，③滞納処分に関する差押登記の抹消を，それぞれ嘱託しなければならない。

2 公売処分による権利移転の登記

公売処分は，徴税官公署による強制的な換価手続であり，行政処分ではあるが，物権変動の原因はあくまで私法上の売買であって，買受人の権利取得は，原始取得ではなく，承継取得である，というのが伝統的理解である(大判大9・10・12民録26・1469)。したがって，その登記もこれを反映すべく，権利移転の登記となる。

3 公売処分により消滅した権利の登記の抹消

滞納処分による差押えは処分禁止の効力を有し，差押え登記の後に登記された権利は，差押債権者に対して対抗することができないため，官公署は，公売処分にともない，それらの登記の抹消を嘱託しなければならない。

滞納処分による差押えの登記の前に登記された権利であっても、買受人に引き受けられない抵当権・質権・先取特権・仮登記担保権は公売処分により換価代金の配当を受けて消滅するため(国税124①)，抹消の対象となる。また，これらの担保権の登記後に設定された用益物権・賃借権の登記も，同担保権に対抗することができない権利の登記であることから，担保権の消滅により抹消されるべきものとなる。

4 滞納処分に関する差押えの登記の抹消

公売処分によって買受人への権利移転の登記が行われるにあたり，滞納処分に関する差押えの登記は不要となるため，官公署はその抹消を嘱託しなければならない。

5 代位登記

滞納処分による差押えの登記につき嘱託を行うにつき，目的不動産の登記を変更する必要がある(登記名義人の変更・相続など)にもかかわらず，滞納者が登記手続をしていない場合，旧法は，官公署による代位登記を承認する明文規定を置いていた(旧法28ノ2)。ところが，新法にはこれに対応する規定が設けられていない。旧法下においては，土地収用の登記につき，特別規定によらずして，起業者による民法上の債権者代位権(民423)に基づく代位登記が認められるに至り(旧法46ノ2，香川保一・登記研究169号8頁)，滞納処分についても，特別規定なくして，租税債権者による債権者代位権に基づく代位登記を認めるべき旨が指摘されていた。したがって，代位登記に関する特別規定の不存在は，滞納処分による差押えの登記につき，官庁または公署による嘱託がされる場合において，債権者である官公署が登記名義人に代位して変更の登記あるいは権利移転の登記の申請を行うことを妨げる趣旨ではない，と解されている(清水響・登記情報515号46頁)。

II 強制競売に関する登記

なお，強制競売がされたときは，裁判所書記官は，ただちにその開始決定にかかる差押えの登記を登記所に嘱託しなければならず，登記官は，差押えの登記に関する登記事項証明書を執行裁判所に送付することを要する(民執48)。そして，売却許可決定が確定し，買受人が代金を納付したときは，裁判所書記官は，①買受人が取得した権利に関する移転登記，②売却により消滅した権利または売却により効力を失った権利の取得もしくは仮処分にかかる登記の抹消，③差押えまたは仮差押えの登記の抹消，をそれぞれ嘱託しなければならない。この嘱託に際しては，嘱託情報とあわせて，売却許可決定に関する登記識別情報を添付することを要する(民執82)。強制競売が取り下げられたとき，または強制競売の手続を取り消す決定が効力を生じたときは，裁判所書記官は，その差押えの登記の抹消を嘱託しなければならない(民執54)。

(武川幸嗣)

(執筆協力：今川嘉典)

(官庁又は公署の嘱託による登記)
第116条 国又は地方公共団体が登記権利者となって権利に関する登記をするときは，官庁又は公署は，遅滞なく，登記義務者の承諾を得て，当該登記を登記所に嘱託しなければならない。
② 国又は地方公共団体が登記義務者となる権利に関する登記について登記権利者の請求があったときは，官庁又は公署は，遅滞なく，当該登記を登記所に嘱託しなければならない。

I 本条の意義

新法116条は，旧法30条および31条と同趣旨の規定である。国または地方公共団体が実体法上の物権変動の当事者となる場合において，不動産登記法は，官庁または公署が物権変動の相手方と共同申請を行う手間を省き，一定の要件の下で，嘱託に基づいて登記手続を行うことを認めている。共同申請によらず，官公署の嘱託による登記であっても，登記の真正性が担保されることから，このような便宜が図られている。

II 国または地方公共団体が登記権利者となる場合

国または地方公共団体が登記権利者として権利に関する登記を行う場合，官庁または公署は，登記義務者の承諾を得て，その登記を嘱託することを要する。旧法31条1項は，官庁または公署が「不動産に関する権利を取得した場合」に限定していたが，広く「登記権利者となって権利に関する登記をする」場合と規定されたことにより，例えば，国または地方公共団体所有の不動産に設定された担保権や賃借権の消滅にかかる抹消登記を行う場合なども，明文上これに含まれることとなった。

新法116条1項における嘱託による登記を行うにあたっては，添付情報として，登記原因証明情報および，登記義務者の承諾証明情報を要する(令別表73)。旧法においても，登記原因を証する書面および登記義務者の承諾書の添付が求められていた(旧法31①)のと同様の趣旨に基づく。

すなわち，国または地方公共団体が登記権利者となる場合であっても，権利に関する登記であることから，嘱託に際して登記原因証明情報の提供が必要とされるのである(法61，令7①(5)ロただし書は，別表の登記欄に掲げる登記申請に関する添付情報については，同表の添付情報欄に規定するところに従う旨を定めているため，「国または地方公共団体が登記権利者となる権利に関する登記」についての同表73において，あらためて登記原因情報を要する旨が明文化された)。

登記義務者の承諾証明情報の提供については，新法116条1項が登記義務者の承諾を要件としていることと整合する。ここにいう承諾証明情報は，登記義務者が作成するものでなければならない。書面申請により，申請書に登記義務者の承諾情報を記載した書面を添

付する場合，その登記義務者が記名押印し，同人の印鑑証明書を添付することを要する(令19)。電子申請において承諾証明情報を提供するときは，その添付情報は，登記義務者の電子署名が行われているものでなければならない(令12②)。

なお，登記義務者の承諾が得られない場合は，判決による登記手続(法63①，令7①(5)ロ(1))に従い，登記義務者に対抗することができる裁判があったことに関する証明情報(登記義務者を相手方とする確定判決の判決書の正本)を添付して登記申請すればよい。

III 国または地方公共団体が登記義務者となる場合

国または地方公共団体が登記義務者となる権利に関する登記について，登記権利者の請求があったときは，官庁または公署は，遅滞なく，その登記を嘱託することを要する(法116条②)。国または地方公共団体が所有する不動産が私人に払い下げられた場合などがその典型であろう。なお，旧法は，国または地方公共団体が取得した不動産に関する権利の移転(用益物権の譲渡など)につき明文の規定を置いていなかったが，新法では，これらが登記義務者となる場合を包括的に規定するところとなった。したがって，官庁または公署が取得した不動産に関する権利の移転なども含まれる。

登記原因を証する情報の提供は必要である(法16②・61)が，登記権利者および登記義務者が共同して申請をする場合に該当しないため，登記識別情報あるいは登記済証を提供する必要はない(法22)。なお，所有権の移転の登記であれば，登記名義人となる者の住所を証する情報の提供が必要となる(令7別表30)。

(武川幸嗣)

(執筆協力：今川嘉典)

§117 I, II

（官庁又は公署の嘱託による登記の登記識別情報）
第117条 登記官は，官庁又は公署が登記権利者（登記をすることによって登記名義人となる者に限る。以下この条において同じ。）のためにした登記の嘱託に基づいて登記を完了したときは，速やかに，当該登記権利者のために登記識別情報を当該官庁又は公署に通知しなければならない。
② 前項の規定により登記識別情報の通知を受けた官庁又は公署は，遅滞なく，これを同項の登記権利者に通知しなければならない。

I 本条の概容

　新法117条は，旧法61条と同趣旨の規定である。旧法においては，登記権利者のために登記の嘱託を行った官庁または公署が登記所から登記済証の還付を受けた場合に，遅滞なくこれを登記権利者に交付しなければならない旨が定められていたが，新法では，登記済証の交付に代わり登記識別情報の通知が義務づけられている。
　登記権利者のために官庁または公署が登記の嘱託を行う場合とは，国または地方公共団体自身が登記義務者となる場合のほか，強制競売において売却開始決定が確定し，買受人に所有権移転登記が嘱託された場合，などをいう。

II 官庁または公署に登記識別情報を通知することの意義

　新法21条本文は，登記名義人となる権利者が登記申請を行う場合において，登記官は同人に対し，登記完了後速やかに登記識別情報を通知しなければならない旨につき規定している。同条は新法16条2項により嘱託による登記についても準用されるが，本条はその特別規定である。すなわち，官庁または公署が登記権利者のために登記の嘱託を行った場合，登記官は，速やかに当該申請を行っていない登記権利者のために登記識別情報を当該官庁または公署に通知すべきとされ，登記識別情報の通知を受けた官庁または公署は，遅滞なくこれを登記権利者に通知すべきとされた。登記識別情報は，登記権利者である登記名義人の本人確認手段であるから，最終的に同人に通知されなければならない。
　なお，当該登記権利者の申出に基づいて，当該官庁または公署が登記識別情報の通知を希望しない旨の申出をしたときには，登記識別情報は通知されない（法21ただし書，規則64①(1)）。
　また，法21条本文により登記識別情報の通知を受けるべき者が官庁または公署である場合は，原則として登記識別情報は通知されず，特に当該官庁または公署があらかじめ通知を希望する旨の申出をした場合にのみ通知される（法21ただし書，規則64①(4)）。
　さらに，旧法下では，官庁または公署が登記義務者となる場合における登記申請につき，登記済証の添付が不要とされていたこと（昭15・7・25民事甲949号民事局長通達・先例集上672）から，新法においても，官庁または公署が登記名義人となる場合には登記識別情報の

提供通知を行う必要がないと解され，その意味において，新法16条2項により同21条ただし書が準用されるものと思われるが，新法117条は，官庁または公署が登記の嘱託を行う場合に登記識別情報の通知を要する点において，その特別規定として位置づけられることになろう（清水響・登記情報515号25頁）。なぜならば，本条の嘱託登記は，法22条本文の「登記権利者及び登記義務者が共同して権利に関する登記の申請をする場合」に該当せず，官庁又は公署による申請であるからであり，かつ，登記識別情報の提供という本人確認手段をとるまでもない性格を有しているからである（河合・逐条不登令87頁）。

（武川幸嗣）
（執筆協力：今川嘉典）

（収用による登記）
第118条 不動産の収用による所有権の移転の登記は，第60条の規定にかかわらず，起業者が単独で申請することができる。
② 国又は地方公共団体が起業者であるときは，官庁又は公署は，遅滞なく，前項の登記を登記所に嘱託しなければならない。
③ 前二項の規定は，不動産に関する所有権以外の権利の収用による権利の消滅の登記について準用する。
④ 土地の収用による権利の移転の登記を申請する場合には，当該収用により消滅した権利又は失効した差押え，仮差押え若しくは仮処分に関する登記を指定しなければならない。この場合において，権利の移転の登記をするときは，登記官は，職権で，当該指定に係る登記を抹消しなければならない。
⑤ 登記官は，建物の収用による所有権の移転の登記をするときは，職権で，当該建物を目的とする所有権等の登記以外の権利に関する登記を抹消しなければならない。第3項の登記をする場合において同項の権利を目的とする権利に関する登記についても，同様とする。
⑥ 登記官は，第1項の登記をするときは，職権で，裁決手続開始の登記を抹消しなければならない。

＊旧法関係……①②旧法106条1項・2項，③旧法148条，④旧法107条1項・2項，⑤旧法148条2項，⑥旧法107条3項

I 本条の意義

収用とは，公共の利益となる事業の用に供するため，土地または建物等の所有権その他の権利を，正当な保障の下に強制的に起業者（収用することができる事業主体）に取得させ，

または消滅させる等の行為をいう(林=青山・注解696頁[澤睦])。新法118条にいう収用とは，土地収用法その他の法律の規定による収用を指す(74①(3))。本条は，収用による登記に関する旧法上の諸規定を1か条にまとめたものであり，趣旨において変わるところはない。

II 登記申請に関する特則
1 収用における所有権取得

　起業者が建設大臣または都道府県知事の事業認定を受け，その旨が告示されると，収用の対象となる土地の範囲が仮決定され，起業者は，当該土地または建物が所在する都道府県の収用委員会に裁決を申請する(収用39)。これをうけて収用委員会は裁決手続開始の決定およびその旨の告示を行い，管轄登記所に対して，裁決手続開始の登記を嘱託し(収用45ノ2)，審理により却下または収用裁決(権利取得および明渡裁決)をする。裁決がされた場合，起業者はそこで定められた権利取得の時期までに，被収用者に対して，補償金等の払渡しもしくは供託，替地の譲渡，引渡し等をしなければならない。起業者はこれらを履行することにより，裁決上の権利取得時期において当該土地・建物の所有権を取得し，その土地・建物に関するその他の権利は消滅し，その土地・建物または土地・建物に関する所有権以外の権利についてなされた差押え，仮差押え，仮処分の執行は効力を失う(収用101①)。したがって，収用による権利取得は原始取得であるが，前所有者を含めて物権変動の過程を正確に公示することが望ましいことから，所有権移転登記によってその権利取得が公示されることとなっている(林=青山・注解697頁[澤睦])。

2 収用における登記申請・嘱託

　不動産の収用による所有権移転登記は，起業者が単独申請することができる(法118①)。国または地方公共団体自体が起業者であるときは，その官庁または公署は，遅滞なく，所有権移転登記を嘱託しなければならない(法118②)。収用による所有権移転において，被収用者に登記申請への協力に対する合理的期待があるとはいえず，そのような義務を免除することが登記手続の円滑に資すること，収用が公的手続に基づく公法上の処分であることにかんがみれば，共同申請によらなくても，登記原因の真実性が高い確度で担保されるとともに，登記官がその事実を認識しうるからである。もっとも，本条は，登記権利者および登記義務者による共同申請を妨げるものではない。

　上記の規定は，所有権以外の権利(用益物権など)の収用にともなう権利の消滅の登記についても準用される(法118③)。

3 収用により消滅する権利等の指定

　土地の収用による所有権移転登記の申請に際しては，収用によって消滅した権利または失効した差押え・仮差押え・仮処分に関する登記を指定しなければならず，登記官は職権により，指定された登記を抹消しなければならない(法118④)。したがって，登記所に提

供すべき申請情報の内容は，不動産登記令3条に掲げる一般的な事項(①申請人の氏名，②登記の目的ならびに登記原因およびその日付，③土地・建物の所在，等。なお，起業者が単独申請を行う場合，登記識別情報の提供を要しない)のほか，上記の新法118条4項により指定された登記に関する①目的，②申請の受付の年月日および受付番号，③登記原因およびその日付，④順位事項，が加わる(令別表74　申請情報欄)。収用による所有権移転登記にともなって抹消される登記を特定するためである。

なお，もっぱら土地収用についてこのような登記の指定を要するのは，収用により所有権が移転した場合，原則として当該不動産上の他の権利は消滅するが，土地については裁決により存続する権利もあるため(収用101①ただし書)，これらを明確にする趣旨に基づいている。

4　登記申請に要する添付情報

登記申請にあたり登記所に提出すべき添付情報は，新令7条に掲げる一般的な事項のほか，次の通りとなっている(令別表74　添付情報欄イ)。

第1は，不動産収用による所有権移転の登記原因証明情報。これは，収用の裁決が効力を失っていないことを証する情報を指しており，被収用者に対する起業者による補償金等の払渡しもしくは供託を証する情報(補償金受領証，収用委員会の証明書等)などが該当する。権利取得裁決において定められた権利取得の時期までに補償金の払渡または供託がされない場合，収用の裁決が失効するためである(収用100①)。

所有権以外の権利の収用による権利消滅の登記の申請においても，添付情報として，収用の裁決が効力を失っていないことを証する情報およびその他の登記原因を証する情報を提供しなければならない(令別表75)。その理由は，収用による所有権移転登記の場合と同様である。

第2は，権利等消滅証明情報。申請情報欄に規定された権利の消滅または差押え・仮差押え・仮処分の失効を証する情報がこれにあたる(令別表74　添付情報欄ロ)。具体的には，収用裁決書の正本あるいは，収用委員会の証明書などを指す。

III　登記の実行に関する特則

土地の収用による所有権移転登記がされるにあたり，これにより消滅する権利または失効する差押え等に関する登記が，登記官の職権により抹消される旨についてはすでに述べた(法118④)。

建物の収用による所有権移転登記の実行においては，登記官は職権により，当該建物を目的とする他の権利に関する登記を抹消しなければならない(法118⑤)。

不動産に関する所有権以外の権利の収用につき，収用された権利を目的とする他の権利に関する登記(用益物権が収用される場合において，当該権利に抵当権が設定されていたときなど)についても，同様となる(法118⑤)。

不動産の収用による所有権移転登記をするときは，登記官は，職権により裁決手続開始の登記を抹消しなければならない(法118⑥)。裁決手続開始の登記は処分制限の登記であり，当該土地・建物につきこの後に生じた物権変動をもって起業者に対抗することができない。これにより，起業者の権利取得が確保されるとともに，起業者が補償すべき所有者等の利害関係人も確定されることになるが，収用により所有権移転登記が行われたことによって，その目的は達成されたといえるため，登記官の職権により裁決手続開始の登記は抹消されなければならないのである。

(武川幸嗣)

(執筆協力：今川嘉典)

第5章　登記事項の証明等

I　登記簿の公開

　登記の目的は，不動産上の権利関係を公示することにあるため，特定の不動産につき利害関係を有する者であれば，誰でも必要な範囲において登記事項その他附属資料の一部の開示を求めることができる（附属資料については，一部を除いて，利害関係を有する者のみに開示される）。本章は，登記事項証明書の交付請求(119)，地図・建物所在図等の写しの交付又は閲覧請求(120)，登記簿の附属書類の写しの交付または閲覧請求(121)，登記簿等の公開に関する必要事項についての委任規定(122)に関する諸規定から成っている。

II　旧法との関係

　登記制度が不動産に関する権利関係の公示を目的とする点においては，旧法と変わるところはない。旧法においても，登記事項証明書の交付または送付請求および登記事項要約書の交付または送付請求(旧法151ノ3)，登記簿謄本もしくは抄本の写しの交付または送付請求および，地図・建物所在図もしくは地積測量図等登記簿の附属書類の一部の写しの交付請求，登記簿・地図もしくは建物所在図・登記簿の附属書類の閲覧請求(旧法21)につき，規定を置いていたが，新法は，これらと同一の趣旨に基づいて，登記システムの変容にともなう公開制度の整備を行った。

（登記事項証明書の交付等）
第119条　何人も，登記官に対し，手数料を納付して，登記記録に記録されている事項の全部又は一部を証明した書面（以下「登記事項証明書」という。）の交付を請求することができる。
② 　何人も，登記官に対し，手数料を納付して，登記記録に記録されている事項の概要を記載した書面の交付を請求することができる。
③ 　前二項の手数料の額は，物価の状況，登記事項証明書の交付に要する実費その他一切の事情を考慮して政令で定める。
④ 　第1項及び第2項の手数料の納付は，収入印紙をもってしなければならない。ただし，法務省令で定める方法で登記事項証明書の交付を請求するときは，法務省令で定めるところにより，現金をもってすることができる。
⑤ 　第1項の交付の請求は，法務省令で定める場合を除き，請求に係る不動産

の所在地を管轄する登記所以外の登記所の登記官に対してもすることができる。

＊旧法関係……旧法151条ノ3，（参考）旧法21条
＊関連法規……①(登記事項証明書の種類等)規則196条，(登記事項証明書の作成及び交付)規則197条〔→(登記事項証明書の交付の請求情報等)規則193条1項5号，(登記事項証明書等の作成の場合の注意事項等)準則133条，(登記事項証明書等の認証文)準則136条，(登記事項証明書等の職氏名の記載)準則137条〕，④(電子情報処理組織による登記事項証明書の交付の請求等の手数料の納付方法)規則205条〔→(登記事項証明書等の交付の請求の方法)規則194条，(登記識別情報に関する証明)令22条，規則68条3項1号〕，⑤(登記事項証明書等の認証文)準則136条4項，(他の登記所の登記官に対してする登記事項証明書の交付の請求の制限)規則195条

I 登記簿の公開方法
1 公開の対象

登記簿の公開につき，新法119条は，旧法151条ノ3における登記事項証明書および登記事項の概要を記載した書面の交付に一本化し，登記簿謄本および抄本の写しの交付および閲覧(旧法21)は廃止された。

本条にいう登記事項とは，登記記録として登記すべき事項(法2(6))を指す。登記記録とは，登記について1個の不動産ごとに作成される電磁的記録(法2(5))を指しており，1個の不動産を単位として電磁的に行われる記録方式および，その情報内容をいうため，その内容として記録すべき事項がこれにあたる。

なお，登記事項とは，具体的には，①登記記録の内容となるべき事項および，②登記記録の内容となるべき事項に該当する具体的事実を指している。①は，表題登記・合体による登記あるいは，保存登記・移転登記・抹消登記など登記の種類を問わずに公示されるべき事項であり，表示に関する登記(44①)や，権利に関する登記の登記事項(59)などがこれに該当する。②については，表題部の変更の登記に関する登記事項(51)，用益権に関する登記事項(78・79・80・81・82)などが該当する。

登記事項証明書(119①)の種類は，(i)全部事項証明書(閉鎖登記記録を除く)，(ii)現在事項証明書(登記事項のうち現に効力を有するもの)，(iii)何区何番事項証明書(権利部の相当区の記録事項のうち請求にかかる部分)，(iv)所有者証明書(現在の所有者として記録されている登記名義人の氏名・住所)，(v)一棟建物全部事項証明書(1棟の建物に属するすべての区分建物に関する登記事項の全部)，(vi)一棟建物現在事項証明書(1棟の建物に属するすべての区分建物に関する登記事項のうち，現に効力を有するもの)に分かれている(規則196①)。

登記事項の概要を記載した書面(119②)を登記事項要約書と称し，①不動産の表示に関

する事項，②所有権の登記については，申請受付年月日・受付番号・登記名義人の氏名および住所・持分，③所有権の登記以外の登記については，現に効力を有するもののうちの主要事項，がその記載対象となる（規則198①）。

2 公開方法

登記事項証明書の交付請求については，旧法ではコンピュータ庁指定の登記所においてのみ行うべきこととされていたが，新法においては，すべての登記所における登記簿がコンピュータ化されることを前提とするため，原則として，管轄登記所以外のすべての登記所において行うことが可能とされた（法119⑤）。本条の「交付」には「送付」も含まれ，請求人の申出により送付方式による交付請求を行うことができる（規則197⑥）。また，送付方式については，法務省令の定めるところにより，書面による送付請求のほか，電子情報処理組織を利用する送付請求も可能である（122，規則194③）。

なお，送付方式による交付請求の例外として，(i)電子情報処理組織を利用して送付請求する場合，(ii)登記記録のうち甲区または乙区に記録されている登記の数が500を超える場合または，請求にかかる1個の不動産の情報量が200キロバイトを超える場合，(iii)閉鎖登記記録にかかる登記事項証明書の送付を請求する場合は，管轄登記所以外の登記所の登記官に対する交付請求が制限される（119⑤，規則195）。この交付制限（規則195）は，平成23年4月1日の省令改正により廃止された。ただし，現在でも，閉鎖登記記録に係る登記事項証明書の送付請求は管轄登記所以外に対してはできないこととなっている。

3 交付請求手続

請求人は，①請求情報を記載した書面を登記所に提出する方法，②登記官が管理する入出力装置に請求情報を入力する方法，③送付方式による交付請求を行う場合は，送付先の住所を加えた請求情報を記載した書面を登記所に提供するかまたは，電子情報処理組織を利用して請求情報を登記所に提供する方法により，登記事項証明書の交付請求を行う（規則194）。

登記所に提供すべき請求情報は，(i)請求人の氏名・名称，(ii)不動産所在事項または不動産番号，(iii)請求にかかる書面の通数，(iv)登記事項証明書の種類，(v)共同担保目録または信託目録に記録された事項を必要とする旨，である（規則193①）。なお，送付方式による交付請求を行う場合は，これらに(vi)送付先の住所が加わる（規則197⑥）。

上の手続は，登記事項要約書の交付請求についても同一であるが，請求情報につき上記(iv)，(v)は除かれる。

交付請求に際して納付すべき手数料の額は，物価の状況，証明書の交付に要する実費その他一切の事情を考慮して定まり（119③），その具体的な額は，登記手数料令により定める。原則として，登記事項証明書の場合は1通1000円，登記事項要約書の場合は1通500円である。送付方式による交付請求においては，手数料に加えて送付に関する費用を納付

することを要する(規則204①)。送付費用の納付は，郵便切手または，信書便の役務に関する料金支払いのために使用することができる証票を，請求書とあわせて提出する方法において行わなければならない(規則204②)。

　納付方法は，原則として収入印紙を請求書に添付する方式にて行うが(119④本文)，登記官が管理する入出力装置に請求情報を入力する方式により交付請求する場合および，請求情報を電子情報処理組織を使用して登記所に提供する方法により送付方式によって交付請求を行う場合は，登記官から得た納付情報により納付する方法にしたがい，現金をもってこれを行うことを要する(119④ただし書，規則205)。電子情報処理組織を使用してオンラインで交付請求する場合は，歳入金納付システムやインターネットバンキングを利用して，請求人の口座から振り込む方法などが想定されている。

　これらの手続に基づいて登記事項証明書を交付するにあたり，登記官は，認証文を付した上で，作成の年月日および職氏名を記載し，職印を押印しなければならない(規則197①，準則136)。

(武川幸嗣)
(執筆協力：今川嘉典)

(地図の写しの交付等)

第120条 何人も，登記官に対し，手数料を納付して，地図，建物所在図又は地図に準ずる図面(以下この条において「地図等」という。)の全部又は一部の写し(地図等が電磁的記録に記録されているときは，当該記録された情報の内容を証明した書面)の交付を請求することができる。

② 何人も，登記官に対し，手数料を納付して，地図等(地図等が電磁的記録に記録されているときは，当該記録された情報の内容を法務省令で定める方法により表示したもの)の閲覧を請求することができる。

③ 前条第3項から第5項までの規定は，地図等について準用する。

　＊旧法関係……①旧法21条・24条ノ3第3項，②新設〔→旧法21条，24条ノ3第3項〕，③旧法21条・24条ノ3第3項

　＊関連法規……②(閲覧の方法)規則202条，(閲覧)準則139条，③(地図等の写し等の作成及び交付)規則200条，(地図等の写し等の作成)準則134条

I 地図等の公開

　登記所には，地図および建物所在図を備え付けるものとされており(法14①)，これは旧法におけると全く同様である(旧法17)。地図は，1筆または2筆以上の土地ごとに作成し，各土地の区画を明確にし，地番を表示するものとされている(法14②)。また，建物所在図は，1個または2個以上の建物ごとに作成され，各建物の位置および家屋番号を表示するものとされている(14③)。これらの地図等は，1筆の土地の境界あるいは1個の建物の同一性を正確に認識するにあたり，重要な手がかりとなる情報であり，不動産に関する権利関係および現況の公示を目的とする登記制度上，公開されなければならないものである。

　新法120条は，このことをうけて，これら地図等の公開方法すなわち，その写しの交付および閲覧請求等について定めた規定であり，旧法21条および24条ノ3と趣旨を同じくするものである。

II 地図等の写しの交付請求

　誰でも，手数料を納付して，地図，建物所在図または地図に準じる図面の全部または一部の写しの交付を，登記官に対して請求することができる(法120①)。この点は旧法においても同様であるが(法21・24の3)，新法では，不動産登記のコンピュータ化により，地図等の電子化が図られ，これらの図面を電磁的記録に記録することが可能となったため(法14⑥)，従来の紙で保管された図面のみならず，電子化された地図等についても公開の対象とされるに至った。そこで，紙で保管されている図面の写しの交付請求に加えて，地図等が電磁的記録に記録されている場合は，写しではなく，記録された情報の内容を証明

した書面の交付を請求することが認められている(法120①)。

　なお，これらの交付請求については，登記事項証明書の交付請求と同じく，請求人の申し出により，送付先の住所をも請求情報の内容とすることとして，送付方式による交付を求めることも可能である(規則200③)。

　登記官は，地図等の写しを作成するにあたっては，不動産登記事務取扱手続準則に掲げられた様式に従うことを要し，地図および地図に準じる図面には，請求にかかる土地のほか，接続する土地全部についてこれらの土地相互間の境界線およびその接続する土地の地番を記載しなければならない(準則134(2))。そして，地図等の全部または一部の写しである旨の認証文を付した上で，作成の年月日および職氏名を記載し，職印を押印しなければならない(規則200①)。また，地図等が電磁的記録に記録されている場合において，当該記録された情報の内容を証明した書面を交付するときは，電子的に記録されている地図等を書面に出力し，これに地図等に記録されている内容を証明した書面である旨の認証文を付した上で，写しの交付におけると同じく，作成年月日と職氏名の記載および職印の押印を行うことを要する(規則200②)。

　手数料の納付方法等については，登記事項証明書の交付請求と同様であり(120③・119③④)，地図等の写しの交付については，請求書に1筆につき700円の収入印紙を添付することを要する(規則203条，登記手数料令2⑤)。

Ⅲ　地図等の閲覧請求

　誰でも，手数料を納付して，地図，建物所在図または地図に準じる図面の閲覧を，登記官に対して請求することができる(法120②)。旧法におけると同様である(旧法21・24ノ3)。これらの閲覧は，登記官またはその指定する職員の面前で行うものとされている(規則202①)。また，地図等が電磁的記録に記録されている場合は，法務省令で定める方法により閲覧することが認められるが(120②)，これは，記録された情報の内容を書面に出力して表示されたものを閲覧する方法を指す(規則202②)。手数料の納付方法等は交付請求の場合と同様であり，請求書に1枚につき700円の収入印紙を添付して行う(規則203，登記手数料令2⑤)。(120③・119③・④)。

(武川幸嗣)
(執筆協力：今川嘉典)

(登記簿の附属書類の写しの交付等)
第121条 何人も，登記官に対し，手数料を納付して，登記簿の附属書類(電磁的記録を含む。以下同じ。)のうち政令で定める図面の全部又は一部の写し(これらの図面が電磁的記録に記録されているときは，当該記録された情報の内容を証明した書面)の交付を請求することができる。
② 何人も，登記官に対し，手数料を納付して，登記簿の附属書類(電磁的記録にあっては，記録された情報の内容を法務省令で定める方法により表示したもの)の閲覧を請求することができる。ただし，前項の図面以外のものについては，請求人が利害関係を有する部分に限る。
③ 第119条第3項から第5項までの規定は，登記簿の附属書類について準用する。

* 旧法関係……①旧法21条1項，②新設〔→旧法21条1項〕，③旧法21条3項・4項
* 関連法規……①(写しの交付を請求することができる図面)令21条，②(閲覧)準則139条，③(土地所在図等の写し等の作成及び交付)規則201条，(土地所在図等の写し等の作成)準則135条

I 登記簿の附属書類の公開

新法121条は，登記簿の附属書類の公開について規定したものであり，旧法21条と同趣旨に基づいている。登記簿の附属書類とは，申請書あるいは嘱託書，それらの添付書面または添付図面などを指しており，基本的に旧法と変わらないが，新法ではこれらの附属書類が電子化されている場合について規定されている点が異なっている。

登記簿の附属書類の公開は，写しの交付および閲覧請求により，実現される。

II 登記簿の附属書類の写しの交付請求

誰でも，一定の手数料を納付して，登記簿の附属書類のうち，政令で定める図面の全部または一部の写しの交付を，登記官に対して請求することができる(法121①)。政令で定める図面とは，「土地所在図，地積測量図，地役権図面，建物図面および各階平面図」をいう(令21)。

登記官は，土地所在図等の写しを作成するときは，土地所在図の全部または一部の写しである旨の認証文(準則136⑪)を付した上で，作成年月日・職氏名の記載および職印の押印をしなければならない(規則201①)。これらの図面が電磁的記録に記録されている場合において，当該記録された土地所在図等の内容を証明した書面を作成するときは，登記官は，電子的に記録されている土地所在図等を書面に出力し，これに認証文(準則136⑫)を付した上で，作成年月日・職氏名の記載と職印の押印をすることを要する(規則201②)。

なお，交付の方法には送付方式も含まれており，請求人の申し出により，送付先の住所をも請求情報の内容とすることにより，送付方式による交付を求めることも可能である（規則201③）。

手数料の納付方法等は，登記事項証明書および地図等の交付請求におけると同一であり（121③・119③④，規則203），一件に関する書類につき500円の収入印紙を請求書に添付することを要する（登記手数料令3②・③）。

III 登記簿の附属書類の閲覧請求

誰でも，一定の手数料を納付して，登記簿の附属書類の閲覧を，登記官に対して請求することができる（121②本文）。ただし，前項の土地所在図等の図面以外の附属書類の閲覧については，利害関係を有する者のみが請求人となることができ，利害関係を有する部分のみを閲覧することができる（法121②ただし書）。その場合の閲覧請求には，利害関係を有する理由および閲覧する部分を情報として提供し（規則193②(4)），利害関係がある理由を証する書面を提示しなければならない（規則193③）。実務上では，利害関係がある理由を証する書面として，訴状の写し等が該当するとされており，また登記名義人自身が閲覧請求をする場合は，運転免許証等の登記名義人であることの身分証明書が利害関係を有する書面であるとされている。

これらの閲覧は，登記官またはその指定する職員の面前で行うものとされている（規則202①）。また，地図等が電磁的記録に記録されている場合は，記録された情報の内容を書面に出力して表示されたものを閲覧することができる（規則202②）。地図等の閲覧におけると同じく，登記簿の附属書類の閲覧は，登記官またはその指定する職員の面前で行うものとされている（規則202①）。また，これらが電子化されている場合は，法務省令に定める方法に従って表示されたものについての閲覧方法が認められており（121②），電磁的記録に記録された情報を書面に出力する方法を指す（規則202②）。

手数料の納付方法等は，交付請求および地図等の閲覧におけると同一であり（法121③・119③・④，規則203），一件に関する書類につき500円の収入印紙を請求書に添付することを要する（登記手数料令3②・③）。

（武川幸嗣）

（執筆協力：今川嘉典）

(法務省令への委任)
第122条 この法律に定めるもののほか，登記簿，地図，建物所在図及び地図に準ずる図面並びに登記簿の附属書類(第153条及び第155条において「登記簿等」という。)の公開に関し必要な事項は，法務省令で定める。

＊旧法関係……旧法7条ノ2
＊新法改正……平成17年4月13日法律第29号「不動産登記法等の一部を改正する法律」1条：本条一部改正
＊関連法規……(登記事項証明書の交付の請求情報等)規則193条，(登記事項証明書等の交付の請求の方法)規則194条〔→(請求書の受付)準則132条，(使用済の記載等)準則126条1項，(請求書の措置)準則138条，(電子情報処理組織を使用する方法による登記事項証明書の交付の請求)規則附則17条〕，(登記事項要約書の作成)規則198条，(副登記記録による作成)規則199条，(手数料の納付方法)規則203条，(送付に要する費用の納付方法)規則204条，(手数料を徴収しない場合)準則140条

I 本条の意義

不動産登記に必要な事務処理については，本法の規定を実施するために，さらに詳細な手続に関する細則を設けることが求められる。新法122条は，119条から121条に定める登記簿，地図，建物所在図および地図に準じる図面，登記簿の附属書類の公開方法につき，その適正かつ円滑な実施のための事務手続に関する必要事項については法務省令で定める旨を示した規定である。

旧法7条ノ2は，不動産登記法の施行に関する細則の制定を法務省令(不動産登記法施行細則)に委任する旨について規定しており，新法122条もこれと同義であるが，委任の対象は登記簿等の公開方法に限定されている。

II 委任の対象

具体的には，すでに紹介したとおり，①登記事項証明書の種類，記載対象，交付請求の方法および手続，手数料の納付方法，②地図等の写しの交付請求の方法および手続，作成方法，閲覧方法，手数料の納付方法，③登記簿の附属書類の閲覧方法および手続，手数料の納付方法などが，不動産登記規則によって定められている。

(武川幸嗣)

(執筆協力：今川嘉典)

第6章　筆界特定

＊新法改正……平成17年4月13日法律第29号「不動産登記法等の一部を改正する法律」1条：本章新設

第1節　総　則

＊新法改正……平成17年4月13日法律第29号「不動産登記法等の一部を改正する法律」1条：本節新設

(定義)
第123条　この章において，次の各号に掲げる用語の意義は，それぞれ当該各号に定めるところによる。
(1)　筆界　表題登記がある1筆の土地(以下単に「1筆の土地」という。)とこれに隣接する他の土地(表題登記がない土地を含む。以下同じ。)との間において，当該1筆の土地が登記された時にその境を構成するものとされた二以上の点及びこれらを結ぶ直線をいう。
(2)　筆界特定　1筆の土地及びこれに隣接する他の土地について，この章の定めるところにより，筆界の現地における位置を特定すること(その位置を特定することができないときは，その位置の範囲を特定すること)をいう。
(3)　対象土地　筆界特定の対象となる筆界で相互に隣接する1筆の土地及び他の土地をいう。
(4)　関係土地　対象土地以外の土地(表題登記がない土地を含む。)であって，筆界特定の対象となる筆界上の点を含む他の筆界で対象土地の一方又は双方と接するものをいう。
(5)　所有権登記名義人等　所有権の登記がある1筆の土地にあっては所有権の登記名義人，所有権の登記がない1筆の土地にあっては表題部所有者，表題登記がない土地にあっては所有者をいい，所有権の登記名義人又は表題部所有者の相続人その他の一般承継人を含む。

＊新法改正……平成17年4月13日法律第29号「不動産登記法等の一部を改正する法律」1条：

本条新設

＊関連法規……法131（筆界特定の申請等）以下，規則206以下，筆界特定申請手数料規則（平成17年法務省令105号），「不動産登記法等の一部を改正する法律の施行に伴う筆界特定手続に関する事務の取扱いについて」（平17・12・6民二第2760号民事局長通達）〔筆界通達〕，司法書士法3条8号，土地家屋調査士法3条1項3号〜8号，3条2項〜5項

I 本条の趣旨
1 平成17年不動産登記法改正

筆界特定制度についての規定は，平成17年法律第29号「不動産登記法等の一部を改正する法律」により新設された。単なる解釈学的意義のみならず，この制度の導入趣旨・経緯等についても検討することが必要になる。

(1) 「第6章筆界特定」の新設

(ア) 法改正　平成17年法律第29号「不動産登記法等の一部を改正する法律」は，不動産登記法について，その第6章として，「筆界特定」に関連する一連の規定（123〜150）を設けることとし，これまで不動産登記法に「第6章　雑則」，「第7章　罰則」があったところ，それぞれ第7章雑則，第8章罰則と改めた。また，第6章および第7章の条文については，条文番号を変更し，条の繰り下げを行った。この結果，筆界特定手続については，相当量の新設条文があったが，条文に枝番号は付されないことになった。この法改正は，平成17年政令336号「不動産登記法等の一部を改正する法律の施行期日を定める政令」に基づき，平成18年1月20日より施行された。

(イ) 関連政省令等改正・新設　平成17年不動産登記法改正に関連して，不動産登記令および登記手数料令の改正がなされ，また，新たに「筆界特定申請手数料規則」（平17年法務省令105号）が制定され，さらに，不動産登記規則に筆界特定関連規定を設ける改正があった（平18年法務省令106号「不動産登記法等の一部を改正する法律の施行に伴う関係省令の整備に関する省令」）。こうした政省令に基づいて「不動産登記法等の一部を改正する法律の施行に伴う筆界特定手続に関する事務の取扱いについて」（平17・12・6民二2760民事局長通達，以下では，「筆界通達」という。【参考資料①】参照）および「筆界特定がされた場合における登記事務の取扱いについて」（平18・1・6民二27民二課長依命通知【参考資料③】参照）が定められた。

なお，これに関連して，清水響「不動産登記法等の一部を改正する法律の概要」民事月報60巻5号および清水響=笹井朋明=中村誠=赤間聡「不動産登記法等の一部を改正する法律の施行に伴う筆界特定手続に関する事務の取扱いに関する通達概要」民事月報61巻1号があり，法案作成担当者の見解を示すものとして重要であるから，以下では，それぞれ清水「法概要」，清水等「通達概要」として引用する（前者は，登記研究編集室編『平成17年不動産登記法等の改正と筆界特定の実務』〔テイハン・2006〕も掲載する）。

(2) 筆界特定制度の概要　平成17年改正により導入された筆界特定制度は，土地境

界についての新たな法制度であるが，職権による開始を前提としていないことを考えれば，紛争解決制度としての役割が基本的である。その概要について，「筆界特定制度は，筆界特定登記官が，土地の所有権登記名義人等の申請に基づき，外部専門家である筆界調査委員の意見を踏まえ，一定の手続を経て，現地における筆界の位置について判断をする制度です」との指摘がある（清水・Q&A357頁）。それ故，第1に，土地の所有権登記名義人等の申請に基づき，筆界特定登記官が，筆界調査委員の意見を踏まえて筆界の特定を行う。第2に，筆界調査委員は，筆界特定のために必要な事実の調査を行い，筆界特定登記官に意見を提出することを職務とし，そのために必要な専門的知識および経験を有する者のうちから法務局長または地方法務局長から任命される。第3に，筆界特定の手続において，対象となる土地の所有権登記名義人等には，意見を述べ，資料を提出する機会が与えられる。第4に，筆界特定手続の記録は，登記所において公開される。

以上の特徴を別の角度から言えば，次のようになる。第1について，筆界特定登記官がなす筆界特定は，職権による開始はなく，所有権登記名義人等の申請に基づいて開始するのであり，また筆界特定登記官は所有権の境を定めるのではなく，登記された土地の筆界について現地での位置を特定する。第2について，筆界特定の際には筆界特定登記官に対して外部の専門家の意見が提出される。第3について，当事者や関係者には一定の手続的保障が与えられるが，筆界調査自体は一種の職権主義的に行う。第4について，筆界特定の結果は，筆界特定の対象となった土地の登記記録に，筆界特定がされた旨が記録されるが，その結果は，そのまま地図の訂正や地積の更正として反映されるわけではない。

2 関連した法改正

筆界特定制度の導入に伴い，不動産登記法の一部改正に伴う司法書士法および土地家屋調査士法の一部改正がなされた。

(1) 司法書士法改正

(ア) 改正の概要 司法書士法改正では，簡易裁判所における訴訟手続について代理するのに必要な能力を有すると認定された司法書士（認定司法書士）の権限に関する重要な改正が行われた。具体的には，認定司法書士は，みずから代理人として関与している簡易裁判所における事件の上訴の提起を代理することができること（①上訴提起代理権，司法書士3①(6)），紛争の目的の価額が140万円（裁判所33①(1)）を超えない民事紛争の仲裁手続について代理することができること（②仲裁代理権，司法書士3①(7)），および③筆界特定の対象となる土地の価額に基づき法務省令で算定する額が140万円を超えないときは，筆界特定の手続について代理することができることになった（③筆界特定手続代理権，司法書士3①(8)）。もっとも，このうち①上訴提起代理権と②仲裁代理権の付与は筆界特定制度とは直接関係がないので本書では説明を略する。

(イ) 筆界特定手続代理権とその限界 ③筆界特定手続代理権については，認定司法書士について簡易裁判所における代理権を認めたこととの均衡から筆界特定手続代理権が

規定されたものである。具体的な金額制限であるが，対象土地の価額として法務省令で定める額(対象土地の固定資産税評価額)の合計額の2分の1に相当する額に対して5％(司法書士法施行規則1条の2②)をかけた額が140万円を超えないことが要件とされている。例えば，固定資産税評価額2000万円の土地と同評価額3000万円の土地との筆界特定手続についていえば，その合計額の2分の1は2500万円であり，これの5％は125万円である。したがって，このような場合には認定司法書士に筆界特定手続代理権があるということになる。もしも両土地が共に3000万円の評価額であるときには，問題となる額が150万円になり，認定司法書士に筆界特定手続代理権は認められない(清水・Q＆A392頁)。

(2) **土地家屋調査士法の一部改正**　土地家屋調査士法については，筆界特定手続の新設との関連がより大きいことから，重要な改正が行われ，①筆界特定手続代理権および②土地の筆界が現地において明らかでないことを原因とする民事に関する紛争に係る民間紛争解決手続(和解をすることができる民事上の紛争)の代理権が認められた(小林昭彦「土地家屋調査士法の改正」登研704号73頁)。

(ア)　**筆界特定手続代理権**　筆界特定手続代理権(土地家屋調査士3①・4(4)(5))は，土地家屋調査士が筆界特定手続についての代理，これに関する書類の作成およびその事務についての相談を行うことができるという権限であり，すべての土地家屋調査士の業務(いわゆる3条業務)として認められた。②の民間紛争解決手続代理と異なり，特別の研修を受けることも弁護士と共同受任することも要件とされていない。この場合には訴訟法の知識も不要であり，その対象は過去に登記された土地筆界という専門的事実の認定に限られているからである(清水・Q＆A389頁)。

(イ)　**民間紛争解決手続代理権**　民間紛争解決手続代理権(同法3①(7)・(8))は，土地の筆界が現地において明らかでないことを原因とする民事紛争の紛争解決手続であって法務大臣が指定する団体が行うものについて，土地家屋調査士が代理および事務についての相談をなし得るとした。この場合には，①の筆界特定手続代理権と異なり，一定の能力担保措置を経た土地家屋調査士，すなわち，規則第8条で定める法人(日本土地家屋調査士会連合会)が実施する研修であって法務大臣が指定するものの研修の課程を修了し，かつ，法務大臣の認定を受けた土地家屋調査士が弁護士との共同受任を条件として行うことができる。このような制限が加えられたのは，民間紛争解決手続代理権が紛争解決という問題に関連しているからである。

(ウ)　**「境界紛争解決(相談)センター」**

　(a)　**法務大臣による指定**　土地の境界をめぐる紛争の場合は，紛争当事者間に感情的対立を惹起しやすく，また裁判による解決には時間がかかるという難点がある。これについて，表示登記業務に関連しつつ平素から土地の境界に関与してきた土地家屋調査士の団体である土地家屋調査士会は，裁判外紛争解決機関の創設を検討し，近年各地に境界紛争解決センター(または境界問題相談センター……地域により名称が異なる)を設立した(2012年5月16日現在，全国50の土地家屋調査士会の内，48会に設立されている)。この土地家屋調査

士会が中心となって設立した境界紛争解決センター(または境界問題相談センター)が，土地家屋調査士の民間紛争解決手続代理権の対象となる法務大臣による指定を受ける団体である(松岡直武「土地家屋調査士会と境界」山野目章夫=清水響=松岡直武『境界紛争解決制度の解説──筆界特定・ADRのポイント』〔新日本法規・2006〕69頁，七戸克彦『土地家屋調査士講義ノート』〔日本加除出版・2010〕327頁以下，さらに西本弘昭編著『筆界特定制度と調査会ADR』〔日本加除出版・2007〕)。弁護士法72条が，法律に別段の定めのない限り，弁護士または弁護士法人でない者は，報酬を得る目的で一般の法律事件に関して鑑定，代理，仲裁若しくは和解その他の法律事務を取り扱うことやこれらの周旋をすることを業とすることができないと規定しているため，法務大臣指定という枠を与えた。

(b) **いわゆるADR基本法による認証**　国の側であっても，裁判外による民事上の紛争解決が有効かつ適切に行われることが必要であるとの観点から，ADR基本法(「裁判外紛争解決の利用の促進に関する法律」平成16年法律第151号)を2004年に制定し，2007年4月1日から施行することにした。ADR基本法は，裁判外紛争解決手続(「訴訟手続によらずに民事上の紛争の解決をしようとする紛争の当事者のため，公正な第三者が関与して，その解決を図る手続」同法1条)の基本理念を定めること(3条)，裁判外紛争解決手続に関する国等の責務を定めること(4条)，裁判外紛争解決手続のうち，民間事業者の行う和解の仲介(調停，あっせん)の業務について，その業務の適正さを確保するための一定の要件に適合していることを法務大臣が認証する制度を設けること(5条以下)，認証民間事業者の和解仲介業務については，時効中断などの特別の効果を認めること(25条)などの規定を設けた。裁判外紛争解決手続は，厳格な手続に基づく裁判に比べて，紛争分野に関する第三者の専門的な知見を反映して紛争の実態に合致した迅速かつ柔軟な解決を図ることができるという利点がある。土地の境界紛争についての土地家屋調査士の関与もその例と考えられる。境界紛争解決センター(または境界問題相談センター)は，ADR基本法による認証を受ける予定である(2012年5月16日現在，48のセンターの内，16センターが認証を受けている)。先の法務大臣指定とこの法務大臣認証は，別の手続であるが，基本的には共通の条件を満たすことによって可能になると予想されていた(松岡・前掲「土地家屋調査士会と境界」69頁)。

(c) **筆界特定制度との役割分担**　不動産登記法改正による筆界特定制度が後に述べるように筆界という公法的なものを扱うのに対して，境界紛争解決センターは，土地所有権という私法的なものを扱うところにその特質がある。それ故，境界紛争解決センターでは和解による解決が可能であり，実際にもそうした解決が望まれることになる(山野目章夫ほか『境界紛争解決制度の解説』238頁，また，松岡直武「近時の法改正と土地家屋調査士」村田博史[監修]日本土地家屋調査士会連合会研究所編『土地家屋調査士の業務と制度(第2版)』〔三省堂・2010〕370頁)。

Ⅱ 筆界の意義
1 所有権と筆界

　筆界特定制度の創設理由について明らかにするには，一般的にいう土地の「境界」には，複数の意義があること，具体的には①所有権の境という意味での所有権境または所有権界（所有権の及ぶ範囲の線），②登記された土地の最小単位である筆の境である筆境または筆界，③実際の土地支配の境である占有境または占有界が存在することについて理解することが必要である。

(1) 所有権界および占有界

　(ア) **所有権界**　最も理解しやすいのは，所有権界(境)である。民法にも，第2編物権の相隣関係規定には，「土地の所有者は，境界又はその付近において障壁又は建物を築造し又は修繕するため必要な範囲内で，隣地の使用を請求することができる。ただし，隣人の承諾がなければ，その住家に立ち入ることはできない。」(民209，隣地の使用請求)，などの境界または境界線についての規定を見ることができる。民法209条の「境界」は，明らかに土地所有権の境としての境界を意味しているのであり，後に述べる筆界や占有界を意味しているのではない。所有権界は，この意味で民事実体法に基づくものであるといえる。

　ところで，判例は，1筆の土地の一部について所有権を認めても一物一権主義には反しないという考え方を採用している。この点については，大連判大13・10・7民集3・509等があり，最高裁もまた，最判昭30・6・24民集9・7・919で「一筆の土地の一部といえども，売買の目的物とすることをうべく，その部分が具体的に特定しているかぎりは，右部分につき分筆手続未了前(ママ)においても，買主はその部分につき所有権を取得することができる」と判示している。こうした判例によれば，当事者の意思により境(所有権界)を設けることができ，この意味では所有権界には可動性がある。

　(イ) **占有界**　占有界も民事実体法に基づくものであり，また，占有という実際上の支配に基づくものである。この占有界も実際上の支配のあり方に変化があるにつれ，可動性があることは当然である。通常は，土地の所有者は，みずからの所有権界の範囲内で占有をしているのであるが，しかし，他人の土地に越境している場合その長期の占有が取得時効の要件(所有の意思および一定期間の占有(短期取得時効10年，長期20年))を満たしたときには，所有権を取得しうる(民162)。

2 毎筆の境界としての筆界

(1) 国土調査法における筆界

　筆界について比較的早くから規定していたのは，地籍調査の根拠法である国土調査法(昭和26年法律第180号)である。国土調査法2条5項は，国土調査のうち「地籍調査」について「毎筆の土地について，その所有者，地番及び地目の調査並びに境界及び地積に関する測量を行い，その結果を地図及び簿冊に作成すること」と定義している。これを受けて，国土調査法施行令(昭和27年政令59号)2(7)イが「毎筆の土地の境界線」という用語を用い，同別表第3「細部測量の誤差の限度」は，「毎筆の境界線」と

いう文言を使用した。同施行令の昭和32年改正(昭32年政令107号「国土調査法施行令の一部を改正する政令」)は，別表第4「一筆地測量及び地積測定の誤差の限度」(昭27政令320号で付加)に関連して，原始規定の「当該筆における細部点」という文言を「筆界点」という文言に置き換えた。現在でも同令別表第4「一筆地測量及び地積測定の誤差の限度(第14条関係)」において，精度区分のために「筆界点の位置誤差」という文言が使われている。ここに見える筆界という言葉は，登記簿上1筆の土地として示されている土地の客観的範囲を区画するものと考えられる。国が登記制度を用意して土地を人為的に区分し，登記の単位としたことによって生まれたものである。筆界は，1筆の土地が登記された時に行政により定められる。そして，それ以後私人によって動くことはあり得ない(筆界の不動性)。

　筆界を定めたのが登記時であるということから，いわゆる公図が定めたところが筆界だと考えるとすればそれは正確ではない。筆界は，それがかならずしも正確に公図などの図面上に示されているという理由もまたないからである(しかし，あながち，批判はできない公図もある。その見極めは，公図の作成過程・作成精度等を現地に照らしてからの判断になる)。その意味で，筆界は現地において存在するいわば抽象的なものであり，それが所有権界とずれることもあり，また，図面の上に正確に示されていない場合もある(清水「法概要」24頁)。

III　筆界特定制度創設の目的

　法務省が筆界特定制度について具体的法案の準備に入ったのは，それほど以前にさかのぼらない。法務省は，2004(平14)年6月に，社団法人商事法務研究会に対し調査研究を委託した結果として，「新たな土地境界確定制度の創設に関する要綱案」(以下，「2004年要綱案」という)を発表し，さらにこれについて意見募集(パブリック・コメント)を行った。その後，相当の修正の後に，法務省は，筆界特定制度を導入する不動産登記法等の一部改正案を準備し，内閣がこれを国会に提出した。

　「2004年要綱案」についての説明(民月59巻7号94頁，登研677号83頁，NBL787号49頁等，なお，「新たな土地境界確定制度の創設について」登研677号205頁，同678号243頁もこの要綱案の理解に有益である)によれば，筆界特定制度は，当初2つの目的で検討された。第1は，従来からある境界紛争解決制度(境界確定訴訟)に問題点が多いとして，これに代わる新たな境界紛争解決制度を創設することである。第2は，土地についての基本情報である地籍の整備促進である。これは，2003(平15)年6月に内閣総理大臣(小泉純一郎)を本部長とする都市再生本部(都市再生特別措置法3条に基づき内閣に置かれた機関)において「民活と各省連携による地籍整備の推進」との方針が示されたことに応えて，法務局における地図整備を促進するというものである。以下では詳しく検討する。

1　境界(筆界)確定訴訟と筆界特定

　筆界特定制度創設前は，土地の筆界紛争についての公的解決手続としては，裁判所によるものとして境界確定訴訟と呼ばれる手続しかなかった。それは毎年，約1000件程度の訴

訟提起件数があった(清水響「筆界特定制度について」登研704号99頁)。筆界特定制度は，この境界確定訴訟制度と密接な関連を有して構想された(山野目・不登法248頁以下，七戸・前掲『土地家屋調査士講義ノート』293頁以下)。

(ア) 境界確定訴訟の法理

(a) 法律上の根拠　裁判所における境界確定訴訟について，その性質，裁判手続，判決の効力等に関する直接の法的根拠は，明確ではなかった。戦前においては，区裁判所(最下級審級の裁判所)の管轄を定める裁判所構成法(明治23年法律第6号)14条第二(ロ)が「不動産ノ経界ノミニ関ル訴訟」について「価額ニ拘ラス」区裁判所が管轄すると定めた(同規定の沿革については後述する)。しかし，現在の裁判所法(昭22年)が制定され，裁判所構成法廃止がなされてからは，この旨の規定は現行法上存在しない。境界確定訴訟については，判例や学説に多くの問題点の解決が委ねられた。

(b) 筆界を定める訴訟　最高裁は，境界確定訴訟の法的性質について，後に述べる形式的形成訴訟説を採用していると学説により評価されるが，その旨を明言したことはない。とはいえ，最高裁は，「境界確定の訴は，隣接する土地の境界が事実上不明なため争いがある場合に，裁判によつて新たにその境界を確定することを求める訴であつて，土地所有権の範囲の確認を目的とするものではない」(最判昭43・2・22民集22・2・270，鈴木重信・最判解民事篇昭43年〔34事件〕274頁)と述べていることが重要であり，境界確定訴訟を土地所有権の範囲の確認の訴えとは区別している(林伸太郎「境界確定訴訟の特質」『民事訴訟法の争点(第3版)』154頁)。

(イ) 証明責任軽減の要請

(a) 証明責任の問題　境界確定訴訟と土地所有権の確認訴訟との区別の実益は，主として証明責任の問題である。証明責任とは，「法令適用の前提として必要な事実について，訴訟上真偽不明の状態が生じたときに，その法令適用に基づく法律効果が発生しないとされる当事者の負担」とされている(伊藤眞『民事訴訟法(第4版)』〔有斐閣・2011〕355頁)。通常の所有権確認訴訟は，所有権確認訴訟一般の証明責任の原則に服することになり，原告が当該土地について所有権を有することについて証明責任を負うことになる(岡口基一「要件事実マニュアル(第3版)1」〔ぎょうせい・2010〕255頁，境界確定訴訟については同2〔2010〕533頁参照)。

(b) 境界確定の特殊性　境界争いの場合，裁判所が当事者の主張する所有権の範囲が当事者の主張の通りであるとの確信を持つことは容易ではないと指摘されている(村松俊夫「境界確定の訴について」同『境界確定の訴』〔有斐閣・1972〕14頁)。また，「土地の境界線の証明はきわめて困難であるのが通例であり，これを通常の民事訴訟における証明責任で処理したのでは，証明責任を負う原告がほとんど常に敗訴することになってしまう」という指摘もある(高橋宏志『重点講義　民事訴訟法上(第2版)』〔有斐閣・2011〕84頁)。

原告が確実な立証ができない場合には，裁判所は，証明責任の原則により事件を解決することになり，確信を得た範囲内でのみ原告を勝訴させることになるが，裁判所がいずれ

の土地か不明であるとした部分(原告の請求が棄却された部分)については，理論的には被告の所有土地にはならないけれども，原告が被告に対して自己の所有土地であるとの主張が不可能になるから，実質的に見ると原告は被告の土地利用を認めざるを得なくなる。しかし，これではあまりに原告にとって不利である。そこで，所有権確認訴訟とは異なる一種独特の訴訟類型として境界確定訴訟を理解する必要性が生まれ，証明責任を軽減した境界紛争解決手続が要請されることになる。

(ウ) **裁判所構成法14条の沿革とフランス法** 形式的形成訴訟としての境界確定訴訟という判例法理は，直接には，裁判所構成法(明治23年法律第6号)14条第二(ロ)の「不動産ノ経界ノミニ関ル訴訟」に由来するものといわれる。既に見たように，同法は，価額にかかわらず区裁判所に「経界ノミニ関ル訴訟」について管轄を与えている(同法につき，小柳春一郎＝蕪山嚴『裁判所構成法』〔信山社・2010〕)。

裁判所構成法の起草者であるドイツの裁判官オットー・ルードルフによる裁判所構成法草案の注釈は，この条文はフランス法を基礎としたとしている。特に，価額にかかわらず区裁判所に「経界ノミニ関ル訴訟」について管轄を与える理由(原案14条)として，経界のみに関る訴訟は実地検証がなされることが望ましいが，合議裁判所による実地検証は多額の費用と煩瑣な形式が必要であるのに対して，単独裁判所では容易にこれをなすことができ，この点でフランス民事訴訟法に従うべきであると述べている(司法省調査部『裁判所構成法注釈並裁判所構成法議事速記録(篠塚春世訳)』(司法資料259号・裁判所構成法実施50周年記念号〔1939〕73頁)。

ルードルフは，「占有ノミニ関ル訴訟」についても価額にかかわらず区裁判所の管轄としたが，これもフランス法に従ったと述べている(同75頁)。フランス法の影響の下に裁判所構成法の「不動産ノ経界ノミニ関ル訴訟」が登場したのも意外ではない(高津幸一「事実判断から解放された法的判断(2)」法学協会雑誌85巻6号〔1968〕46頁注25，吉野衞「土地の境界」鎌田＝寺ழ＝小池・新不登講座②，321頁)。

(エ) **フランス境界訴訟** ルードルフが参照したフランス境界訴訟(action en bornage)には，3つの点で注目すべき特徴があった(小柳春一郎「フランス法における境界確定訴訟と土地所有権」民商138巻6号，139巻1号)。

(a) 所有権の境 第1に，フランス境界訴訟(action en bornage)は，所有権の範囲・限界を争うための訴訟であり，そこでは筆界ではなく，所有権の範囲が定められる。このため，当事者が所有権について合意をなすことにより，これを終結させることができる(C. ATIAS, «Bornage», *Répertoire de droit civil*, 2005, n° 4)。日本法での境界確定訴訟では，公法的筆界を定めるものとしているため，当事者の合意によりこれを決定できないとしているのと対照的である。

フランス法では，境界についての合意または境界訴訟(action en bornage)判決によって所有権境界が定められた場合には，所有者がこれをフランスにおける登記所にあたる抵当権保存所に通知することにより，それに基づき地籍(cadastre)の変更すなわち日本風にいえ

ば筆界の変更がなされる(C. ATIAS, *op. cit.*, 2005, n° 85)。フランスにおいては，裁判による所有権の範囲の確定が筆界に反映される仕組みを用意していることになる。

判決の効力の主観的範囲については，日本法での境界確定訴訟は，筆界を定めることから対世的効力を持つとされているが，フランス法では，境界訴訟が所有権を定めるものである以上，訴訟当事者間の相対的解決の原理が貫かれている(M. CURASSON, *Traité de la compétence des juges de paix*, 1877, t. I, 4e éd., p. 553)。フランスでは永小作権者など制限物権を有する者もまた境界訴権を行使しうるため，相対的解決の原理が重要な意味を持つ。

(b) **証明責任軽減** 第2に，フランス境界訴訟(action en bornage)は，その立証に関しては通常の所有権確認訴訟における立証とは区別を行っている。フランス境界訴訟においては，両当事者は，平等の立場にある。というのも，裁判所は，「両当事者は原告であると同時に被告であり，自らの権利を立証する責めを負う」との原則(双方訴訟actio duplex)を採用しているからであり，証明責任を一方に負わせないこととしている(吉野衛「境界紛争の法的解決(1)——筆界の確定を中心として」登研516号40頁)。これに対して，所有権確認訴訟においては，通常の原則に従い原告に証明責任があるとされている。このように，境界訴訟について証明責任軽減が認められるのは，境界について，民法が相隣関係の一種としていること(フランス民法646)，それゆえ，となりあう土地が互いに負うべき義務と考えられることが理由である(C. ATIAS, *op. cit.*, n° 59)。このような双方訴訟としての境界訴訟のあり方は，ローマ法にさかのぼる。

日本法の境界確定訴訟も一種の双方訴訟と考えられる。実際，兼子一教授は，『判例民事訴訟法』〔弘文堂・1950〕において，「本訴は，最初から所謂双方の訴(actio duplex)であつて，被告は自ら積極的に経界を求めるために本判旨のいうような反訴を提起する必要はなく，またそれは無意義である(この点共有物分割の訴も同様である)。」と述べている(88頁)。もっとも，これは対象が筆界の確定であることと関連付けられている。

(c) **価額にかかわらず最下級裁判所が管轄** 第3に，フランス境界訴訟は，管轄においても伝統的に価額に関わりなく最下級裁判所の管轄としている(控訴可能)。境界訴訟は，通常の土地所有権を争う訴訟とは管轄面でも異なっていた。フランスの最下級裁判所は，伝統的に治安裁判所であったが，そこでの治安判事(juge de paix)がこの境界訴訟について管轄を有した。特に，旧民事訴訟法に附属して治安判事の権限を定めた1838年5月25日法6条が，他の多くの通常事件では治安判事の管轄を一定金額の価額による制限に服せしめたが，境界訴訟については，「所有権や所有権についての権原が争われない場合に」価額にかかわらず1審として管轄を有する，と規定した(同様の扱いとして，占有訴訟がある)。

治安判事に価額にかかわらず一審として管轄を与えるこうしたあり方は，その後1905年7月12日法(loi du 12 juillet 1905)7条3号に受け継がれ，1958年におけるフランス裁判所組織法(1958年12月22日のデクレ)改正まで維持された。重要なこととして，所有権や所有権に関する証書が争われたときには，治安判事の管轄は失なわれ，一般裁判所としての始審裁

判所（日本の地方裁判所に相当）の管轄が成立した。そして，この場合には，通常の証明責任の原理に服した。こうしてフランス法では管轄もまた，境界訴訟と通常の所有権を争う訴訟とで区別された。こうしたあり方は現在でも基本的には変化がない（吉野衛「境界紛争の法的解決(1)」42頁）。

日本法では，管轄については，かつては裁判所構成法14条により価額にかかわらず区裁判所が境界確定訴訟を1審として管轄するとしていたが，現在ではそのような特別の扱いはなく，簡易裁判所の管轄は訴額の制限に服する。当事者双方の主張から係争地域の範囲が明らかとなるので，その部分の価額をもって訴訟物の価額とし（昭31・12・12民事甲412号最高裁民事局長通知・裁判所時報221号180頁），現在では140万円以下であれば簡易裁判所の管轄，それを超えれば地裁の管轄としている。

　(d)　**所有権の争いと境界訴訟**　フランス境界訴訟においていかなる場合に，所有権や権原の問題が争われていないことになるかは明確ではないため，判例学説がこの問題の解明に努力した。これについて，フランス法の動向をまとめた吉野衛判事の研究は，「境界訴権（フランス法の境界訴訟のこと［小柳注］）は，所有地について深刻な争いがあるとき，すなわち，当事者の一方が権原証書又は時効に基づいて，境界線を引こうとする土地の正確に特定された部分につき所有権を主張する場合には，境界訴権は，所有地返還請求権に変容する」と述べている（前掲「境界紛争の法的解決(1)」41頁）。

吉野判事が指摘するように，判例は，19世紀半ば頃から，争われている特定の土地の部分について売買などにより取得したと主張する場合，取得時効の援用をしている場合には，所有権や権原が争われていることになり，これについては，通常の証明責任の原理が適用される。逆に，単に占有が存在していることを主張する場合であって所有権の境界が土地のどの部分迄及ぶかについて一致がない場合には，境界訴訟（action en bornage）であるとしている（«Bornage», *Répertoire de procédure civile*, 1978, n° 39 ; C. ATIAS, *op. cit.*, n° 51）。また，19世紀における民法注釈の最高峰とされるオーブリーとローが，所有権についての争いが深刻（sérieuse）かどうかが規準となると述べているし（C. AUBRY et C. RAU, *Cours de droit civil français d'après la méthode de Zachariæ*, 1869, 4ᵉ édition, t. 2, p. 230, note 42），多くの著作も同様の表現をしている。

(オ)　**裁判所構成法14条についての解釈**

　(a)　**所有権界説**　以上のフランス法の影響で日本の裁判所構成法の規定が登場した。フランス民事訴訟法では，《価額にかかわらず治安裁判所が境界確定訴訟を管轄するが，所有権や証書についての争いがある場合は除く》と規定したのに対して，日本の裁判所構成法は《価額にかかわらず区裁判所が「不動産ノ経界ノミニ関ル訴訟」について管轄する》と規定している。このため，フランス民事訴訟法と日本の裁判所構成法とで規定の書きぶりが仔細に見れば異なっているが，その規定趣旨は同様であった。というのも，「不動産ノ経界ノミニ関ル訴訟」の原語は，《Klagen, welche nur die Feststellung der Grenzen unbeweglichen Eigetums betreffen》（前掲司法資料259号85頁）であり，そのまま訳せば「不

動産所有権の限界の確定だけに関わる訴訟」である。裁判所構成法14条における「経界」は，起草者ルードルフによれば所有権の限界・境界を意味したのであり，登記上の筆界を意味したのではなかった。

このため，日本法において，「不動産ノ経界ノミニ関ル訴訟」という文言について，フランス法と同様に解釈して，所有権界を争う証明責任の軽減された訴訟であり，取得時効などによる所有権確認などの主張がある場合を包含しないと理解することも十分可能であったし，当初の判例の中にはそうした傾向のものもある(大判大4・5・15民録21・15・705，さらに，吉野衛「境界紛争の法的解決(3)」登研518号2頁)。

(b) **所有権と切断する説——筆界説** しかし，判例，学説の主流は，別の展開をたどった。高橋宏志教授は，「(フランスやドイツと異なり[小柳注])日本でのみ所有権と切り離し公簿上の境界線(筆界)のみの確定という考え方が通説・判例となったのは，所有権を対象とする訴訟だとすると，当時の裁判所構成法が境界確定の訴えを常に区裁判所の管轄としていたことと整合しない(所有権確認であれば，訴額によって地裁の管轄もありうるとしなければならない)と雉本説が解したからのようである。この所有権との切断が兼子理論に受け継がれ，通説・判例となり独り歩きを始めたのである。」と指摘している(高橋宏志『重点講義　民事訴訟法上(第2版)』85頁)。裁判所構成法14条における「不動産ノ経界ノミニ関ル訴訟」の沿革がフランス法であること，またそれが所有権の境であることを十分理解しなかった学説がこのような展開を導いた(雉本朗造「経界確定の訴を論ず」同『民事訴訟の諸問題』〔有斐閣・1955〕)。

(c) **判例のモデル志向** その後について，新堂幸司教授は，次のように述べている。「この間，学説の反対がないわけではない。しかし，いったん走り出した判例の方向を思いとどまらせるには至らない。筆者も判例の傾向に反対の評釈を発表したことがあるが，実務の一途の動きを思うと，無力感に陥るのみである。そこには形式的形成訴訟という1つのモデルが観念され，境界確定の訴えがこのモデルに当たるとされると，すべては，そのモデルのメニューどおりの扱いをするという傾向が顕著に見られる。」(『民事訴訟法学の基礎(民事訴訟法研究第2巻)』〔有斐閣・1998，227頁)。戦後において裁判所構成法が廃止されたが，日本の判例・通説は，証明責任軽減の「境界確定訴訟」は筆界を定める訴えであるから所有権の境とは別個のものを対象にするという考え方を強化した。

(カ) **所有権界について証明責任軽減を主張する少数説** 以上の歴史的展開を考えれば，現在の日本法の解釈においても境界確定訴訟を所有権の範囲を確認する訴訟だと理解した上で一方当事者の証明責任を軽減する法理の提唱がなされていることが注目される(玉城勲「境界確定訴訟について」民事訴訟雑誌34号(1988)182頁，また新堂幸司『新民事訴訟法(第5版)』〔弘文堂・2011〕212頁)。また最近は，分筆登記の前提として筆界を確定することも意義があるとしつつ，対抗要件の及ぶ範囲について筆界確定訴訟の存在意義を認めつつやはり証明責任軽減をしつつ土地所有権の範囲を直接に定める所有権範囲確認訴訟を認めるべきであるという見解(二元説)も登場している(山本和彦「境界確定訴訟」同『民事訴訟法の基本問題』

〔判例タイムズ社・2002〕57頁)。この場合，証明責任の軽減は境界の位置について争っている場合を念頭に置いているのであり，一方当事者が取得時効などを主張している場合には，通常の主張・立証責任に従わせることも提唱されている。

(キ) **通説的見解の再評価**　もっとも，この説については，「所有権の境を訴訟物だとするこの説は，本来の境界が主張されたときは証明責任を適用せず，取得時効・合意が主張されたときは証明責任を適用することになる。理論的には可能であり，実務上も対処可能であろうが，どこか整然とせず釈然としないとの印象は残るであろう。ここから境界確定の訴えの対象は公簿上の境界線（筆界）だとする通説・判例の再評価が浮上する。」という受け止め方が多いようである（高橋・前掲『重点講義　民事訴訟法上（第 2 版）』86頁）。さらに，八田卓也教授は，「所有権界については，相対的解決という民事訴訟法の原則が妥当するのに対して，筆界は，対世的に同一内容で確定する必要がある」ということを 1 つの理由として，境界確定訴訟を筆界確定とする判例を紛争の一回的・画一的解決という立場から擁護しうる制度であるとする（「境界確定訴訟の意義について」『新堂幸司先生古稀祝賀民事訴訟理論の新たな構築・下』〔有斐閣・2001〕97頁）。

(ク) **日本法とフランス法の相違**　フランス法と日本法（判例法理）のあり方について改めて述べれば，例えば，原告が係争地についての取得時効を主張する場合には，ともに所有権確認訴訟となり，原告が証明責任を負う。この点では違いがない。

単に，係争地について所有権界がそこに及ぶと主張する場合には，日本法だと①所有権確認訴訟により証明責任を負うか，②筆界の確定を求めて証明責任軽減を享受しうるかになる。②については，現在の筆界の不動性原理によれば，所有権とは関わりない筆界が裁判所により確定・形成されることになる。ただし，訴訟により筆界が定められれば，多くの場合，それにより所有権についての紛争が実際上終結する。

2　形式的形成訴訟法理の概要とその問題

(1)　**形式的形成訴訟としての境界確定訴訟**　以上のようにして成立した日本の判例法理の概要は次のようなものとなっている。

(ア) **訴えの諸類型と形式的形成訴訟**

(a) **訴えの類型**　一般に訴えの類型としては，給付の訴え（なお民訴135は将来の給付を求める訴えの提起を認める），確認の訴え（民訴134），形成の訴えがあるが，そのうち形成の訴えは，「判決によって訴訟の目的たる権利関係の変動，すなわち発生もしくは消滅又は変更を生じさせる権利保護形式を内容とする訴えの類型」とされる（新堂・前掲『新民事訴訟法（第 5 版）』207頁，伊藤・前掲『民事訴訟法（第 4 版）』159頁）。形成の訴えには，実体法上の形成の訴え（婚姻の無効，取消（民742・743，人訴 2 ①），離婚（民770，人訴 2 ①）など），訴訟法上の形成の訴え（確定判決の変更を求める訴え（民訴117），民事訴訟法上の請求異議の訴え（民執35））のほかに，ここで取り上げる形式的形成の訴え（形式的形成訴訟）があるとされる。

(b) **形式的形成訴訟**　形式的形成訴訟は，法律関係の変動を目的とする点では，

他の形成訴訟と同様であるが、形成原因や形成権が存在しない点に特徴がある。この場合には、訴訟の形式はとっているが、権利関係の確定を目的とするものではなく、実質は非訟事件であることから、「形式的」という文言が使われる。例えば、民法258条1項による共有物分割請求の場合には、当事者は、裁判所に分割を請求するのみであり、いかなる内容の分割によるかは規定がなく、裁判所の審判の対象となる権利関係が存在しない。境界確定訴訟は、この共有物分割請求(民258)、再婚禁止期間に違反して婚姻した女が出産したときになされる父を定める訴え(民773)とともに形式的形成訴訟に属するとされている。

　(イ)　**形式的形成訴訟の内容**　訴訟に関する一般的原則であり、私的自治の原則に由来する処分権主義および弁論主義は、形式的形成訴訟には適用されない。形式的形成訴訟では、訴訟物である権利関係が存在しないということがその理由とされている。

　かくして、境界確定訴訟では、原告は、特定の境界線を主張する必要はなく、確定を求める特定の境界線を主張する必要もない(最判昭41・5・20裁判集民事83・579)。控訴審において不利益変更禁止の原則も適用されない(最判昭38・10・15民集17・9・1220)。法律関係を基礎付ける要件事実が存在しないために、真偽不明もなく、裁判所は境界線が不明であるということを理由とする請求棄却判決は許されず、職権に基づき何らかの境界線を定めなければならない(伊藤・前掲『民事訴訟法(第4版)』137頁)。また、当事者の合意によっても境界は定めることができない(最判昭31・12・28民集10・12・1639は「境界の合意が存在したことは単に右客観的境界の判定のための一資料として意義を有するに止まり、証拠によってこれと異なる客観的境界を判定することを妨げるものではない」と述べる)。また、筆界は土地所有権と独立しているから、土地取得時効の有無は、境界確定訴訟と無関係であり、境界確定訴訟では取得時効の審理はしない(最判昭43・2・22民集22・2・270)。このような最高裁の立場は、「境界確定の訴訟に於ては裁判所は当事者の主張せる経界線に羈束せられるところなく自ら其の正当なりと認むる所に従ひ経界線を定むべきものとなすを以て相当なりとす」と判示した大連判大12・6・2民集2・7・345にさかのぼるとされているが、それは先ほど紹介した雉本説に大きな影響を受けたものである。

　このようなことから、裁判実務では、境界確定訴訟から和解ができる所有権確認訴訟への訴えの変更がなされ、紛争の解決が図られているようである。しかし、それで当面の紛争解決はできたとしても、必ずしも登記事務との連携が図られていない。このため円滑な経済活動を阻害している結果となっている。

　(ウ)　**境界確定訴訟の当事者適格**

　　(a)　**政策的説明**　境界確定訴訟では相隣地の土地所有者(具体的土地の実質的所有者)が当事者適格を有するとされているが、これは境界確定訴訟を所有権確認訴訟と考える立場からは比較的容易に説明ができるが、これを公法上の筆界を形成するものであると考えると、理論的一貫性の観点から問題が生じてくる。現在では、この点は、所有権が訴訟物であるという理由からではなく、所有者は土地境界線に最も利害関係を持つという政策的理由から説明されている。

判例は,「境界確定を求める訴えは,公簿上特定の地番により表示される甲乙両地が相隣接する場合において,その境界が事実上不明なため争いがあるときに,裁判によって新たにその境界を定めることを求める訴えであつて,裁判所が境界を定めるに当たっては,当事者の主張に拘束されず,控訴された場合も民訴法385条の不利益変更禁止の原則の適用もない(最高裁昭37年(オ)第938号同38年10月15日第三小法廷判決・民集17巻9号1220頁参照)。右訴えは,もとより土地所有権確認の訴えとその性質を異にするが,その当事者適格を定めるに当たつては,何ぴとをしてその名において訴訟を追行させ,また何ぴとに対し本案の判決をすることが必要かつ有意義であるかの観点から決すべきであるから,相隣接する土地の各所有者が,境界を確定するについて最も密接な利害を有する者として,その当事者となるのである。」と述べている(最判平7・3・7民集49・3・919,最判解民事平成7年度(上)325頁,さらに加藤新太郎「境界確定訴訟の当事者適格」塩崎勤編『不動産訴訟法──裁判実務大系11』〔青林書院・1987〕460頁,伊藤・前掲『民事訴訟法(第4版)』137頁注(11))。

(b) **筆界と所有権** もっとも,この当事者適格の問題とともに境界確定の訴え提起により係争地の所有権の取得時効は中断されるという判例(最判昭38・1・18民集17・1・1)を根拠に,境界確定訴訟と所有権確認訴訟の分離に関して「取得時効と当事者適格については若干のゆらぎがある」という指摘があることにも注意すべきである(高橋・前掲『重点講義民事訴訟法上(第2版)』77頁)。

(2) **境界確定訴訟の問題点と法務省の研究** 以上の境界確定訴訟の法理は,判例法理としては安定しているものの,多くの問題点が指摘されていた。筆界特定制度創設のきっかけとなるものとしては,民事法務協会「裁判外紛争解決制度に関する調査・研究(中間)報告書」登研649号78頁が,以下のようにその問題点を整理している(山本和彦「境界確定訴訟(筆界確定訴訟)」前掲『境界紛争解決制度の解説』25頁,山野目章夫『不動産登記法』〔商事法務・2009〕279頁,七戸・前掲『土地家屋調査士講義ノート』298頁)。なお,不動産登記法平成17年改正により実現した筆界特定手続(+筆界確定訴訟存置)ではこの問題点がどうなったかを付加する。

表1 境界確定訴訟の問題点

	境界確定訴訟(従前の手続)	筆界特定手続+筆界確定訴訟
法理論的な問題点	①筆界と所有見解とを峻別し,境界確定訴訟においては筆界を定めるのみとしている点は,国民一般の感覚にも紛争解決を求める当事者の必要にも合致しない	①変化はない
	②仮に境界確定訴訟が公法上の筆界を定める訴えだとすると,その当事者は隣地所有者ではなくそれぞれの土地所有者と行政庁とした方が趣旨一貫すると考えられる	②筆界特定手続については,筆界特定登記官が特定するから行政庁と土地所有権登記名義人等が当事者になる 筆界特定訴訟は変化なし

	③登記手続に関連しても筆界が登記手続によらず裁判所により確定または形成されることになるのは問題を残す	③筆界特定では，筆界特定登記官が特定 筆界特定訴訟は同じ
	④筆界についての私人の合意に効力が認められないために和解により筆界を確定させることができない	④筆界特定では，隣地所有者の和解は一要素 筆界特定訴訟では同じ
制度上の問題	①境界紛争として所有権と筆界とを一度に解決する制度が存在しない	①同じ
	②この問題についての明文の法規が存在しない	②筆界特定制度の明文ができた
	③紛争が隣接所有者によるものとなる以上，一定地域全体についての整合性ある解決ができない場合が生まれうる	③同じ
	④判決がなされても裁判所から登記所に結果を送付する制度になっておらず，登記制度との関連が不明である	④筆界特定では判決が事前にあるか一応の調査を行う 筆界特定手続結果は，裁判所が送付依頼できる
裁判実務上の問題	①当事者適格について判例は隣接地所有者のみに認めるとしているが(最判昭31・2・7民集10・2・38)，そのため隣接地所有者が判明しない場合や登記はあっても当該地番の土地が登記所備え付けの地図にないため自己の所有する土地の所在が判明しない場合には境界確定訴訟制度を利用できない	①筆界特定では隣地所有者不明でも可能 土地の所在が判明しないときは利用できない
	②訴訟に際して提出する資料について当事者に基本的に委ねられているが，登記所や市町村が保有する資料が適切に反映される仕組みになっていない	②筆界特定では職権手続により調査 筆界確定訴訟では単独では従来と同じだが，筆界特定手続の結果を利用できる
	③土地家屋調査士など土地境界について専門的知識を有する者の関与が十分でない	③筆界特定では，筆界調査委員の制度が新設 筆界確定訴訟では，単独では従来と同じだが，筆界特定手続の結果を利用できる
	④裁判官にも過大な負担となり訴訟が長期化しやすい	④筆界特定では標準調査期間6か月程度 筆界確定訴訟では筆界特定の結果を利用できる
登記実務上の問題	①境界確定訴訟の判決に添付された図面では現地において筆界を復元させることができない場合がある	①筆界特定は筆界特定登記官が特定する
	②判決の内容が登記官による実地調査と食い違い，判決に不合理な点があっても登記官が拘束	②筆界特定は筆界特定登記官が特定する

	される	筆界確定訴訟はその記録を利用
	③所有権界について和解をしても，本来の筆界が未確定な場合には分筆登記が困難である	③筆界特定で特定することが可能。
不動産取引上の問題	①土地取引の阻害原因となりうる	①変化はない
	②境界確定訴訟に関する情報の不足がありうる	②筆界特定では手続記録公開

(3) **法務省研究会の構想——境界確定訴訟に代わる行政的手続** こうした制度上の問題点を解決する制度として当初の段階で構想されたのは，《各法務局ごとに地図に詳しい専門家（登記官，土地家屋調査士等）から成る委員会が法務局長などに意見を答申し，法務局長は委員会の意見に基づき，境界を確定する処分（行政処分性を認められた「境界確定処分」）を行い，登記官はこの処分を受けて登記手続を行い，処分に不服がある当事者は裁判所に取消訴訟を提起する》という制度であった。なお，この場合に「境界」とされているのは，筆界に限るかそれとも所有権界を含んだものとするか意見が詰められていなかったが，しかし，基本的には筆界を定めるものとされていた（財団法人民事法務協会「平成11年度裁判外境界紛争解決制度に関する調査・研究報告書」登研649号89頁）。

もっとも，この制度では，当事者の申請による手続開始を予定していた。しかし，法務省の研究は，さらに一歩進めて職権による手続開始をも取り入れるものになっていった。この点は，次に述べる地籍制度との関連が大きい。

3 地籍整備と筆界特定

(1) **国土調査法に基づく地図整備** 筆界特定制度は，登記所の地図整備および地籍調査推進という別の理由からも要請されていた。

(ア) **地籍調査**

(a) **国土調査法** 国土調査法に基づく地籍調査は，「毎筆の土地について，その所有者，地番及び地目の調査並びに境界及び地積に関する測量を行い，その結果を地図及び簿冊に作成すること」であり，当然その土地の境界についての調査も行うものである。その成果については，1951年同法制定時では土地台帳の面積だけを書きかえたが，1952年の国土調査法改正からは土地台帳を改めた場合には登記簿も改めることとされ，1960年（昭35年）の土地台帳法廃止と不動産登記法改正に基づく登記簿と土地台帳の一元化以後は地籍調査の成果により直接登記簿（登記記録）が改められることになった。

(b) **地籍図** 地籍図についても，当初は扱いが明らかではなかったが，不動産登記法の1960年改正で設けられた旧法17条は，登記所に地図を備え付けることを定めたが，法務省による地図整備はなかなか進まず，不動産登記事務取扱手続準則（昭52・9・3民三4473民事局通達）で特別の事情がない限り地籍図を旧法17条地図として備え付けることにされた（準則28）。新不動産登記法でも，登記所に地図（14①，②「各筆の土地の区画を明確にし，地番

を表示するもの」)を備え付けるとするが，その整備は十分には進んでおらず，地図は，「地図に準ずる図面」(14⑤「地図が備え付けられるまでの間，これに代えて」備え付けるとしている。この「地図に準ずる図面」は，「土地の位置，形状及び地番を表示するもの」)で代用されている。

　(イ)　登記所における地図整備の現況

　　(a)　地図整備の現況　　登記所の地図等の整備の現況について寺田逸郎民事局長〔平成17年当時，以下同じ〕は，次の表のような事実を指摘している。

表2　地図等の整備状況

地図の内容		枚数
地図	①国土調査法に基づく地籍図	約300万枚
	②土地改良法による土地所在図等	約48万枚
	③法務局自身が作成した地図	約4000枚
	①②③の計	約350万枚
地図に準ずる図面(ほとんどが明治期作成の旧土地台帳附属地図)		約290万枚
14条に規定する地図等の総数		約640万枚

(第162回国会参議院法務委員会第9号平成17年4月5日より小栁が作成)

　地籍調査の進捗率は，2005年3月31日現在では，全国で46%になっているが，大都市部では，東京都では18%，千葉県および神奈川県では12%，大阪府では2%などの低率にとどまっている(http://tochi.mlit.go.jp/tockok/chiseki_02.html)。しかも例えば，東京都では，人口集中地区(Densely Inhabited District, DIDと略称され，①市区町村の境界内において人口密度の高い(約4,000人/km^{2}以上の)国勢調査区が集合している地域であり，かつ②人口5,000人以上を数える地域を示し，実質的な都市的地域を示す)の5%しか地籍整備が完了していない(http://tochi.mlit.go.jp/tockok/images/img_committee/houkoku.pdf)。

　　(b)　公図と現況のずれ　　土地境界紛争において重要な資料となるのは公図であるが，14条に関する注釈において既に論じたように，公図は現況とズレを見せている場合が相当程度存在している。この点について，2006年には，国土交通省内の土地データバンクにおいて「都市部における公図と現況のずれの公表について(2006.11.22)」(http://www.mlit.go.jp/kisha/kisha06/03/031122_.html)が明らかにしている。大都市における地籍調査の未了は土地取引，都市再開発などにおいても悪影響を与えているとされている。特に有名なのは，森ビル株式会社が中心となった東京都港区「六本木ヒルズ」開発(六本木6丁目地区第1種市街地再開発事業，面積約11.0ヘクタール)は地籍調査が未了であったために，4年が境界を含めた用地調査に費やされたと指摘されている(鮫島信行『日本の地籍——その歴史と展望(第2版)』(古今書院・2011)117頁)。

　(ウ)　地籍調査推進の必要性　　このため，2003年6月には，内閣の都市再生本部から「民活と各省連携による地籍整備の推進」の方針が示された。ここでは，「都市再生の円滑

な推進には，土地の境界，面積等の地籍を整備することが不可欠であることにかんがみ，以下のとおり，国において，全国の都市部における登記所備付地図の整備事業を強力に推進する。(5年で都市部の約5割を実施，10年で概成)」「3．今後，法務局が境界の確定等に関与して地籍調査素図を迅速に正式な地図とするための法整備を行う。」こととされた。土地境界に関する新たな法制度(筆界特定制度)もこうした観点から検討されたものである。

(2) 地籍調査における一筆地調査の問題

(ア) 一筆地調査の困難性

(a) 修正主義　地籍調査における最も重要な作業は，一筆地調査である。これは1筆ごとの土地について公図等の資料により調査をした後，関係者立ち合いのもとに所有者，地番，境界の調査を行うものであるが，そこでもっとも問題とされてきたのが，境界調査である。地籍調査の一筆地調査は，以前から存在する筆界を現地において明確化するものである。この点について鮫島・前掲『日本の地籍(第2版)』は，次のように述べている。

「地籍調査は元々存在した筆界を現地で再確認し明確化するもので，新たに筆界を創設したり，移動したりするものではない。元々存在した筆界とは，明治の地租改正の際に確認された筆界，すなわち土地台帳附属地図(公図)に示された筆界のことだ(小柳注——なお，筆界と公図の関係については，筆界そのものはすでに述べたように現地において抽象的に存在するものであり，公図ですら必ずしもそれを正確に示しているわけではないことに注意が必要である。[小柳注おわり])。地籍調査は権利関係や現地の筆界を変えることなく，地図を修正する作業だ。このため修正主義という用語が使われている。この反対が現況主義だ。現況主義は，過去に確認された境界ではなく，現に存在する境界を新たな筆界として調査することをいう。修正主義による調査も現況主義による調査も結果は一致することが多いが，元々の筆界を超えて土地が占有されているような場合に，現況主義で調査すると権利の侵害が生ずる恐れがある。このため一筆地調査では現況主義ではなく，修正主義を採っている。」(104頁)。

(b) 行政訴訟　これと関連して，地籍調査による筆界の特定に誤りがあっても，そのために真実の権利者が権利を失うものではなく，不満があれば隣地の所有者を相手どって所有権確認または境界確定の訴えを提起することができる。逆に地籍調査では権利義務に影響しないからいわゆる行政処分性がないため，調査の成果に対して行政訴訟で取消を求めるということもできないというのが裁判所の基本的な立場であるとされる(例えば，福島地判昭39・9・24行集15・9・1874，前橋地判昭60・1・29訟月31・8・1973，なお清水「法概説」26頁注19)。この点は，地籍調査に対して取消訴訟を提起されることがないという意味で調査実施主体の負担を軽くしていることを指摘しておきたい。

実際に地籍調査において筆界を特定するためには，明確な物証がある場合(例えば，遠隔地の居住者のような場合)には，実施機関からその土地の所有者に対して，筆界案を記載した書面による確認を求める等(地籍調査作業規定準則30)郵送による確認も認められてはいるが，基本的には土地所有者またはその代理人の立ち会いが求められる。必要な場合には地

(イ)　**地籍調査と「筆界未定」**　以上の手続を経ても，結局のところ筆界が確認できない場合には，法律用語としての規定はないが，いわゆる「筆界未定」として扱い，地図に筆界線を表示しないでおくほかはない。

　こうして，現在の地籍調査のあり方では地籍調査が完了し，これに基づく地図が登記所に備えられたとしても，肝心の一筆地の境界が不確定のまま残っている場合がある。多額の費用をかけて行った地籍調査が所期の成果を上げないままで終わることになる。その結果，登記簿（登記記録）における地図整備も不完全なものにとどまってしまう。こうした観点から，職権的な境界特定方式が要請された（小柳春一郎=七戸克彦=南城正剛=沖和尚=清水英範「土地基本情報整備の新たな段階——平成地籍整備と境界（パネルディスカッション）」日本不動産学会誌19巻3号9頁）。

IV　2004年「要綱案」から2005年不動産登記法改正へ
1　法務省発表の「要綱案」とその問題

　(1)　**2004年要綱案**　既に見たように，2004年6月に法務省は，社団法人商事法務研究会に対し調査研究を委託した結果として，5月28日に発表された「新たな土地境界確定制度の創設に関する要綱案」（以下，「要綱案」という）を発表し，さらにこれについて意見募集を行った。この要綱案は，次のような内容であった。

　①　「境界」とは，「相互に隣接する1筆の土地と他の土地との境を特定するための2以上の点及びこれらを結ぶ直線（筆界）をいうものとする」と定義する。

　②　「境界確定」とは，「土地の境界が明らかでない場合において，この制度の定めるところにより法務局又は地方法務局の長の指定する登記官が境界を確定すること」をいうものとした。

　③　この制度による境界確定も，登記された1筆の土地の客観的範囲を画する境界を確定するものであるとしつつ，これは対抗力の客観的範囲を明らかにするものであるとして，境界確定の処分が抗告訴訟の対象となる旨を規定上明らかにすることにより，境界確定を一律に行政処分として構成した。

　④　手続については，当事者の申請による開始の他に，地図整備や地籍調査等のため必要があるときは，境界確定登記官が職権で開始することもできることとした。

　⑤　境界確定登記官が境界確定を行うために，法務局または地方法務局に3人以上の委員で構成され合議体のルールに従う境界確定委員会を設置し，委員が有する専門的な知見および経験を活用する。境界確定委員会は，境界確定登記官の求めに応じ，自らまたは調査官を用いて必要な調査を行い，その結果を境界確定登記官に報告することを任務とする。法務局または地方法務局の長は，あらかじめ土地の境界の確認等につき専門的な知見および経験を有する者（弁護士，土地家屋調査士等）を登録した委員名簿を作成し，境界確定手続ごとに当該名簿の中から委員を指定し，当該境界確定手続を担当させることとする。境界

確定委員会は3人以上の委員により構成し，意見が分かれた場合には，合議体の一般的なルールに従い，多数決による。

⑥　境界確定は，筆界を明らかにするものであるから，1筆の土地の範囲とは別に所有権の範囲が問題となる紛争は，境界確定の処分の対象ではないことになるが，両者が密接に関連していることが多いことに鑑み，土地所有権についても境界確定委員会が調停手続を行うことができる。

⑦　境界確定訴訟はその役目を終えたとしてこれを廃止する。

(2)　「要綱案」から法案への変化　要綱案の内容は，平成11年の研究会による筆界特定制度の問題点の検討と深い関連のあるものであった。しかし，パブリックコメントを経て，法案として提出された内容は，相当に要綱案と異なった。その理由は，弁護士会の反対と要綱案の理論的な問題点にあった。

(ア)　**弁護士会の反対**　第1に，日本弁護士会連合会の反対であった。法案の議会審議においては，日本弁護士会連合会を代表して清水規廣日本弁護士会連合会副会長が次のように述べている(第162回国会法務委員会(衆議院)第5号平成17年3月15日(火曜日))。①筆界の問題も所有権と密接に関連するものであるから，やはりこれは「司法の問題」である(「土地の筆界の確定の問題というのは，非訟事件，つまり裁判にあたらない事件だ，こう言われておりましたけれども，明治の時代からずっと裁判所において行われてきたわけです。」)。②職権による開始による場合には，隣人間に無用の紛争を惹起する可能性がある(「隣同士で境界争いがない土地がたくさんあるわけですね。ない土地だけれども境界がはっきりしていないというような場合も，法務局の方が職権で行うことができる，こういうことになりますと，隣同士，けんかもしていないものがけんかになっちゃうわけですね。行政の中立性といいますか，そういうものの観点からしますと，やはりいろいろ問題があるのではないか」)。

(イ)　**行政処分の問題性**　要綱案にはさらに，理論的な問題点も存在した。要綱案では筆界について登記官が行政処分として確定し，これについて行政訴訟で争う手段を認めるということになっていた。しかし，行政訴訟の最も一般的なかたちは，「処分の取消しの訴え」としての抗告訴訟である(行訴8)。ところが，この場合には，原告が勝訴した場合には，裁判所は取り消すだけということになり，かえって筆界が定まらないままになり，また新たな手続を設ける必要が出てくる(清水響「筆界特定制度について」登研704号109頁)。こうみると，現在の境界確定訴訟はそれだけで筆界を定めることができるのであるから，比較してみればより簡明な手続とも考えられる。

(ウ)　**議会提出法案との相違**　要綱案と議会提出法案との具体的相違については，清水「法概要」14頁以下が，所有権登記名義人等の申請に基づき，外部専門家の意見を踏まえ，登記関係者が筆界について判断を示すという制度の骨子は変わらないとしている。しかし，清水「法概要」は，議会提出法案には，次のような特徴があることも指摘している。①委員会組織がなくなり，法務局長または地方法務局長が筆界調査委員を任命し，事件ごとに指定する。②筆界特定登記官が期日を主宰する。③筆界特定の事務は個々の登記所ではなく

法務局または地方法務局の事務となる。④職権で筆界特定を行う旨の規定は削られた。⑤筆界特定には行政処分としての効力がないことにされた。⑥筆界確定訴訟(以前からある境界確定訴訟)の制度は存続する。⑦所有権紛争について調停の規定がなくなった。

2 筆界特定制度に対する評価

(1) 批判的評価 このような経過を経て成立した筆界特定制度については，厳しい評価があり得る。七戸教授は，この筆界特定制度について，地籍整備・地図整備の目的との関係および境界確定訴訟の問題解消という2つの目的の双方において問題が残されていると指摘している(七戸克彦「新不動産登記法に関する平成17年改正」(『市民と法』(2005年)34号))。

第1に，境界確定訴訟との関連である。従来の境界確定訴訟は，所有権を決定できず，筆界を確定することとしていたため，所有権に関する問題を後に残すことになる。このことは，今回の筆界特定制度でも変わらない。所有権界と筆界の不一致という困難な問題は今後も課題として残されることになった。

第2は，地籍整備・地図整備との関連である。この点では，職権による手続の開始という制度が削られてしまい，職権発動ができなくなったことが問題である。従来と同様に，地籍調査が終わってもその対象地域中に筆界の未定の土地が残ることになる。

(2) 筆界特定手続の今後の展開 今後において筆界特定手続に対してどのような期待ができるか。第1に，境界紛争についてである。筆界特定制度を創設した不動産登記法の一部改正により，「民事訴訟の手続により筆界の確定を求める訴え」という文言が132条，147条，148条に規定されたが，これは境界確定訴訟を指すものである(清水等「通達概要」11頁)。なお，従来は，境界確定訴訟は，戦前の裁判所構成法の影響を受けて，「経界確定訴訟(けいかいかくていそしょう)」と呼ばれることが多かったが，今後は，不動産登記法平成17年改正の影響を受けて，この「筆界確定訴訟」という名称が一般化していくことが予想される。

筆界特定制度により，所有権についての様々な両者間のトラブルを含めた問題というのが解決することが現実として多いであろうと予想される。さらに，裁判所の筆界確定訴訟は，時間と経費がかかる手続であるばかりか，登記事務との連携が必ずしも図られていないなどのことを考えれば，この筆界特定手続により多くの紛争が実際上解決することも予想される。もっとも，以下に見るように，筆界の不動性が強調され(123(1))，筆界特定制度の手続記録が筆界確定訴訟に送付されるという制度のあり方を見ると(147)，明治初年に主として財政目的で創設された筆界に，現在の不動産境界紛争という私法上の問題への解決において特権的な役割を与えるということが適切かという問題は残る。

第2に，地籍調査についてである。この点では，職権による手続の開始制度が削除された影響は大きい。地籍制度を考えた場合，一筆地調査における境界についての特定手続は，むしろ地籍調査の根拠法等に規定するのが本来の姿であり，改めてボールは地籍調査側に投げ返されたと見るべきであろう(渡辺秀喜「地図の整備」登記研究704(2006)147頁)。

なお，筆界特定は土地の所有権登記名義人等の申請によるとの原則の例外として，東日本大震災では，復興整備事業の実施主体が筆界特定の申請を行うことができるようにした。これは，東日本大震災被災地域では，境界不明等の土地が存在し，これが復興の障害になっているためである。具体的には，東日本大震災復興特別区域法(平成23年法律第122号)73条1項が「第46条第6項の規定により公表された復興整備計画に記載された復興整備事業(……略)の実施主体は，不動産登記法(平成16年法律第123号)第131条第1項の規定にかかわらず，同法第125条に規定する筆界特定登記官に対し，1筆の土地(復興整備事業の実施区域として定められた土地の区域内にその全部又は一部が所在する土地に限る。)とこれに隣接する他の土地との筆界(同法第123条第1号に規定する筆界をいう。)について，同法第123条第2号に規定する筆界特定の申請をすることができる」と定めた。これに関連して，不動産登記規則改正が行われ，この場合における筆界特定申請情報および筆界特定添付情報について新たに規定した(規則207②(5)等)。これに関する筆界特定事務取扱については，平成23年12月22日付け法務省民二第3128号民事局民事第二課長依命通知「東日本大震災復興特別区域法等の施行に伴う筆界特定手続に関する事務の取扱いについて」が発せられた(岡本典子「東日本大震災復興特別区域法等の施行に伴う筆界特定手続に関する事務の取扱いについて」民月67巻1号10頁)。

最後に，筆界特定制度の申請件数は，平成18年1月に施行されてから，平成23年末までで申請件数が約1万5000件にのぼっている(平成22年は2302件の申請)。境界(筆界)確定訴訟の提訴件数は，制度導入前においては，年に1000件程度であったところ，平成22年は423件になるなど減少傾向にあり，筆界特定手続が境界紛争解決に役割を果たしつつあることが伺われる(團藤丈士「民事基本法制の立法動向について」登研767号24頁)。

V　条文の具体的意義

以下では，条文の文言の具体的意義について検討する。

1　筆界

(1)　筆界の意義　123条1項は，筆界を「表題登記がある1筆の土地(以下単に「一筆の土地」という)とこれに隣接する他の土地(表題登記がない土地を含む。以下同じ。)との間において，当該1筆の土地が登記された時にその境を構成するものとされた二以上の点及びこれらを結ぶ直線」と定義している。

寺田逸郎(元)法務省民事局長は，国会審議において，この定義について次のように述べている(「第162回国会参議院法務委員会議事筆記第9号平成17年4月5日」)。①筆界は登記法上の概念である(「まず観念的に，これは登記法上の概念だということを明らかにいたしておりまして，表題登記がある一筆の土地とこれに隣接する他の土地との間における線，境界線だということを明らかにしているわけでございまして，これは先ほども御質問にも出ましたけれども，いわゆる所有権の境とは別の概念」)。②筆界は境を構成する二以上の点とそれを結ぶ直線から成りた

つ(「これは境を構成するものとされた二以上の点と直線から成っているわけでございまして，具体的には非常に多くの点を結んだそれぞれの直線ということにもなるわけでございますけれども，それぞれを結んだ直線，それ自体がこの筆界ということになっている」)。③登記の時に成立した(「表示の登記がされる以前には土地というものは登記法上は全く存在しないものでありまして，したがいまして，ここで言う土地と土地の境というものも存在しないわけでございます。少なくとも一方の土地に登記ができた時点でそのものの権利の対象としての境が出るということを示すために，ここは登記と(ママ)きにということが入れられている」)。

この点をより詳しく検討してみよう。

(2) 登記法の概念としての筆界 まず筆界は登記法上の概念であり，所有権の境とは別であることについてである。この点が今回の筆界特定制度の大きな特徴であることは，既に論じた。筆界特定制度は，過去に1筆の土地として登記がなされた土地について，その筆界の現在のあり方が明らかでない場合にこれについて明らかにすること(形成力はない)を目的としている制度である。それ故，①隣接土地にいずれも表題登記がある場合には，その間に筆界がある。その筆界は，「当該一筆の土地が登記された時にその境を構成するものとされた」ものとなる。これに対して，②隣接土地の両者にいずれも表題登記がなされていない場合には，ここでいう筆界が存在しないことになる。③表題登記がなされていない土地と表題登記がなされている土地の間の場合には，表題登記がある土地に即して筆界が存在しているのであり，筆界特定制度を利用することが可能である。なお，表題登記がない土地であっても所有権が成立することは当然であり，それ故表題登記のない土地が隣接している場合には，所有権の境は存在するが筆界は存在しないことになる。

これに関連して，土地所有権の対象になりえない土地は，私権の対象にならないため，登記能力がなく，筆界特定の対象にはならない。登記能力については，詳しくは，本書34条の解説に譲るが，海面下の土地，常時継続して河川の敷地となっている河川敷地(43⑥)などは登記能力がない(清水・Q&A14頁)ため，筆界特定の対象にはならない。

(3) 点を結ぶ直線 本条文は，「その境を構成するものとされた二以上の点及びこれらを結ぶ直線」と定義している。筆界について点を起点としてこれと直線が組み合わされたものとして理解していることになる。

これについて，重要なのは，筆界の出発点等として「点」が明示されていることであり，これは測量技術等の進歩により世界測地系の座標などを基にして理論上は特定の地点のピンポイントでの位置を特定できるようになっていることである。地籍調査による筆界調査では，筆界点について，2002年4月1日から世界座標系に準拠して緯度・経度が与えられている(鮫島・前掲『日本の地籍(第2版)』104頁)。すべての筆界点がこうしたデータを得ているわけではないが，考え方としてはこうした地球上の位置を明示した点に基づき筆界が定められることになる。

なお，「直線」という言葉が使われていることから，筆界が曲線となることはないのか，円周状の形となることは許されないのかという疑問が生ずるかもしれない。しかし，これ

について,「曲線は,その円周上に複数の筆界点を有している」というかたちで(渡辺秀喜=加藤三男=中山耕治=石川徳行=金親均=長谷川実「筆界特定制度概説」登研702号5頁),多数の筆界点を想定することにより位置づけることが可能になる。

(4) 筆界の創設時

(ア) 1筆の土地が登記された時
どの時点で筆界が定められたかが重要であるが,法は「当該1筆の土地が登記された時」と定めている。これについて,「筆界通達」は,2つの場合があるとして次のように述べている。

「『当該1筆の土地が登記された時』とは,分筆又は合筆の登記がされた土地については,最後の分筆又は合筆の登記がされた時をいい,分筆又は合筆の登記がされていない土地については,当該土地が登記簿に最初に記録された時をいう。」(筆界通達1)

第1の場合は,分筆または合筆の登記がされた土地の場合であり,「最後の分筆又は合筆の登記がされた時」が法123条1項にいう「当該一筆の土地が登記された時」に該当する。

第2の場合は,分筆または合筆の登記がされていない土地であり,これは「当該土地が登記簿に最初に記録された時」が「当該一筆の土地が登記された時」に該当する。

(イ) 原始筆界
この第2について,清水「法概要」,清水等「通達概要」は,次のように述べている。

「地租改正事業の際,一筆の土地として把握され,図面に公示された区画に対応する現地の線は,その後変更がされない限り,登記法(明治19年)及び不動産登記法(明治32年)の下で当該土地が一筆の土地として登記された時の筆界(原始的筆界)に一致するものと考えられる。土地の筆界は,その後の土地の分筆又は合筆により,新たに形成され,又は消滅する。したがって,現在の土地の筆界は,明治初期に創設されたものと,その後の分合筆により形成されたものから構成されていることになる。」(清水「法概要」29頁注21)

「地租改正事業の成果を登録した地券台帳及びこれらの図面(地租改正図,地押調査図などのこと[小柳注])は,国家が,公的に土地を区画し,1筆の土地として把握したことを示すものである。すなわち,この地租改正事業の際,1筆の土地として把握され,図面に公示された区画をなす現地の線が原始的な筆界ということになる。」(清水響等「通達概要」10頁)

「現在,登記簿に公示されている土地が地租改正時から一度も分合筆を経ていない土地であれば,いずれの登記簿を基準に考えても,当該土地が登記簿に記録された時の筆界は,地租改正時に国家が定めた原始筆界ということになる。」(同11頁)

地租改正以降一度も分合筆のない土地は,「原始(的)筆界」がそのまま維持されていることになる。所有権筆界の不動性がこうして明示されている。新たに生じた土地については,その所有権を取得する者が表題登記を申請することと定められているから(36),その時が「当該一筆の土地が登記された時」となる。土地登記の後は,分筆,合筆により筆界が創設される。もっとも,分筆は新たに筆界を創設することについて異論がないが(準則16条(4)

「分筆の登記をした場合には，地図又は地図に準ずる図面に分筆線及び分筆後の地番を記録する。」)，合筆では筆界が削除されることになる（同(5)「合筆の登記をした場合には，地図又は地図に準ずる図面に記録されている筆界線を削除し，合筆後の地番を記録して従前の地番を削除する。」)。

なお，ここにいう「分筆の登記がされた時」とは，あくまで，登記官が分筆の登記を実行する際に，いわゆる「分割線」を地図等に記入する場合の，その記入された線のみを指し，分筆線以外の筆界は原始筆界を意味するにほかならない。

(ウ) **土地区画整理事業等** また，土地区画整理事業による換地処分に基づく登記（土地区画整理法107②，さらに土地区画整理令（昭和30年政令221号）参照）や土地改良事業（土地改良法55，さらに土地改良登記令（昭和26年政令146号））などの場合にも新たに筆界が創設されることになる（境界実務研究会『筆界特定ガイドブック』〔三協法規出版社・2006〕4頁）。

かくして，筆界の創設時としては，①地租改正時の原始筆界またはその後新たに生じた土地について登記時の筆界，②土地区画整理などによる再編成筆界，③分筆・合筆による筆界が見られることになる。

(5) 筆界の読み方 なお，付言すれば，「筆界」の読み方について「不動産登記法等の一部を改正する法律」の衆議院法務委員会での審議（平成17年3月22日）に際して，寺田逸郎法務省民事局長からは，「私どもも特に，このヒッカイないしはヒツカイを，どちらでお読みいただいても差し支えございませんが，私は関東でございますので，仮にヒッカイと読ませていただきます。」との答弁がある。それ故，いずれの読み方もさしつかえないということになる。

2 筆界特定

(1) 基本的意義──現地における筆界の位置の特定 筆界特定とは，「一筆の土地及びこれに隣接する他の土地について，この章の定めるところにより，筆界の現地における位置を特定すること（その位置を特定することができないときは，その位置の範囲を特定すること）をいう。」と定義されている。筆界通達は，「『筆界特定』とは，一の筆界の現地における位置を特定することをいい，その位置を特定することができないときは，その位置の範囲を特定することを含む」しているのであり（第2），法の規定するところと変わらない。

清水『法概要』は，「結局，筆界特定とは，過去に登記所が当該一筆の土地の筆界として確認した（はずの）筆界を，調査の上，現地で再現することである。筆界特定の内容は，筆界特定書により明らかにされ，必要に応じ，地図等に反映されることになるが，あくまでも現地における筆界の位置を特定することが筆界特定の内容となる。」と述べている（清水「法概要」29頁）。

(2) 筆界特定と境界確定との異同 筆界特定の特色の1つは，筆界調査委員という筆界につき専門的な知識・経験を有した者が職権で必要な事実の調査を行うことである。通常の民事訴訟手続においては，弁論主義が妥当し，必要な資料の収集および提出の責任は当事者に委ねられていた。ところで，境界確定訴訟においては，境界が公的な存在であ

るということを理由に弁論主義の適用が制限されていることは，既に述べたとおりである。このようなあり方は，筆界特定の手続においても影響を与えた。筆界特定は，当事者による攻撃防御方法の如何にゆだねられるのではなく，客観的に正しい筆界の現地における位置を特定するものである。もっとも筆界特定は，筆界（境界）確定訴訟と比べると限界もある。清水「法概要」は，この点について「境界確定訴訟においては，筆界が真偽不明の場合には，裁判所が筆界を形成することが可能であるが，筆界特定には，そのような形成効はない」と指摘している(25頁)。

(3) **筆界特定の資料**

(ア) **図面資料等** 筆界特定登記官は，公図等を資料とする外，現地の占有状況，地形，公簿面積，慣習などを参考にしつつ可能な限り筆界を特定することが求められている。なかでも重要な図面資料について言えば，筆界について，①地租改正時の原始筆界またはその後新たに生じた土地についての登記された時点での筆界，②土地区画整理などによる再編成筆界，③分筆・合筆による筆界があると述べたが，①についての筆界特定の資料は，第一に地租改正時において，国により作成された地租改正時の地図（改組図や更正図等）(146「地図に準ずる図面」)なかでも，「一筆丈量図」が重要な資料となり得る。なお，国土調査法に基づく地籍調査により作製された地図(14条②「地図」)についても，そもそもこれは筆界を移動させるものではない(前出の修正主義)から，この限りでは区別がない（例外として，地図混乱地域について大規模な和解により作成された地図）。もっとも，地租改正時の改組図は，現地復元力が乏しいのに対して，14条2項地図にはその能力が備わっているから，現地において筆界を復元・特定する場合には作業的には大きな差がある。ところが，筆界特定が必要な場所または筆界特定の申請がなされる場所は，地図未整備のところが少なくないから，多くの筆界特定は困難を伴うものになる。②，③については，その分筆等の際に作成された図面等の作成精度が問題になる（前掲『筆界特定ガイドブック』3頁）。

(イ) **地籍図等** また，国土調査法に基づく成果である地籍図や14条の地図は，原則として現地復元性があるとされているから(本書14条の解説参照)，地籍図等に描画された筆界を現地に容易に復元できると考えられるかもしれない。しかし，まず，この現地復元性といっても，登記簿の記載と同じく「事実上の推定力」があるにとどまる（吉野衞「[再開]不動産の表示に関する登記講義」登研641号16頁）。

さらに，地籍調査において，修正主義（本来の筆界に基づいて地図を修正する）が当初から徹底していたものではなく，昭和50年代近くまで現況の土地所有権や利用状況をもとに筆界を定めるという悪しき現況主義が主流とされてきたとの指摘があり，地籍図や法14条地図が現況主義によって作成されているときには，それは筆界の不動性を反映していない場合があることになる。このため利用に当たっては注意が必要である（山口県土地家屋調査士会『山口県　土地制度・地図の沿革』〔山口県土地家屋調査士会・2005〕179頁）。

かくして，真実の筆界と図面との関係について，清水「法概要」が次のように述べていることが注目される。

「真実の筆界は移動しないが、筆界特定をした結果、過去に行われた筆界の認定及び公示が誤っていたことが判明することはあり得る。この場合には、登記手続上、地積の更正の登記や地図の訂正の制度により、正しい地積及び筆界を登記記録及び地図に反映させる必要が生ずることになる。これは、公簿や図面上の公示が誤っていただけであり、現地における真実の筆界の位置に変更はないし、実体的権利関係にも変動はない。」(清水「法概要」24頁)

(ウ)　**所有権界についての合意**　なお、清水響等「通達概要」は、「対象土地の各所有権名義人等が所有権界として合意している線が、筆界の特定のための資料となり得ることはいうまでもない」(同12頁)と述べている。先述したように、筆界は所有権界とは区別されるものであるからこの点は疑問となるかもしれない。しかし、当初の筆界は所有権の境界という役目を持ちうるものとして定められたものであるから、所有権名義人等が所有権界として合意している線もまた筆界の現地における位置を特定するための資料となることは妨げないと考えられる。ところで、本来の筆界が所有権とは異なるものとして定められていた場合には、所有権界として合意している線は本来の筆界とは異なるものとなる。また、本来の筆界が所有権界を示していたとしてもその後所有権界が何らかの原因で移動した場合には、その後の所有権界についての合意は、本来の筆界を明らかにする資料としては役に立たないということになる。

(エ)　**筆界の一部の特定**　筆界について、当事者がある筆界線の一部のみについて筆界特定を申請することが可能であろうか。これについて清水「法概要」は、「筆界は、登記された土地と他の土地の境を構成する客観的な直線であり、申請人の主張する土地の範囲とは直接の関係はない。また、筆界の一部、すなわち直線の一部を特定するためには、その前後についても特定するのが通常と考えられるから、申請人がその一部のみの特定を求めたとしても、登記官としては、申請人の申立てに拘束されることはない。しかし、他方、筆界特定のための調査を尽くしたとしても、その一部しか特定することができない場合もあり得る。この場合には、結果として、筆界の一部を特定することもあり得ることになる。」と述べている(清水「法概要」31頁)。

これによれば、そもそも筆界特定について申請人の申立てに拘束されないし、筆界は一定の範囲にわたり矛盾なく存在すべきものであるから、筆界特定についても原則として一部のみの特定はなされないということを明らかにしている。さらに、境界確定訴訟について、東京高判平12・3・14訟月47・4・706が、筆界の一部のみについて争われているなどの事情がない限り、「一筆の土地の境界の任意の一部や起点となる点のみの確定を求めることは許されない」と判示していることも関係する。

(オ)　**筆界の位置を特定できないとき**　筆界特定においては、筆界の「位置を特定することができないときは、その位置の範囲を特定すること」とされている。これについて清水「法解説」は、「運用の問題としては、調査を尽くして筆界を必ず特定するように努めることは、当然であり、ベストを尽くしても明らかにならない場合にだけ、このような例

外的な取り扱いが認められる」と述べている(清水「法概説」30頁)。登記官には分筆の登記をするに際して筆界を形成する権限があるが、しかし、筆界不明となってしまった場合においてそれを再形成する権限が認められていないため、このよう筆界の位置を特定できない場合が残るのである。

　なお、判例は、境界確定訴訟について、「客観的な境界を知り得た場合にはこれにより、客観的な境界を知り得ない場合には常識に訴え最も妥当な線を見い出してこれを境界と定」むべきものとしている(最判昭38・10・15民集17・9・1220)から、筆界特定手続で筆界の「位置を特定することができないときは、その位置の範囲を特定すること」になった場合であっても、筆界確定訴訟によれば、裁判所がその形成力により筆界線を定めることができる。

　(カ) **筆界特定手続と筆界確定訴訟の関係**　筆界特定手続は、筆界確定訴訟を提起する場合の必要的な前置手続ではない。それ故、筆界特定手続を経ることなく筆界確定訴訟を提起することも可能であるし、筆界確定訴訟が提起された後も、その確定前であれば当事者の申請により筆界特定制度を利用することができる。それ故、いくつかの場合を区別することができる。①筆界確定訴訟の判決が既に確定している場合、②筆界確定訴訟が提起されているが、その判決が確定していない場合、③筆界確定訴訟はいまだ提起されていない場合である。この点については、本書147条の解説に譲る。

3　対象土地

　本条3号は、対象土地について、「筆界特定の対象となる筆界で相互に隣接する1筆の土地及び他の土地をいう」としている。相互に隣接するという文言が示すように、対象土地とは筆界が問題となる両側の土地である。図で示すと次のようになる。

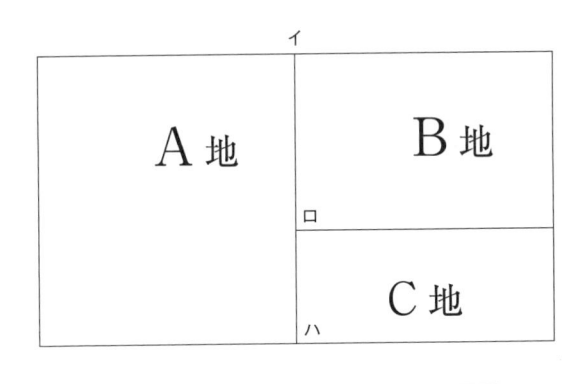

　この図で、A地の所有権登記名義人等による**イ・ロ**の筆界特定申請ではA地およびB地が対象土地、C地が関係土地(後述)となり、**イ・ロ・ハ**の筆界特定申請では、A地、B地お

よびC地が対象土地となる(清水・Q&A367頁)。

これについて,筆界通達3は,次のように述べている。

「『対象土地』とは,筆界特定の対象となる筆界で相互に隣接する1筆の土地および他の土地をいう(123(3))。『他の土地』には,表題登記がない土地を含む。筆界特定の申請があった場合において,筆界特定申請情報の内容および地図または地図に準ずる図面によれば申請にかかる1筆の土地と他の土地とが相互に隣接しており,かつ,現地における土地の配列および区画または形状がおおむね図面または地図に準ずる図面の表示と一致していると認められるときは,当該各土地を対象土地として取り扱って差し支えない。ただし,この場合においても,事実の調査の結果,当該各土地が相互に隣接する土地とは認められないときは,当該申請は,132条1項2号により却下する」。

4 関係土地

本条第4号は,「関係土地」の定義を明らかにして,「対象土地以外の土地(表題登記がない土地を含む。)であって,筆界特定の対象となる筆界上の点を含む他の筆界で対象土地の一方又は双方と接するものをいう。」としている。この点についても,筆界通達4が次のように説明している。

「『関係土地』とは,対象土地以外の土地(表題登記がない土地を含む。)であって,筆界特定の対象となる筆界条の点を含む他の筆界で対象土地の一方又は双方と接するものをいう(123(4))。筆界特定の申請があった場合において,筆界特定申請情報の内容及び地図又は地図に準ずる図面によれば,筆界特定の対象となる筆界上の点を含む他の筆界で対象土地と接しており,かつ,現地における土地の配列及び区画又は形状がおおむね地図又は地図に準ずる図面の表示と一致していると認められる土地は,関係土地として取り扱って差し支えない。」

5 所有権登記名義人等

(1) **法の規定と筆界通達** 本条5号は,「所有権登記名義人等」について「所有権の登記がある1筆の土地にあっては所有権の登記名義人,所有権の登記がない1筆の土地にあっては表題部所有者,表題登記がない土地にあっては所有者をいい,所有権の登記名義人又は表題部所有者の相続人その他の一般承継人を含む。」と規定している。

この点について筆界通達5は,「所有権の登記がある1筆の土地にあっては所有権の登記名義人又はその相続人その他の一般承継人,所有権の登記がない1筆の土地にあっては表題部所有者又はその相続人その他の一般承継人,表題登記がない土地にあっては所有者をいい,所有権の登記名義人又は表題部所有者の相続人その他の一般承継人を含む。所有権に関する仮登記の登記名義人は,所有権等登記名義人には含まれない」としている。

(2) **申請権者**

(ア) **申請権者を定める基準——形式的登記名義等** 筆界特定は,私人の権利義務を

直接に確定するものではないから，どの者に申請をなす権限を認めるかまた手続上の保障を与えるかは，立法政策の問題となる（これは，境界確定の当事者について当事者適格を認める際にも同様であった）。所有権名義を有する者にこれを認めることは，筆界特定が当該土地の登記簿上の範囲を示すことになるのであるから，当然であろう（なお，1筆の土地の一部を取得時効した者について申請権が認められていることについては（規則207②(4)，筆界通達14)，本書131条の解説参照)。

　この場合，①所有権の登記がある1筆の土地にあっては所有権の登記名義人，②所有権の登記がない1筆の土地にあっては表題部所有者，③表題登記がない土地にあっては所有者がここにいう「所有権登記名義人等」とされた。なお，①および②については，形式的な所有権登記名義人・表題部記載の名義人によって筆界特定手続申請をなし得ることとしているのに対して，③は，実質的所有者が「所有権登記名義人等」とされる。①および②の場合，形式的にはそうした名義等を有していない者が実質的に所有権(実体法上の)を有している場合については，筆界特定手続を申請し得ないことになる。その理由としては，登記官が登記の有無を離れて所有権の有無を判断するのは職責上適切でないこと，登記制度上の所有者を登記官は尊重すべきであること，登記簿を規準にすることではっきりした規準が得られることが挙げられる（清水「法概要」34頁)。

　(イ)　**1筆の土地の一部の所有者**　もっとも，①および②のような表題登記のある土地については，規則207②(4)が，「申請人が一筆の土地の一部の所有者であるときは，その旨」と規定し，1筆の土地の一部の所有者に申請権を認めていることに留意する必要がある。これは，1筆の土地の一部の取得者がその部分について分筆登記をした上で移転登記するための規定である。なお，筆界通達14は，この場合について，「1筆の土地の一部の所有権を取得した原因は問わない」と規定している。さらに，筆界通達24は，この場合について，「1筆の土地の一部を取得したことを証する情報というためには，申請人の自己証明では足りず，例えば，確定判決の正本又は謄本その他の公文書によることを要し，又は，当該1筆の土地の所有権の登記名義人が作成した当該申請人が当該1筆の土地の一部の所有権を取得したことを認めることを内容とする情報であって，当該所有権の登記名義人の印鑑証明書が添付されたものであることを要する。また，1筆の土地の一部を取得したことを証する情報において申請人が所有権を取得した土地の部分が具体的に明示されていることを要する」と規定している（詳しくは本書131条の解説参照)。

　(ウ)　**表題部のない土地の所有者**　さらに，③申請人が表題部のない土地の所有者であるときについては，筆界特定情報について規定する規則209条1項4号が，「当該申請人が当該土地の所有権を有することを証する情報」を申請人が法務局または地方法務局に提示することを必要であると規定し，これを受けて筆界通達22が「申請人が表題部のない土地の所有者であるときは，筆界特定情報として，当該申請人が当該土地を有することを証する情報が提供されることを要する。この場合における所有権を有することを証する情報の意義は，令別表の4添付情報欄ハに掲げるものと同様である。」と規定している。別表の

4 添付情報欄ハとは,「表題部所有者となる者が所有権を有することを証する情報」である。

(エ) **共有者**　共有者は,単独で筆界特定申請をなしうる。この場合について,法133条1項1号が他の共有者は関係人となると規定し,一定の手続保障を与えている。「登記簿」——敷地権付き区分所有建物の所有者から筆界特定を申請する場合の手続について」登研734号183頁は,筆界特定は,新たに筆界を創設するものではないから処分性がなく,他の共有者の権利義務に影響を与えないという理由を指摘している。また,マンション管理組合は,土地の所有権登記名義人等ではないから,筆界特定申請資格を有しない。ただし管理組合が代理人となって申請することは可能である。

なお,代理に関連して,所有権登記名義人の相続人が不存在であるとして,その名義が「亡甲相続財産」となっている土地について,家庭裁判所から専任された相続財産管理人は,相続財産法人の代理人として当該土地を対象とする筆界特定の申請をなすことができるかについて,「【カウンター相談】(205)——相続財産管理人が相続財産法人を代理して筆界特定を申請することの可否等について」登研739号159頁は,これを肯定する。これは,筆界特定申請が,財産の現状維持であることから保存行為に該当すると考えられるとの理由に基づく。

(オ) **担保権者・地上権者等**　問題となるのは,担保権者や地上権者にも認めるべきかである。これについては,境界確定訴訟において地上権者について当事者適格を有さないとした最判昭57・7・15訟月29・2・192が「相隣接する係争土地つき処分権限を有しない者は,土地境界確定の訴えの当事者となり得ないと解するのが相当」としていることを考えれば,担保権者や地上権者は,筆界特定申請手続を申請し得ない者とすべきことになる(清水「法概要」34頁)。また,「【カウンター相談】——譲渡担保権設定者を申請人とする筆界特定の申請の可否について」登研722号171頁は,譲渡担保権設定者は,たとえ,当該譲渡担保契約により実質的所有権の移転がないと認められるときでも,(移転前の所有権登記名義人であって)現在の登記記録上所有権の登記名義人ではないため,筆界特定申請をなすことができないとしている。

(3) 仮登記名義人

(ア) **仮登記名義人の申請権**　筆界通達は,所有権に関する仮登記名義人はここにいう「所有権登記名義人等」に含まれないことを明らかにしている。これはいわゆる法105条にいう1号仮登記名義人(実体上の権利の設定移転等は存在したが,これを登記させるための登記情報が欠けているためになされる仮登記)であっても含まれないのである(清水馨等「通達概要」14頁)。仮登記の登記名義人は,たしかに所有権の登記名人が有する登記上の所有権について利害関係を有しているけれども,当該登記上の所有権を処分する権限は,所有権の登記名義人にあると考えられる。それ故,ここにいう仮登記名義人については,所有権登記名義人等には含めず,筆界特定申請をなし得ないものとした。

表題登記のない土地については,その性格上そもそも名義と実質的所有者が分離するという対象にないので,相続人等の規定が設けられていない(筆界通達5)。

(イ) 関係人　所有権登記名義人等と密接に関連する概念として，関係人（「対象土地の所有権名義人等であって筆界特定の申請人以外のもの」および「関係土地の所有権名義人等」法133①）がある。これらは，所有権登記名義人等が筆界特定手続を申請し，いわば能動的に制度に関係するのに対して，筆界確定手続においていわば受動的に影響を受ける立場である（本書133条1項の解説参照）。

（小柳春一郎）
（執筆協力：下川健策）

（筆界特定の事務）
第124条　筆界特定の事務は，対象土地の所在地を管轄する法務局又は地方法務局がつかさどる。
② 　第6条第2項及び第3項の規定は，筆界特定の事務について準用する。この場合において，同条第2項中「不動産」とあるのは「対象土地」と，「登記所」とあるのは「法務局又は地方法務局」と，「法務局若しくは地方法務局」とあるのは「法務局」と，同条第3項中「登記所」とあるのは「法務局又は地方法務局」と読み替えるものとする。

＊新法改正……平成17年4月13日法律第29号「不動産登記法等の一部を改正する法律」1条：本条新設
＊関連法規……法6条，規則211条7項

I　筆界特定の事務分担

本条は，筆界特定の事務管轄を明らかにする。通常の登記事務では不動産登記法上の登記所である支局や出張所の管轄に属する対象土地（6）であっても，筆界特定の事務は，法務局または地方法務局が担当するとして，一般登記事務と異なる管轄に属することを明らかにしている。124条1項により，筆界特定の事務は，法務局においては民事行政部不動産登記部門が取り扱うことになる。また，地方法務局では，不動産登記部門または登記部門が取り扱う。

なおこのことは，筆界特定の申請書面を法務局または地方法務局に直接提出すべきことを意味してはいない。規則211条7項が「筆界特定書面申請は，対象土地の所在地を管轄する登記所を経由してすることができる」と規定するため，申請人は，本局以外の支局や出張所経由で申請書を提出することが可能である（経由申請）。

II 複数の法務局等にまたがる土地についての管轄
1 法6条の読替え規定

本条2項は，複数の法務局等にまたがる土地の管轄指定に関する規定であり，法6条について読替えを行っている。読み替えられた後の条文は，次のようになる。

> 「対象土地が二以上の法務局又は地方法務局の管轄区域にまたがる場合は，法務省令で定めるところにより，法務大臣又は法務局の長が，当該不動産に関する登記の事務をつかさどる登記所を指定する。」（6②読替え後の条文）。
>
> 「前項に規定する場合において，同項の指定がされるまでの間，筆界特定の申請は，当該二以上の法務局又は地方法務局のうち，一の法務局又は地方法務局にすることができる。」（6③読替え後の条文）

2 筆界通達

さらに，対象土地が二以上の法務局または地方法務局の専属管轄にまたがる場合について，次の筆界通達59および60が規定している。

筆界通達59「対象土地が二以上の法務局又は地方法務局の管轄区域にまたがる場合には，不動産の管轄登記所等の指定に関する省令（昭和50年法務省令第68号，以下「管轄省令」という。）第3条の規定により，当該二以上の法務局又は地方法務局が同一の法務局管内にあるときは当該法務局の長が，その他のときは法務大臣が，それぞれ当該土地に関する筆界特定の事務をつかさどる法務局または地方法務局を指定することになる（法第124条第2項において準用する法筆界6条2項，管轄省令筆界3条）。これらの場合においては，指定がされるまでの間，筆界特定の申請は，当該二以上の法務局または地方法務局のうち，いずれか一方の法務局または地方法務局のうち，いずれか一方の法務局または地方法務局にすることができる（法第124条第2項において準用する法第6条第3項）。」

筆界通達60「59により筆界特定の申請を受け付けた法務局又は地方法務局（以下「受付局」という。）は，対象土地を管轄する他の法務局又は地方法務局と協議の上，管轄省令第3条前段の場合にあっては別記第8号様式，同条後段の場合にあっては別記第9号様式による指定請求書により，それぞれ法務局の長又は法務大臣に請求するものとする。これらの場合において，法務局の長が同条前段の指定をするときは，別記第10号様式による指定書によるものとする。」

以上により，筆界特定の申請をする対象土地が複数の法務局または地方法務局にまたがっているときには，法務大臣または法務局の長が管轄法務局または地方法務局を指定することになる。

（小柳春一郎）
（執筆協力：下川健策）

(筆界特定登記官)

第125条 筆界特定は，筆界特定登記官(登記官のうちから，法務局又は地方法務局の長が指定する者をいう。以下同じ。)が行う。

＊新法改正……平成17年4月13日法律第29号「不動産登記法等の一部を改正する法律」1条：
本条新設
＊関連法規……法132条・133条・143条

I 筆界特定登記官
1 権利の登記と登記官

本条は，筆界特定について筆界特定登記官が担当することを明らかにする。

従来において登記官の職務としては，所有権の移転や抵当権の設定などの権利の登記が中心であった。そこでの登記官は，基本的には当事者の申請によってその書類上の誤りがないかどうかということを確認して最終的に登記記録上にデータとして記録をする役割を持っていた。

2 表示の登記と登記官

これに対して，昭和35年の不動産登記法の大改正(いわゆる一元化)でそれまでは税務署が所管していた台帳業務が法務局に移管され，表示に関する登記の制度が設けられた。これもまた登記官の職務となった。表示に関する登記の制度においては，登記官について申請に基づく書類上の審査にとどまらず職権主義も規定されている(28)。登記官は，職権主義をも背景に，当事者の申請が疑わしい場合には自ら現地に赴いて，例えば建物の床面積が本当に正しいのかどうか，あるいは土地の筆界はこの申請どおりなのかということを調査できる(29)。また，登記官が分筆や合筆の登記をした場合は，登記官には筆界を創設する権限を有する(清水・Q&A375頁)。ただし，いったん形成された筆界の所在が不明となった場合にこれを再形成する権限はない」(清水「法概要」22頁注22)。

地図を中核とする表示に関する登記は，権利の登記の礎となる極めて重要な分野であるほか職権的な権限の行使も必要な非常に重要な事務であるということから，その中心となる者については6か月間の測量研修を含めて様々な研修を表示に関する登記について行った上で，表示に関する登記の専門の者を「表示登記専門官」として法務局(地方法務局)長が任命してきた。筆界特定登記官の制度は，この延長上に生まれたものである。

II 筆界特定登記官の任用

筆界特定登記官の任用については，事務に精通するということについては，①当事者の間の権利の確定ではないにせよ，それに深く関連することから手続的公正ということについて高い意識を有すること，②能力の上では表示登記の知識を有すること，③筆界という

ものの歴史を含めた知識を有することが重要である。筆界特定登記官の具体的指定基準は，法律に規定がないが，清水「法概要」は，「総括表示登記専門官クラスの登記官がこれに該当すると考えられる」と述べている(同26頁注29)。

(小柳春一郎)
(執筆協力：下川健策)

(筆界特定登記官の除斥)
第126条 筆界特定登記官が次の各号のいずれかに該当する者であるときは，当該筆界特定登記官は，対象土地について筆界特定を行うことができない。
(1) 対象土地又は関係土地のうちいずれかの土地の所有権の登記名義人(仮登記の登記名義人を含む。以下この号において同じ。)，表題部所有者若しくは所有者又は所有権以外の権利の登記名義人若しくは当該権利を有する者
(2) 前号に掲げる者の配偶者又は4親等内の親族(配偶者又は4親等内の親族であった者を含む。次号において同じ。)
(3) 第1号に掲げる者の代理人若しくは代表者(代理人又は代表者であった者を含む。)又はその配偶者若しくは4親等内の親族

＊新法改正……平成17年4月13日法律第29号「不動産登記法等の一部を改正する法律」1条：本条新設
＊関連法規……法10条

I　筆界特定登記官の除斥事由

本条は，筆界特定登記官が広い意味で境界紛争解決に大きな役割を果たすことに鑑み，その除斥事由を定めるものである。なお，除斥とは，民訴において裁判官の除斥(民訴23)が法律上の要件を満たせば当然に職務執行から除外されるところに特徴があったように，一定要件により当然職務から排除される制度であり，忌避(民訴24)が当事者の申立てにより職務執行から排除されるのと異なる。

そもそも筆界特定手続は，対象土地に関する筆界の現地における位置について明らかにするものであって，過去にさかのぼって登記手続の可否を審査するものでもなく，また，そうして特定された筆界は国民の権利義務に直接影響を与えるものではない。それ故，登記官が申請人と一定の人的関係にある場合に限り除斥される制度(10)に鑑み，筆界特定登記官についても，その除斥事由は，過去に対象土地等についての登記手続に関与したことは除斥事由とせず，申請人，関係人等と親族関係にあるなどの人的関係がある場合について除斥事由とすべきことになる(清水「法概要」27頁)。

Ⅱ　除斥事由の具体的内容

　具体的には，1号においては，対象土地または関係土地のうちいずれかの土地の所有権の登記名義人（仮登記の登記名義人を含む。以下この号において同じ。），表題部所有者もしくは所有者または所有権以外の権利の登記名義人もしくは当該権利を有する者が筆界特定登記官になることができないことを明らかにしている。123条5号においては，「所有権登記名義人等」には，仮登記の登記名義人は含まれないこととしていた。これは，仮登記名義人については，筆界特定の申請はできないこととされているが（筆界通達5），しかし，これらの者であっても当該土地に密接に利害関係を有している。それ故，筆界特定手続の申請人適格の場合とは異なり，除斥事由については，仮登記名義人についても対象者とすることとされた。さらに，2号および3号は，1号に掲げる者と，密接な人的関係を有する者について除斥事由としている

　除斥事由に該当するにもかかわらず，筆界特定登記官として筆界特定を行った場合には，その筆界特定には効力がないことになる。そこで，筆界通達64が明示するように，法132条1項7号ただし書に定める「更に筆界特定をする特段の必要」に該当するので筆界特定登記官は筆界特定の申請の却下はできない。この結果，再度の申請ができるということになる（清水・Q&A378頁）。

（小柳春一郎）
（執筆協力：下川健策）

（筆界調査委員）

第127条 法務局及び地方法務局に，筆界特定について必要な事実の調査を行い，筆界特定登記官に意見を提出させるため，筆界調査委員若干人を置く。

② 筆界調査委員は，前項の職務を行うのに必要な専門的知識及び経験を有する者のうちから，法務局又は地方法務局の長が任命する。

③ 筆界調査委員の任期は，2年とする。

④ 筆界調査委員は，再任されることができる。

⑤ 筆界調査委員は，非常勤とする。

＊新法改正……平成17年4月13日法律第29号「不動産登記法等の一部を改正する法律」1条：本条新設

＊関連法規……法143条以下

I　本条の趣旨
1　筆界調査委員

本条は，筆界調査委員のあり方を明らかにするものである。

1項は，筆界調査委員の職務を明らかにする。筆界調査委員の職務は，法務局および地方法務局にあって，「筆界特定について必要な事実の調査を行い，筆界特定登記官に意見を提出」することにある(127①)。筆界調査委員の職務の具体的あり方については，134条以下に規定しているので，そこでの説明に委ねることにする。

2項は，いかなる者が筆界調査委員となることができるのかについて積極的要件を規定している。すなわち，1項に規定する「筆界特定について必要な事実の調査を行い，筆界特定登記官に意見を提出」する職務を行うのに，「必要な専門的知識及び経験を有する者」でなければならず，そのような者の中から法務局または地方法務局の長が任命することにより筆界調査委員となる(清水・Q&A382頁)。

2　専門的知識および経験を有する者

どのような者が「専門的知識及び経験を有する者」として予定されているかについては，特定の資格による制限は，規定上存在しない。しかし，次に見る128条が筆界調査委員の欠格事由として規定する際に，弁護士，司法書士，土地家屋調査士を規定していることから，それらの者を予定していることが明らかである。

なお，128条1項2号が司法書士について言及していることから，司法書士も筆界調査委員となることが予定されていることになる。これに対して，伝統的に司法書士の職務は権利に関する登記を対象とするものであり，土地家屋調査士の職務は表示に関する登記を対象としてきたという理由で，土地家屋調査士会側から国会審議において司法書士が筆界

調査委員となることへの慎重論があることが指摘された(井上信治発言・衆議院法務委員会平成17年3月22日(『平成17年不動産登記法等の改正と筆界特定の実務』376頁))。しかし,弁護士については,境界確定訴訟についての権限を有していること,認定司法書士もまた簡易裁判所における境界確定訴訟の権限を有しうることを考えれば,認定司法書士については,筆界調査委員となることを制限できないと考えられる。とはいえ,業務の性質上,土地家屋調査士が筆界調査委員の中心となることは明らかである(井畑正敏「土地家屋調査士の筆界特定制度への取組」登記情報577号42頁)。

　法127条3項以下は,筆界調査委員の任期について明らかにしている。任期は,2年の非常勤の公務員であり(127③および127⑤),再任することができる(127④)。

II　筆界調査委員の具体的あり方
1　複数委員の設置

　筆界調査委員は,本条第1項が「筆界調査委員若干人を置く」と規定しているように,法務局または地方法務局に複数置かれることが予定されている。これは,複数の委員を置くことで事件毎に各委員を分担せしめ,全体として筆界調査が速やかに進行することを可能にするのみならず,1つの事件のうちで歴史部分と測量の部分という形で分担することも可能とされている(国会審議・寺田逸郎(元)法務省民事局長の発言)。もっとも,寺田逸郎(元)民事局長は,1事件に複数の委員が関与する場合について,「合議体を構成するということによって多数決で決まるわけでございませんで,それぞれ御意見をお持ちの場合にはそれぞれ御意見をお出しいただくということにはなるわけでございますけれども,しかし実際はすり合わせをなさった上で意見の一致が見られるような運用が図られるということを期待しているわけでございます。」と述べている(第162回国会参議院法務委員会第9号平成17年4月5日)。さらに,法142条3項本文が示すように,1つの事件について複数の調査委員が指定されたときには,原則として,共同して職務を行う。しかし,筆界特定登記官の許可を得れば,それぞれ単独でその職務を行い,または,職務を分掌することができる(134③ただし書)。この場合についても,清水「法概説」は,「筆界調査委員が筆界特定についての意見を提出する義務を適正に果たすためには,他の筆界調査委員が行った調査の結果を考慮しなければならないことに留意する必要がある」と指摘している(28頁)。

2　大阪法務局に見る具体例

　具体的な例としては,大阪法務局においては,2006年5月15日現在で総勢70名の筆界調査委員が任命されたが,その内訳は,弁護士10人,土地家屋調査士50人および司法書士10人になっている(松本英夫「大阪法務局における筆界特定制度の現状」月刊登記情報2006年8月号34頁)。

(小柳春一郎)
(執筆協力：下川健策)

(筆界調査委員の欠格事由)
第128条 次の各号のいずれかに該当する者は,筆界調査委員となることができない。
(1) 禁錮以上の刑に処せられ,その執行を終わり,又はその執行を受けることがなくなった日から5年を経過しない者
(2) 弁護士法(昭和24年法律第205号),司法書士法(昭和25年法律第197号)又は土地家屋調査士法(昭和25年法律第228号)の規定による懲戒処分により,弁護士会からの除名又は司法書士若しくは土地家屋調査士の業務の禁止の処分を受けた者でこれらの処分を受けた日から3年を経過しないもの
(3) 公務員で懲戒免職の処分を受け,その処分の日から3年を経過しない者
② 筆界調査委員が前項各号のいずれかに該当するに至ったときは,当然失職する。

＊新法改正……平成17年4月13日法律第29号「不動産登記法等の一部を改正する法律」1条:
本条新設
＊関連法規……弁護士法56条,司法書士法47条,土地家屋調査士法42条

I 本条の趣旨

本条は,筆界調査委員の欠格事由および失職事由を明らかにする。筆界調査委員は,法務局または地方法務局に置かれる非常勤の公務員として,筆界の特定に関して重要な役割を果たす。それ故,一定の事由に該当する者について,筆界調査委員から排除することが必要になる。

II 欠格事由
1 筆界調査委員となることができない事由

128条1項は,筆界調査委員となることができない事由を列挙する。禁錮以上の刑に処せられ,その執行を終わり,またはその執行を受けることがなくなった日から5年を経過しない者(128①(1)),弁護士法,司法書士法または土地家屋調査士法の規定による懲戒処分により,弁護士会からの除名または司法書士もしくは土地家屋調査士の業務の禁止の処分を受けた者でこれらの処分を受けた日から3年を経過しないもの(128①(2)),公務員で懲戒免職の処分を受け,その処分の日から3年を経過しない者(128①(3))については,筆界調査委員となることができない。なお,公務員でなく,弁護士,土地家屋調査士,司法書士のいずれでもない者は,禁錮以上の刑に処せられていなければこれらの欠格事由に該当しないことになる。しかし,実際には,127条2項が筆界調査委員について「職務を行うのに必要な専門的知識及び経験を有する者」を要件としているため,それ以外の者につい

ては，筆界調査委員には任命されることはないと考えられる。

　また，この仕事は公務であることから，「公務員で懲戒免職の処分を受け，その処分の日から3年を経過しない者」についても適当ではないとした。

2　失職事由

　128条2項は，失職事由について規定している。禁固以上の刑に処せられた者，弁護士法，司法書士法または土地家屋調査士法の規定による懲戒処分により，弁護士会からの除名または司法書士もしくは土地家屋調査士の業務の禁止の処分を受けた者，公務員で懲戒免職の処分を受けた者については，当然に失職する。

　なお，筆界調査委員については，任命を受けた後に，事件毎に指定されるが，それに際して，筆界特定登記官同様の除斥事由が存在することに注意が必要である(134②)。

　ところで，筆界調査委員自体には，特定の資格を要求されていない。ところが，弁護士等の特定資格者である者について懲戒等を受けた場合に筆界調査委員が当然失職するというのは，ややバランスのとれない規定であるようにも考えられる。これらの資格を有さない者が筆界調査委員に任命された場合には非行によりその職業団体から懲戒を受けることがないからである。これについては，寺田逸郎(元)法務省民事局長は，筆界調査委員に任命されるほどの専門的知識経験を有する者として，表示に関する登記の専門家である土地家屋調査士，境界確定訴訟についての代理業務をこれまで行ってきた弁護士，さらに簡易裁判所における認定司法書士以外の者が資格者としてこの筆界調査委員になることは考えにくいということからこのような規定になったことを指摘している(第162回国会参議院法務委員会第9号平成17年4月5日)。これらの資格者についていわゆる業法に基づく懲戒処分を受けた場合には，類型的にこの委員には適さないということになる。

　　　　　　　　　　　　　　　　　　　　　　　　　　　　(小柳春一郎)

　　　　　　　　　　　　　　　　　　　　　　　　(執筆協力：下川健策)

(筆界調査委員の解任)

第129条 法務局又は地方法務局の長は、筆界調査委員が次の各号のいずれかに該当するときは、その筆界調査委員を解任することができる。
(1) 心身の故障のため職務の執行に堪えないと認められるとき。
(2) 職務上の義務違反その他筆界調査委員たるに適しない非行があると認められるとき。

＊新法改正……平成17年4月13日法律第29号「不動産登記法等の一部を改正する法律」1条：本条新設
＊関連法規……法128条

I 本条の趣旨

本条は、筆界調査委員の解任について定めている。

筆界調査委員は、法務局または地方法務局に置かれる非常勤の公務員として、筆界の特定に関して重要な役割を果たす。その欠格事由については、128条が定め、一定の資格喪失措置などを理由として当然失職するとしているが、それ以外の場合であっても筆界調査委員とするのに適さない場合がある。本条はそれについて規定し、①「心身の故障のため職務の執行に堪えないと認められるとき」および②「職務上の義務違反その他筆界調査委員たるに適しない非行があると認められるとき」については、資格者としての品位保持義務等に違反することになるから、法務局または地方法務局の長は解任することができると定めている。

(小柳春一郎)

(執筆協力：下川健策)

(標準処理期間)
第130条 法務局又は地方法務局の長は，筆界特定の申請がされてから筆界特定登記官が筆界特定をするまでに通常要すべき標準的な期間を定め，法務局又は地方法務局における備付けその他の適当な方法により公にしておかなければならない。

＊新法改正……平成17年4月13日法律第29号「不動産登記法等の一部を改正する法律」1条：本条新設
＊関連法規……行政手続法6条

I 本条の趣旨
1 行政手続法の趣旨
　筆界特定制度が新たに設けられても，あまりにも審理に長期間を要するのでは紛争解決手続として実効性がない。境界確定訴訟(筆界確定訴訟)の平均的審理期間は2年程度とされている。これよりも長い期間が必要であるとすれば，筆界特定手続は新たな紛争解決手段として実益がないことになる。
　他方，行政手続法6条は，「行政庁は，申請がその事務所に到達してから当該申請に対する処分をするまでに通常要すべき標準的な期間を定めるよう努めるとともに，これを定めたときは，これらの当該申請の提出先とされている機関の事務所における備付けその他の適当な方法により公にしておかなければならない」と規定している。これは，申請があった場合に，行政庁が申請を受け付けない，あるいは申請処理を放置することなどがないようにして，申請の迅速で公平な処理を図るために設けられた規定である。本条は，そうした行政手続法の趣旨に即して定められた。

2 境界確定訴訟との関係
　もっとも，そもそも不動産登記法は，登記官の処分について行政手続法第2章，第3章の適用を除外しているし(152)，また，筆界特定は，権利義務に直接関係するいわゆる行政処分には該当しないから，標準的期間を定めることが必要とされているわけではない。しかし，行政手続法の趣旨に鑑み，本条が置かれた。これについて寺田逸郎(元)法務省民事局長は，国会審議において「現在の境界確定訴訟の平均審理期間は約2年でございます。この標準処理期間を決めるのは，これは行政処分でございますので，いつまでも待っていて，それで許されるというものではないことから，行政手続法で一般的に決められているところでございますので，ここでもそれに倣って標準処理期間を決める予定でございますが，通常の事件ですと，6カ月，長くても1年程度でこの手続は一応の結論を見るように努力をしたいと思っております。」と述べている(第162回国会衆議院法務委員会第6号平成17年3月22日)。この標準処理期間は，たらい回し・放置を許さないという趣旨であり，当事

者の手続的保障を制限する趣旨ではないということになる。実際の処理期間が標準処理期間を超えても，その筆界特定が違法になるのではない。

II　標準処理期間と進行計画

　標準処理期間は単なる努力目標として定められているのではない。というのも，筆界特定の申請が受理された場合について，進行計画が策定されるが，それに際して筆界通達84が，「法130条の規定により定めた標準処理期間を考慮して」事前準備調査完了時期，申請人および関係人の立ち会いの機会の時期等を定めることとしているからである。なお，実際においては，例えば大阪法務局においては，標準処理期間を6か月と定めている。各地の法務局のホームページをみても同様の例が多い。

（小柳春一郎）
（執筆協力：下川健策）

第2節　筆界特定の手続

＊新法改正……平成17年4月13日法律第29号「不動産登記法等の一部を改正する法律」1条：本節新設

第1款　筆界特定の申請

＊新法改正……平成17年4月13日法律第29号「不動産登記法等の一部を改正する法律」1条：本款新設

（筆界特定の申請）
第131条　土地の所有権登記名義人等は，筆界特定登記官に対し，当該土地とこれに隣接する他の土地との筆界について，筆界特定の申請をすることができる。
② 　筆界特定の申請は，次に掲げる事項を明らかにしてしなければならない。
　(1) 　申請の趣旨
　(2) 　筆界特定の申請人の氏名又は名称及び住所
　(3) 　対象土地に係る第34条第1項第1号及び第2号に掲げる事項（表題登記がない土地にあっては，同項第1号に掲げる事項）
　(4) 　対象土地について筆界特定を必要とする理由
　(5) 　前各号に掲げるもののほか，法務省令で定める事項
③ 　筆界特定の申請人は，政令で定めるところにより，手数料を納付しなければならない。
④ 　第18条の規定は，筆界特定の申請について準用する。この場合において，同条中「不動産を識別するために必要な事項，申請人の氏名又は名称，登記の目的その他の登記の申請に必要な事項として政令で定める情報（以下「申請情報」という。）」とあるのは「第131条第2項各号に掲げる事項に係る情報（第2号，第132条第1項第4号及び第150条において「筆界特定申請情報」という。）」と，「登記所」とあるのは「法務局又は地方法務局」と，同条第2号中「申請情報」とあるのは「筆界特定申請情報」と読み替えるものとする。

＊新法改正……平成17年4月13日法律第29号「不動産登記法等の一部を改正する法律」1条：本条新設
＊関連法規……法18条，法34条1号・2号，法123条5号，登記手数料令8条，規則207条～213条

I 本条の趣旨

本条は，筆界特定の申請について規定する。1項は，筆界特定申請権者について，「土地の所有権登記名義人等」(その意義については，123(5))が，筆界特定登記官に対し，当該土地と隣接土地との筆界について筆界特定申請をなし得ることを明らかにする。2項は，筆界特定申請において提供されるべき情報を列挙する。3項は，筆界特定申請手数料について規定する。4項は，筆界特定申請の方法として，18条の準用により，オンライン申請と書面申請が可能なことを定めている。

II 筆界特定の申請権者

1 土地の所有権登記名義人等(123条5号)

(1) **所有権登記名義人等の意義** 131条1項は，筆界特定の申請権を有する者を「土地の所有権登記名義人等」(123(5))として規定する。123条5号によれば，「土地の所有権登記名義人等」とは，「所有権の登記がある一筆の土地にあっては所有権の登記名義人，所有権の登記がない一筆の土地にあっては表題部所有者，表題登記がない土地にあっては所有者をいい，所有権の登記名義人又は表題部所有者の相続人その他の一般承継人を含む」。なお，「所有権に関する仮登記の登記名義人は，所有権登記名義人等には含まれない」(筆界通達5)。

(2) **形式的所有者――登記名義人と表題部所有者** 筆界特定申請をなし得るのは，まず，所有権の登記がある1筆の土地にあっては所有権の登記名義人，所有権の登記がない1筆の土地にあっては表題部所有者である。これらの者は，登記上に形式的に所有者として記載されているので明確である。

(3) **共有者の申請権** 登記名義人等が2人以上いるときは，各共有者は，単独で筆界特定手続を申請することができる。この場合には，他の共有者は，関係人となり，一種の手続保障が与えられる(法133①)。

(4) **実質的所有者**

(ア) **表題部のある土地についての実質的所有者の排除** 表題登記がある土地の場合には，実体上の所有権を有する者であっても，表題部所有者として登記されていなければ筆界特定を申請できない。これは，登記官が登記簿とは別に実質的所有権の帰属について判断するのは適切でないためである。

(イ) **例外としての実質的所有者** しかし，形式的所有者ではない実質的所有者による筆界特定申請が認められる場合もある。それは，①1筆の土地の一部の所有権を取得した者，②表題部のない土地の所有者，③一般承継人である。なお，これが実質的所有権を有することについては，単なる自己申告では不十分であり，一定の情報の提供が必要とされている。

①1筆の土地の一部の所有者の場合，1筆の土地の一部の所有権を取得した原因は問わない。ここでいう「一筆の土地の一部の所有権を取得した者」とは1筆の土地の物理的な一

部分についての所有権を取得した者であり，共有持分を取得した者ではない。例えば，1筆の土地の一部を時効取得した者，1筆の土地の一部の所有権を売買その他の原因により承継取得した者のいずれも1筆の土地の一部の所有権を取得した者として申請をすることができる。また，申請人が所有権を取得した土地の部分が筆界特定の対象となる筆界に接していることを要しない。これは分筆をするために，1筆の土地の全ての筆界を確認する必要があるからである（清水等「通達概要」20頁）。

　申請人が1筆の土地の一部の所有権を取得した者であるときは，その旨が筆界特定申請情報の内容として提供されなければならず（規則207②(4)），筆界特定添付情報としても，当該申請人が当該1筆の土地の一部について所有権を取得したことを証する情報が提供されることを要する（規則209①(5)，詳しくは後述する）。

　(ウ)　**表題部のない土地の所有者**　申請人が表題登記のない土地の所有者であるときも，筆界特定添付情報として，当該申請人が当該土地の所有権を有することを証する情報が提供されることを要する（規則209①(4)，詳しくは後述する）。

　(エ)　**一般承継人**　一般承継人も実質的所有者として認められる例外的場合であるが，この場合には形式的所有者が消滅している。この場合も，筆界特定添付情報として一般承継人であることを証する情報が提供されなければならない（規則209①(6)，詳しくは後述する）。

　(5)　**代位申請の可否**　代位による申請が認められるかが問題にされるが，用益権者や担保権者については，類型的に見て，所有権者のような強い利害関係があるとはいえないこと等を理由に，否定的に理解されている（清水・Q&A 395頁）。「代位申請については，不動産登記の申請にあっては，申請情報として代位原因を提供し，添付情報として代位原因を証する情報を提供すべき旨の規定がある（令3(4)および令7①(3)）のに対し，筆界特定の申請にあっては，筆界特定申請情報につき定める規則207条に代位原因の提供についての定めがなく，筆界特定添付情報につき定める規則209条においても代位原因を証する情報が掲げられていないことから，認められていないものと思われる」との指摘もある（登記研究編集室編『平成17年不動産登記法等の改正』170頁，寶金敏明『境界の理論と実務』〔日本加除出版・2009〕367頁）。なお，1筆の土地の一部の買主については，「一筆の土地の一部の所有権を取得した者」として本人申請ができるから，こうした場合に代位申請を認める必要はない。

Ⅲ　筆界特定申請における提供情報
1　筆界特定申請情報と筆界特定添付情報

　131条2項は，筆界特定申請に際して提供する情報について規定している。筆界特定に際しては，筆界特定申請情報を提供しなければならないが，さらに，筆界特定添付情報を提供しなければならない。

　「筆界特定申請情報」とは，「法第131条第2項第1号から第4号までおよび規則第207条第2項各号に掲げる事項ならびに同条第3項各号に掲げる事項に係る情報（法第131条第4

項において準用する法第18条)」である(筆界通達17)。そのうち，131条2項1号から同4号までおよび規則207条2項が求める情報は，必要的筆界特定申請情報であり，情報提供を欠く申請は，却下される(132①(3))。また，規則207条3項が規定する情報は，任意的筆界特定申請情報であり，これを欠いても却下事由には該当しないが，筆界特定の効率的進行のため，補正の機会などに提供を求めることが有益である。

なお，この他に提供すべき重要な情報等として，筆界特定添付情報および筆界特定添付書面があるが，「筆界特定添付情報とは，規則第209条第1項各号に掲げる情報」をいい(規則206(4))，「筆界特定添付書面」とは，「筆界特定添付情報を記載した書面(筆界特定添付情報を記録した磁気ディスクを含む。)」をいう(規則206(5))。筆界特定添付情報の提供がない申請は，132条1項2号により却下する(筆界通達18)。

2　筆界特定申請情報の内容

既に見たように，筆界特定申請情報には必要的筆界特定申請情報と任意的筆界特定申請情報とがあるが，法131条2項は，前者について規定する。その内容は，次のとおりである。

(1)　必要的筆界特定申請情報

(ア)　「**申請の趣旨**」(131条2項1号)　　「申請の趣旨」とは，「筆界特定登記官に対し対象土地の筆界の特定を求める旨の申請人の明確な意思の表示をいう」。したがって，申請の趣旨が，筆界以外の占有界や所有権界の特定を求めるものや，筆界を新たに形成することを求めるものは，適法なものとはいえない。申請の趣旨が明らかでない申請または不適法な申請の趣旨を内容とする申請は，132条1項3号または同5号により却下する(筆界通達19)。

それ故，①具体的な筆界の位置を主張することは必要ない。②具体的筆界の位置を主張すること自体は許される。しかし，筆界特定は，これに拘束されず，申請人に有利にも不利にも筆界を特定することができる。これは，筆界確定訴訟において処分権主義が排除されているのと同様である。③自らの所有権の範囲を特定することを求めることは許されず，そうした申請は却下される(132①(3)・(5))。

なお，留意すべきこととして，筆界通達20は，「筆界特定以外の事項を目的とするものと解される申請は，法第132条第1項第5号により却下する。例えば，筆界特定申請情報として提供された申請の趣旨において，形式上，筆界の特定を求めているとしても，筆界特定を必要とする理由(筆界通達30参照)によれば，筆界とは無関係に所有権界の特定を求めていると判断するほかない場合には，筆界特定以外の事項を目的とするものと認めるべきである。申請が筆界特定以外の事項を目的とするものと疑われるときは，申請人に対し，適宜の方法でその真意を確認するものとする」と述べている。

(イ)　「**筆界特定の申請人の氏名又は名称及び住所**」(131条2項2号)　　自然人である場合には氏名および住所，法人である場合には名称および事務所の住所を明らかにする必要

がある。これは、申請人を明らかにするために必要な事項であるが、申請権限を有する者による申請かどうかを判断する材料になる。

(ウ) 「**対象土地に係る第34条第1項第1号及び第2号に掲げる事項（表題登記がない土地にあっては、同項第1号に掲げる事項）**」(131条2項3号)　これは、対象土地を明らかにするために必要な事項である。土地の所在する市、区、郡、町、村、字(34①(1))および地番(34①(2))を明らかにする必要がある。なお、表題登記がない土地は、地番がないため、地番の記載は不要である。地番の記載がない土地の筆界特定とは、二線引畦畔、里道などの国有無番地の土地の筆界特定を求める場合によく当てはまる。筆界通達29は、「表題登記がない土地を特定するに足りる事項は、例えば、『何番地先』等といった土地の表示のほか、図面を利用する等の方法により具体的に明示された現地の状況により確認することとなる(規則第207条第4項)」としている。これに関し、寳金・前掲375頁は、「これらの土地の所有関係は、法14条地図あるいは公図等、法務局が保管する情報から推認可能であるから、これらの土地と一筆地との筆界特定の申請には所有権を証する情報の提供は不要(不動産登記事務取扱手続準則71条)と解される」と論じている

(エ) 「**対象土地について筆界特定を必要とする理由**」(131条2項4号)　これについて、規則207条1項は、「筆界特定の申請に至る経緯その他の具体的な事情とする」と規定している。また、筆界通達30は、「例えば、工作物等の設置の際、隣接地所有者と筆界の位置につき意見の対立が生じたことや、隣接地所有者による筆界の確認や立会いへの協力が得られないこと等の具体的な事情がこれに該当する。筆界特定を必要とする理由が明らかでない申請は、法第132条第1項第3号により却下する」と述べている。それ故、単に抽象的に『筆界特定の必要がある』というだけでは、筆界特定をする理由が明らかにされたものということはできない(「清水等『通達概要』33頁)。このように解する理由は、通常の方法で筆界を確認することができるのであれば、わざわざ筆界特定制度を利用する必要はないことである。このため、相隣者間で筆界の認識が異なる、隣接地所有者が筆界立会に応じない、隣接地所有者の不在、不明などの記述が必要である(寳金・前掲376頁)。先述の筆界通達程度の提供があれば、それ以上の提供がなくても申請却下はできない(秦愼也発言『登記インターネット』93号75頁)。

(オ) 「**前各号に掲げるもののほか、法務省令で定める事項**」(131条2項5号)　これについて、規則206条2項が具体的に規定している。すなわち、申請人が法人のときの代表者氏名(1号)、代理人による申請のときの代理人の氏名、名称、住所等(2号)、申請人が所有権の登記名義人または表題部所有者の一般承継人であるときは、その旨および所有権の登記名義人または表題部所有者の氏名、名称、住所(3号)、申請人が1筆の土地の一部の所有権を取得した者であるときは、その旨(4号)、対象土地が表題部のない土地であるときは、当該土地を特定するに足りる事項(5号)、工作物、囲障、または境界標の有無その他の対象土地の状況(6号)である。

(2) **任意的筆界特定申請情報**　任意的筆界特定申請情報は、それを欠いても却下事

由には該当しない筆界特定申請情報である。これは、「筆界特定の手続を適切かつ迅速に進める上で、有用な情報であるから、できるだけ申請段階で提供させることが望ましい」情報である(「不動産登記法等の一部を改正する法律に伴う政省令の改正の概要」登記研究編集室編『平成17年不動産登記法等の改正』111頁)。規則207条3項が次の情報を列挙している。

①申請人または代理人の電話番号その他の連絡先(規則207③(1))、②関係土地に係る不動産所在事項または不動産番号(表題登記がない土地にあっては、法34条1項1号に掲げる事項および当該土地を特定するに足りる事項)(同2号)、③関係人の氏名または名称および住所その他の連絡先(同3号)、④工作物、囲障または境界標の有無その他の関係土地の状況(同4号、ちなみに、対象土地の工作物などの状況は、規則207条2項6号により必要的筆界特定申請情報)、⑤申請人が対象土地の筆界として特定の線を主張するときは、その線およびその根拠(同5号)、⑥対象土地の所有権登記名義人等であって申請人以外のものが対象土地の筆界として特定の線を主張しているときは、その線(同6号)、⑦申請に係る筆界について筆界確定訴訟が係属しているときは、その旨および事件の表示その他これを特定するに足りる事項(同7号)、⑧筆界特定添付情報の表示(同8号)、⑨法139条1項の規定により提出する意見または資料があるときは、その表示(同9号)、⑩筆界特定の申請の年月日(同10号)、⑪法務局または地方法務局の表示(同11号)。

(3) 図面の利用 筆界特定申請情報には、必要的情報にせよ、任意的情報にせよ、図面による提供が望ましいものがある。そこで、規則207条4項は、「第2項第5号及び第6号並びに前項第2号(表題登記がない土地を特定するに足りる事項に係る部分に限る。)及び第4号から第6号までに掲げる事項を筆界特定申請情報の内容とするに当たっては、図面を利用する等の方法により、現地の状況及び筆界として主張されている線の位置を具体的に明示するものとする」と規定している。

3 筆界特定添付情報の内容

以上の筆界特定申請情報の他に、規則209条が規定する筆界特定添付情報がある。これは、申請人が申請権限を有することを明らかにするものであり、次のとおりである。

(1) 申請人が法人であるとき 申請人が法人であるときは、当該法人の代表者の資格を証する情報(規則209①(1))。これは、会社の登記事項証明書などが該当する。こうした書面であって市町村長、登記官等が作成したものは、作成後3か月以内のものでなければならない(規則211③)。

(2) 代理人による申請

(ア) 代理人の権限を証する情報 代理人によって筆界特定の申請をするときは、当該代理人の権限を証する情報(規則209①(2))の提供を要する。任意代理の場合、委任状が通常これに該当する。なお、業として筆界特定の手続についての代理をすることができる者は、弁護士、土地家屋調査士または簡裁訴訟代理等関係業務をすることにつき認定を受けた司法書士(司法書士法3②の「認定司法書士」)である(筆界通達27)。

(イ) **法定代理人による申請における問題**　法定代理人による申請も当然可能であるが，問題になるのは，法定代理人の権限に一定の制限がある場合である。この問題について，「カウンター相談185相続財産の管理人または不在者財産管理人を申請とする筆界特定の申請の可否について」登研716号207頁が論じている。同論文は，不在者の財産管理人（民28），相続財産の管理人（民918③なお，953）が民法103条にいう「保存行為」（民103(1)）および「物又は権利の性質を変えない範囲内においてその利用又は改良を目的とする行為」（同(2)）を超える行為をするときには，家庭裁判所の許可が求められるが，筆界特定については，家庭裁判所の許可は不要であると論じ，その理由について次のように述べる。

　「筆界特定の申請は，現地における筆界の位置が不明である場合に，その特定を求めて行われるものですが，筆界の特定がされないときは，土地の分筆等を行う前提を欠くことになり，当該土地の管理・処分を適確に行う上で障害となるおそれもあります。したがって，当該土地における筆界の不明の程度や範囲の広さなどにもよりますが，筆界特定の申請は，保存行為又は利用・改良行為に該当すると言えるでしょう。なお，筆界特定は，一筆の土地の範囲を区画する線である筆界を特定するものであって，所有権界を特定するものではありませんし，過去に筆界として定められた線を現地において特定するものであって新たに筆界を形成するものでもありませんから，筆界特定の申請が処分行為に該当する余地はないものと考えます。」

この理解によれば，無償で子に財産を与えた第三者がその財産が，父母の管理に属さない意思を表示したが，管理者を指定しなかったときの財産管理人（民830④），財産分離の場合の管理人（民943②）の筆界特定でも同様に家庭裁判所の許可は不要と解すべきことになる。なお，以上の指摘は，筆界特定申請が，「保存行為又は利用・改良行為に該当する」という重要な理論的意義付けに関連している（その最大の理由は，形成力がないというところにあると考えられる）。

(ウ) **登記名義人・表題部所有者の一般承継人**　申請人が所有権の登記名義人または表題部所有者の相続人その他の一般承継人であるときは，相続その他の一般承継があったことを証する市町村長，登記官その他の公務員が職務上作成した情報（規則209①(3)）。例えば，戸籍謄本がこれに当たるが，相続登記における相続証明情報（令7①(5)イ）と同様の情報である。

(エ) **表題登記のない土地の所有者**　申請人が表題登記のない土地の所有者であるときは，当該申請人が当該土地の所有権を有することを証する情報の提供を要する（規則209①(4)）。「所有権証明情報とは，土地の表題登記を申請する際に添付情報として提供すべき所有権証明情報（令別表の4の項の添付情報欄ハ参照）と同様であり，公有水面埋立法（大正10年法律第57号）第22条の規定による竣功認可書，官庁又は公署の証明書その他申請人の所有権の取得を証明するに足りる情報がこれに該当する」（登記研究編集室編『平成17年不動産登記法等の改正』117頁）。国または地方公共団体の所有する土地について，官庁または公署が筆界特定の申請人となる場合には，所有権を有することを証する情報の提供を便宜省略して

差し支えない(筆界通達22)。

　㈺　**1筆の土地の一部の所有権を取得した者**　申請人が1筆の土地の一部の所有権を取得した者であるときは，当該申請人が当該1筆の土地の一部について所有権を取得したことを証する情報の提供を要する(規則209①(5))。1筆の土地の一部の所有権を取得したことを証する情報といえるためには，申請人の自己証明では足りず，例えば，確定判決の判決書の正本もしくは謄本その他の公文書によることを要し，または，当該1筆の土地の所有権の登記名義人が作成した当該申請人が当該1筆の土地の一部の所有権を取得したことを認めることを内容とする情報であって，当該所有権の登記名義人の印鑑証明書が添付されたものであることを要する。また，1筆の土地の一部の所有権を取得したことを証する情報において申請人が所有権を取得した土地の部分が具体的に明示されていることを要する(筆界通達24)。

　㈻　**申請人が登記名義人・表題部所有者の相続人等であるとき**　申請人が所有権の登記名義人もしくは表題部所有者またはその相続人その他の一般承継人である場合において，筆界特定申請情報の内容である所有権の登記名義人または表題部所有者の氏名もしくは名称または住所が登記記録と合致しないときは，当該所有権の登記名義人または表題部所有者の氏名もしくは名称または住所についての変更または錯誤もしくは遺漏があったことを証する市町村長，登記官その他の公務員が職務上作成した情報の提供を要する(規則209①(6))。これは，戸籍の附票や住民票がそれに該当する。

Ⅳ　手数料

　筆界特定申請には，手数料を納付しなければならない。手数料を無料とすると，筆界特定の濫用がありうること，筆界特定により申請人が利益を得ると考えられることを理由に手数料が必要とされた。筆界確定訴訟においても訴訟費用納付が必要なことも関連する。

1　登記手数料令の規定

　筆界特定の申請人は，政令で定める手数料を納付しなければならない(131③)。この場合の政令とは，登記手数料令(昭24年政令140号)であるが，同令8条が，「筆界特定の申請についての手数料は，1件につき，対象土地の価額として法務省令で定める方法により算定される額の合計額の2分の1に相当する額に筆界特定によつて通常得られることとなる利益の割合として法務省令で定める割合を乗じて得た額を基礎とし，その額に応じて，次の表の上欄に掲げる区分に従い同表の下欄に定めるところにより算出して得た額とする」と規定する。

2　手数料の算定

　(1)　**1件ごとの算定とその例外**　筆界特定の手数料の算定は，「1件につき」行う。ひとつの申請で2件の筆界特定を申請することは許されない。それ故，筆界特定の申請は，

特定の対象となる筆界ごとに一の筆界特定申請情報によってするのが原則であるが，対象土地の一を共通にする二以上の筆界特定の申請を一の筆界特定申請情報によってすることもできる（規則208）。この場合の申請手数料は，筆界ごとに申請手数料を算出した合計額となる。また，同一の筆界に係る二以上の筆界特定の申請が一の手続においてされたときは，当該二以上の筆界特定の申請の手数料の算出については，一の筆界特定の申請とみなされる（登記手数料令4の3②）ので，この場合には，一の筆界特定の申請の手数料額のみが納付されれば足りる（筆界通達41）。

(2) **隣接地の価額合計の2分の1を基礎とした算定**　筆界特定の手数料の算定は，「対象土地の価額として法務省令で定める方法により算定される額の合計額の2分の1に相当する額」を基礎とする。隣接地の価額を合計し，その2分の1を算定の基礎とするものである。この趣旨は，隣接地所有者のいずれが筆界特定を申請しても，同じ金額とすることにより，いずれの当事者が筆界特定を申請しても不利益がないようにすることにある。

具体的な算定は次のように行う。まず，「土地の価額として法務省令により算定される額」を求める。これについては，筆界特定申請手数料規則（平17年法務省令105号）1条により，固定資産課税台帳（地方税341(9)）に登録された価格のある土地については，その金額に相当する価額による。なお，筆界特定申請日が1月1日から3月31日までの場合は，前年12月31日現在の課税台帳の価格であり，4月1日から12月31日までの場合は，当該年度の課税台帳価格である。課税台帳登録価格のない土地については，申請日において当該土地に類似する土地で課税台帳に登録された価格のあるものを基礎として筆界特定登記官が認定した価額による。

次に，この額に「筆界特定によつて通常得られることとなる利益の割合として法務省令で定める割合を乗」ずる。これは，筆界特定申請手数料規則1条2項が5％と定める。結局，対象土地の固定資産税評価額合計の2.5％が算定基礎額になる。この額に以下の**表**をもとに算定を行う。

基礎となる額が100万円までの部分	その額　10万円までごとに　800円
基礎となる額が100万円を超え500万円までの部分	その額　20万円までごとに　800円
基礎となる額が500万円を超え1000万円までの部分	その額　50万円までごとに1600円
基礎となる額が1000万円を超え10億円までの部分	その額　100万円までごとに2400円
基礎となる額が10億円を超え50億円までの部分	その額　500万円までごとに8000円
基礎となる額が50億円を超える部分	その額1000万円までごとに8000円

(3) **申請手数料の具体例**　対象土地Aの評価額が2500万円で隣接土地Bの評価額が1500万円である土地の場合には，合計額が4000万円となり，その2分の1は2000万円で，2000万円の5％は100万円となる。100万円に対応する申請手数料は上記の**表**によると8000円になる。一般に，固定資産税評価額は，公示地価の7割程度が目安となるから，隣接両

土地の公示地価が6000万円から7000万円程度の場合には，1万円以下の申請手数料になる。なお，筆界特定の負担としては，他に，測量手数料もある(146①)。

V 申請手続

18条が登記の申請について，電子申請(18(1)，いわゆるオンライン申請)または書面申請(18(2))による旨を規定しているが，これが筆界特定について準用される(131④)。

1 オンライン申請

筆界特定のオンライン申請とは，131条4項において準用する18条1号の規定による電子情報処理組織を使用する方法による筆界特定の申請をいう(規則206(1))。筆界特定電子申請は，改正法附則2条の規定による指定がされた法務局または地方法務局の筆界特定の手続について可能となり，現在は全ての法務局等でオンライン申請が可能である。

オンライン申請では，筆界特定申請情報および筆界特定添付情報を併せて送信するのが原則であるが，筆界特定添付情報の送信に代えて，法務局または地方法務局に筆界特定添付書面を提出することもできる(規則210①)。この場合には，筆界特定添付書面を法務局または地方法務局に提出する旨を筆界特定申請情報の内容とすることを要する(同②，筆界通達42)。オンライン申請において必要な電子署名および電子証明書については，不動産登記の電子申請と同様である(規則210③および④，211⑤および⑥，筆界通達43)。電子申請(オンライン申請)の場合は，現金による手数料納付が可能である。

2 筆界特定書面申請

(1) **筆界特定書面申請** 筆界特定書面申請とは，131条4項において準用する18条2号の規定により申請書を法務局または地方法務局に提出する方法による筆界特定の申請をいう(規則206(2))。筆界特定書面申請をするときは，申請書に筆界特定添付書面を添付して提出することを要し(規則211①)，筆界特定添付書面を別送することは認められない。なお，筆界特定書面申請をする場合には，申請書および筆界特定添付書面を送付する方法(書留郵便または信書便であって引受け・配達の記録があるもの)によることもできる(規則212，筆界通達44)。

この場合，申請人またはその代表者もしくは代理人は，申請書に署名し，または記名押印しなければならない(規則211②)。また，委任による代理人によって筆界特定の申請をする場合には，申請人またはその代表者は，委任状に署名し，または記名押印しなければならない(同④)。これらの場合においては，申請書または委任状に申請人の印鑑証明書を添付する必要はない。申請書または委任状に申請人またはその代表者の署名または記名押印がない申請書による申請は，132条1項4号により却下される。

(2) **磁気ディスク申請** 法務大臣が告示により指定した法務局または地方法務局においては，筆界特定申請情報の全部または一部を記録した磁気ディスクを提出する方法に

よる申請をすることができる(規則211⑥，51①および②)。また，いずれの法務局または地方法務局においても，筆界特定添付情報を記録した磁気ディスクを筆界特定添付書面として提出可能である。これらの磁気ディスクが，規則211条5項において準用する令12条1項および2項ならびに令14条，規則211条6項において準用する規則51条および52条に規定する要件を満たしていないときは，筆界特定の申請は，132条1項4号により却下される(筆界通達46)。書面申請の場合には，手数料は収入印紙で納付する(手数料規則2①)。

　(3)　**経由申請**　　法18条の準用により，筆界特定の申請は，法務局または地方法務局になすが，筆界特定書面申請については，経由申請として，対象土地の所在地を管轄する登記所(「管轄登記所」)を経由してすることができる(規則211⑦，筆界通達47)。この場合，管轄登記所は，次の事務を行う(筆界通達150)。①筆界特定登記官に対し，申請書が提出された日付および当該申請に係る対象土地の不動産所在事項を連絡し，当該申請に係る筆界特定の手続に付すべき手続番号を照会する。②筆界特定関係簿の該当欄に手続番号，申請の受付の年月日(筆界通達54参照)および不動産所在事項その他所要の事項を記録する。③当該申請に係る申請書にはり付けられた収入印紙を消印する。④筆界特定登記官に対し，当該申請書および添付書面ならびに139条1項の規定による意見または資料であって申請と同時に提出されたものがあるとき(規則207③(9)参照)はその資料を送付する。

VI　申請の受付

1　申請受付

　規則214条1項の規定による筆界特定の申請の受付は，筆界特定受付等記録簿に申請の受付の年月日，手続番号，対象土地の不動産所在事項および不動産番号がある土地については不動産番号を記録することによって行う。経由申請の受付の年月日は，管轄登記所に申請書が提出された日とする(筆界通達54)。

　その後，規則214条2項の手続番号が一の筆界ごとに付される。規則208条により一の筆界特定申請情報によって対象土地の一を共通にする二以上の筆界特定の申請がされたときは，当該申請に係る筆界特定の目的となっている筆界の数だけ手続番号を付する。手続番号は，1年ごとに更新し，「平成〇年第〇〇号」などと表示する(筆界通達55)。書面申請の受付では，申請書の1枚目の用紙の余白に，申請の受付の年月日および手続番号を記載する(筆界通達56)。また，収入印紙の消印を行う(筆界通達57)。

2　管轄登記所への通知

　筆界特定の申請の受付をした場合には，管轄登記所に，当該対象土地について筆界特定の受付をした旨および申請の内容ならびに申請の受付の年月日および手続番号を通知する(筆界通達58)。この通知を受けた管轄登記所は，筆界特定関係簿の該当欄に手続番号，申請の受付の年月日および不動産所在事項その他所要の事項を記録する(筆界通達151)。さらに，管轄登記所は，資料として①対象土地および関係土地の登記事項証明書および閉鎖登

記簿の謄本，②対象土地および関係土地に係る地図または地図に準ずる図面(既に閉鎖されたものを含む)の写し，③対象土地または関係土地の地積測量図(既に閉鎖されたものを含む)の写し，④その他申請に係る筆界の特定に資すると思われるものを筆界特定登記官に送付し，課税台帳(筆界通達40)に登録された対象土地の価格を調査し，筆界特定登記官に通知する(筆界通達152)。

管轄登記所は，筆界特定の手続に係る対象土地および関係土地については，職権表示登記等事件簿(規則18⑥)に筆界特定申請があった旨の適宜の記載をする(筆界通達153)。また，対象土地および関係土地の表題部所有者または所有権の登記名義人に登記記録上異動が生じたときは，筆界特定登記官にその旨および異動に係る情報を通知する(筆界通達154)。

Ⅶ　申請後の申請人および関係人の変動
1　申請人の一般承継
　筆界特定の申請がされた後，筆界特定の手続が終了する前に申請人が死亡したときまたは合併により消滅したときは，申請人の相続人その他の一般承継人が申請人の地位を承継したものとして，筆界特定の手続が進められる(筆界通達49)。

2　申請人に特定承継があった場合
　筆界特定の申請がされた後，筆界特定の手続が終了する前に申請人が対象土地の所有権登記名義人等でなくなった場合(特定承継があった場合)には，当該申請は，法132条1項2号により却下する。この場合において，申請人がその所有権登記名義人等である対象土地について新たに所有権登記名義人等となった者(当該申請人が所有権登記名義人であるときは当該申請人の登記された所有権の全部または一部を登記記録上取得した者等の特定承継人)から，地位承継申出書による申出があったときは，特定承継人が筆界特定の申請人の地位を承継するものとして，筆界特定の手続を進めて差し支えない。申請人の地位の承継があった場合において，既に当該承継に係る申請人に係る意見聴取等の期日が開かれていたときも，改めて意見聴取等の期日を開くことを要しない(筆界通達50)。

　特定承継があった場合において，特定承継人から地位承継申出書による申出がないときは，当該特定承継人が申請人の地位を承継しない意思を明らかにしているときを除き，当該特定承継に係る申請を直ちに却下することなく，相当期間を定めて地位承継申出書を提出する機会を与える(筆界通達51)。

3　関係人の承継
　筆界特定の申請がされた後，筆界特定の手続が終了する前に新たに対象土地または関係土地の所有権登記名義人等となった者(申請人の一般承継人および申請人の特定承継人であって申請人の地位を承継したものを除く)は，以後，関係人として取り扱う(筆界通達52)。

4　承継を証する情報

　対象土地または関係土地について一般承継があった場合において，当該一般承継を原因とする所有権の移転の登記がされていないときは，相続人その他の一般承継人に対し，規則209条1項3号に掲げる情報の提供を求め，一般承継があった事実を確認するものとする。また，表題登記がない対象土地または関係土地について特定承継があった場合には，特定承継人に対し，規則209条1項4号に掲げる情報の提供を求め，特定承継があった事実を確認する(筆界通達53)。

(小柳春一郎)
(執筆協力：下川健策)

(申請の却下)

第132条　筆界特定登記官は，次に掲げる場合には，理由を付した決定で，筆界特定の申請を却下しなければならない。ただし，当該申請の不備が補正することができるものである場合において，筆界特定登記官が定めた相当の期間内に，筆界特定の申請人がこれを補正したときは，この限りでない。

(1) 対象土地の所在地が当該申請を受けた法務局又は地方法務局の管轄に属しないとき。
(2) 申請の権限を有しない者の申請によるとき。
(3) 申請が前条第2項の規定に違反するとき。
(4) 筆界特定申請情報の提供の方法がこの法律に基づく命令の規定により定められた方式に適合しないとき。
(5) 申請が対象土地の所有権の境界の特定その他筆界特定以外の事項を目的とするものと認められるとき。
(6) 対象土地の筆界について，既に民事訴訟の手続により筆界の確定を求める訴えに係る判決(訴えを不適法として却下したものを除く。第148条において同じ。)が確定しているとき。
(7) 対象土地の筆界について，既に筆界特定登記官による筆界特定がされているとき。ただし，対象土地について更に筆界特定をする特段の必要があると認められる場合を除く。
(8) 手数料を納付しないとき。
(9) 第146条第5項の規定により予納を命じた場合においてその予納がないとき。

② 前項の規定による筆界特定の申請の却下は，登記官の処分とみなす。

＊新法改正……平成17年4月13日法律第29号「不動産登記法等の一部を改正する法律」1条：
　　　本条新設
　　＊関連法規……規則214条～216条

I　本条の趣旨
　本条は，筆界特定登記官について，筆界特定申請の却下事由を定め（1項），その却下の法的性質が登記官の処分とみなされることを明らかにしている（2項）。

II　却下事由
　筆界特定申請の受付をしたときは，遅滞なく，132条1項各号（9号を除く）に掲げる却下事由の有無を調査する（筆界通達63）。この場合，以下が却下事由になる。もっとも，補正が可能な場合において，補正を認める相当な期間を定めたときは，その間は申請を却下できない（規則216，筆界通達65）。補正期間の告知は，電話その他適宜の方法による（筆界通達66）。
　①対象土地の所在地が当該申請を受けた法務局または地方法務局の管轄に属しないとき（1項1号）。124条は，筆界特定の事務は，対象土地の所在地を管轄する法務局または地方法務局がつかさどることを規定しているから，これに反する申請は，却下される。
　②申請の権限を有しない者の申請によるとき（1項2号）。筆界特定申請は，土地の所有権登記名義人等が当該土地と隣接する他の土地との筆界についてなすものでなければならない。それ故，土地の所有権登記名義人等でない者の申請は却下されるし，隣接関係にない土地との筆界特定を求める申請も却下される。このため，いわゆる地図混乱地域のような土地の所在関係が極めて不明で隣接関係にあるかないかの判断が困難な場合には筆界特定の申請は難しいことになる。
　③申請が前条第2項の規定に違反するとき（1項3号）。法131条2項は，必要的筆界特定申請情報を列挙している。これを満足していない申請は，却下される。
　④筆界特定申請情報の提供の方法がこの法律に基づく命令の規定により定められた方式に適合しないとき（1項4号）。筆界特定申請は，筆界特定電子申請（規則206(1)，一般的にはオンライン申請と呼ばれる）または筆界特定書面申請（規則206(2)）によることとされている（131④）。これに反する口頭申請は，却下される。また，代理人による申請に際して，代理権限を明らかにする情報を提供していない場合も却下される。
　⑤申請が対象土地の所有権の境界の特定その他筆界特定以外の事項を目的とするものと認められるとき（1項5号）。これは，筆界特定が所有権界を特定することを目的としていないことが理由である。
　⑥対象土地の筆界について，既に民事訴訟の手続により筆界の確定を求める訴えに係る判決が確定しているとき（1項6号）。筆界確定訴訟（148）は，裁判により筆界を確定することを目的としている。このため，その判決が確定した以上は，蒸し返しを認めるべきで

ないことが理由である。もっとも，過去の筆界確定訴訟では，登記制度との関連が必ずしも十分でなく，確定判決があっても現地の筆界を特定できない場合があり得る。「この場合には，当該判決は，本号に規定する判決とはいえないと解すべきであろう」(清水「法概要」38頁)とされる。この点，最判昭35・6・14民集14・8・1324が，「主文に表示された境界線の基点が，判決理由および添付図面と対照しても，現地のいずれの地点に当たるかを確定しえないときは，当事者間ではその基点の位置につき争がなかつたとしても，主文不明の違法を免れない」と判示していることが参考になる。

⑦対象土地の筆界について，既に筆界特定登記官による筆界特定がされているとき。ただし，対象土地についてさらに筆界特定をする特段の必要があると認められる場合を除く(132①⑺)。これは，一度筆界特定があったときに，蒸し返しを認めるのは適切ではないからである。もっとも，民事訴訟においても再審が認められるように(民訴338①)，一定の場合に新たな筆界特定を認める場合がある。筆界通達64は，「更に筆界特定をする特段の必要があると認められる場合」として，「除斥事由がある筆界特定登記官又は筆界調査委員が筆界特定の手続に関与したこと」，「申請人が申請の権限を有していなかったこと」，「刑事上罰すべき他人の行為により意見の提出を妨げられたこと」，「代理人が代理行為を行うのに必要な授権を欠いたこと」，「筆界特定の資料となった文書その他の物件が偽造又は変造されたものであったこと」，「申請人，関係人又は参考人の虚偽の陳述が筆界特定の資料となったこと」等を列挙する。また，既にされた筆界特定の結論が誤っていたことが明らかになった場合も，同号ただし書に該当する。

なお，過去に地籍調査があった土地について，筆界特定申請を許すかについては，条文上これを却下事由とはしていないこと，国土調査法の地籍調査が行政処分性を有さないことを考えると，申請を許すべきである。もっとも，筆界特定の結果もまた地籍調査と同様に行政処分性を有さないものでありながら，筆界特定については132条1項7号に基づき，原則としてその蒸し返しを許さないとしていることに注意が必要である(『登記インターネット』93号105頁[秦愼也発言]は，この問題について詳しく検討している)。

⑧手数料を納付しないとき(1項8号)。

⑨146条5項の規定により測量費用等の予納を命じた場合においてその予納がないとき(1項9号)。これは，筆界特定手続における測量費用等が申請人の負担になり，その概算額の予納が求められているところ(146⑤)，これに応じなかった場合である。

Ⅲ 却下
1 法的性質

本条3項は，2項の規定による筆界特定の申請の却下について「登記官の処分」とみなすことを定め，不服審査の対象となることを明らかにしている。この趣旨は，申請権者が申請の趣旨に反するかたちで却下された場合に，いわゆる拒否処分として不服審査によって是正の道を開くことにある。不服審査に関して，登記官の処分を不当とする者は，当該登

記官を監督する法務局または地方法務局の長に審査請求をすることができる(156条参照)。また，行政事件訴訟法3条2項の処分の取消を求める訴えを提起することもできる。なお，筆界特定そのものは，筆界特定登記官が，筆界についての認識判断を示すもので，行政処分には当たらないため，審査請求をすることができず，不服の場合には，民事訴訟の手続により筆界の確定を求める訴えを提起することができる。

2 却下の手続

　筆界特定の申請を却下するときは，決定書を作成し，申請人にこれを交付する(規則244①)。交付は，決定書を送付する方法によることができる(規則244②)が，代理人または申請人のために通知を受領する権限を有する者があるときは，当該代理人または申請人のために通知を受領する権限を有する者に交付すれば足りる(筆界通達68)。なお，133条1項の規定による公告をした後に筆界特定の申請を却下したときはその旨の公告が必要であり，同項の規定による通知をした後に筆界特定の申請を却下したときは関係人に対する通知が必要である(規則244④および⑤，筆界通達69)。また，却下決定書は，申請人に交付するもののほか，筆界特定手続記録につづり込むものを1通作成する(筆界通達70)。

Ⅳ 取下げ

1 取下げの手続

　取下げについては，法132条では規定されず，法150条の委任に基づく規則245において詳細を定めているが，ここで論ずる。

　①取下げは，144条1項の規定により筆界特定をした旨の申請人に対する通知を発送した後はできない(規則245②，筆界通達77)。これは，通知により筆界特定の結果が外部に明らかにされたからである。その前であれば，取下げをなしうる。

　②取下げの方式として，筆界特定書面申請の取下げは申請を取り下げる旨の情報を記載した書面(取下書)を提出する方法により，筆界特定電子申請の取下げは電子情報処理組織を使用して申請を取り下げる旨の情報を提供する方法により，それぞれ行う(規則245①，筆界通達76)。

　③取下げがあった旨の公告および通知として，133条1項の規定による公告の後に取下げがあったときは，その旨の公告を，同項の規定による通知をした後に筆界特定の申請の取下げがあったときは当該通知に係る関係人に対するその旨の通知を，それぞれすることを要する(規則245④および⑤，筆界通達78)。

　④取下げの記録として，筆界特定の申請の取下げがあったときは，当該申請に係る手続番号に対応する筆界特定受付等記録簿の終了原因欄に「取下げ」と記録する(筆界通達79)。

　⑤筆界特定添付書面の還付として，取下げがあったときは，筆界特定添付書面を還付する(規則245③，筆界通達81)。

　⑥取下書等の保管として，筆界特定の申請の取下げがあったときは，取下書(電子情報処

理組織を使用する方法により申請の取下げがあったときは，申請を取り下げる旨の情報の内容を書面に出力したもの)を筆界特定手続記録につづり込む(筆界通達82)。

⑦却下または取下げの場合における申請手数料の還付として，133条1項の規定による公告または通知がされる前に，筆界特定の申請が取り下げられ，または却下された場合には，筆界特定の申請人の請求により，納付された手数料の額から納付すべき手数料の額の2分の1の額を控除した金額の金銭を還付しなければならない(登記手数料令4条の3第3項，筆界通達83)。

2 取下げの状況

平成18，19，20年における筆界特定の申請，却下，取下げは次のような状況になっている(江口幹太「筆界特定制度の概況」登記情報568号8頁)。

表1　境界特定事件数(平成20年は，概数)

	平成18年	平成19年	平成20年
申請件数	2790	2690	2482
処理件数	731	2426	2648
うち特定	343	1530	1633
うち却下	50	85	94
うち取下げ	338	811	921

以上のように，取下げは，申請件数に比べて相当の割合を占めている。取下げの主な理由は，平成19年度については当事者双方の認識が一致するなど筆界についての争いが実質的に解決したとするものが69％とされる。専門知識を有する第三者の関与により紛争解決が図られた点，筆界については当事者の和解が不可能である点を考えると，このことは有意義と考えられる(江口幹太「筆界特定制度の3年」ひろば62巻5号(2009年)38頁)。なお，筆界特定になじまない案件を資格者代理人が申請し，却下され，または取下げをするようなことがあってはならないとの指摘もある。

(小柳春一郎)
(執筆協力：下川健策)

(筆界特定の申請の通知)

第133条 筆界特定の申請があったときは,筆界特定登記官は,遅滞なく,法務省令で定めるところにより,その旨を公告し,かつ,その旨を次に掲げる者(以下「関係人」という。)に通知しなければならない。ただし,前条第1項の規定により当該申請を却下すべき場合は,この限りでない。
  (1) 対象土地の所有権登記名義人等であって筆界特定の申請人以外のもの
  (2) 関係土地の所有権登記名義人等
② 前項本文の場合において,関係人の所在が判明しないときは,同項本文の規定による通知を,関係人の氏名又は名称,通知をすべき事項及び当該事項を記載した書面をいつでも関係人に交付する旨を対象土地の所在地を管轄する法務局又は地方法務局の掲示場に掲示することによって行うことができる。この場合においては,掲示を始めた日から2週間を経過したときに,当該通知が関係人に到達したものとみなす。

＊新法改正……平成17年4月13日法律第29号「不動産登記法等の一部を改正する法律」1条:本条新設
＊関連法規……規則217条

I 本条の趣旨

本条は,筆界特定申請の公告および通知について定める。1項は,公告・通知義務を定め,2項は,関係人等の所在不明の場合の通知方法を定める。

公告をする趣旨は,「法的には筆界特定には公定力はないが,公の証明力を持つことによって,事実上,広く第三者にも影響を及ぼす可能性があることを踏まえ,筆界特定が行われる可能性があることを広く関係者に知らせるため」である(清水「法概要」40頁)。これに加えて関係人への個別通知が必要である。関係人とは,「対象土地の所有権登記名義人等であって筆界特定の申請人以外のもの」(対象土地の共有者などが例となる)および「関係土地の所有権登記名義人等」である。関係人への通知が必要な理由は,これらの者が筆界特定について事実上影響を受けることが類型的に明らかだからである(清水「法概要」40頁)。

II 公告および通知の方法
1 公告の方法

公告は,法務局もしくは地方法務局の掲示場その他公衆の見やすい場所での掲示または法務局もしくは地方法務局のホームページへの掲載のいずれでも差し支えないが,対象土地を管轄する登記所の掲示場その他公衆の見やすい場所においても同様の掲示をする(筆界通達137)。

2　通知の方法

　通知は，原則として，登記記録に記録された住所に対し行う。ただし，筆界特定申請情報の内容として提供された情報その他の情報から，登記記録上の住所以外の場所に通知することが相当と認められる場合は，この限りでない。また，申請人または関係人が通知先を届け出たときは，通知は，当該通知先に対しする(筆界通達138)。申請人または関係人に代理人があるときは，通知は，代理人に対してすれば足りる(筆界通達139)。通知は，郵便，信書便その他適宜の方法により行う(規則217②)が，筆界特定の申請がされた旨の関係人に対する通知は，原則として，書面により行う(筆界通達140)。

　関係人に対する通知をすべき場合において，登記記録その他の入手可能な資料から関係人またはその通知先を特定することができないときは，133条2項の掲示の方法によって通知して差し支えない(筆界通達141)。掲示が行われる場合は，掲示を始めた日から2週間を経過したときに，当該通知が関係人に到達したものとみなされる(133②)。

(小柳春一郎)
(執筆協力：下川健策)

第2款　筆界の調査等

＊新法改正……平成17年4月13日法律第29号「不動産登記法等の一部を改正する法律」1条：本款新設

　筆界特定申請がなされ，却下すべき理由がないときには，公告および通知を経て，筆界の調査が進められる。筆界特定は，申請人の筆界特定申請に対して筆界特定登記官が認識を示すという問答式の手続を採用し，筆界確定訴訟のような対審式の手続を採用していない。筆界特定では，筆界調査委員という専門家による測量および実地調査が中心となり，行政機関からの情報収集も行われるが，関係人に対して対象土地の測量または実地調査での立会い，意見・資料の提出，意見聴取の期日，調書等の閲覧などの手続保障を与えている。本款は，これに関する規定である。

　この場合，筆界調査委員が指定され(134)，筆界調査委員が事実の調査を行う(135)。その際，測量および実地調査(136)や立入調査(137)も可能である。関係行政機関に対する協力依頼(138)や申請人および関係人の意見または資料の提出(139)もなされる。筆界特定登記官は，公告をした日から筆界特定までの間に申請人および関係人に対して意見聴取等の期日を設けなければならない(140)。これに関連して，申請人および関係人は，調書等の閲覧をすることができる(141)。

（筆界調査委員の指定等）
第134条　法務局又は地方法務局の長は，前条第1項本文の規定による公告及び通知がされたときは，対象土地の筆界特定のために必要な事実の調査を行うべき筆界調査委員を指定しなければならない。
② 　次の各号のいずれかに該当する者は，前項の筆界調査委員に指定することができない。
　(1)　対象土地又は関係土地のうちいずれかの土地の所有権の登記名義人(仮登記の登記名義人を含む。以下この号において同じ。)，表題部所有者若しくは所有者又は所有権以外の権利の登記名義人若しくは当該権利を有する者
　(2)　前号に掲げる者の配偶者又は4親等内の親族(配偶者又は4親等内の親族であった者を含む。次号において同じ。)
　(3)　第1号に掲げる者の代理人若しくは代表者(代理人又は代表者であった者を含む。)又はその配偶者若しくは4親等内の親族
③ 　第1項の規定による指定を受けた筆界調査委員が数人あるときは，共同してその職務を行う。ただし，筆界特定登記官の許可を得て，それぞれ単独に

その職務を行い，又は職務を分掌することができる。
④　法務局又は地方法務局の長は，その職員に，筆界調査委員による事実の調査を補助させることができる。

　　＊新法改正……平成17年4月13日法律第29号「不動産登記法等の一部を改正する法律」1条：
　　　　　本条新設
　　＊関連法規……法127条，135条，142条

I　本条の趣旨

　筆界特定において筆界調査委員(127)は，専門家としての知識を生かした非常勤の公務員として事実の調査を行い(135)，意見を提出する(142)など重要な役割を果たす。そこで本条は，筆界調査委員の指定(1項)，除斥事由(2項)，複数指名があったときの職務(3項)，法務局等職員による事実の調査の補助(4項)に関して定める。

II　本条の内容
1　筆界調査委員の指定

　筆界調査委員は，法務局および地方法務局に置かれる非常勤の公務員である(127)。法務局および地方法務局の長は，筆界特定申請がなされ，133条1項による公告および通知がされたとき，対象土地の筆界特定のために必要な事実の調査を行う筆界調査委員を指定しなければならない(134①)。

2　筆界調査委員の除斥

　(1)　**除斥事由**　　手続の公正性を確保する目的で，筆界特定登記官の場合(126)と同様に筆界調査委員の除斥の制度が設けられた。法務局または地方法務局の長は，対象土地または関係土地のうちいずれかの土地の所有権の登記名義人，表題部所有者もしくは所有者または所有権以外の権利の登記名義人もしくは当該権利を有する者やその配偶者または4親等内の親族，さらにはその代理人等を筆界調査委員として指定することができない(134②)。

　(2)　**本項違反の筆界特定の効力**　　仮に，これらの者について筆界調査委員の指定があった場合にも筆界特定の効力自体には法的には影響しないが，事実上，筆界特定の証明力が問題になり，その結果，132条1項の「特段の必要があるとみとめられる場合」に該当するとして，筆界特定の再申請を却下できないと考えられる（『登記インターネット』93号34頁[山口和秀発言]）。これは，筆界特定登記官の除斥について理解されているところと同じである。

3 筆界調査委員が複数いるときの職務

　事件ごとに指定される筆界調査委員の数について制限する規定はない。そこで，本条3項が一事件について，複数の筆界調査委員が指定されたときの職務について規定する。指定を受けた筆界調査委員が数人あるときは，共同してその職務を行うことが原則である（134③本文）。それ故，実地調査，意見聴取なども共同して行う必要がある。しかし，筆界特定登記官の許可を得て，それぞれ単独にその職務を行い，または職務を分掌することができる（134③ただし書）。この場合には職務の分担が可能になる。なお，筆界調査委員は，合議体ではないから，意見の統一は義務付けられていない。しかし，論点整理や意見交換による意見統一が望ましいことは当然である。

　実務においては，筆界特定制度導入当初は，筆界調査委員を一事件ごとに2名指定していたところが多いが，その後，筆界調査委員が経験を積んだこと，2名指定では日程調整に困難があることから1名指定に切り替えたところがある（『登記インターネット』93号119頁［中村誠発言］）。

4 法務局等職員による補助

　筆界調査委員が事実の調査を行うが，すべての調査について非常勤公務員である筆界調査委員が行うことは不可能と考えられる。そこで，法務局または地方法務局の長は，その職員に，筆界調査委員による事実の調査を補助させることができる（134④）。

　東京法務局の実務では，筆界調査委員が単独で事件を処理する「単独処理方式」による場合と筆界調査委員と法務局職員が連携して調査する「共同処理方式」とがある。単独処理方式は，申請代理人である土地家屋調査士が事前に測量を実施し，筆界について方向性を出している案件について採用されている。本人申請の場合は共同処理方式により，むしろ職員の関与が大きいとされる（『登記インターネット』93号118頁［金親均発言］）。

（小柳春一郎）

（執筆協力：下川健策）

(筆界調査委員による事実の調査)
第135条 筆界調査委員は，前条第1項の規定による指定を受けたときは，対象土地又は関係土地その他の土地の測量又は実地調査をすること，筆界特定の申請人若しくは関係人又はその他の者からその知っている事実を聴取し又は資料の提出を求めることその他対象土地の筆界特定のために必要な事実の調査をすることができる。

② 筆界調査委員は，前項の事実の調査に当たっては，筆界特定が対象土地の所有権の境界の特定を目的とするものでないことに留意しなければならない。

＊新法改正……平成17年4月13日法律第29号「不動産登記法等の一部を改正する法律」1条：本条新設

I 本条の趣旨

本条は，筆界調査委員による事実の調査のあり方について明らかにする。1項は，筆界調査委員の調査権限について規定する。筆界調査委員は，①対象土地または関係土地その他の土地の測量または実地調査をすること，②筆界特定の申請人もしくは関係人またはその他の者からその知っている事実を聴取しまたは資料の提出を求めることその他対象土地の筆界特定のために必要な事実の調査をすることができる。①が示すように，筆界調査委員の行う土地の測量または実地調査は，対象土地および関係土地に限定されず，周囲の土地をも含みうる。また，②が示すように，事実を聴取しまたは資料の提出を求める範囲も，申請人および関係人に限定されない。また，対象土地の筆界特定のために必要な事実の調査として文献調査等をすることができる。

2項は，事実の調査の目的が筆界であり，所有権の境界でないことを明らかにしている。もっとも，筆界特定の目的であれば，その調査過程において所有権の境界の調査を行うことは差し支えない。

II 調査の進め方

実際の調査は，申請があった旨の公告・通知の後は，進行計画の策定→事前準備調査→論点整理(→手続費用予納)→特定調査→意見聴取等の期日の実施→筆界調査委員の意見提出→筆界特定と進行する。そのうち，本条は，論点整理までに関連する。

1 進行計画の策定

第1は，筆界特定手続の進行計画の策定である。これは，130条の規定による標準処理期間を考慮しつつ，事前準備調査を完了する時期，申請人および関係人に立ち会う機会を与えて対象土地について測量または実地調査を行う時期，意見聴取等の期日を開催する時

期，筆界調査委員が意見書を提出する時期，筆界特定を行う時期等について，手続進行の目標を設定する(筆界通達84)。

2 事前準備調査

　第2は，事前準備調査である。事前準備調査においては，原則として，134条4項の職員が，筆界調査委員による事実の調査を円滑に実施することを目的として，資料の収集のほか，必要に応じ，調査図素図の作成，現況等把握調査および論点整理等を行う(筆界通達86)。

　(1) **資料の収集**　　資料の収集としては，対象土地の調査を適確に行うための資料として例えば，①管轄登記所に備え付けまたは保管している登記記録，地図または地図に準ずる図面，各種図面，旧土地台帳等，②官庁または公署に保管されている道路台帳，道路台帳附属図面，都市計画図，国土基本図，航空写真等，③民間分譲業者が保管している宅地開発に係る図面および関係帳簿，対象土地もしくは関係土地の所有者またはそれらの前所有者等が現に保管している図面や測量図を収集する(筆界通達87)。さらに，筆界調査委員の指示に従い，必要な資料を収集する。

　(2) **調査図素図の作成**　　調査図素図の作成は，14条1項に規定する地図または14条4項に規定する地図に準ずる図面の写しに，収集された資料から得られた情報のうち，筆界特定の手続を進める上で参考となる情報(例えば，対象土地および関係土地の登記記録上の地積，地目，登記名義人の氏名および分筆経緯等)を適宜の方式で表示して行う(筆界通達88)。土地所在図，地積測量図その他申請人等から提供された図面を利用して調査図素図を作成しても差し支えない。

　(3) **現況等把握調査**　　現況等把握調査は，対象土地およびその周辺の土地の現況その他筆界特定について参考となる情報を把握することを目的として，以下のように，現況等把握調査，その結果の記録，測量結果の調整を行う(筆界通達89)。

　　(ア) **現況等把握調査の方法**　　まず，①現地の測量または実地調査を行い，②都道府県や市町村等の担当職員の立会いの下，道路や水路等との官民境界について確認を得て街区情報の確定を行う。なお，①の測量は，規則10条3項の規定による基本三角点等に基づくものである必要はなく，近傍の恒久的な地物に基づいて実施して差し支えなく，申請人または関係人その他の者から測量図の提供があった場合において，現地と照合し，現況等把握調査における測量結果に代わるものと認められるときその他現況を把握することが可能な図面が存在するときは，①の測量を要しない。

　　実地調査に当たっては，対象土地および関係土地その他周囲の土地の所有者または占有者等から適宜筆界特定に当たり参考となる事情(各自が主張する筆界の位置，紛争に至る経緯，対象土地の過去から現在に至るまでの使用状況等)を聴取し，その内容を適宜の方法で記録する。また，現況において判明している境界標等に基づく調査結果を取りまとめた上で，整理を行う。

(イ)　**現況等把握調査の結果の記録**　現況等把握調査の結果としては，筆界点の座標値のほか，工作物の位置その他の筆界特定をするために参考となる事項を記録する。この場合の縮尺については，規則77条3項に準ずる。ただし，申請人等から提出のあった測量図等を用いる場合には，この限りでない。

(ウ)　**測量結果の調整等**　必要に応じ，調査図素図上において，既存の地積測量図等と現況等把握調査で得られた街区情報との照合および点検を行う。

3　論点整理

　論点整理として，事前準備調査の結果によって得られた申請人または関係人その他の者から聴取した主張等を踏まえ，筆界に関する論点の整理を行う。また，現況等把握調査の結果作成した測量図その他の現況を示す図面に申請人等が主張する筆界の位置を適宜の方法で表示する等して，その争点を明確にするよう努める（筆界通達90）。

　その後，次条が規定する測量または実地調査を中心とする対象土地の特定調査を行う。

（小柳春一郎）
（執筆協力：下川健策）

（測量及び実地調査）
第136条 筆界調査委員は，対象土地の測量又は実地調査を行うときは，あらかじめ，その旨並びにその日時及び場所を筆界特定の申請人及び関係人に通知して，これに立ち会う機会を与えなければならない。
② 第133条第2項の規定は，前項の規定による通知について準用する。

＊新法改正……平成17年4月13日法律第29号「不動産登記法等の一部を改正する法律」1条：
本条新設
＊関連法規……規則242条

I 本条の趣旨

本条は，筆界調査委員が行う対象土地の測量または実地調査に関して，筆界特定申請人および関係人に対して，あらかじめその旨，日時，場所を通知して立ち会う機会を与える。これは，当事者的な立場である申請人および関係人について手続保障の観点から求められている（1項）。

2項は，この通知をするに当たり，申請人および関係人の所在が不明なときの通知方法として，133条2項の掲示を認める。

II 対象土地の特定調査

1 対象土地の特定調査

筆界調査委員が対象土地に係る筆界を特定するための調査を「特定調査」という。筆界特定調査委員は，事前準備調査の結果および論点整理の結果を踏まえ，136条1項の規定に従って，申請人および関係人に対し立ち会う機会を与えた上で，対象土地の測量または実地調査を行い，筆界点となる可能性のある点の位置を現地において確認し，記録する（筆界通達91）。

2 特定調査における測量

特定調査における測量として，①筆界を示す要素に関する測量および②復元測量がある。
（1）**筆界を示す要素に関する測量**　対象土地に関する筆界を示す要素に関する測量である。この測量においては，事前準備調査の結果および論点整理の結果に照らし，筆界特定の対象となる筆界に係る筆界点となる可能性のある点のすべてについて，その位置を測定する。この場合には，原則として，規則10条3項の規定による基本三角点等に基づいて測量を実施する。
（2）**復元測量**　必要があると認める場合には，既存の地積測量図，申請人等が提出した測量図等に基づいて推定される筆界点について，現地において復元測量を行う（筆界通達92）。

3 申請人または関係人の立会い

　申請人または関係人が特定調査に立ち会った場合において，これらの者が主張する筆界点および筆界の位置があるときは，これを現地において確認する。また，必要に応じ，申請人または関係人に対し，推定された筆界点について説明を行い，筆界の位置に関する認識の一致の有無について確認する(筆界通達93)。

　特定調査における測量は，原則として，申請人が負担する手続費用(146①)によって行う。この場合において，測量を行う者は，筆界に関する測量を行うのに必要な専門的知見および技術を有する者であって筆界特定登記官が相当と認める者である。筆界調査委員以外の第三者がいわゆる外注として行うことができる。筆界特定調査委員が測量のための専門的知見・技術を有する場合には，その者が測量を行うことも可能である。その場合は，委員としての立場で行うのではなく，測量技術者として行う(規則242，筆界通達94，さらに，『登記インターネット』93号189頁［中村誠発言］)。その報酬および費用の額については，別に定める測量報酬および費用に関する標準規程を踏まえ，一定の基準を定め，これに従って算出する(筆界通達95)。なお，「測量実施者の選定に当たっては，……相当と認める者を複数選定した上で，入札手続に準じた公平かつ適正な手続によって，最も安価な報酬および費用によって測量を実施する者に委託するのが相当と考える」(登記研究編集室編『平成17年不動産登記法等の改正』241頁)との指摘がある。

4 測量の内容

　測量を実施させるに当たっては，筆界調査委員の意見を踏まえて細目を定め，その内容を明らかにして行う(筆界通達96)。この細目を明らかにした適宜の様式による測量指図書を2通作成し，測量実施者に署名または記名押印をさせた上で，その1通を測量実施者に交付し，他の1通を，筆界特定手続記録につづり込む(筆界通達97)。

5 特定調査の記録

　特定調査における測量の結果の記録は，規則231条4項各号に掲げる事項を記録して作成する。この場合の測量図の縮尺については規則231条6項において準用する規則77条3項に準ずる。その他，申請人および関係人の立会いの有無および申請人および関係人その他の者から聴取した意見または事情を適宜の方法で記録する(筆界通達98)。

(小柳春一郎)
(執筆協力：下川健策)

（立入調査）

第137条　法務局又は地方法務局の長は，筆界調査委員が対象土地又は関係土地その他の土地の測量又は実地調査を行う場合において，必要があると認めるときは，その必要の限度において，筆界調査委員又は第134条第4項の職員（以下この条において「筆界調査委員等」という。）に，他人の土地に立ち入らせることができる。

②　法務局又は地方法務局の長は，前項の規定により筆界調査委員等を他人の土地に立ち入らせようとするときは，あらかじめ，その旨並びにその日時及び場所を当該土地の占有者に通知しなければならない。

③　第1項の規定により宅地又は垣，さく等で囲まれた他人の占有する土地に立ち入ろうとする場合には，その立ち入ろうとする者は，立入りの際，あらかじめ，その旨を当該土地の占有者に告げなければならない。

④　日出前及び日没後においては，土地の占有者の承諾があった場合を除き，前項に規定する土地に立ち入ってはならない。

⑤　土地の占有者は，正当な理由がない限り，第1項の規定による立入りを拒み，又は妨げてはならない。

⑥　第1項の規定による立入りをする場合には，筆界調査委員等は，その身分を示す証明書を携帯し，関係者の請求があったときは，これを提示しなければならない。

⑦　国は，第1項の規定による立入りによって損失を受けた者があるときは，その損失を受けた者に対して，通常生ずべき損失を補償しなければならない。

＊新法改正……平成17年4月13日法律第29号「不動産登記法等の一部を改正する法律」1条：本条新設

I　本条の趣旨

特定調査に際しては，立入りが必要になる場合がある。本条は，立入りについて規定する。1項は，立入権についての規定で，筆界調査委員が対象土地または関係土地その他の土地の測量または実地調査を行う場合において，必要があると認めるときは，法務局または地方法務局の長は，筆界調査委員または職員(134④)に，その必要の限度において，他人の土地に立ち入らせることができる(137①)。立入りは，対象土地，関係土地のみならずその他の土地についても行うことができる。2項は，立入りの通知規定であり，立ち入る場合には，あらかじめその旨日時等を土地の占有者に通知しなければならない。3項および4項は，宅地や垣等で囲まれた土地への立入りに関する規定であり，そうした土地は特に占有者の平穏を保護する必要があるとの観点から，通知義務および立入り時間の制限

が設けられている。5項は，土地の占有者に立入り受忍義務があるとの規定であり，6項は，立入りの際の筆界調査委員等の証明書携帯義務である。最後に，7項は，立入りにより損失を受けた者に対する補償規定である。

II 立入りの手続
1 立入調査
　土地の測量または実地調査を行う場合において，筆界調査委員または134条4項の職員が他人の土地に立ち入るときは，法務局または地方法務局の長は，あらかじめ，その旨ならびにその日時および場所を当該土地の占有者に通知しなければならない(137②)。なお同意を得ることまでは法律上必要ない。当該占有者が立入りについて同意しているときまたは占有者が不明であるときは，通知を要しない(筆界通達99)。

2 通知の方法
　137条2項の立入通知は，文書または口頭のいずれの方法によっても差し支えない。この通知には，同項に規定する事項のほか，立入りを行う者の職氏名および実施する測量または実地調査の概要を併せて示さなければならない(筆界通達100)。

3 立入りの手続
　土地が宅地または垣，さく等で囲まれている場合において，事実の調査等のために立ち入ろうとする場合には，立入りの際，あらかじめ，その旨を当該土地の占有者に告げなければならない(137③)。この場合の手続は，測量または実地調査を実施する際に，口頭で当該土地の占有者に告げることで足りる。なお，宅地以外の土地であって，垣やさく等で囲まれた土地の部分以外に立ち入るときは，占有者に告げることを要しない。また，日出前または日没後においては，土地の占有者の承諾があった場合を除き，宅地または垣，さく等で囲まれている土地に立ち入ってはならない(137④，筆界通達101)。

4 筆界調査委員等の身分証明書
　137条6項の規定により筆界調査委員等が携帯すべき身分証明書は，筆界通達別記第13号様式による(筆界通達102)。

5 実際の立入り
　作業の都合上，どうしても他人の土地に測量のための(測量機械を据えるための)木杭・鋲等(基準点・多角点等)を設置しなければならない場合がある。このような時は，現地で立ち会って「ここにこの杭を打っていいですか。作業終了後は速やかに撤去します。」などといった当然の配慮が必要である。

6 占有者の義務

占有者は、正当な理由がない限り筆界調査委員等の立入調査を拒みまたは妨げてはならない。妨害等に対しては、30万円以下の罰金に処せられる(162(3))。これは筆界特定における現地調査の重要性に基づくものである。

(小柳春一郎)
(執筆協力：下川健策)

(関係行政機関等に対する協力依頼)
第138条 法務局又は地方法務局の長は、筆界特定のため必要があると認めるときは、関係行政機関の長、関係地方公共団体の長又は関係のある公私の団体に対し、資料の提出その他必要な協力を求めることができる。

＊新法改正……平成17年4月13日法律第29号「不動産登記法等の一部を改正する法律」1条：本条新設

I 本条の趣旨

本条は、筆界特定について関係行政機関等に対する協力依頼に関する規定である。法務局または地方法務局の長は、筆界特定のために必要があると認めるときは、関係行政機関の長、関係地方公共団体の長、関係のある公私の団体に対して、資料の提出その他の必要な協力を求めることができる。これは、筆界特定のために関係団体の所持する資料を円滑に収集するための規定である。なお、関係団体が資料提出を拒んでも強制する手段はないため、実際には、相手方の任意の協力を求めることになる。

筆界特定の資料としては、登記所が登記記録、旧土地台帳、地図、地図に準ずる図面、地積測量図、土地改良確定図、土地区画整理確定図などを有しているが、地方公共団体においても、国土調査の地籍図、震災復興図、戦災復興図、道路認定図など多数の資料もあり、また、土地区画整理組合、土地改良区なども資料を有し、さらに宅地開発業者は分譲図などを有している(登記インターネット93号133頁)。

なお、「【登記簿】——筆界特定手続で民間紛争解決手続を行う事業者に提出された資料の提供を求めた場合に、これに応じないとする回答があったときの対応について」登研736号165頁は、民間ADR事業者は、当事者の同意なくしては相手方に開示しないとして提出を受けた場合には、その条件を順守する必要が有ることおよびADRの信頼性を確保する必要があることを理由に、そうした拒絶を認めている。

筆界特定委員が資料の提出を受けたときは、当該資料の写しまたは当該資料の概要を写真その他適宜の方法により明らかにした記録を作成し、当該資料を速やかに返還する(筆界通達103)。資料の原本や現物を筆界特定が終了するまで法務局において保管することは、

証拠調べの期日が設けられていない筆界特定手続では疑問があるとの理由から，原本等の速やかな返却を定めた(『登記インターネット』93号192頁[中村誠発言])。

(小柳春一郎)

(執筆協力：下川健策)

(意見又は資料の提出)
第139条 筆界特定の申請があったときは，筆界特定の申請人及び関係人は，筆界特定登記官に対し，対象土地の筆界について，意見又は資料を提出することができる。この場合において，筆界特定登記官が意見又は資料を提出すべき相当の期間を定めたときは，その期間内にこれを提出しなければならない。
② 前項の規定による意見又は資料の提出は，電磁的方法(電子情報処理組織を使用する方法その他の情報通信の技術を利用する方法であって法務省令で定めるものをいう。)により行うことができる。

＊新法改正……平成17年4月13日法律第29号「不動産登記法等の一部を改正する法律」1条：本条新設
＊関連法規……規則218条〜221条

I　本条の趣旨

本条は，筆界特定における申請人および関係人の意見または資料提出権(1項)およびその方法(2項)を定める。筆界特定申請があったときは，筆界調査委員が申請人および関係人に対して事実を聴取しまたは資料の提出を求めることができ(135)，また，筆界特定登記官は，申請人および関係人に対して意見聴取等の期日を設け，申請人および関係人は，そこで意見または資料の提出が可能である(140)。

本条(139)によれば，それに加えて，申請人および関係人は，意見または資料提出権を有する。これは，筆界特定が申請人および関係人の利害に関わることから認められたものである。なお，注意すべきは，本条に基づく資料および意見の提出は，筆界特定登記官に対して行われることであり，筆界調査委員は，筆界特定登記官と連絡してその職務を遂行すべきことになる。

II　意見または資料の提出
1　意見または資料の提出

意見または資料の提出に際しては，①手続番号，②意見または資料を提出する者の氏名または名称，③意見または資料を提出する者が法人であるときは，その代表者の氏名，④代理人によって意見または資料を提出するときは，当該代理人の氏名または名称および代

理人が法人であるときはその代表者の氏名，⑤提出の年月日，⑥法務局または地方法務局の表示を明らかにしなければならない(規則218①)。

さらに，規則218条2項に基づき，資料の提出の際には，①資料の表示，②作成者およびその作成年月日，③写真またはビデオテープ(これらに準ずる方法により一定の事項を記録することができる物を含む)にあっては，撮影，録画等の対象ならびに日時および場所，④当該資料の提出の趣旨を明らかにしなければならない。

2 資料提出の方法

139条2項の法務省令で定める方法として，規則219条は，①法務大臣の定めるところにより電子情報処理組織を使用して情報を送信する方法，②法務大臣の定めるところにより情報を記録した磁気ディスクその他の電磁的記録を提出する方法，③前2つの方法のほか，筆界特定登記官が相当と認める方法を認めている。

この際，申請人または関係人が，意見または資料の提出を書面でするときは，当該書面の写し3部を提出しなければならず，筆界特定登記官は，必要と認めるときは，前項の規定により書面の写しを提出した申請人または関係人に対し，その原本の提示を求めることができる(規則220)。

139条1項または140条1項(期日)の規定により申請人または関係人から意見または資料の提出があった場合には，原則として，その旨を対象土地の所有権登記名義人等(当該意見または資料を提出した者を除く)に適宜の方法により通知する(筆界通達105)。

3 資料の還付請求

本条1項により資料を提出した申請人または関係人は，規則219条に掲げる方法によって提出したものを除いて，当該資料の還付を請求することができる(規則221①)。また，筆界特定登記官は，規則221条1項の規定による請求があった場合において，当該請求に係る資料を筆界特定をするために留め置く必要がなくなったと認めるときは，速やかに，これを還付する(規則221②)。

筆界特定に必要な事実の調査において収集し，または申請人もしくは関係人から提出を受けた意見または資料は，筆界通達144の分類(145条の解説参照)に従い，それぞれ該当する目録に適宜の番号を付して記録する(筆界通達106)。規則221条2項の規定により資料の還付をする場合には，当該資料に係る目録の備考欄に原本還付の旨の記録をするほか，必要に応じ，当該資料の写しまたは当該資料の概要を写真その他適宜の方法により明らかにした記録を作成し，当該写しまたは記録を筆界特定手続記録の一部とする(筆界通達107)。資料につき提出者が還付を要しない旨の申出をしたときは，当該資料に係る目録の備考欄に還付不要の旨の記録をする(筆界通達108)。

(小柳春一郎)

(執筆協力：下川健策)

（意見聴取等の期日）

第140条 筆界特定の申請があったときは，筆界特定登記官は，第133条第1項本文の規定による公告をした時から筆界特定をするまでの間に，筆界特定の申請人及び関係人に対し，あらかじめ期日及び場所を通知して，対象土地の筆界について，意見を述べ，又は資料（電磁的記録を含む。）を提出する機会を与えなければならない。

② 筆界特定登記官は，前項の期日において，適当と認める者に，参考人としてその知っている事実を陳述させることができる。

③ 筆界調査委員は，第1項の期日に立ち会うものとする。この場合において，筆界調査委員は，筆界特定登記官の許可を得て，筆界特定の申請人若しくは関係人又は参考人に対し質問を発することができる。

④ 筆界特定登記官は，第1項の期日の経過を記載した調書を作成し，当該調書において当該期日における筆界特定の申請人若しくは関係人又は参考人の陳述の要旨を明らかにしておかなければならない。

⑤ 前項の調書は，電磁的記録をもって作成することができる。

⑥ 第133条第2項の規定は，第1項の規定による通知について準用する。

＊新法改正……平成17年4月13日法律第29号「不動産登記法等の一部を改正する法律」1条：本条新設
＊関連法規……規則222条〜226条

I 本条の趣旨

本条は，筆界特定の意見聴取等の期日について定める。筆界特定に際して期日を開くのは，申請人および関係人に対して意見を述べる機会および資料を提出する機会を保障するという手続保障にある。通常の行政処分であれば，告知聴聞の機会を設けることが必要であるが，筆界特定は，行政処分としての効力がない以上，そのような機会を設けることを当然には要求されない。しかし，筆界特定の結果，その後の登記手続等にも影響があるため，申請人や関係人に意見・資料の提出の機会を保障することにした（清水「法概要」55頁）。本条1項は，筆界特定登記官は，筆界特定の申請人および関係人に対して，あらかじめ期日および場所を通知して，対象土地の筆界について意見を述べ，または資料を提出する機会を与えなければならないことを規定する。2項は，期日における参考人の事実陳述について，3項は，筆界特定委員の期日立会いおよび質問権について，4項および5項は，期日の調書について，6項は，期日の通知について定める。

II 意見聴取等の期日の時期および場所

1 時期

期日は，筆界特定申請の公告をした時から筆界特定をするまでの間に開かなければならない(140①)。期日の日時を定めるに当たっては，申請人または関係人が意見陳述または資料の提出のための準備に要する期間等を勘案する(筆界通達109)。

2 場所

意見聴取等の期日は，法務局または地方法務局，対象土地の所在地を管轄する登記所その他筆界特定登記官が適当と認める場所において開く(規則222)。具体的には，意見聴取等の期日を開く場所を定めるに当たっては，申請人，関係人等の便宜，意見を聴取するに当たって現場での指示を要するか否か等を勘案し，法務局または地方法務局の庁舎，対象土地の所在地を管轄する登記所の庁舎，現地等適切な場所を選定する(筆界通達110)。

3 期日の設定および通知

民事訴訟における口頭弁論期日は，両当事者が出頭して攻撃防御方法を尽くすものであるが，筆界特定の意見聴取等の期日は，そうしたものではなく，個別の申請人，関係人ごとに開くことができる。これは，筆界特定が，申請に基づき筆界を特定するというその手続の仕組みに由来している。もっとも，同一の日時に2以上の申請人および関係人に係る期日を同時に開くことを妨げないし(筆界通達111)，実際の運営では，申請人および関係人の全員に係る期日を同時に開くことが効率的であるとされている(『登記インターネット』93号202頁[秦愼也発言])。

期日の通知に関して，通知は，申請人および関係人が同項の定めるところにより対象土地の筆界について意見を述べ，または資料を提出することができる旨を明らかにしてしなければならない(規則223①)。この通知について，規則217条2項が準用され(規則223②)，適宜の方法によることができる。この通知をしたときは，期日前にその意見の概要を書面で提出するよう促す(筆界通達112)。

4 期日の実施

(1) **筆界特定登記官の権限** 筆界特定登記官は，意見聴取等の期日において，発言を許し，またはその指示に従わない者の発言を禁ずることができる(規則224①)。また，意見聴取等の期日の秩序を維持するため必要があるときは，その秩序を妨げ，または不穏な言動をする者を退去させることができる(規則224②)。さらに，筆界特定登記官は，適当と認める者に意見聴取等の期日の傍聴を許すことができる(規則224③)。

なお，2以上の申請人および関係人に係る意見聴取等の期日を同時に開いた場合においては，筆界特定登記官は，手続を行うのに支障を生ずるおそれがないと認められるときは，当該期日において，申請人もしくは関係人またはその代理人に対し，他の申請人または関

係人への質問を許すことができる(筆界通達113)。

　申請人および関係人には他の申請人や関係人の期日に立ち会う権利や反対尋問権は認められていない。これは，筆界特定手続が，申請人の申請に応えて筆界特定登記官が公的存在である筆界の存在場所について認識を示す問答構造の手続であることによる。立会権や反対尋問権は，当事者が自らの権利義務について争いがあり，第三者が事実認定および法規適用を行う当事者対立構造の手続によく適合する制度である。とはいえ，筆界特定手続により申請人および関係人の利害が影響を受けることもあり得ること，申請人および関係人が直接に質疑を行った方が争点解明に有益な場合もあり得ることなどの理由で，筆界特定登記官が他の申請人や関係人に質問を許すことができるとした(『登記インターネット』93号202頁[秦愼也発言])。

　(2)　**筆界調査委員**　期日には，筆界調査委員が立ち会う。この場合において，筆界調査委員は，筆界特定登記官の許可を得て，筆界特定の申請人もしくは関係人または参考人に対し質問を発することができる(140③)。実務では，期日の前に筆界調査委員自らが，誰に対してどのような観点からどのような質問をしたいといったことについて，筆界特定登記官の許可を受けておくことが望ましい。

　(3)　**傍聴**　筆界特定登記官が，傍聴を許すことができる適当な者とは，例えば，①申請人または関係人の親族もしくは同居者またはこれらに準ずる者または②それ以外の者であって，その者が傍聴することについて期日に出席した申請人および関係人がいずれも異議を述べなかったものであり，その傍聴によって手続を行うのに支障を生ずるおそれがないと認められるものをいう(筆界通達114)。

　(4)　**参考人の事実等の陳述**　筆界特定登記官は，意見聴取等の期日において，適当と認める者に，参考人としてその知っている事実を陳述させることができる(140②)。例えば，対象土地の所有権登記名義人等であった者や，対象土地周辺の宅地開発を行った者，鑑定人(植生，地質等について筆界特定登記官の命を受けて鑑定を行った者)等が参考人として考えられる(筆界通達115)。

　(5)　**期日における資料の提出**　意見聴取等の期日においては，申請人および関係人は意見を述べ，資料を提出できるが，期日において資料が提出されたときは，筆界特定登記官は，当該資料に資料番号を付し，当該資料番号および当該資料が提出された旨を調書に記録する(筆界通達116)。資料については，目録作成，還付等を行う。

5　調　書

　(1)　**調書の作成方法**　意見聴取等の期日の調書は，期日ごとに作成するものとする。二以上の申請人または関係人に係る意見聴取等の期日を同時に開いた場合にも，1通の調書を作成すれば足りる(筆界通達117)。

　(2)　**調書の記載方法**

　　(ア)　**記載事項**　調書には，①手続番号，②筆界特定登記官および筆界調査委員の氏

名，③出頭した申請人，関係人，参考人および代理人の氏名，④意見聴取等の期日の日時および場所，⑤意見聴取等の期日において行われた手続の要領（陳述の要旨を含む），⑥その他筆界特定登記官が必要と認める事項を記録する。

なお，④に関して，日時欄には，開かれた期日の年月日および開始時刻を記録し，場所欄には，意見聴取等の期日が開かれた場所を，住所等によって特定する。法務局もしくは地方法務局もしくはその支局またはその出張所の庁舎等，名称によって当該場所を特定することができるときは，その名称を記録すれば足りる(筆界通達118)。

⑤に関しては，要領欄には，申請人または関係人が述べた意見の概要，提出された資料の表示，参考人の陳述内容，筆界特定登記官が申請人もしくは関係人またはその代理人に発言を許した場合における発言内容，その他意見聴取の期日において行われた手続の内容を記録する。さらに，意見を陳述した申請人または関係人が事前に意見の概要を書面で提出していた場合には次のように記録する。当該書面が申請人または関係人が陳述した意見の全部の概要として適切であるときは，当該書面を筆界特定手続記録につづり込むとともに，調書の手続の要領欄に，例えば，「○○は，○年○月○日付け○○作成に係る○○と題する書面記載のとおり意見を述べた。」等と記録する。また，当該書面が申請人または関係人が陳述した意見の一部の概要として適切であるときは，当該書面を筆界特定手続記録につづり込むとともに，調書の手続の要領欄に「○○は，下記のとおり付け加えるほか，○年○月○日付け○○作成に係る○○と題する書面記載のとおり意見を述べた。」等と記録し，申請人または関係人の意見中当該書面に記載されていない事項の要領を記録する(筆界通達118)。

⑥に関して，その他欄には，規則226条1項6号の「その他筆界特定登記官が必要と認める事項」として，例えば，秩序維持のために退去させた者がある場合のその旨の記録等，筆界特定登記官が特に調書に記録する必要があると認める事項を記録する(筆界通達118)。

(イ) **ビデオテープ等による調書** 筆界特定登記官は，上述の規則226条1項の規定にかかわらず，申請人，関係人または参考人の陳述をビデオテープその他の適当と認める記録用の媒体に記録し，これをもって調書の記録に代えることができる(規則226②)。これは，期日における陳述について，文字情報により記録することが筆界特定登記官にとって過大な負担となることを防止するためである。この場合には，原則として，一の手続において行われる同一の意見聴取等の期日ごとにそれぞれ別の媒体を使用し，当該媒体のラベルに「手続番号」「期日」「申請人，関係人又は参考人の氏名」を記載して，筆界特定手続記録につづり込む(筆界通達119)。

意見聴取等の期日の調書には，書面，写真，ビデオテープその他筆界特定登記官において適当と認めるものを引用し，筆界特定手続記録に添付して調書の一部とすることができる(規則226③)。この場合，申請人等が意見聴取等の期日において陳述すべき意見内容を書面にして提出した場合における当該書面，申請人等が意見陳述に際し陳述内容を明確にするために図面等を作成した場合における当該図面等が引用の対象となる。書面その他のも

のを調書に引用した場合は，引用したものを当該調書に添付する(筆界通達120)。

(小柳春一郎)

(執筆協力：下川健策)

(調書等の閲覧)
第141条 筆界特定の申請人及び関係人は，第133条第1項本文の規定による公告があった時から第144条第1項の規定により筆界特定の申請人に対する通知がされるまでの間，筆界特定登記官に対し，当該筆界特定の手続において作成された調書及び提出された資料(電磁的記録にあっては，記録された情報の内容を法務省令で定める方法により表示したもの)の閲覧を請求することができる。この場合において，筆界特定登記官は，第三者の利益を害するおそれがあるときその他正当な理由があるときでなければ，その閲覧を拒むことができない。
② 筆界特定登記官は，前項の閲覧について，日時及び場所を指定することができる。

＊新法改正……平成17年4月13日法律第29号「不動産登記法等の一部を改正する法律」1条：
　　本条新設
＊関連法規……規則227条，228条

I　本条の趣旨

　本条は，筆界特定手続において作成された調書および提出された資料の閲覧権を申請人および関係人に認めている。筆界特定登記官が閲覧を拒むことができるのは，第三者の利益を害するおそれがあるときその他正当な理由があるときに限られる(141①2文)。本条で与えられるのは，閲覧権であり，複写権や複写物交付請求権ではない。したがって，調書等の写しを入手することはできない。筆界特定登記官は，閲覧の日時および場所を指定できる(141②)。
　このように利害関係人に対して調書・資料の閲覧権を認めるのは，筆界特定が利害の対立を前提としていることに鑑み，相手方が提出した資料等に対して反論を準備することができるようにするためである。

II　閲覧の申請

　申請人または関係人は，法141条1項の規定により調書または資料の閲覧の請求をするときは，次に掲げる事項に係る情報を提供しなければならない(規則227①)。①手続番号，

②請求人の氏名または名称および住所ならびに申請人または関係人の別, ③請求人が法人であるときは，その代表者の氏名，④代理人によって請求するときは，当該代理人の氏名または名称および住所ならびに代理人が法人であるときはその代表者の氏名。また，閲覧の請求をするときは，請求人が請求権限を有することを証する書面を提示しなければならない(規則227②)。閲覧の請求を代理人によってするときは，当該代理人の権限を証する書面を提示しなければならない(規則227③)。閲覧の請求をする場合において，請求人が法人であるときは，当該法人の代表者の資格を証する書面を提示しなければならない(規則227④)。ただし，当該請求を受ける法務局または地方法務局が，当該法人の登記を受けた登記所であり，かつ，特定登記所に該当しないときは，この限りでない(規則227⑤)。閲覧の請求は，同項の情報を記載した書面を法務局または地方法務局に提出する方法によりしなければならない(規則227⑥)。

閲覧の方法として，調書または資料の閲覧を，筆界特定登記官またはその指定する職員の面前でさせる(規則228①)。法141条1項の「電磁的記録にあっては，記録された情報の内容を法務省令で定める方法により表示したもの」とは，電磁的記録に記録された情報の内容を書面に出力して表示する方法その他の筆界特定登記官が適当と認める方法とする(規則228②)。

なお，この場合の閲覧については，手数料納付は，不要である。これに対して，筆界特定後の筆界特定手続記録(145)の閲覧については，手数料が必要である(149②)。

(小柳春一郎)

(執筆協力：下川健策)

第3節 筆界特定

＊新法改正……平成17年4月13日法律第29号「不動産登記法等の一部を改正する法律」1条：本節新設

(筆界調査委員の意見の提出)
第142条 筆界調査委員は，第140条第1項の期日の後，対象土地の筆界特定のために必要な事実の調査を終了したときは，遅滞なく，筆界特定登記官に対し，対象土地の筆界特定についての意見を提出しなければならない。

＊新法改正……平成17年4月13日法律第29号「不動産登記法等の一部を改正する法律」1条：本条新設
＊関連法規……規則229条，230条

I 本条の趣旨

筆界調査委員は，筆界特定について必要な事実の調査を行い，筆界特定登記官に意見を提出することを職務としているのであり(127①)，筆界特定を行うのは，筆界特定登記官である。筆界特定登記官は，筆界調査委員に対し，135条による事実の調査の経過または結果その他必要な事項について報告を求めることができ(規則229)，それについては，筆界通達別記第14号様式の書面その他適宜の方法によって行うが(筆界通達121)，これは調査の中途段階での報告である。筆界調査委員が140条1項の期日を開いた後，対象土地の筆界特定に必要な事実の調査を終了したときは，遅滞なく，筆界特定登記官に対し筆界特定についての意見を提出する。なお，この意見は，141条の規定に従い，申請人および関係人が閲覧できる。

II 筆界調査委員の意見提出の方法

調査委員の意見の提出の方式について，規則230条は，「法第142条の規定による意見の提出は，書面または電磁的記録をもってするものとする」と定めている。

1 意見提出の方式

筆界調査委員の意見の提出は，書面である意見書により行うことができる。意見書には，意見およびその理由を明らかにし，筆界調査委員が署名し，または記名押印する。複数の筆界調査委員が指定されている場合は，合議体とされていないため，個別の意見提出が原則とされている。しかし，筆界は，客観的に固有と言うべきであるから，意見・情報の交

換の結果として，意見が一致することが望ましいのであり，意見が一致する場合には連名で1通の意見書を作成して差し支えない(筆界通達122)。

2 意見書に添付する図面(意見書図面)

141条による筆界特定委員の意見書では，図面および基本三角点等に基づく測量の成果による座標値により，筆界特定の対象となる筆界に係る筆界点と認められる各点の位置を明らかにする。なお，図面および基本三角点等に基づく測量の成果による座標値について，基本三角点等に基づく測量ができない特別の事情がある場合は，近傍の恒久的な地物に基づく測量の成果による座標値とすることができる。また，筆界の特定ができず，筆界の位置の範囲を特定するときについては，その範囲を構成する各点の位置を明らかにする。

意見書に添付する図面を「意見書図面」という。意見書図面は，原則として，143条2項の図面である「筆界特定図面」に準ずる様式(詳しくは本書143条の解説参照)で作成し，筆界特定の対象となる筆界に係る筆界点の位置のほか，必要に応じ，対象土地の区画または形状，工作物および囲障の位置その他の現地における筆界の位置を特定するために参考となる事項を記録する。

なお，現況等把握調査における測量の結果を利用して意見書図面を作成し，または申請人その他の者が提出した図面もしくは既存の測量図等を利用して意見書図面を作成することにより，意見の内容を明らかにすることができるときは，これらの測量の結果または図面を利用して意見書図面を作成することは，差し支えない(筆界通達123)。

3 意見書起案マニュアル

なお，この筆界特定意見書については，起案マニュアルが発表されている(渡辺秀喜=加藤三男ほか「筆界特定制度概説(下)」登研703号16頁)。その重要性に鑑み，ここで引用する。

「一　筆界特定意見書起案マニュアル

(1)意見書起案のための全体的な留意事項(総論)

①意見書の起案に当たっては，あまり長文にならないよう留意します。しかし，記載事項を省略することで短文にまとめるのではなく，意見に説得力を持たせるために必要な最低限の記載事項は何か，という観点から短文にまとめあげることが重要です。

②少なくとも，筆界を特定する論理的な過程が読みとれる程度の記載をすることが必要です。

③収集した証拠(資料)に基づいて必要かつ十分な事実を認定し，認定した事実と矛盾しない判断を記載します。

④申請人および関係人の主張(特に，主張する筆界の根拠)は記載しておくべきです。(そうすれば，筆界特定書で引用することも可能になります。)できれば，収集した資料に基づき，その主張を採用する，あるいは採用しない(排斥する)理由を記載しておくのが望ましい。

§142 Ⅱ3

⑤筆界特定書は，筆界特定登記官が，筆界を特定する上で必要な判断を簡潔に記載し，必要に応じて意見書の記載を引用できるようにしておくことが望ましいので，意見書は，筆界特定書より詳細な内容を記載することになります。

⑥筆界特定の最終判断は，筆界特定登記官が行うことを踏まえ，断定的な表現は避けるように努めます。

(2)「意見の理由」は，例として，以下のとおり，項目を立て，整理します。

第1　事案の概要
　1　対象土地及び関係土地の現況
　　㊟　特に，筆界の所在に関係しそうな物の存否・状況は必ず記載します。
　2　対象土地及び関係土地の所有及び占有状況
　3　対象土地(必要があれば関係土地も)の沿革
　　㊟　簡潔に記載すれば足ります。
第2　申請人及び関係人の主張及びその根拠
第3　本件筆界の検討(申請人及び関係人の主張に係る筆界あるいは筆界調査委員が認定した筆界との整合性を記載する。)
　1　公図その他の図面(必要的記載事項)
　2　土地の使用状況及び筆界を示す標識(必要的記載事項)
　3　筆界に関する合意(合意等がなければ記載する必要はありません)
　4　自然地形等(必要がある場合に限り記載します)
　5　実測面積及び公簿面積(間接的な事情であるので，必要があれば記載します)
第4　結論

---

(3)「意見の理由」の記載に当たっての留意事項(各論)
①対象土地及び関係土地の状況　…略…
②筆界に対する申請人及び関係人の主張　…略…
③本件筆界の検討(筆界を認定する資料を収集・調査した上で，これら資料と筆界との整合性を検討します。)

以下，aないしgは調査事項となるかどうかは事案によりますが，調査事項となる場合は，最も重要な記載事項です。

　a　現地復元性がある地図，測量図
　　これらが存在するとすれば，必要的記載事項ですが，その場合，これら図面の信用性を十分検討しておく必要があります。特に，作成経緯を調査しておく必要があります。

　b　公図

当然のことながら，必要的記載事項であり，これと筆界の整合性の有無は重要です。
　なお，原始筆界に関する公図は，筆界認定資料として価値が高いので，これと整合しない結論を出す場合は，排斥する理由を記載しておく必要があります。
　c 土地の使用(占有)状況(建物，植栽，万年塀，土留めなど)
　これも必要的記載事項ですが，筆界との関係では，土地所有者がその状態を容認してきたと認められるかが重要なので，いつ頃，建築，設置されたか調査しておく必要があります。
　d 筆界を示す標識(境界石，境界杭，慣習上の境界木)の存在
　当然のことながら，重要かつ必要な記載事項です。設置時期，設置者，設置目的，設置根拠等を調査しておく必要があります。
　e 境界に関する合意，争いのない地点，境界確定協議の結果など
　このような合意がなければ記載する必要はありませんが，あるとすれば，それは，筆界を推認させる有力な事情となります。それが所有権界の合意であっても，特段の事情がない限り，所有権界と筆界は一致するのが通常ですから，筆界を推認させる事情と言えます。
　したがって，筆界特定登記官は，筆界に関する申請人や関係人の合意に拘束されることはありませんが，他に有力な証拠がなければ，対象土地の占有関係や現地の状況を確認した上，合意の事実をも筆界特定の一つの証拠として参酌した結果，合意による筆界を認定することも差し支えありません。なお，申請人および関係人全員が特定の筆界で了解しているか，特に異論がない場合には，上記aないしdの事情と明らかに整合しない場合でない限り，合意による筆界を認定し，事件を終了させるのが相当です。
　f 自然地形等(段差，尾根・谷・沢，見通し，道路・通路，林相・樹齢など)
　これらは，特に山林の筆界特定において有力な資料となります。
　g 公簿面積と実測面積の相違(縄延び，縄縮みの有無・程度)
　間接的な事情でしかないので，省略しても差し支えありません。ただし，筆界特定の相当性を当事者に納得させるために一定の効果があります。」

　以上のマニュアルで注目すべきは，「筆界に関する合意」の扱いである。
　境界に関する合意について，前掲筆界特定意見書マニュアルは，「それが所有権界の合意であっても，特段の事情がない限り，所有権界と筆界は一致するのが通常ですから，筆界を推認させる事情と言えます。……他に有力な証拠がなければ，対象土地の占有関係や現地の状況を確認した上，合意の事実をも筆界特定の一つの証拠として参酌した結果，合意による筆界を認定することも差し支えありません」としている(ほぼ同趣旨の発言として，『登記インターネット』93号176頁[渡辺秀喜発言])。
　筆界と合意については，最判昭42・12・26民集21・10・2627があり，「相隣者間において境

界を定めた事実があつても，これによつて，その一筆の土地の境界自体は変動しないものというべきである(昭和31年12月28日当裁判所第2小法廷・民集10巻12号1639頁参照)。したがつて，右合意の事実を境界確定のための一資料とすることはもとより差し支えないが，これのみにより確定することは許されないものというべきである」と判示している。さらに，これとも関連して，123条1号は，筆界の不動性を明文で規定している。それ故，境界に関する合意について筆界を推認させる有力な資料として扱うことは可能であるが，筆界特定意見マニュアルもまた公図に関連して，「原始筆界に関する公図は，筆界認定資料として価値が高いので，これと整合しない結論を出す場合は，排斥する理由を記載しておく必要があります。」と述べていることも重要である。境界合意を重視する場合には，それが所有権界合意であるとしても筆界と一致する可能性が(客観的に)極めて高く，また，これを排斥するに足りる物証・資料・証言等がないということの確証を得た場合などに限るべきである。つまり，これらのことが既境界合意線が筆界と一致するという根拠というべきだろう。

　さらに，原始筆界に関する公図とその後の合意境界について次のような指摘もある。

　　「当該地域について，おおむね現地の形状と公図の表示が一致する場合において，一部に形状の一致しない箇所がある場合は，当該箇所については，当事者の合意によって，私法上の境界を決めた所有権界であると考えられるのもあります。」(『登記インターネット』93号139頁[渡辺秀喜発言])

　とりわけ，問題となるのは，原始筆界の手がかりとなる公図と現在の境界合意との間にズレがある場合であるが，公図等の原始筆界資料の有効性が高い場合には，現在の境界合意については，所有権界合意であって筆界を示すものではないとすべきことになる。地籍調査について，昭和30年代から昭和50年代にかけては，「悪しき現況主義」がしばしば見られたと指摘されている(前掲・寳金敏明『境界の理論と実務』460頁)。筆界特定制度は，「内容で勝負する」(「概説」20頁)制度であるが，これが利用者の間に評価され，次の発展的なステップへの堅固な屋台骨が築かれるような制度運用が期待される。

(小柳春一郎)
(執筆協力：下川健策)

（筆界特定）
第143条 筆界特定登記官は，前条の規定により筆界調査委員の意見が提出されたときは，その意見を踏まえ，登記記録，地図又は地図に準ずる図面及び登記簿の附属書類の内容，対象土地及び関係土地の地形，地目，面積及び形状並びに工作物，囲障又は境界標の有無その他の状況及びこれらの設置の経緯その他の事情を総合的に考慮して，対象土地の筆界特定をし，その結論及び理由の要旨を記載した筆界特定書を作成しなければならない。
② 筆界特定書においては，図面及び図面上の点の現地における位置を示す方法として法務省令で定めるものにより，筆界特定の内容を表示しなければならない。
③ 筆界特定書は，電磁的記録をもって作成することができる。

＊新法改正……平成17年4月13日法律第29号「不動産登記法等の一部を改正する法律」1条：本条新設
＊関連法規……規則231条

I 本条の趣旨

本条は，筆界特定登記官による筆界特定について規定する。本条1項は，142条に基づく筆界調査委員の意見が提出されたときに，筆界特定登記官が筆界特定を行うことを規定すると共に，それが考慮すべき事項（登記記録，地図または地図に準ずる図面等），さらにその結論および理由の要旨を記載した筆界特定書も作成すべきことを明らかにしている。

本条2項は，筆界特定書の内容として，図面および図面上の点の現地における位置を示す方法として法務省令で定めるものにより，筆界特定の内容を表示しなければならないことを定め，本条3項は，筆界特定書について電磁的記録による作成を認める。

II 筆界特定
1 筆界特定登記官による筆界特定に際して考慮すべき事項

(1) **筆界調査委員の意見との関係** 筆界特定登記官は，筆界調査委員による意見を踏まえて筆界特定を行う。それ故，筆界特定登記官は，筆界調査委員の意見に拘束されるわけではない。実務的には，筆界調査委員と筆界特定登記官が密接な連携を行い，不一致を避けるべきである。

また，筆界調査委員の意見を踏まえない（仮にそのようなことがあるとして）筆界特定がなされた場合が問題になる。これが生ずる場合は，筆界調査委員の調査内容が十分でないこと等が考えられるが，筆界調査委員は，そうしたことが生じないよう，また，意見書の内容が筆界特定登記官の作成する特定書に引用されるよう努力すべきである。

一般に，一度筆界特定がなされた土地について再び筆界特定申請があった場合には，原則として却下される。これについて，132条1項7号が，「対象土地について，既に筆界特定登記官による筆界特定がされているとき。ただし，対象土地についてさらに筆界特定をする特段の必要があると認められる場合を除く」と規定している。この条文の解釈に関する筆界通達64は，意見書と特定書の不一致の場合を「特段の必要があると認められる場合」として言及していない。これは，筆界特定が最終的には筆界特定登記官の認識の表示であることに由来するのであろう。

　(2)　**考慮すべき事項**　本条1項は，筆界特定登記官が筆界特定を行うに際して考慮すべき事項として，「登記記録，地図又は地図に準ずる図面および登記簿の附属書類の内容，対象土地および関係土地の地形，地目，面積および形状ならびに工作物，囲障又は境界標の有無その他の状況およびこれらの設置の経緯その他の事情」を列挙しているが，これらの要素以外を考慮することも可能である。143条1項が列挙する各要素を順に検討する（以下は，特に，渡辺ほか「筆界特定制度概説(上)」登記研究702号40頁をもとにした叙述である）。

　(ア)　**登記記録**　登記記録により，対象土地の地目，地積，分合筆の経緯を把握し，筆界の形成経過に関する情報を得る。

　(イ)　**地図または地図に準ずる図面**　地図（現地復元性のあるもの，14①および②）がある場合には，これに基づき筆界の現地における位置を地図の作成精度に応じて特定できる。また，地図に準ずる図面(14④)によっても，対象土地の位置，形状，土地の配列を明らかにすることができる。

　(ウ)　**登記簿の付属書類**　表題登記，分筆の登記，地積の更正の登記等の申請の際に提出された地積測量図（作成年月日により画一的な判断は危険）に含まれる情報により，当該申請のされた当時の土地の実測面積，境界標の有無，隣接土地との接合状況を知ることができる。

　(エ)　**対象土地および関係土地の地形，地目，面積および形状**　現地の地形とは傾斜地とか崖地などの状態を意味し，筆界に関する慣習と相まって筆界特定の資料となる。地目は，「土地の用途による分類」(2⒅)であり，隣接地と用途が異なる場合に用途の境界が筆界と一致している可能性がある。実測面積は公簿面積と比較することで筆界特定の参考になる。形状とは，土地の区画の形であり，これも手がかりとなる。

　(オ)　**工作物，囲障または境界標の有無その他の状況**　垣，さく，境界標などの人工的工作物は，設置経緯を踏まえることで筆界の位置を示す情報となる。その他の状況としては，囲障ではないが，人為的植栽物としての立木，竹木が当該土地の占有状況を示す。なお，これに関して，一般に，境界を示すための立木(境界木)は，「境界木は，山林の境界標識として利用される場合が多く，一般にはその地方では天然に生えない樹木を植える場合が多いようです」との指摘がある(『登記インターネット』93号170頁[渡辺秀喜発言])。筆界特定登記官は，その地域の慣習を熟知しておくことが必要である。

　(カ)　**工作物設置等の経緯**　工作物設置がある場合，設置の時期，合意の有無，隣接

土地所有者間の紛議の有無などの経緯を明らかにすることで，筆界を示す事情として評価できるか否かを評価できる。

(キ) **その他の事情** その他の事情の例としては，登記簿以外の図面（道路管理図等）に表示された土地の区画や筆界に関する慣習などがある。

2 筆界特定書

筆界特定登記官は，筆界特定において，筆界特定書を作成する。そこでは，必要的記載事項がある。

(1) **筆界特定書の作成** 筆界特定書には，次の点が必要的記載事項である（規則231①）。①手続番号，②対象土地に係る不動産所在事項および不動産番号（表題登記がない土地にあっては，34条1項1号に掲げる事項および当該土地を特定するに足りる事項），③結論，④理由の要旨，⑤申請人の氏名または名称および住所，⑥申請人の代理人があるときは，その氏名または名称，⑦筆界調査委員の氏名，⑧筆界特定登記官の所属する法務局または地方法務局の表示。

143条1項および規則231条1項4号の筆界特定書の「理由の要旨」は，筆界調査委員の意見書を引用する方法によって明らかにして差し支えない。この場合には，引用する筆界調査委員の意見書の写しを筆界特定書の末尾に添付し，理由の要旨欄には「平成何年何月何日付け筆界調査委員○○作成に係る別紙意見書『理由』欄記載のとおりであるからこれをここに引用する。」，「次のとおり付け加えるほか，平成何年何月何日付け筆界調査委員○○作成に係る別紙意見書『理由』欄記載のとおりであるからこれをここに引用する。」等と記載する（筆界通達124）。

(2) **職氏名および職印等** 筆界特定登記官は，書面をもって筆界特定書を作成するときは，筆界特定書に職氏名を記載し，職印を押印しなければならない（規則231②）。なお，筆界特定登記官は，電磁的記録をもって筆界特定書を作成するときは，職氏名の記載等ができないから，筆界特定登記官を明らかにするための措置であって法務大臣が定めるものを講じなければならない（規則231③）。

(3) **筆界特定書マニュアル（筆界特定書起案マニュアル）** 意見書起案マニュアルと同様に，筆界特定書起案マニュアルが発表されている（前掲・「筆界特定制度概説(下)」登記研究703(2006)19頁）。以下に引用する。

「二 筆界特定書起案マニュアル

(1)特定書起案のための留意事項

①特定書の起案に当たって留意すべき事項は，基本的に意見書作成における留意事項と同様です。

②特定書の内容は，意見書の判断に拘束されるものではありませんが，意見書の記載事項の中から，更に結論を導き出すために必要最低限の事項を抜き出し，そのエッセンスを抽出して，より簡潔なものとなるように努めます。

③できるだけ簡略化するため，必要に応じて意見書の記載内容を引用します。例えば，「理由の要旨」において筆界特定登記官の判断(認定)について，その理由を示すときには意見書を引用することが考えられます。

④判決と同様，通俗的な表現は避け，文章の品位を保持するとともに情緒的でない客観的な記述に心掛けます。

(2)「理由の要旨」は，例として，以下のとおり項目を立て，整理します。

第1　事案の概要
　1　事案の骨子
　　㊟　簡潔に記載します。
　2　対象土地及び関係土地の状況
　　㊟　意見書の記載を簡略化して記載しても差し支えありません。
　3　対象土地(必要があれば関係土地も)の沿革
　　㊟　必要に応じて簡潔に記載します。
第2　申請人及び関係人の主張及びその根拠
　　㊟　意見書の記載をそのまま記載することでも差し支えありません。
第3　本件筆界に対する判断
　　㊟　意見書の『本件筆界の検討』事項から，結論を導くために最低限必要な事項を記載することになります。その際の意見書の引用については，前記のとおり。
第4　結論
　　㊟　いわゆる「よって書き」をします

3　筆界特定図面

143条2項は，筆界特定書において，図面および図面上の点の現地における位置を示す方法として法務省令で定めるものにより，筆界特定の内容を表示しなければならないと定める。ここで要求される図面を「**筆界特定図面**」という。これに関して，規則231条4項が筆界特定図面は，以下の事項を記載するとしている。①地番区域の名称，②方位，③縮尺，④対象土地および関係土地の地番，⑤筆界特定の対象となる筆界またはその位置の範囲，⑥筆界特定の対象となる筆界に係る筆界点(筆界の位置の範囲を特定するときは，その範囲を構成する各点)間の距離，⑦境界標があるときは，当該境界標の表示，⑧測量の年月日。

筆界特定図面は，上述の①から⑧までの事項を記録して作成し，筆界特定の対象となる筆界に係る筆界点の位置のほか，必要に応じ，対象土地の区画または形状，工作物および囲障の位置その他の現地における筆界の位置を特定するために参考となる事項を記録する(筆界通達125)。なお，筆界特定図面は，意見書図面もしくは申請人その他の者が提出した図面等を利用して作成することができる(筆界通達126)。

(1) **筆界点の現地における位置の明示**　筆界特定は，特定された筆界の現地復元性を重視している。このため，143条2項により，筆界特定書は，「図面及び図面上の点の現地における位置を示す方法として法務省令で定めるもの」により，筆界特定の内容を表示する。これについて，規則231条5項は，「法第143条第2項の図面上の点の現地における位置を示す方法として法務省令で定めるものは，基本三角点等に基づく測量の成果による筆界点の座標値（近傍に基本三角点等が存しない場合その他の基本三角点等に基づく測量ができない特別の事情がある場合にあっては，近傍の恒久的な地物に基づく測量の成果による筆界点の座標値）とする」と定める。それ故，基本的には，基本三角点等に基づく測量の成果による筆界点の座標値により筆界の現地における位置を示す。もっとも，近傍に基本三角点等が存しない場合その他の基本三角点等に基づく測量ができない特別の事情がある場合にあっては，近傍の恒久的な地物に基づく測量の成果による筆界点の座標値（局地座標）とする。

(2) **準用**　規則231条6項は，筆界特定図面について，規則10条4項（地図の誤差の限度規定）ならびに77条2項（境界標の表示規定）および3項（地積測量図の縮尺規定）の規定を準用することを定める。

（小柳春一郎）
（執筆協力：下川健策）

(筆界特定の通知等)

第144条 筆界特定登記官は，筆界特定をしたときは，遅滞なく，筆界特定の申請人に対し，筆界特定書の写しを交付する方法（筆界特定書が電磁的記録をもって作成されているときは，法務省令で定める方法）により当該筆界特定書の内容を通知するとともに，法務省令で定めるところにより，筆界特定をした旨を公告し，かつ，関係人に通知しなければならない。

② 第133条第2項の規定は，前項の規定による通知について準用する。

＊新法改正……平成17年4月13日法律第29号「不動産登記法等の一部を改正する法律」1条：本条新設
＊関連法規……規則232条

I 本条の趣旨

本条は，筆界特定の通知について規定する。筆界特定は，申請人の申請に対して，筆界特定登記官が筆界の現地における位置についての認識を示すという問答形式を採用している。それ故，本条1項が規定するように，筆界特定の申請人に対しては，筆界特定書の写しを申請人に交付することにより筆界特定の内容を通知する。筆界特定登記官は，筆界特定をしたことを公告し，関係人に対しては筆界特定をした旨の通知をなすにとどまる。関係人が筆界特定の内容を知るには，149条に基づき，手数料の納付をして，筆界特定書の写し等の交付を求めることになる。

本条2項は，1項の規定に係る通知について，法133条2項の規定を準用する。その結果，関係人の所在が不明なときは，対象土地の所在地を管轄する法務局または地方法務局の掲示場に掲示する方法で通知を行うことになる。

II 筆界特定の公告および通知

1 筆界特定の終了

筆界特定をしたときは，筆界特定受付等記録簿の終了事由欄に「筆界特定」と記録し，終了年月日欄に筆界特定の年月日を記録するものとする。筆界特定の年月日は，筆界特定をした旨の公告をした日または申請人に筆界特定書の写しを交付し，もしくは発送した日のうち，最も早い日とする（筆界通達127）。

2 筆界特定の通知

筆界特定登記官は，筆界特定後遅滞なく筆界特定の公告および通知を行う。その具体的方法に関しては，規則232条が詳細を規定している。

(1) **申請人への通知**　筆界特定登記官は，申請人に対しては，筆界特定書の写しを

交付する方法(筆界特定書が電磁的記録をもって作成されているときは，法務省令で定める方法)により当該筆界特定書の内容を通知する(142①)。

　筆界特定登記官は，144条1項の筆界特定書の写しを作成するときは，筆界特定書の写しである旨の認証文を付した上で，作成の年月日および職氏名を記載し，職印を押印しなければならない(規則232①)。また，本条1項の「法務省令で定める方法」とは，電磁的記録をもって作成された筆界特定書の内容を証明した書面を交付する方法とする(規則232②)。この場合における筆界特定書の写しに付す認証文は，「これは筆界特定書の写しである。」とする(筆界通達130)。筆界特定登記官は，この規則232条2項の書面を作成するときは，電磁的記録をもって作成された筆界特定書を書面に出力し，これに筆界特定書に記録されている内容を証明した書面である旨の認証文を付した上で，作成の年月日および職氏名を記載し，職印を押印しなければならない(規則232③，筆界通達128)。本条1項の規定による筆界特定書の写し(2項の書面を含む)の交付は，送付の方法によりすることができる(規則232④)。

　(2)　関係人への通知　　関係人に対しては，筆界特定書の写しの交付は行われず，単に「筆界特定をした旨」の通知にとどまる。この際の通知は，「郵便，信書便その他適宜の方法によりする」(規則232⑤による規則217②の準用)。それ故，関係人にとっては，資料の提出，期日への出頭等で協力したにもかかわらず，「実感として，ちょっと冷たいような気」がするものとなっているが(『登記インターネット』93号226頁[瀬口潤二発言])，これは，「制度的には申請人が手数料も測量費用も全部負担しているからこそ，どこに決まったかという結果を申請人が受けられるということになっている」ことが関連する(『登記インターネット』93号226頁[中村誠発言])。

3　筆界特定の公告

　筆界特定登記官は，筆界特定をした後は，遅滞なく，筆界特定をした旨の公告を行う。この際の公告は，法務局もしくは地方法務局の掲示場その他法務局もしくは地方法務局内の公衆の見やすい場所に掲示して行う方法または法務局もしくは地方法務局のホームページを使用する方法により2週間行う(規則232⑤による規則217①の準用)。

4　境界標の設置

　(ア)　境界標設置の有益性　　筆界通達129は，境界標について「筆界特定をしたときは，申請人および関係人に対し，永続性のある境界標を設置する意義およびその重要性について，適宜の方法により説明するものとする。」としている。これに関して，同筆界通達の説明は，筆界特定の内容は，筆界特定書に記載されているだけであるが，それを現地に復元しようとするとその度に測量が必要になり，また，筆界特定書が滅失すると筆界特定の内容を視覚的に知ることができなくなるが，境界標が設置してあれば，筆界の現地における絶対的位置を正確に示していることになり，将来にわたり筆界特定の内容を当事者が視認

でき，紛争再発防止に大きな効用があることは明白である。「そこで，申請人及び関係人に対し，境界標を設置することが将来の紛争の防止にとって望ましいことを説明することとし，申請人らの判断で境界標を設置することを期待することとしたものである」。この場合の「適宜の方法」とは，筆界特定書の写しの交付の際に，「境界標の設置の重要性について説明した書面を併せて交付することが考えられる」（清水等「通達概要」129頁）。何といっても，筆界特定登記官の慫慂力に期待するところが大きい。

(イ) **境界標設置の困難性**　もっとも，次のような指摘が実務からなされている（『登記インターネット』93号225頁）。

「下川健策　現実にはどのくらいの理解が得られているのでしょうか。

金親均　筆界特定によって，紛争が円満に解決するかといわれると，両方の主張が対立している場合がほとんどですから，なかなか望めないところもありますので，［境界標の…小柳注］埋設をお願いしても，理解が得られないという状況があります。

瀬口潤二　関係人を呼び出して筆界を特定していきますが，結果的には関係人には，もう特定図面を見せる機会というのがないのです。それを実際呼び出してきますと，関係者は，かなり一生懸命になって協力してくれますね。結果的に特定が済んだとき，申請人にしか書類が渡せないというのが一つ。それからさっきの例ですが，いわゆる現況の部分と違う恰好でその特定をしたときに，杭が打てるかということです。たぶん打つ瞬間，特定はここですよと言った瞬間に，争いがここはあるというのを前提にすれば，まずその隣からクレームが来て，そこに打ち出すと収拾がつかなくなるということが予測されます。しかし，対象土地であるにもかかわらず，関係人には書類を渡す機会が設けられてないということ。それから筆界特定図面ができたけれども，その図面を関係者が，この図面を見てここだということがなかなか理解できないと思うのです。」

以上のように，境界標設置については，次のような障害がある。①法律レベルでは，そもそも筆界特定は所有権の問題を別にして筆界についての認識を示すという制度設計であるが，境界標設置の際には埋設する部分の土地所有権の問題を無視できず，境界標設置を強制する規定がない。②心理レベルでは，筆界特定が当事者対立構造ではなく，問答形式を採用したこととの関連で，筆界特定の内容が申請人にのみ通知され，関係人には筆界特定があった旨の通知にとどまるため，関係人への感銘力が十分ではない。③技術レベルでは，一般人にとっては，座標系などで表現された筆界特定の内容を理解するのが容易でない。

③という技術的な問題を別にすると，①および②は，筆界特定制度の基本的な制度設計に関連する。もっとも，②の点は，例えば，関係人による写しの申請について法149条の例外として手数料納付を不要とするなど改善の余地があり得るかも知れない。

なお，民法223条は，「土地の所有者は，隣地の所有者と共同の費用で境界標を設けることができる。」，民法224条は，「境界標の設置及び保存の費用は，相隣者が等しい割合で負

担する。ただし，測量の費用は，その土地の広狭に応じて分担する。」と規定しているが，この「境界標」は，所有権界を示すものである。それ故，当事者が所有権界について合意があり，それと筆界特定手続で定められた筆界とが一致するとすれば，以上の条文に基づき，両者が等しい割合で負担する形で境界標が設置できるであろう。それ以外の場合，とりわけ，関係人が所有権を主張するまたは現に関係人が占有する土地について筆界特定があった場合に，境界標を設置することは容易でない。

なお，境界標設置の費用負担について，清水・Q&A454頁は，「境界標の設置には費用がかかりますが，申請人は，せっかく筆界特定の手続により筆界を特定したのですから，特定された筆界については，境界標を設置することにより，その内容を保存しておくように努めることが望ましい」と述べている。民法224条が適用される場合（相隣者同士の土地所有権の合意があり，その上に筆界特定がある場合）を除いて，申請人の負担になると考えられる。

（小柳春一郎）
（執筆協力：下川健策）

（筆界特定手続記録の保管）
第145条 前条第１項の規定により筆界特定の申請人に対する通知がされた場合における筆界特定の手続の記録（以下「筆界特定手続記録」という。）は，対象土地の所在地を管轄する登記所において保管する。

＊新法改正……平成17年４月13日法律第29号「不動産登記法等の一部を改正する法律」１条：
　　　　　　　本条新設
＊関連法規……規則234条・235条・246条

I　本条の趣旨

　筆界特定の申請人に対する通知がされた場合，筆界特定の手続の記録を筆界特定手続記録という。本条は，この筆界特定手続記録について，対象土地の所在地を管轄する登記所において保管すべきことを定める。それは，筆界特定が登記記録に一定の反映がなされることとも関連する。

II　筆界特定手続記録
1　筆界特定手続記録

　(1)　**筆界特定手続記録の単位**　　筆界特定手続記録は，１件ごとに筆界特定手続に関する書類をつづり込んで作成するものとする。規則208条の規定により一の筆界特定申請情報によって対象土地の一を共通にする二以上の筆界特定の申請がされた場合（筆界通達41参照）または同一の筆界に係る二以上の筆界特定の申請がされた場合には，１件の筆界特定手続として筆界特定手続記録を編成する（筆界通達143）。

　(2)　**筆界特定手続記録の編成**　　筆界特定手続記録には，表紙を付し，別に定める保管金受払票および公告・通知管理票（筆界通達142参照）を付した上，次のとおり３分類に分けて編成する。なお，分冊にすることを妨げない（筆界通達144）。

　①第１分類には，手続の進行に関する次の書類（ア　申請書，イ　意見聴取等の期日の調書，ウ　筆界調査委員意見書，エ　筆界特定書もしくはその写しまたは却下決定書もしくは取下書）をつづり込む。

　②第２分類には，調査および資料に関する次の書類（ア　筆界調査委員が作成した報告書，イ　筆界特定手続において測量または実地調査に基づいて作成された図面，ウ　申請人提出意見・資料・図面，エ　関係人提出意見・資料・図面，オ　イウエ以外の意見・資料・図面）をつづり込む。

　③第３分類には，第１分類および第２分類以外の次の書類（ア　委任状，イ　資格証明書，ウ　相続を証する書面，エ　承継申出書，オ　予納金関係書類）をつづり込む。

2　筆界特定手続記録の整理および送付

　(1)　**整理および送付**　　筆界特定登記官は，筆界特定の手続が終了したときは，遅滞

なく，対象土地の所在地を管轄する登記所に筆界特定手続記録を送付しなければならない（規則233①）。この際，筆界特定手続記録を整理して編てつし，各丁に通し枚数を記載の上，送付書を添えて管轄登記所に送付する（筆界通達131）。筆界特定手続記録を送付するときは，筆界特定手続記録が紛失し，または汚損しないように注意して，送付しなければならない（筆界通達145）。

(2) **対象土地が複数の法務局にまたがる場合**　対象土地が二以上の法務局または地方法務局の管轄区域にまたがる場合には，送付は，124条2項において読み替えて準用する6条2項の規定により法務大臣または法務局の長が指定した法務局または地方法務局の管轄区域内にある登記所であって対象土地の所在地を管轄するものに対してする。この場合には，筆界特定登記官は，当該二以上の法務局または地方法務局のうち法務大臣または法務局の長が指定した法務局または地方法務局以外の法務局または地方法務局の管轄区域内にある登記所であって対象土地の所在地を管轄するものに筆界特定書等の写し（筆界特定書等が電磁的記録で作成されているときは，その内容の書面出力）を送付しなければならない（規則233②）。この場合にあっては，法務大臣または法務局の長が指定した法務局または地方法務局（59参照）の管轄区域内にある管轄登記所には，送付書を添えて筆界特定手続記録を送付し，他の法務局または地方法務局内にある管轄登記所には，送付書を添えて筆界特定書および令21条2項に規定する図面の写しを送付する（筆界通達132）。

(3) **対象土地が複数の登記所の管轄区域にまたがる場合**　対象土地が二以上の登記所の管轄区域にまたがる場合（規則233②に規定する場合を除く）には，送付は，法務局または地方法務局の長が指定する登記所に対してする。この場合には，筆界特定登記官は，当該二以上の登記所のうち法務局または地方法務局の長が指定した登記所以外の登記所に筆界特定書等の写しを送付しなければならない（規則233③）。この場合にあっては，法務局または地方法務局の長が指定する管轄登記所に送付書を添えて筆界特定手続記録を送付し，他方の管轄登記所には送付書を添えて筆界特定書および令21条2項に規定する図面の写しを送付するものとする（筆界通達133）。

3 筆界特定書の更正およびその送付

ここでは，筆界特定書の更正およびその送付についても触れる。

(1) **筆界特定書の更正**　筆界特定書に誤記その他これに類する明白な誤りがあるときは，筆界特定登記官は，いつでも，当該筆界特定登記官を監督する法務局または地方法務局の長の許可を得て，更正することができる（規則246①）。これは，「誤記その他これに類する明白な表現上の誤りがあった場合」の規定である（筆界通達134）。更正は，更正書によってする。筆界特定書の更正の許可の申出は，申出書によってするものとし，申出についての許可または不許可は，別記第23号様式またはこれに準ずる様式によってする（筆界通達134）。

(2) **更正の通知および公告**　筆界特定登記官は，筆界特定書を更正したときは，申

請人に対し，更正の内容を通知するとともに，更正した旨を公告し，かつ，関係人に通知しなければならない。133条2項および令217条2項はこの場合における通知について，133条1項はこの場合における公告について，それぞれ準用する(規則246②)。

(3) **更正の送付**　筆界特定書を更正した旨の公告および通知をした後，更正書は，送付書を添えて管轄登記所に送付する(筆界通達135)。

4　管轄登記所での事務

(1) **筆界特定手続記録の受領**　管轄登記所は，筆界特定登記官から管轄登記所に送付された筆界特定手続記録を受領したときは，当該筆界特定手続記録を送付書と照合して編てつされた書類の標目および総丁数等を点検し，筆界通達別記第46号様式による受領書を筆界特定登記官に交付し，または送付するほか，筆界特定関係簿の該当欄に，記録受領の年月日および手続終了事由を記録するとともに，筆界特定手続記録の表紙の余白に「年月日受領」と記載する(筆界通達155)。

(2) **筆界特定手続記録の保存方法**　受領した筆界特定手続記録のうち，筆界特定書については，その写しを1部作成し，原本を筆界特定書つづり込み帳(規則18(13)参照)につづり込み，写しを筆界特定手続記録の第一分類につづり込むとともに，筆界特定関係簿の該当欄に筆界特定書つづり込み帳番号を記録する(筆界通達156)。

(3) **筆界特定書等の写しの受領**　筆界通達132または133により送付された筆界特定書等の写しを受領した登記所にあっては，筆界特定関係簿に前述の筆界通達155と同様の記録をするほか，送付を受けた筆界特定書の写しについて同様の措置を講ずる。なお，管轄登記所において作成した筆界特定書の写しについては，送付を受けた政令で定める図面の写しとともに，別記第40号様式の表紙を付して編てつする(筆界通達157)。

(4) **筆界特定手続記録の保存期間および保存方法**

　(ア) **保存期間**　筆界特定手続記録の保存期間は，次のとおりである(規則235①)。

情報	保存期間
筆界特定書に記載され，または記録された情報	永久
筆界特定書以外の筆界特定手続記録に記載され，または記録された情報	対象土地の所在地を管轄する登記所が規則233条の規定により筆界特定手続記録の送付を受けた年の翌年から30年間(筆界特定制度導入当初は10年であったが，平20・7・22法務省令46号により30年に延長)

　(イ) **保存方法**　筆界特定手続記録の全部または一部が電磁的記録をもって作成されているときは，当該電磁的記録に記録された情報の保存は，当該情報の内容を書面に出力したものを保存する方法によってすることができる(規則235②)。筆界特定手続記録の全部または一部が書面をもって作成されているときは，当該書面に記録された情報の保存は，当該情報の内容を記録した電磁的記録を保存する方法によってすることができる(規則235③)。

5　登記記録への記録

　筆界特定手続の成果は，登記記録に「筆界特定がされた旨の記録」として反映される。これは，地積更正の登記や地図の更正を行うには，対象土地の総ての筆界について確認される必要があるが，筆界特定では，それが確保されていないからである。しかし，それが可能な場合には，更正の登記または地図等の更正もなされる場合があり，その際には，まず筆界特定登記官がその旨の意見を管轄登記所の登記官に伝達し，そこでまずは更正の登記の申請を促し，その者が申請をしない場合には職権で更正の登記等を行う。

　(1)　**登記記録への記録**　筆界特定がされた筆界特定手続記録または筆界特定書等の写しの送付を受けた登記所の登記官は，対象土地の登記記録に，筆界特定がされた旨を記録しなければならない(規則234)。この規則234条の規定による筆界特定がされた旨の記録は，対象土地の登記記録の地図番号欄(規則別表1参照)に「平成〇年〇月〇日筆界特定(手続番号平成〇年第〇〇号)」とする。ただし，規則233条2項の規定により筆界特定書等の写しの送付を受けた登記所にあっては，「平成〇年〇月〇日筆界特定(手続番号△△平成〇年第〇〇号)」(「△△」には，法務局または地方法務局名を略称する。)とする(筆界通達162)。なお，甲土地から乙土地を分筆する分筆の登記をする場合において，甲土地の登記記録に筆界特定がされた旨の記録があるときは，これを乙土地の登記記録に転写するものとする。甲土地を乙土地に合筆する合筆の登記をする場合において，甲土地の登記記録に筆界特定がされた旨の記録があるときは，これを乙土地の登記記録に移記する(筆界通達163)。

　(2)　**更正の登記または地図等の訂正**

　　(ア)　**平18年1月6日付け二課長依命通知**　さらに，職権による更正の登記または地図等の訂正の途を開くために，平成18年1月6日付け法務省民二第27号法務省民事局民事第二課長依命通知「筆界特定がされた場合における登記事務の取扱いについて」(以下，「依命通知」という【参考資料③】参照)が発出されている(解説も含めて，「訓令・通達・回答《5607》筆界特定がされた場合における登記事務の取扱いについて」登研699号149頁，また，「登記簿・筆界特定がされた場合における登記事務の取扱いについて」登研728号233頁)。この依命通知は，「第1　筆界特定登記官の意見の伝達，第2　筆界特定登記記録の受領及び調査，第3　職権による登記及び地図訂正」からなるが，その第1は，「筆界特定を行った筆界特定登記官は，筆界特定手続記録を管轄登記所に送付する場合において，対象土地について筆界特定に伴い地積に関する更正の登記または地図等の訂正をすることが相当と認めるときは，管轄登記所の登記官に，その旨の意見を伝えるものとする。この場合の意見の伝達は，書面，電話その他の適宜の方法によって差し支えない」と述べている。これは，筆界特定の結果を地積に関する更正の登記(38)や地図の訂正(規則16)として反映させようとするものである。管轄登記所の登記官は，「対象土地につき，地積に関する更正の登記又は地図等の訂正を職権ですることが可能かどうかを調査しなければならない」(第2)。

　　(イ)　**更正の登記または地図の訂正が可能な場合**　実際に，地積の更正の登記が可能なのは，対象土地の筆界に係るすべての筆界点について規則77条1項7号に掲げる事項で

あって，規則10条4項の規定に適合するものを確認することができる場合（筆界の一部を14条1項の地図その他の登記所に備え付けられた図面により確認できる場合を含む）において，対象土地の登記記録の地積に錯誤があると認められる場合である（依命通知第3-1-(1)）。具体的には，「筆界特定の対象となる筆界以外の対象土地の筆界についても，隣接地の所有者等の立会い確認や明確な境界標の存在により，その現地における位置がすべて確認されたものと認められ，かつ，筆界特定図面その他の書類や図面によって，対象土地のすべての筆界に係る筆界点の座標値が，基本三角点等または近傍の恒久的地物から測量され，規則10条4項に規定する誤差の限度内であると認められる場合」である（『登記インターネット』93号270頁[秦愼也発言]）。この場合，管轄登記所の登記官は，対象土地の表題部所有者等に更正の登記の申請を促すが，その者が申請をしないときは，職権で地積に関する更正の登記をする。

また，地図の更正が可能な場合とは，対象土地の全体を1筆の土地とみなした場合に当該1筆の土地の区画を構成することとなる筆界に係るすべての筆界点を筆界特定手続記録によって確認することができ，かつ，これらの各筆界点の座標値が，地図等に記録されている当該各筆界点に対応する点の座標値と規則10条4項の誤差の限度内で一致する場合である（『登記インターネット』93号271頁[秦愼也発言]）。訂正すべきは法14条1項の地図または準則13条1項の規定により備え付けられた図面である。更正の登記の場合と同様に，この場合も，管轄登記所の登記官は，表題部所有者等に対し，地図等の訂正の申出を促し，それでも，申出がないときに職権で訂正をする。

6 筆界特定書の更正

筆界特定書の更正があった場合については，筆界通達135により送付を受けた更正書の取扱いは，筆界通達156の例によるものとするほか，149条1項の規定による筆界特定書の写しを交付する場合には，筆界特定書の一部として取り扱う。この場合の認証文は，筆界通達160(1)と同様である（筆界通達165）。

7 筆界特定手続記録の廃棄等

登記所において保管されている筆界特定登記手続記録について，登記簿・地図等の廃棄，滅失の規定の準用がある（規則236による規則29から32までの規定の準用等）。例えば，登記所において筆界特定手続記録を廃棄するときは，法務局等の長の認可を得なければならない。

(小柳春一郎)

(執筆協力：下川健策)

第4節 雑　則

＊新法改正……平成17年4月13日法律第29号「不動産登記法等の一部を改正する法律」1条：本節新設

　本節では，146条が手続費用(測量費用などをカバーするものであり，申請手数料とは区別される)について申請人の負担と規定し，147条が，筆界特定がされた場合に筆界確定訴訟における釈明処分の特則として，裁判所が登記官に対し，当該筆界特定に係る筆界特定手続記録の送付を嘱託することができることを明らかにし，148条は，筆界確定訴訟の判決が確定したときは，筆界特定は，判決と抵触する範囲において，その効力を失うと定めた。さらに，149条は，筆界特定書等の写し，閲覧に関する規定であり，150条は，その他準用規定である。

(手続費用の負担等)
第146条　筆界特定の手続における測量に要する費用その他の法務省令で定める費用(以下この条において「手続費用」という。)は，筆界特定の申請人の負担とする。
② 　筆界特定の申請人が2人ある場合において，その1人が対象土地の一方の土地の所有権登記名義人等であり，他の1人が他方の土地の所有権登記名義人等であるときは，各筆界特定の申請人は，等しい割合で手続費用を負担する。
③ 　筆界特定の申請人が2人以上ある場合において，その全員が対象土地の一方の土地の所有権登記名義人等であるときは，各筆界特定の申請人は，その持分(所有権の登記がある1筆の土地にあっては第59条第4号の持分，所有権の登記がない1筆の土地にあっては第27条第3号の持分。次項において同じ。)の割合に応じて手続費用を負担する。
④ 　筆界特定の申請人が3人以上ある場合において，その1人又は2人以上が対象土地の一方の土地の所有権登記名義人等であり，他の1人又は2人以上が他方の土地の所有権登記名義人等であるときは，対象土地のいずれかの土地の1人の所有権登記名義人等である筆界特定の申請人は，手続費用の2分の1に相当する額を負担し，対象土地のいずれかの土地の2人以上の所有権登記名義人等である各筆界特定の申請人は，手続費用の2分の1に相当する額についてその持分の割合に応じてこれを負担する。

⑤　筆界特定登記官は，筆界特定の申請人に手続費用の概算額を予納させなければならない。

＊新法改正……平成17年4月13日法律第29号「不動産登記法等の一部を改正する法律」1条：本条新設
＊関連法規……規則242条

I　本条の趣旨

　本条は，筆界特定手続の費用負担について規定する。筆界特定手続は，申請人の申請に対して，筆界特定登記官が筆界の現地における位置についての認識を示す問答形式の手続を採用している。このため，1項が規定するように，測量に要する費用等の手続費用は，筆界特定の申請人の負担となる。この手続費用は，予納させなければならない（5項）。これは，筆界特定書の内容が申請人にのみ通知され，関係人には筆界特定があったことを通知するにとどまることとも関連する。また，本条は，筆界特定申請の申請人が複数の場合の費用負担について詳細な規定を設けている（2項から4項まで）。

II　申請人の手続費用負担
1　手続費用の内容

　筆界特定の申請人は，筆界特定の手続における測量費用その他の法務省令で定める費用も負担する。これについて，規則242条が，「法第146条第1項の法務省令で定める費用は，筆界特定登記官が相当と認める者に命じて行わせた測量，鑑定その他専門的な知見を要する行為について，その者に支給すべき報酬および費用の額として筆界特定登記官が相当と認めたものとする。」と詳細を明らかにしている。手続費用で主なものは，特定調査における測量である（清水・Q&A458頁）。この測量は，筆界通達94が示すように，外注によることも，筆界調査委員が自ら行うことも制度上可能である。

　筆界調査委員が測量する場合には，公務員としてではなく，外注業者と同様の測量実施者として行う。こうした費用については，筆界通達95により，測量報酬および費用に関する標準規程（平18・1・17民二98号民二課長依命通知）が定められ，これに基づき各法務局または地方法務局が独自の基準を定め，それが算定の基礎となっている。なお，立法論としてではあるが，「筆界調査委員は，筆界特定登記官と協議のうえ，必要と認められる範囲の測量を，測量費用は国庫負担で自ら測量することが可能となる方策が講じられるべきではないかと考える。」との指摘がある（井畑正敏「筆界特定制度と筆界調査委員の実務」法律のひろば62巻5号54頁）。

2　申請人が複数である場合の費用負担

　申請人が複数である場合には，次のように費用負担をする（なお，費用負担規定は，強行

法規ではないから、申請人間の合意で変更できる)。

(i)申請人が2人であって、その1人が対象土地の一方の土地の所有権登記名義人等であり、他の1人が他方の土地の所有権登記名義人等であるときは、各申請人は、等しい割合で手続費用を負担する(146②)。(ii)申請人が2人以上ある場合において、その全員が対象土地の一方の土地の所有権登記名義人等であるときは、各筆界特定の申請人は、その持分の割合に応じて手続費用を負担する(146③)。(iii)申請人が3人以上であって、対象土地を異にする申請人と同じくする土地の申請人とがいる場合には、まず、対象土地ごとの手続費用として各2分の1を割り振り(146②の適用)、その2分の1として割り振られた費用に関して、対象土地を同じくする申請人がその共有持ち分の割合で負担する(146③の適用)。

計算の具体例は、次のようになる。例えば、A土地には持分4分の1ずつの共有者4人(a1, a2, a3, a4)があり、B土地はbの単独所有であるとする。

まず、a1およびbの共同申請があった場合は、a1およびbが総費用の2分の1ずつを負担する。これは、先の(i)の適用である。ちなみに、Aが共有地であってもa1単独で筆界特定申請をなし得るし、その場合、a2, a3, a4は申請人でないから関係人となり、手続費用を負担しない。

また、a1, a2, a3の共同申請があった場合は、各3分の1の負担となる。これは、先の(ii)の適用であり、この場合、a4およびbは申請人でないから手続費用を負担しない。

さらに、a1, a2, a3およびbの共同申請があった場合は、A土地とB土地とで2分の1に分割され、この結果、bの費用負担は総額の2分の1になる。a1, a2, a3は、その持分が等しいからA土地に関する費用をさらに3分の1ずつ負担する結果、a1, a2, a3はそれぞれ、総手続費用の6分の1ずつを負担する。これは、先の(iii)の適用である。a4は申請人ではないから手続費用を負担しない。

III 手続費用の予納
1 予納告知

手続費用は予納させる。予納がない場合には、申請却下となる(132①(9))。ところで、この手続費用は、筆界特定の申請時には概算の算定すら難しい。しかし、予納の告知は、特定調査における測量の前には行われるべきであろう。そこで、事前調査や論点整理が進捗し、見込みが付いた段階で概算額の算定が可能になり、予納の告知が行われると考えられる(『登記インターネット』93号250頁[秦愼也発言])。

予納の告知は、適宜の方法で行う。代理人または申請人のために通知を受領する権限を有する者があるときは、当該代理人または申請人のために通知を受領する権限を有する者に告知すれば足りる(筆界通達146)。申請人が2人以上あるときは、そのうちの1人に告知すれば足りる。この債務については、各申請人は、それぞれ全額について弁済する義務を負い、負担部分は、申請人同士の内部的なものである(不真正連帯債務と解される)。

2　予納命令

　予納の告知をした日から相当期間を経ても予納がないときは，納付期限を定めて予納命令を発する。納付期限は，適宜定めて差し支えない。当該納付期限までに予納がないときは，筆界特定の申請は，132条1項9号の規定により却下する。予納命令は，予納命令書を作成し，申請人に交付して行う。この場合において，申請人が2人以上あるときは，申請人ごとに予納命令書を交付するものとするが，代理人または申請人のために通知を受領する権限を有する者(筆界通達139参照)があるときは，当該代理人または申請人のために通知を受領する権限を有する者に交付すれば足りる。

3　予納金の扱い

　予納金は，国の保管金になるため，保管金提出書を提出する。これに関しては，「筆界特定の手続に関する保管金の取扱いに関する規程」(平18・1・6会訓16号法務大臣訓令・民月61・3・423)および平18・1・6民二33大臣官房会計課長・民事局長通達・民月61・3・425が発出されている。

（小柳春一郎）

（執筆協力：下川健策）

(筆界確定訴訟における釈明処分の特則)

第147条 筆界特定がされた場合において, 当該筆界特定に係る筆界について民事訴訟の手続により筆界の確定を求める訴えが提起されたときは, 裁判所は, 当該訴えに係る訴訟において, 訴訟関係を明瞭にするため, 登記官に対し, 当該筆界特定に係る筆界特定手続記録の送付を嘱託することができる。民事訴訟の手続により筆界の確定を求める訴えが提起された後, 当該訴えに係る筆界について筆界特定がされたときも, 同様とする。

＊新法改正……平成17年4月13日法律第29号「不動産登記法等の一部を改正する法律」1条：本条新設

I 本条の趣旨

旧来の境界確定訴訟は, 不動産登記法平成17年改正で「民事訴訟により筆界を確定する訴え」としての「筆界確定訴訟」として残された。本条は, 筆界確定訴訟において裁判所が筆界特定手続記録を利用できるようにするための規定である。

II 筆界特定手続と筆界確定訴訟の関係

筆界特定手続は, 筆界確定訴訟を提起する場合の必要的な前置手続ではない。私見によれば, 申請人だけが146条の測量費用等を負担する現在の筆界特定制度を, 民事訴訟の前置手続とすることは, 適切でない。というのも, 測量費用等を予納しない場合には, 132条1項9号に基づき筆界特定申請が却下されるが, 筆界特定を民事訴訟の必要的前置手続とすると, この場合に訴訟手続が利用できないことになり, 憲法32条の裁判を受ける権利との関係からも問題が生じうる。

実際にも, 筆界特定手続を経ることなく筆界確定訴訟を提起することも可能であるし, 筆界確定訴訟が提起された後も, その確定前であれば当事者の申請により筆界特定申請をなすことができ, その場合には, 裁判所が筆界特定手続記録を利用することができる。それ故, 次の場合を区別することができる。①筆界確定訴訟の判決が既に確定した場合, ②筆界確定訴訟が提起されているが, しかしその判決が確定していない場合, ③筆界確定訴訟はいまだ提起されていない場合である。

1 筆界確定訴訟の先行

①筆界確定訴訟の確定判決がある場合については, 筆界確定訴訟の判決が確定しているのであるから, 法的な不可争力により筆界が確定されている。それにも拘わらず筆界特定手続を利用することは, 紛争の蒸し返しを認めることになる。それ故, この場合については, 筆界特定手続の申請は, 132条1項6号に基づき却下されることになる(筆界通達33)。

なお，この筆界確定訴訟判決が確定しているか否かについては，登記記録において明らかになるわけではない。それ故，筆界通達33は，次のように述べている。「申請にかかる筆界について既に筆界確定訴訟の判決が確定したことがないことについては，筆界特定の手続において，申請人及び関係人に対し，適宜の方法で確認するものとし，いずれの者からもその旨の情報提供がなく，確定判決の存在が明らかでないときは，申請にかかる筆界について筆界確定訴訟の確定判決がないものとして，手続を進めて差し支えない」。仮にこうした形で手続が進行して筆界特定が行われたとしても，筆界特定自体には形成力がないのであるから，筆界確定訴訟の確定判決の効力を失わせることはできない。

2　筆界確定訴訟と筆界特定手続の並行

②筆界確定訴訟と並行して筆界特定手続が行われることになった場合については，筆界確定訴訟が係属する個々の裁判所の判断により筆界特定が終了することが見込まれる時期に訴訟の進行を合わせる等の方法により両手続の連携を図ることができる。というのも，筆界特定手続においては，筆界についての専門家の参加により現地における筆界の特定が行われるからである(清水Q&A 461頁)。その結果，筆界確定訴訟提起後に，当該訴えに係る筆界特定手続が終了すれば，裁判所は，「訴訟関係を明確にするため，登記官に対し，当該筆界特定に係る筆界特定手続記録の送付を嘱託することができる」(147)。

筆界確定訴訟は，弁論主義の原則が支配し，このため，職権証拠調べの禁止が重要なルールとなっていたが(民訴151)，この点に関して，「非訟事件的性質を有する訴訟事件であることを重視するならば，その判決は対世的効力ないし第三者にも事実上の反射的効力が及ぶものであるため，その確定は当該私人間の紛争だけでなく，一般公益にも関係するところであるから，この確定に必要な限り職権をもって証拠調べをすることも許されるべきではないだろうか。」との指摘があった(伊藤蛍子「境界確定の訴訟に関する判例・学説」最高裁判所事務総局編『境界確定訴訟に関する執務資料』(1980)698頁)。こうした議論が今回の改正で生かされたことになる。筆界特定の結果が裁判所の職権で送付嘱託をなし得るのであり，公法上の筆界のあり方についての専門家の判断として，裁判における重要な資料となることが期待されている。もっとも，裁判所が筆界特定手続の結果に拘束されるわけではないことは，次の148条が明らかにしている。

3　筆界特定手続後の筆界確定訴訟提起

③筆界特定手続が終了した後に筆界確定訴訟が提起されることもありうる。この場合は，いずれかの当事者が筆界特定について不服がある場合と考えられる。裁判所は，②の場合と同様に，登記官に対し，当該筆界特定に係る筆界特定手続記録の送付を嘱託することができる。また，裁判所は，筆界特定手続の結果に拘束されないことも②と同様である。

(小柳春一郎)

(執筆協力：下川健策)

(筆界確定訴訟の判決との関係)

第148条 筆界特定がされた場合において，当該筆界特定に係る筆界について民事訴訟の手続により筆界の確定を求める訴えに係る判決が確定したときは，当該筆界特定は，当該判決と抵触する範囲において，その効力を失う。

＊新法改正……平成17年4月13日法律第29号「不動産登記法等の一部を改正する法律」1条：本条新設
＊関連法規……規則237条

I 本条の趣旨

本条は，筆界特定は，確定した筆界確定判決と「抵触する範囲において，その効力を失う」ことを規定している。この点について，そもそも筆界特定は，筆界確定判決と同列の法的効力があったわけではなく，単に登記官が筆界の現地における位置についての認識を示す制度であった，それ故，本条は，「判決の内容が筆界特定の内容に優先することを明らかにした」ものである(清水「法概要」55頁)。

II 登記記録との関連

現在の制度では，筆界確定訴訟判決が確定した事実を登記官が当然に知り得ることにはなっておらず，筆界確定訴訟の確定判決と登記記録の密接な連結は，将来の課題とされている。このため，筆界特定手続後の筆界確定判決の扱いが問題になる。

筆界確定訴訟の確定判決があった場合の登記記録の取扱いに関して，規則237条が，「登記官は，その保管する筆界特定手続記録に係る筆界特定がされた筆界について，筆界確定訴訟の判決(訴えを不適法として却下したものを除く。以下本条において同じ。)が確定したときは，当該筆界確定訴訟の判決が確定した旨及び当該筆界確定訴訟に係る事件を特定するに足りる事項を当該筆界特定に係る筆界特定書に明らかにすることができる」と定める。具体的には，申請人または関係人その他の者から筆界特定に係る筆界について筆界確定訴訟の確定判決の正本または謄本の提出があった場合は，登記官は，規則第237条の規定により筆界特定書に確定判決があったことを明らかにする。登記官は，筆界特定書の1枚目の用紙の表面の余白に確定日，判決をした裁判所および事件番号を記載する。提出された確定判決の正本または謄本は，筆界特定書とともに保存する(筆界通達164)。

これに関して注意すべきことは，第1に，登記官は，「判決と筆界特定との抵触の有無を判断することなく，判決の確定の事実と事件を特定する事項を記載する」ことである。その理由は，判決の内容と筆界特定の内容の「抵触の程度については，正確には，現地において復元測量をしなければ判明しない」ことにある(登記研究編集室編『平成17年不動産登記法等の改正』152頁)。第2に，規則237条は，登記官の権限規定であるが，「確定判決の存在を知った場合や，判決の写しを添えた申出があった場合には，登記官は本条の記載をすべ

きである」とされる。

Ⅲ 筆界確定訴訟の現状

　筆界確定訴訟の現状について，片瀬亮「境界確定訴訟の現状」法律のひろば62巻5号40頁が境界確定訴訟事件の平成6年から平成10年の旧時の平均的なあり方と，平成19年および20年の近時の筆界確定訴訟のあり方と比較して，次のように指摘している。①新受件数は，かつては平均926件であったのに対し，近時は平均417件とほぼ半減した。②筆界特定手続の平成18年から平成20年までの年間の申請件数は平均2654件である。従前は筆界確定訴訟を提起するまでには至らなかった紛争も，筆界特定手続によって解決が求められている。筆界をめぐって紛争が生じた場合の解決方法として，筆界特定手続が第一次的に選択されるようになったが，その結果に不服の場合に筆界確定訴訟に至っている。③訴訟での平成19年の鑑定実施率(9.7%[小柳注])は，平成10年以前と比較してほぼ半減し，筆界特定手続を経ている場合には，筆界特定調査委員が作成した意見書も証拠化されることが多くなると見込まれ，鑑定を実施する必要性も低くなっている。訴訟事件の平均審理期間は，旧時の平均審理期間と比較して約6割の20か月程度に短縮したが，和解による解決がやや減少し，判決によって終了する事件がやや増加した。

　こうしてみると，境界紛争全体については，筆界特定手続が新設されたことにより，公的機関が幅広く解決に関与するようになったが，他方，筆界特定手続の結果に満足しない当事者は，それに対する一種の不服申立として筆界確定訴訟を選択し，そこでは対立がより根深くなったとも考えられ，判決による解決が好まれることになる。

（小柳春一郎）
（執筆協力：下川健策）

（筆界特定書等の写しの交付等）

第149条 何人も，登記官に対し，手数料を納付して，筆界特定手続記録のうち筆界特定書又は政令で定める図面の全部又は一部（以下この条及び第153条において「筆界特定書等」という。）の写し（筆界特定書等が電磁的記録をもって作成されているときは，当該記録された情報の内容を証明した書面）の交付を請求することができる。

② 何人も，登記官に対し，手数料を納付して，筆界特定手続記録（電磁的記録にあっては，記録された情報の内容を法務省令で定める方法により表示したもの）の閲覧を請求することができる。ただし，筆界特定書等以外のものについては，請求人が利害関係を有する部分に限る。

③ 第119条第3項及び第4項の規定は，前二項の手数料について準用する。

＊新法改正……平成17年4月13日法律第29号「不動産登記法等の一部を改正する法律」1条：本条新設
＊関連法規……行政機関の保有する情報の公開に関する法律3条・5条，令21条2項，規則238条〜241条

I 本条の趣旨

　筆界特定手続記録は，145条に基づき，管轄登記所において保管されているが，これに対する写しの交付や閲覧請求を認める必要がある。本条は，そのための規定であり，筆界特定記録の公開の原則とその限界を定めている。

　本条1項は，写しの交付に関して，「筆界特定手続記録のうち筆界特定書又は政令で定める図面の全部又は一部」については，何人も，手数料を納付して，登記官に対し，その写しの交付を請求しうることを規定する。また，2項は，閲覧に関して，何人も手数料を納付して，登記官に対し，筆界特定手続記録の閲覧を請求できることを規定する。もっとも，1項に規定する「筆界特定手続記録のうち筆界特定書又は政令で定める図面の全部又は一部」以外のものについては，請求人が利害関係を有する部分に限るとして，一定の閲覧制限を設けている。また，3項は，写しの請求および閲覧の請求の手数料について，119条3項（手数料額について法務省令で定める旨の規定）および4項（手数料納付は収入印紙によるが法務省令により定める場合に現金も可能である旨の規定）を準用する。

II 公開の原則とその限界
1 登記制度における公開の原則

　1条が定めるように，不動産登記制度は，不動産の表示および不動産に関する権利を公示するための制度であり，国民の権利保全を図り，取引の安全と円滑に資することを目的

とする。それ故，公開は，不動産登記制度の重要な原則であり，具体的には，法119条は，何人も，登記官に対し，手数料を納付して，登記事項証明書の交付を請求できると規定し，120条は，何人も，登記官に対し，手数料を納付して，地図，建物所在図または地図に準ずる図面の全部または一部の写しの交付を請求できると規定する。筆界特定手続との関係で言えば，筆界特定は公的存在である筆界の現地における位置を特定するものであり，筆界特定がされた旨の記録は，対象土地の登記記録の地図番号欄(規則別表1参照)に「平成○年○月○日筆界特定(手続番号平○年第○○号)」として公示されている(規則234)。

　他方，筆界特定手続は，裁判と異なり非公開の手続である。また，その手続記録には様々な個人情報が含まれている可能性があり，無制限な公開は適切でない。そこで，法は，何人も閲覧および写しの交付を請求できる範囲を「筆界特定手続記録のうち筆界特定書又は政令で定める図面の全部又は一部」と定め，筆界特定手続記録のうち，それ以外のものは，請求人が利害関係を有する部分に限り閲覧できるものとした。

2　情報公開法との関係

　なお，153条が，「登記簿等及び筆界特定書等については，行政機関の保有する情報の公開に関する法律(平成11年法律第42号)の規定は，適用しない」と規定しているため，筆界特定書および令21条2項に規定する図面について情報公開法の適用除外がある。これは，筆界特定書等については，情報公開法以上の開示制度が存在するためである。反対に，それ以外の筆界特定手続記録については，適用は排除されていない。このため，「何人も，同法(情報公開法のこと[小柳注])に基づき，不開示情報が記録された部分を除いた筆界特定手続記録の閲覧又は写しの交付を求めることができる。また，利害関係を有する部分に限っては，不動産登記法に基づき，個人情報，法人情報等の情報公開法上の不開示情報も含めて閲覧をすることができることになる」(清水「法概要」63頁注44)。

　以上を表で示すと，2つの法律の関係は，次のようになる。

	不動産登記法	情報公開法
筆界特定書および政令図面	149①(何人も写しの交付請求できる)および149②(何人も閲覧請求できる)	適用されない(153)
それ以外の筆界特定記録	149②(何人も利害関係を有する部分につき閲覧請求できる)	適用される(何人も不開示部分以外の閲覧または写しの交付請求ができる，情報公開法5)

3　写しの交付

　(1)　**写しの交付の対象**　何人も写しの交付を請求しうるのは，①筆界特定書および②政令で定める図面である。①筆界特定書が公開の原則に服するのは，これが筆界の現地における位置を特定するのに必要だからである。また，②「政令で定める図面」に関して，不動産登記令21条2項が，「法第149条第1項の政令で定める図面は，筆界調査委員が作成

した測量図その他の筆界特定の手続において測量または実地調査に基づいて作成された図面(法第143条第2項の図面を除く)とする。」と定めた。ここでいう「筆界特定の手続において」とは，筆界特定の手続をつかさどる法務局側が作成したことを意味する」。筆界調査委員が作成した測量図はそれに該当するし，法146条1項に基づき外注した測量図もそれに含まれる。しかし，申請人または関係人等が提出した図面は，法務局側の作成したものでないから含まない(筆界通達158)。

なお，不動産登記令21条2項かっこ書きによる法143条2項の図面の除外は，この図面が形式的には「筆界特定の手続において測量又は実地調査に基づいて作成された図面」に該当するが，実はこの図面は筆界特定書の一部として写しの交付対象となるから，「政令で定める図面」に含める必要がないためである(登記研究編集室編『平成17年不動産登記法等の改正』84頁)。

(2) 写しの交付の手続

(ア) 請求　　写しの交付の請求をするときは，次に掲げる事項を内容とする情報(「請求情報」)を提供しなければならない(規則238①)。①請求人の氏名または名称，②手続番号，③交付の請求をするときは，請求に係る書面の通数，④筆界特定書等の一部の写しの交付の請求をするときは，請求する部分。

請求情報提供の方法として，書面(「請求情報を記載した書面を登記所に提出する方法」規則239①)またはオンライン(規則239②)がある。手数料支払は，書面申請の場合には，収入印紙によるが，オンラインの場合には，現金によることができる(規則239③)。

(イ) 写しの交付　　写しの作成および交付については，規則240条が定めている。登記官は，筆界特定書等の写しを作成するときは，筆界特定書等の全部または一部の写しである旨の認証文を付した上で，作成の年月日および職氏名を記載し，職印を押印する(規則240①)。登記官は，筆界特定書等が電磁的記録をもって作成されている場合において，筆界特定書等の写しを作成するときは，電磁的記録に記録された筆界特定書等を書面に出力し，これに筆界特定書等に記録されている内容を証明した書面である旨の認証文を付した上で，作成の年月日および職氏名を記載し，職印を押印する(規則240②，筆界通達160)。筆界特定書等の写しの交付は，請求人の申出により，送付の方法によりすることができる(規則240③)。この場合には，送付先の住所をも請求情報の内容とする。

4　閲覧

(1) 閲覧の対象　　筆界特定記録の閲覧は，筆界特定書および政令図面については，何人もこれをなすことが可能であり，それ以外の筆界特定記録については，何人も「利害関係を有する部分」についてなすことができる。「請求人が利害関係を有する部分」については，「例えば，対象土地又は関係土地の借地人や担保権者というだけでは，当然には筆界特定手続記録の閲覧について利害関係を有するということはできないでしょう。他方，筆界特定の手続において事情聴取された者が，その内容についての記録を確認したいとい

う場合や，対象土地や関係土地を巡る紛争が生じ，訴訟において証拠として利用するために筆界特定手続の記録を閲覧したいという場合には，利害関係が認められるものと考えられる」との指摘がある(清水・Q&A 466頁)。

(2) **閲覧請求の手続**　閲覧をするには，以下の情報を提供しなければならない。

まず，筆界特定書および政令図面の閲覧については，その写しの交付請求と同じ情報を提供しなければならない(規則238①柱書末文)。

次に，筆界特定書および政令図面以外の筆界特定手続記録の閲覧の請求をするときは，次に掲げる事項を内容とする情報を提供しなければならない(規則238②)。①請求人の氏名または名称，②手続番号，③請求人の住所，④代理人によって請求するときは，当該代理人の氏名または名称および住所ならびに代理人が法人であるときはその代表者の氏名，⑤149条2項ただし書の利害関係を有する理由および閲覧する部分。これに加えて，利害関係がある理由を証する書面(規則238③)，代理人申請の場合の代理人の権限を証する書面を提示しなければならない(規則238④)。

情報提供の方法として，書面またはオンラインがあり，手数料支払は，書面申請の場合には，収入印紙によるが，オンラインの場合には，現金によることができる点は，写しの交付請求と同じである(規則239③)。

(3) **閲覧の方法**　筆界特定記録の閲覧は，登記官またはその指定する職員の面前でさせる(規則241による規則202①の準用)。電磁的記録に記録されているものの閲覧は，記録されている情報の内容を書面に出力して表示したものについて行う(規則241による規則202②の準用)。

5　手数料

筆界特定書の全部または一部の写しの交付についての手数料は，1通につき600円である。1通の枚数が50枚を超えるものについては，600円にその超える枚数50枚までごとに100円を加算した額である(登記手数料令9①)。政令図面の全部または一部の写しの交付についての手数料は，1図面につき500円とする(登記手数料令9②)。筆界特定手続記録の閲覧についての手数料は，1手続に関する記録につき500円である(登記手数料令9③)。

（小柳春一郎）

（執筆協力：下川健策）

(法務省令への委任)
第150条 この章に定めるもののほか，筆界特定申請情報の提供の方法，筆界特定手続記録の公開その他の筆界特定の手続に関し必要な事項は，法務省令で定める。

　＊新法改正……平成17年4月13日法律第29号「不動産登記法等の一部を改正する法律」1条：
　　　本条新設
　＊関連法規……規則206条〜246条

I 本条の趣旨

筆界特定申請情報の提供の方法，筆界特定手続記録の公開その他筆界特定に関する事項については，規則206条から246条が規定している。本条は，規則への委任を明らかにする。

(小柳春一郎)
(執筆協力：下川健策)

第7章 雑　　則

（登記識別情報の安全確保）
第151条　登記官は，その取り扱う登記識別情報の漏えい，滅失又はき損の防止その他の登記識別情報の安全管理のために必要かつ適切な措置を講じなければならない。
② 　登記官その他の不動産登記の事務に従事する法務局若しくは地方法務局若しくはこれらの支局又はこれらの出張所に勤務する法務事務官又はその職にあった者は，その事務に関して知り得た登記識別情報の作成又は管理に関する秘密を漏らしてはならない。

＊旧法関係……新設

I　本条の趣旨

　登記識別情報は，新法によって導入された本人確認手段(特に，登記官において登記名義人を識別する情報として有用である)の1つである。つまり，この点に関する旧法上の登記済証の機能の一部を有するものであり(もっとも，登記識別情報には登記済証が有していた物理的な特定性等は無く，全く同一の機能を有するものとは言えない)，登記手続においては一定の重要な役割を果たす。そして，登記手続において登記識別情報が登記名義人を識別する情報として機能するには，登記識別情報の秘密性が保持されていなければならない。この点，申請人側は，各々が適切と考える方法で保全・管理措置をとればよく，また，それを煩雑に思うなら不通知申出(21ただし，規則64①)・失効制度(規則65①)を利用することができる。しかし，登記官側にはそうした安全・管理措置を省く余地がなく，また，登記識別情報の秘密保持については組織的に対応する必要もある。そこで，本条は，登記官に対して登記識別情報の安全確保のための義務を課し(1項)，登記官その他登記所の職員に対して職務上知りえた登記識別情報の作成または管理に関する秘密の保持の義務を課したのである(2項)。なお，平成16年改正にあたっては，衆議院法務委員会および参議院法務委員会の各々の附帯決議の中で，登記識別情報に関する「万全な情報管理体制の構築」が要請されている(衆議院法務委員会附帯決議「四」および参議院法務委員会附帯決議「一」)。

II 内容

1 安全管理措置(1項)

　オンライン申請を導入するにあたっては，各登記所の事務処理工程を見直し，登記識別情報の秘密確保のため万全の体制を整える必要がある。事実，規則・準則・通達は，電子申請にかかる事務処理工程での登記識別情報の取扱いについて細かい指示を与えている。それによれば，登記所の職員は，登記識別情報を記載した書面が提出された場合，当該書面が部外者の目に触れることのないように厳重に管理しなければならない(準則41①)。例えば，登記識別情報を記載した書面を審査する際または登記識別情報を調査端末装置に入力する際には，その途中で席を離れることのないようにし，これらの審査または調査が終了したときは，当該書面を提出の際に入れられていた封筒に戻すなど，細心の注意を払うことが要求されている(平17・2・25民二457民事局長通達・登研686・344(2-2-(4))【参考資料②】参照)。また，登記識別情報を記載した書面を提出して登記の申請がなされた場合で，当該登記を完了したときは，登記識別情報が記載された書面をシュレッダー等で細断した上で廃棄するなど，廃棄後も登記識別情報が部外者に知られないよう，適切な処置をとらなければならない(規則69，準則41③)。申請者が不通知を申し出たため登記識別情報通知書を廃棄する場合も同様である(準則38))。登記の申請が却下または取下げとなった場合で，申請人からの還付の申出により当該登記識別情報通知書を還付するときは，当該登記識別情報通知書を封筒に入れて封をした上，とじ代に登記官の職印で契印して還付しなければならない(準則41④)。

2 守秘義務(2項)

　登記官その他登記所の職員には，職務上知りえた登記識別情報の作成または管理に関する秘密について守秘義務が課されており，さらに，本義務違反には罰則が用意されている(本書159条解説を参照)。登記識別情報の作成または管理に関する秘密とは，登記識別情報の構成に関するアルゴリズム，暗号化して提供された登記識別情報を復号化するための登記所の秘密鍵，システムのセキュリティ関係のプログラム等が記載されたシステム設計書，登記識別情報を記録している登記所のホストコンピュータシステムの設置場所への入退室管理の方法，登記識別情報にアクセスできる者の本人確認の方法に関する秘密等をいう(小宮山秀史「不動産登記法の改正に伴う登記事務の取扱いについて」登記研究編集室(編)『平成16年改正不動産登記法と登記実務(解説編)』所収292頁(以下，小宮山「取扱い」と略す))。

(小池　泰)
(執筆協力：齋木賢二)

(行政手続法の適用除外)
第152条 登記官の処分については，行政手続法(平成5年法律第88号)第2章及び第3章の規定は，適用しない。

＊旧法関係……旧法151条の9

I 本条の趣旨

　旧規定は，行政手続法の施行に伴う関係法律の整備に関する法律(平成5年法律第89号)29条により設けられたものである。

　本条は，登記官の処分について，行政手続法第2章(申請に対する処分)および第3章(不利益処分)の規定は適用されないことを明らかにしたものである。不動産の登記申請に関する手続について登記官が行った処分は，行政庁の処分であって，行政手続法の対象となる。ただし，登記官の処分は不動産登記法の規定に基づいてなされることになっているため，行政手続法の目的とする手続はすでに整備されている。そこで，これに対応する行政手続法の規定を適用しないものとしたのである。

(小池　泰)
(執筆協力：齋木賢二)

(行政機関の保有する情報の公開に関する法律の適用除外)
第153条 登記簿等及び筆界特定書等については，行政機関の保有する情報の公開に関する法律(平成11年法律第42号)の規定は，適用しない。

＊旧法関係……旧法151条の10

I 本条の趣旨
　本条は，行政機関の保有する情報の公開に関する法律(平成11年法律第42号)の施行に伴い，行政機関の保有する情報の公開に関する法律の施行に伴う関係法律の整備等に関する法律(平成11年法律第43号)第4条により設けられたものである。
　登記所が保有する登記簿等および筆界特定書等については，不動産登記法の規定に基づいて公開が原則とされており(119～121・149参照)，すでに情報公開法の目的とする手続が整備されているため，情報公開法の規定を適用しないものとしたのである。

　　　　　　　　　　　　　　　　　　　　　　　　　　　(小池　泰)
　　　　　　　　　　　　　　　　　　　　　　　(執筆協力：齋木賢二)

(行政手続等における情報通信の技術の利用に関する法律の適用除外)

第154条 この法律又はこの法律に基づく命令の規定による手続等(行政手続等における情報通信の技術の利用に関する法律(平成14年法律第151号)第2条第10号に規定する手続等をいう。)については,同法第3条から第6条までの規定は,適用しない。

＊旧法関係……新設

I 本条の趣旨・内容

　旧法において,行政手続等における情報通信の技術の利用に関する法律(行政手続情報通信技術利用法)の適用を前提として,行政手続等における情報通信の技術の利用に関する法律の施行に伴う関係法律の整備等に関する法律(平14年法律第152号)により,電子申請における出頭主義の廃止等,必要な修正が加えられていた(旧法21④ただし書・47③・151ノ3⑦ただし書の追加,および,26①の改正)。しかし,新法により,不動産登記法そのものの規定の適用により電子申請が可能となるため,本条は,申請方法に関する規定など,行政手続情報通信技術利用法3条から6条の規定(電子情報処理組織による申請・処分通知,電磁的記録による縦覧・作成に関する規定)を適用しないものとしたのである。

(小池　泰)
(執筆協力：齋木賢二)

(行政機関の保有する個人情報の保護に関する法律の適用除外)
第155条 登記簿等に記録されている保有個人情報(行政機関の保有する個人情報の保護に関する法律(平成15年法律第58号)第2条第3項に規定する保有個人情報をいう。)については、同法第4章の規定は、適用しない。

＊旧法関係……旧法151条の11

I 本条の趣旨・内容

不動産登記法では不動産に関わる個人情報が扱われるが、不動産登記制度の目的である公示の趣旨から、登記記録については法規定により公開が原則とされる一方で(119①)、付属書類の閲覧は利害関係がある部分に限定されている(121②ただし書)。このように、登記簿等に記録されている保有個人情報については、個人情報保護法の目的に配慮した手続がすでに整備されているため、行政機関の保有する個人情報の保護に関する法律第4章の規定(開示、訂正、利用停止、不服申立てに関する諸規定)を適用しないものとした。

(小池　泰)
(執筆協力：齋木賢二)

（審査請求）
第156条 登記官の処分を不当とする者は，当該登記官を監督する法務局又は地方法務局の長に審査請求をすることができる。
② 審査請求は，登記官を経由してしなければならない。

＊旧法関係……①：旧法152条，②：旧法153条

I 審査請求の意義
1 行政上の救済制度

　本条以下の規定する審査請求制度とは，登記官の処分が不当である場合に，それによって不利益を受ける当事者に対して，当該処分の是正を求める機会を与えるものである。
　登記官は，不動産登記事務を管掌する国家機関として，登記に関する法令の定める種々の処分をなすべき権限・職責を担う行政庁である（登記官の地位と権限については本書9条の解説参照。なお，行政争訟において，登記官を独立した処分庁と位置づけることに疑問を示すものに，園部逸夫「登記と行政訴訟」『民法と登記(上)』〔テイハン・1993〕41がある）。審査請求は，国家機関としての登記官の行為によって不利益を受ける者に対する救済手段であって，行政不服審査の1つと位置づけることができる。
　行政法上の一般的な救済手段としては，①行政上の不服申立て，②行政事件訴訟，③国家賠償がある。③では金銭賠償による事後的救済しか得られないのに対して，①と②は不当な処分の是正そのもの，つまり，正当な処分があったのと同じ効果・状態を実現することができる。また，②は司法過程を通じての救済であるのに対して，①は行政過程を通じたより簡易・迅速に権利を救済する手段である。①は，さらに，行政の適正な運営を確保するという行政統制の性格を併せ持っている。不動産登記法上の審査請求は，不服申立て制度の1つであり，一般法である行政不服審査法に服する。もっとも，行政不服審査法は，行政活動の多様性に鑑み，不服申立てに関して特別の定めをすることを許容している（行審1②）。不動産登記法の審査請求制度は，不動産登記事務について旧法の施行以来自足的な体系を作り上げ，特別の法領域を形成していることから，特則が設けられたものである（吉野衛「審査請求の一考察」登研672号18頁）。
　なお，審査請求とは別に，行政訴訟を提起することができる（行訴8①本文）。また，登記官の不当な処分に対する救済としては，職権に基づく登記の更正(67)・抹消(71)により，登記官が自主的に是正を図る場合もある。

2 審査請求の方法

　不動産登記法上の審査請求制度は，審査請求を審査庁が受理して審理のうえ裁決する，という行政不服申立ての通常の手順と異なり，処分庁が審査請求を受けて一定の措置をと

ることを認めている。

　審査請求制度は，①審査請求とその処分庁経由，②それに対する登記官の措置(理由ありと判断すれば「相当の処分」，理由なしと判断すれば「審査庁への送付」を行う)，③審査庁による審査・裁決，という3つの段階に分けることができる。②・③の説明は本書157条の解説に委ね，本条の解説では①について説明する。以下では審査請求の形式的側面について述べ，項を改めて実質的側面(Ⅱ・Ⅲ)をあつかう。

　(1) 教示制度　　行政不服審査法は，簡易迅速な救済制度として国民に広く利用されることも目的としている。そこで，処分庁に対して，いかなる場合に，どこに不服申立てをすればよいかを利用者に教示させることにしている(行審57)。例えば，登記の申請の却下(25)，登記の抹消に対する異議申立ての却下(71③)にあたっての却下決定書には，「なお，この処分に不服があるときは，いつでも，当職を経由して，何法務局長(又は地方法務局長)に対し，審査請求をすることができます(不動産登記法第128条第1項(引用者注―現行法156条1項))」という記載がなされる(平17・3・31民二851民事局長通達・民月60・5・479の別記各号の様式を参照)。

　なお，行政事件訴訟に関しても，同様の教示制度が設けられている(平成16年改正後の行訴法46条1項)。それによると，登記官は，取消訴訟を提起することができる処分または裁決をする場合には，当該処分または裁決の相手方に対し，取消訴訟の被告とすべき者，および出訴期間を書面で教示しなければならない(この点についても，前掲平17・3・31民二851民事局長通達を参照)。

　(2) 登記官(処分庁)の経由　　審査請求を審理するのは，当該登記官を監督する法務局(以下，「監督法務局」と略記する)または地方法務局の長であって，本来なら審査請求もそこにすべきである(156①)。しかし，不動産登記法は，処分庁経由を審査請求人の任意に委ねた一般法の規定(行審17①)を排除し(158)，処分庁である登記官を経由して行うべきものとしている(156②)。これは以下の理由による。すなわち，登記申請事件の処理には迅速性がとくに要求されるため，審査請求のあった場合には直ちに登記官に対して再考の機会を与え，もし請求に理由があると考えた場合には速やかに是正させるのが妥当だからである(この場合に登記官がなすべき措置については，本書157条の解説参照)。

　登記官を経由せず，監督法務局・地方法務局の長に対して直接に審査請求がなされた場合，不適法として却下の裁決をすべきかが問題となる(行審40条1項も参照)。この点については，当該審査請求書を本来経由すべき登記官に回付するのが望ましい，との指摘がある(佐藤勇『不動産登記における登記官の却下処分に対する審査請求事件処理上の問題点』〔法曹会・1976〕21～22頁(以下，佐藤『却下処分』と略す)。南敏文「不動産登記に関する審査請求」香川保一編『不動産登記の諸問題(下)』〔テイハン・1976〕477頁(以下，南「審査請求」と略す)は，経由庁への回付手続と裁決による却下のいずれでもよいとする)。なお，審査庁を誤ったに過ぎない場合にも，同様の問題が生じる(南「審査請求」476頁)。

　(3) 審査請求書　　旧法153条と異なり，新法は審査請求書の提出を求めていない。し

かし，口頭ですることができるとの定めをしているわけではないから，一般原則に従い，書面を提出して行うことになる(行審9①)。結局，新法においても，審査請求書を提出してする点に変わりはない。また，行政不服審査法は電子情報処理組織を利用した不服申立ての方法を認めており(行審9③)，その場合には情報の内容を印刷したものがここでいう書面に該当する(行審9③。準則141も参照)。書面が要求されるのは，審理の正確性と迅速性を期するためである。

　書面には，①審査請求人の表示(自然人の場合は氏名・年齢・住所，法人の場合は名称・住所)，②審査請求にかかる処分の内容，③審査請求にかかる処分があったことを知った年月日，④審査請求の趣旨と理由，④処分庁の教示の有無とその内容，⑤審査請求の年月日，などを記載しなければならない(行審15①各号)。もっとも，登記官の処分に対する審査請求の場合，これらの記載事項は一般法と同じ意味で重要とはいえない。事実，不動産登記法上の審査請求には期間の制限がないから，③の記載はそもそも必要性がない。審査庁である監督法務局・地方法務局の長は，記載漏れがある場合や記載が不十分な場合，相当の期間を定めて補正させる(行審21)。審査請求人が補正命令に応じない場合でも，記載事項の不備が軽微で裁決に影響を及ぼさないときには(例えば上記③の事項)，却下の裁決をすることはできない(却下をした場合，後に行政事件訴訟が提起されれば，違法なものとして取り消される可能性がある)。

　書面申請に対する却下処分について審査請求をする場合は，還付された登記申請書の添付書類(準則38③本文)を添付する必要がある。これらは，審査請求の審理に必要不可欠であり，また，当該審査請求の趣旨が却下された登記申請の受理にある点からすれば，当然ともいえる。還付された書類の添付を審査請求の適法要件として，これを欠く場合に不適法却下すべきか否かについては，賛成(佐藤『却下処分』31頁)，反対(樋口哲夫『登記官の行為に関する行政争訟と国家賠償』〔民事法情報センター・1988〕37～38頁(以下，樋口『行政争訟』と略す))の両説がある。

(4) 審査請求の期間　審査請求の期間については，審査請求期間の一般法(行審14)の適用を排除する一方で(158)，本法にはこれに関する規定を置いていない。よって，登記官の処分の是正が法律上可能で，その利益があるなら，審査請求はいつでも可能ということになる。

　登記申請書類の保存期間(受付の日から30年間(規則28(9)・(10))が経過して申請書等が廃棄された後であっても審査請求できるとすべきか。実務はこれを肯定するが(昭37・12・18民甲3604民事局長回答・先例集追Ⅲ1110)，当該審理に必要な証拠書類の原本自体がなくなっていること，および，長期にわたって放置しておきながら蒸し返すのは信義に反することから，否定すべきとの見解もある(南「審査請求」477～478頁)。

(5) 執行不停止　審査請求は，審査請求にかかる行政処分の効力，処分の執行などを停止させる効力を持たない(行審34①。執行不停止の原則)。

(6) 審査請求の取下げ　審査請求は，裁決がなされるまでは，いつでも書面により

取り下げることができる(行審39)。審査請求を取り下げたのち，同一内容につき再度の審査請求をすることも許される(佐藤『却下処分』74頁)。

II 審査請求権者
1 審査請求適格

　審査請求をすることができる者について，本条は，「登記官の処分を不当とする者」と規定するのみである。一般法である行政不服審査法も，「行政庁の処分に不服がある者」(行審4①)というだけで，審査請求権者の範囲をこれ以上に明らかにしていない。この点，旧法の起草過程において，「権利ヲ害セラレタリトスル者」という文言があったが，それでは狭すぎるとして，「処分ヲ不当トスル者」に修正されたという経緯がある。ここからは，申請却下という処分によって直接権利を害された登記申請者だけでなく，処分の取消について法律的利益を有する者にも審査請求権が認められる，という解釈を導くことができる(吉野前掲17頁)。判例も，戦前の抗告制度時代に，「登記官吏ノ決定又ハ処分ヲ不当トシ抗告ヲ為スハ登記上直接ノ利害関係ヲ有スル者ニ限ルコトハ不動産登記法第百五十条以下ノ規定ニ徴シテ疑ヲ容レス」(大決大4・10・20民録21・1668)と述べている。また，不当景品類及び不当表示防止法に基づく不服申立てについて，判例は，一般の行政処分についての不服申立ての場合と同様，「当該処分により自己の権利若しくは法律上保護された利益を侵害され又は必然的に侵害されるおそれのある者」に限定している(最判昭53・3・14民集32・2・211)。結局，審査請求権者については，登記官の処分について登記上直接の利害関係を有する者に限られる。この要件を満たさない場合には，不適法として却下されることになる(行審40①)。もっとも，いかなる場合に審査請求適格が認められるかは，具体的事情に即して検討する必要がある。

　なお，審査請求は，任意代理・法定代理を問わず，代理人によってすることができる(行審12)。代理人の資格は書面によって証明しなければならない(行審13)。代理人は一切の権限を持つが，審査請求の取下げについては特別の委任が必要である(行審12)。また，多数人が共同して審査請求をする場合には，総代による審査請求も認められている(行審11)。資格証明については代理人と同様に書面が必要である。

2 申請人の審査請求適格

　(1) 申請が却下された場合　登記申請が却下された場合，当該却下処分によって直接に不利益を受けるのは，登記申請人である。この場合，登記申請人は，登記を受けその利益を享受しうる利益を侵害されている点で，審査請求適格がある(樋口『行政争訟』40頁)。申請人には，登記権利者および登記義務者が含まれる。この点，抵当権設定登記の申請が却下された場合の「登記義務者」について，「登記義務者ハ抵当権ノ登記ニ依リテ間接ニ利益ヲ享クルコトアルモ直接ノ利益ヲ享クルコトナシ」として，(現在の審査請求適格にあたる)抗告適格を否定した判例(前掲大決大4・10・20)がある。しかしこれに対しては，この場

合の登記義務者といえども却下処分に関しては法律上の利害関係をもつとして，ほとんどが批判的である(佐藤『却下処分』15〜16頁，南「審査請求」470〜471頁，樋口『行政争訟』40頁，幾代=徳本・不登法446頁，林=青山・注解937頁［辻武司］など)。

(2) **申請が受理された場合** 登記申請が受理された場合，申請人の目的は達成されているから，申請人による審査請求は認められない。これは，申請手続に違法不備がある場合でも同じである。また，登記申請自体に誤りがあって実体と一致しない登記がなされてしまった場合は，あらためて更正登記や抹消登記の申請をして是正するしかない。登記申請が受理されたが，実行された登記が登記官の錯誤のために申請内容と異なっている場合には，申請人は審査請求をすることができる(樋口『行政争訟』42頁)。

3 申請人以外の者の審査請求適格

申請人以外の第三者に審査請求適格が認められるのは，審査請求の認容によって登記簿上自己の名義が回復されるなどの法律上の利益がある場合に限定される(この点については，行政事件訴訟の原告適格について，処分・裁決の相手方以外の者について法律上の利益の有無を判断するにあたり考慮すべき事情を挙げた行訴法9条2項の規定も参考になろう)。以下，「法律上の利益」の具体的判断について，抗告制度時代を含む判例および学説が取り上げた例をみておく。

債権者が債務者に代位してなした相続登記が，債務者の申請により錯誤を理由に抹消された場合，債権者は抹消登記処分につき直接の利害関係を持つ(大決大9・10・13民録26・1475)。相続人でない者は，相続登記が違法であっても当該相続登記について抗告することはできない(大決大5・5・31判例1・民事141)。抵当権設定者は，抵当権の譲渡人と譲受人との間の抵当権移転の付記登記について抗告をすることはできない(大決大6・4・25民録23・668)。地積更正登記がなされた場合，その登記は隣接地の地積には直接関係はないので，隣接地の所有者はその登記の取消を求める法律上の利益を有しない(千葉地判昭52・12・21訟月23・13・2317およびその上告審最判昭54・3・15判時926・39)。14条1項の地図は不動産の表示に関する登記と同等の価値を持つとして，隣地の地図に訂正が加えられた場合には，隣地所有者は当該地図訂正行為について審査請求の利益があるとする見解がある(南「審査請求」472頁)。抵当権設定登記の申請が却下された場合，当該登記申請が受理されることを前提に，転抵当権設定登記の申請を準備している転抵当権者は，審査請求できる(吉野・前掲22頁。なお，転抵当権者は，抵当権者に代位して抵当権設定登記の申請をすることで，自己の利益を守ることもできる)。同一の家屋について，家屋の表示に関する登記または所有権保存の登記が二重になされた場合，先の登記名義人は後になされた登記の実行について，審査請求をすることができる(南「審査請求」472〜473頁。二重登記の場合，後になされた登記について，職権で不動産の表示に関する登記を抹消するとした先例(昭37・10・4民甲2820民事局長通達・先例集追Ⅲ994を前提とすれば，先行登記名義人に法律上の利益を認めることができる，というのがその理由である)。不動産登記簿の表題部に所有者と記載された者は，他人名義の所有権保存

登記がなされた場合，それについて審査請求できる(南「審査請求」474頁)。

なお，記載事項証明書の交付申請(119)などが却下された場合に審査請求することができるのは，申請人に限られる。

Ⅲ 審査請求の対象

審査請求の対象となるのは，登記官の不当な処分である(156①)。

1 「不当な」処分

「不当性」とは，処分それ自体についてのものをいう。したがって，登記官の形式審査の際に適法な申請と認められてなされた登記であれば，審査請求の対象とはならない。よって，登記官の形式的審査権限では発見できないような偽造書類に基づいて登記が実行された場合には，審査請求ではなく，登記名義人に対する登記請求権の行使によって是正することになる。

2 登記官の「処分」

不動産登記法が規定する登記官の行為は，登記の申請を受理してそれを実行すること，登記申請を却下することなどの，登記手続に関する行為ばかりではない。ほかにも，登記の公開に関する行為(登記事項証明書・登記事項要約書の交付など)，地図に関する行為(15，規則10以下)，筆界特定に関する行為(132①)などがある。通常は，これらのすべてが本条にいう「登記官の処分」であり，審査請求の対象となるとされている(香川・精義(上)210頁，幾代＝徳本・不登法442頁，南「審査請求」465頁など)。その場合，行政処分性の有無については特に触れられていないことが多い。

しかし，行政不服審査制度の一般論によれば，「行政不服審査法が行政庁の処分その他公権力の行使に当たる行為に対して不服申立を認めているのは，この種行為が国民の権利義務に直接関係し，その違法又は不当な行為によって国民の法律上の利益に影響を与えることがあるという理由に基づくものである。従って，行政庁の行為であっても，性質上右のような法的効果を有しない行為は，行政不服審査の対象となり得ない」(最判昭43・4・18民集22・4・936。これは，実用新案法26条が準用する特許法71条所定の判定が行政不服審査の対象となりうるか否かに関する判断である)とされている。つまり，行政不服審査の対象は，原則として行政訴訟の対象と同じであって，いわゆる行政処分(具体的な法律上の効果を発生させるような行為)に限定される，というのが一般的な理解である(大橋真由美「行政不服審査の機構」『行政法の争点(第3版)』〔有斐閣・2004〕102頁)。この観点からすると，不動産登記法が規定する登記官の行為すべてについて審査請求が可能であるとする立場は，一般法よりも広く不服申立てを認めるものとなる。

当局の理解においても，行政処分性を基礎にして審査請求の対象が画されている。例えば，「審査請求は，行政処分性を有する登記官の行為についてすることができると解され

ることから，登記の申請又は地図等の訂正の申出の却下する場合において，当該却下が行政処分性を有しないものであるときは，取消訴訟ができる旨の教示を要しないだけでなく，審査請求をすることができる旨の教示をも要しない」との意見を是認した上で，「行政処分性を有しない却下の決定に対して，審査請求がされた場合には，不適法な審査請求として却下することとし，その裁決書には当該裁決に係る取消訴訟ができる旨の教示もする必要はない」とされている(平18・1・18民二101課長通知・登研701号120頁およびその解説(同号121頁以下)を参照)。ただし，実際の取扱いでは，行政処分性の有無で完全に割り切っていたわけではない(杉山典子「最近の不動産登記に関する通達について」登記インターネット8巻4号19〜20頁は，行政処分性なしとして抗告訴訟を提起できないような報告的登記については本来なら審査請求できないことになるが，実際には地目の変更登記の申請却下に対する審査請求がされた場合，行政処分性がないとして却下するのではなく，資料などから再検討した上で登記官の処分を正しいとして棄却する事例も多い，と指摘している。もっとも，行政事件訴訟になった場合には，審査請求で棄却しているからといって行政処分性を認めたわけではない，と主張するようである)。この点については，行政処分性を欠くために本来なら審査請求をすることができないような却下処分について審査請求された場合には，不適法なものとして却下すべきであり，これは，登記官に再考とその職権発動を促す申出があったとみて当該申請について再度検討する場合であっても変わらず，再検討の結果当初の却下処分を維持してよいと判断するときは，棄却裁決ではなく却下裁決によるべき，とする見解が示されている(平18・1・18民二101課長通知に対する解説(登研701号126頁)を参照)。

　なお，登録免許税についての登記官の処分に不服のある場合は，国税不服審判長に対して審査請求をすることになっており(国税通則法75条以下に規定されている不服審査制度を参照)，不動産登記法上の審査請求の対象にはならない。

　以下では，登記官の(登記に関する)個々の行為について，審査請求の対象となるか否かをみていく。

　(1)　**権利に関する登記申請の受理・実行行為の場合**　　登記に関する行為には，登記行為(登記申請を受理して実行する行為)と登記申請却下行為がある。前者には一般的に公証行為の性質があるが，権利に関する登記は，これに加えて「対抗力の付与」という法律上の効果を生じさせるから，行政処分性が認められる。仮登記についても，不動産登記法が順位保全的効力を認めている点で(106)，同様に考えることができる。

　(2)　**表示に関する登記申請の受理・実行行為の場合**　　表示に関する登記の場合は，権利に関する登記と事情が異なってくる。というのも，表示に関する登記は，登記簿上に物権の客体(土地・建物)の現況を常時正確に公示することを目的とするからである。すなわち，表示に関する登記は，不動産の物理的状況その他の客観的事実をたんに報告するという機能をもつにすぎず，権利に関する登記のような法的効果を伴わないのである。

　表示に関する登記の行政処分性については，行政事件訴訟で問題とされており，これに関する裁判例も多い(以下では登記申請の却下に対する裁判例も取り上げるが，これらの場合に

ついての現在の一般的議論については(3)で述べる。判例の概観としては，樋口『行政争訟』54～64頁，宗宮英俊「登記官の処分に対する訴訟」『現代民事裁判の課題②』〔新日本法規・1991〕所収，幾代=浦野・判例・先例コンメ新編不登法Ⅴ354～362頁を参照）。

(ア) **登記官が登記記録の表題部に所有者を記録する行為**　この行為については，近時の最高裁判所の判決を受けて，行政処分性が肯定されている（前掲平17・3・31民二851民事局長通達）。というのも，「登記官が不動産登記簿の表題部に所有者を記載する行為は，所有者と記載された特定の個人に不動産登記法100条1項1号（引用者注—現行法74条1項1号）に基づき所有権保存登記申請をすることができる地位を与えるという法的効果を有する」（最判平9・3・11訟月44・10・1776。抗告訴訟の対象となる行政処分であることを認めたもの）からである。

(イ) **地目変更登記申請の却下決定**　登記簿上の地目「畑」を「原野」に変更する旨の地目変更登記の申請却下に対する取消訴訟で，行政処分性を肯定した判決がある（宇都宮地判昭63・3・31訟月34・10・2064。申請当事者の実体上の権利，利益を侵害するものではないが，手続上の申請権を侵害するものとして，抗告訴訟の対象となる処分にあたる，とした。なお，控訴審である東京高判昭63・12・12訟月35・8・1612は，行政処分性に関する判断は是認しつつも，登記官の処分に問題はなかったとした）。その際，「当事者の申請の内容が登記官の調査結果と符合しない場合には登記官は理由を付した決定でその申請を却下しなければならず（同法49条10号，引用者注—現行法25条11号），この決定に対しては審査請求ができる（同法152条，引用者注—現行法156条）」と述べている。なお，手続上の申請権の侵害については，以下のように述べている。すなわち，実質的にみても「当該土地が農地か否かは登記簿上の地目の如何に関わらずその土地の客観的な現況によって決定されるとしても，登記簿上の地目が農地であればその取引に際しては実際上は農地法上の制限を受ける土地として扱われるという不利益を受け，……登記簿上の地目の表示は固定資産税の課税にあたっての1つの重要な基準となっており実際上は登記簿上の地目の如何によって課税に著しい差異が生ずることも否めず，このように登記簿上の地目が正確に公示されることについて重大な利害関係を有する当事者に地目変更登記の申請権を与えることは究極において不動産の正確な物理的状態を把握するのにも資することになり」，「登記官は地目変更登記の申請に対してもそれに対して応答すべき義務があり，この義務に対応するものとして登記簿上の地目の表示に重大な利害を有する当事者に正確な公示を求めるという手続上の申請権が認められているものと解するのが相当である」としている。また，名古屋地判平13・10・19判タ1089・145は，登記簿上の地目「田」・「畑」を「雑種地」ないし「山林」に変更する旨の地目変更登記申請が却下されたために，当該却下処分の取消が求められた事件で，表示上の登記についての申請主義は登記申請の却下処分を抗告訴訟の対象としうるという意味での申請権を付与したものとはいえないとして，行政処分性は否定したが，審査請求については次のように述べている。すなわち，「法が表示に関する登記申請を却下する場合に理由を付した決定によることを登記官に義務付けている趣旨も，登記官の判断の慎重を担保してその恣意を抑制する

とともに，申請人に却下の理由を知らせて審査請求に関する便宜を与えるためであると解される」。

なお，申請主義を理由にして申請却下を手続上の申請権の侵害と構成し，行政処分性を認める理解については，千葉地判平元・4・12判夕695・122(登記簿上の地目「田」を「雑種地」に変更する登記申請の却下が問題となった事案)も，「原告は不動産登記法上，一定の場合に不動産所有者らに表示の登記に関する申請義務を課し，それを怠った場合の罰則が規定されていることをもって，申請権の根拠とするが，右法は，不動産の表示の登記は登記官が職権をもって調査してなすべき登記であるとしているのであり……，所有者らに申請義務を課しているのは，登記官の職権行使を円滑で妥当なものとするためであると考えられ，前記表示の登記の性格からして，この申請義務の存在をもって申請権の根拠とみるべきではない」として否定的立場をとる。

　(ウ) **地積更正登記**　　地積更正登記については，神戸地判昭51・8・27訟月23・10・1766が，「地積更正登記は，登記簿の地積表示を，客観的に存在する土地の地積を前提としてそれに合致させるべく変更するにすぎず，一応争のない法律事実又は法律関係について公の権威をもって形式的に之を証明し公の証拠力を与える公証行為であって……当該土地の所有者はもとより，隣接地の所有者の権利義務に何らの影響もあたえるものでもない」として，行政事件訴訟法3条4項にいう処分とはいえない，としている(控訴審である大阪高判昭52・6・29訟月23・10・1763もこの判断を是認した)。大阪地判昭54・11・12行集30・11・1852も，「地積更正登記は，登記簿の表題部に記載された地積が，客観的に定まっている当該土地の地積と合致しない場合にこれを訂正するものであり，地積更正登記により当該土地の権利関係，形状，範囲等が変更されるものでなく，又隣接地との境界，隣接地の範囲等に変更が生じるものでもないから，当該土地の所有者はもとより隣接地の所有者の権利義務に何らの影響を与えるものではない。したがって地積更正登記は抗告訴訟の対象となる処分には該当しない」と述べている(大阪高判昭55・7・18行集31・7・1523もこれを是認している)。さらに，前掲千葉地判昭52・12・21も，地積更正登記がなされた土地の隣接地の所有者から更正登記の取消を求めた事案で処分性を否定した(上告審である前掲最判昭54・3・15もこの結論を是認している)。

　(エ) **建物の種類・構造・床面積の変更登記**　　横浜地判平15・3・5訟月50・8・2297は，「所在，家屋番号，種類，構造，床面積，建物の番号，附属建物の種類，構造，床面積により，建物の客観的・物理的な形状・位置について，その変化及び現状を公証して，当該建物を特定するものである。したがって，これらの登記自体が当該不動産の権利関係を公示するものではなく，権利の登記のように対抗要件となることもない。また，これらの登記は，当該不動産の物理的形状及びその変化を公示するものではあるが，不動産の物理的形状は本来客観的現況によって決められるものであり，仮に当該表示登記が誤っていたからといって，当該不動産の客観的現況に法律的な影響を及ぼすものではなく，取引等を行う際に，当該不動産の客観的状況につき誤った公証がされているという点で事実上の不利

益を受けるにすぎない」として，行政処分性を否定している。

(オ)　**分筆・合筆登記**　分筆登記について，前掲神戸地判昭51・8・27（およびその控訴審，前掲大阪高判昭52・6・29）は，分筆登記は客観的に存在する1筆の土地を土地の物理的形状には何らの変動もないままに登記簿上細分化して数筆の土地としてその所属籍を変更するにすぎず，関係土地所有者の権利義務に何らの消長を来すものではないので行政事件訴訟法の対象となる行政処分にあたらない，とする。東京高判昭45・6・29訟月16・12・1412も，偽造申請書であることを理由とした分筆登記無効確認の訴えについて，行政事件訴訟の対象である行政処分といえないとした。

しかし，他方で，松山地判昭59・3・21行集35・12・2210は，「登記は土地に対する権利の得喪変更を第三者に対抗するための要件であるから，土地所有者にとって自己所有地が1筆であるかそれが分筆されて複数の筆になっているか，複数の筆になっているとしてそれぞれがどの位置にどのような地形で存在するかは，それを処分する場合などに実際上重要な意味を持ち得るものである」から，「土地所有者の，自己の土地を何筆の土地として所有するか，複数の筆として所有するとしてそれぞれの筆をどの位置にどのような形で所有するかの自由（この自由の中には，当然のこととして，自己所有地を意に反して法律上の根拠なく分筆されないということが含まれる）は，法的保護に値する利益で」あるとして，登記官の行う分筆はこの利益に直接影響を与える以上，行訴法3条の「処分」にあたる，としている（ただし，その控訴審高松高判昭59・12・18行集35・12・2204は，原審の「手続上の権利」性を認める可能性に言及しつつも，処分性を否定している。原審と同趣旨を説くものとして，樋口『行政争訟』62頁を参照）。

(カ)　**滅失登記**　滅失登記は，物理的に権利の客体として存在しなくなった場合に，当該事実についてする登記である。しかし，滅失した不動産に関する権利登記が滅失登記に伴って当然に消滅したものと扱われる点に鑑みて，審査請求の対象となる登記官の処分にあたる，とされている（樋口『行政争訟』57頁，林=青山・注解936頁，幾代=浦野・判例・先例コンメ新編不登法V353頁[佐藤勇]）。裁判例も，合棟による建物滅失登記に関する最判昭50・5・27訟月21・7・1448（建物の合体に関する登記手続が整備される平成5年以前のものである）のように，滅失登記の行政処分性には直接触れてはいないが，これを肯定することを前提としているものがある（土地滅失登記に関する名古屋地判昭51・4・28行集27・4・643も参照））。

(キ)　**抹消登記**　前掲横浜地判平15・3・5は，独立の新築建物として保存登記がされた建物について，その後，別の既存建物の増築としてその表示登記の変更登記および当該新築建物の表示登記の抹消がなされたため処分の取消が求められた事案で，「表示登記が抹消されることにより登記用紙が閉鎖されることから，これを前提とする権利の登記は存在の可能性を否定されることになる。したがって，少なくとも当該不動産について権利の登記がされている場合における表示登記の抹消登記は，単なる不動産の公証としての機能を果たすものにとどまらず，国民の権利，義務に消長を及ぼすものであると評価すべきである。したがって，この場合の抹消登記行為には処分性があるということができる」とし

ている。

(3) **登記の申請を却下する行為** これは，申請人の登記手続請求権等を否定する行為であるから，行政処分としての性格を有し，登記官の処分に該当する。前掲平17・3・31民二851民事局長通達は，25条の規定による登記申請の却下のうち，以下の①〜⑪を除いたものを，行政処分に該当するものとしている。すなわち，①36条の登記(土地の表題登記)，②47条の登記(建物の表題登記)，③58条6項・7項による登記(共用部分である旨の登記あるいは団地共用部分である旨の登記がある建物について共用部分である旨または団地共用部分である旨を定めた規約を廃止した場合になすべき当該建物の表題登記，および，当該規約廃止後に建物所有権を取得した者による表題登記。ただし，表題登記をすることによって表題部所有者となる者が相違することを理由として却下されたものは除く)，④37条の登記(地目・地積の変更の登記)，⑤38条(土地の表題部の更正の登記)，⑥42条の登記(土地の滅失登記)，⑦49条の登記(合体による登記等)，⑧51条の登記(建物の表題部の変更の登記)，⑨52条の登記(区分建物となったことによる建物の表題部の変更の登記)，⑩53条の登記(建物の表題部の更正の登記)，⑪57条の登記の申請(建物の滅失の登記)，にかかる却下処分を除いたものである。

(4) **それ以外の行為**

(ア) **公示・公証に関する行為** 登記事項証明書の交付請求(119)の拒否や，地図・建物所在図などの写し交付請求(120)の拒否などは，登記申請却下処分に準じて，手続上の権利を侵害するものとみて，審査請求の対象となるとしてよい(樋口『行政争訟』67〜68頁も参照)。

(イ) **地図に関する行為** 地図等に誤りがあるときは，所有者その他の利害関係人は，その訂正の申出をすることができる(15条の政令委任事項であり，規則16条に規定がある)。地図訂正等申出の却下の決定は，審査請求の対象となる(前掲平17・3・31民二851民事局長通達「五」。また，登研701号120頁以下，秦慎也「不動産登記法の改正に伴う表示登記事務の留意点について」登記研究編集室(編)『平成16年改正不動産登記法と登記実務(解説編)』434頁も参照。なお，却下の決定に際して，取消訴訟の被告および出訴期間に関する事項の教示をすべきものとされている(前掲通達を参照))。ただし，規則16条13項5号・6号の規定による却下の決定については，行政処分性がないとされている(平17・6・23民二1423民二課長通知・民月60・7・253)。なお，東京地判昭55・6・26訟月26・11・2030は，登記官による旧土地台帳附属地図の訂正・不訂正について，権利者の法律上の地位に直接影響を及ぼすことはないとして，審査請求の対象とならない，としていた。また，広島地判平6・11・24判タ885・175は，土地について登記官が地図に準ずる図面および地積測量図を備え付けた行為について，処分性を否定している(地図備付けの取消を求めた審査請求を却下した裁決について，その取消を求めた事案である)。

(ウ) **登記官の行う筆界特定** 登記官の行う筆界特定(143①)は，過去に登記された土地の登記時における筆界の位置についての登記官の認識を公的に示すものであって，公の証明力を有するにすぎず，行政処分性は認められない(清水響「不動産登記法等の一部改正」

ジュリスト1299号111頁,「不動産法セミナー(第6回)」ジュリスト1298号142頁[清水響発言]などを参照)。ただし,筆界特定登記官(125)による筆界特定の申請却下については,「登記官の処分」とみなされるため(132②),審査請求の対象となる。

3 審査請求による救済が認められない場合

　登記手続上,登記官の不当処分を是正することができない場合には,審査請求は認められない(なお,この点について,香川保一「異議申立て事件の処理について((1)〜(4・完))」(民研115号1頁,116号1頁,117号1頁,118号1頁)は具体的場面によっては審査請求の余地があるとしているが,反対の見解が多い。佐藤『却下処分』38〜40頁,幾代=浦野・判例・先例コンメ新編不登法Ⅴ354頁[佐藤勇],南『審査請求』467頁,樋口『行政争訟』25〜32頁,幾代=徳本・不登法442頁以下,林=青山・注解936頁,さらに,香川・精義(上)210頁など)。これは,25条に従い,登記官が申請を却下すべきであったにもかかわらず,登記を実行してしまった場合に問題となる。25条の1号・2号・3号・13号の各号に該当する場合には,登記官は職権で当該登記を抹消することができるが(71),それ以外の場合には,もはや職権による抹消ができない。つまりこの場合には,審査請求によって当該登記の抹消が求められていても,登記官にはその是正措置をとる余地がない。以上の点は,審査請求に内在する制約として,抗告制度の時代に確立した判例であり(大決大13・11・14民集3・11・499など),最高裁判例も踏襲している(最判昭37・3・16民集16・3・567。必要な書面を欠く登記申請が受理されて登記が完了した後に,異議申立て(昭和35年改正前の150条)をしたが却下されたため,この却下決定の取消を求めたもの)。この場合,審査請求は不適法として却下されるのではなく,請求自体理由がないとして棄却される。また,審査請求・取消訴訟による救済は認められないとしても,無効登記の名義人に対しては実体法上の権利関係に基づいて抹消登記への協力を求めることができるし,国家賠償の問題となりうるのはもちろんである。

　なお,権利に関する登記と表示に関する登記の性質の違い(登記官は,滅失登記など不動産の客観的物理的な状況を報告的に公示する機能を持つ局面では,補充的とはいえ,当事者の申請を待たずに自ら不動産の現況を調査して登記できる)から,表示に関する報告的な登記が実行された場合については,以上の制約に服さず,審査請求の余地があるとする指摘もある(南「審査請求」478頁,樋口『行政争訟』57〜59頁)。

(小池　泰)
(執筆協力:齋木賢二)

(審査請求事件の処理)
第157条 登記官は，審査請求を理由があると認めるときは，相当の処分をしなければならない。
② 登記官は，審査請求を理由がないと認めるときは，その請求の日から3日以内に，意見を付して事件を前条第1項の法務局又は地方法務局の長に送付しなければならない。
③ 前条第1項の法務局又は地方法務局の長は，審査請求を理由があると認めるときは，登記官に相当の処分を命じ，その旨を審査請求人のほか登記上の利害関係人に通知しなければならない。
④ 前条第1項の法務局又は地方法務局の長は，前項の処分を命ずる前に登記官に仮登記を命ずることができる。

＊旧法関係……①：旧法154条2項前段，②：旧法154条1項，③：旧法155条，④：旧法156条

I 審査請求に対する登記官の措置

本条は，登記官に審査請求がなされた場合に，登記官がとるべき措置について規定したものである。登記官は，審査請求を受け付け，直ちに審査請求について理由があるか否かを判断し，所定の措置をとらなければならない。

1 審査請求の受付

登記官は，審査請求について，審査請求書(行審9①。電子申請による場合は，審査請求の情報内容を印刷した書面(行審9③，準則141))を受け取ったときは，登記事務日記帳に所要の事項を記載して，当該審査請求書にその年月日および日記番号を記載する(準則141)。

審査請求の受付後，登記官は，ただちに当該審査請求について理由があるか否かを判断しなければならない。そして，理由ありと判断すれば相当の処分をすべきであり(*2*を参照)，理由なしと判断すれば事件を監督法務局または地方法務局の長に送付しなければならない(*3*を参照)。

2 審査請求に理由があると判断した場合

(1) **概要** 審査請求に理由があると判断した場合，登記官は，相当の処分をしなければならない。ただし，事案の簡単なものを除いて，相当の処分をするには，当該登記官を監督する法務局または地方法務局の長に内議する必要がある(準則142①)。内議するにあたっては，審査請求書の写しのほか，審査請求にかかる登記申請却下の決定書の写し，登記事項証明書，申請書の写しその他相当の処分の可否を審査するに必要な関係書類を送付

しなければならない(同上)。

　相当の処分をした場合，登記官は，審査請求人に対して当該処分の内容を通知しなければならない(規則186。通知書に関しては準則142③を参照)。さらに，当該処分にかかる却下決定の取消決定書その他処分の内容を記載した書面を2通作成し，その1通を審査請求人に交付し，他の1通を審査請求書類等つづり込み帳につづり込む(準則142④)。そして，当該処分の内容に関して，監督法務局または地方法務局の長に報告する(準則142⑤)。以上により，審査請求事件は終結する。

　(2) 登記申請等の却下処分に対する審査請求の場合　この場合に登記官が審査請求を理由あるものと判断したときは，登記官は相当の処分をしなければならない。相当の処分の内容は，登記申請の却下処分に対する審査請求であれば申請に従った登記の実行，登記事項証明書の交付申請の却下処分に対する審査請求であれば申請に従った交付，などになる。

　もっとも，登記官による却下処分が不当であったが，その後に同一不動産について後行の登記申請があってそれが実行されている場合がある。例えば，①甲から乙への所有権移転登記の申請が却下された後に，甲から丙への所有権移転登記の申請があってそれが実行された場合，②甲所有名義の不動産について，甲を登記義務者，乙を抵当権者とする抵当権設定登記の申請が却下された後に，同一不動産について甲から丙への所有権移転登記がなされている場合，③甲から乙への所有権移転登記の申請が却下された後に，同一不動産について，甲を登記義務者，丙を抵当権者とする抵当権設定登記がなされている場合，④甲を登記義務者，乙を抵当権者とする抵当権設定登記の申請が却下された後に，同一不動産について，甲を登記義務者，丙を抵当権者とする抵当権設定登記がなされている場合，などが考えられる。これらの場合に，先行していた申請の却下処分に対して審査請求があって，しかも審査請求に理由があると判断するとき，登記官は，「相当の処分」として却下処分を取り消した上で，それぞれの登記申請に従った登記を実行してよいか，ということが問題となる。同一の不動産につき権利に関する登記の申請が複数ある場合，登記官は，受付番号の順序に従って登記しなければならず(20)，その限りでは，先行する登記申請を優先すべきことになる。しかし，①から④の場合に登記官が職権で後行登記を抹消することはできない。それゆえ，すでに利害関係人が生じている場合には，もはや登記官は相当の処分をなしえず，理由なしとして事件を送付すべきである(佐藤勇『不動産登記における登記官の却下処分に対する審査請求事件処理上の問題点』〔法曹会・1976〕38～40頁，以下，佐藤「却下処分」と略す。南敏文「不動産登記に関する審査請求」『不動産登記の諸問題(下)』〔テイハン・1976〕479頁，以下，南「審査請求」と略す。この点については，本条の**I 3**も参照。なお，佐藤前掲は，本来なら理由ありとすべきだが，これと抵触する登記が既になされているので，審査請求の実益がない旨の意見を送付書(準則143①)に付す，としている)。

　(3) 登記申請の受理・実行処分に対する審査請求の場合　旧法の時代は，審査請求に理由があると認められるときであっても，すでに登記を完了した後であれば，当該登記

に審査請求の申立てがあった旨を付記した上で事件を法務局長に送付し、利害関係人に通知することになっていた(旧法154②後段)。これについては次のような批判があった。すなわち、本来登記官が職権で簡易・迅速に抹消手続をとることができる場合であっても、その手続前に審査請求がなされてしまうと、もはや登記官自らでは対処できず、監督法務局または地方法務局の長の命令をまって当該登記の更正または抹消の手続を開始する、というのでは迂遠である、と(幾代＝浦野・判例・先例コンメ新編不登法Ⅴ367頁[佐藤勇])。この点、新法は、審査請求手続の合理化を図るため、登記完了後でも、審査請求に理由があると認めるときは自ら相当の処分をすることができる、としている(ただし、登記官が職権で手続できるもの(67・71を参照)に限られる)。

3 審査請求に理由がないと判断した場合

登記官は、審査請求を理由がないと認める場合、審査請求を受け付けた日から3日以内に意見を付して監督法務局または地方法務局の長(審査庁)に送付しなければならない(157②)。なお、この3日以内という制限については、事件の迅速な処理のための訓示にすぎず、これに違反したとしても直ちに違法となるものではない、とされている(佐藤『却下処分』36頁)。

(1) 「理由がない」場合 「理由がない」とは、審査請求そのものが不適法な場合、および、審査請求の対象となった登記官の処分が正当であると認められる場合の双方を含む。さらに、登記官の却下処分に対する審査請求において、却下決定書に記載した却下理由に誤りがあっても、それとは別の理由からいずれにせよ当該却下処分そのものは妥当であった場合も、「理由がない」ものと扱われる。

(2) 事件の審査庁への送付 事件の送付は、送付書に意見を付してする(準則143①)。これは、審査請求を理由がないとする登記官の意見を具体的かつ詳細に記載したものである。なお、送付にあたっては、審査請求書のほか、審査請求にかかる登記申請却下の決定書の写し、登記事項証明書、申請書の写しその他審査請求の理由の有無を審査するに必要な関係書類も送付する(準則143②)。

審査請求事件を送付した場合、登記官は、審査請求書および送付書の各写しを日記番号の順序に従って審査請求書類等つづり込み帳につづり込む(準則143③)。

Ⅱ 審査庁による審理・裁決

審査庁は、審査請求自体が適法になされているか否かを審理し、審査請求に理由があるか否かについて判断を下さなければならない。審理は、審査請求人の主張と登記官の意見を整理し、事実上の争点につき証拠により認定し、審査庁の法律判断を加え、審査請求に対する判断をする、という手順を踏む。なお、審査請求事件の審理は、原則として書面による(行審25①本文)。審査請求人の申立てにより口頭の意見を述べる機会を付与すべきとする行審法25条1項ただし書の適用は排除されている(158)。

1 審査請求の審理

(1) 審理に関する規律 審査請求の審理に関して，不動産登記法には特別の定めが置かれてない。したがって，一般法である行政不服審査法の規律によることとなる(ただし，法158条が適用排除とするもの，および，性質上適用すべきでないものは除かれる)。

(2) 要件審理・補正 審査庁は，まず，審査請求じたいの適法性を審理する(要件審理)。その結果，審査請求が不適法と判断される場合には，裁決で却下されることになる(行審40①)。不適法となるのは，①審査請求の対象とされる登記官の処分が存在していない場合，②審査請求適格のない者が審査請求をしている場合，③審査請求が法の要求する方式・手続に従っていない場合，④審査請求書の記載に不備がある場合(記載内容が不明確な場合も含む)，⑤同一処分についてすでに審査請求がなされている場合，⑥審査請求の目的となった処分がすでに裁判所の確定判決等により確定している場合，などである。もっとも，不適法な審査請求であっても，補正が可能であれば，審査庁は相当期間を定めてその補正を命じなければならない(行審21)。

(3) 本案審理 審査請求が適法であれば，審査庁は当該請求に理由があるか否かを審理する(本案審理)。そこでは，審査請求人と処分庁(登記官)それぞれの事実上・法律上の主張を整理し，事実上の主張に関する争いは証拠によって確定した上で，審査庁の認定した事実に法的判断を加えて，審査請求に対する最終的な判断が下されることになる。

審査請求事件の審理については，職権主義が妥当している。審査庁は，審査請求人に証拠書類や証拠物の提出を求め，参考人に事実の陳述をさせ，あるいは鑑定を求め，書類その他の物件の所持人にその提出を求めることができ，必要な場所につき検証し，審査請求人を審尋することができる(行審26条~30条)。

権利に関する登記の場合，登記官は申請時に提出された書類・情報のみに依拠した形式的な審査しかなしえない以上，その当否についても，当該登記申請がなされたときの申請書，添附書類および当時の登記簿の記載のみから判断すべきである。ただし，申請時に提出されたとされる書類が本当に申請の際に提出されていたか否かに問題があれば，審査庁は職権でその点について判断をすることができる(南『審査請求』482頁)。なお，職権調査により，たまたま審査請求に実体上の理由がないことが判明した場合でも，それを斟酌することはできない。

表示に関する登記の場合，申請時の申請書，添附書類，登記官の実地調査書など，処分時に参考とした資料のほかに，審査庁による職権調査(その範囲は，登記官が実地調査としてすることができる調査と同一の範囲に限られる)の結果も審理の資料とすることができる。例えば，審査請求の対象が，土地の表示に関する登記，地積更正の登記，建物の表示に関する登記，建物表示の変更・更正の登記，建物の区分の登記などの申請の却下処分であったときは，場合によっては土地・建物の現況を確認するために，検証をする必要が生じてくる(佐藤『却下処分』59~61頁)。

登記官の処分が不当であったか否かを判断する際の基準時は，当該処分時である。した

がって，地目変更の登記申請の却下に対する審査請求の場合に，審査庁が現地を職権調査する目的は，登記官が当該処分をした時点において現地はどうであったかを判断する資料とするためであって，審査庁の調査日現在の地目そのものを基準として処分の当否を判断してはならない。

2 審査請求に対する裁決

(1) **裁決** 審査庁は，審査請求の審理を終えたときは，裁決をしなければならない。裁決をなすべき期間については特に規定はないが，簡易迅速な救済を実現するという審査請求制度の趣旨からすれば，相当の期間内に裁決をすべきである。いつまでも裁決がなされない状況が続いた場合，審査請求人は，当該審査庁の不作為に対して不服申立てをすることができる(行審7本文)。この場合は，当該審査庁に異議申立てをするか，あるいは法務大臣に審査請求をすることになる。

地方法務局長が請求認容の裁決をする場合，審査請求の内容に問題があるときは監督法務局長に内議すべきものとされ，法務局長が自らこの裁決をする場合または地方法務局長から内議を受けた場合，審査請求の内容に特に問題があるときは，法務省民事局長に内議する(準則144①)。

裁決は，理由を付した上で，書面によってしなければならない(行審41①)。審査庁が記名押印をすること以外，記載事項についてとくに規定はない。裁決をした場合，審査庁は，裁決書の謄本を審査請求人および登記官に交付し(行審42④，準則145。登記官は，登記事務日記帳に所要の事項を記載して，審査請求書類等つづり込み帳につづり込んだ審査請求書の写しの次に裁決書の謄本をつづり込む(準則145②))，また，裁決書の写しを添えて法務省民事局長へ報告しなければならない(準則144②)。

裁決には，却下・棄却・認容の3種類ある。

(ア) **審査請求が不適法な場合——却下裁決** 審査請求が不適法である場合，審査庁は裁決によって審査請求を却下することになる(行審40①)。審査請求が不適法となるのは，①審査請求が法定の手続に従っていない場合，②審査請求の対象となっている登記官の処分が存在しない場合，③申立事項が審査請求の対象とならない場合，④審査請求人が審査請求権者としての適格を有しない場合，⑤同一事件につきすでに審査請求がなされている場合，などである。

(イ) **審査請求に理由がない場合——棄却裁決** 審査請求が適法であれば，審査庁は本案審理をおこない，審査請求に理由があるか否かについて判断を下す。審査請求に理由がないときには，審査庁は裁決によって審査請求を棄却することになる(行審40③)。ただし，すでに述べたように(本条の解説Ⅰ3参照)，登記官の処分は不当であったが，審査請求という救済手段ではそれを是正できない場合も，棄却裁決となる。

審査庁が審理過程で審査請求に理由があるとの見込みをもち，登記官に対して仮登記を命じていたが(157④)，最終的には理由なしという判断に至ることもありうる。この場合，

審査庁は職権により当該仮登記の抹消を登記官に命じなければならない(規則56④(3)も参照)。

(ウ) **審査請求に理由がある場合——認容裁決** 本案審理を経て審査請求に理由ありと判断した場合，審査庁である法務局または地方法務局の長は，登記官に対して相当の処分を命ずる(157③)。それが登記の実行である場合，登記官は，嘱託の登記に準じて(南「審査請求」485頁)，所定の手続をとることになる(規則56条④(3))。その際，当該命令をした者の職名，命令の年月日，命令によって登記をする旨および登記の年月日を記録しなければならない(規則191))。

相当の処分の内容は，一般の行政処分に対する救済と異なり，当該処分が不当であることの確認およびその取消にとどまらない。それは，当該不当処分の是正，つまり，①登記申請の却下処分が不当であった場合には申請にかかる登記をなすように登記官に命じること(すでに審査請求に対する仮の救済として157条4項の仮登記がなされている場合には，当該仮登記を本登記にする(その方法につき，佐藤『却下処分』96頁も参照))，②登記申請の受理・登記実行が不当であった場合には，当該登記の抹消を命じること，③各種証明書の交付請求などの拒否が不当であった場合には交付に応じるよう命じること(なお，156条の解説Ⅲ*3*も参照)，となる。審査請求人が登記官の処分の取消を求めているにすぎない場合でも，審査請求に理由ありと認める場合は，取消にとどまらず，登記官に相当の処分を命ずることができる(大決大8・5・15民録25・866)。なお，裁決書の主文で相当処分の内容だけでなく，不当とされた登記官の処分の取消を宣言する必要があるか否かについて，佐藤『却下処分』93〜94頁は消極的，樋口哲夫『登記官の行為に関する行政訴訟と国家賠償』〔民事法情報センター・1988〕109〜112頁は積極的な立場をとる。

(2) **裁決の送達・効力**

(ア) **送達** 裁決の効力は，審査請求人に送達することによって生じる(行審42①)。送達は，送達を受けるべき者に裁決書の謄本を送付する方法によってなされる(同条②本文，準則145①)。

(イ) **効力** 裁決については，一般の行政処分についてと同様の効力が認められる。すなわち，違法なものであっても取り消されるまでは一応適法とされる(公定力)。裁決に対する訴訟を提起することはできるが，提訴期間を経過すれば原則として争うことはできなくなる(不可争力)。裁決に瑕疵があったとしても，特別の規定がない限り，審査庁は自ら取り消したり変更したりすることはできない(不可変更力——最判昭29・1・21民集8・1・102)。認容裁決の場合，登記官は，裁決主文の命じる内容の処分をしなければならない。棄却裁決の場合，審査請求人は同一内容の審査請求をすることはできなくなる。

(ウ) **行政訴訟の可能性に関する教示** 審査請求に対する却下または棄却の裁決にあたっては，取消訴訟の被告・出訴期間を教示する必要がある(行訴46②，および，平17・3・31民二851民事局長通達・民月60・5・479)。ただし，行政処分性を有しない却下の決定に対して審査請求された場合，不適法な審査請求として却下することになるが，その裁決書には

当該裁決に係る取消訴訟ができる旨の教示をする必要はない(平18・1・18民二101民二課長通知・民月61・3・445)。なお、行政事件訴訟の提訴期間との関係では、本書158条の解説Ⅱも参照。

3 仮の救済措置

　裁決の前に、将来裁決で命じることになる登記と矛盾する登記がなされてしまえば、登記官の不当な処分に対する原状回復的救済を与えるという審査請求制度の目的を達成することができなくなる。そこで、審査庁である法務局または地方法務局の長は、本案審理中に審査請求に理由があるという心証を得た場合、裁決前であっても登記官に対して仮登記を命じることができるとされている(157④)。これによって、後日裁決により命じられるはずの登記の受付順位が保全されることになる。この仮登記は、本来なすべき登記を仮にする登記であり、かつ、申請手続に必要な手続上の条件も具備している。

　仮登記を命ぜられた登記官は、登記の嘱託に準じて所定の手続をとり、その仮登記を実行しなければならない。そして、この仮登記がなされた場合には、当該仮登記が抹消されるか、あるいは裁決による本登記がなされるまで、同一不動産について後続の登記の実行は許されない(佐藤『却下処分』65頁)。

　仮登記がなされた後に審査請求が取り下げられた場合、あるいは、最終的に棄却裁決に至った場合、法務局長等は登記官に当該仮登記の抹消を命じなければならない(林＝青山・注解944頁[辻武司])。

(小池　泰)
(執筆協力：齋木賢二)

（行政不服審査法の適用除外）

第158条 登記官の処分に係る審査請求については，行政不服審査法（昭和37年法律第160号）第14条，第17条，第24条，第25条第1項ただし書，第34条第2項から第7項まで，第37条第6項，第40条第3項から第6項まで及び第43条の規定は，適用しない。

＊旧法関係……旧157条の2が適用除外として列挙した条文に，行審法34条7項を追加している。

I 本条の趣旨

本条は，登記官の処分についても原則として行政不服審査法が適用されることを前提とした上で，同法の規定のうち適用されない規定を列挙している。なお，列挙された条文以外にも適用をみない規定がある（例えば，異議申立てや再審査請求に関する行政不服審査法の諸規定がそれである）。

II 行政不服審査法14条の適用除外

行政不服審査法は，審査請求期間を定めている。すなわち，処分があったことを知った翌日から起算して60日，または，処分があった日の翌日から起算して1年を経過した時は，原則として申立てができないことになっている（行審14）。しかし，登記官の処分については，その効果を速やかに確定させなければならない必要性もないので，この期間制限の規定の適用を排除している。もっとも，期間の点で無制限に審査請求を認めるのが妥当か否かについては，議論がある（本書157条の解説 I 2(3)を参照）。

また，登記官の処分に対しては，行政事件訴訟によって救済を求める可能性もある。その場合，取消訴訟の出訴期間は，原則として処分があったことを知った日から6か月である（行訴14①）。また，処分の日から1年を経過したときも，取消訴訟を提起することができなくなる（同条②）。しかし，登記官の処分について審査請求をして裁決があれば，これらの期間の起算日は裁決を知った日ないし裁決の日にずれ込むことになる（同条③）。そこで，原処分である登記官の処分にかかる取消訴訟の提訴期間を徒過した場合であっても，期間の制約のない審査請求をすれば，提訴の機会を確保できる，とされる（幾代＝浦野・判例・先例コンメ新編不登法Ｖ376頁[佐藤勇]執筆)。東京地判昭63・4・26判タ682・95も，登記官の処分から10年以上経過して審査請求がなされ，それに対する棄却裁決から3か月以内に登記処分の取消を求めて訴えが提起された事案で，旧法157条の2が行訴法14条の適用を除外していない以上，同条の適用がある，としている。しかし，これに対しては，行政事件訴訟の提訴期間の起算点を登記官の処分日にするなど，一定の制約を設けようとする見解も有力に主張されている（詳細につき，宗宮英俊「登記官の処分に対する訴訟」『現代民事裁判

の課題②』〔新日本法規・1991〕591～594頁を参照)。

III 行政不服審査法17条の適用除外

行政不服審査法では，審査請求は，直接審査庁に対してするのが原則であり(行審3②)，処分庁を経由してするか否かは審査請求人の任意に委ねられている(行審17)。しかし，不動産登記の事務処理には迅速性が求められる。そこで，審査請求があった場合は，すみやかに登記官に再考の機会を与え，審査請求に理由があれば登記官が直ちに是正措置を取ることができるようにするため，一般法の適用を排除し，審査請求は必ず登記官を経由することとした(156②)。

IV 行政不服審査法24条の適用除外

行政不服審査法では，利害関係人は審査庁の許可を得て，参加人として審査請求手続に参加することができる(行審24①)。また，審査庁が必要と認めるときは，利害関係人に対して，参加人として手続に参加することを求めることができる(行審24②)。しかし，登記官の処分に対する審査請求の審理は，限定された特定の資料に基づく書面審理によることが原則となっており，利害関係人の参加を求める必要性もないことから，この規定の適用を排除している。

V 行政不服審査法25条1項ただし書(審理の方式)の適用除外

行政不服審査法では，審査請求の審理は書面によることを原則とした上で(行審25①本文)，審査請求人に口頭での意見陳述の機会を与えるという例外を認めている(同項ただし書)。しかし，登記官の処分は原則として書面審査に基づいてなされる。そこで，行審法の例外規定の適用を排除したものである。

VI 行政不服審査法34条2項～7項の適用除外

行政不服審査法では，審査庁が必要があると認めるときは，審査請求人の申立または職権により，処分の執行または手続の続行の停止その他の措置をとることができる(行審34②～⑦)。しかし，登記官の処分は，登記の受理・実行または却下等の決定をすると同時に執行は終了する。そこで，行審法における処分の執行停止などに関する規定の適用を排除したものである。

VII 行政不服審査法37条6項の適用除外

行政不服審査法では，審査請求の目的である処分にかかる権利を譲り受けた者は，審査庁の許可を得て，審査請求人の地位を承継することができる(行審37⑥)。しかし，登記官の処分の場合，その処分にかかる権利を譲り受けたとしても，処分の対象となった登記申請の当事者の地位は承継されない。そこで，審査請求手続の特定承継に関する規定の適用

を排除したものである。

Ⅷ 行政不服審査法40条3項から6項の適用除外

　行政不服審査法では，審査請求に理由があるとき，審査庁は裁決で当該処分(事実行為を除く)の全部または一部を取り消し，事実行為の全部または一部を撤廃し，あるいは処分・事実行為を変更すべきことを命ずるものとしている。さらに，一定の要件のもとに裁量棄却もできる(行審40③～⑥)。しかし，登記官の処分の場合，審査請求に理由があるときは，その処分を是正するための相当な処分を登記官に命ずることになっている(法157③)。そこで，これらの規定の適用を排除したものである。

Ⅸ 行政不服審査法43条の適用除外

　行政不服審査法では，裁決は，審査請求人だけでなく関係行政庁をも拘束する(行審43①)。さらに，裁決があった場合に処分庁がとるべき措置などについても規定を置いている(同条②～④)。しかし，登記官の処分の場合は，認容裁決があったときに登記官がとるべき措置を定めている(法157③)。そこで，これらの規定の適用を排除したのである。

(小池　泰)
(執筆協力：齋木賢二)

第8章 罰　則

*旧法関係……旧法「第6章　罰則」

(秘密を漏らした罪)
第159条　第151条第2項の規定に違反して登記識別情報の作成又は管理に関する秘密を漏らした者は，2年以下の懲役又は100万円以下の罰金に処する。

*旧法関係……新設

I　本条の趣旨・内容

　新法においては，本人確認に関して登記識別情報が登記官の登記実行に際し一定の重要な役割を果たすことになる。他方で，登記識別情報はコンピュータ・システムに集積された状態にある。したがって，個々の登記識別情報そのものだけでなく，当該システムへの不正な接近をも排除する必要がある。というのも，システムそのものにアクセスされた場合，そこに集積されている登記識別情報すべての秘密性が，漏洩の危険にさらされるからである。そこで，個々の登記識別情報にとどまらず，「登記識別情報の作成または管理に関する秘密」，つまり，登記識別情報の構成に関するアルゴリズム，プログラム，登記識別情報を記録している登記所のホストコンピュータシステムの設置場所への入退室管理の方法，登記識別情報にアクセスできる者の本人確認の方法に関する秘密等の情報についても，守秘義務を課した上で(151②)，その違反には罰則をもって対応することとした。これは，国家公務員法の規定する一般的な守秘義務違反に対する罪(国家公務員法100①・109(12))の特別法になる。つまり，服務規律違反を内容とする国家公務員法の守秘義務違反の罪だけでは保護が十分ではないため，特別の罰則を設けたわけである。

　以上のように，本条の保護する秘密は，個々の登記識別情報を含んでいないから，個々の登記識別情報の漏洩については一般的な守秘義務で対処することになる。すなわち，国家公務員である登記官および法務事務官など法151条2項に列挙された者には，(元)国家公務員として，一般的な守秘義務があり，その違反には罰則が用意されている(国家公務員法100①・109(12))。さらに，登記識別情報の不正提供として，法161条1項後段の罪の対象にもなりうる。

(小池　泰)
(執筆協力：齋木賢二)

（虚偽の登記名義人確認情報を提供した罪）
第160条 　第23条第4項第1号（第16条第2項において準用する場合を含む。）の規定による情報の提供をする場合において，虚偽の情報を提供した者は，2年以下の懲役又は50万円以下の罰金に処する。

＊旧法関係……新設

I　本条の趣旨

　本条は，保証書制度が廃止されて資格者代理人による本人確認情報提供制度になったことに対応するものであって，提供される情報の内容は異なるものの問題となる局面と趣旨は旧法158条の虚偽保証罪と同様である。

　不動産の権利に関する登記を申請するには，登記識別情報の提供が必要であり（22本文），それを提供しない申請は25条9号に該当して却下されることになる。ただし，登記義務者等が正当な理由により登記識別情報を提供できない場合には，事前通知制度が用意されている（23①前段）。さらに，資格者代理人（登記申請の代理を業とすることができる代理人）が本人確認情報を提供することで，この手続を省くことができる（23④(1)）。すなわち，司法書士などで当該登記の申請を代理人としておこなっている者が，本人確認情報（規則72）を提供して，登記官がその内容を相当と認めた場合には，登記識別情報の提供による本人確認および登記官による事前通知を省いて，登記手続を実行できるのである。本条は，こうした場面で資格者代理人が虚偽の情報を提供した場合について，罰則をもって対処しようとするものである。

　これに対応する局面で旧法158条が用意していたのは，1年以下の懲役または50万円以下の罰金であった。新法において懲役刑が重くなっているのは，資格者の職責の重大性に鑑みてのことである。この点につき，大阪地判平17・12・21（平成17年（わ）第4386号）は次のように述べている。すなわち，有資格者による本人確認情報提供制度は，「司法書士等が登記実務において長年にわたり適正かつ地道にその職務を遂行し，社会からの信頼を着実に築き上げてきたことを背景として，平成16年の不動産登記法の全面改正の際新たに導入された制度であり，登記名義人の本人確認事務につき司法書士等に一定の公証機能まで付与した画期的な制度改革で」あるから，資格者代理人が虚偽の登記名義人確認情報を提供するような事態は，「新制度が前提とする司法書士への社会の信頼を大きく損なわせ，ひいては司法書士等に対する社会的信頼を基盤として設計された新しい本人確認制度の妥当性・合理性そのものを突き崩しかねない可能性もある」と。他方で，罰金額については旧法158条と同じである。これは，本条の罪が公正証書原本不実記載罪（刑157）の手段にすぎない以上，そこでの「50万円以下の罰金」より重くするのは妥当でないという考慮に基づくものである。

II 内容

　本罪は資格者代理人のみが実行できるもので，身分犯である。資格者代理人とは，登記の申請の代理を業とすることのできる者(23④(1)。司法書士，土地家屋調査士，弁護士)であって，現に当該登記の申請を代理人として行っている者である(資格者代理人が提供する本人確認情報については，本書23条の解説および規則72，準則49を参照)。最終的に不実の登記がなされた場合には，公正証書原本不実記載罪が成立する。その意味で，本罪は公正証書原本不実記載罪の幇助に準ずる行為を独立に処罰するものといえる。新法施行直後に，本条の適用事件が起きている(前掲大阪地判平17・12・21)。事案は，共犯者がその実父の認知症につけ込んで同人名義の土地を勝手に売却処分しようとした際，司法書士である被告人が，共犯者の依頼を受けて，当該土地の移転登記に必要な実父名義の委任状や「登記原因証明情報」を偽造するとともに，登記義務者たる実父に関する虚偽の「本人確認情報」と題する書面を作成して，それらの書類を登記官に提出して虚偽の情報提供をした，というものである。私文書偽造，同行使，および本条の罪に問われ，懲役1年2か月の実刑判決が下されている。本条との関係では，次の行為が問題となった。すなわち，司法書士である被告人が面接した際，登記名義人は高度の認知症により意思能力を欠いていて，同人が本件登記申請につき権限をもつ登記名義人であることを確認できなかったのに，「本人確認情報」と題する書面中では，この面接の際に登記名義人が自己の住所・氏名・年齢・干支等につき正確に回答したこと，権利取得原因および本件土地に関する周辺情報に関する登記名義人の回答にも特段の疑うべき事情がなかったこと，その他登記名義人が本件登記申請の権限を有する登記名義人であることに疑義を生じる事情などは存在しなかったことなどの虚偽情報を記載して，事情を知らない別の司法書士らを介して同書面を提出し，登記官に対し虚偽の本人確認情報の提供をした行為である。

(小池　泰)

(執筆協力：齋木賢二)

(不正に登記識別情報を取得等した罪)

第161条 登記簿に不実の記録をさせることとなる登記の申請又は嘱託の用に供する目的で，登記識別情報を取得した者は，2年以下の懲役又は50万円以下の罰金に処する。情を知って，その情報を提供した者も，同様とする。

② 不正に取得された登記識別情報を，前項の目的で保管した者も，同項と同様とする。

＊旧法関係……新設

I 本条の趣旨・内容

　本条は，公正証書原本不実記載等の罪(刑157①)の予備行為にあたる行為を処罰対象としている。旧法時代の登記済証は，紙の有体物であって，これを窃取すれば窃盗罪が成立する。これに対して，登記識別情報は，これが記録された媒体自体を窃取することなく，盗み読んだような場合には，いかなる罪にも問われないことになる。しかし，登記識別情報の秘密性を保持するには，このような場合にも刑事罰による対応が必要である。そこで，本条が設けられたのである。

　1項前段および2項の罪は，文言から明らかなように，目的犯である。これに対して，1項後段の罪は目的犯ではない。この「目的」には，自ら行う申請に供する目的だけでなく，他人が申請人となってなす申請行為に供する目的も含まれる。それゆえ，情を知らない他人に不実の登記の申請をさせる場合も含まれる。

　実行行為は，登記識別情報の取得・提供(1項)，保管(2項)である。「取得」(1項前段)とは，登記識別情報を自己の支配下に移す行為である。登記申請等において，コンピュータ画面に表示された登記識別情報や紙面に記載された登記識別情報を何らかの手段を用いて書き写したり，登記識別情報が記録された電子媒体や紙媒体ごと取得したりする場合が考えられる。「提供」(1項後段)とは，登記識別情報を事実上相手方が利用することができる状態に置く行為をいう。登記識別情報が記載されている媒体を相手方に示したり，登記識別情報の内容である英数字を何らかの手段で相手方に伝達する行為などがありうる。「保管」(2項)とは，登記識別情報を自己の支配下に置くことをいう。保管の罪で「不正に取得された」という要件があるのは，登記申請の代理人が登記申請前に保管する場合などがあるので，正当に保管された登記識別情報を保管の罪の客体から除外するのが適当と考えられたことによる。

(小池　泰)

(執筆協力：齋木賢二)

(検査の妨害等の罪)
第162条 次の各号のいずれかに該当する者は，30万円以下の罰金に処する。
(1) 第29条第2項(第16条第2項において準用する場合を含む。次号において同じ。)の規定による検査を拒み，妨げ，又は忌避した者
(2) 第29条第2項の規定による文書若しくは電磁的記録に記録された事項を法務省令で定める方法により表示したものの提示をせず，若しくは虚偽の文書若しくは電磁的記録に記録された事項を法務省令で定める方法により表示したものを提示し，又は質問に対し陳述をせず，若しくは虚偽の陳述をした者
(3) 第137条第5項の規定に違反して，同条第1項の規定による立入りを拒み，又は妨げた者

＊旧法関係……旧法159条(筆界特定制度の導入に伴い3項が追加されている)。

I 本条の趣旨・内容

登記官は，土地・建物の表示に関する登記をなすにあたり，必要があれば土地・建物の表示に関する事項を調査することができる(29①・16②)。さらに，この実地調査にあたって，登記官は，当該不動産を検査し，当該不動産の所有者その他の関係者に対して文書もしくは電磁的記録に記録された事項の提示を求め，質問をすることができる(29②)。本条は，登記官の検査等に対しこれを拒む等した者に対し刑罰を科すことにより，登記官の実地調査の実効性を間接的に担保するものである。さらに，筆界特定制度が導入され，そこでの立入調査に関しても，同じく実効性を担保するために，本条3項が追加されている。

なお，登記官の検査等を妨害するにあたり，暴行または脅迫という手段が用いられた場合には，公務執行妨害罪(刑95①)が問題となる。

(小池　泰)
(執筆協力：齋木賢二)

(両罰規定)
第163条 法人の代表者又は法人若しくは人の代理人，使用人その他の従業者が，その法人又は人の業務に関し，第160条又は前条の違反行為をしたときは，行為者を罰するほか，その法人又は人に対しても，各本条の罰金刑を科する。

＊旧法関係……新設

I　本条の趣旨・内容

　虚偽の登記名義人確認情報を提供した罪(160)の主体となる資格者代理人としては，個人だけでなく，司法書士法人(司法書士26以下)，土地家屋調査士法人(土地家屋調査士26以下)，弁護士法人(弁護士30の2以下)のように，業として登記申請を代理することができる法人がある。そして，これらの法人の行う業務に関連して，代表者あるいは従業者である資格者が，代理人として虚偽の登記名義人確認情報を提供する場合も考えられる。本条はこのような場合に対処するため，両罰規定によって，当該法人を処罰することとしたものである。また，162条では，不動産の所有者である法人・人の代理人等が検査妨害を行う場合も考えられるため，これについても両罰規定を設けた。他方で，不正に登記識別情報を取得等した罪(法161)は，公正証書原本不実記載等の罪(刑157)の予備罪という性格を持っており，予備罪に対応する本罪の方には両罰規定がないこと，また，法161条の罪は目的犯であり，目的を持たない者を罰する根拠に乏しいことから，本条の対象から外されている。

（小池　泰）
（執筆協力：齋木賢二）

(過料)

第164条 第36条，第37条第1項若しくは第2項，第42条，第47条第1項（第49条第2項において準用する場合を含む。），第49条第1項，第3項若しくは第4項，第51条第1項から第4項まで，第57条又は第58条第6項若しくは第7項の規定による申請をすべき義務がある者がその申請を怠ったときは，10万円以下の過料に処する。

＊旧法関係……旧法159条の12

I 本条の趣旨・内容

　本条は，土地台帳法47条と家屋台帳法26条に規定されていたものが，台帳と登記簿が一元化された際，不動産登記法に移し替えて新設されたものである。新法では，申請義務違反について過料が科される場合が追加されている（51①～④，58⑥・⑦の追加）。これは，共用部分建物についても，種類，構造，床面積等が変更した場合や，規約の廃止により共用部分建物でなくなった場合にこれを公示する必要性は変わらないことによる。

　本条は，不動産の表示に関する登記について本法の登記義務を負う者が，法の定める期間内に当該登記申請を怠った場合に，過料という行政罰を科すものである。これにより，登記義務者が速やかに登記申請を行うよう促すにとどまらず，申請義務の履践を確保して，土地および建物の現況を正確に登記に反映させるという登記制度の趣旨を実現することを目的としている。

　登記申請の懈怠が処罰の対象となるのは，以下の場合である。①土地の表題登記の申請（36），②地目または地積の変更の登記の申請（37①・②），③土地の滅失の登記の申請（42），④建物の表題登記の申請（47①），⑤複数の建物が合体して1個の建物となった場合で合体前の建物がいずれも表題登記のない建物であるときの表題登記の申請（49②・47①），⑥複数の建物が合体して1個の建物になった場合の，合体後の建物についての表題登記の申請，および，合体前の建物についての建物の表題部の登記の抹消の申請（49①・③・④），⑦建物の表題部の変更の登記の申請（51①～④），⑧建物の滅失の登記の申請（57），⑨共用部分である旨の登記等の申請（58⑥・⑦）。これらの場合，登記申請義務を負う者は（この点は各条文の注釈を参照），当該不動産の現況およびその変化を知悉するのに最も近い立場にあるため，法定期間内に申請義務を履行しない場合には過料の制裁が科されている。

（小池　泰）
（執筆協力：齋木賢二）

附　則

（施行期日）
第1条　この法律は，公布の日から起算して1年を超えない範囲内において政令で定める日から施行する。ただし，改正後の不動産登記法（以下「新法」という。）第127条及び附則第4条第4項の規定は，行政機関の保有する個人情報の保護に関する法律の施行の日（平成17年4月1日）又はこの法律の施行の日のいずれか遅い日から施行する。

　　＊関連法規……平成16年12月1日政令第378号「不動産登記法の施行期日を定める政令」，（行政機関の保有する個人情報の保護に関する法律の適用除外）法127条，（経過措置）法附則4条1項，（施行期日）令附則1条，規則附則1条

I　本条の趣旨

　本条本文は，平成16年6月18日公布の現行不動産登記法の原始規定の施行期日を定めた規定であり，本条の委任を受けた政令（平16年12月1日政令第378号「不動産登記法の施行期日を定める政令」）により，施行期日は平成17年3月7日と定められた。施行期日が平成16年度末となったのは，政府（IT戦略本部）のe-Japan戦略（平成13年1月22日）・e-Japan重点計画（平成13年3月29日）が「2003年度〔平成15年度〕までに，電子情報を紙情報と同等に扱う行政を実現する」との目標を設定したのに対し，法務省（情報化推進会議）が「法務省行政手続等の電子化推進に関するアクション・プラン」（平成14年7月30日）において「平成16年度中にオンライン化を実現したいが，……平成15年度までに達成することは困難な状況にある」との猶予を願い出たことによる。

　なお，同項ただし書の掲げる原始規定127条（同条は平成17年改正による筆界確定に関する条文の挿入により繰り下げられ現在は155条）は登記簿について，また，附則4条4項は閉鎖登記簿について，その公示方法としての性質から，「行政機関の保有する個人情報の保護に関する法律」（平成15年5月30日法律第58号）「第4章　開示，訂正及び利用停止」（同法12条〜44条）の適用を排除する旨を定めた規定であるが，一方，「行政機関の保有する個人情報の保護に関する法律」は，現行不登法が公布された時点では未施行であったため（「行政機関の保有する個人情報の保護に関する法律の施行期日を定める政令」（平15年12月25日政令第547号）により施行期日が平成17年4月1日とされた），同法の施行に現行不登法の施行が先行した場合には（そして実際にも1か月ほど先行した），適用関係に齟齬が生ずる。そこで，本条（不登

法附則1条)ただし書は，上記不登法原始規定127条(現155条)および附則4条4項の施行を，行政機関の保有する個人情報の保護に関する法律の施行より後に遅らせたものである。

II　新法(原始規定)の施行期日

同条の規定を受けて，新不登法の公布から半年後に制定された平成16年12月1日政令第378号「不動産登記法の施行期日を定める政令」により，新不登法の施行期日は，平成16年度末である平成17年3月7日〔＝同年3月最初の月曜日〕とされた。

III　その後の改正の施行期日
1　現行不登法の改正

現行不登法は，平成16年6月18日の制定以来，平成24年12月末までの間に，計8回の改正を受けている。それぞれの改正法の施行期日・経過規定等は，以下の通りである。

(1)　平成16年12月1日法律第147号「民法の一部を改正する法律」附則102条による現行不登法の一部改正

同改正の中心は，①民法の現代語化ならびに②保証契約の適正化(貸金等根保証契約に関する規定の創設)にあったが，このほか，③抵当権の順位に関する旧373条を373条と374条に分割したことから生じた条数のずれ(〜現行381条)，④根抵当権に関する旧398条ノ7と旧398条ノ8を統合したことから生じた条数のずれ(〜現行398条の10)に対応した法改正が必要となった。不登法に関しては，②関連の改正はなかったが，①・③・④の改正に対応して，同改正法附則102条(不動産登記法の一部改正)により，以下の計7か条について改正が行われた。78条5号(①)，80条1項(①)，88条1項(④)・2項2号(③)・4号(④)，89条2項(④)，90条(③)，92条(④)，93条(④)。

この法改正の施行期日につき，同改正法附則は以下のように規定し，

> (施行期日)
> 〔附則〕第1条　この法律は，公布の日から起算して6月を超えない範囲内において政令で定める日から施行する。

そして，同条の委任を受けた平成17年3月9日政令第36号「民法の一部を改正する法律の施行期日を定める政令」は，上記改正規定の施行期日を，現行不登法原始規定の施行期日(平成17年3月7日)の約1か月後である平成17年4月1日とした。同日は，現行不登法の原始規定の附則1条も掲げる「行政機関の保有する個人情報の保護に関する法律」ないし不登法旧127条(現155条)・附則4条4項の施行期日に同じである。

(2)　平成16年12月3日法律第152号「民事関係手続の改善のための民事訴訟法等の一部を改正する法律」附則37条による現行不登法の一部改正

上記民法改正の2日後の平成16年12月3日には，①民事訴訟手続の電子化，②簡易裁判所における少額訴訟債権執行制度の創設，③不動産競売における最低売却価額制度の見直

し，④扶養義務等に基づく金銭債務についての間接強制制度の創設，⑤公示催告手続の改善等を目的とする法改正が行われた。同改正法附則37条(不動産登記法の一部改正)による改正(改正条文は不登法70条1項・2項，108条5項の2か条)は，いずれも⑤「公示催告手続ニ関スル法律」(明治23年4月21日法律第29号)の廃止ならびに「非訟事件手続法」(明治31年6月21日法律第14号)の改正に対応した条文等の修正である。

一方，施行期日につき，同改正法附則1条は以下のように規定していた。

(施行期日)
〔附則〕第1条　この法律は，公布の日から起算して1年を超えない範囲内において政令で定める日から施行する。ただし，次の各号に掲げる規定は，当該各号に定める日から施行する。
(1)　附則第28条の規定中民事訴訟費用等に関する法律(昭和46年法律第40号)第3条第2項第1号の改正規定　労働審判法(平成16年法律第45号)の施行の日又はこの法律の施行の日のいずれか遅い日
(2)　附則第37条の規定　不動産登記法(平成16年法律第123号)の施行の日又はこの法律の施行の日のいずれか遅い日

しかし，同附則1条柱書本文の委任に基づく平成16年12月27日政令第418号「民事関係手続の改善のための民事訴訟法等の一部を改正する法律の施行期日を定める政令」は，施行期日を平成17年4月1日と定めたため，同附則1条2号の規定する「附則第37条の規定」(＝上記不登法70条1項・2項，108条5項の改正)も，同日より施行されることとなった(なお，同附則1条1号の掲げる労働審判法の施行期日については，平成18年4月1日(ただし，労働審判員に関する同法9条の施行期日は平成17年10月1日)とされたので，1号に関しては，労働審判法の施行期日が施行日となった)。

同附則37条の定める不登法の改正内容に関しては，不登法の当該条文の注釈を参照されたい。なお，同条に続く以下の3か条も，不登法に関係する規定であった。

(不動産登記法に関する経過措置)
〔附則〕第38条　この法律の施行の日が不動産登記法の施行の日前である場合には，同法の施行の日の前日までの間における不動産登記法(明治32年法律第24号)第142条第1項及び第2項の規定の適用については，同条第1項中「公示催告手続ニ関スル法律(明治23年法律第29号)ノ規定ニ従ヒテ」とあるのは「非訟事件手続法第141条ニ規定スル」と，同条第2項中「除権判決」とあるのは「非訟事件手続法第148条第1項ニ規定スル除権決定」とする。

しかし，上記のように，本改正法の施行期日(平成17年4月1日)は，現行不登法の施行期日(平成17年3月7日)より後とされたため，

> (罰則の適用に関する経過措置)
> 〔附則〕第39条　この法律の施行前にした行為及びこの附則の規定によりなお従前の例によることとされる場合におけるこの法律の施行後にした行為に対する罰則の適用については，なお従前の例による。

その結果，現行不登法の施行日(平成17年3月7日)から本改正法の施行日(平成17年4月1日)までに行われた行為については，本改正法以前の旧法の処罰規定が適用される。

> (政令への委任)
> 〔附則〕第40条　附則第3条から第10条まで，第29条及び前2条に規定するもののほか，この法律の施行に関し必要な経過措置は，政令で定める。

同条の委任を受けて，平成16年12月27日政令第419号「民事関係手続の改善のための民事訴訟法等の一部を改正する法律の施行に伴う関係政令の整備に関する政令」が制定されている。

(3)　平成17年4月13日法律第29号「不動産登記法等の一部を改正する法律」による現行不登法の一部改正

現行不登法の施行直後に行われた本改正は，①筆界特定制度の導入を目的とする大規模改正であったが，このほか，②罰則に関して，新たに登記官の表示に関する登記についての調査(不登法29条)に対する「検査の妨害等の罪」が追加され(不登法162条新設，163条改正)，さらに，③司法書士法および土地家屋調査士法の改正をも含んでいる。

この法改正の施行期日につき，同改正法附則は以下のように規定し，

> (施行期日)
> 〔附則〕第1条　この法律は，公布の日から起算して6月を超えない範囲内において政令で定める日から施行する。

同条の委任を受けた平成17年11月7日政令第336号「不動産登記法等の一部を改正する法律の施行期日を定める政令」により，施行期日は平成18年1月20日とされた。

一方，上記①・②・③の改正点との関係で，改正法附則中には，以下の規定が存する。

①　筆界特定の電子申請　　まず，筆界特定に関して，新設131条4項は，筆界特定の申請につき不登法18条を準用しているが，そのうち電子申請を定めた18条1号に関しては，平成16年現行不登法制定時の附則6条が，法務大臣の指定の日から適用する旨を定めている。そこで，平成17年改正法附則2条は，筆界特定の申請についても，不登法18条1号の電子申請の方法による場合には，法務大臣の指定の日から適用するものとした。

> (不動産登記法の一部改正に伴う経過措置)
> 〔附則〕第2条　第1条の規定による改正後の不動産登記法(以下この項において「新不動産登記法」という。)第131条第4項において準用する新不動産登記法第18条第1号

の規定は，法務局又は地方法務局ごとに同号に規定する方法による筆界特定の申請をすることができる筆界特定の手続(新不動産登記法第6章第2節の規定による筆界特定の手続をいう。以下この項において同じ。)として法務大臣が指定した筆界特定の手続について，その指定の日から適用する。
② 前項の規定による指定は，告示してしなければならない。

② **罰則** 一方，新設の検査妨害罪との関係では，改正法附則9条が，刑罰不遡及原則を確認している。

(罰則の適用に関する経過措置)
〔附則〕**第9条** この法律の施行前にした行為に対する罰則の適用については，なお従前の例による。

③ **土地家屋調査士のADR業務に関する検討** 平成17年改正法は，不動産登記法において，登記官による筆界特定の手続を定める一方で，土地家屋調査士法において，土地家屋調査士に所有権界をめぐる紛争に関する民間紛争解決手続の代理権を認めた(同法3条1項7号〜8号，2項)。同制度に関して，改正法附則10条は，弁護士との協同受任や認定制度を定めた土地家屋調査士法3条2項のみを念頭に，施行後5年経過した段階〔＝平成23年1月20日〕での検討を規定しているが，検討の対象は，土地家屋調査士ADR制度と対をなす筆界特定制度に関しても行われるべきものである。

(検討)
〔附則〕**第10条** 政府は，この法律の施行後5年を経過した場合において，この法律の施行の状況等を勘案し，新土地家屋調査士法第3条第2項に規定する民間紛争解決手続代理関係業務に係る制度について検討を加え，必要があると認めるときは，その結果に基づいて所要の措置を講ずるものとする。

(4) 平成18年12月15日法律第109号「信託法の施行に伴う関係法律の整備等に関する法律」71条による現行不登法の一部改正

現行信託法(平成18年12月15日法律第108号)の制定に伴い，現行不登法の「信託に関する登記」に関する規定も，平成18年12月15日法律第109号「信託法の施行に伴う関係法律の整備等に関する法律」71条(不動産登記法の一部改正)により大規模な改正を受けた。

なお，同整備法72条には，次のような経過措置に関する規定が設置された。

(不動産登記法の一部改正に伴う経過措置)
第72条 施行日前にされた登記の申請に係る登記に関する手続については，なお従前の例による。

一方，この改正の施行期日について，同整備法附則は以下のように定め，

第72条　この法律は，新信託法の施行の日から施行する。ただし，次の各号に掲げる規定は，当該各号に定める日から施行する。
(1)　第9条(商法第7条の改正規定に限る。)，第25条(投資信託及び投資法人に関する法律第251条第24号の改正規定に限る。)，第37条(金融機関の合併及び転換に関する法律第76条第7号の改正規定に限る。)，第49条(保険業法第17条の6第1項第7号，第53条の12第8項，第53条の15，第53条の25第2項，第53条の27第3項，第53条の32，第180条の5第3項及び第4項並びに第180条の9第5項の改正規定に限る。)，第55条(資産の流動化に関する法律第76条第6項，第85条，第168条第5項，第171条第6項及び第316条第1項第23号の改正規定に限る。)，第59条，第75条及び第77条(会社法目次の改正規定，同法第132条に2項を加える改正規定，同法第2編第2章第3節中第154条の次に1款を加える改正規定，同法第2編第3章第4節中第272条の次に1款を加える改正規定，同法第695条の次に1条を加える改正規定及び同法第943条第1号の改正規定を除く。)の規定　公布の日
(2)　第3条，第6条第1項，第11条第2項及び第3項，第15条第2項，第26条第1項，第30条第2項並びに第56条第2項の規定　公布の日から起算して1年3月を超えない範囲内において政令で定める日
(3)　第61条の規定　公布の日から起算して5年を超えない範囲内において政令で定める日。

その後，平成19年8月3日政令第231号「信託法の施行期日を定める政令」が，信託法の施行期日を平成19年9月30日とした結果，不登法の「信託に関する登記」についての条文改正も，同日より発効した。

(5)　**平成19年3月31日法律第23号「特別会計に関する法律」附則372条による現行不登法の一部改正**

平成19年「特別会計に関する法律」制定の際に，登記特別会計は平成22年度末で廃止された(同法附則66条32号による登記特別会計法(昭和60年法律第54号)の廃止および同法附則67条1項14号による暫定登記特別会計。さらに，同法附則201条～206条，257条～258条も参照)。

(施行期日)
〔附則〕第1条　この法律は，平成19年4月1日から施行し，平成19年度の予算から適用する。ただし，次の各号に掲げる規定は，当該各号に定める日から施行し，第2条第1項第4号，第16号及び第17号，第2章第4節，第16節及び第17節並びに附則第49条から第65条までの規定は，平成20年度の予算から適用する。
(1)　附則第266条，第268条，第273条，第276条，第279条，第284条，第286条，第288条，第289条，第291条，第292条，第295条，第298条，第299条，第302条，第317条，第322条，第324条，第328条，第343条，第345条，第347条，第349条，第

352条，第353条，第359条，第360条，第362条，第365条，第368条，第369条，第380条，第383条及び第386条の規定　平成20年4月1日
  (2) 附則第269条，第290条及び第387条の規定　平成22年4月1日
  (3) 附則第260条，第262条，第264条，第265条，第270条，第296条，第311条，第335条，第340条，第372条及び第382条の規定　平成23年4月1日

その結果，同法附則372条により不登法149条4項の「登記印紙」の文言も「収入印紙」に改められた。

(不動産登記法の一部改正)
〔附則〕**第372条**　不動産登記法の一部を次のように改正する。
　第119条第4項中「登記印紙」を「収入印紙」に改める。

また，登記印紙の廃止と収入印紙への移行期における経過措置に関しては，次の規定が設けられた。

(登記印紙の廃止に伴う経過措置)
〔附則〕**第382条**　附則第260条の規定による改正後の民法施行法第8条第2項，附則第262条の規定による改正後の抵当証券法第3条第5項(同法第22条において準用する場合を含む。)，附則第296条の規定による改正後の商業登記法第13条第2項本文(同法第49条第7項(同法第95条，第111条及び第118条において準用する場合を含む。)及び他の法令において準用する場合を含む。)，附則第311条の規定による改正後の電子情報処理組織による登記事務処理の円滑化のための措置等に関する法律第3条第4項本文，附則第335条の規定による改正後の動産及び債権の譲渡の対抗要件に関する民法の特例等に関する法律第21条第2項本文，附則第340条の規定による改正後の後見登記等に関する法律第11条第2項本文又は附則第372条の規定による改正後の不動産登記法第119条第4項本文(同法第120条第3項，第121条第3項及び第149条第3項並びに他の法令において準用する場合を含む。)の規定にかかわらず，当分の間，手数料を納付するときは，収入印紙又は登記印紙をもってすることができる。

なお，罰則に関しても，次のような経過措置が設けられた。

(罰則に関する経過措置)
〔附則〕**第391条**　この法律の施行前にした行為及びこの附則の規定によりなお従前の例によることとされる場合におけるこの法律の施行後にした行為に対する罰則の適用については，なお従前の例による。

その他，同法附則は，経過措置に関する規定を政令に委ねている。

> (その他の経過措置の政令への委任)
> 〔附則〕第392条　附則第2条から第65条まで，第67条から第259条まで及び第382条から前条までに定めるもののほか，この法律の施行に関し必要となる経過措置は，政令で定める。

　同条の委任に基づき，平成20年2月29日政令第40号「特別会計に関する法律の施行に伴う関係政令の整備及び経過措置に関する政令」が制定された。

(6)　平成19年12月21日法律第132号「借地借家法の一部を改正する法律」附則3条による現行不登法の一部改正

　平成19年借地借家法改正による事業用定期借地権(同法23条新設)の制度新設を受けて，改正法附則3条により，不登法78条3号・4号，81条7号・8号が改正された。

　一方，この法改正の施行期日につき，同改正法附則は以下のように規定している。

> (施行期日)
> 〔附則〕第1条　この法律は，平成20年1月1日から施行する。

(7)　平成23年4月28日法律第32号「高齢者の居住の安定確保に関する法律等の一部を改正する法律」附則14条による現行不登法の一部改正

　高齢者の居住の安定確保に関する法律(平成13年4月6日法律第26号)につき，サービス付き高齢者向け住宅事業の登録制度の創設等を行った平成23年法改正に伴い，旧法の条文を挙示していた不登法81条8号が改正法の条数に改められた。

　この法改正の施行期日につき，同改正法附則は以下のように規定し，

> (施行期日)
> 〔附則〕第1条　この法律は，公布の日から起算して6月を超えない範囲内において政令で定める日から施行する。

　その後，平成23年7月29日政令第236号「高齢者の居住の安定確保に関する法律等の一部を改正する法律の施行期日を定める政令」により，施行期日は平成23年10月20日とされた。

(8)　平成23年5月25日法律第53号「非訟事件手続法及び家事事件手続法の施行に伴う関係法律の整備等に関する法律」150条による現行不登法の一部改正

　非訟事件手続法(平成23年5月25日法律第51号)および家事事件手続法(同日第52号)の制定に伴い，旧非訟事件手続法(明治31年6月21日法律第14号)の条文を挙示していた不登法71条1項・2項，108条5項が新非訟事件手続法の条数に改められた。

　この法改正の施行期日につき，同改正法附則は以下のように規定し，

> (施行期日)
> 〔附則〕第1条　この法律は，公布の日から起算して6月を超えない範囲内において政令で定める日から施行する。

その後，平成24年7月19日政令第196号「非訟事件手続法の施行期日を定める政令」により，同法の施行期日は平成25年1月1日とされた。

2 不動産登記令の改正

一方，不動産登記令は，平成24年12月末段階までの間に，以下の合計8回の改正を受けている。

①	平成17年3月9日政令第37号「民法の一部を改正する法律の施行に伴う関係政令の整備に関する政令」18条……〔施行〕平成17年4月1日	「民法の一部を改正する法律」（平成16年法律第147号。現代語化改正）の制定に伴い，根抵当の条数のカタカナ表記をひらがな書きに改める等の変更行ったもの。
②	平成17年11月7日政令第337号「不動産登記法等の一部を改正する法律の施行に伴う関係政令の整備に関する政令」1条(不動産登記令の一部改正)……〔施行〕平成18年1月20日	筆界特定手続記録のうち写しの交付を認める図面の種類を政令に委任した不登法149条1項を受けて，不登令21条に2項を新設したもの。
③	平成19年7月13日政令第207号「信託法及び信託法の施行に伴う関係法律の整備等に関する法律の施行に伴う法務省関係政令等の整備等に関する政令」42条(不動産登記令の一部改正)……〔施行〕平成19年9月30日	「信託法」（平成18年法律108号）の施行に伴い，旧信託法を念頭に置く登記手続を，新信託法の規定に合わせたもの。
④	平成19年12月27日政令第390条「借地借家法の一部を改正する法律の施行に伴う関係政令の整備に関する政令」3条(不動産登記令の一部改正)……〔施行〕平成20年1月1日	「借地借家法の一部を改正する法律」（平成19年法律第132号）の制定に伴い，令別表33および令別表38条の掲記する借地借家法の条文を，改正法の条数に改めたもの。
⑤	平成20年1月11日政令第1号「不動産登記令の一部を改正する政令」……〔施行〕平成20年1月15日	添付情報の提供方法につき，いわゆる「特例方式」を導入する改正(附則5条新設)。
⑥	平成22年1月22日政令第4号「信託法の施行に伴う関係法律の整備等に関する法律の施行に伴う関係政令の整備に関する政令」3条(不動産登記令の一部改正)……〔施行〕平成22年7月1日	「信託法の施行に伴う関係法律の整備等に関する法律」（平成18年法律第109号）61条の施行に伴い，令別表66の2添付情報欄に振替受益権の受益者である旨を証する情報を追加。
⑦	平成23年7月29日政令第237号「高齢者の居住の安定確保に関する法律等の一部を改正する法律の施行に伴う関係政令の整備に関する政令」4条(不動産登記令の一部改正)……〔施行〕平成23年10月20日	「高齢者の居住の安定確保に関する法律等の一部を改正する法律」（平成23年法律第32号）の施行に伴い，令別表38添付情報欄の掲記する旧法の条数を，改正法の条数に改めたもの。
⑧	平成24年7月19日政令第197号「非訟事件手続法等の施行に伴う関係政令の整備に関する政令」46条(不動産登記令の一部改正。なお47条に経過規定が設置されている)……〔施行〕平成25年1月1日	「非訟事件手続法」（平成23年法律第51号）の施行に伴い，旧非訟事件手続法（明治31年法律第14号）の条文を挙示していた令別表26添付情報欄を，新法の条数に改めたもの。

3 不動産登記規則の改正

　他方，不登規則も，その制定から，平成24年12月末までの間に，合計17回の改正を受けている。

①	平成17年8月15日法務省令第82号「不動産登記規則の一部を改正する省令」……〔施行〕平成17年8月15日（一部平成17年8月29日）	不登規則47条，55条，68条，195条の規定の明確化等を企図した修正。
②	平成17年11月11日法務省令第106号「不動産登記法等の一部を改正する法律の施行に伴う関係省令の整備に関する省令」4条(不動産登記規則の一部改正)……〔施行〕平成18年1月20日	不登法に筆界特定の制度が新設されたことを受け，不登規則中に，新たに「筆界特定」の章を新設したもの。
③	平成18年3月29日法務省令第28号「非訟事件手続法による財産管理の報告及び計算に関する書類並びに財産目録の謄本又は株主表の抄本の交付に関する手数料の件の廃止等をする省令」9条(不動産登記規則の一部改正)……〔施行〕平成18年5月1日	会社法(平成17年法律第86号)の施行に伴い，「非訟事件手続法による財産管理の報告及び計算に関する書類並びに財産目録の謄本又は株主表の抄本の交付に関する手数料の件」(昭和17年司法省令第19号)を廃止し(1条)，同令を念頭に置く不登規則の条文を改正したもの。
④	平成18年3月31日法務省令第43号「不動産登記規則及び船舶登記規則の一部を改正する省令」1条……〔修正〕平成18年4月1日	登録免許税を納付する場合の申請情報を定めた登記規則189条1項の挙示する登録免許税法別表第一の条数を訂正。
⑤	平成19年3月30日法務省令第15号「不動産登記規則等の一部を改正する省令」1条(不動産登記規則の一部改正)……〔施行〕平成19年4月1日	地図等に関して，オンライン請求サービス・情報提供サービス・登記所間の情報交換サービスを導入したほか，不登規則の条文の字句修正等を行った。
⑥	平成19年9月28日法務省令第57号「不動産登記規則等の一部を改正する省令」1条(不動産登記令の一部改正)……〔施行〕平成19年9月30日(一部平成19年10月1日)	信託法(平成18年法律第108号)の制定を受けて，旧信託法に対応した信託の登記に関する条文を，新信託法に対応する形に改めたもの。
⑦	平成20年1月11日法務省令第1号「不動産登記規則の一部を改正する省令」……〔施行〕平成20年1月15日	「不動産登記令の一部を改正する政令」(平成20年1月11日)による「特例方式」の導入(令附則5条新設)に伴い，所定の手続を設置するもの。
⑧	平成20年7月22日法務省令第46号「不動産登記規則等の一部を改正する省令」1条(不動産登記規則の一部改正)……〔施行〕平成20年7月22日	抵当証券法施行細則，鉱害賠償登録規則，企業担保登記規則，船舶登記規則，農業用動産抵当登記規則，建設機械登記規則とともに，条文の不備を修正するもの。

⑨	平成20年11月25日法務省令第62号「不動産登記規則等の一部を改正する省令」1条(不動産登記規則の一部改正)……〔施行〕平成20年11月25日	信託法(平成18年法律第108号)の施行(平成19年9月30日)を受けて,信託目録の様式を定めた「別記第5号」「別記第7号」～「別記第10号」を改めたもの。
⑩	平成21年4月23日法務省令第23号「電気通信回線による登記情報の提供に関する法律施行規則等の一部を改正する省令」2条(不動産登記規則の一部改正)……〔施行〕平成21年4月23日	「電気通信回線による登記情報の提供に関する法律施行規則」(平成12年法務省令第28号)の改正を機に,不動産登記規則ならびに農業用動産抵当登記規則の文言の表現・条数の誤りを改めたもの。
⑪	平成22年4月1日法務省令第17号「不動産登記規則等の一部を改正する省令」1条(不動産登記規則の一部改正)……〔施行〕平成22年4月1日	地図等の電子化に伴い,地図等の副記録(15条の2),行政区画の変更を地図等に反映させる手続(16条の2),土地所在図等の副記録(27条の3)等の規定を新設。
⑫	平成23年1月12日法務省令第1号「不動産登記規則の一部を改正する省令」……〔施行〕平成23年1月21日	信託目録の電子化を念頭に,旧信託法時代からの信託目録の書面申請に関する規定等を改正したもの。
⑬	平成23年3月25日法務省令第5号「不動産登記規則等の一部を改正する省令」1条(不動産登記規則の一部改正)……〔施行〕平成23年4月1日	登記特別会計の廃止を機に,登記印紙以外の箇所についても,比較的大規模な手直しを行ったもの。併せて他の公示制度についても改正が行われた。
⑭	平成23年12月22日法務省令第41号「不動産登記規則の一部を改正する省令」……〔施行〕平成23年12月26日	東日本大震災復興特別区域法(平成23年法律第122号)の施行に伴い,不登法150条の委任に基づいて,被災地の筆界特定手続の特例等につき,不登規則50条,207条,209条,211条,213条を改正。
⑮	平成23年12月26日法務省令第43号「出入国管理及び難民認定法及び日本国との平和条約に基づき日本の国籍を離脱した者等の出入国管理に関する特例法の一部を改正する等の法律の施行に伴う法務省関係省令の整備及び経過措置に関する省令」9条(不動産登記規則の一部改正)……〔施行〕平成24年7月9日	「出入国管理及び難民認定法及び日本国との平和条約に基づき日本の国籍を離脱した者等の出入国管理に関する特例法の一部を改正する等の法律」(平成21年法律第79号)の施行に伴い,不登規則72条(資格者代理人による本人確認情報の提供)2項1号の「外国人登録証明書」を削り,「特別永住許可証明書」を加える。
⑯	平成24年2月6日法務省令第4号「電気通信回線による登記情報の提供に関する法律施行規則の一部を改正する省令」附則2条(不動産登記規則の一部改正)……〔施行〕平成24年2月20日	「電気通信回線による登記情報の提供に関する法律施行規則」(平成12年法務省令第28号)の一部改正に伴い,不登規則55条,63条,63条の2,70条,72条,182条の表現等を改めたもの。
⑰	平成24年10月1日法務省令第38号「不動産登記規則の一部を改正する省令」……〔施行〕平成24年10月1日	郵政民営化法等の一部を改正する等の法律(平成24年法律第30号)の施行に伴い,不登規則63条4項1号・5項1号,70条1項1号の

	「郵政事業株式会社」の文言を「日本郵便株式会社」に改めたもの。

(七戸克彦)
(執筆協力：加藤政也)

(経過措置)
第2条 新法の規定(罰則を除く。)は，この附則に特別の定めがある場合を除き，この法律の施行前に生じた事項にも適用する。ただし，改正前の不動産登記法(以下「旧法」という。)の規定により生じた効力を妨げない。
② この法律の施行前にした旧法の規定による処分，手続その他の行為は，この附則に特別の定めがある場合を除き，新法の適用については，新法の相当規定によってしたものとみなす。

＊関連法規……(経過措置の原則)規則附則2条

I 本条の趣旨
1 本条1項

本条1項本文は，「新法」(平成16年改正不登法。附則1条ただし書参照)の規定が，原則として，新法施行前に生じた事項にも適用される旨を定めた規定である。したがって，新法施行(平成17年3月7日)前に物権変動が生じていても，その登記手続は，新法の規定する登記手続による(例えば権利に関する登記につき登記原因証明情報の提供は必須であり(新法61)，「旧法」(平成16年改正前の不登法。本条1項ただし書参照)の申請書副本の提出の代替制度(旧法40)によることはできない)。

ただし，「この附則に特別の定めがある場合」には，新法の規定は例外的に遡及しない。これには，①新法施行前に登記の申請がされている場合(附則8)と，②新法施行前にした行為に対する新法の罰則規定の不適用(附則12)がある。

さらに，本条1項ただし書は，③旧法に従って登記手続が実行済の場合にも，登記の効力が妨げられない旨を規定している。

2 本条2項

本条2項は，新法の施行前に，旧法の規定に従ってすでになされてしまった処分，手続その他の行為(①法務大臣による指定・事務の委任・命令，②法務局長・地方法務局長による指定・許可・命令，③登記官による登記の実行・却下処分等)は，新法の相当規定により行われたものとみなす旨の規定である。

II 不動産登記規則附則2条

なお,「新規則」(改正後の不動産登記規則。新規則2条参照)も,2条1項本文において,新規則附則に特別の定めを除き,新規則の規定が,新規則施行(不登法の施行日。新規則附則1条)前に生じた事項にも適用があるとし,1項ただし書において,旧細則(改正前の不動産登記法施行細則。新規則2条参照)の規定に従って生じた登記の効力を妨げない旨を規定する。

また,同条2項も,新規則施行前にした旧細則の規定による処分,手続その他の行為は,新規則附則に特別の定めがある場合を除き,新規則の相当規定によってしたものとみなす旨を規定している。

(七戸克彦)

(執筆協力:加藤政也)

(経過措置)
第3条 新法第2条第5号及び第9号，第12条，第51条第5項及び第6項（第53条第2項において準用する場合を含む。）並びに第119条の規定は，登記所ごとに電子情報処理組織（旧法第151条ノ2第1項の電子情報処理組織をいう。第3項において同じ。）により取り扱う事務として法務大臣が指定した事務について，その指定の日から適用する。

② 前項の規定による指定は，告示してしなければならない。

③ 前二項の規定にかかわらず，この法律の施行の際現に旧法第151条ノ2第1項の指定を受けている登記所において電子情報処理組織により取り扱うべきこととされている事務については，この法律の施行の日に第1項の規定による指定を受けたものとみなす。

④ 第1項の規定による指定がされるまでの間は，同項の規定による指定を受けていない事務については，旧法第14条から第16条ノ2まで，第21条第1項（登記簿の謄本又は抄本の交付及び登記簿の閲覧に係る部分に限る。）及び第3項並びに第24条ノ2第1項及び第3項の規定は，なおその効力を有する。

⑤ 第1項の規定による指定がされるまでの間における前項の事務についての新法の適用については，新法本則（新法第2条第6号，第15条及び第25条第2号を除く。）中「登記記録」とあるのは「登記簿」と，新法第2条第6号及び第25条第2号中「登記記録として」とあるのは「登記簿に」と，新法第2条第8号及び第11号中「権利部」とあるのは「事項欄」と，新法第15条中「登記簿及び登記記録」とあるのは「登記簿」と，第122条中「，登記簿」とあるのは「，登記簿（附則第3条第4項の規定によりなおその効力を有することとされる旧法第24条ノ2第1項の閉鎖登記簿を含む。）」とする。

⑥ 新法第119条第4項の規定は，第4項の規定によりなおその効力を有することとされる旧法第21条第1項（第4項の規定によりなおその効力を有することとされる旧法第24条ノ2第3項において準用する場合を含む。）の手数料の納付について準用する。この場合において，新法第119条第4項中「第1項及び第2項」とあるのは，「附則第3条第4項の規定によりなおその効力を有することとされる旧法第21条第1項（附則第3条第4項の規定によりなおその効力を有することとされる旧法第24条ノ2第3項において準用する場合を含む。）」と読み替えるものとする。

⑦ 新法第119条第5項の規定は，同項の請求に係る不動産の所在地を管轄する登記所における第1項の規定による指定（第3項の規定により指定を受けたものとみなされるものを含む。）を受けていない事務については，適用しない。

＊関連法規……①(定義)法２条５号・９号，(登記記録の作成)法12条，(建物の表題部の変更の登記)法51条５項・６項，(登記事項証明書の交付等)法119条，(登記簿の改製)規則附則３条，(共同担保目録等の改製)規則附則14条，(第３条指定を受けている登記所からの移送)規則附則７条，(第３条指定を受けていない登記所からの移送)規則附則８条，(共同担保目録)規則附則９条〔→(共同担保目録に係る事務の取扱い)通達第１-16〕，規則附則10条，規則附則11条，(信託目録)規則附則12条，規則附則13条，⑥⑦(登記事項証明書の交付等)法119条４項・５項

I　本条の趣旨

　旧不登法は，昭和63年法改正において，それまでのバインダー帳簿の登記簿での事務処理に対する「特例」として，磁気ディスクをもって調製された登記簿で登記事務の全部または一部を電子情報処理組織により取り扱うことを認めた(旧法151ノ２以下)。だが，平成16年新法施行段階においては，電子情報処理組織を用いて登記事務を行う登記所(コンピュータ庁)は少なく，従来型の紙の登記簿を用いた事務処理を行う登記所(ブック庁)が多数を占めていた。

　そこで，本条は，(1)新法施行後にコンピュータ庁に移行する登記所については，磁気ディスク登記簿への電磁的記録と，これをプリントアウトした登記事項証明書の交付に関して，当該登記所が電子情報処理組織により取り扱う事務を法務大臣が指定した日から運用を開始する旨を規定し(１項・２項。なお，規則附則４条１項はこれを「第３条指定」と呼んでいる)，(2)旧法時代にすでにコンピュータ庁に移行している登記所に関しては，上記(1)「第３条指定」を受けたものとみなす一方(３項)，(3)未指定の登記所に関しては，旧法の処理を維持する旨を定めている(４項～７項)。

II　法務大臣の指定

　新法附則「第３条指定」は，附則３条１項の掲げる登記事務に関して，個々の事務ごとに，法務大臣が指定する。これに対して，新法においてはじめて導入された電子申請(オンライン申請。新法18条１項)への移行に関しては，別途，附則６条１項により，法務大臣の指定により運用を開始する旨が規定されている(なお，新規則附則15条はこれを新法附則「第６条指定」と呼ぶ)。また，登記事項証明書等の交付のオンライン請求(新法119条４項の委任による新規則194条３項)についても，附則17条に，別途法務大臣の指定による運用開始が規定されている。

(1)　指定の対象となる事務

　これに対して，附則３条の法務大臣の指定の対象となる個々の登記事務の内訳は，具体的には以下の(ア)～(エ)であるが，(イ)(ウ)の証明書については，新法制定後に様式変更がなされており，変更後の様式への移行に関しては，平成20年改正規則附則３条が指定の根拠規定

となる。一方、(エ)についても、平成19年「信託法の施行に伴う関係法律の整備等に関する法律の施行に伴う経過措置を定める政令」1項・4項が指定の根拠規定となった。

　(ア)　**表示に関する登記・権利に関する登記の電磁的記録**　法附則3条1項は、法務大臣が指定した事務の内訳につき、①「新法第2条第5号及び第9号、第12条、第51条第5項及び第6項(第53条第2項において準用する場合を含む。)」と、②「第119条」の2つを規定している。このうちの①登記簿の表題部への表示に関する登記ならびに権利部への権利に関する登記の(a)記録業務ならびに(b)証明書交付業務の電子化については、旧法時代の昭和63年10月6日パイロット庁であった東京法務局板橋出張所が法務大臣の指定(当時は旧法151条ノ2第1項の規定に基づく)を受けて以降、磁気ディスク登記簿が各登記所に順次導入され、新法施行後も平成17年3月14日旭川地方法務局礼文出張所・大分地方法務局別府出張所の指定に始まり、平成20年3月24日松江地方法務局西郷支局の指定をもって、コンピュータ庁への移行は完了した。

　なお、法附則3条1項が、「新法第2条第5号及び第9号、第12条」に加えて、「第51条第5項及び第6項(第53条第2項において準用する場合を含む。)」を併記しているのは、区分所有建物に関してはコンピュータ入力が複雑であるため、別途指定の余地を残すためと思われるが、実際には、かかる特別の指定は行われなかった。

　(イ)　**電磁的記録を用いた証明書の交付**　法附則3条1項は、上記(ア)登記簿の表題部・権利部への電磁的記録の事務とならんで、(イ)この電磁的な登記記録を出力する形での登記事項証明書の交付事務を、法務大臣の指定事務としている。

　実際には、(ア)の事務と(イ)の事務は、すべての登記所に関して同時に指定されているが、ただし、(イ)の登記事項証明書の様式に関しては、平成20年の規則改正(平成20年11月25日法務省令62号「不動産登記規則等の一部を改正する省令」)の際に、A4縦型への様式変更(土地の登記記録につき「別記第7号様式」、建物の登記記録につき「別記第8号様式」、区分建物の登記記録につき「別記第9号様式」。規則197②(1)～(3))がなされ、同改正規則附則3条は、新様式の登記事項証明書の交付事務の運用開始を法務大臣の指定によるものとし、これに基づき、平成20年11月25日宇都宮地方法務局管内の登記所の指定(同日法務省告示第525号)を皮切りに、順次全国の登記所に対する指定がなされ、平成22年12月27日金沢地方法務局管内ならびに宮崎地方法務局管内の登記所の指定により、全国すべての登記所について、(イ)登記事項証明書のA4縦型化が完了した。

　(ウ)　**共同担保目録に関する事務・信託目録に関する事務**　法務大臣の指定する事務は、以上(ア)(イ)の新法附則3条に加えて、新規則においても定められている。(ウ)(a)共同担保目録に関する事務(新規則附則9条。なお、同条1項は、「共同担保目録に関する事務について第3条指定を受けていない登記所」を「共担未指定登記所」と呼ぶ)および(b)信託目録に関する事務(新規則附則12条。なお、同条1項は、「信託目録に関する事務について第3条指定を受けていない登記所」を「信託目録未指定登記所」と呼ぶ)である。

　なお、平成20年の規則改正により、上記(イ)登記事項証明書の様式変更のほか、(ウ)(a)共同

担保目録(規則197条2項4号に基づく「別紙第十号様式」)ならびに(b)信託目録(規則197条2項5号に基づく「別紙第五号様式」)も変更され，同改正規則附則3条は，上記(イ)登記事項証明書とともに，(ウ)(a)共同担保目録・(b)信託目録の新様式についても，法務大臣の指定した登記所から運用を開始することとした。

なお，このうち(a)共同担保目録に関しては，すでに旧法時代より，磁気ディスク登記簿への電磁的な記録と登記事項証明書の交付が行われており，(b)信託目録に関しても，平成23年10月17日に，すべての登記所について指定が完了した。

(エ) 地図等に関する事務　　一方，不登法は，①地図・②建物所在図(法14①)および③地図に準ずる図面(同条④)についても，旧法下の平成7年度以降導入されている「地図管理システム」を用いて，電磁的記録に記録することができるとしており(法14⑥)。なお，「不動産登記法の施行に伴う登記事務の取扱いについて(通達)」(平17・2・25民二457【参考資料②】)「第1」「11」「(1)」「ア」は，電磁的記録に記録された①地図または③地図に準ずる図面を「電子地図」と呼ぶ)，新法施行時においては，「地図管理システム」が導入された各登記所の判断において，適宜その運用を開始することができるとされていた(小宮山秀史『逐条解説不動産登記規則1』〔テイハン・2010〕67頁)。

しかし，その後，平成17年10月20日法務省情報化統括責任者「地図管理業務・システム適正化計画」が策定され，従来の「地図管理システム」に代わる新システムとして「地図情報システム」の導入が開始された。この新「地図情報システム」は，旧「地図管理システム」が対象としていた「電子地図」(①地図・③地図に準ずる図面)のみならず，②建物所在図・④土地所在図・⑤地積測量図・⑥地役権図面・⑦建物図面・⑧各階平面図の電磁的記録ならびにその出力による証明書交付を可能にするものであるが(①〜③は新法120条1項の「地図等」，④〜⑧は新法121条1項の「登記簿の附属書類のうち政令で定める図面」であり，同条の委任を受けた不登令21条は「法第121条第1項の政令で定める図面は，土地所在図，地積測量図，地役権図面，建物図面及び各階平面図とする」と規定する)，その運用は，「信託法の施行に伴う関係法律の整備等に関する法律の施行に伴う経過措置を定める政令」(平成19年9月25日政令第302号) 1項(①〜③)および4項(④〜⑧)により，法務大臣の指定により開始される。

なお，この「地図情報システム」は，当初の予定では，平成22年度内の全庁指定＝導入完了が企図されていたが，平成23年3月11日の東日本大震災による被災のため，同年7月4日になって仙台法務局名取出張所，盛岡地方法務局・一関支局および大船渡出張所での運用が開始されて，全国すべての登記所への導入が完了した。

(2)　指定の方法

新法附則第3条指定は，告示の方法で行われる(新法附則3②)。(イ)登記事項証明書および(ウ)共同担保目録・信託目録に関する平成20年改正規則附則3条の指定(同条②)，(エ)地図等・登記簿の附属書類に関する平成19年政令第302号1項・4項の指定(同②・④)についても同様である。

(3) みなし指定

　なお，すでに旧法時代に磁気ディスク登記簿が導入され，旧法151条ノ2第1項の指定に基づいて電磁的記録ならびに登記事項証明書の交付がなされている登記所においては，新法施行日に新法附則第3条指定を受けたものとみなされる。

　ただし，その後の改正にかかる平成20年改正規則附則第3条指定ならびに平成19年政令第302号1項・4項指定に関しては，指定は擬制されない。新法附則6条で別途規定されている電子申請の指定についても同様である。

Ⅲ　法附則3条指定事務の今後

　上記のように，現行不登法が制定時に予定していた法附則3条指定の対象事務——上記Ⅱ(1)(ア)～(エ)のうち制定当初に予定されていたシステムや作業手順等——については，すべての登記所について指定が完了して，法附則3条はその使命を終えた。

　一方，その後の新様式・新システムの導入——上記Ⅱ(1)(ア)についてはコンピュータの仕様・システム内容等の変更，(イ)については登記事項証明書のA4縦型化など，(ウ)についても共同担保目録・信託目録の様式変更など，(エ)については地図情報システムの仕様の変更など——に関しては，法附則13条の委任規定に基づき，もっぱら法務省令(不動産登記規則)の改正を通じて行われ，そして，当該変更についての経過措置は，——上記Ⅱ(1)(イ)登記事項証明書のA4縦型化や，(ウ)登共同担保目録・信託目録の様式変更の際に行われたのと同様に——，当該変更についての移行に関しては法務大臣の指定を要求する旨の規定が，不動産登記規則の附則として設置(新設)されることとなる。

　なお，以上の法附則3条指定関係事務は，すでに旧法時代の昭和63年法改正により磁気ディスク登記簿への移行が開始されて以来の課題として積み残されていた懸案事項であり，現行不登法の制定に伴って新たに生じた事柄ではない。

　現行不登法に固有の問題は，上記Ⅱ(1)(ア)磁気ディスク登記簿への記録・保存，(イ)登記事項証明書の交付請求・閲覧，(ウ)共同担保目録・信託目録の登記所への提出(提供)，(エ)地図等の記録・提出・写しの交付請求に関して，インターネットを通じたオンライン処理を行うことにあり，これら新法の眼目であるオンライン関係の移行措置は，法附則6条の問題となる。

(七戸克彦)

(執筆協力：加藤政也)

(経過措置)
第4条 前条第1項の規定による指定(同条第3項の規定により指定を受けたものとみなされるものを含む。)がされた際に登記所に備え付けてある当該指定を受けた事務に係る閉鎖登記簿については，旧法第24条ノ2第3項の規定は，なおその効力を有する。
② 新法第119条第4項の規定は，前項の規定によりなおその効力を有することとされる旧法第24条ノ2第3項において準用する旧法第21条第1項の手数料の納付について準用する。この場合において，新法第119条第4項中「第1項及び第2項」とあるのは，「附則第4条第1項の規定によりなおその効力を有することとされる旧法第24条ノ2第3項において準用する旧法第21条第1項」と読み替えるものとする。
③ 第1項の閉鎖登記簿(その附属書類を含む。次項において同じ。)については，行政機関の保有する情報の公開に関する法律の規定は，適用しない。
④ 第1項の閉鎖登記簿に記録されている保有個人情報(行政機関の保有する個人情報の保護に関する法律第2条第3項に規定する保有個人情報をいう。)については，同法第4章の規定は，適用しない。

＊関連法規……①(閉鎖登記簿)規則附則5条，②(登記事項証明書の交付等)法119条4項

I 本条の趣旨

　本条は，旧法の閉鎖登記簿の取扱いについて定めた規定である。新法の前提とする磁気ディスク登記簿においては，そもそも「登記用紙」という概念が存在せず，したがってまた，それを編綴する「閉鎖登記簿」も存在しない。しかし，旧法下において閉鎖登記用紙は閉鎖登記簿に編綴されて(旧法24条ノ2第1項)，30年間(土地の閉鎖登記用紙については50年間)保存され(2項)，公開の対象となっていたから(3項)，新法下でも，同様の公開原則を維持しなければ，登記の公示性が低下することになる。このことから，新法附則4条は，新法下における，旧法の閉鎖登記簿の公開を定める。

II 閉鎖登記簿の公開
(1) 閉鎖登記簿の謄抄本交付の根拠条文
　(ア) **新法附則第3条未指定登記所**　新法附則3条4項は，第3条事務が未指定の登記所については，閉鎖登記用紙の閉鎖登記簿への編綴を定めた旧法24条ノ2第1項ならびに閉鎖登記簿の謄抄本の交付・閲覧に関する第3項の規定が，なお効力を有する旨を規定していた(さらに，新法附則3⑤も参照)。だが，現在では，すべての登記所につき第3条指定がなされているので，附則3条4項の適用される場面は，もはや存在しない。

(イ) **新法附則第3条指定登記所**　これに対して，新法附則4条1項は，第3条指定（みなし指定（新法附則3③）を含む）がされた時点で存在していた当該指定を受けた事務にかかる閉鎖登記簿（したがって，新法施行後第3条指定日までの間に上記(1)新法附則3条4項に基づき編綴された閉鎖登記簿を含む）については，旧法24条ノ2第3項の規定（紙の登記簿の種別（土地登記簿・建物登記簿）を定めた旧法14条と，登記簿謄抄本の交付等に関する旧法21条の準用規定）が，なお効力を有する旨を規定する。

現在の登記所は，すでに旧法時代にコンピュータ庁に移行している「みなし指定」庁か，新法施行後に磁気ディスク登記簿が導入され第3条指定を受けた登記所のいずれかであるから，閉鎖登記簿の取扱いについては，すべて同条項により処理されることとなる。上記(ア)附則3条4項と異なり，(イ)附則4条1項においては，旧法24条ノ2第1項が挙示されていない。同条項（「登記用紙ヲ閉鎖シタルトキハ之ヲ閉鎖登記簿ニ編綴スルコトヲ要ス」）にいう「登記用紙」も「閉鎖登記簿」も，コンピュータ庁移行後の登記所においては存在しないからである。

なお，新法においては，登記記録の閉鎖に関する規定もなく，したがって，この点に関しては新法15条に基づき法務省令に委任され，これを受けて，新規則は，登記記録を閉鎖すべき場合（新規則5③・8・106②・109・117・124④・129②・132③・133②④・137②・140③・144①。なお，地図等の閉鎖につき新規則12・32②・85・87）や，閉鎖した登記記録の保存期間（土地に関しては50年，建物に関しては30年。新規則28条4号，5号）に関する規定を設置している。ただし，閉鎖登記記録もまた登記記録の一種であるので，証明書の交付に関しては，登記事項証明書の交付に関する新法119条の規定により処理される（新法121条の規律対象である登記簿の附属書類にはならない。なお，新規則196条2項参照）。

(2) **新法の規定の適用・準用**

(ア) **謄抄本交付の手数料**　一方，新法附則4条2項は，閉鎖登記簿の謄抄本交付の手数料につき，新法の登記事項証明書の交付手数料に関する新法119条4項の規定を準用する旨を規定する。だが，上記附則4条1項が掲げる旧法24条ノ2第3項は，全4項からなる旧法21条全体の準用規定であり，その2項～4項は手数料に関する規定であるから，これら手数料に関する規律も含めて旧法21条の規定がなお効力を有するとする附則4条1項と，手数料に関しては新法119条4項の規定を準用する旨を規定する附則4条2項は，抵触関係にある。立法者は，附則4条1項を規定する際に，旧法の効力の存続範囲を旧法21条1項に限定すべきであった。

(イ) **保存期間**　その一方で，新法附則4条は，閉鎖登記用紙の保存期間に関する旧法24条ノ2第2項を準用していない。もっとも，同条項の定める旧法の閉鎖登記用紙の保存期間（土地50年，建物30年）は，新法の閉鎖登記記録の保存期間と同一なので（新規則28条4号・5号），新旧いずれの法文によろうとも結論的な差は生じない。

(3) **行政機関情報公開法・行政機関個人情報保護法の不適用**

(ア) **「行政機関の保有する情報の公開に関する法律」の不適用**　旧法151条ノ10は，

登記簿(閉鎖登記簿を含む)およびその附属書類ならびに地図，建物所在図および地図に準ずる図面については，「行政機関の保有する情報の公開に関する法律」(平成11年5月14日法律第42号)の規定を適用しない旨を定めていた。そこで，新法附則4条3項は，同条1項の経過措置により存続する閉鎖登記簿およびその附属書類についても，引き続き行政機関情報公開法の適用除外を規定している。

なお，新法の登記簿等(「地図，建物所在図及び地図に準ずる図面並びに登記簿の附属書類」をいう。新法122)および筆界特定書等(「筆界特定手続記録のうち筆界特定書又は政令で定める図面の全部又は一部」をいう。新法149)については，新法153条により，同法の適用除外が規定されている。

(イ) **「行政機関の保有する個人情報の保護に関する法律」第4章の不適用**　　一方，新法施行の1か月後には，「行政機関の保有する個人情報の保護に関する法律」(平成15年5月30日法律第58号)が施行された(「行政機関の保有する個人情報の保護に関する法律の施行期日を定める政令」(平成15年12月25日政令第547号)により平成17年4月1日施行)。新法附則4条4項は，これを見越して，閉鎖登記簿に記録されている保有個人情報(「行政機関の職員が職務上作成し，又は取得した個人情報であって，当該行政機関の職員が組織的に利用するものとして，当該行政機関が保有しているものをいう。」行政機関個人情報保護法2条3項)については，同法「第4章　開示，訂正及び利用停止」の規定は，適用しない旨を規定している。

なお，新法の登記簿等に記載されている保有個人情報については，新法155条により，同法第4章の規定の適用除外が規定されている。

(七戸克彦)

(執筆協力：加藤政也)

(経過措置)
第5条 この法律の施行前に交付された旧法第21条第1項(旧法第24条ノ2第3項において準用する場合を含む。)に規定する登記簿の謄本又は抄本は，民法，民事執行法(昭和54年法律第4号)その他の法令の適用については，これを登記事項証明書とみなす。附則第3条第4項の規定によりなおその効力を有することとされる旧法第21条第1項(附則第3条第4項の規定によりなおその効力を有することとされる旧法第24条ノ2第3項において準用する場合を含む。)又は前条第1項の規定によりなおその効力を有することとされる旧法第24条ノ2第3項の規定において準用する旧法第21条第1項に規定する登記簿の謄本又は抄本も，同様とする。

I 本条の趣旨

本条は，新法施行前に交付された旧法の登記簿の謄抄本ならびに閉鎖登記簿の謄抄本については，新法の登記事項証明書とみなす旨を規定する。

II 新法の登記事項証明書へのみなし規定

新不動産登記法の施行後，登記事項の証明は，新法119条に従い「登記事項証明書」の交付の方法によることとなった。

一方，他の法令において用いられていた登記簿の「謄本」「抄本」その他の旧法上の用語は，①他の「法律」に関しては「不動産登記法の施行に伴う関係法律の整備等に関する法律」(平成16年6月18日法律第124号)により，②「政令」に関しては「不動産登記法及び不動産登記法の施行に伴う関係法律の整備等に関する法律の施行に伴う関係政令の整備等に関する政令」(平成17年2月18日政令第24号)，③「府省令」に関しては，「不動産登記法等の施行に伴う関係規則の整備等に関する規則」(平成17年2月9日最高裁判所規則第6号)，「不動産登記法及び不動産登記法の施行に伴う関係法律の整備等に関する法律の施行に伴う法務省関係省令の整備等に関する省令」(平成17年2月28日法務省令第31号)，「不動産登記法等の施行に伴う文部科学省関係省令の整理に関する省令」(平成17年3月3日文部科学省令第2号)，「不動産登記法及び不動産登記法の施行に伴う関係法律の整備等に関する法律の施行に伴う警察庁関係内閣府令の整備に関する内閣府令」(平成17年3月4日内閣府令第16号)，「不動産登記法等の施行に伴う経済産業省関係省令の整理等に関する省令」(平成17年3月4日経済産業省令第14号)，「不動産登記法及び不動産登記法の施行に伴う関係法律の整備等に関する法律の施行に伴う環境省関係省令の整理に関する省令」(平成17年3月4日環境省令第3号)，「不動産登記法及び不動産登記法の施行に伴う関係法律の整備等に関する法律の施行に伴う関係国家公安委員会規則の整備に関する規則」(平成17年3月4日国家公安委員会規則第2号)，「不動産登記法等の施行に伴う農林水産省関係省令の整備に関する省令」(平成17年3月7日

農林水産省令第18号)等により，新法の用語に置き換えられた。

　だが，こうして旧法の登記簿の「謄本」「抄本」の語が，「登記事項証明書」の語に置き換わってしまった場合，(1)新法施行前に交付された旧法の登記簿・閉鎖登記簿の謄本・抄本(旧法21①・24ノ2③)の効力が問題となる。また，(2)新法施行後平成19年度末まで存在した新法附則第3条未指定登記所(ブック庁)においても，新法附則3条4項に基づき旧法の登記簿・閉鎖登記簿の作成・編綴ならびに謄本・抄本の交付が行われていた。

　そこで，新法附則5条は，(1)新法施行前(前段)あるいは(2)新法施行後第3条未指定庁において交付された(後段)旧法の登記簿・閉鎖登記簿の謄本・抄本を，新法の登記事項証明書とみなす旨の規定を設置することにより，旧法の謄本・抄本の効力を存続させた。

　なお，旧法の登記簿の「謄本」「抄本」は，新法の登記事項証明書のうち「全部事項証明書」「一部事項証明書」にそれぞれ対応するが，本条(新法附則5)前段にいう「民法，民事執行法その他の法令」が，①旧法の登記簿の「謄本」を要求していた場合には(例えば民執48②)，改正後の「登記事項証明書」の語は「全部事項証明書」と限定的に解釈すべきこととなり，②「謄本又は抄本」としていた場合には，全部事項証明書・一部事項証明書の両者を含むと解釈すべきこととなる。

　　　　　　　　　　　　　　　　　　　　　　　(七戸克彦)
　　　　　　　　　　　　　　　　　　　　　(執筆協力：加藤政也)

（経過措置）

第6条 新法第18条第1号の規定は，登記所ごとに同号に規定する方法による登記の申請をすることができる登記手続として法務大臣が指定した登記手続について，その指定の日から適用する。

② 前項の規定による指定は，告示してしなければならない。

③ 第1項の規定による指定がされるまでの間，各登記所の登記手続についての新法の規定の適用については，次の表の上欄〔編注・左欄〕に掲げる新法の規定中同表の中欄に掲げる字句は，それぞれ同表の下欄〔編注・右欄〕に掲げる字句とする。

読み替える規定	読み替えられる字句	読み替える字句
第21条の見出し	登記識別情報の通知	登記済証の交付
第21条	登記識別情報を通知しなければ	登記済証を交付しなければ
第21条ただし書	登記識別情報の通知	登記済証の交付
第22条の見出し	登記識別情報の提供	登記済証の提出
第22条	登記識別情報を提供しなければ	旧法第60条第1項若しくは第61条の規定により還付され，若しくは交付された登記済証（附則第8条の規定によりなお従前の例によることとされた登記の申請について旧法第60条第1項又は第61条の規定により還付され，又は交付された登記済証を含む。）又は附則第6条第3項の規定により読み替えて適用される第21条若しくは第117条第2項の規定により交付された登記済証を提出しなければ
第22条ただし書	登記識別情報が通知されなかった	登記済証が交付されなかった
	登記識別情報を提供する	旧法第60条第1項若しくは第61条の規定により還付され，若しくは交付された登記済証（附則第8条の規定によりなお従前の例によることとされた登記の申請について旧法第60条第1項又は第61条の規定により還付され，又は交付された登記済証を含む。）又は附則第6条

		第3項の規定により読み替えて適用される第21条若しくは第117条第2項の規定により交付された登記済証を提出する
第23条第1項	登記識別情報を提供する	登記済証を提出する
第117条の見出し	官庁又は公署の嘱託による登記の登記識別情報	官庁又は公署の嘱託による登記の登記済証
第117条第1項	登記識別情報	登記済証
	通知しなければ	交付しなければ
第117条第2項	登記識別情報の通知	登記済証の交付
	通知しなければ	交付しなければ

＊関連法規……①(申請の方法)法18条，(経過措置)令附則2条，③(未指定事務に係る旧登記簿)規則附則4条，(旧登記簿が滅失した場合の回復手続)規則附則6条〔編注・左欄〕

I　本条の趣旨

　新法附則3条1項は，ブック庁からコンピュータ庁への移行に関して，(ア)磁気ディスク登記簿への登記事項の記録，(イ)登記事項証明書の発行について，法務大臣の指定による運用開始を定めていた(第3条指定)。なお，現在では，(ウ)平成20年規則改正の際に変更された登記事項証明書・共同担保目録・信託目録の新様式での作成および証明書交付に関しては，平成20年改正規則附則3条により，法務大臣の指定により運用が開始され，また，(エ)地図等ならびに登記簿の附属書類のうち土地所在図・地積測量図・地役権図面・建物図面・各階平面図の電磁的記録ならびに証明書の交付についても，平成19年「信託法の施行に伴う関係法律の整備等に関する法律の施行に伴う経過措置を定める政令」1項・4項が，法務大臣の指定に基づいて運用を開始する旨を規定している。

　以上に対して，新法附則6条は，新法制定の根幹部分であるところの，コンピュータ庁におけるオンライン申請庁への移行について定めた規定である。

II　法務大臣の指定

(1)　登記申請

(ア)　電子申請

　　(a)　**法律・政令・省令の規定の適用関係**　ブック庁からコンピュータ庁への移行と同様，コンピュータ庁における登記申請事務(いわゆる甲号事務)に関する電子申請(新法

18(1))手続の導入についても，法務大臣の指定による(新法附則6①)。この指定もまた，告示することを要する(2項。新規則附則15条はこれを「第6条指定」という)。①新法18条1号の規定の適用の有無は，本条(法附則6)によって定まるが，②新令「第3章　電子情報処理組織を使用する方法による登記申請の手続」の適用に関しては，新令附則2条1項が「第3章の規定は，法附則第6条第1項の指定の日から当該指定に係る登記手続について適用する」旨を規定し，③新規則の「電子申請に関する規定」の適用については，新規則附則15条1項が「法附則第6条の指定の日からその第6条指定に係る登記手続について適用する」旨を規定している。

　　(b)　**事前通知に対する登記義務者の申出**　なお，登記申請に際して登記識別情報を提供することができない場合には，登記官からの事前通知に対し，登記義務者が当該申請があった旨および当該申請内容が真実である旨の申出をすることになるが(新法23①)，その申出の方法に関して，新規則70条5項は「電子申請」と「書面申請」の2つの方法を認めている。同条項にいう「電子申請」もまた，上記新規則附則15条1項の「電子申請に関する規定」に該当するため，新法附則第6条指定の日から運用されることとなる。

　　(c)　**いわゆる特例方式による申請**　また，オンライン申請の利用率向上のため，平成20年「不動産登記令の一部を改正する政令」(平成20年1月11日政令第1号)により追加された新令附則5条(添付情報の提供方法に関する特例)による，いわゆる「特例方式」での申請に関しても，新法附則第6条指定の日から当該指定にかかる登記手続について適用される(平成20年改正政令附則2項)。

　　(d)　**登記申請のオンライン化**　オンラインの対象となる種々の事務のうち，登記申請に関する法附則6条指定は，平成20年6月16日鹿児島地方法務局与論出張所の指定をもって完了した(なお，与論出張所は，その後，平成24年1月30日奄美支局に統合・廃庁となっている)。さらに，信託目録の登記申請についても，平成24年1月30日よりすべての登記所がオンライン指定され，同年7月2日からは信託目録に記録すべき情報をXML形式で作成して添付することも可能となった。

　　(イ)　**磁気ディスク申請**　以上の電子申請(オンライン申請)に対して，書面申請のうち磁気ディスクを提出する方法による申請(新法18(2)かっこ書)に関しても，法務大臣が指定した登記所においてすることができるが，その根拠条文は，新規則51条1項である。この指定についても，告示してしなければならない(新規則51②)。

　(2)　**証明書の交付請求等のオンライン化**

　以上(1)登記申請に対して，(2)証明書の交付請求等に関する事務(いわゆる乙号事務)のうち，(ア)登記事項証明書の交付請求(新法119条)に関しては，新法122条の委任を受けた新規則194条3項を根拠としてオンラインによる運用が認められる。その開始もまた法務大臣の指定の告示によるが，根拠条文は，新法附則6条ではなく，新規則附則17条である。

　これに対して，(イ)地図・建物所在図・地図に準ずる図面の写しの交付請求・閲覧請求(新法120条)，(ウ)登記簿の附属書類である各種図面(土地所在図・地積測量図，建物図面・各階

平面図，地役権津面)の写しの交付請求・閲覧請求(新法121条)のオンライン化は，新法制定後の平成19年不登規則改正(平成19年3月30日法務省令第15号)により行われたため，経過措置に関する規定は，法附則13条の委任を受け，平成19年改正規則の附則2条として定められた。

なお，以上の(ア)登記事項証明書・(イ)地図等・(ウ)各種図面のオンライン化の具体的な内容は，①情報交換サービス(不動産を管轄する登記所以外の登記所からの交付請求を可能にするもの)，②オンライン請求サービス(インターネットでの交付請求を可能にするもの)，③情報提供サービス(インターネット上での閲覧を可能にするもの)の3つからなり，それぞれ別個に指定を受ける必要がある。

(ア) 登記事項証明書　登記事項証明書に関して上記「情報交換サービス」等を導入するためには，登記所がブック庁からコンピュータ庁への移行が完了して，「登記情報提供システム」が運用されていることが前提となる。そのため，登記事項証明書の交付等に関する指定は，磁気ディスク登記簿を備えた登記所から，平成17年3月22日以降順次開始され，平成20年7月14日をもって全国すべての登記所が指定を受けた。

なお，信託目録に関しては，オンライン申請の実現から1か月後の平成24年2月20日に，オンラインによる信託目録に関する登記事項証明書の写しの交付・閲覧請求が，全国の登記所で可能となった。

(イ) 地図等の写し　一方，上記(イ)地図等と(ウ)各種図面に関しても，上記「情報交換サービス」等を導入するためには，電子化が前提となるから，当該登記所がブック庁からコンピュータ庁に移行して「地図情報システム」(→附則3条Ⅱ2(1)(エ)参照)が導入されていなければならない。その結果，(イ)地図等・(ウ)各種図面に関する「情報交換サービス」もまた，「地図情報システム」の導入・指定がなされた登記所から順次開始され，このうち(イ)地図等に関しては，②オンライン請求サービスおよび③情報提供サービスについては，平成23年2月21日神戸地方法務局八鹿出張所・高知地方法務局安芸支局・長崎地方法務局壱岐支局・大分地方法務局宇佐支局・鹿児島地方法務局屋久島出張所の指定をもって完了したが，①情報交換サービスについては，平成24年12月末段階で，いまだ指定されていない登記所がある。

(ウ) 各種図面の写し　一方，(ウ)各種図面に関しては，平成24年12月末段階で，①情報交換サービス・②オンライン申請サービス・③情報提供サービスのすべてについて未指定の登記所も存在している。

Ⅲ　法附則6条指定事務の今後

(1) 電子申請

上記のように，現行不登法が制定時に予定していた法附則6条指定の対象事務——上記Ⅱ登記申請事務(甲号事務)のうち(1)(ア)(a)電子申請((b)事前通知の申出のオンライン化・(c)特例方式による申請)——については，平成24年すべての登記所について指定が完了して，

法附則6条はその使命を終えた。

　なお，今後新たに電子申請に関する改正が行われた場合の経過措置については，法附則3条指定業務におけると同様，法附則13条の委任を受けた法務省令(不動産登記規則)の附則に，法務大臣の指定の告示により移行する旨の，新たな規定が設置(新設)されることになる。

(2)　証明書の交付請求等のオンライン化

　これに対して，Ⅱ(2)証明書の交付等の事務(乙号事務)のうち，(ｱ)登記事項証明書の交付請求等のオンライン化の指定は，法附則6条ではなく，新法122条の委任を受けた新規則の附則17条に基づくが，先に述べたように，同条に基づく指定は，すでに全庁完了している。

　一方，(ｲ)地図等・(ｳ)各種図面の写しの交付請求等のオンライン化の指定は，平成19年3月30日改正不登規則附則2条に基づくものであるが，平成24年12月末の段階において，一部の業務に関して未指定の登記所も存在する。

(七戸克彦)

(執筆協力：加藤政也)

(経過措置)
第7条 前条第1項の規定による指定を受けた登記手続において、同項の規定による指定がされた後、旧法第60条第1項若しくは第61条の規定により還付され、若しくは交付された登記済証(次条の規定によりなお従前の例によることとされた登記の申請について旧法第60条第1項又は第61条の規定により還付され、又は交付された登記済証を含む。)又は前条第3項の規定により読み替えて適用される新法第21条若しくは第117条第2項の規定により交付された登記済証を提出して登記の申請がされたときは、登記識別情報が提供されたものとみなして、新法第22条本文の規定を適用する。

＊関連法規……(登記識別情報の提供)法22条、(法附則第7条の登記手続)規則附則16条

I 本条の趣旨

本条は、新法附則第6条指定がされた登記所(オンライン申請庁)においても、旧法下あるいは新法施行後第6条未指定庁において交付された登記済証を提出する方法での登記申請を認める規定である。

II 登記済証の取扱い

新法施行後の登記済証の取扱いに関しては、すべて新法の規定に従って、登記識別情報を提供することができない場合に関する事前通知ないし資格者代理人による本人確認情報の制度(新法23条)で処理する制度設計もあり得た。しかし、立法者は、かかる立法を選択せず、①新法施行前にされた登記申請については従前の例に従うとする附則8条により登記済証を還付し、また、②新法施行後の登記申請にあっても、第6条未指定庁(非オンライン申請庁)においては附則6条3項により登記済証の交付・提出制度を維持するとともに、③本条(附則7)において、第6条指定庁(オンライン申請庁)においても、登記済証を提出する方法での登記申請を、新法の登記識別情報を提供する方法での申請とみなし、新法22条の要件を満たした申請と擬制した。

(1) 登記済証の提出に関する取扱い

(ア) 通常の電子申請　新法18条1号の規定する通常の電子申請を行う際に、登記義務者が登記済証を有しているケースは、新法22条1項ただし書・23条1項にいう「登記識別情報を提供できない」場合に該当し、①新法23条1項・2項の事前通知の制度か、あるいは②同条4項の資格者代理人による本人確認情報の制度によるべきことになる(施行通達第1-3-(2))。

(イ) 特例方式による申請　平成20年1月11日政令第1号「不動産登記令の一部を改正する法律」により新設された不登令附則5条(添付情報の提供方法に関する特例)は、電子

情報処理組織を使用する方法により登記の申請をする場合において，添付情報(登記識別情報を除く。以下同じ。)が書面に記載されているときは，第10条および第12条第2項の規定にかかわらず，当分の間，当該書面を登記所に提出する方法により添付情報を提供することができる。」旨を規定する(同条1項。「特例方式」ないし「別送方式」)。同条項かっこ書により，登記識別情報に関しては，登記識別情報通知書をPDFファイルにしてオンラインで提供することは認められないが，登記済証に関しては，特例方式による提供が認められる。

(2) 登記済証の交付に関する取扱い

第6条未指定庁の登記事務に関する附則6条3項は，①登記済証の提出とならんで②登記済証の交付を規定していたが，これに対して，本条(附則7)は，第6条指定庁において，①登記済証を提出する方法での登記申請を許容するにとどまり，②登記官が登記完了した後の処理について触れるものではない。その結果，登記完了後の処理に関しては，新法21条に従い，申請人に対して登記識別情報が通知されることになる。

なお，不登規則附則16条は「〔法附則〕第6条指定を受けた登記手続において，申請人が法附則第7条の規定により登記済証を提出して登記の申請をしたときは，当該申請人である登記義務者(登記権利者及び登記義務者がない場合にあっては，申請人である登記名義人)に対し，登記完了証に代えて，旧法第60条第2項の規定による方法により作成した登記済証を交付するものとする。」旨を規定しているが，平18・5・25民二1277民二課長通知・民月61・7・81は，「行政サービス及び事務の効率化の観点から，登記義務者に対し，登記完了証を交付したときは，便宜，〔規則〕附則第16条の手続を省略して差し支えないものと考えますが，いささか疑義がありますので照会します」との東京法務局民事行政部長からの照会に対して，「貴見のとおり取り扱って差し支えありません」と回答している。

(七戸克彦)

(執筆協力：加藤政也)

(経過措置)
第8条 この法律の施行前にされた登記の申請については，なお従前の例による。

＊関連法規……(保証書事件の取扱い)施行通達第3-1

I　本条の趣旨
　新法附則の「経過措置」に関する規定(2～8)は，(1)登記官の登記処分その他登記所のカウンター内部における登記事務(2～5)については，附則に特別の定めがある場合を除き，新法施行前に生じた事項に関しても新法の規定を適用するが(2①・②)，(2)当事者の行う行為のうち，登記申請(6～8)については，①オンライン申請に関しては，法務大臣の指定がなされるまでは基本的に旧法の規定に従った処理がなされる(6～7)。一方，②本条は，登記申請一般に関して，申請が新法施行前になされていた場合には，旧法の規定に従った処理をすべき旨を規定している。

II　新法施行前に登記申請があった場合の取扱い
　新法施行前に，旧法の規定に従った申請がなされ，登記完了前に新法の施行を迎えた場合，新法では登記の真実性を担保できないとして廃止された申請書副本(旧法40)や保証書(旧法44)を添付した申請も，適式な申請として受理され，旧法の却下事由(旧法49(1)～(9))に照らした審査が行われる。また，旧法下での濫用を理由に廃止された予告登記(旧法3・34・145)もなされることとなる。そこで，保証書ならびに予告登記に関しては，施行通達(平17・2・25民二457【参考資料②】)において，次のような取扱いが指示されている。

(1)　保証書事件の取扱い
　保証書(旧法44)を添付した申請がされた場合には，旧法44条ノ2の事前通知の制度によって，本人確認が行われる(施行通達第3-1-(1)(2))。また，それが，所有権に関する登記以外の登記申請であった場合には，当該登記の完了後，旧細則69条ノ4に基づき事後通知がなされる(施行通達第3-1-(3))。
　なお，新法施行日後に保証書を添付した申請がされた場合には，登記官は，①登記済証を提出すべき旨または②提出することができない理由を申請情報の内容とすべき旨の補正を促し，②の補正があった場合には新法の事前通知等(新法23)の手続をとる(施行通達第3-1-(4))。

(2)　予告登記の取扱い
　新法施行後は，登記官は，職権で予告登記の抹消をすることができる(新規則附則18)。しかし，その一方において，本条(新法附則8)は，申請が新法施行前の場合には，旧法に基づく処理を行うべき旨を規定しているため，旧法3条の定める登記原因の無効・取消に

よる登記の抹消または回復の訴えが提起された場合には，裁判所書記官は旧法34条に基づいて予告登記を嘱託せざるを得ず，また，上記旧法3条の定める訴えにつき却下判決あるいは敗訴判決の確定，訴えの取下げ，請求の放棄，和解があった場合には，裁判所書記官は旧法145条に基づいて予告登記の抹消を嘱託せざるを得ない。

そこで，施行通達においては，新法施行日前に予告登記の嘱託がされていた場合には，いったん旧法の規定に基づき予告登記を完了した（法附則8）後に，規則附則18条2項の規定により，職権で，当該予告登記を抹消するものとしている（施行通達第3-2）。

（七戸克彦）
（執筆協力：加藤政也）

（経過措置）
第9条 不動産登記法の一部を改正する等の法律（昭和35年法律第14号）附則第5条第1項に規定する土地又は建物についての表示に関する登記の申請義務については，なお従前の例による。この場合において，次の表の上欄に掲げる同項の字句は，それぞれ同表の下欄に掲げる字句に読み替えるものとする。

読み替えられる字句	読み替える字句
第1条の規定による改正後の不動産登記法第80条第1項及び第3項	不動産登記法（平成16年法律第123号）第36条
第81条第1項及び第3項	第37条第1項及び第2項
第81条ノ8	第42条
第93条第1項及び第3項	第47条第1項
第93条ノ5第1項及び第3項	第51条第1項（共用部分である旨の登記又は団地共用部分である旨の登記がある建物に係る部分を除く。）及び第2項
第93条ノ11	第57条

＊関連法規……（不動産の表示に関する登記の申請義務についての経過措置）昭和35年3月31日法律第14号「不動産登記法の一部を改正する等の法律」附則5条

I　本条の趣旨

新法附則9条～10条は，従前の一部改正法における経過措置を維持する旨の規定である。このうち本条（新法附則9）は，昭和35年旧不登法改正における改正法附則5条の維持を定める。

Ⅱ　昭和35年旧不登法一部改正法附則5条の維持

(1) 表示に関する登記の申請義務についての特例

　昭和35年の不登法改正(「不動産登記法の一部を改正する等の法律」昭和35年3月31日法律第14号)は、従前の土地台帳・家屋台帳を登記簿に合綴する形で表題部を新たに創設し、表題部になされる表示に関する登記につき、(1)土地に関しては、①表題登記(旧法80条1項)・表題部所有者の変更の登記(3項)、②地目・地籍の変更の登記(旧法81条1項・3項)、③土地の滅失の登記(旧法81条ノ8)、(2)建物に関しては、④新築建物の表題登記(93条1項)・表題部所有者の変更の登記(3項)、⑤建物の表示の変更の登記(93条ノ5第1項・第3項)、⑥建物の滅失の登記(旧法93条ノ11)に関して、当事者に登記申請義務を課し、さらに、この申請義務違反に対する罰則規定を設置した(159条ノ2。原始規定では1万円以下、最終規定では10万円以下の過料)。

　だが、昭和35年改正法附則5条1項は、上記①～⑥の申請義務に関する規定は、(a)地方税法348条の規定により固定資産税を課することができない土地・建物(国・都道府県・市町村・特別区と、その組合・財産区・地方開発事業団・合併特例区の土地・建物)、ならびに、(b)地方税法343条5項に規定する土地(国が収納した農地)については、指定期日後も当分の間は適用しない旨を規定した。これは、昭和25年改正法により廃止された土地台帳法(昭和22年3月31日法律第30号)・家屋台帳法(昭和22年3月31日法律第31号)における取扱いを維持したものであるが、その後も、改正法附則5条は旧登記法の下で効力を維持したまま、新不動産登記法が施行されることとなった。

(2) 新法下での取扱い

　およそ一般に、法令の全部改正が行われた場合には、改正前の法令の附則は、その法令の一部を改正する法令の附則も含めて、消滅するものと解されている。

　そこで、新法は、新法附則9条前段の特別規定を設けて、上記旧不登法に関する昭和35年一部改正法の附則5条1項の規定を維持した。

　ただし、昭和35年改正法附則5条1項において指示されている申請義務の条文は、旧不登法の規定であるため、新法附則9条後段により、これを新法の相当規定に読み替えられる。

(七戸克彦)
(執筆協力：加藤政也)

(経過措置)
第10条 担保物権及び民事執行制度の改善のための民法等の一部を改正する法律(平成15年法律第134号)附則第7条に規定する敷金については，なお従前の例による。この場合において，同条中「第2条の規定による改正後の不動産登記法第132条第1項」とあるのは，「不動産登記法(平成16年法律第123号)第81条第4号」と読み替えるものとする。

＊関連法規……平成15年8月1日法律第134号「担保物権及び民事執行制度の改善のための民法等の一部を改正する法律」(不動産登記法の一部改正)2条，(敷金の登記に関する経過措置)附則7条，(賃借権の登記等の登記事項)法81条

I 本条の趣旨

「担保物権及び民事執行制度の改善のための民法等の一部を改正する法律」(平成15年8月1日法律第134号)2条(不動産登記法の一部改正)により，旧不登法132条1項(賃借権の設定または賃借物の転貸の登記)が改正され，敷金も登記がなければ対抗できなくなった。そこで，同改正法附則7条は，同法施行前に登記された賃借権については，改正後の旧不登法132条1項は適用されず，したがって，敷金に関しては登記がなくても対抗できる旨を定めていた。

新不動産登記法下においても，同様の処理が必要となるため，本条(新法附則10条前段)は，上記平成15年改正法附則7条の規定する，旧不登法132条1項の改正規定施行前に登記された賃借権における敷金については，従前通り，登記なくして対抗できる旨を定めた。

一方，旧不登法132条1項に追加された敷金の文言は，新不登法では賃借権の登記の登記事項を定めた81条中に4号として挙示されているため，新法附則10条後段は，その読み替えを行っている。

(七戸克彦)
(執筆協力：加藤政也)

(経過措置)
第11条 行政事件訴訟法の一部を改正する法律(平成16年法律第84号)の施行の日がこの法律の施行の日後となる場合には，行政事件訴訟法の一部を改正する法律の施行の日の前日までの間における新法第158条の規定の適用については，同条中「第7項まで」とあるのは，「第6項まで」とする。

* 本条改正……平成17年4月13日法律第29号「不動産登記法等の一部を改正する法律」1条(「附則第11条中「第130条」を「第158条」に改める。」)……筆界特定制度の導入による条数繰り下げに対応したもの

I 本条の趣旨

「行政事件訴訟法の一部を改正する法律」(平成16年6月9日法律第84号)は，新不動産登記法と同じ第159回国会に提出され，同改正法附則37条により，行政不服審査法34条に新設5項が追加され，旧5項～旧6項が6項～7項に繰り下がる予定となっていた。そこで，新不動産登記法(平成16年6月18日法律第123号)の側では，上記改正法の成立を見越して，行政不服審査法の適用除外を規定した新不登法130条の原始規定(平成17年筆界特定の条文追加後の現行規定では158条)の文言を，項数繰り下げ改正後の行政不服審査法第34条「第7項まで」と規定したが，しかし，その時点では，上記改正法の施行期日も，新不登法の施行期日も定まっていないことから，本条(新法附則11条)は，上記改正法の施行期日が，新不登法の施行期日より後になった場合に備えて，その場合には，新法158条の文言を，改正前の行政不服審査法34条「第6項まで」と読み替える旨を規定したものである。

その後，上記改正法の施行期日は，「行政事件訴訟法の一部を改正する法律の施行期日を定める政令」(平成16年10月15日政令第311号)により平成17年4月1日とされ，他方，新不動産登記法の施行期日は，「不動産登記法の施行期日を定める政令」(平成16年12月1日政令第378号)により平成17年3月7日とされたため，本条による手当ては，平成17年3月7日から3月31日までの間現実に機能した。

(七戸克彦)
(執筆協力：加藤政也)

(罰則に関する経過措置)

第12条 この法律の施行前にした行為に対する罰則の適用については、なお従前の例による。

② 新法第51条第1項及び第4項並びに第58条第6項及び第7項の規定は、この法律の施行前に共用部分である旨又は団地共用部分である旨の登記がある建物についてこれらの規定に規定する登記を申請すべき事由が生じている場合についても、適用する。この場合において、これらの規定に規定する期間(新法第51条第4項又は第58条第7項に規定する期間にあっては、この法律の施行の日以後に所有権を取得した場合を除く。)については、この法律の施行の日から起算する。

＊関連法規……(建物の表題部の変更の登記)法51条1項・4項、(共用部分である旨の登記等)法58条6項・7項

I 本条の趣旨

本条は、新法施行前にした行為については、旧法の罰則規定を適用する旨を規定する。

II 新法施行前の行為に対する罰則の適用

(1) 旧法と新法の罰則規定の相違

旧不登法は、「第6章 罰則」において、①旧法44条の保証書に関して不確実な保証をした者を1年以下の懲役または50万円以下の罰金に処し(旧法158)、②表示に関する登記についての登記官の調査を妨害した者を30万円以下の罰金に処し(旧法159)、③表示に関する登記のうち報告的登記の申請義務(旧法80①③・81①③・81ノ8①・93①③・93ノ4ノ2①②⑤・93ノ5①③・93ノ11)に違反した者を10万円以下の過料に処す旨の(旧法159ノ2)、合計3つの罰則規定を設置していた。

これに対して、新不登法では、①旧法158条の規定は保証書制度の廃止の結果消滅し、新たに創設された本人確認制度である登記識別情報ならびに資格者代理人による本人確認情報の制度との関係で、④登記識別情報に関する秘密を漏らした罪(原始規定131、現行159)、⑤虚偽の登記名義人情報を提供した罪(原始規定132、現行160)、⑥不正に登記識別情報を取得等した罪(原始規定133、現行161)が新設された。一方、②旧法159条の規定は、新法原始規定134条に引き継がれ、その後、筆界特定における立入調査(現行137)に対する妨害をも追加して、現行162条1号～3号に整理されている。なお、新法においては、⑤および②の罪に関しては、両罰規定が設置されている(原始規定135、現行163)。他方、③旧法159条ノ2の表示に関する登記(報告的登記)の申請義務違反の規定に関して、新法では、建物の共用部分・団地共用部分についての変更の登記の申請義務(新法51①④・58⑥⑦)の違反に

関しても罰則が及ぶことが明示されている(原始規定136，現行164)。

以上のように，旧法と新法では処罰の対象が変更されているため，新法への移行段階における法適用が問題となってくるが，新法附則12条1項は，新法施行前にした行為については，旧法の罰則規定によるべき旨を規定する。

(2) 建物の共用部分・団地共用部分の変更の登記の申請義務違反

だが，上記罰則規定のうち，③表示に関する登記(報告的登記)の申請義務違反に関しては，旧法においては処罰の対象となっていなかった建物の共用部分・団地共用部分の変更の登記の申請義務違反(旧法93ノ5④。新法では51①④・58⑥⑦)につき，新法原始規定136条・現行164条を適用して処罰する(新法附則12②前段)。

ただし，過料の対象となる期間の起算点については，申請義務違反の時点ではなく，新法の施行日とされる(後段)。なお，後段かっこ書において，新法の施行日以後に所有権を取得した者が除外されているのは，この者に関しては新法が直接適用されるからである。

(七戸克彦)
(執筆協力：加藤政也)

（法務省令への委任）
第13条 この附則に定めるもののほか，この法律による不動産登記法の改正に伴う登記の手続に関し必要な経過措置は，法務省令で定める。

＊関連法規……（旧根抵当権の分割による権利の変更の登記の申請情報）令附則4条〔→（昭和46年法律第99号「民法の一部を改正する法律」（附記によらない極度額の増額の登記がある旧根抵当権の分割）附則5条1項・2項〕

I　本条の趣旨

新法制定段階において，登記手続に関して必要な経過措置を，新法附則において書き尽くすのは困難な状況にあった。そこで，本条は，これを後に制定される法務省令に委ねることとした。

II　法務省令において規定されている経過措置

本条の委任を受けて制定された法務省令の経過規定とは，不動産登記規則（平成17年2月18日法務省令第18号）の附則（原始規定では全20条。平成22年現在では全25条）の2条以降の部分である（附則1条は新規則の施行期日に関する規定）。

（1）　法務省令の適用に関する経過措置

新規則附則2条は，新規則施行前に生じた事項についても，原則として新規則が適用される旨を規定する。新法と旧法の適用関係に関する新法附則2条と同趣旨の規定である。

（2）　第3条指定に関する経過措置

新規則附則3条～14条は，新法附則第3条指定によるブック庁からコンピュータ庁への移行の際の経過措置を定めるが，今日においては，すべての登記所が，登記簿・地図のいずれに関しても，法附則3条指定を受けてコンピュータ庁に移行しているので規則附則3条～14条の規定もまた，その役割を終えている。

（3）　第6条指定に関する経過措置

新規則附則15条～16条は，第6条指定によるオンライン庁への移行の際の経過措置を定めた規定であり，15条は，第6条指定の日から，新規則のうち電子申請に関する規定を適用する旨を規定する。法律事項であるオンライン申請（新法18①）の運用開始時期について定めた新法附則6条，オンライン申請に関する新令の適用時期を定めた新令附則2条に対応する規定である。一方，16条は，オンライン庁において，登記済証を提出して登記の申請がなされた場合，新法の登記完了証に代えて，旧法の登記済証を交付する旨の規定である。

（4）　登記事項証明書の交付事務の指定

新規則附則17条は，電子情報処理組織を使用した登記事項証明書の交付事務につき，法務大臣の指定による旨を定める。なお，この指定（新規則附則第17条指定）は，オンライン申

(5) 従前の一部改正法における経過措置の維持

　新法附則9条～10条は，従前の一部改正法における経過措置を維持する旨の規定であったが（新法附則9条は「不動産登記法の一部を改正する等の法律」昭和35年3月31日法律第14号）附則5条の規定する経過措置を維持する旨の規定であり，新法附則10条は「担保物権及び民事執行制度の改善のための民法等の一部を改正する法律」（（平成15年8月1日法律第134号）附則7条の規定する経過措置を維持する旨の規定である），新規則附則19条は，根抵当権の規定を新設した「民法の一部を改正する法律」（昭和46年6月3日法律第99号）附則5条1項（下記参照）に関係する規定である。

> **（附記によらない極度額の増額の登記がある旧根抵当権の分割）**
> 〔昭和46年改正法附則〕**第5条**　附記によらない極度額の増額の登記がある旧根抵当権については，元本の確定前に限り，根抵当権者及び根抵当権設定者の合意により，当該旧根抵当権を分割して増額に係る部分を新法の規定による独立の根抵当権とすることができる。この場合においては，旧根抵当権を目的とする権利は，当該増額に係る部分について消滅する。
> ②　前項の規定による分割をする場合には，増額に係る部分を目的とする権利を有する者その他の利害の関係を有する者の承諾を得なければならない。

　この昭和46年改正法附則5条に関しては，①当事者の提出する申請書の様式については，昭46・12・24民甲3630号民事局長通達「根抵当関係等登記申請書の様式について」先例集追Ⅴ550，②登記官の登記事務に関しては，昭46・12・27民三960民三課長依命通知「民法の一部改正に伴う登記事務の取扱について」先例集追Ⅴ620が発出されたが，新不登法の施行により，これら旧法下の通達等に代わる措置が必要となった。そこで，①に関しては，新令附則4条において，申請情報を，新令3条1号～8号，11号イ・ロ・ニ，12号に掲げる事項のほか，新法83条1項2号・3号，88条2項1号～3号とする旨の規定が設置された一方，②に関しては，新規則附則19条で，増額の登記についてする付記登記の方法により，その際には，分割により根抵当権の設定を登記する旨を記録し，かつ，分割前の旧根抵当権の登記についてする付記登記によって分割後の極度額を記録すること（1項）等が定められたものである。

(6) 施行の先後未定の法令に関する経過措置

　一方，新規則附則20条は，新法附則11条と同様，新法との間で施行時期の先後関係が未定の法令に関する経過措置を定めた規定であり，ここでは，民法典の現代語化を中心とする「民法の一部を改正する法律（平成16年12月1日法律第147号）が問題とされている。同改正法は，新不登法公布後・新不登規則公布前の第161回国会において可決成立したが，「不動産登記法の施行期日を定める政令」（平成16年12月1日政令第378号）ならびに新規則（平成17年2月18日法務省令第18号）附則1条により新法ならびに新規則の施行期日が平成17年3月7

日が定められた段階で，上記民法一部改正法の施行期日は未定であったことから，新規則は附則20条で，民法旧規定への読み替え規定を準備したものである。その後，「民法の一部を改正する法律の施行期日を定める政令」（平成17年３月９日政令第36号）により改正法の施行期日は平成17年４月１日とされたため，新規則附則20条の読み替え規定は，平成17年３月７日から３月末日の間意味をもった。

(7) いわゆる「特例方式」

以上に対して，新規則附則21条～25条は，「不動産登記令の一部を改正する政令」（平成20年１月11日政令第１号）新令附則５条（添付情報の提供方法に関する特例）の創設した「特例方式」に対応した，「不動産登記規則の一部を改正する省令」（平成20年１月11日法務省令第１号）に基づいて，後になって附則に追加された条文である。

(8) 改正規則附則

以上の新規則は，その制定後，平成24年12月末までの間に，17回の改正を受けているが，その中には，法附則13条の委任を受けて，当該変更に関する経過措置につき，改正附則中に特別の規定を設置しているものがある。

(ｱ) 平成19年３月30日法務省令第15号改正（→附則１条Ⅲ３⑤参照）　同改正規則の附則２条（経過措置）は，電子的情報処理組織を使用する方法による，地図等および各種図面の内容を証明した情報の内容を証明した書面の交付の請求につき，法務大臣の指定の告示を移行の要件としている。

(ｲ) 平成19年９月28日法務省令第57号改正（→附則１条Ⅲ３⑥参照）　同改正規則の附則２条（経過措置）は，新信託法（平成18年法律第108号）の施行（平成19年９月30日）前に登記申請がされた場合の信託目録の様式については，従前の令による旨を規定し，同附則３条は，登記官の身分を証する書面の様式（規則別記第４号様式）につき，同改正規則の施行から１年を経過する日までの間は，従前の様式によることができる旨を規定する。

(ｳ) 平成20年７月22日法務省令第46号改正（→附則１条Ⅲ３⑧参照）　登記情報の保存期間を変更した同改正規則は，附則２条（経過措置）において，改正規則の施行前に生じた事項についても，原則として改正規定を適用する旨を規定する。

(ｴ) 平成20年11月25日法務省令第62号改正（→附則１条Ⅲ３⑨参照）　登記事項証明書・共同担保目録・信託目録の様式を変更した同改正規則の附則２条（経過措置）も，同改正規則の施行前に生じた事項については，原則として改正規則を適用する旨を規定する。一方，附則３条は，上記様式変更につき，法務大臣の指定の告示により運用を開始する旨を規定する。

(ｵ) 平成22年４月１日法務省令第17号改正（→附則１条Ⅲ３⑪参照）　地図等・土地所在図等の副記録に関する規定を新設した同改正規則の附則２条（不動産登記規則の一部改正に伴う経過措置）は，同改正規則の施行前に生じた事項ついても，原則として改正規則の規定を適用する旨を規定し，附則３条は，同改正規則の施行前にされた登記の申請または地図の訂正の申出（規則16①）に関しては，従前の例による旨を規定する。

(カ) **平成23年3月25日法務省第5号改正**(→附則1条Ⅲ*3*⑬参照)　同改正規則の附則2条(不動産登記規則の一部改正に伴う経過措置)も，同改正規則の施行前に生じた事項ついて，原則として改正規則の規定を適用する旨を規定し，附則3条で，同改正規則の施行前にされた登記の申請につき，従前の例による旨を規定する。また，附則4条(登記印紙の廃止に伴う経過措置)は，収入印紙・登記印紙による納付方法に関する経過措置を規定する。

(キ) **平成23年12月26日法務省令第43号改正**(→附則1条Ⅲ*3*⑮参照)　同改正は，「出入国管理及び難民認定法及び日本国との平和条約に基づき日本の国籍を離脱した者等の出入国管理に関する特例法の一部を改正する等の法律」(平成21年法律第79号)の施行に伴い，関係法務省令の規定する本人確認情報を変更したものであるが，同改正規則附則24条5号は，不動産登記規則72条(資格者代理人による本人確認情報の提供)2項1号の規定する「在留カード」および「特別永住者証明書」につき，「中長期在留者が所持する登録証明書は在留カードとみなし，特別永住者が所持する登録証明書は特別永住者証明書とみなす」旨を規定している。

　　　　　　　　　　　　　　　　　　　　　　　　　　　(七戸克彦)
　　　　　　　　　　　　　　　　　　　　　　　　(執筆協力：加藤政也)

参考資料

資料① 不動産登記法等の一部を改正する法律の施行に伴う筆界特定手続に関する事務の取扱いについて(平成17年12月6日民二第2760号法務局長　地方法務局長あて法務省民事局長通達・民月61・1・312)……………*910*

資料② 不動産登記法の施行に伴う登記事務の取扱いについて(通達)(平成17年2月25日法務省民二第457号・登研686・344)……………*1010*

資料③ 筆界特定がされた場合における登記事務の取扱いについて(平成18年1月6日民二第27号法務局長　地方法務局長あて法務省民事局民事第二課長依命通知・民月61・2・309)……………*1029*

●資料①

(4) 不動産登記法等の一部を改正する法律の施行に伴う筆界特定手続に関する事務の取扱いについて

(平成17.12.6民二第2760号法務局長
地方法務局長あて法務省民事局長通達)

(通達)

　不動産登記法等の一部を改正する法律(平成17年法律第29号)，不動産登記法等の一部を改正する法律の施行に伴う関係政令の整備に関する政令(平成17年政令第337号)，不動産登記法等の一部を改正する法律の施行に伴う関係省令の整備に関する省令（平成17年法務省令第106号）等が公布され，平成18年1月20日から施行されることとなったところ，これらに伴う筆界特定手続に関する事務の取扱いについては，下記の点に留意し，事務処理に遺憾のないよう，周知方取り計らい願います。

　なお，本通達中，「改正法」とあるのは不動産登記法等の一部を改正する法律を，「法」とあるのは改正法による改正後の不動産登記法（平成16年法律第123号）を，「令」とあるのは不動産登記法等の一部を改正する法律の施行に伴う関係政令の整備に関する政令による改正後の不動産登記令（平成16年政令第379号）を，「整備省令」とあるのは不動産登記法等の一部を改正する法律の施行に伴う関係省令の整備に関する省令を，「規則」とあるのは整備省令による改正後の不動産登記規則（平成17年法務省令第18号）を，「準則」とあるのは不動産登記事務取扱手続準則の改正について（平成17年2月25日法務省民二第456号通達）による改正後の不動産登記事務取扱手続準則をそれぞれいいます。

記

第1　筆界等
(筆界)
1　筆界特定の手続における「筆界」とは，表題登記がある1筆の土地（以下単に「1筆の土地」という。）とこれに隣接する他の土地（表題登記がない土地を含む。）との間において，当該1筆の土地が登記された時にそ

の境を構成するものとされた2以上の点及びこれらを結ぶ直線をいう（法第123条第1号）。「当該1筆の土地が登記された時」とは，分筆又は合筆の登記がされた土地については，最後の分筆又は合筆の登記がされた時をいい，分筆又は合筆の登記がされていない土地については，当該土地が登記簿に最初に記録された時をいう。
（筆界特定）
2　「筆界特定」とは，一の筆界の現地における位置を特定することをいい，その位置を特定することができないときは，その位置の範囲を特定することを含む（法第123条第2号）。
（対象土地）
3　「対象土地」とは，筆界特定の対象となる筆界で相互に隣接する1筆の土地及び他の土地をいう（法第123条第3号）。「他の土地」には，表題登記がない土地を含む。筆界特定の申請があった場合において，筆界特定申請情報の内容及び地図又は地図に準ずる図面によれば申請に係る1筆の土地と他の土地とが相互に隣接しており，かつ，現地における土地の配列及び区画又は形状がおおむね地図又は地図に準ずる図面の表示と一致していると認められるときは，当該各土地を対象土地として取り扱って差し支えない。ただし，この場合においても，事実の調査の結果，当該各土地が相互に隣接する土地とは認められないときは，当該申請は，法第132条第1項第2号により却下する（15参照）。
（関係土地）
4　「関係土地」とは，対象土地以外の土地（表題登記がない土地を含む。）であって，筆界特定の対象となる筆界上の点を含む他の筆界で対象土地の一方又は双方と接するものをいう（法第123条第4号）。筆界特定の申請があった場合において，筆界特定申請情報の内容及び地図又は地図に準ずる図面によれば，筆界特定の対象となる筆界上の点を含む他の筆界で対象土地と接しており，かつ，現地における土地の配列及び区画又は形状がおおむね地図又は地図に準ずる図面の表示と一致していると認められる土地は，関係土地として取り扱って差し支えない。
（所有権登記名義人等）

5 「所有権登記名義人等」とは，所有権の登記がある1筆の土地にあっては所有権の登記名義人又はその相続人その他の一般承継人を，所有権の登記がない1筆の土地にあっては表題部所有者又はその相続人その他の一般承継人，表題登記のない土地にあっては所有者をそれぞれいう（法第123条第5号）。所有権に関する仮登記の登記名義人は，所有権登記名義人等には含まれない。
（関係人）
6 「関係人」とは，対象土地の所有権登記名義人等であって筆界特定の申請人以外のもの及び関係土地の所有権登記名義人等をいう（法第133条第1項）。

第2 筆界特定手続に関する帳簿等
（法務局又は地方法務局に備える帳簿）
7 法務局又は地方法務局には，次に掲げる帳簿を備えるものとする。
  (1) 筆界特定受付等記録簿
  (2) 筆界特定事務日記帳
（登記所に備える帳簿）
8 登記所には，規則第18条第13号の筆界特定書つづり込み帳のほか，次に掲げる帳簿を備えるものとする。
  (1) 筆界特定関係簿
  (2) 筆界特定関係事務日記帳
（保存期間）
9 次の各号に掲げる帳簿の保存期間は，当該各号に定めるとおりとする。
  (1) 筆界特定受付等記録簿　受付の年の翌年から30年間
  (2) 筆界特定関係簿　受付の年の翌年から30年間
  (3) 筆界特定事務日記帳及び筆界特定関係事務日記帳　作成の年の翌年から3年間
（帳簿の様式）
10 次の各号に掲げる帳簿の様式は，当該各号に定めるところによる。
  (1) 筆界特定受付等記録簿　別記第1号様式

(2)　筆界特定関係簿　別記第2号様式
　(3)　筆界特定事務日記帳及び筆界特定関係事務日記帳　別記第3号様式
　(4)　筆界特定書つづり込み帳表紙　別記第4号様式
　(5)　筆界特定書つづり込み帳目録　別記第5号様式
（筆界特定事務日記帳等）
11　筆界特定事務日記帳及び筆界特定関係事務日記帳（以下「筆界特定事務日記帳等」という。）には，筆界特定受付等記録簿，筆界特定関係簿その他の帳簿に記録しない書類の発送及び受領に関する事項を記録するものとする。
（日記番号等の記載）
12　筆界特定事務日記帳等に記録した書面には，筆界特定事務日記帳等に記録した年月日及び日記番号を記録するものとする。
（筆界特定書つづり込み帳）
13　管轄転属等があった場合における筆界特定書つづり込み帳の取扱いについては，準則第19条第6項及び第7項の例による。

第3　筆界特定の申請手続
　(A)　申請権者
（申請権者）
14　筆界特定の申請をすることができる者は，土地の所有権登記名義人等である（法第131条第1項）。その他，1筆の土地の一部の所有権を取得した者も，当該土地を対象土地の1つとする筆界特定の申請をすることができる（規則第207条第2項第4号参照）。1筆の土地の一部の所有権を取得した原因は問わない。例えば，1筆の土地の一部を時効取得した者，1筆の土地の一部の所有権を売買その他の原因により承継取得した者のいずれも1筆の土地の一部の所有権を取得した者として申請をすることができる。また，申請人が所有権を取得した土地の部分が筆界特定の対象となる筆界に接していることを要しない。

　申請の権限を有しない者がした申請は，法第132条第1項第2号により却下する。

15　所有権登記名義人等の申請の権限は，自己が所有権登記名義人等である土地（1筆の土地の一部の所有権を取得した者については，当該1筆の土地）とこれに隣接する他の土地との間の筆界について認められる（法第123条第2号参照）。したがって，申請に係る2つの土地が現地において相互に隣接していると認められない申請は，法第132条第1項第2号により却下する。

16　1筆の土地の所有権の登記名義人若しくは表題部所有者が2人以上あるとき又は表題登記がない土地が共有であるときは，当該各所有権の登記名義人若しくは表題部所有者又は共有者の1人は，単独で筆界特定の申請をすることができる。この場合には，当該1筆の土地又は当該表題登記がない土地の申請人以外の所有権の登記名義人，表題部所有者又は共有者は，関係人となる（法第133条第1項参照）。

(B)　筆界特定申請情報及び筆界特定添付情報
(筆界特定申請情報等)

17　「筆界特定申請情報」とは，法第131条第2項第1号から第4号まで及び規則第207条第2項各号に掲げる事項並びに同条第3項各号に掲げる事項に係る情報（法第131条第4項において準用する法第18条）をいい，「筆界特定申請書」とは，筆界特定申請情報を記載した書面（法第131条第4項において準用する法第18条第2号の磁気ディスクを含む。）をいう（規則第206条第3項）。筆界特定申請情報のうち，法第131条第2項第1号から第4号まで及び規則第207条第2項各号に掲げる事項に係る情報が明らかにされていない申請は，法第132条第1項第3号により却下する。

　これに対し，規則第207条第3項各号に掲げる事項に係る情報については，これが筆界特定申請情報の内容として提供されていないときでも，そのことのみをもって申請を却下することはできない。

(筆界特定添付情報等)

18　「筆界特定添付情報」とは，規則第209条第1項各号に掲げる情報をいい（規則第206条第4項），「筆界特定添付書面」とは，筆界特定添付情報を記載した書面（筆界特定添付情報を記録した磁気ディスクを含む。）を

いう(同条第5号)。筆界特定添付情報の提供がない申請は，申請人の申請の権限を確認することができないので，法第132条第1項第2号により却下する。

(申請の趣旨)
19　法第131条第2項第1号の「申請の趣旨」とは，筆界特定登記官に対し対象土地の筆界の特定を求める旨の申請人の明確な意思の表示をいう。したがって，申請の趣旨が，筆界以外の占有界や所有権界の特定を求めるものや，筆界を新たに形成することを求めるものは，適法なものとはいえない。申請の趣旨が明らかでない申請又は不適法な申請の趣旨を内容とする申請は，法第132条第1項第3号又は第5号により却下する。
20　申請人の意思は，申請の趣旨の記載のみから判断すべきものではなく，筆界特定以外の事項を目的とするものと解される申請は，法第132条第1項第5号により却下する。例えば，筆界特定申請情報として提供された申請の趣旨において，形式上，筆界の特定を求めているとしても，筆界特定を必要とする理由(30参照)によれば，筆界とは無関係に所有権界の特定を求めていると判断するほかない場合には，筆界特定以外の事項を目的とするものと認めるべきである。申請が筆界特定以外の事項を目的とするものと疑われるときは，申請人に対し，適宜の方法でその真意を確認するものとする。

(筆界特定の申請人の氏名等)
21　法第131条第2項第2号の「筆界特定の申請人の氏名又は名称及び住所」とは，申請人の現在の氏名又は名称及び住所をいう。
　　申請人が所有権の登記名義人又は表題部所有者である場合において，筆界特定申請情報中の申請人の氏名若しくは名称又は住所が登記記録と合致しないときは，筆界特定添付情報として，所有権の登記名義人又は表題部所有者の氏名若しくは名称又は住所についての変更又は錯誤若しくは遺漏があったことを証する市町村長，登記官その他の公務員が職務上作成した情報（公務員が職務上作成した情報がない場合にあっては，これに代わるべき情報）が提供されることを要する(規則第209条第1項第6号)。

氏名若しくは名称又は住所についての変更又は錯誤若しくは遺漏があったことを証する情報の意義は、令別表の1の項又は23の項の各添付情報欄に掲げるものと同様であり、例えば、戸籍の附票、住民票等がこれに該当する。

(申請人が表題登記がない土地の所有者である場合)
22　申請人が表題登記がない土地の所有者であるときは、筆界特定添付情報として、当該申請人が当該土地の所有権を有することを証する情報が提供されることを要する(規則第209条第1項第4号)。

　この場合における所有権を有することを証する情報の意義は、令別表の4の項添付情報欄ハに掲げるものと同様である。

　また、国又は地方公共団体の所有する土地について、官庁又は公署が筆界特定の申請人となる場合には、所有権を有することを証する情報の提供を便宜省略して差し支えない。

(申請人が所有権の登記名義人等の一般承継人である場合)
23　申請人が所有権の登記名義人又は表題部所有者の相続人その他の一般承継人であるときは、その旨並びに所有権の登記名義人又は表題部所有者の氏名又は名称及び住所が筆界特定申請情報の内容として提供されることを要する(規則第207条第2項第3号)。この場合には、筆界特定添付情報として、相続その他の一般承継があったことを証する市町村長、登記官その他の公務員が職務上作成した情報(公務員が職務上作成した情報がない場合にあっては、これに代わるべき情報)が提供されることを要する(規則第209条第1項第3号)。

　この情報の意義は、令第7条第1項第5号イに掲げる情報と同様である。

　また、この場合において、筆界特定申請情報中の所有権の登記名義人又は表題部所有者の氏名若しくは名称又は住所が登記記録と合致しないときは、当該所有権の登記名義人又は表題部所有者の氏名若しくは名称又は住所についての変更又は錯誤若しくは遺漏があったことを証する市町村長、登記官その他の公務員が職務上作成した情報(公務員が職務上作成した情報がない場合にあっては、これに代わるべき情報)が提供さ

れることを要する（規則第209条第1項第6号）。
（申請人が1筆の土地の一部の所有権を取得した者である場合）
24　申請人が1筆の土地の一部の所有権を取得した者であるときは，その旨が筆界特定申請情報の内容として提供されることを要する（規則第207条第2項第4号）。この場合には，筆界特定添付情報として，当該申請人が当該1筆の土地の一部について所有権を取得したことを証する情報が提供されることを要する（規則第209条第1項第5号）。

　1筆の土地の一部の所有権を取得したことを証する情報といえるためには，申請人の自己証明では足りず，例えば，確定判決の判決書の正本若しくは謄本その他の公文書によることを要し，又は，当該1筆の土地の所有権の登記名義人が作成した当該申請人が当該1筆の土地の一部の所有権を取得したことを認めることを内容とする情報であって，当該所有権の登記名義人の印鑑証明書が添付されたものであることを要する。また，1筆の土地の一部の所有権を取得したことを証する情報において申請人が所有権を取得した土地の部分が具体的に明示されていることを要する。

（申請人が法人である場合）
25　申請人が法人であるときは，その代表者の氏名が筆界特定申請情報の内容として提供されることを要する（規則第207条第2項第1号）。この場合には，筆界特定添付情報として，当該法人の代表者の資格を証する情報が提供されることを要するが，筆界特定の申請を受ける法務局又は地方法務局が当該法人の登記を受けた登記所であり，かつ，特定登記所（規則第36条第1項及び第2項の規定により法務大臣が指定した登記所をいう。以下同じ。）に該当しない場合及び支配人その他の法令の規定により筆界特定の申請をすることができる法人の代理人が，当該法人を代理して筆界特定の申請をする場合には，当該情報の提供を要しない（規則第209条第1項第1号）。

　筆界特定書面申請（44参照）において筆界特定添付書面として提出される同号に掲げる情報を記載した書面のうち，市町村長，登記官その他の公務員が職務上作成したものは，官庁又は公署が筆界特定の申請をす

る場合を除き，作成後3か月以内のものでなければならない(規則第211条第3項)。

(代理人によって筆界特定の申請をする場合)
26 代理人によって筆界特定の申請をするときは，当該代理人の氏名又は名称及び住所並びに代理人が法人であるときはその代表者の氏名が筆界特定申請情報の内容として提供されることを要する(規則第207条第2項第2号)。この場合には，筆界特定添付情報として，当該代理人の権限を証する情報が提供されることを要するが，当該代理人が支配人その他の法令の規定により筆界特定の申請をすることができる法人の代理人である場合であって，当該申請を受ける法務局又は地方法務局が当該法人についての当該代理人の登記を受けた登記所であり，かつ，特定登記所に該当しないときは，当該情報の提供を要しない(規則第209条第1項第2号)。

　筆界特定書面申請において筆界特定添付書面として提出される同号に掲げる情報を記載した書面のうち，市町村長，登記官その他の公務員が職務上作成したものは，官庁又は公署が筆界特定の申請をする場合を除き，作成後3か月以内のものでなければならない(規則第211条第3項)。

(資格者代理人)
27 業として筆界特定の手続についての代理をすることができる者は，弁護士，土地家屋調査士又は簡裁訴訟代理等関係業務をすることにつき認定を受けた司法書士(司法書士法(昭和25年法律第197号)第3条第2項参照。以下「認定司法書士」という。)である。認定司法書士が代理することができる筆界特定の手続は，同条第1項第8号の規定により，対象土地の価額の合計額の2分の1に司法書士法施行規則(昭和53年法務省令第55号)第1条の2第2項の割合(100分の5)を乗じて得た額が，裁判所法(昭和22年法律第59号)第33条第1項第1号に定める額(140万円)を超えない筆界特定の手続に限られる。

(代理人選任の届出等)
28 筆界特定の申請がされた後，申請人又は関係人が代理人を選任した場合(当該代理人が支配人その他の法令の規定により筆界特定の手続にお

いて行為をすることができる法人の代理人である場合であって，当該申請を受けた法務局又は地方法務局が，当該法人についての当該代理人の登記を受けた登記所であり，かつ，特定登記所に該当しないときを除く。）における当該代理人の権限は，委任状その他の代理権限証明情報が記載された書面の提出により確認するものとする（規則第243条第2項）。

　また，関係人が法人である場合において，当該関係人が筆界特定の手続において意見の提出その他の行為をするときは，当該法人の代表者の資格を証する情報が提供されることを要する（同条第1項）。ただし，法務局又は地方法務局が当該法人の登記を受けた登記所であり，かつ，特定登記所に該当しない場合及び支配人その他の法令の規定により筆界特定の手続において行為をすることができる法人の代理人が当該法人を代理して筆界特定の手続において行為をする場合は，この限りでない。

（対象土地の不動産所在事項等）

29　対象土地の不動産番号が筆界特定申請情報の内容として提供されているときは，対象土地に係る法第34条第1項第1号及び第2号に掲げる事項（法第131条第2項第3号）が明らかにされているものと取り扱って差し支えない。

　表題登記がない土地については，筆界特定申請情報の内容として地番の提供は不要であるが，当該土地を特定するに足りる事項が筆界特定申請情報の内容として提供されることを要する（規則第207条第2項第5号）。表題登記がない土地を特定するに足りる事項は，例えば，「何番地先」等といった土地の表示のほか，図面を利用する等の方法により具体的に明示された現地の状況により確認することとなる（同条第4項）。

　対象土地の所在が明らかにされていない申請は，法第132条第1項第3号により却下する。

　なお，関係土地に係る不動産所在事項又は不動産番号については，規則第207条第3項第2号の規定により筆界特定申請情報の内容となる。

（対象土地について筆界特定を必要とする理由）

30　法第131条第2項第4号の「対象土地について筆界特定を必要とする理由」とは，筆界特定の申請に至る経緯その他の具体的な事情をいう（規

則第207条第1項)。例えば，工作物等の設置の際，隣接地所有者と筆界の位置につき意見の対立が生じたことや，隣接地所有者による筆界の確認や立会いへの協力が得られないこと等の具体的な事情がこれに該当する。筆界特定を必要とする理由が明らかでない申請は，法第132条第1項第3号により却下する。

(工作物，囲障又は境界標の有無その他の対象土地の状況)

31　規則第207条第2項第6号の規定により筆界特定申請情報の内容となる工作物，囲障又は境界標の有無その他の対象土地の状況は，図面を利用する等の方法により具体的に明示された現地の状況により確認することとなる(同条第4項)。対象土地の状況が明示されていない申請は，法第132条第1項第3号により却下する。

　　なお，関係土地に係る工作物，囲障又は境界標の有無その他の状況は，規則第207条第3項第4号の規定により筆界特定申請情報の内容となる。

(申請人等の主張)

32　規則第207条第3項第5号及び第6号の規定により筆界特定申請情報の内容となる申請人又は対象土地の所有権登記名義人等であって申請人以外のものが対象土地の筆界として主張する特定の線は，図面を利用する等の方法により具体的に明示されることになる(同条第4項)。ただし，これらの線が筆界特定申請情報の内容として提供されていない場合でも，申請を却下することはできない。

(筆界確定訴訟に関する情報)

33　規則第207条第3項第7号の「事件を特定するに足りる事項」とは，筆界確定訴訟の係属裁判所，事件番号，当事者の表示等をいう。なお，申請に係る筆界について既に筆界確定訴訟の判決が確定しているときは，その申請を法第132条第1項第6号により却下する。

　　申請に係る筆界について既に筆界確定訴訟の判決が確定したことがないことについては，筆界特定の手続において，申請人及び関係人に対し，適宜の方法で確認するものとし，いずれの者からもその旨の情報提供がなく，確定判決の存在が明らかでないときは，申請に係る筆界について筆界確定訴訟の確定判決がないものとして，手続を進めて差し支えない。

（筆界特定添付情報の表示）
34　規則第207条第3項第8号の「筆界特定添付情報の表示」については，例えば，資格証明書，代理権限証書等筆界特定添付情報として筆界特定申請情報と併せて提供される情報の標題が示されていれば足りる。

（筆界特定の申請と同時に提出する意見又は資料の表示）
35　申請人が筆界特定の申請と同時に法第139条第1項の規定により意見又は資料を提出する場合において，筆界特定申請情報と併せて規則第218条第1項各号及び第2項各号に掲げる事項を明らかにした情報が書面又は電磁的記録により提供されているときは，規則第207条第3項第9号の意見又は資料の表示がされているものと取り扱って差し支えない。

（現地の状況等を明示する図面等）
36　規則第207条第4項の図面とは，測量図に限られない。また，既存の図面類を利用して作成されたものであっても差し支えない。

(C)　筆界特定の申請の方法

（申請手数料の納付）
37　筆界特定の申請をするときは，手数料を納付しなければならない（法第131条第3項）。

　　筆界特定電子申請（42参照）の手数料の納付方法は，登記手数料令（昭和24年政令第140号）第4条の3第1項の規定による手数料の額に相当する現金を筆界特定登記官から得た納付情報により国に納付する方法によるほか，当該手数料の額に相当する収入印紙を筆界特定登記官の定める書類にはり付けて提出する方法によることができる（筆界特定申請手数料規則（平成17年法務省令第105号）第2条第1項及び第3項）。

　　筆界特定書面申請をするときは，当該手数料の額に相当する収入印紙を筆界特定申請書（以下「申請書」という。）にはり付けて提出する方法（筆界特定申請情報の全部を記録した磁気ディスクを提出する方法により筆界特定書面申請をするとき（46参照）は，当該手数料の額に相当する収入印紙を筆界特定登記官の定める書類にはり付けて提出する方法）のみが認められる（同条第1項本文及び第2項）。

手数料の納付がない申請は，法第132条第1項第8号により却下する。
38　申請時に納付された手数料の額が納付すべき手数料の額に満たない場合には，申請人が不足額を追納しない意思を明らかにしているときを除き，手数料の納付がないことを理由として申請を却下することなく，納付すべき手数料の額を通知して補正の機会を与えるものとする。
　　例えば，申請人が，申請時において，一方の対象土地の価額の2分の1に相当する額に100分の5を乗じた額を仮に納付したときは，筆界特定登記官において対象土地の価額を調査して算出した手数料額を通知し，後日不足額を追納させる方法によって差し支えない。
（過大納付の場合の申請手数料の還付）
39　申請手数料が過大に納付された場合には，過大に納付された手数料の額に相当する金額の金銭を還付することを要する。申請人が還付を請求する場合には，適宜の様式の還付請求書を提出させるものとする。一の手数料に係る筆界特定の申請人が2人以上ある場合には，当該各申請人は，過大に納付された額の全額につき還付請求をすることができる。
（対象土地の価額）
40　申請手数料の算定の基礎となる「対象土地の価額」とは，地方税法（昭和25年法律第226号）第341条第9号に掲げる固定資産課税台帳（以下「課税台帳」という。）に登録された価格のある土地については，筆界特定申請手数料規則第1条第1項に規定する方法により算定した価額をいう。課税台帳に登録された価格のない土地については，筆界特定の申請の日において当該土地に類似する土地で課税台帳に登録された価格のあるものの同項各号に掲げる当該申請の日の区分に応じ当該各号に掲げる金額を基礎として認定した価額による。
　　また，この場合において，対象土地の一方が表題登記がない土地（課税台帳に登録された価格のある土地を除く。）であるときは，その面積は，便宜，他方の土地の面積と等しいものとして取り扱うものとする。ただし，当該表題登記がない土地につき，現地の使用状況又は自然の地形等により対象土地となるべき範囲を特定することができる場合には，当該範囲の面積を当該表題登記がない土地の面積として取り扱っても差し支

えない。
（一の申請情報による2以上の申請）
41　筆界特定の申請は，特定の対象となる筆界ごとに一の筆界特定申請情報によってするのが原則であるが，対象土地の一を共通にする2以上の筆界特定の申請を一の筆界特定申請情報によってすることもできる（規則第208条）。この場合の申請手数料は，各筆界ごとに申請手数料を算出した合計額となる。また，同一の筆界に係る2以上の筆界特定の申請が一の手続においてされたときは，当該2以上の筆界特定の申請は，手数料の算出については，一の筆界特定の申請とみなされる（登記手数料令第4条の3第2項）ので，この場合には，一の筆界特定の申請の手数料額のみが納付されれば足りる。

（筆界特定電子申請）
42　筆界特定電子申請とは，法第131条第4項において準用する法第18条第1号の規定による電子情報処理組織を使用する方法による筆界特定の申請をいう（規則第206条第1号）。筆界特定電子申請により筆界特定の申請をするときは，筆界特定申請情報及び筆界特定添付情報を併せて送信するのが原則であるが，筆界特定添付情報の送信に代えて，法務局又は地方法務局に筆界特定添付書面を提出することもできる（規則第210条第1項）。この場合には，筆界特定添付書面を法務局又は地方法務局に提出する旨を筆界特定申請情報の内容とすることを要する（同条第2項）。
　なお，筆界特定電子申請は，改正法附則第2条の規定による指定がされた法務局又は地方法務局の筆界特定の手続について可能となる。したがって，指定がされるまでの間は，筆界特定書面申請のみが認められる（整備省令第5条第1項）。

43　筆界特定電子申請の場合において必要な電子署名及び電子証明書については，不動産登記の電子申請と同様である（規則第210条第3項及び第4項，第211条第5項及び第6項）。

（筆界特定書面申請）
44　「筆界特定書面申請」とは，法第131条第4項において準用する法第18条第2号の規定により申請書を法務局又は地方法務局に提出する方法に

よる筆界特定の申請をいう（規則第206条第2号）。筆界特定書面申請をするときは，申請書に筆界特定添付書面を添付して提出することを要し（規則第211条第1項），この場合には，筆界特定添付書面を別送することは認められない。なお，筆界特定書面申請をする場合には，申請書及び筆界特定添付書面を送付する方法（書留郵便又は信書便事業者による信書便の役務であって当該信書便事業者において引受け及び配達の記録を行うものによる。）によることもできる（規則第212条）。

（署名又は記名押印）

45　申請人又はその代表者若しくは代理人は，申請書に署名し，又は記名押印しなければならない（規則第211条第2項）。また，委任による代理人によって筆界特定の申請をする場合には，申請人又はその代表者は，委任状に署名し，又は記名押印しなければならない（同条第4項）。これらの場合においては，申請書又は委任状に申請人の印鑑証明書を添付する必要はない。申請書又は委任状に申請人又はその代表者の署名又は記名押印がない申請書による申請は，法第132条第1項第4号により却下する。

（磁気ディスク申請）

46　法務大臣が告示により指定した法務局又は地方法務局においては，筆界特定申請情報の全部又は一部を記録した磁気ディスクを提出する方法による申請をすることができる（規則第211条第6項，第51条第1項及び第2項）。また，いずれの法務局又は地方法務局においても，筆界特定添付情報を記録した磁気ディスクを筆界特定添付書面として提出することが可能である。これらの磁気ディスクが，規則第211条第5項において準用する令第12条第1項及び第2項並びに令第14条，規則第211条第6項において準用する規則第51条及び第52条に規定する要件を満たしていないときは，筆界特定の申請は，法第132条第1項第4号により却下する。

（管轄登記所経由の筆界特定書面申請）

47　筆界特定書面申請は，対象土地の所在地を管轄する登記所（以下「管轄登記所」という。）を経由してすることができる（規則第211条第7項）。この場合における管轄登記所における事務は，後記第11のとおりである。

（筆界特定添付書面の原本還付）
48　申請人は，規則第213条第１項の規定により筆界特定添付書面（磁気ディスクを除く。）の原本の還付を請求することができる。同条第３項前段の調査完了後とは，筆界特定の申請の却下事由の有無を審査するために筆界特定添付書面の原本を留め置く必要がなくなった段階をいう。同項後段の原本還付の旨の記載は，準則第30条の例による。

(C)　申請人又は関係人の変動があった場合の措置
（申請人に一般承継があった場合）
49　筆界特定の申請がされた後，筆界特定の手続が終了する前に申請人が死亡したとき又は合併により消滅したときは，申請人の相続人その他の一般承継人が申請人の地位を承継したものとして，筆界特定の手続を進めて差し支えない。

（申請人に特定承継があった場合）
50　筆界特定の申請がされた後，筆界特定の手続が終了する前に申請人が対象土地の所有権登記名義人等でなくなった場合（49の一般承継の場合を除く。以下「特定承継があった場合」という。）には，当該申請は，法第132条第１項第２号により却下する。
　　この場合において，申請人がその所有権登記名義人等である対象土地について新たに所有権登記名義人等となった者（当該申請人が所有権登記名義人であるときは当該申請人の登記された所有権の全部又は一部を登記記録上取得した者，当該申請人が表題部所有者であるときは当該表題部所有者又はその持分についての更正の登記により表題部所有者となった者，当該対象土地が表題登記がない土地であるときは当該申請人から所有権の全部又は一部を取得した者に限る。以下「特定承継人」という。）から，別記第６号様式による申出書（以下「地位承継申出書という。」）による申出があったときは，特定承継人が筆界特定の申請人の地位を承継するものとして，筆界特定の手続を進めて差し支えない。
　　申請人の地位の承継があった場合において，既に当該承継に係る申請人に係る意見聴取等の期日が開かれていたときも，改めて意見聴取等の

期日を開くことを要しない。

51 特定承継があった場合において，特定承継人から地位承継申出書による申出がないときは，当該特定承継人が申請人の地位を承継しない意思を明らかにしているときを除き，当該特定承継に係る申請を直ちに却下（50参照）することなく，相当期間を定めて地位承継申出書を提出する機会を与えるものとする。

（関係人の承継）

52 筆界特定の申請がされた後，筆界特定の手続が終了する前に新たに対象土地又は関係土地の所有権登記名義人等となった者（申請人の一般承継人及び申請人の特定承継人であって申請人の地位を承継したものを除く。）は，以後，関係人として取り扱うものとする。

（承継を証する情報）

53 対象土地又は関係土地について一般承継があった場合において，当該一般承継を原因とする所有権の移転の登記がされていないときは，相続人その他の一般承継人に対し，規則第209条第1項第3号に掲げる情報の提供を求め，一般承継があった事実を確認するものとする。また，表題登記がない対象土地又は関係土地について特定承継があった場合には，特定承継人に対し，同項第4号に掲げる情報の提供を求め，特定承継があった事実を確認するものとする。

第4 受付等

(A) 受付事務

（受付）

54 規則第214条第1項の規定による筆界特定の申請の受付は，筆界特定受付等記録簿に申請の受付の年月日，手続番号，対象土地の不動産所在事項及び不動産番号がある土地については不動産番号を記録することによって行う。規則第211条第7項の規定により管轄登記所を経由して筆界特定書面申請がされた場合における申請の受付の年月日は，管轄登記所に申請書が提出された日とする。

（手続番号）

55　規則第214条第2項の手続番号は，一の筆界ごとに付すものとする。したがって，規則第208条の規定により一の筆界特定申請情報によって対象土地の一を共通にする2以上の筆界特定の申請がされたとき（41参照）は，当該申請に係る筆界特定の目的となっている筆界の数だけ手続番号を付することを要する。また，一の筆界について2以上の筆界特定の申請が時を異にしてされたときは，それぞれの申請に別の手続番号を付するものとする。

　　手続番号は，1年ごとに更新し，「平成○年第○○号」などと表示するものとする。

（申請書への記載）

56　筆界特定書面申請の受付においては，受付の手続をした申請書の1枚目の用紙の余白に，準則別記第46号様式の印版を押印の上，申請の受付の年月日及び手続番号を記載するものとする。

（収入印紙の消印）

57　筆界特定書面申請の申請書を受領したときは，直ちに，これにはり付けられた収入印紙を再使用を防止することができる消印器により消印するものとする。筆界特定電子申請において，収入印紙により手数料が納付された場合も同様とする。

（管轄登記所への通知等）

58　筆界特定の申請の受付をした場合には，管轄登記所に，当該対象土地について筆界特定の受付をした旨及び申請の内容並びに申請の受付の年月日及び手続番号を，別記第7号　様式又はこれに準ずる様式の通知書により通知するものとする。

(B)　対象土地が2以上の法務局又は地方法務局の管轄区域にまたがる場合

（筆界特定の事務をつかさどる法務局又は地方法務局の指定）

59　対象土地が2以上の法務局又は地方法務局の管轄区域にまたがる場合には，不動産の管轄登記所等の指定に関する省令（昭和50年法務省令第68号。以下「管轄省令」という。）第3条の規定により，当該2以上の法

務局又は地方法務局が同一の法務局管内にあるときは当該法務局の長が，その他のときは法務大臣が，それぞれ当該対象土地に関する筆界特定の事務をつかさどる法務局又は地方法務局を指定することになる（法第124条第2項において準用する法第6条第2項，管轄省令第3条）。これらの場合においては，指定がされるまでの間，筆界特定の申請は，当該2以上の法務局又は地方法務局のうち，いずれか一方の法務局又は地方法務局にすることができる（法第124条第2項において準用する法第6条第3項）。

（指定の手続）

60　59により筆界特定の申請を受け付けた法務局又は地方法務局（以下「受付局」という。）は，対象土地を管轄する他の法務局又は地方法務局と協議の上，管轄省令第3条前段の場合にあっては別記第8号様式，同条後段の場合にあっては別記第9号様式による指定請求書により，それぞれ法務局の長又は法務大臣に請求するものとする。これらの場合において，法務局の長が同条前段の指定をするときは，別記第10号様式による指定書によるものとする。

（移送）

61　法第124条第2項において準用する法第6条第2項の規定により受付局と異なる法務局又は地方法務局が指定されたときは，受付局の筆界特定登記官は，当該指定がされた他の法務局又は地方法務局に当該申請に係る手続を移送するものとする。移送をしたときは，受付局の筆界特定登記官は，申請人に対し，その旨を通知するものとする（規則第215条において準用する規則第40条第1項及び第2項）。

62　規則第215条において準用する規則第40条第1項の規定による移送は，別記第11号様式による移送書により，配達証明付書留郵便又はこれに準ずる確実な方法によって行うものとする。移送をした法務局又は地方法務局の筆界特定登記官は，筆界特定受付等記録簿の終了原因欄に「年月日〇〇（地方）法務局に移送」と記録するものとする。移送を受けた法務局又は地方法務局の筆界特定登記官は，受付をし，筆界特定受付等記録簿の備考欄に「年月日〇〇（地方）法務局から移送」と記録するもの

とする。

(C) 却下事由の調査及び補正等
(却下事由の調査)
63 筆界特定申請の受付をしたときは、遅滞なく、法第132条第1項各号(第9号を除く。)に掲げる却下事由の有無を調査するものとする。
(既に筆界特定がされている場合)
64 法務局又は地方法務局の筆界特定受付等記録簿又は対象土地の登記記録等から、申請に係る筆界について、既に筆界特定がされていることが判明したときは、筆界特定の申請は、法第132条第1項第7号本文により却下する。なお、同号ただし書の「対象土地について更に筆界特定をする特段の必要があると認められる場合」とは、過去に行われた筆界特定について、例えば、以下に掲げる事由があることが明らかな場合をいう。また、既にされた筆界特定の結論が誤っていたことが明らかになった場合も、同号ただし書に該当する。
(1) 除斥事由がある筆界特定登記官又は筆界調査委員が筆界特定の手続に関与したこと。
(2) 申請人が申請の権限を有していなかったこと。
(3) 刑事上罰すべき他人の行為により意見の提出を妨げられたこと。
(4) 代理人が代理行為を行うのに必要な授権を欠いたこと。
(5) 筆界特定の資料となった文書その他の物件が偽造又は変造されたものであったこと。
(6) 申請人、関係人又は参考人の虚偽の陳述が筆界特定の資料となったこと。
(補正)
65 筆界特定の申請の不備が補正することができるものである場合において、補正を認める相当な期間(以下「補正期間」という。)を定めたときは、当該期間内は、当該補正すべき事項に係る不備を理由に当該申請を却下することはできない(規則第216条)。また、筆界特定申請情報の内容として、規則第207条第3項各号に掲げる事項に関する情報が提供され

ていないときは，これを理由に申請を却下することはできないが，適宜，申請人に対し，当該情報の提供についての協力を求め，事案の内容の把握に努めるものとする。
66　補正期間を申請人に告知するときは，電話その他の適宜の方法により行うものとする。その他補正の方法については，準則第36条の例による。
（筆界特定の申請がされた旨の通知）
67　筆界特定の申請に却下事由がないと認められるときは，筆界特定の申請がされた旨を公告し，かつ，その旨を関係人に通知しなければならない（法第133条第1項）。

(D)　却下
（却下の手続）
68　筆界特定の申請を却下するときは，決定書を作成し，申請人にこれを交付するものとする（規則第244条第1項）。交付は，決定書を送付する方法によってすることができる（同条第2項）。この場合において，申請人が2人以上あるときは，申請人ごとに決定書を交付するものとする。ただし，代理人又は申請人のために通知を受領する権限を有する者（139参照）があるときは，当該代理人又は申請人のために通知を受領する権限を有する者に交付すれば足りる。
（却下した旨の公告及び通知）
69　法第133条第1項の規定による公告をした後に筆界特定の申請を却下したときはその旨の公告を，同項の規定による通知をした後に筆界特定の申請を却下したときは当該通知に係る関係人に対するその旨の通知を，それぞれすることを要する（規則第244条第4項及び第5項）。
（却下決定書）
70　決定書は，申請人に交付するもののほか，筆界特定手続記録につづり込むものを1通作成するものとする。
71　決定書は，別記第12号様式によるものとし，筆界特定手続記録につづり込む決定書の原本の欄外には決定告知の年月日を記載して登記官印を押印するものとする。決定書に記載すべき決定告知の年月日は，申請を

却下した旨の公告をした日又は申請人に決定書を交付し，若しくは発送した日のうち最も早い日とする。

72　規則第244条第2項の規定により送付した決定書が所在不明等を理由として返送されたときは，申請人の氏名又は名称及び決定書をいつでも申請人に交付する旨を法務局又は地方法務局の掲示場に2週間掲示するものとする。

　　なお，返送された決定書は，筆界特定手続記録につづり込むものとする。

（筆界特定受付等記録簿への記録）

73　筆界特定の申請の全部を却下するときは，当該申請に係る手続番号に対応する筆界特定受付等記録簿の終了原因欄に「却下」と記録するものとする。規則第208条の規定により一の筆界特定申請情報によって対象土地の一を共通にする2以上の筆界特定の申請がされた場合（41参照）において，その一の申請を却下するときは，当該申請に係る手続番号に対応する筆界特定受付等記録簿の終了原因欄に「却下」と記録するものとする。

74　2以上の申請人が一の筆界について共同して申請した場合において，一部の申請人に係る申請を却下するときは，当該申請に係る手続番号に対応する筆界特定受付等記録簿の終了原因欄に「一部却下」と記録するものとする。

（筆界特定添付書面の還付）

75　筆界特定の申請を却下したときは，筆界特定添付書面を還付するものとする（規則第244条第3項）。筆界特定添付書面の還付の手続については，準則第28条第6項及び第7項の例による。

　(E)　取下げ

（取下げの手続）

76　筆界特定書面申請の取下げは申請を取り下げる旨の情報を記載した書面（以下「取下書」という。）を提出する方法により，筆界特定電子申請の取下げは電子情報処理組織を使用して申請を取り下げる旨の情報を提

供する方法により，それぞれ行う（規則第245条第1項）。

77　筆界特定の申請の取下げは，法第144条第1項の規定により申請人に対する通知を発送した後は，することができない（規則第245条第2項）。

（取下げがあった旨の公告及び通知）

78　法第133条第1項の規定による公告をした後に筆界特定の申請の取下げがあったときはその旨の公告を，同項の規定による通知をした後に筆界特定の申請の取下げがあったときは当該通知に係る関係人に対するその旨の通知を，それぞれすることを要する（規則第245条第4項及び第5項）。

（筆界特定受付等記録簿への記録）

79　筆界特定の申請の取下げがあったときは，当該申請に係る手続番号に対応する筆界特定受付等記録簿の終了原因欄に「取下げ」と記録するものとする。規則第208条の規定により一の筆界特定申請情報によって対象土地の一を共通にする2以上の筆界特定の申請がされた場合（41参照）において，その一の申請について取下げがあったときは，当該申請に係る手続番号に対応する筆界特定受付等記録簿の終了原因欄に「取下げ」と記録するものとする。

80　2以上の申請人が一の筆界について共同して申請した場合において，一部の申請人に係る申請の取下げがあったときは，当該申請に係る手続番号に対応する筆界特定受付等記録簿の終了原因欄に「一部取下げ」と記録するものとする。

（筆界特定添付書面の還付）

81　筆界特定の申請の取下げがあったときは，筆界特定添付書面を還付するものとする（規則第245条第3項）。なお，筆界特定書面申請において，申請の取下げがあった場合にも，申請書を還付することは要しない。その他筆界特定添付書面の還付の手続については，準則第28条第6項及び第7項の例による。

（取下書等の保管）

82　筆界特定の申請の取下げがあったときは，取下書（電子情報処理組織を使用する方法により申請の取下げがあったときは，申請を取り下げる旨の情報の内容を書面に出力したもの）を筆界特定手続記録につづり込

むものとする。

　(F)　却下又は取下げの場合の申請手数料の還付

（却下又は取下げの場合における申請手数料の還付）

83　法第133条第１項の規定による公告又は通知がされる前に，筆界特定の申請が取り下げられ，又は却下された場合には，筆界特定の申請人の請求により，納付された手数料の額から納付すべき手数料の額の２分の１の額を控除した金額の金銭を還付しなければならない（登記手数料令第４条の３第３項）。この場合には，適宜の様式の還付請求書を提出させるものとする。

　　一の手数料に係る筆界特定の申請人が２人以上ある場合には，当該各申請人は，還付されるべき金額の全額につき還付請求をすることができる（同条第４項）。その場合，１名に対して還付がされたときは，全員の還付請求権が消滅する。還付請求は，請求をすることができる事由が生じた日から５年以内にしなければならない（同条第５項）。

第５　調査及び資料収集等

　(A)　進行計画等

（進行計画）

84　筆界特定の申請がされた場合において，直ちに申請を却下すべき事由がないと認められるときは，筆界特定の手続の進行計画を策定するものとする。進行計画においては，法第130条の規定により定めた標準処理期間を考慮して，事前準備調査を完了する時期，申請人及び関係人に立ち会う機会を与えて対象土地について測量又は実地調査を行う時期，意見聴取等の期日を開催する時期，筆界調査委員が意見書を提出する時期，筆界特定を行う時期等について，手続進行の目標を設定するものとする。

（申請人等の表示）

85　筆界特定の手続に関する各種の記録（筆界調査委員の意見書及び筆界特定書を含む。）を作成する場合において，筆界特定登記官，筆界調査委員並びに申請人，関係人及びその代理人等に係る表示をするときは，便

宜，A，B，甲，乙等の符号を用いて差し支えない。

(B)事前準備調査
(事前準備調査の概要)
86 事前準備調査においては，原則として，法第134条第4項の職員が，筆界調査委員による事実の調査を円滑に実施することを目的として，資料の収集のほか，必要に応じ，調査図素図の作成，現況等把握調査及び論点整理等を行うものとする。
(資料の収集)
87 対象土地の調査を適確に行うための資料として，例えば，次のような資料を収集するほか，筆界調査委員の指示に従い，必要な資料を収集するものとする。
(1) 管轄登記所に備え付け又は保管している登記記録，地図又は地図に準ずる図面，各種図面，旧土地台帳等
(2) 官庁又は公署に保管されている道路台帳，道路台帳附属図面，都市計画図，国土基本図，航空写真等
(3) 民間分譲業者が保管している宅地開発に係る図面及び関係帳簿，対象土地若しくは関係土地の所有者又はそれらの前所有者等が現に保管している図面や測量図
(調査図素図の作成)
88 調査図素図の作成は，法第14条第1項に規定する地図又は同条第4項に規定する地図に準ずる図面の写しに，収集された資料から得られた情報のうち，筆界特定の手続を進める上で参考となる情報（例えば，対象土地及び関係土地の登記記録上の地積，地目，登記名義人の氏名及び分筆経緯等）を適宜の方式で表示して行うものとする。ただし，土地所在図，地積測量図その他申請人等から提供された図面を利用して調査図素図を作成しても差し支えない。
(現況等把握調査)
89 現況等把握調査は，次の要領により，対象土地及びその周辺の土地の

現況その他筆界特定について参考となる情報を把握することを目的として行うものとする。
(1) 調査方法
　ア　現地の測量又は実地調査を行う。
　イ　都道府県や市町村等の担当職員の立会いの下，道路や水路等との官民境界について確認を得て街区情報の確定を行う。
　ウ　アの測量は，規則第10条第3項の規定による基本三角点等に基づくものである必要はなく，近傍の恒久的な地物に基づいて実施して差し支えない。
　　　また，申請人又は関係人その他の者から測量図の提供があった場合において，現地と照合し，現況等把握調査における測量結果に代わるものと認められるときその他現況を把握することが可能な図面が存在するときは，アの測量を要しない。
　エ　実地調査に当たっては，対象土地及び関係土地その他周囲の土地の所有者又は占有者等から適宜筆界特定に当たり参考となる事情（各自が主張する筆界の位置，紛争に至る経緯，対象土地の過去から現在に至るまでの使用状況等）を聴取し，その内容を適宜の方法で記録する。また，現況において判明している境界標等に基づく調査結果を取りまとめた上で，整理を行う。
(2) 現況等把握調査の結果の記録
　　現況等把握調査の結果としては，筆界点の座標値のほか，工作物の位置その他の筆界特定をするために参考となる事項を記録する。この場合の縮尺については，規則第77条第3項に準ずる。ただし，申請人等から提出のあった測量図等を用いる場合には，この限りでない。
(3) 測量結果の調整等
　　必要に応じ，調査図素図上において，既存の地積測量図等と現況等把握調査で得られた街区情報との照合及び点検を行う。

(C)論点整理等

（論点整理）

90　事前準備調査の結果によって得られた申請人又は関係人その他の者から聴取した主張等を踏まえ，筆界に関する論点の整理を行うものとする。また，現況等把握調査の結果作成した測量図その他の現況を示す図面に申請人等が主張する筆界の位置を適宜の方法で表示する等して，その争点を明確にするよう努めるものとする。

(D)　対象土地の特定調査

（特定調査）

91　筆界調査委員が対象土地に係る筆界を特定するための調査（以下「特定調査」という。）を行うに当たっては，事前準備調査の結果及び論点整理の結果を踏まえ，法第136条第1項の規定に従って，申請人及び関係人に対し立ち会う機会を与えた上で，対象土地の測量又は実地調査を行い，筆界点となる可能性のある点の位置を現地において確認し，記録するものとする。

（特定調査における測量）

92　対象土地について測量を実施する場合には，申請人及び関係人に通知をして立ち会う機会を与えなければならない（法第136条第1項）。

　(1)　筆界を示す要素に関する測量

　　　対象土地に関する筆界を示す要素に関する測量を実施する。この測量においては，事前準備調査の結果及び論点整理の結果に照らし，筆界特定の対象となる筆界に係る筆界点となる可能性のある点のすべてについて，その位置を測定するものとする。この場合には，原則として，規則第10条第3項の規定による基本三角点等に基づいて測量を実施する。

　(2)　復元測量

　　　必要があると認める場合には，既存の地積測量図，申請人等が提出した測量図等に基づいて推定される筆界点について，現地において復元測量を行う。

資料①

(申請人又は関係人の立会い)

93　申請人又は関係人が特定調査に立ち会った場合において、これらの者が主張する筆界点及び筆界の位置があるときは、これを現地において確認するものとする。また、必要に応じ、申請人又は関係人に対し、推定された筆界点について説明を行い、筆界の位置に関する認識の一致の有無について確認するものとする。

(測量の実施者等)

94　特定調査における測量は、原則として、申請人が負担する手続費用(法第146条第1項)によって行うものとする。この場合において、測量を行う者は、筆界に関する測量を行うのに必要な専門的知見及び技術を有する者(筆界調査委員を含む。)であって筆界特定登記官が相当と認める者である(規則第242条参照)。

(報酬及び費用)

95　筆界特定登記官の命を受けて測量を実施する者(以下「測量実施者」という。)に支給すべき相当な報酬及び費用の額については、別に定める測量報酬及び費用に関する標準規程を踏まえ、一定の基準を定め、これに従って算出するものとする。

(測量の内容)

96　測量を実施させるに当たっては、筆界調査委員の意見を踏まえて細目を定め、その内容を明らかにして行うものとする。

(測量の委託)

97　測量を実施させるときは、96の細目を明らかにした適宜の様式による測量指図書を2通作成し、測量実施者に署名又は記名押印をさせた上で、その1通を測量実施者に交付し、他の1通を、筆界特定手続記録につづり込むものとする。

(特定調査の記録)

98　特定調査における測量の結果の記録は、規則第231条第4項各号に掲げる事項を記録して作成するものとする。この場合の測量図の縮尺については同条第6項において準用する規則第77条第3項に準ずるものとする。

その他，申請人及び関係人の立会いの有無及び申請人及び関係人その他の者から聴取した意見又は事情を適宜の方法で記録するものとする。
(E) 立入りの手続
（立入調査）
99 土地の測量又は実地調査を行う場合において，筆界調査委員又は法第134条第4項の職員が他人の土地に立ち入るときは，法務局又は地方法務局の長は，あらかじめ，その旨並びにその日時及び場所を当該土地の占有者に通知しなければならない（法第137条第2項）。ただし，当該占有者が立入りについて同意しているとき又は占有者が不明であるときは，通知を要しない。

（通知の方法）
100 法第137条第2項の通知は，文書又は口頭のいずれの方法によっても差し支えない。この通知には，同項に規定する事項のほか，立入りを行う者の職氏名及び実施する測量又は実地調査の概要を併せて示さなければならない。

（立入りの手続）
101 土地が宅地又は垣，さく等で囲まれている場合において，事実の調査等のために立ち入ろうとする場合には，立入りの際，あらかじめ，その旨を当該土地の占有者に告げなければならない（法第137条第3項）。この場合の手続は，測量又は実地調査を実施する際に，口頭で当該土地の占有者に告げることで足りる。

　なお，宅地以外の土地であって，垣やさく等で囲まれた土地の部分以外に立ち入るときは，占有者に告げることを要しない。また，日出前又は日没後においては，土地の占有者の承諾があった場合を除き，宅地又は垣，さく等で囲まれている土地に立ち入ってはならない（同条第4項）。

（筆界調査委員等の身分証明書）
102 法第137条第6項の規定により筆界調査委員等が携帯すべき身分証明書は，別記第13号様式による。

資料①

(F) 意見又は資料の取扱い

(資料の収集)

103 筆界特定に必要な事実の調査において資料の提出を受けたときは，当該資料の写し又は当該資料の概要を写真その他適宜の方法により明らかにした記録を作成し，当該資料を速やかに返還するものとする。

(調査の報告)

104 筆界特定に必要な事実の調査をしたときは，別記第14号様式又はこれに準ずる様式による調査票に所要の事項を記載し，適宜の時期に筆界特定登記官に提出するものとする。この場合において，103により作成した写し又は記録があるときは，当該写し又は記録を添付するものとする。

(意見又は資料の提出があった旨の通知)

105 法第139条第1項又は第140条第1項の規定により申請人又は関係人から意見又は資料の提出があった場合には，原則として，その旨を対象土地の所有権登記名義人等（当該意見又は資料を提出した者を除く。）に適宜の方法により通知するものとする。

(意見又は資料の保存)

106 筆界特定に必要な事実の調査において収集し，又は申請人若しくは関係人から提出を受けた意見又は資料は，144の分類に従い，それぞれ該当する目録に適宜の番号を付して記録するものとする。

(資料の還付)

107 規則第221条第2項（規則第225条において準用する場合を含む。）の規定により資料の還付をする場合には，当該資料に係る目録の備考欄に原本還付の旨の記録をするほか，必要に応じ，当該資料の写し又は当該資料の概要を写真その他適宜の方法により明らかにした記録を作成し，当該写し又は記録を筆界特定手続記録の一部とするものとする。

108 資料につき提出者が還付を要しない旨の申出をしたときは，当該資料に係る目録の備考欄に還付不要の旨の記録をするものとする。

第6 意見聴取等の期日

資料①

(意見聴取等の期日を開く時期)
109 意見聴取等の期日の日時を定めるに当たっては，申請人又は関係人が意見陳述又は資料の提出のための準備に要する期間等を勘案するものとする。

(意見聴取等の期日の場所)
110 意見聴取等の期日を開く場所を定めるに当たっては，申請人，関係人等の便宜，意見を聴取するに当たって現場での指示を要するか否か等を勘案し，法務局又は地方法務局の庁舎，対象土地の所在地を管轄する登記所の庁舎，現地等適切な場所を選定するものとする。

(意見聴取等の期日の通知等)
111 法第140条第1項の通知は，当該期日に係る申請人及び関係人に対し行う。なお，同一の日時に2以上の申請人及び関係人に係る期日を同時に開くことを妨げない。

112 法第140条第1項の通知をしたときは，期日前にその意見の概要を書面で提出するよう促すものとする。

(意見聴取等の期日における筆界特定登記官の権限)
113 筆界特定登記官は，2以上の申請人及び関係人に係る意見聴取等の期日を同時に開いた場合において，手続を行うのに支障を生ずるおそれがないと認められるときは，当該期日において，申請人若しくは関係人又はその代理人に対し，他の申請人又は関係人に質問することを許すことができる。

(意見聴取等の期日の傍聴)
114 規則第224条第3項の適当と認める者とは，例えば，次に掲げる者であって，その傍聴によって手続を行うのに支障を生ずるおそれがないと認められるものをいう。
 (1) 申請人又は関係人の親族若しくは同居者又はこれらに準ずる者
 (2) (1)以外の者であって，その者が傍聴することについて期日に出席した申請人及び関係人がいずれも異議を述べなかったもの

(意見聴取等の期日における参考人の事実の陳述)

115 筆界特定登記官は，意見聴取等の期日において，適当と認める者に，参考人としてその知っている事実を陳述させることができる（法第140条第2項）。例えば，対象土地の所有権登記名義人等であった者や，対象土地周辺の宅地開発を行った者，鑑定人（植生，地質等について筆界特定登記官の命を受けて鑑定を行った者）等が参考人となりうる。

（意見聴取等の期日における資料の提出）

116 意見聴取等の期日において資料が提出されたときは，筆界特定登記官は，当該資料に資料番号を付し，当該資料番号及び当該資料が提出された旨を調書に記録するものとする。この場合の資料の取扱いについては，106から108までに準ずる。

（意見聴取等の期日の調書の作成方法）

117 意見聴取等の期日の調書は，別記第15号様式により，期日ごとに作成するものとする。2以上の申請人又は関係人に係る意見聴取等の期日を同時に開いた場合にも，1通の調書を作成すれば足りる。

（意見聴取等の期日の調書の記載方法）

118 意見聴取等の期日の調書の記録は，次のとおりする。

(1) 日時欄には，開かれた期日の年月日及び開始時刻を記録する。

(2) 場所欄には，意見聴取等の期日が開かれた場所を，住所等によって特定する。法務局若しくは地方法務局若しくはその支局又はその出張所の庁舎等，名称によって当該場所を特定することができるときは，その名称を記録すれば足りる。

(3) 手続の要領欄には，申請人又は関係人が述べた意見の概要，提出された資料の表示，参考人の陳述内容，筆界特定登記官が申請人若しくは関係人又はその代理人に発言を許した場合における発言内容，その他意見聴取の期日において行われた手続の内容を記録する。

(4) 意見を陳述した申請人又は関係人が事前に意見の概要を書面で提出していた場合には，

　ア　当該書面が申請人又は関係人が陳述した意見の全部の概要として適切であるときは，当該書面を筆界特定手続記録につづり込むとと

もに，調書の手続の要領欄に，例えば，「〇〇は，〇年〇月〇日付け〇〇作成に係る〇〇と題する書面記載のとおり意見を述べた。」等と記録する。

　　イ　当該書面が申請人又は関係人が陳述した意見の一部の概要として適切であるときは，当該書面を筆界特定手続記録につづり込むとともに，調書の手続の要領欄に「〇〇は，下記のとおり付け加えるほか，〇年〇月〇日付け〇〇作成に係る〇〇と題する書面記載のとおり意見を述べた。」等と記録し，申請人又は関係人の意見中当該書面に記載されていない事項の要領を記録する。

(5)　その他欄には，規則第226条第1項第6号の「その他筆界特定登記官が必要と認める事項」として，例えば，秩序を維持するために退去させた者がある場合にはその旨を記録する等，筆界特定登記官が特に調書に記録する必要があると認める事項を記録する。

(ビデオテープ等をもって調書の一部とする場合)

119　意見聴取等の期日における申請人，関係人又は参考人の陳述は，ビデオテープ等の媒体に記録し，調書の記録に代えることができる（規則第226条第2項）。この場合には，原則として，一の手続において行われる同一の意見聴取等の期日ごとにそれぞれ別の媒体を使用し，当該媒体のラベルに「手続番号」「期日」「申請人，関係人又は参考人の氏名」を記載して，筆界特定手続記録につづり込むものとする。

(調書への書類等の添付)

120　意見聴取等の期日の調書においては，書面その他筆界特定登記官において適当と認めるものを引用し，筆界特定手続記録に添付して調書の一部とすることができる（規則第226条第3項）。申請人等が意見聴取等の期日において陳述すべき意見内容を書面にして提出した場合における当該書面，申請人等が意見陳述に際し陳述内容を明確にするために図面等を作成した場合における当該図面等が引用の対象となる。書面その他のものを調書に引用した場合は，当該引用したものを当該調書に添付するものとする。

第7　筆界特定

(筆界調査委員の筆界特定登記官への調査結果の報告)

121　規則第229条の規定による筆界調査委員の報告は，別記第14号様式の書面その他適宜の方法によって行うものとする。

(筆界調査委員の意見の提出の方式)

122　法第142条の規定による筆界調査委員の意見の提出は，別記第16号様式による書面(以下「意見書」という。)により行うものとする。意見書には，意見及びその理由を明らかにし，筆界調査委員が署名し，又は記名押印するものとする。2以上の筆界調査委員の意見が一致する場合には，当該2以上の筆界調査委員は，連名で1通の意見書を作成して差し支えない。

(意見書に添付する図面)

123　122の意見書においては，図面及び基本三角点等に基づく測量の成果による座標値(基本三角点等に基づく測量ができない特別の事情がある場合にあっては，近傍の恒久的な地物に基づく測量の成果による座標値)により，筆界特定の対象となる筆界に係る筆界点と認められる各点(筆界の位置の範囲を特定するときは，その範囲を構成する各点。以下同じ。)の位置を明らかにするものとする。意見書に添付する図面(以下「意見書図面」という。)は，原則として，法第143条第2項の図面(以下「筆界特定図面」という。)に準ずる様式で作成し，筆界特定の対象となる筆界に係る筆界点の位置のほか，必要に応じ，対象土地の区画又は形状，工作物及び囲障の位置その他の現地における筆界の位置を特定するために参考となる事項を記録するものとする。

　なお，現況等把握調査における測量の結果を利用して意見書図面を作成し，又は申請人その他の者が提出した図面若しくは既存の測量図等を利用して意見書図面を作成することにより，意見の内容を明らかにすることができるときは，これらの測量の結果又は図面を利用して意見書図面を作成して差し支えない。

(筆界特定書の記載等)

124　筆界特定書は，別記第17号様式の書面その他適宜の方法により作成するものとし，規則第231条第1項各号に掲げる事項を記載の上，筆界特定登記官が職氏名を記載し，職印を押印することを要する（同条第2項）。
　　法第143条第1項及び規則第231条第1項第4号の筆界特定書の理由の要旨は，筆界調査委員の意見書を引用する方法によって明らかにして差し支えない。この場合には，引用する筆界調査委員の意見書の写しを筆界特定書の末尾に添付し，理由の要旨欄には「平成何年何月何日付け筆界調査委員○○作成に係る別紙意見書「理由」欄記載のとおりであるからこれをここに引用する。」，「次のとおり付け加えるほか，平成何年何月何日付け筆界調査委員○○作成に係る別紙意見書「理由」欄記載のとおりであるからこれをここに引用する。」等と記載するものとする。
（筆界特定図面）
125　筆界特定図面は，別記第18号様式により，規則第231条第4項各号に掲げる事項を記録して作成し，かつ，筆界特定の対象となる筆界に係る筆界点の位置のほか，必要に応じ，対象土地の区画又は形状，工作物及び囲障の位置その他の現地における筆界の位置を特定するために参考となる事項を記録するものとする。
126　筆界特定図面は，意見書図面若しくは申請人その他の者が提出した図面等を利用して作成することができる。
（筆界特定がされたときの措置）
127　筆界特定をしたときは，筆界特定受付等記録簿の終了事由欄に「筆界特定」と記録し，　終了年月日欄に筆界特定の年月日を記録するものとする。筆界特定の年月日は，筆界特定をした旨の公告をした日又は申請人に筆界特定書の写しを交付し，若しくは発送した日のうち，最も早い日とする。
（筆界特定をした旨の公告及び通知）
128　筆界特定をしたときは，遅滞なく，筆界特定の申請人に対し，筆界特定書の写し（筆界特定書が電磁的記録によって作成されているときは，筆界特定書の内容を証明した書面）を交付する方法により，当該筆界特

定書の内容を通知するとともに，筆界特定をした旨を公告し，かつ，関係人に通知しなければならない(法第144条第1項，規則第232条第2項)。
(境界標の設置)
129　筆界特定をしたときは，申請人及び関係人に対し，永続性のある境界標を設置する意義及びその重要性について，適宜の方法により説明するものとする。
(申請人に交付する筆界特定書の写しの作成)
130　法第144条第1項の規定により申請人に交付する筆界特定書の写しを作成するときは，筆界特定書の写しである旨の認証文を付した上で，作成の年月日及び職氏名を記載し，職印を押印しなければならない(規則第232条第1項)。この場合における筆界特定書の写しに付す認証文は，「これは筆界特定書の写しである。」とする。
(筆界特定手続記録の整理及び送付)
131　法第144条第1項の公告及び通知をした後，144により筆界特定手続記録を整理して編てつし，各丁に通し枚数を記載の上，別記第19号様式による送付書を添えて管轄登記所に送付する。
(対象土地が2以上の法務局又は地方法務局の管轄区域にまたがる場合)
132　対象土地が2以上の法務局又は地方法務局の管轄区域にまたがる場合には，法務大臣又は法務局の長が指定した法務局又は地方法務局(59参照)の管轄区域内にある管轄登記所には，別記第19号様式による送付書を添えて筆界特定手続記録を送付し，他の法務局又は地方法務局内にある管轄登記所には，別記第20号様式による送付書を添えて筆界特定書及び令第21条第2項に規定する図面の写しを送付するものとする(規則第233条第2項)。
(対象土地が2以上の登記所の管轄区域にまたがる場合)
133　対象土地が2以上の登記所の管轄区域にまたがる場合(対象土地が2以上の法務局又は地方法務局の管轄区域にまたがる場合を除く。)は，法務局又は地方法務局の長が指定する管轄登記所に別記第19号様式による送付書を添えて筆界特定手続記録を送付し，他方の管轄登記所には別記

第20号様式による送付書を添えて筆界特定書及び令第21条第2項に規定する図面の写しを送付するものとする（規則第233条第3項）。

（筆界特定書の更正）

134　規則第246条第1項の規定による筆界特定書の更正は，筆界特定書に誤記その他これに類する明白な表現上の誤りがあった場合に，別記第21号様式の更正書によってするものとする。筆界特定書の更正の許可の申出は，別記第22号様式又はこれに準ずる様式による申出書によってするものとし，申出についての許可又は不許可は，別記第23号様式又はこれに準ずる様式によってするものとする。筆界特定書を更正したときは，申請人に対し，更正書の写しを送付する方法で通知するとともに，更正した旨を公告し，かつ，関係人に通知しなければならない（規則第246条第2項）。

（更正書の送付）

135　筆界特定書を更正した旨の公告及び通知をした後，更正書は，別記第24号様式による送付書を添えて管轄登記所（132又は133の場合にあっては，各管轄登記所）に送付するものとする。

第8　公告及び通知

（公告又は通知）

136　筆界特定の手続において，公告又は通知を要するのは，次の場合である。

(1)　筆界特定の申請がされた旨の公告及び関係人に対する通知（法第133条第1項）

(2)　筆界特定の申請を却下した旨の公告及び関係人に対する通知（規則第244条第4項及び第5項）

(3)　筆界特定の申請が取り下げられた旨の公告及び関係人に対する通知（規則第245条第4項及び第5項）

(4)　対象土地の測量又は実地調査のための申請人及び関係人に対する通知（法第136条第1項）

(5)　立入調査のための占有者に対する通知（法第137条第2項）
　(6)　意見聴取等の期日のための申請人及び関係人に対する通知（法第140条第1項）
　(7)　筆界特定をした旨の公告並びに申請人及び関係人に対する通知（法第144条第1項）
　(8)　筆界特定書を更正した旨の公告並びに申請人及び関係人に対する通知（規則第246条第2項）

（公告の方法）

137　公告は，法務局若しくは地方法務局の掲示場その他公衆の見やすい場所に掲示して行う方法又は法務局若しくは地方法務局のホームページに掲載する方法のいずれの方法をとっても差し支えないが，対象土地を管轄する登記所の掲示場その他公衆の見やすい場所においても，同様の掲示をするものとする。公告の様式は，次のとおりとする。

　(1)　筆界特定の申請がされた旨の公告（法第133条第1項，規則第217条第1項）別記第25号様式
　(2)　筆界特定の申請を却下した旨の公告（規則244条第4項，規則第217条第1項）別記第26号様式
　(3)　筆界特定の申請が取り下げられた旨の公告（規則第245条第4項，規則第217条第1項）別記第27号様式
　(4)　筆界特定をした旨の公告（法第144条第1項，規則第232条第5項，規則第217条第1項）別記第28号様式
　(5)　筆界特定書を更正した旨の公告（規則第246条第2項，規則第217条第1項）別記第29号様式

（通知の方法）

138　通知は，原則として，登記記録に記録された住所に対し行うものとする。ただし，筆界特定申請情報の内容として提供された情報その他の情報から，登記記録上の住所以外の場所に通知することが相当と認められる場合は，この限りでない。また，申請人又は関係人が通知先を届け出たときは，通知は，当該通知先に対しするものとする。この場合の通知

先届出書は，別記第30号様式による。
139　申請人又は関係人に代理人があるときは，通知は，代理人（代理人が2人以上あるときは，そのうちの1人）に対してすれば足りる。申請人又は関係人が2人以上ある場合において，代理人がないときは，申請人又は関係人に対し，その全員又は一部の者のために通知を受ける者を指定する意向の有無を確認するものとする。申請人又は関係人が，その全員又は一部の者のために通知を受ける者を指定したときは，当該指定をした者に係る通知は，当該指定を受けた者に対してすれば足りる。この場合の指定書は，別記第31号様式による。

（通知書の様式）
140　通知は，郵便，信書便その他適宜の方法により行う（規則第217条第2項（第223条第2項，第232条第5項，第244条第5項，第245条第5項及び第246条第2項において準用する場合を含む。））が，次に掲げる通知については，原則として，書面により行うものとし，通知書の様式は，次のとおりとする。

(1)　筆界特定の申請がされた旨の関係人に対する通知（法第133条第1項，規則第217条第2項）別記第32号様式
(2)　筆界特定の申請を却下した旨の関係人に対する通知（規則244条第5項，規則第217条第2項）別記第33号様式
(3)　筆界特定の申請が取り下げられた旨の関係人に対する通知（規則第245条第5項，規則第217条第2項）別記第34号様式
(4)　筆界特定をした旨の申請人に対する通知（法第144条第1項前段，規則第232条第1項から第4項まで）別記第35号様式
(5)　筆界特定をした旨の関係人に対する通知（法第144条第1項後段，規則第232条第5項，規則第217条第2項）別記第36号様式
(6)　筆界特定書を更正した場合の申請人に対する通知（規則第246条第2項，規則第217条第2項）別記第37号様式
(7)　筆界特定書を更正した場合の関係人に対する通知（規則第246条第2項，規則第217条第2項）別記第38号様式

（関係人を特定することができない場合の通知）
141　関係人に対する通知をすべき場合において，登記記録その他の入手可能な資料から関係人又はその通知先を特定することができないときは，法第133条第2項（法第136条第2項，法第140条第6項及び法第144条第2項その他の規定において準用する場合も含む。）の方法によって通知をして差し支えない。

（公告又は通知の記録）
142　公告又は通知の記録は，1手続ごとに，公告の年月日，通知を受ける者及び通知の年月日を別記第39号様式の公告・通知管理票に記録する等の方法により作成するものとする。なお，その際に付した通知番号は，通知書に記載するものとする。

第9　筆界特定手続記録

（筆界特定手続記録の単位）
143　筆界特定手続記録は，1件ごとに筆界特定手続に関する書類をつづり込んで作成するものとする。規則第208条の規定により一の筆界特定申請情報によって対象土地の一を共通にする2以上の筆界特定の申請がされた場合（41参照）又は同一の筆界に係る2以上の筆界特定の申請がされた場合には，1件の筆界特定手続として筆界特定手続記録を編成するものとする。

（筆界特定手続記録の編成）
144　筆界特定手続記録には，別記第40号様式による表紙を付し，別に定める保管金受払票及び142の公告・通知管理票を付した上，次のとおり三分類に分けて編成するものとする。なお，分冊にすることを妨げない。
　(1)　第1分類
　　　本分類には，手続の進行に関する次のような書類をつづり込むものとする。
　　ア　申請書
　　イ　意見聴取等の期日の調書

ウ　筆界調査委員意見書
　　エ　筆界特定書若しくはその写し又は却下決定書若しくは取下書
　(2)　第2分類
　　　本分類には，調査及び資料に関する次のような書類をつづり込むものとする。この場合には，別記第41号様式による申請人提出意見等目録，別記第42号様式による関係人提出意見等目録及び別記第43号様式による職権収集資料等目録又はこれらに準ずる適宜の様式の目録を，それぞれウ，エ及びオの最初につづり込むものとする。
　　ア　筆界調査委員が作成した報告書
　　イ　筆界特定手続において測量又は実地調査に基づいて作成された図面
　　ウ　申請人提出意見・資料・図面
　　エ　関係人提出意見・資料・図面
　　オ　イウエ以外の意見・資料・図面
　(3)　第3分類
　　　本分類には，第1分類及び第2分類以外の次のような書類をつづり込むものとする。
　　ア　委任状
　　イ　資格証明書
　　ウ　相続を証する書面
　　エ　承継申出書
　　オ　予納金関係書類
（筆界特定手続記録の送付方法）
145　規則第233条第1項に規定する場合その他の場合において，筆界特定手続記録を送付するときは，筆界特定手続記録が紛失し，又は汚損しないように注意して，送付しなければならない。

第10　予納金等
（予納の告知）

資料①

146　筆界特定登記官は，法第146条第1項により申請人の負担とされる手続費用の概算額を，申請人に予納させなければならない(法第146条第5項)。予納の告知は，適宜の方法で行うものとする。この場合において，申請人が2人以上あるときは，そのうちの1人に告知すれば足りる。また，代理人又は申請人のために通知を受領する権限を有する者(139参照)があるときは，当該代理人又は申請人のために通知を受領する権限を有する者に告知すれば足りる。

(予納命令)

147　146により予納の告知をした日から相当期間を経ても予納がないときは，納付期限を定めて予納命令を発するものとする。納付期限は，適宜定めて差し支えない。当該納付期限までに予納がないときは，筆界特定の申請は，法第132条第1項第9号の規定により却下する。

(予納命令書)

148　予納命令は，別記第44号様式の予納命令書を作成し，申請人に交付して行うものとする。交付は，予納命令書を送付する方法によってすることができる。この場合において，申請人が2人以上あるときは，申請人ごとに予納命令書を交付するものとするが，代理人又は申請人のために通知を受領する権限を有する者(139参照)があるときは，当該代理人又は申請人のために通知を受領する権限を有する者に交付すれば足りる。

(保管金の取扱い)

149　手続費用として予納される現金（保管金）の受入・払渡等の取扱いについては，別に定められる筆界特定手続に係る保管金の取扱いに関する法務大臣訓令及び法務省大臣官房会計課長・当職通達の定めるところによる。

第11　管轄登記所における事務
　(A)　受付等
　(経由申請)
150　規則第211条第7項の規定により管轄登記所に筆界特定の申請書が提

出されたときは，次の手続を行うものとする。
(1) 筆界特定登記官に対し，申請書が提出された日付及び当該申請に係る対象土地の不動産所在事項を連絡し，当該申請に係る筆界特定の手続に付すべき手続番号を照会する。
(2) 筆界特定関係簿の該当欄に手続番号，申請の受付の年月日(54参照)及び不動産所在事項その他所要の事項を記録する。
(3) 当該申請に係る申請書にはり付けられた収入印紙を消印する。
(4) 筆界特定登記官に対し，当該申請書及び添付書面並びに法第139条第1項の規定による意見又は資料であって申請と同時に提出されたものがあるとき（規則第207条第3項第9号参照）はその資料を送付する。
（筆界特定関係簿への記録）
151 対象土地の所在地を管轄する法務局又は地方法務局に筆界特定の申請がされた場合において，管轄登記所に対し，その旨の通知（58参照）がされたときは，筆界特定関係簿の該当欄に手続番号，申請の受付の年月日及び不動産所在事項その他所要の事項を記録するものとする。
（資料の送付等）
152 管轄登記所の登記官において，筆界特定関係簿に150又は151による記録をしたときは，以下に掲げる資料を別記第45号様式の送付書により筆界特定登記官に送付するほか，課税台帳（40参照）に登録された対象土地の価格を調査し，筆界特定登記官に通知するものとする。
(1) 対象土地及び関係土地の登記事項証明書及び閉鎖登記簿の謄本
(2) 対象土地及び関係土地に係る地図又は地図に準ずる図面（既に閉鎖されたものを含む。）の写し（認証文は不要である。）。申請に係る筆界の特定に必要と思料される範囲で差し支えない。
(3) 対象土地又は関係土地の地積測量図（既に閉鎖されたものを含む。）の写し（認証文は不要である。）
(4) その他申請に係る筆界の特定に資すると思われるもの
（筆界特定申請の明示）
153 筆界特定関係簿に記録された筆界特定の手続に係る対象土地及び関係

資料①

土地については、便宜、立件の手続を採り、職権表示登記等事件簿（規則第18条第6号）に立件番号、立件の年月日、当該筆界特定の手続の手続番号その他筆界特定の申請があった旨を明示するために適宜の記載をするものとする。

なお、法附則第3条の規定による指定を受けていない事務に係る登記簿については、対象土地及び関係土地の各登記用紙に、筆界特定の申請があった旨を明示するために適宜の措置を採るものとする。

筆界特定の申請の却下又は取下げがあったときは、明示のための措置は終了させる。

（異動情報の通知）

154 筆界特定関係簿に記録された筆界特定の手続に係る対象土地及び関係土地の表題部所有者又は所有権の登記名義人に登記記録上異動が生じたときは、筆界特定登記官に対し、その旨及び異動に係る情報を通知するものとする。対象土地又は関係土地につき表示に関する登記（表題部所有者に関する登記を除く。）の申請又は地図訂正の申出があったときも同様とする。

(B) 筆界特定手続記録の保存及び公開

（筆界特定手続記録の受領）

155 筆界特定登記官から管轄登記所に送付された筆界特定手続記録を受領したときは、当該筆界特定手続記録を別記第19号様式の送付書（131から133まで参照）と照合して編てつされた書類の標目及び総丁数等を点検し、別記第46号様式による受領書を筆界特定登記官に交付し、又は送付するほか、筆界特定関係簿の該当欄に、記録受領の年月日及び手続終了事由を記録するとともに、筆界特定手続記録の表紙の余白に「年月日受領」と記載するものとする。

（筆界特定手続記録の保存方法）

156 受領した筆界特定手続記録のうち、筆界特定書については、その写しを一部作成し、原本を筆界特定書つづり込み帳（規則第18条第13号参照）

につづり込み，別記第5号様式の目録に必要事項を記載し，写しを筆界特定手続記録の第一分類につづり込むとともに，筆界特定関係簿の該当欄に筆界特定書つづり込み帳番号を記録するものとする。

（筆界特定書等の写しの受領）

157　132又は133により送付された筆界特定書等の写しを受領した登記所にあっては，筆界特定関係簿に155と同様の記録をするほか，送付を受けた筆界特定書の写しについて156と同様の措置を講ずるものとする。なお，管轄登記所において作成した筆界特定書の写しについては，送付を受けた政令で定める図面の写しとともに，別記第40号様式の表紙を付して編てつする。

（政令で定める図面の意義）

158　法第149条第1項の政令で定める図面とは，筆界調査委員が作成した測量図その他の筆界特定の手続において測量又は実地調査に基づいて作成された図面（筆界特定図面を除く。）をいい，申請人又は関係人等が提出した図面は含まない（令第21条第2項）。

（政令で定める図面の写しの作成方法）

159　筆界特定の手続において測量又は実地調査に基づいて作成された図面の全部又は一部の写し（政令で定める図面が電磁的記録に記録されているときは，当該記録された情報の内容を証明した書面）は，原則として日本工業規格A列3番の適宜の紙質の用紙を使用して作成するものとする。

（認証文）

160　次の各号に掲げる筆界特定書等の写し等には，当該各号に定める認証文を付する。

(1)　筆界特定書（電磁的記録に記録されているものを除く。）の写し「これは筆界特定書の写しである。」

(2)　電磁的記録に記録されている筆界特定書の内容を証明した書面「これは筆界特定書に記録されている内容を証明した書面である。」

(3)　政令で定める図面（電磁的記録に記録されているものを除く。）の全

部又は一部の写し「これは筆界特定手続において測量又は実地調査に基づいて作成された図面の写しである。」

(4) 電磁的記録に記録されている政令で定める図面の内容を証明した書面「これは筆界特定手続において測量又は実地調査に基づいて作成された図面に記録されている内容を証明した書面である。」

(その他の取扱い)

161　159及び160のほか，筆界特定書等の写しの交付等の取扱いについては，準則第132条，第133条，第137条，第138条及び第139条の例による。

(C)登記記録等への記録

(登記記録への記録)

162　規則第234条の規定による筆界特定がされた旨の記録は，対象土地の登記記録の地図番号欄（規則別表1参照）に「平成○年○月○日筆界特定（手続番号平成○年第○○号）」とする。ただし，規則第233条第2項の規定により筆界特定書等の写しの送付を受けた登記所にあっては，「平成○年○月○日筆界特定（手続番号△△平成○年第○○号）」（「△△」には，法務局又は地方法務局名を略記する。）とするものとする。

(分筆及び合筆の場合の登記記録の処理)

163　甲土地から乙土地を分筆する分筆の登記をする場合において，甲土地の登記記録に筆界特定がされた旨の記録があるときは，これを乙土地の登記記録に転写するものとする。甲土地を乙土地に合筆する合筆の登記をする場合において，甲土地の登記記録に筆界特定がされた旨の記録があるときは，これを乙土地の登記記録に移記するものとする。

(筆界確定訴訟の記載)

164　申請人又は関係人その他の者から筆界特定に係る筆界について筆界確定訴訟の確定判決の正本又は謄本の提出があったときは，規則第237条の規定により筆界特定書に確定判決があったことを明らかにするものとする。この場合には，筆界特定書の1枚目の用紙の表面の余白に確定日，判決をした裁判所及び事件番号を記載するものとする。提出された確定

判決の正本又は謄本は，筆界特定書とともに保存するものとする。

（筆界特定書の更正があった場合）

165　135により送付を受けた更正書の取扱いは，156の例によるものとするほか，法第149条第1項の規定による筆界特定書の写しを交付する場合には，筆界特定書の一部として取り扱うものとする。この場合の認証文は，160(1)と同様である。

資料①

別記第1号(10(1)関係)

筆界特定受付等記録簿

手続番号	受付年月日	対象土地		手続終了年月日・手続終了事由	備考
		不動産所在事項	不動産番号		
1					
2					
3					
4					
5					
6					
7					
8					
9					
10					
11					
12					

別記第2号(10(2)関係)

筆界特定関係簿

手続番号	受付年月日	申請先（本局・経由）	対象土地		記録受領年月日・手続終了事由	筆界特定書つづり込み帳番号	手続記録の廃棄年月日	備考
			不動産所在事項	不動産番号				

資料①

別記第3号（10（3）関係）

日記番号	接受又は発送の年月日	書面の日付	書面の発送者又は受領者	書面の要旨	備　考
筆日第　号					
筆日第　号					
筆日第　号					
筆日第　号					
筆日第　号					
筆日第　号					
筆日第　号					
筆日第　号					
筆日第　号					
筆日第　号					
筆日第　号					
筆日第　号					
筆日第　号					
筆日第　号					
筆日第　号					
筆日第　号					
筆日第　号					
筆日第　号					
筆日第　号					
筆日第　号					
筆日第　号					
筆日第　号					
筆日第　号					
筆日第　号					
筆日第　号					

資料①

別記第4号（10（4）関係）

つづり込み帳番号　　第　　　号

筆界特定書つづり込み帳

法務局　　　出張所

別記第5号(10(5),156関係)

番号	手続番号	登記官印	備考
1			
2			
3			
4			
5			
6			
7			
8			
9			
10			
11			
12			
13			
14			
15			

資料①

別記第6号（50関係）

平成　年　月　日

（地方）法務局筆界特定登記官　殿

　　　　　　　　　　　　　　住　所
　　　　　　　　　　　　　　氏　名　　　　　　㊞

　　　筆界特定の申請の特定承継の申出書
　私は，下記の筆界特定の手続について，筆界特定の申請人　　　の地位を承継することを申し出ます。
　　　　　　　　　　　　　記
筆界特定手続の表示
　手続番号　平成　年第　　号
　対象土地　何市区郡何町村大字何字何何番
　　　　　　何市区郡何町村大字何字何何番

資料①

別記第7号（58関係）

　　　　　　　　　　　　　　　　　　筆日第　　　　　号
　　　　　　　　　　　　　　　　　　平成　　年　月　日

　　　（地方）法務局　　出張所　御中

　　　　　　　　　（地方）法務局
　　　　　　　　　筆界特定登記官　　　　　　職印

　　　筆界特定の申請の受付をした旨の通知について
　　別添のとおり，筆界特定の申請の受付をしたので，通知します。手続番号及び対象土地は，下記のとおりです。
　　　　　　　　　　　　　　　記
筆界特定手続の表示
　　手続番号　　平成　　年第　　　号
　　対象土地　　何市区郡何町村大字何字何何番
　　　　　　　　何市区郡何町村大字何字何何番

　（注）　筆界特定の申請書の写しを添付する。

別記第8号（60関係）

筆日第　　　　号
平成　年　月　日

法務局長　殿

（地方）法務局
筆界特定登記官　　　　　　職印

管轄（地方）法務局指定請求書

　下記対象土地は，何（地方）法務局と当局の管轄区域にまたがっているので，当局（又は何（地方）法務局）を管轄（地方）法務局に指定されたく，何（地方）法務局と協議の上，請求します。

記

資料①

別記第9号（60関係）

　　　　　　　　　　　　　　筆日第　　　　号
　　　　　　　　　　　　　　平成　年　月　日

法務大臣　殿

　　　　　　　　　　（地方）法務局
　　　　　　　　　　筆界特定登記官　　　　職印

　　　　　　　管轄（地方）法務局指定請求書

　下記対象土地は，何（地方）法務局と当局の管轄区域にまたがっているので，当局（又は何（地方）法務局）を管轄（地方）法務局に指定されたく，何（地方）法務局と協議の上，請求します。

　　　　　　　　　　　　記

資料①

別記第10号（60関係）

筆日第　　　　号
平成　年　月　日

（地方）法務局　筆界特定登記官　殿

法務局長　　職印

管轄（地方）法務局指定書

　平成何年何月何日付け筆日第何号をもって請求のあった管轄（地方）法務局の指定の件については，貴局（又は何（地方）法務局）を管轄（地方）法務局に指定します。

資料①

別記第11号（62関係）

筆日第　　　　　号
平成　年　月　日

（地方）法務局　御中

（地方）法務局
筆界特定登記官　　　　職印

移　　送　　書

　貴局に管轄指定のあった下記対象土地の筆界特定申請書類を不動産登記規則第215条において準用する同令第40条第1項の規定により，移送します。

記

別記第12号（71関係）

決　　　　定

手続番号　　平成　　年第　　　号
対象土地　　何市区郡何町村大字何字何何番
　　　　　　何市区郡何町村大字何字何何番

申請人　　　住　　所
　　　　　　氏　　名
申請人代理人　資　格　　　氏　　名

　標記の筆界特定の申請は，　　　　　　　　　　　　　　　　　　ので，不動産登記法第132条第1項第　　号の規定により却下する。
　なお，この決定に不服があるときは，いつでも，当職を経由して，何法務局長（又は地方法務局長）に対し，審査請求をすることができます（不動産登記法第156条第1項）。
　おって，この処分につき取消しの訴えを提起しようとする場合には，この処分の通知を受けた日から6月以内（通知を受けた日の翌日から起算します。）に，国を被告として（訴訟において国を代表する者は法務大臣となります。），提起しなければなりません（なお，処分の通知を受けた日から6月以内であっても，処分の日から1年を経過すると処分の取消しの訴えを提起することができなくなりますので御注意ください。）。ただし，処分の通知を受けた日の翌日から起算して6月以内に審査請求をした場合には，処分の取消しの訴えは，その審査請求に対する裁決の送達を受けた日から6月以内（送達を受けた日の翌日から起算します。）に提起しなければならないこととされています。

平成　　年　　月　　日
（地方）法務局
筆界特定登記官　　［職印］　

資料①

別記第13号（102関係）
（表面）

```
                                              第    号
              身 分 証 明 書

  ┌─────┐
  │         │         （地方）法務局
  │  写 真  │      筆界調査委員　氏　　　　名
  │         │                    年　月　日生
  └─────┘

  上記の者は，　　（地方）法務局の筆界調査委員であることを証明する。

        年　月　日
           （地方）法務局長　何　　某　㊞
```

（裏面）

注意事項
1　この証明書は，他人に貸与し，預け入れ，又は譲り渡してはならない。
2　この証明書は，新たな証明書の交付を受けたとき又は退職若しくは転職したときは，直ちに発行者に返還しなければならない。
3　この証明書を破損し，又は紛失したときは，直ちに発行者に届け出なければならない。

不動産登記法抜粋
第137条（立入調査）　法務局又は地方法務局の長は，筆界調査委員が対象土地又は関係土地その他の土地の測量又は実地調査を行う場合において，必要があると認めるときは，その必要の限度において，筆界調査委員又は第134条第4項の職員（以下この条において「筆界調査委員等」という。）に，他人の土地に立ち入らせることができる。
2　法務局又は地方法務局の長は，前項の規定により筆界調査委員等を他人の土地に立ち入らせようとするときは，あらかじめ，その旨並びにその日時及び場所を当該土地の占有者に通知しなければならない。
3　第1項の規定により宅地又は垣，さく等で囲まれた他人の占有する土地に立ち入ろうとする場合には，その立ち入ろうとする者は，立入りの際，あらかじめ，その旨を当該土地の占有者に告げなければならない。
4　日出前及び日没後においては，土地の占有者の承諾があった場合を除き，前項に規定する土地に立ち入ってはならない。
5　土地の占有者は，正当な理由がない限り，第1項の規定による立入りを拒み，又は妨げてはならない。
6　第1項の規定による立入りをする場合には，筆界調査委員等は，その身分を示す証明書を携帯し，関係者の請求があったときは，これを提示しなければならない。
7　国は，第1項の規定による立入りによって損失を受けた者に対して，通常生ずべき損失を補償しなければならない。

第162条（検査の妨害等の罪）　次の各号のいずれかに該当する者は，30万円以下の罰金に処する。
①　第29条第2項（第16条第2項において準用する場合を含む。次号において同じ。）の規定による検査を拒み，妨げ，又は忌避した者
②　第29条第2項の規定による文書若しくは電磁的記録に記録された事項を法務省令で定める方法により表示したものの提示をせず，若しくは虚偽の文書若しくは電磁的記録に記録された事項を法務省令で定める方法により表示したものを提示し，又は質問に対し陳述をせず，若しくは虚偽の陳述をした者
③　第137条第5項の規定に違反して，同条第1項の規定による立入りを拒み，又は妨げた者

別記第14号（104,121関係）
　（地方）法務局　筆界特定登記官　殿

筆界調査委員調査票表紙

　下記の筆界特定の手続について，当職らが行った事実の調査の結果は，別添調査票のとおりである。

平成　　年　　月　　日
筆界調査委員　　　　　㊞
筆界調査委員　　　　　㊞

記

（手続の表示）

　　手続番号　平成　　年第　　　号

（対象土地，申請人及び関係人の表示）

資料①

調査票（地図，地図に準ずる図面，地積測量図等）	手続番号	平成　　年第　　号
作成年月日		
筆界調査委員氏名		

（隣接関係及び関係土地）

（筆界線の形状）

（公図の沿革）

（地積測量図）

（その他特記事項）

資料①

調査票（登記記録）				手続番号	平成　　年第　　号
作成年月日					
作成者					
土地の表示	地目	公簿地積	不動産番号		

（筆界形成の経緯等）

（備考）

資料①

調査票（事情聴取等）		手続番号	平成　　年第　　号
作成年月日			
作成者			
日時，対象者	概要		
その他特記事項			

資料①

調査票（現地調査）			手続番号	平成　　年第　　号
作成年月日				
作成者				
調査の日時	概要			立会

地形等	
使用状況, 境界標その他の工作物の有無	
面積	
縄のび等	
	/

資料①

収集資料				手続番号 平成　年第　号	
資料の表示	提出者	年月日	摘要		備考
					/

資料①

別記第15号（117関係）

期 日 調 書						
手 続 番 号	平成　　年第　　　号					
筆界特定登記官	㊞					
筆界調査委員						
出頭した者						
日　　　時	平成	年	月	日	午前 午後	時　　　分
場　　　所						
手続の要領						
その他						

資料①

別記第16号（122関係）

　（地方）法務局　筆界特定登記官　殿

筆界特定意見書

　手続番号　　平成　　年第　　　号

　対象土地　　甲　何市区郡何町村大字何字何何番
　　　　　　　乙　何市区郡何町村大字何字何何番

　標記手続について，下記のとおり，意見を提出します。

平成　　年　　月　　日
筆界調査委員
氏　　　　名　　㊞
氏　　　　名　　㊞

記

意見の内容

　対象土地甲と対象土地乙との筆界は，　　　　　　　と特定するのが相当である。

意見の理由

資料①

別記第17号（124関係）

筆界特定書

　　手続番号　　平成　　年第　　　号
　　対象土地　甲　何市区郡何町村大字何字何何番
　　　　　　　　　不動産番号
　　　　　　　乙　何市区郡何町村大字何字何何番
　　　　　　　　　不動産番号
　　申請人　　　住　所
　　　　　　　　氏　名
　　申請人代理人　資　格　　氏　名

　上記対象土地について，筆界調査委員　　　　の意見を踏まえ，次のとおり筆界を特定する。

　　　　　　　　　　　結　　論

　対象土地甲と対象土地乙との筆界は，　　　　　　と特定する。

　　　　　　　　　　理由の要旨

　　　　　　　　　（地方）法務局
　　　　　　　　　筆界特定登記官　　　　　　　職印

別記第18号(125関係)

対象土地甲の所在	地番
対象土地乙の所在	地番

手続番号	縮 尺
	1/

別記第19号（131，132，133，155関係）

筆 日 第　　　号
平成　年　月　日

（地方）法務局　　出張所　御中

　　　　　　　　（地方）法務局
　　　　　　　　筆界特定登記官　　　　　　［職印］

　　筆界特定手続記録の送付について
　下記の筆界特定の手続について，筆界特定をしたので，別添のとおり，別紙目録の筆界特定手続記録を送付します。
　　　　　　　　　　　　　記
筆界特定手続の表示
　手続番号　　平成　年第　　号
　対象土地　　何市区郡何町村大字何字何何番
　　　　　　　何市区郡何町村大字何字何何番

資料①

別紙目録

第1分類
  1（書類の標目） 枚
  2 枚
  3 枚
   小計 枚
第2分類
  1（書類の標目） 枚
  2 枚
  3 枚
   小計 枚
第3分類
  1（書類の標目） 枚
  2 枚
  3 枚
   小計 枚

   合　計 枚

資料①

別記第20号(132,133関係)

　　　　　　　　　　　　　　　　筆日第　　　　号
　　　　　　　　　　　　　　　　平成　年　月　日

　（地方）法務局　　出張所　御中

　　　　　　　　（地方）法務局
　　　　　　　　筆界特定登記官　　　　　　　職印

　　　筆界特定書等の写しの送付について
　下記の筆界特定の手続について，筆界特定をしたので，別添のとおり，筆界特定書等の写しを送付します。
　　　　　　　　　　　　記
筆界特定手続の表示
　手続番号　平成　年第　　　号
　対象土地　何市区郡何町村大字何字何何番
　　　　　　何市区郡何町村大字何字何何番

資料①

別記第21号（134関係）

更 正 書

手続番号　平成　　年第　　　号
対象土地
　甲　何市区郡何町村大字何字何何番
　乙　何市区郡何町村大字何字何何番

申請人　　　　住　　所
　　　　　　　氏　　名
申請人代理人　資　　格　　　氏　　名

更正の内容
　筆界特定書中何頁何行目の「　　　」を「　　　」に更正する。

　　　　　　　　　　　　　平成　　年　　月　　日
　　　　　　　　　　　　　（地方）法務局
　　　　　　　　　　　　　筆界特定登記官　　　職印

別記第22号(134関係)

　　　　　　　　　　　　　　　　　　　　筆　日　第　　　　号
　　　　　　　　　　　　　　　　　　　　平成　　年　月　日

（地方）法務局長　　殿

　　　　　　　　　　　　　　（地方）法務局
　　　　　　　　　　　　　　筆界特定登記官　　　　　　職印

　　更正申出書
　下記1の筆界特定の手続に係る筆界特定書について，下記2のとおり更正するよう申し出ます。
　　　　　　　　　　　　　　記
1　筆界特定手続の表示
　　　手続番号　　平成　　年第　　　号
　　　対象土地　　何市区郡何町村大字何字何何番
　　　　　　　　　何市区郡何町村大字何字何何番

2　更正を要する事項

※　筆界特定書の写し及び更正を要することを証する資料を添付する。

資料①

別記第23号（134関係）

　　　　　　　　　　　　　　　　　　　筆　日　第　　　　　　号
　　　　　　　　　　　　　　　　　　　平成　　年　　月　　日

（地方）法務局
　筆界特定登記官　　殿

　　　　　　　　　　　（地方）法務局長　　　　　職印

　下記申出に係る筆界特定の更正を許可する（許可しない）。

　　　　　　　　　　　　　　　記

1　申出書の表示
　　筆　日　第　　　　　号
　　平成　　年　　月　　日

2　筆界特定手続の表示
　　　手続番号　　平成　　年第　　　　号
　　　対象土地　　何市区郡何町村大字何字何何番
　　　　　　　　　何市区郡何町村大字何字何何番

3　更正を要する事項

資料①

別記第24号（135関係）

　　　　　　　　　　　　　　　　　　　筆　日　第　　　　号
　　　　　　　　　　　　　　　　　　　平成　　年　　月　　日

　　（地方）法務局　　　出張所　御中

　　　　　　　　　　　（地方）法務局
　　　　　　　　　　　筆界特定登記官　　　　　　職印

　　　更正書の送付について
　下記の筆界特定の手続について，筆界特定書を更正したので，別添のとおり，更正書を送付します。
　　　　　　　　　　　　　　　　記
筆界特定手続の表示
　手続番号　　平成　　年第　　　　号
　対象土地　　何市区郡何町村大字何字何何番
　　　　　　　何市区郡何町村大字何字何何番

資料①

別記第25号（137（1）関係）
　　筆界特定の申請がされた旨の公告
　下記のとおり，筆界特定の申請がされたので，不動産登記法第133条第1項の規定により，公告する。
　　　平成　　年　　月　　日　　　（地方）法務局　　筆界特定登記官
　　　　　　　　　　　　　　記
筆界特定手続の表示
　手続番号　　平成　　年第　　　号
　対象土地　　何市区郡何町村大字何字何何番
　　　　　　　何市区郡何町村大字何字何何番

資料①

別記第26号（137（2）関係）
　　筆界特定の申請を却下した旨の公告
　下記の筆界特定の手続に係る申請は却下したので，不動産登記規則第244条第4項の規定により，公告する。
　　　平成　　年　　月　　日　　　　（地方）法務局　　筆界特定登記官
　　　　　　　　　　　　　　　記
筆界特定手続の表示
　手続番号　　平成　　年第　　　号
　対象土地　　何市区郡何町村大字何字何何番
　　　　　　　何市区郡何町村大字何字何何番

資料①

別記第27号（137（3）関係）
　　筆界特定の申請が取り下げられた旨の公告
　下記の筆界特定の手続に係る申請は取り下げられたので，不動産登記規則第245条第4項の規定により，公告する。
　　平成　　年　　月　　日　　　　（地方）法務局　　筆界特定登記官
　　　　　　　　　　　　　　　記
筆界特定手続の表示
　手続番号　　平成　　年第　　　号
　対象土地　　何市区郡何町村大字何字何何番
　　　　　　　何市区郡何町村大字何字何何番

資料①

別記第28号（137（4）関係）
　　　筆界特定をした旨の公告
　下記の筆界特定の手続について，筆界特定をしたので，不動産登記法第１４４条第１項の規定により，公告する。
　　　平成　　年　　月　　日　　　　（地方）法務局　　筆界特定登記官
　　　　　　　　　　　　　　記
筆界特定手続の表示
　手続番号　　平成　　年第　　　号
　対象土地　　何市区郡何町村大字何字何番
　　　　　　　何市区郡何町村大字何字何番

資料①

別記第29号（137（5）関係）
　　　筆界特定書を更正した旨の公告
　下記の筆界特定の手続について，筆界特定書を更正したので，不動産登記規則第246条第2項の規定により，公告する。
　　平成　　年　　月　　日　　　　（地方）法務局　　筆界特定登記官
　　　　　　　　　　　　　　記
筆界特定手続の表示
　　手続番号　平成　　年第　　　号
　　対象土地　何市区郡何町村大字何字何何番
　　　　　　　何市区郡何町村大字何字何何番

資料①

別記第30号（138関係）

平成　年　月　日

（地方）法務局筆界特定登記官　殿

　　　　　　　　　　　　　住　所
　　　　　　　　　　　　　氏　名　　　　　　㊞

筆界特定手続の通知先の届出書

　下記1の筆界特定の手続について，私あてに通知をされるときは，下記2の通知先にお願いします。

記

1　筆界特定手続の表示
　　　手続番号　　平成　年第　　号
　　　対象土地　　何市区郡何町村大字何字何何番
　　　　　　　　　何市区郡何町村大字何字何何番

2　通　知　先

資料①

別記第31号（139関係）

　　　　　　　　　　　　　　　　　　平成　　年　　月　　日

　　（地方）法務局筆界特定登記官　殿

　　　　　　　　　　　　　　住　所
　　　　　　　　　　　　　　氏　名　　　　　　　　　㊞

　　　通知を受ける者の指定
　私は，下記1の筆界特定の手続について，今後，下記2の者を通知を受ける者に指定します。
　　　　　　　　　　　　　記
1　筆界特定手続の表示
　　　手続番号　　平成　　年第　　　号
　　　対象土地　　何市区郡何町村大字何字何何番
　　　　　　　　　何市区郡何町村大字何字何何番

2　住　所
　　氏　名

資料①

別記第32号(140(1)関係)

　　　　　　　　　　　　　　筆通第　　　　号
　　　　　　　　　　　　　　平成　年　月　日

　　　　殿

　　　　　　　　　（地方）法務局
　　　　　　　　　筆界特定登記官　　　　｜職印｜

　　筆界特定の申請がされた旨の通知について
　別添のとおり，筆界特定の申請がされたので，不動産登記法第133条第1項の規定により，通知します。手続番号及び対象土地は，下記のとおりです。
　なお，あなたは，同法第139条の規定により，筆界特定登記官に対し，意見又は資料を提出することができます。
　詳細は，当（地方）法務局（不動産）登記部門にお問い合わせください。

　　　　　　　　　　　　　　　（地方）法務局（不動産）登記部門
　　　　　　　　　　　　　　　　　　　　　　　　　　担当
　　　　　　　　　　　　　　電話
　　　　　　　　　　　　記
筆界特定手続の表示
　　手続番号　　平成　年第　　号
　　対象土地　　何市区郡何町村大字何字何何番
　　　　　　　　何市区郡何町村大字何字何何番

（注）　筆界特定の申請書の写しを添付する。

資料①

別記第33号(140(2)関係)

筆通第　　　　号
平成　年　月　日

殿

(地方)法務局
筆界特定登記官　　　　職印

　筆界特定の申請を却下した旨の通知について
　下記の筆界特定の手続に係る申請は，却下したので，不動産登記規則第244条第5項の規定により，通知します。
記
筆界特定手続の表示
　手続番号　　平成　年第　　号
　対象土地　　何市区郡何町村大字何字何何番
　　　　　　　何市区郡何町村大字何字何何番

別記第34号（140（3）関係）

　　　　　　　　　　　　　　　　　筆通第　　　　号
　　　　　　　　　　　　　　　　　平成　年　月　日

　　　殿

　　　　　　　（地方）法務局
　　　　　　　　筆界特定登記官　　　　　　職印

　　筆界特定の申請が取り下げられた旨の通知について
　　下記の筆界特定の手続に係る申請は，取り下げられたので，不動産登記規則第245条第5項の規定により，通知します。
　　　　　　　　　　　　　記
筆界特定手続の表示
　手続番号　　平成　年第　　　号
　対象土地　　何市区郡何町村大字何字何何番
　　　　　　　何市区郡何町村大字何字何何番

資料①

別記第35号（140（4）関係）

　　　　　　　　　　　　　　　筆通第　　　　号
　　　　　　　　　　　　　　　平成　年　月　日

　　　　　　殿

　　　　　　　　　　（地方）法務局
　　　　　　　　　　筆界特定登記官　　　　職印

　　　筆界特定書の写しの送付について
　　下記の筆界特定の手続について，筆界特定をしたので，不動産登記法第144条第1項の規定により，別添のとおり，筆界特定書の写しを送付します。
　　　　　　　　　　　　記
筆界特定手続の表示
　　手続番号　　平成　　年第　　　号
　　対象土地　　何市区郡何町村大字何字何何番
　　　　　　　　何市区郡何町村大字何字何何番

資料①

別記第36号（140（5）関係）

　　　　　　　　　　　　　　　筆通第　　　　号
　　　　　　　　　　　　　　　平成　年　月　日

　　　　殿

　　　　　　（地方）法務局
　　　　　　筆界特定登記官　　　　　　［職印］

　筆界特定をした旨の通知について
　下記の筆界特定の手続について，筆界特定をしたので，不動産登記法第144条第1項の規定により，通知します。
　　　　　　　　　　　　記
筆界特定手続の表示
　手続番号　　平成　年第　　号
　対象土地　　何市区郡何町村大字何字何何番
　　　　　　　何市区郡何町村大字何字何何番

資料①

別記第37号（140（6）関係）

　　　　　　　　　　　　　　　　筆通第　　　　　号
　　　　　　　　　　　　　　　　平成　年　月　日

　　　　　殿

　　　　　　　　　　　（地方）法務局
　　　　　　　　　　　筆界特定登記官　　　　職印

　　筆界特定書を更正した旨の通知について
　　下記の筆界特定の手続について，筆界特定書を更正したので，不動産登記規則第246条第2項の規定により，別添のとおり，更正の内容を通知します。
　　　　　　　　　　　記
　　筆界特定手続の表示
　　　手続番号　　平成　　年第　　　号
　　　対象土地　　何市区郡何町村大字何字何何番
　　　　　　　　　何市区郡何町村大字何字何何番

※　更正書の写しを添付する。

資料①

別記第38号(140(7)関係)

　　　　　　　　　　　　　　　　　筆通第　　　　　号
　　　　　　　　　　　　　　　　　平成　年　月　日

　　　　　殿

　　　　　　　　（地方）法務局
　　　　　　　　筆界特定登記官　　　　　　｜職印｜

　　筆界特定書を更正した旨の通知について
　　下記の筆界特定の手続について，筆界特定書を更正したので，不動産登記規則第246条第2項の規定により，通知します。
　　　　　　　　　　　　記
　筆界特定手続の表示
　　手続番号　　平成　年第　　号
　　対象土地　　何市区郡何町村大字何字何何番
　　　　　　　　何市区郡何町村大字何字何何番

資料①

別記第39号(142関係)

公告・通知管理票

(　　　　　　　　　　　)の公告及び通知

公告年月日　平成　年　月　日

相手方	通知番号	通知発出年月日	備考
	第通第　号		

別記第40号（144，157関係）

筆界特定手続記録

筆界特定登記官			（地方）法務局	
手続番号		符号	対象土地の表示	
平成　年第　　号 （　月　日受付）		甲 乙		
平成　年第　　号 （　月　日受付）				
平成　年第　　号 （　月　日受付）				

符号	申請人	符号	代理人	調査委員
				補助職員

符号	関係人及び関係土地	符号	代理人	
				結果 平成　年 月　日 □筆界特定 □却下 □取下げ
				保存期限 平成　年 月　日

資料①

別記第41号（144（2）関係）

手続の表示　平成　　年第　　　号
提出者（　　　　　　　　　　）

番号	意見・資料の標目	備考（提出年月日，還付年月日等）

意見等目録（申請人提出　A号証）

資料①

別記第42号（144（2）関係）

　　　　　　　　　　　　　　　　　手続の表示　平成　　年第　　　号
　　　　　　　　　　　　　　　　　提出者（　　　　　　　　　）

	意見等目録（関係人提出　B号証）	
番号	意見・資料の標目	備考（提出年月日，還付年月日等）

資料①

別記第43号（144（2）関係）

　　　　　　　　　　　　　　　　手続の表示　平成　　年第　　　号
　　　　　　　　　　　　　　　　提出者（　　　　　　　　　　）

番号	資料の標目	備考（入手先，入手年月日，還付年月日等）
	資料目録（職権）	

資料①

別記第44号(148関係)

筆日第　　　号
平成　年　月　日

　　　　　　　　　殿

　　　　　　　　(地方)法務局
　　　　　　　　筆界特定登記官　　　　[職印]

　　　　　　予　納　命　令

　下記の筆界特定の手続に関し，不動産登記法第146条第5項の規定により，手続費用の概算額として，金　　　　　円を平成何年何月何日までに納付してください。
　上記期日までに納付されないときは，不動産登記法第132条第1項第9号の規定により，筆界特定の申請を却下することになります。

　　　　　　　　　記

筆界特定手続の表示
　手続番号　　平成　年第　　号
　対象土地　　何市区郡何町村大字何字何番
　　　　　　　何市区郡何町村大字何字何番

資料①

別記第45号（152関係）

筆 日 第　　　号
平成　年　月　日

（地方）法務局
　筆界特定登記官　　殿

　　　　　　　　　　　　　　（地方）法務局　　出張所
　　　　　　　　　　　　　　登記官　　　　　　　職印

　筆界特定手続の資料の送付について
　何（地方）法務局平成何年第何号の筆界特定の手続の資料を，下記のとおり，送付します。
　　　　　　　　　　　　　　記
1　対象土地　何市区郡何町村大字何字何何番に関する資料

2　対象土地　何市区郡何町村大字何字何何番に関する資料

3　関係土地　何市区郡何町村大字何字何何番に関する資料

資料①

別記第46号（155関係）

　　　　　　　　　　　　　　　　　筆 日 第　　　　　号
　　　　　　　　　　　　　　　　　平成　　年　月　　日

（地方）法務局
　　筆界特定登記官　　殿

　　　　　　　　　　　　　　（地方）法務局　　出張所
　　　　　　　　　　　　　　登記官　　　　　　　　［職印］

　　筆界特定手続記録の受領について
　　平成何年何月何日付け筆日第何号をもって送付を受けた別紙目録の筆界特定
手続記録（手続番号　平成何年第何号）を受領しました。

資料①

別紙目録

第１分類
　　　１（書類の標目）　　　　枚
　　　２　　　　　　　　　　　枚
　　　３　　　　　　　　　　　枚
　　　　小計　　　　　　　　　枚
第２分類
　　　１（書類の標目）　　　　枚
　　　２　　　　　　　　　　　枚
　　　３　　　　　　　　　　　枚
　　　　小計　　　　　　　　　枚
第３分類
　　　１（書類の標目）　　　　枚
　　　２　　　　　　　　　　　枚
　　　３　　　　　　　　　　　枚
　　　　小計　　　　　　　　　枚

　　　合　計　　　　　　　　　枚

●資料②

不動産登記法の施行に伴う登記事務の取扱いについて（通達）（平成17年2月25日法務省民二第457号）

　不動産登記法（平成16年法律第123号。以下「法」という。），不動産登記令（平成16年政令第379号。以下「令」という。）及び不動産登記規則（平成17年法務省令第18号。以下「規則」という。）が本年3月7日から施行されることとなり，本日付け法務省民二第456号当職通達「不動産登記事務取扱手続準則の改正について」（以下この通達による改正後の不動産登記事務取扱手続準則を「準則」といい，改正前の不動産登記事務取扱手続準則を「旧準則」という。）を発したところですが，これらに伴う登記事務の取扱いについては，下記に留意し，事務処理に遺憾のないよう，貴管下登記官に周知方取り計らい願います。

記

第1　法の施行に伴う登記事務の取扱い

1　登記官による本人確認

　(1)　登記官は，登記の申請があった場合において，申請人となるべき者以外の者が申請していると疑うに足りる相当な理由があると認めるときは，申請人の申請の権限の有無についての調査（以下「本人確認調査」という。）を行わなければならないとされた（法第24条第1項）。

　(2)　本人確認調査は，当該申請が法第25条の規定により却下すべき場合以外の場合であって，次に掲げるときは，申請人となるべき者以外の者が申請していると疑うに足りる相当な理由があると認めるときに該当するものとして，行うこととされた（法第24条第1項，準則第33条）。
ア　捜査機関その他の官庁又は公署から，不正事件が発生するおそれがある旨の通報があったとき。
イ　不正登記防止申出に基づき，準則第35条第7項の措置を執った場合において，当該不正登記防止申出に係る登記の申請があったとき（当該不正登記防止申出の日から3月以内に申請があった場合に限る。）。
ウ　同一の申請人に係る他の不正事件が発覚しているとき。
エ　前の住所地への通知をした場合において，登記の完了前に，当該通知に係る登記の申請について異議の申出があったとき。
オ　登記官が，登記識別情報の誤りを原因とする補正又は取下げ若しくは却下が複数回さ

れていたことを知ったとき。
　カ　登記官が，申請情報の内容となった登記識別情報を提供することができない理由が事実と異なることを知ったとき。
　キ　前各号に掲げる場合のほか，登記官が職務上知り得た事実により，申請人となるべき者に成りすました者が申請していることを疑うに足りる客観的かつ合理的な理由があると認められるとき。

　(3)　本人確認調査を行う場合において，その登記の申請が資格者代理人によってされているときは，原則として，まず，当該資格者代理人に対し必要な情報の提供を求めるものとされた(準則第33条第2項)ので，この資格者代理人に対する調査により，申請人となるべき者の申請であると認められたときは，本人に対して調査を行う必要はない。

　(4)　登記官は，本人確認調査を行ったときは，準則第33条第3項で定める様式の調書(以下「本人確認調書」という。)を作成し，これを申請書(電子申請にあっては，第2の1(2)の電子申請管理用紙)と共に保管するものとされた(規則第59条第1項，準則第33条第3項，第4項)。

　(5)　本人確認調査は，申請人となるべき者以外の者が申請していると疑う契機となった事由等に応じ，適切な方法により調査をすることを要する。したがって，疑いの程度又は当該契機となった事由に応じて，電話等による事情の聴取又は資料の提出等により当該申請人の申請の権限の有無を確認することができる場合には，本人の出頭を求める必要はない。

　(6)　本人確認調査は，当該申請人の申請の権限の有無についての調査であって，申請人となるべき者が申請しているかどうかを確認するためのものであり，申請人の申請意思の有無は本人確認調査の対象ではない。

　(7)　本人確認調査において申請人等から文書等の提示を受けた場合において，提示をした者の了解を得ることができたときは，その文書の写しを本人確認調書に添付するものとし，了解を得ることができなかったときには，文書の種類，証明書番号その他文書を特定することができる番号等の文書の主要な内容を本人確認調書に記録するものとされた(準則第33条第5項)。
　本人確認調書には，このほか，当該申請人から聴取した内容など，登記官が当該申請人の申請の権限の有無を確認することができた事由を明らかする事項を記載するものとする。

　(8)　登記官は，出頭を求める申請人等が遠隔の地に居住しているとき，その他相当と認

めるときは，他の登記所の登記官に本人確認調査を嘱託することができるとされた(法第24条第2項)。

この嘱託は，遠隔の地に居住しているとき又は申請人の勤務の都合等を理由に他の出張所に出頭したい旨の申出があり，その理由が相当と認められるとき(例えば，申請人の長期出張や病気による入院等が考えられる。)に行うものとされた(準則第34条第1項)。

この嘱託は，嘱託書のほか，登記事項証明書及び申請書の写し並びに委任状，印鑑証明書等の本人確認調査に必要な添付書面の写しを送付してすることとされた(同条第2項)。

嘱託を受けた登記所の登記官がする本人確認調査の内容は，申請を受けた登記所の登記官がする本人確認調査と同様であり，調査後は，本人確認調書を作成する(規則第59条第1項後段)。

嘱託を受けた登記所の登記官が本人確認調査を終了したときは，本人確認調書を嘱託書と共に嘱託した登記所に送付するものとされた(準則第34条第3項)。

なお，嘱託した登記所から嘱託書と共に送付された登記事項証明書並びに申請書及び添付書面の写しは，適宜，廃棄して差し支えない。

2 不正登記防止申出の取扱い

(1) 登記官の本人確認調査の契機とするため，不正登記防止申出の取扱いが定められた(準則第35条)。申出を受ける場合は，申出人に，当該申出があったことのみにより申出に係る登記の申請を却下するものではないこと等不正登記防止申出の取扱いの趣旨を十分に説明することを要する。

(2) 不正登記防止申出があった場合には，当該申出人が申出に係る登記の登記名義人本人であることのほか，当該申出人が申出をするに至った経緯及び申出が必要となった理由に対応する措置を採っていることを確認しなければならないとされた(準則第35条第4項)。この措置とは，印章又は印鑑証明書の盗難を理由とする場合には警察等の捜査機関に被害届を提出したこと，第三者が不正に印鑑証明書の交付を受けたことを理由とする場合には交付をした市町村長に当該印鑑証明書を無効とする手続を依頼したこと，本人の知らない間に当該不動産の取引がされている等の情報を得たことによる場合には警察等の捜査機関又は関係機関への防犯の相談又は告発等がこれに当たる。

申出の内容が緊急を要するものである場合には，あらかじめこれらの措置を採っていないときであっても，申出を受け付けて差し支えない。この場合には，直ちに，当該措置を採ることを求めるものとする。

3 登記義務者の権利に関する登記済証の取扱い

(1) 法附則第6条の指定(以下「第6条指定」という。)がされるまでの間において，法附則第6条第3項の規定により読み替えて適用される法第22条ただし書に規定する「登記済

証を提出することができないことにつき正当な理由がある場合」は，次に掲げる場合とする。
　ア　改正前の不動産登記法(以下「旧法」という。)第60条第1項若しくは第61条の規定により還付され，若しくは交付された登記済証(法附則第8条の規定によりなお従前の例によることとされた登記の申請について旧法第60条第1項又は第61条の規定により還付され，又は交付された登記済証を含む。)又は法附則第6条第3項の規定により読み替えて適用される法第21条若しくは第117条第2項の規定により交付された登記済証(以下「登記済証」と総称する。)が交付されなかった場合
　イ　登記済証が滅失し，又は紛失した場合
　ウ　法第22条の登記義務者が登記済証を現に所持していない場合

　(2)　第6条指定がされた後に法第22条ただし書に規定する「登記識別情報を提供することができないことにつき正当な理由がある場合」は，準則第43条第1項各号に掲げる場合のほか，電子申請をする場合において，登記済証を所持しているときとする。

　(3)　登記義務者の権利に関する登記済証とする旧法第60条第2項の規定により登記済みの手続がされた保証書については，第6条指定がされるまでの間，従来の取扱い(昭和39年5月13日付け民事甲第1717号当職通達)と同様とする。

4　登記権利者に交付する登記済証の取扱い

　(1)　第6条指定がされるまでの間において，規則附則第15条第3項の規定により登記権利者に交付する登記済証は，同条第2項の書面に旧法第60条第1項及び旧準則第70条から第74条までの規定により作成するものとする。

　なお，申請人が規則第55条第1項本文の規定により登記原因を証する情報を記載した書面の原本還付を求めた場合において，当該書面が同項ただし書の書面に該当しないときは，申出により当該登記原因を証する情報を記載した書面を規則附則第15条第2項に規定する書面と兼ねることができるものとし，当該登記原因を証する情報を記載した書面により登記済証を作成して差し支えない。

　(2)　申請人があらかじめ登記済証の交付を希望しない旨の申出をしたとき又は規則附則第15条第2項に規定する書面を提出しなかったときは，登記済証を作成することを要しないとされた(同条第4項第1号，第4号)。

5　登記義務者に還付する登記済証等の取扱い

　(1)　第6条指定がされるまでの間において，登記済証(4の登記済証を除く。)の作成は，

なお従前の例によるとされている(規則附則第15条第6項前段)ので，規則附則第15条第2項の規定により提出された書面又は登記義務者の登記済証を利用して旧法第60条第2項及び旧準則第70条から第74条までの規定により作成した登記済証を交付すれば足り，登記完了証を交付することを要しない。

(2) 法附則第6条第3項の規定により読み替えて適用される法第22条の規定により提出すべき登記済証を提出しないで申請があった場合において，登記義務者に還付する登記済証の作成のために規則附則第15条第2項の書面の提出があったときは，同書面を旧法第60条第2項に規定する保証書とみなして(規則附則第15条第6項後段)，登記義務者に還付する登記済証を作成するものとする。

6 受領証の取扱い

受領証(規則第54条参照)を交付した申請であっても，登記済証の交付の際に当該受領証を返還させることを要しない。

7 原本還付の取扱い

相続による権利の移転の登記等における添付書面の原本の還付を請求する場合において，いわゆる相続関係説明図が提出されたときは，登記原因証明情報のうち，戸籍謄本又は抄本及び除籍謄本に限り，当該相続関係説明図をこれらの書面の謄本として取り扱って差し支えない。

8 事前通知の通知番号等

事前通知書には，通知番号等を記載するとされた(規則第70条第2項)。
当該通知番号等は，事前通知書に記載するほか，準則別記第20号様式の各種通知簿(以下「事前通知簿」という。)にも記載する。
登記官は，事前通知書及び事前通知簿に記載された通知番号等を部外者に知られないように管理しなければならない。

9 資格者代理人による本人確認情報の提供

規則第72条第1項第3号の書類の内容を明らかにするには，同条第2項に掲げる書類の写しを添付する方法又は写しと同じ程度に当該書面の内容を特定することができる具体的な事項を本人確認情報の内容とする方法によりするものとする。

10 申請書等についての公証人の認証

申請人が正当な理由により登記識別情報を提供することができない場合において，申請書等について公証人から当該申請人が法第23条第1項の登記義務者であることを確認する

資料②

ために必要な認証がされ、登記官がその内容を相当と認めるときは、事前通知を省略することができることとされた（法第23条第4項第2号）。

なお、この取扱いの対象となる認証をすることができる者には、公証人法（明治41年法律第53号）の適用を受ける公証人のほか、同法第8条の規定により公証人の職務を行うことができる法務事務官も含まれる。

(1) 申請書等について次に掲げる公証人の認証文が付されている場合には、法第23条第4項第2号の本人確認をするために必要な認証としてその内容を相当と認めるものとする。
ア　公証人法第36条第4号に掲げる事項を記載する場合
「嘱託人何某は、本公証人の面前で、本証書に署名押印(記名押印)した。
本職は、右嘱託人の氏名を知り、面識がある。
よって、これを認証する。」
又は
「嘱託人何某は、本公証人の面前で、本証書に署名押印(記名押印)したことを自認する旨陳述した。
本職は、右嘱託人の氏名を知り、面識がある。
よって、これを認証する。」
イ　公証人法第36条第6号に掲げる事項を記載する場合
　(ｱ) 印鑑及び印鑑証明書により本人を確認している場合の例
「嘱託人何某は、本公証人の面前で、本証書に署名押印(記名押印)した。
本職は、印鑑及びこれに係る印鑑証明書の提出により右嘱託人の人違いでないことを証明させた。
よって、これを認証する。」
又は
「嘱託人何某は、本公証人の面前で、本証書に署名押印(記名押印)したことを自認する旨陳述した。
本職は、印鑑及びこれに係る印鑑証明書の提出により右嘱託人の人違いでないことを証明させた。
よって、これを認証する。」
　(ｲ) 運転免許証により本人を確認している場合の例
「嘱託人何某は、本公証人の面前で、本証書に署名押印(記名押印)した。
本職は、運転免許証の提示により右嘱託人の人違いでないことを証明させた。
よって、これを認証する。」
又は
「嘱託人何某は、本公証人の面前で、本証書に署名押印(記名押印)したことを自認する旨陳述した。

本職は，運転免許証の提示により右嘱託人の人違いでないことを証明させた。
よって，これを認証する。」

(2)　申請書等についてされた公証人の認証が，委任による代理人により嘱託された申請書等についての認証であるときは，法第23条第4項第2号に規定する「登記官が本人確認をするために必要な認証としてその内容を相当と認めるとき」に当たらないものとする。

(3)　申請書等についてされた公証人の認証が，急迫な場合で人違いでないことを証明させずにした認証(公証人法第36条第8号参照)であるときは，証書を作成した後3日以内に上記(1)の基準に適合する認証がされたもの(公証人法第60条において準用する第28条第3項)に限り，相当なものとして取り扱って差し支えない。

11　地図等に関する取扱い

(1)　電磁的記録に記録された地図等
ア　適用時期
　(ｱ)　地図管理システムに登録されている地図又は地図に準ずる図面について，法第14条第6項の規定による電磁的記録に記録された地図又は地図に準ずる図面(以下「電子地図」という。)とする取扱いは，平成17年3月7日以後(以下「施行日後」という。)，速やかに開始するものとする。
　(ｲ)　電子地図の取扱いを開始する際には，開始の日，電子地図の閲覧方法等について，登記所の適宜の箇所に掲示するなどの方法により周知を図るものとする。
イ　従前の地図又は地図に準ずる図面の閉鎖手続
　地図又は地図に準ずる図面を電磁的記録に記録したときには，従前の地図又は地図に準ずる図面を閉鎖するものとされた(規則第12条第1項，第4項)。この場合の閉鎖の日付は，電子地図としての取扱いを開始した日とするものとする。
ウ　地図管理システムに登録された電子地図の閉鎖
　地図管理システムに登録された電子地図を閉鎖する場合には，規則第12条第2項の規定にかかわらず，登記官の識別番号の記録を要しない。
エ　電子地図の副記録
　地図管理システムに登録されている電子地図については，毎日の業務終了後に同システムの電子地図に記録されている情報と同一の情報を磁気テープに記録させ，これを副記録とするものとする。
オ　地図管理システムに登録された電子地図の閲覧
　地図管理システムに登録された電子地図の閲覧は，閲覧用に印刷したもの(電子地図の一部をA3版の用紙に出力した認証文のないもの)によって行うものとする。
　なお，請求人が地図又は地図に準ずる図面の平面直角座標系の番号又は記号，図郭線及

びその座標値，精度区分等の情報の閲覧を希望する場合は，便宜，地図又は地図に準ずる図面の内容の全部を出力したもの（以下「補完図」という。）及び閉鎖した地図又は地図に準ずる図面を併せて閲覧に供して差し支えない。補完図は，電子地図としての取扱いを開始する前日までに，地図管理システムに登録されていた地図又は地図に準ずる図面と同一の情報の内容を出力したものを使用するものとする。

補完図については，電子地図の記録事項に異動修正があったときであっても，再度，修正したものを出力することを要しない。

(2) 地図等の訂正
ア 地図又は地図に準ずる図面の訂正

地図又は地図に準ずる図面に表示された土地の区画（地図に準ずる図面にあっては，土地の位置又は形状。イの(イ)及びエにおいて同じ。）又は地番に誤りがあるときは，当該土地の表題部所有者若しくは所有権の登記名義人又はこれらの相続人その他の一般承継人（申出に係る地図等が表題登記のみがされている土地に係るときは表題部所有者，所有権の登記がある土地に係るときは所有権の登記名義人，これらの者に相続その他一般承継を生じているときはこれらの相続人その他の一般承継人となる。）は，その訂正の申出をすることができるとされた（規則第16条第1項。以下「地図訂正等申出」という。）。

従前の取扱いによる地図又は地図に準ずる図面の訂正の申出手続は，登記官の職権の発動を促すものであり，その申出の要件，必要な添付書面，申出に対する対応方法等は定められていなかったが，規則に地図訂正等申出の手続を設けることにより，この申出をすることができる者の範囲，申出情報と併せて提供すべき情報，申出の却下事由等を定め，却下事由がない場合に限り，訂正をしなければならないことを明らかにしたものである。

なお，地図訂正等申出は，職権による地図等の訂正手続を否定したものではない。

これらの申出権が認められる者以外の者からの申出については，地図訂正等申出の趣旨であるか否かを確認し，地図訂正等申出の趣旨である場合は，これを却下するものとし（同条第13項第2号），そうでない場合は，これを職権の発動を促す申出があったものとして取り扱って差し支えない（同条第15項参照）。

イ 地図訂正等申出
(ア) 地図訂正等申出は，表題部所有者若しくは所有権の登記名義人又は相続人その他の一般承継人が2人以上ある場合には，そのうちの1人からすることができる。

(イ) 地図訂正等申出に係る表題部所有者若しくは所有権の登記名義人の氏名若しくは名称又は住所が登記簿に記録されている氏名又は名称及び住所と異なる場合において，地図訂正申出情報と併せて当該表題部所有者又は所有権の登記名義人の氏名若しくは名称又は住所についての変更又は錯誤若しくは遺漏があったことを証する市町村長，登記官その他の公務員が職務上作成した情報（公務員が職務上作成した情報がない場合にあっては，こ

れに代わるべき情報)が提供されたときは，規則第16条第13項第2号の規定により当該地図訂正等申出を却下することを要しない。

(ウ) 地図又は地図に準ずる図面に表示された土地の区画に誤りがあることによる地図訂正等申出の際に添付された地積測量図(規則第16条第5項第2号)に記録された地積が登記記録上の地積と異なる場合には，地図訂正等申出は，地積に関する更正の登記の申請と併せてしなければならないとされた(同条第2項)。ただし，当該地積の差が，規則第77条第4項において準用する第10条第4項の規定による地積測量図の誤差の限度内であるときは，当該申出は，地積に関する更正の登記の申請と併せてすることを要しない。

(エ) 地図訂正等申出をする場合において，地図又は地図に準ずる図面に表示された土地の区画若しくは位置若しくは形状又は地番の誤りが登記所に備え付けられている土地所在図，地積測量図又は閉鎖された地図若しくは地図に準ずる図面により確認できる場合には，その図面を特定する情報を提供すれば，規則第16条第5項第1号の誤りがあることを証する情報の提供があったものと認めて差し支えない。

ウ 地図訂正等申出の調査

(ア) 地図訂正等申出に係る事項の調査に当たっては，地番の訂正を除き，実地調査をしなければならない。ただし，登記所備付けの資料等により訂正する事由が明らかである場合は，この限りでない。

(イ) 地図訂正等申出に係る事項の調査をした結果，規則第16条第13項各号に掲げる事由に該当する場合は，当該地図訂正等申出を却下しなければならない。

エ 地図訂正等申出情報の記録事項

地図訂正等申出に係る訂正の内容(規則第16条第3項第5号)の記録方法は，次のとおりとする。

(ア) 地図又は地図に準ずる図面に表示された土地の区画に誤りがあることを理由とする場合において，土地所在図又は地積測量図(規則第16条第5項第2号)を添付するときは，「別紙土地所在図のとおり」又は「別紙地積測量図のとおり」のように記録して差し支えない。

(イ) 地図又は地図に準ずる図面に表示された地番に誤りがあることを理由とするときは，「地図上の地番の表示「5番1」を「5番2」に，「5番2」を「5番1」に訂正」のように記録するものとする。

オ 職権による地図等の訂正

職権による地図，地図に準ずる図面又は建物所在図の訂正(規則第16条第15項)の手続は，職権による表示に関する登記についての手続に準ずるものとする(規則第96条並びに準則第16条第1項第1号後段，同条第2項第1号，第60条及び第65条参照)。

カ 地図管理システムに登録されている電子地図の訂正票

地図管理システムに登録されている電子地図の訂正を行った場合においては，準則第17条第1項第7号の規定にかかわらず，訂正票を作成し，適宜，別途保管するものとする。

キ 施行日前に提出された申出の取扱い

平成17年3月6日以前(以下「施行日前」という。)に提出された地図等の訂正の申出については，なお従前の例による。

(3) 新住市街地登記令の土地の全部についての所在図の取扱い
　不動産登記法及び不動産登記法の施行に伴う関係法律の整備等に伴う関係政令の整備等に関する政令(平成17年政令第24号)による改正後の新住宅市街地開発法等による不動産登記に関する政令(昭和40年政令第330号。以下「新住市街地登記令」という。)第6条第3項(同令第11条において首都圏の近郊整備地帯及び都市開発区域の整備に関する法律(昭和33年法律第98号)第30条の2の登記について準用する場合を含む。第3の5において同じ。)の規定により新住市街地登記令第6条第2項の土地の全部についての所在図は，新たに国土調査法(昭和26年法律第180号)第19条第5項の規定による指定を受けた地図でなければならないとされた。

12 土地所在図の訂正等

(1) 土地所在図の訂正等
　土地所在図，地積測量図，建物図面又は各階平面図に誤りがあるときは，表題部所有者若しくは所有権の登記名義人又はこれらの相続人その他の一般承継人(申出に係る地図等が表題登記のみがされている土地に係るときは表題部所有者，所有権の登記がある土地に係るときは所有権の登記名義人，これらの者に相続その他一般承継を生じているときはこれらの相続人その他一般承継人となる。)は，その訂正の申出をすることができるとされた(規則第88条第1項。以下「土地所在図訂正等申出」という。)。
　この場合の土地所在図訂正等申出ができる事項は，規則に定める土地所在図，地積測量図，建物図面又は各階平面図の内容(規則第76条から第79条まで及び第82条から第84条まで)のすべてである。

(2) 土地所在図訂正等申出
ア　土地所在図訂正等申出は，申出に係る表題部所有者若しくは所有権の登記名義人又は相続人その他の一般承継人が2人以上ある場合には，そのうちの1人からすることができる。
イ　土地所在図訂正等申出に係る表題部所有者若しくは所有権の登記名義人の氏名若しくは名称又は住所が登記簿に記録されている氏名又は名称及び住所と異なる場合において，土地所在訂正等申出に係る申出情報と併せて当該表題部所有者又は所有権の登記名義人の氏名若しくは名称又は住所についての変更又は錯誤若しくは遺漏があったことを証する市町村長，登記官その他の公務員が職務上作成した情報(公務員が職務上作成した情報がない場合にあっては，これに代わるべき情報)が提供されたときは，規則第88条第3項において準用する第16条第13項第2号の規定により当該土地所在図訂正等申出を却下すること

を要しない。
　ウ　土地所在図，地積測量図，建物図面又は各階平面図の誤りがこれらの図面を添付情報とする更正の登記の申請によって訂正することができるものである場合には，土地所在図訂正等申出をすることはできないとされた（規則第88条第１項ただし書）。

(3) 土地所在図訂正等申出の調査
　ア　申出に係る事項の調査をした結果，申出に係る事項に却下すべき理由がないときは，土地所在図の訂正等をしなければならない（規則第88条第３項において準用する規則第16条第12項及び第13項）。
　イ　土地所在図訂正等申出に係る事項の調査に当たっては，地番又は家屋番号の訂正を除き，実地調査をしなければならない。
　ただし，登記所備付けの資料等により訂正する事由が明らかである場合は，この限りでない。

(4) 土地所在図の訂正等の申出情報の記録事項
　土地所在図の訂正等の申出情報に記録する事項のうち，申出に係る訂正の内容（規則第88条第３項において準用する規則第16条第３項第５号）については，「別添土地所在図のとおり」，「別添地積測量図のとおり」，「別添建物図面のとおり」又は「別添各階平面図のとおり」のように記録して差し支えない。

13　表示に関する登記の添付情報の特則

　(1)　表示に関する登記を電子申請によりする場合において，当該申請の添付情報（申請人又はその代表者若しくは代理人が作成したもの及び土地所在図等を除く。）が書面に記載されているときは，当該書面に記載された情報を電磁的記録に記録したものを添付情報とすることができ，この場合において，当該電磁的記録は，当該電磁的記録を作成した者による電子署名が行われているものでなければならないとされた（令第13条第１項）。この場合には，登記官が定めた相当の期間内に，登記官に当該書面の原本を提示しなければならないとされた（同条第２項）。

　(2)　令第13条第１項の「当該書面に記載された情報を電磁的記録に記録したもの」としては，当該書面のうち令で定められた添付情報として必要な部分のみを記録したもので差し支えない。

　(3)　「当該書面の提示」は，登記所に持参若しくは郵送の方法により提出し，又は実地調査の際に登記官に提示することのいずれによることもできる。

(4)　令第13条第2項の「相当の期間」は，実地調査を実施するまでの期間を目安とする。

(5)　書面に記載された情報を電磁的記録に記録したものを添付情報とする電子申請がされた場合において，相当の期間内に当該書面の提示があったときは，その書面と添付情報とを照合確認した後，添付情報の内容を印刷した書面に登記官が原本確認の旨を記載して登記官印を押印し，第2の1(2)の電子申請管理用紙と共に保存しなければならない。

(6)　相当の期間内に当該書面の提示がされないときは，必要な情報の提供がないものとして，法第25条第9号の規定により申請を却下するものとする。

14　要役地の分筆の取扱い

(1)　分筆後の土地の一部について地役権を消滅させることを証する情報

　登記官は，要役地についてする地役権の登記がある土地について分筆の登記をする場合において，当該分筆の登記の申請情報と併せて当該地役権を分筆後のいずれかの土地について消滅させることを証する地役権者が作成した情報が提供されたときは，当該土地について当該地役権が消滅した旨を登記しなければならないものとされた(規則第104条第6項)。

　当該地役権者が作成した情報を記載した書面には，当該地役権者が記名押印し，これに当該地役権者の印鑑証明書を添付することを要する(当該消滅させることを証する情報を電子申請によって提供する場合には，当該情報に電子署名を行い，電子証明書と併せて提供することを要する。)。

(2)　分筆後の土地の地番の定め方

　(1)の場合において，分筆後の土地の地番を定めるときは，地役権を消滅させない分筆後の土地について，分筆前の土地の番号を用いるものとする。

　この場合において，分筆前の土地に支号がないときは，分筆した土地について支号を設けない地番を存するものとすることができるとされた(準則第67条第1項第5号)。

15　前の登記に関する登記事項証明書

　前の登記に関する登記済証は，準則第112条に規定する登記事項証明書として取り扱って差し支えない。

16　共同担保目録に係る事務の取扱い

　規則附則第9条第1項本文の規定によりなお従前の例によるとされた共同担保目録に記録すべき情報の提供方法について，同項ただし書の規定により共同担保目録1通が添付書面として提出された場合において，前の登記に係る他の登記所が規則附則第9条の共担未

指定登記所であるときは，適宜，提出された共同担保目録の写しを作成して，当該他の登記所に対する規則第168条第5項の通知に添付するものとする。規則附則第9条第2項の場合についても，同様とする。

第2　第6条指定を受けた登記事務の取扱い

1　電子申請の受付後の処理

(1)　電子申請については，申請情報等が登記所に到達した時(登記所に申請情報等が到達するのは，登記所の開庁日の午前8時30分から午後5時までに限られる。)に自動的に受付番号が付され，不動産所在事項の記録がされる。

(2)　登記官は，電子申請の受付を受付用端末装置で確認した場合は，当該申請に関する調査票と共に，申請情報，添付情報及び電子署名の検証結果を書面に印刷するとともに，別記第1号様式の申請の受付の年月日及び受付番号等が記載された書面(以下「電子申請管理用紙」という。準則第32条第3項参照。)を印刷し，これらの書面を登記完了まで一括して管理するものとする。なお，電子署名については，申請情報に付された電子署名のほか，添付情報に付された電子署名についても自動的に電子署名の検証及び電子証明書の有効性の確認が行われ，その結果が印刷されるが，登録免許税の納付情報については，調査端末装置により，納付の事実を確認した上，印刷する必要がある。

2　審査の方法

(1)　電子申請についての審査は，1の(2)で印刷した書面を用いて行うほか，登記識別情報は，調査用端末装置において照合し，その結果を印刷して，1の(2)で印刷した書面と共に管理するものとする。

(2)　書面申請において，登記識別情報を提供する場合には，登記識別情報を記載した書面を封筒等に入れて封をし，当該封筒に登記識別情報を提供する申請人の氏名又は名称及び登記の目的を記載し，「登記識別情報在中」のように記載して，申請書に添付して提出することとされた(規則第66条第1項第2号，第2項，第3項)。登記識別情報を記載した書面としては，登記識別情報通知書若しくはその写し，電子情報処理組織を使用して送信された通知情報を印刷した書面又は登記識別情報が記載された適宜の用紙等がこれに当たる。
　登記識別情報のみが記載された書面が提出された場合には，当該書面に申請の受付番号を記載するなど，当該書面がいずれの申請に関するものであるかを明らかにしておくものとする。
　なお，当該書面が封筒に入れずに提出された場合であっても，却下事由には当たらず，

補正させることを要しない。

　(3)　登記識別情報を記載した書面が提出された場合の審査については，申請人から提出された登記識別情報を調査用端末装置に入力して，正しい登記識別情報との照合を行い，その結果を印刷して，申請書と共に申請書類つづり込み帳につづり込むものとする(準則第41条第2項)。

　(4)　登記所の職員は，登記識別情報を記載した書面が提出された場合には，当該書面が部外者の目に触れることのないように厳重に管理し(準則第41条第1項)，当該申請に基づく登記を完了したときは，当該書面をシュレッダー等を利用して細断した上で，廃棄しなければならない(規則第69条，準則第41条第3項参照)。
　このため，登記識別情報を記載した書面を審査する際又は登記識別情報を調査端末装置に入力する際には，その途中で席を離れることのないようにし，これらの審査又は調査が終了したときは，当該書面を提出の際に入れられていた封筒に戻すなど，細心の注意を払うものとする。

　(5)　電子署名及び電子証明書の有効性等の審査の基準は，次のとおりとする。
ア　情報の改ざんがある場合等
　電子署名の検証の結果，当該電子署名がされた情報が改ざんされていることが検知された場合及び電子証明書の有効性確認の結果，電子証明書自体が偽造されたものであって該当する認証局が発行したものではない場合(電子証明書が存在しない場合)には，電子署名が行われていないものとして取り扱う。
イ　規則第43条第1項本文の場合
　規則第43条第1項本文の規定により必要とされる電子証明書の有効性については，申請の受付時を基準として判断するものとする。すなわち，電子証明書の有効性を確認した結果，申請の受付時において，当該電子証明書が有効期限の経過その他の事由により失効し，又はその有効性の確認に対する回答が保留となっていたことが確認された場合には，電子署名が行われていないものとして取り扱う。
ウ　規則第43条第1項本文以外の場合
　イ以外の場合に必要とされる電子証明書の有効性については，原則として電子署名が付された時を基準として判断するものとする。すなわち，電子証明書の有効性を確認した結果，電子署名が付されたとされる時点(この時点は，電子署名の検証によって判明する。)において，当該電子証明書が有効期限の経過その他の事由により失効し，又はその有効性の確認に対する回答が保留となっていたことが確認された場合には，電子署名が行われていないものとして取り扱う。そのため，調査の際に登記官が電子証明書の有効性確認を行った時点では電子証明書が失効等している場合であっても，差し支えない。電子証明書に

よっては，過去のある時点における有効性の確認ができない場合があるが，そのような場合には，当該電子署名が付された時点において既に当該電子証明書が失効等していたことが積極的に推認されるときを除き，当該電子署名は有効にされたものとして取り扱って差し支えない。
エ　却下事由
　申請情報に電子署名が行われていないときの却下事由は法第25条第5号，委任による代理人の権限を証する情報等の添付情報に電子署名が行われていないときの却下事由は同条第9号によるものとする。

　(6)　登記官は，申請の補正期限内に申請人から補正情報と併せて提供された電子証明書が，検証の結果，既に失効している場合であっても，当該電子証明書が申請情報と併せて提供された電子証明書と同一のものであって，当該補正の内容が電子証明書の失効に関するものでないときは，当該補正情報と併せて提供された電子証明書を有効なものとして取り扱って差し支えない。

3　登記識別情報の再作成

　次に掲げる場合には，登記識別情報を再作成するものとする。
　(1)　登記情報システムにおける登記識別情報の発行の処理において，作成と指示すべきところ，誤って不作成と指示して処理が完了した場合

　(2)　登記識別情報通知書を作成した後，当該登記識別情報を通知すべき者に当該登記識別情報通知書を交付する前に，通知書にはり付けられたシールがはがれた場合
　なお，いったん登記識別情報を通知すべき者に登記識別情報を通知した後には，再作成することはできない。

4　電子申請の補正の方法

(1)　補正の告知
　登記官は，準則第36条第1項の規定により補正コメントを法務省オンライン申請システムに掲示する措置を採ったときは，当該補正コメントが法務省オンライン申請システムに到達したことを確認して，補正コメントの履歴を印刷した上，これを1の(2)で印刷した書面と共に管理するものとする。
　なお，申請人が法務省オンライン申請システムのユーザー登録において電子メールのアドレスを登録していた場合において，補正コメントが法務省オンライン申請システムに掲示されたときは，当該アドレスにあてて，申請内容に不備があるため補正の手続を促す旨及び当該補正コメントの参照を促す旨の電子メールが送信される。

(2) 補正があった場合の処理

　補正情報が提供された場合は，当該情報を印刷した上，調査するが，その方法は，申請情報等の調査と同様である。また，1の(2)で印刷した書面に補正があったことを記載し，補正情報を印刷した書面を1の(2)で印刷した書面と共に管理するものとする。

　なお，電子申請の補正については，書面によりすることはできない。ただし，登録免許税の不足額の納付は，登録免許税法（昭和42年法律第35号。以下「税法」という。）第24条の2第3項及び第33条第4項の規定により読み替えて適用する税法第21条又は第22条の登記機関の定める書類（以下「登録免許税納付用紙」という。）を用いて納付することができる。

5　電子申請の却下

　電子申請を却下する場合には，調査未了の補正情報又は取下情報がないことを確認しなければならない。

6　電子申請の取下げ

(1)　電子申請の取下げの処理は，取下書一覧の画面に表示される事件から，取下げの対象とする事件を選択して行うものとする。

　この場合には，送信された取下情報を印刷した上，1の(2)で印刷した書面と共に管理するものとする。また，送信された取下情報の審査の方法は，申請情報等と同様である。

(2)　取下情報に不備があるときは，補正の告知に準じて，連絡コメントを作成し，不備のない取下情報等の送信を求めるものとする。

　登記官は，連絡コメントを法務省オンライン申請システムに掲示する措置を採ったときは，当該連絡コメントが法務省オンライン申請システムに到達したことを確認して，連絡コメントの履歴を印刷した上，これを1の(2)で印刷した書面と共に管理するものとする。

　なお，申請人に連絡コメントが掲示された旨の電子メールが送信されることについても，補正の場合と同様である。

7　却下又は取下げとなった場合の登記識別情報通知書の還付

　登記官は，却下又は取下げがあった登記の申請に添付された登記識別情報通知書を準則第41条第4項の規定により申請人に還付する場合は，当該申請の申請書又は取下書に登記識別情報通知書を還付した旨を記載するものとする。

8　申請書等に記録すべき事項の処理

(1)　電子申請に基づく登記をする場合において共同担保目録を作成するときは，電子申請管理用紙に共同担保目録の記号及び目録番号を記載するものとする。

(2) 電子申請の却下，又は取下げの場合は，電子申請管理用紙に却下した旨又は取り下げられた旨を記載し，登記官印を押印するものとする。この場合において，登録免許税を還付したときは，準則第128条第2項の手続を電子申請管理用紙に行うものとする。

(3) 電子申請の処理においては，(1)及び(2)のほか，書面申請において登記官が申請書に記載すべき事項を電子申請管理用紙に記載するものとする。

9　電子申請において送信された情報等の処理

(1) 電子申請に基づいて登記を完了したときは，電子申請管理用紙及び登録免許税納付用紙は，申請の受付番号の順序に従って申請書類つづり込み帳につづり込むものとする。電子申請を却下した場合についても，同様とする。

(2) 電子申請に基づいて登記を完了したときは，1の(2)で印刷した書面(電子申請管理用紙を除く。)は，申請の受付番号の順序に従って適宜のつづり込み帳につづり込んで，当分の間，保管するものとする。ただし，(1)の書面と共に申請書類つづり込み帳につづり込むことも差し支えない。

(3) 電子申請の取下げがあった場合は，電子申請管理用紙及び登録免許税納付用紙は，登記完了後，当該申請の受付番号の順序に従って申請書類つづり込み帳につづり込むものとする。ただし，登録免許税納付用紙については，登録免許税の再使用の請求があったときは，この限りでない。

(4) 電子申請の取下げがあった場合は，1の(2)で印刷した書面(電子申請管理用紙を除く。)は，適宜廃棄して差し支えない。

(5) 法第121条第2項の規定による電磁的記録に記録された登記簿の附属書類(土地所在図等を除く。)の閲覧の請求があった場合には，(2)により保管している書面を，規則第202条第2項の規定により当該電磁的記録に記録された情報の内容を書面に出力して表示したものとして，取り扱って差し支えない。

第3　経過措置

1　保証書事件の取扱い

(1) 施行日前に旧法第44条の規定に基づき申請書に保証書を添付して申請がされた場合において，施行日後に旧法第49条第1号から第9号までの規定により却下すべきときでな

いことが明らかになったときは，旧法第44条ノ２第１項の事前通知をするものとする(法附則第８条)。

(2) 施行日前に旧法第44条の規定に基づき申請書に保証書を添付して申請がされた場合において，施行日後に旧法第44条ノ２第１項の事前通知に基づく申出があったときは，当該申出に基づく手続は，同条第２項の規定によるものとする(法附則第８条)。

(3) 施行日前に旧法第44条の規定に基づき申請書に保証書を添付して所有権に関する登記以外の登記の申請がされた場合において，施行日後に未処理のものがあるときは，当該登記の完了後に不動産登記法施行細則(明治32年司法省令第11号)第69条ノ４の事後通知をするものとする(法附則第８条)。

(4) 施行日後に旧法第44条の規定に基づき申請書に保証書を添付して申請がされた場合において，登記済証の提出がないときは，登記済証を提出すべき旨又は提出することができない理由を申請情報の内容とすべき旨の補正を促し，後者の補正があった場合には事前通知の手続を採るものとする。

2 予告登記の取扱い

施行日前に旧法第３条の規定による予告登記の嘱託がされた場合において，施行日後に未処理のものがあるときは，旧法の規定による却下事由に該当しない限り，いったん旧法の規定に基づき予告登記を完了した(法附則第８条)上，規則附則第18条第２項の規定により，職権で，当該予告登記を抹消するものとする。

3 既存の予告登記の職権抹消

(1) 規則附則第18条の規定により職権で予告登記を抹消しようとするときは，別記第２号様式の調書を作成し，当該調書に受付の処理をするものとする。

(2) 規則附則第18条の規定により職権で予告登記を抹消するときは，権利部の相当区に「不動産登記規則附則第18条の規定により抹消」と記録するものとする。

(3) 規則附則第18条第２項の場合のほか，利害関係人等から予告登記の抹消の申出があった場合は，適宜，同条第１項の規定により，職権で，当該予告登記を抹消して差し支えない。

(4) (1)及び(3)にかかわらず，登記原因の無効又は取消しによる登記の抹消又は回復をしたときは，旧法第145条第３項に規定する手続に準じ，当該予告登記を抹消して差し支え

ない。

4 登記用紙の改製等における予告登記の取扱い

　登記用紙の移記をする場合において，抹消されていない予告登記があるときは，現に効力を有しない登記事項として，予告登記を移記することを要しない。
　この場合においては，1の規定による抹消の手続を省略して差し支えない。

5 新住市街地登記令の土地の全部についての所在図の取扱い

　新住市街地登記令第6条第1項の嘱託の場合における嘱託情報と併せて提供された同条第2項の土地の全部についての所在図は，第1の11(3)にかかわらず，国土調査法第19条第5項の指定を受けた地図でない場合であっても，施行日前に作成されていたものであるときは，土地の全部についての所在図が提供されていないことを理由に却下することを要しない。この場合において，当該嘱託が施行日後6月以内にされたときは，施行日前に作成されていたものであると認めて差し支えない。

資料③

● 資料③

(4) 筆界特定がされた場合における登記事務の取扱いについて

(平成18．1．6民二第27号法務局長
地方法務局長あて法務省民事局民事第二課長依命通知)

（依命通知）

　筆界特定の事務の取扱いについては，平成17年12月6日付け法務省民二第2760号民事局長通達（以下「施行通達」という。）に示されたところですが，筆界特定がされた場合において，筆界特定手続記録の送付を受けた当該筆界特定に係る対象土地を管轄する登記所（以下「管轄登記所」という。）の登記事務は，下記のとおり取り扱うこととしたので，この旨貴管下登記官に周知方取り計らい願います。

　なお，本通知中，「法」とあるのは不動産登記法等の一部を改正する法律（平成17年法律第29号）による改正後の不動産登記法（平成16年法律第123号）を，「規則」とあるのは不動産登記法等の一部を改正する法律の施行に伴う関係省令の整備に関する省令（平成17年法務省令第106号）による改正後の不動産登記規則（平成17年法務省令第18号）を，「準則」とあるのは不動産登記事務取扱手続準則（平成17年2月25日付け法務省民二第456号民事局長通達）をいいます。

記

第1　筆界特定登記官の意見の伝達

　筆界特定を行った筆界特定登記官は，筆界特定手続記録を管轄登記所に送付する場合において，対象土地について筆界特定に伴い地積に関する更正の登記又は地図等の訂正をすることが相当と認めるときは，管轄登記所の登記官に，その旨の意見を伝えるものとする。この場合の意見の伝達は，書面，電話その他の適宜の方法によって差し支えない。

第2　筆界特定手続記録の受領及び調査

　筆界特定手続記録は，筆界特定の手続の終了後，遅滞なく，管轄登記所に送付され（規則第233条第1項），管轄登記所において，所要の受領の手続をするものとされた（施行通達155）。

　この場合には，管轄登記所の登記官は，当該筆界特定手続記録の受領

の手続後，速やかに，第1の筆界特定登記官の意見及び筆界特定手続記録の内容を踏まえ，対象土地につき，地積に関する更正の登記又は地図等の訂正を職権ですることが可能かどうかを調査しなければならない。
第3 職権による登記及び地図訂正
1 職権での登記又は地図訂正をすべき場合
 (1) 地積に関する更正の登記

管轄登記所の登記官は，筆界特定手続記録により，対象土地の筆界に係るすべての筆界点について，規則第77条第1項第7号に掲げる事項であって，規則第10条第4項の規定に適合するものを確認することができる場合（筆界の一部を法第14条第1項の地図その他の登記所に備え付けられた図面により確認することができる場合を含む。）において，対象土地の登記記録の地積に錯誤があると認められ，かつ，対象土地の表題部所有者若しくは所有権の登記名義人又はこれらの相続人その他の一般承継人に対し，適宜の方法により，地積に関する更正の登記の申請を促すものとし，その者が申請をしないときは，職権で対象土地について地積に関する更正の登記をするものとする。

 (2) 地図等の訂正

管轄登記所の登記官は，次に掲げるすべての要件を満たす場合には，筆界特定により特定された筆界に基づき，対象土地の表題部所有者若しくは所有権の登記名義人又はこれらの相続人その他の一般承継人に対し，適宜の方法により，地図等の訂正の申出を促すものとし，その者が申出をしないときは，職権で法第14条第1項の地図又は準則第13条第1項の規定により備え付けられた図面（以下「地図等」という。）の訂正をするものとする。

なお，地図等の訂正をする場合において，当該土地の登記記録の地積に錯誤があるときには，(1)の地積に関する更正の登記と併せてしなければならない。

　ア 対象土地の全体を一筆の土地とみなした場合に当該一筆の土地の区画を構成することとなる筆界に係るすべての筆界点を筆界特

定手続記録によって確認することができること。
　　イ　これらの各筆界点の座標値が，地図等に記録されている当該各筆界点に対応する点の座標値と規則第10条第4項の誤差の限度内で一致すること。
2　立件
　　管轄登記所の登記官は，筆界特定手続記録の内容を調査した結果，職権で地積に関する更正の登記又は地図等の訂正をすることが相当であると認めた場合には，規則第96条の規定による立件の手続を行うものとする。
3　筆界特定関係簿への記載
　　管轄登記所の登記官は，2の立件をした場合には，筆界特定関係簿中当該筆界特定の手続に係る項の備考欄に立件の年月日及び番号並びに登記の目的又は事件の種別を記載するものとする。
4　登記記録への記録
　　1の(1)に基づいて地積に関する更正の登記をする場合の記録例は，別紙のとおりとする。
5　地積測量図のつづり込み
　　1に基づき，職権で対象土地について地積に関する更正の登記又は地図等の訂正をしたときは，当該対象土地に係る規則第77条第1項各号に掲げる事項を記載した書面を同条第2項から第4項までの規定に従って作成し，当該書面を，便宜，土地図面つづり込み帳につづり込むものとする。この場合には，規則第85条第1項並びに準則第55条第1項及び第3項に規定する手続に準ずるものとする。
　　なお，更正前の地積測量図は，閉鎖しなければならない（規則第85条第2項）

別紙
登記記録例

【表題部】（土地の表示）		調製	余白	地図番号	A－12
				筆界特定	平成○年○月○日（手続番号 平成○年第○○号）
【不動産番号】	1234567890123				
【所　在】	甲市乙町二丁目			余白	
【①地　番】	【②地　目】	【③地　積】 ㎡	【原因及びその日付】	【登記の日付】	
5番	宅地	694:21	余白	余白	
	余白	701:69	③錯誤、筆界特定	平成18年5月31日	

筆界特定がされた場合における登記事務の取扱いについて（解説）

第1 はじめに

本稿は，不動産登記法等の一部を改正する法律（平成17年法律第29号）にの施行に伴って発出された筆界特定がされた場合における登記事務の取扱いに関する通知（平成18年1月6日付け法務省民二第27号民事第二課長依命通知。以下「依命通知」という。）について解説を試みたものである。

第2 筆界特定登記官による意見の伝達

筆界特定の手続では，その調査及び測量によって対象土地について地積や筆界点の座標値が明らかとなることがある。この場合，当該筆界特定の対象土地につき，登記記録に記録された地積や地図等に誤りがあることが判明し，筆界特定手続記録に記録された情報その他登記所に保管されている資料を用いて，地積に関する更正の登記又は地図等の訂正（以下，「更正の登記等」という。）が可能であると判断されるときは，登記の適正な公開の観点から，この筆界特定を契機として職権による更正の登記等をするのが相当である。

このため，筆界特定登記官が筆界特定に伴って更正の登記等をすることが相当と認めた場合には，管轄登記所の登記官に対し，これらの更正の登記等をすることが相当である旨の意見を伝えなければならないことを明らかにした（依命通知第1）。

意見を伝える具体的な方法としては，書面，電話その他の適宜の方法によって差し支えないとされているが，書面による場合には，更正の登記等の種類の別，更正の登記等の対象となる土地の所在及び地番，表題部所有者又は所有権登記名義人，更正の登記等をすることが相当と認められる具体的な事実等を記載し，これを筆界特定手続記録とともに，管轄登記所の登記官に送付することが望ましい。

なお，筆界特定登記官においては，更正の登記等を行うに必要な図面（例えば，地積測量図等）を容易に作成することができる機器等を備えていることから，あらかじめ，更正の登記等を行うに必要な図面を作成した上で，管轄登記所の登記官に送付することができれば，更正の登記

等を円滑に進めることができるものと考える。
第3　筆界特定手続記録の受領及び調査
　筆界特定登記官は，筆界特定の申請に基づいて筆界特定がされ，その手続が終了したときは，遅滞なく，対象土地の所在地を管轄する登記所（以下「管轄登記所」という。）に，筆界特定手続記録を送付しなければならないとされている（不動産登記規則（平成17年法務省令第18号。以下「規則」という。）第233条第1項）。
　管轄登記所の登記官は，筆界特定手続記録について所要の受領の手続をするとされている（平成17年12月6日付け法務省民二第2760号民事局長通達（以下「施行通達」という。）155）が，この手続終了後に，速やかに，対象土地について，筆界特定登記官の意見及び筆界特定手続記録の内容を踏まえて，更正の登記等を職権ですることが可能かを調査する必要があるとされた（依命通知第1）。
　このため，筆界特定登記官から筆界特定手続記録の送付があった場合，これを受領した管轄登記所の登記官は，速やかに，対象土地について，筆界特定登記官から出された意見及び当該筆界特定手続記録の内容を踏まえて，登記官の職権で更正の登記等をすることができるか調査しなければならないことを明らかにしたものである。
　このときの筆界特定登記官の意見とは，第2で述べた更正の登記等をするのが相当と認められるとの意見である。更正の登記等をするか否かについては，最終的には管轄登記所の登記官が判断することになるが，筆界特定を行った筆界特定登記官の意見は，尊重されるべきであろう。また，筆界特定手続の内容とは，管轄登記所に送付された筆界特定手続記録のすべてを対象としており，施行通達144に掲げる書類及び図面を示す。
第4　職権による登記及び地図訂正
　1　職権による登記又は地図訂正をする場合
　　(1)　地積に関する更正の登記
　　　　筆界特定手続記録を審査した結果，管轄登記所の登記官が対象土地の地積に関する更正の登記が可能と認めるときには，対象土地の

表題部所有者若しくは所有権の登記名義人又はこれらの相続人その他の一般承継人（以下「対象土地の所有者等」という。）に対し地積に関する更正の登記の申請を促し，対象土地の所有者等においてこれを行わないときは，職権でこの地積に関する更正の登記をすべきことを明らかにしたものである（依命通知第3の1の(1)）。

地積に関する更正の登記が可能と認められる場合とは，対象土地の筆界に係るすべての筆界点について，対象土地の筆界点に係る規則第77条第1項第7号に掲げる事項（規則第10条第4項の規定に適合する測量の成果に限る。）を確認することができ（筆界の一部を法第14条第1項の地図その他の登記所に備え付けられた図面により確認することができる場合を含む。），かつ，対象土地の登記記録の地積に錯誤があると認められるときであるとされた。

例えば，筆界特定手続記録によれば，筆界特定の手続において，筆界特定の対象となる筆界以外の対象土地の筆界についても，隣接地の所有者等の立会い確認や明確な境界標の存在により，その現地における位置がすべて確認されたものと認められ，かつ，筆界特定図面その他の書類又は図面によって，対象土地のすべての筆界に係る筆界点の座標値が，基本三角点等又は近傍の恒久的地物から測量され，規則第10条第4項に規定する誤差の限度内であると認められる場合には，筆界特定の手続において，対象土地である各土地の区画を構成するすべての筆界の現地における正確な位置が一応明らかにされたことになるから，これを前提に地積を算出し，登記記録の地積と合致しないときは，地積に関する更正の登記をすべきことになる。また，対象土地である各土地の区画を構成する筆界のうち一部の筆界（例えば，筆界特定の対象となった筆界以外の筆界のすべて）については，登記所備付地図や地積測量図によって既にその位置が明らかにされており，その他の筆界について，筆界特定の手続において，その正確な位置が明らかにされた場合も同様である。依命通知中「筆界の一部を法第14条第1項の地図その他の登記所に備え付けられた図面により確認することができる場合を含む。」とある

のは，この趣旨である。また，対象土地の一方のみが上記要件に合致していることが判断できる場合であっても，当該土地のみの地積に関する更正の登記をしても差し支えないと解される。

ただし，土地所有者に地積に関する更正の登記の申請意思があるときにまで，直ちに職権で更正の登記をすることは，必ずしも適当ではない。このため，依命通知では，筆界特定が契機であったとしても，管轄登記所の登記官は，まず，事実上，対象土地の所有者等に対し，地積に関する更正の登記の申請を促した上で，そのものが申請をしない場合には，職権で地積に関する更正の登記を行うべきであるとした。また，この職権による地積に関する更正の登記が完了した場合には，表題部所有者又は所有権登記名義人に対して，当該登記が完了した旨の通知を要する（規則第183条）。

なお，この地積に関する更正の登記は，筆界特定手続記録に含まれている情報のほか，登記所に備え付けられた地図及び地積測量図に基づいて登記記録の地積に錯誤があると認められた場合にすることが予定されているから，法第29条第1項に規定する実地調査をすることは要しないと考える。もっとも，登記の真正を確保する観点から，管轄登記所の登記官による実地調査を妨げる趣旨ではない。

(2) 地図等の訂正

筆界特定手続記録を審査した結果，管轄登記所の登記官が対象土地の法第14条第1項に規定する地図又は準則第13条第1項に規定する地図に準ずる図面（以下「地図等」という。）の訂正が可能と認められるときには，職権でこの地図等の訂正をすべきことを明らかにしたものである（依命通知第3の1の(2)）。

訂正すべき地図に準ずる図面を準則第13条第1項に規定する図面に限定されたのは，これらの地図に準ずる図面は，筆界未定地の存在により法第14条第1項に規定する地図として備え付けられていないが，その他の点については，地図と同等の精度を有すると認められるからである。

地図等の訂正をすべき場合とは，①対象土地の全体を一筆の土地

とみなした場合に当該一筆の土地の区画を構成することとなる筆界に係るすべての筆界点を筆界特定手続記録によって確認することができるときであって，かつ，②対象土地の各筆界点の座標値が，地図等に記録されている当該各筆界点に対応する点の座標値と規則第10条第4項の誤差の限度内で一致するときである。

　例えば，次の例示のように，図1のような地図が備え付けられている甲土地及び乙土地について，筆界特定の結果，図2のとおり，甲土地及び乙土地の間の筆界がａｂと特定された場合に，甲土地のＡ点及びＢ点並びに乙土地のＣ点及びＤ点の座標値を筆界特定手続記録によって確認することができ，かつ，これらの座標値と法14条第1項に規定する地図又は準則第13条第1項の規定により備え付けられた図面（以下「地図等」という。）上の筆界点の座標値が規則第10条第4項の誤差の限度内であって，筆界特定の結果であるａ点がＡＤ上，ｂ点がＢＣ上にあるときには，管轄登記所の登記官は，職権で当該地図等の訂正をする必要がある。

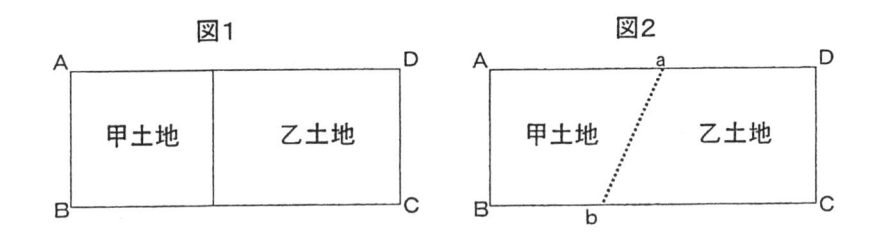

図1　　　　　　　　　　図2

（甲土地・乙土地の図）

　また，上記の例において，甲土地と乙土地との間の筆界が未定となっている場合にも，同様に，地図等の訂正をする必要がある。
　以上の例からも明らかなとおり，この場合の地図等の訂正は，少なくとも地図等の作成段階で，甲土地と乙土地との間の筆界の両端の筆界点が，それぞれＡＤ線及びＢＣ線上にあることまでは確定しており，これを前提として，甲土地と乙土地との筆界が筆界特定により特定された場合に行われることになる。この場合には，地図等の表示上，甲土地と乙土地とを一筆の土地とみなした場合の全体の

区画には変動はなく、地図等の訂正で影響を受けるのは、甲土地と乙土地の区画のみである。これに対し、仮に、筆界特定により特定された筆界の両端の筆界点が、上の例で、それぞれAD線及びBC線上には存しないことになったときは、甲土地と乙土地のみならず、これらの土地と接する他の土地の区画が地図等に表示された区画とは異なることになり、地図等の訂正により影響を受ける土地の範囲が拡大する。この場合にも地図等の訂正をすることができることもあり得る。しかし、依命通知では、筆界特定手続記録に基づき、職権で地図等の訂正をすべき場合を、甲土地と乙土地とを一筆の土地とみなした場合においてその全体の区画には変動がないケースに限定したものであって、それ以外の場合において、職権で地図等の訂正を行うことを禁止している趣旨ではない。

　なお、地図等の訂正についても、地積に関する更正の登記と同様に、直ちに職権でするのではなく、まず、対象土地の所有者等に当該訂正の申出を促すことにしている。地図等の訂正については、本来、登記官の職権ですべきものであるが、現行の法が施行されたときに、新たに、規則において地図等の訂正の申出手続を認められた経緯に照らし、対象土地の所有者等の自主性を尊重したことにかんがみれば、事実上、地図等の訂正の申出を対象土地の所有者等に促すのが相当である。

2　立件

　筆界特定手続記録の送付を受けた管轄登記所の登記官が、同記録の内容を審査した結果、上記1の地積に関する更正の登記又は地図等の訂正が可能と認めた場合には、規則第96条の規定による立件の手続を行うものとされた(依命通知第3の2)。すなわち、地積に関する更正の登記を職権でしようとする場合にあっては、職権表示登記等事件簿に、登記の目的として「地積に関する更正の登記」を記録した上で、立件をする年月日及び立件番号並びに地積に関する更正の登記をしようとする不動産所在事項を記録し(規則第96条第1項)、地図等の訂正を職権でしようとする場合にあっては、職権表示登記等事件簿に事件

の種別として「地図（又は地図に準ずる図面）の訂正」と記録した上で，立件をする年月日及び立件番号並びに地積に関する更正の登記をしようとする不動産所在事項を記録することになる（規則第96条第1項）。

3 筆界特定関係簿への記載

　　2の立件の処理後，管轄登記所の登記官は，当該管轄登記所に筆界特定手続のために設けられている筆界特定関係簿中の，立件した不動産に係る筆界特定が記録された部分の備考欄に，その立件の年月日及び立件番号並びに登記の目的又は事件の種別を記録しなければならない（依命通知第3の3）。

4 登記記録への記録

　　1(1)に基づき，職権で対象土地の地積に関する更正の登記をするときには，当該立件に係る不動産の表題部中，地積欄に更正後の地積を記録するとともに，原因及びその日付欄に「③錯誤，筆界特定」との振り合いにより記録し，登記の日付欄に当該登記を実行した日を記録することとなる。

5 地積測量図に代わる図面のつづり込み

　　1に基づき，職権で対象土地の地積に関する更正の登記又は地図等の訂正をしたときは，当該対象土地に係る規則第77条第1項各号に掲げる事項を記載した書面を同条第2項から第4項の規定に従って作成し，当該書面を，便宜，土地図面つづり込み帳につづり込むものとされた（依命通知第3の5）。地積に関する更正の登記又は地図等の訂正を職権で行ったときには，必ずしも土地所在図又は地積測量図が作成されているわけではないため，これらの図面を土地図面つづり込み帳につづり込むことが必須とされているわけではない。

　　しかし，筆界特定手続記録に基づく地積に関する更正の登記又は地図等の訂正が可能な場合には，これらのために用いた筆界特定手続記録中の資料を利用して，規則第77条第1項各号に掲げる事項，すなわち地積測量図の必要的記録事項を，同条第2項から第4項の規定に従った図面を作成することが可能であり，当該図面を国民の利便性の観

点から土地図面つづり込み帳につづり込んで，一般に公開を図ることとしたものである。このとき，土地図面つづり込み帳につづり込むものを書面としたのは，土地図面つづり込み帳につづり込むべきものが必ずしも図面だけではなく，書面も考えられるからである。例えば，対象土地の座標値等が図面に記録されていても，地積及びその求積方法は，別の書面に記録されていることも想定されているからである。

なお，前述したとおり，筆界特定手続においては，図面作成システム（ＣＡＤシステム）が用いられることを予定しており，筆界特定手続中，又は筆界特定後において，筆界特定登記官において，図面作成システムにより地積に関する更正の登記又は地図等の訂正のための規則77条に規定する地積測量図を作成することができれば，最も効率的な処理が可能となるものと考えられる。

(赤間)

事項索引

あ

- 悪意者排除論 …………………… 48
- 新たに土地が生じた場合 …………… 264
- アルゴリズム …………………… 834
- 暗号化 …………………………… 834
- 安全管理措置 …………………… 834

い

- 異議の申述 ……………………… 483
- 意見書起案マニュアル …………… 802
- 意見聴取等の期日 ………………… 795
- 意見又は資料の提出 ……………… 793
- 遺産分割 ………………………… 428
- 遺贈 ……………………………… 429
  - ——を原因とする共同申請 ……… 430
- 委託者 …………………………… 600
- 1号仮登記 ……………………… 643
- 一不動産一登記記録主義 …………… 87
- 一不動産一登記記録の原則 ………… 21
- 一括申請 …………………… 324, 344
- 一般承継 …………… 243, 247, 409, 410
- 一般承継人 ………………… 243, 505
  - ——たる相続人 ………………… 243
  - ——による申請 ………………… 408
- 1筆の土地の一部の所有者 ………… 749
- 移転 ……………………………… 34
- 違約金 …………………………… 588
- 遺留分減殺 ……………………… 431
- 遺漏 ………………… 447, 448, 455

う

- 受付 …………………………… 152, 153
  - ——の年月日 …………………… 372
- 受付番号 ……………………… 154, 372
- 写しの交付 ……………………… 828

え

- 永小作権 ………………………… 518
- ADR基本法 …………………… 723

お

- 閲覧 …………………………… 799, 830
- 閲覧請求 ……………………… 715, 717

か

- 乙区 ……………………………… 100
- オンライン申請(制度) …………… 380, 772
- オンラインによる交付請求 …………… 713

か

- 外国人 …………………………… 29
- 外国通貨による債権額 ……………… 538
- 回復登記 ………………………… 28
- 海面および海面下の土地 …………… 262
- 買戻期間 ………………………… 592
- 買戻しの特約 …………………… 590
- 買戻特約の登記 ………………… 591
- 家屋番号 ………………………… 310
  - ——の付番 ……………………… 311
- 各階平面図 …………………… 319, 716
- 確定事由 ………………………… 579
- 確定判決 ………………………… 413
  - ——と同一の効力が認められる …… 506
  - ——に準ずるもの ……………… 414
  - ——による登記 ………………… 412
- 河川管理者 ……………………… 303
- 河川区域内の土地の表示に関する登記 …… 301
- 河川法 …………………………… 301
- 合体 …………………………… 220, 327
  - ——による登記 ……………… 330, 335
- 合筆 …………………… 219, 280, 285
  - ——の登記の制限 ……………… 294
- 合筆登記 ………………………… 280
- 合併 ……………………………… 220
- 合併後の法人 …………………… 243
- 仮処分に関する登記 ……………… 678
- 仮処分の登記 …………………… 682
  - ——に後れる登記 …………… 681, 695
- 仮登記 ……………………… 384, 641
  - ——に基づく本登記 …… 384, 652, 667
  - ——の仮登記 …………………… 648

か～こ

――の効力……………………………649
――の順位保全的効力………………652
――を抹消すべき事由………………674
仮登記義務者の承諾……………………659
仮登記原因の疎明………………………664
仮登記名義人……………………………750
仮登記を命ずる処分……………………663
――を求める仮登記権利者の申請…664
過料………………267, 271, 318, 331, 867
管轄………………………………………752
管轄違背……………………………………57
管轄登記所…………………………………56
――の指定………………………………57
官庁………………………………………164
官庁または公署……………………703, 705
元本の確定…………………………579, 581
――の登記……………………………581
元本の確定前……………………………576
管理者……………………………………601

き

記入登記……………………………………27
基本三角点………………………………284
却下…………………………776, 777, 852
却下事由…………………………………190
旧登記法……………………………………3
旧土地台帳付属地図……………………107
休眠担保権の登記の抹消………………474
境界（筆界）確定訴訟…………………725
――の当事者適格……………………732
――の問題点…………………………733
境界標の設置……………………………812
境界紛争解決（相談）センター………722
強制競売に関する登記…………………702
行政手続等における情報通信の技術の
　利用に関する法律……………………837
行政手続法…………………………761, 835
行政不服審査法…………………………858
共同申請……………………378, 412, 674
――の原則……………………380, 437
共同申請主義………………………26, 378
共同相続の場合…………………………426
共同担保…………………………………538
――の申請……………………………538
――の登記の記載……………………538

共同担保目録……………………………538
共同抵当…………………………………573
共同根抵当………………………………575
強迫…………………………………44, 46
共有物分割禁止の定め…………………442
共有持分の放棄……………………………35
共用部分…………………………………903
――である旨の登記……………360, 365
許可・同意・承諾証明情報……………388
虚偽………………………………………862
極度額……………………………………559

く

国・地方公共団体の合併………………435
国または地方公共団体…………………703
区分………………………………………220
区分建物……………23, 98, 306, 310, 321
――となった場合における登記……342
――の表題登記申請…………………318

け

形成的登記………………………………221
経由申請…………………………………773
現況等把握調査…………………………786
検査の妨害等の罪………………………865
権利に関する登記…………………26, 73
――につき要求される添付情報……424
――の登記事項………………………370
権利能力なき社団・財団…………28, 127
権利の更正の登記………………………447
権利の順位…………………………38, 39
――を明らかにするために必要な事項…377
権利の消滅……………………………336, 358
――に関する定め……………………375
権利の変更の登記………………………445
権利部………………………………94, 100

こ

合意の登記………………………………577
公益信託……………………………602, 603
公開の原則………………………………828
高規格堤防特別区域……………………303
甲区………………………………………100
公告………………………482, 780, 811, 812
公示…………………………………………1

公示催告	473
公示の原則	1
工事費用の予算額	545
公署	164
公序良俗違反	52
公図	107
更正(の)登記	28, 247, 276
——の申請適格者	277
——の申請手続	277
合同申請	387
口頭による意見陳述	859
公売処分	701
——により消滅した権利の登記の抹消	701
——による登記	701
国税徴収法	701
国土調査法	735
小作料	519
個人情報保護法	838
国家公務員法	861
コンピュータ庁	882

さ

裁決	860
債権	
——に付した条件	588
——の一部	540
——の質入	541
——の範囲	559
債権額	535
債権譲渡	540
催告	234
採石権	34, 528
——の存続期間	528
——の内容	528
裁判所書記官	627
詐欺	44, 46
先取特権	40, 533, 545
特別の——	41
不動産工事の——	545, 551
錯誤	447, 448, 455
差押え	701
参考人	797

し

敷金	526
敷地権	312, 495
——を表示する登記	313
敷地権付き区分建物	493, 495
始期付き	647
磁気ディスク申請	772
磁気ディスク登記簿	117
自己信託	612
次順位者による代位	574
自然人	126
事前通知	172
質権	33, 586
執行文	417
——の要否	417
実質的審査主義	26
実地調査	236
実地調査権	237
——の行使方法	239
実地調査書	241
指定根抵当権者	578
死亡又は解散による登記の抹消	468
事務官	63
事務の委任	59
事務の停止	60
借地借家法	526
釈明処分	824
収入印紙	710, 713, 715, 717, 874
収用	706
——における所有権取得	707
——における登記申請・嘱託	707
——により消滅する権利	707
——による登記	706
重利の特約	556
受益者	600
——の定めのない信託	602
受益者代理人	601
受益証券発行信託	602
主席登記官	63
受託者	600, 620
——の任務の終了	621
——の変更による登記	620
出頭主義	378
——の廃止	26, 380
主登記	38, 649
取得時効	35
守秘義務	834, 861

し〜そ

主務官庁……………………………………628
受領証の交付………………………………157
樹林帯区域…………………………………303
承役地………………………………………520
承継執行文…………………………………417
承諾…………………………………………367
　　——のあったことを証する情報…………667
情報公開法…………………………829,836
消滅……………………………………………35
嘱託による信託の変更の登記……………627
嘱託による登記……………………131,700
　　——の登記手続……………………………135
除斥事由………………………………………85
職権更正登記………………………………457
職権主義………………………………………25
職権登記が認められる範囲………………229
職権登記制度の沿革………………………228
職権登記の法的性質………………………231
職権による信託の変更の登記……………625
職権による登記……………………138,139,222
職権による登記(の)抹消…………………477
　　——の事由………………………………………478
　　——のための手続…………………………482
職権による表示に関する登記……………228
職権による分筆……………………………282
職権抹消の実行……………………………483
処分禁止の仮処分…………………………682
処分禁止の登記……………………682,683
処分禁止の登記の抹消……………688,698
処分の制限……………………………………35
書面申請……………………117,145,152
書面請求……………………………………168
所有権登記名義人…………………243,748
所有権の登記………………………………684
　　——の抹消………………………………………512
所有権の保存の登記………………………504
　　——の登記事項……………………………510
信義則違反……………………………………48
審査請求……………………………839,851
審査請求権者………………………………842
審査請求事件の処理………………………851
審査請求適格………………………842,843
　　申請人以外の者の——……………………843
　　申請人の——……………………………………842
申請期間……………………………………267

申請義務………266,271,317,318,331,899,903
申請義務違反………………………………867
申請権者……………………………………748
申請行為と代理……………………………130
申請主義……………………………120,121
申請情報……………………148,340,352
　　——が登記所に提供された場合………152
　　——の受領……………………………………152
真正な登記名義の回復……403,404,406
真正なる登記名義の回復……………………36
申請による登記……………………………122
申請能力……………………………………129
申請の却下…………………………185,775
申請を行う義務……………………………297
信託…………………………………595,598
　　——に関する登記の登記事項………………599
　　——の終了の事由……………………………604
　　——の分割………………………………………637
　　——の併合………………………………………637
　　——の変更の登記……………………………629
　　——の目的………………………………………603
　　代位による——……………………376,615
信託管理人…………………………600,601
信託行為……………………………………599
信託財産管理者……………………………601
信託財産の管理方法………………………604
信託財産法人管理人………………………601
信託の登記…………………………………609
　　——の抹消………………………………………633
　　——の抹消事由………………………………633
信託目録……………………………………606
新築した建物………………………………317

す

数次相続……………………………………432

せ

請求権………………………………………647
政令への委任………………………………205
設定……………………………………………34
善意悪意不問説………………………………48
前住所通知…………………………………174

そ

相続…………………………………425,426

そ〜ち　　　1045

「相続させる」旨の遺言……………430
相続人……………………………409
　　――の不明・不存在…………432
相続分の譲渡……………………429
相続放棄…………………………428
測量………………………………788
疎明………………………………664
損害の賠償額の定め……………556
存続期間…………………………587

た

代位原因…………………………376
代位者……………………………376
代位申請……………………303, 344, 618
代位登記……………………323, 574, 702
対抗力遡及説………………654, 657
対抗力不遡及説…………………656
第三者……………………44, 46, 47, 48
　　――の承諾……………452, 459
　　――の任意弁済による代位…541
第3条指定………………………882
胎児………………………………29
滞納処分…………………………702
代理権限証明情報………………388
代理権の不消滅…………………141
第6条指定…………………882, 893
ダウンロード……………………164
立入調査……………………790, 791
建物………………………………22
　　――の合体……………………23
　　――の合併…………………350
　　――の合併の登記…………360
　　――の区分…………………350
　　――の構造…………………306
　　――の個数……………22, 306
　　――の種類…………………306
　　――の種類，構造および床面積…306
　　――の表示に関する登記…208, 304
　　――の表題登記……………317
　　――の表題部の更正の登記…346
　　――の分割…………………350
　　――の滅失の登記…………361
　　――を新築する場合の不動産工事の
　　　先取特権………………548
建物建築完了後の所有権保存登記……551

建物所在図……………………107, 714
建物図面…………………………319
建物表題部の変更の登記………339
他人のために登記を申請する義務……47
団地共用部分…………………365, 903
　　――である旨の登記……365, 366
単独申請………386, 412, 473, 612, 659, 674, 675
　　「相続」を原因とする――…430
担保権の登記……………………530
　　――の抹消…………………473
担保物権に共通する登記事項…533

ち

地役権……………………………520
地役権図面………………………716
地上権……………………………513
　　――の登記の登記事項……513
地上権登記………………………513
地図………………………88, 105, 106, 714
　　――等の写し………………714
　　――等の訂正………………109
　　――等の変更………………111
　　――に準ずる図面…………714
地図情報システム………………884
地積…………………………258, 277
　　――の変更登記…………270, 274
地籍図……………………………735
地積測量図…………………268, 284
地番…………………………256, 260
　　――の変更…………………261
　　分筆・合筆登記と――……261
地方法務局…………………………57
地目…………………………256, 277
　　――の変更登記…………270, 271
　　――の変更に関する中間省略登記……274
　　――又は地積の変更の登記……270
中間過剰登記……………………402
中間省略相続登記………………399
中間省略登記……………36, 400, 407
　　――の申請…………………440
調査図素図………………………786
調書………………………………797
　　――等の閲覧………………799
賃借権………………………33, 524
　　建物所有を目的とする――…527

賃料……………………………………525

つ

通知……………457, 461, 482, 780, 791, 795, 811

て

停止条件付売買予約…………………647
転抵当権………………………………568
抵当権……………………………33, 40, 535
　――の順位の譲渡………………568
　――の順位の変更………………563
　――の順位の放棄………………569
　――の譲渡………………………568
　――の処分………………………567
　――の登記………………………554
　――の放棄………………………569
抵当権設定契約の性質………………554
抵当証券…………………24, 454, 467, 583
抵当証券交付の登記…………………584
手形もしくは小切手上の請求権……560
手数料……………………………770, 831
手続費用………………………………821
電子証明書……………………………150
電子署名………………………………150
電子申請………………………117, 145, 149, 152
　――と同時到達…………………155
電子請求………………………………168
添付情報…………………………353, 388
転根抵当………………………………570

と

ドイツ法………………………………121
同一の不動産……………………………39, 158
統括登記官……………………………63
登記……………………………………90
　――の一括申請…………………441
　――の回復の実行………………491
　――の機能………………………15
　――の更正………………………457
　――の更正の手続………………460
　――の更正の要件………………457
　――のコンピュータ化…………90
　――の順序………………………158
　――の真正………………………437
　――の年月日……………………224
　――の目的………………………372
　処分禁止の登記に後れる――……684
　特別縁故者の――………………433
　命令による――………………138, 140
登記意思の確認………………………179
登記印紙………………………………874
登記可能な権利………………………31
登記可能な権利変動…………………34
登記官……………………………62, 63, 178
　――による本人確認……………178
　――による本人確認の要件・手続……182
　――の義務と責任………………71
　――の権限………………………64
　――の交替………………………63
　――の指定………………………63
　――の除斥………………………85
　――の審査権……………………66
　――の地位（独立性）……………64
登記義務者………………………381, 409
　――の所在が知れない場合……473
登記記録……………………………24, 94
　――の滅失………………………102
登記原因………………………………393
　――およびその日付…………277, 373
登記原因証書…………………………390
登記原因証明情報………27, 37, 388, 391, 393
登記権利者………………………381, 409
登記識別情報
　…26, 137, 161, 388, 676, 705, 833, 864, 891, 896
　――に関する証明………………169
　――の失効………………………164
　――の通知……………………161, 162
　――の提供………………………166
　――の方法……………………163, 167
　――を要しない場合……………163
登記事項………………………………25
　――の証明等……………………710
　担保権等に関する――…………530
登記事項証明書………………710, 711, 889
　――の交付請求…………………712
登記事務の委任………………………59
登記所……………………………………54, 55
　――の沿革………………………55
登記上の利害関係を有する第三者……459, 463
　――の承諾………………………451

登記申請義務‥‥‥‥‥‥‥‥‥‥‥‥231
登記申請権‥‥‥‥‥‥‥‥‥‥‥‥‥231
登記申請手続‥‥‥‥‥‥‥‥‥‥‥‥440
登記申請の妨害‥‥‥‥‥‥‥‥‥‥‥46
登記済証‥‥‥‥‥‥‥‥‥161,891,896
登記専門職‥‥‥‥‥‥‥‥‥‥‥‥‥63
登記相談官‥‥‥‥‥‥‥‥‥‥‥‥‥63
登記手続‥‥‥‥‥‥‥‥‥‥‥116,117
登記年月日もしくは法務省令に定める
　不動産識別事項‥‥‥‥‥‥‥‥‥277
登記簿‥‥‥‥‥‥‥‥‥‥24,87,88,92
　――の謄本又は抄本‥‥‥‥‥‥‥889
登記名義人‥‥‥‥‥‥‥‥‥‥409,437
　――の氏名もしくは名称または住所の変更
　‥‥‥‥‥‥‥‥‥‥‥‥‥‥‥‥437
　――の表示の変更または更正‥‥‥438
登記名義人確認情報‥‥‥‥‥‥‥‥862
当事者能力‥‥‥‥‥‥‥‥‥‥‥‥125
　――の始期‥‥‥‥‥‥‥‥‥‥‥126
　――の終期‥‥‥‥‥‥‥‥‥‥‥126
同時申請‥‥‥‥‥‥‥‥154,591,612,637
同時到達‥‥‥‥‥‥‥‥‥‥‥‥‥154
特定樹林区域‥‥‥‥‥‥‥‥‥‥‥303
特定調査‥‥‥‥‥‥‥‥‥‥‥‥‥789
特定登記‥‥‥‥‥‥‥‥‥‥‥‥‥357
特別記載登記事項‥‥‥‥‥‥‥‥‥553
独立登記‥‥‥‥‥‥‥‥‥‥‥‥‥38
土地‥‥‥‥‥‥‥‥‥‥‥‥‥‥‥21
　――の個数‥‥‥‥‥‥‥‥‥‥‥21
　――の賃貸借‥‥‥‥‥‥‥‥‥‥526
　――の表示に関する登記‥‥‥‥‥254
　――ノ表示ニ関スル登記手続‥‥‥208
　――の表題部の更正の登記‥‥‥‥276
土地所在図‥‥‥‥‥‥‥‥‥‥88,267
土地台帳法‥‥‥‥‥‥‥‥‥‥‥‥107
取下げ‥‥‥‥‥‥‥‥‥‥‥‥‥‥778
取引関係の実体審理‥‥‥‥‥‥‥‥179

に

2号仮登記‥‥‥‥‥‥‥‥‥‥‥‥647
二重登記‥‥‥‥‥‥‥‥‥‥‥‥‥39
任意的筆界特定申請情報‥‥‥‥‥‥767

ね

根抵当権‥‥‥‥‥‥‥‥‥‥‥558,576

　――の確定事由‥‥‥‥‥‥‥‥‥580
　――の順位の変更‥‥‥‥‥‥‥‥565
　――の処分‥‥‥‥‥‥‥‥‥‥‥570

の

農地法‥‥‥‥‥‥‥‥‥‥‥‥‥‥526

は

背信的悪意者‥‥‥‥‥‥‥‥45,48,49
背信的悪意者排除論‥‥‥‥‥‥‥‥52
売買登記‥‥‥‥‥‥‥‥‥‥‥‥‥591
パイロット・システム‥‥‥‥‥‥‥90
罰則‥‥‥‥‥‥‥‥‥‥‥‥‥‥‥267

ひ

被担保債権の移転‥‥‥‥‥‥‥‥‥540
筆界‥‥‥‥‥‥‥‥‥‥‥‥‥724,741
　所有権と――‥‥‥‥‥‥‥‥‥‥724
筆界確定訴訟‥‥‥‥‥‥‥‥‥‥‥824
　――の判決‥‥‥‥‥‥‥‥‥‥‥826
筆界調査委員‥‥‥‥‥‥756,783,785,801,806
　――の意見の提出‥‥‥‥‥‥‥‥801
　――の解任‥‥‥‥‥‥‥‥‥‥‥760
　――の欠格事由‥‥‥‥‥‥‥‥‥758
　――の指定‥‥‥‥‥‥‥‥‥782,783
　――の除斥‥‥‥‥‥‥‥‥‥‥‥783
筆界通達‥‥‥‥‥‥‥‥‥‥‥‥‥752
筆界特定‥‥‥‥‥‥‥‥‥719,725,801,806
　――の事務‥‥‥‥‥‥‥‥‥‥‥751
　――の申請‥‥‥‥‥‥‥‥‥‥‥763
　――の申請権者‥‥‥‥‥‥‥‥‥764
筆界特定意見書起案マニュアル‥‥‥802
筆界特定書‥‥‥‥‥‥‥‥‥‥‥‥808
筆界特定書起案マニュアル‥‥‥‥‥808
筆界特定書面申請‥‥‥‥‥‥‥‥‥772
筆界特定申請情報‥‥‥‥‥‥‥‥‥765
　――の内容‥‥‥‥‥‥‥‥‥‥‥766
筆界特定図面‥‥‥‥‥‥‥‥‥‥‥809
筆界特定制度‥‥‥‥‥‥‥‥‥720,740
筆界特定手続記録‥‥‥‥‥‥‥‥‥815
　――の整理および送付‥‥‥‥‥‥815
　――の保管‥‥‥‥‥‥‥‥‥‥‥815
筆界特定添付情報‥‥‥‥‥‥‥‥‥765
筆界特定登記官‥‥‥‥‥‥‥753,754,806
　――の除斥事由‥‥‥‥‥‥‥‥‥754

必要的筆界特定申請情報…………………766
秘密……………………………833,834,861
秘密鍵………………………………………834
表示登記専門官………………………………63
表示に関する登記………………25,73,207
　　——の意義と特色……………………210
　　——の沿革……………………………209
　　——の種類……………………………214
　　——の登記事項………………………223
表示の変更の登記…………………………216
標準処理期間………………………………761
表題登記………………………215,262,551
　　——のない土地………………………266
　　——のない不動産……………………509
表題部……………………………………94,96
　　——のない土地の所有者……………749
表題部所有者……………224,243,246,248,505
　　——の更正……………………………251
　　——の変更……………………………248
　　——の持分についての変更…………248

ふ

付記登記………………………………38,41,649
　　——の順位………………………………43
　　——をなすべき場合……………………42
復号…………………………………………834
附従性………………………………………531
不正取得……………………………………864
不正提供……………………………………864
不正登記防止申出…………………………183
不正保管……………………………………864
附属建物………………………………………24
ブック庁……………………………………882
不動産…………………………………………21
　　——に関する権利………………………14
　　——の表示…………………………14,207
不動産先取特権………………………………32
不動産質権…………………………………535
不動産賃貸借………………………………524
不動産登記令………………………………206
不動産番号…………………………………227
不服申立て…………………………………666
フランス法…………………………………121
ブロック(街区)地番………………………261
分割…………………………………………220

分棟…………………………………………220
分筆……………………………219,280,285
分筆登記……………………………………280
分離処分禁止………………………………502

へ

閉鎖登記簿…………………………………886
　　——の公開……………………………886
変更登記…………………………27,34,247
変更の登記…………………………………247

ほ

報告的登記…………………………………221
法人…………………………………………127
　　——の合併……………………409,425,434
　　——の分割……………………………435
冒頭省略登記………………………………402
法務局…………………………………………57
法務局等職員による補助…………………784
法務省令への委任………………112,718,832
保証書………………………………………898
保証人等による法定代位…………………541
保全仮登記…………………………………689,698
保存……………………………………………34
保存登記……………………………………509
本人確認……………………………………161
本人確認情報の提供の意義………………175
本人確認情報の内容………………………175
本人確認方法………………………………179

ま

抹消された登記の回復……………………484
　　——の申請……………………………490
抹消登記……………………28,383,403,462
窓口申請……………………………………155

み

民間紛争解決手続代理権…………………722
民事保全法……………………680,681,689
民法177条………………………………44,48

め

滅失回復登記………………………………103
滅失の登記…………………………………217

も

持分 …………………………………… 360, 374

ゆ

郵送申請と同時到達 ………………………… 155
床面積 …………………………………………… 307

よ

要役地 …………………………………………… 521
予告登記 ………………………………… 641, 898
予納 ……………………………………………… 822
予納告知 ………………………………………… 822
予納命令 ………………………………………… 823
予備登記 ………………………………………… 641

り

利害関係人の承諾 ……………………………… 466
利害関係を有する第三者(利害関係人)の承諾
 …………………………………………………… 487
利息 ……………………………………………… 587
　——の定め …………………………………… 555
立件 ……………………………………………… 235
利用権 ……………………………………………… 40
両罰規定 ………………………………………… 866

ろ

論点整理 ………………………………………… 787

明治29年～大正11年

判　例　索　引

明治29～35年
大判　明29・10・7　民録2・9・16 …………… 21,263
大判　明33・5・19　民録6・5・64 …………… 555
大判　明35・5・30　民録8・5・156 …………… 449

明治36～40年
大判　明36・11・16　民録9・1244 …………… 515
大判　明36・11・26　民録9・1305 …………… 141
大判　明37・7・8　民録10・1061 …………… 265
大判　明38・5・17　民録11・727 …………… 422
宮城控決　明38・12・1　新聞323・6 …………… 203
大判　明39・10・31　民録12・1366 …… 194,480,697
大判　明40・2・27　民録13・188 …………… 44
大判　明40・11・11　民録13・1123 …………… 490

明治41～45年
大判　明41・9・24　民録14・902 …………… 456
大連判　明41・12・15　民録14・1276 …………… 16,45
大判　明43・4・30　民録16・338 …………… 489
大判　明43・5・13　民録16・367 …………… 486
大判　明43・5・14　民録16・377 …………… 417
大判　明43・7・6　民録16・537 …………… 616
大判　明44・9・8　刑録17・1524 …………… 489
大判　明44・12・22　民録17・877 …………… 400,413
大判　明45・4・12　民録18・382 …………… 417

大正元～5年
大決　大2・6・21　民集19・466 …………… 556
大決　大2・7・9　民録19・632 …………… 197
大決　大3・4・7　民録20・288 …………… 666
大決　大3・8・24　民録20・658 …………… 470
大決　大3・11・3　民録20・881 …………… 36
大判　大3・12・10　民録20・1064 …………… 653,654
大判　大3・12・26　民録20・1208 …………… 322
大判　大4・1・15　民録21・5 …………… 653,654
大決　大4・6・30　民録21・1079 …………… 488
大決　大4・10・20　民録21・1668 …………… 842
大判　大4・10・29　民録21・1788 …………… 39
大判　大4・12・17　民録21・2124 …………… 464
大判　大4・12・23　民録21・2173 …… 448,449,546

大判　大4・12・28　民録21・2274 …………… 263
大阪区判　大5・2・1　新聞1083・13 …………… 416
大決　大5・2・23　民録22・242 …………… 193
大判　大5・4・11　民録22・691 …………… 592
大決　大5・5・31　判例1・民事141 …………… 843
大判　大5・9・12　民録22・1702 …………… 400
大決　大5・10・28　民録22・2002 …………… 666
大判　大5・11・29　民録22・2333 …………… 23

大正6～10年
大判　大6・1・18　民録23・167 …………… 403
東京控判　大6・1・29　評論6・諸法34 …………… 414
大判　大6・2・9　民集23・244 …………… 546
大決　大6・4・25　民録23・668 …………… 843
大判　大6・10・18　民録23・1592 …………… 485
大決　大6・10・22　民録23・1410 …………… 465
大阪控判　大7・2・20　新聞1398・23 …………… 263
大判　大7・4・4　民録24・465 …………… 403
大判　大7・4・15　民録24・690 …………… 31
大決　大7・4・30　民録24・570 …………… 193
大決　大7・5・30　民録24・1059 …………… 195
大判　大7・6・10　民録24・1169 …………… 204
大決　大7・12・26　民録24・2445 …………… 195
大決　大8・5・15　民録25・866 …………… 449,856
大判　大8・5・16　民録25・776 …………… 36,400
大判　大8・9・1　民録25・1553 …………… 403
大判　大8・10・20　民録25・1828 …………… 400
大判　大9・7・23　民録26・1151 …………… 403
大決　大9・10・12　民録26・1469 …………… 701
大決　大9・10・13　民録26・1475 …………… 843
大判　大10・4・12　民録27・703 …………… 400
大判　大10・6・13　民録27・1155 …………… 36,403
大判　大10・7・25　民録27・1399 …………… 644
大判　大10・11・28　民録27・2045 …………… 31
大判　大10・12・24　民集27・2182 …………… 540

大正11～15年
大判　大11・3・16　民集1・109 …………… 525
大判　大11・3・25　民集1・130 …………… 400
大判　大11・12・21　民集1・786 …………… 592

大正12年～昭和33年

大連判 大12・6・2 民集2・7・345·········· 732
大連判 大12・7・7 民集2・448·········· 485,490
大判 大13・4・4 民集3・127·················· 666
大連判 大13・10・7 民集3・476············ 21,280
大連判 大13・10・7 民集3・509··········· 280,281
大決 大13・11・14 民集3・11・499·············· 850
大判 大14・6・17 民集4・12・599················ 672
大判 大15・2・22 民集5・99························· 22
大判 大15・4・30 民集5・344···················· 403
大判 大15・6・23 民集5・536············ 413,506
大判 大15・6・29 民集5・602···················· 653

昭和元～5年

大決 昭2・3・9 民集6・65·············· 463,466
大判 昭2・4・22 民集6・199···················· 521
大判 昭2・7・30 新聞2725・5··················· 298
大判 昭2・10・10 民集6・558····················· 35
大判 昭4・2・20 民集8・59························ 490
大判 昭4・10・11 新聞3068・11················· 298

昭和6～10年

大決 昭6・2・6 民集10・50············· 191,200
大決 昭6・4・7 民集10・535···················· 542
大判 昭7・4・28 民集11・851···················· 526
大判 昭7・6・9 民集11・1341····················· 23
大判 昭8・3・24 民集12・490······················ 22
大判 昭8・3・28 民集12・375············ 647,654
大判 昭8・4・15 民集12・637····················· 35
大判 昭8・7・4 民集12・1776···················· 646
大判 昭8・7・22 新聞3591・14····················· 47
大判 昭8・9・12 民集12・2151··················· 592
大判 昭9・3・6 民集13・230······················· 45
大判 昭9・3・31 評論23・諸法・377··········· 485
大判 昭10・2・25 民集14・226··················· 129
大判 昭10・3・5 民集14・539···················· 654
大決 昭10・9・27 民集14・1650················· 417
大判 昭10・10・1 民集14・1671··················· 22

昭和11～15年

大判 昭11・7・23 法学5・11・115············· 449
大判 昭11・8・4 民集15・19・1616············ 648
大判 昭12・2・26 民集16・176··················· 656
大判 昭12・9・29 新聞4186・15················· 403
大判 昭12・11・9 法学7・2・106················ 131
大判 昭13・2・15 法学7・793···················· 403

大判 昭15・8・10 民集19・1438················· 445
大判 昭15・11・12 民集19・22・2029·········· 660

昭和16～20年

大判 昭16・3・4 民集20・7・385················ 403
大判 昭16・6・20 民集20・14・888·············· 403
大判 昭19・2・4 民集23・42······················ 131

昭和21～25年

東京地判 昭25・6・27 下民集1・6・1000
·· 33,534,545

昭和26～30年

東京地判 昭27・2・27 下民集3・2・230······· 47
東京地判 昭28・5・16 下民集4・5・723········ 47
東京高決 昭28・9・4 高民集6・10・603····· 429
最判 昭29・1・21 民集8・1・102················ 856
最判 昭29・12・23 民集8・12・2235··········· 514
大阪地判 昭30・4・26 下民集6・856············ 18
最判 昭30・6・24 民集9・7・919················ 724
東京高判 昭30・6・29 高民集8・5・378······ 487
最判 昭30・7・5 民集9・9・1002················ 403

昭和31～35年

最判 昭31・2・7 民集10・2・38·················· 734
最判 昭31・4・24 民集10・4・417················· 49
最判 昭31・6・28 民集10・6・754················ 655
最判 昭31・7・27 民集10・8・1122·············· 131
最判 昭31・12・28 民集10・12・1639
·· 265,732,805
東京地判 昭32・2・26 判時112・37··············· 83
新潟地判 昭32・4・30 民集14・6・967·········· 82
最判 昭32・5・30 民集11・5・843··············· 403
最判 昭32・6・7 民集11・6・936·········· 648,668
松江地判 昭32・6・13 高民集11・7・418······· 83
最判 昭32・6・18 民集11・6・1081
·· 650,668,669
東京高判 昭32・11・15 下民集8・11・2111······ 82
最判 昭33・3・6 民集12・3・436·················· 403
東京地判 昭33・3・19 行裁集9・3・528······· 416
東京地判 昭33・3・28 下民集9・3・517······· 486
広島高裁松江支判 昭33・6・13
　高民集11・7・411······································ 83
最判 昭33・7・22 民集12・12・1805·············· 426
福岡高判 昭33・8・11 高民集11・6・407····· 656

判例索引

東京高判 昭33・10・15 下民集9・10・2102……83
最判 昭34・2・12 民集13・2・91……………… 403
東京高判 昭34・4・30 高民集12・6・227…… 416
最判 昭34・7・24 民集13・8・1184………… 103
最判 昭35・3・3 民集14・4・663……………49
最判 昭35・4・21 民集14・6・963……………82
最判 昭35・6・14 民集14・8・1324………… 777
最判 昭35・6・17 民集14・8・1396……………18
和歌山地判 昭35・11・18 下民集11・11・2495
　　　　……………………………………………82

昭和36～40年

大津地判 昭36・1・26 判時258・26………… 82
東京地判 昭36・2・15 下民集12・2・285…… 127
最判 昭36・4・27 民集15・4・901…………… 52
最判 昭36・5・26 民集15・5・1440………… 180
最判 昭36・6・6 民集15・6・1523………… 465
最判 昭36・6・9 訟月7・8・1622……191,478
最判 昭36・6・16 民集15・6・1592
　　　　………………………………485,489,490
最判 昭36・6・29 民集15・6・1764………… 655
東京地判 昭36・8・29 下民集12・8・2071……82
最判 昭36・11・24 民集15・10・2573……… 412
大阪高判 昭36・12・7 高民集14・9・660……82
最判 昭37・3・16 民集16・3・567……191,850
最判 昭37・5・24 民集16・7・1251………… 413
最判 昭37・5・24 裁判集民事60・767……… 450
最判 昭37・7・6 民集16・7・1452………… 648
最判 昭38・1・18 民集17・1・1…………… 733
最判 昭38・2・22 民集17・1・235………… 450
東京高判 昭38・4・24 下民集14・4・792
　　　　………………………………………72,82
長崎地判 昭38・6・28 訟月9・10・1169……82
最判 昭38・10・8 民集17・9・1182……650,668
最判 昭38・10・15 民集17・9・1220
　　　　………………………………732,733,747
最判 昭39・1・24 民集18・1・113………… 232
最判 昭39・3・6 民集18・3・437……………16
最判 昭39・4・2 民集18・4・497………… 413
福島地判 昭39・9・24 行集15・9・1874… 737
最判 昭39・10・13 民集18・8・1559……… 225
最判 昭39・12・25 民集1・10・2260……… 536
東京地判 昭39・12・25 下民集15・12・3097
　　　　………………………………………82,200
福井地判 昭40・2・5 訟月11・6・852………82

最判 昭40・9・21 民集19・6・1560……… 36,400
最判 昭40・12・21 民集19・9・2221……………49

昭和41～45年

最判 昭41・1・21 民集20・1・42…………… 653
最大判 昭41・4・27 民集20・4・870……… 225
最判 昭41・5・20 裁判集民事83・579……… 732
最判 昭41・6・2 判時464・25………… 417,421
最判 昭41・7・14 民集20・6・1183………… 431
最判 昭41・11・18 民集20・9・1827……131,413
最判 昭42・2・23 裁判集民事86・335……… 413
最判 昭42・5・25 民集21・4・951……191,232
最判 昭42・8・24 民集21・7・1689………… 654
最判 昭42・9・1 民集21・7・1755……103,486
鹿児島地判 昭42・9・21 判時507・59……… 405
東京高判 昭42・9・28 東高民時報18・9・139
　　　　…………………………………………281
最判 昭42・10・27 民集21・8・2136……… 660
最判 昭42・12・19 判時510・37…………… 666
最判 昭42・12・26 民集21・10・2627……… 804
最判 昭43・2・22 民集22・2・270……726,732
広島地判 昭43・3・6 判時540・65………… 84
最判 昭43・3・8 民集22・3・540………… 413
最判 昭43・4・18 民集22・4・936………… 844
最判 昭43・6・6 判時524・50……………… 402
最判 昭43・6・13 民集22・6・1183……………23
最判 昭43・6・27 民集22・6・1339……………82
京都地判 昭43・7・24 下民集19・7＝8・456
　　　　…………………………………………489
最判 昭43・8・2 民集22・8・1571……………50
最判 昭43・11・15 民集22・12・2671…………50
最判 昭43・11・21 民集22・12・2765…………49
最大判 昭43・12・4 民集22・13・2855…485,490
最判 昭43・12・24 民集22・13・3454……… 180
最判 昭44・1・16 民集23・1・18……………50
最判 昭44・1・28 家月21・7・68………… 431
最判 昭44・4・22 民集23・4・815………… 384
最判 昭44・4・25 民集23・4・904……………50
最判 昭44・9・2 判時574・30…………… 453
札幌高裁函館支部判 昭45・1・29
　　　高民集23・1・1……………………… 298
最判 昭45・2・24 判時591・59………………50
東京高判 昭45・6・29 訟月16・12・1412
　　　　………………………………………31,848
最判 昭45・7・16 判時605・64…………… 212

最判 昭45・9・22 民集24・10・1424…………645

昭和46〜50年

福岡地判 昭46・1・29 判タ261・324…………82
最判 昭46・2・23 判時625・51……………448
福島地判 昭46・3・11 下民集22・3＝4・248
　……………………………………………212
最判 昭46・6・3 民集25・4・455…………413
福岡高判 昭47・1・19 判時670・54…………82
最判 昭47・6・2 民集26・5・957………29,127
最判 昭47・6・22 民集26・5・1051…………225
最判 昭48・4・12 金判369・8………………51
東京地判 昭48・5・30 判時704・36…………84
最判 昭48・6・21 民集27・6・712…………421
東京地判 昭48・9・26 判例集未登載…………78
最判 昭48・10・4 判時723・42……………561
最判 昭48・10・9 民集27・9・1129…………29
最判 昭49・3・19 民集28・2・325…………16
最判 昭49・3・28 金法719・35………………50
東京地判 昭49・5・27 判時761・86…………82
最判 昭49・6・27 民集28・5・641…………35
京都地判 昭49・9・20 訟月20・12・8………78
名古屋地判 昭50・1・16 判タ323・209………82
最判 昭50・2・13 民集29・2・83……39,213,225
最判 昭50・5・27 訟月21・7・1448…………848
東京地判 昭50・9・29 判時811・70…………81
最判 昭50・10・29 判時798・22……………552
最判 昭50・11・28 判時803・63……………225

昭和51〜55年

名古屋地判 昭51・4・28 行集27・4・643……848
京都地判 昭51・7・16 判例集未登載…………78
神戸地判 昭51・8・27 訟月23・10・1766
　…………………………………………847,848
大阪地判 昭51・9・30 判時845・84…………81
最判 昭51・10・8 金法809・79……………403
東京高判 昭51・10・27 判時838・39…………81
最判 昭51・12・2 民集30・11・1021………405
福岡地小倉支判 昭52・3・22 判例集未登載
　……………………………………………84
大阪高判 昭52・6・29 訟月23・10・1763
　…………………………………………847,848
東京地判 昭52・7・12 判タ365・296…………81
千葉地判 昭52・12・21 訟月23・13・2317
　…………………………………………843,847

山口地判 昭53・3・3 判例集未登載…………81
最判 昭53・3・14 民集32・2・211…………842
東京高判 昭53・6・28 判タ370・85…………47
最判 昭53・7・10 民集32・5・868…………143
最判 昭53・7・13 判時908・41……………429
神戸地尼崎支判 昭53・11・8 判例集未登載
　……………………………………………81
大阪高判 昭53・12・25 訟月25・5・1211……78
最判 昭54・1・25 判時197・52……………414
最判 昭54・1・30 判時918・67……………421
最判 昭54・3・15 判時926・39…………843,847
仙台地判 昭54・3・28 訟月25・7・1804……81
広島高判 昭54・4・18 訟月25・10・2525……81
東京高判 昭54・4・25 判時933・64…………180
東京高決 昭54・5・1 金法905・42…………566
東京地判 昭54・5・14 判タ392・105…………81
最判 昭54・9・11 判時944・52……………655
大阪高判 昭54・9・26 判タ400・166…………81
最判 昭54・11・2 判例集未登載……………78
大阪地判 昭54・11・12 行集30・11・1852
　…………………………………………276,847
福島地判 昭54・12・17 訟月26・3・482……276
東京高判 昭54・12・27 判タ413・108…………78
新潟地判 昭55・3・28 訟月26・6・1057……22
福岡高判 昭55・4・30 判タ424・112…………84
東京地判 昭55・6・26 訟月26・11・2030……849
大阪高判 昭55・7・18 行集31・7・1523
　…………………………………………232,847
最判 昭55・9・11 民集34・5・683…………466
福岡高判 昭55・10・20 訟月27・2・305
　…………………………………………270,274

昭和56〜60年

大阪地判 昭56・1・16 判タ449・266…………81
福岡地判 昭56・1・27 判時1027・97…………81
福岡地判 昭56・2・12 訟月27・6・1084……78
東京地判 昭56・2・23 判タ441・125…………81
最判 昭56・2・24 判時996・58……………449
福岡地判 昭56・2・26 判時1024・94………77,80
名古屋地判 昭56・3・24 判時1034・118………80
福井地判 昭56・4・24 訟月27・10・1807……78
大阪高判 昭56・5・8 行集32・5・762………22
和歌山家審 昭56・9・30 家月35・2・167……429
大阪地判 昭56・11・27 判タ467・143…………80
岡山地判 昭57・1・25 判タ498・178…………77

昭和 57 年～平成 4 年

最判　昭57・3・25　民集36・3・446 …………… 670
東京地判　昭57・4・28　判タ478・77 …………… 77
名古屋高判　昭57・7・13　行集33・7・1495
　　　　　…………………………………… 232,274
最判　昭57・7・15　訟月29・2・192 …………… 750
岐阜地判　昭57・8・24　判時1071・120 ………… 77
大阪高判　昭57・8・31　判タ480・108 ………… 80
宇都宮地大田原支判　昭57・11・29
　下民集33・5＝8・1229 ……………………… 80
京都地判　昭57・12・24　判タ498・172 ………… 84
東京地判　昭58・2・21　判タ498・120 ………… 77
最判　昭58・3・18　家月36・3・143 …………… 431
東京地判　昭58・3・28　判タ500・182 ………… 487
福岡高判　昭58・6・30　高民集36・2・75
　　　　　…………………………………… 77,80,159
東京高判　昭58・12・19　判時1107・75 ………… 80
東京地判　昭59・1・30　判時1129・85 ………… 77
松山地判　昭59・3・21　行集35・12・2210
　　　　　…………………………………… 232,848
福島地白河支判　昭59・6・28　訟月31・2・195
　　　　　……………………………………………… 77
東京高判　昭59・10・30　判時1136・60 ………… 77
大阪地判　昭59・11・26　判タ546・164 ………… 80
高松高判　昭59・12・18　行集35・12・2204
　　　　　…………………………………… 232,848
東京地判　昭60・1・25　判タ550・174 ………… 80
前橋地判　昭60・1・29　訟月31・8・1973 …… 737
最判　昭60・5・23　民集39・4・940 …………… 542
仙台高判　昭60・6・26　判タ32・3・547 ……… 77
東京地判　昭60・9・24　訟月32・6・1121 …… 80
東京地判　昭60・9・25　判タ599・43 ………… 180
山口地判下関支判　昭60・11・18
　判例自治30・65 ………………………………… 265
東京地判　昭60・12・26　判時1181・91 ……… 415

昭和61～64年

大阪地判　昭61・1・27　判タ612・59 ………… 80
横浜地判　昭61・2・19　判タ623・92 ………… 414
鹿児島地判　昭61・2・25　判タ599・54 ……… 80
盛岡地判　昭61・8・21　訟月33・8・2013 …… 84
最判　昭61・12・16　民集40・7・1236
　　　　　…………………………… 21,218,232,263
東京地判　昭61・12・16　訟月33・9・2295 … 329
東京地判　昭61・12・23　判時1247・101 ……… 79
東京地判　昭62・1・12　判タ656・158 ……… 521

東京高判　昭62・1・28　訟月33・9・2284 …… 80
浦和地判　昭62・1・28　訟月33・12・2962 …… 80
東京高判　昭62・3・18　判時1228・87 ……… 521
東京地判　昭62・5・13　判タ651・161 ………… 77
東京高判　昭62・5・29　判タ646・200 ………… 83
長崎地判　昭62・8・7　判時1275・110 ………… 76
最判　昭62・11・13　判タ680・115 ……… 77,80,160
仙台高判　昭63・1・27　判時1267・44 ………… 84
東京高判　昭63・1・28　訟月35・1・1 ………… 77
神戸地明石支判　昭63・2・15　判例集未登載
　　　　　……………………………………………… 79
京都地判　昭63・2・25　判タ676・214 ………… 80
宇都宮地判　昭63・3・31　訟月34・10・2064 … 846
東京地判　昭63・4・26　判タ682・95 ………… 858
東京高判　昭63・10・11　判タ691・176 ………… 79
名古屋地判　昭63・10・12　判タ684・199 … 77,203
東京高判　昭63・10・24　判時1297・44 ………… 83
東京高判　昭63・10・27　判タ1297・68 ………… 77
大阪高判　昭63・11・24　判タ691・173 ………… 79
東京高判　昭63・12・12　訟月35・8・1612 …… 846

平成元～5年

千葉地判　平元・4・12　判タ695・122 ……… 847
東京高判　平元・7・25　判時1320・99 ……… 594
福岡高判　平元・10・25　判タ725・180 ………… 76
最判　平元・11・24　民集43・10・1220 ……… 433
横浜地判　平2・2・14　判タ721・199 ………… 83
大阪地判　平2・2・19　訟月36・10・1803 …… 76
東京地判　平2・4・17　判タ724・272 ………… 83
大阪高判　平2・9・3　金法1269・35 ………… 79
東京高判　平3・2・28　判時1382・24 ………… 83
最判　平3・4・19　民集45・4・477 …… 430,451
大阪高判　平3・4・26　判時1399・48 ………… 76
東京高判　平3・4・30　判タ765・194 ………… 83
最判　平3・9・12　判タ796・81 ……………… 430
東京地判　平3・9・30　判タ789・152 ………… 83
大阪高判　平4・2・28　訟月38・7・1200
　　　　　……………………………………… 79,181
大阪地判　平4・3・27　訟月38・12・2545 …… 79
東京地決　平4・6・16　判タ794・251 ……… 665
新潟家佐渡支審　平4・9・28　家月45・12・66
　　　　　……………………………………………… 429
東京高判　平4・10・28　判タ809・127 ………… 83
浦和地判　平4・11・27　訟月39・8・1441 …… 79
東京地判　平4・12・18　判タ832・97 ………… 83

平成5年～同19年　　　　　　　　　　　　　　　　　　　　　　　　　　　1055

最判　平 5・1・19　民集47・1・1 ………………431
最判　平 5・1・19　民集47・1・41 ……………560
最判　平 5・2・12　民集47・2・393 ……………351
東京地決　平 5・5・28　判タ837・272 …………665
東京高決　平 5・11・26　判時1483・50 …………665

平成 6 ～ 10 年

最判　平 6・1・25　民集48・1・18 ……23,328,330
大阪高判　平 6・1・27　訟月41・4・641 …………79
最判　平 6・2・8　民集48・2・373 ………………18
広島地判　平 6・2・17　判例自治128・23
　　………………………………………………………76
最判　平 6・5・2　民集48・4・1005 ……………213
広島地判　平 6・10・28　判タ887・186 ……………83
広島地判　平 6・11・24　判タ885・175 …………849
最判　平 7・1・24　判時1523・81 ………………430
大阪地判　平 7・3・3　判時1572・102 ……………79
最判　平 7・3・7　民集49・3・919 ……………733
広島地判　平 7・5・30　判タ902・62 ………………83
那覇地判　平 7・6・28　判タ888・176 ……………76
最判　平 7・7・18　民集49・7・2684 ……………426
大阪高判　平 7・7・18　訟月43・1・137 ……………79
東京地判　平 7・10・31　判タ915・96 ………………79
広島高判　平 8・3・13　判例自治156・48
　　………………………………………………………76
最判　平 8・10・29　民集50・9・2506 ………50,52
東京高判　平 8・11・27　判時1590・67 ………79,160
最判　平 9・3・11　訟月44・10・1776
　　…………………………………………232,233,234,846
最判　平 9・7・1　民集51・6・2251 ……………225
千葉地判　平 9・10・27　判時1658・136 …………180
最判　平10・1・30　民集52・1・1 ………………533
最判　平10・2・13　民集52・1・65 ………………521
最判　平10・2・26　民集52・1・274 ……………431
最判　平10・2・27　民集52・1・299 ……………430
最判　平10・3・26　民集52・2・483 ……………533
東京地判　平10・11・27　判時1705・98 …………225
最判　平10・12・18　民集52・9・1975 ……………521

平成11～15年

最判　平11・1・29　民集53・1・151 ………………17
千葉地判　平11・2・25　判例自治197・18
　　………………………………………………………79,181
熊本地判　平11・8・30　金判1098・22 ……………79
最大判　平11・11・24　民集53・8・1899 …………533

最判　平11・12・16　民集53・9・1989 ……………431
最判　平12・1・27　判時1702・84 …………448,450
東京高判　平12・3・14　訟月47・4・706 ………746
名古屋地判　平12・4・10　判時1717・119 ………181
福岡高判　平12・5・26　金判1098・20 ……79,160
最判　平12・5・30　家月52・12・39 ……………448
千葉地判　平12・11・30　判時1749・96 ……………78
東京高判　平13・2・8　判タ1058・272 …………225
神戸地判　平13・5・24　判タ1121・142 ……………76
名古屋地判　平13・10・19　判タ1089・145 ………846
最判　平13・11・22　民集55・6・1056 ……………17
最判　平14・1・22　判時1776・54 ………………546
東京地判　平14・4・23　訟月50・3・898 …………78
最判　平14・6・10　家月55・1・77 ……………431
大阪高判　平14・10・8　判タ1121・139 ……………76
神戸地判　平14・11・12　裁判所ウェブサイト
　　………………………………………………………83
東京高判　平14・12・10　判時1815・95 ……………78
横浜地判　平15・3・5　訟月50・8・2297
　　……………………………………………………847,848

平成16～20年

水戸地判　平16・12・15
　　登記インターネット 7・6・285 ………………78
最判　平17・3・10　民集59・2・356 ……………533
東京高判　平17・7・20
　　登記インターネット91・63 ……………………78
最判　平17・7・22　家月58・1・83 ……………431
京都地判　平17・9・29
　　登記インターネット91・76 ……………………76
大阪地判　平17・12・5　判時1928・89 ……………78
大阪地判　平17・12・21　平成17年（わ）第4386号
　　………………………………………………………862,863
最判　平18・1・17　民集60・1・27 ………………52
鹿児島地判　平18・3・2
　　登記インターネット91・12 ……………………76
福岡高宮崎支判　平18・6・30
　　登記インターネット91・23 ……………………76
大阪高判　平18・7・19
　　登記インターネット91・94 ……………………76
東京地判　平18・8・29
　　登記インターネット91・26 ……………………76
大阪高判　平18・11・22　登記情報560・17 ………75
東京高判　平19・1・30　判タ1252・252 …………666
東京高判　平19・1・30

登記インターネット114・13‥‥‥‥‥‥76
岡山地判　平20・2・4
　登記インターネット114・69‥‥‥‥‥83,401
京都簡判　平20・3・17
　登記インターネット114・58‥‥‥‥‥‥‥76
東京高判　平20・3・27　登記情報567・32
　‥‥‥‥‥‥‥‥‥‥‥‥‥‥‥‥‥‥37,401
東京地判　平20・4・22
　登記インターネット114・32‥‥‥‥‥‥‥78
広島高判　平20・7・31

　登記インターネット114・73‥‥‥‥‥‥‥83
東京地判　平20・11・27　判タ1301・265‥‥‥‥‥75
最判　平20・12・11　家月61・4・82‥‥‥‥‥422

平成21年～
最判　平21・3・24　民集63・3・427‥‥‥‥‥431
東京高決　平21・10・5　判タ1322・266‥‥‥‥672
最判　平22・12・16　民集64・8・2050
　‥‥‥‥‥‥‥‥‥‥‥‥‥‥‥‥36,400,407

明治31年～昭和6年

先 例 索 引

明治29～35年

明31・10・19 民刑1406 民刑局長回答・
　先例集上18……………………… 126
明32・3・7 無号 民刑局長回答・
　先例集上25……………………… 399
明32・6・27 民刑1162 民刑局長回答・
　先例集上81……………………… 402
明32・8・1 民刑1361 民事局長回答・
　先例集追Ⅰ8…………………… 383
明32・8・8 民刑1311 民刑局長回答・
　先例集上99……………………… 505
明32・9・7 民刑1647 民刑局長回答・
　先例集上107…………………… 133
明32・10・23 民刑1895 民刑局長回答・
　先例集上115……………… 192,479
明32・12・28 民刑2059 民刑局長回答・
　先例集上130……………… 375,456
明33・1・17 無号 民刑局長回答・
　先例集上133…………………… 415
明33・2・7 民刑39 民刑局長回答・
　先例集上140……………… 454,491
明33・3・7 民刑260 民刑局長回答・
　先例集上151…………………… 399
明33・4・26 民刑603 民刑局長回答・
　先例集上171…………………… 454
明33・4・28 民刑414 民刑局長回答・
　先例集上171…………………… 199
明33・8・9 民刑637 民刑局長回答・
　先例集上179…………………… 416
明33・9・24 民刑1390 民刑局長回答・
　先例集上185…………………… 413
明33・12・18 民刑1661 民刑局長回答・
　先例集上201…………………… 387
明34・4・15 民刑434 民刑局長回答・
　先例集上218……………… 192,478
明35・7・1 民刑637 民刑局長回答・
　先例集上237……………… 415,416
明35・8・20 無号 民刑局長回答・
　先例集追Ⅰ17…………………… 199

明治36～40年

明36・6・29 民刑108 局長回答・
　先例集上246…………………… 35
明38・5・8 民刑1253 民刑局長回答・
　先例集上257…………………… 438

明治41～45年

明41・12・16 無号 民刑局長電報回答・
　先例集追Ⅰ45…………………… 138
明43・11・22 民刑906 民刑局長回答・
　先例集追Ⅰ47…………………… 624
明44・6・22 民事414 民事局長回答・
　先例集上308…………………… 35
明44・10・30 民刑904 民刑局長回答・
　先例集追Ⅰ51……………… 387,428

大正

大2・10・29 民975 法務局長回答・
　先例集上369…………………… 439
大2・12・29 民事1291 法務局長回答・
　先例集上373…………………… 645
大3・9・25 民1444 法務局長回答・
　先例集上383…………………… 439
大5・7・27 民889 法務局長回答・
　先例集追Ⅰ89……………… 478,482
大8・7・26 民事2788 民事局長回答・
　先例集追Ⅰ107………………… 384
大12・4・23 無号 民事局長回答・
　先例集上508…………………… 538
大14・9・18 民事8559 民事局長回答・
　先例集上530…………………… 131

昭和元～10年

昭4・10・7 民事8689 民事局長回答・
　先例集上558…………………… 646
昭5・7・11 民事692 民事局長回答・
　先例集上563…………………… 128
昭5・7・16 民甲771 民事局長回答・
　先例集上564…………………… 646
昭6・10・3 民997 民事局長回答・

先例集追Ⅰ172…………………………428
昭6・10・8　民1029　民事局長回答・
　　先例集上577……………………………585
昭10・1・14　民甲39　民事局長通牒・
　　先例集上607………………433,439,624

昭和11～20年

昭11・3・14　民甲282　民事局長回答・
　　先例集上618……………………192,478
昭11・5・18　民甲564　民事局長通牒・
　　先例集上624……………………………439
昭16・11・20　民甲920　民事局長回答・
　　先例集上691……………………………428
昭19・10・19　民甲692　民事局長通達・
　　先例集上737……………………387,428
昭19・11・10　民甲730　民事局長回答・
　　先例集上739……………………………281

昭和21～30年

昭22・10・13　民甲840　民事局長回答・
　　先例集上816……………………………418
昭23・6・21　民甲1897　民事局長回答・
　　先例集上834……………………192,480
昭24・7・2　民甲1537　民事局長電報通達・
　　先例集下1334…………………………128
昭24・12・6　民甲2810　民事局長通達・
　　先例集下1374……………………………40
昭25・6・10　民甲1612　民事局長通達・
　　先例集下1414…………………………439
昭25・7・6　民甲1832　民事局長通達・
　　先例集下1429……………………417,482
昭26・8・29　民甲1746　民事局長通達・
　　先例集下1654…………………………298
昭26・9・7　民甲1782　民事局長電報回答・
　　先例集下1659………………30,127,192
昭26・12・4　民甲2268　民事局長通達・
　　先例集下1709…………………………428
昭27・3・4　民甲228　民事局長通達・
　　先例集下1793…………………………258
昭27・4・8　民甲396　民事局長通達・
　　先例集下1843…………………………447
昭27・7・30　民甲1135　民事局長回答・
　　先例集下1903…………………………432
昭27・8・23　民甲74　民事局長回答・
　　先例集下1917……………………381,410

昭28・4・6　民甲556　民事局長回答・
　　先例集下1998…………………………446
昭28・4・14　民甲570　民事局長通達・
　　先例集下2005………………192,194,478
昭28・4・25　民甲697　民事局長通達・
　　先例集下2025…………………………428
昭28・8・10　民甲1392　民事局長電報回答・
　　先例集下2051…………………………429
昭28・9・22　民甲1721　民事局長通達・
　　先例集下2075…………………………200
昭28・11・2　民甲2057　民事局長回答・
　　先例集下2105…………………………192
昭28・11・21　民甲2164　民事局長通達・
　　先例集下2119……………………668,691
昭28・12・24　民甲2523　民事局長通達・
　　先例集下2132…………………………128
昭28・12・27　民甲2407　民事局長通達・
　　先例集下2130…………………………199
昭29・1・26　民甲174　民事局長回答・
　　先例集下2161…………………………428
昭29・4・1　民甲718　民事局長電報回答・
　　先例集下2182…………………………447
昭29・5・8　民甲938　民事局長回答・
　　先例集下2193……………………414,422
昭29・5・22　民甲1037　民事局長通達・
　　先例集下2200…………………………432
昭29・6・2　民甲1144　民事局長通達・
　　先例集下2203……………………481,556
昭29・6・15　民甲1188　民事局長回答・
　　先例集下2205………………………29,126
昭29・6・28　民甲1357　民事局長通達・
　　先例集下2206…………………………481
昭29・7・13　民甲1459　民事局長通達・
　　先例集下2218…………………………201
昭29・8・27　民甲1539　民事局長通達・
　　先例集下2219…………………………487
昭29・9・21　民甲1931　民事局長通達・
　　先例集下2240…………………………546
昭29・10・5　民甲2022　民事局長通達・
　　先例集下2243…………………………646
昭29・10・23　民甲2232　民事局長回答・
　　先例集追Ⅰ285…………………………439
昭29・11・16　民甲2404　民事局長回答・
　　先例集下2256…………………………439
昭30・2・4　民甲226　民事局長通達・

昭和30年～同33年

先例集追Ⅰ308‥‥‥‥‥‥‥‥‥‥‥482
昭30・2・24 民甲226 民事局長通達・
　　先例集追Ⅰ309‥‥‥‥‥‥‥‥‥‥‥384
昭30・4・8 民甲683 民事局長通達・
　　先例集追Ⅰ327‥‥‥‥‥‥‥‥201,535,587
昭30・4・11 民甲693 民事局長通達・
　　先例集追Ⅰ329‥‥‥‥‥‥‥‥40,154,480
昭30・4・22 民甲698 民事局長回答・
　　先例集追Ⅰ334‥‥‥‥‥‥‥‥‥39,298
昭30・4・30 民甲835 民事局長通達・
　　先例集追Ⅰ336‥‥‥‥‥‥‥‥‥‥‥201
昭30・5・16 民甲929 民事局長通達・
　　先例集追Ⅰ344‥‥‥‥‥‥‥‥‥537,587
昭30・5・17 民甲930 民事局長通達・
　　先例集追Ⅰ345‥‥‥‥‥‥‥‥56,191,255
昭30・5・21 民甲972 民事局長通達・
　　先例集追Ⅰ351‥‥‥‥‥‥‥‥‥525,697
昭30・5・23 民甲973 民事局長回答・
　　先例集追Ⅰ352‥‥‥‥‥‥‥‥405,431,432
昭30・5・31 民甲1029 民事局長通達・
　　先例集追Ⅰ362‥‥‥‥‥‥‥‥‥‥‥42
昭30・6・10 民甲1161 民事局長通達・
　　先例集追Ⅰ367‥‥‥‥‥‥‥‥‥193,481
昭30・8・5 民甲1652 民事局長回答・
　　先例集追Ⅰ396‥‥‥‥‥‥‥‥‥‥‥440
昭30・8・17 民甲1736 民事局長回答・
　　先例集追Ⅰ445‥‥‥‥‥‥‥‥‥‥‥543
昭30・10・15 民甲2216 民事局長電報回答・
　　先例集追Ⅰ482‥‥‥‥‥‥‥‥194,387,427
昭30・11・21 民甲2469 民事局長電報回答・
　　先例集追Ⅰ495‥‥‥‥‥‥‥‥‥‥‥428
昭30・12・16 民甲2670 民事局長通達・
　　先例集追Ⅰ507‥‥‥‥‥‥‥‥‥399,432
昭30・12・20 民甲2693 民事局長回答・
　　先例集追Ⅰ510‥‥‥‥‥‥‥‥‥‥‥464

昭和31～35年

昭31・2・9 民甲222 民事局長回答・
　　先例集追Ⅰ539‥‥‥‥‥‥‥‥‥193,478
昭31・3・14 民甲506 民事局長達・
　　先例集追Ⅰ574‥‥‥‥‥‥‥‥‥‥‥556
昭31・5・26 民甲1109 民事局長回答・
　　先例集追Ⅰ602‥‥‥‥‥‥‥‥‥186,478
昭31・6・13 民甲1317 民事局長回答・
　　先例集追Ⅰ612‥‥‥‥‥‥‥‥‥128,537

昭31・6・19 民甲1247 民事局長通達・
　　先例集追Ⅰ623‥‥‥‥‥‥‥‥‥‥‥373
昭31・6・25 民甲1444 民事局長回答・
　　先例集追Ⅰ625‥‥‥‥‥‥‥‥‥382,624
昭31・10・17 民甲2370 民事局長事務代理通達・
　　先例集追Ⅰ741‥‥‥‥‥‥‥‥‥199,441
昭31・10・27 民甲2515 民事局長事務代理回答・
　　先例集追Ⅰ754‥‥‥‥‥‥‥‥‥‥‥435
昭31・11・8 民甲2587 民事局長事務代理通達・
　　先例集追Ⅰ761‥‥‥‥‥‥‥‥‥‥‥487
昭31・11・10 民甲2612 民事局長事務代理通達・
　　先例集追Ⅰ763‥‥‥‥‥‥‥‥‥21,263
昭31・12・14 民甲2831 民事局長電報回答・
　　先例集追Ⅰ787‥‥‥‥‥‥‥‥‥‥‥421
昭31・12・24 民甲2916 民事局長電報回答・
　　先例集追Ⅰ802‥‥‥‥‥‥‥‥‥‥‥383
昭32・3・22 民甲423 民事局長通達・
　　先例集追Ⅱ44‥‥‥‥‥‥‥‥‥274,440
昭32・4・2 民甲667 民事局長通達・
　　先例集追Ⅱ75‥‥‥‥‥‥‥‥‥‥‥374
昭32・5・6 民甲738 民事局長通達・
　　先例集追Ⅱ94‥‥‥‥‥‥‥‥‥‥‥420
昭32・6・28 民甲1249 民事局長回答・
　　先例集追Ⅱ109‥‥‥‥‥‥‥‥‥199,441
昭32・7・22 民甲1388 民事局長通達・
　　先例集追Ⅱ114‥‥‥‥‥‥‥‥‥‥‥107
昭32・8・3 民甲1454 民事局長通達・
　　先例集追Ⅱ144‥‥‥‥‥‥‥‥‥448,458
昭32・9・11 民甲1717 民事局長回答・
　　先例集追Ⅱ159‥‥‥‥‥‥‥‥‥‥‥255
昭32・9・21 民甲1849 民事局長回答・
　　先例集追Ⅱ169‥‥‥‥‥‥‥‥‥‥‥375
昭32・10・18 民甲1953 民事局長通達・
　　先例集追Ⅱ173‥‥‥‥‥‥‥‥‥411,505
昭33・4・28 民甲779 民事局長心得通達・
　　先例集追Ⅱ261‥‥‥‥‥‥‥‥‥‥‥382
昭33・4・28 民甲786 民事局長心得通達・
　　先例集追Ⅱ261‥‥‥‥‥‥‥‥‥‥‥449
昭33・7・5 民甲1366 民事局長心得回答・
　　先例集追Ⅱ295‥‥‥‥‥‥‥‥‥‥‥451
昭33・8・8 民甲1624 民事局長心得回答・
　　先例集追Ⅱ318‥‥‥‥‥‥‥‥‥‥‥200
昭33・9・3 民甲1822 民事局長心得回答・
　　先例集追Ⅱ324‥‥‥‥‥‥‥‥‥‥‥450
昭33・9・18 民甲1962 民事局長心得回答・

昭34・1・27 民甲126 民事局長回答・
　先例集追Ⅱ405……………………481
昭34・5・6 民甲900 民事局長通達・
　先例集追Ⅱ495……………………536
昭34・7・25 民甲1567 民事局長通達・
　先例集追Ⅱ519………………478,557
昭34・9・21 民甲2071 民事局長通達・
　先例集追Ⅱ548………………402,505
昭34・10・16 民甲2336 民事局長電報回答・
　先例集追Ⅱ553……………………196
昭34・10・20 民三999 民三課長心得依命通知・
　先例集追Ⅱ554……………………557
昭34・11・26 民甲2541 民事局長通達・
　先例集追Ⅱ564……………………556
昭34・12・18 民甲2842 民事局長回答・
　先例集追Ⅱ575……………………423
昭35・3・31 民甲712 民事局長通達・
　先例集追Ⅲ45………………361,591
昭35・4・7 民甲788 民事局長通達・
　先例集追Ⅲ107………………645,646
昭35・5・4 民甲1048 民事局長通達・
　先例集追Ⅲ121……………………296
昭35・5・18 民甲1132 民事局長通達・
　先例集追Ⅲ148……………………193
昭35・6・1 民甲1340 民事局長通達・
　先例集追Ⅲ187……………………193
昭35・6・3 民甲1355 民事局長回答・
　先例集追Ⅲ191……………………440
昭35・7・1 民甲1586 民事局長通達・
　先例集追Ⅲ215……………………537
昭35・7・4 民甲1594 民事局長通達・
　先例集追Ⅲ223………………295,361
昭35・7・12 民甲1580 民事局長回答・
　先例集追Ⅲ248……………………400
昭35・7・12 民甲1581 民事局長回答・
　先例集追Ⅲ249……………………400
昭35・7・29 民甲1896 民事局長回答・
　先例集追Ⅲ270……………………261
昭35・8・1 民甲1934 民事局長通達・
　先例集追Ⅲ278……………………592
昭35・8・2 民甲1971 民事局長通達・
　先例集追Ⅲ280……………………592
昭35・8・4 民甲1976 民事局長回答・
　先例集追Ⅲ289……………………464

　先例集追Ⅱ327……………………460
昭35・10・4 民甲2493 民事局長事務代理通達・
　先例集追Ⅲ321……………………452
昭35・10・27 民甲2266 民事局長事務代理通達・
　先例集追Ⅲ352……………………296
昭35・12・13 民甲3136 民事局長回答・
　先例集追Ⅲ391……………………450
昭35・12・23 民甲3260 民事局長回答・
　先例集追Ⅲ417……………………448
昭35・12・27 民三1187 民三課長心得回答・
　先例集追Ⅲ423……………………279

昭和36～40年

昭36・1・6 民甲3339 民事局長通達・
　先例集追Ⅲ425……………………133
昭36・1・17 民甲106 民事局長回答・
　先例集追Ⅲ438………………193,446
昭36・2・7 民甲355 民事局長回答・
　先例集追Ⅲ463……………………671
昭36・2・17 民甲358 民事局長回答・
　先例集追Ⅲ470………………450,458
昭36・3・23 民甲691 民事局長回答・
　先例集追Ⅲ494……………………432
昭36・3・31 民甲773 民事局長回答・
　先例集追Ⅲ510……………………449
昭36・5・15 民甲1157 民事局長電報回答・
　先例集追Ⅲ548……………………460
昭36・5・17 民甲1158 民事局長回答・
　先例集追Ⅲ552……………………288
昭36・5・29 民甲1256 民事局長電報回答・
　先例集追Ⅲ567………………458,486
昭36・5・30 民甲1257 民事局長通達・
　先例集追Ⅲ568……………………591
昭36・6・6 民三459 民三課長電報回答・
　先例集追Ⅲ569………215,216,265,274,306
昭36・6・16 民甲1425 民事局長回答・
　先例集追Ⅲ573……………………196
昭36・7・1 民甲1571 民事局長電報回答・
　先例集追Ⅲ580……………………193
昭36・7・21 民三625 民三課長回答・
　先例集追Ⅲ588………………127,192
昭36・8・14 民甲2030 民事局長回答・
　先例集追Ⅲ596………………449,458
昭36・9・12 民甲2208 局長回答・
　先例集追Ⅲ613……………………22
昭36・9・14 民甲2277 民事局長回答・

昭和36年～同39年

昭36・9・15 民甲2324 民事局長回答・
　先例集追Ⅲ651･････････････････192,521
昭36・9・18 民甲2323 民事局長回答・
　先例集追Ⅲ656･････････････402,411,505
昭36・10・14 民甲2604 民事局長回答・
　先例集追Ⅲ702･････････････････383,450
昭36・10・27 民甲2722 民事局長回答・
　先例集追Ⅲ704･････････････････382,404
昭36・11・9 民甲2801 民事局長回答・
　先例集追Ⅲ708･･････････････････････21
昭36・11・16 民甲2868 局長回答・
　先例集追Ⅲ720･･････････････････････22
昭36・19・27 民甲2722 民事局長回答・
　先例集追Ⅲ704･････････････････････422
昭37・2・8 民甲271 民事局長回答・
　先例集追Ⅲ768･････････････････････197
昭37・2・13 民三75 民三課長電報回答・
　先例集追Ⅲ794･････････････････････384
昭37・3・8 民甲638 民事局長電報回答・
　先例集追Ⅲ809･････････････････382,420
昭37・3・26 民甲844 民事局長通達・
　先例集追Ⅲ842･････････････････････514
昭37・5・4 民甲1262 民事局長回答・
　先例集追Ⅲ860･･････････････194,480,513
昭37・6・12 民甲1487 局長回答・
　先例集追Ⅲ892･･････････････････････22
昭37・6・15 民甲1606 民事局長通達・
　先例集追Ⅲ895･････････････････････433
昭37・6・18 民甲1562 民事局長通達・
　先例集追Ⅲ900･････････････････････680,683
昭37・6・28 民甲1717 民事局長通達・
　先例集追Ⅲ906･････････････････････450
昭37・7・26 民甲2074 民事局長回答・
　先例集追Ⅲ931･････････････････････449
昭37・7・30 民甲2117 民事局長通達・
　先例集追Ⅲ936･････････････････････672
昭37・8・1 民甲2206 民事局長通達・
　先例集追Ⅲ940･････････････････････465
昭37・8・3 民甲2225 民事局長電報回答・
　先例集追Ⅲ942･････････････････････193
昭37・8・8 民甲2235 民事局長回答・
　先例集追Ⅲ948･････････････････････201
昭37・9・27 民三811 民三課長回答・
　先例集追Ⅲ979･････････････････････297

昭37・9・29 民甲2751 民事局長回答・
　先例集追Ⅲ988･･････････････････････36
昭37・10・4 民甲2820 民事局長通達・
　先例集追Ⅲ994･････････････････219,298,843
昭37・10・24 民甲3042 民事局長通達・
　先例集追Ⅲ1065････････････････････416
昭37・12・18 民甲3604 民事局長回答・
　先例集追Ⅲ1110････････････････････841
昭38・1・21 民甲129 民事局長回答・
　先例集追Ⅲ1130-2･･･････････････203,278
昭38・2・12 民甲390 民事局長回答・
　先例集追Ⅲ1130-18･････････････････521
昭38・8・29 民甲2504 民事局長通達・
　先例集追Ⅲ1130-314････････････････591
昭38・9・12 民甲2601 民事局長通達・
　先例集追Ⅲ1130-320････････････････219
昭38・9・25 民甲2654 民事局長回答・
　先例集追Ⅲ1130-325････････････････441
昭38・9・28 民甲2660 民事局長通達・
　先例集追Ⅲ1130-332････････････････673
昭38・10・22 民甲2933 民事局長通達・
　先例集追Ⅲ1130-350････････････････351
昭38・11・20 民甲3119 民事局長電報回答・
　先例集追Ⅲ1130-365････････････････430
昭38・11・22 民甲3116 民事局長通達・
　先例集追Ⅲ1130-368････････････････526
昭38・12・27 民甲3315 民事局長通達・
　先例集追Ⅲ1130-408････････････････195
昭39・1・28 民甲199 民事局長電報回答・
　先例集追Ⅳ6･･･････････････････････154
昭39・2・17 民三125 民三課長回答・
　先例集追Ⅳ10･････････････････374,382,404
昭39・2・21 民甲384 民事局長通達・
　先例集追Ⅳ12･･････････････････････219
昭39・2・27 民甲204 民事局長回答・
　先例集追Ⅳ16-17･･･････････････････649
昭39・4・9 民甲1505 民事局長回答・
　先例集追Ⅳ106･･････････････36,374,382,404
昭39・5・27 民三444 民三課長回答・
　先例集追Ⅴ139･････････････････････203
昭39・6・3 民甲2040 民事局長通達・
　先例集追Ⅳ141･････････････････････296
昭39・7・31 民甲2700 民事局長回答・
　先例集追Ⅳ155･････････････････････521
昭39・8・10 民甲2737 民事局長通達・

昭39・8・27 民甲2885 民事局長通達・
　先例集追Ⅳ165··················459,487
昭39・8・27 民甲2885 民事局長通達・
　先例集追Ⅳ180···················37,400
昭39・11・20 民甲3756 民事局長回答・
　先例集追Ⅳ256························487
昭39・12・4 民三924号 民三課長回答・
　先例集追Ⅳ279························203
昭39・12・17 民甲3965 民事局長通達・
　先例集追Ⅳ295··················645,646
昭39・12・26 民甲4056 民事局長電報回答・
　先例集追Ⅳ297························542
昭40・2・2 民甲221 民事局長回答・
　先例集追Ⅳ309························295
昭40・3・23 民甲623 民事局長通達・
　先例集追Ⅳ351························219
昭40・7・13 民甲1857 民事局長回答・
　先例集追Ⅳ456························405
昭40・7・14 民甲1876 民事局長回答・
　先例集追Ⅳ465························459
昭40・7・17 民甲1890 民事局長回答・
　先例集Ⅳ469··························386
昭40・8・26 民甲2429 民事局長回答・
　先例集追Ⅳ491························383
昭40・8・31 民三711 民三課長回答・
　先例集追Ⅳ512························482
昭40・9・2 民甲1939 民事局長回答・
　先例集追Ⅳ513··················387,505
昭40・9・24 民甲2824 民事局長回答・
　先例集追Ⅳ556························405
昭40・10・2 民甲2807 民事局長回答・
　先例集追Ⅳ559························450
昭40・10・6 民三1008 民三課長電報回答・
　先例集追Ⅳ900························404
昭40・12・7 民甲3320 民事局長回答・
　先例集追Ⅳ623··················399,429
昭40・12・9 民甲3435 民事局長回答・
　先例集追Ⅳ637························405

昭和41～45年

昭41・4・18 民甲1126 民事局長回答・
　先例集追Ⅳ727·························29
昭41・5・13 民甲1180 民事局長回答・
　先例集追Ⅳ740························450
昭41・6・24 民甲1792 民事局長回答・
　先例集追Ⅳ803························449

昭41・7・11 民甲1850 民事局長回答・
　先例集追Ⅳ806························405
昭41・7・18 民甲1879 民事局長回答・
　先例集追Ⅳ808························452
昭41・8・3 民甲2367 民事局長回答・
　先例集追Ⅳ816························481
昭41・10・6 民甲2898 民事局長回答・
　先例集追Ⅳ899························488
昭41・10・7 民三830 民三課長回答・
　先例集追Ⅳ901························194
昭41・11・1 民甲1746 民事局長回答・
　先例集追Ⅳ922························404
昭41・11・2 民三867 民三課長回答・
　先例集追Ⅳ927························458
昭41・11・7 民甲3252 民事局長回答・
　先例集追Ⅳ931························128
昭41・11・14 民甲1907 民事局長通達・
　先例集追Ⅳ932························516
昭41・11・22 民三1190 民三課長依命通知・
　先例集追Ⅳ936························402
昭41・12・6 民甲3369 民事局長回答・
　先例集追Ⅳ952························536
昭41・12・21 民甲3375 民事局長通知・
　先例集追Ⅳ971························138
昭42・3・24 民三301 民三課長回答・
　先例集追Ⅳ1025······················556
昭42・3・30 民甲317 民事局長電報回答・
　先例集追Ⅳ1037······················382
昭42・8・23 民甲2437 民事局長回答・
　先例集追Ⅳ1127······················449
昭42・8・23 民三666 民三課長回答・
　先例集追Ⅳ1130················550,552
昭42・9・22 民甲2654 局長回答・
　先例集追Ⅳ1133·······················22
昭42・9・29 民甲2511 民事局長回答・
　先例集Ⅳ1139························522
昭42・10・9 民三706 民三課長回答・
　先例集追Ⅳ1151······················429
昭42・11・7 民甲3142 民事局長回答・
　先例集追Ⅳ1173······················446
昭43・2・9 民三34 民三課長電報回答・
　先例集追Ⅳ1295················194,481
昭43・4・2 民甲723 民事局長回答・
　先例集追Ⅳ1335·················56,255
昭43・4・12 民甲664 民事局長回答・

昭和43年～同53年

昭43・4・19 民甲232 民事局長回答・
　先例集追Ⅳ1342……………………196,604
昭43・4・19 民甲232 民事局長回答・
　先例集追Ⅳ1348……………………460
昭43・5・7 民甲1260 民事局長回答・
　先例集追Ⅳ1363……………………199,441
昭43・5・29 民甲1832 民事局長回答・
　先例集追Ⅳ1375……………………465
昭43・6・13 民甲1838 民事局長通達・
　先例集追Ⅳ1392……………………147
昭43・8・3 民甲1837 民事局長回答・
　先例集追Ⅴ11………………………382
昭44・4・5 民三425 民三課長回答・
　先例集追Ⅴ85………………………298
昭44・5・1 民甲895 民事局長回答・
　先例集追Ⅴ97………………………421
昭44・6・5 民甲1132 民事局長回答・
　追Ⅴ117………………………………196
昭44・6・20 民甲1296 民事局長通達・
　先例集追Ⅴ121………………………138
昭44・8・16 民甲1629 民事局長回答・
　先例集追Ⅴ136………………………604
昭44・10・7 民三1046 民三課長電報回答・
　先例集Ⅴ166…………………………138
昭44・12・11 民甲2682 民事局長電報回答・
　先例集追Ⅴ190………………………197,198
昭45・1・30 民甲440 民事局長回答・
　先例集追Ⅴ200………………………460
昭45・2・2 民甲439 民事局長回答・
　追Ⅴ202………………………………196
昭45・3・9 民甲973 民事局長回答・
　先例集追Ⅴ211………………………383

昭和46～50年

昭46・2・9 民甲538 民事局長通達・
　先例集追Ⅴ277………………………199
昭46・3・26 民甲1194 民事局長回答・
　先例集追Ⅳ477………………………219
昭46・4・16 民三238 民三課長通知・
　先例集追Ⅴ485………………………308
昭46・9・14 民三528 民三課長回答・
　先例集追Ⅴ529………………………279
昭46・10・4 民甲3111 民事局長電報回答・
　先例集追Ⅴ539………………………448,458
昭46・10・4 民甲3230 民事局長通達・
　先例集追Ⅴ531383,384,445,447,537,566,578

昭46・12・24 民甲3630 民事局長通達・
　先例集追Ⅴ550………………………906
昭46・12・27 民三960 民三課長依命通知・
　先例集追Ⅴ620………………………581,906
昭47・1・26 民三76 民三課長電報回答・
　先例集追Ⅴ678………………………418
昭47・4・17 民甲1442 民事局長通達・
　先例集追Ⅳ1179……………………430
昭47・5・2 民甲1776 民事局長回答・
　先例集追Ⅴ736………………………154
昭47・5・15 民三441 民三課長依命通知・
　先例集追Ⅴ750………………………435
昭47・7・14 民甲2614 民事局長回答・
　先例集追Ⅴ761………………………460
昭47・8・21 民甲3565 民事局長電報回答・
　先例集追Ⅴ783………………………429,430
昭47・12・8 民三996 民三課長回答・
　先例集追Ⅴ806………………………193,416
昭48・6・7 民三4074 民事局長通達・
　先例集追Ⅴ840………………………273
昭48・8・30 民三6677 民事局長回答・
　先例集追Ⅴ887………………………296
昭48・10・13 民三7694 民事局長回答・
　先例集追Ⅴ879………………………481
昭48・10・18 民三7689 民三課長通知・
　先例集追Ⅴ886………………………110
昭48・12・11 民三8859 民事局長電報回答・
　先例集追Ⅴ905………………………430
昭49・12・27 民三6686 民三課長回答・
　先例集追Ⅴ1030……………………442,443
昭50・1・10 民三16 民事局長通達・
　先例集追Ⅴ1035……………………443

昭和51～55年

昭51・10・15 民三5415 民三課長回答・
　先例集追Ⅵ140………………………383,465
昭52・6・16 民三2932 民事局長回答・
　先例集追Ⅵ190………………………487
昭52・9・3 民三4474 民三課長依命通知・
　先例集追Ⅵ417………………………108
昭52・12・7 民三5936 民三課長回答・
　先例集追Ⅵ482………………………111
昭52・12・15 民三6043 民事局長回答・
　先例集追Ⅵ519………………………414
昭53・2・22 民三1102 民事局長回答・

昭和53年～平成5年

先例集追Ⅳ525 …………………………29
昭53・3・15 民三1524 民三課長依命回答・
　先例集追Ⅵ537 …………………405,428
昭53・10・27 民三5940 民三課長回答・
　先例集追Ⅵ620 …………………………196
昭54・3・31 民三2112 民事局長通達・
　先例集追Ⅵ649 ……………220,440,534
昭54・4・21 民三2592 民事局長通達・
　先例集追Ⅵ650 …………………197,385
昭54・6・8 民三3310 民事局長回答・
　先例集追Ⅵ674 …………………………198
昭54・9・4 民三4503 民三課長通知・
　先例集追Ⅵ762 …………………………440
昭55・8・11 民三4926 民三課長回答・
　先例集追Ⅵ827 …………………………405
昭55・11・18 民三6712 民三課長回答・
　先例集追Ⅵ877 …………………………22
昭55・12・20 民三7145 民事局長通達・
　先例集Ⅵ924 ……………………427,428

昭和56～60年

昭56・8・28 民三5402 民事局長通達・
　先例集追Ⅵ973 …………………272,273
昭56・8・28 民三5403 民三課長依命通知・
　先例集追Ⅵ986 …………………………272
昭56・9・8 民三5483 民三課長回答・
　先例集追Ⅵ992 …………………………415
昭57・1・16 民三251 民事局長回答・
　先例集追Ⅵ1155 …………………194,481
昭57・3・11 民三1952 民三課長回答・
　先例集追Ⅵ1164 …………………………405
昭57・5・7 民三3291 民三課長回答・
　先例集追Ⅵ1170 …………384,489,490
昭57・5・11 民三3292 民三課長回答・
　先例集追Ⅵ1173 …………………………382
昭57・7・6 民三4278 民三課長回答・
　先例集Ⅵ1174 ……………………………575
昭57・10・26 民三6326 民三課長回答・
　民月38・3・145 ………………………193
昭58・3・2 民三1310 民三課長回答・
　先例集追Ⅶ18 ……………………………430
昭58・3・28 民三2232 民事局長回答・
　先例集追Ⅶ78 ……………………………382
昭58・4・4 民三2252 民事局長通達・
　先例集追Ⅶ91 …………………147,446

昭58・10・17 民三5987 民三課長回答・
　先例集追Ⅶ109 …………………………430
昭58・11・10 民三6400 民事局長通達・
　先例集追Ⅶ132 …………296,500,501,502
昭59・10・15 民三5195 民三課長回答・
　先例集追Ⅶ449 …………………387,399,429
昭59・10・15 民三5196 民三課長回答・
　先例集追Ⅶ451 …………………387,399,429
昭60・3・29 民三1765 民三課長回答・
　先例集追Ⅶ468 …………………………439
昭60・12・2 民三5441 民事局長通達・
　民月41・4・183 ………………………196

昭和61～64年

昭61・7・15 民三5706 民三課長回答・
　先例集追Ⅶ505 …………………………464
昭62・3・20 民三1433 民事局長回答・
　民月42・5・196 ………………………194
昭63・7・1 民三3456 民事局長通達・
　先例集追Ⅶ632 …………………475,476
昭63・7・1 民三3499 民三課長依命通知・
　先例集追Ⅶ640 …………………475,476

平成元～10年

平元・11・30 民三2359 民事局長通達・
　民月45・1・159 ………………………194
平2・1・20 民156 民三課長回答・
　先例集追Ⅷ1 ……………430,450,451
平2・4・18 民三1494 民事局長通達・
　先例集追Ⅷ24 ……………………………468
平2・11・8 民三5000 民事局長通達・
　先例集追Ⅷ38……679,680,683,684,685,686,
　　　687,688,690,691,692,696,697,698
平3・3・29 民三2139 民三課長依命通知・
　先例集追Ⅷ197 …………………………372
平3・11・8 民三5667 民三課長回答・
　先例集追Ⅷ242 …………………………405
平4・5・13 民三2310 民事局長通達・
　先例集追Ⅷ271 …………………………537
平4・7・7 民三3930 民事局長通達・
　先例集追Ⅷ330 …………………………381
平4・12・19 民3 民三課長回答・
　先例集追Ⅷ387 …………………………277
平5・7・30 民三5320 民事局長通達・
　先例集追Ⅷ424 …………142,328,329

平6・1・5　民三265　民三課長回答・
　　先例集追Ⅷ541 ………………………… 203
平6・1・14　民三366　民三課長通知・
　　先例集追Ⅷ562 ………………………… 142
平10・6・17　民三1160　民三課長回答・
　　先例集追Ⅸ113 ………………………… 384

平成11～20年

平13・3・30　民二874　民二課長回答・
　　先例集追Ⅸ528 ………………………… 406
平15・12・25　民二3817　民事局長通達・
　　民月59・3・141 ……………………… 384
平17・2・25　民二457　民事局長通達・
　　登研686・344 …………67,111,182,183,195,
　　　　　　　　　　　206,834,884,898,1010
平17・3・31　民二851　民事局長通達・
　　民月60・5・479 ……461,483,840,846,849,856
平17・6・23　民二1422　民二課長回答・
　　民月60・7・255 ……………………… 110
平17・6・23　民二1423　民二課長通知・
　　民月60・7・253 ……………………… 849
平17・12・6　民二2760　民事局長通達・
　　民月61・1・312 ……………………… 720,910
平18・1・6　民二27　民二課長依命通知・
　　民月61・2・309 ………………720,818,1029
平18・1・6　民二33　大臣官房会計課長
　　民事局長通達・民月61・3・425 ……… 823
平18・1・18　民二101　民二課長通知・
　　民月61・3・445 ……………………… 857
平18・5・25　民二1277　民二課長通知・
　　民月61・7・81 ………………………… 897
平19・1・12　民二52　民二課長通知・
　　民月62・2・193 ……………………… 401
平19・9・28　民二2048　民事局長通達・
　　民月62・11・118 ……………………… 605
平20・12・1　民二3071　民二課長依命通知・
　　民月64・3・171 ……………………… 647

平成21年～

平21・2・20　民二500　民事局長通達・不動産登
　　記記録例集113 ………………………… 314
平21・3・13　民二646　民二課長通知・
　　民月64・5・221 ……………………… 373,422

条解　不動産登記法

2013(平成25)年5月30日　初　版1刷発行

監　修　七戸　克彦
編　集　日本司法書士会連合会
　　　　日本土地家屋調査士会連合会
発行者　鯉渕　友南
発行所　株式会社　弘文堂　101-0062　東京都千代田区神田駿河台1の7
　　　　　　　　　　　　　TEL 03(3294)4801　振替 00120-6-53909
　　　　　　　　　　　　　　　　https://www.koubundou.co.jp

印　刷　三美印刷株式会社
製　本　牧製本印刷株式会社

© 2013 Printed in Japan

[JCOPY]〈(社)出版者著作権管理機構　委託出版物〉
本書の無断複写は著作権法上での例外を除き禁じられています。複写される場合は、そのつど事前に、(社)出版者著作権管理機構(電話03-3513-6969、FAX 03-3513-6979、e-mail : info@jcopy.or.jp)の許諾を得てください。
また本書を代行業者等の第三者に依頼してスキャンやデジタル化することは、たとえ個人や家庭内の利用であっても一切認められておりません。

ISBN978-4-335-35543-1

条解シリーズ

条解刑法〔第2版〕	前田雅英=編集代表　松本時夫・池田修・渡邉一弘・大谷直人・河村博=編
条解刑事訴訟法〔第4版〕	松尾浩也=監修　松本時夫・土本武司・池田修・酒巻匡=編集代表
条解民事訴訟法〔第2版〕	兼子一=原著　松浦馨・新堂幸司・竹下守夫・高橋宏志・加藤新太郎・上原敏夫・高田裕成
条解破産法	伊藤眞・岡正晶・田原睦夫・林道晴・松下淳一・森宏司=著
条解民事再生法〔第3版〕	園尾隆司・小林秀之=編
条解会社更生法〔上・中・下〕	兼子一=監修　三ケ月章・竹下守夫・霜島甲一・前田庸・田村諄之輔・青山善充=著（品切れ）
条解弁護士法〔第4版〕	日本弁護士連合会調査室=編著
条解不動産登記法	七戸克彦=監修　日本司法書士会連合会・日本土地家屋調査士会連合会=編
条解行政手続法	塩野宏・高木光=著　（品切れ）
条解行政事件訴訟法〔第3版補正版〕	南博方・高橋滋=編
条解行政情報関連三法　公文書管理法　行政機関情報公開法　行政機関個人情報保護法	高橋滋・斎藤誠・藤井昭夫=編著
条解独占禁止法	厚谷襄児・糸田省吾・向田直範・稗貫俊文・和田健夫=編
条解精神保健法	大谷實=編集代表　古田佑紀・町野朔・原敏弘=編　（品切れ）

弘文堂

＊2013年5月現在

法律学講座双書

法　学　入　門	三ケ月　　　章
法　哲　学　概　論	碧　海　純　一
憲　　　　　　法	鵜　飼　信　成
憲　　　　　　法	伊　藤　正　己
行　政　法(上・中・下)	田　中　二　郎
行　政　法(上・*下)	小早川　光　郎
租　　税　　法	金　子　　　宏
民　法　総　則	四宮和夫・能見善久
債　権　総　論	平　井　宜　雄
債権各論Ⅰ(上・*下)	平　井　宜　雄
債　権　各　論　Ⅱ	平　井　宜　雄
親　族　法　・　相　続　法	有　泉　　　亨
商　法　総　則	石　井　照　久
商　法　総　則	鴻　　　常　夫
会　　社　　法	鈴　木　竹　雄
会　　社　　法	神　田　秀　樹
手形法・小切手法	石　井　照　久
*手形法・小切手法	岩　原　紳　作
商行為法・保険法・海商法	鈴　木　竹　雄
商　取　引　法	江　頭　憲治郎
民　事　訴　訟　法	兼子一・竹下守夫
民　事　訴　訟　法	三ケ月　　　章
民　事　執　行　法	三ケ月　　　章
刑　　　　　　法	藤　木　英　雄
刑　法　総　論	西　田　典　之
刑　法　各　論	西　田　典　之
刑事訴訟法(上・下)	松　尾　浩　也
労　　働　　法	菅　野　和　夫
*社　会　保　障　法	岩　村　正　彦
国際法概論(上・下)	高　野　雄　一
国　際　私　法	江　川　英　文
特　　許　　法	中　山　信　弘

＊印未刊